अश्क रचनावली

७

समग्र उपन्यास

अश्क रचनावली : समग्र रूप में

खण्ड : १ – ८
उपन्यास

खण्ड : ९ – ११
कहानियाँ

खण्ड : १२ – १४
नाटक-एकांकी

खण्ड : १५ – १६
काव्य

खण्ड : १७ – १९
संस्मरण तथा आत्मकथ्य

खण्ड : २० – २१
आलोचना

खण्ड : २२ – २३
वैचारिक गद्य

खण्ड : २४ – २५
ललित गद्य

वाणी प्रकाशन

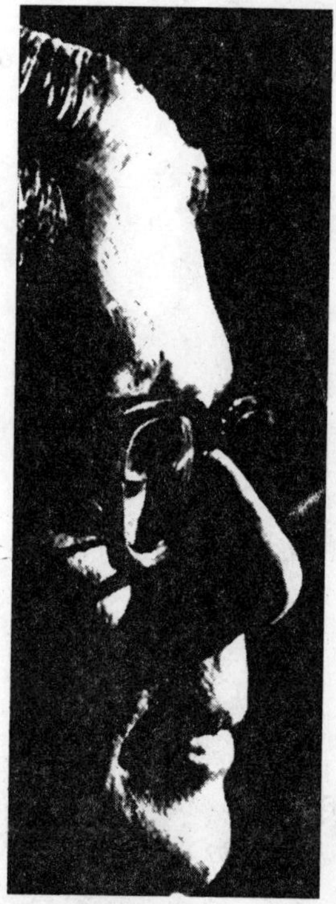

अश्क रचनावली
७

समग्र उपन्यास

इति नियति / चन्द्रा

सम्पादक :

नीलाभ

वाणी प्रकाशन

4695, 21-ए, दरियागंज, नयी दिल्ली 110 002

शाखा

अशोक राजपथ, पटना 800 004

फ़ोन: +91 11 23273167 फ़ैक्स: +91 11 23275710

www.vaniprakashan.in
vaniprakashan@gmail.com

Ashk Rachnawali : Samagra Upanyas-7
Edited by Neelabh

ISBN: 978-93-5000-940-6
Rachnawali

प्रथम संस्करण

मूल्य : ₹ 850 (अश्क रचनावली प्रत्येक खण्ड)

न्यू कृष्णा ऑफ़सेट, दिल्ली 110 093 में मुद्रित

वाणी प्रकाशन का लोगो मक़बूल फ़िदा हुसेन की कूची से

सम्पादक की ओर से

'अश्क रचनावली' के सातवें खण्ड में अश्क जी के दो उपन्यास शामिल हैं – उनके वृहद उपन्यास 'गिरती दीवारें' का अन्तिम खण्ड 'इति नियति' और 'चन्द्रा'।

'इति नियति' को अश्क जी ने 'गिरती दीवारें' के छठे खण्ड 'पलटती धारा' को पूरा करने के बाद उसके प्रकाशन की बाट जोहे बग़ैर, जल्द ही सितम्बर १९९० में शुरू कर दिया था, लेकिन वे उसे पूरा नहीं कर पाये, न 'पलटती धारा' को अपनी ज़िन्दगी में प्रकाशित शक्लो-सूरत में देख पाये। 'इति नियति' पर यहाँ इतना ही कि जैसे-जैसे 'गिरती दीवारें' की कथा आगे बढ़ रही थी, अश्क जी का सामना नायक चेतन की ज़िन्दगी के उस दौर से था, जिसमें वह लगातार एक के बाद एक अत्यन्त जटिल और उद्वेलन-भरे अनुभवों से गुज़रता है। ज़ाहिर है, इन प्रसंगों की पुनर्रचना आसान काम नहीं था। बहुत कुछ अश्क जी ने ख़ुद अपनी ज़िन्दगी से लिया था, लेकिन बहुत कुछ वे कल्पना से भी रचते थे। आगे का पीछे, पीछे का आगे करते हुए। मगर यह तो उपन्यास-लेखन की बुनियादी शर्त है। काम और भी कठिन अश्क जी के गिरते स्वास्थ्य की वजह से हो गया था। वे बार-बार उसे उठाते, थोड़ा आगे बढ़ाते, फिर सेहत की वजह से, किसी अन्य फ़ौरी परेशानी या ज़रूरत के चलते या फिर थके हुए दिमाग़ को आराम देने की ख़ातिर उसे फ़िलवक्त छोड़ देते। अपने मन में तय की गयी रूप-रेखा से काफ़ी आगे बढ़ कर वे धर्मशाला वाला खण्ड लिख लाये थे। फिर उन्होंने चेतन की कथा में पड़े व्यवधान को पूरा करना शुरू किया था। तभी, जुलाई-अगस्त १९९५ में वे पहले बीमार हुए, फिर दवाइयों के असर में गिर कर कूल्हे की हड्डी तुड़वा बैठे। अबकी बार उन्होंने बिस्तर पकड़ा तो फिर उठ नहीं पाये। एक लम्बी और अत्यन्त पीड़ादायक बीमारी के बाद १९ जनवरी, १९९६ को उनका देहान्त हो गया। हम यह कभी नहीं जान पायेंगे कि वह वृहद उपन्यास, जिसे उन्होंने मृत्यु से पचास-पचपन साल पहले, एक संकल्प के रूप में, सन १९३७-३८ में लिखना शुरू किया था; जिसे वे ज़िन्दगी के सारे उतार-चढ़ाव और अनपेक्षित आक्षेप-विक्षेप और आपा-धापी के बावजूद धीरे-धीरे अन्तिम खण्ड तक ले आये थे और जिसे पूरा करने की हसरतें लिये-लिये वे विदा हो गये, पूरा होने पर कैसा बनता। कारण यह कि यह उपन्यास, ख़ास तौर पर जैसी कि अश्क जी की शैली थी, महज़ चेतन की ज़िन्दगी का कथा-सार नहीं था। वह तो ज़िन्दगी के अनुभवों का भण्डार था। अभी उसके सबसे मार्मिक, हृदय-ग्राही, चुनौती-भरे और 'क्रूशियल' अंश

लिखे जाने बाकी थे। जिस तरह खेल में हार-जीत से अधिक इस बात का महत्व होता है कि खेल को खेला कैसे गया, उसी तरह 'गिरती दीवारें' के सिलसिले में भी अन्त से ज़्यादा इस बात का महत्व था कि उस अन्त तक उपन्यासकार अपने पाठकों को किन-किन अनुभवों और अनुभवों की किन-किन पुरपेच और रोचक और कष्टप्रद और बोधकारक गलियों से गुज़ारता हुआ ले गया। वैसे भी, अश्क जी ने उपन्यास शुरू करने से पहले एक अहद किया था। उन्होंने एक ऐसा उपन्यास लिखने का संकल्प किया था जो, उन्हीं के शब्दों में कहें तो, 'जीवन ही की तरह चले, बढ़े और फैले; पहले से तयशुदा आरम्भ या अन्त उसका न हो। ऐसे उपन्यास का अन्त पहले से निश्चित हो भी कैसे सकता है? अन्त तो व्यक्तियों का निश्चित है, जीवन तो अविरत हिलोरें लेने वाले महासागर-सा अक्षय है।'

अश्क जी को शायद यह नहीं मालूम था कि 'गिरती दीवारें' के दूसरे संस्करण पर १९५१ में दी गयी भूमिका के ये शब्द ख़ुद उनकी ज़िन्दगी में कैसा 'प्रोफ़ेटिक' अर्थ ग्रहण करने वाले हैं।

बहरहाल, जब वे उपन्यास को पूरा किये बिना गुज़र गये, तो इस आख़िरी खण्ड को प्रकाशित करने का सवाल उठा। कई लोगों ने मुझसे कहा कि मैं उसे पूरा कर दूँ। लेकिन यह मुझे कई कारणों से ठीक नहीं लगा। हालाँकि मैं अश्क जी के देहान्त से लगभग पच्चीस वर्ष पहले से उनके साथ बराबर 'गिरती दीवारें' पर चर्चा करता रहा था, उन जगहों को भी देख आया था जिनका ज़िक्र इस उपन्यास में हुआ है, लेकिन एक तो अश्क जी की शैली उनकी नितान्त अपनी थी। पैवन्द, बिलआख़िर, पैवन्द ही लगता। दूसरे मुझे बुनियादी तौर पर ही यह विचार कुछ ठीक नहीं लगता था।

इस सिलसिले में मुझे हेमिंग्वे की ज़िन्दगी का एक प्रसंग याद आता है। सन्दर्भ दूसरा है, पर उससे शायद मेरी बात समझने में आसानी होगी। जब हेमिंग्वे के उपन्यास 'ओल्ड मैन ऐण्ड द सी' पर फ़िल्म बन रही थी तो हेमिंग्वे लगातार शूटिंग में शामिल रहे। आख़िरकार, वह उनका सबसे चर्चित और महत्वपूर्ण उपन्यास था। उसी पर उन्हें नोबल पुरस्कार मिला था। वे चूँकि खाँटी यथार्थवादी थे, इसलिए चाहते थे, शूटिंग भी उसी हक़ीक़तपसन्दी से हो। हालाँकि जो लोग फ़िल्म के माध्यम से परिचित हैं, वे जानते हैं कि ऐसा होता नहीं। पोलान्स्की ने हार्डी के उपन्यास 'टेस' को फ्रान्स में शूट किया था। बहरहाल, जब 'ओल्ड मैन ऐण्ड द सी' के उस प्रसंग को शूट करने की बारी आयी जिसमें बूढ़ा मछुआरा उस बड़ी मछली से जूझता है तो संयोग ऐसा बना कि काफ़ी इन्तज़ार के बाद भी वैसी बड़ी मछली नहीं फँस पायी जैसी कि हेमिंग्वे चाहते थे। तब निर्देशक ने रबड़ की मछली पर वे दृश्य शूट कर लिये। जिस पल हेमिंग्वे को पता चला कि असली की जगह नकली मछली की मदद से शूटिंग पूरी की जा रही है, उनका उत्साह मन्द पड़ गया और वे शूटिंग छोड़ कर घर चले गये। उनकी दिलचस्पी ख़त्म हो चुकी थी। सम्भव है, कुछ लोगों को हेमिंग्वे का यह रवैया ग़लत लगे, लेकिन यह साहित्य के 'सच' और फ़िल्म के 'सच' के अन्तर को तो स्पष्ट करता ही है, साथ ही इस महत्वपूर्ण सत्य की तरफ़ इशारा भी

करता है कि फ़िल्म चाहे जितना शक्तिशाली माध्यम हो, वह साहित्यिक कृति को सीमित कर देता है और कल्पनाशीलता को भी।

दूसरे इन्हीं कारणों से मैंने फ़ैसला किया कि उपन्यास वैसा ही छपेगा, जैसा अश्क जी उसे छोड़ गये थे। उसे अपनी ओर से पूरा करना न तो कृति के साथ न्याय होगा, न कृतिकार के साथ। तब समस्या उठी कि इस अधूरे उपन्यास को कैसे प्रस्तुत किया जाय कि अश्क जी का मन्तव्य सार-रूप में सही पाठकों के सामने आ सके। तब मैंने पाठकों की सुविधा के लिए अपूर्ण अंशों को अश्क जी के नोट्स, उनके पत्रों और साक्षात्कारों आदि की सहायता से संक्षेप में दे दिया, जिससे पाठकों को कथासार उपलब्ध हो सके। इसी उद्देश्य से मैंने एक लम्बी भूमिका भी 'इति नियति' के प्रथम प्रकाशन पर लिखी थी जिसे रचनावली में इस खण्ड में उपन्यास से पहले दिया जा रहा है।

०

जैसा कि मैंने पाँचवे खण्ड की भूमिका में ज़िक्र किया था, 'बाँधो न नाव इस ठाँव' का दूसरा भाग एक स्वतन्त्र उपन्यास के रूप में इसी नाम से 'नई कहानियाँ' में धारावाहिक प्रकाशित हुआ था। अश्क जी ने उसमें नायक का नाम बदल कर 'रोशन' कर दिया था। बाद में उन्होंने नायक का नाम बदल कर चेतन कर दिया, उपन्यास का पहला भाग लिखा और इसे परिवर्तित-परिवर्द्धित रूप में 'गिरती दीवारें' के पाँचवे खण्ड के तौर पर शामिल किया। इस तरह 'गिरती दीवारें' के चौथे खण्ड के दो भाग हो गये। वर्षों बाद हमने यह तय किया कि 'नई कहानियाँ' में छपे प्रारूप को अलग से प्रकाशित करें और यह 'चन्द्रा' के नाम से २००२ में प्रकाशित हुआ।

– नीलाभ

इति नियति

आशंसाएँ

अश्क ने जो विविध साहित्य का निर्माण किया है, वह किसी के लिए भी गौरव की वस्तु हो सकता है। प्रतिभा और प्रयास, दोनों का उनमें अद्‌भुत संगम है और मेरा विश्वास है कि हमारी भारती का रूप उनकी लेखनी से उत्तरोतर सजेगा।

–भगवतशरण उपाध्याय

अश्क ने नानारंगी पात्रों के जिस व्यापक समूह का सृजन किया है, उसकी पृष्ठभूमि में हम स्वयं लेखक को नैतिक श्रेष्ठता का दर्शन करते हैं, यानी सामाजिक न्याय के लिए, उत्पीड़ित और शोषित जन के अधिकारों के लिए संघर्ष करने वाले लेखक का दर्शन करते हैं।

–ई. बोरोविक

अश्क की कला और उसके व्यक्तित्व में एक विशेष सम्बन्ध है। उसको रचनाओं में उसका व्यक्तित्व झलकता है और उसके व्यक्तित्व में उसकी कला झलकती है। उसका व्यक्तित्व उस आलोक-स्तम्भ की तरह है, जो रात के अँधेरे में बहुत दूर से भी देखा जा सकता है।

–ख़्वाजा अहमद अब्बास

सामाजिक कोढ़ पर कशाघात करते समय अश्क जी एक स्थान पर भी असावधान नहीं हुए और उन्होंने अपने समस्त आक्रोश को सामाजिक मूल्यों में परिभाषित किया है। अश्क जी ने गम्भीर प्रश्नों और स्थितियों को उठाया है और अपने रचना कौशल से उन्हें सफलतापूर्वक निभा ले गये...

–कादम्बिनी, नयी दिल्ली

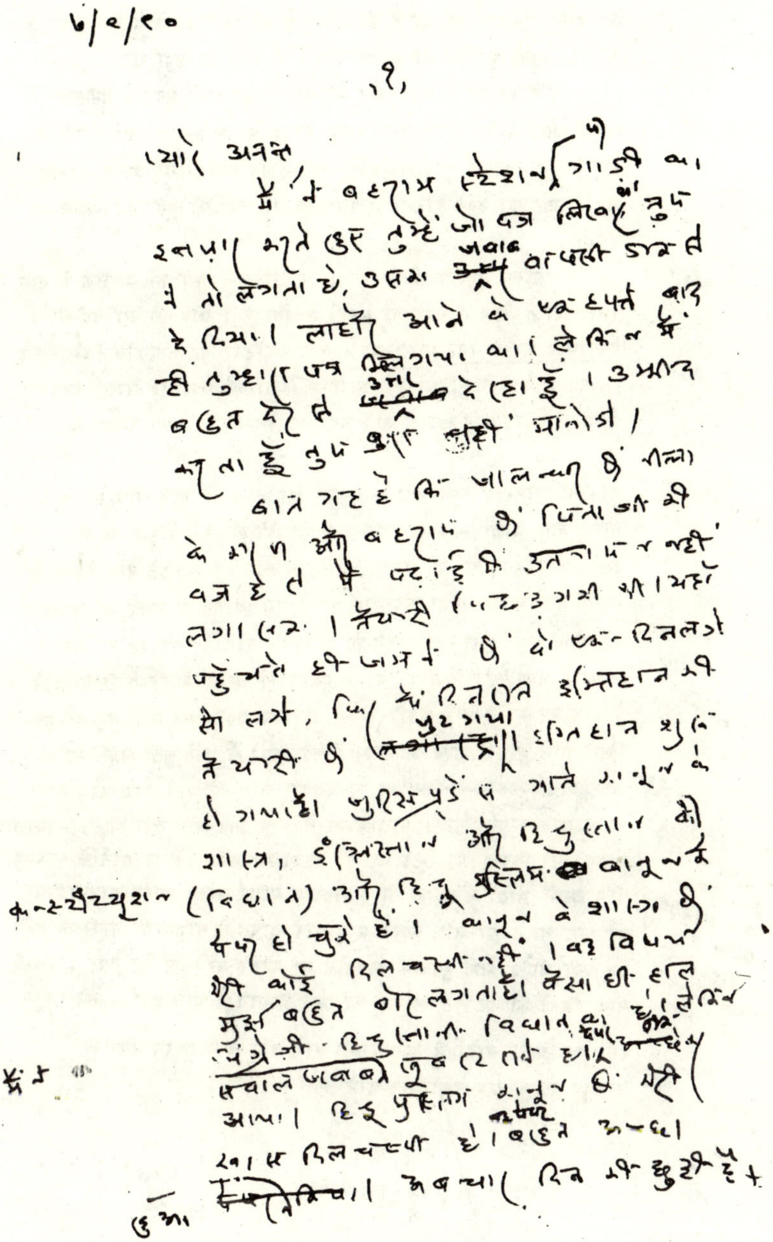

'इति नियति' की पाण्डुलिपि का पहला पृष्ठ

'इति नियति' की पाण्डुलिपि का पहला पृष्ठ

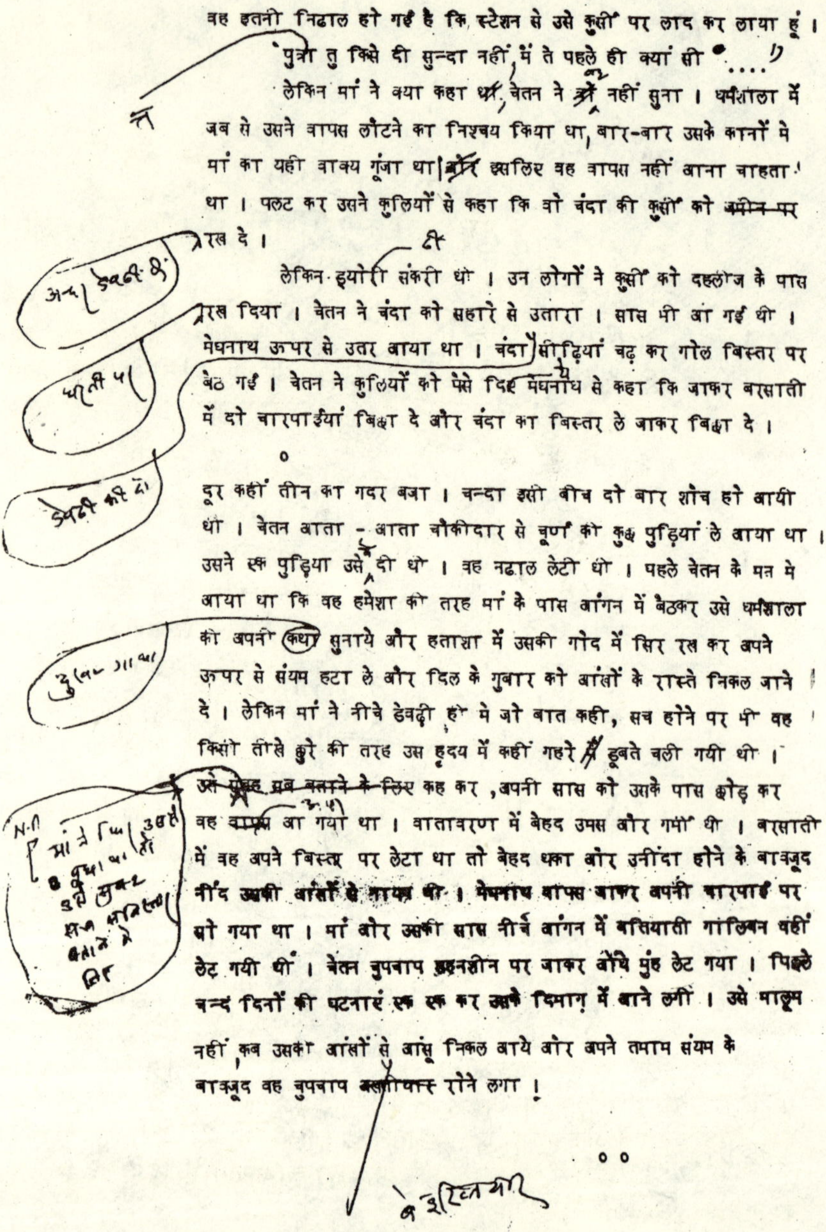

वह इतनी निढाल हो गई है कि स्टेशन से उसे कुर्सी पर लाद कर लाया हूं।

'पुत्रा तु किसे दी सुन्दा नहीं, मैं ते पहले ही क्यां सी ....'

लेकिन मां ने क्या कहा था, चेतन ने नहीं सुना। धर्मशाला में जब से उसने वापस लौटने का निश्चय किया था, बार-बार उसके कानों में मां का यही वाक्य गूंजा था और इसलिए वह वापस नहीं आना चाहता था। पलट कर उसने कुलियों से कहा कि वो चंदा की कुर्सी को ज़मीन पर रख दे।

लेकिन इयोढ़ी संकरी थी। उन लोगों ने कुर्सी को दहलीज के पास रख दिया। चेतन ने चंदा को सहारे से उतारा। सास भी आ गई थी। मेघनाथ ऊपर से उतर आया था। चंदा सीढ़ियां चढ़ कर गोल बिस्तर पर बैठ गई। चेतन ने कुलियों को पैसे दिए मेघनाथ से कहा कि जाकर बरसाती में दो चारपाईयां बिछा दे और चंदा का बिस्तर ले जाकर बिछा दे।

o

दूर कहीं तीन का गदर बजा। चन्दा इसी बीच दो बार शौच हो आयी थी। चेतन आता - आता चौकीदार से चूर्ण की कुछ पुड़ियां ले आया था। उसने एक पुड़िया उसे दी थी। वह नढाल लेटी थी। पहले चेतन के मन में आया था कि वह हमेशा की तरह मां के पास आंगन में बैठकर उसे धर्मशाला की अपनी कथा सुनाये और हताशा में उसकी गोद में सिर रख कर अपने ऊपर से संयम हटा ले और दिल के गुबार को आंखों के रास्ते निकल जाने दे। लेकिन मां ने नीचे डेवढ़ी ही में जो बात कही, सच होने पर भी वह किसी तीखे छुरे की तरह उस हृदय में कहीं गहरे डूबते चली गयी थी। उसे पुड़िया सब बताने के लिए कह कर, अपनी सास को उसके पास छोड़ कर वह वापस आ गया था। वातावरण में बेहद उमस और गर्मी थी। बरसाती में वह अपने बिस्तर पर लेटा था तो बेहद थका और उनींदा होने के बावजूद नींद उसकी आंखों से गायब थी। मेघनाथ वापस आकर अपनी चारपाई पर सो गया था। मां और उसकी सास नीचे आंगन में बतियाती गालिबन वहीं लेट गयी थीं। चेतन चुपचाप छतनशीन पर जाकर औंधे मुंह लेट गया। पिछले चन्द दिनों की घटनाएं एक एक कर उसके दिमाग में आने लगीं। उसे मालूम नहीं कब उसकी आंखों से आंसू निकल आये और अपने तमाम संयम के बावजूद वह चुपचाप बलापकर रोने लगा।

o o

'इति नियति' की टंकित पाण्डुलिपि का एक पृष्ठ

रम्ज़े-हयात से तही मेरा सुख़न नहीं [१]

'गिरती दीवारें,' 'शहर में घूमता आईना,' 'एक नन्ही किन्दील,' 'बाँधो न नाव इस ठाँव' और 'पलटती धारा' के बाद 'इति नियति' अश्क जी की वृहद उपन्यास-माला —'गिरती दीवारें' का सातवाँ और अन्तिम खण्ड है, जो उनके निधन के लगभग आठ वर्ष बाद प्रकाशित हो रहा है।

o

आज से लगभग पैंसठ वर्ष पहले, जब अश्क जी ने 'गिरती दीवारें' को लिखना शुरू किया था तब उन्हें कतई अन्दाज़ा न रहा होगा कि जिस काम को उन्होंने हाथ में लिया है, उसमें इतने व्यवधान आयेंगे; उसके विभिन्न खण्डों के बीच लम्बे-लम्बे अन्तराल होंगे; वह ज़िन्दगी भर उनके साथ-साथ चलता रहेगा; वे उसे पूरा करने की साध लिये-लिये ही गुज़र जायेंगे और उसके अन्तिम दो खण्डों का प्रकाशन उनकी ज़िन्दगी के बाद ही होगा।

अश्क जी ने 'गिरती दीवारें' को तीन खण्डों में लिखने की योजना बनायी थी और इसके पहले खण्ड को १९३९ में शुरू करके १९४३ में पूरा कर लिया था और वह 'गिरती दीवारें' के नाम से १९४६ में प्रकाशित भी हो गया था। लेकिन इसके दूसरे और तीसरे हिस्से को लिखने और प्रकाशित करने में अगली चौथाई सदी लग गयी। इस बीच उनके दिमाग़ में इसके कलेवर को ले कर पुनर्विचार भी चलता रहा क्योंकि तीसरे खण्ड को पूरा करने तक वे आधा रास्ता ही तय कर पाये थे। नतीजतन पूर्व-प्रस्तावित तीन खण्ड बढ़ कर पाँच हो गये। १९६९ में तीसरे खण्ड 'एक नन्ही किन्दील' को पूरा करने के बाद उनका ख़याल था कि जो बातें वे इस उपन्यास के माध्यम से कहना चाहते हैं, जो अनुभूतियाँ, विचार, अनुभव और सत्य अपने पाठकों से बाँटना चाहते हैं, वे पाँच खण्डों में आ जायेंगे। लेकिन पाँचवाँ खण्ड पूरा करने के बाद योजना फिर बदली और अब की बार उन्होंने सात खण्डों में इसे पूरा कर लेने का पक्का इरादा बना लिया। छठा खण्ड —'पलटती धारा' — उन्होंने १९८९ में समाप्त कर दिया था, लेकिन उसका प्रकाशन अनेक कारणों से टलता रहा। इस बीच वे इसके सातवें और अन्तिम खण्ड को हाथ में ले चुके थे और काफ़ी कुछ लिख भी ले गये थे जब वे आख़िरी बार बीमार पड़े। उपन्यास के अन्तिम २०-२५ अध्याय अभी बाकी थे कि उनका देहान्त हो गया।

---

१ यह अश्क जी के एक शे'र का दूसरा मिसरा है :
'मेरी रचना जीवन के रहस्यों से ख़ाली नहीं है।'

०

'गिरती दीवारें' के पहले खण्ड से ले कर इसके सातवें और अपूर्ण खण्ड तक पहुँचने में अश्क जी को इतना लम्बा अर्सा क्यों लगा, इसके पीछे अनेक कारण हैं। पहला और प्रमुख कारण है —स्वास्थ्य। १९४६ में पहले खण्ड के प्रकाशित होने के समय तक अश्कजी यक्ष्मा-ग्रस्त हो कर सैनेटोरियम में भरती हो चुके थे। हालाँकि वे दो वर्ष बाद रोगमुक्त हो गये, लेकिन वह लम्बी, लगभग जान-लेवा बीमारी अपने पीछे उनके शरीर में ऐसे गहरे निशान छोड़ गयी थी कि वे ज़िन्दगी भर कष्ट पाते रहे। दूसरा कारण था —ज़िन्दगी का उतार-चढ़ाव और आर्थिक संघर्ष, जिसने कभी उन्हें इतनी मोहलत न दी कि वे उपन्यास को इत्मीनान से पूरा कर सकें। जिस तरह का उपन्यास वे लिखना चाहते थे, वह लिखे जाने के लिए पर्याप्त अवकाश चाहता था। फिर यह भी था कि एक विघ्न अन्य प्रकार के व्यवधानों को जन्म देता था। जो कुछ वे कहना चाहते थे, वह तो उनके दिमाग़ में साफ़ था, मगर वक्त के साथ अनेक ब्योरे धुँधले होते गये थे। उन्हें ताज़ा करने के लिए उन जगहों पर जाना ज़रूरी था, जिनसे उपन्यास के प्रसंगों का सम्बन्ध था। दुर्भाग्य से देश के बँटवारे ने आवा-जाही के सिलसिले में दसियों किस्म की दिक्कतें पैदा कर दी थीं। एक कारण शायद यह भी था कि जिस किस्म का प्लॉट और कथानक-विहीन उपन्यास वे लिखना चाहते थे —ऐसा उपन्यास, जिसमें शहर भी पात्रों के रूप में आयें और उपन्यास महज़ कुछ व्यक्तियों की कहानी न हो कर एक युग का चित्र प्रस्तुत करे —उसके अलग-अलग खण्डों के लिए उपयुक्त शिल्प तय करने की भी समस्या थी। यह भी एक कारण था, जिसकी वजह से 'गिरती दीवारें' के पहले और दूसरे खण्ड के बीच इतना अन्तराल है। शैली और शिल्प की समस्या सुलझने के बाद अन्य खण्डों के बीच इतने लम्बे व्यवधान नहीं हैं, मगर वहाँ शेष कारणों का योगदान रहा।

चूँकि अश्क जी अनेक विधाओं में एक साथ सक्रिय रहे, इसलिए इन व्यवधानों का लाभ उन्होंने अन्य रचनाएँ करने के लिए उठाया; लेकिन वे बार-बार अपने इस उपन्यास की ओर लौटते रहे। इसके साथ ही उन्होंने इतनी लम्बी अवधि में और इतने-इतने अन्तरालों के बाद प्रकाशित होने वाले उपन्यास-खण्डों का शिल्प ऐसा रखा कि हर खण्ड अपने आप में स्वतन्त्र रहे, लेकिन जब सभी खण्ड एक के बाद एक पढ़े जायँ तो एक खण्ड के अन्त और दूसरे खण्ड के आरम्भ में कोई अन्तराल न रहे।

०

अश्क जी ने कभी विधिवत डायरी नहीं लिखी। न उपन्यास के विभिन्न खण्ड लिखते वक्त उन्होंने कभी उनके ख़ाके ही बनाये। अगर कोई परिकल्पना होती भी, तो वह उनके मन-मस्तिष्क ही में रहती। वे उसे मन-ही-मन दोहराते रहते, उसमें फेर-बदल करते रहते। कभी-कभी वे लोगों से बातचीत के दौरान या किसी इण्टर्व्यू में या फिर किसी पाठक, मित्र अथवा सहकर्मी को लिखे गये पत्र में या उपन्यास के विभिन्न खण्डों पर लिखी गयी भूमिकाओं में इस उपन्यास के आधारभूत विचारों, उसकी अन्तर्वस्तु और शिल्प का ज़िक्र करते। लेकिन वह भी जैसे तूलिका के मोटे-मोटे स्पर्शों से। इसी तरीके पर अमल करते हुए वे इस उपन्यास के छै वृहद खण्ड लगभग ५० वर्षों के अर्से में लिख ले गये थे। इस सिलसिले में उन्हें कई बार लम्बी-लम्बी यात्राएँ भी करनी पड़ी थीं —जालन्धर, शिमला,

बहरामपुर, लाहौर —जहाँ कि इस उपन्यास में वर्णित प्रसंग घटित होते हैं। सातवें खण्ड के भी ३८ अध्याय उन्होंने लिख लिये थे। अब सिर्फ़ आख़िरी २०-२५ अध्याय शेष थे। लेकिन चूँकि इन २०-२५ अध्यायों में से चार-पाँच अध्याय धर्मशाला से सम्बन्धित थे, इसलिए वे एक बार धर्मशाला जा कर अपनी स्मृति ताज़ा कर लेना चाहते थे। लाहौर वे उपन्यास का छठा खण्ड शुरू करने से पहले १९८० में और फिर १९८९ में उपन्यास का छठा खण्ड ख़त्म करते ही दूसरी बार भी हो आये थे। संयोग से धर्मशाला जाने का अवसर उन्हें १९९१ में मिल गया। हालाँकि तब तक वे उपन्यास की कथा को धर्मशाला के प्रसंग तक नहीं ला सके थे, तो भी चूँकि सुयोग बैठ गया था, हिमाचल प्रदेश के मुख्य मन्त्री श्री शान्ता कुमार ने अश्क जी के लिए गर्मियों भर धर्मशाला में रहने की व्यवस्था कर दी थी, इसलिए अश्क जी उपन्यास को बीच ही में छोड़ कर धर्मशाला चले गये और धर्मशाला से सम्बन्धित अध्याय लिख लाये। लौट कर वे फिर उपन्यास को पूरा करने में जुट गये। लेकिन इसके बाद अश्क जी निरन्तर अस्वस्थ रहने लगे। कुछ तो इस कारण, कुछ इस वजह से कि उपन्यास नियमित रूप से लिखे जाने के लिए जिस एकाग्रता की माँग करता है, वह अश्क जी को उनकी निजी और पारिवारिक परिस्थितियों के चलते उपलब्ध नहीं हो पा रही थी, उपन्यास में लगातार विघ्न पड़ता रहा।

०

अश्क जी अपनी रचनाओं के पहले प्रारूपों में लगातार संशोधन करते रहते थे। कई बार तो यह संशोधन रचनाओं के प्रकाशित हो जाने के बाद भी चलता रहता। 'गिरती दीवारें' और उसके विभिन्न खण्डों के सिलसिले में तो यह और भी सच था। उनका कहना था कि वे उपन्यास सर्वप्रथम अपने लिए लिखते हैं और अपने सन्तोष के लिए ही उसे सँवारते रहते हैं, जैसे कोई माँ अपने बच्चे को लगातार सँवारती है। वे शोध-छात्रों, आलोचकों और शास्त्रियों (एकेडेमिशियनों) के लिए नहीं लिखते कि पाठ-भेद की परवाह करें। उनकी इसी प्रवृत्ति के मद्दे-नज़र मैंने उनसे कहा था कि उन्हें बाकी सारे काम छोड़ कर उपन्यास का पहला प्रारूप फ़ौरन पूरा कर देना चाहिए, चाहे ख़ुद लिख कर अन्यथा, अगर गठिया की वजह से उन्हें लिखने में दुश्वारी हो रही हो तो, किसी को लिखवा कर। बाद में भले ही वे उसे जी भर के सुधारते-सँवारते रहें। लेकिन वे इसे बराबर टालते रहे।

सेहत और दूसरी रुकावटों के अलावा शायद इसके पीछे एक और कारण भी था। अन्तिम दस-पन्द्रह वर्षों के दौरान वे बार-बार कहते थे कि यह उपन्यास उनके जीवन भर की साधना है, इसे पूरा करना उनके जीवन का लक्ष्य है, वे इसे पूरा किये बिना नहीं मरेंगे। उन्होंने ये बातें लोगों को खिझा देने की हद तक इतनी बार दोहरायी थीं कि मुझे लगता है, उन्होंने एक अजीब-सी मनोवैज्ञानिक, मानसिक प्रक्रिया के चलते अपनी ज़िन्दगी को उपन्यास की ज़िन्दगी से नत्थी कर दिया था और उसके सहारे अपनी ज़िन्दगी को भी बढ़ाते चल रहे थे। यानी जब वे कह चुके थे कि उपन्यास पूरा किये बिना वे नहीं मरने वाले तो उपन्यास को जितनी देर में पूरा करेंगे, उतने दिन तो वे जियेंगे ही। यह तब, जब वे एक बार यह भी ऐलान कर चुके थे कि उन्होंने अपना साहित्यिक जीवन एक कवि के रूप में शुरू किया था और एक कवि के रूप में ही उसे समाप्त करेंगे —उपन्यास पूरा करने के बाद एक महाकाव्य लिख कर!

बहरहाल, मेरे कहने का इतना असर ज़रूर हुआ कि जब अश्क जी आख़िरी बार बुरी तरह बीमार हुए तो उन्होंने उपन्यास के अन्तिम २०-२५ अध्यायों की रूप-रेखा, हर अध्याय के आगे दो-दो, चार-चार पंक्तियों के विवरण देते हुए, बोल कर लिखवा दी।

०

उपन्यास के एकदम आख़िरी अंश को पूरा करने से पहले उन अध्यायों को लिखना ज़रूरी था, जिनसे कथा-क्रम धर्मशाला वाले प्रसंग तक पहुँच पाता। लेकिन इसे भी अश्क जी पूरा नहीं कर पाये। १९९५ में वे बीमार हुए तो फिर वे बिस्तर से नहीं उठे और ख़ासी तकलीफ़ पा कर, उपन्यास को पूरा करने की हसरत मन में लिये ही चले गये। इसीलिए उपन्यास न केवल अपूर्ण है, बल्कि धर्मशाला वाले प्रसंग से पहले भी एक फाँक है। मैंने यथासम्भव अश्क जी के नोट्स से इसे भरने की कोशिश की है और उपन्यास के अन्त को भी, अश्क जी से की गयी बातचीत और उनके पत्रों, साक्षात्कारों, भूमिकाओं आदि की मदद से यों प्रस्तुत करने की कोशिश की है कि यह अधूरापन दूर हो जाय।

इसमें कोई सन्देह नहीं है कि इस उपन्यास को, सिवाय इस तरीके के, और किसी ढंग से पूरा करना सम्भव नहीं था। अश्क जी जैसा उपन्यास लिख रहे थे, जिस शैली में लिख रहे थे, जो शिल्प उन्होंने चुना था, जिन अनुभवों को वे व्यक्त करना चाहते थे — उस सब को देखते हुए उपन्यास को उन्हीं की तर्ज़ पर पूरा करना किसी और के बस की बात नहीं थी। उपन्यास आत्मकथात्मक ज़रूर था, पर वह उनकी आत्मकथा नहीं था। इस बात को वे बार-बार रेखांकित करते रहते। फिर वे लिखने के दौरान पात्रों और प्रसंगों की स्वाभाविक दशा-दिशा का अनुसरण करते। अगर कथा के क्रम में पात्र या प्रसंग नयी सम्भावनाओं का संकेत देते और अगर उपन्यास के आधार-भूत ढाँचे में इन सम्भावनाओं को समोने की गुंजाइश होती तो वे उन्हें उठाने और परखने से गुरेज़ नहीं करते थे।

यह बात भी ग़ौर-तलब है कि उनके अनुसार "अपने तमाम अनुभवों में लेखक को उन्हीं पर लिखना चाहिए, जिन्हें वह बेशकीमत समझता हो।" उन्होंने यह बात बार-बार दोहरायी थी कि उपन्यास की "मूल प्रेरणा तो १९३४-३६ के बीच की ज़िन्दगी के वे अनुभव थे, जिन्हें कलम की नोक पर रखे बिना मैं आज तक चैन नहीं पा सका....कि जब-जब मैंने कोई दूसरा उपन्यास लिखने की सोची, वे अनुभव मेरे रास्ते की दीवार बन गये और बिना उन्हें पूरी तरह अभिव्यक्त किये, मेरे लिए आगे बढ़ना कठिन हो गया और मैं बार-बार दूसरी विधाओं में भटक कर, फिर उन्हीं अनुभवों और उन्हें व्यक्त करने वाली सक्षम विधा —उपन्यास —पर वापस आ गया।"

जैसा कि अश्क जी ने अनेक स्थानों पर ज़िक्र किया है, १९३४-३६ के बीच उनकी निजी पारिवारिक ज़िन्दगी में कुछ ऐसी दुर्घटनाएँ हुईं, जिन्होंने उन्हें ज़िन्दगी पर गहराई से विचार करने के लिए विवश कर दिया। न केवल वे अपनी कल्पना की दुनिया से यथार्थ की कठोर धरती पर आ रहे, बल्कि जीवन की घोर व्यर्थता भी उनके सामने प्रकट हो गयी। तब पहली बार उनके मन में कुछ बुनियादी सवाल उठे —"हम क्यों जीते हैं? जिजीविषा के अलावा, जो महज़ इण्ट्यूटिव (intuitive) है, ऐसी कौन-सी प्रचालन शक्तियाँ हैं, जो हमारे पहलू में एड़ लगाती हैं और हम ज़िन्दगी की शाहराह (राजपथ) पर सरपट भागते हैं? प्यार क्या है?. . . नियति क्या है? वह आदमी की ज़िन्दगी पर कैसे प्रभाव डालती

है? मौत क्या है और यह ज़िन्दगी के तमाम संघर्ष, तगो-दौ, अपरम्पार प्रयत्नों को एक ही प्रहार से क्यों व्यर्थ और बेसूद कर जाती है? जब इस तमाम व्यर्थता के बावजूद हम आत्महत्या नहीं कर पाते और ज़िन्दगी जीते हैं, तब सवाल पैदा होता है कि हम इस छोटी-सी व्यर्थ ज़िन्दगी को क्यों, कैसे और किसके लिए जियें? और कैसे उस व्यर्थता को सार्थक बनायें?"

इन प्रश्नों पर विचार करते हुए अश्क जी ने जीवन की तीन आधारभूत प्रचालन शक्तियों की शिनाख़्त की। पेट की भूख, सेक्स की भूख और अहं की भूख। इन प्रचालन-शक्तियों को अश्क जी ने अपने ही नहीं, दूसरों के जीवन में भी जगह-जगह लक्षित किया। इसके साथ-साथ उन्होंने प्यार के विभिन्न रूपों का भी जायज़ा लिया और नियति के प्रश्न को भी जाँचा-परखा। सम्भव है, बहुत-से लोग नियति के प्रश्न को ग़ैर-ज़रूरी समझें, लेकिन इस सवाल में कुछ तो है कि जीवन को कार्य-कारण की शृंखला मानने वाले मार्क्सवादियों ने भी इस पर विचार किया है। एंगेल्स के 'डायलेक्टिक्स ऑफ़ नेचर' में एक अंश 'इत्तफ़ाक' (chance) पर भी है।

बहरहाल, इन प्रश्नों पर विचार करने के क्रम में अश्क जी की निगाह अपने परिवेश पर भी गयी। उन्होंने पाया कि समाज में व्यक्तियों के बीच ही नहीं, वर्गों और समुदायों के बीच अनेक अदृश्य दीवारें खड़ी हैं; कि तरह-तरह की विषमताओं ने समाज को ग्रसा हुआ है; कि व्यक्ति और समाज के बीच एक जटिल रिश्ता है; कि बहुत-सी गड़बड़ियों के स्रोत दरअसल समाजगत होते हैं और समाज को बदले बिना मनुष्य का विकास सम्भव नहीं है।

इसी मुकाम पर अश्क जी ने एक निम्न-मध्यवर्गीय युवक के पाँच वर्षों की ज़िन्दगी के सूक्ष्म और विशद चित्रण के माध्यम से इन सारे प्रश्नों की खोज करने और उन्हें उकेरने का फ़ैसला किया। और अवधि चुनी १९३१-३६। ज़ाहिर है, उपन्यास के नायक चेतन के माध्यम से उसका निजी और पारिवारिक जीवन ही नहीं, बल्कि उसका परिवेश और वह युग भी उपन्यास में चला आया। चेतन की कहानी महज़ उसकी अपनी कहानी नहीं रह गयी, उस समूचे युग की सैरबीनी (panoramic) तस्वीर बन गयी।

दिलचस्प बात है कि आज पीछे मुड़ कर उस युग पर नज़र डालने पर सहज ही उसकी अपनी विशेषताएँ उजागर हो उठती हैं। १९३० के नमक सत्याग्रह और १९३७ की प्रान्तीय असेम्बलियों के बीच के काल ही में आगे की उन अनेकानेक घटनाओं के सूत्र छिपे हुए हैं, जो अन्ततः हिन्दुस्तान के इतिहास की सबसे हृदय-विदारक घटना —देश के विभाजन —के रूप में सामने आयीं। १९३६ का वर्ष स्वयं अश्क जी और उनके उपन्यास के नायक चेतन के व्यक्तिगत जीवन के सन्दर्भ में ही अहमियत नहीं रखता था, बल्कि बाहरी हलचल के सन्दर्भ में भी महत्वपूर्ण था। इसी वर्ष प्रगतिशील लेखक संघ की बुनियाद रखी गयी, 'गोदान' का प्रकाशन हुआ, प्रेमचन्द नहीं रहे और नमक सत्याग्रह के बाद स्वाधीनता आन्दोलन में आयी शिथिलता टूटी, जिसका परिणाम प्रान्तीय असेम्बलियों के रूप में प्रकट हुआ।

इस तरह, उपन्यास का नायक चेतन एक पात्र ही नहीं, वह फलक भी है जिस पर अश्क जी ने यह विराट चित्र अंकित किया है। लेकिन इसकी शिनाख़्त एक गहरे पाठ की अपेक्षा रखती है, क्योंकि जैसा अश्क जी ने स्वीकार किया है —

"मैंने जब उपन्यास लिखना शुरू किया था तो कला की सबसे बड़ी ख़ूबी यह समझी जाती थी कि लेखक अपनी कलाकृति में स्वयं कुछ न कहे, स्वयं किसी तरह की दख़लन्दाज़ी न करे। उसे जो कहना है, अपनी रचना और उसके पात्रों के माध्यम ही से कहे। यही नहीं, यह भी कि उसके पात्र अपने सोच-समझ और अनुभव के दायरे से बाहर की बात न करें। उपन्यास में लाख काल्पनिक पात्र या प्रसंग हों, लेकिन वे पाठक को सच्चे, खरे और ऑथेण्टिक लगें।"

इसी उद्देश्य को सामने रख कर अश्क जी ने इस महागाथा का ताना-बाना तैयार किया और १९३४-३६ के बीच के अनुभवों को केन्द्र में रख कर इस विराट चित्र की पटकथा रची।

ये अनुभव अश्क जी के लिए यकीनन बेशकीमत थे, लेकिन वे थे अन्ततः अश्क जी ही के। लिहाज़ा 'इति नियति' को प्रकाशित करते वक्त पाठकों की सुविधा के लिए अश्क जी के पत्रों और साक्षात्कारों और उनसे की गयी बातचीत और उनके नोट्स के आधार पर एक कथा-सार धर्मशाला वाले प्रसंग से पहले और एक उपन्यास के अन्त में दे दिया गया है और इस तरह जो उपन्यास अश्क जी ने १९९० में शुरू किया था, वह अब पाठकों के सामने प्रस्तुत है।

०

'इति नियति' में अश्क जी ने उपन्यास के नायक —चेतन —की कहानी का सिरा वहीं से थामा है, जहाँ उन्होंने छठे खण्ड —'पलटती धारा' —में उसे छोड़ा था।

विभाजन-पूर्व पंजाब की राजधानी लाहौर में एक निम्न-मध्यवर्गीय युवक चेतन अपनी पारिवारिक परिस्थितियों के चलते साहित्यकार बनने की योजना छोड़ कर सब-जज बनने के प्रयास में कानून की पढ़ाई करने लगता है। इसी दौरान वह अपने जीवन के सर्वाधिक निर्णायक मोड़ पर आ पहुँचता है। एक ओर साहित्यकार बनने की उसकी आकांक्षा है, लाहौर का हिन्दी-उर्दू साहित्यिक जगत है; दूसरी ओर अपनी वैवाहिक ज़िन्दगी में अचानक उठे तूफ़ान के चलते सामाजिक प्रतिष्ठा प्राप्त करने की उसकी जद्दो-जेहद है, आर्थिक संघर्ष है, कानून की कठिन, जी-तोड़ पढ़ाई है।

इसी बीच उसे पता चलता है कि उसकी पत्नी को, जिसे वह प्रारम्भिक वितृष्णा के बाद बेहद प्यार करने लगा है और जिसके कारण उसने सब-जज बनने की ठान रखी है, तपेदिक हो गया है। वह अपनी पत्नी को बचाने के प्रयास शुरू करता है, यहाँ तक कि उसे सैनेटोरियम में भी भरती करा देता है। साथ ही वह कानून की तैयारी करता है, पैसे कमाने के लिए हर हफ़्ते एक कहानी लिखता है।

चेतन विशेष योग्यता से कानून की परीक्षा तो पास कर लेता है, लेकिन अपनी पत्नी को नहीं बचा पाता। वह उसे तिल-तिल कर मृत्यु के मुख में सरकते देखता है और अपनी पत्नी के प्रति अपने परिवार के अन्य सदस्यों की निर्ममता से भी दो-चार होता है। यही नहीं, बल्कि उसे अचानक पता चलता है कि जिस कारण से उसने सब-जज बनने का संकल्प धरा था, वह भी दूर हो गया है। मानो नियति ने उसके जीवन की स्लेट को एकबारगी साफ़ कर दिया है और उसे फिर एक बार उसी मुकाम पर ला खड़ा किया है,

जहाँ से उसने अपनी ज़िन्दगी का यह पुरपेच, तकलीफ़देह दौर शुरू किया था।

जीवन के इस निर्णायक मोड़ पर चेतन एक गहरे आत्म-निरीक्षण और अन्तर्मन्थन से गुज़रता है। उसके जीवन का एक यातना-भरा अध्याय पूरा हो चुका है और उसे रिक्त छोड़ गया है। लेकिन अनेक सम्भावनाओं से भरा जीवन का अगला दौर उसके सामने है। अपने जैसे अनगिनत निम्न-मध्यवर्गीय युवकों की तरह वह ऊहा-पोह और अनिश्चय से ग्रस्त है। वह नियति के इस दुर्दम प्रहार और जीवन की अपार निरर्थकता के बारे में विचार करता है और आत्म-हत्या की भी बात सोचता है। लेकिन अन्त में, अपनी परिस्थिति के सारे पहलुओं पर ग़ौर करके वह फ़ैसला करता है कि ज़िन्दगी जीने के लिए है। सवाल बस इतना है कि उसे सार्थक कैसे बनाया जाय। इस निर्णय पर पहुँच कर वह अपने लिए एक उपयुक्त रास्ता चुन लेता है।

o

उपन्यास निस्सन्देह अपूर्ण है। वैसे ही, जैसे मार्सेल प्रूस्त का वृहदाकार उपन्यास —'बीते हुए दिनों की याद में' —अपूर्ण है। लेकिन 'गिरती दीवारें' जैसे उपन्यास के सन्दर्भ में पूर्णता-अपूर्णता की चर्चा बेमानी है। उपन्यास के बारे में इसके पहले खण्ड की भूमिका में अश्क जी ने बड़े विस्तार से चर्चा की थी। इसकी मूल प्रेरणा, शैली, शिल्प और अन्तर्वस्तु के बारे में। अश्क जी ने भूमिका में १९३७-३८ की एक घटना का उल्लेख करते हुए बताया था कि वे ऐसा उपन्यास लिखना चाहते थे —'जो जीवन ही की तरह चले, बढ़े और फैले; पहले से तयशुदा आरम्भ या अन्त उसका न हो। ऐसे उपन्यास का अन्त पहले से निश्चित हो भी कैसे सकता है? अन्त तो व्यक्तियों का निश्चित है। जीवन तो अविरत हिलोरें लेने वाले महासागर-सा अक्षय है।'

ज़ाहिर है, ऐसे जीवन-सरीखे उपन्यास की रचना करने की ख़ातिर अश्क जी के लिए उपन्यास लेखन की सभी प्रचलित अवधारणाओं से बिलकुल अलग अवधारणा को अपनाना ज़रूरी था। एक सर्वथा नयी ज़मीन तोड़ना ज़रूरी था। चूँकि उसी अर्से के दौरान ज़िन्दगी को देखने के उनके नज़रिये में क्रान्तिकारी परिवर्तन हुआ था, इसलिए भी एक नयी राह पर चलना उन्हें मुनासिब लगा था। अश्क जी के शब्दों को उद्धृत करें तो —"पहले मन कुछ ऐसे कल्पना-लोक में रहता था कि निकट का कूड़ा-करकट, भूख-ग़रीबी, रोग-शोक, गन्दगी-ग़लाज़त —कुछ भी दिखायी न देता था।" लेकिन इस बदली हुई दृष्टि से देखने पर उन्हे लगा कि "मानव तो गुण-दोषों से बना है; कि जीवन तो कूड़े-करकट, धुएँ-धुन्ध, गर्द-गुबार, कीचड़ और दलदल से अटा पड़ा है; कि प्रकृति मानव के सुख-दुख से नितान्त उदासीन, अपनी आभा और अपरूपता बिखेरती है और वह अपने सुख-दुख के चश्मे से उसे देखता है; कि वह इतना सरल नहीं कि देवता हो; वह पासे का सोना नहीं, अष्ट धातु का मिश्रण है; कि उसके बाहर ही उलझनों का विस्तार नहीं, उसके अन्तर में भी बेगिनती स्तर हैं, जिनके नीचे ऐसी-ऐसी अँधेरी कन्दराएँ हैं, जिनकी झाँकी मात्र कँपा देने को यथेष्ट है। और मैंने सोचा कि . . . इस अष्ट धातु से बने मानव का चित्रण क्यों न किया जाय। . . . मेरी आकांक्षा बड़ी थी; अनुभूतियाँ भी बड़ी (गहरी) थीं; बीसियों छोटे-छोटे अनुभव थे, जो नाटकों अथवा कहानियों में —जैसी नख-शिख से दुरुस्त कहानियाँ मैं तब लिखता था —न समा सकते थे और मैंने देखा था कि जीवन तो वास्तव में उन्हीं छोटे-छोटे

अनुभवों, उन्हीं नन्ही-नन्ही, प्रकट में अकिंचन और निरर्थक, पर यथार्थ जीवन पर गहरा असर छोड़ जाने वाली तफ़सीलों से बना है और मैंने निम्न-मध्यवर्ग के एक साधारण युवक के जीवन का ख़ाका खींचने का फ़ैसला कर लिया। मैंने उपन्यास का जो ढाँचा बनाया, वह उन्हीं अनुभूतियों को दृष्टि में रख कर बनाया और उस युवक के जीवन के पाँच वर्ष ले लिये और सोचा कि पाँच वर्ष के उस जीवन पर तीन भागों में एक बड़ा उपन्यास लिखूँगा। ....जैसा उपन्यास मैं लिखना चाहता था, वह पुराने पैटर्न (बुनावट) पर चल न सकता था और नया पैटर्न मेरे पास था नहीं। तब मैंने नये पैटर्न की खोज की।"

उपन्यास की अन्तर्वस्तु और उसके रूपाकार की इस खोज में अपने तईं एक उपयुक्त रास्ते की तलाश करते हुए अश्क जी अजाने ही साहित्य के दायरे से बाहर आ कर इतिहास और समाज-शास्त्र के दायरे में कदम रख चुके थे। ख़ास तौर से इतिहास-लेखन के दायरे में।

सभी इतिहास उपन्यास नहीं होते, लेकिन सभी उपन्यास इतिहास होते हैं, भले ही वे ऐतिहासिक विषय-वस्तु अथवा चरित्रों पर नहीं, वरन सामान्य मनुष्यों पर लिखे जा रहे हों। इसी सम्बन्ध के चलते उपन्यास-लेखन की अवधारणा की तरह इतिहास-लेखन की अवधारणा भी बदलती रहती है। एक नज़रिये के मुताबिक इतिहास राजा-रानियों, युद्धों और साम्राज्यों का इतिवृत्त मात्र होता है। अगर ऐसे इतिहास में सामान्य जन-जीवन का कोई उल्लेख होता भी है तो वह उसी उच्च धरातल और दृष्टिकोण से देखा गया विवरण होता है। इतिहास-लेखन का दूसरा नज़रिया सामाजिक अन्तर्धाराओं और परिवर्तनों को केन्द्र में रखते हुए एक ऐसा इतिवृत्त तैयार करने की कोशिश करता है, जिसमें समाज की, युग की, सर्वांगीण झाँकी प्राप्त हो सके। किसी हद तक उपन्यास-लेखन की अवधारणा भी इन दो नज़रियों से प्रभावित होती रहती है। एक ओर आदि-मध्य-अन्त के साथ तयशुदा आरम्भ और समापन वाले उपन्यास हैं, जिनमें पहले से सुनिश्चित एक प्लॉट और कथानक है और पात्र भी पूर्व-निर्धारित हैं। दूसरी ओर पूर्व-निर्धारित आरम्भ और पूर्व-निश्चित अन्त के बिना ऐसे उपन्यास हैं, जिनमें कोई कथानक नहीं है; है भी तो बहुत ढीला-ढाला और पात्र भी घटते-बढ़ते रहते हैं। ऐसे उपन्यास चरित्रों से भी ज़्यादा जीवन की कहानी बयान करते हैं।

नायक के अन्तर्मन और उसके बाह्य जगत का जैसा ख़ाका अश्क जी अपने उपन्यास में खींचना चाहते थे, ज़िन्दगी के जिन छोटे-छोटे ब्योरों को वे दर्ज करने के इच्छुक थे — पूर्व-निर्धारित आरम्भ और पूर्व-निश्चित अन्त के बिना, ढीले-ढाले कथानक के आधार पर — वह उपन्यास के प्रचलित रूपाकार से बिलकुल अलग था। ऐसे उपन्यास में शहर भी पात्र बन जाते और पात्र चित्र-फलक का रूप ले लेते, जिस पर युग की झाँकी चित्रित की जा सकती थी —उसके सारे ब्योरों के साथ। प्रकट ही, ऐसा उपन्यास इतिहास की दूसरी अवधारणा के ज़्यादा करीब पड़ता था। इसीलिए हैरत नहीं कि 'गिरती दीवारें' और उसके विभिन्न खण्डों ने साहित्य के पाठकों के साथ-साथ इतिहास और समाज-शास्त्र के विद्यार्थियों का भी ध्यान आकर्षित किया। अमरीका से एक पाठक नरेन्द्र नाथ ने लिखा — "मैं राजनीति और समाज-शास्त्र का विद्यार्थी हूँ। मैंने हमेशा यह महसूस किया है कि पंजाबी ज़िन्दगी के जिस हिस्से पर आपने लिखा है, वह साहित्यिक दृष्टि से तो दिलचस्प है ही,

पर कला वग़ैरह के अलावा समाजशास्त्रीय दृष्टिकोण से और भी महत्वपूर्ण है। मैं १९४२ में पैदा हुआ था। लिहाज़ा आपके माध्यम से जो दुनिया मेरी पीढ़ी के सामने आयी, वह आपकी किताबों के बिना बहुत करीब, मगर अनजान रह जाती। ऐसा हो जाने का मलाल अन्धे-बहरे रह जाने के अफ़सोस से कम न होता। हमारे जैसे पाठकों के लिए लिखना उस कहानी का पहला हिस्सा बुनना है, जो हम तक आ कर गुम हो जाती है और जिसे जाने बिना हम अधूरे हैं।"

यह पत्र अश्क जी के उपन्यास के बारे में राजनीति और समाज-शास्त्र के एक विद्यार्थी और अध्येता की प्रतिक्रिया प्रकट करने के अलावा इतिहास-लेखन की एक विशेषता की ओर भी इशारा करता है। इतिहास-लेखन मनुष्य और समाज के जीवन को, एक अनवरत प्रक्रिया को, निरन्तरता में देखने का प्रयास है। हम इतिहास के किसी खण्ड को उठायें, उसका सम्बन्ध अनिवार्य रूप से उस खण्ड-विशेष से पहले और बाद के खण्डों से जुड़ता है। इसलिए इतिहास का कोई पूर्व-निश्चित आरम्भ या पूर्व-निर्धारित अन्त नहीं होता। कार्य-कारण की एक शृंखला ही में इतिहास को देखा और अंकित किया जा सकता है। हम जहाँ भी विराम दें, उससे पहले कार्य-कारण में बँधी, एक निरन्तर विकसित होती हुई धारा तो होती ही है, आगे भी अनेक सम्भावनाएँ खुलती नज़र आती हैं। 'गिरती दीवारें' की तो यह ख़ासियत है ही, 'खुले अन्त' वाले ऐसे ही अन्य उपन्यासों की भी है। 'गोदान' में जहाँ प्रेमचन्द होरी की कथा का अन्त करते हैं, वहाँ गोबर के शहर जाने से उभरती सम्भावनाएँ 'गोदान' के एक उत्तरवर्ती खण्ड की ओर संकेत करती महसूस की जा सकती हैं। इसलिए भी ऐसे उपन्यासों का महत्व उनकी पूर्णता-अपूर्णता के सन्दर्भ में नहीं, बल्कि इस निरन्तर प्रवहमान धारा के चित्रण के सन्दर्भ में ही हो सकता है। और है भी।

यहाँ यह भी ग़ौर-तलब है कि हिन्दुस्तान में इतिहास-लेखन की वैसी परम्परा कभी नहीं रही, जैसी हमें यूनान, मध्य-पूर्व या फिर यूरोप में मिलती है। न तथ्यों और घटनाओं को दर्ज करने की प्रवृत्ति, न वृत्तान्त लिखने की। इसके विपरीत इतिहास के मिथकीकरण और पुरा-कथाओं को इतिहास मान लेने की प्रवृत्ति अलबत्ता दिखायी देती है। उपन्यास की विधा ही की तरह इतिहास-लेखन की परम्परा पश्चिम से आयी है। पहले मध्य-पूर्व से आने वालों के माध्यम से, फिर अंग्रेज़ों के ज़रिये। इसीलिए हम पाते हैं कि अवधी और ब्रजभाषा के वर्चस्व के बावजूद गद्य सबसे पहले उस उभरती हुई भाषा में लिखा जाता है, जिसने आगे चल कर उर्दू और खड़ी बोली हिन्दी के दो स्पष्ट रूप लिये। इस सब का असर हिन्दी में उपन्यास-लेखन पर भी पड़ा है। साथ ही इसमें कथानक की आदि-मध्य-अन्त वाली नाट्य-शास्त्रीय अवधारणा ने भी अपने तरीके से योग दिया है और चूँकि यहाँ सामन्तवाद की जड़ें पूरी तरह उखाड़ी नहीं जा सकीं, जैसा कि यूरोप में हुआ, इसलिए भी उपन्यास की विधा —जो यूरोप में पूँजीवाद और औद्योगिक क्रान्ति के उदय के साथ उदित हुई थी — यहाँ काफ़ी दिनों तक रूमानीपन से ग्रस्त रही। यहाँ तक कि प्रेमचन्द का यथार्थवाद भी, रूमानीपन के ख़तरे से बचने के बावजूद, 'गोदान' से पहले के उपन्यासों में आदर्शवाद से बच नहीं सका।

अश्क जी ने, जैसा कि उन्होंने बार-बार लिखा भी है, एक लम्बे अर्से तक रूमानी और काल्पनिक कहानियाँ लिखने के बाद जब अपने अनुभवों के आलोक में यथार्थवाद को

अपनाया तो उन्होंने अपने लेखन के नये दौर की शुरुआत वहीं से की, जहाँ प्रेमचन्द ने 'गोदान' में उसे पहुँचाया था। 'गिरती दीवारें' में अश्क जी ने हिन्दी उपन्यास-लेखन की परम्परा को एक नयी दिशा में बढ़ाने की कोशिश की। इसके साथ-साथ अजाने ही उन्होंने बहुत पहले से चली आ रही उस भारतीय परम्परा को भी आत्मसात किया, जिसकी सबसे बड़ी मिसाल हमें 'महाभारत' में मिलती है। ढीले-ढाले कथानक में विषयान्तरों के साथ गुँथी हुई अनेकानेक कथाएँ-उपकथाएँ। स्मृति और चेतना-प्रवाह का अन्तर्गुम्फन। बीसियों पात्र और प्रसंग और घटनाएँ और यह सब एक विराट आख्यान (नैरेटिव) में बुना हुआ। एक युग का चित्रण। अकारण नहीं है कि 'गिरती दीवारें' के शिल्प की इस विशेषता को सबसे पहले कवि शमशेर बहादुर सिंह ने लक्षित किया —

> " 'गिरती दीवारें' का टेकनीक हमारे पुराने मन्दिरों की मूर्ति-कला की याद दिलाता है, जिनकी दीवारें मूर्तियों से भरी होती थीं। एक बीच की बड़ी मूर्ति फिर अगल-बग़ल दो-चार —उससे छोटी, फिर इनके चारों तरफ़, इन मूर्तियों की कथा चित्रित करती हुई, छोटी-छोटी अनेक मूर्तियाँ —देवी-देवता, उनके गण और सेवक और उनकी लीलाएँ।"

'गिरती दीवारें' के तीसरे खण्ड 'एक नन्ही किन्दील' पर आयी पत्र-प्रतिक्रियाओं में से एक में सुधी पाठक श्रीराम विद्यार्थी ने फिर इस ख़ासियत को रेखांकित किया —

> "किन्दील —जन-सामान्य के 'स्व' का संघर्ष! सृष्टि के पटल पर अपने 'स्व' को मान्यता दिलवाने, उसे एक एण्टिटी (entity) के रूप में स्थापित करने की जन-सामान्य की चेष्टाओं का सम्वेदनशील चित्रण है, प्रेरक भी और मोहक भी, क्योंकि सारी कृति आईनों की मीनाकारी से तैयार किया गया एक ऐसा गुम्बद लगती है, जिसके आईनों में उभरते हुए बिम्ब, हम सबके अपने ही बिखरे हुए बिम्ब हैं, छितरी हुई संज्ञाएँ हैं। हम सब इनमें से कुछेक को चुन कर अपनी-अपनी मनमानी तस्वीर खड़ी कर सकते हैं और अपने आपको 'महत्वपूर्ण' महसूस कर सकते हैं, क्योंकि हम उन 'टुकड़ों' को पढ़ कर महसूस करते हैं कि जो कुछ हम रोज़ भोगते हैं, उसका कुछ अर्थ होता है।"

जो लोग कथ्य और शिल्प के अन्तर्सम्बन्ध से परिचित हैं, वे जानते हैं कि शिल्प की विशेषता कथ्य की भी विशेषता होती है। यह 'गिरती दीवारें' का कथ्य ही था, जिसने उसके शिल्प को निर्धारित किया और एक बार शिल्प तय हो गया तो वह अपने तरीके से कथ्य में दख़लन्दाज़ी करने लगा और फिर दोनों एक-दूसरे को सहारा देते हुए उपन्यास के शेष खण्डों में विकसित हुए। इसीलिए 'गिरती दीवारें' और उसके अन्य खण्डों में ब्योरों की इतनी भरमार है, जिस पर हिन्दी के आलोचकों ने इतनी आपत्तियाँ उठायी हैं। लेकिन ब्योरों की भरमार तो दूसरी बहुत-सी कृतियों में है। 'महाभारत' का तो ज़िक्र किया ही गया है। जायसी का 'पद्मावत' और तुलसी का 'रामचरितमानस' भी सैकड़ों साधारण ब्योरों से भरा पड़ा है। इसलिए समस्या 'गिरती दीवारें' के शिल्प और वर्णन-शैली की नहीं है।

असली दिक्कत शायद यह है कि हिन्दी आलोचकों का, जो एक लम्बे अर्से तक रूमानी, काल्पनिक कथाओं की ख़ूराक पर पले थे, 'गिरती दीवारें' से पहले ऐसी किसी कथा-कृति से सामना ही नहीं हुआ था।

फिर, जैसा कि 'गिरती दीवारें' के सुधी विश्लेषक (मैं यहाँ 'शोधार्थी' शब्द से जान-बूझ कर गुरेज़ कर रहा हूँ) ड्यूक विश्वविद्यालय, डरहम (अमरीका) के हिन्दी अध्यापक डॉ० रमेश शौनक ने चिह्नित किया है कि —" 'गिरती दीवारें एक बात में अनोखा है —यह हिन्दी के उन चन्देक उपन्यासों में प्रमुख है, जहाँ उपन्यास के नायक को ऐट वर्क (at work) याने कार्य-रत दिखाया गया है —गर्दन, कमर और दिल तोड़ने वाली तमाम पीड़ाओं, कुण्ठाओं और झगड़े-झंझटों के साथ दैनन्दिन चर्या में डूबे हुए —और अन्ततः इस एहसास से सन्तुष्ट कि उसने कुछ-न-कुछ उपलब्ध कर लिया है।.... अपवाद स्वरूप चन्द कहानियों को छोड़ कर यह 'कार्य-रतता' हिन्दी गद्य साहित्य में खलने की हद तक अनुपस्थित है।"

इससे एक कदम आगे बढ़ कर शिकागो विश्वविद्यालय की एक अन्य सुधी विश्लेषक डॉ० डेज़ी रॉकवेल ने अपनी पुस्तक में चिह्नित किया है कि 'गिरती दीवारें' की विशेषता यह भी है कि, अलावा अन्य बातों के, यह उपन्यास एक उपन्यास के लिखे जाने की कहानी कहता है। इसका नायक चेतन एक निम्न-मध्यवर्गीय युवक है, जिसकी ख़्वाहिश एक कथाकार-उपन्यासकार बनने की है। अश्क जी ने उसे ज़िन्दगी के तमाम अनुभवों के बीच उपन्यास लिखने की कोशिशें करते चित्रित किया है। वह बार-बार पूर्व-निश्चित प्लॉट और चरित्र वाला एक उपन्यास लिखने की कोशिश करता है, लेकिन बार-बार ज़िन्दगी की हकीकतें उसे ऐसे उपन्यास की व्यर्थता का एहसास करा देती हैं। डेज़ी रॉकवेल के अनुसार घनघोर बारिश में उमड़ आये नाले की बाढ़ में नायक चेतन के उपन्यास की कापी का बह जाना दरअसल एक रूपक है, जो उपन्यास के अन्त में अपने जीवन की तकलीफ़देह त्रासदी के कारण चेतन की सारी पूर्वकल्पित योजनाओं और रूमानी धारणाओं के उड़न छू हो जाने का संकेत देता है। डेज़ी रॉकवेल ने इस बात को भी रेखांकित किया है कि 'गिरती दीवारें' के नायक चेतन के मन में रँगरेज़ों, खिलौने बनाने वालों, पटफेरों, बुनकरों, सोडा वाटर वालों, लोहारों, कैंचियाँ और चाभियाँ बनाने वालों के प्रति जो सहज आकर्षण है और अश्क जी ने चेतन को एक कैनवस की तरह इस्तेमाल करते हुए, कारीगरों और उनकी कारीगरी के जो सूक्ष्म, विस्तृत विवरण दिये हैं, उनके माध्यम से अश्क जी यह इशारा करते नज़र आते हैं कि उनकी रचनात्मक विरासत इन्हीं सामान्य कारीगरों में है। उपन्यासकार अन्य कारीगरों की तरह ही एक कारीगर है, कोई 'स्वयंभू कलाकार' नहीं। ज़ाहिर है, कलाकार और कला-कर्म का यह मॉडल उस पतनशील साहित्यिक संस्कार को पूरी तरह नकार देता है, जिसका आम जनता की ज़रूरतों और सरोकारों से कोई सम्पर्क नहीं होता और एक 'बन्द' कलाकर्म और कलाकर्मी समुदाय और उसके फ़ैशन तक सीमित रह जाता है।

हिन्दी कथा-जगत में 'गिरती दीवारें' और उसके विभिन्न खण्डों का आना कुछ-कुछ वैसा ही था, जैसे फ़िल्मों की रूमानी, आदर्शवादी, फ़ार्मूला-बद्ध दुनिया में सत्यजित राय की 'पथेर पांचाली,' 'अपराजितो' और 'अपूर संसार' की फ़िल्म-त्रयी का आना।

हिन्दी का साहित्यिक जगत शायद इस परिघटना के लिए तैयार नहीं था। कदाचित अब तक तैयार नहीं हो पाया है। कुछ कारण तो बोध और हिन्दी आलोचना की प्रतिमान-निर्धारण की प्रक्रिया से जुड़े थे, लेकिन बहुत-से कारण हिन्दी की अपनी साहित्यिक राजनीति से भी सम्बन्धित थे, जिनमें व्यक्तिगत सम्बन्धों और आचार-व्यवहार

की अपनी भूमिका थी। अश्क जी के अपने व्यक्तित्व का भी कम हाथ नहीं था। उनकी मुँहफट आक्रामकता और लोगों को खिझाने की प्रवृत्ति ने भी उनके उपन्यास के तटस्थ मूल्यांकन में बाधाएँ पैदा कर दी थीं। यही वजह है कि उपन्यास के पहले खण्ड का भरपूर स्वागत हुआ था, लेकिन उसके अगले खण्डों को उत्तरोत्तर विरोध से गुज़रते हुए अन्ततः उपेक्षा और मौन का सामना करना पड़ा।

लेकिन जहाँ तक पाठकों का सवाल है, उन्होंने 'गिरती दीवारें' और उसके अगले खण्डों को दिल से लगाये रखा और यही तथ्य अश्क जी के भीतर उपन्यास को पूरा करने के संकल्प को बल और शक्ति प्रदान करता रहा। इस संकल्प को और भी दृढ़ता प्रदान करने में जिन व्यक्तियों की भूमिका है, उनमें शमशेर बहादुर सिंह और शिवदान सिंह चौहान और श्रीमती विजय चौहान जैसे साहित्यकार, नरेन्द्रनाथ जैसे राजनीति और समाज-शास्त्र के विशेषज्ञ या फिर श्रीराम विद्यार्थी जैसे सुधी पाठक तो हैं ही, हिन्दी साहित्य के कुछ अन्य अध्येता भी हैं। इस सन्दर्भ में पहला नाम यूत्रेख़्त विश्वविद्यालय (हॉलैण्ड) के प्रोफ़ेसर पीटर ग्याफ़्के का है, जिन्होंने पहली बार 'गिरती दीवारें' उपन्यास शृंखला को बीसवीं सदी के हिन्दी उपन्यास-साहित्य में एक मानक का दर्जा देते हुए यह स्थापित किया कि १९४७ के बाद के हिन्दी उपन्यास साहित्य का आकलन 'गिरती दीवारें' उपन्यास-माला के सन्दर्भ में ही किया जा सकता है।

दूसरी ओर 'गिरती दीवारें' को एक बिलकुल अलग दृष्टिकोण से परखते हुए इतिहास और समाज-शास्त्र की विशेषज्ञ डॉ० सुषमा अब्बी ने उपन्यास के दूसरे खण्ड 'शहर में घूमता आईना' को आधार बना कर उसका ऐतिहासिक और समाज-शास्त्रीय अध्ययन प्रस्तुत किया।

इस क्रम में तीसरा महत्वपूर्ण अध्ययन ड्यूक विश्वविद्यालय, डरहम (अमरीका) के डॉ० रमेश शौनक ने प्रस्तुत किया और 'गिरती दीवारें' तथा उसके अन्य खण्डों के सिलसिले में अनेक नयी स्थापनाएँ सामने रखीं।

'गिरती दीवारें' उपन्यास माला का नवीनतम और विशद अध्ययन लॉयोला विश्वविद्यालय, शिकागो (अमरीका) की हिन्दी प्रवक्ता डॉ० ऐन डेज़ी रॉकवेल का है, जिन्होंने हिन्दी उपन्यास और आलोचना के सन्दर्भ में 'गिरती दीवारें' की समूची अन्तर्वस्तु और रूपाकार के सिलसिले में एक अलग ही दृष्टिकोण से विचार किया है, साथ ही पश्चिम के आत्मकथात्मक उपन्यासों की परम्परा के हवाले से 'गिरती दीवारें' और अश्क जी की नवीनता और मौलिकता को उजागर करने की कोशिश की है।

इस सभी अध्येताओं ने अपने-अपने ढंग से 'गिरती दीवारें' के मर्म पर उँगली रखते हुए उसे व्याख्यायित करने के प्रयास किये हैं। ज़ाहिर है, 'गिरती दीवारें' के कलेवर को देखते हुए यह काम अन्तर्दृष्टि के साथ-साथ अपार धीरज की भी माँग करता है। इनमें से केवल डॉ० डेज़ी रॉकवेल की पुस्तक ही ऐसी है, जिसे अश्क जी नहीं देख पाये। देख पाये होते तो निश्चय ही वे उनके प्रति कृतज्ञ होते, जैसे कि वे अन्य सुधी अध्येताओं के प्रति थे। उन्होंने इस बात को कई बार रेखांकित किया था कि कोई भी गम्भीर कलाकृति रचनाकार से ही श्रम और समझदारी की माँग नहीं करती, बल्कि पाठक से भी श्रम और समझदारी की अपेक्षा रखती है। जब-जब ऐसे उदाहरण सामने आये, अश्क जी ने उन्हें

सराहा। भले ही वे इन अध्येताओं की मान्यताओं से असहमत ही क्यों न रहे हों।

अगर पूर्णता और शुद्धता (परफ़ेक्शन) एक यूटोपिया है तो यकीनन कोई भी गम्भीर रचनाकार एकांगी प्रशंसा से सन्तुष्ट नहीं हो सकता। उसके निकट निन्दा-प्रशंसा से अधिक इस बात का महत्व होता है कि पाठक ने (और आलोचक भी पाठक ही होता है) उपन्यास के मर्म को समझा है या नहीं। 'गिरती दीवारें' उपन्यास-माला इस सन्दर्भ में और भी उल्लेखनीय है कि इसके बारे में अनेक उल्लेखनीय अध्ययन और मत इसके पूरा होने से पहले ही आये हैं और अपनी अन्तिम परिणति में तो यह एक अपूर्ण उपन्यास ही ठहरता है। इसके बावजूद अगर इसने इतनी चर्चा (और कुचर्चा) को जन्म दिया है तो निश्चय ही इसमें कुछ तो ऐसा है, जो पाठकों को आकर्षित करता है। यही 'कुछ' इसके मूल्यांकन का आधार बन सकता है।

o

और अन्त में यह कि 'गिरती दीवारें' जैसे एक वृहद, महाकाव्य-सरीखे उपन्यास के बारे में इतना कुछ लिखने की ज़रूरत कभी न पड़ती, अगर यह असम्पूर्ण न होता और रचनाकार के निधन के इतने वर्ष बाद प्रकाशित न हो रहा होता। इसीलिए समापन के तौर पर उपन्यास के उद्देश्य के बारे में अश्क जी की ही पंक्तियाँ उद्धृत की जा रही हैं —

> "और....मेरे दिमाग़ में एक वृहदाकार उपन्यास की रूप-रेखा बन गयी, जिसमें समाज की रूढ़िवादिता और कुरीतियों के शिकंजे में जकड़े हुए एक निम्न-मध्यवर्गीय युवक के मनोविज्ञान का यथार्थवादी चित्रण करने की मैंने सोची —यह दिखाने के लिए कि ज़िन्दगी की जिन घटनाओं को विधाता के मत्थे मढ़ दिया जाता है, प्राय: उनका कारण आदमी के अपने संस्कार, समाजगत स्थितियाँ और वातावरण होते हैं। मैं चाहता था, उपन्यास ऐसे लिखूँ कि अपनी ओर से कुछ न कहना पड़े और उपन्यास को पढ़ कर पाठक के मन में यह प्रबल इच्छा पैदा हो कि यह समाज बदल दिया जाय ताकि व्यक्ति बेहतर तौर पर प्रगति कर सके और अपनी प्रकृत शक्तियों को कुण्ठित होने से बचा कर अपने भव्य रूप को पा सके।"

१९४६ में पहले खण्ड के प्रकाशन से ले कर १९९६ में छठे खण्ड के प्रकाशन तक, आधी सदी के इस अर्से में उपन्यास पर पाठकों की जो प्रतिक्रियाएँ आयी हैं, उनसे यही महसूस होता है कि अश्क जी उपन्यास पूरा कर पाये हों या नहीं, पर अपने उद्देश्य में निस्सन्देह सफल रहे हैं। ऐसी स्थिति में किसी उद्देश्य-च्युत पूर्णता पर ऐसी अपूर्णता निश्चय ही भारी है।

वैसे, यदि अश्क जी उपन्यास पूरा भी कर ले गये होते तो यह उपन्यास ख़त्म नहीं होता क्योंकि ऐसी कृतियाँ मुक्तिबोध के शब्दों में कहें तो 'आवेग त्वरित काल यात्री' होती हैं। इसीलिए शायद एक शोधार्थी ने लिखा था कि 'गिरती दीवारें' कभी ख़त्म नहीं होगा, क्योंकि ज़िन्दगी कभी ख़त्म नहीं होती। इस बात के अलावा भी एक और कारण से 'गिरती दीवारें' एक न-ख़त्म होने वाला उपन्यास है। वह इसलिए कि 'गिरती दीवारें' में अश्क जी ने जिस काल खण्ड को उठाया है, उसके आगे की कहानी का लिखा जाना अभी बाकी है।

यह कहानी वहीं से शुरू होती है, जहाँ तक अश्क जी 'गिरती दीवारें' में उसे पहुँचाते हैं और वहाँ से शुरू हो कर वह अगले दस वर्षों के हलचल-भरे, पुरपेच रास्ते से गुज़र कर देश के बँटवारे के तकलीफ़देह हादसे से हो कर अपने दूसरे पड़ाव तक पहुँचती है।

बेशक, बँटवारे पर बहुत-सी रचनाएँ आयी हैं। मण्टो ने अपनी कहानियों में बँटवारे का अप्रतिम इतिवृत्त (documentation) पेश किया है। लेकिन वह डॉक्यूमेंटेशन ही है। दूसरे उपन्यास और कहानियाँ भी बँटवारे को अलग-अलग पहलुओं से चित्रित करती हैं, लेकिन अभी तक किसी रचनाकार ने बँटवारे की परिघटना का सूक्ष्म, ब्योरेवार, पैनोरैमिक चित्रण नहीं किया, जो उन कारणों की भी तफ़तीश करता हो, जिन्होंने इस देश के हज़ारों वर्षों के इतिहास में पहली बार, इतने स्थायी और निर्णायक ढंग से, इतने ख़ून-ख़राबे और मानवीय पीड़ा की कीमत पर और बिना उन लोगों को इस निर्णय में शामिल किये, जिनका इस फ़ैसले से सीधा सम्बन्ध था, मुल्क के दो (बल्कि तीन) टुकड़े कर दिये और आगे के लिए इन दोनों हिस्सों के वासियों के लिए अशान्ति का एक स्थायी स्रोत पैदा कर दिया। यही वह कहानी है, जिसकी तरफ़ ('गिरती दीवारें' उपन्यास-माला को उसका पहला हिस्सा बताते हुए) नरेन्द्रनाथ ने अपनी पत्र-प्रतिक्रिया में इशारा किया है। यही वह कहानी है, जिसकी ज़मीन 'गिरती दीवारें' ने तैयार की है, जिसके लिए खिड़कियाँ-दरवाज़े खोले हैं और जिसका वह मुन्तज़िर है।

यही वह चीज़ है जो 'गिरती दीवारें' उपन्यास-माला के सातों खण्डों को सार्थक बनाती है और प्रासंगिक भी।

— नीलाभ

एक

प्यारे अनन्त,

मैंने बहराम स्टेशन पर गाड़ी का इन्तज़ार करते हुए तुम्हें जो ख़त लिखा था, तुमने तो लगता है, वापसी डाक उसका जवाब दे दिया। लाहौर आने के एक हफ़्ते बाद ही तुम्हारा ख़त मिल गया था। लेकिन मैं बहुत देर बाद जवाब दे रहा हूँ। उम्मीद करता हूँ, तुम बुरा न मानोगे।

बात यह है कि जालन्धर में नीला के कारण और बहराम में पिता जी की वजह से मैं पढ़ाई में उतना मन नहीं लगा सका। तैयारी पिछड़ गयी थी। लाहौर पहुँचते ही जमने में दो-एक दिन लगे सो लगे, फिर मैं दिन-रात इम्तहान की तैयारी में जुट गया। इम्तहान शुरू हो गया है। ज्यूरिसप्रूडेन्स याने कानून के शास्त्र, इंग्लिस्तान और हिन्दुस्तान की कन्स्टीट्यूशन[१] और हिन्दू-मुस्लिम कानून के पेपर हो चुके हैं। कानून के शास्त्र में मेरी कोई दिलचस्पी नहीं। वह सब्जेक्ट मुझे बहुत बोर लगता है। वैसा ही हाल अंग्रेज़ी-हिन्दुस्तानी कन्स्टीट्यूशन का है, लेकिन सवाल-जवाब मैंने ख़ूब रट रखे थे। पेपर ठीक कर आया हूँ। हिन्दू-मुस्लिम कानून में मेरी ख़ास दिलचस्पी है। वह पेपर बहुत अच्छा हुआ। अब चार दिन की छुट्टी है। फिर कॉण्ट्रैक्ट[२] और टॉर्ट्स[३] फिर ज़ाब्ता दीवानी और आख़िर में ज़ाब्ता फ़ौजदारी के पेपर होंगे। उनकी तैयारी मेरी मुकम्मल है। सो मैंने सोचा कि पहले मैं तुम्हारे ख़त का जवाब दे दूँ। वरना दिमाग़ के किसी गोशे में तुम्हारे ख़त की सतरें रेंगती रहेंगी। यह खुटक भी रहेगी कि तुम्हें जवाब देना है और यह ख़याल मेरी यकसुई[४] में ख़लल डालता रहेगा।

तुमने मेरी उस बेवकूफ़ी की बात पूछी है, जिसकी वजह से मैंने वक्त से पहले ही बहराम से अपना डेरा-डण्डा उठा लिया। देखो यार, मैं वह सब ख़त में नहीं लिखूँगा। मिलने पर तफ़सील से बताऊँगा। तमाम वाकयात[५] और उनके सभी पहलुओं पर रोशनी डालूँगा। चुग़द और कायर वग़ैरा के ख़िताब[६] तो तब भी तुम मुझे दोगे, लेकिन आमने-सामने बैठे मैं अपना पहलू और अपनी दिमाग़ी कैफ़ियत भी तुम्हारे सामने रख सकूँगा। ख़त में वह सब लिखना मुमकिन नहीं। जो कुछ गुज़रा है, न तो वह सब छोटे-से ख़त में लिखा ही जा सकता है, न मैं

---

१ सम्विधान
२ (contract) अनुबन्ध का कानून
३ (torts) अपकृत्य
४ एकाग्रता
५ घटनाओं
६ उपाधियाँ

अपनी बात साफ़-साफ़ और पूरी तरह बता ही सकता हूँ। सो अनन्त, वह सब फिर कभी-रू-ब-रू होने पर सही। फ़िलहाल यहाँ के हाल-चाल देता हूँ।

जब मैं लाहौर पहुँचा तो भाई साहब पहले की तरह, बिना किसी कमरे के, काम चलाते थे। सामान और पलँग तो दुकान की परछत्ती पर लगा ही है। दिन को वहाँ आराम कर लेते। रात को सोने के लिए अनारकली की गली में अपने दोस्त के मकान की बालकनी पर चले जाते थे। सुबह निबटने-नहाने को पड़ोसी बलराम का लैट्रिन-बाथरूम इस्तेमाल कर लेते।

जब मैं बहुत बोला-बमका कि मेरे लिए उन्हें एक कमरे का इन्तज़ाम तो कर देना चाहिए था, कि अब मैं इम्तहान की तैयारी कैसे करूँगा तो वे मुझे यहाँ सरक्यूलर रोड पर अपने शागिर्द गुप्ता की क्लिनिक में ले आये, जो मोची दरवाज़े के क़रीब सब्जी मण्डी को जाने वाली गली के सिरे पर दूसरी मंज़िल में है। गुप्ता ने बड़ी ख़ुशी से अपनी क्लिनिक का वेटिंग-रूम (जहाँ दो-तीन से ज़्यादा पेशेण्ट मैंने कभी नहीं देखे) मुझे पढ़ने को दे दिया। खाना मैं यहीं खाता हूँ, छत पर सोता हूँ, इम्तहान को जाते वक्त हरबिन्दर सिंह की दुकान से लस्सी का गिलास पीता हूँ और यहाँ से कचहरी रोड तक मील-डेढ़-मील सुबह पैदल मार्च करता हुआ इम्तहान देने जा पहुँचता हूँ।

गुप्ता का वेटिंग-रूम है तो बहुत बड़ा, लेकिन यार, ख़ासा अँधेरा है। वहाँ पढ़ने में आँखों पर बहुत ज़ोर पड़ता था। सरक्यूलर रोड की तरफ़ कमरे में गुप्ता ने बहुत बढ़िया डेण्टल चेयर, डेण्टल इंजन और दूसरा सारा ताम-झाम कर रखा है। बालकनी तो उधर भी है। वहाँ रोशनी ख़ूब है। लेकिन गुप्ता किसी पेशेण्ट के दाँत उखाड़ रहा हो तो न वहाँ आ-जा सकते हैं और न यकसूई से पढ़ ही सकते हैं।

लेकिन वेटिंग-रूम के साथ गली की तरफ़ को भी एक बालकनी ख़ासी रोशन है। चौड़ी तो ज़्यादा नहीं, पर एक कुर्सी और छोटी-सी मेज़ रखी जा सकती है। सो वहीं इन्तज़ाम करके मैं इम्तहान की तैयारी करता हूँ और वहीं बैठा, मैं तुम्हें ये सतरें लिख रहा हूँ....

विगत तीन वर्षों में चेतन को हिन्दी भाषा पर ख़ासा अधिकार प्राप्त हो गया था, लेकिन चूँकि उसका मित्र अनन्त हिन्दी से एकदम अनभिज्ञ था, इसलिए हमेशा की तरह चेतन उसे उर्दू में पत्र लिख रहा था।

o

चेतन कुछ क्षण को रुका। हठात उसकी निगाहें बालकनी के कोने से परे सरक्यूलर रोड के पार, जँगले के उधर गोल बाग़ में खेलते हुए बच्चों और बाग़ के बीचोंबीच बनी पक्की नहर के किनारे कपड़े धोती औरतों पर चली गयी। बालकनी गली में काफ़ी पीछे थी। दूसरी ओर गली की दूसरी दीवार थी और बालकनी में बैठे हुए चेतन को गोल बाग़ और नहर का वह छोटा-सा चौकोर टुकड़ा ही दिखाई देता था। निश्चय ही नहर के किनारे और भी औरतें कपड़े धो रही होंगी। बाग़ कहाने वाले उस घास के मैदान में और भी बच्चे खेल

रहे होंगे, पर चेतन को वे दिखाई न दे रहे थे। यह सोचता हुआ कि अनन्त को और क्या लिखे, वह चुपचाप नहर के पक्के किनारे पर बैठी उन औरतों पर, बिना उन्हें देखे, दृष्टि जमाये था। फिर उसकी आँखों के आगे गुप्ता की क्लिनिक के नीचे चार दुकान अनारकली की ओर, अपने मतब [१] में बैठे हकीम कौड़े मियाँ का कठोर चेहरा उभर आया —खरखरी गोल दाढ़ी, शरई मूँछें, चपटी नाक, छोटी-छोटी ग़ुस्सेवर आँखें और चौड़े मस्तक पर तनी कमानों-से बने तेवर। चेतन ने तख़्ती आगे खिसकायी और अनन्त के पत्र को जहाँ उसने छोड़ा था, उससे आगे लिखने लगा —

और तो यहाँ सब ठीक है। इम्तहान के कारण दिन एक-से बीते जा रहे हैं। सुबह कब उगती है और शाम कब घिरती है, इसका कोई पता नहीं चलता, लेकिन एक-सी बे-मज़ा ज़िन्दगी में कभी-कभी ख़ासे दिलचस्प वाकयात रूनुमा हो जाते हैं, जो मुँह का ज़ायका ही नहीं बदल देते, बल्कि ज़िन्दगी पर दूसरे ढंग से सोचने पर भी मजबूर कर देते हैं।

अंग्रेज़ी की आमद के साथ अंग्रेज़ी तालीम के असर से हमारी ज़िन्दगी कितनी बदल रही है, यह तुम से छिपा नहीं। यह तो सही है कि जालन्धर जैसे पिछड़े शहर में भी लोग (यकीन की वजह से कम, तंगदस्ती के सबब ज़्यादा) हारी-बीमारी में हकीमों-वैद्यों की चौखटों पर सजदे करते हैं। पर वे ही लोग पैसा आ जाने पर खाँसी-ज़ुकाम में भी बड़े-बड़े डॉक्टरों को बुलवाना अपने रुतबे और ऊँची तालीम के ख़याल से ऐन ज़रूरी समझते हैं, जब कि हमारे हकीमों-वैद्यों के पास ऐसे-ऐसे अचूक नुस्ख़े और टोटके मौजूद हैं कि अक्सर आदमी दंग रह जाता है। इम्तहान से चन्द दिन पहले, नीचे करीब ही बैठने वाले एक निहायत दिलचस्प और सनकी हकीम से मुलाकात हुई और एक बेहद अचूक टोटका हाथ आ गया। हुआ यूँ कि इम्तहान शुरू होने से पाँच दिन पहले मैं सुबह उठा तो मेरा गला एकदम बन्द था। थूक निगलने में भी दर्द होता था। मैंने डॉक्टर गुप्ता से सलाह की। वे बोले —"मैं तो दन्दानसाज़ हूँ। दाँत में दर्द होता तो ठीक कर देता। जनरल प्रैक्टीशनर तो यहाँ करीब में कोई नहीं। ९-१० बजे चपरासी आयेगा तो मैं उससे मेण्डल्स पेण्ट मँगा दूँगा। गर्म पानी में चम्मच भर नमक डाल कर ग़रारे करो और मेण्डल्स पेण्ट लगाओ। कोई बहुत गड़बड़ न हुई तो मुझे उम्मीद है, दो-तीन दिन में आराम हो जायेगा।"

मैं कहा, "मुझे हल्की-सी हरारत भी महसूस हो रही है। इम्तहान सिर पर है। कहीं पड़ गया तो साल भर की मेहनत बरबाद हो जायेगी। जिन हालात में पढ़ता हूँ, वो तो आप से छिपे नहीं, मेरा तो कानून पढ़ना तक घपले में पड़ जायेगा।"

तब डॉक्टर गुप्ता पल भर सोचते रहे। फिर बोले —"नीचे अनारकली की तरफ़ को, चार दुकान आगे, एक हकीम बैठता है। नाम तो बड़ा रूआब वाला है —हकीम उबैदुल्लाह अंसारी, लेकिन शायद ज़ुबान का कड़वा है, इसलिए

---

१ रोगियों को देखने के लिए हकीम की दुकान, शफ़ाख़ाना

हकीम कौड़े मियाँ के नाम से मशहूर है। दुकान भी उसकी मामूली-सी है, पर सुनता हूँ, बड़े-बड़े आदमी वहीं आते हैं और उसकी कड़वी बातें चुपचाप सुनते हैं। लोग कहते हैं —उसके हाथ में ख़ुदा ने शिफ़ा दी है। —है तो ग़रीबों का हकीम, पर बड़े-बड़ों को उसकी तशख़ीस[1] में यकीन है। न हो, तुम जा कर उससे मशविरा कर आओ। मेण्डल्स पेण्ट मैं मँगा रखूँगा। हकीम की दवा से आराम न आया तो फिर वही दो-तीन बार लगा कर देखना।"

मैं उसी वक्त कपड़े बदल कर नीचे गया....

चेतन ख़त लिखना छोड़ कर कुर्सी पर सीधा बैठ गया और हकीम कौड़े मियाँ से होने वाली वह मुलाकात उसकी आँखों में आ गयी।

दो

चेतन पैण्ट-कमीज़ पहन कर हकीम से मिलने गया था। हालाँकि डॉक्टर गुप्ता ने बताया था कि हकीम की दुकान मामूली है, लेकिन वहाँ लोहे की कुर्सियाँ या कोई मामूली-सा बेंच भी नहीं होगा, इसकी कल्पना भी उसने नहीं की थी। औसत दर्जे की दुकान थी। न बहुत छोटी, न ज़्यादा बड़ी। नीचे फ़र्श पर एक मैली-सी दरी बिछी थी, जो ज़्यादा इस्तेमाल के कारण कई जगह से छीज गयी थी। ख़ुद हकीम कौड़े मियाँ एक छोटे-से मलगिजे जाजिम पर, एक मैला-सा, कद्रे पिचका हुआ, गोल तकिया बायीं कोहनी के नीचे रखे, आगे एक छोटी-सी चौकी सजाये बैठे थे। वे अपनी कठोर आकृति के साथ दायें हाथ में होल्डर लिये, पुरानी तर्ज़ की, मुँह पर अन्दर को मुड़े हुए शीशे वाली, ऐसी गोल दवात में बार-बार होल्डर डुबा कर लिख रहे थे, जो अगर कहीं उलट जाय तो स्याही मुड़े हुए शीशे के कारण अन्दर ही रह जाय।

चेतन ने मतब में दाख़िल होते हुए अदब से ज़रा-सा झुक कर उन्हें 'आदाब अर्ज़' किया, जिसका हकीम कौड़े मियाँ ने कोई नोटिस नहीं लिया। मतब में उस वक्त चौकी के पास तीन-चार मरीज़ बैठे थे। पतलून मैली न हो जाय, इस ख़याल से चेतन उनसे ज़रा हट कर घुटने मोड़ और पैर कद्रे पसार कर बैठ गया

नुस्ख़ा लिख कर हकीम साहब ने अपने आगे बैठे मरीज़ को दिया, उसे दवा लेने का तरीका और परहेज़ बताया, चेतन के उस तरह बैठने पर कुछ अजीब-सी निगाह डाली, जिसमें हल्का-सा व्यंग्य भी था, थोड़ी नफ़रत भी और किंचित क्रोध भी।

"अरे मियाँ साहबज़ादे, किसी बड़े डॉक्टर के यहाँ नहीं आये हो, जो यूँ पतलून-कमीज़ डाट आये हो और इस फ़िक्र में बैठे हो कि कपड़े मैले न हो जायें। यह ग़रीब कौड़े मियाँ का मतब है और यहाँ ग़रीब लोग ही आते हैं, जो मैले-कुचैले कपड़े पहनते हैं। पतलून की ऐसी ही फ़िक्र है तो जाओ, पहले जा कर पायजामा या तहमद पहन

---

१ निदान

आओ और कुछ दवा-दारू लेना है तो ज़रा आगे आओ और नब्ज़ दिखाओ।"

और उन्होंने चेतन की ओर ऐसे देखा, जैसे दृष्टि-मात्र से उसे ध्वस्त कर देंगे।

चेतन को बहुत बुरा लगा। उसके चेहरे पर खिन्नता, ग्लानि और क्रोध के मिले-जुले भाव झलके। उसका गला उतना ख़राब न होता तो वह तिनक कर उठता और हकीम साहब को और उनके मतब को मन-ही-मन दो-एक नायाब 'मधुर वचन' सुनाता हुआ, वहाँ से नौ-दो-ग्यारह हो जाता। लेकिन उसे गले में बहुत तकलीफ़ थी। अपने भावों पर बराबर संयम रख कर वह चुपचाप उठा और चौकी के पास आराम से घुटने मोड़ कर बैठ गया। पतलून और उसकी क्रीज़ की चिन्ता उसने छोड़ दी और बायाँ हाथ हकीम साहब की ओर बढ़ा दिया। कौड़े मियाँ ने उसकी कलाई थामी। कुछ क्षण नाड़ी देखते रहे। इसके बाद उन्होंने दायें हाथ की नाड़ी देखी। फिर उसी तरह कलाई थामे-थामे उन्होंने पूछा —"हरारत तो हल्की-सी तुम्हें है। उसके अलावा क्या तकलीफ़ है?"

चेतन का गला लगभग बन्द था। आवाज़ उसके कण्ठ से निकल न रही थी। उसने किसी तरह बैठी हुई भारी आवाज़ में कहा, "हकीम साहब, सुबह से मेरा गला बन्द है। थूक तक निगलने में तकलीफ़ होती है और मेरा इम्तहान सिर पर है।"

अचानक कलाई छोड़ कर कौड़े मियाँ कड़कड़ाये —"बर्फ़ का पानी पीते रहे हो क्या?"

"गर्मी इतनी है कि...."

उसे बात पूरी करने का अवसर दिये बिना कौड़े मियाँ बोले, "गर्मी क्या तुम्हारे लिए है? ये इतने ग़रीब लोग, जो दिन भर इस तपती धूप में मेहनत-मज़दूरी करते हैं, नलों के पानी से प्यास बुझाते हैं। उन्हें क्या गर्मी नहीं लगती? घड़े का पानी अगर तुम्हारे हलक[१] से नहीं उतरता तो और पियो, मियाँ साहबज़ादे, बर्फ़ का पानी। ख़ूब पियो। अभी तो गला ही बन्द है। शाम होते-होते सख़्त बुख़ार हो जायेगा। और इम्तहान तुम्हारा धरा-का-धरा रह जायेगा। इतनी ही गर्मी हिन्दुस्तान में सताती है तो मियाँ किसी सर्द मुल्क में जा बसते।"

इस दौरान कुछ और मरीज़ आ गये थे। तब हकीम कौड़े मियाँ ने सब पर जैसे एक फ़तहयाब[२] निगाह डालते हुए, चेतन को नहीं, जैसे सारी दुनिया को सुनाते हुए कहा, "ख़ुदा मालूम हमारे लौण्डों को क्या हो गया है। दो लफ़्ज़ क्या पढ़ जाते हैं, अंग्रेज़ों के कान काटने लगते हैं। इतनी सख़्त गर्मी में तंग मोहरी की पतलून पहनेंगे। पसीना कम्बख़्त चूतड़ों से ले कर एड़ियों तक बहेगा, लेकिन मजाल है, जो ज़रा भी कसमसा जायँ। गले में कॉलरों वाली कमीज़ और टाई लगायेंगे; जिस्म चाहे भुन जाय, पर उफ़ तक न करेंगे; अपने यहाँ के खुले लिबास पर नाक-भौं चढ़ायेंगे। कुर्ते-तहमद को देहातियों का लिबास बतायेंगे, कमीज़-पायजामे को बनियों का। उन बन्दरों की नकल में बन्दर बनना उन्हें मंज़ूर है, जो सर्द मुल्कों से आये हैं और इन गर्म मुल्क के बाशिन्दों को वहाँ का लिबास पहना रहे हैं और अंग्रेज़ी तौर-अतवार सिखा रहे हैं।" फिर चेतन की ओर पलट कर बोले —

"इस गर्म मुल्क में रहना पसन्द नहीं आ रहा मियाँ साहबज़ादे, तो लन्दन चले जाओ।

---

१ कण्ठ

२ विजय-भरी

यहाँ गर्मी में क्या सड़ रहे हो? यह ग़रीब मुल्क है। यहाँ तो लोगों को घड़े का पानी भी मयस्सर नहीं। पियो, ख़ूब बर्फ़ पियो और उन बन्दरों की नकल में अपनी सेहत का कबाड़ा करो। न मालूम कितने गन्दे पानी से कम्पनी के तालाबों में बर्फ़ जमती है। कितने गन्दे हाथ उन सिल्लियों को ढोते हैं और आप उसे पिये बिना रह नहीं सकते। मियाँ साहबज़ादे, यह गर्म मुल्क आपके मुआफ़िक नहीं।"

चेतन ने निमिष भर को निगाहें उठायीं। कौड़े मियाँ की हिकारत-भरी, क्रुद्ध आँखें उस पर जमी थीं। आवाज़ जैसे दाँतों से पिसती हुई निकल रही थी। उसके मन में फिर बगूला-सा उठा कि उस बदज़बान, सनकी हकीम को दो-चार खरी-खरी सुना कर उसे सलाम करके चला जाय। किसी हकीम को अपने मरीज़ से इस तरह बदतमीज़ी से पेश आना उसे निहायत नागवार लगा। लेकिन इम्तहान सिर पर था। गला उसका सूजा हुआ था। कहीं कोई और पेचीदगी पैदा हो गयी तो....डॉक्टर गुप्ता ने कहा था कि हकीम मुँह का कड़वा है, लेकिन उसके हाथों में शिफ़ा है।....बरबस अपनी भावनाओं पर अंकुश लगा कर उसने किसी तरह बैठी आवाज़ में कहा कि वह फिर कभी बर्फ़ नहीं पियेगा, लेकिन फ़िलहाल वे उसे कोई ऐसा नुस्ख़ा लिख दें, जिससे उसे कुछ राहत मिल जाये और वह इम्तहान की तैयारी कर सके। वह बहुत मशकूर होगा।

हकीम कौड़े मियाँ ख़ुश हो गये। "नुस्ख़े-फ़ुस्ख़े की ज़रूरत नहीं," उन्होंने कहा, "तुम ऐसे करो कि बाज़ार से पाव-डेढ़ पाव लाल शकर ले आओ। दिन में तीन-चार बार घड़े के पानी में उसका शर्बत बना कर पियो। इन्शा-अल्लाह शाम तक तुम्हें कुछ इफ़ाका हो जायेगा।"

चेतन हैरान-सा हकीम कौड़े मियाँ की तरफ़ देखता रह गया। उसका ख़याल था कि हकीम तुत्त मलंगा (तुख़्म बालिंगा) के साथ शर्बत बनफ़शा वग़ैरह तजवीज़ करेंगे या कोई दूसरी दवा बतायेंगे, लेकिन लाल शकर का शर्बत....उसे अनायास अपने कानों पर विश्वास न आया। उसके मुँह से अस्फ़ुट शब्दों में सिर्फ़ इतना निकला —"शकर का शर्बत...."

तभी एक ख़ुशपोश स्मार्ट जोड़ा हकीम को आदाब करके, बिना अपने कपड़ों की परवाह किये, दरी पर आ बैठा। कौड़े मियाँ ने चेतन की बात काट दी और पूर्ववत दाँत पीसते हुए बोले —"नहीं पिया जाता लाल शकर का शर्बत....देहाती पीते हैं लाल शकर का शर्बत? तुम सफ़ेदपोश तब्के के फ़र्द,[१] घिन आती है शकर का शर्बत पीने में, और वह भी बिना बर्फ़ के? तो मियाँ फिर किसी डॉक्टर के यहाँ जाओ, मँहगी दवाओं पर पैसा फूँको और बिस्तर तोड़ो"....और वे नये आये जोड़े से बोले —"तुम लोग ज़रा रुको। ये लोग देर से बैठे हैं। मैं ज़रा इन्हें देख लूँ।"

चेतन उठा। उसने चुपचाप उन्हें सलाम किया और सीढ़ियाँ उतर आया। उसके कानों में हकीम कौड़े मियाँ के शब्द पड़े, "इस लौण्डे ने दिमाग़ ख़राब कर दिया," वे कुछ अजीब तरह हँसे, "क्या करूँ सठिया गया हूँ न? बहक जाता हूँ। बस, अभी देखता हूँ आपको," और उन्होंने आगे बैठे हुए मरीज़ से कहा, "इधर आओ और ज़रा नब्ज़ दिखाओ।"

तभी चेतन को ख़याल आया कि उसने खाने-पीने और परहेज़ के बारे में तो पूछा

---

१ व्यक्ति

ही नहीं। वह मुड़ा। जब हकीम साहब मरीज़ की नाड़ी देख कर और उसकी तकलीफ़ पूछ कर नुस्ख़ा लिख चुके तो आगे बढ़ कर उसने कहा, "मुआफ़ फ़रमाइएगा हकीम साहब, मैं खाने-पीने और परहेज़ के बारे में पूछना ही भूल ही गया।"

"गला तुम्हारा सूजा हुआ है। रोटी-वोटी तो तुमसे खायी न जायेगी। पतली खिचड़ी या दलिया लो। मिर्च और खटाई से परहेज़ करो। अव्वल तो तुम्हें शाम तक काफ़ी आराम आ जायेगा। वरना कल यही इलाज जारी रखना, ठीक हो जाओगे। ख़ुदा के लिए इम्तहान तक बर्फ़ मत पीना।"

०

चेतन ने फिर तख़्ती आगे सरकायी और अनन्त का ख़त जहाँ से छोड़ा था, उसके आगे लिखने लगा। उसने संक्षेप में हकीम कौड़े मियाँ की मुलाकात का ज़िक्र किया और फिर लिखा —

अनन्त, जब मैं हकीम के मतब से चला तो मुझे ज़रा भी इस बात की आशा नहीं थी कि सिर्फ़ लाल शकर का शर्बत पीने से मेरा बुरी तरह से सूजा हुआ गला ठीक हो जायेगा। यूँ तो डॉक्टर गुप्ता ने चपरासी के आने पर उसे मेण्डल्स पेण्ट लाने भेज दिया था, पर मैंने लाल शकर का शर्बत ट्राई करना बेहतर समझा और तुम्हें यह सुन कर हैरत होगी कि एक दिन में चार बार सादे पानी में शकर का वह शर्बत पीने से न सिर्फ़ मेरा गला ठीक हो गया, बल्कि तबियत में इतनी ठण्डक पैदा हो गयी कि मुँह में पानी भरने लगा। इसे करिश्मा नहीं तो और क्या कहा जायेगा।

मुझे याद है, एक बार पहले भी मेरा गला ख़राब हो गया था। तीन दिन तक डॉक्टर जीवाराम की कड़वी-कसैली दवा पीता रहा था। गर्म पानी में नमक मिला कर ग़रारे करता रहा था। माँ ने दो-तीन रात बनफ़शा उबाल कर गले में बाँधा था। जाने क्या-क्या जतन नहीं किये थे, तब जा कर तकलीफ़ से नजात मिली थी।

और फिर इलावलपुर का वाकया तुम्हें याद होगा, जब मामा चिरंजी लाल की बेटी के ब्याह पर मैं इलावलपुर गया था। न सिर्फ़ मेरा गला सूज आया था, बल्कि सख़्त बुख़ार भी हो गया था। जब कस्बे का डॉक्टर कुछ नहीं कर सका तो हकीम बुलाया गया था। जिसने नब्ज़ देख कर सिर्फ़ इतना पूछा था —पेट तो सुबह तुम्हारा साफ़ हो गया था या नहीं? जब मैंने कहा था कि दो दिन से बेहद कब्ज़ है तो उसने एक चपनी में तोला भर अत्री फल ज़मानी भेजा था और कहा था कि इसे गर्म दूध के साथ ले लिया जाय। एक ही बार की दवा से मेदे में जमा हुआ सख़्त अण्डा निकल गया था और मुझे काफ़ी आराम आ गया था....

चेतन पत्र लिखना छोड़ कर कुर्सी पर पीछे को हो कर कुछ क्षण सोचता रहा। दो विचार एक साथ उसके दिमाग़ में आये —

ये हकीम कौड़े मियाँ कैसे हैं? क्या इनके बीवी-बच्चे नहीं? जालन्धर के हकीम नबी

जान भी ऐसे ही मुफ़्त नुस्ख़े लिखते हैं। लेकिन वे तो शाही हकीम हैं। कई राजा-नवाबों के यहाँ से उनको वज़ीफ़ा बँधा है। अमीरों के लिए शक्तिवर्धक बहुत मँहगी और काफ़ी मेहनत से तैयार की जाने वाली दवाइयाँ ख़ुद अपने मतब में बनवाते हैं और ख़ूब इनाम-इकराम पाते हैं। रस्ता बाज़ार के शुरू ही में उनकी तिमंज़ली भव्य हवेली है और एक साल पहले ही पैंसठ बरस की उम्र में उन्होंने चौथी शादी की है। लेकिन कौड़े मियाँ तो अपने ग़रीब मरीज़ों ही की तरह ग़रीब और विपन्न दीखते हैं। तिस पर भी अगर उनका इतना नाम है तो ज़रूर उनके हाथ में शिफ़ा होगी। उनके सीधे-सादे नुस्ख़ों और टोटकों से ज़रूर जानलेवा बीमारियों से लोग मुक्ति पा जाते होंगे। तभी तो वैसे फटीचर मतब में बैठे हुए उनकी इतनी ख्याति है और लोग उनकी कड़वी-कसैली बातों को ज़रा भी ख़ातिर में नहीं लाते। उसने मन-ही-मन तय किया कि इम्तहान हो जाय तो वह ज़रूर उनके और उनके घर-परिवार के बारे में पता लगायेगा। निश्चय ही उनकी ज़िन्दगी में कोई ऐसी ट्रैजिडी घटी होगी, जिसने उन्हें ऐसा सनकी और जनता का ऐसा हमदर्द बना दिया है।

दूसरा ख़याल उसी सुबह नहीं, पहले भी उसके मन में आया था। चेतन ने उसे अपने मित्र से शेयर करना [१] ज़रूरी समझा। तख़्ती आगे करके उसने लिखना शुरू किया —

मैं सोचता हूँ अनन्त, पहले भी जब मेरे हाथ कण्ठ माला जैसे मूज़ी रोग और भयंकर रूप से जल जाने को मुकम्मल आराम पहुँचाने वाले नुस्ख़े लगे थे, तो मुझे यही ख़याल आया था — न जाने ऐसी भयंकर और पेचीदा बीमारियों के कितने लासानी नुस्ख़े और टोटके हमारे इस मुल्क के शहरों, कस्बों और गाँवों के लोगों की याददाश्त में महफ़ूज़ [२] हैं। तुम नहीं समझते कि वो उनके साथ ही गुम हो जायँगे? साली इस अंग्रेज़ी सरकार ने इलाज के देसी तरीकों को पीछे हटा कर विलायत की कम्पनियों द्वारा बनायी गयी मँहगी दवाओं के लिए मैदान साफ़ कर दिया। मँहगी अंग्रेज़ी दवाएँ एक बीमारी हटाती हैं तो चार बीमारियाँ पैदा कर देती हैं। इनके आफ़्टर इफ़ेक्ट्स [३] का तो पता फ़ौरन नहीं चलता। गला तो मेरा इलावलपुर में भी सूज आया था। बुख़ार भी हो आया था। गला यहाँ भी बन्द हो गया और हरारत भी हो गयी। लेकिन वहाँ हकीम ने तोला भर अत्री फल ज़मानी से ठीक कर दिया और यहाँ चार गिलास लाल शकर के शर्बत से। तो अनन्त, क्या इससे यह साबित नहीं हुआ कि नब्ज़ देख कर हकीम-वैद्य बीमारी का सबब [४] जान लेते हैं। जब कि डॉक्टर वही सिक्केबन्द गोलियाँ दिये जाते हैं। डॉक्टर दवाइयाँ दे कर तजरुबे करते हैं कि क्या तकलीफ़ है और किससे आराम जायेगा, जब कि पुराने काबिल वैद्य-हकीम नब्ज़ देख कर ही बीमारी की तशख़ीस [५] कर लेते हैं।....सोचता हूँ, जब देश इन अंग्रेज़ों की ग़ुलामी से आज़ाद होगा तो क्या सरकार ऐसी तमाम बीमारियों के नुस्ख़ों और टोटकों को इकट्ठे करने की स्कीम

---

१ बाँटना

२ सुरक्षित

३ परिणामों

४ कारण

५ निदान

बनायेगी, जो परिवार-दर-परिवार चले आते हैं? तुम्हें याद होगा, बोहड़ वाला बाज़ार के एक व्यापारी के पास पेचिश का अचूक नुस्ख़ा है, जो ख़ूनी पेचिश तक को आराम पहुँचा देता है। वे कोई पैसा नहीं लेते, उसे मुफ़्त बाँटते हैं। मैं ख़ुद आज़मा चुका हूँ। लेकिन अनन्त, एक-दो लोगों का तो यह काम नहीं। इस काम के लिए तो माहिर हकीमों-वैद्यों का एक मर्कज़ी इदारा[१] होना चाहिए, जिसके मातहत सूबों, ज़िलों और तहसीलों में उसकी शाख़ों का जाल बिछ जाये। उसमें काम करने वाले नौजवान वैद्य-हकीम घर-घर जा कर ऐसे अचूक नुस्ख़ों और टोटकों को उसी तरह इकट्ठा करें, जैसे मर्दुम-शुमारी[२] के हिन्दसे[३] इकट्ठे किये जाते हैं। उनके बारे में पूरी मालूमात जान कर उन्हें मर्कज़ी इदारे में भेजें। वहाँ उनकी जाँच-पड़ताल हो और यूँ एक बड़ी किताब तैयार की जाय, जिसमें अचूक दवाओं के नुस्ख़ों का एक बेमिसाल ज़ख़ीरा हो और मॉर्डन टेकनीक से काम ले कर उनकी गोलियाँ, शर्बत, अर्क और इंजेक्शन तैयार किये जायँ ताकि लोग बीमारियों से राहत पायें....जाने कब यह मुल्क आज़ाद होगा, और आज़ाद होगा तो क्या अंग्रेज़ों की ज़हनी ग़ुलामी से भी नजात पायेगा। क्या सरकार सारे देश के लिए ऐसा मर्कज़ी इदारा कायम करेगी और हज़ारों-लाखों ऐसे गुमशुदा नुस्ख़े जनता की पहुँच में आ जायेंगे और ग़रीब-ग़ुरबा और उनके बच्चे बेवक्त की मौत से बचेंगे।....जाने कभी ऐसा होगा भी या नहीं....तुम मुझे पत्र का जवाब उसी १८४, अनारकली, लाहौर के पते से देना। मैं इम्तहान ख़त्म होते ही तुम्हें मिलूँगा।

तुम्हारा

चेतन

तीन

आख़िरी परचा दे कर चेतन लॉ कालेज से बाहर निकला। उसका मन बहुत हल्का और प्रसन्न था। ताज़ीरात-ए-हिन्द (क्रिमिनल पीनल कोड) और ज़ाब्ता-फ़ौजदारी (क्रिमिनल प्रोसीजर कोड) की धाराएँ और उनकी व्याख्याएँ उसकी रटी हुई थीं। उसे बहुत अच्छे नम्बर पाने की उम्मीद थी। ख़ुश-ख़ुश वह कचहरी रोड पर बायीं तरफ़ को मुड़ा।

उसका मन लोहारी के चौरास्ते पर जा कर 'फ़ज़ल बुक डिपो' की दुकान पर कुछ नयी उर्दू-हिन्दी पत्र-पत्रिकाएँ देखने का था। जाने कब से उसने एक भी पत्रिका नहीं देखी थी और वह चाहता था कि इत्मीनान से उनके पृष्ठ पलटे और सम्भव हो तो एकाध ख़रीद

१ केन्द्रीय संस्थान
२ जन-गणना
३ संख्या

लाये। ठाकुर साहब ने लिखा था कि वे जून में उसकी कहानी देंगे। पत्रिका आ गयी हो तो वह 'सरस्वती' का अंक देखना चाहता था। लेकिन उसने तय किया कि सबसे पहले वह भाई साहब की क्लिनिक पर जायेगा और उन्हें अपने पेपर के अच्छा होने का सुसमाचार देगा। वह तेज़-तेज़ चलने लगा, लेकिन चन्द कदम बाद हमेशा की तरह उसकी चाल धीमी हो गयी और वह अपने विचारों में खो गया।

एक हल्की-सी खुटक उसके मन में थी। इस आख़िरी पेपर में भी उसका एक सवाल छूट गया था। हालाँकि उसे सभी सवाल आते थे और अन्तिम प्रश्न का जो भाग छूट गया था, उसका जवाब उसे कण्ठस्थ था, लेकिन वक्त पूरा हो गया था, इसलिए वह अनिच्छापूर्वक उठा और इन्विजीलेटर की डेस्क पर पेपर रख आया था। इस आख़िरी पेपर में ही नहीं, पहले के पाँचों परचों में भी उसने आख़िरी सवाल पूरी तरह मुकम्मल न किया था। वह काफ़ी तेज़-तेज़ लिखता रहा था, लेकिन न जाने पेपर ही लम्बे थे (क्योंकि हॉल में वह अकेला नहीं था, उस जैसे और भी काफ़ी छात्र सिर झुकाये जल्दी-जल्दी पेपर कर रहे थे कि टाइम पूरा हो गया था) या फिर उसे (और उन्हें भी) ठीक से प्रश्नों के उत्तर देने ही न आते थे। बी०ए० के इम्तहान की तरह छहों पर्चों में, याद होने के बावजूद, उसके काफ़ी नम्बरों के सवाल छूट गये थे।

तभी सहसा उसे भोला का ख़याल आ गया —मँझला कद, पतला-छरहरा शरीर, गोरा रंग, गोलाई लिये हुए चेहरा, हल्के-से धँसे कल्ले, चुँधी-चुँधी-सी आँखें और झुके-झुके-से कन्धे —भोला शाम की शिफ़्ट में कॉलेज जाता था। परीक्षा के पहले ही दिन जब ज्यूरिसप्रूडेन्स के पेपर में वक्त से बीस मिनट-आधा घण्टा पहले पेपर करके वह चला गया था, तभी उसने चेतन का ध्यान अपनी ओर खींचा था। जब तीसरे पेपर में फिर उसने ऐसा ही किया तो चेतन ने सोचा था कि शायद लड़का फिसड्डी है, उसे कुछ याद-वाद नहीं है और ऐसे ही अण्ट-शण्ट पेपर करके चला जाता है। जब उसने पेपर के बाद दोस्तों से पूछा तो उसे मालूम हुआ कि वह तो बहुत ही मेधावी छात्र है। बी०ए० में सूबे भर में अव्वल आया था। दो-बार आई०सी०एस० की प्रतियोगिता में बैठा। आ गया। लेकिन दोनों बार वाइवा में अपने छोटे कद-काठ और कमज़ोर शरीर के कारण रह गया था। आई०सी०एस० के कम्पीटीशन में तो वह अब बैठ नहीं सकता था। उम्र के मुताबिक दोनों चांस उसने ले लिये थे, तब उसने तय किया कि वह लॉ करेगा, डाकख़ाने में नौकरी करेगा और ३० साल की उम्र तक (डाकख़ाने के मुलाज़िमों को तब यह सुविधा प्राप्त थी) आई०एफ़०एस० (इण्डियन फ़ाइनेन्स सर्विस) के कम्पीटीशन में बैठेगा और कामयाब हो कर ही रहेगा। उस ज़माने में आई०सी०एस० और आई०एफ़०एस० की प्रतियोगिताएँ अलग-अलग होती थीं। "श्याम (भोला का पूरा नाम श्याम रत्न था) आई०सी०एस० नहीं हो पाया।" चेतन के मित्र ने कहा था, "लेकिन तुम देख लेना, यह आई०एफ़०एस० हो कर रहेगा।"

इसका यह मतलब है, बायें फ़ुटपाथ पर सिर झुकाये चलते हुए चेतन ने सोचा, पेपर तो सभी तीन ही घण्टों के होते हैं। मुझी में कोई कमी है जो मैं समय से उन्हें पूरा नहीं कर पाता।

यही सब सोचता हुआ चेतन नीला गुम्बद के चौरस्ते पर पहुँच गया। भीड़ बहुत

ज़्यादा थी। तीन तरफ़ से ताँगे वाले, साइकिल सवार और पैदल जाने वाले अनारकली में आ-जा रहे थे। बड़ी सावधानी से चौरस्ता पार कर, चेतन दायें हाथ को भाई साहब की क्लिनिक की ओर मुड़ा।

नीला गुम्बद के चौरस्ते से टॉरण्टन मार्केट के चौरस्ते तक —अनारकली के इस छोटे-से हिस्से में भीड़ बहुत थी। वह सड़क की बायीं तरफ़ हो गया और फिर सिर झुकाये चलने लगा। पेपर तो उसके बहुत अच्छे हुए थे, लेकिन सवाल छूट जाने की वजह से, उसे डिस्टिंक्शन लेने की आशा नहीं थी। 'जाने फ़र्स्ट डिवीज़न भी आता है कि नहीं,' सहसा उसके मन में सन्देह जगा, लेकिन दूसरे ही क्षण उसने उस शक को झटक दिया। 'फ़र्स्ट डिवीज़न तो मेरा ज़रूर आ जायेगा,' उसने मन-ही-मन कहा, 'भले ही डिस्टिंक्शन न मिले।'

और उसने तय किया कि लॉ कालेज के दूसरे सत्र में श्याम रत्न (भोला) की शिफ़्ट में नाम लिखायेगा। फिर, जैसा कि उसके पिता ने उसे उपदेश दिया था, वह उसके साथ चिपक जायेगा। उसके पढ़ने के ढंग का अध्ययन करेगा। उससे पूछेगा कि वह कैसे वक्त से पहले पेपर करके चला जाता है, फिर भी अच्छे नम्बर पाता है। उसका अनुकरण करके मनोयोग से अध्ययन करेगा और डिस्टिंक्शन ले कर रहेगा....

"कहिए चेतन जी, कहाँ जा रहे हैं? माईयाँ किस सोच में ग़र्क हैं कि आपको दुनिया-जहान की कोई ख़बर नहीं?"

चेतन क्लिनिक के करीब पहुँच गया था। उसने सिर उठाया —सामने लाला पन्नालाल अपने पीले-से मुख पर एक कान से दूसरे कान तक दाँत चियारे खड़े थे। चेतन ने मिलाने के लिए दायाँ हाथ बढ़ा दिया।

उसके हाथ को अपने दायें चौड़े हाथ में ले कर गर्मजोशी से हिलाते हुए पन्नालाल ने कहा, "मैं तो कई दिन से तुम्हारे बारे में सोच रहा हूँ। तुम आज न मिल जाते तो मैं दो-चार दिन में तुम्हारी तरफ़ आता।"

चेतन हँसा, "दो-चार दिन बाद तो मैं यहाँ मिलता ही नहीं। अव्वल तो आज रात ही, नहीं तो कल शाम मैं जालन्धर चला जाऊँगा। इम्तहान मेरे ख़त्म हो गये हैं और मेरी पत्नी बीमार है। आख़िरी पेपर दे कर आ रहा हूँ और भाई साहब की क्लिनिक जा रहा हूँ। आप यहाँ किधर आये थे?"

और उसने पन्नालाल का हाथ अपने हाथ में लिये-लिये आगे कदम बढ़ाया।

"माईयाँ....उन डॉक्टर घनानन्द से मिलने गया था," पन्नालाल ने हाथ खींच लिया और मुड़ कर चेतन के साथ चलते हुए कहा, "लेकिन भैन चो....इन बड़े लोगों की बड़ी बातें हैं। मुझे वक्त दिया था। मैं पहुँचा तो मालूम हुआ —पाँच मिनट पहले निकल गये हैं। पूछा —कब आयेंगे, तो पता चला, कुछ कह कर नहीं गये। सो क्या करता, लौट आया। दुकान वापस जा रहा था कि तुम मिल गये।"

"मेरी याद कैसे आ गयी तुम्हें?" चेतन ने कद्रे व्यंग्य से हँसते हुए पूछा।

पन्नालाल चेतन का समवयस्क था। जब वह उसे 'तुम' कह कर बुलाने लगा तो चेतन ने भी 'आप' कहने का तकल्लुफ़ छोड़ दिया था।

"बाज़ार में क्या बताऊँ। चलो, ज़रा दुकान में बैठ कर बात करते हैं।" पन्नालाल ने

कहा।

भाई साहब की क्लिनिक आ गयी थी। "नहीं, यहाँ नहीं," चेतन ने पन्नालाल को वहीं दुकान के बाहर रोक कर कहा, "मैं ज़रा भाई साहब से एक मिनट में बात कर आऊँ, फिर कहीं लॉन में या जहाँ भी तुम कहो, बैठ जायेंगे और बात करेंगे।"

और वह खट-खट दुकान की सीढ़ियाँ चढ़ गया।

भाई साहब दुकान के पिछले हिस्से में प्लास्टर ऑफ़ पेरिस का साँचा तैयार कर रहे थे। बिना सिर उठाये, उसकी पदचाप से उसे पहचान कर, उन्होंने उससे पूछा, "कैसा हुआ तुम्हारा पर्चा?"

"काफ़ी अच्छा हो गया है," चेतन ने कहा और फिर कुछ उदास भाव से उसने इतना और जोड़ा, "लेकिन आख़िरी सवाल कर रहा था, थोड़ा बाकी था कि टाइम पूरा हो गया।"

"पास तो हो जाओगे?"

चेतन उसी उदासी से हँसा, "पास तो हो ही जाऊँगा, शायद फ़र्स्ट डिवीज़न भी ले जाऊँ। सवाल तो डिस्टिंक्शन का है।"

"इस साल नहीं तो अगले साल आ जायेगी।" भाई साहब ने उसी तरह काम में सिर झुकाये, बिना उसकी तरफ़ देखे, कहा।

"इस साल, भाई साहब, दरअसल ठीक से पढ़ाई हो नहीं सकी," चेतन ने कहा, "अभी तो मैं कल जालन्धर जाऊँगा। शायद जून के आख़िरी या जुलाई के पहले हफ़्ते में रिज़ल्ट निकले, लेकिन सेशन तो सितम्बर से शुरू होगा, तब तक मैं कोशिश करूँगा कि चन्दा की तबियत बहाल हो जाये। फिर बेफ़िक्री से अगले साल जम कर पढ़ाई करूँगा। अगर भगवान ने चाह। तो डिस्टिंक्शन ले कर दिखा दूँगा।"

भाई साहब ने इसका कोई जवाब नहीं दिया। वे बदस्तूर साँचा बनाने में तल्लीन रहे। चेतन क्षण भर चुप रहा, फिर उसने कहा, "भाई साहब, बाहर पन्नालाल खड़ा है। मुझसे कुछ ज़रूरी बात करना चाहता है। मैं आध-एक घण्टे में लौट आऊँगा। आज पेपर ख़त्म हो गये हैं। इस ख़ुशी में खाना आज हम सिन्धी होटल में खायेंगे। मैं वक्त से आ जाऊँगा।"

भाई साहब ने साँचा बना लिया था। उन्होंने सिर उठाया और बोले, "अगर वह फिर तुमसे उस साले चातक के साथ नाटक लिखने को कहे तो हरगिज़ न मानना।"

"इसका तो सवाल ही नहीं उठता।" चेतन हँसता हुआ मुड़ा।

भाई साहब उसके पीछे-पीछे वेटिंग-रूम तक आये और बोले, "देखो, देर मत करना और समय से आ जाना।"

"आप बिलकुल निशा-ख़ातिर रहें," कहते हुए चेतन चिक उठा कर बाहर निकल आया।

"माईयाँ....तुम दो मिनट कह कर गये और वहीं जा कर शहीद हो गये, मैं भैन चो....यहाँ खड़े-खड़े सूख रहा हूँ," पन्नालाल ऊबा हुआ-सा लकड़ी की सीढ़ी पर एक पाँव रखे खड़ा था, चेतन को बाहर निकलते देख कर बमका, "माईयाँ....तुमसे यह भी नहीं हुआ कि अन्दर वेटिंग-रूम में बैठा जाते, वहीं बात कर लेते।"

"तुम एक फ़िकरे में दस गालियाँ देते हो, किसी डॉक्टर के वेटिंग-रूम में बैठ कर

तुमसे बात हो सकती है?" चेतन हँसा, "चलो, वहाँ लॉन में चल कर बैठते हैं और बात करते हैं।"

वह खट-खट सीढ़ियाँ उतरा और दोनों लॉन की तरफ़ चल दिये।

लेकिन लॉन में माली ने पानी छोड़ रखा था।

लॉन के किनारे फ़ुटपाथ पर खड़े-खड़े चेतन ने ज़ोर का ठहाका लगाया। उसका मूड बहुत हल्का और उत्फुल्ल था। "यहाँ तो बैठ नहीं सकते।" उसने कहा, "चलो, क्रिस्टल चलते हैं। वहीं बैठ कर बात करते हैं।"

"नहीं, क्रिस्टल नहीं। माईयाँ....वह बहुत दूर है। मुझे पहले ही बहुत देर हो गयी है। तुम ऐसे करो, मेरे साथ चलो, रास्ते में मैं तुम्हें स्टैण्डर्ड में चाय-तोस खिलाता हूँ और वहीं बात करते हैं।"

"तुम तो स्टैण्डर्ड में चाय पीते नहीं। मैं वहाँ अकेला...."

"मुझे यार गोली मारो। हम जैनी हैं। मेरा तो रात के खाने का वक्त हो गया है। तुम स्टैण्डर्ड में चाय पीना। दो मिनट मुझसे बात करना। फिर मैं भाग जाऊँगा।"

दोनों मुड़े और अनारकली की तरफ़ चल दिये।

०

"मैं तुमसे उस नाटक के सिलसिले में बात करना चाहता था।"

चेतन पहले ही उसके दिल की बात समझ गया था, लेकिन पन्नालाल के सामने कुर्सी पर बैठते हुए उसने बड़े भोलेपन से पूछा, "किस नाटक की?"

"उसी माईयाँ 'राजपूताने का भीष्म' की, जो तुम चातक जी के साथ मिल कर लिखने वाले थे।"

"उसके बारे में तो मैंने तभी तुम्हें बता दिया था।"

"उस खाते में चातक जी हमसे सौ रुपये तुम्हारे नाम से ले गये हैं।"

"वो ले गये हैं। मैं तो नहीं ले गया। उनसे कहो कि नाटक लिख कर दें या रुपये लौटायें। मैं ले गया होता तो यकीनन तुम्हें नाटक लिख कर देता और रुपये नहीं लौटाता...." चेतन कुछ क्षण चुप रहा फिर ज़रा हँस कर बोला, "मैं तो चातक जी को भी लिख देता। लिख ही रहा था। ढाई अंक तो लिखे ही पड़े हैं। महीने भर में बाकी लिख देता, लेकिन उन्होंने शर्मा जी से कहा कि नाटक लिख कर चेतन जी को दे दिया है और वे कापी कर रहे हैं। सो मेरा ख़ून खौल गया। नाटक सारा-का-सारा मैं लिखूँ और वे मुझे कापीस्ट कहें। कोई हद भी है झूठ और बदतमीज़ी की। तुम ही कहो, यह सुन कर कैसे होता मुझे उत्साह आगे नाटक लिखने का? सो अधूरा लिखा पड़ा है। इतनी तैयारी और मेहनत मेरी बरबाद हो गयी। इम्तहान की पढ़ाई का नुकसान हुआ सो अलग, मैं किस साले की माँ को रोऊँ।"

बैरा तोस-चाय और आलू चाप ले आया था। चेतन ने उसे टोमैटो सॉस लाने के लिए कहा। बैरे ने दूसरी मेज़ पर पड़ी टमाटर की चटनी की बोतल उठा कर चेतन की मेज़ पर रख दी।

चेतन ने चाय का प्याला बनाया, तोस काटा, काँटे से आलू चाप का ज़रा-सा टुकड़ा

टमाटर की चटनी के साथ छुला कर मुँह में रखा और मज़े से खाने लगा।

"यह कवि चातक माईयाँ....नम्बरी गावदी है।" पन्नालाल ने झल्ला कर कहा, "मुझे विश्वास नहीं हुआ था कि उसने ऐसी झूठी और ग़लत बात शर्मा जी से कही होगी। लेकिन शर्मा जी ने इस बात की ताईद की तो मुझे बहुत ग़ुस्सा आया।"

कुछ क्षण दोनों चुप रहे। चेतन चुपचाप चाय-तोस उड़ाता रहा और पन्नालाल शायद सोचता रहा कि कैसे बात को आगे बढ़ाये। कुछ क्षण बाद उसने कहा —

"लेकिन चातक जी ने तो उस खाते में तुम्हें पचास रुपये दिये हैं न।"

"दिये हैं —पचास नहीं, पचपन," चेतन कटुता से बोला, "लेकिन क्या मैंने इतनी मेहनत नहीं की। नाटक का दिलचस्प प्लॉट चुनने के लिए सारा टॉड राजस्थान खँगाल डाला। बप्पा रावल और हमीर के कथानकों पर दो-दो नाटकों की रूप-रेखा तैयार की। मेरी पत्नी बीमार थी, मैं उसे देखने जालन्धर जाना चाहता था और मुझे २५ रुपये की सख़्त ज़रूरत थी। उन्होंने दोनों प्लॉट नापास कर दिये और पच्चीस के बदले पाँच थमा दिये। फिर मैं उनकी तरफ़ नहीं गया।"

चेतन ने वहीं बैठे-बैठे वही सारा किस्सा दोहराया कि कैसे चातक जी मिले और बरबस उसे पच्चीस रुपये दे गये। जब वह तैयार नहीं हुआ तो पच्चीस और दे गये और वादा कर गये कि वह एक-दो अंक लिख देगा तो पचास और दे जायेंगे।

"हमसे तो तुम्हारी ख़ातिर सौ ले गये थे।"

"मैं जानता हूँ, तुम्हीं ने बताया था। मैं तो नाटक लिख देता। लेकिन उन्होंने शर्मा जी से झूठी बात कह दी।"

दोनों फिर चुप हो गये। कुछ क्षण बाद पन्नालाल ने कहा, "तुमने यार, आधा नाटक तो लिख रखा है, पूरा क्यों नहीं कर देते?"

"भई, मेरी बीवी जालन्धर में बीमार है। उसे टाइफ़ायड हो गया था। मेरा ध्यान उसी में लगा है। इम्तहान की वजह से रुका हुआ था। मैं आज शाम चला जाऊँगा। फिर मैं उस चातक के साथ नाम नहीं दे सकता। नाटक लिखूँगा तो अपने नाम से लिखूँगा। इसी महीने मेरी कहानी 'सरस्वती' में आ रही है। ठाकुर साहब ने लिखा था कि जून में छप जायेगी। आठ-दस कहानियाँ छप जायेंगी तो मेरा भी नाम हिन्दी में हो जायेगा।"

"तुम नाटक पूरा करो, मैं तुम्हारे नाम से छाप दूँगा।"

चेतन के मन में कहीं गहरे विजय-मिश्रित हल्की-सी ख़ुशी का अंकुर फूटा, लेकिन उसने चेहरे पर उसका कोई आभास नहीं आने दिया। प्रकट थोड़ा झल्ला कर उसने कहा, "यार, तुम्हें नाटक की पड़ी है, मेरा मन बीवी की बीमारी में लगा है। कुछ भी लिखने को मेरा ज़रा भी मूड नहीं है।"

पन्नालाल ज़रा आगे को झुका और उसने जैसे चेतन को अपने भेद का साझीदार बनाते हुए कहा, "देखो चेतन, इस बार बोर्ड के मेम्बरों में हमारा ज़ोर है। अगर तुम नाटक लिखो तो उसके लग जाने की पूरी सम्भावना है...."

चेतन को थोड़ा मज़ा आने लगा था। उसने कहा, "चातक जी ने तो मुझसे कहा था कि तुम्हारे नाम से नहीं लग सकता, तुम्हारी भाषा दोषपूर्ण है...."

पन्नालाल ने उसे बात नहीं पूरी करने दी बोला, "भाषा के दोष माईयाँ....बोर्ड का कोई मेम्बर निकाल देगा। काहे को हम उन्हें इतना खिलाते-पिलाते हैं," फिर थोड़ा आगे बढ़ कर और भी धीमे स्वर में उसने कहा, "मैंने शर्मा जी को नाटक की भूमिका लिखने और उसे प्रोपोज़ करने के लिए मना लिया है। कैलाशनाथ भढनागर बोर्ड के कनवीनर हैं। उन्हें माल चटाऊँगा और नाटक का मसौदा दूँगा कि ज़रा इसकी भाषा के दोष दूर कर दीजिए। डॉक्टर घनानन्द बोर्ड के चेयरमैन हैं, सो अपने आदमी हैं। नाटक तो ज़रूर-बिल-ज़रूर लग जायेगा।"

"तुम सौ रुपया पेशगी दो तो मैं लिख देता हूँ।"

"तुम पचास रुपये पहले ले चुके हो।"

"हाँ, ले चुका हूँ, लेकिन तुमसे नहीं। तुम्हें नाटक लिखवाना हो तो सौ रुपये दो। लिखे हुए ढाई अंक मैं अपने साथ जालन्धर लेता जाऊँगा। बीवी का इलाज कराऊँगा। उसकी तीमारदारी भी करूँगा और उसके सिरहाने बैठ कर बाकी नाटक भी पूरा कर दूँगा। दो महीने बाद आऊँगा तो मुकम्मल नाटक साथ लेता आऊँगा। रही चातक जी के रुपये की बात, तो जब बाकी रुपये दोगे, मैं उन्हें साथ लाऊँगा। तुम्हारे सामने दे दूँगा।"

पन्नालाल क्षण भर सोचता रहा। फिर उसने कहा, "तुम एक बात कर सकते हो?"

चेतन ने सिर्फ़ जवाब में आँखें उठायीं।

"तुमने जो ढाई अंक लिखे हैं, उन्हें शर्मा जी को दिखा दो। वे पसन्द कर लेंगे और हमसे कह देंगे तो हम कल ही तुम्हें सौ रुपये दे देंगे। आज शाम न सही, तुम कल शाम जालन्धर चले जाना।"

चेतन चाय-तोस ख़त्म कर चुका था उठते हुए उसने कहा, "ठीक है, मैं आज शाम को शर्मा जी से मिल लूँगा।"

चार

पन्नालाल को लोहारी के चौरस्ते पर छोड़ कर चेतन तेज़-तेज़ 'फ़ज़ल बुक डिपो' की तरफ़ लपका। ज़रा दूर ही से उसे 'सरस्वती' के ताज़ा अंकों का थब्बा लगा हुआ नज़र आया। 'शायद यह आज ही आया है,' उसने मन में सोचा और दूसरी पत्र-पत्रिकाओं को इत्मीनान से पलटने का इरादा उसका हवा हो गया। कदम बढ़ा कर उसने दुकान के आगे खड़े लोगों में ज़रा-सी जगह बनायी, थब्बे से पत्रिका का अंक उठाया, जून ही का था। आशा और निराशा से उसका दिल धड़कने लगा। मुख्य पृष्ठ पलट कर उसने लेखकों की सूची देखी। उसकी कहानी छप गयी थी। जल्दी-जल्दी पृष्ठ पलट कर उसने वह पृष्ठ खोला। उसका दिल बाग़-बाग़ हो गया। कहानी फ़ॉर्म के बीच के दोनों पृष्ठों पर फैले हुए शीर्षक के नीचे शुरू होती थी। ऊपर दोनों पृष्ठों पर फैले बहुत ख़ूबसूरत लाल डिज़ाइन में कहानी का शीर्षक 'प्रेम की वेदी' लिखा था। दायीं ओर एक ब्लॉक में उसका छोटा-सा फ़ोटो छपा था; वही, जो उसने देशराज फ़ोटोग्राफ़र से खिंचवा कर भेजा था —घुँघराले बाल, चौड़ा माथा (जो उसने मोचने की मदद से दायीं और बायीं ओर बाल उड़ा कर बना लिया था),

गोल-गोल-सा चेहरा, नाक पर सुनहरी फ्रेम की ऐनक और गर्दन में हल्का-सा ख़म। चेतन को अपना यह फ़ोटो बहुत अच्छा लगा। डिज़ाइन के ऊपर मोटे अक्षरों में लिखा था — 'उर्दू लेखक की पहली हिन्दी कहानी' और डिज़ाइन के नीचे उसका नाम छपा था। चेतन तो चाहता था कि वहीं खड़ा-खड़ा सारी कहानी पढ़ जाये, लेकिन उसमें अब रुकने की ताब नहीं थी। उसने उस पृष्ठ पर बायें हाथ की तर्जनी रख कर पत्रिका बन्द की, जेब से चवन्नी निकाल कर दुकान के मालिक फ़ज़ल अहमद की तरफ़ फेंकी, फिर पत्रिका खोली और उसे पढ़ते हुए चलने लगा। लेकिन गनपत रोड और अनारकली की भीड़ में पत्रिका को पढ़ते हुए चलना असम्भव था। वह सामने से आने वाले एक व्यक्ति से बुरी तरह टकरा गया। तब उसने पत्रिका बन्द की, तेज़-तेज़ भाई साहब की क्लिनिक की ओर बढ़ा और किसी टेढ़े सरकबान की तरह भीड़ को चीरता हुआ वह दुकान पर पहुँचा।

भाई साहब बग़लों में हाथ दिये दुकान के तख़्ते पर खड़े थे। शायद ख़ाली थे और यूँ ही बाज़ार का नज़ारा कर रहे थे।

दूर ही से चेतन ने पत्रिका खोल कर आह्लाद के स्वर में उनसे कहा, "भाई साहब, मेरी कहानी 'सरस्वती' में छप गयी।"

और उसने सीढ़ियाँ चढ़ कर वह पृष्ठ उनके सामने कर दिया।

भाई साहब ने उससे पत्रिका ले कर क्षण भर उसे देखा फिर बोले, "यह कैसा गुण्डों का-सा फ़ोटो तुमने उनको छपने के लिए भेज दिया।"

चेतन ने ज़रा उनके पास हो कर फ़ोटो पर एक नज़र डाली और बोला, "क्यों भाई साहब, इसमें क्या बुराई है।"

"देखो तो, घुँघराले बाल और कैसे तुमने सिर को ख़म दे रखा है! ऐन-मैन गुण्डे लगते हो।"

चेतन ने ज़ोर का ठहाका लगाया। "सिर पर कुल्हा हो तो इसे कज़कुल्ही कहते हैं, जो शायरों के बाँकपन का आम पोज़ है। अकड़ी गर्दन का ज़रा-सा टेढ़ापन। आपने वो शे'र नहीं सुना —

"शायर का बाँकपन न गया बाद-ए-मर्ग भी
तख़्ते पे आपको जो लिटाया, अकड़ गये।

"जब मरने पर शायर के बाँकपन का यह हाल है, तब मैं तो ज़िन्दा शायर हूँ। कोई बनिया-बक्काल नहीं कि सिर-कान लपेटे चलूँ और पता भी न चले कि कोई जा रहा है। टेढ़ापन तो शायर के स्वभाव का अंग है। मैं बाज़ार में रुक कर ठहाका लगाता हूँ तो आगे जाने वाले पलट कर देखने लगते हैं।"

और चेतन ने फिर एक ज़ोरदार ठहाका लगाया। फिर वह सहसा गम्भीर हो गया। उसने वहीं खड़े-खड़े अपने भाई को स्टैण्डर्ड में पन्नालाल से होने वाली बातचीत का ब्योरा दिया और बोला, "भाई साहब, मैंने ही कहा था कि आज इम्तहान के ख़त्म होने की ख़ुशी में सिन्धी होटल में खाना खायेंगे, लेकिन अगर आप राय दें तो मैंने 'राजपूताने का भीष्म' के जो ढाई अंक लिखे हैं, अभी कृष्ण नगर जा कर डॉक्टर इन्द्रजीत शर्मा को सुना आऊँ।" वह क्षण भर के लिए रुका फिर उसने कहा, "यूँ तो मैं उनके पास छोड़ भी आ सकता हूँ,

लेकिन ये प्रोफ़ेसर लोग कापियाँ जाँचने, समितियों की बैठकों में शामिल होने, दस तरह के दन्द-फन्द में हिस्सा लेने के कारण बहुत बिज़ी रहते हैं। जाने कब पढ़ें और कैसा इम्प्रेशन लें। मैं हाव-भाव से नाटक सुनाऊँगा तो मुमकिन नहीं कि वे पसन्द न करें। फिर नाटक के अगले अंकों की रूप-रेखा भी उन्हें समझा दूँगा। कोशिश करूँगा कि डॉक्टर शर्मा से पन्नालाल के नाम चिट्ठी ले आऊँ। हो सकता है, मुझे इस सब में देर हो जाय। समय से आ गया तो इकट्ठे सिन्धी होटल में खाना खायेंगे, वरना आप गोपाल के ढाबे पर ही खाना खा लीजिएगा। मैं रास्ते में हरबिन्दर सिंह की दुकान से दूध और डबल रोटी खा कर गुप्ता के यहाँ चला जाऊँगा। शर्मा ने चिट्ठी दे दी तो सुबह-सुबह नहा-धो कर पन्नालाल के यहाँ जाऊँगा। सौ रुपये मिल गये भाई साहब, तो जालन्धर जा कर चन्दा का ठीक से इलाज कराऊँगा। वह बीमार रही तो मेरा मन पढ़ाई में नहीं लगेगा।"

"हाँ, तुम ठीक कहते हो," भाई साहब ने उसकी हाँ-में-हाँ मिलाते हुए कहा, "नाटक सुनाने का जो असर पड़ता है, वह पढ़ने से नहीं पड़ता। फिर तुम पैदायशी ऐक्टर हो। ख़ुद सुनाओगे तो दुगना असर पड़ेगा। जाओ। वक्त से आ गये तो सिन्धी होटल चलेंगे, वरना कल सही। सिन्धी होटल कहाँ भागा जाता है। यह काम ज़रूरी है।"

चेतन 'राजपूताने का भीष्म' का मसौदा लाने अन्दर की तरफ़ बढ़ा तो भाई साहब उसके पीछे-पीछे अन्दर आये। वह ऊपर परछत्ती पर नाटक का मसौदा लाने चला गया तो वे मेज़ के पीछे अपनी कुर्सी पर बैठ गये। उनकी भंगिमा और कसमसाहट से ऐसा लगता था कि वे चेतन से कोई बात कहना चाहते थे, पर कह नहीं पाये थे। दूसरे ही क्षण वे उठे और दोनों बाँहें पीछे किये, वेटिंग-रूम में ही धीरे-धीरे टहलने लगे।

ऊपर परछत्ती पर जा कर चेतन ने नाटक की फ़ाइल निकाली। उस पर धूल की एक मोटी परत जम गयी थी। चेतन ने बेताबी से इधर-उधर देखा कि कोई मैला कपड़ा मिल जाये तो उसे झाड़ डाले। नहीं मिला तो उसने ऊपर परछत्ती के जँगले पर खड़े हो कर कहा —"भाई साहब, ज़रा कोई झाड़न ऊपर फेंकिए। फ़ाइल पर धूल जम गयी है।"

भाई साहब ने बड़ी तत्परता से झाड़न उठाया और गोल-मोल करके ऊपर फेंकने के बदले स्वयं चन्द सीढ़ियाँ चढ़ गये। उन्होंने चेतन को आवाज़ दी और झाड़न उसे थमा दिया और वेटिंग-रूम में जा कर फिर टहलने लगे।

चेतन ने जल्दी-जल्दी फ़ाइल को झाड़-पोंछ कर उसके पृष्ठों पर एक नज़र डाली और उसे बन्द किया। 'सरस्वती' का ताज़ा अंक उसने ज़मीन पर बिछे अपने बिस्तर पर फेंक दिया था। वह तेज़-तेज़ सीढ़ी की तरफ़ बढ़ा, लेकिन एक सीढ़ी उतर कर फिर वापस मुड़ा। न केवल उसने 'सरस्वती' का अंक उठाया, बल्कि क्षण भर सोच कर उसने प्रसाद का 'चन्द्रगुप्त' भी ले लिया —जिसकी प्रति वह 'दुर्गादास' और 'स्कन्दगुप्त' के साथ चातक जी से ले आया था और अपना नाटक लिखते हुए, बीच-बीच में पढ़ता रहा था। चेतन को प्रसाद का 'चन्द्रगुप्त' एकदम अमनोवैज्ञानिक और अयथार्थ लगा था। डॉक्टर शर्मा से मिलने के लिए जाते वक्त उसने इसलिए वह नाटक साथ ले लिया कि ज़रूरत पड़े तो शर्मा जी का ध्यान उसकी विसंगतियों की ओर दिलाये।....निश्चय ही वह अपनी कहानी डॉक्टर शर्मा को दिखा कर रोब जमायेगा, उसने सोचा, और कहेगा —'चातक जी ने कहा था, तुम्हें हिन्दी में कोई नहीं जानता। हालाँकि मैं कानून की पढ़ाई के कारण साहित्य को उतना समय

नहीं दे पाता, लेकिन आप देख लीजिएगा कि मैं हिन्दी में भी दो-एक वर्षों में शैतान की तरह मशहूर हो जाऊँगा।'

'सरस्वती' का अंक सहेज कर फ़ाइल में रखते हुए चेतन ने उसके ऊपर 'चन्द्रगुप्त' रखा, फ़ाइल को बगल में दबाया और परम आत्म-विश्वास से धड़धड़ाता हुआ सीढ़ियाँ उतर गया।

"अच्छा भाई साहब," उसने बाहर की तरफ़ बढ़ते हुए कहा, "मैं कोशिश करूँगा, वक्त से आ जाऊँ...."

"नहीं, तुम वक्त से नहीं आ सकते," भाई साहब ने कलाई की घड़ी देखते हुए कहा, "सवा छै बज गये हैं। तेज़-तेज़ भी चलो तो कृष्ण नगर जाने-आने में एक घण्टा लगता है। फिर यह थोड़ी है कि शर्मा जी तुम्हारा नाटक सुनने के लिए तैयार ही बैठे होंगे, तुम नाटक सुनाओगे और चले आओगे। अरे, तुम नाटक सुनाओगे, बातचीत करोगे, उनसे चिट्ठी लोगे। तब आओगे।" जैसे उन्होंने बड़े पते की बात कही हो, हल्के-से सन्तोष और ख़ुशी से भाई साहब क्षण भर के लिए चुप हो गये कि उनकी बात चेतन के मन में पैठ जाय। फिर बोले, "तुम आराम से नाटक सुनाना। हाँ, वक्त से गुप्ता के यहाँ पहुँच जाना, वरना वह खाने पर तुम्हारा...."

"नहीं भाई साहब, रात के खाने के लिए तो मैं मना कर आया हूँ। मैंने तय कर लिया था कि आपके साथ सिन्धी होटल में खाना खाऊँगा, लेकिन अब...."

"उसकी तुम चिन्ता न करो। कल खायेंगे। अभी तुम जा कर डॉक्टर शर्मा को नाटक सुनाओ।"

चेतन ने कदम बढ़ाया था कि भाई साहब ने कहा, "सुनो, अगर तुम्हें डॉक्टर शर्मा ने चिट्ठी दे दी तो तुम कल सुबह ही पन्नालाल से मिलने जाओगे।"

"ज़रूर जाऊँगा।" चेतन ने उत्तर दिया।

"अगर वह तुम्हें सौ रुपये दे दे तो क्या तुम मुझे दस-पन्द्रह रुपये दे सकते हो? मेरा प्लास्टर ऑफ़ पेरिस ख़त्म हो गया है और दाँत साफ़ करने वाले ब्रश घिस गये हैं। एक-दो औज़ार और दो-एक दवाएँ भी मुझे लेनी हैं। कोई ढब का पेशेण्ट आ गया तो मैं तुम्हारे रुपये वापस कर दूँगा।"

हालाँकि चेतन जानता था, भाई साहब पैसा ले कर कभी लौटाते नहीं थे, पर उसने बेपरवाही से कहा, "पैसा मिल जायेगा तो ज़रूर दे दूँगा," और वह चिक उठा कर बगूले की तरह बाहर निकल गया।

पाँच

शाम उतर आयी थी। चेतन का बदन पसीने से तर-ब-तर था। अपने भाई की क्लिनिक से ठण्डी सड़क पर पहुँचते ही गोल बाग़ की तरफ़ से ख़ुनक हवा का एक झोंका आया और

उसके तन में सुखद सिहरन दौड़ा गया। चेतन ने अपनी चाल और तेज़ कर दी। वह अजायबघर तक एक-सी तेज़ रफ़्तार से चलता गया था। फिर उसकी चाल अपने आप धीमी हो गयी थी। वह डॉक्टर शर्मा से कैसे बात करेगा, कैसे उन पर अपने नाटक सम्बन्धी ज्ञान का रौब ग़ालिब करेगा और कैसे उन्हें इतना बरमायेगा कि जब वह उन्हें पन्नालाल के नाम चिट्ठी लिख देने के लिए कहे तो वे बिना ना-नुच किये तत्काल लिख दें —यही सब सोचते हुए वह गोल बाग़ पार कर ठण्डी सड़क पर पहुँच गया। इस दौरान कल्पना-ही-कल्पना में उस मुलाकात की सारी रूप-रेखा उसने अपने ज़ेहन में बना ली।

०

चेतन की यह पुरानी आदत थी कि जब वह किसी से भेंट करने जाता तो वह रास्ते में लगातार उस मुलाकात के बारे में सोचता और उसकी रूप-रेखा बनाता चलता। दीन-दुनिया के बेख़बर, सिर झुकाये, वह उसी मुलाकात के बारे में निहायत एकाग्रता से सोचता —यहाँ तक कि प्रायः वह भेंट मूर्तिमान हो कर उसकी आँखों के सामने आ जाती। यद्यपि उसके होंट बन्द रहते, पर मन-ही-मन चलने वाले सम्वाद उसके कानों में सुनायी देने लगते। जब तक वह मंज़िल पर न पहुँच जाता, वह बार-बार उसी मुलाकात के बारे में सोचता और अपने सम्वादों में कुछ फेर-बदल कर, उन्हें बेहतर बनाये जाता।

डॉक्टर इन्द्रजीत शर्मा कृष्ण नगर की 'बन्दा बैरागी स्ट्रीट' में रहते थे। कुछ ही महीने पहले उन्होंने नया मकान बनवाया था। अभी वह मुकम्मल भी नहीं हुआ था कि वे वच्छोवाली की तंग गली में अपने घिच-पिच पैत्रिक मकान से उसमें उठ आये थे। हर महीने वे उसमें कुछ-न-कुछ बनवाते रहते थे। बाहर का बरामदा और अन्दर की बैठक उन्होंने टिच-टाच कर दी थी। बाकी कमरों में कहीं पलस्तर होना था, कहीं फ़र्श बनना था, कहीं पुताई होनी शेष थी।

चेतन एक बार चातक जी के साथ डॉक्टर शर्मा के यहाँ गया था। वे उसे बरामदे में बैठा कर अन्दर गये थे और बात करके आ गये थे। उसने अन्दर से तो वह घर नहीं देखा था, पर चातक जी से उसके बारे में सारी बातें सुनी थी। उसने तय किया कि सबसे पहले वह उनके उस नये मकान को ले कर ही बात शुरू करेगा और उन्हें इस बात पर बधाई देगा कि वे वच्छोवाली की संकुलता से निकल कर कृष्ण नगर के खुले, हवादार और स्वच्छ माहौल में आ गये हैं।

फिर वह पन्नालाल की इच्छा का उल्लेख करते हुए कहेगा कि उसे यह जान कर ख़ुशी हुई, जो उन जैसे विद्वान ने उसके नाटक की भूमिका लिखना स्वीकार किया है। चूँकि उसने आधा नाटक लिख रखा है, इसलिए वह मुकम्मल दो अंक उन्हें सुनाने और आगे लिखा जाने वाला हिस्सा उनसे डिस्कस करने आया है। वह बहुत शुक्रगुज़ार होगा, अगर वे उसे थोड़ा-सा वक्त दे दें।

यों भूमिका बाँध कर वह कहेगा कि नाटक सुनाने से पहले वह अपने पूर्ववर्ती नाटकों के बारे में दो शब्द कहना चाहेगा। तब द्विजेन्द्रलाल राय के 'दुर्गादास' और बाबू हरिश्चन्द्र के 'सत्य हरिश्चन्द्र' के बारे में उन ख़ामियों का संक्षेप में उल्लेख करते हुए, जो उसने पन्नालाल के घर उसे और चातक जी को बतायी थीं, प्रसाद के नाटकों पर आ जायेगा और

डॉक्टर शर्मा को बतायेगा कि प्रसाद ने अपना नाटक 'चन्द्रगुप्त' उन्हीं नाटककारों के पैटर्न पर लिखा है और यद्यपि 'चन्द्रगुप्त' के जन्म को ले कर उन्होंने बेहद जाँच-पड़ताल करके इतनी लम्बी भूमिका लिखी है, मगर अपने नाटकों के कई प्रसंगों को लगभग वैसा ही असम्भव और अमनोवैज्ञानिक बना दिया है। पारसी थियेटर की प्रस्तुतियों को नफ़रत की दृष्टि से देखने के बावजूद उस रंगमंच के नाटकों की कई विसंगतियाँ 'दुर्गादास' और 'सत्य हरिश्चन्द्र' से होती हुई सीधी प्रसाद के 'चन्द्रगुप्त' और 'स्कन्दगुप्त' तक आ गयी हैं।

ठण्डी सड़क से कृष्ण नगर की ओर चलते-चलते चेतन ने उन नाटकों के वे स्थल याद किये, जो कोरे काल्पनिक, अमनोवैज्ञानिक और सम्भावना तक से परे मालूम होते थे। सावधानी के तौर पर उसने बग़ल में दबी फ़ाइल से बारी-बारी 'चन्द्रगुप्त' और 'स्कन्दगुप्त' निकाल कर, तीन-चार जगह म्युनिसिपल कमेटी के लैम्पों की रोशनी में रुक कर, नाटकों के उन स्थलों को ढूँढा, खड़े-खड़े पढ़ा और वहीं-वहीं उन पृष्ठों के कोने मोड़ दिये ताकि अगर ज़रूरत पड़े तो अपनी दलील के प्रमाण में उन्हें पढ़ कर सुना सके और यकीन दिला सके कि वह यूँ ही बेपर की नहीं उड़ा रहा, उन नाटकों के गहरे अध्ययन के बाद ही उसने उन विसंगतियों को जाना है।

उसने यह भी तय किया कि इस तरह अपने पूर्ववर्ती नाटककारों की त्रुटियाँ बता कर वह डॉक्टर शर्मा से कहेगा कि यद्यपि उसका नाटक भी ऐतिहासिक है, कई पात्रों का सृजन उसे भी कल्पना ही से करना पड़ा है, लेकिन वह नाटक सुनाता है और वे देखें कि किस प्रकार वैसी कोई ख़ामी उसने अपने नाटक में नहीं आने दी। यहाँ तक कि नाटक की प्रमुख घटना को, जो लगभग असम्भव लगती है, उसने सम्भव बना दिया है। उसका पात्र चण्ड कोरा काल्पनिक नहीं, जीता-जागता पात्र लगता है। 'टॉड राजस्थान' में चण्ड का वर्णन कैसा भी असम्भव क्यों न लगता हो, अपने नाटक में उसने उस घटना को जैसे लिखा है, चण्ड के चरित्र को जैसे उसने उकेरा है, उस विशेष परिस्थिति में किसी सच्चे, दयानतदार और घोर पितृभक्त युवराज के लिए उसका किरदार एकदम सही दिखायी देता है....

चेतन को पूरा विश्वास था कि इस भूमिका के बाद वह अपना नाटक सुनायेगा तो डॉक्टर शर्मा न केवल उसे पसन्द करेंगे, सराहेंगे, बल्कि जब वह उन्हें पन्नालाल के नाम चिट्ठी लिख देने के लिए कहेगा तो फ़ौरन लिख देंगे।

कृष्ण नगर का मोड़ आ गया था। चेतन ठण्डी सड़क से उधर को मुड़ा। कुछ ही कदम पर दायीं ओर वह स्थल आया, जहाँ सम्राट अकबर के हुक्म से अनारकली को ज़िन्दा दीवार में चुनवा दिया गया था। चेतन ने उधर एक निगाह डाली। उसके दिल से एक लम्बी साँस निकल गयी। इम्तयाज़ अली ताज का नाटक 'अनारकली' उसके ज़ेहन में घूम गया। फिर शिमले के 'गेटी थियेटर' में उसका मंचन और दिमाग़ी तनाव की हालत में चश्मा पहने हुए कनीज़ ज़ाफ़रान के रूप में मंच पर उसका चले जाना....

चेतन की आँखों के सामने वह सारा दृश्य आ गया । उससे कैसी-कैसी बेवकूफ़ियाँ बन आयी हैं। अपनी प्रतिभा के लिए सही रास्ता खोजने में वह कितने चक्करों में फँसा है और निराश हुआ है। और अचानक एक शे'र उसके दिमाग़ में कौंध गया —

चलता हूँ थोड़ी दूर हर इक राह रौ के साथ

पहचानता नहीं हूँ अभी राहबर[१] को मैं

'सवाल राहबर का नहीं,' उसने मन-ही-मन कहा, 'सवाल मंज़िल का भी है।'

और एक दूसरा शे'र उसके ज़ेहन में आ गया —

मंज़िल है कौन मेरी, मैं जानता नहीं,
रहबर है कौन मेरा पहचानता नहीं।

'मैं अपनी मंज़िल नहीं जानता,' उसने मन-ही-मन कहा, 'इसीलिए भटकता हूँ। जिस दिन मुझे अपनी सही मंज़िल और सही रास्ते का पता चला, मैं ज़रा भी नहीं भटकूँगा और मंज़िल पर पहुँच कर ही दम लूँगा।'

०

कृष्ण नगर का चौड़ा मेन बाज़ार आ गया था। सहसा चेतन ने सिर को ज़ोर का झटका दिया। वह क्या सब सोचने लगता है? इस वक्त तो उसके सामने उसकी मंज़िल साफ़ है। उसे एल-एल०बी० में डिस्टिंक्शन ले कर सब-जजी के कम्पीटीशन में बैठना है, पास हो कर अमीचन्द को दिखाना है कि वह डिप्टी कलेक्टर हो सकता है तो चेतन भी सब-जज हो सकता है। अमीचन्द तरक्की करके अगर कलेक्टर बन सकता है तो चेतन हाईकोर्ट का चीफ़ जस्टिस हो सकता है।.... यह नाटक तो उसने इसलिए लिखना स्वीकार कर लिया है कि उस मंज़िल के रास्ते में जो आर्थिक बाधा है, वह थोड़ी दूर हो सके। अभी तो उसके सामने यही मंज़िल है, वह इसी पर चलेगा। और उसने तय किया कि वह एक साथ दो-दो किश्तियों में पाँव नहीं रखेगा। एक ही किश्ती थामेगा और मंज़िल पर पहुँचेगा।

उसने सिर को एक बार फिर झटका दिया और तेज़-तेज़ चलने लगा।

०

"हैलो चेतन जी।"

चेतन सिर झुकाये मेन बाज़ार से बन्दा बैरागी स्ट्रीट पर मुड़ा ही था कि सामने से आते हुए श्री धर्मव्रत वेदालंकार ने मिलाने के लिए उसकी ओर हाथ बढ़ाते हुए, उसे 'हैलो' की। गर्मी के बावजूद वे थ्री-पीस सूट में सुशोभित थे।

"अरे वेदालंकार जी," चेतन ने बढ़ कर उनके हाथ पर अपना हाथ रखते हुए कहा, "आप इधर कहाँ?"

अपनी आदत के मुताबिक ज़रा ऊँचाई से बात करते हुए वेदालंकार जी ने बताया कि वे सनातन धर्म कॉलेज से डॉक्टर शर्मा के साथ आये थे और अब उन्हें घर छोड़ कर वापस टैप रोड जा रहे हैं।

चेतन का हाथ अभी तक उनके हाथ में था। उसे ज़रा-सा हिला कर वह आगे बढ़ जाना चाहता था, लेकिन वेदालंकार जी ने उसे नहीं छोड़ा। उसका हाथ थामे-थामे, वे उसे गली के एक किनारे ले गये और उन्होंने पूछा "सुना है, आप हीरालाल जवाहरमल के लिए कोई नाटक लिख रहे हैं।"

झूठ बोलना चेतन की प्रकृति का अंग नहीं था। "लिख तो रहा हूँ," उसने कहा।

---

१ पथ-निर्देशक, नेता

तब वेदालंकार जी ने कद्रे सरगोशी में कहा था —"साथी लेखक के नाते मैं आपको एक परामर्श देना चाहता हूँ। आप नाटक लिखें तो उसे बीस प्रतिशत रॉयल्टी पर दें। पाठ्य-पुस्तकों के सिलसिले में रॉयल्टी की यही दर है।"

चेतन चुप सोचता रहा। तब क्षण भर उसकी प्रतिक्रिया की प्रतीक्षा करने के बाद उन्होंने बताया कि उन्हें स्वयं 'विश्व साहित्य प्रकाशन' से यही रॉयल्टी मिलती है और इसी के बल पर वे हर साल कश्मीर की सैर करते हैं।

चेतन मन में उनकी बात से सहमत था, पर वह अपनी स्थिति से भी अनभिज्ञ नहीं था। उसने हँस कर कहा, "आप हिन्दी के प्रसिद्ध लेखक। मुझे हिन्दी में कोई जानता नहीं। मैं वह रॉयल्टी कैसे माँग सकता हूँ, जो आपको मिलती है?"

"मैंने कल ही 'सरस्वती' के ताज़ा अंक में आपकी एक कहानी पढ़ी है।" वेदालंकार जी ने प्रकट ही उसके अहं को सहलाते हुए कहा, "आपकी चार-छै और कहानियाँ ऐसी पत्रिकाओं में छप गयीं तो सारा हिन्दी संसार आपके नाम से परिचित हो जायेगा।"

यद्यपि चेतन मन में उनकी बात से पूरी तरह सहमत था, लेकिन उसने पकड़ाई नहीं दी। बेपरवाही से बोला, "एक कहानी छपने से क्या होता है? और लाहौर में 'सरस्वती' कितने लोग पढ़ते हैं? मैं अपनी औकात ख़ूब जानता हूँ।"

"आप यह नाटक हम को दे दीजिए," सहसा वेदालंकार जी ने कहा, "हम आपको बीस प्रतिशत रॉयल्टी दे देंगे।"

चेतन क्षण भर चुप रहा। फिर उसने पूछा, "आप क्या स्वयं नाटक नहीं लिख रहे हैं?"

"लिख रहा हूँ।" वेदालंकार जी ने कहा, "आप भी लिखिए। आप हमारे पार्टनर प्रोफ़ेसर ज्योति स्वरूप जी की शक्ति को नहीं जानते। वे ज़ोर लगायेंगे तो मेरा नाटक भी स्वीकृत होगा और आपका भी।....सोच लीजिए। बिना रॉयल्टी के, एकमुश्त पारिश्रमिक पर लिखना, प्रकाशक के शोषण का शिकार होना है। ऐसा करना पाप के समान है। शोषण करना ही पाप नहीं, शोषण सहना भी पाप है।"

चेतन ख़ामोश खड़ा रहा। उसके मन में वेदालंकार जी से अपनी पहली मुलाकात की कटु स्मृति ही नहीं कौंधी, उनके प्रमुख पार्टनर प्रोफ़ेसर ज्योति स्वरूप के शोषण की याद भी उभरी, जब उन्होंने उससे 'भारत का इतिहास' लिखवाया था, पारिश्रमिक का अधिकांश गोल कर गये थे और हफ़्तों उसे उनके लॉरेंस रोड वाले बँगले के चक्कर लगाने पड़े थे। कैसी अजीब बात है कि आदमी दूसरों को शोषण का शिकार न बनने की नसीहत देते हुए अपने किये शोषण को यकसर भूल जाता है।

लेकिन उसके मन में यदि कटुता उमगी तो उसने अपने चेहरे से उसका कोई आभास नहीं होने दिया। उनके प्रस्ताव से वह जान गया कि पाठ्य पुस्तकों के उस गला काट कम्पीटीशन में वे उसे अपना प्रतिद्वन्द्वी समझते हैं और जैसे भी हो, उसे अपने रास्ते से हटा देना चाहते हैं।

मन की बात न कह कर उसने चलने के लिए उनसे हाथ मिलाते हुए कहा, "क्या आप आज मुझे सौ रुपये पेशगी दिला सकते हैं?"

"जब आपको पूरी बीस प्रतिशत रॉयल्टी मिलेगी तो इतना रुपया पेशगी कैसे दिया जा सकता है?"

"मेरी पत्नी बहुत बीमार है और मुझे कानून की कुछ पुस्तकें भी ख़रीदनी हैं। बिना इतना रुपया पेशगी पाये, मैं नाटक लिखने की सोच भी नहीं सकता।"

"क्या हीरालाल जवाहरमल आपको इतना रुपया पेशगी देने को तैयार हैं?"

"पेशगी देंगे तभी नाटक लिखूँगा।"

वेदालंकार जी ने पैंतरा बदला — "मैंने तो साथी नाटककार के नाते आपकी हित-चिन्ता में ही यह बात कही थी। अगर आप एकमुश्त रॉयल्टी के बदले नाटक दे देंगे तो पहले एडीशन ही से जवाहरमल वाले वह सब रकम निकाल लेंगे। लेकिन उनकी ब्रांचें तो बनारस और पटना में भी हैं। आपका नाटक यू०पी० और बिहार में भी लगेगा। वे लोग तो हज़ारों कमायेंगे और आपको ज़िन्दगी भर कानी कौड़ी भी और नहीं मिलेगी।"

चेतन मन-ही-मन उनकी खीझ पर हँसा। प्रकट उसने कहा —

"इतनी यूनीवर्सिटियों में नाटक पढ़ाया जायेगा तो यश भी तो मुझे ही मिलेगा। लोग यश के लिए हज़ारों-लाखों ख़र्च करते हैं। इस वक्त मुझे पैसे की ज़रूरत है। शोहरत घाते में मिलती है। क्या बुरा है?"

और वह बेपरवाही से हँसा।

वेदालंकार जी ने दया-भाव से उसकी ओर देखा और उसकी जड़ता पर बेज़ारी से सिर हिलाते हुए कहना शुरू किया —

"मैंने तो आपके मित्र के नाते ही यह सलाह दी थी...."

"मैं आपका बहुत शुक्रगुज़ार हूँ," चेतन ने उन्हें बात पूरी करने का अवसर न दे कर प्रकट कृतज्ञता में सिर झुकाते और उनके हाथ को गर्मजोशी से दबाते हुए कहा था, "नाटक लिखा जाय, फिर यह सब भी देख लेंगे।"

और वह उनसे अलग हो कर आगे बढ़ गया था।

'साले हित-चिन्ता के....' उसने मन-ही-मन एक 'मधुर वचन' उनकी ओर बहाते हुए कहा, 'आपकी दोस्ती और साथी लेखक के नाते आपकी हित-चिन्ता का जो अनुभव मुझे है, उसे आप भूल गये हों, पर मैं नहीं भूला....'

और उसने डॉक्टर शर्मा के निवास का गेट खोलते हुए अन्दर जा कर उसे बन्द किया। बरामदे की ओर बढ़ते हुए उसे वेदालंकार जी के विगत व्यवहार के बावजूद उनके परामर्श में कुछ सार लगा। उसने तय किया कि फ़िलहाल वह पन्नालाल से पेशगी ले कर नाटक पूरा करेगा। लेकिन जब अन्तिम बात होगी तो कोई-न-कोई ऐसा रास्ता निकलेगा, जिससे हमेशा-हमेशा के लिए उसका नाटक हाथ से न निकल जाय।

और बरामदे की सीढ़ियाँ चढ़ कर उसने घण्टी पर उँगली रख दी।

०

जैसे एक सदी के बाद दरवाज़ा एक बच्ची ने खोला। वह शायद बर्तन मलते-मलते आयी थी, क्योंकि ताज़ा धुले होने के बावजूद उसके हाथों की पिछली ओर कहीं-कहीं राख लगी थी।

चेतन को मालूम तो था, फिर भी उसने पूछा —"प्रोफ़ेसर साहब कॉलेज से आ गये हैं क्या? उनसे कहना, चेतन जी मिलने आये हैं।"

बच्ची ने कहा, "अभी-अभी आये हैं। बाथरूम में हैं। आप वहाँ मूढ़े पर बैठिए, पिता जी दस-पन्द्रह मिनट में आते हैं।"

"तुम मेरा नाम उन्हें बता देना," चेतन ने बच्ची को पुनः ताकीद की थी।

स्वीक़ार में ज़रा-सा सिर हिला कर लड़की ने दरवाज़ा बन्द कर लिया।

बरामदे के बीचोंबीच बेंत की चौकोर मेज़ पड़ी थी, जिसके गिर्द ऊँची पीठ वाले पुरानी तर्ज़ के सरकण्डों के चार मूढ़े रखे थे। चेतन उनमें से एक पर जा बैठा। फ़ाइल उसने मेज़ पर रख दी और पसर कर पीठ पीछे लगा ली।

कुछ क्षण वह चुपचाप निश्चिन्त बैठा रहा। फिर उसका दिमाग़ चन्द ही मिनटों बाद प्रोफ़ेसर शर्मा से होने वाली मुलाकात के बारे में सोचने लगा।

इस बार उसने तय किया कि वह बातचीत अपने पूर्ववर्ती नाटककारों की त्रुटियों से नहीं, सीधी पन्नालाल के प्रस्ताव से शुरू करेगा। उन्हें बतायेगा —पन्नालाल इस बात पर तैयार हो गया है कि अगर वह अकेला भी अपने नाम से नाटक लिख देगा तो वे छाप देंगे। फिर वह विस्तार से अपनी परेशानियों का ज़िक्र करके उनके मन में अपने प्रति सहानुभूति जगायेगा। उन्हें आधा लिखा नाटक सुनायेगा और तब अपने पूर्ववर्ती नाटककारों के मुकाबले में अपने नाटक की ख़ूबियों का उल्लेख करते हुए उन्हें बाकी आधे नाटक की रूप-रेखा बतायेगा और कहेगा कि अगर उनको यह पसन्द है तो पन्नालाल के नाम चिट्ठी दे दें ताकि वह आर्थिक चिन्ताओं से मुक्त हो कर पूरी एकाग्रता से एक-डेढ़ महीने में नाटक पूरा कर दे....स्वभावानुसार वह बार-बार अपनी मुलाकात के इस नये वर्शन को दिमाग़ में दोहराने लगा था और डॉक्टर शर्मा को दिया गया अन्तिम आश्वासन —कि वे यकीन रखें कि उसकी वजह से उन्हें शर्मिन्दा नहीं होना पड़ेगा, वह यकीनन आते सत्र में नाटक मुकम्मल करके ले आयेगा —उसके कानों में बार-बार सुनायी देने लगा।

मूढ़े से पीठ लगाये आँखे बन्द किये, चेतन अपने सम्वाद दोहरा रहा था और पूर्ववत हर बार उन्हें कुछ बेहतर बना रहा था, जब डॉक्टर शर्मा ने आ कर धीरे से उसके कन्धे पर हाथ रख दिया।

चेतन हड़बड़ा कर सीधा बैठ गया। और उसने मूढ़े से उठते हुए डॉक्टर शर्मा को 'नमस्कार' किया।

उसके 'नमस्कार' का जवाब दे कर और उसके कन्धे पर हाथ रख कर उन्होंने अपने देर से आने की सफ़ाई दी और अन्दर की बैठक की ओर कदम बढ़ाते हुए बोले — "आइए।"

छः

डॉक्टर शर्मा के पीछे स्टडी में कदम रखते हुए चेतन ने एक निगाह चारों तरफ़ डाली। चातक जी ने डॉक्टर शर्मा के मकान का उल्लेख करते हुए कहा था कि उन्होंने बरामदे और स्टडी को टिच-टाच कर दिया है।....बरामदे में तो ख़ैर, एक चौकोर मेज़ के गिर्द ऊँची पीठ वाले सरकण्डों के चार मूढ़े पड़े थे, जो ठीक ही था, लेकिन स्टडी में तो टिच-टाच जैसी कोई बात न थी। फ़र्श पर न कोई टाट था, न दरी, न किसी तरफ़ तख़्त, गद्दा या जाजिम और गाव तकिये। दीवारों के साथ न किताबों की अलमारियाँ, न कोई तस्वीर। और-तो-और, कहीं एक कैलेण्डर तक नहीं लटक रहा था। यूँ तो वह डॉक्टर शर्मा की स्टडी थी, लेकिन उसमें न उनकी कोई मेज़-कुर्सी थी, न किताबों का कोई रैक। चारों ओर सूनी दीवारें थी और कमरे के बीचोंबीच बेंत के काउच का एक सेट पड़ा था। जहाँ तक दीवारों का ताल्लुक है, सफ़ेदी तो उन पर हो चुकी थी, लेकिन सीमेण्ट के पलस्तर पर सफ़ेदी के दो हाथ मार कर जो तीसरा सफ़ाई के लिए मारा जाता है, उसमें कंजूसी कर दी गयी थी, जिसके कारण कई जगह घिसी हुई कूची ने लकीरें बना दी थीं, जो चेतन की सौन्दर्यप्रिय आँखों को भद्दी लग रही थीं। काउच का सेट पुराना था। शायद डॉक्टर साहब उसे वच्छोवाली से उठा लाये थे। अलबत्ता उनकी लड़की अथवा पत्नी ने गद्दियाँ नयी बना दी थीं।

चेतन को साथ ले जा कर डॉक्टर शर्मा ने उसकी पीठ पर स्नेह से हाथ रखते हुए उसे बड़े काउच पर बैठा दिया और स्वयं दायीं ओर उसके बराबर वाले काउच में बैठ गये। पैर उन्होंने ऊपर उठा लिये, घुटने मोड़ कर दायीं कोहनी जाँघ पर रखते हुए, उलटे हाथ पर ठोड़ी टिका दी और बोले —

"कहिए, कैसे आये?"

चेतन ने जैसे पहली बार डॉक्टर शर्मा को इतने करीब से देखा। उनका शरीर एकदम सींकिया था। लगता था, जैसे वे न जाने कब से उपवास कर रहे हैं, अथवा जाने कब से उन्हें अतिसार की शिकायत है। उनका चेहरा पतला-दुबला, कोणाकार था —कल्ले बेहद धँसे और जबड़ों की हड्डियाँ उभरी हुई थीं —जिस पर नाक बहुत ही नुमायाँ लगती थी। माथा बहुत चौड़ा था, जो उनके चेहरे की दुर्बलता को और भी बढ़ा देता था। नाक ही की तरह उनकी पतली-सी गर्दन में टेंटुआ काफ़ी उभरा हुआ था। वास्तव में उनके चेहरे पर उनकी बढ़ी हुई नाक और टेंटुआ ही देखने वाले का ध्यान सबसे पहले खींचते थे....हालाँकि उनकी मुस्कराहट ने उनके चेहरे पर दो-एक झुर्रियाँ डाल दी थीं, इसके बावजूद जाने उस चेहरे पर चेतन को अपने प्रति कैसी आत्मीयता और प्रशंसा के भाव दिखायी दिये कि वह अपनी सारी योजनाएँ भूल गया। उसने फ़ाइल से 'सरस्वती' का अंक निकाला। फ़ाइल को बायीं ओर बेंच पर रखते हुए, अंक खोल कर उसने अपनी कहानी वाले दोनों पृष्ठ फैला कर उन्हें देते हुए कहा —"देखिए प्रोफ़ेसर साहब, मेरी कहानी सरस्वती' में छपी है।"

डॉक्टर शर्मा पत्रिका ले कर क्षण भर उसका फ़ोटो और सम्पादक की ओर से लिखी

एक पंक्ति पढ़ते रहे। फिर उन्होंने मुस्कान को ज़रा और फैला कर पत्रिका का खुला अंक उसी तरह उसे वापस देते हुए हार्दिक बधाई दी।

"यूँ तो शर्मा जी, मैं पन्नालाल की इच्छा के मुताबिक आपको 'राजपूताने का भीष्म' के दो अंक सुनाने आया हूँ," चेतन ने पत्रिका उसी तरह खुली-की-खुली दोनों हाथों में लिये हुए कहा, "लेकिन आप मेरे लिए थोड़ी-सी तकलीफ़ करें और मुझे इजाज़त दें तो मैं आपको यह कहानी सुनाना चाहूँगा। —ज़रा इसमें भाषा की रवानी देखिए; प्लॉट का गठन देखिए; काल्पनिक होने के बावजूद देखिए कि यह प्रॉबेबिलिटी याने इमकान [१] के बाहर नहीं गयी, तब आप अपनी राय दीजिए। हो सकता है, आपकी हौसला-अफ़ज़ाई से मैं और भी बेहतर कहानियाँ लिख सकूँ।"

और बिना उनकी इच्छा-अनिच्छा को जाने उसने कहानी पढ़ना शुरू कर दी —

" 'रामानन्द, जानते हो,' मेरे साथी ने मेरे कन्धे को छूते हुए धीरे से कहा, 'नाले के ऊपर खड्ड की तरफ़ बढ़े हुए चट्टान के उस टुकड़े से किस कथा का सम्बन्ध है?'"

और यूँ नाटकीय अन्दाज़ से कहानी की पहली दो पंक्तियाँ पढ़ कर चेतन धारा प्रवाह कहानी सुनाने लगा....

०

बायीं ओर के ऊँचे पहाड़ से उतरने वाले नाले से जाने सदियों में बन जाने वाली उस गहरी खड्ड पर बढ़ी हुई चट्टान के उस टुकड़े पर उस वक्त एक नौजवान जोड़ा मज़े से खड्ड में पैर लटकाये, मस्ती में बैठा बतिया रहा था। रामानन्द और भूमानन्द, दो संन्यासी, दायीं ओर के ऊँचे पहाड़ से उतरने वाले उस नाले और घाटी के बीच बने हुए सड़क के उस पुल के करीब, थक कर बैठ गये थे उन्हें सामने के गाँव में रात बितानी थी और वे थोड़ी देर के लिए सुस्ताने लगे थे। तभी भूमानन्द ने अपने साथी से वह प्रश्न किया।

रामानन्द के इनकार पर भूमानन्द स्वयं वह कहानी सुनाने लगा, जो दरअसल तीन कहानियों से गुँथी हुई एक प्रेम कहानी थी।

इन तीनों प्रेम कथाओं में दस-दस वर्षों का अन्तराल था। कहानी भूमानन्द ने बीच की कहानी से शुरू की और उसमें शुरू की कहानी को गूँथ दिया। दोनों कहानियों में कुछ अजीब-सी समानता थी। इसमें एक-एक प्रेमिका थी — अल्हड़, देहाती, सीधी-सादी, सुन्दर, लेकिन ग़रीब। उनके प्रेमी भी उन्हीं के गाँव के ग़रीब, लेकिन सुन्दर और गुणी ग्वाले थे। वे दूसरी धनी-मानी प्रेमिकाओं के चक्कर में पहली प्रेयसियों को भुला बैठे थे। कहानी यद्यपि भूमानन्द तब सुना रहा था, जब पहली कहानी को बीते तीस वर्ष हो चुके थे, पर उसका कहना था कि उसके ट्रैजिक अन्त के कारण इस चट्टान के साथ लोगों का यह विश्वास जुड़ गया है कि यह ऐसी प्रेम की वेदी है, जो हर दस वर्ष बाद दो प्रेमियों की बलि लेती है।

---

१ सम्भावना

तीस वर्ष पहले की कहानी में रणिया नाम का एक ख़ूबसूरत ग्वाला गाँव की एक भोली-भाली सुन्दर युवती गिरिजा को अपने प्रेम-पाश में जकड़ लेता है, लेकिन तभी एक नौजवान धनी विधवा कागी उसे चाहने लगती है और उस पर तन-मन-धन न्योछावर कर देती है। वह गिरिजा के प्रति उदासीन हो जाता है। आख़िर एक दिन वह उसे बता देता है कि कागी उससे विवाह करना चाहती है। गिरिजा को कोई आशा नहीं रहती। तब वह रणिया से विनती करती है कि — 'अब जब तुमने मुझे छोड़ कर कागी से शादी करने का फ़ैसला कर लिया है, मुझे एक दिन की भीख दो। एक पूरा दिन पहले की तरह मेरे साथ गुज़ारो। फिर चाहे तुम कागी से विवाह कर लो, मैं आपत्ति नहीं करूँगी।'

रणिया के मन में थोड़ा अपराध-बोध तो था ही। वह गिरिजा की बात मान जाता है। वे दोनों दिन भर इकट्ठे घूमते, बैठते, बतियाते, पुराने ठिकानों पर जाते और उन अल्हड़, प्रेम-भरे दिनों की याद ताज़ा करते हैं। शाम को गिरिजा उसे इस चट्टान पर ले आती है। जब वे बैठ जाते हैं तो वह उससे कहती है कि अब तो शाम हो गयी है, मेरा तुम्हारा साथ हमेशा के लिए छूट जाने वाला है, तुम मुझे अपनी बाँसुरी पर जुदाई की शाम का वह लोकगीत सुनाओ जो तुम कभी पहले सुनाया करते थे। रणिया बाँसुरी बजाने लगता है, गिरिजा धीरे-धीरे गुनगुनाने लगती है। उस लोकगीत का मतलब कुछ यूँ था —

'हमने कई सुनहरी सुबहें इकट्ठे मिल कर सूरज का स्वागत करने में गुज़ारीं और कई रुपहली शामें इकट्ठे जा कर उसे विदा देने में। प्रेम की दुनिया भी कैसी अजीब दुनिया है. जिसमें दिन और रात क्षण बन जाते हैं और साँझ-सबेरे उनकी सीमाएँ। हमने ये क्षण हँसी-ख़ुशी बिताये हैं। इस थोड़े-से अर्से में इन पहाड़ियों की सैर की है। बाँसुरी बजाते रहे हैं। गायें चराते रहे हैं। और अब प्रेम के मधुर, मदिर क्षण बीत गये हैं। अब जुदाई की लम्बी तकलीफ़देह घड़ियाँ शुरू होंगी। यह तो मौत है —यह तो मौत है —आओ. हम सच्ची मौत को गले लगायें।'

और इससे पहले कि उस गीत की दर्द-भरी स्वर-लहरी से मुक्त हो कर रणिया बाँसुरी होंटों से हटाये, गिरिजा ने उसके गले में बाँह डाली और उसका अन्तिम बन्द दोहराते हुए उसे साथ ही ले कर खड्ड की तारीक गहराइयों में कूद गयी।

इस घटना के दस बरस बाद जाने इस कहानी से प्रेरणा पा कर उसी गाँव की मिन्नो नाम की सुन्दर भोली-भाली युवती वैसा ही व्यवहार करती है। वह अपने गाँव के सुन्दर, खिलन्दरे, गुणी, बाँसुरी-वादक प्रेमी माधो से प्यार करने लगती है, जो उसे छोड़ कर शहर से अपने गाँव की ज़मींदारी पर आने वाली पढ़ी-लिखी सुन्दर लड़की राजरानी के चक्कर में गिरफ़्तार हो जाता है। गिरिजा ही की तरह मिन्नो माधव से एक दिन की भीख माँग कर उसे उसी चट्टान पर ले जाती है। उसे गिरिजा की प्रेम कहानी सुनाती है। और जुदाई की शाम का गीत गाते हुए दोनों बाँहें उसके गले में डाल कर खड्ड में कूद जाती है।

भूमानन्द कहानी सुनाने में तल्लीन था कि वातावरण में जुदाई की शाम

के उस गीत की अन्तिम पंक्तियाँ गूँजी, फिर एक भयानक चीख़ और उन्होंने देखा कि वह नौजवान जोड़ा उस चट्टान से नीचे खड्ड में ग़ायब हो गया है।

वे दोनों उठ कर उस जगह पहुँचे, लेकिन उस जोड़े का कहीं नाम-निशान भी न था। केवल जुदाई की शाम के उस गीत की पंक्तियाँ उनके ज़ेहन की फ़िज़ाओं में गूँज रही थीं :

'और अब प्रेम के मधुर, मदिर क्षण बीत गये हैं....'

०

चेतन यह कहानी न केवल दसियों बार मन-ही-मन दोहरा चुका था, वरन जाने कितने मित्र-परिचितों को सुना भी चुका था। उसे सारी-की-सारी कहानी लगभग कण्ठस्थ थी। वह बिना रुके, पूरे हाव-भाव से कहानी सुनाता गया। पहाड़ का सुन्दर वातावरण, शाम का सुहाना समय, रूमानी कहानी और काव्यमयी भाषा! डॉक्टर शर्मा मन्त्र-मुग्ध सुनते रहे। उनकी आँखें उस पर टिकी रहीं। केवल उनका उभरा टेंटुआ, शायद भावनाओं के अतिरेक से ऊपर-नीचे होता रहा। कहानी सुनाते हुए चेतन कनखियों से एक उड़ती-सी निगाह उन पर डालता रहा और कहानी सुनने में उनकी तल्लीनता उसे उत्तरोत्तर बेहतर सुनाने की प्रेरणा देती रही।

जब वह कहानी सुना चुका तो डॉक्टर शर्मा ने सोत्साह उसकी पीठ ठोंकी और भविष्यवाणी करते हुए कहा —"तुम एक दिन बहुत बड़े क़थाकार होगे।"

चेतन बहुत ख़ुश हआ। उसने कहा, "प्रोफ़ेसर साहब, आपने सचमुच मेरा बहुत उत्साह बढ़ाया है। मैं आपका बहुत शुक्रगुज़ार हूँ। कोशिश करूँगा कि आपने मेरे बारे में जो कहा है, उसे सच कर दिखाऊँ। हिन्दी में मेरी पहली कहानी छपी है। 'विशाल भारत' से वापस आ गयी थी। ठाकुर श्रीनाथ सिंह ने इसे पसन्द किया और शान से छापा, इसलिए आपको सुनाने का मोह मैं छोड़ नहीं सका, लेकिन आपको यह कहानी सुनाने में मेरा मकसद कुछ और भी था...."

चेतन क्षण भर के लिए रुका। फिर उसने कहा, "देखिए, कहानी रूमानी है —एकदम काल्पनिक है। लेकिन मैं सिर्फ़ यह कहना चाहता हूँ कि इसकी घटनाएँ असम्भव नहीं हैं। प्रॉबेबल हैं। सम्भव हो सकती हैं। आपने देखा-सुना होगा, कई बार कुछ जगहों —तालाबों, पुलों और मीनारों — के साथ कुछ दुर्घटनाएँ जुड़ जाती हैं और वे अपने आपको दोहराती-तिहराती रहती हैं। मैं समझता हूँ, जब पहली बार कोई ऐसी घटना घटती है तो फिर उससे प्रेरणा पा कर वैसी ही किसी स्थिति में कोई दूसरा आदमी वैसा ही कर गुज़रता है और समय पा कर वह जगह प्रसिद्ध हो जाती है। इसीलिए मेरी यह यकसर काल्पनिक कहानी और इसकी घटनाएँ इन्सानी सच के इमकानात[१] से परे नहीं हैं।"

"तुम बिलकुल ठीक कहते हो," प्रोफ़ेसर शर्मा ने कहा था, "काल्पनिक अथवा मानवीय सत्य की सम्भावना होने की बात तो दूर रही, मुझे तो यह कहानी बिलकुल सच्ची लगी। मुझे तो सब कुछ अपने सामने होता दिखायी दिया।"

"अब ज़रा आप हमारे नाटकों की ओर आइए।" चेतन ने बातचीत का रुख़ कहानी

---

१ सम्भावनाओं

की ओर से नाटकों की ओर मोड़ते हुए कहा, "उनके रचनाकारों ने अपने बुनियादी ख़याल या प्लॉट इतिहास या पुराणों से लिये हैं। बाकी सब कुछ उन्हें कल्पना से गढ़ना पड़ा है। लेकिन उन्होंने पारसी नाटकों से भी बढ़ कर असम्भव घटनाएँ, पात्र और प्रसंग अपने नाटकों में रखे हैं।"

इस मरहले पर चेतन ने वह सब कहा, जो उसने 'दुर्गादास' और 'सत्य हरिश्चन्द्र' के बारे में पन्नालाल और चातक जी के सामने सैद मिट्ठा बाज़ार में पन्नालाल के घर पर कहा था। फिर उसने प्रसाद के नाटक निकाले और बोला —"लेकिन ये विसंगतियाँ सीधी प्रसाद के नाटकों तक चली आयी हैं। मैंने उनके दो नाटक 'चन्द्रगुप्त' और 'स्कन्दगुप्त' पढ़े हैं। 'दुर्गादास' के पहले दृश्य की तरह असम्भव दृश्यों की उनमें भी कमी नहीं।"

उसने 'चन्द्रगुप्त' खोल कर कहा —"अब देखिए, इस दृश्य में मगध के बन्दी-गृह में मन्त्री राक्षस बन्दी चाणक्य से बातें कर रहा है। चाणक्य राक्षस की बात नहीं मानता तो राक्षस उसे अन्धकूप में भेजने की धमकी देता है। तभी चन्द्रगुप्त रक्त-रंजित तलवार लिये दाख़िल होता है और चाणक्य के बन्धन काट कर उसे छुड़ा लेता है।"

चेतन ने शर्मा जी को वह दृश्य पढ़ कर सुनाया। फिर 'स्कन्दगुप्त' खोल कर उसने कहा —

"देखिए, वैसा ही एक दृश्य इसमें भी है, जब मुद्‌गल और धातुसेन के साथ स्कन्दगुप्त उज्जयिनी में सम्राट के बन्दीगृह में घुस पड़ता है और अपनी माँ को छुड़ा ले जाता है।....सवाल उठता है कि ये इतने बड़े साम्राज्यों के बन्दी-गृह थे या किसी ज़मींदार की चौपाल के साथ लगी कोठरियाँ, जहाँ से दो-चार आदमी मज़े से कैदियों को छुड़ा ले जा सकते थे।"

और चेतन ने बिना रुके, नाटक को एक दूसरे पृष्ठ से खोल कर कहा —"यह गान्धार नरेश के दरबार का दृश्य देखिए। सम्भव-असम्भव तो दरकिनार, एकदम हास्यास्पद है। इसमें गान्धार नरेश की पुत्री अलका जैसे अपने पिता से मुँह-दर-मुँह बात करती है, लगता ही नहीं कि वह किसी सम्राट की पुत्री है; लगता है, किसी निम्न-मध्यवर्गीय व्यापारी की मुँह-लगी लाडली बेटी है, जो अपने पिता से ज़बान लड़ाती है।"

चेतन ने वह पृष्ठ डॉक्टर शर्मा को दिखाते हुए कहा —"इस सीन में सबसे दिलचस्प बात अपने पिता की इच्छा के विरुद्ध अपने भाई आम्भीक को डाँटते हुए गान्धार में विद्रोह मचाने की धमकी दे कर अलका का चले जाना नहीं, बल्कि उसके चले जाने पर आध मिनट के तीन सम्वादों के बाद ही गान्धार नरेश का यह कहना है," चेतन ने पुस्तक से सम्वाद पढ़ा, " 'जो होता है सो हो, पर एक बात आम्भीक, आज से मुझे कुछ न कहना। जो उचित समझो, करो। मैं अलका को खोजने जाता हूँ।' "

चेतन हँसा और बोला, "सवाल उठता है —कहाँ? अलका तो अभी प्रकोष्ठ से बाहर भी न गयी होगी।"

चेतन ने ज़ोर का ठहाका लगाया। फिर बोला, "अब मैं आपको अपने नाटक के दो अंक सुनाता हूँ। भाषा वग़ैरा की ख़ामियाँ इसमें होंगी, पर ऐसा असम्भव, हास्यास्पद, सम्भावना से परे अमनोवैज्ञानिक एक भी दृश्य आपको इसमें नहीं मिलेगा।"

और उसने प्रसाद के नाटक को एक ओर रख कर 'राजपूताने का भीष्म' की फ़ाइल उठायी।

लेकिन शायद चेतन ने भूमिका बहुत लम्बी बाँध दी थी और शर्मा जी सुबह से कॉलेज गये हुए थे, वे आराम करना चाहते थे, अथवा उन्हें भूख लग आयी थी। इससे पहले कि वह फ़ाइल खोलता, वे काउच पर ज़रा-सा उसकी ओर हो कर बोले —

"भाई, तुमने हिन्दी नाटककारों के बारे में जो कहा है, वह बिलकुल सही है," शर्मा जी ने बहुत धीमी आवाज़ में कहा, जो उनके पतले-दुबले, सींकिया शरीर के साथ एकदम मेल खाती थी, "लेकिन हमारे ये नाटककार हिन्दी नाटक के जन्मदाताओं में से हैं। जो भी साहित्यकार किसी नयी विधा का सूत्रपात करते हैं, उनके यहाँ बहुत-सी त्रुटियाँ होती हैं। फिर वे लोग तुम्हारी तरह अंग्रेज़ी साहित्य पढ़े-लिखे मॉडर्न नहीं थे। उनके ज़माने में किसी ने मनोविज्ञान या प्रॉबेबिलिटी या रियलिज़्म वग़ैरा का नाम भी नहीं सुना था। वे आदर्शवाद में विश्वास रखते थे और आदर्शवादी जीवन का चित्रण करते थे। राधेश्याम कथावाचक ने पारसी-थिएटर के लिए जो नाटक लिखे हैं, उनका कुछ-न-कुछ प्रभाव उन पर पड़ना अनिवार्य था।"

शर्मा जी काउच पर चेतन की ओर झुके थे, पर बात वे जैसे फ़र्श को सम्बोधित करते हुए कह रहे थे। वे क्षण भर के लिए रुके और उन्होंने सिर उठाया और चेतन की ओर देख कर बोले, "लेकिन तुम आधुनिक लेखक हो। अपनी रचना में तुम निश्चय ही प्रॉबेबिलिटी यानी सम्भाव्यता, मनोविज्ञान और यथार्थता का ख़याल रखोगे। मुझे पूरा विश्वास है कि तुम्हारा नाटक तुम्हारे पूर्ववर्तियों से बेहतर होगा।"

उन्होंने काउच पर सिकोड़े हुए पाँव नीचे रखे और चलने के लिए ज़रा-सा उठ कर चेतन की ओर हाथ बढ़ा दिया।

लेकिन चेतन न उठा, न उसने उनका हाथ थामा। उसने कहा —"पन्नालाल ने मुझसे अकेले नाटक लिखने के लिए कहा था तो मैंने उससे सौ रुपये पेशगी माँगे थे।" चेतन ने यथासम्भव संक्षेप में अपनी परेशानी का उल्लेख किया। फिर बोला, "तब पन्नालाल ने कहा था —आपने जितना नाटक लिखा है, वह शर्मा जी को सुना आइए। अगर वे सिफ़ारिश कर देंगे तो मैं सौ रुपया दे दूँगा।"

शर्मा जी क्षीण-सी हँसी हँसे, जिससे उनका पतला-सा तिकोना चेहरा खिलने के बजाय कद्रे विकृत हो गया, "यह तुमने पहले क्यों नहीं बताया? इसके लिए नाटक सुनाने की क्या ज़रूरत थी। तुमने पहले यह कहा होता तो मैं तत्काल पन्नालाल के नाम चिट्ठी लिख देता। तुम शायद नहीं जानते, मैं तो तुम्हारी कहानियाँ उर्दू में पण्डित देवदर्शन जी के 'चन्दन' में भी पढ़ चुका हूँ। चातक जी ने भी तुम्हारी प्रशंसा की है। पेशगी के सिलसिले में नाटक सुनाने की क्या ज़रूरत थी। तुम जाओ, आराम से नाटक लिखो। मैं अभी पन्नालाल के नाम चिट्ठी लिख देता हूँ।"

और वे अपने पतले-दुबले जन्म-जात बीमार दीखने वाले शरीर के बावजूद तेज़-तेज़ अन्दर कमरे की तरफ़ चले गये।

चेतन को उनके मुँह से अपनी प्रशंसा सुन कर ख़ुशी भी हुई और वह हतप्रभ और

किंकर्तव्यविमूढ़-सा बैठा भी रह गया। अपना नाटक सुनाने और उसके काल्पनिक पात्रों को हाड़-माँस का जीवन्त, सजीव और यथार्थ रूप देने के लिए वह डॉक्टर शर्मा से प्रशंसा के जो दो शब्द सुनना चाहता था, उनसे वंचित रहने के कारण वह ठगा-सा रह गया था।

इससे पहले कि वह कुछ और सोचता, डॉक्टर शर्मा अपने पैड पर पन्नालाल के नाम दो सतरों की चिट्ठी लिख लाये कि वह चेतन जी को सौ रुपये पेशगी दे दे, उसे समय से नाटक मिल जायेगा, इस बात की वे गारण्टी देते हैं।

चेतन उन्हें आते देख कर उठा। उसने एक कदम बढ़ कर उनके हाथ से चिट्ठी ली। पढ़ी। कृतज्ञता के एहसास से भर कर उसने कहा, "प्रोफ़ेसर साहब, कुछ भी हो जाय, आपको पन्नालाल के सामने मेरे लिए शर्मिन्दा नहीं होना पड़ेगा।"

"मैं जानता हूँ।" डॉक्टर शर्मा ने कहा, "ये बाल धूप ही में सफ़ेद नहीं हुए। दुनिया का भला-बुरा बहुत देखा है। नाटक तो तुम चातक जी के लिए भी लिख देते, अगर उन्होंने बेवक़ूफ़ी में बड़ न हाँक दी होती। धोखा देने वाले तुम जैसे ग़ुस्सैल और भाव-प्रवण नहीं होते।"

और उन्होंने उसके कन्धे को थपथपाया। "अब जाओ, तुम को भी भूख लग आयी होगी। मेरा भी खाने का समय हो गया, बल्कि तुम्हारी बातों में थोड़ी देर हो गयी है।"

भूख तो चेतन को भी लग आयी थी। तो भी अगर डॉक्टर शर्मा अपने खाने के समय की बात न करते तो दो न सही, वह उनसे एक अंक ज़रूर सुन लेने का आग्रह करता। लेकिन तब उसने अपनी फ़ाइल और किताबें उठायीं, उन्हें बग़ल में दबाया और डॉक्टर शर्मा को कष्ट देने के लिए क्षमा माँगते हुए उसके लिए इतना समय नष्ट करने और पन्नालाल के नाम सिफ़ारिशी ख़त लिखने के लिए उनका पुनः आभार व्यक्त किया।

डॉक्टर शर्मा उसके कन्धे पर हाथ रखे-रखे बरामदे तक छोड़ने आये। निचली सीढ़ी पर पाँव रखते और और ज़रा मुड़ते हुए चेतन ने फिर उनका आभार व्यक्त किया। डॉक्टर शर्मा ने मुस्करा कर उसका कन्धा ज़रा-सा थपथपाया, गर्मजोशी के साथ उससे हाथ मिलाते हुए उसे विदा दी।

o

चेतन उनके बँगले से बाहर निकला तो उसने जेब से तहा कर रखी हुई चिट्ठी पर हाथ फेरा। वह इतना ख़ुश था कि जैसे उसके हाथ पन्नालाल के नाम चिट्ठी नहीं, कारूँ का ख़ज़ाना लग गया हो।

सात

गुप्ता के यहाँ से सामान समेट कर चेतन, किताबों के बण्डल, बिस्तर और मैले कपड़ों की गठरी के साथ, भाई साहब की क्लिनिक पहुँचा तो कहीं निकट ही ग्यारह का घण्टा बजा।

ताँगे के पैसे चुका कर वह किताबों का बण्डल अन्दर ले जा रहा था, जब उसने

देखा कि भाई साहब किसी मरीज़ के साथ सर्जरी में जा रहे हैं। चेतन को सामान ऊपरी परछत्ती पर पहुँचाना था। लेकिन बीच के खण्ड पर डेण्टल चेयर पर कोई मरीज़ बैठा हो तो वैसा करना असम्भव था। उसने बण्डल और शेष सामान ला कर दायीं ओर कोने में दीवार के साथ दरवाज़े और काउच के बीच करीने से रख दिया और स्वयं बायीं दीवार के साथ लगे बड़े काउच पर जा बैठा। पहले उसने सोचा कि भाई साहब की मेज़ से उनका पैड उठा कर उस पर अनन्त को पत्र लिखे। उसने पैड उठा कर काउच के साथ लगी तिपाई पर पड़े 'इलस्ट्रेटिड वीकली' के अंक पर रखा और सम्बोधन भी लिखा —'प्यारे अनन्त।'

लेकिन पत्र वह आगे नहीं बढ़ा सका। रात में देर से सोने के बावजूद वह अलस्सुबह उठा था। निबटा-नहा कर और तैयार हो कर वह पैदल सैद मिट्ठा पहुँचा था। पन्नालाल से उसने पेशगी ली थी और वापस पैदल ही गुप्ता के यहाँ पहुँच कर उसने सामान समेटा और ताँगे पर क्लिनिक पहुँचा था। पिछली शाम भी पैदल कृष्ण नगर जाने और वापसी पर पैदल कृष्ण नगर से मोची दरवाज़े पर पहुँचने में मीलों का चक्कर हो गया था। उसे हल्की-सी थकान महसूस हो रही थी।....उसने तिपाई परे सरकायी और काउच पर खुल कर पसर गया। सिर उसने काउच की पीठ पर टिका दिया और आँखें बन्द कर लीं। कुछ क्षण वह निश्चल लेटा रहा, फिर हठात पिछली शाम डॉक्टर शर्मा की भेंट उसकी आँखों में आ गयी —कृष्ण नगर को जाते हुए मन-ही-मन उस भेंट के कैसे-कैसे ख़ाके उसने बनाये थे। जब वह डॉक्टर शर्मा के ड्रॉइंग-रूम में उनके सामने बैठा और उसने बात शुरू की तो उसकी आवेगशीलता उस पर हावी हो गयी थी और वह सब कुछ भूल गया था।

अपने बचकानेपन के ख़याल से चेतन के होंटों पर एक व्यंग्य-भरी मुस्कान खिल गयी और काउच पर पसरे हुए, उस भेंट का एक-एक ब्योरा, नीले आकाश में मेघ बालों-सा, उसके सामने तिरता चला गया।

o

उसकी आँखों हल्की-हल्की ग़नूदगी उतर आयी थी। ऐन सम्भव था कि वह काउच पर पसरा-पसरा गहरी नींद सो जाता कि तभी सर्जरी से कुछ अजीब-सी चीख़ बुलन्द हुई, जो उस नीम-ग़नूदगी में भी उसे कँपा गयी। वह उठ कर बैठ गया। "निश्चय ही भाई साहब ने पेशेण्ट की दाढ़ जम्बूर से खींच कर निकाली है, एनेस्थेटिक की मात्रा कम होने अथवा इंजेक्शन गहरा न लगने से शायद जबड़ा पूरी तरह सुन्न नहीं हुआ," उसने सोचा, "दाढ़ निकलते वक्त दर्द से बिलबिला कर मरीज़ ने चीख़ मारी होगी, पर मुँह पुरा खुला होने से वह कण्ठ से बाहर आने के बदले पेट में उतरती चली गयी होगी।" लेकिन कैसी भयानक चीख़ थी। चेतन के रोंगटे खड़े हो गये थे।

चेतन का ख़याल सही था। दूसरे ही क्षण उसने सुना, भाई साहब मरीज़ से कह रहे थे —"देखिए, कितनी गहरी जड़ें थीं और कैसे दोनों जड़ें पूरी-की-पूरी निकल आयी हैं। लीजिए, गर्म पानी का कुल्ला कीजिए।"

'टक्' की आवाज़ हुई। भाई साहब ने शायद दाढ़ ट्रे में फेंकी थी।

मरीज़ कुल्ला कर रहा था, जब चेतन ने सुना —भाई साहब कह रहे थे, "दाढ़ इतनी खोखली हो गयी थी कि मैं डर रहा था, टूट न जाये। दाढ़ टूट जाये और कोई किर्च अन्दर

रह जाये तो बड़ी कबाहत होती है। किर्चों को निकालने में गोश्त गहराई तक काटना पड़ता है। फ़िक्र न कीजिए। सब ठीक हो गया है। दाढ़ आप रखना चाहेंगे या मैं इसे दाढ़ों वाली स्पिरिट की बोतल में डाल दूँ? जो दाढ़ें एकदम साबुत निकल आती हैं, उन्हें मैं उस बोतल में डाल देता हूँ। देखिए कितनी दाढ़ें बिना ज़रा भी टूटे निकली हैं।"

पेशेण्ट ने क्या कहा, चेतन ने नहीं सुना। वह चुस्त हो कर बैठ गया। तिपाई उसने आगे खिसकायी और अनन्त को पत्र लिखने लगा।

प्यारे अनन्त,

यह ख़त मैं तुम्हें भाई साहब की क्लिनिक में बैठा, उन्हीं के पैड पर लिख रहा हूँ। उम्मीद है कि तुम मज़े में हो और घर में चाची और सभी दूसरे ख़ुशो-ख़ुर्रम हैं।

तुम्हारा ख़त बरवक्त मिल गया था। मैं इम्तहान के सिलसिले में बिज़ी था, इसलिए फ़ौरन जवाब नहीं दे सका। यह भी सोचा कि तुम समझ जाओगे और बुरा नहीं मानोगे।

मैंने तुम्हें लिखा था कि इम्तहान ख़त्म होते ही लिखूँगा। सो कल आख़िरी पेपर हुआ है और आज मैं तुम्हें लिख रहा हूँ। बाकी तीन पेपर भी मेरे मज़े के हो गये हैं। तुम्हें याद होगा — पिछले सितम्बर में सेशन शुरू होने के महीना-पन्द्रह दिन बाद ही मैंने तुम्हें एक लम्बा ख़त लिखा था, जिसमें महज़ तुम्हारी दिलचस्पी के लिए टॉर्ट्स (torts) के तीन किस्से लिखे थे। उनमें से दो आ गये — पोलेमी का और पटाख़े वाला। कॉण्ट्रैक्ट ऐक्ट, ताज़ीरात-ए-हिन्द, ज़ाब्ता फ़ौजदारी, ज़ाब्ता दीवानी की दफ़ात[१] तो मैंने रट ही रखी थीं।

सो पेपर तो अनन्त ठीक ही हो गये हैं। एक ही बात का अफ़सोस है, सब परचों में एक-आध सवाल छूट गया है —अच्छी तरह याद होने के बावजूद। सभी के साथ ऐसा होता तो समझता कि इस साल पेपर ही लम्बे आये हैं, जो तीन घण्टे में हल नहीं किये जा सकते, लेकिन यहाँ ऐसे भी लड़के हैं, जो वक्त से दस-बीस मिनट पहले पेपर करके उठ जाते हैं और नम्बर भी ख़ूब पाते हैं। यार, लगता है ख़ामी कहीं अपने ही अन्दर है। उस्तादों ने हमें सवाल याद करना तो सिखाया है, पेपर ठीक से हल करना नहीं सिखाया। ऐसे में नम्बर तो कुछ कट ही जायेंगे। तो भी उम्मीद करता हूँ, फ़र्स्ट डिवीज़न आ जायेगा। कहीं सेकेण्ड आया तो बड़ी नदामत[२] होगी।

बहरहाल, इस साल तो अब कुछ नहीं हो सकता, अगले साल इस ख़ामी को भी दूर करना होगा। सात सौ लड़के पढ़ते हैं मेरे साथ। ऊपर के दस में आना और डिस्टिंक्शन लेना आसान काम तो है नहीं। फिर मेरे जैसे बी०ए० थर्ड-डिवीज़नर के लिए। लेकिन अनन्त, यक़ीन करो, हालात जैसे भी हों, एल-एल० बी० में डिस्टिंक्शन तो मैं ले कर दिखा दूँगा....

---

१ धाराएँ
२ ग्लानि

०

चेतन ने यहीं तक ख़त लिखा था कि सर्जरी वाले बीच के खण्ड का पर्दा उठा कर भाई साहब बाहर आये। चेतन को उनके पीछे पर्दे के अन्दर मरीज़ का चेहरा दिखायी दिया। तभी उसके भाई की नज़र दरवाज़े के निकट दुकान में पड़े सामान पर गयी और अचानक उन्होंने चेतन से पूछा, "क्या तुम गुप्ता के यहाँ से एकदम चले आये हो?"

"जी भाई साहब।" चेतन ने कहा, "मैं आज शाम जालन्धर चला जाऊँगा। सामान को ऊपर परछत्ती पर पहुँचाना था। आप पेशेण्ट के साथ बिज़ी थे। सो वक्त काटने के लिए अनन्त को पत्र लिखने लगा।"

भाई साहब ने कुछ सोचते हुए लम्बी-सी 'हूँ' की। वे कोई दूसरा सवाल करने जा रहे थे कि सहसा उनका ध्यान अपने पीछे बाहर आने के लिए सर्जरी का पर्दा उठाये मरीज़ पर चला गया और दो ही लम्बे डगों में वे अपनी मेज़ पर आ बिराजे।

चेतन उठा। उसने अनन्त को लिखे जा रहे पत्र को उनके पैड पर से एक फ़ालतू पृष्ठ समेत फाड़ कर पैड उनकी मेज़ पर रख दिया। पेशेण्ट आ कर उनकी मेज़ के पास चुपचाप खड़ा हो गया।

भाई साहब ने पैड नहीं उठाया। उसके बदले अपने दायें हाथ की ओर रखी छोटी-सी स्लिप कॉपी उठायी, जिसके पृष्ठों के एक तिहाई हिस्से पर उनका नाम —डॉक्टर रामानन्द शर्मा, डेण्टिस्ट —फिर उनकी (जाली) डिग्रियाँ एल०डी०एस०सी०, एम०जी०ओ०डब्ल्यू० एफ़० एडिनबर्ग (स्कॉटलैण्ड), फिर पता १८४, अनारकली, लाहौर छपा था। स्लिप पर उन्होंने दवाइयों के नाम लिखे और स्लिप फाड़ कर मरीज़ को देते हुए बोले, "ये दो दवाओं की चार-चार गोलियाँ लिखी हैं। एक-एक तो अभी जा कर गुनगुने पानी से ले लीजिए। अव्वल तो दर्द नहीं होगा। अगर दर्द फिर शुरू हो जाये तो चार-छै घण्टे बाद एक-एक गोली और ले लीजिए। मसूढ़े में सूजन न हो, इसके लिए यूँ कीजिएगा कि ईंट का एक टुकड़ा आग में तपा लीजिएगा। फिर चिमटे से पकड़, पानी में डुबो कर निकाल लीजिएगा और तौलिए में लपेट कर उसका सेंक कीजिएगा। कल भी यही प्रोसेस दोहराइएगा और परसों इसी वक्त आ कर मुझे दिखा जाइएगा।"

मरीज़ चला गया तो भाई साहब ने मन की बात ज़रा घुमा कर पूछी —

"तुम कल प्रोफ़ेसर शर्मा को नाटक सुनाने गये थे। कैसा लगा उन्हें तुम्हारा नाटक?"

"अरे भाई साहब," चेतन सारी दास्तान उन्हें सुनाने की ग़रज़ से एकदम चुस्त हो कर काउच पर बैठ गया और बोला, "शर्मा साहब तो मेरे पुराने मद्दाह[१] निकले। उन्होंने कहा तो नहीं, पर अब लगता है कि पन्नालाल जो मुझसे अकेले नाटक लिखवाने को तैयार हो गया है तो उसके पीछे प्रोफ़ेसर शर्मा ही का हाथ है।"

चेतन के बड़े भाई उसकी आदतों से भली-भाँति परिचित थे। वह कोई किस्सा सुनाने लगता तो याददाश्त उसकी इतनी तेज़ थी कि उसका राई-रत्ती अहवाल बयान करता चला जाता, लेकिन उस वक्त मुख्य मुद्दे को जानने के सिवा साहब के मन में और कुछ भी सुनने की इच्छा नहीं थी। उनके पास सामान ख़त्म हो गया था और उनका काम रुक गया था।

---

१ प्रशंसक

उन्होंने उससे सीधे प्रश्न किया —

"तो क्या शर्मा जी ने तुम्हें पन्नालाल के नाम चिट्ठी दे दी?"

चेतन उनका आशय समझ गया। उसे उनकी अरसिकता और ख़ुदग़र्ज़ी पर थोड़ा ग़ुस्सा आया, पर अपने जोश पर काबू पा कर उसने ज़रा-सी बेपरवाही के साथ कहा —

"जी हाँ, उन्होंने नाटक बिना सुने ही चिट्ठी दे दी।"

चेतन क्षण भर के लिए रुका कि भाई साहब थोड़ी-सी दिलचस्पी दिखायें तो वह पूरा किस्सा सुनाये, लेकिन वे उसका वाक्य पूरा होने की प्रतीक्षा में चुप बैठे रहे सो उसने आगे कहा, "हालाँकि रात कृष्ण नगर में मोची दरवाज़े पहुँचने में देर हो गयी, रात नींद नहीं आयी तो भी मैं अलस्सुबह उठा, पैदल मोची दरवाज़े से सैद मिट्ठा गया, पन्नालाल से पेशगी रुपये लिये, वापस पैदल गुप्ता के यहाँ पहुँचा, सामान समेटा और गुप्ता का बहुत-बहुत शुक्रिया अदा करके यहाँ आ गया।....पन्नालाल तो बातें करने के मूड में था," चेतन ने क्षणांश को रुक कर कहा था, "लेकिन मैंने कहा —मुझे आज ही जालन्धर पहुँचना है और कई काम निपटाने हैं, इसलिए मैं नहीं रुका।"

लेकिन भाई साहब आश्वस्त हो गये थे। कुर्सी पर ज़रा पीछे को लेट कर पसर गये थे और बिना आगे एक भी शब्द सुने, उन्होंने आँखें बन्द कर लीं।

चेतन क्या करता! वह उन्हें सविस्तार अपनी कारगुज़ारी सुनाना चाहता था, बताना चाहता था कि कैसे उसने नाटक सुनाने की बजाय पहले उन्हें 'सरस्वती' में छपी अपनी कहानी सुनायी, कैसे उन्होंने दाद दी, आदि....आदि....लेकिन भाई साहब हल्के-हल्के ख़र्राटे लेने लगे थे।

बेज़ारी से सिर को झटका दे कर चेतन उचक कर उठा। उसने एक-एक कर सामान ऊपर परछत्ती पर पहुँचाया। बिस्तर और मैले कपड़ों को पलँग पर रख कर उसने सबसे पहले किताबों का बण्डल खोला और किताबों को छाँट कर उनकी दो ढेरियाँ लगायीं। एक ढेरी की किताबें उसने बड़े करीने से पलँग के नीचे सजा दीं। दूसरी को वह अपने साथ जालन्धर ले जाना चाहता था। उस ढेरी को ज़रा-सा परे करके चेतन ने पलँग के नीचे से ट्रंक निकाला। उसे झाड़ा। फिर उसने मैले कपड़ों की गठरी खोल, उसमें से दो मैली तहमदें निकालीं और उन्हें तहा कर ट्रंक में नीचे बिछाया। उन पर नाटक की फ़ाइल, द्विजेन्द्र लाल राय और प्रसाद के नाटक तथा राय बहादुर गौरीशंकर हीराचन्द की किताब रखी। फिर कानून की किताबें और नोट बुकें सजायीं। उनके ऊपर दो मैली पतलूनें और कमीज़ें तहा कर रख दीं।....चेतन के पास कपड़े ज़्यादा नहीं थे। एक जोड़ा बाकी था, जो उसने सुबह नहा कर बदला था। यही पहने-पहने वह जालन्धर चला जायेगा। वहाँ पहुँच कर धो डालेगा, यह सोच कर उसने एक लाल परना,[१] जिससे नहा कर वह बदन पोंछता था और जिसे ताँगे में बैठ कर हवा में फैलाये-फैलाये उसने सुखा लिया था, तहा कर ऊपर रख दिया। फिर उसने ट्रंक बन्द कर दिया। थोड़ी-सी जगह अभी ट्रंक में ख़ाली थी, लेकिन उसे अभी कानून की दो-तीन किताबें लेनी थीं, उसने सोचा कि उन्हें ख़रीद कर ऊपर रख लेगा।....ट्रंक उसने ज़मीन पर बिछे अपने बिस्तर के पायँते की दीवार से लगाया। उस पर

१ गमछा

बिस्तर सजाया। बिस्तर की चादर झाड़ कर बिछायी और धड़धड़ाता हुआ नीचे पहुँचा। भाई साहब पूर्ववत कुर्सी पर पसरे हुए थे। वह जा कर काउच पर बैठ गया। तिपाई उसने करीब खिसकायी और अनन्त का पत्र पढ़ कर आगे लिखने लगा।

लेकिन इससे पहले कि वह एकाध पंक्ति लिखता, भाई साहब ने सहसा आँखें खोल दीं और उठ खड़े हुए। उन्होंने ज़ोर की अँगड़ाई ली और चेतन से बोले —

"अगर तुम मुझे अभी रुपये दे दो और थोड़ी देर यहाँ बैठो तो मैं भाग कर माल रोड पर करीम अली के यहाँ से थोड़ा-सा सामान ले आऊँ। कोई पेशेण्ट आये तो उसे बैठाना, कहना कि यहीं करीब माल रोड पर गये हैं, अभी आ जायेंगे।"

चेतन ने जेब से सौ की गड्डी निकाली और पन्द्रह रुपये के नोट निकाल कर भाई साहब की ओर बढ़ा दिये।

रुपये लेते हुए भाई साहब ने कहा, "यार तुम मुझे पाँच रुपये और नहीं दे सकते? मेरा सारे महीने का सामान आ जायेगा और मैं निश्चिन्त हो सकूँगा।"

वे क्षण भर रुके। चेतन की दुविधा को देख कर उन्होंने कद्रे ज़ोर दे कर कहा, "तुम फ़िक्र न करो। तुम जालन्धर से आ जाओगे तो मैं पाँच-पाँच करके तुम्हारे बीस रुपये उतार दूँगा।"

चेतन उनके वादों की हकीकत जानता था। उसे ख़ुद रुपयों की ज़रूरत थी। दो-तीन कानूनी किताबें तो उसे ख़रीद कर साथ ले जानी थीं। पैंतालिस-पचास रुपये वह आगामी सत्र की तीन महीने की फ़ीस के सिलसिले में घर जाते ही माँ के पास जमा कर देना चाहता था, फिर उसे चन्दा को भी जालन्धर के किसी विशेषज्ञ को दिखाना था। उसके कपड़ों का, उसकी दवा-दारू का सुचारु रूप से प्रबन्ध करना था और पंजाबी कहावत के अनुरूप 'गाँव बसा नहीं था और उचक्के पहले ही पड़ गये थे।' बीस रुपयों पर तो भाई साहब ही चील-झपट्टा मार रहे थे। उसने चाहा कि अपने ख़र्च का ब्योरा दे कर इनकार कर दे। लेकिन उसने उन्हें लाहौर में जमाने की प्रतिज्ञा कर रखी थी। वह जानता था कि वे चाहे एक रुपया देने से भी इनकार कर दें, पर वह नहीं कर सकता। उसने चुपचाप पाँच रुपये का एक नोट और निकाल कर उनकी ओर बढ़ा दिया। भाई साहब रुपये ले कर एप्रन के नीचे पतलून की जेब में रखते और व्यस्त भाव से एप्रन उतारते हुए अन्दर गये। उसे टाँग कर जल्दी-जल्दी बाहर आये और तेज़-तेज़ बाहर की ओर चल दिये। दरवाज़े के पास रुक कर और ज़रा-सा मुड़ कर उन्होंने हिदायत दी कि अगर कोई पेशेण्ट उनकी अनुपस्थिति में आये तो उसे जाने न दे। उन्हें आने में देर हो जाय तो बातों में उलझाये रखे। और वे चिक उठा कर बाहर निकल गये।

०

चेतन देर तक चिक पर आँखें जमाये जैसे उन्हें जाते देखता रहा। फिर एक विवश-सी मुसकान उसके होंटों पर खेल गयी। सिर को झटका दे कर, जैसे उस सारे प्रसंग को ज़ेहन से हटा कर, वह पलटा। पहले उसने अनन्त का पत्र पूरा करने की सोची। उसने एक बार उसे पढ़ा भी, लेकिन आगे क्या लिखे, उसे कुछ भी नहीं सूझा। भाई साहब की भावना-हीन स्वार्थपरता ने फिर उसके दिमाग़ को घेर लिया। उसे पन्नालाल से सौ रुपये मिल जायेंगे तो

कैसे वह चन्दा का इलाज करायेगा, अगले सत्र का दाख़िला और फ़ीस देगा, यह सब वह उन्हें विस्तार से बता चुका था। लेकिन अपने छोटे भाई के स्वार्थ से नहीं, उन्हें अपने स्वार्थ से ग़रज़ थी। वे उसकी कमज़ोरी जानते थे, इसलिए रुपये मिलते ही उन्होंने बीस रुपये उससे झटक लिये थे।

चेतन ने अनन्त के पत्र को वहीं तिपाई पर रख दिया। तिपाई को परे सरका कर वह हताश-सा काउच पर लेट गया। दोनों हाथ बाँध कर उसने काउच की बाँह पर रखे, उन पर सिर टिका दिया और आँखें बन्द कर लीं।

उसे अपनी कमज़ोरी पर खेद हुआ। वह क्यों अपने बड़े भाई की किसी माँग पर इनकार नहीं कर सकता? एक के बाद एक —पिछले कुछ वर्षों की कई घटनाएँ उसके सामने आ गयीं।....जब से उसने उन्हें लाहौर में जमाने की प्रतिज्ञा की थी, अपना और अपनी बीवी का सुख-दुख, हित-अहित न देख कर उनके लिए सब कुछ करता आ रहा था। उसने अपनी शादी का नया क्रण्डी का सूट और रेशमी कमीज़ उन्हें दे दी और खादी की कमीज़-तहमद में या पायजामे-कमीज़ में, पेशावरी चप्पल फटफटाता, 'बन्दे मातरम' के दफ़्तर जाता रहा था। जब उसकी भाभी आ गयी थी तो कमरा एक ही होने के कारण वह दुकान की परछत्ती पर सोता था। रात दो बजे सोने के बावजूद सुबह आठ बजे उठ कर दुकान की सफ़ाई करता था, पानी भरता था और जब वे तैयार हो कर दुकान पर आते थे, तब वह घर जाता था। उनकी दुकान में पार्टीशन और जहाज़ी बोर्ड के लिए उसने ज़फ़रुल्लाह ख़ाँ के उस लुच्चे रिश्तेदार के लिए कहानियाँ लिखी थीं। उनकी कुर्सी के लिए अपनी बीवी के ज़ेवर ला दिये थे और हालाँकि उन्होंने दस रुपये महीना देने के लिए कहा था, पर एक पैसा भी नहीं दिया था। अगर वे केवल दस रुपये की व्यवस्था कर देते तो वह 'पवित्तर हिन्दू होटल' में तीसरी मंज़िल की बरसाती के बदले निचली मंज़िल के कमरे में पढ़ता-सोता, लेकिन उन्होंने साफ़ इनकार कर दिया था। उनका सामान ही कभी पूरा न होता था। उनके सामने हमेशा सामान की कमी मुँह बाये रहती थी। जब वह जालन्धर गया था, उसने माँ से शिकायत की थी कि वह अपने बड़े भाई के लिए सब कुछ करता है, लेकिन वे एक रुपये से भी उसकी मदद नहीं करते।

माँ ने पंजाबी में जो कहा था, उसका अभिप्राय यह था कि —'बेटा, वह तुम्हारा बड़ा भाई है। उसने शुरू ही से लेना सीखा है, देना नहीं सीखा। जब वह तुम लोगों की गुल्लक से चिमटा डाल कर पैसे निकाल ले जाता था, तो अब उससे क्या उम्मीद करते हो। उसका अपना ही पूरा नहीं पड़ता होगा कि वह तुम्हारी मदद करे। फिर बेटे, सब का दिल बड़ा नहीं होता। जिसका दिल बड़ा होता है, वही दूसरों के लिए करता है। उसी से दूसरे उम्मीद भी करते हैं। भाई अगर कमज़ोर है तो उसकी मदद करनी चाहिए। उसे अपने पैरों पर खड़ा करना चाहिए। उसके पास कुछ होगा तभी तो मदद करेगा। नंगी नहायेगी क्या और निचोड़ेगी क्या? पानी से बेटे, लहू गाढ़ा होता है? नाख़ूनों से माँस अलग नहीं होता। ज़रूरत पड़ने पर भाई ही काम आता है। फिर बेटा, अपनी टेक निभानी चाहिए, दूसरे की दूसरा जाने। तू अपना फ़र्ज़ पूरा कर, उसका उस पर छोड़ दे। तूने अपने भाई को लाहौर में जमाने का प्रण किया है तो कुर्बानी भी बेटे, तू ही करेगा। तू दे सकता है, तभी तेरा भाई माँगता है। अगर तेरे भाई की प्रैक्टिस लाहौर में चल जाती है तो और कुछ हो-न-हो, वह

तुम से माँगना ही छोड़ देगा, फिर वहाँ एक ठीहा तो हो जायेगा। तेरा कोई दूसरा भाई लाहौर में काम करना चाहेगा तो कर पायेगा। सो बेटे, तू जो कर सकता है कर, भाई से ज़्यादा की उम्मीद न रख, न बेकार में तकलीफ़ पा। इतना समझ ले कि भाई खाते-पीते ही अच्छे लगते हैं। आवारा, बेकार या भीख माँगते भाई न किसी को भाते हैं, न किसी की इज़्ज़त बढ़ाते हैं, न किसी के काम आते हैं।'

काउच पर लेटे-लेटे चेतन के कानों में माँ की आवाज़ गूँजने लगी। उसकी सारी बातें उसके ज़ेहन में घूम गयीं और उसकी सोच को दूसरी तरफ़ मोड़ गयीं। माँ ठीक ही तो कहती है, चेतन ने सोचा, भाई साहब की दुकान अभी पूरी तरह चली नहीं, पर ठिकाना तो लाहौर में एक बन ही गया। भाई साहब की दुकान न होती तो क्या नौकरी छोड़ कर वह कभी कानून पढ़ने की सोचता?....भले ही वे परछत्ती पर सोते हों और वह दिन को गोल बाग़ में जा कर पढ़ता हो, लेकिन एक जगह तो है। अगर वह डिस्टिंक्शन ले गया और कम्पीटीशन में आ गया तो....तो उसके सामने अनेक सम्भावनाएँ खुल जायेंगी। मेघनाथ एफ़०ए० के आख़िरी साल में पढ़ रहा है। छोटा मैट्रिक में पढ़ रहा है। भाई साहब की प्रैक्टिस चल गयी तो वे लोग लाहौर आ कर पढ़ सकेंगे। उसकी कुर्बानियाँ व्यर्थ नहीं जायेंगी। उसे छोटी-छोटी बातों को ख़ातिर में नहीं लाना चाहिए।

चेतन के दिमाग़ का तनाव कम हो गया। पन्नालाल से पेशगी ले कर वह लौटा था तो उसने हरबिन्दर की दुकान से दो पेड़े डलवा कर मीठी गाढ़ी लस्सी का बड़ा गिलास पिया था। दिमाग़ का तनाव कम होते ही उसकी आँखों में ग़नूदगी उतर आयी और वह काउच पर लेटे-लेटे ऊँघ गया।

०

"चेतन, कोई मरीज़ तो नहीं आया?"

भाई साहब की आवाज़ से चेतन चौंका। नींद में भी जैसे उसके कानों में माँ के शब्द गूँजते रहे थे। भाई साहब स्वाभावानुसार खट-खट सीढ़ियाँ चढ़े होंगे, लेकिन उसने उनकी पदचाप नहीं सुनी थी। उन्होंने करीब आ कर आवाज़ दी तो उसकी आँखें खुल गयीं और वह उठ कर बैठ गया।

भाई साहब ने फिर वही प्रश्न दोहराया।

"नहीं भाई साहब।" चेतन ने उत्तर दिया।

"ठीक है," भाई साहब ने आश्वस्त हो कर कहा, "मैं सामान ले आया हूँ। अब महीने भर की छुट्टी हो गयी। मैं सामान अन्दर रखता हूँ। थोड़ा-सा हाथ का काम मुझे निपटाना है, उसे निबटाता हूँ। तुमने अनन्त को ख़त लिख लिया हो तो उसे जनरल पोस्ट ऑफ़िस में डाल आओ। फिर हम आज सिन्धी होटल में खाना खाने जायेंगे।"

वे अन्दर की ओर बढ़ गये। चेतन प्रकृतिस्थ हो कर बैठ गया। तिपाई उसने पास खिसका ली। एक बार फिर से अनन्त का पत्र पढ़ा और फिर लिखने लगा —

> *फ़िलहाल अनन्त, मैं रात की गाड़ी से जालन्धर जा रहा हूँ। मैं तो कल ही चला जाता, लेकिन इम्तहान दे कर कॉलेज से निकला ही था कि पन्नालाल मिल गया। यार, इस बार वह मेरी सारी शर्तें मान गया है। मैं अकेला ही नाटक*

लिखूँगा। उसने मुझे पेशगी सौ रुपये भी दे दिये हैं। मैं नाटक का अधूरा मसौदा साथ ले जा रहा हूँ। आधा तो लिख ही रखा है। जम कर एक महीना मेहनत करूँगा तो पूरा कर डालूँगा। मुकम्मल होने पर कुछ और पैसे मिल जायेंगे। मेरी सारी मुश्किलें दूर हो जायेंगी।

हिन्दी में मुझे कोई जानता नहीं। कोर्स में लग गया (जिसकी पूरी उम्मीद है) तो थोड़ा नाम हो जायेगा। फिर सबसे बड़ी बात यह है कि एक नाटक कलम के नीचे से निकल जायेगा। सफल हो गया तो फिर एक-से-एक बेहतर लिखूँगा।

यह जून का महीना है। एल-एल०बी० का नया सेशन सितम्बर से शुरू होगा। यार, तुम इस अर्से में एक बार जालन्धर ज़रूर आओ। तुम सब्ज़ी मण्डी में बीजों की दुकान खोलने वाले थे, उसका क्या हुआ? उसी के बहाने दो-एक दिन के लिए आना। तुम से बहुत-सी बातें करनी हैं, जो ख़तों में नहीं लिखी जा सकतीं। उम्मीद करता हूँ कि तुम मायूस नहीं करोगे। मैं तो कल ही से तुम्हारा इन्तज़ार शुरू कर दूँगा।

तुम्हारा ही,

चेतनानन्द

चेतन ने चिट्ठी एक बार पढ़ कर तह की। भाई साहब की मेज़ पर रखे पिजनहोल से एक ख़ाली लिफ़ाफ़ा ले कर उसमें बन्द की और उठा।

"भाई साहब, मैं ख़त डाकख़ाने में डालने जा रहा हूँ।" —उसने अन्दर की तरफ़ देख कर कहा और दरवाज़े की चिक उठा कर बाहर निकल गया।

आठ

चेतन को लाहौर से आये पूरा एक पखवाड़ा हो गया था और नाटक आगे बढ़ाना तो दूर, वह फ़ाइल को हाथ भी नहीं लगा पाया था।

०

रोज़ की तरह सुबह उठ कर उसने पत्नी को नहला-धुला कर, उसके कपड़े बदलवा दिये थे। उसे पलँग पर दीवार के सहारे बैठने के लिए कह कर दूध-डबल रोटी लेने चाचा रामदित्ता की दुकान पर गया था। वहाँ रामदित्ता भट्ठी पर तही[१] रखे, जलेबियाँ तल रहा था। अपनी आदत के अनुसार आम हलवाइयों की तरह वह बेगार नहीं टाल रहा था। जलेबियों को अच्छी तरह तल-तल कर, उलट-पलट कर, जब वे गुलाबी हो जातीं, तभी छलनी से उन्हें निकाल कर, घी अच्छी तरह निचुड़ जाने के बाद, शीरे की कड़ाही में डाल रहा था।

---

१ छिछली कड़ाही

शीरे से निचुड़ती हुई लाल-लाल जलेबियाँ देख कर अचानक चेतन के मन में आया कि वह आज चन्दा को दूध और डबल रोटी के बजाय दूध-जलेबी खिलायेगा। वह ख़ुश हो जायेगी, क्योंकि दूध-डबल रोटी खाते-खाते वह ऊब गयी थी।

जब उसके पलँग की पाटी पर बैठ कर उसने बड़े प्यार से उसे आध सेर दूध में अच्छी तरह रसी हुई लगभग पाव भर जलेबियाँ खिला दीं और रोज़ की तरह उसे कुल्ला कराके सहारे से बिस्तर पर लिटाने लगा, तब अचानक चन्दा ने कहा —

"अब जी, मेरी तबियत पहले से बहुत अच्छी है। आपको अब मेरे लिए इतनी तकलीफ़ करने की ज़रूरत नहीं। आप तो बस, पानी की बाल्टी ला कर यहाँ नाली पर रख दिया कीजिए। मैं अपने आप नहा लूँगी, कपड़े भी बदल लूँगी। इस बीच आप नहा-धो कर, लस्सी पी कर मेरे लिए दूध-डबल रोटी ला दिया कीजिए। फिर जैसा कि आपने कहा था, अपना नाटक निकालिए। जितना लिखा है, मुझे सुनाइए और आगे बढ़ाइए। राय तो मैं आप को क्या दे सकूँगी? जैसा लगेगा, बता दूँगी।"

चेतन ने उसे पूरी तरह लिटा कर उसके माथे को चूम लिया और बोला —"तुम सुन लो चन्दा। जैसा लगे, राय दे दो। और क्या चाहिए।" और सीधे खड़े होते हुए पलँग की पाटी के साथ लगे-लगे उसने कहा —"तुम शायद नहीं समझतीं, तुम उन हज़ारों-लाखों पाठकों को रिप्रेज़ेण्ट करती हो, मतलब उन्हीं में से एक हो, जो आम तौर पर साहित्य पढ़ते हैं और जो आख़िरकार लेखक के भाग्य का निर्णय करते हैं। तुम्हें अच्छा लगेगा तो मैं समझ लूँगा, सब को अच्छा लगेगा।"

और पलट कर बाहर की ओर जाते हुए उसने कहा —"अब तुम आराम करो। मैं भी नहा-धो कर चाचा रामदित्ता की दुकान से लस्सी पी लूँ और ज़रा उस कम्बख़्त अनन्त के घर जा कर चाची से उसके बारे में पूछूँ —उसका कोई ख़त आया है या नहीं, उसके आने की कोई ख़बर मिली है या नहीं।"

यह कहता हुआ चेतन कमरे से बाहर चला गया।

०

जब वह लाहौर से चला था तो उसने सोचा था —जालन्धर पहुँचते ही नाटक शुरू कर देगा और एक-डेढ़ महीने में उसे ख़त्म कर देगा। जालन्धर में अपने कार्यक्रम की रूप-रेखा उसने कुछ यूँ बनायी थी —वह जालन्धर में अपने मकान के दो-मंज़िले पर कोने के कमरे में आसन जमायेगा, जहाँ उत्तर-पश्चिम दो खिड़कियाँ थी और हवा गर्मियों के बावजूद फ़र-फ़र आती थी। वहीं, जहाँ उसकी सुहागरात बसर हुई थी। प्रायः वहाँ उन दोनों के लिए एक पलँग और एक चारपाई लगी रहती थी। लेकिन भरी गर्मियाँ थीं। रात को तो वे ऊपर बरसाती में सोयेंगे। वह उस कमरे से चारपाई हटा देगा। पलँग को दक्षिणी दीवार के साथ कर देगा। पश्चिम की ओर खिड़की के साथ एक कुर्सी और एक छोटी मेज़ लगा लेगा। रोज़ हमेशा की तरह वह सुबह-सवेरे उठेगा। निबट-नहा कर कसरत करेगा। फिर चन्दा को जगायेगा। जब वे दोनों तैयार हो जायेंगे, चन्दा बच्चे को नहला-धुला कर सुला देगी, स्वयं नाश्ता कर लेगी तो चेतन भी नहा-धो कर चाचा रामदित्ता की दुकान से पाव भर दही डलवा कर मीठी गाढ़ी लस्सी पी आयेगा। फिर चन्दा पलँग पर आराम करेगी और वह

छोटी मेज़-कुर्सी पर बैठ कर पहले उसे लाहौर में लिखे अंक सुनायेगा। फिर नाटक को आगे बढ़ायेगा। जब कोई दृश्य पूरा होगा, उसे सुनायेगा, उसकी राय लेगा और लगातार काम करते हुए पत्नी की तीमारदारी भी करेगा और डेढ़ महीने के अन्दर-अन्दर नाटक भी ख़त्म कर देगा।

पत्नी की देख-भाल और तीमारदारी के साथ-साथ उसके पास बैठ कर नाटक लिखने और उसे सुनाने की योजना उसने इसलिए बनायी थी कि लाहौर में वह प्रायः अपनी रचनाएँ चन्दा को सुनाया करता था और उसकी राय भी लेता था। उसने सोचा था कि इस तरह चन्दा का मन भी लगा रहेगा और उसे अपना नाटक आगे बढ़ाने में मदद भी मिलेगी।

वास्तव में अपनी पत्नी को रचनाएँ सुनाते हुए वह स्वयं अपनी रचना के गुण-दोष जान लेता था। ऊपर से साधारण पाठक के नाते अपनी पत्नी की राय भी उसे मिल जाती थी।

यूँ तो चन्दा केवल पाँच जमात पढ़ी थी, जब उसकी शादी चेतन से हो गयी थी, लेकिन चेतन ने उसे पहले बहन कृपाल देवी के विद्यालय में हिन्दी 'रत्न' और फिर हिन्दी 'प्रभाकर' की परीक्षाएँ दिलवा दी थीं। चन्दा को स्कूल में पढ़ना छोड़े काफ़ी समय बीत गया था तो भी चूँकि दिमाग़ उसका कुन्द नहीं था, उसने अच्छे नम्बरों से परीक्षाएँ पास कर ली थीं। चेतन ने देखा था कि उसकी वह सामान्य-सी दीखने वाली ढीली-ढाली और सुस्त-रौ पत्नी न केवल अच्छी श्रोता थी, वरन रचना की दिलचस्पी या विरसता, उसके हल्के या भारीपन के बारे में राय भी दे सकती थी। चेतन यदि अपनी रचना से असन्तुष्ट हो कर कभी हतोत्साह होता तो चन्दा उसे साहस बँधाती कि वह उसे दूसरी बार लिखेगा तो निश्चय ही रचना उसके मन-मुताबिक बन जायेगी। वह दुगने जोश से उसे दोबारा लिखता तो सचमुच वह अच्छी बन जाती।

चेतन को जब अपनी पत्नी की ख़ूबी का पता चला था तो उसने चन्दा को आगे पढ़ाने और सिर्फ़ अंग्रेज़ी में मैट्रिक, एफ़०ए० और बी०ए० की परीक्षाएँ दिलवाने का फ़ैसला कर लिया था। अपनी पत्नी के तमाम ढीलेपन और अल्हड़ता के बावजूद उसके प्रति चेतन के मन में कुछ अव्यक्त-सा विश्वास पैदा हो गया था और उसने भविष्य के बारे में अपने दाम्पत्य जीवन के बड़े सुन्दर और सुहाने सपने बुन लिये थे।

चेतन ने हमेशा यह महसूस किया था कि साथी लेखक और आलोचक कई बार साथी का मन रखने के लिए उसकी कमज़ोर रचना की प्रशंसा कर देते थे और फिर ईर्ष्या अथवा विद्वेष-वश उत्कृष्ट रचना में कीड़े निकाल देते थे। चन्दा में मित्रों जैसी मसलहत तो थी नहीं और न उसे पति से किसी तरह की ईर्ष्या ही थी। वह रचना सुन कर जैसा महसूस करती थी, सरल भाव से बता देती थी....लाहौर से चलते वक्त चेतन ने सोचा था कि चन्दा खाना-वाना खा कर बिस्तर पर आराम से लेट जाया करेगी तो लिखने का मूड बनाने को वह कभी उसे अपनी मन-पसन्द कविताएँ सुनाया करेगा और कभी जब नाटक का दृश्य ख़त्म कर लेगा तो उसे सुना कर उसकी राय लेगा।

०

लेकिन जब वह जालन्धर पहुँचा था तो पहली ही शाम अपनी पत्नी की भयानक दुर्दशा

देख कर उसका ख़ून खौल उठा था।

०

दिये जल चुके थे, जब उसने घर में कदम रखा था। अपना सूटकेस और बिस्तर आँगन में रख कर उसने माँ को बताया कि वह एफ़०ई०एल० (कानून के पहले साल) की परीक्षा दे आया है। रिज़ल्ट का इन्तज़ार करते हुए वह एक नाटक लिखने का प्रोग्राम बना कर आया है। उसे सख़्त भूख लग आयी है। वह कपड़े बदल कर हाथ मुँह धोता है, माँ दो फुल्के उतार दे, वह रसोई में बैठ कर खाना खायेगा और उसे इम्तहान के बारे में बतायेगा। तब उसने सहसा माँ से पूछा था कि चन्दा क्या ऊपर बरसाती में है। माँ ने कहा था कि उसकी तबियत इधर कुछ अच्छी नहीं और उसका बिस्तर अन्दर कमरे में लगा है।

"इतनी गर्मी में उसे अन्दर कमरे में क्यों डाल रखा है?" चेतन ने अचानक कहा था और जल्दी-जल्दी पैर पटकता अन्दर पिछले कमरे में गया था।.... लालटेन के मद्धिम प्रकाश में चन्दा बिस्तर पर झुकी-सी बैठी थी....उसे देख कर चेतन का दिल धक् से रह गया था। उसे लगा था, जैसे किसी ने ज़ोर से एक घूँसा उसके सीने पर दे मारा है।

चन्दा ने बेहद मैले-कुचैले कपड़े पहन रखे थे। उसके सिर के घने बाल न केवल उलझे हुए थे, बल्कि लगता था कि जैसे हफ़्तों से न किसी ने उसका सिर धुलाया है, न उसके बालों में तेल डाल कर उन्हें सुलझाया-सँवारा है। उसका चेहरा बेहद कमज़ोर, मुरझाया और कुम्हलाया दिखायी देता था। उसका बिस्तर मैला-चीकट था और वह हफ़्तों की बीमार लगती थी।

आँगन से आने वाली अपने पति की आवाज़ सुन कर ऊँघती हुई चन्दा जग गयी थी और बाहर के दालान में उसकी पदचाप सुन कर उठ बैठी थी। लेकिन वह कुछ ऐसी कमज़ोरी महसूस कर रही थी कि सीधे बैठना उसे कठिन लगा था और वह चुपचाप सिर और कन्धे झुकाये बैठी थी।

चेतन उसके पलँग के पास गया था और उसके रूखे सिर पर हाथ फेरते और अपने पहलू से उसे चिमटाते हुए उसने चिन्ता और सहानुभूति-भरे प्यार से पूछा था —"कैसी हो चन्दा?"

उसकी पत्नी मौन रही थी।

जब चेतन को कोई उत्तर न मिला था तो उसने अपने हाथ को उसकी दायीं कनपटी पर से ले जा कर दायें गाल पर फेरते हुए फिर वही सवाल दोहराया था।

चन्दा ने फिर भी कोई उत्तर नहीं दिया था। उसके गाल आँसुओं से तर थे। वह चुपचाप रो रही थी। चेतन की उँगलियाँ भीग गयी थीं।

तब वह उसके पलँग की पट्टी पर बैठ गया था। अपनी बाँह के घेरे में ले कर अपनी बग़ल से उसे चिमटाते, पुचकारते और उसकी पीठ धीरे-धीरे थपथपाते हुए लगभग आर्द्र स्वर में चेतन ने पूछा था —"चन्दी, कुछ तो बताओ, क्या बात है?"

अपने ऊपर से चन्दा का संयम उठ गया था। वह सुबक-सुबक कर रोने लगी थी।

यद्यपि उसकी पत्नी ने एक शब्द भी नहीं कहा —पर उसकी सिसकियाँ चेतन के हस्सास दिल पर छुरियाँ चला गयी थीं। उसके सिर और पीठ पर प्यार से लगातार हाथ

फेरते हुए चेतन ने उसे तसल्ली दी थी कि अब वह आ गया है। वह न सिर्फ़ उसका इलाज करायेगा, बल्कि स्वयं उसकी तीमारदारी भी करेगा और उसे किसी तरह की तकलीफ़ न होने देगा। वह बताये तो सही, क्या बात है? वह क्यों रो रही है? उसे किसने क्या कह दिया है? किसने उसका दिल दुखाया है? वह कुछ तो बताये।

तब, कितनी भी कड़वी क्यों न हो, दिल की बात कह देने का अनुरोध करने पर ही, चन्दा ने सिसकियों के बीच, रुक-रुक कर जो बताया, वह इतना क्रूर, निर्मम और तकलीफ़देह था कि क्रोध को बस में न कर सकने के कारण चेतन उठ कर कमरे में घूमने लगा था।

चन्दा ने कहा था कि उन लोगों ने (चेतन की माँ और उसके छोटे भाइयों ने) उस पर तपेदिक का फ़तवा लगा दिया है। उसे एकदम छेक कर कमरे की तन्हाई में दिन-रात रहने और चुपचाप तकलीफ़ सहने को विवश कर दिया है।....चेतन की माँ उसके किसी भाई को उस कमरे के निकट भी नहीं फटकने देती, न उसका कोई काम करने देती है। वह अपने बेटे को गोद में लेने के लिए तरस गयी है।....उसमें स्वयं इतनी हिम्मत नहीं कि वह पानी की बाल्टी भर कर लाये और स्वयं नहा-धो कर कपड़े बदले....भर गर्मियों में यों ही पड़ी रहती है।....उसे खाना भी कोई समय से नहीं देता। वह भूख के मारे 'लूसती' रहती है। माँ जी सब को खाना खिलाने के बाद उसको दे जाती हैं। कभी हफ़्ते-पखवाड़े फ़ुर्सत मिलने पर उसे नहला कर कपड़े बदलवा देती हैं....

कमरे में बेचैनी से घूमते हुए चेतन के सामने एक-एक दृश्य आने लगा। अपनी माँ और भाइयों की निर्ममता, कठोरता, बेरहमी और संगदिली बार-बार उसके हृदय को बेधने और उसका ख़ून खौलाने लगी....उसके जी में आता कि वह पैर पटकता हुआ रसोई में जाये और माँ के सामने किसी बम या पटाख़े की तरह फट पड़े। उसे बताये कि अपने सारे धर्म-कर्म, व्रत-नियम और पूजा-पाठ के बावजूद, वह कैसे घोर अपराध और पाप की भागी बन रही है। लेकिन वह जानता था कि उसका सारा क्रोध और विक्षोभ पत्थर पर गिरने वाली बूँदों की तरह बह जायेगा। माँ टस-से-मस न होगी। उसके चिल्लाने पर वह ज़्यादा-से-ज़्यादा यही करेगी कि रोने लगेगी।....वह अपनी बहू के लिए (जिसका अभाव मौत के बाद किसी दूसरी से पूरा किया जा सकता था) अपने किसी बेटे या पोते का उस घातक रोग के चँगुल में जा फँसने का ख़तरा मोल नहीं लेगी।

बात केवल उसकी माँ ही की नहीं थी। कल्लोवानी मुहल्ले के घर-घर की यही स्थिति थी। वहाँ नौजवान बहुएँ और कुँवारी, जवान लड़कियाँ, देखते-देखते, तीन-चार महीनों में यक्ष्मा का शिकार हो कर, किसी गँदले, ठहरे, सड़ते पानी के पोखर में उठ कर मिट जाने वाले बुलबुलों की तरह दुनिया से चली जाती थीं और वह पोख़र उसी तरह परम उदासीन भाव से सड़ता रहता था।

मुहल्ले में ऐसे भी दो-तीन घर थे, जो इस बीमारी के हाथों एकदम साफ़ हो गये थे। झमानों के घर में पहले कश्मीरी लाल की बड़ी भाभी बीमार हुई। उसे झरोखे अथवा वातायन-रहित कोठरी-ऐसे अँधेरे कमरे में डाल दिया गया। कश्मीरी लाल भावुक, भाव-प्रवण, कवि-हृदय युवक। जब घर में कोई उसके निकट न जाता, वे उसकी सेवा-शुश्रूषा करते। भाभी से यह बीमारी कश्मीरी लाल को लगी, फिर उनसे उनके छोटे

भाई को, फिर सबसे छोटे भाई को। कश्मीरी लाल तो अविवाहित थे, पर उनके छोटे भाई न केवल शादीशुदा थे, बल्कि तीन-तीन, चार-चार बच्चों के बाप भी थे और पाँच साल के अर्से में वे अपने बूढ़े माँ-बाप और रोते-बिलखते बीवी-बच्चों को छोड़ कर घर को पुरुष-विहीन कर गये थे।

जब भी घर में इस बीमारी की चर्चा होती, माँ झमानों के चारों नौजवान बेटों की मिसाल देती, जो एक के बाद एक इस बीमारी के हाथों काल का ग्रास बन गये थे। जब चेतन की भाभी अपने ही ईर्ष्या-द्वेष, हठ और मूर्खता के कारण इस बीमारी के चंगुल में फँस गयी थी तो वह उसे श्रीरामपुर से लाहौर ले आया था। मेयो हस्पताल के डॉक्टर ने उसकी बीमारी को तीसरी स्टेज की और ला-इलाज बताया था। तब भी माँ ने उन पर ज़ोर दिया था कि चम्पा बहू को तत्काल उसके मायके भिजवा दिया जाय। उसके कैलस और क्रूर बड़े भाई तक अपनी पत्नी के पास नहीं रुकते थे। उसके इलाज-उपचार और सेवा-शुश्रूषा का सारा भार चेतन और उसकी पत्नी पर आ पड़ा था। तब माँ ने दोनों को उसके पास जाने से बरजा था। हालाँकि उसकी भाभी उससे और उसकी पत्नी से सख़्त नफ़रत करती थी, लेकिन उसके तमाम ज़ुल्मो-सितम के बावजूद चेतन का सम्वेदनशील और दर्द-मन्द दिल उस से नफ़रत न कर सकता था। माँ ने उसे ख़बरदार किया था कि उसकी पत्नी बच्चे से है। ऐसे में औरत का शरीर कमज़ोर हो जाता है और बीमारी उड़ कर लगती है।....चेतन ने यह भी देखा था कि उसकी भाभी अपनी देवरानी से सख़्त घृणा और ईर्ष्या करती है, इसलिए उसने अपने हठ में फ़ाके करके बीमारी सहेड़ ली है और यह भी कोशिश करती है कि उसकी बीमारी चन्दा को भी लग जाये। चेतन ने अपनी पत्नी को समझा दिया था। इसके बावजूद क्रोध के बदले चेतन को उस जड़ औरत पर दया ही आयी थी, जो एक बेज़बान पशु की तरह, बिना किसी प्रतिक्रिया के, तिल-तिल कर मौत की तरफ़ सरक रही थी।....उसने यह तो किया था कि अपनी पत्नी को जेठानी के साथ खाना खाने के बदले अपने साथ खिलाना शुरू कर दिया था और यह प्रयास भी किया कि वह यथासम्भव उसके सान्निध्य से बचे। इस पर भी जब उसकी भाभी को ठण्डे पसीने आते थे और उसके तमाम कपड़े गीले हो जाते थे या बैठे-बैठे अथवा लेटे-लेटे उसकी कमर और कन्धे दुखने लग जाते थे और वह अपने देवर से किसी तरह की मदद लेने को तैयार न होती थी, तब लाचार हो कर चेतन अपनी पत्नी को उसकी सेवा-शुश्रूषा के लिए भेज देता था। वह तो शायद न भी भेजता, लेकिन भोली-भाली और उदार हृदय चन्दा ही अपने पति पर ज़ोर दे कर अपनी जेठानी की सेवा को तत्पर हो जाती थी....

तो क्या उसकी भाभी से उसकी इस करुणामयी, सदालौह पत्नी को यह बीमारी लग गयी है? यह ख़याल आते ही कमरे में बेचैनी से घूमते हुए कोई अदृश्य छुरा चेतन के हृदय में दूर तक उतरता चला गया।

क्षण भर के लिए वह चलता-चलता रुक गया था। उसने बेपनाह करुणा से अपनी उस भोली-भाली और उदार पत्नी की ओर देखा था, जो उस सारे क्रूर और निर्मम माहौल में चुपचाप तकलीफ़ सह रही थी। यद्यपि उसकी आँखों के आँसू सूख गये थे, पर वह उसी तरह कन्धे झुकाये बैठी थी और उसके रूखे-सूखे बालों की लटों ने उसकी बायीं कनपटी और चेहरे को ढँक लिया था....

'नहीं....नहीं,' चेतन ने फिर बेचैनी से घूमते हुए मन-ही-मन ज़ोर से कहा, 'चन्दा को टी०बी० कतअन नहीं है। उसे न खाँसी आती है, न उसके कपड़े रात को ठण्डे पसीने से ग़च होते हैं। उसे सिर्फ़ प्रसूति-ज्वर है....'

कमरे में बेचैनी से टहलते और मन के क्रोध और विक्षोभ के बावजूद परिस्थिति के सभी पहलुओं पर विचार करते हुए चेतन ने तय किया कि चन्दा की देख-भाल करना उसकी माँ और भाइयों के बस का नहीं। वह माँ से शिकायत भी करेगा और समझायेगा भी, लेकिन वह उसके अन्तर में जड़ जमा कर बैठे संस्कारों और विश्वासों को जानता था.... वह उसे ख़ुद हकीम को दिखायेगा। मेयो हस्पताल के टी०बी० विशेषज्ञ से परामर्श लेगा। उसके लिए बिस्तर की नयी चादरें लायेगा। उसके लिए हल्के-फुल्के बढ़िया कपड़े के सूट सिलवायेगा। रात को बरसाती में उसे अपने साथ की चारपाई पर सुलायेगा। दिन को उसे ख़ुद नहला-धुला कर तैयार करेगा। वह उसे दवा देगा। ग़िज़ा देगा। आराम देगा। वह उसका मन लगायेगा। उसे अच्छी कविताएँ सुनायेगा। उसके सिरहाने बैठ कर अपना नाटक लिखेगा। उसे सुनायेगा। उसके पति को उसकी कितनी ज़रूरत है, वह उसे महसूस करा देगा। ज़िन्दगी में उसकी आस्था जगा देगा।

कमरे में टहलना छोड़ कर चेतन अपनी पत्नी के पलँग के पास आया। उसके सिर पर प्यार से हाथ फेरते हुए उसने कहा —"तुम थक गयी हो। लेट जाओ।"

और उसने उसे लिटा दिया। फिर क्षण भर रुक कर उसने धीरे से पूछा —"तुमने खाना तो अभी तक नहीं खाया होगा?"

चन्दा ने इनकार में सिर हिला दिया।

"तुम घर में पकी दाल-रोटी खाओगी?" चेतन ने उसी प्यार से पूछा, "या कहो तो दूध-डबल रोटी लाऊँ।"

चन्दा ख़ामोश रही।

"तुम ज़रा रुको," चेतन ने कहा, "मैं अभी गर्म-गर्म दूध में डबल रोटी डलवा कर लाता हूँ। तुम्हें खिला कर फिर मैं चौके में बैठ कर खाऊँगा और माँ को भी समझाऊँगा।"

"आप पहले खा लीजिए," चन्दा ने बहुत ही कमज़ोर आवाज़ में कहा, "मैं फिर खा लूँगी।"

"नहीं, तुम पहले खाओ।" चेतन ने कद्रे ज़ोर दे कर कहा। "मैं ऊपर बरसाती में अपने और तुम्हारे लिए दो चारपाइयाँ बिछवाता हूँ। दूध-डबल रोटी खिला कर, मैं तुम्हें ऊपर ले जा कर लिटा दूँगा। ये लोग कैसे ज़ालिम हैं कि इस भयंकर गर्मी में तुम्हें इस कमरे में डाल रखा है। तुम ऊपर जा कर आराम से लेट जाओगी तभी मैं इत्मीनान से खाना खा सकूँगा।"

क्षण भर रुक कर उसने इतना और जोड़ा, "तुम बिलकुल फ़िक्र न करो। मैं तुम्हें ख़ुद देखूँगा और इन लोगों को दिखा दूँगा कि तुम्हें कोई रोग नहीं है। बस, तुम कमज़ोर हो। बच्चे की पैदाइश के बाद तुम्हें बुख़ार रहने लगा है। तुम्हें दवा, ग़िज़ा और मुकम्मल आराम चाहिए। तुम इन लोगों की बेध्यानी और कठकरेजपन का शिकार हो। मैं तुम्हें एकदम तन्दुरुस्त कर दूँगा।"

अपनी पत्नी के कन्धों को थपथपाते हुए वह मुड़ा था और लालटेन उठा कर अन्तर के लावे से खौलता हुआ कमरे से बाहर निकल गया था।

दालान में पैर रखते ही उसने अपने भाइयों को ज़ोर-ज़ोर से आवाज़ें दी थीं — "मेघनाथ....मेघनाथ....शिब्बू.... शिब्बू...."

चेतन के छोटे भाई दिन भर के थके थे और कल्लोवानी के सभी लोगों की तरह साँझ ही से छतों पर पानी छिड़क, चारपाइयाँ बिछा कर और दो-चार छींटे बिस्तरों पर भी डाल कर खाना खाते ही जा कर पसर गये थे। माँ रसोई का काम निपटा कर बहू के लिए खाना ले जाने वाली थी कि चेतन पहुँच गया था। माँ ने अभी ख़ुद भी नहीं खाया था। चेतन के यह कहते ही कि उसे बेहद भूख लगी है, वह बहू को और अपने आपको भूल कर आटा सानने लगी थी।

जब न मेघनाथ ने जवाब दिया, न शिब्बू ने तो आँगन में पैर रखते हुए चेतन और भी ज़ोर से चिल्लाया था —"मेघनाथ....मेघनाथ....शिब्बू....शिब्बू...."

माँ का दिल चेतन के अन्दर जाते ही उसकी सम्भावित प्रतिक्रिया से सशंकित था। उसे यों पागलों की तरह चिल्लाते देख कर वह आटे से सने हाथ लिये रसोईघर से बाहर आयी और उसने धीरे-से पूछा —"क्यों पुत्तर, चीख़ क्यों रिहा एँ?"[१]

और जैसे माँ को देखते ही चेतन के अन्दर का ज्वालामुखी पूरे वेग से फट पड़ा था —

"क्यों चीख़ रहा हूँ?" चेतन ने मुँह बिचका कर चिल्लाते हुए कहा, "जैसे तुम कुछ जानती ही नहीं हो! अपनी सारी पाठ-पूजा, धर्म-कर्म के बावजूद तुम कितनी ज़ालिम और क्रूर हो कि इस भयानक गर्मी में अपनी बहू को उस कमरे में सड़ने के लिए डाल रखा है। किसी ने हफ़्तों से उसे नहलाया नहीं। किसी ने उसके बाल नहीं धुलवाये। उसके कपड़े और बिस्तर मैला-चीकट है। अपने लड़कों को तो तुमने खाना खिला दिया, लेकिन बावजूद पिछली बार मेरे समझाने के, उसे अभी तक कुछ खिलाया नहीं....वह भूख से लूस रही है....आप लोग जीते जी उसे मार देना चाहते हैं।...."

माँ ने मिन-मिन करते हुए कुछ सफ़ाई देनी चाही, पर चेतन ने नहीं सुना। वह धड़धड़ाता हुआ सीढ़ियाँ चढ़ गया। छत के दक्षिणी ओर वाले हिस्से पर उसके दोनों छोटे भाई विसुध सोये हुए थे। उसी तरह बड़बड़ाते हुए उसने उन्हें झकझोर कर जगा दिया —

"तुम लोग यहाँ मज़े से बिस्तर ठण्डे किये बेहोश सो रहे हो और इस भयानक गर्मी में अपनी बीमार भाभी को तुम लोगों ने नीचे कमरे में मरने के लिए छोड़ दिया है। चलो, मेरे साथ बरसाती में दो चारपाइयाँ डलवाओ।"

और जैसे किसी एक को नहीं, उस सारे दकियानूसी, अन्ध-विश्वासी समाज को गरियाते हुए, वह उनके आगे-आगे बरसाती में पहुँचा।

वह जब भी अपनी पत्नी के साथ जालन्धर रहता, वे दोनों खुली छत की बजाय हमेशा बरसाती में सोते। उस बरसाती और उसकी दायीं-बायीं झिलमिलियों से आने वाले हवा के झोंकों की न जाने कितनी सुखद स्मृतियाँ चेतन के दिमाग़ में सुरक्षित थीं।

---

१ क्यों बेटा, चिल्ला क्यों रहे हो?

घर के सब लोग खुली छतों पर सोते थे। बरसात आ जाती तो एक भाई माँ का (या पिता आये हुए हों तो उनका भी) बिस्तर गोल करके नीचे ले जाता। उसे अधछती के नीचे बिछी चारपाई पर फेंक, आँगन के बीचोंबीच बने मोघे पर जा खड़ा होता। तब दूसरे भाई ऊपर के खुले जँगले से एक-एक कर सभी बिस्तर गोल करके फेंक देते। चारपाइयाँ भीग न जायें, इसलिए उन्हें बरसाती में दायीं या बायीं दीवार के साथ खड़ी कर दिया जाता।

लेकिन बरसात को आने में अभी काफ़ी दिन थे और माँ ने ऐसा सब सामान, जो कमरों में न रखा जा सकता था, ऊपर बरसाती में भर दिया था। चेतन ने देखा —एक कोने में रूहड़ का अम्बार लगा था। (नयी रुई से रज़ाइयाँ भरवाने की तो उनमें सकत नहीं थी। माँ धुनकी की मदद से स्वयं रूहड़ धुनक कर घर के सिले रज़ाइयों के अबरों में स्वयं भर लेती थी)। दूसरे कोने में रज़ाइयों-दुलाइयों के पुराने अबरे[1] और दूसरे मैले-कुचैले कपड़े थे। फिर ख़ाली बोतलें, पुराने जूते, टूटे ज़ंग खाये डिब्बे, कनस्तर, आदि, न जाने क्या-क्या कूड़ा-कचरा सहेज कर वहाँ रख दिया गया था।

एक नज़र उस सब पर डाल कर चेतन ने मेघनाथ से कहा कि माँ से पूछे, वह सब कूड़ा-कचरा कहाँ रखा जायेगा। बरसाती में दो चारपाइयाँ आयेंगी।

और माँ की इच्छा के मुताबिक अपने भाइयों के साथ मिल कर चेतन वह सारा सामान नीचे आँगन और पिछले दालान में रख आया था। फिर नीचे से दो चारपाइयाँ ऊपर चढ़ा कर बरसाती में बिछा दी गयी थीं। अपना बिस्तर तो चेतन लाहौर से साथ लाया था। वह उसने अपनी चारपाई पर बिछा दिया था और माँ से कहा था कि चन्दा के लिए नयी दरी, खेस, चादरें और तकिये का एक नया ग़िलाफ़ निकाल दे।

माँ कहना चाहती थी कि बहू के नीचे जो बिस्तर है, फ़िलहाल वही ऊपर चारपाई पर बिछा दिया जाये, सुबह वह स्वयं सब धो कर सुखा देगी, लेकिन चेतन उस मैले-कुचैले बिस्तर को ले कर पहले ही इतना चिल्ला चुका था कि माँ को साहस नहीं हुआ। उसने घर की धुली एक पुरानी दरी, खेस, दो चादरें और तकिये का ग़िलाफ़ निकाल दिया। चेतन ने चन्दा का बिस्तर बिछा दिया।

तब वह नीचे गया। मेघनाथ की मदद से उसने राख से अच्छी तरह हाथ धोये। बर्तनों के टोकरे से एक बाटी[2] उठायी और भाग कर चाचा राम दित्ता की दुकान से आध सेर गर्म-गर्म दूध में आधी डबल रोटी डलवा लाया। अपनी पत्नी के पास बैठ कर स्वयं प्यार और अनुरोध से उसे खिलायी। फिर वह बाटी बाहर नाली पर रख कर, सहारे से चन्दा को ऊपर बरसाती में ले जा कर सुला आया। वापस आ कर उसने नाली पर हाथ-मुँह धोया, सूटकेस से तहमद निकाल कर पहनी। पतलून को तहा कर वहीं रख दिया और सूटकेस बन्द करके माँ के सामने रसोईघर में ईख के आसन पर जा बैठा।

०

माँ ने खाना परोस दिया। चेतन कुछ क्षण चुपचाप खाता रहा। फिर उसने अचानक कहा —

"माँ, कानून के पहले साल का इम्तहान तो मैं दे आया हूँ और उम्मीद है, अच्छे

---

१ अबरा —रज़ाई-दुलाई का ऊपर-नीचे का कपड़ा, जिसमें रुई भरी जाती है।

२ बाटी —कटोरी जैसा ज़रा बड़े पेंदे वाला पीतल का बर्तन

नम्बरों से पास भी हो जाऊँगा, लेकिन मुझे नहीं लगता, मैं एल-एल०बी० कर पाऊँगा।"

वह चुप हो गया। जब माँ भी चुप रही तो चेतन ने स्वयं कहा —

"मैं सोचता हूँ माँ, अपनी बीवी की देख-भाल और तीमारदारी का बोझ तुम पर डालने के बदले मैं लाहौर में नौकरी कर लूँ और उसे वहाँ ले जाऊँ।"

"पुत्तरा, मैं तैन्नूँ रोक ताँ नईं सक्कदी," माँ ने कहा था, "तूँ इह ताँ सोच कि जे तूँ ओसनू अजेही हालत'च लाहौर लै जावेंगा, ते कौन तेरा खाना पकावेगा और कौन बहू दी देख-भाल करेगा। मैं तेरे छोटे भरावाँ नूँ छड्ड के ओत्थे जा नईं सक्काँगी। तू नौकरी करेंगा, खाना पकावेंगा, जाँ बहू नूँ वेखेंगा? एत्थे बुरा-भला जीकर वी है, मैं करदी हाँ। ओत्थे कौन करेगा?"[१]

चेतन निरुत्तर हो गया था....कुछ क्षण चुप रह कर उसने कहा था —"मैंने तुम्हें बताया था कि मैं तो कानून भी चन्दा ही की ख़ातिर पढ़ रहा हूँ। उसी की ख़ातिर मैं डिस्टिंक्शन लेना और जज बनना चाहता हूँ। अगर वह तुम लोगों की बेपरवाही से किसी ऐसी-वैसी बीमारी की चपेट में आ कर चली जाती है तो मेरा कानून पढ़ना या न पढ़ना एक बराबर है। जिस तरह तुम लोगों ने उसे अछूत बना कर कमरे में डाल रखा है, उस तरह तो वह जीते-जी मौत के मुँह में चली जायेगी।"

माँ आँखें भर लायी थी। लगभग आर्द्र कण्ठ से उसने कहा था कि वह तो अकेली है। तड़के उठ कर घर के काम-काज में जुट जाती है और सबको दे-दवा कर उधर, दोपहर बाद और इधर, रात हुए दो कौर खाती है —सारे घर में झाड़ू-बुहारी देना; बर्तन मलना; बच्चों को खाना खिला कर स्कूल भेजना; बच्चा जग जाय, रोने लगे तो उसे बहलाना-फुसलाना, नहलाना-धुलाना, कपड़े बदल कर दूध पिलाना; रसोईघर का काम निबटाना —सब उस अकेली के सिर पर ही तो है। जब उसे वक्त मिलता है, वह बहू की देख-भाल भी करती है। चेतन के भाई तो चन्दा को नहला-धुला नहीं सकते। माँ ही को करना है, सो जब उसे फ़ुर्सत मिलती है, वह करती है। चेतन ने तो बहू की देख-भाल में कमी की शिकायत कर दी, मगर माँ अपनी बेबसी का रोना किसके आगे रोये? वह पत्थर की नहीं, हाड़-माँस ही की बनी है।

और वह रोने लगी थी।

चेतन बहुत कुछ कहना चाहता था —विशेषकर इस सिलसिले में कि माँ ने उसके छोटे भाइयों को भी अपनी भाभी के कमरे में जाने से मना कर दिया है। वह उन्हें चन्दा का कोई काम नहीं करने देती....वह उसके बच्चे को भी माँ की गोद से छीन लायी है, वह ख़ुद माँ है, क्या वह बेटे के लिए माँ की ममता को नहीं समझती....आदि....आदि....

लेकिन उसने प्रकट रूप से इतना ही कहा था —"माँ, मुझे तुझसे भी हमदर्दी है। मैं तेरे दुख को समझता हूँ। लेकिन तू अपने घर में बैठी है। इशारा भर करे तो तेरे बच्चे दस

---

१ बेटे, मैं तुझे रोक तो नहीं सकती, मगर तू यह तो सोच कि तू उसे ऐसी हालत में लाहौर ले जायेगा तो कौन तेरा खाना पकायेगा और कौन बहू की तीमारदारी करेगा। मैं तेरे छोटे भाइयों को छोड़ कर वहाँ जा नहीं सकूँगी। तू नौकरी करेगा, खाना पकायेगा या बहू को देखेगा? यहाँ तो जैसा भी भला-बुरा है, मैं करती हूँ। वहाँ कौन करेगा?

काम निपटा सकते हैं। चन्दा बेचारी का इस दुनिया में कौन है —बाप पागलख़ाने में बन्द है। माँ लाहौर में एक सेठ के यहाँ सात रुपये माहवार पर नौकरी करती है। मैं, जो उसका पति हूँ, कानून पढ़ रहा हूँ और वह यहाँ बीमार पड़ी है। मैं यह तो नहीं कहता कि तू दिन-रात उसकी सेवा-टहल कर....लेकिन जैसे तूने चन्दा को रख छोड़ा है, जैसे भरे-पुरे परिवार में उसे छेक दिया है और बिन नहलाये-धुलाये, मैले-कुचैले और चीकट बिस्तर के साथ भर-गर्मियों में इस तरह कमरे की तन्हाई में सड़ने को छोड़ रखा है, इस सब बेपरवाही और बेध्यानी, बेरहमी और ज़ुल्म से उसकी जो हालत हो गयी है, उसे देख कर कलेजा मुँह को आता है।"

क्षण भर रुक कर उसने इतना और जोड़ा था कि वह उसके मन में उठने वाले शक-शुब्हे और शंकाओं को जानता है, जिनके कारण उसने यह सब किया है। इससे कहीं बेहतर है कि वह बहू को ज़हर दे दे और किस्सा ख़त्म कर दे....

और बजाय क्रोध करने के चेतन आँखें भर लाया। उसका खाना ठण्डा हो गया था। उसने कौर तोड़ कर मुँह में रखा था तो उससे खाया ही न गया था।

वह कुछ क्षण ठण्डा खाना ज़हर की तरह खाता रहा था। फिर अपने को संयत करके उसने वे सब बातें दोहरायी थीं, जिनका वादा वह अपनी पत्नी से कर आया था कि वह स्वयं उसकी सेवा-शुश्रूषा और इलाज-उपचार करेगा, नहलाये-धुलायेगा, दवा-दारू और फल खिलायेगा और उसके देखते-देखते उसे स्वस्थ कर देगा।

"बुख़ार तो आठवीं जमात में मुझे भी हुआ था," उसने माँ को समझाते हुए कहा था। "दो-एक नहीं, पूरे नौ महीने रहा था। मुहल्ले में सब कहने लगे थे कि मुझे पुराना बुख़ार है। पर मैं तो ठीक हो गया था। तब चन्दा क्यों न ठीक हो जायेगी?"

०

रामदित्ता की दुकान पर लस्सी पीते हुए चेतन की आँखों में अपनी पत्नी का स्वास्थ्य सुधारने के सिलसिले में की जाने वाली वे तमाम कोशिशें घूम गयीं, जो जालन्धर आने के दूसरे दिन से उसने शुरू कर दी थीं।

०

०

लाहौर से जालन्धर पहुँचने की उस पहली रात माँ के सामने रसोईघर में बैठे-बैठे वह उससे बहुत देर तक बातें करता रहा था। रात उसे ठीक से नींद भी नहीं आयी थी। उसकी थकी-हारी, बीमार पत्नी बरसाती की झिलमिलियों से आने वाली हल्की हवा की थपकियों से गहरी नींद सो गयी थी, लेकिन चेतन बहुत देर तक जागता रहा था। वही-वही बातें, वही-वही दृश्य, उसकी आँखों में आते रहे थे और उसकी नींद को भगाते रहे थे।

लेकिन इसके बावजूद वह आदत के मुताबिक नूर के तड़के उठ गया था। निबट-नहा कर और थोड़ी-सी कसरत करके वह उस वादे को पूरा करने में जुट गया था, जो उसने अपनी पत्नी को तसल्ली देते हुए उससे किया था।

०

०

जालन्धर पहुँचने के बाद पहली सुबह से ले कर पन्द्रह दिन बाद इस सुबह तक, उसने पत्नी को स्वयं नहलाया-धुलाया था और कपड़े बदलवाये थे। कपड़े कम न पड़ें, इसलिए नर्म मुलायम सूती कपड़े के दो सूट सिलवाये थे, बढ़िया मलमल के दो नये दुपट्टे ख़रीद कर चिराग़ रँगरेज़ से रंगवा दिये थे। वह तो अपने मैले कपड़ों के साथ उसके मैले कपड़े भी स्वयं धोना चाहता था, लेकिन माँ ने बरज दिया था और वह काम माँ ने अपने ज़िम्मे ले लिया था। बिना उसके बताये टब में रीठों का पानी तैयार करके मैले पुराने बिस्तर की दरी, खेस और चादरें तक धो डाली थीं। चेतन ने वह बिस्तर ऊपर बरसाती में बिछा दिया था। वह एक नर्म तकिया भी ख़रीद लाया था ताकि उसकी पत्नी सीधी लेटी-लेटी थक जाये तो ज़रा अधबैठी-अधलेटी हो जाय।

यही नहीं, उसके इलाज-उपचार में भी उसने कोई कसर न उठा रखी थी। वह पहले चन्दा को हकीम नबी जान के यहाँ ले गया था। उन्होंने जो नुस्ख़ा दिया था, उसमें सत-गिलोय बहुत कड़वी थी। लेकिन पुराने बुख़ार में हकीम नबी जान के अनुसार अचूक दवा थी। जब चन्दा तीन-चार दिन ही में परेशान हो गयी तो वह उसे मेयो हस्पताल के चेस्ट एक्सपर्ट डॉक्टर गुरुदास राय औलक को दिखाने ले गया था। उन्होंने उसके सीने और पीठ का निरीक्षण करके कहा था कि उसके फेफड़े ठीक हैं और अभी वहाँ तपेदिक के कोई लक्षण नहीं हैं। हल्की हरारत है, लेकिन उसके कई कारण हो सकते हैं। औलक साहब का ख़याल था कि चन्दा बहुत कमज़ोर हो गयी है। अगर वे लोग उसे मुकम्मल आराम और हल्की, लेकिन शक्तिवर्धक, ख़ूराक़ और फल आदि दे सकें तो वह जल्दी तन्दुरुस्त हो जायेगी।

चेतन ने कहा था कि वह उसे दूध-डबल रोटी देता है।

"दूध-डबल रोटी, दलिया, सूजी, बदल-बदल कर दी जा सकती है," डॉक्टर औलक ने कहा था, "मीठा खाते-खाते तबियत उकता जाय तो मूँग की पतली दाल या खिचड़ी दी जा सकती है।"

"मोंगरे का सालन अगर फुल्के के साथ दे दें।"

"कोई हर्ज नहीं," डॉक्टर ने कहा था, "लज़ीज़ भी होगा, हल्का भी और मुकव्वी[१] भी।"

चेतन डॉक्टर औलक के यहाँ से ख़ुश और सन्तुष्ट लौटा था। उसने आ कर माँ को डॉक्टर की राय बता दी थी। डॉक्टर ने वही कहा था, जो चेतन के मन में था।....दलिया तो माँ ने घर की चक्की में दल दिया था। सूजी बाज़ार से आ गयी थी। चेतन सुबह उसे नाश्ते में प्रायः दूध-डबल रोटी देता था। वास्तव में माँ को उसके छोटे भाइयों को खिला-पिला कर स्कूल भेजना होता था। और उसके पास अलग से सुबह-सुबह दलिया या सूजी बनाने की फ़ुर्सत न रहती थी। लेकिन दोपहर को एक-डेढ़ बजे चेतन अपनी पत्नी के लिए कभी खिचड़ी बनवाता था और माँ से कहता था कि उसे देसी घी में प्याज़-अदरक का छौंक दे दे। कभी मोंगरे का सालन और कभी मूँग की दाल के साथ दो फुल्के। रात को दलिया या सूजी।

१ शक्तिवर्धक

मोंगरे का सालन चन्दा को बहुत पसन्द था। चेतन को स्वयं भी वह बहुत अच्छा लगता था। माँ भी बुख़ार में बच्चों को वही देती थी। इसलिए वह हर-दूसरे-तीसरे चन्दा के लिए तैयार करवा देता था। दोपहर के खाने के बाद वह चन्दा को कभी माल्टे और कभी सन्तरे छील कर नमक और काली मिर्च के साथ खिलाता था और उसकी ख़ुशी के लिए दो-चार फाँकें स्वयं भी खा लेता था।

सुबह चन्दा ने तो यह कहा था कि वह अब अच्छी हो गयी है, चेतन अब उसके लिए कष्ट न करे, और यह कहते हुए हल्की उदास मुस्कान में जिस तरह उसके दाँतों के मोती चमक उठे थे, उससे चेतन बहुत ख़ुश हुआ था। सचमुच उसकी इतनी मेहनत बर आयी थी। चन्दा की आँखों की चमक वापस आ गयी थी। चेतन को पूरा यकीन था कि चन्द ही दिनों में उसके दाँतों के मोती पहले की तरह अपनी उजास कमरे में बिखेरने लगेंगे।

०

लस्सी पी कर ख़ुश-ख़ुश वह अपनी पत्नी को लिखा हुआ नाटक सुनाने और आगे लिखने के प्रोग्राम बनाता हुआ अनन्त के घर की ओर चल दिया।

नौ

अनन्त का मकान गली बढ़इयाँ के कोने पर ही था। पक्का और दो-मंज़िला। गली में दाख़िल होते ही दायें हाथ को उसकी बैठक का दरवाज़ा था। चेतन जब वहाँ पहुँचा तो दरवाज़ा बन्द था। 'अनन्त अभी नहीं आया लगता,' उसने मन-ही-मन कहा और दस कदम आगे बढ़ कर उसने मकान के बड़े, चौड़े, नक्काशीदार मोटे शीशम के किवाड़ों वाले दरवाज़े पर दस्तक दी।

कहीं कोई आवाज़ नहीं आयी।

उसने दोबारा ज़ोर से कुण्डी खटखटायी।

दूसरे ही क्षण कहीं बहुत दूर से —चेतन ने अनुमान लगाया —शायद ऊपर किचन के गलियारे से —चाची की तीखी, ज़रा-सी काँपती आवाज़ आयी —"कौन ऐ?"

चेतन ने पूरे ज़ोरों से अपना नाम बताया और फिर कुण्डी खटखटायी।

तब काफ़ी देर बाद सीढ़ियों पर चाची के भारी कदमों की चाप सुनायी दी। फिर दरवाज़ा खुला। चेतन ने एक पैर दहलीज़ के अन्दर रखते और चाची के घुटने छूते हुए 'पैरी पौन्ना'[१] कहा। चाची ने उसकी पीठ थपक कर आशीर्वाद दिया और पूछा कि वह लाहौर से कब आया है?

चेतन ने कदम पीछे हटा कर दहलीज़ के बाहर सीढ़ी पर खड़े-खड़े इम्तहान देने के बाद रिज़ल्ट की प्रतीक्षा में जालन्धर आने, बीवी की बीमारी और उसके इलाज-उपचार के कारण पहले न आ सकने की बात कही। चाची ने बहू की सेहत के बारे में सवाल किया

---

१ पैर पड़ता हूँ।

तो चेतन ने कहा कि पहले से बेहतर है और इसीलिए वह मिलने आया है और उसने पूछा कि अनन्त के आने की कोई ख़बर आयी कि नहीं।

"तेरा मित्तर ख़त लिखन दे मामले विच बड़ा चोर ऐ," चाची ने उलाहने के स्वर में कहा, "मैंनूँ ताँ ओस ने ख़ैर-ख़बर दा ख़त वी नहीं लिखिया।"[१]

"अनन्त का एक ख़त आया था," चेतन ने कहा, "कि टिवाना साहब सब्ज़ी मण्डी में बीजों की एक एजेन्सी खोलना चाहते हैं और उनकी यह इच्छा है कि अनन्त उस एजेन्सी को सँभाले। इस सिलसिले में जगह की खोज-पड़ताल के लिए उनका आदमी जालन्धर आने वाला था। क्या कोई आदमी उधर से नहीं आया? क्या अनन्त का कोई पैग़ाम टिवाना साहब का आदमी नहीं लाया?"

"हाँ।" चाची ने कमर सीधी करके दोनों हाथ कूल्हों पर रखते हुए कहा, "पन्दरा कु दिन होए एक दाढ़ी-मुच्छड़ वाला तुर्रेदार पठान दसींदा आदमी आया सी। ओस ने आखिया सी कि अनन्त इस महीने दे अख़ीर जाँ अगले महीने दे शुरू विच आवेगा।"[२]

"चाची जब अनन्त आये," चेतन ने कहा, "तो उसे कह देना कि मैं आया हुआ हूँ रिज़ल्ट निकलने तक यहीं रहूँगा।"

और उसने चलने के ख़याल से चाची को 'नमस्ते' करते हुए कहा, "अब मैं चलता हूँ।"

"फिट्टे मुँह।"[३] चाची ने शुद्ध पंजाबी में कहा, "तूँ की थूथाकड़े पावन आया ऐं। चल्ल उत्ते, बैठ, लस्सी पी, ताँ फेर जायीं।" और चाची ने हँसते हुए कहा, "तेरा मित्तर नहीं है ते ओस दी माँ ते है। घर आके मुँह जूठा कीत्ते बिना कीकर चला जावेंगा। मेरी ख़बर-सार लैणा वी तेरा फ़र्ज़ ऐ।"[४]

"चाची, मैंने अभी राम दित्ते की दुकान से गाढ़ी लस्सी का बड़ा गिलास पिया है," चेतन ने कहा, "मैं फिर आऊँगा। अगर अनन्त की तरफ़ से कोई आदमी आया तो मेरे यहाँ होने की ख़बर उसे देना न भूलना। मैंने उसे लाहौर से लिखा था। कह देना, मैं उसका इन्तज़ार कर रहा हूँ। अब मैं चलता हूँ। मुझे एक जगह जाना है।"

और फिर चाची को 'नमस्कार' करता हुआ वह उछल कर गली में आया और तेज़-तेज़ लौट पड़ा।

गली बढ़इयाँ से बाहर आ कर चेतन क्षण भर के लिए रुक गया। घर वापस जाये अथवा किसी दूसरे मित्र से मिल आये —वह सोचने लगा। पत्नी की ओर से आश्वस्त होने पर उसका जी हल्का हो आया था। उसने मन-ही-मन तय कर लिया था कि अगले

---

१ तेरा मित्र ख़त लिखने के मामले में बड़ा चोर है। मुझे तो उसने ख़ैर-ख़बर की चिट्ठी भी नहीं लिखी।

२ हाँ, पन्द्रह एक दिन हुए एक दाढ़ी-मूँछों वाला तुर्रेदार पठान दिखायी देने वाला आदमी आया था। उसने कहा था कि अनन्त इस महीने के आख़िर या अगले महीने के शुरू में आयेगा।

३ प्यार का पंजाबी कोसना, लानत देने के अर्थों में

४ तू यहाँ क्या ढैया छूने भर के लिए आया है (यानी रस्म पूरी करने आया है।) ऊपर चल, दो पल बैठ, लस्सी-पानी पी, फिर जाना। तेरा दोस्त भले घर में न सही, उसकी माँ तो है। घर आ कर बिना मुँह जूठा किये कैसे चला जायेगा। मेरी कुशल-क्षेम जानना भी तेरा फ़र्ज़ है।

दिन से नाटक को हाथ में ले लेगा। लिखा हुआ पढ़ेगा, पत्नी को सुनायेगा और फिर आगे लिखने की रूप-रेखा बनायेगा। उसका जी हुआ कि वह ज़रा घूम आये।

वह किधर जायेगा, बिना यह सोचे, वह चल पड़ा। चौरस्ती अटारी और पापड़ियाँ बाज़ार पार करके जब वह बकरवालों की ढिक्की[१] और पटफेरियाँ बाज़ार के तिराहे पर पहुँचा तो फिर क्षण भर के लिए रुका। पहले उसके मन में ख़याल आया कि वह ढिक्की की तरफ़ से होता हुआ पुरियाँ मुहल्ले जाये और अपने पहले प्यार की मूर्ति —कुन्ती — का दीदार कर आये, लेकिन फिर किसी शाम को उधर जाने के ख़याल से वह बाज़ार पटफेरियाँ की ओर बढ़ गया और उसे पार करके निश्तर के घर की ओर मुड़ा। कुछ ही क्षण बाद उसने अपने आपको उसकी हवेली के नीचे कुछ हैरान-सा खड़े पाया। पुरानी नानकशाही ईंटों की उस हवेली के लगभग ख़स्ता दरवाज़े के ऊपर उसने एक बड़ा-सा बोर्ड लटकता देखा, जिस पर उर्दू लिपि में लिखा हुआ था —

'पंजाबी लोकगीत संचारनी सभा'

नीचे दायीं ओर कद्रे मोटे अक्षरों में 'प्रेज़िडेण्ट —सेठ हरदर्शन,' और बायीं ओर छोटे अक्षरों में —'सेक्रेटरी —नन्दकिशोर निश्तर।'

चेतन कुछ क्षण चकित-सा बोर्ड को देखता गली में खड़ा रहा। फिर उसने मन-ही-मन कहा —'साले ने यह क्या नया फ्रॉड शुरू किया है? क्या इसने हुनर साहब के शागिर्द के नाते 'हुनरवी' कहाना और ग़ज़ल-वज़ल लिखना छोड़ दिया और फिर पंजाबी की ओर मुड़ गया है?'

उसने बढ़ कर दरवाज़े पर दस्तक दी और ज़ोर से पुकारा —"निश्तर। निश्तर।"

चेतन की आवाज़ सारी गली में गूँजती चली गयी। निश्तर अपने कमरे में गहरी नींद में सोया होता तो भी जग जाता। लेकिन वह जाग रहा था। प्रकट ही वह चेतन की आवाज़ को पहचान गया था, क्योंकि दूसरे ही क्षण सीढ़ियों पर उसके तेज़-तेज़ उतरने की चाप सुनायी दी और सीढ़ियाँ उतर कर चन्द डगों में डयोढ़ी में दाख़िल होते ही —"अरे चेतन जी" कहते हुए अपने छोटे कद के बावजूद उसने चेतन को बाँहों में भर लिया।

उसकी बाँहों से अलग हो कर उसकी पीठ पर धौल जमाते हुए चेतन ने कहा —"लोकगीत संचारनी सभा —यह क्या नया फ्रॉड शुरू किया है तुमने?" और उसने ज़ोर का ठहाका लगाया।

"चलिए, चलिए, बताता हूँ।" दायें हाथ से धोती का पल्लू उठा कर बायीं बाँह के घेरे में उसे ले कर निश्तर चेतन को सीढ़ियों की तरफ़ ले चला।

०

"क्यों यार, अब ग़ज़ल-वज़ल नहीं कहते?" चेतन ने सीढ़ियाँ चढ़ कर आँगन में कदम रखते ही पूछा।

निश्तर ने चेतन के प्रश्न का उत्तर नहीं दिया। बायीं ओर आँगन के उस हिस्से में, जो किचन का काम देता था, अँगीठी पर सालन रखे, उसके पास पटड़े पर बैठी अपनी छोटी बहन को सम्बोधित करते हुए उसने आदेश दिया, "नन्ही, चेतन जी आये हैं। नींबू

---

१ ढलान

तो होंगे। ज़रा नीचे से एक पैसे की बर्फ़ ले आ और दो गिलास शिकंजवी बना दे।"

"अरे यार, यह तकल्लुफ़ छोड़। मुझे ज़रा भी इच्छा नहीं।" और उसने ख़ुद नन्ही से कहा, "शिकंजवी बनाने ज़रूरत नहीं, बल्ली। मैंने कुछ ही देर पहले मीठी लस्सी पी है और अभी मुँह में उसका स्वाद बाकी है।"

और उसने दालान में जाते हुए मुड़ कर फिर वही सवाल दोहराया।

"बैठो ! ज़रा दम लो।" निश्तर ने कहा, "सब बताता हूँ।"

लेकिन चेतन बैठा नहीं। वह दरवाज़े में खड़ा, क्षण भर उस पुराने दालान को देखता रहा, जो पुराना होने के बावजूद नया-नया-सा लगता था। दो वर्ष पहले, जब वह नीला की शादी पर शिमला से जालन्धर आया था और अपराध-बोध का मारा शहर की गलियों-बाज़ारों में आवारा घूमता रहा था तो निश्तर की अनुपस्थिति में यहाँ भी आया था। कुछ क्षण इस दालान में लगी तीन टाँगों वाली कुर्सी पर बैठा था तो गिरते-गिरते बचा था। तब इस दालान में जो अव्यवस्था व्याप्त थी, वह उसे भूला नहीं था। लेकिन अब वहाँ उस बेतरतीबी का निशान तक बाकी नहीं था। न वह झिलंगा-सी चारपाई, न तिपाई, न तीन टाँगों वाली कुर्सी और न निश्तर के साप्ताहिक 'सदाकत' के पुराने अंकों तथा दूसरे अख़बारों के अम्बार। पूरे दालान में नयी दरी और जाजिम बिछा था। दरवाज़े की तरफ़, दीवार के साथ, दो गाव-तकिये लगे थे। पहले तकिये के साथ कुछ किताबें पड़ी थीं और दीवार के साथ एक कतार में करीने से फ़ाइलें लगी थीं।

चेतन जब निश्तर की गली में मुड़ा था तो उसने सोचा था कि उसे साथ ले कर घूमने निकलेगा और उस्ताद रहमत तथा दूसरे पंजाबी बैतबाज़ों से मिल आयेगा या अगर निश्तर का मूड हुआ तो उससे 'हीर' के दो बोल सुनेगा। निश्तर इतने सोज़ और लोच-भरे स्वर में 'हीर' गाता था कि चेतन को उसकी नज़्मों और ग़ज़लों की बजाय (जो प्रायः हुनर साहब की चलन्त शायरी का कमाल थीं) निश्तर से 'हीर' सुनना कहीं ज़्यादा पसन्द था।

लेकिन उसके दालान की कायापलट और 'लोकगीत संचारनी सभा' के नाम ने चेतन के दिमाग़ से सब कुछ महव कर दिया था [१] और उस सबके बारे में जानने की प्रबल उत्कण्ठा वहाँ भर दी थी।

दरवाज़े में खड़े-खड़े उसने फिर वही सवाल दोहराया कि उसने ग़ज़ल-वज़ल लिखना क्या छोड़ दिया है और यह 'लोकगीत संचारिनी सभा' क्या बला है?

निश्तर ने उसके दोनों कन्धों पर हाथ रख कर उसे बैठाया था, गाव तकिया उसके पीछे खिसका दिया था और स्वयं दूसरे तकिये पर कोहनी रख कर जाजिम पर पसर गया था।

"ग़ज़ल मैं अब नहीं लिखता भाई," अपनी ऐंची आँख ज़रा उसकी ओर उठा कर उसने कहा, "अब मैं लोकगीत इकट्ठे करता हूँ।"

"लेकिन क्यों?" चेतन के स्वर में थोड़ा तीखापन था, "कुछ समझा कर बात करो। पहेली न बुझाओ।"

"बात यह है," निश्तर ने अनचाहे लम्बी साँस भर कर कहा, "रणवीर और हुनर

---

१ मिटा दिया था

साहब का साथ था तो ग़ज़लें लिखते थे। रणवीर शादी के बाद बीवी को ले कर अपनी बड़ी बहन के पास कोडरमा चला गया और हुनर साहब ऐसे ग़ायब हुए, जैसे गधे के सर से सींग। मुद्दतों उन्होंने शक्ल नहीं दिखायी। ग़ज़ल लिखने की सारी तरग़ीब [१] ख़त्म हो गयी। ग़ज़ल लिखता तो दिखाता किसे? महीनों परेशान रहा। कुछ ग़ज़लें लिखीं भी, फिर दिल बुझ गया। यह तो भला हो सेठ हरदर्शन का कि उन्होंने मेरे लिए एक नया रास्ता खोल दिया।"

चेतन हँसा —"सेठ हरदर्शन का लोकगीतों से क्या लेना-देना?"

"असल में असेम्बलियों के चुनाव होने वाले हैं न, तो इन चुनावों में सेठ हरदर्शन कांग्रेस की तरफ़ से खड़े होंगे," निश्तर ने कहा, "वे दो वर्षों से इसकी तैयारी कर रहे हैं। यूँ तो हिन्दू महासभा, आर्य-स्वराज्य सभा और अहरार पार्टी से भी हो सकता है, कोई उम्मीदवार खड़ा हो, लेकिन असली मुकाबला तो यूनियनिस्ट पार्टी और काँग्रेस में होगा और सेठ साहब अपनी तरफ़ से कोई कसर नहीं उठा रखना चाहते। वे खड़े हों और नाकाम रहें, यह उन्हें मंज़ूर नहीं।"

"लेकिन लोकगीतों से...." चेतन ने बात काट कर कुछ पूछना चाहा, मगर निश्तर ने हाथ उठा कर उसे कुछ सबर करने को कहा और बिना रुके बोला —

"सेठ जी जिस असेम्बली सीट के लिए चुनाव लड़ना चाहते हैं, उसमें जालन्धर की तीन बस्तियों के अलावा कुछ गाँव भी आते हैं। बस्तियाँ तो शहर का हिस्सा ही समझो। उनमें तो हर दूसरे-तीसरे सेठ जी कोई-न-कोई प्रोग्राम रखते ही हैं। लेकिन गाँवों से सम्पर्क बनाने का उन्होंने यह तरीका इख़्तियार किया है कि हफ़्ते में एक गाँव की पद-यात्रा करते हैं। जिस गाँव में जाते हैं, वहाँ के देहातियों से ऐसा सहज सलूक करते हैं कि उन्हें एकदम अपना बना लेते हैं।"

(निश्तर जल्दी ही 'आप' से 'तुम' पर आ गया था और अपनी बात निहायत बेझिझक और बेतकल्लुफ़ हो कर करने लगा था। चेतन की उपस्थिति में शुरू-शुरू में जो थोड़ा हीन-भाव उसके यहाँ था, वह सेठ हरदर्शन की बात करते हुए अचेतन रूप से मिट गया था, जैसे वह सेठ हरदर्शन के बहाने अपनी बड़ाई जता रहा हो।)

"आम तौर पर," उसने कहा, "देहाती सेठ जी के लिए चारपाई और उस पर खेस या दरी बिछा देते हैं। पर सेठ जी कभी उस पर नहीं बैठते। अपने दुध धुले सफ़ेद खादी के लिबास की परवा न कर, वे उनके साथ धरती पर बैठ जाते हैं। उन्हीं के बर्तनों में खाना खाते हैं। उन्हीं के घड़े का पानी पीते हैं और गाँव की कल्चरल सरगर्मियों में पूरा हिस्सा लेते हैं। इन्हीं पदयात्राओं में ऐसा हुआ कि उन्होंने एक बार 'बालो' और 'माहिया'[२] और दूसरी बार आमने-सामने खड़े लोककवियों के फ़िलबदीह [३] टप्पों के मुकाबले देखे। फिर एक तीसरे गाँव में वहाँ के शायरों ने उन्हें, 'पिण्डाँ विच्चों पिण्ड सुनींन्दा' और 'बारहीं बरसी खट्टन गया' के लाजवाब बोल सुनाये। सेठ जी को ये लोकगीत इतने अच्छे लगे कि उन्होंने

---

१ प्रेरणा

२ पंजाब के किंचित आधुनिक प्रेमी-चरित्र

३ आशु

मुझसे कहा...."

"क्या तुम सेठ जी के साथ पदयात्राओं पर जाते हो?" चेतन ने निश्तर की बात काट कर पूछा।

"मैं तुम्हें बताना भूल गया। साल-डेढ़ साल पहले, जब हुनर साहब आख़िरी बार मिले थे तो वे मुझे अपने साथ सेठ हरदर्शन के ले गये थे। वादे तो हुनर साहब कर गये थे कि वे उनके चुनाव-प्रचार में नज़्में लिखेंगे, लेकिन वे तो फिर जालन्धर आये ही नहीं। मैं सेठ जी से मिलता रहा। उन्होंने मुझे अपने साथ लगा लिया। चालीस रुपये महीना मेरी तनख़्वाह तय कर दी और मैं उनके सेक्रेट्री के तौर पर काम करने लगा।....तभी उन लोकगीतों को सुनने के बाद उन्होंने मुझसे कहा, 'निश्तर, ऐसा नहीं हो सकता कि ये सब लोकगीत इकट्ठे किये जायँ। मज़मून के मुताबिक कैटागराइज़[१] करके मुख़्तलिफ़ मज़ामीन[२] के तहत उनकी फ़ेहरिस्तें[३] बनायी जायँ और फिर इस कीमती सरमाये को किताबों की शकल में महफ़ूज़[४] कर लिया जाय'।"

निश्तर ज़रा-सा हँसा, "अन्धा क्या चाहे, दो आँखें। मैंने सेठ जी से कहा, क्यों नहीं हो सकता? हम लोग गाँवों में तो जाते ही हैं। आप गाँव वालों से ताल्लुक पैदा कीजिएगा। भाषण-वाषण दीजिएगा। मैं वहाँ के लोककवियों से मिल कर गीत इकट्ठे करूँगा। और तभी सेठ जी के सुझाव पर 'लोकगीत संचारनी सभा' की दाग़बेल डाली गयी। कुछ दानिशवर वकील, पढ़े-लिखे रईस और शायर इसके मेम्बर बनाये गये। सेठ जी प्रेज़िडेण्ट चुने गये। मुझे सेठ जी ने सेक्रेट्री बना दिया और मैं गीत इकट्ठे करने लगा।"

वहीं बैठे-बैठे निश्तर ने बायें हाथ से दालान में बिछी दरी, जाजिम और उस पर लगी फ़ाइलों की ओर संकेत करते हुए कहा, "यह सब कायापलट भी सेठ जी की कृपा से हुई है। साल भर के अर्से में हम लोगों ने इतनी तरह के और इतने गीत इकट्ठे कर लिये हैं कि एक किताब का मसाला मज़े से तैयार हो जाय।"

चेतन ने ज़ोर से ठहाका लगाया। "वाह यार निश्तर," उसने उसकी जाँघ पर ज़ोर से अपना हाथ मारते हुए कहा, "यह काम किया है तुमने आला दर्जे का। रंगरेज़ों, नेचेबन्दों, सब्ज़ी और कोयला फ़रोशों के उस पंजाबी शायराना माहौल से निकल कर एकदम शरीफ़ तबके के मेम्बर हो गये हो, रोज़ी-रोटी का जुगाड़ कर लिया है और ऊपर से काम ऐसा है, जिसमें इफ़ादियत[५] भी है और तुम्हारे मन का भी है। मेरी बधाई लो।" और हँसते हुए उसने एक हाथ और निश्तर की जाँघ पर मारा।

निश्तर ने जाँघ परे हटा ली। "यार, तुम बधाई-बधाई में मेरी रान तोड़ दोगे।" उसने कहा। लेकिन वह चेतन की प्रशंसा से ख़ुश हो गया था।

"इन फ़ाइलों में," उसने आगे बताया, "ऐसे बेशकीमती लोकगीत हैं कि एक किताब अगर छप गयी तो इस सिलसिले में जो मेहनत की है, वह सफल हो जायेगी और इस काम

---

१ श्रेणीबद्ध

२ विभिन्न विषयों

३ सूचियाँ

४ सुरक्षित

५ उपयोगिता

के लिए मेरा नाम हमेशा याद रखा जायेगा।"

"कब प्रेस में दे रहे हो?"

"यह तो सेठ जी की मर्ज़ी पर है। शायद वे इलेक्शन के बाद ही इसकी सोचेंगे, अभी तो वे इन गीतों से अपना एक दूसरा मतलब भी पूरा करना चाहते हैं।"

चेतन चौंका —"क्या?"

निश्तर ने कुछ झेंपते हुए लगभग सरगोशी में कहा, "अभी कुछ ही दिन पहले उन्होंने मुझसे कहा है, 'क्यों निश्तर, ऐसा नहीं हो सकता कि इन लोकगीतों की तर्ज़ पर तुम मेरे चुनावी प्रोपेगैंडा के लिए कुछ गीत लिख दो'।"

चेतन ने एक छत-फाड़ ठहाका लगाया, "मैं भी सोच रहा था कि सेठ नम्बरी हिसाबी-किताबी और पहुँचा हुआ ठग है, यूँ ही इस चकल्लस में पैसा नहीं फँसा सकता।" फिर रुक कर उसने पूछा, "तो लिखे तुमने कुछ प्रचार-गीत?"

और भी झेंपते हुए निश्तर ने कहा —"अभी तो कुछ टप्पे लिखे हैं।"

"सुनाओ।"

"पता नहीं," निश्तर बोला, "कि तुमने कभी 'माहिया' और 'बालो' गाने वालों के मुकाबले देखे हैं कि नहीं। लोकगीतों की यह सिन्फ़[१] भी दरअसल टप्पों की ही किस्म है। गाँव में शाम को लोग दायरा बना कर बैठ जाते हैं। आमने-सामने कभी एक-एक, कभी दो-दो, तीन-तीन लोककवियों की टोलियाँ होती हैं। तब उनमें एक उठ कर माहिया का टप्पा गाता है, दूसरी तरफ़ से उत्तर में बालो का टप्पा गूँजता है और यूँ लोककवि माहिया और बालो को गाते हैं। कई बार वहीं-के-वहीं फ़िलबदीह[२] बोल जोड़ते चलते हैं।

"यह तो तुम जानते ही होगे," निश्तर ने कहा, "कि टप्पा सिर्फ़ ढाई-तीन मिसरों की नज़्म होती है। पहला आधा या पूरा मिसरा तो महज़ तुक के लिए होता है। बाकी दो मिसरों में लोककवि माहिया की ज़बान में अपने दिल का हाल बयान करता है। कभी जब टप्पे में महज़ तुक के लिए रखा गया मिसरा भी बाकी दो के साथ मा'नी[३] देता है तो ऐसा नाज़ुक ख़याल अदा हो जाता है कि बड़े-बड़े शायर पानी भरते रह जायँ।"

निश्तर ने बायाँ हाथ कान पर रखते हुए कहा —"लो पहले एक टप्पा सुनो और फिर माहिया का बोल और लोककवियों की नाज़ुक ख़यालियाँ देखो —

मींह फ़ज्जराँ दे वस्सदे ने
कलियाँ दे घुण्ड खुल गये, फुल्ल ठाह-ठाह हस्सदे ने
मींह फ़ज्जराँ दे।[४]

साडे शाम-सवेरे नी
बालो इक तेरे बिना, होए घुप्प हनेरे नी

---

१ विधा
२ आशु
३ अर्थ
४ मेंह सुबह से बरस रहा है, कलियों के घूँघट खुल गये हैं और फूल ठहाके मार-मार कर हँस रहे हैं

बालो इक तेरे बिना[१]

और निश्तर उसी मूड में सुनाता चला गया —

माहिया — पानी बन्नी उत्तों बही जान्दा
इक ग़म बालो दा, सान्नूँ दुनिया तो लई जान्दा[२]
बालो — चिट्टे रंग दा फ़ीत्ता ई
सच दस्स माहिया, कदीं, सान्नूँ याद वी कीत्ता ई[३]
माहिया — चिट्टा रंग ऐ पतासे दा
सान्नूँ कोई नहीं मिलदा, बालो तेरे पास्से दा[४]
बालो — कोठे ते गिलो माहिया
जिन्द साडी इक-मिक वे, बुत दिस्सदे ने दो माहिया[५]
माहिया — दो पत्तर रवेलाँ दे
नी इक वारी मिल बालो, बूहे पुट देयाँ जेलाँ दे।[६]
बालो — कोई घोड़ी दा पैर होसी
जेहड़ी जेले माहिया वस्से, ओस जेल दी ख़ैर होसी[७]

निश्तर कान पर हाथ रखे, आँखें लगभग बन्द किये, माहिया और बालो के टप्पे गा रहा था कि चेतन ने अचानक कहा —

"क्यों निश्तर, तुमने 'हाइकू' का नाम सुना है?"

"हाइकू?" निश्तर ने चौंक कर कहा, "आज तुम्हारे मुँह से सुन रहा हूँ। क्या किसी विलायती हीरो-हीरोइन का नाम है?"

"नहीं," चेतन ने कहा, "हाइकू जापानी ज़ुबान में तीन सतरों की नज़्म होती है — बिलकुल पंजाबी टप्पे की तरह। पिछले दिनों 'आलमगीर' लाहौर में अब्दुल मजीद भट्टी ने कुछ चीनी-जापानी नज़्मों के तरजुमे छापे थे। उन नज़्मों में हाइकू के नमूने भी थे। मुझे एक हाइकू याद रह गया —

"डार कूँजों की
बादल चीर गया
यूँ साथी बिछुड़ गये।

"तरजुमे में तो ज़ाहिर है, न तुक मिल सकते हैं, न वो बात आ सकती है, लेकिन हाइकू में भी पहली लाइन सिर्फ़ तुक के लिए होती है। ज़रूरी है नहीं कि मा'नी में अगली

---

१ हमारे शाम सवेरे, ऐ बालो, तेरे बिना कृष्ण पक्ष जैसे काले हो गये हैं
२ पानी मेंड पर से बह रहा है। एक बालो का दुख मुझे दुनिया से लिये जा रहा है
३ सफ़ेद रंग का फ़ीता है, माहिया सच बता, कभी हमें याद भी किया है
४ सफ़ेद रंग है बताशे का, ऐ बालो कोई नहीं मिलता तेरी तरफ़ का (जिससे तेरा हाल-चाल जान सकें)
५ छत पर गिलो की लतर चढ़ी है, माहिया भले हमारे शरीर दो हैं, पर दिल एक है
६ दो पत्ते रवेलों के, ऐ बालो तू एक बार मिल, मैं दरवाज़े तोड़ दूँ जेलों के
७ घोड़ी का पैर हो, जिस जेल में मेरा माही है, उस जेल की ख़ैर है

दो पंक्तियों से जुड़ी हो। शायर को जो कहना होता है, बाकी डेढ़-दो सतरों में कहता है। भट्टी ने लिखा था कि जापानी शायरी में हाइकू बहुत पुरानी सिन्फ़ है और शायरों ने हज़ारों-हज़ार हाइकू लिखे हैं।"

चेतन क्षण भर रुका। फिर उसने कहा —"तभी मुझे पंजाबी टप्पों का ख़याल आया था। जापान में तो इस सिन्फ़ में बड़े-बड़े शायरों ने भी हाइकू लिखे हैं, लेकिन हमारे यहाँ टप्पे लोकगीतों तक ही महदूद हो कर रह गये। हमारे शायरों ने इस सिन्फ़ की तरफ़ ध्यान नहीं दिया।"

चेतन क्षण भर निश्तर की प्रतिक्रिया जानने के लिए रुका रहा, लेकिन निश्तर उसकी ओर मुटर-मुटर देख रहा था।

"तब," चेतन ने कहा, "मैंने हाइकू की, या कह लो टप्पों की, तर्ज़ पर कुछ बोल लिखे थे। मेरी आवाज़ में तो न खनक है, न लोच है, न सोज़। मैं तो तुम्हारी तरह गा नहीं सकता, बिना तरन्नुम[१] के, तहतुल-लफ़्ज़[२] में सुनाता हूँ। सुनो —

"रावी का किनारा है
इन इश्क के भँवरों में तेरा ही सहारा है।"

"वाह वाह," निश्तर ने दाद दी। चेतन ने अगला बोल सुनाया —

"रावी का किनारा है
महबूब वो शर्मीला हमें जान से प्यारा है।
"रावी का किनारा है
जब तुम न हुए अपने तब कौन हमारा है।"

"हाय-हाय, जब तुम न हुए अपने" —निश्तर ने दाद देते हुए मिसरा उठाया — "वाह-वाह —जब तुम न हुए अपने तब कौन हमारा है —वाह।"

और वह उठ कर तख़्ती पर लगे काग़ज़ और पेन ले आया।

"रुको यार, मैं इन्हें नोट कर लूँ। सेठ हरदर्शन जो चाहते हैं, इन बोलों के सहारे मैं बख़ूबी लिख सकता हूँ।"

"तुमने पंजाबी लोकगीतों की तर्ज़ पर अभी उनके लिए कुछ नहीं लिखा?"

"सेठ जी ने कुछ ही दिन पहले अपने मन की बात कही है।" निश्तर ने कहा, "साल भर से हम गीत इकट्ठे कर रहे हैं। उन्होंने कभी पहले नहीं कहा। किताब में मुरत्तब[३] करने की बात उठी तब उन्होंने अपना मन्शा ज़ाहिर किया। अभी तो टप्पों की तर्ज़ पर दो बोल चुस्त किये हैं। 'पिण्डाँ विच्चों पिण्ड सुनींन्दा' की तर्ज़ पर भी एक बोल फ़िट किया है। लेकिन और भी लिखूँगा। साल भर से उनका पैसा पा रहा हूँ, चुकाना तो होगा ही। अभी तो उनके लिए मैंने कुछ भी नहीं किया।"

"और यह जो लोकगीत संचारनी...."

"यह जितना उन्हें नाम देगी, उससे ज़्यादा मुझे।" और उसने कान पर हाथ रखते हुए

---

१ सुर
२ बिना लय के कविता-पांठ करना
३ संकलित

कहा —"लो, तुम पहले टप्पे के बोल सुनो —

"कोठे उत्ते काँ बोले
आज हरदर्शन दा, हर वोटर नाँ बोले[१]
जाने कीहदी पट कीहदी चित्त होवे?
हरदर्शन होराँ दी इस बार ताँ जित्त होवे।"[२]

"वाह-वा-वाह!" चेतन ने दाद देते हुए ज़ोर का ठहाका लगाया, "सेठ हरदर्शन ने तुम्हारे लिए जो किया है, दो ही बोलों में तुमने उसका बदला चुका दिया।"

निश्तर ख़ुश हो गया। उत्साहित होते हुए उसने कहा —"ज़रा 'पिण्डाँ विच्चों पिण्ड सुनींन्दा' की तर्ज़ पर मैंने जो...."

"अरे यार, छोड़ो उस सबको।" चेतन ने उसकी बात काटते हुए कहा, "मेरी मानो तो तुम सेठ जी की तारीफ़ में, उनके गुणों का बखान, उनकी जीत का ऐलान करते हुए इतने टप्पे लिख दो कि जब सेठ जी देहात में जायें तो दो लोककवि, या अगर सेठ जी चाहें और उन्हें कुछ पैसे दे दें तो दो टोलियाँ, आमने-सामने खड़ी हो कर गायें। समाँ न बँध जाय तो मेरा नाम बदल देना।"

"अच्छा!" निश्तर ने प्रसन्न हो कर कहा, "तुम रावी किनारे वाले बोल लिखवा दो।"

"अरे यार, वो उर्दू में लिखे हुए हैं। तुम पंजाबी ही में टप्पे लिखो।" चेतन ने कहा, "मैं फिर किसी दिन आऊँगा। तुमने यह जो लोकगीतों का ख़ज़ाना जमा किया है, इसकी पड़ताल भी करूँगा और रावी किनारे वाले ही नहीं, मैंने और भी जो सुन्दर टप्पे उर्दू में लिखे हैं, सुनाऊँगा। इस वक्त तो तुम मेरी पुरानी साध पूरी करो। मुझे हीर के दो बोल सुनाओ।"

चेतन क्षण भर रुका। फिर उसने कहा, "दो बरस पहले जब मैं शिमले से आया था तब भी मैं तुम्हारे घर इसी ग़रज़ से रुका था। हम सारा दिन आवारा घूमते रहे, पर तुमने हीर के बोल नहीं सुनाये। हुनर साहब ने मौका ही नहीं दिया। लेकिन अब तुम मुझे हीर सुनाओ। फिर मैं जाऊँगा। मुझे घर से निकले देर हो गयी है और मेरी पत्नी बीमार है। पन्द्रह दिन हो गये मुझे लाहौर से आये हुए। उसकी तबियत ठीक नहीं थी, मैं तुमसे मिलने नहीं आ सका। आज उसकी तबियत बेहतर थी तो घर से निकला हूँ। यकीन रखो, मैं अभी काफ़ी दिन यहाँ हूँ, फिर आऊँगा।"

"ठीक है," निश्तर ने कहा, "तुमने इतनी बार कहा है। बोलो —कौन-से बोल सुनोगे?"

"यार, 'डोली चढ़देयाँ मारियाँ हीर चीक्काँ' और 'घर आ ननान ने गल्ल कीती' तो मैं तुमसे सुन चुका हूँ। दिल को छू जाने वाले कुछ नये बोल सुनाओ।"

"सुनो।" निश्तर ने कहा, "यह हिस्सा तो हीर की शादी के बाद का है। वह राँझे से नाइन के घर मिलती है और अपनी बेबसी का ज़िक्र करती है।" यह कह कर निश्तर ने बायाँ हाथ कान पर रखा और लम्बी तान के बाद बोल उछाला —

---

१ छत पर कौवा बोल रहा है। आज हर वोटर सेठ हरदर्शन का नाम ले रहा है।

२ जाने किसकी पट और किसकी चित होगी, यह तय है कि इस बार सेठ हरदर्शन की जीत होगी।

"लै वे राँझेया ज़ोर मैं ला थक्की। मेरे बस थीं बात बेबस होई
काज़ी मापियाँ भाइयाँ बन्ह टोरी, मेंडी तेंदड़ी दोस्ती बस होई[1]
मैं ते रोंदड़ी रहाँगी उमर सारी, साडी दूतियाँ दे सिर भस होई
केहे ततड़े वक्त सी नेहुँ लग्गा, सब रस दी गल्ल बेरस होई
वारिसशाह तों पुच्छ लै लेख मेरे
होनी हीर नमानी दी सस होई"[2]

"वाह।" चेतन ने झूमते हुए कहा, "वारिसशाह का जवाब नहीं। क्या लिखा है — होनी बेचारी हीर की सास जैसी ज़ालिम और क्रूर हो गयी। वाह वा, वाह वा...."

"अब राँझे का जवाब सुनो," निश्तर ने कहा और फिर एक लम्बी तान ले कर उसने बोल उठाये।

"जो कुछ विच रज़ा दे लिख छडिया, मुँहों बस न आखिए भैड़िए नी
सुंजाँ सक्खना चाक नू रखियाई, मुँहे भोलिए, चँदरिए, भैड़िए नी
जेकर मन्तर कील दा ना आवे, ऐवें सुत्तड़े नाग न छेड़िए नी[3]

"वाह वा," चेतन ने कहा, "अगर साँप को बस में करने का मन्तर नहीं आता तो सोये नाग नहीं जगाने चाहिएँ। क्या लिखा है वारिसशाह ने....इसे फिर से ज़रा गाओ निश्तर।"

और निश्तर ने वही बोल दोहराते हुए अगला बोल उठाया —

"इक्के यार दे नाम तो पार लाइए इक्के मोहरा देके नबेड़िए नी
जे न उतरिए यार दे नाल पूरे, ऐडे पट्टने फिर न सहेड़िए नी
दग़ा देवना होवे जो सज्जनाँ नूँ, पहले रोज़ ही चा खदेड़िए नी
मेहर नाल ना हरगिज़ गल्ल करिए, ग़ुस्से नाल चा दिलो नखेड़िए नी
वारिसशाह जे प्यास न होए अन्दर
शीशे शर्बताँ दे काहनूँ छेड़िए नी।[4]

हीर गाते-गाते अचानक निश्तर रुक गया। उसने कहा, "यह तो महाकाव्य है, मैं

---

१ ऐ राँझे मैं सारे ज़ोर लगा के हार गयी, बात अब मेरे बस के बाहर हो गयी। काज़ी, माता-पिता और भाइयों ने मुझे बाँध कर खेड़े को रवाना कर दिया। तेरी मेरी दोस्ती ख़त्म हो गयी।

२ मैं तो सारी उम्र रोती रहूँगी, हमारी लगाई-बुझाई करने वालियों के सिर राख पड़े। कैसे बुरे वक्त तेरा प्रेम लगा, रस की तमाम बातें बेरस हो गयीं। वारिसशाह से जा कर मेरी किस्मत पूछ। नियति तो हीर बेचारी की सास जैसी ज़ालिम और क्रूर हो गयी।

३ जो कुछ किस्मत में लिखा गया है, उसे बुरा नहीं कहते। ऐ भोली हीर, तूने राँझे को सूना और अकेला और असफल (ख़ाली हाथ) कर दिया। अगर साँप को बस में करने का मन्त्र न आता हो तो सोये नाग को छेड़ कर जगाना नहीं चाहिए। (यहाँ प्रेम के नाग की बात कही गयी है।)

४ या तो यार के नाम पर कुर्बान हो जाएँ या उसे ज़हर दे कर किस्सा ख़त्म करें। अगर यार के साथ पूरे न उतरना हो तो प्रेम के पचड़े में पड़ना ही नहीं चाहिए। सहानुभूति के साथ उससे बात न करनी चाहिए, क्रोध के साथ उसे दिल से निकाल देना चाहिए। वारिसशाह कहता है कि अगर गले में प्यास न हो तो शर्बतों की बोतलों को नहीं छेड़ना चाहिए। इश्क में बहुत मज़ा है, पर उस मज़े की इच्छा न हो तो फिर इस बोतल को बन्द ही रखना चाहिए।

सारा दिन गाता रहूँ और तुम सुनते रहो। तरह-तरह के प्रसंग हैं —अच्छे भी, बुरे भी। मैंने तुम्हें दिल को छूने वाला प्रसंग सुना दिया। इसके अगले प्रसंग उतने अच्छे नहीं। मैं अच्छे प्रसंग ढूँढ रखूँगा और फिर किसी दिन तुम्हें घण्टा-आध-घण्टा सुनाऊँगा। अब तुम ज़रा वह बोल सुनो, जो मैंने 'पिण्डाँ विच्चों पिण्ड सुनींन्दा' की तर्ज़ पर सेठ हरदर्शन के चुनावी-प्रचार के लिए लिखा है।"

चेतन एकदम उठ खड़ा हुआ। "यार, तुम अजब गावदी हो। अभी तक उस बोल के पीछे पड़े हो। तुमसे कहा है कि पहले काफ़ी टप्पे लिखो, ताकि उनका मुकाबला करा सको। फिर कुछ और करना। अभी तो मैं चलूँगा। मुझे आये हुए देर हो गयी है। घर से लस्सी पीने के लिए निकला था। इधर आ गया। घर वाले परेशान होंगे। जैसा मैंने वादा किया है, फिर किसी दिन आऊँगा और जम कर बैठूँगा।"

और, "अच्छा, तो चल दिये" कहता हुआ वह पलटा और सीढ़ियों की तरफ़ बढ़ गया।

निश्तर भी झपाके से उठा। धोती का छोर हाथ में उठा कर वह भी उसके पीछे लपका।

हालाँकि चेतन बहुत तेज़ी से उठा था और जल्दी-जल्दी सीढ़ियाँ उतरा था, पर जब ड्योढ़ी में निश्तर उसके बराबर आ गया तो दहलीज़ के बाहर सीढ़ी पर क्षण भर रुक कर चेतन ने मिलाने के लिए हाथ बढ़ा दिया।

निश्तर ने उसका हाथ दोनों हाथों में ले लिया तो अचानक हुनर साहब का ख़याल आ जाने से चेतन ने कहा, "यार, हुनर साहब का पता नहीं चला। उन्होंने मेरे साथ ख़ासी ज़्यादती की है। मैंने लाहौर में एक अदबी सोसाइटी खोली थी। मुझे शिमला जाना पड़ा। उनके ज़ोर देने पर मैंने उन्हें उसका सेक्रेटरी बना दिया, चन्दे की सभी कापियाँ दे दीं। उन्होंने बड़े-बड़े वादे किये थे। तीन महीने बाद लौटा तो पता चला कि जाने कितने लोगों की जेबें हल्की करके वे रफ़ूचक्कर हो गये और कहीं से उनका पता नहीं मिलता।"

"वो जा कर लालड़ाँ में छिप गये हैं।" अचानक निश्तर ने कहा।

"लालड़ाँ में?" चेतन क्षण भर चकित-सा निश्तर की ओर देखता खड़ा रहा। फिर उसने कहा, "तुम्हें कैसे पता चला? तुमने पहले क्यों नहीं बताया?"

उसके स्वर में कद्रे तल्ख़ी आ गयी।

"मैं बातों में भूल गया," निश्तर ने कहा, "परसों ही रणवीर का ख़त आया है। उसके साले ने उसे लिखा है कि उसके उस्ताद हुनर साहब सच्चे साईं के आश्रम में डेरा जमाये हुए हैं।"

"जैसे यहाँ जालन्धरी मल जी योगी की करामात का प्रचार करके कुछ माल-पानी पा जाते थे," चेतन ने कहा, "वहाँ सच्चे साईं के चमत्कारों का बखान करके बिना कुछ किये-धरे मज़े लूटते होंगे।"

"रणवीर की बीवी बच्चे से है।" निश्तर ने कहा, "वह उसे लालड़ाँ छोड़ने आ रहा है। वह एक दिन बस्ती रुक कर लालड़ाँ जायेगा। मैंने सोचा है कि मैं उसके साथ जाऊँ और ज़रा हुनर साहब से मिल आऊँ।"

"मुझे भी साथ ले लेना," चेतन ने उत्साह से कहा, "भूलना नहीं।"

और उसके हाथ को हिला कर कर वह मुड़ा, उछल कर गली में आया और तेज़-तेज़ घर की ओर चल पड़ा।

दस

हीर को बोलों में डूबा चेतन घर पहुँचा। 'वारिसशाह तों पुछ लै लेख मेरे, होनी हीर नमानी दी सस होई' —होंटों-ही-होंटों में गुनगुनाता, वह सीढ़ियाँ चढ़ कर आँगन में आया तो क्षण भर वहीं खड़ा देखता रह गया। —उसकी माँ ने अपने नन्हे पोते को नहला-धुला कर नये कपड़े पहनाये थे और यद्यपि चेतन का बेटा न गोरा था, न सुन्दर, उसका सिर अजीब बेतुकेपन से पीछे को बढ़ा हुआ था और उस पर किसी की 'कुदीठि' पड़ने की कोई सम्भावना न थी, लेकिन माँ उसके चौड़े ललाट के बायीं ओर काजल का बड़ा-सा टीका लगा रही थी।

'कोई दिन-त्योहार भी नहीं,' चेतन ने मन-ही-मन कहा —'माँ देवेश को कहाँ ले जाने के लिए तैयार कर रही है?'

तभी माँ की नज़र चेतन पर पड़ी। "बेटा, तू कहाँ चला गया था," उसने पंजाबी में कहा, "मैं कब से तेरी राह देख रही हूँ। ले, मैंने तेरे बेटे को तैयार कर दिया है। अब बहू की तबियत अच्छी हो गयी है, इसे माँ से मिला ला...."

चेतन क्षण भर के लिए और भी ज़्यादा हैरान वहीं आँगन की दहलीज़ के पास खड़ा रहा। फिर वह कद्रे आश्वस्त और व्यस्त हो कर आगे बढ़ा। उसने बच्चे को गोद में उठा कर चूम लिया। दिल में यह जान कर उसे ख़ुशी हुई कि अन्ततः लगातार पन्द्रह दिन तक की गयी उसकी मेहनत कुछ तो सफल रही। उसकी माँ को विश्वास हो गया कि बहू को दिक-विक नहीं है। तभी तो वह देवेश को उसके पास भेज रही है।

बच्चे को गोद में उठाये हुए वह ख़ुश-ख़ुश अपने कमरे की ओर चला। लेकिन दालान में पैर रखते ही उसने देवेश को उतार दिया और सहारा दे कर उसे प्यार से कदम-कदम चलाते हुए अन्दर कमरे में ले गया।

चन्दा पलँग पर लेटी हुई थी। बच्चे को पति के साथ आते हुए देख कर वह उठ बैठी। चेतन ने देवेश को गोद में उठा लिया। ख़ुशी के मारे चन्दा का चेहरा बादलों से झाँकते सूरज की तरह चमक उठा और उसने ललक के साथ बच्चे को गोद में लेने के लिए हाथ फैला दिये।

चेतन बच्चे को गोद में ले कर पलँग की पाटी पर बैठ गया और उसने देवेश को चन्दा की बाँहों में देना चाहा। बच्चा पीछे को हटा और पिता के सीने से चिमट गया। वह माँ की गोद में जाना नहीं चाहता था। चेतन ने हल्के से उसे डाँटा और बरबस माँ को दे दिया।

लेकिन तभी, जब वह ऐसा कर रहा था, उसे थोड़ी झिझक हुई। बच्चे को तो उसने ज़बरदस्ती चन्दा को दे दिया, लेकिन उसके ज़ेहन में ख़याल आया कि चन्दा को कहीं सचमुच टी०बी०, भले ही निहायत आरम्भिक स्टेज में, न हो। ऐसे में तो डॉक्टर निदान नहीं कर पाते। अब यदि वह बच्चे को चूम लेती है तो वह उसे बरज नहीं सकता। शिशु का शरीर तो बहुत कमज़ोर होता है। उसे कहीं माँ से यही बीमारी न लग जाय।

चेतन का मन अचानक संकुचित हो आया.... वह चन्दा से कहना चाहता था कि वह भले ही उसे गोद में ले ले, प्यार करे, पर उसे चूमे नहीं।

लेकिन यह एक वाक्य चाहने के बावजूद उसके होंटों से नहीं निकला।

चन्दा ने उत्साह से बच्चे को गोद में ले कर उसे छाती से चिपटा लिया था। चेतन को देखा कि देवेश माँ की गोद में छटपटा रहा था, लेकिन चन्दा उसके मौन विरोध की परवाह न करके अपने आवेग में उसे सीने से चिपकाये, उसकी पीठ धीरे-धीरे थपथपा कर बहलाने की कोशिश कर रही थी। बच्चा रोने लगा। तब सिर्फ़ उसका माथा चूम कर चन्दा ने अपने बेटे को वापस उसके पिता की गोद में दे दिया।

चेतन ने सुख की साँस ली। तत्काल उसे कन्धे से लगा लिया। पुचकारते और उसकी पीठ थपथपाते हुए, वह कमरे में घूमने और अपने संकोच के बारे में सोचने लगा।

संकोच के अलावा जिस बात ने चेतन की तकलीफ़ में इज़ाफ़ा कर दिया था, वह अपनी माँ की गोद में जाने पर बच्चे का विरोध था।....वह कैसे दादी की गोद में चिमट जाता था....अपनी तुतली ज़बान में उससे बोलता-बतियाता था। वैसा कुछ भी वह अपनी माँ के प्रति महसूस नहीं करता था।

चेतन बेचैनी से कमरे में घूमता रहा —मशीनी ढंग से बच्चे को पुचकारता और थपथपाता, लेकिन उसका ज़ेहन अपनी पत्नी की स्थिति के बारे में सोचता रहा। कुछ अजीब दया से उसका मन भर आया। बजाय पत्नी को सहलाने या थपथपाने या सान्त्वना देने के, वह बच्चे को स्नेह से थपथपाता रहा। फिर सिर को झटका दे कर मुड़ा और बच्चे को ले जा कर उसने उसकी दादी को सौंप दिया।

०

रात बेहद गर्म थी। भयंकर उमस थी। बरसाती की झिलमिलियों से हवा की रमक तक न आ रही थी। इसके बावजूद बराबर की चारपाई पर चन्दा विसुध सोयी हुई थी। सिर्फ़ चेतन की आँखों में नींद नहीं थी। दिन भर की घटनाओं में भटकता हुआ उसका मन बार-बार उसी एक घटना पर आ कर रुक जाता, जब अपने लड़के देवेश को पत्नी की बाँहों में देते हुए उसे संकोच हुआ था और इस आशंका से वह भयभीत हो उठा था कि कहीं सचमुच उसे यक्ष्मा न हो और वह बच्चे को चूम न ले।

कोई दूसरा वक्त होता, उसने इतने नाज़ुक टप्पे और मन को छूने वाले 'हीर' के बोल सुने होते तो नींद न आने पर वह मज़े से उन्हीं में रमा रहता।.... निश्तर के साथ गुज़ारे गये समय और सूक्ष्म टप्पों को उसने याद न किया हो, ऐसी बात नहीं थी। किया था। अपने ध्यान को अपने संकोच और मॉर्बिड[१] सोच से बरबस हटा कर 'हीर' के दिलदोज़

---

१ morbid.

बोलों में भी लगाया था; अपने आपको बरबस धिक्कारा था कि जब डॉक्टर औलक ने उसकी पत्नी का निरीक्षण कर के उसे आश्वस्त किया है कि उसके सीने में यक्ष्मा के कोई आसार नहीं तो वह क्यों बार-बार उस बीमारी की आशंका के बारे में सोचने लगता है....लेकिन घूम-फिर कर अनायास अपना वही संकोच और अपनी वही सोच उसे घेर लेती और कुछ अजीब-सी मिली-जुली भावनाओं से उसका मन उद्वेलित हो उठता....

अजीब बात है कि अपनी पत्नी की उस घातक बीमारी के सिलसिले में चेतावनी दिये जाने के बावजूद उसे अपनी ज़रा भी चिन्ता न थी। वह पूरे मन से उसकी सेवा-शुश्रूषा करता था —उसकी चारपाई के साथ अपनी चारपाई बिछा कर सोता था। कभी जब चन्दा पर उसे प्यार आता अथवा उसकी बेबसी पर सहानुभूति और दया से वह अभिभूत हो उठता तो उसे चूम भी लेता। लेकिन शायद पिता के नाते अपने नन्हे देवेश के लिए उसके मन में अतिरिक्त चिन्ता हो आयी थी....

और वह सोचता....ऐसी हालत में अपने बेटों के लिए माँ की चिन्ता और चन्दा से उसका व्यवहार, जो उसे बेहद कैलस[१], निर्मम और क्रूर लगा था, जिससे नाराज़ हो कर उसने घर को सिर पर उठा लिया था और माँ को दस कहनी-अनकहनी सुना दी थीं, कैसे ग़लत और अस्वाभाविक था?....माँ को भी अपने प्राणों की चिन्ता न थी। वह बहू के सब काम स्वयं करती थी। उसे नहलाती-धुलाती, बाल सँवारती, कपड़े पहनाती; उसे खाना खिलाती, उसके बर्तन माँजती, कपड़े धोती। क्षण भर के लिए भी उसके मन में उस घातक बीतारी और उसकी छूत से स्वयं बीमार पड़ जाने का ख़याल न आया था। लेकिन उस वक्त, जब उस जानलेवा बीमारी ने मुहल्ले में घर-के-घर साफ़ कर दिये थे, वह अपने किसी बेटे को छूत लग जाने का जोखिम न उठाना चाहती थी।....अपने बच्चे को पत्नी की बाँहों में देते हुए जब उसे झिझक हुई थी, तब पिता के नाते मन में यही तो आशंका थी....

बार-बार वही छोटी-सी घटना....बार-बार वही सोच....विभिन्न पहलुओं से....विभिन्न स्थितियों के तहत....वही मॉर्बिड विचार....

करवटें बदलते हुए थक कर, सोने की कोशिश में नितान्त विफल होने पर, चेतन झुँझला कर उठा और बाहर छत पर घूमने लगा।

छत तीन तरफ़ से खुली थी। दो-मंज़िली थी। राय ख़ुशवन्त राय के मकान के अलावा मुहल्ले में सबसे ऊँची थी। लेकिन हवा का हल्का-सा स्पर्श भी कहीं नहीं था। गर्मी जैसे अपनी जगह जम गयी थी। उमस यहाँ भी दम घोंट रही थी। चेतन ने पैर बढ़ा कर शहनशीन पर पड़ी सुराही से गिलास भर पानी पिया, ठण्डे पानी के छींटे मुँह पर मारे, गर्दन और बालों पर गीले हाथ फेरे और फिर टहलने लगा।

सहसा उस तमाम ट्रैजिक परिस्थिति में चेतन को अपने आप पर, अपनी माँ और छोटे भाइयों पर दया हो आयी। लेकिन सर्वाधिक दया उसे अपनी उस अल्हड़, सादालौह, भोली, उदार और पति के नाते उस पर अपरम्पार विश्वास रखने वाली निरीह और नमानी[२]

---

१ callous.
२ बेचारी

पत्नी पर आयी, जो स्थिति की पेचीदगियों से एकदम अनभिज्ञ, आशा और विश्वास से भरी गहरी नींद सो रही थी....जब उस घातक रोग की आशंका मात्र से ऐसी दुखद स्थिति पैदा हो सकती है, तब यदि उसे सचमुच यह बीमारी हुई तो....तो....

करुणा और दया के दुर्वार आवेग के वश छत पर घूमना छोड़ कर चेतन बरसाती में अपनी पत्नी की चारपाई के पास गया। प्यार से उसके बालों पर हाथ फेरते हुए उसने चन्दा के माथे से होंट छुला दिये....

चन्दा उठी नहीं। कुनमुना कर उसने करवट बदली और दीवार की ओर मुँह करके पूर्ववत सोयी रही।

ग्यारह

जून का महीना था। भयंकर गर्मी पड़ रही थी। हवा का स्पर्श तक न मिलता था। दिन ऐसे तप उठता था, जैसे उसके अन्तस में कोई भयावह भट्ठी दहक रही हो और वह दुनिया को बिना किसी ज्वाला के जला डालने का फ़ैसला किये हुए हो। लेकिन सुबह की पश्चिमी क्षितिज से बादल का बड़ा-सा टुकड़ा जैसे आकाश में भटक आया था। ठण्डी हवा के आवारा झोंके उसे बढ़ावा देते हुए चलने लगे थे और मौसम अचानक ख़ुशगवार हो आया था। तभी सहसा चेतन ने कोने में अपने कमरे की उत्तरी खिड़की के साथ छोटी-सी मेज़-कुर्सी पर बैठे-बैठे कहा —

"चन्दा, तुम्हें याद है, एक बार हम रावी के पार गये थे और वहाँ जहाँगीर का शानदार मकबरा देखा था।"

चन्दा अपने साफ़-शफ़्फ़ाफ़ बिस्तर पर पर दो तकियों के सहारे कोहनी के बल लेटी थी। पति की बात सुन कर दाँतों के मोती बिखेरते हुए उसने कहा —"अच्छी तरह याद है।....क्यों?"

"वहाँ तुमको मैंने एक छोटी-सी, ख़स्ता और बोसीदा, टूटी-फूटी बारादरी में नूरजहाँ की कब्र दिखायी थी।" चेतन ने अपनी बीवी को याद दिलाते हुए कहा।

"हाँ....हाँ....।" चन्दा ने अपनी बड़ी-बड़ी आँखें फैलाते और बत्तीसी खिलाते हुए स्वीकार में हुँकारा भरा।

नहा-धो कर और अपने पति की इच्छा के अनुसार हल्का-सा श्रृंगार करके चन्दा ने धोबी के धुले कपड़े पहन रखे थे। चूँकि चेतन को उसी तरह उसका बाल सँवारना पसन्द था, इसलिए बीच से माँग निकाल कर दोनों और के बालों को कानों के ऊपर से ले जाते हुए चन्दा ने गर्दन पर ढीली-सी चोटी कर रखी थी और सिर पर मलमल का बारीक दुपट्टा ओढ़ रखा था। काले चाँद की फाँकों-ऐसे बाल चन्दा के चौड़े माथे, बड़ी-सी बिन्दी और उसके गोल-मटोल चेहरे को दोनों ओर से ढँकते हुए बहुत ही सुन्दर लग रहे थे। चन्दा का पक्का गेहुआँ रंग बीमारी और कमज़ोरी के कारण पीलाई लिये हुए गोरा-गोरा हो आया था।

उसकी आँखों में वैसी ही चमक थी और दाँतों के मोती वैसे ही खिले हुए थे।....जब उसने नूरजहाँ के मज़ार की याद आ जाने से आँखें फैलाते हुए —"हाँ....हाँ।" कहा तो चेतन को दोनों ओर बादलों में उभरते हुए चाँद-ऐसा वह चेहरा बहुत ही सुन्दर लगा। उसका मन हुआ कि उठ कर उसकी आँखों को हल्के-से चूम ले, लेकिन वह सुबह से दो बार ऐसी हरकत कर चुका था, इसलिए अपने आप पर संयम रखते हुए बोला —

"शायद तुम्हें याद नहीं, जब हम वहाँ से चले थे तो बहुत देर तक उस हसीन लड़की मेहरुन्निसा की बात करते आये थे, जो अपनी लासानी सुन्दरता के कारण शेर अफ़ग़ान की बीवी बनी। शहज़ादा सलीम की रकाबत की वजह से शेर अफ़ग़ान को उसे अपने हरम की ज़ीनत बनाने का ख़मियाज़ा अपनी जान दे कर चुकाना पड़ा। तब वह अपने पति की मृत्यु के बाद जहाँगीर की पटरानी बन कर मलिका-ए-आलम कहलायी थी। अब इसे वक्त की सितम-ज़रीफ़ी ही कहा जायेगा कि मौत के बाद उसे किसी बादशाह की प्यारी कनीज़ जैसी कब्र भी नसीब नहीं हुई। ज़ाहिर है, जहाँगीर के उस शानदार मकबरे और नूरजहाँ के टूटे-फूटे मज़ार को देख कर दिल सहसा उदास हो जाता है।"....

नूरजहाँ की उस टूटी-फूटी वीरान कब्र की याद भर आ जाने से चेतन ने लम्बी साँस ली। क्षण भर चुप रहा फिर बोला —"पन्नालाल से नाटक के खाते रुपये पेशगी मिल गये तो कानून की किताबें ख़रीद कर मैं अनारकली में निकल गया था। वहाँ 'अत्तरचन्द कपूर एण्ड सन्ज़' की दुकान पर रुक कर यूँ ही नयी छपी किताबें देखने लगा था तो उर्दू के मशहूर शायर त्रिलोकचन्द 'महरूम' की किताब 'गंज-ए-म'आनी'[१] पर नज़र पड़ी, जिसमें उनका सारा कलाम एक साथ प्रकाशित हुआ है। किताब के पन्ने पलटते हुए 'नूरजहाँ का मज़ार' नामक नज़्म पर निगाहें रुक गयीं। मुझे वह नज़्म इतनी अच्छी लगी कि मैं वह किताब ख़रीद लाया। वहाँ से टहलता हुआ मैं हस्पताल रोड पर 'हिन्दी पुस्तक भवन' चला गया। वहाँ मुझे कवि भगवती चरण वर्मा का कविता-संग्रह 'मधुकण' मिल गया। मज़े की बात यह है कि उसमें भी एक कविता 'नूरजहाँ की कब्र पर' छपी थी। दुकान पर खड़े-खड़े मैं उसे भी पढ़ गया। मुझे वह भी अच्छी लगी। मैं वह किताब भी ख़रीद लाया। अब मैं तुम्हें बारी-बारी दोनों कविताएँ सुनाता हूँ। तुम्हारा मन भी लगेगा और इतने दिनों से उखड़ा हुआ लिखने-पढ़ने का मेरा मूड भी बन जायेगा। ध्यान से सुनो और बताओ, दोनों में कौन-सी अच्छी है।"

चन्दा ने कोहनी नीचे कर ली। पति की ओर को मुँह किये दोनों हाथ जोड़ कर बायीं कनपटी के नीचे रख कर दत्त-चित्त भाव से कविताएँ सुनने को तैयार हो गयी।

चेतन ने 'गंज-ए-म'आनी' के उस पन्ने पर एक काग़ज़ रखा हुआ था, जहाँ से 'नूरजहाँ का मज़ार' शुरू होती थी और वहाँ कविता के शीर्षक पर अंग्रेज़ी शब्द 'गुड' लिख रखा था। उसने वह पृष्ठ खोला और ऐसे कविता सुनाने लगा, जैसे उसके सामने काफ़ी लोग बैठे सुन रहे हों —

---

१ गंज —ख़ज़ाना, मआनी —अर्थ, यहाँ तात्पर्य ऐसे ग्रन्थ से है, जो अर्थों का ख़ज़ाना हो

"दिन को भी यहाँ शब[१] की सियाही का समाँ है
कहते हैं यह आराम-गह-ए-नूरजहाँ[२] है
मुद्दत हुई वह शमअ' तह-ए-ख़ाक[३] निहाँ[४] है
उठता मगर अब तक सर-ए-मरकद[५] से धुआँ है।

जलवों से अयाँ जिनके हुआ नूर का आलम
तुर्बत[६] पे है उनकी शब-ए-देजूर[७] का आलम

ऐ हुस्न-ए-जहाँसोज़[८] कहाँ हैं वो शरारे[९]
किस बाग़ के गुल हो गये, किस अर्श[१०] के तारे
क्या बन गये अब किर्मक-ए-शबताब[११] वो सारे
हर रात चमकते हैं जो रावी के किनारे

या हो गये वो दाग़ जहाँगीर के दिल के
काबिल ही तो थे आशिक-ए-दिलगीर के दिल के

तुझ-सी मलिका के लिए ये बारादरी है
ग़ालीचा सर-ए-फ़र्श है कोई न दरी है
क्या आलम-ए-बेचारगी[१२] ऐ ताजवरी[१३] है
दिन को यहीं बिसराम यहीं शब-बसरी[१४] है

ऐसी किसी जोगिन की भी कुटिया नहीं होती
होती हो मगर यूँ सर-ए-सहरा नहीं होती

ता'वीज़-ए-लहद[१५] है ज़बरो-ज़ेर[१६] ये अन्धेर
ये दौर-ए-ज़माना के उलट-फेर ये अन्धेर
आँगन में पड़े गर्द के हैं ढेर ये अन्धेर

---

१ रात
२ नूरजहाँ के आराम करने याने हमेशा की नींद सोने की जगह
३ मिट्टी के नीचे
४ छिपी है
५ कब्र के सिर से
६ कब्र
७ अमावस की रात – उनकी कब्र पर अमावस का अँधेरा छाया है
८ विश्व को जलाने वाला सौन्दर्य
९ चिनगारियाँ
१० आकाश
११ जुगनूँ
१२ बेबसी
१३ साम्राज्ञी
१४ रात गुज़ारना
१५ कब्र का कवच
१६ ऊपर-नीचे

रे गर्दिश-ए-अय्याम[१] ये अन्धेर ये अन्धेर
माह-ए-फ़लक-ए-हुस्न[२] को यह बुर्ज मिला है
ऐ चर्ख़[३] तिरे हुस्न-ए-नवाज़िश[४] का गिला है
चौपाये जो घबराते हैं, गर्मी से तो अक्सर
आराम लिया करते हैं, इस रौज़े[५] में आ कर
और शाम को बालाई सियाहख़ानों[६] से शप्पर[७]
उड़-उड़ के लगाते हैं दरो-बाम पे चक्कर
मा'मूर[८] रहे यूँ महफ़िले-ए-जानाना[९] किसी की
आबाद रहे ग़ोर-ए-ग़रीबाना[१०] किसी की।
दुनिया का ये अंजाम है, देख ऐ दिल-ए-नादाँ
हाँ भूल न जाय तुझे ये मदफ़न-ए-वीराँ[११]
बाकी है न वो बाग़, न वो कस्र[१२] न ऐवाँ[१३]
आराम के असबाब न वो ऐश के सामाँ
टूटा हुआ एक साहिल-ए-रावी[१४] में मकाँ है
दिन को भी जहाँ शब की सियाही का समाँ है''

'गंज-ए-म'आनी' बन्द करते हुए चेतन ने कहा, "कैसी लगी 'महरूम' की कविता?"

चन्दा अभिभूत भाव से सुनती रही थी। चेतन नज़्म पढ़ते हुए साथ-साथ कठिन शब्दों के अर्थ भी बताता रहा था। चन्दा के चेहरे पर गम्भीरता छा गयी थी। उदास भाव से उसने कहा —"बहुत अच्छी।"

फिर लम्बी साँस भरते हुए दोनों हाथ कनपटी के नीचे से निकाल कर पहले की तरह बायीं कोहनी के बल उठते हुए उसने कहा, "लेकिन जो औरत अपनी ज़िन्दगी में मलिका-ए-आलम कहलाती थी, उसकी मिट्टी को किसने इस तरह ख़राब किया? जब बादशाह जहाँगीर का इतना शानदार मकबरा बना तो नूरजहाँ की कब्र क्यों वैसी बनायी

---

१ समय का चक्कर
२ सौन्दर्य के आकाश का चाँद
३ आसमान (भाग्य के अर्थों में)
४ तेरी कृपा की सुन्दरता से शिकायत है
५ मकबरा
६ मकबरे के ऊपरी हिस्से की तारीकियों में
७ चमगादड़
८ भरी रहे
९ प्रिय की महफ़िल
१० किसी ग़रीब की कब्र
११ वीरान कब्र
१२ किला
१३ प्रासाद
१४ रावी तट

गयी?"

"अगर नूरजहाँ अपने शौहर की ज़िन्दगी में मरती," चेतन ने कहा, "तो कौन जाने जहाँगीर अपनी प्रेमिका का मकबरा कितना शानदार बनवाता, लेकिन जहाँगीर पहले मर गया और जिनका अधिकार छीन कर वह तुर्की हसीना पटरानी और मलिका-ए-आलम बनी थी, उन्होंने अपना बदला यूँ निकाला। जहाँगीर तो बादशाह थे, शाहजहाँ के पिता थे। उनका मकबरा तो शानदार बनता ही, लेकिन नूरजहाँ तो किसी शाही ख़ानदान से थी नहीं। वह तो मामूली लड़की से पटरानी बनी थी। सो जहाँगीर के बाद उसका वह छोटा-सा मकबरा बना दिया गया। शाहजहाँ की माँ के दिल में नूरजहाँ के ख़िलाफ़ जो ग़मो-ग़ुस्सा रहा होगा, वह कुछ-न-कुछ तो शाहजहाँ के दिल में भी होगा, सो उसने माँ की बेइज़्ज़ती का बदला नूरजहाँ की मौत के बाद यूँ चुका दिया। 'महरूम' ने तो अपनी नज़्म में इस बदले का ज़िक्र नहीं किया, लेकिन भगवती बाबू ने किया है। अब ज़रा भगवती बाबू की कविता सुनो और बताओ, यह कविता तुम्हें कैसी लगती है? भगवती बाबू ने नाम रखा है —'नूरजहाँ की क़ब्र पर'।"

चन्दा ने फिर दोनों हाथ जोड़ कर कनपटी के नीचे रख लिये और पूर्ववत लेट कर सुनने लगी। चेतन फिर उसी तरह तन्मय भाव से सुनाने लगा —

"तुम रजकण के ढेर, उलूकों के तुम भग्न विहार
किस आशा से देख रहे हो, उस नभ पर प्रतिवार
कि जिससे टकराता था कभी
तुम्हारा उन्नत भाल?
सुनते हैं, तुमने भी देखा था वैभव का काल
धूल में मिले हुए कंकाल
तुम्हारे संकेतों के साथ
नाचता था साम्राज्य विशाल
तुम्हारा क्रोध और उल्लास
बिगड़ते-बनते थे भूपाल
किन्तु है आज कहानी शेष
प्रबल है प्रबल काल की चाल
एक समय पर्वत-मालाओं की प्रतिध्वनि के साथ
तुम रोयी थीं प्रथम नमा कर, उस भू पर निज माथ
कि जिस पर था सगर्व आरूढ़
तुम्हारा दुःसह भार
जीवन के पहले ही क्षण में वह जीवन की हार
पतन ही है जीवन का सार!
तुम्हारा प्यारा शैशवकाल
स्वर्ग की सुषमा का आगार

ज्ञान के धुँधलेपन से शून्य
किलकने-हँसने के दिन चार
भाग्य की देवि भाग्य का तुम्हें
वही तो था सारा उपहार।
लाड-प्यार में तुम बढ़ती थीं —कहाँ? किधर? किस ओर?
अरे, विश्व के उस वैभव का मिलता ओर न छोर
कि जिसके एक अंश तक की
न ले पायीं तुम थाह
बहता है संसार, वासना का है तीव्र प्रवाह
देवि, यह जीवन ही है चाह!
तुम्हारे आशा के सुख-स्वप्न,
तुम्हारे वे उमंग-उत्साह,
तुम्हारी मधुर मन्द मुस्कान,
तुम्हारे भोले भाव अथाह,
हो गये क्षण भर में ही लोप,
हँसी बन गयी पलक में आह!''

चेतन ने देखा, उसकी पत्नी पूरी आँखें खोले कविता सुन रही है। पति को अपनी ओर देखते पा कर उसने पूरी बत्तीसी खिला दी।

"मेरी आँखें झप रही थीं...." उसने कद्रे संकोच और लज्जा से कहा।

चेतन रुक गया।

"नहीं नहीं, आप कविता पढ़िए।" उसने सानुरोध कहा, "मैं सुन रही हूँ।"

चेतन फिर आगे सुनाने लगा —

''उस दिन पीले हुए तुम्हारे जब हल्दी से हाथ,
बँधी प्रणय के उस बन्धन में जब तुम पति के साथ
कि जिसमें बँधता है संसार
किस प्रतीक्षा के साथ!
भय, संकोच, प्रेम, लज्जा थे, हँसते थे रतिनाथ,
दृष्टि नीची थी, ऊँचा माथ।
प्रेम का प्रथम प्रणय-चुम्बन
पाश डाले थे कोमल हाथ,
और वह आलिंगन, कम्पन,
कोकिला थी, ॠतुपति के साथ
मन्द स्वर में सगर्व सोल्लास
कहा था तुमने जीवन-नाथ!''

चेतन ने फिर किताब को ज़रा बायीं ओर करके पत्नी पर निगाह डाली। उसकी आँखें

बन्द थीं। वह चुप हो गया।

तब चन्दा ने वैसे ही बन्द आँखों से कहा, "नहीं.... नहीं....आप पढ़िए। मैं सुन रही हूँ।"

चेतन फिर आगे पढ़ने लगा —

आह! भाग्य से हुईं तुम्हारी उस दिन आँखें चार,
जिस दिन देखा था सलीम ने यह अपना संसार
कि जिस अज्ञात खण्ड में उसे
शान्ति थी अथवा भ्रान्ति?
अनायास तुम काँप उठी थीं, थी वह प्रथम अशान्ति
देवि, यह जीवन ही है क्रान्ति!

दास हो अथवा हो सम्राट
विश्व भर की स्वामिनि है भ्रान्ति,
परिस्थितियों का है यह चक्र
जिसें हम सब कहते हैं क्रान्ति
भाग्य की देवि! भाग्य की भेंट
सदा से है जीवन की शान्ति!

तृष्णा! तृष्णा! आह रक्त से रंजित तेरे हाथ!
विश्व खेलता है पागल-सा उन पापों के साथ
कि जिनके पीछे ही है लगा
विषम रौरव का जाल
मिटा भाग्य सिन्दूर तुम्हारा, रिक्त हो गया भाल,
प्रेम ही बना प्रेम का काल!

आह! अनजान शेर अफ़ग़न
तुम्हारा सुख - साम्राज्य विशाल —
कौन-सा था वह गुरु - अपराध?
—नष्ट हो समा गया पाताल
प्रेम का था कैसा उपहार?
मृत्यु बन गयी गले की माल!"

हठात कविता पढ़ना रोक कर चेतन ने चन्दा की ओर देखा —उसकी आँखों के पपोटे पूरी तरह बन्द थे। चेतन क्षण भर मौन रहा। वह उम्मीद करता था — चन्दा कहेगी — 'नहीं....नहीं....आप पढ़िए, मैं सुन रही हूँ।'....लेकिन उसकी पत्नी ने कुछ नहीं कहा। शायद वह सो गयी थी।

चेतन ने धीरे से पुकारा —"चन्दा।"

चन्दा ने फ़ौरन आँखें खोल दीं और उठ कर बैठ गयी —"नहीं....नहीं, आप पढ़िए," उसने कहा, "मैं सूनूँगी।"

चेतन ने पुस्तक बन्द कर दी। उसके होंटों पर दया-भरी मुस्कान फैल गयी। वह उठा। उसके पलँग के पास आया। उसने प्यार से उसे लिटा दिया।

"सुबह तुम नहायी-धोयी हो, कपड़े बदले हैं। दूध-डबल रोटी खा कर तुम्हें आराम करना चाहिए था। मेरी बेवकूफ़ी है कि तुम्हारा दिल बहलाने को कविताएँ सुनाने लगा। 'महरूम' की नज़्म तो रवाँ-दवाँ और सीधे सरल जज़्बात से भरी थी, भगवती बाबू की ज़रा मुश्किल है, इसमें शब्द भी ज़रा कठिन हैं। ऊपर से फ़लसफ़े और भाग्यवाद का पुट है। शायद वह थके जिस्म के साथ नहीं सुनी जा सकती।"

उसने अपनी पत्नी के सिर पर प्यार से हाथ फेरा और उसकी आँखों के पपोटे बन्द कर दिये।

"नूरजहाँ और भगवती बाबू के भाग्यवाद को भूल कर तुम सो जाओ।" उसने प्यार से कहा और अपनी कुर्सी पर वापस आ कर बैठ गया।

o

भगवती बाबू की कविता को उसने जहाँ से छोड़ा था, चेतन मन-ही-मन उसे वहाँ से आगे पढ़ने लगा....

लेकिन सिर्फ़ उसकी आँखें ही पढ़ रही थीं। उसका ज़ेहन सलीम, नूरजहाँ और शेर अफ़ग़न के प्रेम-तिकोन की पेचीदगियों में उलझ गया। चूँकि वह कविता पहले भी पढ़ चुका था, इसलिए जब प्रकट वह चन्दा को कविता सुना रहा था, अपने अर्धचेतन में नूरजहाँ और उसके दोनों प्रेमियों की विषम ज़िन्दगी के बारे में भी सोच रहा था। अब जब उसने अपनी पत्नी को कविता सुनाना बन्द कर दिया तो वह उलझन उसके अर्ध-चेतन से निकल कर उसके चेतन मन-मस्तिष्क पर छा गयी।

o

आम तौर पर यह कहा जाता है कि भगवान सब को सब कुछ नहीं देता। जिनको वह प्रचुर सौन्दर्य देता है, उनको उतनी बुद्धि नहीं देता और जिनको बुद्धि की दौलत से मालामाल करता है, उन्हें ख़ूबसूरती के मामले में विपन्न बना देता है। नूरजहाँ, जो तुर्किस्तान से किस्मत आज़माने के लिए हिन्दुस्तान आने वाले एक ग़रीब तुर्क के यहाँ रास्ते में पैदा हुई और जिसका नाम उसके अनिन्द्य सौन्दर्य के कारण उसके माता-पिता ने मेहरुन्निसा (याने औरतों में सूरज की तरह चमकने वाली) रखा, वह निश्चय ही इस सिद्धान्त का अपवाद रही होगी। उसे सौन्दर्य भी अनिन्द्य और अद्वितीय मिला होगा और बुद्धि भी।

उसके ग़रीब पिता लाहौर में आ कर शाही दरबार से सम्बन्धित अपने एक मित्र के यहाँ ठहरे। उसने उन्हें दरबार में पहुँचाया और अपनी बुद्धि और मेधा के बल पर वे उत्तरोत्तर तरक्की करते हुए वज़ीर-ए-ख़ज़ाना के पद पर आसीन हो गये थे। उन्होंने अपनी एकमात्र लड़की की सगाई एक सिपहसालार शेर-अफ़ग़न के साथ कर दी। तभी शहज़ादा सलीम की निगाह उस पर पड़ी और वह उसके हुस्न का दीवाना हो गया। उसने उसके पिता से उसका हाथ माँगा, लेकिन उसने शेर अफ़ग़न के साथ किया वादा तोड़ने से इनकार कर दिया। सलीम अपने पिता महाबली अकबर के पास पहुँचा। अकबर ने अपने बेटे को डाँटा कि वह हिन्दुस्तान का होने वाला बादशाह है, क्या एक मामूली ओहदेदार की लड़की से

शादी करेगा। और न सिर्फ़ अकबर ने शेर अफ़ग़न और नूरजहाँ की शादी में मदद दी, बल्कि उसके जहाँ सोज़ हुस्न से साम्राज्य के उत्तराधिकारी को बचाने के लिए शेर अफ़ग़न को बंगाल का सूबेदार बना कर दिल्ली-दरबार और सलीम की पहुँच से बहुत दूर भेज दिया।

नूरजहाँ ने सौन्दर्य भले ही माँ से पाया हो, लेकिन दिमाग़ उसने पिता का पाया था। वह अनिन्द्य सुन्दरी और परम बुद्धिमती नारी भले ही हिन्दुस्तान के तख़्तो-ताज के वारिस से शारीरिक रूप से दूर चली गयी, लेकिन क्या उसका दिल भी उससे दूर चला गया — चेतन सोचता —इन्सान का दिल तो सागर-सा गहरा और उसकी साइकी[1] जंगल-सी बीहड़ और पेचीदा होती है। शेर अफ़ग़न वीर सिपहसालार होगा। सुन्दर भी होगा। नूरजहाँ को चाहता भी होगा। नूरजहाँ के पिता ने भले ही शेर अफ़ग़न से उसकी सगाई कर दी, पर जब शहज़ादा सलीम ने उसे देख लिया (कौन जाने नूरजहाँ और उसकी सहेलियों ने वह अवसर शहज़ादे को दे दिया हो और वह उस पर मोहित हो गया) तब इन्सान की बेटी के नाते हो सकता है, मामूली सिपहसालार की बीवी होने की बनिस्बत हिन्दुस्तान की मलिका होने का सपना उसकी आँखों में लहरा गया हो। विशेषकर उस सूरत में, जब शहज़ादा बेहद ख़ूबसूरत नौजवान था। अपने पिता और सम्राट अकबर के हठ के कारण वह भले ही लाहौर और दिल्ली के तख़्त और उसके उत्तराधिकारी से दूर चली गयी हो, पर कभी-कभी उसके मन में साम्राज्ञी बनने का सपना कैसे न लहराता होगा और कैसे मेहरुन्निसा को उस सुन्दर शहज़ादे की याद न आती होगी।

अगर नूरजहाँ के पिता ने शहज़ादा सलीम की इच्छा के मुताबिक शेर-अफ़ग़न की सगाई तोड़ कर सलीम से उसकी शादी कर दी होती, तब उस विलासी शहज़ादे के साथ उसकी कैसे बसर होती, कहा नहीं जा सकता। शायद वह घुट-घुट कर मर जाती। लेकिन शेर अफ़ग़न के विवाह ने नूरजहाँ को एक अतिरिक्त कवच तो प्रदान कर ही दिया। महाबली अकबर के देहावसान के बाद जहाँगीर ने शेर अफ़ग़न को मरवा दिया और नूरजहाँ को अपने पास बुलवा लिया। तब बुद्धिमती मेहरुन्निसा ने (जिसे जहाँगीर ने महलों में लाते ही 'नूर महल,' यानी महलों की ज्योति का ख़िताब दे दिया था) अपने आपको पति के शोक में डूबा दिया और सम्राट को देखने से इनकार कर दिया। जहाँगीर उसका शरीर तो बलपूर्वक प्राप्त कर सकता था, लेकिन एक परम निष्क्रिय और बेहिस औरत का शरीर किसी को क्या सुख दे सकता है, भले ही वह अनिन्द्य सुन्दरी क्यों न हो? और जहाँगीर शायद उसके तन के साथ-साथ उसका मन भी चाहता था। इन छै वर्षों में जहाँगीर ने उस मानिनी नारी को कैसे-कैसे न मनाया होगा। नूरजहाँ तभी मानी, जब जहाँगीर ने अपना अहं ही नहीं, अपना साम्राज्य भी उसके कदमों पर रख दिया। शादी के बाद जहाँगीर ने उसे 'नूरजहाँ' का ख़िताब दे कर साम्राज्य को चलाने का भार भी उस पर डाल दिया। शाही फ़रमानों पर सम्राट के साथ उसके भी हस्ताक्षर होने लगे।

इतिहास साक्षी है कि उस परम बुद्धिमती नारी ने कुचक्रों से भरे हुए मुग़ल दरबार का काम निहायत दक्षता से चलाया। उसने अपने पिता को प्रधान मन्त्री और भाई को प्रथम सलाहकार के पदों पर नियुक्त करके अट्ठारह वर्षों तक बड़ी कामयाबी से राज्य किया। यह

---

१ अन्तर्मन

बात दीगर है कि उसका शौहर सम्राट जहाँगीर पहले मर गया और दुश्मनों ने उसकी मिट्टी से यूँ बदला लिया।

०

चेतन के दिमाग़ में शेर अफ़ग़न, नूरजहाँ और शहज़ादा सलीम की ज़िन्दगी का नाटक अंक-दर-अंक खुलता चला गया। उसे लगा कि वह कल्पना की लगामें ज़रा ढीली छोड़ दे और मुग़ल दरबार के षडयन्त्रों में एक तरफ़ शहज़ादे और बाद में सलीम से जहाँगीर बन जाने वाले बादशाह की अन्धी मुहब्बत, दूसरी ओर शेर अफ़ग़न की बहादुरी और इन दोनों प्रेमियों के बीच उस सुन्दर और निहायत मेधावी औरत के मनोविज्ञान को ले कर एक नाटक लिखे तो वह इम्तियाज़ अली 'ताज' की 'अनारकली' को कहीं पीछे छोड़ सकता है। वह अलमारी से तख़्ती और काग़ज़ ले कर नाटक की रूप-रेखा बनाने के लिए उठा।

तभी चेतन की नज़र अपनी पत्नी पर गयी। वह दोनों हाथ जोड़ कर उन्हें पूर्ववत बायीं कनपटी के नीचे रखे, गहरी नींद सो गयी थी। चेतन ने सिर को ज़ोर से झटका दिया। कहाँ तो उसने सोचा था कि चन्दा के सो जाने पर शान्ति से अपने नाटक को आगे बढ़ायेगा और कहाँ वह एक नये नाटक के चक्कर में पड़ गया। युवराज चण्ड को ले कर नाटक लिखने के बदले उसने बप्पा रावल और हमीर की ज़िन्दगी पर नाटकों की रूप-रेखाएँ बनाने में कई दिन नष्ट कर दिये थे। वह नूरजहाँ पर नाटक लिख भी ले तो इश्को-मुहब्बत की पेचीदगियों पर वह जैसा नाटक खिलेगा, उसे क्या पाठ्यक्रम में सबमिट किया जा सकता है? वह कैसा बेवकूफ़ और आवेगशील है। उसका दिमाग़ कैसा चंचल और अतिरिक्त क्रियाशील है?....

चेतन ने फिर सिर को ज़ोर का झटका दिया। उसने त्रिलोकचन्द 'महरूम' और भगवती बाबू के कविता-संग्रह उठाये और उन्हें अलमारी में करीने से रख दिया। फिर वह अलमारी के ऊपर के ख़ाने में रखी अपने नाटक की फ़ाइल, तख़्ती, पेन उठा लाया, वापस अपनी जगह आ बैठा और मनोयोग से लाहौर में लिखा हुआ अधूरा नाटक पढ़ने लगा।....

बारह

पिछले एक महीने से चेतन लगातार नाटक लिखता आ रहा था। अपनी मूलभूत रूप-रेखा के अनुसार उसने नाटक को बड़ी दक्षता से उसके अन्तिम बिन्दु तक पहुँचा दिया था। उसूलन (उसने नाटक सम्बन्धी जो पुस्तकें पढ़ी थीं, उनके अनुसार) उसे अन्तिम बिन्दु पर नाटक को समाप्त कर देना चाहिए था। लेकिन नाटक जैसे लिखा गया था, उसने नाटक के प्रमुख पात्रों का —विशेषकर कल्पना से सृजे गये पात्रों का —जैसा चरित्र-चित्रण किया था, उन पर कथा का अन्त लादने के बदले, उनका अनुसरण करते हुए, जैसा कि उसके निकट कलाकार को करना चाहिए था, वह ऐसा नहीं कर सका था। वह सिर्फ़ एक छोटा-सा दृश्य और लिखना चाहता था और उसे ऐसे सृजना चाहता था कि वह न केवल नाटक की

शैली के अनुरूप हो, बल्कि पाठकों और दर्शकों के मन पर स्थायी प्रभाव भी छोड़ जाय और नाटक के नायक चण्ड के प्रति उनके मन में सहानुभूति भी जगा जाय।

०

चेतन ने अपने नाटक की कहानी टॉड राजस्थान और रायबहादुर गौरीशंकर हीराचन्द ओझा के इतिहास में दी गयी कथा के सम्मिश्रण से निर्मित की थी। अन्य छोटे-छोटे पात्रों के अलावा, उसने मेवाड़ की सुन्दर गायिका के रूप में भारमली और अपने दुष्ट और क्रूर बड़े भाई रणमल से, उसके तमाम अत्याचारों के बावजूद, प्यार करने वाली बहन के नाते राणा लक्षसिंह की दूसरी रानी हंसाबाई के रूप में जो पात्र सृजे थे, उन्होंने कहानी को यथार्थ के धरातल पर ला खड़ा कया था। उसके पात्रों का क्रिया-कलाप काल्पनिक होते हुए भी नाटक में मनोवैज्ञानिक और यथार्थ लगता था। लेकिन हंसाबाई के चरित्र की वजह से वह नाटक को अन्तिम बिन्दु पर समाप्त न कर सका था।

नाटक की कहानी संक्षेप में कुछ यों थी —

मेवाड़ के सिसोदियों और मण्डोवर के राठौरों में पुराना वैमनस्य था। जिस समय को ले कर नाटक लिखा जा रहा था, मेवाड़ पर सिसोदिया वंश के अधिपति राणा लक्ष सिंह राज करते थे। वे परम वीर, कर्तव्य-निष्ठ, प्रजा-वत्सल और राजपूती परम्पराओं के वाहक, सच्चे राजपूत थे। उनके दो पुत्र —चण्ड और राघव थे। चण्ड बड़े थे। वे ही युवराज थे। दोनों राजकुमार उच्च कोटि के गुणों से विभूषित, सदाचारी, पितृभक्त, जन-सेवक और कर्तव्यनिष्ठ थे।

दूसरी ओर मण्डोवर में राव चूड़ावत राज करते थे। उनका बेटा रणमल वीर और महत्वाकांक्षी राजपूत था। वही युवराज था। लेकिन राव चूड़ावत ने अधेड़ावस्था में दूसरी शादी कर ली थी और वे छोटी रानी तारा पर बेतरह आसक्त थे। इस विवाह से उनके एक बेटी हंसाबाई और एक पुत्र कान्हा हुए। हंसाबाई अपने बड़े भाई को बहुत प्यार करती थी। वह भी लड़कपन में, उससे काफ़ी बड़ा होने के बावजूद, उसे लाड़ लड़ाता और उसके साथ खेलता था। लेकिन जब राव चूड़ावत के दूसरा बेटा कान्हा हुआ तो छोटी रानी की इच्छा के अनुसार राव चूड़ावत ने अपने बड़े बेटे रणमल का अधिकार छीन कर कान्हा को युवराज बना दिया। रणमल इस अन्याय को चुपचाप बर्दाश्त न कर सका। नाराज़ हो कर वह कुछ वफ़ादार राठौर सरदारों के साथ मेवाड़ की शरण में पहुँचा। इसी बिन्दु पर चेतन के नाटक की कहानी शुरू होती थी।

चूँकि राठौरों और सिसोदियों में पुराना बैर था, इसलिए मेवाड़ में रणमल के आगमन पर उसे शरण देने या न देने का सवाल उठा। राजपुरोहित कीर्तिमान केशव, जो झोटिंग भट्ट के नाम से प्रसिद्ध थे, राजमन्त्री और अन्य सामन्त रणमल को मेवाड़ में शरण देने के विरुद्ध थे। उनके निकट राठौर को मेवाड़ में शरण देना, चोर को घर में सेंध लगाने का निमन्त्रण देने अथवा साँप को आस्तीन में पालने के बराबर था। लेकिन चूँकि राजपूतों में शरणागत को शरण देने की पुरानी परम्परा थी, इसलिए राणा लक्षसिंह ने रणमल को शरण देने का फ़ैसला किया। राजपुरोहित ने युवराज चण्ड और कुमार राघव देव को इस क़दम से भविष्य में आने वाली विपत्तियों की सम्भावना का भय दिखा कर राणा लक्षसिंह को समझाने के

लिए कहा, लेकिन दोनों पितृभक्त राजकुमारों ने पिता के निर्णय का समर्थन करते हुए राजपुरोहित की चेतावनी को अनदेखा कर दिया।

रणमल वीर था, लेकिन स्वभावतः विलासी और दुष्ट था। उन्हीं दिनों वर्धन की विजय के उपलक्ष्य में जो ख़ुशियाँ मनायी गयीं, उनमें एक जन-सभा में मेवाड़ की प्रसिद्ध गायिका भारमली का गाना सुन कर वह उस पर आसक्त हो गया। लेकिन उसने यह भी देखा कि भारमली छोटे कुमार राघव को चाहती है और वे भी उसके सौन्दर्य और संगीत से अप्रभावित नहीं हैं।

एक शाम, जब भारमली राजवाटिका में एक चबूतरे पर बैठी, तन्मय भाव से सितार पर एक गीत गा रही थी, रणमल ने उसे छेड़ने का प्रयास किया। भारमली ने उसे बरजा। जब वह नहीं माना तो भारमली ने उसे डाँट दिया। उसी वक्त कुमार राघव आ गये और उन्होंने राठौर को फिर कभी ऐसा दुःसाहस न करने की चेतावनी दी। रणमल उस समय तो चुपचाप खिसक गया, पर अपमान तथा प्रेम की असफलता से उसका तन-मन जल उठा। उसने मन-ही-मन प्रतिज्ञा की कि वह भारमली को अपनी बना कर दम लेगा और ज़रूरत पड़ी तो कुमार राघव को अपने रास्ते से हटा देगा।

तभी मेवाड़ के राजकुल में घटनाओं ने कुछ ऐसा मोड़ लिया कि रणमल को अपनी प्रतिज्ञा पूरी करने के लिए पर्याप्त अवसर मिल गये।

जब मण्डोवर में रानी तारा को इस बात का पता चला कि जिस सौतेले बेटे का मण्डोवर में बसना उसने मुश्किल बना दिया था, वह मण्डोवर के शत्रु सिसोदियों की शरण में चला गया है तो उसने राव चूड़ावत को समझाया कि राठौरों और सिसोदियों के इस पुराने वैमनस्य को ख़त्म कर देना चाहिए और इस सत्कार्य के लिए हंसाबाई का नारियल मेवाड़ के वीर युवराज चण्ड को भेजना चाहिए। मन में उसने यह सोचा कि उसकी बेटी युवराज चण्ड की पत्नी होगी तो लक्ष सिंह के बाद वही मेवाड़ की साम्राज्ञी कहलायेगी। तब रणमल उसका दास होगा और पिता के बुढ़ापे का या उनकी अनुपस्थिति का लाभ उठा कर अपना अधिकार वापस पाने के लिए, उसका या कान्हा का कोई अहित न कर सकेगा।

लेकिन वह कहावत है न कि आदमी योजनाएँ बनाता है और नियति उन्हें मटियामेट कर देती है। —जब हंसाबाई का नारियल मेवाड़ के दरबार में पहुँचा और राजपुरोहित ने राणा लक्षसिंह को सूचना दी कि मण्डोवर की राजकुमारी का नारियल आया है तो राणा लक्षसिंह ने मज़ाक में हँस कर कहा कि युवराज चण्ड के लिए आया होगा, उन जैसे बूढ़ों के लिए कौन नारियल भेजता है।

बस, राणा का यह मज़ाक कयामत ढा गया, क्योंकि जब राजपुरोहित ने चण्ड को नारियल देना चाहा तो उसने इस बिना पर उसे स्वीकार करने से इनकार कर दिया कि जिस युवती के लिए उसके पिता के मन में इच्छा जगी, वह उसकी माँ के समान हो गयी, वह उसका नारियल कैसे स्वीकार कर सकता है।

जब लाख समझाने और सिंहासन से च्युत होने का भय दिखाने बावजूद पितृभक्त चण्ड टस-से-मस न हुआ तो चूँकि मेवाड़ से नारियल का वापस जाना दोनों राजघरानों का अपमान होता, इसलिए राणा लक्षसिह ने स्वयं नारियल स्वीकार करने का फ़ैसला कर

लिया।

चण्ड ने सिर्फ़ यही नहीं किया, बल्कि जिस तरह महाभारत में देवव्रत अपने पिता राजा शान्तनु के लिए मत्स्यगन्धा सत्यवती का हाथ माँगने के लिए खेवट राज के पास गये थे, इसी तरह वह पहले रणमल के पास यह जानने के लिए गया कि उसे तो इस रिश्ते में किसी तरह की आपत्ति न होगी।

रणमल ने एक ओर इस पितृभक्ति के लिए चण्ड की ख़ूब प्रशंसा की, उसे भीष्म पितामह से बड़ा पितृभक्त घोषित कर दिया कि पिता की अव्यक्त इच्छा का मान रखते हुए उसने नारियल लेने से इनकार कर दिया, दूसरी ओर खेवट राज ही की तरह उसने कहा कि ऐसे में उसे भगवान एकलिंग के सामने शपथ लेनी होगी कि यदि हंसाबाई के पुत्र हुआ तो वही मेवाड़ की गद्दी पर बैठेगा, तभी शायद राव चूड़ावत इस विवाह के लिए तैयार होंगे। ऐसे में युवराज चण्ड को आजीवन कुँवारा रहने की प्रतिज्ञा करनी पड़ सकती है। जब चण्ड इसके लिए भी तैयार हो गया, तब रणमल ने इधर चण्ड से यह वचन ले कर उसे अपना प्रस्ताव राव चूड़ावत के पास भेजने का परामर्श दिया, उधर एक दूत के हाथ अपने पिता को सारी स्थिति से अवगत कराते हुए उन्हें सलाह दी कि वे इस रिश्ते को अस्वीकार न करें, वरना चण्ड सेना ले कर मण्डोवर की ईंट-से-ईंट बजा देगा। रणमल ने यह भी कहलवाया कि रिश्ता स्वीकार करने से पहले इतना करें कि भगवान एकलिंग के सामने चण्ड से इस बात की शपथ ले लें कि हंसाबाई का बेटा ही युवराज बनेगा और मेवाड़ का उत्तराधिकारी होगा।

राव चूड़ावत हंसाबाई को इतना प्यार करते थे कि सच्चे राजपूत की तरह वे युद्ध में परास्त होना स्वीकार कर लेते, पर इस अपमानजनक रिश्ते को न मानते, लेकिन रणमल को नीचा दिखाने और अपनी बेटी के तत्काल मेवाड़ की साम्राज्ञी बनने की सम्भावना से महत्वाकांक्षिणी छोटी रानी तारा ने अपने पति को विवश कर दिया। चण्ड ने भगवान एकलिंग के सामने शपथ ले ली और हंसाबाई, जो चण्ड के गुणों को सुन कर उस पर मुग्ध और उसकी पत्नी बनने की सम्भावना से प्रसन्न थी, बूढ़े राणा लक्षसिंह की पटरानी बन कर मेवाड़ के राजमहलों में पहुँच गयी।

o

रणमल अपने प्रति अपनी भोली-भाली, सादालौह बहन के प्यार से भली-भाँति परिचित था। उसे यह भी मालूम था कि मण्डोवर से उसके चले जाने का सर्वाधिक दुख उसकी सौतेली बहन को हुआ था और वह इस अवसर की प्रतीक्षा में था, जब अपनी बहन के भोलेपन का लाभ उठा सके।

अवसर भी उसे जल्दी मिल गया। हुआ यह कि जब हंसाबाई मेवाड़ का रानी बन कर महलों में आयी और चण्ड अपनी नयी माँ को प्रणाम करने गया तो चण्ड के व्यक्तित्व और रूप को देख कर, यह सोचते हुए कि वही उसका पति होने वाला था, हंसाबाई का मन विचलित हो उठा। चण्ड के मुँह से 'माता' का शब्द उसे अखरा। हंसा ने उससे कहा कि वह उसे 'माता' न कहे, न उसके चरणों में आँखें गाड़े रहे। वह उसे नाम ले कर बुलाये और आँख मिला कर प्यार से बात करे।

पितृ-भक्त और कर्तव्यनिष्ठ चण्ड ने अपनी नयी माता को पथ-च्युत होते देख कर क्रोध से डाँट दिया। हंसा ने उसकी ठोड़ी ज़रा ऊपर की। उसकी आँखों में आँखें डालने का प्रयास करते हुए उसे ले कर अपनी आशाओं-आकांक्षाओं का उल्लेख किया और कहा कि वह तो उससे प्यार करती थी।....

चण्ड ने क्रोधित हो कर उसका हाथ झटक दिया और कहा —"बस, अब वहीं खड़ी रहो माँ। जो हाथ माँ के संकेत पर दुनिया को उलट सकते हैं, वे उसे पथ से विचलित होते देख कर छुरा भी भोंक सकते हैं।"

हंसाबाई ने इस अपमान पर उसे धमकी दी कि वह मेवाड़ की साम्राज्ञी का अपमान कर रहा है और उसका दुष्परिणाम नहीं जानता।

चण्ड ने कहा कि उसकी माँ विश्व की साम्राज्ञी होती तो भी ऐसे में वह उसका गला घोंट देता।....

इसी घटना ने कहानी को वह मोड़ दिया, जिससे रणमल को मेवाड़ और मण्डोवर का स्वामी बनने की अपनी पुरानी लालसा को पूरा करने के लिए कुचक्र चलाने का अवसर मिल गया।

चण्ड से रुष्ट हो कर रानी हंसाबाई अपने भाई की ओर झुकी। रणमल ने एक ओर बहन से अपना प्यार जताते हुए, उसके संकेत पर संसार को परास्त करके उसके कदमों में डाल देने का विश्वास दिलाया, दूसरी ओर उससे कहा कि मेवाड़ की साम्राज्ञी होते हुए उसका भाई मामूली सिपहसालार हो, यह रणमल का नहीं, उसका अपमान है और यूँ उसे चंग पर चढ़ा कर, उससे राणा लक्षसिंह पर ज़ोर दिला कर अपने लिए मेवाड़ के सेनाध्यक्ष का पद पा लिया। दूसरी ओर चण्ड को चोरी से राघव देव और भारमली को इकट्ठे बैठे दिखा कर राघव को खेलवाड़ा भिजवा दिया और भारमली बड़ी रानी का मन बहलाने के लिए महलों में नियुक्त कर दी गयी।

फिर रणमल ने हंसाबाई से कहा कि वह राणा लक्षसिंह से भारमली को अपने लिए माँगे। भारमली हंसाबाई की सेवा में आ गयी। लेकिन उसके विलासी भाई के भय से वह मेवाड़ छोड़ कर राघव की शरण में खेलवाड़ा चली गयी।

रणमल पेच-ो-ताब खाता हुआ उचित अवसर की प्रतीक्षा करने लगा। अवसर के लिए उसे बहुत प्रतीक्षा नहीं करनी पड़ी।

हंसाबाई ने एक पुत्र मोकल को जन्म दिया। जब वह पाँच वर्ष का हो गया तो राणा ने चण्ड से पुनः पूछ कर मोकल को युवराज घोषित कर दिया और चण्ड पर राणा मोकल, राजमाता और मेवाड़ के राज-काज की ज़िम्मेदारी डाल कर स्वयं गया के पवित्र स्थल से यवन आक्रमणकारियों को भगाने के लिए सेना ले कर चले गये। यवनों से गया की रक्षा में सफल हो गये, लेकिन वे लौटे नहीं, यवनों का पीछा करते हुए चारपाई पर प्राण देने के बदले, सच्चे राजपूत की तरह रणक्षेत्र में वीरगति को प्राप्त हो गये।

इस घटना ने रणमल के लिए मैदान साफ़ कर दिया। उसने एक ओर हंसाबाई को बहकाया कि वह नाम की राजमाता है और मोकल नाम का राणा है। मेवाड़ पर राज्य तो चण्ड करता है और मेवाड़वासी उसी को अपना राणा मानते हैं। उसी की ओर देखते हैं।

कोई बड़ी बात नहीं, यदि एक दिन मेवाड़वासी मोकल को हटा कर चण्ड को मेवाड़ का अधिपति बनने पर विवश करें।

भोली-भाली हंसाबाई ने रणमल के बहकाने से चण्ड पर यही आरोप लगा दिया। स्वाभिमानी चण्ड विक्षुब्ध हो कर चित्तौड़ छोड़ कर अपने वफ़ादार भील सरदारों के साथ माण्डू चला गया। माण्डू के सुलतान ने न केवल उसे शरण दे दी, वरन एक जागीर भी अता की।

चण्ड के भय से मुक्त हो कर रणमल ने अपने पिता राव चूड़ावत के निधन और कान्हा के सिंहासनारूढ़ किये जाने की घोषणा की सूचना पाते ही यवनों के आक्रमण को रोकने के बहाने सेना ले कर आधी रात को मण्डोवर पर चढ़ाई कर दी। जब रानी तारा सब ओर से घिर गयी तो अपने सौतेले बेटे के हाथों अपमानित होने और अपने सामने अपने बेटे कान्हा का वध होता देखने के बदले उस मानिनी नारी ने स्वयं अपने बच्चे का गला अपने हाथों घोंट कर आत्महत्या कर ली।

अब मण्डोवर और मेवाड़ पर एक तरह से रणमल ही शासन करता था। मोकल नाम मात्र के राणा और हंसा नाम मात्र की राजमाता थी। अपनी उस भोली बहन को रणमल ने विश्वास दिला दिया कि वह तो यवनों को खदेड़ कर केवल कान्हा के राजतिलक पर उपस्थित रहने के लिए मण्डोवर गया था, लेकिन माँ ने समझा कि वह अपना अधिकार बरबस लेने आया है और उसने युद्ध छेड़ दिया। वह तो जीत कर भी पिता की इच्छा के अनुसार कान्हा ही को सिंहासन पर बैठाता, पर माँ ने अपने हाथों उसका गला घोंट दिया और आत्महत्या कर ली।

भोली-भाली हंसा चाटुकारिता में दक्ष अपने उस सौतेले भाई की बात को कितना समझी, यह तो चेतन ने नाटक में नहीं दिखाया, लेकिन राजवंश की वफ़ादार धाय ने हंसा को यथार्थ वस्तु-स्थिति से अवगत कराते हुए समझाया कि अगर वह मान-अपमान को भूल कर इस कठिन घड़ी में चण्ड को राणा मोकल की सहायता के लिए नहीं बुलाती तो मेवाड़ का राज्य सिसोदिया वंश के हाथ से निकल जायेगा।

हंसाबाई असमंजस में थी। तभी एक दिन रणमल राणा मोकल को गोद में ले कर सिंहासन पर बैठ गया और उसके सिर से मुकुट उतार कर उसने अपने सिर पर रख लिया। मोकल मुकुट के लिए चिल्लाने लगा। इससे पहले कि रणमल कोई हरकत करता, धाय आ गयी। रणमल ने मुकुट उसे दे दिया। धाय उसे ले कर महलों में जा रही थी कि जान-बूझ कर गिर गयी। उसने शोर मचा दिया कि राणा को चोट आ गयी है, राजवैद्य को बुलाया जाय और वह मोकल को ले कर महलों में चली गयी।

उसने राजमाता पर ज़ोर दे कर चण्ड को चिट्ठी लिखवायी कि अपनी माँ को क्षमा करते हुए इस कठिन घड़ी में राजवंश की रक्षा करे।

चण्ड तो कर्तव्य से बँधा था। उसने अपने साथ आये हुए भील सरदारों से कहा कि वे एक-एक कर अपने बाल-बच्चों का देखने के बहाने चित्तौड़ चले जायें और राजमाता की मदद से चित्तौड़ के द्वारपालों का स्थान पायें। वह स्वयं दीपमाला के दिन चढ़ाई करेगा। राजमाता से कह दें कि दीपमाला के दिन भवानी की पूजा के लिए जायें। वह सेना-समेत

उन्हें आ मिलेगा और उस दिन राठौर के अत्याचारों का ख़ात्मा हो जायेगा।

इस अवसर पर राघव भी खेलवाड़ा से चण्ड को यही समझाने पहुँचे थे। क्योंकि भारमली ने उन्हें सारी स्थिति से अवगत करा दिया था। जब चण्ड से मेवाड़ की रक्षा करने का वचन ले कर वे वापस खेलवाड़ा गये तो रणमल ने राणा मोकल के जन्म दिवस के बहाने ज़हरीली पोशाक भेज कर राघव का वध करा दिया और भारमली को पकड़ मँगाया। राघव की हत्या के बाद खेलवाड़ा में विद्रोह हो गया। रणमल ने वहाँ राठौर सेना भेज दी। इस बीच कई हज़ार सिसोदिये सिपाही धीरे-धीरे चित्तौड़ पहुँच गये।

दीपमाला की रात जब इधर विलास-भवन में रणमल भारमली से गाना सुनता हुआ मदिरा-पान कर रहा था और वह उसे राघव के वध का बदला लेने के लिए एकदम मदहोश करने को ज़्यादा-से-ज़्यादा पिला रही रही थी, उधर चण्ड ने चित्तौड़ पर आक्रमण कर दिया। भील सरदारों ने दुर्ग के द्वार खोल दिये। चण्ड राजमाता और राणा मोकल को सुरक्षित महलों में पहुँचा कर चला गया। उसने सरदारों को आदेश दिया कि रणमल को जीवित या मृत पकड़ लायें और जो भी राठौर मिले, उसे मौत के घाट उतार दें।

पहरेदारों से यह भी मालूम करके कि रणमल विलास-भवन में भारमली के साथ मौज मना रहा है, सरदारों ने विलास भवन पर आक्रमण कर दिया। दरवाज़ा बन्द था। वे उसे तोड़ने लगे। भारमली ने मदहोश रणमल को यह कहते हुए उसकी पगड़ी से चारपाई पर लपेट दे कर बाँध दिया कि वह उसे अपने प्रेम-पाश में जकड़ रही है और छुरा निकाल कर उसने रणमल पर वार किया। तभी किवाड़ टूट गया और सैनिक नंगी तलवारें लिये अन्दर आ गये। छुरा चलाते हुए भारमली का हाथ काँप गया। रणमल का कन्धा छलनी हो गया। उसने किसी प्रकार पैर पगड़ी से आज़ाद कर लिये और एक हल्ले से चारपाई समेत खड़ा हो गया। उसने पीतल का कलश उठा कर भारमली पर वार किया। वह झुक गयी और गिर गयी। उसी कलश से सेनानायक की तलवार को रोकते हुए उसने कलश उसके सिर पर दे मारा। वह अचेत हो कर गिर गया। उसकी तलवार उठा कर कलश से ढाल का काम ले कर भयंकर रूप से युद्ध करता हुआ वह चार सैनिकों को मार कर क़क्ष से बाहर निकल गया। तभी भारमली ने खींच कर उसके छुरा दे मारा, जो रणमल की पीठ की ओर से सीने को पार कर गया और वह गिर गया।

इसी समय चण्ड पहुँच गया। उसे जब मालूम हुआ कि भारमली के छुरे ने राठौर को उसके पापों का बदला दे दिया है तो उसने कहा कि भारमली नायिका ही नहीं थी, नर्तकी ही नहीं थी, वह देवी थी। वे लोग उसे देखने को आगे बढ़े, पर भारमली ने आत्म-हत्या कर ली और इच्छा प्रकट की कि उसके शव को खेलवाड़ा ले जा कर जलाया जाय।

सैनिकों ने रणमल के बारे में पूछा तो चण्ड ने कहा कि इसका सिर काट कर दुर्ग के मीनार पर लटका दिया जाय ताकि राजवंश का विरोध करने वालों को चेतावनी मिले।

हंसाबाई ने, जो अपने भाई रणमल के वध की चिन्ता से महलों में न रह सकी थी और चण्ड के पीछे-पीछे आ गयी थी, यह आख़िरी वाक्य सुन लिया और वह चिल्लायी कि उसके भाई का सिर न काटा जाय, बल्कि उसको बन्दी बना लिया जाय।

जब उसने रणमल को ख़ून में लथपथ मरे हुए देखा तो यह समझ कर कि चण्ड ने उसे मौत के घाट उतारा है, वह रोने लगी। अपना आपा खो कर उसने चण्ड पर आरोप लगाया —"चलो, तुमने यह अच्छा किया। अपने अपमान का बदला तुमने चुका लिया, मेरे भाई को ख़त्म कर दिया। यह काँटा भी तुम्हारे रास्ते से निकल गया।"

यह स्वाभिमानी और कर्तव्यनिष्ठ चण्ड की सहन-शक्ति से बाहर की बात थी। वह क्रोध और विक्षोभ में चुपचाप वहाँ से हट गया।

उसे जाते देख कर हंसाबाई होश में आ गयी। उसने बार-बार चण्ड को पुकारा। लेकिन विक्षुब्ध कुमार नहीं लौटा। तब हंसाबाई ने अपने मृत भाई के शव को देख कर रोते और विलाप करते हुए कहा —

> *"तुम मेरे भाई थे। शत्रु ही सही, मेरे बच्चे से विद्वेष रखने वाले ही सही, अपनी सौतेली, लेकिन मेरी सगी माँ और अनुज के हत्यारे ही सही, फिर भी मेरे बड़े भाई थे। बचपन में मेरे साथ खेले थे। मेरे पितृ-कुल के अन्तिम दीप थे। तुमने कभी न जाना कि तुम्हारी इस सौतेली बहन के हृदय में तुम्हारे लिए कितना स्नेह है। तुम्हारा यह क्षत-विक्षत शव देख कर उसका हृदय किस तरह फटा पड़ता है।"*

और वह पछाड़ खा कर भाई के शव पर गिर गयी।

०

चेतन ने नाटक के अन्तिम बिन्दु का दृश्य दोबारा पढ़ा। टॉड राजस्थान में तो लिखा था कि रणमल को पराजित करके चण्ड ने बड़े कौशल से राणा मोकल और राजमाता की ओर से मेवाड़ का प्रशासन चलाया।....चेतन ने चाहा कि हंसाबाई का सम्वाद काट दे। लेकिन उसका मन न माना। उसने अपने भाई के लिए हंसाबाई के जिस तर्कहीन प्यार का चित्रण किया था, उसका यही तक़ाज़ा था कि रणमल के तमाम अत्याचारों के बावजूद हंसाबाई उसे यूँ क्षत-विक्षत और मृत देख कर दुखी हो और शोक-जनित विक्षिप्तावस्था में चण्ड को वैसी जली-कटी सुना दे। बड़े कौशल से लिखे गये उस दृश्य में चेतन को कुछ भी काटना प्रिय नहीं था।

लेकिन वह इस अन्तिम बिन्दु के बाद क्या लिखे, कौन-सा दृश्य उकेरे कि अपना मनचीता प्रभाव पैदा कर सके, लाख सोचने पर भी उसे कुछ नहीं सूझा। अन्तिम बिन्दु के उस विलक्षण दृश्य में हंसाबाई के सम्वाद वह काटना नहीं चाहता था और चण्ड जब अपमानित हो कर चला गया था तो लौट कर नहीं आ सकता था। चेतन समझ नहीं पा रहा था कि कैसे नाटक का अन्त एक दृश्य और बढ़ा कर मनोनुकूल कर दे। उसने कलम छोड़ दिया, फ़ाइल को बन्द किया, धीरे से उठा, पत्नी पर एक उड़ती-सी नज़र डाली — वह गहरी नींद सो रही थी —और दबे पाँव कमरे से निकल गया। रसोई में बैठी माँ से उसने कहा —"माँ, मैं थक गया हूँ। ज़रा बाहर जा रहा हूँ। थोड़ी देर में आ जाऊँगा।"

और वह चुपचाप सीढ़ियाँ उतर गया।

तेरह

चेतन घर से निकला तो उसका दिमाग़ बिलकुल ख़ाली था। वह निरुद्देश्य चलता हुआ हरलाल पंसारी की दुकान के आगे बाजियाँ वाला बाज़ार के तिराहे पर पहुँचा। क्षण भर रुक कर वह सोचता रहा —दायीं तरफ़ चौरस्ती अटारी की ओर जाये या बायीं ओर सैदाँ गेट की तरफ़? वह तय न कर सका। फिर वह —जिसे अंग्रेज़ी में कहते हैं, 'ऐट द स्पर ऑफ़ द मोमेण्ट' यानी उस पल उठने वाली तरंग में —बायीं गली की तरफ़ मुड़ गया।

चन्द कदम चलने पर वह ख़रादियाँ के तिकोने पर फिर रुक गया। एक ख़रादिया तेज़ घूमती मशीन पर चकई चढ़ाये, उसके ऊपर की सतह पर रंग कर रहा था। चेतन दुकान के बाहर खड़ा, चकई पर रंग चढ़ते देखता रहा। लड़कपन से ही यह प्रक्रिया उसे बेहद आकर्षक और हुनरमन्दी-भरी लगती थी। यूँ तो चकई की सतह पर एक ही रंग होता —नीला, लाल, हरा, बैंगनी —लेकिन कभी-कभी अपने मूड में ख़रादिये लट्टुओं की तरह चकई पर तीन-चार रंगों की धारियाँ बना देते, जो घूमती हुई चकइयों पर बेहद दिल-फ़रेब लगतीं। ऐसे में ख़रादियों के सधे हाथों का कमाल चेतन को चकित कर देता। मजाल है जो रंगीन चाक ज़रा-सा भी नीचे-ऊपर हिल जाय और रंग आपस में गडमड हो जायँ। ख़रादियों के हाथ इतने सधे होते कि चकइयों पर उनके मनोनूकूल धारियाँ पड़ती रहतीं।

चेतन आगे बढ़ कर दुकान की दहलीज़ पर उकड़ूँ बैठ गया। तभी ख़रादिये ने एक चकई पर रंग चढ़ा कर मशीन बन्द की, पेच ढीले करके चकई को उतारा, दायीं ओर चकइयों के ढेर पर धीरे से फेंक दिया और बायीं ओर पड़ी बेरंग और खुरदरी चकइयों के छोटे-से ढेर पर से एक नयी चकई उठा कर उसे मशीन पर फ़िट किया। फिर पेच कस कर बटन दबा दिया, मशीन पूरी गति से घूमने लगी।

चेतन मशीन से ज़्यादा दूर नहीं था। उसने देखा, चकई की निचली सतह अपेक्षाकृत खुरदरी है और उस पर निहन्नी[1] जैसे औज़ार से ऊँची-नीची धारियाँ-सी बनी हैं। रंग तो उन पर चढ़ता नहीं था, पर रेगमार काग़ज़ से उनका खुरदरापन कद्रे कम कर दिया गया था। इन धारियों की तराश में भी वही निपुणता थी। न ज़रा चौड़ी थीं, न कम। सब एक बराबर थीं। इतनी तेज़ चलती मशीन पर हाथ का ज़रा-सा हिलना धारी की मेड़ को काट सकता था, लेकिन जैसे रंग एक-दूसरे से गडमड नहीं होते थे, धारियाँ भी एक-सी सीध में बनती चली जाती थीं।

हालाँकि चेतन को चकइयाँ या लट्टू चलाने का शौक नहीं था, लेकिन उसने महज़ तजरुबे के लिए भाई साहब से (जो ताश, शतरंज और पतंगबाज़ी की तरह चकइयाँ चलाने में भी माहिर थे) चकई ले कर, उस पर डोरा चढ़ाना और डोरे के सिरे को उँगली में लपेट कर चकई को अँगूठे और तर्जनी में ले कर ज़ोर से फ़र्श पर ऐसे फेंकना सीख लिया था कि वह ज़ोर से नाचती हुई एक ओर को इतनी न झुक जाय कि धरती से टकरा कर घिसटती-घूमती, दूर जा कर उलट जाय, बल्कि थोड़ा इधर-उधर झुकती-घूमती जल्दी ही स्थिर भाव से घूमने लगे और काफ़ी देर तक घूमती जाय। चकई की धारियाँ इसीलिए नीचे

---

१ नाख़ून काटने वाला नश्तर

की ओर को मेड़दार थीं कि डोरा नीचे न आ जाय, बल्कि कसा रहे और जब चकई नचायी जाय तो बिजली की-सी गति से घूमे।

चकइयाँ ख़त्म हो गयी थीं। ख़रादिये ने मशीन पर एक लट्टू फ़िट कर दिया था और उस पर उसी निपुणता और सधाव से रंगीन धारियाँ डालने लगा। वह कई रंगों के चाक ऐसे मोटे रंगों को घूमते हुए लट्टू से छुलाता और रंग की चमकती धारी बन जाती।

मुग्ध-भाव से एकटक उस प्रक्रिया को देखते हुए चेतन के सामने उसके नाटक का अन्तिम दृश्य आ गया और वह हंसाबाई के उस विक्षोभ-भरे विलाप के बारे में सोचने लगा —रणमल जैसे निहायत बुरे भाई से (उसकी तमाम ज़्यादतियों के बावजूद) हंसा को जो स्नेह था, क्या वह नितान्त काल्पनिक था? क्या ऐसे भाई के प्रति —वह भी सौतेले भाई के प्रति —वैसा तर्कहीन प्यार सम्भव है कि हंसाबाई ने दुख के उस अतिरेक में अपने रक्षक पर झूठा इल्ज़ाम लगाया? क्या चेतन को उसे काट देना चाहिए अथवा हंसा द्वारा चण्ड से प्रार्थना करवानी चाहिए कि वह अपनी सौतेली माता और छोटे भाई की ओर से राज-काज चलाये —मोकल के बालिग़ होने तक?

लेकिन उसके अन्तर ने इनकार कर दिया और उसे लगा कि सौतेले भाई के लिए हंसाबाई के मोह-भरे प्यार में कुछ भी अयथार्थ नहीं है। चेतन ने जीवन में वैसा प्यार देखा था तभी उसका चित्रण किया था।

वहीं ख़रादिये की दहलीज़ में बैठे-बैठे, प्रकट लट्टुओं पर धारीदार रंग चढ़ते देखते हुए चेतन के दिमाग़ में एक-के-बाद-एक —कई ऐसी घटनाएँ घूम गयीं।

०

लाहौर के शुरू के दिनों में जब वह पण्डित रत्न के घर जाता था तो उसने देखा था कि पण्डित जी का नौजवान साला जब नाराज़ होता, अपनी बहन को लक्ष्य करके बहुत चिल्लाता। वह निहायत ग़ुस्से और उद्दण्डता से आँगन में दनदनाता घूमता। हर छठे महीने कोई-न-कोई नयी योजना बनाता। बहन से रुपये लेता। असफल रहता। ऊपर से रूठ जाता। पण्डित जी की पत्नी, जिसे चेतन भाभी कह कर पुकारता था, उसे मनाती, फिर नयी योजना के लिए रुपया देती। पण्डित जी के इस साले को गर्म-गर्म फुल्के खाने की सनक थी। फुल्का ज़रा भी ठण्डा होता तो वह चिल्लाने लगता। भाभी कुछ न कहती, गर्म-गर्म फुल्का सेंकती और अपनी भारी देह के बावजूद उठ कर उसे दे आती।

उसकी बदतमीज़ियों पर चेतन का ख़ून खौल उठता, पर जब पण्डित जी सब सुन कर अनसुना कर देते और देख कर अदेखा, तो वह कैसे कुछ कहता।

स्वयं चन्दा अपने ताऊ-ज़ाद निकम्मे भाई रणवीर पर अपना निश्छल स्नेह लुटाती थी। वह चेतन की नज़्में चुरा कर अपने नाम से अख़बारों में छपवा देता। चेतन बमकता तो चन्दा बड़े धैर्य और प्यार से उसे ही समझाती और कहती कि जब चिड़िया के चोंच भर पानी लेने से नदी का नीर नहीं घटता तो रणवीर के दो-एक कविताएँ लेने से क्या फ़र्क पड़ेगा और वह कहती, "आप तो नदी नहीं, सागर के समान हो। साहित्य के सागर हो। मेरा भाई दो कविताएँ ले कर ख़ुश हो जाता है तो आपको क्या फ़र्क पड़ता है। रणवीर को माँ का प्यार नहीं मिला। उसे क्षमा कर दीजिए। आप और कविताएँ लिख लीजिएगा।"

हालाँकि चेतन अपनी औकात जानता था, पर पत्नी द्वारा साहित्य के सागर की उपाधि पाना उसे बहुत अच्छा लगता। उस निकम्मे और परम मूर्ख रणवीर के लिए चन्दा का निश्छल स्नेह भी कहीं उसके मन को छू जाता। वह चुप हो जाता। वह इस तर्कहीन प्रेम को बिलकुल न समझ पाता। लेकिन पंजाबी लोकगीत भाइयों के लिए बहनों के ऐसे प्रेम और गर्व से भरे हुए थे। बहनों को भाइयों का कितना मान था, यह उसने अपनी माँ के यहाँ देखा था। वह पिता से नाराज़ हो कर १४ वर्ष तक मायके न गयी थी, पर जब उसने सुना कि उसकी सौतेली माँ बच्चे से है तो सौतेले भाई के पैदा होने की उम्मीद से ही वह उल्लास और गर्व से भर गयी थी और प्रसव के दिनों में होशियारपुर चली गयी थी। बच्चा मृत पैदा हुआ, इसका शोक वह वर्षों मनाती रही थी।

ऐसा तर्कहीन प्यार यथार्थ जीवन में देख कर ही उसने हंसाबाई का चरित्र गढ़ा था और अपने क्रूर भाई के लिए उसके मन में वैसा स्नेह रख दिया था। चण्ड तो हंसा को महलों में छोड़ आया था, लेकिन भाई के हत हो जाने के भय से वह उलटे पाँव उसके पीछे-पीछे आ गयी थी और इस भ्रम से कि चण्ड ने उसका वध किया है, अपना आपा खो कर उसने उस पर वह इल्ज़ाम लगाया था। चेतन को हंसा का वह क्रोध, विक्षोभ और विलाप उसके किरदार के अनुरूप लगा था। चाहने पर भी चेतन वह वाक्य न काट सका था।

लेकिन उस सरासर ग़लत अभियोग को सुन कर स्वाभिमानी चण्ड ही वहाँ कैसे रुकता?

और चेतन परेशान था कि नाटक को कैसे समाप्त करे? कैसे वह एक ऐसा दृश्य लिखे, जिसमें इतिहास लिखित तथ्य के पूरा होने की सम्भावना भी हो, जो चण्ड के चरित्र को भी ऊँचा उठा दे और वह अन्त पाठक के मन को भी छू जाय?

इस बीच ख़रादिये ने सभी लट्टुओं पर रंग कर दिया था। चेतन उठा। अपनी समस्या पर विचार करते हुए वह सीधा कादेशाह के चौक तक चला गया। तभी बिजली की कौंध-सा अपनी उस समस्या का समाधान उसके ज़ेहन में आ गया। वह तत्काल वापस फिरा और एक-एक की बजाय दो-दो सीढ़ियाँ चढ़ता हुआ वापस अपने कमरे में पहुँचा।

०

चन्दा पूर्ववत गहरी नींद सोयी हुई थी। उसने नाटक की फ़ाइल खोली। वह कुर्सी पर बैठ गया। उसने पहला दृश्य और उसमें शिव स्तुति का गीत पढ़ा। वह ख़ुश हो गया —उसे लगा, उसने ठीक सोचा है। अन्तिम दृश्य भी इसी गीत से शुरू होना चाहिए। इससे उसके नाटक में एक सिमिट्री (symmetry) आ जायेगी, एक सन्तुलन पैदा हो जायेगा और नाटक का अन्त उसका वांछित प्रभाव पैदा कर सकेगा।

चेतन ने नाटक के पहले दृश्य में एक विलक्षण बात की थी। उसने कहीं पढ़ा था कि उज्जैन में भगवान एकलिंग का मन्दिर भूगृह में है और उसने टॉड में पढ़ा था कि राणा लक्षसिंह भगवान एकलिंग के अवतार लकुटीश के उपासक थे, जिसके एक हाथ में लकुट दण्ड और दूसरे में बीजोर नाम का फल होता है। चेतन ने नाटक के पहले दृश्य में भूगृह में बने भगवान लकुटीश के वैसे ही मन्दिर की कल्पना की थी, जिसके गवाक्षों में दिये

जलाते हुए सेवक नीचे उतरते हुए भगवान लकुटीश का स्तुति-गीत गाते हैं।

चेतन ने बाबू हरिश्चन्द्र, द्विजेन्द्रजाल राय और प्रसाद के नाटक तो पढ़े थे, पर उसकी बड़ी इच्छा थी कि अपना नाटक लिखने से पहले वह कोई पश्चिमी आधुनिक नाटक भी पढ़े। लेकिन उसके पास न उतना पैसा था कि वह उस ज़माने का कोई नाटक ख़रीद सके, न उतना समय ही था कि रामाकृष्णा की दुकान में बैठ कर अथवा पब्लिक लायब्रेरी में जा कर कोई पश्चिमी नाटक पढ़े। ढूँढने पर तत्कालीन फ़्रान्सीसी नाटककार मॉरिस मेतरलिंक के एक नाटक का उर्दू अनुवाद 'पेलियास और मेलिसान्द' उसके हाथ लग गया। न जाने फ़्रान्सीसी भाषा में उसका क्या नाम था? उर्दू अनुवादक ने उसे, वह जिसे कहते हैं, 'उर्दू-आइज़' कर दिया था और नाटक का शीर्षक नायक और नायिका के नामों पर 'पेलियास और मेलिसान्द' रखा था। चेतन को वह फ़्रान्सीसी नाटक —विशेषकर उसकी शैली बहुत अच्छी ल ाी थी। उसमें पात्र छोटे-छोटे सम्वाद दोहरा कर बोलते थे, जिनसे मन पर कुछ अजीब-सा ाभाव पड़ता था। पहले अंक से ही चेतन ने अपने नाटक में भी उस शैली का सूत्रपात कर दिया था।

स्तुति-गीत चेतन ने स्वयं लिखा था। उसके पूर्ववर्ती नाटककारों में से किसी के यहाँ वैसे दृश्य की अवधारणा नहीं थी। उसे पूरा विश्वास था कि नाटक कभी मंच पर प्रस्तुत होगा तो पहले दृश्य ही से दर्शकों का ध्यान आकर्षित कर लेगा। गीत पढ़ते हुए उसने — 'नहीं है कद्रदाँ कोई तो मैं हूँ कद्रदाँ अपना' के अनुरूप ख़ुद ही अपनी पीठ ठोंक ली और निहायत कनसुरे स्वर के बावजूद होंटों-ही-होंटों में गीत गुनगुनाते लगा —

"जय जय, जय जय, जय लकुटीश
लकुट दण्ड है तेरे साथ
विजय - पराजय तेरे हाथ
हम सेवक हैं तेरे नाथ
हम पर कृपा करो जगदीश,
जय जय, जय जय, जय लकुटीश"

पहले दृश्य में पर्दा उठने पर सेवक यही स्तुति-गान गाते हुए मन्दिर के भूगृह में उतरते हैं। तभी एक सेवक की आवाज़ आती है —

— मशाल ऊपर करो। मशाल ऊपर करो

और दूसरा सेवक कहता है —

— हम पहुँच रहे हैं। हम पहुँच रहे हैं।

लेकिन सम्वादों को पुनरावृत्ति के साथ बोलने वाली इस शैली का प्रयोग चेतन ने सर्वाधिक और अपने निकट प्रभावी रूप से पहले अंक के सातवें याने अन्तिम दृश्य में किया था। चेतन ने मन-ही-मन तय किया था कि न केवल वह इस गीत से अन्तिम दृश्य शुरू करेगा, बल्कि अन्तिम दृश्य में सम्वाद भी ऐसे ही दोहरे रखेगा। वह मनोयोग से पहले अंक का सातवाँ दृश्य पढ़ने लगा —

उस दृश्य में चेतन ने राजपुरोहित कीर्तिमान केशव (झोटिंग भट्ट) को राठौर रणमल के आगमन पर अपने साथी धनेश्वर राय के साथ चिन्ता करते दिखाया था। दृश्य केवल

एक पृष्ठ का था। चेतन सस्वर पढ़ने लगा। —डायरेक्टर के लिए सूचना थी —

(भगवान एकलिंग की मूर्ति कन्दरा में है, मुहाने पर घण्टा लटक रहा है। बाहर बैठे हुए नन्दी की काफ़ी बड़ी मूर्ति प्रतिष्ठित है। झोटिंग भट्ट और धनेश्वर राय खड़े बातें कर रहे हैं।)

धनेश्वर : अँधेरा गहरा हो रहा है। अँधेरा गहरा हो रहा है।

झोटिंग : अँधेरी रात होगी। गाढ़ी काली अँधेरी रात होगी।

धनेश्वर : और चाँद न होगा। चाँद भी न होगा। अविवेक के बादल उस पर छा रहे हैं।

झोटिंग : फिर जाने क्या हो?

धनेश्वर : कौन जाने क्या हो ?

झोटिंग : अच्छा नहीं होगा। मैं कहे देता हूँ (निराशा से सिर हिलाते हुए) अच्छा नहीं होगा।

धनेश्वर : (आतंक से) हाँ, अच्छा नहीं होगा। अच्छा नहीं होगा।

झोटिंग : कुछ भी हो। अब, जब अज्ञान बुद्धि पर शासन जमा रहा है, हमें उसका साथ न देना चाहिए। हमें अपना कर्तव्य निभाना चाहिए। हमें अपना कर्तव्य निभाना चाहिए।

धनेश्वर : हाँ, हमें अपना कर्तव्य निभाना चाहिए। हमने सिसोदियों का नमक खाया है। इस समय जब वे कुल की झूठी मर्यादा, थोथी प्रतिष्ठा के पीछे अपना हित-अहित नहीं सोचते, हमें इस विपत्ति से उन्हें बचाना चाहिए।

झोटिंग : हाँ, हमें इस विपत्ति से उन्हें बचाना चाहिए। (निराशा से) किसी ने भी हमारी नहीं सुनी —राणा, युवराज, कुमार —किसी ने भी हमारी नहीं सुनी। सबके पास जाना —सबको समझाना —व्यर्थ हुआ।

धनेश्वर : हमने अपना कर्तव्य निभा दिया। समय पर उन्हें चेता दिया। सावधान कर दिया। उनकी वे जानें। जो व्यक्ति आग में हाथ डालने को तुला हो, उसे जलने से कौन बचा सकता है। लेकिन हम अब भी अपना कर्तव्य पूरा करेंगे। आने वाली विपत्ति के दंश को कम करने का प्रयत्न करेंगे।

झोटिंग : जिसकी ओर ज्योतिष संकेत कर रहा है। जो अवश्य आयेगी। टाले न टलेगी।

धनेश्वर : हम भगवान एकलिंग का जाप करके उसके प्रभाव को कम करेंगे।

झोटिंग : हाँ, मैं जाप करूँगा। मैं भगवान एकलिंग का जाप करूँगा। मैं उस वक्त तक भगवान एकलिंग का जाप करूँगा, जब तक आकाश में विपत्ति के ये बादल छँट नहीं जाते। (सिर उठा कर सामने शून्य में निर्निमेष देखते हुए) विपत्तियों की घटाएँ घिर आयी हैं। आशंकाओं की आँधियाँ चल रही है और हृदय दो शेरों में घिरे किसी भयभीत मृग-शावक-सा काँप रहा है।

(बादल गरजते हैं। बिजली चमकती है। दोनों आकाश की ओर

भयाक्रान्त देखते हैं।)

(पर्दा गिरता है।)

o

चेतन ने नाटक में बड़े ज़ोरदार दृश्य लिखे थे। राजदरबार का दृश्य, जहाँ हंसाबाई का नारियल आता है, लक्षसिंह मज़ाक करते हैं और युवराज चण्ड नारियल लेने से इनकार करते हैं और महाराज लक्षसिंह क्रोध में आ कर स्वयं नारियल लेने को तैयार हो जाते हैं, बहुत ही जीवन्त सम्वादों के सहारे प्रभावी ढंग से लिखा गया था।

राणा लक्षसिंह के वीर गति पाने और चण्ड के माण्डू प्रस्थान कर जाने के बाद जब रणमल रात को सेना ले कर मण्डोवर के राज महल को घेर लेता है और आँधी-तूफ़ान के कारण रानी तारा, जो दूसरे दिन अपने पुत्र के सिंहासनारूढ़ होने के स्वप्न देख रही थी, भाग नहीं पाती क्योंकि रणमल के सैनिक सभी द्वारा बन्द कर देते हैं, तो वह विक्षिप्तावस्था में स्वयं कान्हा का गला घोंट देती है। जब सैनिक उसे पकड़ कर मशालों की रोशनी में रणमल के सामने लाते हैं तो चूँकि रानी तारा ने स्वयं भी हीरे की कनी चाट ली है, ज़हर उसकी नस-नस में दौड़ रहा है, वह मरे हुए कुँवर को दोनों बाँहों पर लिये, उसे रणमल की ओर बढ़ाते हुए क्रोध, विक्षोभ और विक्षिप्तावस्था में कहती है —

> *"लो, यह है कुँवर! तुम्हारे हाथों अपनी आँखों के सामने इसे मरता देखने के बदले मैंने स्वयं अपने हाथों से इसे चिरनिद्रा में सुला दिया। तुमने भागने के सभी द्वार बन्द कर दिये। सोचा —हमें बन्दी बनाओगे, अपमानित करोगे। तुम्हारी यह इच्छा कभी पूरी न होगी।'....*

चेतन ने तारा का यह लम्बा सम्वाद इतना ज़ोरदार लिखा था कि जब उसके अन्त पर वह बच्चे का शव उसके कदमों पर फेंकती हुई स्वयं पछाड़ खा कर गिर जाती है तो क्रूर रणमल तक हतबुद्धि रह जाता है।

चेतन ने यह दृश्य चन्दा को सुनाते हुए अपने स्वर में उतार-चढ़ाव, भाव-भंगिमाओं और अभिनय से ऐसा वातावरण पैदा कर दिया था कि न केवल वह स्वयं उसमें बह गया था, वरन चन्दा को भी बहा ले गया था। सम्वाद सुना कर उसने चन्दा की ओर देखा था। चन्दा ने दोनों मुट्ठियाँ ठोढ़ी के नीचे से हटा ली थीं और सीधी हो बैठी थी। उसकी आँखें फैल गयी थीं और उनमें पानी तैर आया था। चेहरा रोनक्खा और होंट आसन्न रुलाई में काँप रहे थे।

चेतन धीरे से अपनी पत्नी के पास गया था और जब उसने पूछा था —"क्या बात है चन्दा" तो भरे हुए गले से चन्दा ने सिर्फ़ इतना कहा था —"वह कैसी माँ थी, जिसने ख़ुद अपने हाथों अपने बच्चे का गला घोंट दिया।"

और गालों पर अनायास बह आये आँसुओं को उसने दुपट्टे से पोंछ लिया था।

चेतन उसके पास पलँग की पट्टी पर बैठ गया था। प्यार से धीरे-धीरे उसकी पीठ पर हाथ फेरते हुए उसने कहा था —"भय, क्रोध, आवेग और अहंकार के प्रभाव में आदमी कई बार अपने आत्मीयों ही की नहीं, स्वयं अपनी भी हत्या कर सकता है।"

चन्दा ने भरे हुए गले से कहा था —"आप ज़रा देवेश को मेरे पास ले आइए।"

हल्के-से संकोच के बावजूद चेतन आँगन में गया था और अधछती के नीचे पलँगड़ी पर सोये हुए अपने बच्चे को ले आया था।

चन्दा ने उसे धीरे से गोद में ले लिया था और बेहद नर्मी से उसे सीने से भींच कर कन्धे से लगा लिया था। बड़े प्यार से वह उसके बढ़े हुए सिर को बार-बार चूमने लगी थी।

चेतन ने देखा —आँसू धारासार उसकी आँखों से बह रहे थे।

इसी दृश्य के बाद उसने अपनी पत्नी को नाटक सुनाना बन्द कर दिया था। उसे पूरा विश्वास था कि उसने अन्तिम बिन्दु का दृश्य भी इससे ज़्यादा नहीं, तो इतना ही ज़ोरदार लिखा था। रणमल की प्रसन्नता के लिए अनिच्छापूर्वक भारमली का गाना, फिर उसे शराब पिला कर अपने प्रेमी राघव की हत्या का बदला लेने के लिए छुरे से वार करना, हाथ तनिक काँप जाने में रणमल का कन्धा छलनी हो जाना, अपनी टाँगें पगड़ी की गिरफ़्त से छुड़ा कर एक ही हल्ले से, चारपाई समेत रणमल का खड़े हो जाना, पीतल का भारी कलश उठा कर सेनानायक का सिर फोड़ देना और अन्ततः भारमली के छुरे से उसका काम तमाम हो जाना —यह दृश्य न केवल ज़ोरदार ऐक्शन, वरन पुरअसर सम्वादों से बुना गया था।

लेकिन चेतन को उन शानदार दृश्यों के मुकाबले में पहले अंक का यह छोटा-सा दृश्य पसन्द था। उसने इस एक पृष्ठ के दृश्य और उसके सामान्य दिखने वाले सम्वादों में संकेत रूप में जिस प्रकार नाटक के खलनायक रणमल की ओर से मेवाड़ पर आने वाली विपत्ति तथा राजपूतों की झूठी मर्यादा और प्रतिष्ठा के कारण होने वाले मेवाड़ के अहित का संकेत दिया था, उस दृश्य से आगत के आतंक की जो सृष्टि हुई थी, चेतन उसे प्रशंसनीय मानता था।

०

चेतन ने नाटक के अन्त का वह छोटा-सा दृश्य फिर एक बार पढ़ा। वह कुर्सी से उठ कर कमरे में घूमता रहा —हंसाबाई चण्ड पर झूठा अभियोग लगाती है। विक्षुब्ध चण्ड बिना एक भी शब्द कहे हट जाता है। चेतन की आँखों के सामने सारा दृश्य आ गया।

चण्ड अकेला ही माण्डू के लिए चल पड़ता है। उसका अनुचर हरि सिंह उसके पीछे-पीछे जाता है। शिव मन्दिर में भगवान लकुटीश का स्तुति-गान गूँजता है —

हे शिव, हे शंकर, हे ईश
जय जय जय जय जय लकुटीश

वह आ कर कुर्सी पर बैठ गया और लिखने लगा —

(मंच पर आगे-आगे चण्ड और पीछे-पीछे हरि सिंह प्रवेश करते हैं। गाने की ध्वनि पूर्ववत मंच पर गूँजती है।)

चेतन ने उसमें एक नया बन्द जोड़ा और आगे लिखने लगा —

युग-युग जियें हमारे चण्ड
पापी पायें भारी दण्ड
फिर हो सुख का राज अखण्ड
सब गुण गायें तेरे ईश

जय जय जय जय जय लकुटीश।।

हरि सिंह : (दीर्घ निःश्वास छोड़ कर अपने आप) सारा मेवाड़ आज अपने रक्षक की प्रशंसा के गीत गा रहा है। दासता की बेड़ियों से, राठौर के अत्याचारों से मुक्त हो कर ख़ुशियाँ मना रहा है और मेवाड़ का वह रक्षक, उसकी बेड़ियों को काटने वाला, मेवाड़ का मुक्तिदाता, उसे अपने हाल पर छोड़ कर जा रहा है....

चण्ड : (चलते-चलते रुक कर) हरि सिंह, मनुष्य की आँखें उसके कर्तव्य पर रहनी चाहिएँ। कर्म पर रहनी चाहिएँ। फलाफल पर नहीं।

हरि सिंह : किन्तु महाराज, वे आपको छोड़ेंगे नहीं। मेवाड़वासी आपके मेवाड़-त्याग की बात सुन कर फिर आपको लेने आयेंगे। आपको वापस आना पड़ेगा। मेवाड़ के लिए। राजवंश के लिए आपको वापस आना पड़ेगा।

चण्ड : (चुप रहता है।)

हरिसिंह : मैं कहता हूँ, महाराज, स्वयं राजमाता आप के पास आयेंगी। अपने शब्दों के लिए क्षमा मागेंगी। अपने मोकल के लिए, राजवंश के उस दीपक को जिलाये रखने के लिए, आप से वापस चलने का अनुरोध करेंगी। मैं भविष्यवाणी करता हूँ — आप को लौटना होगा। आपको कर्तव्यवश अवश्य लौटना होगा।

चण्ड : (शून्य में देखते हुए) राजमाता कहती हैं —मैंने रणमल को मरवा दिया। मैं अपना बदला लेना चाहता था।

हरिसिंह : इस समय, महाराज, उनकी आँखों पर उनके भाई की मृत्यु के शोक का पर्दा छाया हुआ है। वे तो आपके मुड़ते ही आपको बुलाती रह गयीं। आपने सुना नहीं। महाराज, राजमाता अपने आप में नहीं हैं, वे अपने आप में नहीं हैं। दुख ने उनके सोचने-समझने की शक्तियाँ हर ली हैं। वे चेतेंगी। वे चेतेंगी। आपको लेने आयेंगी। आप रात भर रुक जाइए।

चण्ड : भविष्य की बातों के बारे में सोचने का क्या लाभ हरिसिंह। मनुष्य की आँखें सदा वर्तमान पर रहनी चाहिएँ। कर्तव्य पर रहनी चाहिएँ। उन्होंने बुलाया, मैं आ गया। उन्होंने दुत्कारा, मैं जा रहा हूँ।

हरिसिंह : रास्ता ऊबड़-खाबड़ है महाराज।

चण्ड : रास्तों का ज्ञान रखना मैंने कब का छोड़ दिया है।

(चला जाता है)

हरिसिंह : महाराज। महाराज।

(पीछे-पीछे जाता है।)

(पटाक्षेप)

o

लिखने के बाद चेतन ने यह अन्तिम छोटा-सा दृश्य पढ़ा। कल्पना-ही-कल्पना में मंच पर उसे अभिनीत होते देखा, सन्तुष्ट हो कर कलम रख दिया और उठ कर कमरे में घूमने लगा।

तभी चन्दा ने आँखें खोलीं और लेटे-लेटे अँगड़ाई ली। चेतन ने ख़ुशी से इस तरह उसे यह सूचना दी, जैसे उसका पलँग नेपथ्य में बिछा हो और वह मंच से उसे यह सूचना दे रहा हो।

"चन्दा, मैंने नाटक ख़त्म कर दिया है। मैंने मन-मुताबिक नाटक ख़त्म कर दिया है, चन्दा।"

चौदह

पिछली शाम चेतन का नाटक ख़त्म हो गया था, लेकिन जैसा कि उसको उम्मीद थी, न तो उसके बड़े भाई साहब का तार आया था, न पत्र। लाहौर छोड़ने से पहले वह उन्हें बार-बार ताकीद कर आया था कि ज्यों ही रिज़ल्ट निकले, वे उसे तार दे दें और डाक से अख़बार के उस पृष्ठ का तराशा भी भेजें, जिस पर रिज़ल्ट छपा हो। जो ख़र्च होगा, वह लाहौर आ कर उन्हें दे देगा, लेकिन जून का महीना लगभग बीत रहा था और कोई ख़बर नहीं आयी थी। उसे पूरा यकीन था कि रिज़ल्ट निकल आया होगा और उसके भाई ने अपनी पुरानी बेपरवाही के कारण उसे सूचना नहीं दी।

भाई साहब की ही बात नहीं, उसने अनन्त को भी लिखा था कि लाहौर होता हुआ आये और अगर एफ़०ई०एल० का रिज़ल्ट निकल गया हो तो 'ट्रिब्यून' का वह अंक लेता आये, जिसमें रिज़ल्ट छपा हो। अनन्त की माँ ने कहा था कि वह महीने के अन्त में आयेगा। चेतन यूँ तो प्रकट नाटक लिखता रहा था, लेकिन अर्ध-चेतन में कहीं वह अपने भाई के तार या पत्र अथवा अनन्त के आगमन की प्रतीक्षा भी करता रहा था।

वास्तव में नाटक ख़त्म करने के बाद उसे जालन्धर में एक दिन भी गुज़ारना भारी मालूम हो रहा था। वह चाहता था कि लाहौर जाये, प्रोफ़ेसर शर्मा को अपना नाटक सुनाये और पन्नालाल को मसौदा दे कर शेष रुपया वसूल करे। एल-एल०बी० के पाठ्यक्रम में ज़ाब्ता फ़ौजदारी, ताज़ीरात-ए-हिन्द और ज़ाब्ता दीवानी की तो वे ही किताबें आगे पढ़ायी जानी थीं, पर डिस्टिंक्शन लेने के लिए वह कुछ सन्दर्भ ग्रन्थ ख़रीदना चाहता था और यह चाहता था कि सत्र शुरू होने से पहले वह उन्हें एक नज़र देख जाये। कानून के पहले वर्ष में उसकी पढ़ाई ठीक से नहीं हुई थी। पास तो वह हो जायेगा, इसकी उसे पूरी उम्मीद थी, लेकिन फ़र्स्ट डिवीज़न पाने के बारे में वह आश्वस्त नहीं था। वह पूरे मनोयोग से अध्ययन और परीक्षा की तैयारी नहीं कर सका था और हर पेपर में उससे एक-न-एक प्रश्न छूट गया था।

चेतन ने यह भी तय किया था कि सत्र शुरू होने से पहले वह भोला से सम्पर्क

स्थापित करेगा। धीरे-धीरे उसके निकट हो जायेगा और जैसा कि उसके पिता ने परामर्श दिया था, उससे न सिर्फ़ यह जानेगा कि लॉ की पढ़ाई कैसे करे, कौन-से विषय पहले, कौन-से पीछे, कौन-से गहराई से, कौन-से सरसरी नज़र से पढ़े, बल्कि यह भी समझेगा कि प्रश्न पत्रों का कैसे जवाब दे कि एक भी सवाल न छूट पाये। यही कारण था कि जब नाटक लिखा गया, चन्दा की तबियत भी ठीक हो गयी तो वह हठात लाहौर जाने के लिए बेचैन हो उठा।

चेतन बेहद चंचल और आवेगशील युवक था —सपने देखना और भविष्य के प्रोग्राम बनाना उसके स्वभाव का अनिवार्य अंग था। उसके सभी प्रोग्राम पूरे हो जाते हों, ऐसी बात न थी। स्थितियों के अनुसार वह उनमें फेर-बदल कर लेता था, मगर प्रोग्राम बनाना और सपने लेना नहीं छोड़ता था।

रात सोने से पहले अपनी पत्नी के सिरहाने बैठ कर उससे बतियाते हुए उसने कहा था, "चन्दा, मेरा नाटक पूरा हो गया है। मैं उससे सन्तुष्ट भी हूँ। मेरा ख़याल था कि मेरा रिज़ल्ट अब तक आ जायेगा और मैं उसके बाद लाहौर चला जाऊँगा, लेकिन या तो रिज़ल्ट निकलने में देर हो गयी है या फिर भाई साहब ने हमेशा की तरह मेरे इस छोटे-से काम में अपनी पुरानी बेपरवाही का सबूत दिया है।"

अचानक वह बहुत कटु हो आया था और भाई साहब की उदासीनता और कैलसनेस के सिलसिले में (जहाँ तक अपने इस छोटे भाई के कामों का ताल्लुक था) चेतन किस्से-पर-किस्से सुनाता गया था। न जाने वह कब तक अपने घाव कुरेदता रहता कि हठात उसकी पत्नी ने कहा था —"आप बेकार दुख पा रहे हैं। माँ जी ठीक ही तो कहा करती हैं —बादड़ियाँ सुजादड़ियाँ, जाण शरीराँ नाल। अब भाई साहब आदत से बेपरवाह हैं, आपके बड़े भाई हैं, आप ही तो कहते हैं कि उन्होंने कभी घर का कोई काम नहीं किया, तब फिर अचानक कैसे वे अपनी आदत बदल सकते हैं। आप हमेशा उनकी ही नहीं, दूसरों की भी मदद करते हैं। तो अब भी करेंगे। माँ जी यह भी ठीक कहती हैं कि अपनी तोड़ निभाइए, ओहदी ओह जाणे। आप कोई बुरा काम तो कर नहीं रहे। अपना कर्तव्य ही पूरा कर रहे हैं। आप ही तो कहा करते हैं कि आदमी को अपने कर्तव्य से ग़रज़ रखनी चाहिए, दूसरे के कर्तव्य की बात उसी पर छोड़ देनी चाहिए। आज अगर रिज़ल्ट नहीं आया तो कल-परसों आ जायेगा। दो-एक दिन में कुछ नहीं हुआ जाता। आपने नाटक लिखा है। मेरी बीमारी और नाटक की वजह से भी दिन-रात काम करते रहे हैं। अब दो दिन आराम कीजिए।"

चन्दा ने निहायत मीठे प्यारे स्वर में अपने पति को जैसे सहलाते हुए ये शब्द कहे थे, उससे न केवल चेतन का सारा आक्रोश और विक्षोभ दूर हो गया था, बल्कि उसे अपने उस आक्रोश पर खेद भी हुआ था और हमेशा की तरह अपनी उस उदार-हृदया, स्नेहमयी, हँसमुख पत्नी के मुकाबले में उसने कहीं अपने आप को थोड़ा छोटा भी महसूस किया था।

अचानक चेतन ज़ोर से हँस दिया था। "मैं क्या करूँ," उसने कहा था, "मैं भी तो अपनी आदत से मजबूर हूँ। बार-बार तो यही होता आया है। अपने कामों के सिलसिले में

भाई साहब एक पल भी इन्तज़ार नहीं करते। जब तक मैं उनके काम न कर दूँ, वे मेरे सिर पर सवार रहते हैं और मेरे काम को वे हमेशा भूल जाते हैं, लेकिन मैं अब यह सब नहीं सोचूँगा। तुम ठीक कहती हो। दो-एक दिन आराम भी कर लूँगा। लेकिन तुम जानती हो मेरे लिए चुप बैठे या लेटे रहना लगभग असम्भव है। जाने भगवान ने मेरा दिमाग़ कैसा ओवर ऐक्टिव बनाया है, पल भर के लिए भी तो चैन नहीं लेता।"

और वह हँस दिया था। उसकी पत्नी उठ कर बैठ गयी थी। लगातार उसकी पीठ धीरे-धीरे थपथपाती रही थी। उसके बाल सहलाती रही थी। चेतन ने मुड़ कर उसके दोनों गाल अपने हाथों में ले कर गहरे प्यार से पहले उसके मस्तक और फिर उसकी आँखों को चूम लिया था। फिर उसने उसे धीरे से लिटा दिया था और बोला था, "मैं अभी माँ जी के पास जाता हूँ। उनसे बातें करूँगा, लेकिन चन्दा, मैं ज़्यादा दिन जालन्धर रह नहीं सकूँगा। अगर दो-एक दिन में रिज़ल्ट नहीं आया तो मैं लाहौर चला जाऊँगा। बिना लिखे-पढ़े घर में बेकार वक्त गँवाना मेरे लिए यातना के बराबर है।"

लेटे-लेटे उसकी पत्नी ज़रा-सी हँस दी थी, "घर में बैठे या लेटे रहने को मैं नहीं कहती। कल आप बाहर अपने दोस्तों से मिल आइए। दूसरी बातों में मन लगाइए। आप कहते थे, निश्तर ने कहा है कि रणवीर अपनी पत्नी को ले कर कोडरमा से आने वाला है। कौन जाने, वह आ ही जाये। आप उसके साथ दो-एक दिन लालड़ाँ चले जाइएगा। साईं बाबा के दर्शन कर आइएगा।"

क्षण भर चुप रह कर उसने इतना और जोड़ा था, "माँ जी के साथ रात भर न बैठे रहिएगा। थके हुए हैं। वक्त से सो जाइएगा।"

"तुम मेरी चिन्ता न करो चन्दो।" चेतन हँसा था। "तुम सो जाओ। मैं वक्त से आ जाऊँगा।"

o

सुबह उठने और निबटने-नहाने के बाद चेतन ने अपनी पत्नी को तैयार होने में मदद दी थी। फिर उसे नाश्ता कराया था। स्वयं रामदित्ते की दुकान से मीठी लस्सी का गिलास पिया था। फिर सबसे पहले अनन्त के घर पहुँच कर उसने चाची लालदेई से अनन्त के बारे में पूछा था।

अपनी झुकी हुई कमर पर हाथ रख के चाची देर तक नये ज़माने को कोसती रही थी, जिसके कारण बच्चों को अपने माता-पिता की चिन्ताओं का ख़याल नहीं रहता और उसने कहा था —"वे पुत्तरा, मैं ते इक्क महीने तों हर घड़ी हर पल तेरे दोस्त का इन्तज़ार करती रही आँ। इह दिन आ गया, ओसने कुछ पता ई नहीं दित्ता।"[१]

"मुझसे अनन्त ने वादा किया था चाची," चेतन ने कहा, "कि मेरे रहते ज़रूर आयेगा और आता-आता भाई साहब से मेरा रिज़ल्ट भी लेता आयेगा। मैं रोज़ उसकी राह देखता

---

१ अरे बेटे, मैं तो एक महीने से हर घड़ी, हर पल तेरे मित्र की प्रतीक्षा करती रही हूँ। यह दिन आ गया, उसने कुछ पता ही नहीं दिया।

हूँ। न भाई साहब का ख़त आया, न अनन्त ख़ुद आया। मैं तो अब दो-एक दिन से ज़्यादा यहाँ नहीं रहूँगा चाची। तुम अनन्त से मेरी बात कह देना। शिकायत भी कर देना कि चेतन बार-बार आता था और निराश लौट जाता था।"

"वे पुत्तरा, जे तूँ आया है, ताँ थोड़ी देर होर रह जा। फेर अग्गे पढ़ाई विच तैनूँ कित्थों वक्त मिलीगा। हो सकता है तद तीकन अनन्त आ ही जावे। मेले संजोगाँ नाल हुन्दे हन, फेर तूँ कित्थे ताँ मैं कित्थे।"[१]

और चाची कमर सीधी करती हुई थोड़ा कराही थी।

"चाची, एस साल मैं पूरी तरह पढ़ाई नहीं कर सक्केया, मेरे लई डिस्टिंक्शन लैणी बड़ी ज़रूरी है। तदे ई मैं कम्पीटीशन विच बैठ सक्काँगा।"[२]

"वे पुत्तरा, सौखी ज़ुबान'च गल्ल कर, तूँ ताँ अंग्रेज़ी मढ़ाकदा ऐं, मेरी समझ च कुकक्ख नहीं आया। की चीज़ लैणी ज़रूरी है, समझा के गल्ल कर।"[३]

चेतन ने धैर्य के साथ अनन्त की माँ को समझाया था कि सात सौ लड़कों में अगर वह ऊपर के आठ-दस लड़कों में आयेगा तभी वह सब-जजी के इम्तहान में बैठ सकेगा। उसका तो एक-एक पल बहुत कीमती है। तब हालाँकि चाची की इच्छा थी कि वह कुछ पल बैठे, वह उसे पराँठे के साथ लस्सी बना कर देती है, लेकिन चेतन नहीं रुका था और उनके चरण छू कर चला आया था। वहाँ से वह सीधा निश्तर के घर पहुँचा था। अभी वह ड्योढ़ी में था कि ऊपर से निश्तर की लोच और सोज़-भरी ऊँची तान सुनायी दी थी। या तो वह अपने आप हीर वारिसशाह गा रहा था या दोस्तों की महफ़िल जमी थी।

चेतन बिना आवाज़ किये, दबे पाँव सीढ़ियाँ चढ़ा था। उसके अन्दर जाने से निश्तर के गाने में बाधा न पड़े, इसलिए वहीं दरवाज़े के पास सीढ़ियों में रुक गया था।....निश्तर बड़ी दर्द-भरी आवाज़ में वह प्रसंग गा रहा था, जब भाभियों के तानों-तिश्नों से तंग आ कर राँझा तख़्त हज़ारे से चल देता है और भाई उसे रोकते हैं —

आख राँझेया भा कीह बणी तेरे, देस अपणा छड्ड सिधार नाहीं
वीरा, अम्बड़ी-जाया जा नहीं, सानूँ नाल फ़िराक दे मार नाहीं
एह बाँदियाँ ते असी वीर तेरे, कोई होर विचार विचार नाहीं
बख़्श एह गुनाह तूँ भाभियाँ नूँ, कौण जम्मिया जो गुनहगार नाहीं
भाईयाँ बाँझ न मजलिसाँ सोंहदियाँ ने, अते भाईयाँ बाँझ बहार नाहीं
भाई मरन ताँ पौंदियाँ भाज्ज बाँहीं, बिना भाईयाँ परेह परवार नाहीं
लख ओट है कोल वसींदियाँ दी, भाईयाँ गयाँ जेडी कोई हार नाहीं

---

१ अरे बेटे, अगर तू आया है तो कुछ दिन और रह जा, फिर पढ़ाई में तुझे कहाँ समय मिलेगा? हो सकता है तब तक अनन्त आ ही जाय। संयोग से ही भेंट-मुलाकात होती है, वरना तू कहाँ और मैं कहाँ।

२ चाची, इस वर्ष मैं पूरी तरह पढ़ाई नहीं कर सका। मेरे लिए डिस्टिंक्शन ले कर पास होना ज़रूरी है। तभी मैं कम्पीटीशन में बैठ सकूँगा।

३ अरे बेटे, आसान भाषा में बात कर। तू तो अंग्रेज़ी बघार रहा है, मेरी समझ में कुछ नहीं आया। क्या लेना तेरे लिए ज़रूरी है?

भाई ढउन्दे, भाई उठाउन्दे ने, भाईयाँ बाँझ बाँह कोई बेली यार नाहीं[1]

चेतन ने अन्दर जाने के लिए पैर उठाया ही था कि निश्तर ने राँझे का जवाब छेड़ दिया —

राँझे आक्खेया उट्ठेया रिज़्क मेरा, मैथों भाईयो तुसी की मँगदे ओ
साँभ लेया जे बाप दा मिल्ख सारा, तुसीं साक न सेन न अँगदे ओ
बस लगजे ताँ मंसूर वाँगों मैंनूँ चाहड़ सूली उत्ते टँग देओ
विच्चों ख़ुश हो असाँ दे निकलने ते, मूँहों आखदे गल क्यों सँगदे ओ।[2]

राँझे का जवाब ख़त्म हुआ तो चेतन आँगन से होता हुआ निश्तर के कमरे में पहुँचा। निश्तर अपनी चौकी के पास गाव तकिये से टेक लगाये, हाथ में हीर वारिसशाह खोले दोस्तों को सुना रहा था। किताब तो उसने यूँ ही खोल रखी थी, हीर उसे सारी-की-सारी ज़बानी याद थी। कमरे में अन्दर चेतन के पैर रखते ही निश्तर ने किताब उलट कर चौकी पर रख दी, उठ कर बड़े आदर-सत्कार के साथ चेतन को अन्दर ला कर अपने पास बैठाया और अपने दोस्तों से उसका परिचय करवाया। वे सब पंजाबी के स्थानीय कवि थे। दो उस्ताद रहमत रंगरेज़ के चेले थे, दो उस्ताद वज़ीर कोयला-फ़रोश के, एक नेचेबन्द उस्ताद 'अबर' का और एक श्याम किस्सा-गो का। चेतन उनसे परिचित था, लेकिन निश्तर की तरह उनसे घुला-मिला नहीं था। उसने हमेशा उनके और अपने बीच एक अन्तर बनाये रखा था। टाँगें मोड़ कर आराम से बैठते ही चेतन ने कहा —"यार निश्तर, आज तुम मूड में हो। हीर तो महाकाव्य है। तुम उसमें से कुछ चुनिन्दा बन्द सुनाओ। पिछली बार तुमने डोली चढ़ने से पहले हीर का एक बन्द सुनाया था, जिसमें उसने राँझे से कहा था कि मैं ज़ोर लगा कर हार गयी हूँ, लेकिन मेरा अब कोई वश नहीं चलता। मुझे वह प्रसंग और उसमें राँझे का जवाब बहुत अच्छा लगता है। हो सके तो फिर से सुना दो।"

निश्तर ने सामने बैठे लड़कों में से कहा, "शौकत, तुम्हें तो वह सब याद है। सुनाओ न," और उसने चेतन की तरफ़ मुड़ कर कहा, "ये सारे-के-सारे मेरे दोस्त हीर बहुत ही अच्छी गाते हैं, ज़रा आप शौकत की आवाज़ में सुनिए। एकदम रंग बाँध देता है।"

और शौकत की तरफ़ देख कर उसने कहा, "हाँ भई शौकत।" और दूसरे क्षण शौकत

---

१ ऐ राँझे, बता, तुझ पर क्या मुसीबत आ पड़ी? देख, अपना देश छोड़ कर बाहर न जा। ऐ माँ-जाये, हमारे सगे भाई, तू न जा और हमें अपनी जुदाई का तीर न लगा। तेरी भाभियाँ तेरी सेविकाएँ हैं और हम तेरे भाई हैं, दिल में और कोई ख़याल न ला। तू अपनी भाभियों के सब अपराध क्षमा कर दे। संसार में ऐसा कौन जन्मा है, जो गुनहगार नहीं। भाइयों के बिना मजलिसें नहीं सोहातीं, न भाइयों के बिना बहार आती हैं। भाई मर जायँ तो बाँहें टूट जाती हैं, भाइयों के बिना परिवार परिवार नहीं होते। पास बसने वाले भाई की लाख ओट होती है, भाई चला जाय तो उससे बढ़ कर कोई हार नहीं होती। भाई गिराते हैं, भाई उठाते हैं, भाइयों जैसी बाँहें यार-दोस्त नहीं होते।

२ राँझे ने कहा कि मेरा अन्न-जल (मेरे जन्म-स्थान से) से उठ गया है। ऐ मेरे भाइयो तुम मुझ से क्या चाहते हो? तुम लोगों ने धोखे से बाप की सारी ज़मीन सँभाल ली, तुम मेरे कैसे भाई या सगे सम्बन्धी हो। तुम लोगों का वश चले तो तुम मुझे मंसूर की तरह सूली पर चढ़ा दो। दिल से हमारे घर छोड़ने पर ख़ुश हो, लेकिन मुँह से कहते हुए क्यों शर्माते हो?

की लम्बी तान कमरे और आँगन, डेवढ़ी और शायद बाहर बाज़ार तक गूँज गयी —

लै वे राँझेया वाह मैं ला थक्की, साड्डे बस थीं गल्ल बेबस होई
काज़ी मापियाँ भाईयाँ बन्ह टोरी, मेंडी तेंदड़ी दोस्ती भस्स होई
घर खेड़ेयाँ दे नहीं वस्सणा मैं, साड्डी उन्हाँ दे नाल ख़रख़स होई
जे जीवाँगे मिलाँगे रब्ब मेले, हाल साल ताँ दोस्ती बस होई[1]

और 'रहमत' के शागिर्द शौकत ने राँझे की तरफ़ से कहा —

जो कुझ विच रज़ा दे लिख दित्ता, मुँहों बस न आखिए भैड़िये नी
सुंजा सक्खना चाक नूँ रखियो ई मत्थे भौरिये, चन्दरिये, बेह्ड़िये नी,
मन्तर कील न जानिये डूमने दा, ऐवें सुत्तड़े नाग न छेड़िये नी
इक्के यार दे नाम तों फ़िदा होइये, मोह्रा दे के इक्के निबेड़िये नी
दग़ा देवना होवे ताँ जियरे नूँ पहले रोज़ ही चाँ खदेड़िये नीं
जे न उतरिये यार दे नाल पूरे, ऐडे प्रट्टणे नाहीं सहेड़िये नी
वारिसशाह जे प्यास न होवे अन्दर, शीशे शरबताँ दे नाहीं छेड़िये नी[2]

शौकत की आवाज़ अभी कमरे में गूँज ही रही थी कि उस्ताद 'अबर' के शागिर्द फेरूलाल ने कान पर हाथ रखा और हीर की कथा में से वह प्रसंग छेड़ दिया, जहाँ चूचक स्याल के यहाँ राँझे के चाकर हो जाने से लोगों ने तख़्त हज़ारे में जा कर राँझे के भाइयों को शर्मसार किया कि तुम्हारा सबसे छोटा लाड़ला भाई स्यालों के यहाँ जा कर भैंसें चराने लगा है और तुम यहाँ मौजें मना रहे हो। तब भाइयों ने चूचक को कहलवाया कि हमारा प्यारा भाई घर से रूठ कर चला गया है, उसे वापस भेज दो, आप कोई दूसरा महीवाल रख लो।

चूचक बहुत ही चतुर-चालाक जाट था। राँझे जैसा मेहनती चाकर मिलना मुश्किल था। ऐसे चाकर को वह तब तक नहीं छोड़ना चाहता था, जब तक हीर की शादी वह खेड़ों में न कर दे। उसने जो पत्र लिखवाये, उसे कवि वारिसशाह के शब्दों में फेरू अपनी निहायत सुरीली आवाज़ में सुनाने लगा —

---

१ लो राँझे, मैं सारा ज़ोर लगा चुकी, अब यह बात मेरे वश की नहीं रही। काज़ी, माता-पिता और भाइयों ने बाँध कर मुझे चलता किया, तेरी-मेरी दोस्ती राख हो गयी। मैं खेड़ों के घर (ससुराल में) नहीं बसूँगी, मेरे दिल से उनका रिंश्ता टूट गया। यदि हम ज़िन्दा रहे तो फिर ईश्वर के मिलाने पर मिलेंगे, फ़िलहाल तो हमारी दोस्ती ख़त्म हो गयी।

२ जो कुछ हमारे भाग्य में लिखा गया है, उसके बारे में, ऐ भैड़ी (बुरी) लड़की, कुछ नहीं बोलना चाहिए। अपने चाक (चाकर, प्यारा, राँझा) को तूने (ऐ चन्द्री, कमीनी लड़की) सूना और ख़ाली हाथ छोड़ दिया, तुझे मैं क्या कहूँ। अगर साँप को वश में करने का मन्त्र न आये तो बेकार सोये हुए नाग को छेड़ना नहीं चाहिए। या तो प्रेमी के नाम पर कुर्बान हो जाइए या उसे ज़हर दे कर किस्सा पाक कीजिए। यदि बाद में धोख़ा देना हो तो पहले रोज़ ही प्यारे को परे हटा देना चाहिए। अगर यार के साथ पूरे न उतरना हो तो इश्क-विश्क के चक्कर में नहीं पड़ना चाहिए। वारिसशाह कहते हैं कि यदि अन्तर में प्यास न हो तो शर्बतों की सुराहियों को नहीं छेड़ना चाहिए। (इस बन्द में भैड़ी, चन्द्री, बेड़ी, यानी बुरी, कमीनी और घटिया गालियाँ यह असल में गालियाँ नहीं, प्यार के बोल ह, पंजाबी इन्हें आम बोलते हैं)।

चूचक स्याल ने लिख्या राँझेयाँ नूँ नड्डी हीर दा चाक ओह मुण्डड़ा जे,
सारा पिंड डरदा उस चाक कोलों, सिर माहियाँ दे ओह्दा खण्डड़ा जे,
असाँ जट्ट हे जाण के चाक लाया, देइये तराह् जे जानीये गुण्डड़ा जे,
ऐ गब्भरू घरों क्यों कड्ढयो जे लंगा नहीं कम चोर न टुण्डड़ा जे,
सिर सोंह्दियाँ बोदियाँ नढ़ड़े दे कन्नी लाडले दे सोहे बुन्दड़ा जे,
वारिसशाह ओह किसे नूँ जाणदा नहीं, पास हीर दे रात-दिन हुन्दड़ा जे[1]

फेरूलाल ने चूचक की तरफ़ से और भी बोल सुनाये और तब राँझे की भाभियों ने हीर को जो ख़त लिखवाये, उन्हें वह बिना रुके सुनाने लगा।

वारिसशाह का कमाल इस बात में है कि भाभियों की तरफ़ से लिखे हुए पत्र दिल पर गहरा प्रभाव छोड़ते हैं। फेरू काफ़ी देर तक ख़तों के सवाल-जवाब सुनाता रहा। चेतन को उनमें एक बन्द बहुत अच्छा लगा। भाभियों ने हीर को लिखवाया था —

देवर चन्न साडा साथों रुस्स आया बोल-बोल के खरा तिरिक्ख्या ई
साडा लाल मोड़ो सानूँ ख़ैर घत्तों जानो कमलियाँ नूँ पाई भिक्खिया ई
झट कीतियाँ लाल न हत्थ आवन ओही मिले जो तोड़दा लिख्या ई
कोई ढूँढो डेरड़ा कम्म जोगा अजे एह न यारियाँ सिख्या ई

---

१ स्याल गाँव के ज़मींदार चूचक ने राँझे के भाइयों को लिखवाया कि वह लड़का मेरी हीर का चाकर है। सारा गाँव उस चाकर से डरता है, हमेशा भैंसें चराने वालों के सिर पर डण्डा लिये सवार रहता है। हमने तो जाट (याने शरीफ़) समझ कर उसे चाकर बनाया है, यदि मालूम होता कि गुण्डा है तो उसे भगा देते। तुम लोगों ने इस गबरू जवान को घर से क्यों निकाल दिया, न लँगड़ा है, न काम-चोर है, न टुण्डा (कटी बाँह वाला) है। सिर उसके ज़ुल्फ़ें शोभा देती हैं और कानों में बुन्दा सुहाता है। वारिसशाह कहते हैं कि वह और किसी को नहीं जानता, रात-दिन हीर के पास रहता है।

इस प्रसंग में दो बातें कहना मैं ज़रूरी समझता हूँ—

पंजाबी में, जैसा कि इस बन्द से ज़ाहिर है, माही, चाक, और महीवाल के अर्थ हैं—भैसें चराने वाला, चाकर, और भैसों वाला—लेकिन 'हीर वारिस शाह' तो सब ने पढ़ी नहीं और ये शब्द कालान्तर में प्रेमी के लिए पूरे पंजाब में रूढ़ हो गये और बाद के लोक-गीतों में इन्हीं अर्थों में आते हैं। मिसाल के तौर पर—

माही मेरे दी ऐहो निशानी
लक पतला
अते गल्ल विच घानी
रंग सूहे कचनार दा

(मेरे प्रेमी की यही निशानी है कि उसकी कमर पतली है और गले में काले धागे में तावीज़ बँधा है, और उसका रंग लाल कचनार जैसा है।) चाक और महीवाल तो पंजाबी में प्रेमियों के पर्याय हैं, लेकिन माही हिन्दी में भी प्रेमी के लिए रूढ़ हो गया है, कथाकार मार्कण्डेय की एक बहुत प्यारी कहानी है—'माही' (शायद मैं भूल गया हूँ, उस कथा संग्रह का नाम भी 'माही' है।) बहरहाल, मार्कण्डेय अथवा इसे इस्तेमाल करने वाले दूसरे लेखक कहाँ जानते हैं कि माही का अर्थ भैंसें चराने वाला होता है।

वारिसशाह लै चिट्ठियाँ दौड़या ई, कम्म कासिदाँ दा मुल्ला सिख्या ई[1]

फेरूलाल देर तक यह प्रसंग गाता रहा और चेतन देर तक उसकी आवाज़ के उतार-चढ़ाव पर डूबता-उतराता, वारिसशाह की काव्य-प्रतिभा से प्रभावित, दत्त-चित्त भाव से सुनता रहा। हीर के जवाब में फेरू ने जो बन्द गाया, उसकी पाँच पंक्तियाँ चेतन को बहुत अच्छी लगीं —

हीर पुच्छ के माहीड़े अपणे तों लिखवा जवाब चा तोरेया ई
असाँ घीदो नूँ चा महिवाल कीत्ता कदे तोड़ना ते ना कदें तोड़या ई
कदी पानी न बल थीं फ़ेर पहुँचे शीशा चूर होया किस जोड़या ई
गंगा हड्डियाँ मुड़दियाँ नहीं गइयाँ वक्त गये नूँ फ़ेर किस मोड़िया ई
हत्थों छुट के तीर फ़ेर नहीं मिलदे, नाता छड्डणा ते नाहीं छोड़या ई[2]

हालाँकि प्रसंग बहुत लम्बा हो गया था और फेरू बस भी करना चाहता था, लेकिन सभी ने उस पर ज़ोर दिया कि हीर की चिट्ठी के उत्तर में वारिसशाह ने भाभियों की तरफ़ से जो ख़त लिखवाया, वह भी सुनाये। प्रशंसा पा कर फेरू ने परम उत्साह से भाभियों का जवाब सुनाना शुरू किया। अजीब बात थी कि उन्हीं भाभियों ने ताने-तिश्ने दे कर अपने पतियों को उकसा कर राँझे की ज़मीन छीन ली थी, उसे हीर को ब्याह कर लाने का ताना दिया था, लेकिन तख़्त हज़ारे की बदनामी के भय से या कौन जाने सचमुच अपने सुन्दर देवर के प्यार ही में, जो बोल लिखवाये थे, सीधे कलेजे में उतरते थे। भाभियों ने लिखवाया —

रब्ब जाणदा ऐ सभ्भे उम्र सारी असीं एस मेहबूब दिया बान्दियाँ हाँ
असाँ एस दे मगर दिवानियाँ हाँ, भावें चँगियाँ ते भावें मँद्दियाँ हाँ
ओ असाँ दे नाल है चन्न बनदा असीं खित्तियाँ नाल सुहाँदियाँ हाँ
जिस वेलड़े दा साथों रुस्स आया असीं हँजरू रत्त दे रुन्नियाँ हाँ
ऐह्दे थाओं ग़ुलाम लओ होर साथों, ममनून एहसान दिआँ हुन्दियाँ हाँ

---

१ हमारा चाँद-सा देवर ख़ासे तीखे और व्यंग्य-भरे बोल कह कर हमसे रूठ कर चला गया है। हमारा लाल हम पर दया करके हमें वापस करो। समझ लो कि आप हम पगलियों की झोली में भिक्षा डाल रही हो। कोई और घर में रहने वाला और काम करने वाला जवान ढूँढ लो, यह भोला-भाला अभी यारियाँ नहीं सीखा। वारिसशाह कहता है कि जब दोनों तरफ़ से पत्राचार होने लगा तो मुल्ला ने कासिदों का यानी पत्र-वाहकों का काम सीख लिया।

२ हीर ने अपने माही (प्रेमी, भैसें चराने वाले) से पूछ कर जवाब लिखवा कर भेज दिया। हमने घीदो (राँझे के घर का नाम) की मर्ज़ी से उसे महीवाल (भैसें चराने वाले) का काम दिया है। (चूँकि शब्द महीवाल या माही अब प्रेमी के लिए भी रूढ़ हो गया, इस पंक्ति का यह भी मतलब निकलता है कि हमने राँझे को माही (प्रेमी) बनाया है।) हमने अपना वचन न तोड़ा है, न तोड़ेंगे।

पानी जब एक बार अपने स्थान से चला जाय तो मुड़ कर फिर वहाँ नहीं पहुँचता। शीशा चूर-चूर हो जाय तो फिर कभी नहीं जुड़ता।

जब हड्डियाँ गंगा में बहा दी जाती हैं तो फिर वे वापस नहीं आतीं, न गया हुआ वक्त ही कोई वापस बुला सकता है।

हाथ से जो तीर छूट जाते हैं, फिर वे नहीं मिलते। हमने तो न नाता छोड़ा है, न छोड़ेंगे।

राँझे लाल बाझों असाँ ख़्वार होइयाँ कूँजाँ डार थों असी विछुन्नियाँ हाँ
वारिसशाह राँझे अग्गे हत्थ जोड़ीं, तेरे प्रेम दी अग्ग ने भुन्निआँ हाँ।[१]

फेरूलाल गा रहा था और चेतन सोच रहा था —क्या सचमुच भाभियों ने हीर को ऐसा पत्र लिखा होगा? उसे विश्वास नहीं होता था। फिर उसने सोचा —इस से क्या फ़र्क पड़ता है। वारिसशाह ने अन्य प्रसंगों की तरह (भले ही वे कल्पित हों) इसे भी ऐसे निर्द्वन्द्व भाव से लिखा है कि उसमें अनायास मन को छू लेने वाले भाव आ गये हैं। यही कारण है कि ऐसे प्रसंग बार-बार पढ़ने या सुनने पर भी मज़ा देते हैं।

फेरूलाल ने गाना बन्द किया तो महफ़िल पर एक अजीब-सी उदासी छा गयी। तब निश्तर ने स्वयं वह प्रसंग छेड़ा, जहाँ तख़्त हज़ारे से लुड्डण की किश्ती में चनाब को पार करके राँझा हीर के सजे हुए पलँग पर जा सोता है और ख़बर सुन कर हीर साठ सहेलियों के साथ ग़ुस्से में मारो-मार करती आती है। राँझा उठ कर उसे एक नज़र देखता है और कहता —'वाह सज्जन।' और हीर हँस कर मेहरबान हो जाती है। वारिसशाह ने बड़े ही सधे हाथों से प्रसंग लिखा है। पहली नज़र का प्यार और कौल-इकरार हो जाते हैं। निश्तर तन्मय भाव से हीर गाता रहा और महफ़िल लुत्फ़ उठाती रही थी।

तभी अचानक सीढ़ियों से पैरों की चाप सुनायी दी और दूसरे क्षण चेतन के क्लास-फ़ेलो बस्ती के श्रीकृष्ण का छोटा भाई आया और उसने आँगन ही से कहा —"निश्तर साहब, कृष्ण भाई कानून के पहले साल में न सिर्फ़ पास हो गये, बल्कि उन्होंने फ़र्स्ट डिवीज़न भी लिया है।"

चेतन एकदम उठ खड़ा हुआ। उसके मुँह से बेसाख़्ता निकला —"क्या रिज़ल्ट आ गया है?"

०

वह तो उसी वक्त श्रीकृष्ण के पास जाना चाहता था ताकि यदि उसके पास 'ट्रिब्यून' का अंक आया हो तो वह अपना नतीजा देख सके, लेकिन वक्त बहुत हो गया था। निश्तर ने अपने मित्रों को विदा किया और कहा, "चेतन जी, थोड़ी पेट पूजा कर लें फिर चलते हैं। वहाँ नहीं मिलेगा तो श्रीकृष्ण को बस्ती में उसके घर जा पकड़ेंगे।"

---

१ इसे भगवान ही जानता है कि हम सब अपने प्यारे देवर की बाँदियाँ हैं। हम चाहे अच्छी हैं, चाहे बुरी हैं, लेकिन हम इसके लिए दीवानी हैं। वह हमारे बीच चाँद है और हम चाँद के इर्द-गिर्द की तारिकाएँ हैं। जब से यह हमसे रूठ कर चला गया है, हम ख़ून के आँसू रोती हैं। इसके बदले आप हमसे दूसरा ग़ुलाम ले लो हम तुम्हारा बहुत आभार मानेंगी। जैसे कूँजें (पक्षी) अपनी डार से बिछुड़ कर परेशान हों, हम भी देवर के विछोह में परेशान हैं। वारिसशाह की सौगन्ध राँझे से कहो कि उसके प्रेम की आग में हमें भून डाला है।

पन्द्रह

चेतन को भी बेहद भूख लग आयी थी, लेकिन उसे अपना रिज़ल्ट जानने की जल्दी थी। जब निश्तर ने पेट-पूजा करके चलने का प्रस्ताव किया तो चेतन ने कहा, "अरे यार, कहीं कुछ खा लेंगे। अब निक्की को खाना पकाना पड़ेगा। देर हो जायेगी।"

"कुछ देर नहीं होगी," निश्तर ने कहा, "मैं निक्की से आलू के पराँठे बनाने को कहता हूँ। आर्यों की हट्टी से डेढ़ पाव ताज़ा दही ले आता हूँ। दही के साथ दो-दो पराँठे खायेंगे। पतली लस्सी के ग़िलास पियेंगे फिर दिन भर घूमेंगे।"

और, बिना चेतन के स्वीकार या इनकार का इन्तज़ार किये, निश्तर भाग गया। आटा सना हुआ पड़ा था। निक्की ने चार-पाँच आलू उबाले और मसालेदार पराँठे पकाये। शुद्ध घी में रचे हुए। हल्की-सी तुर्श मलाई की मोटी परत वाला ताज़ा दही। ऊपर से पतली लस्सी का गिलास। चेतन को मज़ा आ गया। तृप्त हो कर उसने ज़ोर का डकार लिया और उठा। "चल यार," उसने कहा और सीढ़ियों की ओर बढ़ा।

लेकिन श्रीकृष्ण न कचहरी रोट पर अपने ऐडवोकेट भाई के दफ़्तर में मिला, न बस्ती ग़ज़ाँ के अपने घर में। 'ट्रिब्यून' भी उन्हें कहीं हाथ नहीं आया। तब जालन्धर में प्रायः लोग उर्दू 'मिलाप' या उर्दू 'प्रताप' या फिर 'गुरु घण्टाल' और 'पारस' पढ़ते थे। बाज़ार के शौकीन दुकानदार चन्दा कर के दो-एक दैनिक और एक साप्ताहिक ख़रीदते थे और सब लोग किसी पढ़े-लिखे दुकानदार से प्रमुख ख़बरें सुन लेते थे। 'गुरु घण्टाल' या 'पारस' साप्ताहिक पत्र थे और लोग मज़े से हफ़्ता भर उनकी चटपटी अथवा सनसनी-भरी ख़बरों और लेखों का लुत्फ़ उठाया करते थे। 'ट्रिब्यून' अंग्रेज़ी अख़बार था। दोपहर तक आता था और ख़ूब अंग्रेज़ी पढ़े-लिखे लोग ही उसे पढ़ते थे।

बस्ती से आते हुए बाँसों वाले बाज़ार में निश्तर श्री राधाकृष्ण ऐडवोकेट की कोठी में भी गया। 'ट्रिब्यून' तो वहाँ था, लेकिन पिछली तारीख़ का, उसमें कहीं रिज़ल्ट नहीं था।

तब निश्तर ने प्रस्ताव किया कि वे भैरों बाजार में 'हीरा सिंह एण्ड सन्ज़,' कुतुब फ़रोश (पुस्तक-विक्रेता) के यहाँ जायेंगे। वहाँ ज़रूर 'ट्रिब्यून' मिल जायेगा। वहाँ न होगा तो सेठ हरदर्शन के तो यकीनन मिल जायेगा।

और वे लाल बाज़ार और बोहड़ वाले बाज़ार की बेपनाह भीड़ को पार करते हुए भैरों बाज़ार में 'हीरा सिंह एण्ड संस' की दुकान पर पहुँचे थे। लेकिन हीरा सिंह ने उन्हीं दिनों माई हीराँ गेट पर एक नयी दुकान ले ली थी। भैरों बाज़ार में उनके लड़के बैठते थे। उनका अधिकांश बिज़नेस माई हीराँ गेट वाली दुकान से होने लगा था। वहाँ 'ट्रिब्यून' का न होना स्वाभाविक था। विडम्बना यह थी कि 'ट्रिब्यून' उन्हें हीरा सिंह की नयी दुकान में भी नहीं मिला। तब सहसा चेतन को अपने भाई पर बहुत ग़ुस्सा आया। हो सकता है, अख़बार में आज ही रिज़ल्ट निकला हो। अगर वे तार दे देते तब बेकार की भाग-दौड़ से जान छूटती।

चेतन वहीं से घर जाना चाहता था। सोचता था, शायद भाई साहब का तार ही आ गया हो, लेकिन निश्तर ने कहा, "चेतन जी, आप भी भोले बादशाह हैं। भाई साहब की

बेनियाज़ी के सिलसिले में, जहाँ दूसरों की ग़रज़ का सवाल हो, आप कई बार मुझसे बात कर चुके हैं। तब आप क्या समझते हैं कि इधर अख़बार में रिज़ल्ट निकला, उधर आपको तार देने भागेंगे। वो डॉक्टर हैं। पहले समय से दुकान पर जाने के लिए तैयार होंगे, अपने मरीज़ों को निबटायेंगे। फिर तार देंगे भी तो तीन-चार बजे से पहले नहीं देंगे। वह तार आपको रात से पहले कभी नहीं मिल सकता। इतनी दूर आ गये हैं, चलिए, ज़रा सेठ हरदर्शन के यहाँ चलते हैं। अख़बार तो वहाँ ज़रूर मिल जायेगा। मुझे तो वहाँ काम है, लेकिन आप रिज़ल्ट देख कर चले आइएगा।"

चेतन मौन रहा। उसने अनिच्छापूर्वक कदम बढ़ाया था। तब उसका ध्यान रिज़ल्ट की समस्या से हटाने के लिए निश्तर ने पूछा था —

"क्यों चेतन जी, अपने कभी पूरी हीर पढ़ी है?"

"गुरुमुखी मुझे इतनी नहीं आती कि उसे मैं फ़र-फ़र पढ़ सकूँ," चेतन ने कहा, "पर मेरे पास हिन्दी के मोटे अक्षरों में छपी हुई हीर है। है तो पूरी। वे हिस्से, जो गन्दे या फूहड़ समझ कर दूसरे ग्रन्थों में शामिल नहीं किये गये, उसमें मौजूद हैं। मैंने एक बार फ़िदा-ए-तिब, हकीम हाज़िक, हकीम दीनानाथ गोल्ड मेडलिस्ट (चेतन ने ज़रा सा हँसते हुए डिग्री-समेत हकीम साहब का नाम लिया) के साथ पूरी हीर पढ़ी थी।"

चेतन डिग्रियों-समेत दीनानाथ का नाम लेते हुए सव्यंग्य ज़रा हँसा था और अपने उस लड़कपन के सुनार मित्र की मक्खी-जैसी मूँछों वाला पिचका हुआ चेहरा उसकी आँखों के सामने घूम गया था। उसने बात ख़त्म करके आगे कहा —

"दीनानाथ के पास उर्दू की हीर थी। उसमें कुछ हिस्से कटे हुए थे। ख़ास कर मुल्लाओं की गड़बड़ियों के बारे में लिखे हुए राँझे या वारिसशाह के बोल और जीवन की यथार्थ और अश्लील उपमाएँ। दीनानाथ उर्दू में हीर पढ़ता और मैं हिन्दी में। इस तरह हम दोनों ने पूरा महाकाव्य पढ़ा था।"

"लेकिन यार," चेतन ने निमिष-भर रुक कर कहा, "तब मैं एफ़०ए० में पढ़ता था। हीर को तब मैं उतना नहीं समझता था, जितना अब समझता हूँ। पूरी हीर तो फिर मैंने कभी नहीं पढ़ी, लेकिन बीच-बीच में अपनी पसन्द के हिस्से तो कई बार पढ़े हैं।

"तुम क्या समझते हो?" चेतन ने प्रति-प्रश्न किया, "कहानी तो पूरी-की-पूरी काल्पनिक है। तहकीक[१] और खोज-बीन करने वाले तो यहाँ तक कहते हैं कि यह कथा सिकन्दर के हमले के बाद यूनान के प्रभाव में वहाँ की प्रेमगाथा से प्रभावित हो कर लिखी गयी है। दामोदर ने उसे यहाँ के परिवेश में उतार दिया है। वारिसशाह ने उस कथा को अपनी तरह लिखा है और अपने काव्य में शुरू में उसने स्वीकार भी किया है —

"याराँ असाँ नूँ आन सवाल कीत्ता, इश्क हीर दा नवाँ बनाइए जी
एस प्रेम दी झोंक दा सब किस्सा, जिह्वा सोहनी नाल सुनाइए जी
नाल अजब बहार दे शेर कहके, राँझे-हीर दा मेल कराइए जी
याराँ नाल मजलिसाँ बिच बैह के, मज़ा हीर दे इश्क दा पाइए जी
हुकम मन्न के सज्जनाँ प्यारेयाँ दा, किस्सा अजब बहार दा जोड़ेया ए

१ अन्वेषण

फ़िकरा जोड़के ख़ूब दुरुस्त कीत्ता, नवाँ फुल्ल गुलाब दा तोड़ेया ए
बहुत जीऊ दे विच तदबीर करके, फ़रहाद पहाड़ नूँ फोड़ेया ए
सबद बीन के ज़ेब बना दित्ता, जेहा इत्र गुलाब निचोड़ेया ए[1]

"प्रसंग इश्क के हों या फ़िराक के," चेतन ने कहा, "मिलाप के हों या जुदाई के, भभियों के ताने हों या राँझे के कोसने, हीर की सुन्दरता का बयान हो या राँझे की ख़ूबसूरती का, झल्ल[2] में भैंसों के नहाने का ज़िक्र हो या हीर की साठ सहेलियों के साथ राँझे के मौजें मनाने का उल्लेख —कैदो और हीर का झगड़ा, चूचक और कैदो की बहस —माँ और बेटी, पति-पत्नी, ननद-भौजाई, सहती और जोगी का — सारे बहस-मुबाहिसे, चपकलशें या ख़रख़शे —जो भी प्रसंग महा:काव्य में आये हैं, वारिसशाह ने वो जिसे अंग्रेज़ी में कहते हैं विद अबैण्ड ा लिखे हैं —डूब कर लिखे हैं, इसलिए उन्हें बार-बार पढ़ने में भी रस मिलता है।"

"मैं समझता हूँ," निश्तर न कहा, "हीर की इस लोकप्रियता की दूसरी वजह भी है।"

चेतन ने सिर्फ़ उसकी ओर मुड़ कर प्रश्न-वाचक निगाहें उठायीं। निश्तर ने बात जारी रखी —

"एक बार मेरा इरादा पंजाबी काव्यों पर एक लेख लिखने का था। तब मैंने बुल्हेशाह, हाशिमशाह, मोती राम, मिल्खी राम, टी०सी० गुजराती के साथ वारिसशाह को भी ध्यान से पढ़ा था।"

"यह स्कीम तो हम दोनों ने बहुत पहले इकट्ठे बनायी थी।" चेतन ने कहा।

"हाँ।" निश्तर हँसा था, "लेकिन तुम तो कुछ महीने बाद ही उर्दू में लिखने लग गये थे। इससे पहले कि मैं लेख-माला शुरू करता, मैं भी हुनर साहब के जाल में फँस कर हुनरवी हो गया और ग़ज़लें-नज़्में लिखने लगा।"

कुछ क्षण निश्तर चुपचाप चलता रहा। वह भूल गया था कि उसने बात कहाँ से शुरू की थी। सोचते और बात का तार पकड़ते हुए उसने कहा, "तब मैंने वारिसशाह की हीर को बड़े ध्यान से पढ़ा था। तुम उन दिनों एफ़०ए० में कालिदास का 'कुमार सम्भव' पढ़ा करते थे और मुझ पर कालिदास की उपमाओं का बड़ा रोब ग़ालिब किया करते थे।"

"हाँ," चेतन ने कहा, "उपमा कालिदासस्य, याने उपमा तो कालिदास पर ख़त्म है। इसे तो सभी मानते हैं।"

"लेकिन मैं कहना चाहता हूँ कि यही उक्ति वारिसशाह पर भी लागू होती है। कहा जा सकता है कि उपमा वारिसशाह पर ख़त्म है। तुम कालिदास की जो उपमाएँ सुनाया करते

---

१ दोस्तों ने हमसे आ कर कहा कि आप हीर की कहानी को नये सिरे से लिखिए। प्रेम की लहर (मौज) का यह किस्सा आप सुन्दर भाषा में सुनाइए। निहायत सुन्दर शे'र कह कर राँझे-हीर का मिलाप कराइए और गोष्ठियों में मित्रों के बीच बैठ कर हीर के इश्क का लुत्फ़ उठाइए। प्यारे दोस्तों का आदेश मान कर हमने अजब बहार का किस्सा जोड़ दिया। वाक्य जोड़ कर उसे ख़ूब दुरुस्त किया, जैसे नया गुलाब का फूल तोड़ लिया। उसी तरह, जैसे फ़रहाद ने मन में सोच-विचार कर युक्तियुक्त ढंग से पहाड़ को फोड़ कर नहर निकाल दी। सभी शब्दों और वाक्यों को चुन-चुन कर उन्हें मुनासिब ढंग से रखा जैसे गुलाब का इत्र निचोड़ दिया।

२ झील या बहुत लम्बी चौड़ी जगह में ठहरा पानी।

थे, मुझे उनकी याद है। दोनों महाकवियों में फ़र्क यही है कि कालिदास की उपमाएँ आफ़ाकी हैं, कुदरत की बेकिनार ख़ूबसूरती से ली गयी हैं; वारिसशाह की, वो जिसे हुनर साहब अंग्रेज़ी में कहा करते हैं अर्थी (earthy) हैं, इसी धरती और उसके वासियों के रोज़मर्रा जीवन से जुड़ी हुई हैं।"

क्षण भर चुपचाप चलते रहने के बाद निश्तर ने कहा —"मैंने कालिदास तो नहीं पढ़ा, लेकिन वह दरबारी कवि था, धरती की मिट्टी से जुड़ी हुई उपमाएँ देना उसके बस में नहीं रहा होगा। यह वारिसशाह का ही कमाल है कि वह आसमान और ज़मीन —दोनों से अपनी तशबीहें लेता है —ज़रा हीर के हुस्न के बयान वाले बहुत लम्बे प्रसंग से कुछ मिसरे और उन में मोतियों-सी जड़ी आसमान ज़मीन की उपमाएँ देखो...."

और निश्तर बहुत ही धीरे-धीरे गाने लगा —

"कीह हीर दी करे तारीफ़ शायर मत्थे चमकदा हुसन महताब दा जी
ख़ूनी चूँडियाँ रात ज्यों चन्न द्वाले सुर्ख़ रंग ज्यों रंग शहाब दा जी
नैन नरगिसी मिरग-ममोलड़े दे गल्हाँ टह्किया फुल्ल गुलाब दा जी
भवाँ वाँग कमान लाहौर दिस्सन कोई हुसन न अन्त हिसाब दा जी
सुर्मा नैनाँ दी धार विच फब रिहा चढ़िया हिन्द ते कटक पंजाब दा जी[१]

"यह बहुत लम्बा बन्द है," निश्तर ने कहा, "मैंने चन्द मिसरे और उनकी उपमाएँ सुना दी हैं। अब कुछ पंक्तियाँ इसके बाद के बन्द की सुनो —

"होंट सुर्ख़ याकूत ज्यों लाल चमकन ठोड़ी सेब विलायती सार विच्चों
दन्त चम्बे दी लड़ी कि हंस मोती दाने निक्कले हुसन अनार विच्चों
गर्दन कूँज दी, उँगलियाँ रुआँह फ़लियाँ हत्थ कूलड़े वर्ग चनार विच्चों
बाँहाँ वेलने वेलियाँ गुन्ह मक्खन छाती संगमरमर गँगधार विच्चों
शाह परी दी भैन पँजफूल रानी गुझी रहे न हीर हज़ार विच्चों"[२]

गाना बन्द करके निश्तर ने कहा, "बहुत-से लोगों को मेरी बात कुफ्र के समान लग सकती है, लेकिन सच तो यही है कि उपमाओं के मामले में वारिसशाह कालिदास से किसी तरह

---

१ शायर हीर के सौन्दर्य की क्या प्रशंसा करे —माथे पर चाँद का हुस्न चमकता है। ज़ुल्फ़ें ऐसी हैं, जैसे चाँद के इर्द-गिर्द रात हो और लाल रंग जैसे ख़ून का रंग हो। आँखें ममोले हिरन (ग़ज़ाल) के नयनों जैसी और गाल ऐसे टहकें जैसे गुलाब के फूल टहकते हों। भवें लाहौर की कमान जैसी दीखें, हीर के सौन्दर्य का न कोई अन्त है, न हिसाब है —याने उसकी ख़ूबियाँ नहीं गिनायी जा सकतीं, उसकी कोई एक उपमा नहीं दी जा सकती। सुर्मा आँखों में इस तरह शोभा दे रहा है जैसे हिन्दुस्तान पर पंजाब का कटक नद चढ़ आया हो (कटक सिंधु नद को भी कहते हैं)।

२ होंट लाल चमन में याकूत रत्न जैसे सुर्ख़, ठोड़ी विलायती सेब जैसी सुबक, दाँत चम्पा के फूलों की लड़ी जैसे अथवा जैसे हंसों की तरह सफ़ेद मोती हों, या जैसे हुस्न के अनार में से सफ़ेद दाने निकल रहे हों। गर्दन कूँज पक्षी जैसी लम्बी, उँगलियाँ लोबिया की फलियों जैसी नाज़ुक और हाथ चिनार के पत्तों जैसे नर्म और बाँहें ऐसे गोरी जैसे मक्खन को सान कर बेली गयी हों और सीना जैसे गंगा की धार का-सा श्वेत संगमरमरी। हज़ारों युवतियों में हीर ऐसे पहचानी जाती है, जैसे शाह परी की बहन पाँचफूल सरीखी नाज़ुक रानी हो।

कमतर नहीं है।"

"हो सकता है, तुम्हारी ही बात सच हो," चेतन ने कहा, "हीर वारिसशाह को इस नज़रिये से ध्यान दे कर पढ़े बिना मैं कुछ नहीं कह सकता, लेकिन यह तो तुम भी मानोगे," चेतन ने कहा, "कि उपमाओं की बारीकियों को आम लोग उतना नहीं समझते। वारिसशाह की अपरम्पार लोकप्रियता का —विशेषकर पंजाब के सभी फ़िरकों के आम लोगों में —मैं यह बड़ा कारण समझता हूँ कि उसने हमारे जीवन में रोज़-मर्रा से जुड़ी हुई सौ-सौ हकीकतें अपने काव्य में पिरो दी हैं, जो वक्त के साथ लोगों की ज़बान पर चढ़ कर कहावतें बन गयीं और पीढ़ी-दर-पीढ़ी चली आ रही हैं। वारिसशाह ने ज़िन्दगी की ये हकीकतें पंजाब के सभी फ़िरकों और जातियों और जीवन से ली हैं। वे मुसलमान, हिन्दू, जाट, किसान, तेली, तमोली, लोहार, सुनार, बढ़ई, कारीगरों और मज़दूरों की आम ज़िन्दगी से ली गयी हैं। ज़माने के सच को प्रतिबिम्बित करती हैं और न केवल तब सच थीं, जब उसने महाकाव्य लिखा था, बल्कि आज भी उसके कथनों की हकीकतों को झुठलाया नहीं जा सकता।"

कुछ देर तक चुपचाप चलने के बाद चेतन ने कहा, "मिसाल के लिए जब वारिसशाह ने इश्क के भिन्न रंगों और छटाओं का उल्लेख किया है तो पहले उसने अलग-अलग सूबों की युवतियों के इश्क की बात की जैसे —किल्ले ठोकवाँ इश्क तरख़ानियाँ दा।"

"कैसी सटीक उपमा दी है," निश्तर हँसा।

"और मैं उस महाकवि की गहरी नज़र और मुशाहिदे[१] की दाद देता हूँ," चेतन ने कहा, "आम जनता के जीवन की कैसी पकड़ उसके पास है। ज़िन्दगी के तजरुबों से वह कैसे मालामाल है कि जीवन की हकीकतें लोह-चून के ज़र्रों-सी उसके मिकनातीसी कलम पर खिंची चली जाती हैं, जिन्हें वह परम बेसाख़्तापन से अपने काव्य की पंक्तियों में उकेर देता है। ज़रा देखो —

"वारिसशाह ना हिंग दी बास छिपदी भावें रस-मिसी विच कपूर होवे[२]
नहीं चूहड़े दा पुत्त होवे सैयद घोड़े होण नाहीं पुत्त लैलियाँ दे[३]
वारिसशाह छपाइए ख़लक कोलों भाँवें अपना ही गुड़ खाइए जी"[४]

"और यह देखो, कैसी सटीक हकीकतें बयान की हैं और अपनी बात कहने के लिए हिन्दुओं के जीवन से हकीकतें लेने से परहेज़ नहीं किया —

"कदी पानी न बल थीं फ़ेर पहुँचे शीशा चूर होया किस जोड़ेया ई
गंगा हड्डियाँ मुड़दियाँ नहीं गइयाँ गये वक्त नू फ़ेर किस मोड़ेया ई

---

१ निरीक्षण, अनुभव

२ वारिसशाह कहते हैं कि चाहे रसमिसी तरकारी में कपूर मिला दो, लेकिन हींग की गन्ध छिप नहीं सकती। (रसमिसी तरकारी वह होती है, जिसमें शोरबा गाढ़ा होता है।)

३ मेहतरों के बेटे सैयद नहीं हो सकते और न मेमनियों के शावक (बकरियों के बच्चे) घोड़े हो सकते हैं (यह सदियों पहले का मिसरा है। आज तो किसी को चूहड़ा कहना ग़ज़ब ढा सकता है।)।

४ वारिसशाह कहते हैं कि चाहे अपना ही गुड़ खाओ, लेकिन लोगों से छिपाओ

गयी उमर ते वक्त फ़ेर नहीं मुड़दे गये कर्म ते भाग न आउन्दे ने
गयी गल्ल ज़ुबान तों तीर छुट्टा गये रूह कलबूत न आउन्दे ने''[१]

चेतन अपने जोश में हीर वारिसशाह से लोकोक्तियाँ, कहावतें और रोज़मर्रा की हकीकतें सुनाता ही रहता कि तभी उसके कानों में बँझली[२] की मीठी तान के साथ हीर गाने वाले फ़कीरों के बोल गूँज उठे।

दोनों चौंके। वे बाते करते हुए अड्डा होशियारपुर के चौरस्ते पर पहुँच गये थे। स्टेशन की तरफ़ के कोने में एक बन्द दुकान के तख़्ते पर दो जवान फ़कीर खड़े हीर गा रहे थे। एक के हाथ में बड़ी बाँसुरी थी, दूसरे ने कान पर हाथ रखा हुआ था। हीर के बोल चौरस्ते के वातावरण में गूँज रहे थे और आते-जाते लोग वहाँ रुक कर उनके लोच और सोज़-भरे स्वर का लुत्फ़ उठा रहे थे।

प्रसंग वह था, जहाँ राँझा जोगी बन कर रंगपुर जाता है। हीर की ननद सहती काफ़ी वाद-विवाद के बाद उसे हीर के पास ले जाती है और हीर उससे अपने भविष्य का हाल पूछती है। जब जोगी कुछ बताता है तो हीर कहती है कि ऐ जोगी, तू झूठ बोल रहा है। कौन है, जो रूठे हुए यारों को मिलाता है? वारिसशाह ने जिस दर्द से ये शब्द लिखे थे, वे नौजवान फ़कीर, अपने सोज़-भरे स्वर में उसे कई गुना बढ़ा रहे थे। चेतन और निश्तर — दोनों भीड़ के पीछे जा खड़े हुए। तभी पहली पंक्ति गाने के बाद बँझली में जब उसका दोहराव शुरू हुआ तो गाने वाले ने तान लगायी —

हीर आखदी जोगिया झूठ आक्खें कौण रुठड़े यार मिलाउन्दा ई
एहा कोई न मिल्या मैं ढूँढ थक्की, जेहड़ा गयाँ नूँ मोड़ लियांउन्दा ई
साडे चम्म दिआँ जुत्तियाँ करे कोई जेहड़ा जिऊ दा रोग गुआउन्दा ई
भला दस्स खा चिरीं विछुन्नियाँ नूँ कदों रब्ब सच्चा घर लिआउन्दा ई
जिस बाज़ थों काग ने कूँज खोही, वेखाँ चुप्प है जाँ कुरलाउन्दा ई
इक जट्ट दे खेत नूँ अग्ग लग्गी, वेखाँ आण के कदों बुझाउन्दा ई
देआँ चूरियाँ, घेओ दे बाल दीवे, वारिसशाह जे सुनाँ, मैं आउन्दा ई[३]

---

१ कभी पानी बह जाने के बाद वापस नहीं हुआ। चूर-चूर होने वाला शीशा फिर कभी नहीं जुड़ता। हड्डियाँ जब गंगा में बह जाती हैं तो फिर मुड़ कर नहीं आतीं। गया वक्त फिर वापस नहीं आता। उम्र और वक्त जा कर फिर नहीं आते, न कर्म और भाग्य फिर आते हैं। बात ज़ुबान से निकलती है तो जैसे तीर छूट जाता है और वह वापस नहीं आती और न आत्मा ही शव में फिर लौट कर आती है।

२ बड़ी बाँसुरी।

३ हीर कहती है कि ऐ जोगी, तू झूठ बोलता है, रूठे यारों को कौन मनाता है। मैं ढूँढ-ढूँढ कर थक गयी हूँ, मुझे ऐसा कोई नहीं मिला, जो गये हुओं को वापस ले आये। जो हमारे जी के रोग को दूर करे, वह चाहे हमारे चाम के जूते बना ले। भला बता, जो बहुत दिनों के बिछुड़ गये हों, उन्हें कभी सच्चा भगवान घर वापस ले आयेगा। एक बाज़ से कौवे ने कूँज छीन ली, बता वह चुप है या दुखी है। एक जाट के खेत को आग लग गयी, बता वह कब आ कर बुझायेगा। मैं शुद्ध घी में गर्म-गर्म रोटी गूँथ कर चूरी बना कर दूँगी और घी के दीये जलाऊँगी, अगर मुझे पता चले कि मेरा प्यार आ रहा है।

बन्द ख़त्म हुआ तो बाँसुरी वाले ने जोगी की तरफ़ से उसके जवाब की धुन छेड़ी और दूसरे फ़कीर ने बोल गाने शुरू किये —

जिस खेत नूँ जट्ट दे अग्ग लगी ओहो राहिकाँ वड्ढ के गाह लेआ
लावे-हार, राखे सार विदा होये, ना-उमीद हो के जट्ट राह पिआ
जेहड़े बाज़ तों काग ने कूँज खोही सबर शुकर कर बाज़ फ़ना होया
दुनिया छड्ड उदासियाँ साँभ लइयाँ सईद बारसों हुण वारिसशाह होया[१]

गाना ख़त्म करके एक फ़कीर ने गले का पल्ला फैला दिया और लोग उसमें पैसे फेंकने लगे। निश्तर ने तो मुँह मोड़ लिया, लेकिन चेतन का मन नहीं माना। उसने जेब से दो आने निकाल कर पल्ले में फेंक दिये और दोनों दोआबा के आर्य समाज मन्दिर की ओर चल पड़े।

सोलह

चेतन शायद अच्छे मुहूर्त में घर से नहीं निकला था।

अड्डा होशियारपुर से दो-ढाई फ़र्लांग चलने पर, रेलवे फाटक के इधर दायीं ओर, दोआबा आर्य समाज का बहुत बड़ा अहाता था (जहाँ गर्मियों में स्वामी सत्यदेव की कथा होती थी)। उसके परले बायें कोने के एक बहुत लम्बे आयताकार कमरे में वाचनालय था। वहाँ कमरे में लम्बी मेज़ों पर अख़बार और रिसाले पड़े रहते थे। मेज़ों के साथ लम्बी बेंचें लगी थीं। उन पर बैठे लोग अपनी-अपनी पसन्द के अख़बार-रिसाले पढ़ा करते थे।

दो मिनट के लिए निश्तर को बाहर छोड़ कर चेतन भागा-भागा वाचनालय में गया। एक सिरे से दूसरे सिरे तक उसने उर्दू-हिन्दी-अंग्रेज़ी दैनिक देख डाले। ताज़ा 'ट्रिब्यून' उसे नज़र नहीं आया। सिर को निराशा से झटका दे कर चेतन तेज़-तेज़ वापस फिरा। अब इतनी दूर जा कर सेठ हरदर्शन के न जाना असम्भव था। बिना कुछ कहे, दोनों कोट किशन चन्द की ओर चल दिये।

दोआबा आर्य समाज के चन्द कदम आगे रेलवे का फाटक बन्द था और आती हुई रेलगाड़ी की धमक सुनायी दे रही थी। निश्तर ने तो कहा कि बग़ल के छोटे फाटक से निकल चलते हैं, लेकिन चेतन ने बेहद निराशा और थकन के आलम में अपनी दोनों कोहनियाँ फाटक पर टिका दीं, बायाँ पाँव फाटक के निचले फ्रेम पर रख दिया और रुक कर मन-ही-मन अपने रिज़ल्ट के बारे में सोचने लगा।

तभी दनदनाती हुई गाड़ी आ गयी। माल गाड़ी थी। चेतन का ध्यान बँट गया। वह

---

१ जाट के जिस खेत को आग लगी, उसे मुज़ारों (पट्टीदारी पर फ़सल उगाने वालों) ने जोत लिया। उसके मज़दूर-किसान और रखवाले चले गये। निराश हो कर किसान अपनी राह चल दिया। जिस बाज़ से कौवे ने कूँज छीन ली, वह सब्र-सन्तोष करके फ़ना हो गया। उसने संसार को त्याग कर उदासियाँ ओढ़ लीं और फ़कीर हो गया।

स्वभावानुसार गाड़ी के डिब्बे गिनने लगा। उसने अड़सठ तक गिने थे कि सर्र से गार्ड का डिब्बा निकल गया। रेलवे फाटक का चौकीदार उधर का गेट खोल कर इधर आता दिखायी दिया। चेतन ने कोहनियाँ हटा लीं और परे हट गया। फाटक खुलने पर लाइनें पार कर, बिना कोई बात किये, दोनों अपने-अपने ध्यान में मगन चुपचाप चलने लगे।

सेठ हरदर्शन अपनी कोठी पर मौजूद नहीं थे। ड्राइंग-रूम में कई लोग बैठे वोटरों की सूचियाँ मिला रहे थे —साफ़ सूचियाँ बनाने में कोई नाम छूट न गया हो, इस विचार से। श्रीकृष्ण भी वहीं था और उसकी देख-रेख में सब काम हो रहा था। चूँकि 'ट्रिब्यून' वहाँ भी नहीं था, इसलिए चेतन ने श्रीकृष्ण से पूछा कि उसने क्या अपना रिज़ल्ट 'ट्रिब्यून' से कन्फ़र्म कर लिया है? और क्या 'ट्रिब्यून' का ताज़ा अंक उसके पास वहाँ या घर पर है?

श्रीकृष्ण ने इनकार में सिर हिलाया कि कचहरी रोड पर उसके ऐडवोकेट भाई के यहाँ तो अंग्रेज़ी अख़बार शाम को पहुँचते हैं। उसे तो लाहौर से उसके भाई ने अर्जेण्ट तार से सूचित किया था।....चेतन उसे बधाई देता हुआ, उससे हाथ मिला कर ड्राइंग-रूम से बाहर निकला। निश्तर उसके पीछे-पीछे उसे बाहर गेट तक छोड़ने आया।

०

वर्ग और विचारों की विषमता के अलावा सेठ हरदर्शन की बेपनाह दुनियादारी के कारण उन्हें नापसन्द करने के बावजूद, चेतन सेठ हरदर्शन की दूरदर्शिता पर चकित था। जालन्धर आने और वहाँ कुछ जमने के बाद वे म्यूनिसिपल कमेटी के चुनाव में खड़े हुए और चुने गये थे। शहर वालों को बाहर से आने वाले एक सेठ का सिटी फ़ादर होना पसन्द नहीं आया था —विशेषकर उस सूरत में, जब उन्होंने रुई की मिल के मालिक म्यूनिसिपल कमेटी के अत्यन्त लोकप्रिय विगत चेयरमैन की मिल पर (प्रकट ही शेयर बाज़ार में उनके बेपनाह ख़सारे के कारण) न केवल कब्ज़ा कर लिया था, बल्कि उनका सारा कार-बार और कोट किशन चन्द वाला बँगला तक हथिया लिया था।

पुराने चेयरमैन बहुत उदार, विनम्र और मिष्ट-भाषी थे। अपने दर पर आने वाले किसी ज़रूरतमन्द को उन्होंने कभी निराश नहीं लौटाया था। ज़बरदस्त ख़सारे की ख़बर सुन कर पहले वे शहर से भाग गये थे। लोगों का ख़याल था कि उन्होंने आत्महत्या कर ली है। लेकिन वे तीन दिन बाद आ गये थे। दीवालिये हो गये थे। सब कुछ बेच-बाच कर सारा कारोबार और बँगला पंजाब के किसी दूसरे शहर में टाटा के एजेण्ट सेठ हरदर्शन को सौंप, अपनी बीवी-बच्चों के साथ लाहौर चले गये थे और वहाँ वर्षों से छोड़ी हुई अपनी वकालत उन्होंने शुरू कर दी थी।

वे पगड़ी बाँधते थे और सोलह आने जालन्धरी लगते थे। शहर वाले उन्हें बिलकुल अपना समझते और उन्हें बहुत आदर-प्यार देते थे। सेठ हरदर्शन पतले-छरहरे, लम्बे, सुदर्शन आदमी थे। शुरू-शुरू में जब वे आये थे तो बहुत बढ़िया पतलून, बन्द गले का कोट और मारवाड़ी सेठों की-सी गोल, ऊँची टोपी पहनते थे। जब वे दो-एक मुसाहिबों के साथ बातें करते हुए शहर में आते थे तो शहर वालों को उनके रवैये में एक अव्यक्त अहंकार की बू आती थी और अनजाने हीन भाव का एहसास होता था। वे उन्हें पंजाबी

नहीं, मारवाड़ी लगते थे। शायद दो-एक पुश्तों से पंजाब में बसे हुए मारवाड़ी थे भी।

सो शहर वालों ने म्यूनिसिपल कमेटी के चुनावों में उनकी विजय के साल भर बाद ही पहले उनके ख़िलाफ़ स्कैण्डल फैलाये। फिर जब दो वर्ष बाद कमेटी के अगले चुनाव की बातें होने लगीं तो यह सोच कर कि वे फिर इलेक्शन में खड़े होंगे, लोगों ने बड़े ज़ोरों से यह बात फैला दी कि उन्हें कभी जीतने नहीं दिया जायेगा।

लेकिन सेठ हरदर्शन म्यूनिसिपल इलेक्शन में खड़े नहीं हुए। जब पंजाब में पहले चुनावों की घोषणा हुई तो एक भी क्षण खोये बग़ैर वे लाहौर गये। 'सर्वेण्ट्स ऑफ़ पीपल सोसाइटी' के चेयरमैन डॉ० गोपीचन्द भार्गव और पंजाब काँग्रेस के अध्यक्ष से मिले। काँग्रेस के फ़ण्ड में उन्होंने हज़ारों का चन्दा दिया और जालन्धर के तपे हुए नेता लाला गोविन्द राम के मुकाबले अपने लिए टिकट सुनिश्चित कर आये।

वापस आ कर सबसे पहले उन्होंने अपनी पोशाक का काया-कल्प किया। कोट-पतलून छोड़, दूध-धुली खादी का कुर्ता-धोती, जवाहर जैकेट और गाँधी टोपी पहननी शुरू की और दिलो-जान से चुनाव-क्षेत्र को पोसने और चुनाव की तैयारी में जुट गये। इधर उनके शरीर पर काफ़ी गोश्त आ गया था। पहले पतलून-कोट में सजते थे तो अब खादी के धोती-कुर्ते में सुशोभित रहते थे। निश्तर ने चेतन को बताया था कि उनके जुनून को देख कर वह कभी-कभी हैरान रह जाता है। कई बार कार को पक्की सड़क पर छोड़, मीलों पैदल चल कर वे गाँवों में पहुँचते हैं और उनमें ज़रा भी हीन भाव जगने नहीं देते।

जब उन्हें काँग्रेस का टिकट मिल गया तो सब से पहले उन्होंने कई लोगों की मदद से चुनाव के लिए मतदाताओं की सूची बनवायी। जिनके नाम सरकारी सूची में दर्ज नहीं थे, उन्हें दर्ज कराया। फिर उन्हें गाँव-गाँव, कस्बे-कस्बे, शहर-शहर, वॉर्ड-वॉर्ड के मुताबिक तैयार किया। उस वक्त उन सूचियों को मिलाया जा रहा था और जैसा कि चेतन ने देखा था, श्रीकृष्ण उन सब कर्मचारियों से काम लेने पर तैनात था।

निश्तर ने सेठ हरदर्शन के चुनाव-प्रचार के लिए चेतन के परामर्शानुसार कुछ टप्पे और बालो और माही के दो-गाने तथा दूसरी चलती पंजाबी ट्यूनों पर गीत लिखे थे। वह उन्हें सेठ हरदर्शन को सुनाना और दाद पाना चाहता था।

०

गेट के बाहर चेतन को विदा करते हुए निश्तर ने हाथ मिलाते हुए कहा, "अगर रणवीर आ गया तो मैं फ़ौरन आपको पता दूँगा। हुनर साहब से मिले बिना आप लाहौर न जाइएगा।"

चेतन ने कोई जवाब नहीं दिया। रिज़ल्ट की चिन्ता में उसे रणवीर और हुनर साहब भूल गये थे। बिना कोई जवाब दिये, निश्तर से हाथ मिला कर, चेतन मुड़ा और सड़क के बीचोंबीच तेज़-तेज़ चलने लगा।

लेकिन दस कदम के बाद स्वभावानुसार उसकी चाल धीमी हो गयी और वह सड़क के बायें किनारे, सिर झुकाये, अपने विचारों में मगन धीरे-धीरे चलने लगा।

अड्डा होशियारपुर में भीड़ छँट गयी थी। नौजवान फ़कीर कहीं दूसरी जगह मजलिस जमाने चले गये थे। अपने प्यार की प्रतीक —कुन्ती —को एक नज़र देखने की क्षीण-सी आशा के अधीन अड्डे से सीधे पंजपीर रोड पर थोड़ी-सी दूर चलने के बाद चेतन दायीं

ओर पुरियाँ मुहल्ले की ढिक्की (चढ़ाई) चढ़ने लगा। तभी हठात उसके ज़ेहन में वारिसशाह की पंक्ति कौंध गयी —

छोटी उमर दियाँ यारियाँ बहुत मुश्किल....

सत्रह

रात चेतन को ठीक से नींद नहीं आयी। हालाँकि निश्तर के घर से कचहरी रोड पर श्रीकृष्ण के ऐडवोकेट भाई के ऑफ़िस तक, फिर बस्ती के अड्डे और फिर वहाँ से वापसी पर सेठ हरदर्शन के घर तक और उसके बाद कल्लोवानी मुहल्ले के अपने घर तक चेतन सात-आठ मील की मंज़िल मार कर पैदल वापस आया था, थका हुआ था, लेकिन उसकी नसें ऐसे तन गयी थीं कि जब चन्दा को उसके बिस्तर पर लिटा कर वह बराबर की चारपाई पर लेटा तो उसकी आँखों में नींद का कहीं नाम-निशान न था।

चन्दा तो गहरी नींद सो गयी थी, लेकिन बरसाती में शायद कुछ उमस थी। झिलमिलियों से हवा की रमक तक न आ रही थी। चेतन थोड़ी देर तक करवटें बदलता रहा, फिर बाहर छत पर आ गया। सब सोये हुए थे। वह चुपचाप सीमेण्ट की पक्की शहनशीन पर जा बैठा। शहनशीन अपेक्षाकृत ठण्डी थी। वह लेट गया। लेकिन उसकी आँखें भारी भी न हुईं। उसके कानों में कभी निश्तर के, कभी शौकत और कभी फेरू के गाये हीर के बोल गूँजने लगे। फिर होशियारपुर के अड्डे पर बाँसुरी के साथ गाने वाले दोनों जवान फ़कीर उसकी आँखों में आ गये। वे फ़कीर नहीं लगते थे —कमर तक तहमदें बाँधे, गले में लम्बे कुर्ते और वास्कटें पहने, गले में साफ़े लपेटे। आँखों में सुरमा, सिर पर लम्बे बाल, सुन्दर चेहरे। शायद वे कहीं निकट के ही अराईं-जाट थे। फ़सलें कट चुकी थी। बरसात से पहले गाही-वाही तो होती नहीं थी। थोड़े वक्त में कुछ पैसे कमाने को बाँसुरी ले कर चले आये थे और मस्ती में गाते और पैसे कमाते घूम रहे थे।

उस ज़माने में जालन्धर के गली-बाज़ारों में, चौकों के कोनों पर, किस्सा गाने वाले, रूमानी कथा-कहानियाँ या अश्लील किस्से सुना कर नामर्दी की दवाइयाँ बेचने वाले या फिर दायीं बाँह में बड़े-बड़े पतले कड़े डाले, दाँयें हाथ में लोहे का काला डण्डा लिये, शायर 'नज़ीर' की नज़्में सुना कर पैसे कमाने वाले, कहीं तारा चन्द की सी-हर्फ़ी, कहीं मोतीराम का बारहमासा सुनाने वाले आम मिल जाते थे। जनता उन्हें सुन कर बहुत ख़ुश होती थी और यथाशक्य पैसों-अधेलों से उनकी झोलियाँ भर देती थी। हीर गाने वाले तो जहाँ जाते, समाँ बाँध देते थे।

चेतन वारिसशाह का कायल था, लेकिन उसके यहाँ इतनी गहराई है, इसका उसे अन्दाज़ा नहीं था। अचानक सेठ हरदर्शन की कोठी को जाते हुए अड्डा होशियारपुर में उसने जब हीर के बोल सुने तब उसे लगा कि वारिसशाह ने उन बोलों में बहुत गहरी बातें कह दी हैं। चेतन ने पहले भी कहीं —'जिस बाज़ थों काग ने कूँज खोही' —वाले बोल

सुने थे। कूँज तो हीर है, वारिसशाह ने राँझे को बाज़ और खेड़े के साझीदार हीर के शौहर सैदे को काग कहा था। यह तो चेतन समझ गया था लेकिन —जिस जाट के खेत को आग लगी —इस बोल का मतलब उसकी समझ में नहीं आया था। होशियारपुर के अड्डे पर हीर गाने वालों ने इन्हीं दो बोलों को दोहराया था —

> **इक बाज़ थों काग ने कूँज खोही, वेक्खाँ चुप है जाँ कुरलाउन्दा ई**
> **जिस जट्ट दे खेत नूँ अग्ग लग्गी वेक्खाँ आण के कदों बुझाउन्दा ई**

तब चेतन ने जाना के कूँज भी हीर है और खेत भी हीर, बाज़ राँझा है तो जाट भी राँझा है....और चेतन वारिसशाह की उक्ति की बारीकी पर मन-ही-मन मुग्ध हो गया और बार-बार वही बोल दोहराने लगा।

न जाने राँझा सचमुच कोई नौजवान आशिक था और हीर स्यालों की लाडली बेटी थी या जाने यह कथा यूनानी गाथा से ले कर दामोदर ने पंजाब के परिवेश में लिखी और वारिसशाह ने उसे फिर से अपने काव्य का विषय बनाया। उसका कमाल यह था —चेतन ने सोचा —वारिसशाह ने उनको सजीव कर दिया था। बिलकुल उसी तरह, जैसे अनेक विद्वानों के अनुसार वाल्मीकि ने पैरिस और हेलेन की यूनानी प्रेम कथा के आधार पर राम-सीता के किस्से को भारतीय परिवेश में लिख कर राम और रावण को ऐतिहासिक महत्व दे दिया था और तुलसीदास ने फिर उसी को ले कर राम को अवतार बना दिया, जिसे आज तक हिन्दू लोग पूरी श्रद्धा से पूजते आ रहे हैं। वेदों में तो, आचार्य विश्वबन्धु जी ने बताया था, कहीं राम का उल्लेख नहीं है। जातक कथाओं में कहीं सीता, राम की बहन है, कहीं उसकी पत्नी और राम कथा के दसियों रूप प्रचलित हैं। वारिसशाह ने पुनः हीर की कथा लिख कर पंजाब की हर प्रेमिका को हीर और हर प्रेमी को राँझा बना दिया।

पहली बार पढ़ने पर चेतन हीर से वैसा प्रभावित नहीं हुआ था, लेकिन किसी काव्य को बरस-हा-बरस जनता यूँ ही गले नहीं लगाये रख सकती। उसमें निश्चय ही ऐसे तत्व होते हैं, जो जनता की रोज़मर्रा ज़िन्दगी का चित्रण करते हैं। जाने कितनी उक्तियाँ उस शायर ने अपने काव्य के माध्यम से जनता की भाषा में प्रचलित कर दी थीं। जाने प्रेम के कैसे नाज़ुक भाव उसने बड़ी बारीकी से अपने काव्य में पिरो दिये थे। कैसा वलवला, कैसा जोश, स्थायी प्रेम की कैसी मस्ती, कैसी मौज, घरेलू झगड़ों का कैसा चित्रण, कैसे-कैसे तिश्ने, कैसी बोलियाँ, कैसे कथन, कैसी उपमाएँ, उत्प्रेक्षाएँ धरती की गन्ध लिये हुए सीधी-सटीक बातें उसने अपने काव्य में रख दीं कि प्रसंगों के काल्पनिक होने के बावजूद हर बार पढ़ने पर नया रस मिलता है। चेतन उठ कर छत पर टहलने लगा। निश्चय ही वारिसशाह ने अपना काव्य ऊपर के तबके के लिए नहीं लिखा —चेतन ने सोचा —उसने आम जनता की भावनाओं, उसकी रोज़मर्रा की ज़िन्दगी, उसके अनुभवों, उसके जीवन की विभिन्न परिस्थितियों, भंगिमाओं, भावनाओं को छूने वाली समस्याओं को उसमें उद्घाटित किया और उस काव्य को पढ़ते हुए आम लोगों को कुछ-न-कुछ अपने मन के अनुरूप मिल जाता है। शायद उस काव्य के अमर होने का यही कारण है कि आम लोग उससे तादात्म्य स्थापित कर लेते हैं।

चेतन जा कर फिर शहनशीन पर बैठ गया —क्या उसके काव्य में भी कभी ऐसा तत्व आयेगा —उसने सोचा —जो उसे आम लोगों में लोकप्रिय बना दे। इसके लिए उसके

पास अनुभवों का बेकिनार ख़ज़ाना होना चाहिए। उसे भरपूर ज़िन्दगी जीनी चाहिए। आँखें और कान खुले रहने चाहिएँ। दिमाग़ के किवाड़ों को विचारों के ताज़ा झोंकों के लिए खुला रखना चाहिए और फिर इस तमाम अनुभव-सम्पदा को कलम की नोक पर रखने का सामर्थ्य प्राप्त करना चाहिए। वारिसशाह अनुभव-सम्पन्न शायर ही नहीं, काव्य के लिहाज़ से भी बाकमाल शायर था। जब-जब उसने किसी प्रसंग में —भले ही वह काल्पनिक हो — डूब कर लिखा है, उसे जीवन्त बना दिया है। चेतन ने तय किया कि वह लगातार श्रम से, लगातार अनुभव प्राप्त करके ऐसी क्षमता प्राप्त करेगा कि उसका लिखा हुआ पानी की लकीर नहीं, समय की चट्टान पर अमिट नक्श बन जाय और आने वाली पीढ़ियाँ, न केवल उससे आनन्द प्राप्त करें, बल्कि लाभ भी उठाती रहें।

जैसे इस निर्णय से चेतन के दिमाग़ की बेचैनी दूर हो गयी, वह अपने बिस्तर पर जा कर लेटा और उसे नींद आ गयी।

०

सुबह यद्यपि चेतन थोड़ी देर से उठा था, जल्दी निबट-नहा कर उसने चन्दा को तैयार किया था, उसे नाश्ता कराया था। फिर उसने कहा था —"चन्दा, मैं बस सिर्फ़ आज का दिन देखूँगा। मेरा रिज़ल्ट तो निकल गया है। मेरा क्लासफ़ेलो, बस्ती का श्रीकृष्ण पास हो गया है और मुझे अपना कुछ पता नहीं। जाने मैं पास हुआ हूँ या फ़ेल। मेरा दिमाग़ बहुत परेशान है चन्दी। अगर शाम तक कुछ पता न चला तो मैं कल सुबह की गाड़ी से लाहौर चला जाऊँगा।"

"आप ज़रूर पास हो जायेंगे," चन्दा ने दाँतों के मोती बिखेरते हुए कहा —"और मेरा मन कहता है कि आप फ़र्स्ट डिवीज़न में ही पास होंगे। घबराइए नहीं, जब आपको सिर्फ़ एक दिन रहना है तो मेहरबानी करके आराम कीजिए। माँ जी से बातें कीजिए। कुछ नहीं तो डायरी लिखिए।"

अचानक चेतन ख़ुश हो गया, "तुम ठीक कहती हो चन्दो। मैं सबसे पहले डायरी लिखूँगा। बहुत कुछ मन में उमड़-घुमड़ रहा है। सब कुछ डायरी में उँड़ेल दूँगा।"

चेतन बाहर गया। रसोईघर के सामने जा कर उसने माँ से कहा —"माँ, मैं थोड़ा काम करूँगा। मैं भाग कर चाचा रामदित्ता की दुकान से पाव भर दही और एक पैसे की बर्फ़ लाता हूँ। मुझे मीठी गाढ़ी लस्सी का डेढ़ गिलास बना दो।"

उस ज़माने में हलवाइयों की दुकानों पर डेढ़ हाथ के गिलास होते थे, जिनमें एक पाव दही की गाढ़ी लस्सी बनती थी। ग्राहक लस्सी पी कर तृप्त हो जाता था। लेकिन घरों में बड़े गिलास नहीं होते थे। इसलिए चेतन ने माँ से डेढ़ गिलास बनाने को कहा था।

यह कह कर वह बाज़ार भाग गया था। रामदित्ते की दुकान से बर्फ़ और दही लाया था। उसे माँ को दे कर अन्दर से डायरी और कलम ला कर खुली बैठक की रोशनी में दीवार से पीठ लगा कर जा बैठा और डायरी लिखने लगा था।

अजीब बात है कि रात भर वारिसशाह के बारे में सोचने के बावजूद वह अभी तक उसके काव्य से मुक्त नहीं हो पाया था। उसने डायरी खोल कर लिखना शुरू किया —

"मैं कल 'निश्तर के यहाँ हीर वारिसशाह सुनता रहा, फिर रिज़ल्ट का पता करने

के लिए मीलों चक्कर लगाता हुआ उस महाकवि के बारे में निश्तर से बातें करता रहा। रात को भी उसी के बारे में सोचता रहा। लेकिन मैं उससे मुक्ति नहीं पा सका। जो बात मुझे वारिसशाह में महत्वपूर्ण लगती है और जिस पर मैंने पहले विचार नहीं किया, वह यह है कि साईं बुल्लेशाह ही की तरह सैयद वारिसशाह भी हमारी साँझी संस्कृति का शायर है। बुल्लेशाह ने जहाँ भी ज़रूरत पड़ी, हिन्दुओं की देवमाला और उनके रीति-रिवाज से अपने बिम्ब, प्रतीक या उदाहरण लेने से गुरेज़ नहीं किया। यही वारिसशाह ने भी किया है। 'गंगा हड्डियाँ मुड़दिआँ नहीं गइयाँ' —वही शायर लिख सकता है, जो साँझी संस्कृति का वाहक हो। वारिसशाह के काव्य में खेड़ेवाले ब्राह्मणों से मुहूर्त निकलवाते हैं। राँझा जोगी बालनाथ से दीक्षा लेता है। न जाने कितनी बातें वारिसशाह ने साँझी संस्कृति से ली हैं। यही कारण है कि पंजाब का हिन्दू हो या मुसलमान, वारिसशाह का काव्य दोनों को प्रिय है।"

चेतन कुछ क्षण के लिए रुका फिर उसने थोड़ी जगह छोड़ कर लिखा —

"मैं भी ऐसी चीज़ें लिखूँगा, जो हिन्दू-मुसलमान ही नहीं, सभी जातियों और धर्मों को मानने वालों को पसन्द हों। मैं इन्सान की बात करूँगा। मैं मानता हूँ कि ऊपर के तमाम अन्तर के बावजूद अन्दर से दुनिया भर के इन्सान एक जैसी ख़ूबियों-ख़ामियों के मालिक हैं। मेरी रचनाएँ सब की बात करें, सबकी भावनाओं को छुएँ, सब को पसन्द आयें, मैं इसकी कोशिश करूँगा।"

तभी चेतन की माँ एक हाथ में लस्सी की गड़वी और दूसरे में गिलास ले कर आयी। माँ चेतन की रुचि जानती थी। उसने पहले दही की मलाई अच्छी तरह मार ली थी, तब चीनी और बर्फ़ डाली थी। जब माँ ने लस्सी उँड़ेली तो गिलास मक्खन-भरी झाग से ऊपर तक भर गया। ठण्डी इतनी थी कि चेतन का हाथ सुन्न हो गया।

चेतन की आँखों के सामने अनारकली में ख़ालसा होटल के कोने पर हरबिन्दर की दुकान के आगे, गिलासों पर इसी तरह गाढ़ी झाग के गुम्बद घूम गये, जिन पर हरबिन्दर एक-एक चम्मच टिका देता था।

चेतन को लस्सी की ऐसी तलब थी कि उसका जी हुआ —ऐसी मीठी गाढ़ी स्वादिष्ट लस्सी को एक ही घूँट में पी कर गिलास ख़ाली कर दे। पर इतनी ठण्डी लस्सी एक ही साँस में पीना सम्भव नहीं था। चेतन ने चम्मच के अभाव में पहले अपने होंटों से मक्खन-भरी झाग को काट कर निवालों की तरह उसका स्वाद लिया। फिर दो-तीन घूँट भरे तो ठण्ड से उसकी कनपटी टीस उठी। उसने सब्र के साथ मज़ा लेते हुए घूँट-घूँट लस्सी का गिलास ख़त्म किया।

माँ लोटे से और लस्सी डालने वाली थी कि तभी नीचे से ज़ोर की आवाज़ आयी — "ओए, चेतन देआ पुत्तरा!" —

"अनन्त!" चेतन के मुँह से निकला। लस्सी का ख़ाली गिलास एक तरफ़ रख कर वह उछल कर उठा और ज़ोर से —'आया ओए,' कहता हुआ नीचे की ओर भाग गया।

दोनों दोस्त बग़लगीर हुए तो चेतन ने कहा, "साले, तूने इतना इन्तज़ार कराया है कि

एक हज़ार गाली तुझे दूँ तो भी कम है। आज तू नहीं आता तो मैं लाहौर चला जाता।"

"अबे, माँ अपनी के यार, मैं सिर्फ़ तेरे लिए आया हूँ। वरना टिवाना साहब तो मुझे पिंडी भेज रहे थे। यह ले अपना रिज़ल्ट। मैंने देखा नहीं, मगर तेरे भाई ने कहा कि तू फ़र्स्ट डिवीज़न पास हो गया है। और यह ले अपनी डाक। साले, मैं सीधा स्टेशन से आया हूँ। घर नहीं गया। अब जा कर मैं नहाता-धोता हूँ। इस बीच तू आर्यों की हट्टी से मोतीचूर के लड्डू ले कर पहुँच। साले, ख़ुशख़बरी दी है, मुँह भी मीठा नहीं करायेगा!"

और अनन्त पलट कर तेज़-तेज़ चला गया।

०

माँ वैसे ही ऊपर बैठक में लोटा लिये खड़ी थी। चेतन ऊपर आया और उसने कहा, "माँ, मैं फ़र्स्ट डिवीज़न में पास हो गया हूँ। अनन्त ख़बर लाया है और मोतीचूर के लड्डू खिलाने के लिए कह गया है।"

"तू बाकी लस्सी पी, मैं मेघनाथ नूँ भेज के सेर भर लड्डू मँगानी आँ।" चेतन ने झट से ख़ाली गिलास उठाया। माँ ने लस्सी उँडेल दी। गिलास तीन-चौथाई भर गया। लेकिन चेतन ने मना नहीं किया। चूँकि इसी बीच लस्सी इतनी ठण्डी नहीं रही थी, वह तीन-चार घूँट में ही पी गया। तर्जनी से उसने गिलास में लगी मक्खनी झाग को समेट कर होंटों में भर लिया और गिलास एक तरफ़ रख, उसने मक्खनी झाग वाली उँगली बायें हाथ से पोंछ कर दोनों चिकने हाथ अपने सिर पर फेर लिये। पहले उसने 'ट्रिब्यून' में अपनी पोज़ीशन देखी। सात सौ लड़कों में लगभग तीन सौ फ़र्स्ट डिवीज़न में पास हुए थे। उसकी पोज़ीशन सौवीं थी। उसका मन थोड़ा उदास हो आया।

'सौवीं पोज़ीशन ले कर मैं क्या कम्पीटीशन में बैठूँगा!' —उसने मन-ही-मन कहा।

उदासीनता से अख़बार उसने एक तरफ़ फेंक दिया और दीवार से पीठ लगा कर डाक खोली।

डाक में मुंशी चन्द्रशेखर की चिट्ठी और 'हंस' का ताज़ा अंक था। चेतन ने पहले 'हंस' का मुखपृष्ठ उलट कर लेखकों की सूची देखी। कहानियों की फ़ेहरिस्त के नीचे अपना नाम और उसके सामने 'निशानियाँ' छपा देख कर वह प्रसन्न हो आया। 'सरस्वती' का वह अंक, जिस में उसकी कहानी 'प्रेम की वेदी' छपी थी और 'हंस' का यह अंक एक ही महीने के थे। ज़ाहिर है, 'हंस' का अंक लाहौर में देर से पहुँचा होगा। वहीं बैठा-बैठा, पृष्ठ पलट कर चेतन अपनी कहानी पढ़ गया। एक ही महीने में उसकी दो कहानियाँ हिन्दी की दो प्रमुख पत्रिकाओं में छप गयी थीं। उसका मन बेइन्तिहा ख़ुशी और गर्व से फूल उठा। लॉ कॉलेज, डिस्टिंक्शन, कम्पीटीशन और सब-जजी कहीं पीछे छूट गये और उसका मन साहित्य के आसमान की बुलन्दियों में तरारे भरने लगा।

उसने कहानी को दोबारा पढ़ा, फिर सन्तुष्ट हो कर मुंशी जी का पत्र खोला। पत्र लम्बा था और बम्बई से आया था। 'हंस' विशुद्ध साहित्यिक मासिक था। उसमें साहित्यिक रचनाओं के सिवा किसी प्रकार का कोई विज्ञापन न छपता था। 'जागरण' राष्ट्रीय साप्ताहिक था। काँग्रेस की नीतियों का समर्थक और पोषक। किसी तरह का कोई सरकारी अथवा अर्ध-सरकारी विज्ञापन उसे नहीं मिलता था। राजज्योतिषियों, शक्तिवर्धक औषधियों अथवा

ठग राजवैद्यों और शाही-हकीमों के विज्ञापन, जिनसे पत्र-पत्रिकाओं को भरपूर आय होती थी और उनका घाटा मुनाफ़े में बदल जाता था, मुंशी जी को छापना स्वीकार नहीं था, सो पत्र-पत्रिका और प्रेस के निरन्तर घाटे से मुंशी जी ख़ासे कर्ज़दार हो गये थे। वे उस समय हिन्दी के सिरमौर साहित्यकार थे। उपन्यास-सम्राट कहलाते थे। फ़िल्मी दुनिया की ओर से उन पर निरन्तर ज़ोर पड़ता था, लेकिन बनारस छोड़ कर मुंशी जी को कहीं जाना पसन्द नहीं था। ऋण-दाताओं ने उन्हें परेशान करना शुरू कर दिया था और ऋण के बदले 'जागरण' लेने की बात कही। तब मुंशी जी ने बम्बई में एक फ़िल्म कम्पनी से साल भर का अनुबन्ध कर लिया और पेशगी रकम ले कर कर्ज़ का काफ़ी हिस्सा पाट दिया —पत्र में उन्होंने लिखा था कि वे एक फ़िल्म कहानी और सम्वाद लिख रहे हैं। आर्थिक स्थिति के कारण बम्बई आने की विवशता का ज़िक्र करते हुए उन्होंने लिखा था —

> *"मैं यहाँ आ तो गया हूँ। मेरा कर्ज़ भी काफ़ी चुक गया है, लेकिन यहाँ का माहौल किसी हस्सास शख़्स के लिए साज़गर नहीं है। डायरेक्टर अपने आपको ख़ुदा के बराबर समझता है और अदीब की हैसियत उसके निकट टुकड़िया मुंशी से ज़्यादा नहीं। जो लफ़्ज़ या फ़िकरा उसे नापसन्द हो, वह अदीब के नज़दीक कितने भी पुरअसर और गहरे मायनों से भरपूर क्यों न हो, उसे काट देना पड़ता है और जैसा वह चाहता है, वह आपके नज़दीक कितना भी फूहड़ और मजहकाख़ेज़*[1] क्यों न हो, आपको लिखना पड़ता है। मैं तो बेज़ार हो गया हूँ। यह कहानी तो मैं लिख दूँगा, लेकिन मैं यहाँ रह नहीं पाऊँगा और जल्दी ही अपने उसी 'कुंज-ए-आफ़ियत'[2] *में चला जाऊँगा।"*

'कुंज-ए-आफ़ियत' यानी बनारस, चेतन ने मन-ही-मन कहा। कभी जब चेतन बी०ए० में पढ़ता था, हमीद से उसकी दोस्ती थी, वह बम्बई की फ़िल्मी दुनिया में जाने, वहाँ ऐक्टर, डायरेक्टर या कथा-लेखक के नाते नाम पाने के सपने लेता था.... मुंशी जी के पत्र की वे पंक्तियाँ पढ़ते हुए उसे लगा —अच्छा हुआ, उसके सिर से वह भूत उतर गया। फ़िल्मों में जाने का ख़याल उसने छोड़ दिया। वरना उस जैसी पतली खाल वाला आदमी वहाँ कै दिन टिकता....मुंशी जी ने अपने पत्र में आगे चेतन की कहानी का ज़िक्र किया था —

> *"सरस्वती में तुम्हारी कहानी पढ़ी। इसकी ज़बान निहायत सकील*[3] और दकीकी[4] *है। साफ़ तरजुमे की ज़बान मालूम होती है। इसके मुकाबले में 'निशानियाँ' तुमने बहुत सहल और सलीस रवाँ-दवाँ ज़बान में लिखी है। दिलचस्प भी यह उसकी बनिस्बत ज़्यादा है और दिल पर असर भी करती है। ज़बान के बारे में उसूल यह है कि लफ़्ज़ तुम अरबी, फ़ारसी, उर्दू, हिन्दी, पंजाबी, बंगला, मराठी, गुजराती —किसी भी ज़बान से लो, ध्यान इस बात का रखो कि*

---

१ हास्यास्पद

२ शान्ति निकुंज

३ बोझिल

४ कठिन

ख़यालात का तसलसुल[1] और ज़बान की रवानी कायम रहे।"

०

चेतन ने 'हंस' का अंक और मुंशी जी का पत्र एक ओर रख दिया और डायरी उठा कर पहले से लिखे हुए पैरे के नीचे दो-तीन पंक्तियों की जगह छोड़ कर फिर लिखना शुरू किया —

"अभी-अभी लाहौर से अनन्त आया है। मेरा रिज़ल्ट और डाक ले आया है। दोनों को पढ़ कर मेरा मन कुछ अजीब-से सुख-दुख के एहसास से भर उठा है। रिज़ल्ट को देख कर थोड़ी मायूसी हुई है। सौवीं पोज़ीशन पा कर मैं क्या कम्पीटीशन में बैठूँगा और क्या सब-जज बनूँगा? मन बेतरह खिन्न और उदास हो आया है....लेकिन उदास होने से कुछ बनेगा नहीं। पिछले साल मेहनत नहीं कर सका। परीक्षा कैसे दी जाती है, यह भी मालूम नहीं था। हर पेपर में एक-न-एक सवाल छूट गया। यह बात भोला को समय से पहले सारा पेपर करके उठते देख कर समझ में आयी। अब की बार दोनों बातों पर अमल करूँगा। सारी कठिनाइयों के बावजूद जितना भी वक्त मिला करेगा, पढ़ूँगा। भोला से चिपक जाऊँगा। उसने इस इम्तहान में रिकॉर्ड तोड़ा है। ट्रिब्यून में उसकी तस्वीर छपी है। देखूँगा, वह कैसे पढ़ाई करता है, खाता-पीता और सोता है। कैसे इम्तहान में पर्चे दे कर वक्त से ज़रा पहले उठ जाता है। मैं अपने अन्दर वह लियाकत पैदा करूँगा और भगवान ने चाहा तो एल-एल०बी० के इम्तहान में उसे पीछे छोड़ दूँगा।"

चेतन डायरी लिखना बन्द करके पल भर सोचता रहा, फिर उसने आगे लिखा —

"डाक देख कर मेरी उदासी कुछ अजीब-सी ख़ुशी में बदल गयी हैं — मन हर्षोल्लास और गर्व से भर आया है। 'हंस' में मेरी कहानी 'निशानियाँ' छप गयी है और मुंशी चन्द्रशेखर ने अपने लम्बे पत्र में न सिर्फ़ उसकी भाषा और उसकी दिलचस्पी को सराहा है, बल्कि भाषा के सिलसिले में मुझे ऐसा गुर बताया है, जिसे मैंने अपना मॉटो बनाने का फ़ैसला कर लिया है।....सोचता हूँ, लाहौर जा कर अपनी दो और कहानियाँ उर्दू से हिन्दी में करूँ और उन्हें 'सरस्वती' और 'हंस' में भेज दूँ।....मेरी ज़िन्दगी बहुत पेचीदा और दुख-भरी है। मैं मुंशी जी को पत्र लिखूँगा और उनसे मशविरा माँगूँगा। वे ज़िन्दगी खाये हुए अदीब हैं, ज़रूर ही मुझे सही राह सुझायेंगे।"

०

चेतन ने डायरी बन्द की। डाक और डायरी ले कर वह अन्दर गया। दरवाज़े में दाख़िल होते ही वह अपनी पत्नी को अपने पास होने और 'हंस' में कहानी छपने और मुंशी जी के पत्र में व्यक्त अपनी सराहना की ख़ुश-ख़बरी देना चाहता था। लेकिन चन्दा नाश्ता करने के बाद हमेशा की तरह बहुत गहरी नींद सोयी हुई थी। चेतन दबे-पाँव अलमारी तक गया। उसने धीरे से डायरी, डाक और कलम रखा और वापस किचन में जा कर पूछा —

---

१ विचारों का प्रवाह

"माँ, मेघनाथ को लड्डू लाने के लिए भेजा कि नहीं?"

"भेजिया सी। हुणे ई आ जायेगा।"[१]

वह माँ के पास बैठ गया और उसे साहित्य और कानून की पढ़ाई के बारे में अपनी उत्साह-भरी योजनाएँ सुनाने लगा।

अट्ठारह

चेतन ने अपनी बात पूरी भी न की थी कि अनन्त ने एक छत-फाड़ ठहाका लगाते हुए कहा —"और तुम लाहौर भाग गये....।"

वह फिर हँसा —"साले, तुम पुराने कायर और चुग़द हो। तुम्हारे बाप ने तुम्हें परेशान करने वाले दो कबूतर तुम्हारे रास्ते से हटा दिये और तुम्हारी पढ़ाई चौपट हो गयी। तुम साले, इस संगदिल दुनिया में कैसे कामयाब होगे, जहाँ ख़ुद भगवान की बनायी इस कुदरत के दाँत और नाख़ून ख़ून से रँगे हैं। ह्वेयर नेचर इज़ इटसेल्फ़ रेड इन टूथ ऐण्ड क्लॉ। इन्सानों के समाज में भी, जिसकी लाठी उसकी भैंस का कानून है। फिर वह लाठी जिस्मानी ताकत की हो या दिमाग़ी कुव्वत की, दौलत की हो या रसूख़ की। इस दुनिया में तुम्हारा यह जज़्बाती चूतियापा किस काम आयेगा?"

अनन्त क्षणांश के लिए रुका। जब चेतन मौन रहा और चाहने पर भी उससे कोई जवाब न बन पाया, तब फिर अनन्त ने कहा —

"तुम तो हिस्ट्री के स्टूडेण्ट रहे हो। सिकन्दर हो, एटीला हो, चंगेज़ ख़ाँ हो, नादिरशाह या तैमूर लंग हो —ख़ुद-मुख़्तार बादशाहों और दुनिया फ़तह करने वालों ने अपने रास्ते में आने वाली सल्तनतों को रौंद डाला, शहरों को उजाड़ डाला, महल-माड़ियों को ज़मींदोज़ कर दिया, लाखों शहरियों को तलवार के घाट उतार दिया, दुनिया में अपनी फ़तह के डंके बजवा दिये और महान कहलाये। सदियाँ गुज़र गयीं और आज भी उनका नाम ज़िन्दा है। एक तुम हो कि तुम्हारे बाप ने तुम्हारी ही ख़ातिर दो कबूतर मार दिये और तुम साले बैठे पिनपिना रहे हो।"

अनन्त ने फिर ज़ोरदार ठहाका लगाया।

तभी ऊपर से चाची ने दोबारा अनन्त को आवाज़ दी कि आ कर बात सुन जाओ, फिर चाहे जितनी गप्पें लगाना।

अनन्त उछल कर उठा। ऊपर गया और दूसरे क्षण आ कर कहा —"देखो यार, माँ ने उड़द की दाल के छिलके पीस कर बेसन और मसाले के साथ पीठी बना रखी है। वह मिस्सी रोटियाँ पकाने जा रही है। मैं भाग कर बाज़ार से आलू के रायते और लस्सी के लिए दही लाता हूँ। खाना तुम यहीं खा कर जाना...."

इससे पहले कि चेतन कुछ कहता, उसने इतना और कहा, "बाज़ार से आता-आता

१ भेजा था, अभी आ जायेगा

मैं तुम्हारे यहाँ कहता आऊँगा कि खाना तुम यहीं खाओगे। मिस्सी रोटियाँ माँ ऐसी लज़ीज़ पकाती है कि तबियत नहीं भरती, मुझे वहाँ उनकी बड़ी याद आती थी और मैंने माँ को कहलवाया था कि वह दाल भिगो कर रखे, मैं आते ही मिस्सी रोटी खाऊँगा।"

"क्या चाची को पता था कि तुम आज सुबह आओगे," चेतन ने कद्रे हैरत और व्यंग्य से कहा, "जो उसने दाल भिगो रखी थी?"

अनन्त हँसा —"तुम हमारी माँओं के प्यार को नहीं जानते," उसने कहा, "मैंने कहलवाया था कि मैं महीने के आख़िर में आऊँगा और माँ हफ़्ते भर से रोज़ दाल भिगोती रही है।"

और अनन्त सिर को झटका देता हुआ बैठक के दरवाज़े से भाग गया।

०

चेतन की आँखों के सामने अनन्त की माँ चाची लाल देई का चेहरा आ गया। फिर अपनी माँ का। उसे अनन्त की बात शत-प्रतिशत ठीक लगी। हालाँकि चेतन अपने घर की आर्थिक तंगी की बात भली-भाँति जानता था, पर उसके मुँह से बात निकली ही थी कि माँ ने मेघनाथ को आर्यों की हट्टी से सेर भर मोतीचूर के लड्डू लाने भेज दिया था।

०

चेतन कलई की हुई चमचमाती पीतल की तश्तरी में सजे और रूमाल से ढके हुए लड्डू ले कर अनन्त के यहाँ पहुँचा था तो उसके पास बैठने से पहले सीधा चाची के पास गया था। चाची (अनन्त की माँ) को अपने पास होने की ख़ुशख़बरी सुनाते हुए लड्डुओं की तश्तरी दे कर उसने उसके चरण छू कर आशीष लिया था। जब चेतन अनन्त के साथ नीचे बैठक में आया तो दीवार के साथ पीठ लगा कर पलँग पर पसरते ही अनन्त ने सबसे पहले चेतन से उस घटना के बारे में पूछा था, जिसके कारण उसे तत्काल डेरा-डण्डा उठा कर बहराम से लाहौर भाग जाना पड़ा था।

"असल में यार," चेतन ने कहा था, "मेरी बेवकूफ़ी से दो बेगुनाह कबूतरों की हत्या हो गयी और मेरा मन वहाँ से उचाट हो गया।"

"महज़ दो कबूतरों की हत्या के कारण तुम वहाँ से भाग आये?" अनन्त ने हैरत और औत्सुक्य से पूछा था।

"हाँ।" चेतन ने कहा था, "वह सब जैसे हुआ, ख़त में नहीं लिखा जा सकता था। मैं लिख भी देता तो तुम समझ नहीं पाते, इसलिए मैंने कहा था कि जब मिलोगे तो बताऊँगा। हालाँकि मुझे नहीं लगता कि तुम मेरी बात समझ पाओगे, पर तुम मेरे अकेले ऐसे दोस्त हो, जिससे मैंने कभी कुछ नहीं छिपाया, इसलिए अब मैं तुम्हें वह सब विस्तार से बताता हूँ।"

वास्तव में उस घटना का चेतन के मन पर बहुत बोझ था। एक अव्यक्त अपराध का एहसास उसे घेरे हुए था। आम तौर पर वह माँ को सारी घटना सुना कर अपने अपराध-बोध से छुट्टी पा लेता, पर वह जानता था, माँ को उससे बहुत तकलीफ़ पहुँचेगी। तब कोई दूसरा मित्र करीब न पा कर उसने अनन्त को ही सारी घटना सुना कर चेतन रूप से मन के बोझ को हल्का करने की सोची थी और उसने पहले जालन्धर में अपनी साली

नीला के आ जाने और पढ़ाई में विघ्न पड़ने के कारण बहराम के एकान्त में जा कर अध्ययन करने के फ़ैसले का ज़िक्र करने के बाद वहाँ स्टेशन मास्टर के क्वार्टर में केवल एक ही बड़ा कमरा होने की वजह से पढ़ाई में बाधा पड़ने का उल्लेख किया था।

"यूँ तो हमारे बाऊ जी अपने आप को स्टेशन का बादशाह समझते हैं। सच पूछो तो हैं भी," चेतन ने कहा था, "उनकी दबंगई, ख़ुद-मुख़्तारी और मुक़दमेबाज़ी के दसियों किस्से मशहूर हैं, लेकिन अंग्रेज़ हाकिमों की नज़र में तो उनकी हैसियत ज़रा ऊँचे किस्म के मीनियल्ज़, जैसे स्टेशन के काँटे वाले, पानी वाले, चौकीदार, भंगी वग़ैरा, से ज़्यादा नहीं है। निचले दर्जे के मुलाज़िमों के क्वार्टरों में एक छोटा कमरा, एक छोटा-सा आँगन और सण्डास होती है। स्टेशन मास्टर के क्वार्टर में यही सब ज़रा बड़े पैमाने पर है। गोदाम और किचन की कोठरियाँ व..फ़र हैं।"....चेतन क्षण भर चुप रहा, फ़िर बोला —"ख़ुद तो साले उन अंग्रेज़ हाकिमों ने अप.ने लिए बँगले बनवा रखे हैं —टी० आई० हो, ए० टी० एस० हो, डी०टी०एस० हो —उन सबके बँगलों में बड़े-बड़े घास के लॉन, चौड़े महराबदार बरामदे, ड्रॉइंग-रूम, डाइनिंग-रूम, दो-दो, तीन-तीन स्लीपिंग-रूम और बच्चों के कमरे होते हैं और स्टेशन मास्टरों या ऐसिस्टेण्ट स्टेशन मास्टरों के लिए वही एक-एक कमरे के क्वार्टर। उन सालों ने कभी नहीं सोचा कि उनके मातहत अधिकारियों के यहाँ भी मेहमान आते हैं, बच्चे पैदा होते हैं, पढ़ते हैं। उन्हें एक से ज़्यादा कमरों की ज़रूरत हो सकती है।"

चेतन कुछ क्षण चुप बैठा विष घोलता रहा था। फिर उसने कहा था, "ख़ुशकिस्मती से गर्मियों के दिन थे। बाऊ जी क्वार्टर के बाहर खुले में सोते थे। मैं और चन्दा अन्दर बड़े कमरे में। वह बीमार बेचारी, दिन भर के काम से थकी-हारी, गहरी नींद सो जाती। रात को बच्चा जग कर रो पड़ता तो मैं उसे कन्धे से लगाये स्टेशन और माल गोदाम के चक्कर लगाता। आख़िर मैंने बाऊ जी से पढ़ाई में ख़लल पड़ने की शिकायत कर दी। उन्होंने पानी वाले की बीवी को घर में काम-काम में लगा दिया। वह भी कमरे में ही सोने लगी। लड़का रोये तो उसे चुप कराने के झंझट से निजात मिल गयी, लेकिन ऐसे में यकसूई बनाये रखना तो मुश्किल है न। तब कुछ सोच कर बाऊ जी ने माल गोदाम के ख़ाली पड़े बन्द हॉल में मेज़-कुर्सी लगवा दी। काँटे वाले ने वहाँ सफ़ाई-उफ़ाई करके बड़ा बर्नर जला कर रख दिया और मैंने समझा, अब पढ़ाई में किसी तरह का ख़लल नहीं पड़ेगा।"

"लेकिन यार, माल गोदाम में तो अजीब-सी बू बसी रहती है।" अनन्त ने कहा, "मैं तुम्हारे साथ बहराम गया था तो हम माल गोदाम में भी गये थे। अजीब तरह की बू का भभका मेरे नथुनों में समा गया था। मैं उलटे पाँव बाहर न आता तो मुझे मतली हो जाती। मैं उस बू को आज तक नहीं भूल सका।"

चेतन हँसा, "मेरा बचपन, यार, स्टेशनों पर बीता है। जाने कितनी दोपहरें और शामें मैंने माल गोदाम में एक दूसरी पर लदी गेहूँ, चने या जौ की बोरियों पर सो कर गुज़ारी हैं —गेहूँ, गुड़, टाट और मिट्टी की मिली-जुली उस बू का मैं बचपन से आदी हूँ। फिर मेरे नथुने तुम्हारे जैसे सेंसिटिव भी नहीं हैं। मैं तो वहाँ बड़े इत्मीनान से इम्तहान की पूरी तैयारी कर लेता, अगर उन बदबख़्त कबूतरों ने मुझे परेशान न कर दिया होता।"

अनन्त उसकी बात समझा नहीं। उसने सिर्फ़ प्रश्न-वाचक नज़रें उसकी ओर उठा दीं। चेतन ने कहा —

"हुआ यों कि पहली शाम जब मैंने बर्नर की बत्ती ऊँची की और किताब खोली तो मेरे सिर के ऊपर की कॉर्निस से दो कबूतर, जिन्होंने वहाँ घोंसला बना रखा था और शायद आराम से सो रहे थे, ख़ौफ़ज़दा हो कर उड़े और सामने की कॉर्निस पर जा बैठे। मैं कुछ मिनट रुका रहा कि वहीं बैठे रहें तो पढ़ना शुरू करूँ। लेकिन वो कमबख़्त लगातार पंख फड़फड़ाते, कॉर्निस-दर-कॉर्निस उड़ते रहे। ज़ाहिर है, मेरे लिए पढ़ना मुश्किल हो गया और मैं किताबें उठा कर माल गोदाम बन्द करके वापस क्वार्टर में चला आया। जब दूसरी और तीसरी शाम भी यही हुआ तो मैंने ग़ुस्से में आ कर रेलवे लाइन से पत्थर झोली में भरे और वाही-तबाही चला कर उन्हें बाहर खदेड़ने की कोशिश की। ऊपर कोई रोशनदान तो था नहीं कि उधर से उड़ जाते। गेट बहुत नीचे था। सो वे लगातार चक्कर लगाते, कभी इस छजरी और कभी उस छजरी पर बैठे, बेहद डरे हुए स्वर में जैसे फ़रियाद करते रहे। ऐसे में मैंने जो एक पत्थर खींच कर मारा तो दीवार से टकरा कर बर्नर से आ लगा और चिमनी टूट गयी। मैं ग़ुस्से से लगभग पागल हो उठा। किताबें उठायीं, माल गोदाम बन्द करके बाहर आ गया। दूसरी सुबह मैंने बाऊ जी से शिकायत की।"

चेतन कई मिनट तक चुप बैठा रहा। जब अनन्त ने आगे की बात जानने के लिए उसे कोंचा तो फिर उसने निहायत अफ़सोस और उदासी-भरे स्वर में कहना शुरू किया — "अपनी परम हिमाकत में मैंने यह भी नहीं सोचा कि उन बेचारे कबूतरों का क्या दोष है। वे कॉर्निस पर घोंसला बनाये, बड़े इत्मीनान से ज़िन्दगी गुज़ार रहे थे कि मैंने उनकी शान्ति में ख़लल डाल दिया। वे डर से पंख फड़फड़ाते हुए न उड़ते तो क्या करते। हमारे बाऊ जी को तो तुम जानते ही हो, उन्होंने ज़मींदार की बन्दूक मँगवायी और दोनों को एक ही फ़ायर से भून डाला।"

जब अनन्त ने न कोई रिमार्क कसा, न कोई कमेण्ट किया और वह चुपचाप कुछ भी समझ न पाने की मुद्रा बनाये उसकी ओर प्रश्नवाचक दृष्टि से देखता रहा, तो चेतन ने इतना और जोड़ा —

"जब कबूतर गोली खा कर तड़पते हुए फ़र्श पर आ गिरे तो बाऊ जी ने ज़मींदार से कहा, 'लो यार, अपने कारिन्दों से कहो, इन्हें हलाल करें और शाग को इनका सालन पकायें।' फिर मेरी ओर पलट कर बोले —'लो बेटा, अब ये साले तुम्हें तंग नहीं करेंगे। तुम यकसूई से पढ़ो' और उन्होंने काँटे वाले से कहा, 'नत्थू, तुम माल गोदाम को साफ़ करके बर्नर जला देना।'....और ज़मीदार को ले कर चले गये। ज़मींदार के कारिन्दों ने जैसे कबूतरों को हलाल किया और जैसे उन्हें टाँगों से पकड़ कर चल दिये, लटकती हुई अधकटी गर्दनों से लहू की बूँदें माल गोदाम के फ़र्श पर टपकती चली गयीं। यह सब जैसे हुआ, उसके बाद मैं वहाँ पढ़ नहीं सका।"

"क्यों?" अनन्त ने जैसे गोली दाग़ी।

"मैं तो वहाँ पढ़ने भी न जाता," चेतन ने कहा, "लेकिन बाऊ जी के हुकम से बँधे नत्थू ने गोदाम साफ़ करके बर्नर जला दिया। मैं बेमन से किताबें ले कर पहुँचा, बर्नर की बत्ती ऊँची करके पढ़ने की कोशिश की, लेकिन मुझे लगा कि जैसे मर जाने के बावजूद कबूतर कॉर्निस-दर-कॉर्निस फड़फड़ा रहे हैं। मैंने किताब खोल कर कानून की धाराओं में ध्यान लगाने की कोशिश की, लेकिन कभी किताब के पन्नों पर वे कबूतर एक छजरी से

दूसरी छजरी तक फड़फड़ाते, कभी गोली खा कर फ़र्श पर तड़पते, कभी उनके लहू की बूँदें फ़र्श पर टपकती दिखाई देतीं —बार-बार वही-वही दृश्य मेरी आँखों के सामने आने लगे। मुझे लगता, जैसे मेरी ही वजह से उन बेचारे कबूतरों की हत्या हो गयी और गुनाह का एहसास मेरे दिलो-दिमाग़ पर हावी हो जाता।"

चेतन ने उस सारी घटना और कारण अपने मानसिक परिताप का विस्तार वर्णन कर इतना और जोड़ा —

"मैंने लाख कोशिश की, पर मैं वहाँ पढ़ नहीं पाया। माल गोदाम के अलावा वहाँ कोई दूसरी जगह न थी, फिर बाऊ जी कभी मेरी तकलीफ़ को समझ न पाते, तब मुझे बहराम छोड़ देने के सिवा कोई दूसरा चारा नज़र नहीं आया।"

अनन्त ने इसी स्थल पर ज़ोरदार ठहाका लगाया था और उसकी कायरता और बुज़दिली का ज़िक्र करते हुए उसे बे-भाव की सुनायी थीं....

o

चेतन चुप बैठा रह गया था और अनन्त दही लेने बाज़ार चला गया था। उसके उस कठकरेज, बेहिस और व्यावहारिक मित्र ने अपनी बात कुछ ऐसे ज़ोरदार शब्दों में कही थी कि चेतन को तत्काल कोई जवाब नहीं सूझा था।

'अनन्त और बाऊ जी में कोई फ़र्क नहीं है,' उसने मन-ही-मन कहा, 'न बाऊ जी नाज़ुक जज़्बात की कद्र कर सकते हैं, न अनन्त।'

बात वास्तव में दो कबूतरों के मर जाने की नहीं थी। अगर चेतन के पिता ने किसी दिन अपने या ज़मींदार के लिए उनका शिकार कर लिया होता तो न चेतन को उनकी हत्या का ख़याल आता, न किसी किस्म का परिताप होता, क्योंकि पण्डित शादी राम तो हमेशा अपने अंग्रेज़ अफ़सरों के साथ जाने कितने और कैसे-कैसे परिन्दों का शिकार किया करते थे। चेतन की तकलीफ़ का कारण यह था कि उन निरीह कबूतरों की हत्या सिर्फ़ उसकी वजह से, या यूँ कहा जाय कि उसकी ग़लती के कारण हुई। वह नत्थू से कह कर उन्हें वहाँ से खदेड़ने का कोई प्रबन्ध कर लेता तो कुछ भी न होता। न वह अपने पिता से शिकायत करता, न उनकी जान जाती। अनन्त और उसके पिता तो उसके मन की भावनाओं को नहीं समझ सकते, केवल उसकी माँ समझ सकती थी और चेतन सोचता —अगर कभी माँ को पता चल गया तो उसे कितना मानसिक कष्ट होगा। यह सोच कर ही चेतन का दिमाग़ परेशान हो जाता।

चेतन कमरे से आँगन में चला गया और चुपचाप वहाँ घूमने लगा। उन निरीह कबूतरों की हत्या का सारा दृश्य उसके सामने एक बार फिर घूम गया। उसने बहराम स्टेशन पर गाड़ी का इन्तज़ार करते हुए अनन्त को पत्र में जैसा लिखा था, उसके मुँह से किस्सा सुन कर अनन्त ने वैसे ही उसे कायर, चुग़द और बेवकूफ़ की उपाधियाँ दे डाली थीं।

अनन्त की ज़ोरदार दलीलों के जवाब में उस वक्त चेतन को कोई बात नहीं सूझी थी। आँगन में घूमते हुए दसियों दलीलें उसके मस्तिष्क में आ गयीं.... 'दर हकीकत, दुनिया' में एक ही वक्त भले-बुरे की, ख़ैर और शर की ताकतें काम करती हैं और आदमी अपने स्वभाव और संस्कारों के मुताबिक उनसे प्रेरणा और प्रभाव ग्रहण करता है, उसने

मन-ही-मन कहा, 'अनन्त को सिकन्दर, एटीला, चंगेज़ ख़ाँ, नादिरशाह, तैमूर लंग और नेपोलियन जैसे ज़ालिम, जाबिर और बर्बर विजेता प्रभावित करते हैं तो किसी दूसरे कोमल भावनाओं वाले व्यक्ति को महात्मा बुद्ध और ईसा मसीह। विश्व के इतिहास में केवल वे बर्बर विजेता ही महान नहीं कहलाये। उनसे कहीं महान महात्मा बुद्ध हैं, जिनकी शिक्षा ने अशोक जैसे प्रचण्ड सम्राट को अहिंसा का सन्देशवाहक बना कर आधी दुनिया को हिंसा छोड़ कर सम्यक दृष्टि से जीना सिखाया....और ईसा, जिनकी शिक्षा से बर्बर और मदान्ध रोमनिवासी अपनी पशुता छोड़ कर इन्सान बने....उन बर्बर विजेताओं की विजय-यात्रा अगर इतिहास के आठ-दस पन्नों में दर्ज है तो इन महात्माओं की जय-यात्रा का इतिहास लाखों-करोड़ों दिलों पर अंकित है और पीढ़ी-दर-पीढ़ी अंकित होता रहेगा।

चेतन कुछ क्षण आँगन में चुपचाप घूमता रहा। फिर उसके होंटों पर एक तिक्त व्यंग्यमयी मुस्कान खेल गयी। वह जानता था कि अगर यह दलील उसे उस वक्त सूझ भी गयी होती और उसने अनन्त ही के जैसे ज़ोरदार शब्दों में उसे व्यक्त किया होता तो भी अनन्त पर इसका कोई प्रभाव न पड़ता। वह अपनी जगह से इंच भर न हटता। सम्भव है, और भी ज़ोर से गगन-भेदी ठहाका लगाते हुए कहता —'तुम्हारे जैसे कायर और बुज़दिल हमेशा अपनी सफ़ाई में ऐसी दलीलें ढूँढ लेते हैं। महात्मा बुद्ध की अहिंसा ने अगर हिन्दुस्तानियों को बुज़दिल और नामर्द न बना दिया होता तो ग़ज़नवी और ग़ोरी जैसे लुटेरे यूँ बार-बार हमले न करते और न तीन सौ साल तक हम ग़ुलाम रहते।'

बात यह थी कि चेतन की माँ जब भी अहिंसा की बात करती थी, उसके पिता यही दलील देते थे। बात यह सही भी लगती थी, लेकिन चेतन क्या करता। उसे लगता कि उन निरीह कबूतरों की वह निर्मम और बेसूद हत्या हमेशा किसी ताज़ा घाव की तरह उसके सीने को भेदती रहेगी।

वास्तव में आदमी अपने तन और मन की बनावट और बचपन से बद्धमूल हो कर बैठ जाने वाले संस्कारों के अनुसार चीज़ों, बातों और घटनाओं से प्रभाव ग्रहण करता है और ऐसे में कुछ नहीं किया जा सकता। क्योंकि स्वभाव और संस्कार केवल चाहने भर से बदले नहीं जा सकते।

चेतन आँगन में घूम रहा था कि अनन्त एक हाथ में रायते का दोना और दूसरे हाथ में दही का कटोरा लिये हुए आया और उसने चेतन से कहा, "आओ यार, ऊपर रसोईघर में बैठते हैं। मुझे बेहद भूख लग आयी है। जब तक कुछ पेट पूजा न हो जाय, बात का मज़ा नहीं आ सकता। ज़रा मक्खन और रायते के साथ दो-दो मिस्से पराँठे खायें तो फिर बात करने का लुत्फ़ आये।"

और वह जल्दी-जल्दी सीढ़ियाँ चढ़ गया। अपने विचारों में डूबा चेतन भी धीरे-धीरे उसके पीछे हो लिया।

उन्नीस

खाना खाते वक्त अनन्त तो बिना इधर-उधर देखे, मिस्सी रोटी के निवाले रायते में डुबो कर उन्हें अच्छी तरह मींजता और फिर उन्हें मज़ा ले कर चबाता और लस्सी के घूँट के साथ कण्ठ से नीचे उतारता रहा। अपने इर्द-गिर्द की दुनिया से बेख़बर, बिना कोई बात किये, वह मिस्सी रोटी खाने में तल्लीन रहा। चेतन चाची से बतियाता रहा।

जब दोनों खाना खा कर नीचे आये और अनन्त पूर्ववत पलँग पर दीवार से पीठ लगा कर पसर गया तो यद्यपि चेतन के मन में एक बार आया कि वह उसके सामने अपने पक्ष को ज़ोरदार शब्दों में रखे, लेकिन फिर यही सोच कर कि उसका कोई लाभ नहीं होगा, वह चुप बना रहा। तब अनन्त ने ज़ोर का डकार ले कर पूछा, "तुम्हारी बीवी की सेहत कैसी है?"

जालन्धर आने पर चेतन ने अपनी पत्नी की जो दुरवस्था देखी थी और उसे देख कर उस पर जो प्रतिक्रिया हुई थी, उसका सविस्तार वर्णन करते हुए चेतन ने उसे बताया — किसी प्रकार अपना नाटक लिखना छोड़ कर उसने लगातार स्वयं अपनी बीमार पत्नी की तीमारदारी और सेवा-शुश्रूषा करके उसे इस योग्य बना दिया कि वह स्वयं अपना काम-धाम कर सके।

चेतन दरअसल यह सब सुनाते हुए अपनी पत्नी की दुरवस्था के लिए हमदर्दी और उसे स्वस्थ बनाने में अपनी लगन और मेहनत के लिए अपने मित्र से प्रशंसा पाना चाहता था, लेकिन जब चेतन वह सब घटना सुना चुका और अनन्त ने न कोई कमेण्ट किया, न कोई फब्ती ही कसी तो चेतन को कद्रे निराशा हुई।

वह क्षण भर चुप रहा। फिर उसने कहा —

"मैंने अपनी तीमारदारी से उसे इस हद तक तन्दुरुस्त कर दिया है कि न सिर्फ़ वह अपना काम ख़ुद कर सके, बल्कि मेरा नाटक सुन कर उस पर राय भी दे सके। कल ही मैंने अपना नाटक ख़त्म किया है और सच मानो, इसका बेशतर हिस्सा उसने सुना और राय दी है। उसकी हालत जैसी ख़राब थी, वह कभी ऐसा-वैसा न कर सकती। उसे ठीक तो मुझे करना ही था और मैंने कर लिया, लेकिन...."

लेकिन क्या....चेतन ने तत्काल अपने मन की बात नहीं कही। वह थोड़ा असमंजस में पड़ गया।

"लेकिन क्या।" अनन्त ने उसे असमंजस में देख कर पूछा।

"और तो ठीक है," चेतन ने कद्रे उदास भाव से कहा, "मगर वह अकसर थकान और जिस्म के टूटने की शिकायत करती है। माँ तो बेफ़िक्र हो गयी है। वह अब देवेश को चन्दा से दूर नहीं रखती और न छोटे भाइयों को चन्दा नज़दीक आने से रोकती है....।"

"ग़लत करती है।" अनन्त ने जैसे बन्दूक दाग़ी।

चेतन सिर्फ़ चुप, मुटर-मुटर उसकी ओर ताकता रह गया।

"क्या तुमने कभी शाम को अपनी बीवी की टेम्परेचर ली है?" सहसा अनन्त ने पूछा।

"नहीं।" चेतन ने उत्तर दिया।

"तो आज शाम ले कर देखना।" अनन्त ने कहा, "ज़रूर उसे हल्की हरारत होगी — निन्यानबे या साढ़े निन्यानबे। अगर तेरी इतनी तीमारदारी और इतने लम्बे अर्से तक आराम करने के बावजूद तेरी बीवी का जिस्म टूटता है और उसे थकन का एहसास होता है तो यकीनन उसे टी०बी० है...."

अनन्त ने अपने वाक्य के पिछले पाँच शब्द इतने ज़ोर से कहे कि वे सारे कमरे में गूँज गये।

चेतन अवाक उसकी ओर देखता रह गया।

"अबे दया और दर्दमन्दी के अवतारी," अनन्त ने व्यंग्य से कहा, "अगर तेरी माँ ने बच्चे को तेरी बीवी के पास भेजना शुरू कर दिया है और तूने नहीं रोका तो तू अव्वल दर्जे का अहमक है। जिस माँ को टी०बी० हो, उसे अपने बच्चे से दूर रहना चाहिए। बच्चे का जिस्म तो बहुत नाज़ुक होता है और यह छूत की बीमारी है। उसे तो उड़ कर लगेगी...."

"लेकिन यार, मैंने डॉक्टर औलक को...."

"डॉक्टर औलक की माँ की...."

चेतन कहना चाहता था कि उसने डॉक्टर औलक को दिखाया था और उन्होंने आश्वासन दिया था कि उसकी बीवी को टी०बी० नहीं है। लेकिन अनन्त ने उसकी बात काट कर एक भद्दी और मोटी गाली डॉक्टर औलक की ओर बहा दी और निहायत तीखेपन से बोला —

"डॉक्टर औलक ने कह दिया कि तेरी बीवी ठीक है और तू मान गया। —अबे साले, तेरे भेजे में भी कुछ अक्ल है या नहीं? यह बता कि अगर वह ठीक है तो उसका जिस्म क्यों टूटता है और सारा-सारा दिन आराम करने के बाद वह क्यों थकान की शिकायत करती है? तूने उसे इतना आराम दिया है। इतने दिन उसे दूध, डबल रोटी और फल खिलाये हैं, उसके अन्दर बीमारी न होती तो वह उठ कर ख़ुशी-ख़ुशी चलती-फिरती और काम-धाम करती।....और देख," क्षण भर रुक कर अनन्त ने फिर वही बात दोहरायी — "जा कर आज शाम को उसकी टेम्परेचर लेना और अगर उसकी हरारत निन्यानबे निकली तो समझ लेना कि उसके अन्दर यही बीमारी है। तब न सिर्फ़ अपने बच्चे को ही उसके पास जाने से बचाना, ख़ुद भी बचना।"

अनन्त का लहजा सहसा तीखा हो गया था। तीखा, कद्रे कर्कश और क्रोध-भरा। चेतन क्या कहे, हठात उसकी समझ में कुछ नहीं आया। उसका चेहरा उतर गया। अपना दिल उसे बैठता हुआ-सा लगा....। इतने दिनों से चन्दा की तन्दुरुस्ती को ले कर पाला हुआ अपना सपना चेतन को एकदम चकनाचूर होता दिखायी दिया। उसके सामने चन्दा की वही सूरत घूम गयी, जो उसने जालन्धर आते ही देखी थी और कोई उसके जी को बुरी तरह मसोसने लगा।

लेकिन अनन्त के लहजे में ज़रा भी नर्मी नहीं आयी। "देख बे, महात्मा बुद्ध की औलाद," उसने कहा, "जज़्बाती बेवकूफ़ों के लिए इस दुनिया में कोई जगह नहीं है। यहाँ तो चन्द महीनों में औरतें इस बीमारी से पार हो जाती हैं। तो ठीक ही है। जिस बीमारी का

कोई इलाज नहीं, उससे मरीज़ को मौत से बचाये रखना और फिर तिल-तिल करके मरने देना दर्दमन्दी चाहे जितनी हो, दानिशमन्दी नहीं है। मरीज़ जल्दी चलता बनता है तो ख़ुद तकलीफ़ पाने और दूसरों को देने से बच जाता है।"

अनन्त चुप हो गया। क्षण भर चेतन की ओर देखता रहा, फिर बोला, "देख, बात तो यह तुझे सख़्त नागवार लगेगी, पर मेरी मान तो अपनी बीवी को उसके हाल पर छोड़ कर लाहौर भाग जा। एल-एल०बी० की तैयारी कर, डिस्टिंक्शन ले, कम्पीटीशन में बैठ, सब-जज बन। यह बीवी चली गयी तो दूसरी ले आना —अबकी अच्छे घर की और ख़ूब पढ़ी-लिखी। उसे पढ़ाने की ज़हमत से भी बच जायेगा। फिर उसे भी कोई ऐसी-वैसी बीमारी हो गयी तो उसके घर वाले सँभाल लेंगे और तेरी जान साँसत में आने से बच जायेगी।"

चेतन को लगा, जैसे अनन्त के रूप में कोई निर्मम और क्रूर दानव उसके मुँदे हुए घाव को कुन्द छुरे से कुरेद रहा है। उस क्षण उसे अपने बचपन के इस दोस्त से बेहद घृणा हो आयी और उसका वह फ़लसफ़ा चेतन को निहायत क्रूर, स्वार्थ-भरा और हृदयहीन लगा। भला इन्सान कहाने वाला कोई हस्सास और भाव-प्रवण व्यक्ति ऐसा संगदिल और ज़ालिम कैसे हो सकता है। ख़ुद उन लोगों को यह बीमारी हो जाये और लोग उन्हें अपने हाल पर छोड़ दें तो कैसा लगे।....अचानक चेतन की आँखों में अपनी कोठरी में लेटे कशमीरी लाल 'दाग़' का कंकाल घूम गया और कोई अदृश्य छुरा दूर तक उसके सीने में उतरता चला गया। लेकिन अनन्त को उसने कोई जवाब नहीं दिया। वह क्या जवाब दे, चेतन हठात समझ नहीं पाया और चुप बना रहा।

अनन्त फिर उसी व्यंग्य-भरे लहजे में बोला —"इतनी जल्दी उससे जुदा होना तुझे गवारा नहीं तो फिर कोई जुगाड़ करके उसे किसी सैनेटोरियम में पहुँचा। टिवाना साहब का एक भतीजा इसी बीमारी के चंगुल में फँस गया था। वे ठहरे बड़े भारी ज़मींदार और नवाब, वे हर साल उसे कसौली के सैनेटोरियम में भेजते रहे और कई बरस तक उसकी बीमारी को खींच कर ले गये। लेकिन इस बीमारी का अभी कोई अचूक इलाज तो निकला नहीं। उसे तो मरना ही था और वह मर गया। दौलत और पैसे के बल पर भले ही उन्होंने उसे जल्दी मरने नहीं दिया, पर आख़िर उससे क्या फ़ायदा हुआ —घर में पलँग पर और सैनेटोरियम में बेड पर लेटा, वह मौत को टालता और रोज़ मरता रहा। इसके मुकाबले में तुम उस सेठ को क्या कहोगे, जिसने भरपूर ज़िन्दगी जी और जब उसे ऐसी ही मोहलक बीमार आ लगी तो वह अपने कमरे में बन्द हो गया, किसी तरह का इलाज कराने से उसने इनकार कर दिया और शान्ति से पार हो गया। जब तक जिऊँगा —उसने कहा था —हुमक कर जिऊँगा, घिसट-घिसट कर जीने में मेरा कोई यकीन नहीं।"

चेतन कुछ क्षण चुपचाप सोचता रहा फिर उसने कहा, "हो सकता है, तुम्हारी ही बात सही हो और मेरी बीवी के अन्दर से बीमारी न गयी हो, लेकिन जैसे तू कहता है, मैं उसे अपने हाल पर छोड़ कर यकसूई से नहीं पढ़ सकता, न कम्पीटीशन ही में बैठ सकता हूँ। मैं तो कानून भी उसी के लिए पढ़ रहा हूँ, वरना मुझे लिखने-पढ़ने में जितना मज़ा आता है, उतना कानून की रूखी-फीकी एकदम ख़ुश्क और मैटर-ऑफ़-फ़ैक्ट किताबों पर मग़ज़-पच्ची करने में नहीं आता। जो भी हो, मैं अपनी बीवी को इस तरह नहीं मरने दूँगा।"

चेतन के स्वर में कुछ अजीब तरह का हठ था। अनन्त कद्रे हँसा।

"तब कुछ जुगाड़ करके उसे सैनेटोरियम में ले जा।" उसने कहा।

"लेकिन हम ग़रीब आदमी," चेतन ने कहा, "हम कैसे सैनेटोरियम अफ़ोर्ड कर सकते हैं?"

"शायद तुझे मालूम नहीं," अनन्त ने सूचना दी —"लाहौर में औरतों के लिए नया टी०बी० सैनेटोरियम खुला है। मॉडल टाउन से ज़रा आगे — गुलाब देवी टी०बी० सैनेटोरियम। टिवाना साहब ने अपनी एक रिश्तेदार को वहाँ भिजवाया था। अगर तू किसी तरह डॉक्टर गोपीचन्द भार्गव की सिफ़ारिश करा सके तो वहाँ तेरी बीवी का मुफ़्त इलाज हो सकता है।"

"डॉक्टर गोपीचन्द भार्गव तो पीपल्ज़ सोसाइटी के चेयरमैन हैं न?"

"हाँ-हाँ वही।" अनन्त ने कहा।

"तब तो यार, मैं कोशिश कर सकता हूँ।"

अनन्त ने कोई जवाब नहीं दिया तो चेतन ने निगाहें उठा कर उसकी ओर देखा। अनन्त ऊँघ रहा था। उसने पेट भर मिस्सी रोटियाँ खायी थीं, बर्फ़-मिली ठण्डी पतली लस्सी के दो गिलास चढ़ाये थे, उसकी आँखों में ग़नूदगी भरी हुई थी। तब हठात चेतन ने कहा, "यार, तुझे नींद आ रही है। मैं भी रात का जगा हूँ। अब मैं चलता हूँ। तू आराम कर।"

और उससे हाथ मिला कर चेतन बैठक से बाहर हो गया।

बीस

बहुत धीरे से दरवाज़ा खोल कर चेतन ने अन्दर पैर रखा। वह यही सोचता आया था कि अनन्त से होने वाली बात का ज़िक्र चन्दा से करे या चुप रहे या पहले शाम को टेम्परेचर ले, फिर आगे की सोचे।

चन्दा बिस्तर पर एकदम सीधी लेटी थी। चेतन उसके पलँग की पाटी के साथ लगा खड़ा चुपचाप व्यामोहित-सा अपनी पत्नी के शान्त, स्थिर चेहरे की ओर देखता रहा।

चन्दा का मुख इतने दिनों के इलाज, उपचार और आराम से पहले की तरह गोल-गुलगोथना हो आया था। सिर से उसका दुपट्टा खिसक गया था। बालों के बीचोंबीच सीधी माँग में सिन्दूर भरा था। चौड़े माथे के दोनों ओर घने केश आधे काले चन्द्रमाओं-से कनपटियों पर से होते हुए पीछे चोटी में बँधे थे और दोनों के बीच तिकोन में माथे पर बड़ी-सी लाल बिन्दी चमक रही थी।

चेतन को लगा, चन्दा स्वस्थ हो गयी है। ज़रा और ध्यान से देखने पर उसके चौड़े माथे पर उसे बेमालूम-सी सिलवट और मुख पर थकन की हल्की-सी छाया दिखायी दी। उसके भविष्य की बात सोचते हुए न जाने करुणा का कैसा ज्वार उसके हृदय में उमड़ आया कि उसका जी हुआ, धीरे से झुक कर उसकी मुँदी हुई बड़ी-बड़ी पलकें चूम ले। लेकिन उसके जग जाने के भय से उसने धीरे से सिर्फ़ उसके बालों से अपने होंट छुला

दिये और दबे पाँव कमरे से बाहर आ गया। अपने पीछे बिना आवाज़ किये, उसने किवाड़ भिड़ा दिये।

बाहर माँ रसोई में काम समेट रही थी। चेतन फिर उस तरह दबे पाँव अन्दर गया और वहाँ से अपनी डायरी और कलम उठा लाया। बैठक में आ कर वह दीवार से पीठ लगा कर बैठ गया और डायरी लिखने लगा —

"अभी-अभी अनन्त से मिल कर लौटा हूँ। उसने बहुत ही दिल तोड़ने वाली बातें की हैं। उसका ख़याल है कि चन्दा ऊपर से देखने में चाहे कितनी भी स्वस्थ लगती हो, अगर वह इतने इलाज-उपचार के बाद थकान की शिकायत करती है, तो निश्चय ही उसके अन्दर बीमारी के जरासीम मौजूद हैं और वह कहता है कि मैं इसे इसके हाल पर छोड़ कर लाहौर चला जाऊँ। जा कर कानून का इम्तहान दूँ, कम्पीटीशन में बैठूँ, सब-जज बनूँ और ज़रूरत पड़े तो दूसरी शादी कर लूँ।....

"मैं उस कम्बख़्त को कैसे समझाऊँ कि मैं न उस जैसा निर्मम हो सकता हूँ, न कैलस[१]। मैं उसे यह भी नहीं समझा सकता कि चन्दा में जो रेयर क्वालिटीज़[२] *हैं, वे आम औरतों में नापैद होती हैं और मुझे उसके मुकाबले में सुन्दर-से-सुन्दर और अमीर-से-अमीर औरत कमतर दिखायी देती है। मैं उसे इस तरह नहीं जाने दूँगा। अनन्त ने लाहौर के सैनेटोरियम की ख़बर देते हुए डॉक्टर गोपीचन्द भार्गव से मिलने की राय दी है। मैं डेढ़ साल तक 'बन्दे मातरम' में काम करता रहा हूँ। मैनेजिंग डायरेक्टर लाला फ़ीरोज़ चन्द मुझे बहुत मानते हैं। मैं कोशिश करूँगा कि उनसे चिट्ठी ले कर डॉक्टर गोपीचन्द भार्गव से मिलूँ। वे कर सकते होंगे तो ज़रूर कर देंगे। यदि चन्दा सैनेटोरियम में दाख़िल हो जाये तो माँ भी ज़हमत से बच जायेगी, देवेश और छोटे भाई छूत से और मैं भी पूरी तरह मन लगा कर एल-एल०बी० की पढ़ाई कर सकूँगा।"*

चेतन क्षण भर डायरी लिखना छोड़, सिर दीवार से लगाये, निगाहें छत पर गाड़े सोचता रहा, फिर उसने डायरी में थोड़ी-सी जगह छोड़ कर लिखना शुरू किया —-

"लेकिन मैं सोचता हूँ कि अनन्त की बातें कितनी भी निर्मम, कितनी भी क्रूर और अमानवीय क्यों न हों, अपने इर्द-गिर्द के समाज को देखता हूँ तो एकदम सही लगती हैं। हमारे तबके में ऐसे मर्दों की कोई कमी नहीं, बहुलता भले हो, जो यही करते हैं —जिनके नज़दीक बीवी बर्तन-भाण्डे या जूते से ज़्यादा महत्व नहीं रखती। यही वजह है कि प्यारी-से-प्यारी बीवी के मरते ही दुख प्रकट करना तो दूर, कर्तव्य-परायण पति कहाने वाले भी चौथे के दिन ही सगाई ले कर चले आने वालों की बात मान लेते हैं। औरत बच्चे से हो जाती है तो उसे मायके भेज देते हैं। ऐसे भी लोग हैं, जो बच्चा न पैदा होने पर ख़ुद अपना डॉक्टरी निरीक्षण करवाने की बजाय बीवी को बाँझ घोषित कर, दूसरी, तीसरी,

---

१ निर्दय

२ विरल गुण

चौथी शादी तक कर लेते हैं और पत्नी किसी घातक रोग की चपेट में आ जाये तो उसे मायके भेज कर चुपचाप दूसरा ब्याह रचा लेते हैं....इर्द-गिर्द के समाज को देखते हुए, यह सब कितना भी सही और व्यावहारिक क्यों न लगता हो, मैं इसे ग़ैर-इन्सानी और अमानवीय मानता हूँ। जिस उसूल के तहत डॉक्टर लोग टर्मिनल केसेज़ को, यानी ऐसे मरीज़ों को, जिन की बीमारी ला-इलाज हो, जिनका मर जाना नागुज़ीर[1] हो, भरसक जिलाये रखने कोशिश करते हैं —मरने नहीं देते, मैं भी चन्दा को मरने नहीं दूँगा। जहाँ तक होगा उसका इलाज-उपचार कराऊँगा। कौन जाने, इस बीच ऐसी दवा निकल आये कि यह रोग घातक न रहे। मैं लाहौर जाते ही गुलाब देवी टी०बी० सैनेटोरियम का पता करूँगा और जैसे भी बन पड़े, चन्दा को वहाँ दाख़िल कराने की कोशिश करूँगा।"

चेतन ने डायरी बन्दी की और लम्बी साँस ले कर उठा। माँ रसोईघर का काम निबटा कर आँगन में पीढ़ा डाले, सूत अटेरने लगी थी। चेतन ने डायरी वहीं बैठक में मैण्टलपीस पर रख दी और माँ के पास जा बैठा।

०

दूसरे दिन सुबह ख़ुद तैयार हो कर और चन्दा को तैयार करके चेतन उसे ले कर 'मेओ हस्पताल' के टी०बी० विशेषज्ञ डॉक्टर औलक के यहाँ पहुँचा।

पिछली शाम उसने चाचा हरलाल की दुकान से थर्मामीटर ला कर चन्दा की टेम्परेचर ली थी तो वह साढ़े निन्यानबे निकली थी। निमिष भर में थर्मामीटर को देख कर उसे झटका देते हुए वह खोखली-सी हँसी हँसा था —"अनन्त ने मुझे यूँ ही डरा दिया था," उसने कहा था, "तुम बिलकुल ठीक हो।"

और बिना उससे आँख मिलाये, वह बाहर आँगन में आ गया था। वह थर्मामीटर वापस करने के लिए सीढ़ियों की तरफ़ जा ही रहा था कि नाली पर बर्तन साफ़ करते हुए माँ ने सिर मोड़ कर पूछा था "किन्नी कु टम्परेचर ऐ।" यानी कितनी हरारत है। चेतन उसके पाँस आँगन के मूढ़े पर बैठ गया —और उसने सरगोशी में कहा था —

"देख माँ, मैंने चन्दा को तो बताया नहीं और न तू ही उससे ज़िक्र करना, वह देखने में चाहे जितनी भली-चंगी दीखती हो, पर लगता है बीमारी उसके अन्दर से गयी नहीं। उसकी टेम्परेचर साढ़े निन्यानबे है...."

माँ ने पंजाबी में जो कहा, उसका यह मतलब था कि यह भी कोई टेम्परेचर है, बुख़ार में तो सौ, एक सौ दो या एक सौ तीन डिग्री तक हरारत चली जाती है।

"अरे माँ।" चेतन लम्बी साँस लेते हुए उदासी से हँसा था, "एक सौ दो-तीन होने पर उतने डर की बात नहीं है। मलेरिया में, मौसमी बुख़ार में, गर्मी लग जाने से, सर्दी लग जाने से टेम्परेचर १०४-५ तक चली जाती है, लेकिन डॉक्टर उस पर काबू पा लेते हैं। यह तो हल्की हरारत है, यही ज़्यादा परेशान करने वाली है। मैंने चन्दा से भले ही कुछ नहीं कहा, लेकिन मैं परेशान हो गया हूँ। मेरा ख़याल था कि अब वह उठ जायेगी। तेरे काम में हाथ बटायेगी और मैं आराम से कानून की पढ़ाई कर सकूँगा। अब इस अन्दर की

---

१ आवश्यम्भावी

हल्की हरारत को ले कर क्या तो उठ कर बैठेगी और क्या तो वह काम करेगी।"

"अरे बेटा, मेरे भाग विच बान्दी होणा लिखिया ऐ सो मैं बान्दी ही रहाँगी। हुण ताँ बहू बीमार ऐ, पर जदों नहीं सी, तद केहड़ा मेरा हत्थ वटान्दी सी।"[१]

चेतन झटके से उठा, "अब माँ मैं बहुत परेशान हूँ। तू मुझे और भी परेशान मत कर।" उसने तल्ख़ी से कहा, "दस बार मैं तुम्हें समझा चुका हूँ कि तू बहू ऐसी लायी है, जिसे पलने के लिए गूजरी के पास भेज दिया गया था। किसी ने उसे कुछ सिखाया नहीं। तब वह तेरा काम कैसे करती? शादी के बाद इतनी जल्दी बीमार हो गयी। सेहत से रहती, मैं पढ़ाता-लिखाता तो काम करना भी सिखा देता?"

चेतन चुप हो गया। माँ ने भी कुछ नहीं कहा।

"देख माँ," क्षण भर बाद उसने कहा, "अभी मैं अपनी टेम्परेचर लूँगा तो सत्तानबे-साढ़े सत्तानबे से ज़्यादा नहीं निकलेगी। इतनी ही हरारत तेरी होगी। हम दोनों पतले-छरहरे कमज़ोर जुस्से[२] के हैं। तगड़े आदमियों का आम टेम्परेचर साढ़े-अट्ठानबे होता है। कमज़ोरी में चन्दा का सत्तानबे से ऊपर नहीं होना चाहिए। जब साढ़े निन्यानबे है तो चिन्ता की बात है। मैं कल सबेरे डॉक्टर औलक के यहाँ जाऊँगा और देखूँगा कि वे क्या कहते हैं?"

"विधना जिस तराँ रखेगी रहाँगे।" माँ ने लम्बी साँस ले कर जैसे अपनी नियति के आगे नतशिर होते हुए कहा था, "आदमी दे कीत्ते कुछ नहीं हुन्दा। मैं तो एहियो मनान्दी हाँ कि बहू नूँ प्रसूती दा बुख़ार न होवे। ओह्दे अते दिक विच कोई फ़र्क नहीं।"[३]

चेतन ने कोई जवाब नहीं दिया था। वह थर्मामीटर चाचा हरलाल का वापस करने चला गया था और परेशान दिमाग़ के कारण घर लौटने के बदले पुरियाँ मुहल्ले का चक्कर लगाने बढ़ गया था।

०

डॉक्टर औलक मँझले कद और दोहरे बदन के मरंजा-मरंज आदमी थे। डॉक्टर की अपेक्षा वे लाला यानी दुकानदार ज़्यादा लगते थे। लेकिन हस्पताल में टी०बी० के विशेषज्ञ थे। चेतन शहर का मशहूर शायर था और डॉक्टर औलक प्रायः उसका आदर करते थे। दो रुपये फ़ीस थी, जो डॉक्टर ने उससे नहीं ली थी।

चन्दा को बेंच पर बैठा कर, चेतन डॉक्टर से अकेले मिला था। उसने अनन्त के परामर्शानुसार टेम्परेचर लेने और सहसा सशंकित हो उठने की बात कही थी और डॉक्टर से प्रार्थना की थी कि स्थिति जैसी भी हो, उसकी बीवी से कुछ न कहें।

डॉक्टर औलक ने उसकी बात सुन ली थी और वापस आ कर स्टेथोस्कोप से चन्दा के सीने और पीठ का निरीक्षण करके पूछा था, "खाँसी आती है?"

---

१ अरे बेटा, मेरी किस्मत में बाँदी होना लिखा है, सो मैं बाँदी ही रहूँगी। अब तो बहू बीमार है, पर जब नहीं थी, तब कौन-सा मेरा हाथ बटाती थी

२ काठी

३ जैसे विधना रखेगी, वैसे रहेंगे। आदमी के किये से कुछ नहीं होता। मैं तो यही मनाती हूँ कि बहू को प्रसूति का ज्वर न हो। उसमें और राजयक्ष्मा से कोई अन्तर नहीं है।

"बिलकुल नहीं।" शब्दों पर ज़ोर देते हुए जवाब चेतन ने दिया था।

"देखिए," डॉक्टर औलक ने वहीं उसकी बीवी के सामने कहा था, "इस स्टेज पर कुछ नहीं कहा जा सकता। शाम को हो जाने वाली हरारत किसी दूसरी इन्फ़ेक्शन से भी हो सकती है। डिलिवरी के समय पड़ जाने वाली किसी ख़राबी से भी ऐसा मुमकिन है। यकीन से कुछ नहीं कहा जा सकता। जैसे आराम कर रही हैं और ग़िज़ा खा रही हैं, उसे जारी रखिए। इनकी सेहत पहले से कहीं बेहतर है।"

चेतन ख़ुश-ख़ुश लौटा था। पत्नी को अन्दर लिटा कर वह बाहर आँगन में आ गया था। माँ रसोई में शाम को खाने का प्रबन्ध में जुटी थी, वह उसके सामने ईख के आसन पर जा बैठा और उसने कहा, "माँ, डॉक्टर कहते हैं, चिन्ता की कोई बात नहीं। हल्की हरारत का यह मतलब नहीं है कि चन्दा को टी०बी० ही हो। किसी तरह के इन्फ़ेक्शन से भी हरारत हो सकती है। डॉक्टर ने उसे आराम और अच्छी ग़िजा देने की हिदायत की है।"

"अरे पुत्तरा, एह प्रसूती दा बुख़ार है। एह जान दे नाल ही जान्दा ऐ।"[१]

इक्कीस

रणवीर की ससुराल में उसके ससुर, उसका साला, दोनों सालियाँ और दो-चार पड़ोसी बैठे बतिया रहे थे। चेतन जैसे वहाँ हो कर भी नहीं था —कहीं दूर चला गया था। लालड़ाँ पहुँचते ही जब उसने लालड़ाँ के साईं से मिलने के लिए जाने की बात कही थी और पूछा था कि अब भी उनसे भेंट का वही पुराना ढंग है तो रणवीर से साले ने अचानक कहा था —"साईं बाबा तो जीजा जी, पिछले साल ही परलोक सिधार गये। उनके यहाँ का ढर्रा तो अब बिलकुल बदल गया है।"

चेतन के अन्दर जैसे कुछ बुझ गया था। यथाशक्य अपने आप पर काबू रखते हुए उसने पूछा था, "क्या बीमार थे?"

"नहीं जीजा जी," रणवीर के साले ने कहा था, "साईं बाबा तो जानी-जान[२] महात्मा थे। उन्हें अपने अन्तिम समय का पता चला तो उन्होंने समाधि ले ली और फिर नहीं उठे।"

"रणवीर," हठात चेतन ने कहा, "मैं इसी इक्के पर वापस चहेड़ू चला जाऊँगा।"

"क्यों जीजा जी?" रणवीर ने हैरत से पूछा था, "इतनी दूर आ कर हुनर साहब को उनके नये रूप में देखे बिना आप चले जायेंगे? आप तो कहते थे कि हुनर साहब लाहौर में आपकी सोसाइटी और दूसरे कई लोगों के रुपये मार कर रफ़ूचक्कर हो गये थे। उनसे उस सिलसिले में पूछ-ताछ नहीं करेंगे?"

चेतन के होंटों से एक व्यंग्य-भरी उदास हँसी फूटी। उसने कहा —

"देखो यार, मेरे मन में साईं बाबा के दर्शनों की बड़ी अभिलाषा थी। जाने क्यों,

---

१ अरे बेटे, यह प्रसूति का ज्वर है। यह प्राणों के साथ ही जाता है।

२ अर्न्तयामी

पिछली बार जब मैं तुम्हारी शादी पर यहाँ आया था तो मुझ पर उनका गहरा प्रभाव पड़ा था और मैंने सोचा था कि लाहौर जाने से पहले मैं एक बार उनके दरबार में हाज़िरी देता चलूँगा। हो सकेगा तो अपनी परीक्षा और तुम्हारी बहन की बीमारी के बारे में कुछ पूछूँगा। अब वे तो हैं नहीं। रहे हुनर साहब, तो वे पुराने ठग और महा-लनतरानीबाज़ आदमी हैं। वहाँ अपने शागिर्दों को ठगते थे, यहाँ श्रद्धालुओं को ठगते होंगे। उनके बारे में नया तो और कुछ मालूम होगा नहीं। मुझे पहले ही लाहौर जाने में देर हो गयी है। इसी इक्के में लौट चलूँगा तो रात तक जालन्धर पहुँच जाऊँगा और सुबह लाहौर की गाड़ी पकड़ लूँगा।"

"लेकिन चेतन जी," अचानक निश्तर से कहा, "अब हम इतनी दूर आ गये हैं तो ज़रा हुनर साहब को उनके इस नये रूप में देखते चलते हैं। साईं बाबा ज़िन्दा होते तब भी तो आप रुकते ही। एक रात हमारी ख़ातिर रुक जाइए। रणवीर तो यहीं रह जायेगा। मैं वादा करता हूँ, मैं कल ज़रूर आपके साथ वापस चल दूँगा।"

०

चेतन का ख़याल था कि जिस प्रकार वे रणवीर की शादी पर बैलगाड़ी में लालड़ाँ पहुँचे थे, उसी तरह इस बार भी यात्रा करेंगे और वह मन-ही-मन दो-तीन दिन का प्रोग्राम बना कर आया था। लेकिन रणवीर ने उससे कहा था कि वे सुबह साढ़े छै की गाड़ी से चलेंगे। वह अपनी पत्नी और निश्तर के साथ साढ़े पाँच बजे पहुँचेगा। चौरस्ती अटारी में ताँगा रोक कर उसे लेने आयेगा।

"जीजा जी, आप सुबह एकदम तैयार रहिएगा।" उसने इतना और जोड़ा था, "सुबह की गाड़ी पकड़ लेंगे तो बारह बजते-न-बजते लालड़ाँ पहुँच जायेंगे।"

चेतन सुबह वक्त से तैयार हो गया था। अपने वचनानुसार रणवीर समय से पहुँचा था। ताँगा चौरस्ती अटारी पर रुका था। दुकानें खुलने में अभी बहुत देर थी। सुबह-सुबह बाज़ारों में सन्नाटा था, लाल बाज़ार की बेपनाह भीड़ से बचने के ख़याल से बस्ती के अड्डे से माल रोड के रास्ते, ऊपर-ऊपर नकोदर के अड्डे और सैयदाँ गेट होते हुए चौक कादेशाह पहुँचने के बदले वह सीधा बाँसों वाले बाज़ार और सूदाँ के चौक होता हुआ, चौरस्ती अटारी पहुँचा था। रणवीर की बीवी पिछली सीट पर और निश्तर अगली सीट पर बैठे थे। अपने जीजा को निश्तर के साथ अगली सीट पर बैठा कर रणवीर पिछली सीट पर अपनी बीवी के साथ जा बैठा था और वे कोट पंजपीर के आगे से होते हुए समय से स्टेशन पर पहुँच गये थे।

गाड़ी तैयार थी। रणवीर ने झट चहेड़ू के चार टिकट ख़रीदे थे। और वे आधे घण्टे में चहेड़ू जा उतरे थे। स्टेशन के बाहर रणवीर ने लालड़ाँ के लिए पूरा इक्का किया था और वे मज़े से चार घण्टे में लालड़ाँ पहुँच गये थे। यही वजह थी कि लालड़ाँ पहुँचते ही साईं बाबा के परलोकगामी होने की ख़बर सुनने पर चेतन को उसी इक्के में वापस जाने का ख़याल आया था। जब निश्तर ने उसे एक रात रुकने के लिए कहा और दूसरे दिन उसके साथ चलने का वादा किया तो वह असमंजस में पड़ गया।

०

उसकी ख़ामोशी को नीम-रज़ा[१] समझ कर निश्तर ने कहा, "चेतन जी, आप फ़िक्र न

कीजिए। हम आज ही हुनर साहब और मौका मिला तो साईं बाबा के जानशीन[१] से मिल लेंगे और कल सुबह यकीनन वापस चल देंगे।"

और उसने पलट कर रणवीर के साले से पूछा, "क्यों योगेन, साईं बाबा की जगह अब कौन गद्दी-नशीन है?"

"अरे निश्तर साहब," रणवीर के साले ने कहा। (अजीब बात है कि वह अपने जीजा की देखा-देखी, चेतन को 'जीजा जी' कह कर और निश्तर को उसके उपनाम से ही पुकारता था)। "पिछली बार जब आप आये थे तो पीपल के चबूतरे पर चिमटा लिये हुए लम्बा-तगड़ा, लहीम-शहीम जो साधु, सिर पर जटाओं का बड़ा-सा जूड़ा सजाये, भजन गा रहा था और जिसने गाने में जोश में चिमटा बजाते हुए सिर को झटका दिया था और उसकी जटाएँ खुल कर टख़नों तक आ गयी थीं, वही अब साईं बाबा की गद्दी पर बैठा है।"

"हुनर साहब क्या करते हैं?" निश्तर ने पूछा था।

"वे सेक्रेटरी और पी०आर०ओ० हैं।"

"पी०आर०ओ०," अंग्रेज़ी से अपरिचित होने के कारण निश्तर ने प्रश्न में सिर्फ़ मुँह बा दिया।

"पी०आर०ओ० माने पब्लिक रिलेशन्ज़ ऑफ़िसर —वह शख़्स, जो अवाम के साथ ताल्लुक रखता है।" योगेन ने कहा, "मैंने एक बार पण्डित जी से इसके हिन्दी अर्थ पूछे थे तो उन्होंने कहा था —जन-सम्पर्क-अधिकारी। अब हुनर साहब नये साईं बाबा के सेक्रेटरी और जन-सम्पर्क-अधिकारी हैं। उनसे मिले बिना साईं बाबा के दर्शन नहीं हो सकते।"

०

चेतन ने हुनर साहब का इतना कुछ देख और जान लिया था कि उसके मन में अब उनकी सरगर्मियों के सिलसिले में किसी तरह की जिज्ञासा नहीं थी, लेकिन निश्तर जानना चाहता था कि वे कैसे उस आश्रम में पहुँच गये। नये साईं को कैसे उनका पता चला, उन्होंने कैसे इनसे सम्पर्क किया और कैसे उन्हें बुला कर अपना पी०आर०ओ० बनाया और अगर आश्रम का ढर्रा बदल गया है तो अब नया ढर्रा क्या है —कैसे हुनर साहब से मिला जा सकता है और कैसे नये साईं बाबा के दर्शन किये जा सकते हैं।

निश्तर के सवालों के जवाब में रणवीर के साले, उसकी दोनों सालियों और ज़्यादातर उसके ससुर ने जो सूचनाएँ दीं, उनके अनुसार सब से पहले तो यह कि हुनर साहब लाहौर से लालड़ाँ कैसे पहुँचे, इस बारे में वहाँ उपस्थित किसी को कुछ भी मालूम नहीं था। वे सिर्फ़ इतना जानते थे कि पुराने साईं बाबा के बाद गद्दी पर नये साईं के बैठने के उपरान्त ही हुनर साहब अपने गाँव बस्ती कलाँ (ज़िला होशियारपुर) की एक मण्डली के साथ आये और एक बार आये तो यहीं जम गये। लोग तो यहाँ तक कहते हैं कि वर्तमान सच्चे साईं के बाद वे ही गद्दी पर बैठेंगे।

---

१७ आधी स्वीकृति, आधी इच्छा

१ उत्तराधिकारी

दूसरे यह कि नये साईं बाबा 'सच्चे' कहलाते हैं और जो सचमुच सच्चे साईं थे, उनके सारे चमत्कार अब उनसे जुड़ गये हैं। रही ढर्रे की बात, तो वह भी अब बिलकुल बदल गया है। अब न वहाँ रोज़ संकीर्तन होता है, न वे रोज़ दर्शन ही देते हैं। अब श्रद्धालु हफ़्ते में सिर्फ़ मंगलवार को उनके निवास के बारजे से सुबह दस और ग्यारह के बीच और शाम तीन और चार बजे के बीच उनके दर्शन पा सकते हैं। उस दिन देश-विदेश से भी श्रद्धालु आते हैं। लालड़ाँ में मेला-सा लग जाता है। श्रद्धालु केवल उनके दर्शनों से कृत्य-कृत्य हो जाते हैं।

"ऐसे भी भक्त हैं," रणवीर के ससुर ने कहा था, "जो किसी कारण दर्शन नहीं कर पाते। वे उनके निवास की चौखट पर माथा टेक कर ही प्रसन्न और सन्तुष्ट हो जाते हैं।"

"तो क्या अब संकीर्तन बिलकुल नहीं होता?" सहसा निश्तर ने पूछा था।

"मंगल की शाम को होता है। चबूतरे के गिर्द गैस के हण्डे जल जाते हैं। सारे भक्त-जन साईं बाबा के गुणों के गीत गाते हैं। तभी साईं बाबा अपने निवास से निकलते हैं। भीड़ में एक बार घूमते हुए सबको दर्शन देते हैं। किसी पर विशेष रूप से प्रसन्न हो जाते हैं तो उधर इधारा करते हैं। उनके अंगरक्षक हुनर साहब के संकेत पर रास्ता बनाते हैं। सच्चे साईं वहीं हवा में भभूति पैदा करके उसके हाथ पर रखते हैं। फिर दूसरी बार उसी तरह हाथ हिलाते हैं तो उनके हाथ में छोटा-सा लाकेट आ जाता है, जिसमें उनकी तस्वीर जड़ी होती है। उसे वे उसके गले में पहना देते हैं। भक्त को तो जैसे चारों धाम के दर्शन का पुण्य लाभ प्राप्त हो जाता है।"

"इधर एक निहायत दिलचस्प चमत्कार उनके बारे में मशहूर हो गया है," सहसा योगेन बोला, "कहा जाता है कि छै महीने पहले मंगल की रात को संकीर्तन में एक अंग्रेज़ लड़की अपनी माँ के साथ आयी। सच्चे साईं दर्शन देते हुए भीड़ में घूम रहे थे कि अचानक उनके सिर का जूड़ा खुल गया। उनकी जटाएँ अपने आप बट कर एक नाग सरीखी उस लड़की की ओर बढ़ीं। उसके गिर्द लिपट गयीं। वह लड़की उनके खिंचाव से सच्चे साईं के सीने से जा लगी। साईं ने झुक कर उसका माथा चूमते हुए न सिर्फ़ उसे आशीर्वाद दिया, बल्कि वहीं हवा में पैदा करके एक सोने का पेण्डेण्ट उसके गले में पहना दिया। कहते हैं, उनकी जटाएँ फिर खुल कर अपने आप उनके सिर पर जूड़े की शकल में जा बिराजीं।"

"क्या आप में से किसी ने वह चमत्कार देखा?" अचानक निश्तर ने पूछा।

"नहीं, हम में से तो किसी ने नहीं देखा," रणवीर के ससुर ने कहा, "लेकिन गाँव में दो-एक लोग ऐसे हैं, जो सौगन्ध खा कर इस चमत्कार की गवाही देते हैं।"

चेतन अब तक चुप बना रहा था। अचानक उसने ज़ोर का ठहाका लगाया "जिस महत्मा को हुनर साहब जैसा तेज़ चमत्कारी जर्नलिस्ट पी०आर०ओ० के रूप में मिल जाये उसके बारे में कौन-सा चमत्कार नहीं मशहूर हो सकता।"

सहसा रणवीर ने, जिस का ठस दिमाग़ अभी उसी चमत्कार में उलझा था, बालों की लट को माथे से हटाते हुए पूछा —"उस अंग्रेज़ लड़की का क्या हुआ?"

इससे पहले कि उसका साला या ससुर उसकी बात का जवाब देते, उसकी साली ने कहा, "जीजा जी, तुसीं ताँ नटणी दे पुत्त सौ। ओह नटणी दी बेटी सी। ओह अपणी माँ

कोल आ गयी . . .।"[१]

निश्तर, चेतन और योगेन तीनों हँस दिये। रणवीर ने अपनी साली को पकड़ने की कोशिश की। वह बगली दे कर भाग गयी।

तब रणवीर के ससुर ने होंट खोले, "कहा जाता है कि वह लड़की इस चमत्कार से ऐसी अभिभूत हुई कि उनकी सेवा में शेष जीवन बिताना चाहती थी, लेकिन उसकी माँ के अनुनय-विनय पर सच्चे साईं ने उसे यह परामर्श दिया कि वह अपनी माँ के साथ वापस विलायत जाये। वहाँ उनके आश्रम की शाखा कायम करे। रुपये इकट्ठा करके उन्हें भेजे। सच्चे साईं लालड़ाँ में उसके दिवंगत पिता के नाम से एक हस्पताल खोलेंगे।"

तभी वहाँ बैठे एक पड़ोसी ने रणवीर की साली के मज़ाक की माहीयत जाननी चाही।

चेतन हँसा, "अरे, इस मज़ाक के पीछे और कुछ नहीं, सिर्फ़ रणवीर के भोलेपन का किस्सा है," उसने कहा, "मेरी शादी हुई तो उस वक्त, जब मैं अपनी पत्नी की सहेलियों में बैठा छन्द सुना रहा था और रणवीर मेरे पीछे खड़ा था, मेरी बीवी की एक सहेली, जिसकी शादी उन्हीं दिनों हुई थी, गहनों से लदी, लाल रेशमी सूट पहने हुए आयी और दरवाज़े में दाख़िल होते ही मेरी चंचलता की तरफ़ इशारा कर के उसने कहा —'आया नी पुत्त नटणी दा'[२]। इससे पहले कि वह इस सिट्ठिनी[३] की दूसरी पंक्ति कहती, मैंने उसके मटकने की ऐन-मैन नकल करते हुए वही पंक्ति दोहरा दी। लड़की शरमा कर उल्टे पाँव भाग गयी। रणवीर ने समझा कि यह कोई राम बाण तरीका है, जिसे वह अपनी शादी पर आज़मायेगा। जब उसकी शादी हुई, वह घर में दाख़िल हुआ तो गलियारे के दोनों ओर छतों पर बैठी शादी के गीत और सिट्ठिनियाँ गाती औरतों की तरफ़ देख कर उसने यही बाण चला दिया। उन्होंने समझा, दूल्हा पागल है और शादी टूटते-टूटते बची।"

चेतन ने बात सुना कर ज़ोर से ठहाका लगाया, लेकिन रणवीर के ससुर ने अपने दामाद के बारे में सुनायी जाने वाली इस घटना के कारण कुछ अस्वस्ति महसूस की और ज़रा हँस कर बोले, "हमारा दामाद बेहद भोला-भाला है।"

और उन लोगों का ध्यान इस किस्से से हटाने के प्रयास में निश्तर की ओर देख कर उन्होंने कहा —"आप पूछ रहे थे कि हुनर साहब से कैसे मिला जा सकता है? सो हुनर साहब तो आपके पुराने दोस्त हैं, उनको अपने नाम की चिट भेज दीजिएगा। मिलने पर सच्चे साईं बाबा से मिलने की ख़्वाहिश ज़ाहिर कर दीजिएगा। हुनर साहब का उन पर इतना प्रभाव है कि कोई भी वक्त हो, वे आपको सच्चे साईं से मिलवा सकते हैं।"

o

चेतन जब पिछली बार लालड़ाँ आया था तो (जैसा रणवीर के साले ने कहा था) उसने आश्रम के खुले आँगन में घने आम के नीचे बने चबूतरे पर चार-पाँच साधुओं के बीच बैठे एक लम्बे-तगड़े, लहीम-शहीम, गोरे-चिट्टे, छै फुटे साधु को संकीर्तन में चिमटा बजाते और भजन गाते देखा था। जब उसने भजन गाते-गाते उत्साह से खड़े हो कर पूरे जोश और

---

१ जीजा जी आप तो नटनी के बेटे थे, वह नटनी की बेटी थी। वह अपनी माँ के पास आ गयी।

२ आया बेटा नटनी का।

३ शादी के समय सुनाये जाने वाले बोल और गालियाँ

तन्मय भाव से चिमटा बजाते हुए, एक ही बन्द को तोड़ते-जोड़ते, दोहराते-तिहरात, सिर को झटका दिया था तो उसके सिर का बड़ा-सा जूड़ा खुल गया और उसकी जटाएँ उसके टख़नों तक आ गयी थीं। गाने और चिमटा बजाने के जोश में सर्दी के बावजूद उसके चौड़े माथे पर पसीने की बूँदें चुहचुहा आयी थीं और आम के पत्तों से छनती हुई धूप में उसकी दाढ़ी-मूँछों में सिम आया पसीना चमकने लगा था। उसका गोरा मुख लाल हो गया था और भजन गाने के जोश, मस्ती और तन्मयता में वह एकदम दिव्य लग रहा था।

इसके बावजूद वह चेहरा चेतन को ज़रा भी प्रभावित नहीं कर सका था। संकीर्तनों में अपनी सुध-बुध भुला कर भजन गाने वालों के न जाने कितने ऐसे दिव्य चेहरे उसने देखे थे। उसकी आँखों में तो तहमद लगाये, कुर्ता पहने, सिर पर रूमाल बाँधे, एक टाँग पर दूसरी टाँग रखे एक बड़े-से पत्थर पर बैठे उस सीधे-सरल देहाती-से फ़कीर का चेहरा बसा था, जिसकी आँखों और होंटों में कुछ अजीब-सी करुणा और दर्दमन्दी थी। यह चेहरा उसने जोगिन्दर सिंह के यहाँ छोटे-से चित्र में देखा था, उससे उनके चमत्कार सुने थे और उन्हीं से मिलने वह आया था। उसने बेहद धीर, गम्भीर और ठहरी हुई वाणी में कही जाने वाली उनकी बातें सुनी थीं तो उस गोरे-चिट्टे भजनीक साधु के दिव्य चेहरे को पीछे धकेल कर लालड़ाँ के उन साईं बाबा का वह दर्दमन्द चेहरा चेतन की आँखों में नक्श हो गया था।

साईं बाबा नहीं रहे और उनकी गद्दी पर वही जटाओं वाला साधु (न जाने उसने बालों के साथ सन के बारीक तार बट कर इतनी लम्बी जटाएँ बना ली थीं) सच्चा साईं बन कर प्रतिष्ठित हो गया है और ठगी में यकता हुनर साहब उसके प्रमुख चेले बन गये हैं —यह सुन कर लालड़ाँ की यात्रा करने के सिलसिले में चेतन का सारा उत्साह भंग हो गया था। वह न आश्रम जाना चाहता था और न हुनर साहब से मिलना। वह यथाशीघ्र वापस जालन्धर जाने का इच्छुक था। लेकिन रणवीर और निश्तर के कारण वह भी उनके साथ बढ़ा जा रहा था। धीरे-धीरे उसकी विनोद-वृत्ति लौट आयी थी और साथ ही हुनर साहब को इस नये भेस में देखने का औत्सुक्य सजग हो आया था।

बाहर ही से चेतन को इस बात का एहसास हो गया था कि साल भर के अर्से में ही आश्रम की कायापलट हो गयी है। आश्रम की कच्ची चारदीवारी पक्की ईंटों की बन गयी थी। जैसा कि उसे अनुमान हुआ था —अन्दर पैर रखते ही उसने देखा कि न केवल साईं बाबा का कक्ष एकदम पक्का बन गया है, इर्द-गिर्द कई इमारतें भी, शायद बाहर से आने वाले श्रद्धालुओं के लिए, पक्की बन गयी थीं। आम के नीचे का चबूतरा भी पक्के सीमेण्ट का बन गया था। उसका रंग लाल था और वह आँखों में चुभता था।

आश्रम के गेट पर अन्दर की ओर एक साधु बैठा था। चेतन ने उससे हुनर साहब का पता पूछा। लेकिन 'हुनर साहब' किस चिड़िया का नाम है, इसे वह साधु नहीं जानता था। शायद हुनर साहब भी कोई स्वामी-वामी बन गये होंगे —चेतन ने मन-ही-मन सोचा और सच्चे साईं के दर्शनों की अभिलाषा प्रकट की।

तब उस साधु ने दायीं ओर एक बरामदे के साथ बने कमरे की ओर संकेत किया कि वहीं सच्चे साईं के सचिव बैठे हैं। वे ही उन्हें सच्चे साईं से मिला सकते हैं।

चेतन अपने साथियों के साथ उधर को बढ़ा।

जब वे कमरे में दाख़िल हुए तो क्षण भर वहीं ठिठके खड़े रह गये। सामने चमचमाती नयी मेज़-कुर्सी सजाये, उस पर सुनहरे होल्डरों वाला कीमती कलमदान और दाये-बायें सुनहरी चुटकियों में कुछ छपी स्लिपें रखे, हुनर साहब विराजमान थे। —लेकिन वे हुनर साहब नहीं, जिन्हें वे जानते थे। बल्कि सामने कुर्सी पर एक लम्बा, पतला-छरहरा, गोरा-चिट्टा, तीखे नाक-नक्शे वाला, तीस-बत्तीस वर्ष का साधु गेरुआ चोला पहने बैठा था। गले में उसने रुद्राक्ष की माला पहन रखी थी। सिर के थोड़े लम्बे बालों को मोड़ कर जूड़े की शक्ल देते हुए सिर की बायीं ओर एक पतली माला के दो-तीन लपेटे दे कर जूड़े में बाँध रखा था। —बस चेहरा हुनर साहब का था, जिसे पहचानने में उस पहनावे के कारण उन्हें थोड़ी दिक्कत हुई। रणवीर को तो (जैसा उसने बाद में बताया) साधु की बजाय वहाँ कोई साध्वी बैठी दिखायी दी थी।

चेतन ही नहीं, उसके साथी भी क्षण भर के लिए हुनर साहब को देखते रह गये थे। पहला ज़माना होता तो रणवीर और निश्तर निहायत बेतकल्लुफ़ी से दायाँ हाथ माथे पर ले जाते और मुस्कुराते हुए 'आदाब-अर्ज़ हुनर साहब' कहते हुए आगे बढ़ जाते और चेतन हँसते हुए पूछता, "कहिए हुनर साहब, यहाँ साईं बाबा के डेरे में कैसे? आप तो 'सोसाइटी फ़ॉर यू एण्ड मी' को शिमला ले जाने वाले थे। मैं इन्तज़ार ही करता रह गया, पर उस बेचारी को यतीम बना कर आप यहाँ आ बिराजे।"

लेकिन यह तब होता, जब हुनर साहब सूट-बूट अथवा खादी के कुर्ते-धोती में सुशोभित होते। भगवा चोला पहने इस साधु को वे क्या कह कर पुकारें, वे लोग सहसा तय न कर पाये। और वहीं ठिठके खड़े रह गये।

चेतन ने देखा —हुनर साहब की आँखों में क्षण भर के लिए शरारत-भरी पुरानी चमक कौंधी और उनके होंटों पर क्षीण-सी मुस्कान खेल गयी। लेकिन फिर चेहरे को बरबस गम्भीर बनाते हुए वे अपनी जगह उठे और स्वागत में दोनों हाथ फैलाते हुए उन्होंने कहा —"आइए, आइए, विराजिए।"

हुनर साहब के इस औपचारिक लहजे ने अनायास उनके बीच एक दूरी कायम कर दी।

हालाँकि चेतन जानता था कि उन्होंने उन तीनों को बख़ूबी पहचान लिया है, उनका मन पहले की तरह बतियाने को कुलबुला रहा है (जिसका प्रभाव उनके चेहरे पर स्पष्ट झलक उठा था) लेकिन जान-बूझ कर अपने नये रूप को गम्भीरता देते हुए उन्होंने कहा — "कहिए, सब ठीक-ठाक तो है?"

रणवीर और निश्तर के मुँह से तो कोई बोल नहीं फूटा। चेतन ने ज़रा-सा हँसते हुए कहा —"शिमला से लाहौर पहुँचा तो जाने कहाँ-कहाँ आपको नहीं ढूँढा — लाला दौलतराम 'सागर,' 'शातिर,' उनके साहबज़ादे कैलाशनाथ 'फ़रहत' आपके शागिर्दान-ए-रशीद[१] —'फ़िगार,' 'शातिर,' 'शैदा' और न जाने डी०ए०वी० और सनातन धर्म

---

१ निपुण चेले

कॉलेजों के होस्टलों में आपके मद्दाहों[1] —से कहाँ-कहाँ आप का पता नहीं किया, लेकिन कहीं आपके दर्शन नहीं हुए। आप तो ऐसे ग़ायब हुए, जैसे गधे के सिर से सींग। आप इस आश्रम में आ विराजेंगे, यह तो कभी सपने में भी नहीं सोचा था।"

"न मैंने ही कभी सोचा था," हुनर साहब ने क्षीण मुस्कान के साथ कहा, "यह तो सच्चे साईं का चमत्कार है कि उन्होंने मुझ जैसे गुनहगार को बुला कर गले लगा लिया। वो तो पारस हैं, जिन्होंने लोहे को सोना बना दिया।"

हुनर साहब छोटी-सी राशि अथवा सुविधा पाने के लिए लोगों की चाटुकारी-भरी प्रशंसा में जिस उदारता से अतिशयोक्ति का प्रयोग करते थे, उसे लाला रुद्रसेन आर्य, महात्मा बांशी राम जी 'कर्मठ' और जालन्धरी मल जी 'योगी' के सिलसिले में पहले भी कई बार चेतन देख चुका था। वह मन-ही-मन हँसा। उसके होंटों पर एक व्यंग्य-भरी मुस्कान खेल गयी। उसका मन हुआ, पूछे —'क्या शे'र-ओ-शायरी को आपने तिलांजलि दे दी और ठगी का यह नया धन्धा अपना लिया है?'

लेकिन अपनी उच्छृंखलता पर बरबस संयम रखते हुए उसने सिर्फ़ इतना कहा — "लेकिन आप यहाँ आ कैसे आ गये?"

दोनों हाथ हवा में उठाते हुए हुनर साहब ने कहा —"सच्चे साईं ने बुलाया, हम चले आये।"

"क्या वे आपको पहले से जानते थे?" चेतन ने जानते-बूझते उन्हें कोंचा, "किसी के हाथ सँदेशा भेजा था क्या?"

"उन्हें सँदेशा भिजवाने की क्या ज़रूरत है। वे तो इच्छा भर करें तो दुनिया के दूसरे सिरे पर बैठा आदमी रबड़ के तार से बँधा खिंचा चला आये, ऐसी दिव्य शक्ति पायी है उन्होंने।"

'इस पैदायशी ठग, चाटुकार और लनतरानीबाज़ से पार पाना मुश्किल है।' चेतन मन-ही-मन हँसा। कोई कटु बात कहने या उनसे किसी वाद-विवाद में उलझने को उसका मन नहीं था —'ये अज़ली पैरासाइट, शुरू ही से परोपजीवी हैं।'....उसने सोचा.... 'हमेशा दूसरों के बल पर इन्होंने मौज उड़ायी, सो यहाँ सच्चे साईं का डिड्डम पीट कर अपने हलवे-माँडे का जुगाड़ कर लिया है इन्होंने।' और वह बात को बढ़ाने की बजाय चुप हो गया।

इस बीच रणवीर और निश्तर का संकोच दूर हो गया था। रणवीर ने उन्हें बताया कि वह अपनी बहन के पास कोडरमा में है। वहीं अभ्रक की खानों में ठेकेदारी करता है। उसकी पत्नी बच्चे से है। उसकी बड़ी बहन ने कहा था कि उसे लालड़ाँ छोड़ने जाना तो साईं बाबा के दर्शन कर उनका आशीर्वाद ले आना।

"सच्चे साईं की कृपा से सब ठीक हो जायेगा।" हुनर साहब ने कहा —फिर वे निश्तर की ओर मुड़े। "और हुज़ूर निश्तर साहब, आपके आजकल क्या शग़ल हैं?" उन्होंने मुस्कान की क्षीण-सी रेखा होंटों पर लाते हुए कहा।

निश्तर सोत्साह उन्हें सेठ हरदर्शन के साथ अपनी सरगर्मियों का ब्योरा देने लगा।

---

१ प्रशंसकों

उसने 'पंजाबी लोकगीत संचारनी सभा' की स्थापना का समाचार दिया और उस सिलसिले में अपनी योजनाओं के बारे में सविस्तार बताने लगा।

चेतन बोर हो रहा था। वह उठा। "अच्छा तो हुनर साहब, अब चलेंगे, मुझे लाहौर जा कर एल-एल०बी० में दाख़िल होना है। पत्नी बीमार है। सोचा था, साईं बाबा से उसके भाग्य के बारे में पूछेंगे, पर वे तो रहे नहीं। बस, आपके दर्शन हो गये, यही ग़नीमत है, वरना यहाँ आना बेकार हो जाता।"

"साईं बाबा नहीं रहे तो क्या हुआ।" हुनर साहब ने कहा, "सच्चे साईं उनके पट्ट शिष्य हैं। उन्हीं से इन्होंने दिव्य ज्ञान और सिद्धियाँ पायी हैं। इनसे कुछ भी छिपा नहीं। त्रिकालदर्शी महात्मा हैं। दर्शन भर से भक्तों को अपरम्पार शान्ति मिल जाती है। लोग मंगल के दिन, इस मुल्क ही के नहीं, दुनिया के दूर-दराज़ कोनों से आते हैं। दर्शन नहीं कर पाते तो महज़ चौखट पर सिर नवा कर चले जाते हैं। इतने ही से उनकी सब मनोकामनाएँ पूरी हो जाती हैं।"

"जिन महात्मा के आप सेक्रेटरी हैं, उनकी शक्तियों का क्या कहना," चेतन ने ऐसे स्वर में कहा, जो व्यंग्य-भरा न हो कर तथ्य-भरा लगे और बोला, "जब सच्चे साईं की दुआ भर से आप लोहे से सोना बन गये तो आपके दर्शन करके भी हमारी सब मनोकामनाएँ पूरी हो जायेंगी।"

उसके स्वर में अगर व्यंग्य था तो हुनर साहब ने उसे अनदेखा कर दिया और बोले, "नहीं....नहीं....किस्मत से यहाँ तक आये हो तो सच्चे साईं के दर्शन करके जाओ। जन्म-जन्मान्तरों के पुण्य-प्रताप ही से ऐसे महात्माओं के दर्शन होते हैं।" फिर तत्परता से उठते हुए बोले, "सच्चे साईं आराम फ़रमा रहे होंगे, लेकिन आप लोग बैठिए। मैं अभी मुलाकात का इन्तज़ाम करता हूँ।"

और हुनर साहब पुनः उन्हें वहीं थोड़ा इन्तज़ार करने के लिए कह कर कमरे से निकले और सच्चे साईं के कक्ष की ओर बढ़ गये।

०

सच्चे साईं के कक्ष में पाँव रखते ही चेतन को उस भारी अन्तर का आभास मिल गया, जो दोनों महात्माओं के सरापे, रहन-सहन, कार्य-कलाप और दृष्टिकोण में था।

साईं बाबा का कक्ष ही पक्का न बन गया था, बल्कि उसमें सादे तख़्त की जगह सिंहासन जैसा तख़्त रखा था, जिस पर मख़मली गद्दा और उस पर झालरदार रेशमी तख़्त-पोश बिछा था और मख़मली गाव-तकिये लगे थे।

नीचे फ़र्श पर दरी और सच्चे साईं के सिंहासन के करीब एक कीमती कालीन बिछा था। स्वयं सच्चे साईं केसरिया रेशमी चोले में सुशोभित गाव-तकिये के सहारे सिंहासन पर अध-बैठी और अध-लेटी मुद्रा में विराजमान थे। उनकी अनामिका में हीरे की अँगूठी जगमगा रही थी। गले में सच्चे मोतियों की दो लड़ियों वाली माला थी। उनके सिर पर पूर्ववत जटाओं का बड़ा जूड़ा था, जिसके गिर्द भी मोतियों की माला लिपटी थी। चेतन की नज़र अनायास हुनर साहब की ओर चली गयी। प्रकट ही उन्होंने अपना पहनावा अपने गुरु के अनुरूप बनाया था।

हुनर साहब ने अपने स्वभाव के अनुसार अत्यन्त अतिशयोक्तिपूर्ण लहजे में उन तीनों का परिचय दिया। रणवीर और निश्तर ने उनके चरण छुए। चेतन ने सिर्फ़ 'नमस्कार' किया। सच्चे साईं ने बिना उठे, दायाँ हाथ उठा कर उन तीनों को आशीर्वाद दे दिया।

अजीब बात है कि उनके चेहरे पर दिव्यता का कोई चिन्ह नहीं था। न वहाँ चमक थी, न करुणा, न अनुकम्पा। वह चेहरा फूला-फूला, ख़ुमार-भरा दीख रहा था। उनकी आँखों के गिर्द सियाह धब्बे दिखाई देते थे और नीचे माँस की थिगलियाँ बन गयी थीं। उनकी तोंद रेशमी चोले में से दिखायी देने लगी थी। क्षण भर चुप रहने के बाद चेतन की ओर देखते हुए उन्होंने कहा —"बच्चा, कुछ पूछना चाहो तो निःसंकोच पूछो।"

जाने क्यों उनसे कुछ भी पूछने को चेतन का मन नहीं हुआ। सच्चे साईं उसकी ओर से निगाहें हटा कर शून्य में अपलक देखते रहे। फिर वहीं शून्य में नज़रें जमाये उन्होंने कहा —"बच्चे, तुम अपना भविष्य जानना चाहते हो। लेकिन ज्ञानी भविष्य की नहीं, वर्तमान की चिन्ता करते हैं। जो लोग अपना वर्तमान सँवारते हैं, उन्हीं का भविष्य सुधरता है।"

तब सहसा उन्होंने आँखें शून्य से हटा लीं। सीधे बैठ कर तख़्त के किनारे खिसक आये। पैर उन्होंने नीचे ग़ालीचे पर टिका लिये। दायाँ हाथ फैला कर उलट दिया और उसे हवा में इधर-उधर हिलाने लगे। फिर जैसे उनके हाथ अचानक कोई चीज़ आ गयी हो, उन्होंने झटके से हथेली बन्द कर ली। मुट्ठी को सीधा किया। खोला। उनकी हथेली पर पतली, सुनहरी ज़ंजीर में उनके चित्र वाला पेण्डेण्ट चमक रहा था।

उनके आदेश पर चेतन ने हाथ आगे बढ़ाया। उन्होंने उस पर पेण्डेण्ट रख दिया और बोले —"इसे अपनी पत्नी को पहना देना। उससे कहना कि कभी इसे अपने शरीर से अलग न करे। वह हमेशा स्वस्थ और प्रसन्न रहेगी।"

फिर चेतन की आँखों में आँखें डालते हुए सच्चे साईं ने पूछा —"तुम्हें उसी की चिन्ता थी न?"

झूठ बोलना चेतन के लिए कठिन हो गया। उसने स्वीकार में ज़रा-सा सिर हिलाया।

"बस, तुम चिन्ता-मुक्त हो कर पढ़ाई में मन लगाओ।" उन्होंने कहा और रणवीर की ओर पलटे।

"तुम्हारे यहाँ अव्वल तो लड़का होगा," उन्होंने कहा, "यदि लड़की हुई तो ऐसी विदुषी होगी, जो लड़कों को मात कर देगी।"

निश्तर को उन्होंने तमाम योजनाओं में सफल-काम होने का आशीर्वाद दिया।

इसके बाद वे तख़्त पर लेट गये और उन्होंने करवट बदल ली।

हुनर साहब के संकेत पर वे तीनों चुपचाप उठे और दबे पाँव बाहर निकल आये। हुनर साहब ने चेतन के भाग्य को सराहा, जिस कारण सच्चे साईं से आशीर्वाद स्वरूप उसे पेण्डेण्ट मिला। उन्होंने उस पर ज़ोर दिया कि लाहौर जा कर वह लालड़ाँ की यात्रा और सच्चे साईं के चमत्कार पर एक संस्मरण ज़रूर लिखे। आश्रम के भक्तों को दर्शन देते सच्चे साईं के और अपने कुछ फ़ोटो और अन्य सामग्री हुनर साहब ने उसे अपने कमरे से ला कर दी और कहा कि वह उनका नाम स्वामी अपूर्वानन्द लिखे। कहीं भी 'हुनर' का

उल्लेख न करे।

आश्रम के गेट पर विदा देते हुए हुनर साहब ने कहा —"सच्चे साईं आपको फिर बुलायेंगे।"

चेतन ने सव्यंग्य कहा, "न वे कभी बुलायेंगे, न मैं आऊँगा।"

०

चहेड़ू से गाड़ी में चढ़े तो चेतन निरन्तर सच्चे साईं, स्वामी अपूर्वानन्द यानी भूतपूर्व 'हुनर' साहब और लालड़ाँ के उस आश्रम के प्रकट उत्कर्ष और वास्तव में अपकर्ष के बारे में सोचता रहा। उसे इस नये साईं की किसी बात का कोई विश्वास नहीं आया। उसे पूरा यकीन था कि 'हुनर' साहब ने उन तीनों के बारे में उनको सब कुछ बता दिया होगा ताकि वे उनके मन की बात बताते हुए उपयुक्त भविष्यद्वाणियाँ कर सकें। उसे आश्रम में न सात्विकता दिखायी दी, न आध्यात्मिकता। एक काम-काजी व्यावहारिकता का आभास उसे ज़रूर मिला। निश्चित ही आश्रम एक धन्धे की तरह चल रहा था और यह बात उसे थोड़ा निराश और उदास कर गयी —विशेषकर इसलिए कि वह कितनी उम्मीदें ले कर लालड़ाँ गया था।

लेकिन घर पहुँच कर उसने चन्दा से कुछ नहीं कहा। उसे बड़े प्यार और गम्भीरता से पेण्डेण्ट पहना दिया। उसे यह भी हिदायत दे दी कि वह उसे कभी अपने से अलग न करे। इसलिए नहीं कि चेतन को उसकी दिव्य शक्ति में रंच मात्र भी विश्वास था, सिर्फ़ इसलिए कि चन्दा को इससे बल मिलेगा, ज़िन्दगी में उसकी आस्था कम न होगी और वह अपनी घातक बीमारी से छूट सकेगी।

०

वह लाहौर जाने के लिए अपने ट्रंक में कपड़े, नाटक की फ़ाइल, नोट बुकें और टॉड राजस्थान तथा गौरीशंकर हीराचन्द के इतिहास के बाद डायरी रखने जा रहा था कि उसने वहीं बैठे-बैठे उसे खोला और रणवीर के आगमन के बाद लालड़ाँ जाने के बारे में संक्षिप्त विवरण देते हुए मन में उठने वाले प्रश्नों को सूत्र रूप में वहाँ टीप दिया।

"सोचता हूँ, क्या गगनचुम्बी छतनार पेड़ों का यही भाग्य होता है कि उन पर लिजलिजी लतरें चढ़ जायें, उनकी ऊर्जा पर फलें और फूलें और उन्हें विरूप बना दें? क्या आदर्शवादी स्वप्न-धर्मी महात्माओं के भाग्य में घोर चाटुकार और नकलची चेले ही लिखे होते हैं? क्या प्रसिद्ध आश्रम और बड़े आदर्शों को ले कर चलने वाली संस्थाएँ अन्ततः स्वार्थियों का आखेट-स्थल ही बनती हैं?"

चेतन ने एक लम्बी साँस भरी, डायरी बन्द की और उसे ट्रंक में रख दिया।

बाइस

लाहौर पहुँचने के दूसरे ही दिन चेतन ने सबसे पहले एल-एल०बी० में प्रवेश-शुल्क जमा कराने का फ़ैसला किया। सत्तर-अस्सी का ख़र्च था, पर दाख़िले का प्रबन्ध उसने कर रखा था। एफ़०ई०एल० की परीक्षा के परिणाम की चिन्ता करने के साथ-साथ वह इस सिलसिले

में भी लगातार सोचता रहा था। वास्तव में उसने जालन्धर जाते ही 'राजपूताने का भीष्म' की आधी पेशगी रॉयल्टी में से प्रवेश-शुल्क के रुपये माँ के पास जमा करवा दिये थे, उनमें से कुछ चन्दा की बीमारी और इलाज-उपचार में ख़र्च हो गये थे। लाहौर आते वक्त उसने माँ को विश्वास दिलाया था कि वह किसी तरह दाख़िले के रुपये पूरे कर दे, वह लाहौर जाते ही नाटक की शेष रॉयल्टी ले कर उसे रुपये भिजवा देगा। माँ ने प्रबन्ध कर दिया था। किससे उधार ले कर किया? —न चेतन ने पूछा, न माँ ने बताया।

कॉलेज चूँकि दो शिफ़्टों में चलता था, इसलिए दफ़्तर सुबह ही खुल जाता था। चेतन नित्य कर्म से निबट, नहा-धो और तैयार हो कर दस बजे कॉलेज की तरफ़ जा रहा था कि नीला गुम्बद के चौरस्ते पर उसे अचानक बढ़िया सूट-बूट में लैस, पैरों में चमचमाते पम्प शू और सफ़ेद विलायती मोज़े पहने, सर पर मोतिया रंग की दस्तार सजाये, सरदार जगदीश सिंह (लैण्ड लॉर्ड एण्ड हाउस प्रोप्राइटर), चेहरे पर हमेशा की तरह परम मूर्खतापूर्ण सन्तोष और इत्मीनान के भाव लिये, जैसे नाप-नाप कर कदम रखते हुए आते मिल गये।

न जाने क्यों, उस परम मूर्ख सरदार को देख कर चेतन को हमेशा हँसी आ जाती थी, जो सारी जायदाद अपने मूर्खतापूर्ण इश्क की भेंट चढ़ा कर अपने रिहायशी दो कमरों के अलावा चन्द कमरों के कारण 'लैण्ड लॉर्ड ऐण्ड हाउस प्रोप्राइटर' बना हुआ था।

लेकिन मन के भाव मन में दबा कर चेतन ने बढ़ कर हाथ बढ़ाते और लगभग हँसते हुए कहा —"सत सिरी अकाल सरदार जी।"

"सत सिरी अकाल चेतन जी।" सरदार जगदीश सिंह ने बड़े तपाक से उसका पतला-सा हाथ अपने चौड़े गदेलेदार, लेकिन सख़्त उभारों वाले हाथ में ले कर कहा, "तुहाड्डे ताँ दर्शन ई दुर्लभ हो गये। कदे साड्डी वल्ल वी फ़ौजाँ दा रुख़ मोड़िया करो। सरदारनी ताँ बच्चे तुहानूँ बहुत मिस करदे हन।"[१]

'आख़िर यह मूर्ख जाट ऊँची सोसाइटी में रह कर कुछ अंग्रेज़ी के शब्द और उनका सही इस्तेमाल सीख ही गया है,' चेतन ने मन-ही-मन कहा, लेकिन साथ ही उसे सरदार जगदीश सिंह के स्वर की अतिरिक्त आत्मीयता से थोड़ी हैरत हुई। चेतन अपने आपको जैसा भी तोप कहानीकार समझता हो, वह इतना तो भली-भाँति जानता था कि उस जाट के निकट उसकी हैसियत मामूली ट्यूटर से ज़्यादा नहीं, जिसे एक क्षण में रखा या डिसमिस किया जा सकता है। वह थोड़ा सतर्क हो गया। यकीनन उन्हें बच्चों के लिए ट्यूटर के रूप में उसकी पुनः ज़रूरत होगी।

इससे पहले कि सरदार अपने जोश में उसके हाथ को इतने ज़ोर से झटका देता कि उसकी बाँह स्कन्ध-मूल से उखड़ती मालूम होती, चेतन ने हल्के से हाथ खींच लिया और कद्रे संजीदगी से बोला, "मैं अपने वतन गया हुआ था सरदार जी।"

सरदार जगदीश सिंह ने जैसे उसका उत्तर नहीं सुना। एक कान से दूसरे कान तक बाछें खिलाते और दाढ़ी की घनी काली झाड़ी में सफ़ेद रत्तियों-से दाँत दिखाते हुए उसे ख़बर दी कि काका और काकी पास हो गये हैं।

'मैं इतनी मेहनत न करता तो कभी पास न होते।' चेतन मन-ही-मन हँसा। लेकिन

---

१ आपके तो दर्शन दुर्लभ हो गये। कभी हमारी ओर भी सेनाओं का मुँह मोड़ा करो। सरदारनी और बच्चे आपको बहुत याद करते हैं।

प्रकट उसने उन्हें बनाते हुए यही कहा, "आप के बच्चे, सरदार जी, आप ही के जैसे स्मार्ट और ब्रिलिएण्ट हैं। मैंने तो पहले आपसे कहा था कि ज़रूर पास हो जायेंगे।"

"ते फेर हुण कदों तों आना शुरू करोगे?" अचानक उन्होंने पूछा, "सरदारनी जी तुहानूँ बहुत याद करदे ने।"

"सरदारनी जी को मेरा सत सिरी अकाल दीजिएगा," चेतन ने कहा, "कभी उधर गया तो ज़रूर दर्शन करूँगा। अभी तो कल जालन्धर से लौटा हूँ और इस समय एल-एल०बी० का दाख़िला देने जा रहा हूँ।"

"देखो चेतन ज़ी," सरदार जगदीश सिंह ने कहा, "बच्चे तुहाड्डे नाल बड़े हिल-मिल गये हण। ट्यूटर ताँ पैसे हत्थ ते रखो, दस मिल जाणगे, पर काका अते काकी आखदे ने कि असाँ चेतन जी तों पढ़ना ए।"[१]

"मैं तो आप का ख़ादिम हूँ सरदार जी," चेतन ने ज़रा-सा सिर झुका कर कद्रे हँसते हुए विनम्रता से कहा, "लेकिन मैंने कुछ ऐसा काम हाथ में ले लिया है कि दो महीने तक मुझे सिर उठाने की फ़ुर्सत नहीं मिलेगी। बस, वह निबट जाय, फिर आपके हुज़ूर में हाज़िरी दूँगा।"

प्रकट ही सरदार जगदीश सिंह (लैण्ड लॉर्ड ऐण्ड हाउस प्रोप्राइटर) बेहद ख़ुश हो गये। उनके चेहरे की झाड़ी में सफ़ेद रत्तियों की कतारें फिर चमक उठीं। बाछें खिलाते हुए उन्होंने चलने को हाथ बढ़ाया, फिर उसके हाथ को हाथ ही में लिये हुए उन्होंने कहा, "दो महीनेयाँ नाल कोई फ़र्क नहीं पैणा। तुसीं हत्थ दा कम्म निबटा के ज़रूर ओधर आउणा। ओह तिमंज़िले वाला चौबारा तुसाँ किराये ते मंगेया-सी। ओह दो महीनेयाँ बाद ख़ाली हो जाणा ए। सरदारनी होराँ आक्खेया कि ओह किसे होर नूँ नहीं देणा। ओह चेतन जी नू ई देणा ए।"[२]

"सरदारनी जी की बहुत मेहरबानी है," चेतन ने कहा, "मैं पता करता रहूँगा। जब भी ख़ाली होगा, मैं ले लूँगा। किराया आप कहें तो अभी जमा कर देता हूँ।"

सरदार जगदीश सिंह चेतन के हाथ को गर्मजोशी से झटका दे कर चलने वाले थे कि चेतन की बात सुन कर रुक गये।

"वैसे ताँ जी, सरदारनी होराँ दा हुकुम ऐ, ओह चौबारा तुहाड्डे लई ख़ाली रहणा ए, पर जे तुसीं दो महीनेयाँ दा किराया पेशगी दे देवो, तो फ़ेर गल्ल पक्की हो गयी। ख़ाली भावें पेया रहे, पर रहेगा तुहाड्डा ई।"[३]

"किराया तो उसका वही पाँच रुपया महीना है न?" चेतन ने कोट के अन्दर की

---

१ देखिए चेतन जी, बच्चे आपके साथ हिल-मिल गये हैं। ट्यूटर तो पैसे हाथ में रखो, दस मिल जायँगे, पर काका और काकी कहते हैं कि हम तो चेतन जी से ही पढ़ेंगे।

२ दो महीनों में कोई फ़र्क नहीं पड़ेगा। आप हाथ का काम निबटा कर ज़रूर उधर आना। तिमंज़िले वाला वह चौबारा आपने किराये पर माँगा था। वह और दो महीने बाद ख़ाली हो जायेगा। सरदारनी जी ने कहा था कि वह किसी और को नहीं देना, वह चेतन जी को ही देना है।

३ वैसे तो जी सरदारनी जी का हुक्म है, वह चौबारा आपके लिए ख़ाली रहेगा। लेकिन अगर आप दो महीने का किराया पेशगी दे दो तो बात पक्की हो जायेगी। फिर चाहे ख़ाली पड़ा रहे, पर रहेगा आप ही का।

जेब में हाथ डालते हुए कहा।

"किराया ताँ असाँ सत्त रुपये लैण दा फ़ैसला कीत्ता सी, पर तुसी लओगे ताँ ओहोई पंज रुपये लै लवाँगे।"[१]

हालाँकि चेतन के पास वाफ़र रुपये नहीं थे, लेकिन उसे नाटक के लगभग सौ रुपये और मिलने की आशा थी और चौबारे को उसी वक्त पक्का कर लेना उसे निहायत ज़रूरी लगा। उसने दस रुपये कोट के अन्दर की जेब से निकाले और परम उदारता से सरदार जगदीश सिंह के हाथ पर रखते हुए उसने कहा, "लीजिए सरदार जी, यह डील पक्की हो गयी।"

दस रुपये के इस आदान-प्रदान को डील का भारी-भरकम नाम देते हुए मन-ही-मन चेतन को हँसी आयी। 'पर दो-चार कमरों को किराये पर दे कर जो व्यक्ति लैण्ड लॉर्ड ऐण्ड हाउस प्रोप्राइटर कहलाना पसन्द करता है,' चेतन ने सोचा, 'वह पाँच रुपये महीने के अनुबन्ध को तो निश्चय ही 'डील' कहलाना पसन्द करेगा।'

सरदार जगदीश सिंह ने दस रुपये कोट के अन्दर की जेब में रखते हुए निहायत इत्मीनान से पुनः उससे हाथ मिलाते हुए कहा, "चौबारा तुहाडा हो गया चेतन जी। हेठला कमरा अते किचन वी जद ख़ाली होवेगा, तुसीं चाहोगे ताँ तुहानूँ मिल जायेगा।"[२]

और उसके हाथ को हिलाते हुए उन्होंने कहा कि सरदार जगदीश सिंह, लैण्ड लॉर्ड ऐण्ड हाउस प्रोप्राइटर के छपे हुए पैड पर कल उसे रसीद मिल जायेगी।

"अजी सरदार बहादुर, आपकी ज़बान ही रसीद है," चेतन ने उन्हें और भी बनाते हुए हँस कर कहा, "आप इतने बड़े ज़मींदार परिवार के फ़र्द और इतने बड़े लैण्ड लॉर्ड ऐण्ड हाउस प्रोप्राइटर हो, आपने कह दिया, हमने मान लिया, रसीद आप भेजते रहिएगा। आपने मेरी एक बड़ी मुश्किल आसान कर दी, आपका बहुत शुक्रिया।"

और उसने उनके हाथ को दोनों हाथों में ले कर हुनर साहब की तरह हिलाया। सरदार जगदीश सिंह जाने कहाँ जा रहे थे। जब वे मिले थे तो उनकी गति और व्यवहार में हल्की-सी त्वरा थी, लेकिन चेतन की शहदीली बातों को सुनते हुए परम प्रसन्न हो कर वे शायद यह भी भूल गये थे कि कहाँ जा रहे हैं और अर्द्ध-चेतन रूप में चौरस्ते की भीड़ से बचने के लिए बीच बाज़ार से ज़रा कोने की ओर हट आये थे। उसके हाथ को गर्मजोशी से हिलाते हुए उन्होंने कहा, "तुसीं बड़े शायर अते अदीब हो। तुहाड्डे कोल रहन नाल साडे कन्नाँ विच वी कोई इक-अद्ध शे'र पै जावेगा।"[३]

और उसके हाथ को ज़ोर से झटका दे कर वे कचहरी रोड की ओर से जैसे ठुमकते हुए आये थे, वैसे ही नीला गुम्बद की तरफ़ चले गये।

---

१ किराया तो हमने सात रुपये लेने का फ़ैसला किया था, पर आप लोगे तो वही पाँच रुपये ले लेंगे।

२ चौबारा आपका हो गया चेतन जी। निचला कमरा और किचन भी जब ख़ाली होगा, आप चाहेंगे तो आपको मिल जायेगा।

३ आप बड़े शायर और अदीब हो। आपके निकट रहने से हमारे कानों में भी एकाध शे'र पड़ जायेगा।

चेतन क्षण भर वहीं खड़ा चुपचाप उन्हें तब तक जाते देखता रहा, जब तक वे सीधे मेयो रोड की ओर जाने के बदले, दायीं ओर नहीं मुड़ गये। फिर एक लम्बी साँस ले कर वह लॉ कालेज जाने के लिए कचहरी रोड की तरफ़ बढ़ा।

०

प्रकट ही सरदार जगदीश सिंह अपने बच्चों के पास हो जाने के कारण उस पर प्रसन्न हो गये थे, लेकिन उन बिगड़े हुए लडूले बच्चों को पढ़ाने में महीनों उसे कितना तरद्दुद करना पड़ा था, अपनी मन:स्थिति की चिन्ता न कर, उनके मूड को देखते हुए, उन्हें प्रसन्न करके थोड़ा ज्ञान उनके भेजे में डालना पड़ा था, वह सब चेतन को भली-भाँति याद था और वह नहीं चाहता था कि उसे फिर उस अग्नि-परीक्षा से गुज़रना पड़े।

यह तो सही है कि सरदार जगदीश सिंह के बच्चों की ट्यूशन से उसकी फ़ीस का जुगाड़ हो जाता था, लेकिन निहायत लाड़ में पले हुए उनके बच्चे कई बार ट्यूशन के वक्त में खेलने की अथवा कहानियाँ सुनने की फ़रमाइश करते। चेतन को उनके साथ कैरम, बैगाटिल या चौपड़ खेलनी पड़ती। तब वे ही नहीं, वह स्वयं खेल में तन्मय हो कर समय को बिलकुल भूल जाता और एक घण्टे के बदले दो-दो घण्टे उनके साथ व्यस्त रहता। फिर उन्हें सुनाने के लिए उसे कोई-न-कोई नयी कहानी भी तैयार रखनी पड़ती। इतना वह ज़रूर करता कि यदि वे एक दिन के बाद दूसरे दिन भी कहानी सुनना अथवा खेलना चाहते तो चेतन बड़े प्यार से यह शर्त रख देता कि वे ध्यान से पढ़ेंगे तो वह उन्हें बहुत बढ़िया कहानी सुनायेगा अथवा उनके साथ उनका मनपसन्द खेल खेलेगा और बच्चे खेल अथवा कहानी के लालच में पढ़ भी लेते। लेकिन चेतन को बेहद कोफ़्त होती। कई बार अपनी विवशता पर उसे बेहद गुस्सा आता। बच्चों को पीटने के सख़्त ख़िलाफ़ होने के बावजूद वह चाहता, उन दोनों बेदिमाग़, खिलन्दड़े बच्चों के मुँह पर एक-एक तमाचा जड़ कर भाग जाय। लेकिन अव्वल तो उन तेरह रुपयों का, जो उसे ट्यूशन के बदले मिलते थे, उसके निकट बहुत महत्व था। फिर, सोचने पर उसे लगता था कि इसमें बच्चों का उतना नहीं, उनके उस कुन्द-ज़ेहन, नितान्त फोके और पोले, लैण्ड लॉर्ड ऐण्ड हाउस प्रोप्राइटर पिता और उसे ख़ुदा समझने वाली उतनी ही मूर्खा सरदारनी का दोष था और चेतन का जी होता, उनके पास जाय और उनसे कहे कि उन गर्दभ शावकों को भगवान या शैतान ही पढ़ा सकता है, वह नहीं....लेकिन दूसरे क्षण अपनी परिस्थिति को देखते हुए क्रोध का सारा विष वह अन्दर-ही-अन्दर पी जाता और चेहरे पर कविराज-सुलभ मुस्कान ला कर, बड़े प्यार से उनके साथ बातें करते, खेलते या कहानी सुनाते हुए, उन्हें पढ़ाता।

एक तीसरी बात भी थी और वह चेतन के अन्तर में अचेतन रूप से मौजूद थी। एक अव्यक्त इच्छा, बच्चों के सिलसिले में इर्द-गिर्द की ज़िन्दगी से प्राप्त किये गये अनुभवों और बच्चों की देख-भाल के बारे में कविराज रामदास के लिए पुस्तक लिखने की प्रक्रिया में पब्लिक लायब्रेरी से ले कर पढ़ी गयी किताबों से अर्जित ज्ञान को आज़माने की एक आकांक्षा —एक प्रबल हठ। उन लगभग बेदिमाग़, खिलन्दड़े, बिगड़े हुए बच्चों को अपनी बुद्धिमत्ता से, बिना पीटे या डाँटे, पास करा देना। चेतन को यह सब अपने आपको आज़माने, अपनी मिट्टी, अपनी बुद्धि, अपने ज्ञान, अपने टैक्ट की परीक्षा लेने के बराबर लगता था और वह अपने इम्तहान की तैयारी के साथ उनकी परीक्षा की तैयारी कराता रहा

था। (शायद इसीलिए वह इच्छानुसार ऊपर के दस-बीस छात्रों में नहीं आया था)। वे दोनों बच्चे पास हो गये थे। चेतन को यह उनकी नहीं, अपनी कामयाबी लगी थी। अजीब बात है कि इस एहसास के साथ उसके अन्तर में उन्हें आगे पढ़ाने की इच्छा-आकांक्षा यकसर ख़त्म हो गयी थी।

कचहरी रोड पर लॉ कॉलेज की ओर जाते हुए चेतन ने मन-ही-मन तय किया कि वह चौबारा तो सरदार जगदीश सिंह से ज़रूर किराये पर लेगा, पर उन बच्चों को पढ़ायेगा नहीं —याने ट्यूशन ले कर। वह उनसे कहेगा कि सरदार बहादुर, आपके मुझ पर बहुत एहसान हैं, मैं अब आपके बच्चों को पढ़ाने के पैसे नहीं ले सकता। बच्चे आपके निहायत बुद्धिमान और मेधावी हैं। मैं तो ऊपर चौबारे में दिन-रात पढ़ूँगा, जब उनका मन हो, मेरे पास आ जायें, मुझसे पूछ कर अपनी मुश्किल दूर कर लें।

चेतन जानता था कि वे दोनों बच्चे चन्द दिन तो आयेंगे, लेकिन जब न उन्हें कहानी सुनने को मिलेगी, न चेतन उनके साथ खेलेगा तो वे अपने आप आना बन्द कर देंगे। उससे पढ़ने का उनका सारा उत्साह मन्द हो जायेगा और अपने मूर्ख माता-पिता को वे ख़ुद ही समझा देंगे। चेतन को उनसे मुक्ति मिलेगी और सरदार जगदीश सिंह कुछ कह भी नहीं पायेंगे।

यह सोच कर चेतन मन-ही-मन आश्वस्त हो गया। लेकिन दूसरे ही क्षण उसे ख़याल आया —ट्यूशन तो वह छोड़ देगा, लेकिन फ़ीस के तेरह रुपये कैसे जुटायेगा?

चेतन का दिमाग़ बड़ी तेज़ी से काम करने लगा। दाख़िला तो वह जमा करा देगा। जुलाई, अगस्त, सितम्बर की फ़ीस का प्रबन्ध वह कर लाया था, लेकिन अगले महीने उसे तेरह रुपये फिर देने होंगे। यह रकम वह कहाँ से लायेगा?....और उसे चम्पा लाल का ख़याल आया। उसने वादा किया था कि वह नाटक पूरा कर लायेगा तो उसे तत्काल सौ रुपये दे देगा। बाकी हिसाब-किताब छपने पर हो जायेगा। यदि नाटक दो सौ पृष्ठों से बढ़ गया तो छपने पर उसे एक रुपये प्रति पृष्ठ के हिसाब से और रुपये मिल जायेंगे।.... वहीं कॉलेज को जाते-जाते उसने तय कर लिया कि दाख़िला जमा कराने के बाद वह भाई साहब के साथ गोपाल के ढाबे पर खाना खायेगा और थोड़ा आराम करके कृष्ण नगर प्रोफ़ेसर शर्मा के यहाँ जायेगा। उन्हें नाटक सुनायेगा और उनसे पन्नालाल के नाम रुक्का ले कर शेष रॉयल्टी वसूल करेगा। ज़रूरी किताबें ख़रीदेगा। कुछ रुपया चन्दा के इलाज-उपचार की ख़ातिर माँ को भेजेगा और कम-से-कम दो महीनों की फ़ीस के रुपये बचा लेगा। दो महीनों में ट्यूशन के बदले कुछ ऐसी व्यवस्था कर लेना, जिससे तेरह रुपये की आय महीने में हो जाय, कुछ मुश्किल नहीं होगा।

उन लाडले बच्चों की ट्यूशन थी तो सिर्फ़ एक ही घण्टे की, लेकिन महीने के अधिकांश दिन उसमें हर रोज़ डेढ़-दो घण्टे लग जाते थे। एक घण्टा आने-जाने में ख़र्च हो जाता था। उसके कीमती वक्त के तीन घण्टे केवल तेरह रुपया महीना कमाने में बर्बाद हो जाते थे। इतना समय अगर वह कहानी लिखने में लगायेगा तो वह हर हफ़्ते कहानी लिख लेगा। चेतन ने सोचा, तीन रुपये भी उसे एक कहानी के मिल जायें तो महीने में बारह रुपये कमा लेगा।....उसे विश्वास था कि वह कोशिश करेगा तो चार-पाँच रुपये भी प्रति कहानी ले मरेगा। फिर कहानी उसकी अपनी हो जायेगी। हिन्दी में करके 'सरस्वती'

को भेजेगा तो चार रुपये मिल जायेंगे। यह सोच कर चेतन मन-ही-मन बहुत प्रसन्न हुआ कि उस ट्यूशन को छोड़ने से वह न केवल पढ़ने के लिए ज़्यादा समय निकाल कर परीक्षा में बेहतर पोज़ीशन ले सकेगा, बल्कि घाते में एक कहानी-संग्रह के लायक कहानियाँ भी लिख ले जायेगा।

'साहित्य तो कामधेनु गाय है,' उसने मन-ही-मन सोचा। 'उसके बाद उसे वर्षों तक अपनी पुस्तकों से रॉयल्टी मिल सकती है।' उन गर्दभ शावकों को पढ़ा कर वह फ़ीस ही तो जुटाता था। अब उसी वक्त के बेहतर उपयोग से जो कहानियाँ वह लिखेगा, उनके बल पर फ़ीस की भी व्यवस्था कर लेगा और कथाकार के नाते अपने यश में भी वृद्धि करेगा।

लॉ कॉलेज का गेट आ गया था। चेतन ख़ुश-ख़ुश उसके अन्दर दाख़िल हो गया।

०

दफ़्तर में प्रवेश-शुल्क जमा करने के बाद ज़रा-सा बायीं ओर हट कर काउण्टर पर कोहनी रखे, चेतन शिफ़्ट बदलने के बारे में सोच रहा था, जब उसके पास ही छै फ़ुट लम्बा, पतला-छरहरा एक नौजवान दोनों कोहनियाँ काउण्टर पर रखते हुए ज़रा झुक कर आ खड़ा हुआ। उसके सिर पर कुल्हेदार मुसद्दी सिल्क का साफ़ा, गले में टसर की लम्बी कमीज़ और कमर में चाबी के लट्ठे की लश-लश करती घेरदार शलवार थी। बहुत लम्बा और पतला होने के कारण, अचेतन रूप से कुछ झुक कर चलने से उसके कन्धे कद्रे झुके हुए थे। चेहरा भी पतला था और कल्लों में हल्के-से गढ़े पड़ते थे। नाक लम्बी और सुतवाँ, माथा चौड़ा और कुशादा, जो कुल्हे के कारण काफ़ी ढँका हुआ था —विशेषकर इसलिए भी कि कुल्हा सिर पर कुछ टेढ़ा रखा था। लेकिन इस कज-कुलाही के बावजूद उसके चेहरे पर दबंगई अथवा फक्कड़पने का कोई निशान नहीं था। वह एक धीर-गम्भीर युवक का चेहरा था, जो अपने समय का काफ़ी हिस्सा अध्ययन और शायद इबादत में गुज़ारता था।.....ख़ान इनायत अली के पतले होंटों पर दोनों ओर से तरशी हुई छोटी-छोटी मूँछें थीं। आँखें अपेक्षाकृत छोटी, लेकिन ज़हीन थीं। वह चेहरा पठानी सौन्दर्य के कारण आकर्षक नहीं था, बल्कि अपनी ज़हानत और मतानत, मेधा और प्रतिभा के कारण ध्यान खींचता था।

चेतन सोच रहा था —जिस ट्यूशन के कारण उसने एफ़०ई०एल० में सुबह की शिफ़्ट में नाम लिखवाया था, वह तो उसे करनी नहीं —क्यों न वह शाम की शिफ़्ट में नाम बदलवाने के लिए समय से अर्ज़ी दे दे। इसलिए भी कि भोला तो शाम की शिफ़्ट में पढ़ता था। जब वह ख़ाली होता तो चेतन की क्लासें होतीं। इसका उलट भी सही था। यदि अपने पिता की नसीहत के अनुसार चेतन को भोला से मैत्री करके उसके अध्ययन, रहन-सहन, खान-पान के ढंग का ध्यानपूर्वक अध्ययन करके उसे अपनाना था ताकि वह भी उसकी तरह पढ़ सके और एल-एल०बी० में अच्छी पोज़ीशन ले जाय, तब उसे कॉलेज के अलावा ज़्यादा वक्त उसके साथ गुज़ारना होगा और इस उद्देश्य से उसे शाम की शिफ़्ट में नाम लिखाना चाहिए।

एक कारण और भी था। यदि उसे कहानियाँ लिखनी थीं और उनके सिलसिले में अख़बारों के सम्पादकों से उस वक्त मिलना था, जब वे अपेक्षाकृत अवकाश में हों, तो भी

उसे सुबह का समय अपने अनुकूल लगता था।

काउण्टर पर हट कर खड़ा चेतन यही सब सोच रहा था। तभी उस लम्बे मुसलमान छात्र ने दाख़िले के रुपये काउण्टर पर बैठे क्लर्क की ओर बढ़ाते हुए अपना नाम बताया — "इनायत अली ख़ाँ।"

चेतन चौंका। रिज़ल्ट में डिस्टिंक्शन लेने वाले दस छात्रों की जो सूची उसने देखी थी, उसमें चौथी पोज़ीशन के आगे यही नाम लिखा था।

इनायत अली ख़ाँ ने जब दाख़िला जमा करके रसीद ली तो चेतन ने अचानक एक कदम बढ़ कर मिलाने के उद्देश्य से हाथ आगे बढ़ाते हुए कहा, "ख़ान साहब, आप का नाम सुन कर और आपसे मिल कर बहुत ख़ुशी हुई। एफ़०ई०एल० के रिज़ल्ट में डिस्टिंक्शन लेने पर मेरी मुबारकबाद कबूल फ़रमाइए।"

इनायत अली ने चेतन की तरह जोश से नहीं, बल्कि कद्रे संकोच और झिझक के साथ हाथ आगे बढ़ाया। अपने उत्साह में चेतन ने न उस संकोच को देखा, न झिझक को। वहाँ खड़े-खड़े ख़ान का हाथ अपने हाथ में लिये, उसने ऐसी विनम्रता से, जिसके एक-एक शब्द से गर्व टपकता हो, 'बन्दे मातरम' में उप-सम्पादक के नाते काम करने के अलावा अपने कथाकार और कवि और दो कथा संग्रहों के रचयिता होने का ज़िक्र किया और ख़ान इनायत अली को जैसे प्रभावित करते हुए बताया कि दूसरे संग्रह की भूमिका उपन्यास सम्राट मुंशी चन्द्रशेखर ने लिखी है और उन्होंने उसकी कहानियों में तासीर के गुण का विशेष रूप से ज़िक्र किया है। यही सब बताते हुए, अपनी आदत के मुताबिक, चेतन अपनी पत्नी की बीमारी और अपने भयंकर संघर्ष की बात भी कह गया।

"ख़ान साहब, आप बहुत लायक और काबिल हैं," चेतन ने इधर-उधर की दसियों बातें करते और साथ उसे सिद्ध करने का ढंग सोचते हुए अन्त में कहा, "मेरे पास तो फ़ीस का जुगाड़ है, न किताबों का। मैंने अभी एक नाटक लिख कर पब्लिशर को दिया है। किताबों की कमी तो मैं पूरी कर लूँगा। फ़ीस का भी इन्तज़ाम कर लूँगा। पढ़ने को पिछले साल मैं गोल बाग़ में ईज़ी चेयर डाल कर पढ़ता था, सो अब भी पढ़ लूँगा, लेकिन मुझे थोड़ी गाइडेंस की ज़रूरत है, जिससे एल-एल०बी० के इम्तहान में अपनी पोज़ीशन सुधार सकूँ।"

चेतन एक ही साँस में यह सब कह गया। फिर उसने अचानक पूछा — "आप एल-एल०बी० में सुबह की शिफ़्ट में नाम लिखायेंगे या शाम की?"

"मैं तो गुज़िश्ता साल भी शाम की शिफ़्ट में था। इस साल पहले मैंने सोचा था कि शिफ़्ट बदल लूँ। दो बार नमाज़ के लिए क्लास छोड़नी पड़ती है। सुबह की शिफ़्ट में वैसी दिक्कत नहीं। लेकिन पाँच-दस मिनट क्लास छोड़ने से वैसा फ़र्क नहीं पड़ता। इसलिए मैंने इरादा छोड़ दिया। आदत पक गयी है। सब कुछ सेट है, इसलिए भी।" और ख़ान ने कदम आगे बढ़ाया।

चेतन ने उसका हाथ छोड़ दिया, लेकिन उसके साथ ही कदम बढ़ाते हुए उसने कहा। "मैं सोचता हूँ, मैं भी शाम की शिफ़्ट में नाम लिखा लूँ और आपके करीब रह कर कुछ सीखूँ। आप ख़ुदा वाले दर्दमन्द इनसान लगते हैं। उम्मीद है, मेरी थोड़ी-सी मदद से आप

इनकार नहीं करेंगे।"

इनायत अली ने हठात कुछ नहीं कहा। चुपचाप चन्द कदम चलने के बाद उसने कहा, "आपने जितनी मेरी तारीफ़ की है, मैं उसके काबिल नहीं। यह न समझिए कि मैं आपको टाल रहा हूँ। मैं सिर्फ़ हकीकत बयान कर रहा हूँ। यूँ आप जब चाहें, आ जाइएगा। मेरी जो भी समझ में आयेगा बता दूँगा।"

"आपका बहुत-बहुत शुक्रिया ख़ान साहब। आप मुझे कुछ बतायेंगे तो यह ऐन कार-ए-सवाब होगा[१]।....फ़िलहाल तो आप सिर्फ़ इतना काम कीजिए कि मैं आपके कमरे में चलता हूँ। आप मुझे रजिस्ट्रार के नाम शिफ़्ट बदलने के लिए एक अर्ज़ी लिखवा दीजिए। वजह मेरी बीवी की बीमारी और उसकी तीमारदारी की ज़रूरत बता दीजिए," और उसने ख़ान से पूछा —"आप लाहौर में किसी रिश्तेदार के यहाँ रहते हैं या आपका अपना घर है?"

"मैं तो होस्टल में रहता हूँ।" ख़ान ने होस्टल की ओर कदम बढ़ाते हुए कहा, "ऊपर की मंज़िल में नम्बर चार का कमरा है मेरा। अर्ज़ी में क्या रखा है, चलिए, लिखवा देता हूँ।"

"लिखने को तो मैं भी लिख लूँगा, लेकिन अंग्रेज़ी मेरी बहुत अच्छी नहीं।" चेतन ने कहा, "आपको थोड़ी तकलीफ़ तो होगी, पर मैं आज ही इस फ़िक्र से भी नजात पा लूँगा।"

और ख़ान की ख़ामोशी को नीम-रज़ा समझ कर चेतन उसके साथ बढ़ गया।

०

चेतन अर्ज़ी न लिख सकता हो, ऐसी बात न थी। अंग्रेज़ी भी उसकी ख़ासी अच्छी थी, लेकिन वह ख़ान को अपनी मदद का अवसर देना और यूँ उसके नज़दीक होना चाहता था।

....आख़िर तीन महीने उसने कविराज रामदास के साथ गुज़ारे थे। उनकी संगति से कुछ तो उसने सीखा ही था।

तेइस

ज्यों-ज्यों ६ टेम्पल रोड, मज़ंग पास आती गयी, चेतन के मन की जिज्ञासा और अन्तर की उत्सुकता क्रमशः बढ़ती गयी।

६ टेम्पल रोड वह भव्य कोठी थी, जिसमें हिन्दी के क्रान्तिकारी नये कवि और कथाकार 'अज्ञात' जी, जेल से मुक्त हो कर अपने धनी-मानी पिता और भाइयों के साथ लाहौर में कुछ समय गुज़ारने आये हुए थे और जहाँ उनके निमन्त्रण पर कलकत्ता से प्रकाशित होने वाली हिन्दी की प्रसिद्ध मासिक पत्रिका 'महान भारत' (कलकत्ता) के विवादास्पद और दबंग सम्पादक, पण्डित काशी प्रसाद त्रिवेदी सुबह ही पधारे थे। चेतन शुक्ला जी के साथ उनसे मिलने जा रहा था।

---

१ पुण्य कार्य।

यह अजीब बात है कि साल भर पहले चेतन के हृदय में त्रिवेदी जी के लिए (कि पण्डित काशी प्रसाद साहित्यकारों में इसी नाम से पुकारे जाते थे) कुछ विचित्र-सा कटुता-भरा क्रोध और कवि-कथाकार 'अज्ञात' के प्रति पूर्वग्रह से युक्त एक अव्यक्त-सा घृणा का भाव था।

o

अपनी कहानी 'कुर्बान-गाह-ए-इश्क' यानी 'प्रेम की वेदी' —जिसे ठाकुर श्रीनाथ सिंह, सम्पादक 'सरस्वती' ने बड़ी शान से उसकी फ़ोटो के साथ अपनी पत्रिका में छापा था — उसने अपनी सादालौही में पहले 'महान भारत' को ही भेजी थी। त्रिवेदी जी ने उसे वापस करते हुए उसके साथ 'महान भारत' में छपी 'अज्ञात' जी की कहानी 'ताड़ का वृक्ष' का तराशा भेजते हुए लिखा था कि वे प्रेम कहानियाँ पढ़ते और छापते हुए अघा गये हैं। चेतन लिख सके तो 'ताड़ का वृक्ष' जैसी कहानी लिखे।

त्रिवेदी जी कहानी वापस कर देते तो चेतन को भले ही थोड़ी निराशा होती, पर बुरा न लगता। पत्रकार के नाते वह रचना को स्वीकार या अस्वीकार करना सम्पादक का अधिकार मानता था, लेकिन किसी मौलिक लेखक से यह कहना कि वह किसी दूसरे लेखक की तरह रचना करे, चेतन को सरासर अपमानजनक लगा था। वह भले ही अच्छी कहानियाँ न लिखता हो, त्रुटिपूर्ण लिखता हो, पर न वह किसी की थीम चुराता था, न किसी से प्रभाव ग्रहण करता था। वह विशुद्ध मौलिक रचनाकार था। वह क्यों लिखे 'ताड़ का वृक्ष' जैसी कहानी? उस मूर्ख सम्पादक ने उसे ऐसा तौहीन-आमेज़[१] सुझाव कैसे दिया? और प्रबल आवेगशीलता में चेतन ने निहायत तर्कसंगत ढंग से, लेकिन क्रोध और आवेश में त्रिवेदी जी के नाम एक लम्बा पत्र लिखा और उसे डाक में डाल आया था। जल्दी में उसने यह नहीं देखा कि पत्र भारी हो गया है। उस पर दो पैसे का टिकट और लगना चाहिए। 'महान भारत' के दफ़्तर में किसी ने उसे छुड़ाया नहीं था, वह बैरंग वापस आ गया था। लिफ़ाफ़े पर टिकटों के जो पैसे लगे थे, वे तो नष्ट हुए ही, ऊपर से चेतन को जुर्माना देना पड़ा। उस ज़माने में पाँच पैसे में एक जून पेट भर खाना खाया जा सकता था। चेतन के क्रोध का वार-पार न रहा था।

उसने किसी तरह फिर डाक टिकटों का प्रबन्ध किया था और उस पहले पत्र के साथ एक लम्बा पत्र लगा कर, उस बैरंग पत्र को न छुड़ा कर एक ग़रीब लेखक को नुकसान पहुँचाने और उसे यह सुझाव देने के लिए लताड़ते हुए कि वह 'ताड़ का वृक्ष' जैसी कहानियाँ लिखे, अबकी बार उसे रजिस्ट्री से भेज दिया था।

वापसी डाक उसे त्रिवेदी जी का दो पंक्तियों का पत्र मिला था कि 'महान भारत' के दफ़्तर में बैरंग पत्रों को छुड़ाने का कोई प्रावधान नहीं है। उसे जो मानसिक कष्ट हुआ है, उसके लिए वे व्यक्तिगत रूप से क्षमा माँगते हैं।

चेतन क्या करता, वह घायल साँप की तरह विष घोल कर रह गया था।

लेकिन इस किस्से को साल से ऊपर गुज़र गया था। इस बीच न केवल उसकी वही कहानी, जिसे उन्होंने लौटा दिया था, 'सरस्वती' में शान से छप गयी थी, बल्कि मुंशी

---

१ अपमानजनक।

चन्द्रशेखर ने उसकी कहानी 'निशानियाँ' भी अपने मासिक में छाप दी थी। उसका आत्म-विश्वास बहुत बढ़ गया था....

फिर जैसा कि हमेशा होता था, जब उसका क्रोध शान्त हुआ था, उसने सम्पादक 'महान भारत' की ओर से स्थिति का जायज़ा लिया था तो यद्यपि उसे 'ताड़ का वृक्ष' जैसी कहानियाँ लिखने का सुझाव देना तब भी ग़लत मालूम हुआ था, लेकिन बैरंग पत्र के न छुड़ाने के सिलसिले में अपना क्रोध उसे निर्मूल लगा था। यदि प्रसिद्ध पत्रिका के दफ़्तर में सम्पादक बैरंग चिट्ठियाँ छुड़ाने लगें तो न जाने पत्रिका के मालिकों को नये लेखकों के बैरंग पत्र छुड़ाने में कितना बेकार का पैसा ज़ाया करना पड़े। फिर त्रिवेदी जी पत्रिका के स्वामी तो थे नहीं, सम्पादक थे और वह नियम तो मालिकों ने बनाया होगा। बैरंग पत्र न छुड़ाने का ग़ुस्सा 'महान भारत' के सम्पादक पर निकालना और उन्हें कहनी-अनकहनी लिख भेजना उसे सरासर अपनी आवेगजनित मूर्खता के बराबर लगा था।

कृष्ण नगर से टेम्पल रोड को आते हुए चेतन ने शुक्ला जी को सविस्तार सारा किस्सा सुनाया था तो उन्होंने बायीं हथेली पर खैनी मलते और अपनी पम्प-शू के फ़ीते-सी कटी हुई मूँछों में मुस्कराते हुए वही बात कही और उसे सुझाव दिया था कि त्रिवेदी जी पर क्रोध करने के बदले, अब वह उनसे मिले तो अपने उस आक्रोश-भरे पत्र को आवेगशीलता में लिखा गया पत्र कहते हुए, हल्के-से अपनी ग़लती मान ले। शुक्ला जी ने उसे बताया कि सभी अहंवादियों की तरह त्रिवेदी जी भी अन्तर में कहीं भोले आदमी हैं। उस पर प्रसन्न हो जायेंगे तो उसके लिए न केवल 'महान भारत' के दरवाज़े खुल जायेंगे, बल्कि हिन्दी के तमाम मूर्धन्य साहित्यकार उसके नाम को जान लेंगे।

"आज वे 'अज्ञात' जी का झण्डा उठाये हुए, उनकी कहानियों के कटिंग सब को भेज रहे हैं," शुक्ला जी ने कहा था, "वे प्रसन्न हो गये तो कल आपकी रचनाएँ 'महान भारत' में छाप कर उनके तराशे सभी को भेजेंगे। वे अपने साथियों का बहुत प्रचार करते हैं और भयंकर गुटबाज़ आदमी हैं। आपकी प्रशंसा हम करेंगे, आप उसकी चिन्ता न करें।"

और यूँ उसे आश्वस्त करके उन्होंने खैनी फटक कर निचले होंट में रख ली थी। चेतन की आँखों के सामने सुबह ही देखा हुआ कवि 'अज्ञात' का चित्र आ गया था। यह अजीब बात है कि उनका चित्र देखने और उनके गुटका-संग्रह की पहली कविता पढ़ने पर उसके मन का पूर्वग्रह जाने कहाँ तिरोहित हो गया था और उनसे मिलने, उनके निकट बैठने, उनके होंटों से कुछ सुनने की प्रबल आकांक्षा उसके सौन्दर्य-प्रिय कवि मन में अंकुरित हो उठी थी।

लॉ कॉलेज में दाख़िला जमा कराने और कॉलेज की शाम की शिफ़्ट के लिए अर्ज़ी देने के बाद चेतन ने फ़ैसला किया था कि प्रोफ़ेसर इन्द्रजीत शर्मा से मिलने और उनसे पन्नालाल के नाम रुक्का लेने के लिए शाम को जायेगा। वापसी पर वह अनारकली में टहलता हुआ हस्पताल रोड पर 'हिन्दी पुस्तक भवन' गया था। नयी पुस्तकें देखते हुए अचानक कवि 'अज्ञात' का प्रथम काव्य-संग्रह 'विक्षिप्त दूत,' जो एक गुटका संस्करण में छपा था, उसके हाथ आ गया था। उसने पहला पृष्ठ पलटा था तो एक गोल दायरे में छपे कवि के चित्र पर उसकी निगाहें टिक गयी थीं। 'अज्ञात' जी इतने सुन्दर थे कि वह मन्त्रमुग्ध-सा उस चित्र को देखता रह गया था। नंगे बदन पर उन्होंने बग़ल से चादर का

फेंटा मार रखा था। उनका हृष्ट-पुष्ट, सुन्दर, शरीर चदरे में से झलक रहा था। गोल चेहरा, मोटे सेंसुअल होंट, उन पर जैसे रहस्यमयी मुस्कान की रेख, सुन्दर नाक पर सुनहरे फ़्रेम का ख़ूबसूरत चश्मा, सुबक ठोड़ी, उन्नत ललाट और घुँघराले बिखरे बाल —उनकी गहरी आँखों में जाने कैसा आकर्षण था कि चेतन देर तक उस चित्र को देखता रहा था। फिर बरबस अपने आप को उस सम्मोहन से मुक्त कर उसने पृष्ठ पलटा था तो 'समर्पण' के रूप में लिखी कविता की चन्द पंक्तियों पर उसकी दृष्टि गयी थी —

ओ मेरे विक्षिप्त दूत तू
ले जा मेरा यह उपहार
अन्तर्हित जिसके शब्दों में
हैं मेरे मन के उद्‌गार
मेरे दिल की व्यथा-कथा
मेरी मिन्नत, मेरी मनुहार
मेरी भावनाओं का जिस में
उमड़ा आता पारावार
और छिपा है जिसमें मेरे
तप्त हृदय का पागल प्यार
रख देना इसको धीरे-से
मेरे पत्थर-प्रिय के द्वार।

कविता नवयुवकोचित भावुक रूमानी प्यार से ओत-प्रोत थी। उसका शिल्प और पिंगल भी त्रुटिपूर्ण था। लेकिन चेतन स्वयं उसी उम्र से गुज़र रहा था। वह तो उर्दू में ग़ज़लें लिखने वाला कवि था और हिन्दी में छायावाद का नवोन्मेष हो रहा था। उस काव्य का रस उर्दू शायरी के रस से सर्वथा भिन्न था। चेतन को उर्दू शायर —विशेषकर इकबाल, हफ़ीज़ जालन्धरी, अख़्तर शेरानी, तासीर, मजीद मलिक, आदि बेहद पसन्द थे, लेकिन हिन्दी में प्रसाद, निराला, महादेवी वर्मा और पन्त के काव्य का रस ही दूसरा था। चेतन को वह भी बहुत अच्छा लगता था। यद्यपि वह स्वयं वैसा लिख न सकता था, पर पसन्द करता था और लिखना चाहता था। उसे वह समर्पण बहुत आकर्षक और हृदय को कहीं गहरे में छूने वाला लगा। उसने वहीं खड़े-खड़े दो-तीन बार उसे पढ़ा था तो कविता में लिखा वह समर्पण उसे कण्ठस्थ हो गया था।

कवि 'अज्ञात' की कविताओं के इस गुटका संग्रह को और उसमें छपे कवि के चित्र को देखते हुए चेतन के दिल से 'ताड़ का पेड़' के प्रसंग की वजह से उपजी अव्यक्त घृणा अपने आप मिट गयी थी। उसने वह गुटका संग्रह ख़रीद लिया था और तय किया था कि जब भी उसे अवसर मिलेगा, वह 'अज्ञात' जी से भेंट करेगा, उनके निकट होने की कोशिश करेगा, उनके मुख से उनकी कविताएँ सुनेगा।....तब चेतन क्या जानता था कि कवि उस वक्त लाहौर ही में विराजमान हैं और दैव उसे शाम ही को उनसे मिलाने वाला है।

०

वास्तव में चेतन ने यह पहले ही तय कर लिया था कि चाहे उसे कितनी ही मुश्किलों का सामना क्यों न करना पड़े, वह उस बेवकूफ़ और बददिमाग़ लैण्ड लॉर्ड ऐण्ड हाउस

प्रोप्राइटर सरदार के उतने ही ठस और मूर्ख बच्चों की ट्यूशन नहीं करेगा। इसीलिए उसने एल-एल०बी० में दाख़िला लेते हुए सुबह की बजाय शाम की शिफ़्ट में नाम लिखाया था और सोचा था कि सुबह वह फ़ीस के रुपये कमाने की ख़ातिर कुछ-न-कुछ काम करेगा। हो सकता है, काम लेने के लिए उसे दौड़-भाग करनी पड़े, इसलिए वह सुबह का वक्त ख़ाली रखना चाहता था।

कवि 'अज्ञात' का वह गुटका काव्य-संग्रह लिये-लिये चेतन भाई साहब के क्लीनिक पहुँचा था। भाई साहब को उसने संक्षेप में अपनी कारगुज़ारी सुना दी थी। सरदार जगदीश सिंह से मिलने और उनके द्वारा बच्चों को पुनः पढ़ाने का अनुरोध करने का ज़िक्र करते हुए उसने पिछले अनुभव के कारण उन खिलन्दरे और बिगड़े बच्चों को न पढ़ा कर फ़ीस आदि के लिए कोई दूसरा काम ढूँढने की बात बता दी थी और बाहर वेटिंग रूप में काउच पर बैठा 'अज्ञात' जी की कविताएँ पढ़ता रहा था।

चौबीस

दोपहर को गोपाल के ढाबे पर भाई साहब के साथ जा कर खाना खाने के बाद वह परछत्ती पर थोड़ी देर लेटा था। फिर नीचे आ कर कविताएँ पढ़ने लगा था। जो कविताएँ उसे अच्छी लगी थीं, उन पर उसने 'गुड' या 'वेरी गुड' लिख दिया था। चार बजने के करीब उसने कपड़े बदले, 'राजपूताने का भीष्म' की फ़ाइल उठायी और कृष्ण नगर की बन्दा बैरागी स्ट्रीट में प्रोफ़ेसर इन्द्रजीत शर्मा के यहाँ पहुँचा था। उसका ख़याल था कि प्रोफ़ेसर साहब को नाटक सुनायेगा और उनसे पन्नालाल के नाम रुक्का ले कर उसे मिलेगा और लिखा-पढ़ी करके उससे अपनी शेष रॉयल्टी वसूल करेगा।

लेकिन प्रोफ़ेसर शर्मा के पास नाटक सुनने का समय था, न रुचि और उन्हें इस बात का पूरा विश्वास था कि मंच से सम्बन्ध रखने और स्वयं अभिनय-कुशल होने के कारण उसने अपने समकालीनों की अपेक्षा कहीं बेहतर नाटक लिखा होगा। उन्होंने पन्नालाल के नाम रुक्का भी लिख दिया था, लेकिन रुक्का उसे देते हुए उन्होंने कहा था कि रुक्का तो वह ले जाये, पर पन्नालाल उसे मिलेगा नहीं। वह बाहर गया हुआ है।

"रुक्का मैं सिर्फ़ इसलिए दे रहा हूँ कि तुम्हें महज़ इस काम के लिए दोबारा न आना पड़े," उन्होंने कहा था, "पन्नालाल के ननिहाल में किसी की मृत्यु हो गयी है। निन्यानबे प्रतिशत वह क्रिया-कर्म के बाद आयेगा। बिना उसके आये, लाला सुन्दरलाल रुपये देंगे नहीं। फिर लिखा-पढ़ी भी पन्नालाल ही करेगा। तुम फ़िक्र न करो। वह आ जाय तो यह रुक्का तुम उसे दे देना। जैसा चाहते हो, उससे बात करके अनुबन्ध कर लेना, वादे के मुताबिक वह तुम्हें तत्काल रुपये दे देगा।"

चेतन ख़ासा निराश हुआ था। उसने तो सोच रखा था कि प्रवेश-शुल्क जमा कराने के बाद वह दो-तीन ज़रूरी किताबें ख़रीदेगा और माँ को कम-से-कम तीस-चालीस रुपये

भेज देगा ताकि चन्दा के इलाज-उपचार और ख़ूराक में किसी तरह की कमी न आने पाये। लेकिन पन्नालाल की अनुपस्थिति में कुछ हो नहीं सकता था।

वह नाटक की फ़ाइल बग़ल में दबाये, सिर झुकाये, निगाहें ज़मीन में गाड़े चला जा रहा था कि पीछे से किसी ने उसकी पीठ पर ज़ोर से नर्म-सा हाथ जमाया। चेतन का माथा ठनका था। धौल की नर्मी चातक जी के हाथ की चुग़ली खाती थी। उसने सिर उठा कर देखा —चातक जी ही थे। ग़ालिबन वे दूसरे फ़ुटपाथ से उसे देख कर कृष्ण नगर की चौड़ी, मुख्य सड़क को काटते हुए आये थे, क्योंकि उनके पीछे आँखों में पुरानी कुटिल मुस्कान लिये हुए, होंटों में खैनी दबाये, शुक्ला जी और उनके पीछे 'करुण काव्य कुटीर' की मण्डली भी उधर ही आ रही थी।

"अरे भई, कहाँ से यूँ मुँह-कान लपेटे चले आ रहे हो?" चातक जी ने प्रकट पुरानी बेतकल्लुफ़ी से कहा था, "न इधर-उधर देखते हो। न आवाज़ ही सुनते हो। किस चिन्ता में निमग्न हो?"

उनके स्वर में जो अतिरिक्त आत्मीयता, बेतकल्लुफ़ी और ख़ुशी थी, उसकी ज़रा-सी भी प्रतिक्रिया चेतन के चेहरे पर प्रकट नहीं हुई। बल्कि उस वक्त, जब वह प्रोफ़ेसर शर्मा के यहाँ से आ रहा था और उसके हाथ में नाटक की फ़ाइल थी —उसे चातक जी का यूँ प्रोफ़ेसर शर्मा के घर के करीब ही मिल जाना सख़्त नागवार लगा।

नाटक को ले कर जब उनसे झगड़ा हुआ था और उसने उनके साथ मिल कर नाटक लिखने से इनकार कर दिया था, तब से एक बार भी वह उनसे नहीं मिला था। उन्होंने कोशिश न की हो, ऐसी बात न थी, लेकिन उसने सनद नहीं दी थी। बहानों की कोई कमी नहीं थी। वह कानून पढ़ रहा था और उसे प्रथम डिवीज़न में पास होना था, इसलिए जब-जब उन्होंने मिलने की कोशिश की, वह टाल गया था। न वह कभी उनके दफ़्तर गया था, न घर, न किसी हिन्दी कवि गोष्ठी में अथवा 'करुण काव्य कुटीर' की सभाओं में। कभी वे मार्ग में मिल गये तो हमेशा उनसे पीछा छुड़ा कर भाग गया था।

वास्तव में उनकी शक्ल देखते ही उनके साथ गुज़ारे गये दिन और अपने नाटक 'राजपूताने का भीष्म' सम्बन्धी सारी दुखद घटना —उनकी छद्म आत्मीयता और सहज विश्वास-जनित अपनी मूर्खता —उसके सामने आ जाती थी और उसके हृदय की समस्त कटुता और क्रोध पुनः प्रज्जवलित हो उठते थे। कवि चातक भले ही सूरत-शक्ल से निहायत भोले, बबुए-ऐसे सुन्दर और उदार कवि लगते हों और उनके लिजलिजे, मानो बेहड्डी के हाथ और स्नेह-भरी वाणी को देख कर वह कभी सपने में भी नहीं सोच सकता था कि उस सरापे के अन्दर एक स्वार्थी, क्रूर, गणना-प्रिय शोषक छिपा बैठा है, जो उसे केवल लाहौर के अहिन्दी क्षेत्र में जमने के लिए साधन बनाये हुए है। वे गोष्ठियों में उसकी भरपूर प्रशंसा करते थे। वह भी कृतज्ञतावश लाहौर में पहले से जमे हुए 'नीरव' जी तथा धर्मव्रत वेदालंकार आदि के बीच उन्हें जमाने का प्रयास करता था। गोष्ठियों में उन्हें अपनी कविता सुनाने को कहता था। उनकी कविताओं की प्रशंसा करता था। वे उसे अपने साथ घर ले जाते, प्यार और अनुरोध से खाना खिलाते, उसे अपनी कविताएँ सुनाते, अपने साथ 'करुण काव्य कुटीर' की गोष्ठियों में ले जाते। वह क्या जानता था कि वह सब चातक जी एक सोची-समझी गणना के अधीन करते थे। इसीलिए जब 'भूचाल' की नौकरी छोड़ने के

बाद उसने अपनी आर्थिक स्थिति बताते हुए उनसे इच्छा प्रकट की थी कि वे उसके लिए कोई काम देखें और उन्होंने प्रस्ताव किया था कि वे उसे राजस्थान के इतिहास से एक कथानक चुन देते हैं, वह एक नाटक लिखे। चूँकि हिन्दी क्षेत्र में उसे कोई जानता नहीं, वे उसकी भाषा सुधार देंगे, उसकी भूमिका लिख देंगे, उस पर अपना नाम दे देंगे और उसे सारा पारिश्रमिक ले देंगे तो वह उखड़ गया था। उसके बाद जो हुआ —जैसे वे अपने साथ उसका भी नाम देने को तैयार हो गये, लेकिन बिना एक भी पंक्ति लिखे, उन्होंने शर्मा जी से लनतरानी हाँक दी कि उन्होंने नाटक लिख कर दे दिया है और चेतन उसकी साफ़ कापी तैयार कर रहा है, उससे वह इतना नाराज़ हो गया कि उसने नाटक लिखने से इनकार कर दिया।

एफ़०ई०एल० की परीक्षा के बाद पन्नालाल उससे मिला था तो उसे सारी बात मालूम हुई थी। नाटक पन्नालाल को चाहिए था। वह इस बात पर तैयार हो गया था कि चेतन अकेला ही उसे लिखे। प्रोफ़ेसर शर्मा की सिफ़ारिश पर वह चेतन को सौ रुपये पेशगी भी देने को तैयार हो गया था। चेतन नाटक लिख लाया था। फ़ाइल उसकी बग़ल में थी और डॉक्टर शर्मा का रुक्का उसकी जेब में....

चातक जी को देख कर वह सारी-की-सारी घटना उसकी आँखों में अपने नन्हे-से-नन्हे ब्योरे के साथ आ गयी और उस मूर्ख और ठग कवि के लिए, जिसे अपने सहज विश्वास और भोलेपन में वह बहुत मानने लगा था, ज़बरदस्त घृणा का भाव पुनः उसके दिल-दिमाग़ को झकझोर गया। उनकी ओर देख कर भी उसने नहीं देखा था। उनके प्रश्न का उत्तर भी उसने नहीं दिया था। वह चातक जी के पीछे सड़क पार करके अपनी ओर आते हुए शुक्ला जी और उनकी टोली की ओर बढ़ गया था और अपने भावों को छिपाने और प्रकट हँसते हुए ज़रा फक्कड़ई से उसने पूछा था —"कहिए शुक्ला जी, अपनी सेना के साथ कहाँ हमला करने जा रहे हैं?"

शुक्ला जी मज़े से खैनी पपोलते आ रहे थे। चेतन के फ़ुटपाथ पर आते हुए उन्होंने सिर घुमा कर 'पिच' से सड़क पर मुँह में भरा हुआ तम्बाकू का रस थूका और बोले, "तुम किधर से आ रहे हो और यूँ संसार की गतिविधि से बेख़बर अपने ध्यान में मगन किधर जा रहे हो?"

"नाटक ख़त्म किया था।" चेतन ने कहा, "चाहता था, प्रोफ़ेसर शर्मा सुन लें तो मैं पन्नालाल से शेष पारिश्रमिक ले कर कानून की किताबें ख़रीदूँ और कुछ रुपया जालन्धर अपनी बीमार पत्नी के इलाज-उपचार के लिए भेजूँ, लेकिन प्रोफ़ेसर साहब के पास नाटक सुनने का समय नहीं। पैसों के लिए पन्नालाल के नाम उन्होंने रुक्का लिख दिया है, लेकिन पन्नालाल लाहौर से बाहर अपने ननिहाल गया हुआ है। शायद उसके ननिहाल में नाना या नानी का देहान्त हो गया है। वह तेरहवीं करके ही कुछ दिन बाद आयेगा। मैं अधर में लटक गया हूँ।"

"अरे, तो इसमें चिन्ता की क्या बात है।" शुक्ला जी ने अपनी वही कुटिल मुस्कान होंटों पर लाते हुए कहा था, "शर्मा जी ने पत्र लिख दिया है तो पन्नालाल के आते ही तुम्हें पैसे मिल जायेंगे। रही नाटक सुनने-सुनाने की बात तो हम 'करुण काव्य कुटीर' में गोष्ठी रख देंगे। तुम नाटक सुनाना। हम तो बल्कि चातक जी से कहेंगे कि वे तुम्हारे नाटक की

भूमिका लिख दें ताकि पाठ्यक्रम में उसके स्वीकार होने में ज़रा भी बाधा न हो और तुम ऐसे निराश और उदास चले जा रहे हो, जैसे नाना पन्नालाल के नहीं, भगवान न करे, तुम्हारे चले गये हों। चातक जी ने इतनी आवाज़ें दीं, लेकिन...."

और वे जेब से खैनी की डिबिया और चुनौटी निकाल कर खैनी बनाने लगे।

'अच्छा,' चेतन ने मन-ही-मन कहा, 'चातक जी इसीलिए मुझसे अपने सम्बन्ध सुधारना चाहते हैं कि वे किसी तरह मेरा नाटक देख लें। मुझे शायद ये लोग बिलकुल घामड़ समझते हैं। भूमिका के बहाने वे मुझसे नाटक ले लेंगे। उसे पढ़ कर उसकी भाषा के दोष (जिन्हें वे सुधार कर उस पर अपना नाम देना चाहते थे) नोट करके अपने प्रकाशक को दे देंगे। वह उन्हें बोर्ड के सदस्यों के सामने रख कर मेरे नाटक को स्वीकार नहीं होने देगा। मैं अब इन ठगों के चक्कर में नहीं आने का।'

चातक जी और शुक्ला जी तो घी-शक्कर थे। उसके नाटक का किस्सा शुक्ला जी को मालूम था। शायद उन्हीं के कुटिल परामर्श से चातक जी अपमान और उपेक्षा सह कर भी उसके पीछे लगे हुए थे, लेकिन चेतन ने मन-ही-मन तय किया कि वह उन ठगों की एक नहीं चलने देगा और उस क्षणांश में उसने उन लोगों से उनके स्तर पर निबटने का फ़ैसला किया था और मन के भावों को एकदम छिपा कर ज़ोर का ठहाका लगाया था....

"अरे शुक्ला जी," उसने कहा था, "कवि चातक की कवि-सुलभ, सुकोमल, सुमधुर वाणी इतनी चौड़ी सड़क पार कर मुझ तक कैसे पहुँचती?" और फिर ज़रा-सा गम्भीर हो कर वह बोला था —"भूमिका तो शायद पन्नालाल प्रोफ़ेसर शर्मा से लिखवायेगा। मेरा काम नाटक लिखना था, सो मैंने लिख दिया। उसकी भूमिका लिखवाना या उसे पाठ्यक्रम में लगवाना पन्नालाल का काम है, मेरा नहीं।"

"यह आप कैसी बात कर रहे हैं चेतन जी," शुक्ला जी ने पूर्ववत मूँछों में बड़ी मिस्कीनी से मुस्कराते हुए कहा था, "नाटक आपका है। आप मौलिक लेखक हैं। पन्नालाल प्रकाशक है। वह कौन होता है, यह तय करने वाला कि उस पर भूमिका कौन लिखेगा! प्रोफ़ेसर शर्मा बोर्ड के सदस्य होंगे, पर नाटक की उन्हें क्या समझ है? चातक जी स्वयं नाटककार हैं, वे भूमिका लिखेंगे तो सोने में सुगन्ध जैसी बात हो जायेगी। यूँ, प्रोफ़ेसर शर्मा की भूमिका के बाद नाटक के गुणों पर चातक जी का सारगर्भित विवेचन जा सकता है।"

'ये ठग मुझे आसानी से नहीं छोड़ेंगे,' चेतन ने मन-ही-मन कहा, 'पर जितना मूर्ख मुझे समझते हैं, उतना मैं हूँ नहीं।'....

चातक जी अपना नाम सुन कर आगे आ गये थे। चेतन को अपनी गर्दन के पीछे जैसे उनकी साँस के आने का एहसास था, लेकिन उसने मुड़ कर उनकी ओर नहीं देखा। उस सारे प्रसंग को बातचीत के दायरे से बाहर करते हुए उसने कहा था, "आप शायद ठीक कहते हैं शुक्ला जी, पर इस वक्त मेरी दिलचस्पी नाटक या उसकी भूमिका या उसके मूल्यांकन में नहीं है। इस वक्त तो मेरी दिलचस्पी सिर्फ़ इस बात में है कि पन्नालाल मुझे शेष पारिश्रमिक दे दे। मैं कानून की किताबें ख़रीदूँ, कुछ रुपये घर पत्नी के इलाज-उपचार के लिए भेजूँ और पढ़ाई में दिल लगाऊँ।....अब गोली मारिए साले इस प्रसंग को। यह बताइए कि आप दल-बल सहित किधर चढ़ाई कर रहे हैं। मेरी बात का आपने जवाब ही

नहीं दिया।"

हालाँकि शुक्ला जी उसके नाटक को सुनने के लिए 'करुण काव्य कुटीर' की गोष्ठी के बारे में उसी समय तय कर लेना चाहते थे, लेकिन 'सहज पके सो मीठा होय' के अनुसार उन्होंने फिर उस प्रसंग को आगे नहीं बढ़ाया और बोले, "हम तो तुम्हारी ओर ही जा रहे थे कि तुम्हें लेते हुए मज़ंग चलेंगे।"

चेतन चकित-सा उनकी ओर देखता रह गया था।

"मेरी तरफ़....?" उसने जैसे अपने आप से प्रश्न किया था, "मज़ंग। मज़ंग में क्या है?"

"अरे भाई, तुम कहाँ रहते हो," उसी तरह मिस्कीनी से मुस्कराते हुए उन्होंने कहा था, "क्या कानून की तैयारी में अख़बार भी नहीं देखते। 'हिन्दी मिलाप' में भी छपा है और 'ट्रिब्यून' में भी कि कवि 'अज्ञात' जेल से छूट कर लाहौर आ गये हैं और टेम्पल रोड, मज़ंग की ६ नम्बर कोठी में अपने पिता तथा भाइयों के साथ ठहरे हैं। अब वे कुछ समय लाहौर ही में रहेंगे। 'महान भारत' के सिर उनके कथाकार को आगे लाने का श्रेय है। सो उन्होंने भी अपने तईं पण्डित काशी प्रसाद त्रिवेदी को लाहौर बुलाया है। अभी एक घण्टे बाद वहाँ उनके सम्मान में लाहौर के हिन्दी प्रेमियों की संगोष्ठी है।"

"मैं तो कल ही जालन्धर से आया हूँ," चेतन ने कहा था "आज मैंने एल-एल०बी० में दाख़िला लिया है। अख़बार तो देखने का अवसर नहीं मिला, लेकिन संयोग से 'हिन्दी पुस्तक भवन' में 'अज्ञात' जी के पहले काव्य-संग्रह 'विक्षिप्त दूत' का गुटका संस्करण हाथ आ गया। सुदर्शन व्यक्तित्व वाले सुन्दर कवि हैं।"

"सुदर्शन ज़रूर हैं और धनी बाप के बेटे भी हैं, लेकिन कवि भी बहुत अच्छे हैं, यह हम नहीं मानते।" शुक्ला जी के होंटों पर मुस्कान विलुप्त हो गयी थी और उन्होंने थोड़े रोष और गम्भीरता से कहा था, "चातक जी के काव्य जैसी प्रवहमानता और भावों का उद्वेलन तो उनके यहाँ नहीं है। हमने भी देखा है 'विक्षिप्त दूत'। बचकानी कविताएँ हैं। पर भाई, अपने पिता के धन और पद के बल पर जब उन्होंने त्रिवेदी जी को साध लिया तो अपने आप कथाकार भी उच्चकोटि के हो गये और कवि भी। जबकि आप उनकी अपेक्षा कहीं उत्कृष्ट कहानियाँ लिखते हैं और चातक जी कहीं बेहतर कविताएँ।"

शुक्ला जी आम तौर पर चेतन को 'तुम' कह कर सम्बोधित करते थे, लेकिन गुटबाज़ और दुनियादार आदमी थे; चेतन के रूखेपन को लक्ष्य कर, उसे किंचित नरम करने के उद्देश्य से उन्होंने अनायास ही उसे 'आप' कह कर चातक जी के बराबर ला खड़ा किया था।

चेतन क्या कहे, वह तय नहीं कर पाया। चातक जी की कविताएँ तो उसके मन से उतर चुकी थीं। उसे वे सब नितान्त भावुकता-भरी, रूमानी और हवाई लगती थीं। लेकिन अपनी कहानियाँ उसके मन से नहीं उतरी थीं। मन में वह स्वयं को 'अज्ञात' जी से बेहतर कथाकार मानता था, इसलिए उस विषय पर चुप रह कर उसने कहा —

"मुझे तो किसी ने बुलाया नहीं, पर आप जा रहे हैं तो आपकी अर्दल में मैं भी चला चलता हूँ। ज़रा यह फ़ाइल भाई साहब की दुकान पर रख दूँ। आइए, हाईकोर्ट के पास से मज़ंग की ओर मुड़ जायेंगे।"

और उसने कदम बढ़ाया था। शुक्ला जी उसके साथ हो लिये थे। चाहते तो चातक जी भी थे उसके साथ चलना और उससे पूर्ववत बतियाना, लेकिन चेतन ने उनको एकदम ऐसे काट दिया था कि उन्हें साहस नहीं हुआ और वे पल भर वहीं रुक कर करुण जी की टोली के साथ हो लिये थे। अपनी कविता सुनाना या अपनी कविता के बारे में बात करना कि कब किसने कविता से प्रभावित हो कर उनके सामने क्या प्रस्ताव रखा, कब कौन युवती उनकी कविता से आकृष्ट हो कर उनसे प्रेम करने लगी, यह सब सविस्तार बताना उन्हें बहुत प्रिय था और वे उसी टोली में अपने कारनामे सुनाते हुए चलने लगे। न चेतन ने अपनी चाल मन्द की, न चातक जी आदि ने तेज़। दोनों काफ़ी फ़ासले पर चलते चले आये थे।

०

६ टेम्पल रोड के गेट पर रुक कर शुक्ला जी ने पीछे की ओर देखा —चातक जी की टोली बहुत पीछे रह गयी थी।

"आप ज़रा यहीं रुकिए, चेतन जी," उन्होंने कहा, "हमें बाहर से आने वाले लोगों के सामने एकजुट हो कर जाना है। देखना है कि देश के हिन्दी क्षेत्र में लाहौर के हिन्दी लेखकों और हिन्दी प्रेमियों को प्रमुख स्थान मिले। मिल कर इसका प्रयास भी करना है। 'अज्ञात' जी के पास पैसे का ज़ोर है, हम एकजुट हो कर एक मोर्चे के रूप में उनके सामने जायेंगे तो पैसे की कमी को एकता की शक्ति से दूर कर देंगे।"

शुक्ला जी कुछ क्षण रुके थे कि उनकी बात चेतन के ज़ेहन में गहरे उतर जाय। फिर उन्होंने कहा था —

"चातक जी 'अज्ञात' जी से कहीं अच्छे कवि हैं, 'महान भारत' जैसी ही हिन्दी मासिक पत्रिका 'मंजरी' के सम्पादक हैं, लेकिन उनकी एक भी कविता आज तक त्रिवेदी जी ने अपनी पत्रिका में नहीं छापी। आपकी भी अद्वितीय कहानी वापस कर दी। सो हमें सम्पादक 'महान भारत' के सामने उत्कृष्ट हिन्दी रचनाकारों के रूप में जाना है और इस उद्देश्य से एक-दूसरे की मदद करनी है। मैं चाहूँगा कि चातक जी उपयुक्त शब्दों में आपकी प्रतिभा का उल्लेख करते हुए 'अज्ञात' और त्रिवेदी जी से आपको मिलायें।"

और यह कह कर शुक्ला जी तेज़-तेज़ पीछे की ओर चले गये।

चेतन चुपचाप वहीं गेट पर रुका उनकी बातों पर विचार करता रहा। कृष्ण नगर से टेम्पल रोड तक —लगभग तीन मील के मार्ग में चेतन शुक्ला जी के साथ आगे-आगे चलता आया था। हालाँकि उन्हें उसके नाटक 'राजपूताने के भीष्म' का सारा किस्सा मालूम था, उन्होंने कुरेद-कुरेद कर चेतन से पूछा था कि चातक जी से उसकी इतनी घनिष्टता थी, वे उसे अपने छोटे भाई के समान स्नेह देते थे, वह भी हमेशा उन्हें आदर देता था, फिर अचानक ऐसा क्या हो गया कि वह उनसे बात तक करने का रवादार नहीं रहा।

चूँकि चेतन ने उनसे उन्हीं के स्तर पर निबटने का फ़ैसला कर लिया था —वह एक नम्बरी ठग के शोषण का शिकार बन कर और तीन महीने शिमला में उसके साथ गुज़ार कर, लोगों के ऊपरी मुखौटों के अन्दर झाँकना सीख आया था —इसलिए निहायत भोलेपन से, जैसे कोई अपने आत्मीय को अपने दुख का साझीदार बनाये, उसने नाटक के सिलसिले में चातक जी के छल-कपट का सारा किस्सा उन्हें सविस्तार कह सुनाया था।

"आप बहुत ही भावुक हैं चेतन जी," शुक्ला जी ने कहा था, "अहं भी आपका बहुत प्रबल है। आप सारी स्थिति को अपने ही दृष्टिकोण से देखते और उस पर विचार करते हैं। दूसरे का दृष्टिकोण और पक्ष भी ज़रा देखें तो कभी इतने दुखी न हों।"

चेतन चुपचाप उनकी बात सुनता रहा था और शुक्ला जी रास्ता भर उसे यह समझाते आये थे कि चातक जी का एक मात्र उद्देश्य उस संकटपूर्ण स्थिति में उसकी कुछ आर्थिक सहायता करना था। उन्होंने तो पन्नालाल से स्वयं कहा था कि आपसे नाटक लिखवाये, पर पन्नालाल ने कहा कि चेतन को हिन्दी में कोई नहीं जानता, तभी चातक जी ने आपकी सहायता के लिए यह सूरत निकाली थी। आप उनके स्नेह पर ज़रा भी सन्देह न करें। वे आपको उतना ही मानते हैं, जितना पहले मानते थे।

चेतन ने तय कर लिया था कि वह अपने मन की बात ज़रा भी प्रकट नहीं होने देगा। नाटक की फ़ाइल वह दुकान की परछत्ती पर रख आया था। वह भी पन्नालाल पर सारा दोष डाल देगा और छपने से पहले उन्हें नाटक की गन्ध भी नहीं लगने देगा। कविराज रामदास के साथ तीन महीने गुज़ारने पर भले ही वह अपनी आवेगशीलता को पूरी तरह वश में न कर पाया हो, पर अपने भावों को छिपाना और दूसरों के अन्तर में झाँकना सीख गया था।

वहीं ६ टेम्पल रोड के गेट पर उनके आने की प्रतीक्षा करते हुए उसने तय किया था कि वह अपने आपको एकदम ढीला छोड़ देगा और उन्हें अपनी योजना पूरी करने देगा और यथाशक्य उस स्थिति का लाभ उठायेगा।

पच्चीस

"हमने कविगुरु से कहा," पण्डित काशी प्रसाद त्रिवेदी अपनी ऊँची, खनखनाती, पाटदार आवाज़ में बोल रहे थे, "कि 'महाकवि, आपने 'शान्ति निकेतन' नाम से यह जो विश्व भर में अनोखा साहित्यिक-सांस्कृतिक ग्राम बसाया है, यह केवल बंगाल का नहीं, यह सारे देश का है। आप भले ही बंगला के कवि हैं, लेकिन आप भारत के शिरमौर कवि भी हैं। तमाम क्षेत्रीय भाषाओं में हिन्दी ही ऐसी भाषा है, जो देश भर में बोली और समझी जाती है। हिन्दी हो या हिन्दोस्तानी —वह हमारे देश की राष्ट्रभाषा बनेगी। 'शान्ति निकेतन' में उसका प्रतिनिधित्व होना चाहिए। आप की रचनाएँ, कवि गुरु, हमने उनसे कहा, बंगला में बच्चा-बच्चा पढ़े हुए है, लेकिन बंगाल के बाहर सिर्फ़ उन्हीं रचनाओं से पढ़े-लिखे लोग परिचित हैं, जो अंगेज़ी में अनूदित हो गयी हैं। हम चाहते हैं कि उन्हें हिन्दी के माध्यम से इस देश की आम जनता तक पहुँचायें'।"

त्रिवेदी जी क्षण भर रुके। उन्होंने जैसे एक विजयी दृष्टि श्रोताओं पर डाली और अपना अभिभाषण जारी रखते और किंचित प्रसन्नता में ऊपर की दन्त-पंक्ति में टूटा हुआ दाँत दिखाते हुए बोले, "और हमने कवि गुरु को 'हिन्दी भवन' की योजना दी। उन्होंने उस पर

विचार करने का वचन दिया। लेकिन जिस प्रकार हमने बाबू श्यामानन्द बैनर्जी पर ज़ोर डाल कर उनके संस्थान से अंग्रेज़ी मुखपत्र के साथ 'महान भारत' जैसा हिन्दी मासिक जारी करवा दिया, उसी प्रकार 'शान्ति निकेतन' में 'हिन्दी भवन' की स्थापना करवा दी।"

"साधुवाद।....साधुवाद !" कहते हुए शुक्ला जी ने ताली बजायी और ६ नम्बर टेम्पल रोड की भव्य कोठी का वह कुशादा बरामदा तालियों की गड़गड़ाहट से गूँज उठा।

०

जब चातक जी और उनकी टोली को ले कर शुक्ला जी रास्ते में त्रिवेदी जी पर अपना रुआब जमाने के सिलसिले में रणनीति बनाते हुए कोठी के गेट पर पहुँचे थे तो लगभग पाँच बजने वाले थे। कृष्ण नगर से ६ टेम्पल रोड तक तो चेतन शुक्ला जी के साथ आगे-आगे आया था, लेकिन जब वे कोठी के गेट में दाख़िल हुए थे तो उसने शुक्ला जी और चातक जी को, जो पहले ही से बातें करते आ रहे थे, आगे हो जाने दिया था। उनके पीछे करुण जी और उनके चेले हो लिये थे और चेतन जैसे अनजाने ही सब के पीछे हो गया था।

नम्बर ६ टेम्पल रोड एक बहुत बड़े अहाते में उत्तर-दक्षिण बनी तीन कोठियों में से अन्तिम थी। चूँकि टेम्पल रोड इस अहाते के पूरब की तरफ़ थी, इसलिए सड़क से सीधा मार्ग उन कोठियों के आगे जाता था। 'अज्ञात' जी की कोठी के बरामदे में दाख़िल हों तो बायीं ओर एक छोटा कमरा था, जिसकी खिड़कियाँ पूरब और उत्तर की दीवारों में थीं। बरामदे की ओर उसमें कोई दरवाज़ा नहीं था। उसका दरवाज़ा अन्दर बड़े हॉल-कमरे से जुड़ा था। उस छोटे कमरे की दीवार के साथ दक्खिन की ओर का, मिले-जुले डाइनिंग-ड्राइंग-रूम का, दरवाज़ा था। यह आयताकार लम्बा हॉल-कमरा था, जिसमें एक बड़ी खाने की मेज़ और ऊँची पीठ वाली गद्देदार कुर्सियाँ लगी थीं। इस बड़े कमरे के पश्चिम की ओर सोने के दो कमरे थे। इन तीनों कमरों के पिछले दरवाज़े एक चौकोर आँगन के तीन ओर बने बरामदों में खुलते थे। आँगन में बायीं ओर रसोईघर और उसके साथ गोदाम था। दायीं ओर लैट्रिन, बाथरूम और ड्रेसिंग-रूम थे। सोने के कमरों का कोई दरवाज़ा बाहर के बरामदे में नहीं था। सिर्फ़ ऊपर रोशनदान थे। आँगन में दक्खिन की ओर केवल दीवार थी, जिसमें से एक दरवाज़ा बाहर छोटे-से बाग़ीचे में खुलता था।

चेतन बाद में तो कोठी के सभी कमरों से परिचित हो गया था —उसके गुण-दोषों से भी, लेकिन मुहल्ला कल्लोवानी में छोटे-से स्थान में बने अपने तिमंज़िले मकान की निचली छोटी-सी बैठक अथवा उसके पिछले अँधेरे कमरे या लाहौर में चंगड़ मुहल्ले की तारीक कोठरियों अथवा दुकान की अधछत्ती या फिर कृष्णा गली के छोटे कमरों के मुक़ाबले में (जहाँ कि उसने अब तक ज़िन्दगी गुज़ारी थी) 'अज्ञात' जी की कोठी उसे बहुत भव्य लगी।

जब शुक्ला जी और चातक जी के पीछे चेतन बरामदे में पहुँचा था तो उसने देखा कि बरामदे में हॉल-कमरे को जाने का मार्ग छोड़ कर शेष फ़र्श पर बड़ी दरी बिछी है, जिस पर दूध-धुला जाजिम और चादरें बिछी हैं। सामने दीवार के मध्य फूलदार कशमीरी गब्भे पर एक चौकी रखी है, उस पर सुन्दर मेज़पोश बिछा है और वहाँ एक फूलदान और

टाइमपीस रखा है। चौकी के पीछे एक गाव तकिया लगा है। दो गाव तकिये अगल-बग़ल रखे हैं।

वे लोग देर से पहुँचे थे। चेतन ने देखा कि छोटे-बड़े, प्रौढ़ और नौसिखुए —लाहौर के सारे हिन्दी साहित्यकार, पत्रकार, विश्वविद्यालय के हिन्दी बोर्ड के सदस्य, डी०ए०वी० कॉलेज, सनातन धर्म कॉलेज और फ़ोर्मेन क्रिश्चियन कॉलेज के हिन्दी अध्यापक तथा ओरिएण्टल कॉलेज के संस्कृत टीचर वहाँ मौजूद थे। वे सब बरामदे की दीवारों के साथ बैठे बतिया रहे थे, केवल बरामदे की खुली तरफ़ ख़ाली थी। क्षण भर के लिए चेतन की निगाहें प्रोफ़ेसर इन्द्रजीत शर्मा से मिलीं। हालाँकि वह उनसे मिल कर आया था तो भी उसने उन्हें 'नमस्कार' किया।

"ये कैसे मुझसे पहले यहाँ आ पहुँचे," उसने सोचा, "हो सकता है, साइकिल पर छोटे मार्ग से आये हों।" फिर उसने दो-एक और परिचित लोगों को 'नमस्कार' किया।

बरामदे के शुरू में —अन्दर के हॉल-कमरे के आगे 'अज्ञात' जी आगत लोगों के स्वागत में खड़े थे। उनके साथ ही ज़रा-सा पीछे हल्के-से साँवले रंग का एक लम्बा, देहाती, नेतानुमा व्यक्ति खड़ा 'नीरव' जी से बतिया रहा था। 'अज्ञात' जी को चेतन ने पहली नज़र में पहचान लिया। सफ़ेद बुर्राक कुर्ते-पायजामे में वे सुबह देखे फ़ोटो से भी सुन्दर लगते थे। उन्होंने शुक्ला और चातक जी का परिचय उस लम्बे व्यक्ति को दिया और नीरव जी को ले जा कर चौकी के इधर एक तकिये के आगे बैठा दिया।

तभी चेतन को मालूम हुआ कि वह लम्बा देहाती और कोई नहीं, 'महान भारत' के सम्पादक काशी प्रसाद त्रिवेदी हैं। जब परिचय के बाद उन्होंने सहज भाव से हँसते और इस प्रक्रिया में ऊपर की दन्त-पंक्ति में एक टूटा हुआ दाँत दिखाते हुए उन्हें 'नमस्कार' किया तो शुक्ला जी ने (जो गेट के बाहर ही खैनी थूक आये थे) मिस्कीनी से अपनी पम्प-शू के फ़ीते-सी कटी मूँछों में मुस्कराते हुए कहा था, "आपने त्रिवेदी जी, निश्चय ही लाहौर पधार कर, न केवल इस नगर को गौरवान्वित किया है, बल्कि यहाँ के हिन्दी लेखकों को प्रोत्साहित भी किया है। मेरे साथ 'करुण काव्य कुटीर' कृष्ण नगर के लेखक और कवि आये हैं।"....

यह कहते हुए शुक्ला जी ने ज़रा-सा दायीं ओर हट कर 'करुण' जी को आगे होने दिया और बोले, "पहले मैं आपसे इनका परिचय कराता हूँ।" और उन्होंने अतिशयोक्तिपूर्ण शब्दों में 'आधुनिक हिन्दी के महान ग्रन्थ —करुण सतसई' के रचयिता श्री रामेश्वर शुक्ल 'करुण' का परिचय दिया, जिन्होंने उस समय की सामाजिक, राजनैतिक और धार्मिक समस्याओं को खुली आँखों अपनी गहरी यथार्थवादी दृष्टि से देख कर उन्हें अपने ग्रन्थ के सात सौ दोहों में तीखे व्यंग्य-विद्रूप से व्यक्त करते हुए उनका युक्तियुक्त समाधान प्रस्तुत किया था।

त्रिवेदी जी ने महात्मा गाँधी की नकल में हँसते और अपना वह टूटा हुआ दाँत दिखाते हुए, दोनों हाथ जोड़ कर करुण जी का अभिवादन किया और आशा प्रकट की थी कि उन्हें भी उनकी सतसई के दोहों के रसास्वादन का सुअवसर मिलेगा।

लेकिन इससे पहले कि करुण जी कुछ कहते अथवा शुक्ला जी अपनी टोली के

किसी दूसरे सदस्य का परिचय देते हुए उन्हें 'करुण काव्य कुटीर' कृष्ण नगर में पधारने का निमन्त्रण देते, त्रिवेदी जी अपने किसी चहेते कवि श्री घासीराम 'कविरत्न' के बारे में उन सब का ज्ञानवर्धन करने लगे और कितनी ही देर तक घासीराम के दोहों से उन लोगों के कानों पर अत्याचार तोड़ते रहे।

चेतन उन सब के पीछे खड़ा चुपचाप त्रिवेदी जी को देख रहा था —ऊँचा, छै फुट लम्बा कद, हल्का साँवला रंग, चौड़ा देहाती चेहरा, कल्लों की हड्डियाँ उभरी हुई, मज़बूत काठी, हाथ से कती-बुनी मोटी खादी की टख़नों से ऊँची धोती, कुर्ता और मोटे लकीरदार कपड़े की वास्केट, सिर पर गाँधी टोपी और परम देहाती सरापा —चेतन को विश्वास नहीं होता था कि ये हिन्दी की सर्वोत्कृष्ट मासिक पत्रिका 'महान भारत' के यशस्वी सम्पादक हैं।....चेतन अपने आपको बहुत बातूनी समझता था, लेकिन त्रिवेदी जी एक बार बोलने लगे तो भूल ही गये कि 'करुण' जी हाथ जोड़े, एक बड़े कवि का पोज़ बनाये, कुछ कहने के लिए खड़े हैं और शुक्ला जी दूसरों का परिचय दे कर उन्हें 'करुण काव्य कुटीर' में आमन्त्रित करना चाहते हैं।....

वहीं खड़े-खड़े चेतन की नज़र कवि चातक पर भी गयी। उन्हें शुक्ला जी और करुण जी की यह बात अच्छी नहीं लगी थी कि उन्हें बोलने का अवसर न दे कर स्वयं अपनी टोली के साथ आगे हो गये थे। वे बार-बार बायें हाथ से माथे पर गिर आने वाली बालों की लट को पीछे कर रहे थे और दायें पैर से बायें टख़ने की खुजली मिटा रहे थे।

इससे पहले कि शुक्ला जी, करुण जी अथवा चातक जी त्रिवेदी जी का ध्यान अपनी ओर आकर्षित करते, 'अज्ञात' जी 'नीरव' जी को बैठा कर और कुछ नवागन्तुकों के बैठने की व्यवस्था करके पलटे। वापस आते हुए उन्होंने कलाई की घड़ी पर निगाह डाली और फिर त्रिवेदी जी को घेरे खड़े उन लोगों को देखा। उनके चौड़े माथे पर बेज़ारी की हल्की-सी रेखाएँ बन गयीं। ज़रा-सा आगे बढ़ कर उन्होंने दोनों हाथ जोड़ कर धीर-गम्भीर, लेकिन किंचित कठोर शब्दों में कहा, "संगोष्ठी का समय चार बजे दिया गया था। अब पाँच बज गये हैं। त्रिवेदी जी को गोष्ठी के बाद अन्यत्र दो-चार जगह जाना है, इसलिए हम करबद्ध निवेदन करेंगे कि आप लोग अब अपनी-अपनी जगह बैठ जायँ तो हम त्रिवेदी जी से दो शब्द कहने की प्रार्थना करें।"

'अज्ञात' जी की वाणी में उनके दोनों हाथ निवेदन में जुड़े होने के बावजूद कुछ ऐसी आदेशात्मकता थी कि त्रिवेदी जी अचानक चुप हो गये और चातक जी ने, जो दायें पैर से बायें टख़ने की खुजली मिटाने जा रहे थे, अपना पाँव फिर चप्पल में डाल लिया। तब 'अज्ञात' जी ने शुक्ला जी तथा 'करुण काव्य कुटीर' की मण्डली को बरामदे की खुली ख़ाली जगह में बैठने का संकेत किया।

बिना एक शब्द भी कहे, थोड़े सन्तुष्ट और नाराज़, शुक्ला जी मुड़े। करुण जी ने वैसे ही हाथ जोड़े-जोड़े कीट-पतंगों को देखने वाली किसी महान कवि की हिकारत-भरी आग्नेय दृष्टि पहले 'अज्ञात' जी पर, फिर त्रिवेदी जी पर डाली और अपने क्रोध में हाथ नीचे करना भूल कर शुक्ला जी के पीछे-पीछे बरामदे की खुली और ख़ाली दरी पर जा कर बैठ गये। 'किसलय,' 'कण्टक' तथा 'करुण काव्य कुटीर' में रहने वाले उनके दूसरे चेले अपने गुरु के अपमान से उन्हीं की तरह क्रुद्ध हो कर उनके पीछे जा बैठे। चेतन, जो

ऐसे अवसरों पर चातक जी के साथ अथवा उनके निकट, लेकिन पंक्ति में आगे बैठा करता था, चुपचाप उनके साथ जा कर उन सब के पीछे बरामदे के स्तम्भ के साथ पीठ लगा कर बैठ गया।

वहीं बैठे-बैठे पलट कर उसने देखा, 'अज्ञात' जी ने त्रिवेदी जी को बड़े आदर के साथ ले जा कर चौकी के पीछे बैठाया। फिर मानो कुछ याद आने पर वे तेज़-तेज़ कदमों से बड़े हॉल-कमरे की ओर गये। चातक जी अभी तक किसी रास्ता भूले हुए राही ऐसे वहीं खड़े थे। चेतन को लगा, शायद वे शुक्ला जी से नाराज़ थे, इसीलिए वे उनके साथ नहीं आये। वहीं खड़े-खड़े उन्होंने एक उड़ती नज़र चौकी के दायीं ओर बैठे 'नीरव' जी पर डाली। चातक जी की दृष्टि का अनुसरण करते हुए चेतन ने भी उधर देखा और निगाहें मिलने पर उसने 'नीरव' जी को 'नमस्कार' किया।

तब जाने चातक जी के मन में क्या आयी कि वे जा कर 'नीरव' जी के सामने चौकी से बायीं ओर तकिये के आगे बैठ गये। एक टाँग मोड़ कर उन्होंने दूसरी पर रखी, बालों की लट को पीछे किया और मानो एक विजयी दृष्टि शुक्ला जी और उनकी टोली पर डाली।

ऐन उस वक्त एक हाथ में सुबुक-सी नोट बुक और दूसरे में सुनहरा कलम लिये हुए नोट बुक पर लिखी किसी इबारत को पढ़ते हुए, खिले माथे और सुन्दर मुख पर मुस्कान लिये 'अज्ञात' जी हॉल-कमरे से निकले। बरामदे में कदम रखते ही उनकी दृष्टि चातक जी पर गयी और उनके माथे पर वही हल्के-से तेवर बन गये। वे कद्रे तेज़-तेज़ कदमों से चौकी और चातक जी के बीच जा खड़े हुए और ज़रा-सा झुक कर जाने उन्होंने धीरे-से चातक जी के कान में क्या कहा कि उन के चेहरे पर कुछ अजीब-सी अस्वस्ति-भरी कालिख पुत गयी। वे तकिया छोड़ कर ज़रा परे सरक गये और उन्होंने निगाहें दरी में गाड़ दीं।

'अज्ञात' जी उनकी जगह जा बैठे और उन्होंने आगत अतिथियों पर एक भरपूर नज़र डाली। तब वे घुटनों के बल बैठे-बैठे तन कर सीधे खड़े हो गये और एक अदा से नोट बुक पर नज़र डाल कर उन्होंने आगत लोगों को त्रिवेदी जी का परिचय दिया कि किस प्रकार उन्होंने बंगाल जैसे अहिन्दी प्रदेश में हिन्दी की जोत जगायी है और 'शान्ति निकेतन' में 'हिन्दी भवन' की स्थापना की है और उनकी सरगर्मियों का दायरा महाकवि के दरबार से महात्मा गाँधी के दरबार तक फैला हुआ है।

"हम जब जेल में थे," 'अज्ञात' जी ने विनम्रता-भरे अभिमान से उसी धीर-गम्भीर वाणी में कहा —"हमने अपनी कुछ कहानियाँ इन्हें भिजवायी थीं। इनकी उदार-हृदयता और साहित्य-मर्मज्ञता ने उन्हें स्नेह और आदरपूर्वक 'महान भारत' में स्थान दे कर न केवल हमारा प्रोत्साहन किया, वरन हमारे जैसे अज्ञात को हिन्दी पाठकों के लिए ज्ञात बनाया।"

क्षण भर के लिए वे रुके। उन्होंने फिर नोट बुक पर नज़र डाली और बोले —"अब हम त्रिवेदी जी से प्रार्थना करेंगे कि वे हिन्दी की अभिवृद्धि के सिलसिले में एक ओर 'शान्ति निकेतन' और दूसरी ओर वर्धा-आश्रम में किये गये अपने प्रयत्नों से लाहौर के हिन्दी प्रेमियों को अवगत करायें और इस सन्दर्भ में हम हिन्दी वालों के कर्तव्य पर कुछ प्रकाश डालें।"

निमिष भर रुक कर 'अज्ञात' जी ने घड़ी की ओर देखा और फिर उसी अदा से

नपे-तुले शब्दों में प्रकट परम विनम्रता, लेकिन परोक्ष में उस विनम्रता में निहित आदेश से कहा, "लेकिन इससे पहले हम आगत बन्धुओं से क्षमा माँगते हुए त्रिवेदी जी से यह प्रार्थना करने की धृष्टता करेंगे कि थोड़ा-सा समय का ख़याल भी रखें....बात यह है," उन्होंने कहा, "पहले हमारा विचार था कि हम चार बजे मीटिंग शुरू करेंगे और इस संगोष्ठी को त्रिवेदी जी के अभिभाषण के प्रकाश में हिन्दी की समस्या के बारे में विचार-विनिमय की संगोष्ठी का रूप देंगे और आगत बन्धुओं से कहेंगे कि वे भी अपने विचार रखें। लेकिन दुर्भाग्य से हम भारतीयों ने अभी समय की पाबन्दी का मोल नहीं समझा। गोष्ठी एक घण्टा देर से शुरू हो रही है। हमें शाम को डॉक्टर घनानन्द और प्रोफ़ेसर दिलबहार सिंह से भी मिलने जाना है, जो अस्वस्थता के कारण नहीं आ सके। इसीलिए हमने त्रिवेदी जी से यह प्रार्थना करने की धृष्टता की है, जिसके लिए हम उनसे और आप सज्जनों से भी करबद्ध क्षमा चाहेंगे।"

यह कह कर 'अज्ञात' जी परम सन्तुष्ट भाव से घुटनों पर पीछे की ओर आराम से बैठ गये थे और त्रिवेदी जी की पाटदार आवाज़ बरामदे में गूँजने लगी।

o

यद्यपि 'शान्ति निकेतन' में 'हिन्दी भवन' की स्थापना करने पर 'साधुवाद....साधुवाद' कहते हुए शुक्ला जी ने उनकी प्रशंसा ही की थी, पर चेतन ने देखा कि त्रिवेदी जी के भाषण में यूँ ख़लल डालने पर 'अज्ञात' जी के माथे पर वही नामालूम-से तेवर बन गये थे।

चेतन मन-ही-मन हँसा था। एक ओर उसे 'अज्ञात' जी बहुत सुन्दर लगे थे, उनकी कविता ने उसके हृदय को स्पर्श किया था, वह उनके निकट भी होना चाहता था, दूसरी ओर उनमें कुछ अजीब-सा बचकाना अहं था, अपने सिवा सब को हेय समझने का नकचढ़ापन। चेतन ने कहीं पढ़ा था कि सुन्दर औरतें अपवाद-स्वरूप ही बुद्धिमती होती हैं। वे प्रायः बहुत ग़लत निर्णय लेती हैं और ऐसे लोग, जो ख़ुशामद में पारंगत होते हैं, उन पर हावी हो जाते हैं। 'तब क्या सुन्दर पुरुष भी सुन्दर स्त्रियों की तरह अहंवादी और दम्भी नहीं होते?' —चेतन ने सोचा और उसके मन में किसी ने जवाब दिया —'ज़रूर होते हैं और उन्हें सिद्ध करना कुछ कठिन नहीं होता।' और वहीं बैठे-बैठे उसने 'अज्ञात' जी को बस में करने का फ़ैसला किया था।

त्रिवेदी जी इस बीच अपने भाषण में क्या कह गये, उसने नहीं सुना। जब उसका ध्यान 'अज्ञात' जी से हटा तो उसके कानों में उनकी पाटदार आवाज़ आने लगी —

"हिन्दी भवन की स्थापना करने के बाद," त्रिवेदी जी कह रहे थे, "हमने सब से पहले यह किया कि बनारस से पण्डित सुलाकी प्रसाद चतुर्वेदी को ले गये और उन्हें 'हिन्दी भवन' का चार्ज सँभाल दिया।" त्रिवेदी जी उसी गर्व-स्फीत स्वर में बोल रहे थे, "हमने चतुर्वेदी जी से कहा कि पण्डित जी, आप सर्वप्रथम कविगुरु की बंगला रचनाएँ —विशेषकर उनके उपन्यास, कहानियाँ और नाटक —सरल और बोधगम्य हिन्दी में उपलब्ध कराइए, ताकि इस देश के आम लोग इस विश्व कवि के विचारों को न केवल जान सकें, बल्कि उनसे लाभ भी उठा सकें।" त्रिवेदी जी क्षण भर रुके। फिर उन्होंने कहा, "सुलाकी प्रसाद जी के परामर्श से हम कलकत्ते से हेमचन्द लखनपाल को ले गये। लखनपाल जी को बंगला और हिन्दी, दोनों में समान रूप से सिद्धि प्राप्त है। उन्होंने 'हिन्दी ग्रन्थ संस्थान,' बम्बई के

लिए शरत बाबू के कुछ उपन्यासों का बहुत ही अच्छा अनुवाद किया है। पढ़ने पर ज़रा भी नहीं लगता कि हम बंगला का अनुवाद पढ़ रहे हैं। उन्हें पढ़ने वाले तो कुछ मित्र यहाँ तक कहने लगे हैं कि शरत बाबू को हिन्दी का उपन्यासकार मान लेना चाहिए।"

त्रिवेदी जी ने वास्केट की जेब से खादी का मोटा-सा रूमाल ले कर माथे पर फेरा और होंटों के किनारों को पोंछा, फिर बोले —

"इस सब के साथ ही हमने वहाँ हिन्दी प्रेस कायम करने का भी निश्चय किया है। हमने यह भी सोचा कि उसका आर्थिक बोझ हम कविगुरु अथवा उनके सहयोगियों पर न डालें। हम इस बीच सक्सेरिया जी, केडिया जी, सिंहानिया जी तथा कलकत्ते के दूसरे हिन्दी-प्रेमी सेठों से मिले हैं। हमें पूरा विश्वास है कि यदि हम 'शान्ति निकेतन' पर किसी तरह का आर्थिक बोझ न डालेंगे तो वे हमारे मार्ग की बाधा नहीं बनेंगे। यदि हम अपने इरादे में कामयाब हो गये तो हेमचन्द जी कविगुरु की जिन गद्य-रचनाओं को हिन्दी की भूषा पहनायेंगे, उन्हें हम वहीं से प्रकाशित करने की व्यवस्था करेंगे।

"यही नहीं," त्रिवेदी जी ने कहा, "कवि गुरु की रचनाओं के अलावा हम विभूति भूषण बन्द्योपाध्याय, तारा बाबू, परशुराम और दूसरे पुराने-नये रचनाकारों की उत्कृष्ट कृतियों का हिन्दी में अनुवाद करायेंगे और 'हिन्दी भवन' के तत्वावधान में उनका प्रचार-प्रसार करेंगे।"

"बहुत अच्छा करेंगे। जिनका खायेंगे, उनका बजायेंगे। व्यवहार की बात है।"

किसी ने कहा और गोष्ठी में कुछ लोग हँस दिये।

त्रिवेदी जी सहसा चुप हो गये। उनके मौन होते ही गोष्ठी में सन्नाटा छा गया। उपस्थित लोगों का ध्यान त्रिवेदी जी की ओर लगा था। किसने वह फब्ती कसी और कौन लोग हँसे, हठात यह मालूम नहीं हुआ। लोगों ने गर्दनें मोड़ कर या आँखें उठा कर यह जानने की कोशिश की, लेकिन जैसे सारी महफ़िल को साँप सूँघ गया था। किसी को भी फब्ती कसने वाले का पता नहीं चला। सिर्फ़ चेतन ने देखा कि उसके पास ही बैठे 'करुण' जी के चेले, कवि 'किसलय' ने ज़रा-सा स्तम्भ के पीछे हो कर फब्ती कसी थी और 'करुण' जी के चेले ही हँसे थे। शायद किसी और ने भी देखा हो, लेकिन किसी ने प्रकट नहीं किया। फब्ती कसने के बाद 'किसलय' मिस्कीन-सी सूरत बनाये, फिर सीधे हो बैठे थे। प्रकट ही उन लोगों ने अपने गुरु की अवहेलना का बदला 'अज्ञात' जी और उनके बड़बोले अतिथि से चुकाया था।

तभी अचानक 'अज्ञात' जी अपनी जगह घुटनों पर खड़े हो गये। अपने सुनहरे पेन से जैसे शून्य को जनाते हुए उन्होंने अतिथि को भगवान समझने और उसे हर तरह का सम्मान देने की भारतीय परम्परा का उल्लेख किया और फिर बिना हाथ जोड़े, उन्होंने उसी तरह अपने सुनहरे पेन से हवा को ठकोरते हुए कहा, "हम करबद्ध प्रार्थना करेंगे कि आप कृपया त्रिवेदी जी को अपना अभिभाषण समाप्त कर लेने दें। पंजाब मेहमान-नवाज़ी के लिए ख्यात है, उसकी परम्परा को धब्बा न लगायें। त्रिवेदी जी अभिभाषण दे लें। अन्त में जिनको कोई आपत्ति होगी अथवा जो कुछ कहना चाहेंगे, उन्हें इसका अवसर मिलेगा।"

'अज्ञात' जी चुप हो गये। अपस्थित लोगों में कोई कुछ नहीं बोला। गोष्ठी में पूरा

सन्नाटा छाया रहा, तब 'अज्ञात' जी ने सब की ओर से क्षमा माँगते हुए त्रिवेदी जी से भाषण जारी करने के लिए कहा और फिर सहज भाव से बैठ बये।

०

यद्यपि 'किसलय' की हरकत युवकोचित चांचल्य ही का प्रतीक थी, पर उसमें जो अव्यक्त ग़ुस्सा था, वह शायद त्रिवेदी जी की अपेक्षा 'अज्ञात' जी पर ज़्यादा था। और चेतन की दृष्टि में वाजिब भी था। जिस प्रकार 'अज्ञात' जी ने प्रकट विनम्रता से, लेकिन वास्तव में बड़ी ऊँचाई से हाथ जोड़ कर समय का ध्यान दिलाते हुए उन लोगों को अपना वार्तालाप बन्द करने पर विवश कर दिया था, वह चेतन को भी अच्छा नहीं लगा था। हालाँकि चेतन स्वयं भी न 'करुण' जी को बड़ा कवि मानता था, न उनकी 'सतसई' को कोई महत्व ही देता था, लेकिन मानवता का, नैतिकता का भी तो कुछ तकाज़ा होता है। 'अज्ञात' जी को आतिथेय के नाते अपने सम्मानित अतिथि तथा उनसे मिलने को आये लेखकों की भावनाओं का ख़याल रखना चाहिए था। जहाँ इतनी देर हो गयी थी, वहाँ पाँच मिनट और लग जाते तो कौन कयामत टूट जाती....

चेतन मन-ही-मन हँसा....'कुछ लोग होते हैं,' उसने सोचा, 'जो अपने सद्व्यवहार से, अपने ज्ञान से, अपनी विद्वता से, अपनी शालीनता से लोगों को प्रभावित करते हैं। लेकिन प्रायः ऐसे लोग अन्दर से भरे होते हैं। इसके बरअक्स अन्दर से ख़ाली लोग अपने नकचढ़ेपन से, सफ़ाई-सलीके और वक्त की पाबन्दी के प्रति अपनी प्रतिबद्धता से, दूसरों को असभ्य और फूहड़ साबित करने की कोशिश में स्वयं छोटे हो जाते हैं।' चेतन 'अज्ञात' जी को नहीं जानता था, लेकिन उसे उनका ऊँचे होने का दिखावा करना अच्छा नहीं लगा था। उसने सोचा, 'यह आदमी कितना भी बड़ा कवि अथवा लेखक क्यों न हो, कहीं अन्दर से थोथा और अपने प्रति अनाश्वस्त है।'

और उसने पुनः तय किया कि 'अज्ञात' जी के निकट हो कर उन्हें बेहतर तौर पर जानेगा।

क्षणांश में चेतन के ज़ेहन में ये बातें आयीं, फिर उसने 'अज्ञात' जी के चेहरे से नज़र हटा कर त्रिवेदी जी के चेहरे पर जमा दी।

वे अपना अभिभाषण शुरू करने से पहले हँसे। उनके चेहरे पर कुछ अजीब-सी झेंप, कुछ विचित्र-से अस्वस्ति-बोध की छाया थी। इस बार जब उन्होंने खिन्नता में दाँत चियारे तो ऊपर की दन्त-पंक्ति में टूटे हुए दाँत की उस ख़ाली जगह में उनके चेहरे की तमाम ग्लानि सिमट आयी और उनकी हँसी को हास्यास्पद बना गयी। फिर उन्होंने कहना शुरू किया —

"मित्रो ! एक बात आपको याद रखनी चाहिए कि यदि हिन्दी को देश की राष्ट्रभाषा बनाना है तो वह बिना अहिन्दी-भाषी प्रदेशों की सहमति और सहयोग के नहीं बनेगी। इसीलिए बापू की इच्छानुसार हमने हिन्दी का झण्डा अहिन्दी-भाषी प्रान्तों में उठाया है। लेकिन आप सोचिए, यदि बंगाल और मद्रास के अहिन्दी भाषियों को हिन्दी से कोई लाभ नहीं होगा तो वे अपनी अत्यन्त समृद्ध भाषाओं के बदले क्यों हिन्दी पढ़ना चाहेंगे? इसीलिए हमने कविगुरु को समझाया कि माना क्षेत्रीय भाषाएँ बहुत समृद्ध हैं, लेकिन अपने प्रदेशों

के बाहर उनके साहित्यकारों को बहुत कम लोग जानते हैं। हिन्दी को इस समय भी पन्द्रह-बीस करोड़ लोग समझ लेते हैं। इसे ही अंग्रेज़ी का स्थान लेना होगा। इसी के द्वारा क्षेत्रीय साहित्य को देश भर में प्रचारित और प्रसारित किया जायेगा।"

त्रिवेदी जी चुप हो गये। वे अनायास बहुत गम्भीर हो गये थे। उनका चेहरा, जो उनके परम आत्म-विश्वास और व्यावहारिक सफलता के कारण हर समय खिला रहता था, 'किसलय' की उस फब्ती की वजह से हठात कठिन हो आया था। लेकिन इस बार गोष्ठी में किसी ने चूँ भी नहीं की। बरामदे में एकदम ख़ामोशी छायी रही। त्रिवेदी जी का चेहरा फिर खिल आया —

"मित्रो !" उन्होंने पूर्ववत हँस कर कहा, "यदि हिन्दी को अंग्रेज़ी का स्थान लेना है तो हमारे यहाँ के अंग्रेज़ी विद्वानों को भी राष्ट्रभाषा के हित में काम करना होगा। इसी उद्देश्य से हम आप ही के लाहौर के गवर्नमेण्ट कॉलेज से अंग्रेज़ी में फ़र्स्ट डिवीज़न में एम० ए० करने वाले नौजवान साहित्यकार श्री धनराज कपूर और उनकी एम०ए० पास पत्नी श्रीमती सरस्वती कपूर को ले गये हैं। कपूर दम्पति से मिल कर कविगुरु बहुत प्रसन्न हुए। हमसे उन्होंने कहा —ये दोनों पति-पत्नी इतने सुन्दर हैं कि लगता है साक्षात मदन और रति देवलोक से धरती पर उतर आये हैं।....धनराज अंग्रेज़ी में बड़ी सुन्दर कहानियाँ लिखते थे। हमने उनसे हिन्दी में लिखने का अनुरोध किया। उन्होंने अपनी दो कहानियों का सरल हिन्दी में स्वयं अनुवाद किया और हमने वे कहानियाँ — 'शहज़ादों का ड्रिंक' और 'वापसी-ब-वापसी' अपनी पत्रिका 'महान भारत' में छापीं। सच मानिए, प्रबुद्ध पाठकों ने उन्हें बहुत पसन्द किया और हमें उनकी सराहना में कई पत्र मिले।"

त्रिवेदी जी ने फिर क्षण भर रुक कर रूमाल से चेहरा और होंटों के कोने पोंछे फिर बोले, "कवि-गुरु की जो रचनाएँ अंग्रेज़ी में अनूदित हो गयी हैं, उनका अनुवाद लखनपाल जी की सहायता से श्री कपूर हिन्दी में करेंगे। कला, संस्कृति और साहित्य में रचा-बसा 'शान्ति निकेतन' का वातावरण कपूर दम्पति को इतना अच्छा लगा है कि उन्होंने 'हिन्दी भवन' को अपना जीवन समर्पित करने की इच्छा व्यक्त की है।" वे अपना टूटा दाँत दिखाते हुए हँसे और बोले, "हमने तो 'अज्ञात' जी से भी अनुरोध किया था कि वे भी जेल से आने के बाद शान्ति निकेतन को अपनी कर्मस्थली बनायें, हम उनसे अब भी यही अनुरोध कर रहे हैं...."

शुक्ला जी धीरे-धीरे बायें हाथ में तम्बाकू और ज़रा-सा चूना रखे बड़े इत्मीनान से खैनी मल रहे थे कि त्रिवेदी जी की अन्तिम बात सुन कर खैनी को बायें हाथ की मुट्ठी में बन्द करके अपनी जगह उठे और उन्होंने अपनी उसी कुटिल मुस्कान के साथ कहा, "हम अपने सम्मानित अतिथि से क्षमा माँगते हुए कहना चाहेंगे कि पहले धनराज जी को शान्ति निकेतन ले जाने और अब 'अज्ञात' जी से वहाँ चलने का अनुरोध करने में वे हमारे साथ घोर अन्याय कर रहे हैं। हम हिन्दी प्रदेशों से आ कर इस अहिन्दी-भाषी प्रदेश को, जो हिन्दी के लिए मरुस्थल के समान है, हिन्दी साहित्य का लहलहाता हुआ शाद्वल बनाना चाहते हैं और आप यहाँ के खिलते हुए युवा फूल-फलदार पेड़ों को यहाँ से उखाड़ कर शान्ति निकेतन में जमाना और हमारे प्रयासों पर पानी फेरते हुए प्रदेश को पुनः मरुभूमि बना देना चाहते हैं। हमारी अल्प बुद्धि में यह इस प्रदेश और यहाँ के साहित्यकारों के साथ

घोर अन्याय के बराबर है।"

"शुक्ला जी बिलकुल ठीक कहते हैं।" सहसा 'कण्टक' जी ने उठ कर कहा, "आप 'हिन्दी भवन' के अधीन हिन्दी साहित्य को बंगला का लिबास पहना कर उसका वहाँ प्रचार करें तो यह हिन्दी की सेवा होगी। अब आप बंगला की सेवा कर रहे हैं। बुरा काम नहीं है, लेकिन हिन्दी की सेवा से बेहतर नहीं।"

त्रिवेदी जी दोनों हाथों से उन्हें बैठने का संकेत करते हुए हँसे और उन दोनों के बैठ जाने पर बोले —

"मित्रो, धनराज जी अथवा 'अज्ञात' जी 'शान्ति निकेतन' में जा कर अन्ततः पंजाब को विपन्न नहीं, समृद्ध ही बनायेंगे। हमारी योजना है कि हम सभी अहिन्दी प्रदेशों के विद्वानों को शान्ति निकेतन के 'हिन्दी भवन' से जोड़ें। वहाँ अनुभव प्राप्त करके वे अपने-अपने प्रदेशों में जायें और वहाँ 'हिन्दी भवन' कायम करें। पंजाब के लोग देश भर में सबसे ज़्यादा उद्यमी और परिश्रमी हैं। वे शान्ति निकेतन में पंजाब का नाम भी ऊँचा करेंगे।"

त्रिवेदी जी क्षण भर के लिए अपने कथन की प्रतिक्रिया जानने के लिए रुके। जब उनकी बात के विरोध में कोई स्वर नहीं उठा तो परम आश्वस्त भाव से उन्होंने कहा, "एक बात आप लोग न भूलिए। इस वक्त समस्या हिन्दी साहित्य के प्रचार की नहीं, हिन्दी के प्रचार की है। हिन्दी को अहिन्दी भाषी प्रान्तों में — उन प्रान्तों में, जिनकी भाषाओं का साहित्य हिन्दी की अपेक्षा कहीं समृद्ध है — ग्राह्य बनाने की, उसे स्वीकृति दिलाने की है और इसलिए उन्हें बताना पड़ेगा कि हिन्दी उनके साहित्य की विरोधी नहीं, उसके प्रचार-प्रसार का माध्यम है। जब वे लोग हिन्दी को मान लेंगे तो हिन्दी साहित्य को भी अपने आप मान लेंगे।"

और उन्होंने शुक्ला जी की तरफ़ देख कर कहा, "आशा है, हमारे मित्र इस बात में हमसे सहमत होंगे।" कनखियों से अपने निकट बैठे 'अज्ञात' जी को हथ-घड़ी पर निगाह डालते हुए देख कर उन्होंने इतना और जोड़ा "समय हो रहा है। अपनी बात ख़त्म करके आपसे थोड़े अवकाश में विस्तार से बात करेंगे।"

शुक्ला जी अपनी जगह बैठ गये तो त्रिवेदी जी ने अपने स्वाभाविक आश्वस्त भाव से कहा, "हम वर्धा भी गये थे। हम गाँधी जी को भी 'शान्ति निकेतन' के 'हिन्दी भवन' में ले जाना चाहते थे। लेकिन बापू ने कहा — इस देश में सात करोड़ मुसलमान हैं। वे उर्दू को अपनी मातृभाषा समझते हैं। इसलिए बापू ने कहा है कि देश की राष्ट्रभाषा हिन्दुस्तानी होगी, जो देवनागरी और अरबी लिपि में लिखी जायेगी। हम अपने 'हिन्दी भवन' को 'हिन्दुस्तानी भवन' बनायें तभी गाँधी जी आयेंगे।

"अब मित्रो ! स्थिति यह है," त्रिवेदी जी ने जैसे उपस्थित लोगों को समझाते और अपने भेद का साझीदार बनाते हुए कहा, "बापू ने 'हिन्दी भवन' को 'हिन्दुस्तानी भवन' बनाने की जो इच्छा प्रकट की है, उसे न तो हम पूरा कर सकते हैं, न उसे व्यावहारिक ही समझते हैं। बंगला भाषी, तमिल भाषियों ही की तरह, अपनी भाषा और साहित्य को देश की सब भाषाओं से उत्कृष्ट समझते हैं। उनका वश चले तो बंगला या तमिल को ही देश की राष्ट्रभाषा बनायें। लेकिन वास्तविकता यह है कि हिन्दी का साहित्य भले ही उन भाषाओं

से समृद्ध न हो, पर यह देश के कोने-कोने में समझी-बोली जाती है। इसकी वर्णमाला भी बंगला के निकट है, इसलिए बंगला-भाषियों को हिन्दी तो पढ़ायी जा सकती है, पर उर्दू उनकी लिपि से दूर पड़ जाती है। तो भी हम चाहेंगे कि उर्दू का एक विद्वान भी 'हिन्दी भवन' में रहे। हम उर्दू कवियों की ऐसी कविताओं को, जो आसान उर्दू में लिखी गयी हों, अपनी पत्रिका के माध्यम से हिन्दी पाठकों तक पहुँचायेंगे और उन्हें बंगला-भाषियों में भी इण्ट्रोड्यूस करेंगे। हम लाहौर आये हैं तो यहाँ किसी ऐसे विद्वान से मिलना चाहेंगे, जो न केवल दोनों भाषाओं का ज्ञाता हो, बल्कि यहाँ के प्रसिद्ध कवियों से भी परिचित हो और उनकी आसान कविताओं को हिन्दी में कर सके।.... हम 'हिन्दी भवन' को साहित्यिक सरगर्मियों का धड़कता हुआ केन्द्र बनाना चाहते हैं...."

तभी अचानक कवि चातक अपनी जगह खड़े हो गये और उन्होंने कहा —

"आपका यह विचार निश्चय ही स्तुत्य है। लाहौर में हफ़ीज़ जालन्धरी और अख़्तर शेरानी जैसे महान आधुनिक कवि ऐसे हैं, जिनकी आसान कविताएँ केवल लिपि बदल कर हिन्दी पाठकों के सामने प्रस्तुत की जा सकती हैं," और उन्होंने चेतन की ओर देखते हुए कहा, "सौभाग्य से इसी गोष्ठी में उर्दू का ऐसा कथाकार-कवि उपस्थित है, जिसे हम आग्रह करके हिन्दी की ओर लाये हैं और हम...."

इससे पहले कि चातक जी चेतन का नाम लेते, 'अज्ञात' जी ने घड़ी की ओर देखा, उनके माथे पर हल्के-से तेवर उभरे। वे अपनी जगह तत्काल घुटनों के बल खड़े हो गये और उन्होंने कहा, "समय बहुत ज़्यादा हो गया है, हम डाइनिंग-रूम में चाय की व्यवस्था करते हैं और हम त्रिवेदी जी से प्रार्थना करेंगे कि वे अपनी बात ख़त्म करें और आप लोगों से निवेदन है कि आप चाय भी पियें और उनसे शेष बातें भी करें।"

वे उठे और तेज़ कदमों से अपनी नोट बुक और सुनहरा पेन चौकी से उठा कर बड़े हॉल-कमरे की ओर बढ़ गये।

त्रिवेदी जी हल्के-से अस्वस्ति बोध के साथ अपना टूटा हुआ दाँत दिखाते हुए हँसे और बोले —

"मित्रो ! हमें जो कहना था, कह चुके हैं। हमारे आतिथेय मॉर्डन आदमी हैं। हम लोग समय का ख़याल नहीं रखते, लेकिन जो रखते हैं, उनकी भावनाओं का आदर करना चाहिए।"

और वे चुप हो गये। चातक जी अभी तक खड़े थे। उन्होंने कुछ कहने के लिए मुँह खोला था कि 'अज्ञात' जी हॉल के दरवाज़े में प्रकट हुए और उन्होंने आगत बन्धुओं को चाय पीने के लिए आमन्त्रित किया।

अधिकांश लोग उठ खड़े हुए और एक-दूसरे के आगे जाने की कोशिश में हॉल की ओर बढ़े। भूखे भेड़िये जैसे शिकार पर टूटते हैं, वे सब पहले अपनी-अपनी प्लेटें भरने के लिए मिठाई और नमकीन की तरफ़ लपके।

शुक्ला जी और उनकी टोली ने त्रिवेदी जी को घेर लिया। वे उन्हें ले कर हॉल-कमरे में एक ओर खड़े हो कर बात करने लगे और उनके दो चेले प्लेटों में मिठाई-नमकीन डाल कर सब को देने लगे। 'अज्ञात' जी एक ओर खड़े सब व्यवस्था देख रहे थे। चेतन उनके

पास गया। उसने संक्षेप में अपना परिचय देते हुए 'अभिशप्त दूत' पढ़ने और उससे प्रभावित होने की बात कही। वहीं खड़े-खड़े उसने उन्हें समर्पण वाली कविता की पंक्तियाँ सुना दीं।

'अज्ञात' जी प्रसन्न हो गये। स्वयं जा कर उन्होंने एक प्लेट में उसके लिए बर्फ़ी, गुलाब जामुन, समोसा, दही बड़ा और चटनी डाली, दूसरी में ख़ुद एक समोसा और बर्फ़ी का एक टुकड़ा अपने लिए रखा और वापस आ गये। चेतन की प्लेट उसे दे कर वे अपनी प्लेट से बर्फ़ी उठा कर उसे कुतरते हुए ख़ुश-ख़ुश चेतन से बतियाने लगे।

सहसा चेतन की नज़र चातक जी पर गयी। वे खोये-खोये खड़े कनखियों से उनकी ओर देख रहे थे। पहले ऐसे अवसरों पर चेतन उनके चेले की तरह उनके लिए सभी रास्ते आसान कर देता था। उसे उन पर दया भी आयी और कहीं मन-ही-मन एक दानवी सुख भी मिला।

छब्बीस

चेतन की बग़ल में उसके नाटक की फ़ाइल थी, होंटों पर मुस्कान थी और वह सिर झुकाये, पिछले चन्द दिनों की घटनाओं में चातक जी की फ़ज़ीहत और अपनी कारगुज़ारी पर मन-ही-मन प्रसन्न, पन्नालाल से मिलने चला जा रहा था।

०

जब त्रिवेदी जी के भाषण में 'अज्ञात' जी ने चातक जी को अपनी बात पूरी नहीं करने दी थी और हठात जल-पान का बिगुल बजा दिया था तो चेतन को एक ओर उस हिन्दी के, अपने कथनानुसार, 'बायरन' पर दया भी आयी थी और दूसरी ओर ख़ुशी भी हुई थी। उसने वहीं बैठे-बैठे 'अज्ञात' जी के शिशु-ऐसे अहं को देखा था। उन्हें सिद्ध करके उनके द्वारा 'महान भारत' के उस दम्भी सम्पादक को मोम करने की योजना बनायी थे, जिसने उसकी कहानी वापस कर दी थी। चेतन ने यह तय किया था कि इस सुअवसर का लाभ उठा कर न केवल वह त्रिवेदी जी को प्रेरणा देगा कि वे उसे अपने गुट में शामिल कर लें, वरन कोशिश करेगा कि वे उसकी रचनाएँ लगातार 'महान भारत' में छाप कर उसे हिन्दी क्षेत्र में ख्यात बनाने का श्रेय प्राप्त करें। और यहाँ यह बबुआ-सा 'बायरन' उसकी सारी योजना को मिट्टी में मिलाये दे रहा था और चाहता था कि उसे अपना चेला सिद्ध करते हुए त्रिवेदी जी को उसका परिचय दे और यूँ पुनः उससे अपना सम्बन्ध सुधार ले।

कृष्ण नगर से टेम्पल रोड को जाते हुए शुक्ला जी ने चेतन को यह समझाया था कि उसे प्रेत-लेखन का परामर्श देने में (कि वह उनके नाम से नाटक लिखे) चातक जी का अपना स्वार्थ उतना नहीं था, जितना उस तंगदस्ती की स्थिति में उसे आर्थिक लाभ पहुँचाने का। चातक जी तो बल्कि चाहते थे कि अब, जब पन्नालाल ने उसके नाम से नाटक लेना स्वीकार कर लिया है और उसने नाटक लिख दिया है तो वे सहर्ष उसमें भाषा की भूलें सुधार कर उस पर एक जमाऊ भूमिका लिख दें ताकि उसका नाटक निश्चय ही

पाठ्यक्रम में स्वीकृत हो जाय....

लेकिन उस वक्त, जब चातक जी स्वयं 'हिन्दी पुस्तक भवन' के लिए नाटक लिख रहे थे, चेतन को विश्वास नहीं होता था कि अपने मुकाबले में वे उसका नाटक स्वीकृत होने देंगे। नाटक केवल उनके अथवा दोनों के नाम से छपता तो बात दूसरी होती। लेकिन जैसा कि वह उनकी क्षुद्रता को जान गया था, उसे यकीन था कि ऊपर से उसके हित-चिन्तक बने हुए वे अन्दर से उसके नाटक में भाषा सम्बन्धी ग़लतियाँ अपने प्रकाशक को बता कर उसके माध्यम से हिन्दी पाठ्य समिति के आगे रखवा देंगे और यूँ उसके नाटक का पत्ता कट जायेगा और वह उन्हें दोष भी नहीं दे सकेगा। वह एक बार फ़रेब खा चुका था और पुनः बेवकूफ़ बनने को तैयार नहीं था।

त्रिवेदी जी का भाषण ख़त्म होते ही वह दूसरों की तरह प्लेटों और खाद्य सामग्री पर नहीं टूटा, न शुक्ला जी की तरह उसने त्रिवेदी जी को ही घेरा, न चातक जी का संकेत समझ कर त्रिवेदी जी से मिलने को उनके पास गया था, बल्कि ज़रा परे रह कर वह 'अज्ञात' जी की गतिविधि को परखता रहा था और उन्हें अकेले पा कर वह उनके निकट गया और उसने उनके काव्य की प्रशंसा करके उन्हें सहज बना लिया था। वे प्रसन्न हो गये थे और स्वयं उसके लिए नाश्ते की प्लेट ले आये थे। वहीं एक ओर खड़े, उनके साथ नाश्ता करते हुए उसने विस्तार से उर्दू कथाकार और पत्रकार के नाते अपना परिचय उन्हें दिया था। हिन्दी कथाकार के नाते उसने अपनी सरगर्मियों का ज़रा भी उल्लेख नहीं किया। उसने सोचा कि वे हिन्दी के कथाकार हैं तो निश्चय ही उन्होंने उसकी कहानी 'सरस्वती' में पढ़ी होगी। ज़िक्र करना चाहेंगे तो वे ही करेंगे, वह स्वयं नहीं करेगा। इसके बदले उसने हफ़ीज़ जालन्धरी, अख़्तर शेरानी और दूसरे उर्दू कवियों से अपनी घनिष्ठता और उनके काव्य में गहरी रुचि के बारे में बताया था और कहा था कि इस सिलसिले में वह त्रिवेदी जी की मदद कर सकता है। यदि 'अज्ञात' जी चाहेंगे तो न केवल वह उनके अतिथि को उन लोगों से मिला लायेगा, बल्कि हफ़ीज़ जालन्धरी अथवा अख़्तर शेरानी के बारे में उनके जीवन और काव्य का परिचय देते हुए लेख भी लिख देगा और उसने 'अज्ञात' जी से बहुत हल्के से अनुरोध किया था कि सम्भव हो तो वे उसे त्रिवेदी जी से मिला दें।

'अज्ञात' जी ने समोसे का एक किनारा तोड़ते हुए त्रिवेदी जी की ओर नज़र डाली थी। शुक्ला जी की टोली के अलावा और भी कई लोग उन्हें घेरे हुए थे।

"वे अभी चाय पी रहे हैं। ज़रा वे ख़ाली हो जायँ तो उनसे बात करेंगे।" उन्होंने कहा था और फिर उसे अपने काव्य की ओर ले आते हुए हल्की-सी मुस्कान के साथ बोले थे, "आपने मेरा काव्य-संग्रह कहाँ देखा?"

"आज सुबह मैंने एल-एल०बी० में दाख़िला लिया था। वहाँ से मैं यूँ ही टहलता हुआ 'हिन्दी पुस्तक भवन' चला गया था। मैंने उनसे नयी किताबें दिखाने के लिए कहा — उन्होंने एक रैक की तरफ़ संकेत कर दिया। वहीं मैंने आपका वह संग्रह देखा और वहीं खड़े-खड़े मैं समर्पण की कविता पढ़ गया। मुझे वह इतनी अच्छी लगी कि मैंने उसको दुबारा पढ़ा और मुझे वह याद हो गयी...."

इससे पहले कि चेतन यह बताता कि वह किताब ख़रीद कर घर ले आया था और

उसने उसे आद्योपान्त पढ़ डाला था, चातक जी नाश्ते की प्लेट लिये हुए उनके पास आ खड़े हुए और उन्होंने 'अज्ञात' जी से कहा, "हम त्रिवेदी जी से इन्हीं के बारे में (उन्होंने चेतन की ओर इशारा किया) कहने जा रहे थे। ये उर्दू के बड़े सशक्त कथाकार हैं। हमीं इन्हें हिन्दी की ओर लाये हैं। अभी पिछले ही महीने 'सरस्वती' में इनकी जो पहली कहानी 'प्रेम की वेदी' छपी है, उस पर हमीं ने पहले एक नज़र डाली थी। अभी इन्होंने एक बहुत अच्छा ऐतिहासिक नाटक लिखा है, हम त्रिवेदी जी से कहना चाहते थे कि वे उर्दू कवियों से मिलना चाहेंगे तो चेतन जी...."

चातक जी प्लेट में नज़रें जमाये नाश्ता करते हुए चेतन की प्रशंसा के बहाने अपनी महत्ता जताये जा रहे थे। यदि वे नज़र उठा कर 'अज्ञात' जी की ओर देख लेते तो शायद पहला वाक्य ही पूरा न कर पाते, क्योंकि आपस में बात करते हुए दो व्यक्तियों के बीच इस तरह आ टपकना 'अज्ञात' जी की सम्भ्रान्तता को निहायत नागवार लगा था। उनके मज़हब में ऐसा करना कुफ़्र के बराबर था। उनके चेहरे पर उस बदतमीज़ी के लिए कुछ अजीब-सी हिकारत और उनके चौड़े, गोरे माथे पर वितृष्णा की सिलवटें उभर आयी थीं। उन्होंने न तो चातक जी की आमद का कोई नोटिस लिया, न उनकी बात का। बायाँ हाथ कद्रे स्नेह और बेतकल्लुफ़ी से चेतन के कन्धे पर रखा और उसे अन्दर के छोटे कमरे की ओर ले जाते हुए कहा, "यहाँ शान्ति से दो बात करना कठिन है। आइए, मैं आपको 'अभिशप्त दूत' की एक प्रति दूँ।"

और चातक जी को उसी तरह खड़े छोड़, वे उसे ले कर उस छोटे-से कमरे में चले गये थे।

o

चेतन लोहारी बाज़ार में शिव मन्दिर के पास अपने ध्यान में मगन, बाज़ार की भीड़ में महज़ रिफ़्लेक्स —सहज ज्ञान से अचेतन में होने वाली प्रतिक्रियाओं —के सहारे रास्ता बनाता चला जा रहा था। उसका जी हुआ, ज़ोर से ठहाका मार कर हँसे। क्षण भर के लिए उसने सिर उठा कर मन्दिर, उसकी संगमरमर की सीढ़ियों और दोनों ओर के चबूतरों पर निगाह डाली और फिर ६ टेम्पल रोड के उसी दृश्य में खो गया।

o

खाने के कमरे के साथ संलग्न वह छोटा-सा कमरा वास्तव में 'अज्ञात' जी की साफ़-सुथरी सुबक-सी स्टडी थी। उसमें फ़र्श पर बहुत ख़ूबसूरत कमालिया की दरी बिछी थी, उस पर एक बड़ा ग़ालीचा और उस पर कशीदा-कढ़े तकिये रखे थे। दरवाज़े की बायीं ओर दीवार के साथ किताबों का रैक था, जिस के पास एक चौकी लगी थी, दूसरी ओर फ़ाइलों के लिए दराज़ों वाली लोहे की अलमारी थी। पूरब-पच्छिम की दीवारों पर तैलचित्र लगे थे और दरवाज़े के सामने दीवार पर 'अज्ञात' जी के दादा का बड़ा-सा फ़ोटो लगा था।

चेतन को वह स्टडी बड़ी सुन्दर और सुरुचि से सजी हुई लगी। 'अज्ञात' जी ने उसे बैठा दिया और रैक से 'अभिशप्त दूत' की एक प्रति उसे दी।

"आप ज़रा इसे उलटिये। मैं देखता हूँ, त्रिवेदी जी कब ख़ाली होते हैं। वे परम बातूनी आदमी हैं। यदि लोगों से घिरे, बातों में लगे रहे तो हम न डॉक्टर घनानन्द से मिल पायेंगे,

न प्रोफ़ेसर दिलबहार सिंह से। दोनों दो छोरों पर रहते हैं —डॉक्टर घनानन्द पुरानी अनारकली में और प्रोफेसर साहब ब्रैडलॉ हॉल के पास टैप रोड पर....'' फिर सहसा चेतन की ओर पलट कर बोले, "आपको कहीं जाने की जल्दी तो नहीं है?"

"नहीं, जल्दी तो कोई नहीं, लेकिन मैं तो पैदल ही जाऊँगा। तीन बजे से निकला हुआ हूँ।"

"आपको जाना कहाँ है?"

"बाइबल सोसाइटी के सामने मेरे बड़े भाई साहब का क्लिनिक है।"

"तो चिन्ता न कीजिए। हम जाते-जाते ताँगे में आपको छोड़ देंगे।"

ब्रैडलॉ हाल का नाम सुनते ही, चेतन को श्री धर्मव्रत वेदालंकार का ख़याल आ गया। उसने सहसा पूछा, "धर्मव्रत जी नहीं दिखे? उन्हें त्रिवेदी जी के आने का पता नहीं था?"

"उन्हें तो त्रिवेदी जी ने कलकत्ते से पत्र लिख दिया था। वे शायद लाहौर से बाहर गये हुए हैं। कल आयेंगे। हम प्रोफ़ेसर दिलबहार के यहाँ जा ही रहे हैं। उनका भी पता कर लेंगे।" फिर क्षण भर रुक कर उन्होंने कहा, "ज़रा यह पुस्तक दीजिए, मैं इस पर आपका नाम लिख दूँ।"

तभी निमिष भर को उसके मन में आया कि कहे —वह पुस्तक ख़रीद लाया है, वे काहे को एक प्रति नष्ट करेंगे, लेकिन वह चुप रहा।

और उन्होंने खड़े-खड़े वहीं रैक पर पुस्तक टिका कर उसका मुख पृष्ठ पलटा और उस पर —'प्रिय चेतन जी के लिए, सस्नेह' लिख कर नीचे अपने हस्ताक्षर बना दिये और पुस्तक उसे लौटा दी और बाहर की ओर बढ़े।

"मैं देर नहीं करूँगा," उन्होंने क्षण भर दरवाज़े में रुक कर कहा, "जल्दी ही त्रिवेदी जी को साथ ले कर आऊँगा। इतने में आप ज़रा 'अभिशप्त दूत' की कविताएँ देखिए।"

और सुनहरे कलम को, जो अभी तक उनके हाथ में था, कुर्ते की जेब में लगाते हुए वे कद्रे तेज़ कदमों से निकल गये।

०

जब चेतन पाँच दिन पहले लॉ कॉलेज का दाख़िला जमा कराने के बाद 'हिन्दी पुस्तक भवन' से 'अभिशप्त दूत' का वह गुटका संस्करण ले आया था तो उसने कभी नहीं सोचा था कि वह अगले कई दिन तक हिन्दी साहित्य के वात्याचक्र में गुम हो कर अपनी सारी उदासी और निराशा भूल जायेगा, न यही कि साहित्यकार के नाते अपने लिए सफलता का रास्ता भी पा जायेगा।

०

'अज्ञात' जी चले गये तो यद्यपि चेतन ने 'अभिशप्त दूत' की सब कविताएँ पढ़ रखी थीं तो भी वह मनोयोग से उन्हें दोबारा पढ़ने लगा ताकि जब कभी इन कविताओं को ले कर बात चले तो वह उनके बारे में ज़रा ढंग से बात कर सके।

कविताएँ उच्च कोटि की नहीं थीं। 'अज्ञात' ती उसी की तरह नौसिखुए थे। लेकिन प्रेमजनित नैराश्य से भरपूर, अपनी भावुकता से मन को छूती हुई **'अभिशप्त दूत'** की

कविताएँ चेतन को बहुत अच्छी लगी थीं। वह कविताएँ पढ़ने में तल्लीन था कि उसे बाहर बड़े हॉल से त्रिवेदी जी की ऊँची आवाज़ सुनायी दी। पहले तो वह झटके से उठ कर बैठ गया। लेकिन दूसरे ही क्षण पहले की तरह गाव तकिये पर कुहनी टिकाये, पैर पसारे, अधलेटा हो कर पुस्तक पढ़ने में तल्लीन हो गया।

तभी 'अज्ञात' जी त्रिवेदी जी को ले कर अन्दर आये। चेतन तत्काल उठ खड़ा हुआ और उसने हाथ जोड़ कर बड़े आदर से उन्हें 'नमस्कार' किया।

'अज्ञात' जी ने त्रिवेदी जी को चेतन का परिचय दिया और कहा कि वह न केवल स्वयं उर्दू का बहुत अच्छा कथाकार है, बल्कि लाहौर के सभी उर्दू कथाकारों और कवियों से पूरी तरह परिचित है; कि त्रिवेदी जी जिससे भी चाहेंगे, उससे चेतन उन्हें मिला लायेगा।

और उन्होंने बड़े आदर से त्रिवेदी जी को बीच के तकिये के आगे बैठाया। फिर चेतन को उनकी बायीं ओर, जहाँ वह पहले बैठा था और तब स्वयं उनके दायीं ओर बैठ गये।

जब त्रिवेदी जी ने चेतन से पूछा कि उर्दू के कौन-से ऐसे कवि हैं, जिनकी कविताएँ यदि हिन्दी में छापें तो पाठकों को समझने में दिक्कत न हो, तब चेतन ने कहा —

"यूँ तो त्रिवेदी जी, महाकवि इकबाल के यहाँ भी ऐसी कविताएँ हैं, जिनमें फ़ारसी के साथ हिन्दी शब्दों का काफ़ी इस्तेमाल है।" उसने उदाहरणार्थ कौमी एकता और देश प्रेम में पगी इकबाल की कविता 'नया शिवाला' ज़बानी सुना दी —

"सच कह दूँ ऐ बरहमन, गर तू बुरा न माने
तेरे सनमकदों के बुत हो गये पुराने
अपनों से बैर करना तूने बुतों से सीखा
जंगो-जदल सिखाया वा'इज़ को भी ख़ुदा ने
तंग आ के मैंने आख़िर दैरो-हरम को छोड़ा
वा'इज़ का वा'ज़ छोड़ा, छोड़े तेरे फ़साने
पत्थर की मूरतों में समझा है तू ख़ुदा है
ख़ाक-ए-वतन का मुझको हर ज़र्रा देवता है।।

आ ग़ैरियत के परदे, इक बार फिर उठा दें,
नक्श-ए-दुई मिटा दें, फ़स्ले-बहार ला दें
सूनी पड़ी हुई है, मुद्दत से दिल की बस्ती,
आ इक नया शिवाला, इस देश में बना दें !
दुनिया के तीरथों से ऊँचा हो अपना तीरथ,
दामान-ए-आसमाँ से उसका कलस मिला दें।
हर सुबह उठ के गायें मन्तर वो मीठे मीठे
सारे पुजारियों को, मय प्रीत की पिला दें।
शक्ती भी शान्ती भी, भक्तों के गीत में है,
धरती के बासियों की, मुक्ति परीत में है।

"अब त्रिवेदी जी," चेतन ने नज़्म सुना कर कहा —"इकबाल की यह नज़्म अगर सिर्फ़ लिपि बदल कर देवनागरी में छाप दी जाय तो कौन-सा पाठक है, जिसको यह समझ में

नहीं आयेगी। फिर कौमी एकता और देश प्रेम के जज़्बे को व्यक्त करने वाली कितनी सुन्दर कविता है। यही नहीं, मैं तो 'हिन्दुस्तानी बच्चों का गीत,' 'तराना-ए-हिन्दी' और न जाने महाकवि इकबाल की कितनी ऐसी कविताएँ आपको सुना सकता हूँ, जिनमें शायद दो-चार ही शब्दों के अर्थ फुटनोट्स में देने होंगे।" चेतन ने कद्रे जोश से कहा और उसने जोड़ा, "हफ़ीज़ के गीत और अख़्तर शेरानी की कविताएँ तो जस-की-तस हिन्दी में दी जा सकती हैं।" उसने वहीं बैठे-बैठे हफ़ीज़ के दो गीत —'प्रीत का गीत' और 'मन है पराये बस में' तथा अख़्तर शेरानी की लम्बी कविता 'ओ देश से आने वाले बता' सुनायी।

त्रिवेदी जी मन्त्र-मुग्ध सुनते रहे थे और बीच-बीच में 'साधुवाद, साधुवाद' कहते हुए दाद भी देते रहे।

चेतन तो हफ़ीज़ और अख़्तर शेरानी की जाने कितनी कविताएँ सुना देता कि तभी 'अज्ञात' जी ने बड़े स्नेह और शालीनता से उसके कन्धे पर हाथ रखते हुए कहा, "ठीक है, त्रिवेदी जी समझ गये हैं। अभी हमको डॉक्टर घनानन्द से मिलने जाना है। इनसे तय कर लेते हैं कि कब ये उन उर्दू कवियों से मिलना चाहेंगे।" और उन्होंने त्रिवेदी जी के तरफ़ देख कर कहा, "अब हमको चलना चाहिए नहीं तो देर हो जायेगी।"

वे उठ खड़े हुए। त्रिवेदी जी भी उठे। चेतन कविताएँ सुनाता हुआ अपने आप को भूल गया था। उसे उस काव्यमय दुनिया से अलग होने में थोड़ी कठिनाई हुई। वह सब के बाद उठा।

टेम्पल रोड पर ताँगे के इन्तज़ार में खड़े-खड़े 'अज्ञात' जी ने दूसरे दिन के लिए कहा कि चेतन सुबह आ जायेगा, नाश्ता वहीं करेगा, बाद में त्रिवेदी जी को कवि अख़्तर शेरानी से मिलाने ले जायेगा। आ कर खाना वहीं खायेगा और फिर यदि त्रिवेदी जी चाहेंगे तो हफ़ीज़ से मिला लायेगा।

चेतन ने कहा था कि अख़्तर साहब तो प्रायः सुबह कहीं जाते नहीं, सुबह उनसे मिलना आसान होता है। शाम को वे शाम के शग़ल में निरत हो जाते हैं। मिला तो जा सकता है, लेकिन ठिकाना नहीं कि क्या हो जाय। पीते हैं तो बहक जाते हैं।

'अज्ञात' जी ने कहा था कि त्रिवेदी जी सात्विक आदमी हैं, आप इन्हें नाश्ते के बाद ही ले जाइयेगा।

"हफ़ीज़ जालन्धरी को हम कल नहीं मिलने जा सकते," चेतन ने कहा था, "कल सुबह अख़्तर शेरानी से मिल आयेंगे। लंच के बाद मैं अकेला मॉडल टाउन जाऊँगा और हफ़ीज़ साहब से तय कर आऊँगा। उनका बँगला मॉडल टाउन में है। यहाँ से छै-सात मील होगा। हम जायें और वे कहीं शहर आये हुए हों तो बेकार कोफ़्त होगी। पहले से तय कर लेंगे तो परसों सुबह या शाम चलेंगे।"

'अज्ञात' जी को चेतन की यह बात बहुत अच्छी लगी। उनके निकट सभ्यता का यही तकाज़ा था।

तभी उनकी नज़र गुज़रते हुए ख़ाली ताँगे पर पड़ी। उन्होंने उसे रोक लिया था। त्रिवेदी जी और चेतन को 'अज्ञात' जी ने पीछे बैठाया और वे स्वयं अगली सीट पर बैठे और उन्होंने चेतन को उसी के कहने पर टॉरण्टन मार्केट के चौराहे पर छोड़ दिया था।

०

चेतन ने सिर उठाया। वह लोहारी बाज़ार पार कर आया था और सैद मिट्ठा बाजार में दाख़िल हो गया था, लेकिन अभी 'हीरालाल जवाहरमल' की दुकान काफ़ी दूर थी। वह फिर अपनी स्मृति में खो गया।

न केवल वह दूसरे दिन त्रिवेदी जी को अख़्तर शेरानी से मिला लाया था, बल्कि दो दिन बाद मॉडल टाउन भी ले गया था। यही नहीं, उसने त्रिवेदी जी के कहने पर दिन-रात बैठ कर अख़्तर शेरानी के बारे में एक लेख भी लिख दिया था। उन्हें सुना दिया था और उन्हें बहुत पसन्द आया था।

दिलचस्प बात यह थी कि 'अज्ञात' जी ने न उन्हें 'करुण काव्य कुटीर' जाने दिया था और न 'मंजरी' के दफ़्तर चातक जी से मिलने। शुक्ला जी जिस दिन के लिए उन्हें आने को कह गये थे, उसी शाम उन्हें हफ़ीज़ जालन्धरी के यहाँ जाना था। 'करुण काव्य कुटीर' का प्रोग्राम रद्द हो गया था। महाकवि करुण, उनके चेले और उनके सरपरस्त शुक्ला जी, सब रात तक उनकी प्रतीक्षा करते रहे थे। वास्तव में यह जान कर कि कलकत्ते से हिन्दी की सर्वोत्कृष्ट पत्रिका के सम्पादक उनसे मिलने आये हैं, हफ़ीज़ रंग में आ गये थे। स्वर में तो उनके बेपनाह सोज़ और लोच था। वे एक के बाद एक गीत तरन्नुम में सुनाते रहे थे और त्रिवेदी जी अभिभूत सुनते रहे थे और शाम के साये ढल गये थे। खाना लग रहा था, जब वे पहुँचे थे। 'अज्ञात' जी ने साग्रह चेतन को भी खाने पर बैठा लिया था।

चेतन मन-ही-मन हँसा। शुक्ला जी ने ६ टेम्पल रोड को जाते हुए जो योजना बनायी थी, वे तो उसका कोई लाभ नहीं उठा पाये थे, लेकिन चेतन ने उनसे क्यू ले कर उस सुअवसर का पूरा-पूरा लाभ उठा लिया था।....वह अपने ध्यान में मग्न पन्नालाल वाली गली पीछे छोड़ कर, सैयद मिट्ठा की समाधि के निकट पहुँच गया था। तभी उसने सिर उठाया तो उसे मालूम हुआ कि वह 'हीरालाल जवाहरमल' वाली गली पीछे छोड़ आया है। अपनी मूर्खता पर सिर को झटका दे कर वह पन्नालाल से मिलने वापस चल दिया।

सत्ताइस

"सुना भई पन्नालाल, क्या हाल-चाल हैं तेरे?" दूर ही से मिलाने के लिए हाथ बढ़ाते हुए चेतन ने कहा।

वह सैयद मिट्ठा पीर की समाधि से मुड़ कर पन्नालाल वाली गली में दाख़िल हुआ था तो दूर ही से उसे अपनी दुकान के तख़्ते पर बिछी मैली-कुचैली-सी दरी पर पूर्ववत नीचे को पैर लटकाये बैठा पन्नालाल दिखायी दिया। उसके चाचा अपनी पिचकी पगड़ी सिर पर बाँधे, छोटी-सी मेज़ के पीछे स्टूल पर मेज़ तक ऊँची किताबों की गड्डियों से घिरे, हिसाब-किताब में निरत थे।

चेतन को देखते ही, बिना उठे, उसके बढ़े हुए हाथ को गर्मजोशी से दोनों हाथों में

लेते हुए, उसकी बायीं बग़ल में फ़ाइल देख कर चेतन के हाथ को बायें हाथ में पकड़े दायें से उसकी ओर संकेत करते हुए पन्नालाल ने पूछा, "क्या नाटक लिख लाये हो?"

"मैं तो झूठा वादा करता नहीं," चेतन ने कहा, "हफ़्ता पहले घर से आया था। एल-एल०बी० का दाख़िला देना था और रहने-खाने की व्यवस्था करनी थी, सो लाहौर आने के दूसरे ही दिन नाटक ले कर शर्मा जी के यहाँ गया था कि वे नाटक देख लें, तुम्हारे नाम रुक्का दे दें तो मैं तुमसे बाकी पैसे ले कर काम चलाऊँ और जिससे रुपये ले कर दाख़िला दिया है, उसे वापस करूँ।" चेतन क्षण भर के लिए रुका, फिर उसने हाथ छुड़ाने की कोशिश करते हुए कहा, "नाटक तो शर्मा जी ने देखा नहीं, रुक्का लिख दिया है और मुझे देते हुए बोले —रुक्का तुम्हें इसलिए दे रहा हूँ कि इस काम के लिए तुम्हें दोबारा न आना पड़े। पन्नालाल तो किसी की मौत पर अपने ननिहाल गया हुआ है, तुम्हें मिलेगा नहीं।"

अपने उल्लास में सैद मिट्ठा तक आते-आते ६ टेम्पल रोड वाली गोष्ठी की बातें सोचते हुए चेतन का जैसा मूड बन गया था, वह पन्नालाल से मज़ाक करने वाला था कि 'अपने ननिहाल में नाना को चम्पत कर आये या नानी को,' लेकिन उसके चाचा की उपस्थिति में मौत को ले कर उससे यह मज़ाक नहीं हो सकता था। उसने कद्रे गम्भीरता से पूछा "किसकी डेथ हो गयी तुम्हारे ननिहाल में? भगवान न करे तुम्हारे नाना या नानी...."

"नहीं भाई," पन्नालाल ने कहा, "नाना-नानी तो स्वस्थ हैं। अचानक मामा हार्ट अटैक से चले गये।"

चेतन ने "च च....च च...." करते हुए अफ़सोस से कहा, "यह तो बहुत बुरा हुआ। फिर क्षण भर रुक कर इतना और जोड़ा, "लेकिन दोस्त, मौत का क्या ठिकाना। आदमी हँसता-खेलता चला जाता है और सगे-सम्बन्धी हाथ मलते रह जाते हैं।"

"यही तो हुआ," पन्नालाल ने कहा, "बाहर से आये, खूँटी पर कोट टाँगने लगे कि वहीं बैठ गये, लेट गये और बेहोश हो गये। जब तक डॉक्टर आता, उनके प्राण-पखेरू उड़ चुके थे।"

पन्नालाल देर तक मामा के सीधे-सच्चे व्यवहार, उनके चले जाने पर पिता की छत्र-छाया से वंचित बच्चों के अभाव, पत्नी की बेचारगी और पीछे छूट गयी उनकी कच्ची गृहस्थी पर दुख मनाता रहा। फिर उसने चेतन का हाथ छोड़ दिया और उसे तख़्ते पर बैठने का संकेत किया।

चेतन ने कनखियों से उस मैली-कुचैली, गन्दी दरी की तरफ़ देखा और, "नहीं, मैं ठीक हूँ। मुझे जल्दी है," कहते और बायाँ पैर तख़्ते पर टिकाते हुए, जेब से निकाल कर प्रोफ़ेसर शर्मा का रुक्का उसे दिया, जिसमें शर्मा जी ने पन्नालाल को नाटक के सम्पूर्ण होने की सूचना देते हुए, चेतन से नाटक ले कर उससे लिखा-पढ़ी करने और शेष राशि देने की बात लिखी थी।

रुक्का पढ़ कर पन्नालाल बहुत ख़ुश हुआ और बाछें खिलाते हुए उसने कहा, "कहिए, हम हर तरह हाज़िर हैं।"

"पहली बात तो यह है," चेतन ने कहा था, "कि चातक जी ने इसका जो नाम

तजवीज़ किया —राजपूताने का भीष्म —वह मुझे पसन्द नहीं। दकियानूसी और ऑबवियस है...."

"आभीयस क्या?" पन्नालाल ने कहा और नासमझी के अन्दाज़ में प्रश्नवाचक निगाहें चेतन की ओर उठा दीं।

"आभीयस नहीं, ऑबवियस याने एकदम स्पष्ट दिखायी देने वाला। 'राजपूताने का भीष्म' ऐसा शीर्षक है, जो नाटक के बारे में पाठकों को पहले ही अन्त की सूचना दे देता है और उनके मन में नाटक पढ़ने की उत्सुकता को ख़त्म कर देता है। इसकी तुलना में मुझे 'जस पराजय' बेहतर लगता है। 'जय पराजय' कथानक का तो अन्दाज़ नहीं लगने देता और मैंने जो और जैसा नाटक लिखा है, उस पर यही शीर्षक पूरी तरह फ़िट बैठता है।"

"लेकिन चेतन जी, माफ़ कीजिएगा, हमें वह नाम पसन्द है। वह स्पष्ट है और इस बात की तरफ़ इशारा करता है कि नाटक आदर्शवादी है। और क्या चाहिए ! नाटक कोई बी०ए०, एम०ए० वाले छात्र तो पढ़ेंगे नहीं, नाटक पढ़ेंगे हिन्दी 'रत्न' में पढ़ने वाले बच्चे और अगर नाटक नाम ही से आदर्शवादी लगता है तो क्या बुराई है। बल्कि और भी अच्छा है। पाठ्यक्रम समिति के सदस्यों को इसे स्वीकार करने में कोई झिझक न रहेगी।"

चेतन को लगा कि उस अनपढ़ और नितान्त जड़ प्रकाशक को नाज़ुक बात समझाना बेकार है। उसने कहा —

"मैं प्रकाशक होता तो यही नाम रखता, पर प्रकाशक तुम हो, पुस्तक के प्रकाशन पर पैसा तुम्हीं को लगाना है। मैंने नाटक अपने लिए नहीं, तुम्हारे लिए लिखा है, कोर्स में लग जाय, इस ग़रज़ से लिखा है। ठीक है, तुम जानो। यही नाम रख लो।"

शीर्षक के सम्बन्ध में चेतन की बात सुन कर पन्नालाल के चेहरे पर आशंका की जो हल्की-सी रेखाएँ उभरी थीं, वे एकदम तिरोहित हो गयीं और उसकी जगह सन्तोष और अपनी बात के मान लिये जाने का गर्व झलक आया।

"आप इस तरह हमारे साथ सहयोग करेंगे," उसने दाँत चियारते हुए सगर्व कहा, "तो देखते-देखते हम आपको कहीं-से-कहीं पहुँचा देंगे। "नीरव जी को देखा है न आपने, आज उनके नाटकों की कितनी माँग है, लेकिन वे यहीं सनातन धर्म स्कूल में मामूली हिन्दी टीचर थे और लाहौर में कोई उन्हें जानता भी न था।"

चेतन को मालूम नहीं था। उसने हुँकारा भरते हुए कहा —"अच्छा।"

पन्नालाल और भी जोश से कहने लगा, "सनातन धर्म सभा की बैठक में मुलाकात हुई। मालूम हुआ, कुछ कविता-अविता करते हैं। आने लगे। हमीं ने ज़ोर दे कर उनसे नाटक लिखवाया। उसी बरस कोर्स में लग गया। हमारे ही कारण स्कूल से उठ कर कॉलेज में आये...."

"नाटक तो मैंने चातक जी और प्रोफ़ेसर शर्मा के ज़ोर देने पर लिखा है, वरना मैं तो इस साल एल-एल०बी० का इम्तहान दूँगा, कम्पीटीशन में बैठूँगा, सब-जज बनूँगा। हाँ, आप मुझे अपने रसूख़ से सब-जज की जगह हाईकोर्ट का जज बनवा दें तो मैं इतना कर सकता हूँ कि 'राजपूताना के भीष्म' की तरह आप के लिए एक और ऐसा ही आदर्शवादी नाटक लिख दूँ।"

पन्नालाल चुप उसकी ओर देखता रह गया। उसकी समझ में नहीं आया कि चेतन उसके साथ गम्भीरता से बात कर रहा है या उसका मज़ाक उड़ा रहा है।

कुछ सूझ न पाने पर अचानक तत्पर होते हुए उसने कहा, "अरे चेतन जी, आप खड़े-खड़े बात कर रहे हैं। बैठिए न।"

और तख़्ते पर बिछी मैली-सी दरी पर कुछ परे हट कर उसने चेतन के लिए जगह बना दी। फिर ज़ोर से नौकर को आवाज़ दी, "ओये मुँडेया !"

दुकान के पीछे किताबों की गड्डियों में लगभग डूबा हुआ, पन्नालाल का वही —बड़ी-बड़ी बाहर को निकली पड़ती आँखों और बेहंगम चेहरे वाला —नौकर नमूदार हुआ।

"जी लाला जी।"

"ओए एद्धर आ ! दौड़ के घरों बर्फ़ डाल के चेतन जी लई माइयाँ....लस्सी दा इक गिलास लै आ।"

"पन्नालाल जी, आप तकलीफ़ न कीजिए।" चेतन ने कहा, "मैं आता-आता हरबिन्दर की दुकान से मीठी लस्सी का बड़ा गिलास पीता आया हूँ। अभी तो उसका ज़ायका भी मेरे मुँह से नहीं गया।"

"तो बाश्शाहो खड़े क्यों हो। बैठ के गल्ल करो।"

"देख यार पन्नालाल," चेतन ने तकल्लुफ़ छोड़ कर एक पैर तख़्ते पर रखते हुए खड़े-खड़े कहा, "मुझे जल्दी है। मेरा कॉलेज का सेशन शुरू हो गया है। दाख़िला तो मैं दे आया हूँ, लेकिन दसियों दूसरे काम निपटाने हैं। शर्मा जी की सिफ़ारिश पर तुमने सौ रुपये दिये थे। तभी मैं नाटक मुकम्मल कर पाया। मैं नहीं चाहता था कि शर्मा जी की बात झूठी पड़े, सो लाहौर आते ही सबसे पहले नाटक का मसौदा ले कर शर्मा जी से मिला था। उन्होंने चिट्ठी दे कर तुम्हारी ओर भेज दिया।"

"बहुत अच्छा किया, बहुत अच्छा किया।" पन्नालाल ने कहा, "लाइए, मसौदा दीजिए। आज ही प्रेस में दे देते हैं। प्रूफ़ शर्मा जी को भेज देंगे, वे प्रूफ़ पढ़ते हुए भाषा भी सुधार देंगे। इसी बार सबमिट कर दें और भगवान ने चाहा तो मंज़ूर भी हो जायेगा।"

"यह तो सब ठीक है," चेतन ने कहा, "मैंने आप से सौ रुपये पेशगी लिये थे कि मैं बिना वह रकम लिये, नाटक लिखने का मूड नहीं बना सकता था। नाटक तो मैंने लिख दिया। अब आप बताइए कि किस बेसिस पर आप इसे प्रकाशित करेंगे? कुछ लिखा-पढ़ी करेंगे या नहीं?"

"सब करेंगे। जैसा आप चाहेंगे, वैसा ही होगा। बोलिए।" पन्नालाल ने कहा।

"यूँ तो आपने कहा था कि आप एक रुपया प्रति पेज पेशगी देंगे, सौ रुपये मैं ले चुका हूँ, बाकी देख लीजिए कितने पृष्ठों का बनेगा।"

और उसने नाटक का मसौदा पन्नालाल को थमा दिया।

'हीरालाल जवाहरमल' का अपना हैण्ड-प्रेस था, जिसमें वे चार-चार अथवा आठ-आठ पृष्ठ छापते थे। छापते सुन्दर थे। प्रेस दिन-रात चलता था। उनकी सभी पुस्तकें उस ट्रेडल पर छपती थीं। पन्नालाल ने मसौदा ले कर कुछ हिसाब लगाया और बोला, "यह दो सौ पृष्ठों का बनेगा। छोटी-सी भूमिका शर्मा जी लिख देंगे। सो २१०-२२० पृष्ठ का हो

जायेगा। इससे ज़्यादा नहीं। कहिए तो अस्सी-सौ जितना आप चाहें, दे देते हैं। छपने के बाद बाकी हिसाब कर देंगे।"

चेतन ने फिर पन्नालाल से फ़ाइल ले ली और बोला —"सिर्फ़ इतने का ही बनेगा? यह तो यार मेरी ज़रूरत से बहुत कम है।" फिर जैसा कि वह रास्ते भर सोचता आया था, उसने धीरे-से कहा, "मुझे अभी अनारकली के चौरस्ते पर धर्मव्रत वेदालंकार मिल गये थे। जाने उन्हें किसने बता दिया कि मैं आप लोगों के लिए नाटक लिख रहा हूँ...."

"शर्मा जी से उन्हें पता चला होगा," पन्नालाल ने बेपरवाही से कहा।

"उन्होंने फ़ाइल मेरे हाथ में देखी," चेतन ने कहा, "और बोले, किधर की चढ़ाई है? मैंने बता दिया कि नाटक लिख लिया है, हीरालाल जवाहरमल एण्ड सन्स को देने जा रहा हूँ तब उन्होंने मुझसे कहा —देखिए, इसका कॉपीराइट मत बेचिएगा। वे कॉपीराइट माँगें तो आप नाटक हमें दीजिए, हम आपको बीस प्रतिशत रॉयल्टी देंगे।"

"वे क्या देंगे," पन्नालाल ने कहा, "आपको रॉयल्टी चाहिए, बीस प्रतिशत रॉयल्टी हमीं दे देंगे।"

चेतन क्या कहे, उसकी समझ में नहीं आया। वह चुप रहा।

"लेकिन एक बात समझ लीजिए," पन्नालाल ने कद्रे रुक कर कहा, "हम कॉण्ट्रैक्ट में बीस प्रतिशत रॉयल्टी लिख देंगे। नाटक भी छाप देंगे, लेकिन कोर्स में लग ही जायेगी, इसकी कोई गारण्टी नहीं। गोदामों में पड़ा सड़ता भी रह सकता है।"

"क्यों?" चेतन ने सिर्फ़ इतना पूछा।

"इसलिए कि हम जनरल पुस्तकों के तो प्रकाशक हैं नहीं कि किताब कोर्स में न लगे तो पुस्तकालयों में बिक जाय। हम तो कुछ वर्ष पहले तक सिर्फ़ संस्कृत में पुस्तकें छापते थे। इधर नीरव जी और बोर्ड के कुछ सदस्यों की कृपा से हिन्दी पाठ्य पुस्तकों का भी काम शुरू किया है। यदि पुस्तक पाठ्यक्रम में नहीं लगती तो गोदामों में पड़ी सड़ती ही रहेगी।"

"अगर मैं एकमुश्त रॉयल्टी पर पुस्तक दूँगा तो कैसे लग जायेगी?" चेतन ने पूछा।

"इसलिए कि तब हम आप की सारी रॉयल्टी बोर्ड के कन्वीनर डॉक्टर कैलाशनाथ भटनागर को चटा देंगे। वह परम खाऊ आदमी है। लेकिन खाता है तो काम कर देता है। प्रोफ़ेसर इन्द्रजीत शर्मा को कुछ भूमिका लिखने और भाषा का संशोधन करने के खाते में देंगे। वे पुस्तक का नाम प्रोपोज़ करेंगे। कैलाश नाथ भटनागर के साथ बोर्ड के तीन सदस्य हैं। किताब तो आपकी निश्चित लग जायेगी।"

"चातक जी बता रहे थे कि वे भी एक नाटक हिन्दी पुस्तक भवन के लिए लिख रहे हैं। ख़ुद धर्मव्रत वेदालंकार भी एक नाटक लिख रहे हैं। वे लोग प्रसिद्ध हैं। मुझे हिन्दी में कोई जानता नहीं।" चेतन ने कहा।

"उसकी आप चिन्ता न कीजिए।" पन्नालाल ने बेपरवाही से कहा। क्षण भर रुक कर बोला —"देखिए, अगर आप हमें कॉपीराइट पर पुस्तक देते हैं तो जान लीजिए कि आप का नाटक ज़रूर स्वीकृत होगा। माइयाँ चातक जी का तो नहीं लगेगा। क्योंकि चातक जी रॉयल्टी पर पुस्तक देंगे, प्रकाशक अपनी जेब से तो कौड़ी ख़र्च नहीं करेगा। शिवचन्द्र

दौड़-भाग ख़ूब करेंगे, पर ख़ाली दौड़-भाग से कैलाशनाथ भटनागर जैसा खाऊ आदमी नाटक मंज़ूर नहीं करेगा। रॉयल्टी पर तो वेदालंकार भी नाटक अपने प्रकाशन को देंगे, पर उनका लग जायेगा। क्योंकि प्रोफ़ेसर ज्योतिस्वरूप का बहुत रसूख़ है। वे लॉ कॉलेज में पढ़ाते हैं। जज के दामाद हैं। उनकी पहुँच सीधी वाइस चांसलर तक है।"

चेतन कुछ क्षण चुपचाप सोचता रहा कि कैसे बात करे कि उसकी मनोवांछा पूरी हो जाय।

"अब आप तय कर लीजिए कि आप क्या चाहते हैं —रत्न में आप का नाटक लग जाय और नाटककार के नाते आप मशहूर हो जायें या आप सिर्फ़ अपनी पुस्तक छपी देख कर सन्तुष्ट रहना चाहते हैं? आप जो चाहेंगे, वही हम करेंगे। रॉयल्टी ही पर देना चाहेंगे तो सौ रुपया, जो आपको पेशगी दिया है, उसके बदले कोई दूसरा काम ले लेंगे। शिकायत का मौका हम आपको नहीं देंगे। नाटक हमने लिखवाया है तो हमीं छापेंगे।"

"ठीक है," चेतन ने मन-ही-मन तय करके कहा, "आप कॉपीराइट पर छाप लीजिए। अभी आप मुझे सौ रुपये और दे दीजिए। बाकी जो भी बनेगा, बाद में दे दीजिएगा। लेकिन अगर आप मेरी छोटी-सी बात रख लेंगे," चेतन ने ज़रा सा रुक कर कहा, "तो मैं रॉयल्टी पर क़तअन ज़ोर नहीं दूँगा।"

पन्नालाल ने प्रश्नवाचक निगाहें उसकी ओर उठा दीं।

"रत्न में तो कई हज़ार छात्र बैठते हैं," चेतन ने कहा, "आप कई हज़ार का एडीशन छापेंगे। क्या आप मुझे हर नये संस्करण पर सिर्फ़ पचास रुपये की छोटी-सी रकम दे सकते हैं? उसके बदले में मैं पुस्तक को एक नज़र देख लूँगा। उसके प्रूफ़ पढ़ दूँगा। नये संस्करण की भूमिका लिख दूँगा। कोई ग़लती रह गयी हो तो सुधार दूँगा।"

"यह हो जायेगा," पन्नालाल ने आश्वस्त भाव से कहा।

चेतन बहुत ख़ुश हुआ क्योंकि पचास रुपये हर संस्करण पर देने की शर्त तो एक तरह से कितनी भी कम क्यों न हो, रॉयल्टी ही की मद में आ जायेगी। लेकिन उसने मन के उल्लास और सन्तोष को चेहरे पर नहीं आने दिया। वहीं लिखा-पढ़ी हो गयी। चेतन ने कॉण्ट्रेक्ट की एक प्रति और सौ रुपये ले कर किताबों के बण्डलों से घिरी छोटी-सी डेस्क पर हिसाब-किताब में तल्लीन लाला मोतीराम को 'नमस्कार' किया और पन्नालाल से हाथ मिलाता हुआ पलटा। तेज़-तेज़ चलता हुआ, जब वह सैद मिट्ठा बाज़ार में पहुँचा और अनारकली की ओर मुड़ा तो अपनी इस चतुराई और चाबुदस्ती पर एक क्षीण-सी शरारत-भरी मुस्कान उसके होंटों पर फैल गयी।

अट्ठाइस

माहेश्वरी बिल्डिंग की ख़ासी कुशादा सीढ़ियाँ चढ़ते हुए चेतन ऊपर की मंज़िल के बरामदे में पहुँचा तो उसकी भव्यता देख कर क्षण भर के लिए ऊपर की सीढ़ी पर रुका रह गया।

कमर्शियल बिल्डिंग के सामने, माल की एक ओर, माहेश्वरी बिल्डिंग की दुकानों को देख कर उसने कभी कल्पना भी नहीं की थी कि उनके ऊपर की मंज़िल पर इतना लम्बा-चौड़ा, भव्य बरामदा और उसके साथ इतने बड़े रिहायशी कमरे होंगे।

सीढ़ियों की सीध में बारह-पन्द्रह फ़ुट चौड़े बरामदे के पार एक गलियारा था, जिसके दोनों ओर बड़े हॉल-कमरे थे —अट्ठारह-बीस फ़ुट चौड़े, वर्गाकार, खुले और हवादार, जिनके दो-दो बड़े दरवाज़े बरामदे और गलियारे में खुलते थे। दायीं ओर के दरवाज़े बन्द थे, बायीं ओर के खुले थे। उनके बाहर छोटी-सी मेज़ रखे, आराम-कुर्सी पर बैठा भोला कुछ लिख रहा था।

"हैलो भोला !" कहता हुआ चेतन बढ़ कर उसके पास गया।

आँख उठा कर भोला ने दायें हाथ से, मेज़ के दूसरी ओर पड़ी आराम-कुर्सी की तरफ़ संकेत किया और बोला, "बैठो, मैं ज़रा यह पैरा ख़त्म कर लूँ।"

कुर्सी पर बैठ कर चेतन ने सामने कमरे की ओर निगाहें दौड़ायीं —बरामदे में खुलने वाले दोनों बड़े ऊँचे चौड़े दरवाज़ों के अन्दर सारा कमरा लगभग ख़ाली था। एक चारपाई बिछी थी, जिसके साथ एक मेज़, कुर्सी और रैक रखा था।

"चारपाई पर भोला सोता होगा," चेतन ने सोचा, "रैक में उसकी किताबें होंगी और मेज़ पर बैठ कर पढ़ता होगा....लेकिन खाना-पीना...." फिर स्वयं ही उसने मन में कहा, "शायद पीछे किचन वग़ैरा में कोई प्रबन्ध हो।"

वहाँ चुपचाप बैठे रहना उसके लिए कठिन हो गया। वह उठा और गैलरी में चला गया। हॉल-कमरे के दो दरवाज़े गैलरी में भी खुलते थे। उस कमरे के बाद फिर वैसा ही बड़ा कमरा था। लगभग ख़ाली। उसमें भी पहले कमरे की तरह बीचोंबीच एक चारपाई बिछी थी, जिस पर कुछ किताबें रखी थीं। उस कमरे के आगे एक ख़ासा बड़ा स्नानागार था। जिसकी नाली पर चेचक के दाग़ों से भरे गोरे चेहरे वाला एक पतला-छरहरा युवक जाँघिया और बनियान पहने कपड़े पछोर रहा था। चेतन को उसका चेहरा कुछ पहचाना-सा लगा। लेकिन उसे कुछ भी याद नहीं आया कि उसने उस युवक को पहले कहाँ देखा है। इससे पहले कि वह सिर उठाता, चेतन ने निगाहें हटा लीं और आगे बढ़ गया।

उस कमरे के आगे एक छोटा-सा कमरा था, जिस पर ताला पड़ा था। "किचन होगा," चेतन ने मन-ही-मन कहा। आगे गैलरी बन्द थी। चेतन लौट आया। लेकिन वह कुर्सी पर बैठा नहीं। भोला ने पैरा ख़त्म करके सिर उठाया तो उसके पास जा कर कुर्सी की पीठ पर हाथ रखे, खड़े-खड़े ही उसने कहा —"यार, बड़ी शानदार जगह रहते हो। लाहौर में तो इतने बड़े कमरे रईसों के भी नहीं होते...."

"रईसों ही के हैं।"

चेतन चुप प्रश्नवाचक दृष्टि से उसकी ओर देखता रहा। क्षण भर रुक कर भोला ने कहा —

"माहेश्वरी ब्रदर्ज़ कलकत्ते की मशहूर मारवाड़ी फ़र्म है। पहले लाहौर में उनका बहुत बड़ा कारोबार था और माहेश्वरी भाई ख़ुद उसे देखते थे। अब वे लोग कलकत्ते चले गये हैं। वहाँ उनकी कपड़े की दो-दो मिलें हैं। साल में एक आध हफ़्ते के लिए दोनों भाई

बारी-बारी यहाँ आते हैं, सो अपने लिए उन्होंने गैलरी की दोनों तरफ़ के फ़्लैट ख़ाली रख छोड़े हैं।"

"तुम्हारी क्या उनसे दूर-नज़दीक की रिश्तेदारी....?"

भोला ने उसकी बात काट दी। उसके स्वर में व्यंग्य के साथ थोड़ी चिड़चिड़ाहट थी।

"वो मारवाड़ी हैं, हम लाला," उसने कहा, "रिश्तेदारी क्या होगी!"

"आई ऐम सारी," चेतन ने कहा, "मेरा ध्यान दूसरी तरफ़ था। लेकिन इतना बड़ा फ़्लैट तुम्हें मिल कैसे गया? हमें तो आसानी से साली एक कोठरी तक किराये पर नहीं मिलती।"

"यह किराये पर नहीं है।" भोला ने उसी स्वर में उत्तर दिया।

चेतन ख़ामोश हो कर कुर्सी पर बैठ गया। कहा उसने कुछ नहीं, लेकिन उसकी आँखों में सवाल-ही-सवाल थे।

क्षण भर रुक कर भोला ने थोड़े सामान्य स्वर में जैसे उसे समझाते हुए कहा, "बात यह है कि बड़े माहेश्वरी भाई आज से बीस-पच्चीस साल पहले मेरे पिता के स्टूडेण्ट थे। तुम्हें मालूम नहीं, मेरे पिता बहुत अच्छे उस्ताद रहे हैं। उनके शागिर्द उन्हें बहुत मानते थे। माहेश्वरी भाई न सिर्फ़ होशियार थे, बल्कि ग्रहणशील भी थे। पिता उनसे बहुत प्रसन्न थे। बड़े धैर्य, प्यार और मेहनत से पढ़ाते थे। और माहेश्वरी भाई समझते हैं कि वे जो हैं, मेरे पिता के कारण हैं, कि उन्हें मेरे पिता की दुआएँ लगी हैं। वे जब लाहौर आते हैं, मेरे पिता के दर्शनों को ज़रूर जाते हैं। जब हम दोनों भाइयों के लाहौर पढ़ने की बात हुई तो मेरे पिता ने उन्हें ख़त लिखा। जवाब में उन्होंने इस फ़्लैट की चाभियाँ भिजवा दीं।"

चेतन फिर उठ कर बड़े हॉल-कमरे में गया। उसने कमरे का चक्कर लगाया और उसके दिल से एक लम्बी साँस निकल गयी। —कहाँ वे दोनों भाई थे कि उन्हें कहीं रहने लायक छोटी-सी जगह नहीं मिलती थी और कहाँ यह भोला था कि इतने शानदार कमरे उसके पास थे और उसे समझ नहीं आती थी कि उनका क्या करे। दोनों कमरों में एक-एक चारपाई रखे हुए था और इतने बड़े कमरों में उनका अस्तित्व पराया-पराया-सा लगता था।

दूसरे कमरे का ख़याल आते ही हठात चेतन की आँखों में बाथरूम की नाली पर कपड़े धोते हुए चेचक-मारे, दुबले-पतले युवक की काया घूम गयी। क्षणांश में उसने फिर याद करने की कोशिश की, लेकिन वह उसे अंग्रेज़ी मुहावरे के अनुसार 'प्लेस' नहीं कर सका —नहीं जान सका, कहाँ उसे देखा था। तब सहसा पलट कर उसने भोला से पूछा —

"यार, वह दूसरे कमरे में कपड़े कौन धो रहा है?"

"मेरे बड़े भाई हैं," भोला ने धीरे से आदर-भरे स्वर में कहा। क्षण भर रुका। फिर उसने और भी धीरे से कहा —"हरवंश लाल ! इस साल रुड़की के कम्पीटीशन में बैठे थे। ऐग्रीगेट में सेकण्ड आये, लेकिन सालों ने वाइवा में फिर फ़ेल कर दिया।"

"क्या पहले भी बैठ चुके हैं?" चेतन ने पूछा।

"यह उनका तीसरा चांस था। बहुत मेहनत की थी," भोला के स्वर में दुख और अपने भाई के लिए सहानुभूति थी, "लेकिन ये अंग्रेज़ मेहनती और दयानतदार अफ़सर नहीं चाहते। ऐसे अफ़सर चाहते हैं, जिन्हें देख कर लोग उनके रोब में आ जायें।"

तभी चेतन को याद आ गया कि उसने भोला के बड़े भाई को कहाँ देखा था।

०

चेतन बी०ए० करके लाहौर आ गया था और 'बन्दे मातरम' में नौकरी करने लगा था। उसका मित्र और मुहल्लावासी धर्मप्रकाश आनन्द (जो था तो उससे चार वर्ष छोटा, पर साहित्य-प्रेमी होने के नाते अपने बड़े भाई धर्मवीर की तरह उसका मित्र था) गवर्नमेण्ट कॉलेज, लाहौर में पढ़ने लगा था। धर्मवीर तो एफ़०ए० में फ़र्स्ट आते ही रुड़की के कम्पीटीशन में बैठा था, पास हो गया था और अब कहीं एग्ज़िक्टिव इंजीनियर लगा था। उसकी इच्छा थी कि उसका वह छोटा भाई आई०सी०एस० हो। धर्मवीर तो लाहौर के डी०ए०वी० कालेज में पढ़ा था, अपने भाई को उसने गवर्नमेण्ट कॉलेज, लाहौर में दाख़िल कराया था। आई०सी०एस० के कम्पीटीशन में किताबी योग्यता के अलावा जिस्मानी काबलियत को भी अंग्रेज़ लोग बहुत महत्व देते थे। इसलिए आनन्द न केवल टेनिस का बहुत अच्छा खिलाड़ी था, कॉलेज की जिमनास्टिक और तैराकी की टीमों का भी कप्तान था। चेतन एक दिन सुबह-सुबह गवर्नमेण्ट कॉलेज के जिमनैज़ियम में उसके करतब देखने पहुँचा था।

धर्मप्रकाश चमढ़ा-मढ़ी लकड़ी के लम्बे-ऊँचे सिर-विहीन घोड़े-ऐसे उपकरण पर करतब दिखाने जा रहा था कि एक पतला-छरहरा गोरा युवक जिमनैज़ियम में आ कर कुछ देर खड़ा रहा। फिर उसने बढ़ कर पैरेलेल बार पर दो-एक कलाबाज़ियाँ लगायीं। छत से लटकती रिंग को उछल कर पकड़ा और झूलने की कोशिश की। फिर थोड़ी देर डम्बेल उठा कर भाँजे और चला गया।

वापसी पर धर्मप्रकाश ने बताया था कि यह हरवंश लाल है। हमेशा फ़र्स्ट आता है, लेकिन जिमनास्टिक टीचर के लाख कहने के बावजूद बाकायदा कसरत करने नहीं आता। भाई धर्मवीर कहते हैं, यह कभी वाइवा में पास नहीं होगा। वहीं खड़े-खड़े चेतन की याद के पर्दे पर तीन-चार वर्ष पहले की वह घटना घूम गयी। हाँ, वह युवक भोला का यही भाई था। तब ज़्यादा तन्दुरुस्त था। अच्छे स्वास्थ्य की वजह से उसके चेहरे पर शीतला के दाग़ तब इतने स्पष्ट दिखायी न देते थे....चेतन की आँखों में अन्दर बाथरूम में बैठ कर कपड़े पछोरते भोला के बड़े भाई का चेहरा घूम गया। लगातार निराशा ने उस चेहरे पर कुछ अजीब-सी स्थायी बेज़ारी नक्श कर दी थी।

सहसा चेतन की निगाहें भोला के चेहरे पर टिक गयीं। वह तो अपने भाई से भी कमज़ोर दीखता था। हरवंश पतले-छरहरे थे, पर उन की देह सीधी तनी थी। भोला के कन्धों पर तो अभी से ज़रा-सा कूबड़ बन गया था और वह चश्मा उतारता था तो उसकी आँखें कुछ चुंधी लगती थीं। सहसा उसने पूछा —

"यार, तुम धर्मप्रकाश आनन्द को जानते हो।"

"हाँ, क्यों?" भोला ने अपनी छोटी-छोटी चुंधी-सी दीखने वाली आँखें उसकी ओर उठायीं। फिर वह उठा और उसने ज़ोर की अँगड़ाई ली।

"मैं सुबह से बैठा काम कर रहा हूँ," उसने कहा, "थक गया हूँ। आओ, ज़रा यहीं घूमते हैं।"

चेतन उसके साथ हो लिया।

"इस बिल्डिंग में यही ख़ूबी है," भोला ने कहा, "सैर करने के लिए कहीं माल-वाल पर जाने की ज़रूरत नहीं। खुला, हवादार, चौड़ा बरामदा है। जितना चाहे घूम लो। मैं थक जाता हूँ तो यहीं दो-चार चक्कर लगा कर ताज़ा दम हो जाता हूँ।

क्षण भर दोनों चुपचाप चलते रहे। फिर भोला ने कहा, "तुम आनन्द की बात कर रहे थे।"

"तुम्हें तो मालूम होगा," चेतन ने कहा, "आनन्द इंग्लिस्तान गया हुआ है। उसके बड़े भाई और बड़े मामा ने, शायद गंगाराम ट्रस्ट से कर्ज़ ले कर, उसे आई०सी०एस० बनने के लिए वहाँ भेजा है। उनका ख़याल है कि वहाँ कम्पीटीशन उतना सख़्त नहीं होता। यहाँ राजा-नवाबों और जागीरदारों के लौंडे, जो पढ़ने में उतने ब्रिलिएण्ट नहीं होते, सिफ़ारिश के बल पर पास हो जाते हैं।"

"वाइवा तो वहाँ भी है।" भोला ने कहा, "और अपनी तमाम चैम्पियनशिप के बावजूद आनन्द कुछ हमसे बेहतर शख़्सियत का मालिक भी नहीं लगता।"

"बहरहाल," चेतन ने कहा, "पिछली बार तो वह सिर्फ़ अनुभव के लिए बैठा था। पास हो गया, लेकिन पोज़ीशन नहीं पा सका। इस साल तैयारी से बैठा था। फ़र्स्ट आया, लेकिन वाइवा में फिसल गया। उसका बड़ा भाई धर्मवीर विलायत गया है, उसे तसल्ली देने और हौसला बढ़ाने।"

"देखो चेतन !" भोला ने रुक कर कहा, "कोई माने या न माने, लेकिन मैं मानता हूँ कि जी-जान से पढ़ना-लिखना, अपनी मंज़िल को सर करने की पूरी कोशिश करना, अपनी जगह है, लेकिन वह जिसे लक या डेस्टिनी कहते हैं, किस्मत, वह अपनी जगह है। डेस्टिनी प्लेज़ समटाइम्स ऐन इम्पॉर्टेण्ट पार्ट इन आवर लाइव्स, विच मे चेन्ज ऑल कोर्स। अगर आपके भाग्य में आई०सी०एस० होना नहीं लिखा तो आप इंग्लिस्तान छोड़, कहीं भी चले जाइए, आप नहीं होंगे आई०सी०एस०। और होना लिखा है तो यहीं बैठे-बैठे भी हो जायेंगे।"

"मेरे पिता इसे डिफ़ीटिस्ट मेण्टैलिटी का नाम देते हैं। वे असम्भव को मूर्खों के शब्दकोश का शब्द मानते हैं और कहा करते हैं कि एक माई का लाल जो कर सकता है, दूसरा माई का लाल भी कर सकता है। मैंने इस सूत्र को आज़माया है," चेतन ने ज़रा रुक कर कहा, "यह पूरा सच नहीं है। आधा सच है। पतली खाल वाला सेंसिटिव आदमी मोटी खाल वाले आदमी ऐसा नहीं हो सकता। फिर जिसके दिमाग़ में भुस भरा है, वह कैसे किसी काबिल और ज़हीन शख़्स का मुकाबला कर सकता है। लेकिन यह भी सही है कि अगर दो व्यक्ति एक जैसा ज़ेहन और सेहत रखते हैं तो एक आदमी जो कर सकता है, दूसरा उसके पदचिन्हों पर चलते हुए यकीनन वही कर सकता है। लक और किस्मत अपनी जगह है, लेकिन एफ़र्ट को नज़र-अन्दाज़ नहीं किया जा सकता। मैं यही मानता हूँ।"

"मानता तो मैं भी यही हूँ," भोला वापस आ कर कुर्सी पर बैठते हुए बोला, "वरना तीन बार कम्पीटीशन में नाकाम होने पर मैं कभी कानून में दाख़िला न लेता।"

भोला क्या कहना चाहता है, चेतन समझा नहीं। कानून से उसकी पहली विफलताओं

का क्या ताल्लुक है? वह नहीं जान पाया। अचानक उसने पूछा —"क्या सब-जजी के इम्तहान में बैठोगे?"

"नहीं जजी-वजी में मेरी कोई दिलचस्पी नहीं है।" भोला ने कहा, "कानून पास करके मैं डाकख़ाने में नौकरी कर लूँगा और तीस वर्ष की उमर तक कम्पीटीशन में बैठूँगा और आई०एफ़०एस० हो कर रहूँगा।"

"तब तो उम्र भी बढ़ जायेगी। वाइवा की वैतरणी पार करना और भी कठिन हो जायेगा।" चेतन ने कहा।

"जब डाकख़ाने का कोई अफ़सर तरक्की के लिए कम्पीटीशन में बैठता है," भोला ने कहा, "तो वाइवा पर उतनी सख़्ती से अमल नहीं होता।"

"तुम ज़रूर कामयाब होगे," चेतन ने ज़रा-सा हँस कर कहा, "वो ख़ान इनायत अली जो एफ़०ई०एल० की परीक्षा में चौथी पोज़ीशन ले गया है, शायद तुम्हारे इस इरादे से वाकिफ़ है। एक दिन कह रहा था — सरकार को तुम्हें बिना कम्पीटीशन के आई०एफ़०एस० बना देना चाहिए। वह बेकार में परेशान होगी। आई०एफ़०एस० तो उसे तुम्हें आख़िर बनाना ही पड़ेगा।"

"वह पाँच वक्त का नमाज़ी, मज़हब-परस्त और परहेज़गार आदमी," भोला ने हँस कर कहा, "अजीब ड्राई ह्यूमर का मालिक है ! जो बात तुम नहीं जानते, वह यह है कि करेगा वह भी यही, जो मैंने सोचा है। एक दिन बातों-बातों में उसने अपने दिल की बात बतायी थी। सच मानो तो मैंने उसके इरादे की बात सुन कर अपने मन में यह तय किया।"

"मुझे अचानक विवेकानन्द के एक भाषण में कही गयी बात याद आयी है," चेतन ने कहा, "जाने तुम इस सिलसिले में क्या सोचते हो।"

भोला चुपचाप उसकी बात सुनता रहा।

"विवेकानन्द की बात सोचता हूँ," चेतन ने कहा, "तो फिर लक, फ़ेट, किस्मत और भाग्य आदमी के आड़े नहीं आ सकते।"

भोला फिर चुप रहा।

"विवेकानन्द कहते हैं," चेतन ने कहा, "कि सौ में पंचानबे आदमी तो अपनी सारी शिक्षा-दीक्षा, ज्ञान-विज्ञान, बुद्धि-बल के बावजूद कमज़ोर होते हैं। दुनिया में उन्हें एक सहारे की ज़रूरत होती है। वे किसी देवी-देवता, मन्दिर-मस्जिद, पीर-फ़कीर की परस्तिश करते हैं, उससे मन्नत माँगते हैं और अपना भला-बुरा उसे सौंप कर सन्तुष्ट रहते हैं या फिर ज्योतिषियों और हाथ देखने वालों के दर पर जाते हैं। उनसे अपनी किस्मत पूछते हैं और उनके कहने पर अमल करते हैं। कभी ज्योतिषियों की बातें सच हो जाती हैं, लेकिन अक्सर उनका गणित झूठा पड़ जाता है। ज्योतिषियों की भविष्यद्वाणी बहुत कम सच्ची उतरती है और उनके चक्कर में पड़ने वाले प्रायः मार खा जाते हैं। विवेकानन्द के अनुसार ज्ञानी जानता है कि इस सारी सृष्टि को चलाने वाली शक्ति तो कण-कण में बसी है। लोग ऐसा मानते भी हैं। तब वे यह क्यों नहीं सोचते कि वह हम में भी निवास करती है। जब वह हममें भी है तो हम चाहे कितने भी छोटे क्यों न हों, उस सर्वशक्तिमान के अंश हैं। जब हम उसके अंश हैं —उसके चेतन अंश हैं तो क्यों किसी मन्दिर-मस्जिद में जायें? क्यों

किसी के आगे सर झुकायें। हम क्यों किसी ज्योतिषी या रम्माल से अपना भविष्य पूछें। हम क्यों न अपने को साध कर अपनी ज़िन्दगी के ख़ुद स्त्रष्टा बनें। और कितने भी छोटे क्यों न हों, स्वयं भगवान बन जायें।" और उसने इकबाल का शेर दोहराया, "ख़ुदी को कर बुलन्द इतना कि हर तकदीर से पहले, ख़ुदा बन्दे से ख़ुद पूछे, बता तेरी रज़ा क्या है। जो लोग अपने को साध लेते हैं, वे अपनी इच्छा-शक्ति से अपने भाग्य के विधाता भी बन जाते हैं।"

चेतन चुप हो गया। भोला भी चुप रहा। चेतन ने फिर कहा, "जाने क्यों मुझे विवेकानन्द की बात रैशनल लगती है। बुद्धि को छूती है। सोचता हूँ कि आदमी चाहे तो अपनी ज़िन्दगी को अपनी इच्छा के मुताबिक चला सकता है....अगर ऐसा हो तो किस्मत, लक, डेस्टिनी आदमी की इच्छा-शक्ति के आगे कैसे ठहर सकती है?"

चेतन भोला के उत्तर की प्रतीक्षा करता रहा। कुछ देर बाद भोला ने कहा, "यार, मैंने विवेकानन्द नहीं पढ़ा। ये गहरी फ़िलोसॉफ़िकल बातें हैं और फलसफ़े में मेरी कोई दिलचस्पी नहीं है। मुझे लगता है कि अगर ख़ान के मन में यह बात आयी कि वह कानून पास करके डाक विभाग की नौकरी करे और तीस साल की उम्र तक कम्पीटीशन में बैठे तो मैंने भी सोचा कि मैं ऐसा क्यों न करूँ। कौन जाने कि यह ऊपर वाले की मर्ज़ी नहीं है और उसने ही हमें यह प्रेरणा नहीं दी, हमारे लिए यह डेस्टिनी तय नहीं कर रखी है?"

चेतन ने एक लम्बी साँस भरी और बोला —"काश, आदमी के पास ऐसी मशीन हो, उसे ऐसी सिद्धि प्राप्त हो कि वह अपनी डेस्टिनी जान सके। उसके आगे सर झुका कर, ज़िन्दगी में उसे पूरा करे और बेकार की नुकसानदेह कोशिशों से बच जाये।"

भोला ने औलियाओं के-से अन्दाज़ में कहा, "जिनके लिए वह कोई डेस्टिनी तय करता है, उनके मन में अच्छी या बुरी प्रेरणा भरता है। मैं न ख़ान की बात जानता हूँ, न तुम्हारी। मैं मानता हूँ कि मेरी किस्मत में डाकख़ाने की नौकरी करके तीस साल की उमर तक कम्पीटीशन देना है और आई०एफ़०एस० होना है।"

चेतन ने कुर्सी ज़रा उसके करीब खिसकायी और सरगोशी में कहा, "भोला, मैं एक ऐसी घरेलू परिस्थिति में फँस गया हूँ कि मेरे लिए भी कम्पीटीशन में बैठना लाज़िमी हो गया है। मैं समझता हूँ कि शायद ऊपर वाले की भी यही इच्छा है।"

भोला ने कुछ नहीं कहा। वह चुपचाप उसकी बात सुनता रहा।

तब चेतन ने संक्षेप में अपने ससुर के पागल होने, सेठ वीरभान के घर में अपनी सास के महाराजिन की नौकरी करने और वहीं कृष्णा से अमीचन्द की सगाई से पैदा होने वाली स्थिति का उल्लेख किया और बोला, "आई०सी०एस०, फ़ाई०सी०एस० में बैठने की तो मेरी उम्र बीत गयी है, लेकिन मैं सब-जज ज़रूर बनना चाहता हूँ। तुम तो जानते हो, एफ़०इ०एल० में मैं फ़र्स्ट डिवीज़न में पास हो गया हूँ, लेकिन मेरी पोज़ीशन ७०० लड़कों में १००वें नम्बर पर आयी है। सौवीं पोज़ीशन ले कर कम्पीटीशन में तो नहीं बैठा जा सकता।"

"बैठा तो जा सकता है," भोला ने ज़रा-सा हँस कर कहा, "इसमें तो कोई रोक नहीं है। फ़ार्म भरने हैं, फ़ीस देनी है, लेकिन पास होना हो और सब-जज बनना हो तो फिर

ख़ास काबलियत से तो पास होना ही पड़ेगा।

"वही मैं कहता हूँ," चेतन ने कहा, "यार, कुछ मुझे भी बताओ —कैसे पढ़ूँ कि सेहत भी ख़राब न हो और डिस्टिंक्शन भी ले जाऊँ। मेहनत से मैं नहीं डरता," चेतन ने जोड़ा, "लेकिन पढ़ने और इम्तहान में बैठने का ढंग तो आना ही चाहिए। तुम पेपर करके दस-बीस मिनट पहले उठ आते हो और हम आख़िरी वक्त तक कलम घिसते रहते हैं तब भी सवाल छूट जाते हैं। मैं बी०ए० के आख़िरी साल में सारी-सारी रात पढ़ता रहा। मुझे तमाम कविताएँ ही ज़बानी याद न थीं, शेक्सपियर का नाटक ओथेलो सारे-का-सारा ज़बानी याद था, लेकिन हुआ क्या, वही थर्ड डिवीज़न आया। सब कुछ आता था, लेकिन पूरे पेपर ही नहीं हुए। सब में एक-डेढ़ सवाल छूट गया।"

"जाने आप लोग क्या लिखते रहते हैं कि सवाल छूट जाते हैं।" भोला ने कहा, "सवाल तो वही पूछे जाते हैं, जिनके उत्तर तीन घण्टों में दिये जा सकें। एग्ज़ामिनर न बेवकूफ़ होते हैं, न घामड़। अपना काम जानते हैं। हम तो कई बार कई पेपर समय से पहले ही ख़त्म कर लेते हैं।"

"यार भोला, कुछ हमें भी बताओ," चेतन ने ऐसे लहजे में कहा, जिसमें कुछ अनुनय का भाव मिला था, "तुम तो लायक आदमी हो, रिकॉर्ड होल्डर हो। आज ही से नहीं, पहले से ही क्लास में अव्वल आते हो। तुम्हारे सदके हम भी कहीं पहुँच जायेंगे।"

"बताने में क्या है," भोला ने कहा, "मैं बता देता हूँ। लेकिन प्रैक्टिस किये बिना तुमसे होगा नहीं।"

"यार, तुम बताओ। मैं प्रैक्टिस कर लूँगा।"

"पहले तुम यह समझ लो," भोला ने कहा, "जैसा कि मैंने अभी बताया, सभी पेपरों में सवाल ऐसे होते हैं, जिनके जवाब पूरे तीन घण्टे में दिये जा सकें। अगर तुम नहीं दे पाते तो कमी तुम्हारे यहाँ है, पेपर सेटर के यहाँ नहीं। —यह बात तुम अच्छी तरह ज़ेहन में बिठा लो।"

भोला क्षण भर के लिए रुका, फिर बोला, "अगर तुम समय से पूरे सवालों का जवाब नहीं देते तो ज़ाहिर है कि तुम ज़रूरत से ज़्यादा लिखते हो। सवालों के जवाब क्रिस्प, चुस्त, दुरुस्त और टू द पॉयण्ट होने चाहिएँ।"

भोला फिर क्षण के लिए रुक गया। थोड़ा सोचता रहा। फिर बोला, "तुमसे यह होगा नहीं, लेकिन अब के इम्तहान में तुम घड़ी ले कर बैठो। तीन घण्टे का पेपर है। दस मिनट उस समय में से सिर्फ़ ध्यान से पेपर पढ़ने के लिए छोड़ दो। शेष समय को सवालों के हिसाब से बराबर-बराबर मिनटों में बाँट लो और कोशिश करो कि तुम्हारे हर सवाल का जवाब उतने समय में दिया जा सके।"

"यार, यह तो ख़ासा मुश्किल है," चेतन ने कहा।

"सिर्फ़ प्रैक्टिस की बात है।" भोला ने कहा, "तुम पेपर करने से पहले कलाई से खोल कर घड़ी डेस्क पर रख लो और सबसे पहले बहुत ध्यान से दो बार पेपर पढ़ो और जानो कि उनमें क्या पूछा गया है। कोशिश करो कि जो पूछा गया है, उससे एक लाइन भी ज़्यादा न लिखो। अगर जवाब चार लाइनों में आता है तो पाँचवीं मत लिखो।"

चेतन मुटर-मुटर उसकी तरफ़ देखता रहा। उसके मुँह से एक भी शब्द नहीं निकला।

"मिसाल के लिए," भोला ने कहा, "एक सवाल नोट्स का आता है, जिसमें छोटी-छोटी टिप्पणियाँ लिखनी होती हैं। अब उनके नम्बर दो-दो या चार-चार होते हैं। ज़ाहिर है, उनमें से हर एक पर चार-चार, छै-छै लाइनें लिखनी होती हैं...."

चेतन ने ज़रा-सा हँस कर कहा, "मैंने तो कभी एक पेज से कम की टिप्पणी लिखी ही नहीं। बी०ए० की परीक्षा में तो इस प्रश्न के जवाब में मैंने पूरी कापी भर दी थी।"

"तभी सवाल छूट गये होंगे," भोला ने हँस कर कहा, "तुम यह समझो कि अगर उस सवाल के पूरे-के-पूरे नम्बर मिल जायँ तो भी क्या होगा। एक सवाल तो तुमने छोड़ ही दिया। तुम बी०ए० में फ़ेल नहीं हुए, यही ग़नीमत जानो।"

चेतन फिर थोड़ा-सा लजाजत से हँसा था। "आम स्टूडेण्ट यह समझता है," उसने कहा, "कि सवाल के जवाब में कम लिखा जायेगा तो पूरे नम्बर नहीं मिलेंगे।"

"बेवक़ूफ़ हैं, जो ऐसा समझते हैं।" भोला कदरे ऊँचे स्वर से बोला, "अगर किसी सवाल का जवाब एक-डेढ़ पैरे या एक-डेढ़ पेज में आता है तो उतने में ही देना चाहिए। तिमाही इम्तहान आयेगा तो कर के देख लेना। तुम्हें यकीन आ जायेगा।"

चेतन चुपचाप बैठा सोचता रहा। उसके सामने जैसे एक नयी दुनिया खुल रही थी, जिसका उसे आभास भी नहीं था।

फिर उसने कहा, "भोला, भई तुम तो रिकॉर्ड होल्डर हो, हमेशा फ़र्स्ट आते रहे हो, तुम ठीक ही कहते होगे। हमने न कभी ऐसा सोचा, न किसी ने बताया, न हमने किया, लेकिन अब मैं ज़रूर ऐसा करके देखूँगा। यह सब बताने के लिए मैं यार, तुम्हारा बहुत शुक्रगुज़ार हूँ।"

क्षण भर चुप रह कर उसने फिर जैसे उसे अपने भेद का साझीदार बनाते हुए ज़रा धीरे से सरगोशी में कहा, "मैंने एक ऐतिहासिक नाटक लिखा था। सौ रुपये पेशगी मिले थे। बाकी सौ मुझे अब मिले हैं। मैं कुछ किताबें ख़रीदना चाहता हूँ। कौन-सी ख़रीदूँ?"

"क्या तुमने एफ़०ई०एल० में पूरी किताबें नहीं ख़रीदीं?" भोला ने कहा।

"पहले तो पूरी किताबें मेरे पास नहीं थीं, पर अब तो सभी हैं।"

"फिर और क्या नयी किताब की ज़रूरत है? ज़्यादा फ़ालतू किताबें पढ़ने से दिमाग़ ही कनफ़्यूज़ होगा। कोर्स ही ठीक से याद कर लोगे तो काफ़ी है।"

"एक बार तो मैं पढ़ ही जाता हूँ, लेकिन इम्तहान के करीब तो चुनिन्दा टॉपिक्स और सवाल ही याद किये जाते हैं, इसलिए पूछता हूँ, कोई किताब उस सिलसिले में ज़रूरी हो तो बताओ।"

"एक बार पढ़ने से काम नहीं चलता। तीन बार तो कोर्स ख़त्म करना ही चाहिए।" भोला ने जैसे वेद वाक्य कह दिया।

"तीन बार....!" चेतन ने हैरत से पूछा, "तुम तीन बार पढ़ लेते हो?"

भोला हँसा, "हम तो पाँच-छै बार पढ़ते हैं, तीन-चार बार तो शुरू में पढ़ जाते हैं।"

"कैसे?" चेतन के स्वर में अचरज की मात्रा कम नहीं हुई थी।

"वह ऐसे," भोला ने कहा, "अभी हमारा सेशन शुरू हो रहा है। एक बार तो मैंने

सरसरी नज़र से सारा कोर्स पढ़ लिया है। जो बातें समझ में नहीं आयीं, उन पर निशान लगा लिये हैं। अब पढ़ाई शुरू होगी तो जिस दिन जिन विषयों के पीरियड होंगे, वे हम घर से पढ़ कर जायेंगे। यह दूसरी बार रिवीज़न होगा। टीचर चैप्टर पढ़ायेगा तो हम तीसरी बार उसे दोहरायेंगे। जो न समझ आयेगा, उसे हम पूछेंगे। घर आ कर फिर एक बार पढ़ लेंगे। पता भी नहीं चलेगा और चार बार चीज़ आँख के नीचे से निकल जायेगी और सब कुछ याद हो जायेगा। रटने-रटाने की भी ज़रूरत नहीं पड़ेगी। और हम तो इम्तहान के करीब भी फिर पूरा कोर्स दो बार पढ़ लेते हैं।"

"कमाल है !" चेतन ने जैसे अपने आप साश्चर्य कहा।

"इट इज़ ए वनरस जॉब," भोला ने कहा, "बट इट हैज़ टू बी डन इफ़ वी हैव टू पास द इग्ज़ैमिनेशन क्रेडिटेबली।"

"कैसा काम है?" चेतन ने हैरत से कहा, "तुमने अंग्रेज़ी का 'ओनरस' शब्द इस्तेमाल किया।"

"वनरस —यानी ऐसा काम, जो दूभर हो....मुश्किल...."

"हम तो इसे 'ओनरस' बोलते आये हैं," चेतन ने कहा।

"ग़लत बोलते हो —ओ-एन-ई, वन, आर-ओ-यू-एस, रस। वनरस।" भोला ने निश्चयात्मक ढंग से कहा।

चेतन चुप हो गया, हालाँकि उसे विश्वास था कि शब्द 'ओनरस' है, 'वनरस' नहीं। लेकिन भोला रिकॉर्ड होल्डर था, वह ग़लत उच्चारण कैसे कर सकता था? 'मैं ही ग़लत पढ़ रहा हूँगा।' चेतन ने मन-ही-मन कहा और विरोध नहीं किया। उसके जी में आयी कि फ़ौरन घर जाये और डिक्शनरी में जा कर शब्द और उसका उच्चारण देखे। उसके ज़ेहन में कुछ ऐसा आभास था कि उसने प्रोफ़ेसर के मुँह से यही उच्चारण सुना था। भोला एक-दो बार घड़ी पर आँख डाल चुका था। एक-दो बार उसने लिखने के लिए काग़ज़ भी अपनी ओर खिसकाया था। इसलिए मिलाने को हाथ बढ़ाते हुए चेतन उठा —

"अच्छा भाई, मैं अब चलता हूँ," चेतन ने कहा, "तुम काम कर रहे हो। मैंने तुम्हारा काफ़ी समय ले लिया। अब और वक्त बरबाद नहीं करूँगा। हालाँकि तुमसे बहुत कुछ जानने को मन होता है, लेकिन फिर आऊँगा।" वह क्षण भर रुका फिर बोला, "ख़ुशकिस्मती से नज़दीक ही रहते हो। यह बताओ, तुम्हारा कौन-सा वक्त या दिन थोड़ा ख़ाली होता है। मैं नहीं चाहता कि ऐसे वक्त आऊँ, जब तुम पढ़ने या लिखने में बिज़ी हो और तुम्हारा वक्त बरबाद हो।"

भोला ने वहीं बैठे-बैठे हाथ बढ़ा दिया। चेतन ने उसका हाथ अपने हाथ में ले कर ज़रा गर्मजोशी से हिलाते हुए फिर कहा, "यह तो बताओ कि तुम्हारा कौन सा वक्त या दिन ख़ाली होता है?"

भोला ने उसका हाथ हिलाते हुए कहा, "मैं इतवार को ख़ाली होता हूँ। कपड़े धोता हूँ। सफ़ाई करता हूँ और थोड़ा आराम भी करता हूँ। तुम शाम को इसी वक्त आ जाया करो। घूमने चला करेंगे और बातें भी किया करेंगे।"

"यार, तुमसे बहुत कुछ सीखना है। फ़िलहाल मेरा शुक्रिया कबूल करो। तुम कैसे

सारा दिन और रात पढ़ते हो, तुमसे यह भी जानना है। अभी तो मैं किताबें पूछने के लिए आया था। कुछ पैसे हैं। ख़रीदना चाहता था...."

"पिछले साल तो मैंने ऐसा नहीं किया।" भोला ने कहा, "कोर्स की किताबों पर ही निर्भर रहा हूँ और रिकॉर्ड भी तोड़ा है। लेकिन इस साल मैं सोचता हूँ कि कुछ नोट्स ख़रीद लूँ। ताकि तैयारी की छुट्टियों में उन्हें भी एक नज़र देख लूँ। उनमें पिछले बरसों के चुने हुए सवाल और उनके जवाब दिये रहते हैं। कई बार पेपर सेटर उन्हीं में से सवाल दे दिया करते हैं। आ जायें तो बहुत आसानी होती है।"

"ठीक है !" चेतन ने फिर उसका हाथ हिला कर मुड़ते हुए कहा, "मैं भी कुछ नोट्स ख़रीद लेता हूँ।"

वह पलटा और तेज़-तेज़ सीढ़ियाँ उतर आया।

०

भाई साहब किसी डेंचर पर पॉलिश कर रहे थे। चेतन चुपचाप परछत्ती पर गया। उसने डिक्शनरी निकाली उसमें शब्द देखा। हिज्जे तो वही थे —ओ-एन-ई-आर-ओ-यू-एस, लेकिन उच्चारण 'वनरस' नहीं 'ओनरस' ही था। 'मार दिया पापड़ वाले को !' चेतन ने मन-ही-मन नारा लगाया। 'यह साला रिकॉर्ड होल्डर है और इसे अंग्रेज़ी के मामूली शब्द का उच्चारण नहीं आता। दिन-रात पढ़ता है। रटता है। और बस !' उसने मन-ही-मन कहा और तय किया कि वह नोट्स वग़ैरह नहीं ख़रीदेगा और उसी तरह पढ़ेगा, जैसे भोला पिछले साल पढ़ता रहा और उसे पीछे छोड़ देगा। रुपये वह सब माँ को भेज देगा ताकि चन्दा का इलाज-उपचार बख़ूबी हो सके।

उसने ज़ोर से डिक्शनरी बन्द की। उसे यथास्थान रखा और ख़ुश-ख़ुश सीढ़ियाँ उतरा।

भाई साहब डेंचर को पॉलिश कर चुके थे। उसे मेज़ पर रख कर बाहर आते हुए उन्होंने चेतन से पूछा, "कहाँ गये थे?"

चेतन ने उन्हें भोला से अपनी मुलाकात का किस्सा सविस्तार बताया और अन्त में ठहाका लगाते हुए कहा, "यूँ तो वह रिकॉर्ड होल्डर है, लेकिन लगता है, ज्ञान उसको उतना नहीं है। 'ओनरस' को 'वनरस' कह रहा था। देख लीजिएगा भाई साहब, मैं भोला को एल-एल०बी० की परीक्षा में पीछे छोड़ दूँगा।"

भाई साहब भी ज़रा हँसे।

"लगता है, भोला इस साल थोड़ा नर्वस है।" चेतन ने कहा, "इस साल वह इम्तहानों के करीब नोट्स पढ़ने की भी सोचता है। कहा तो मैंने उससे यही कि मैं भी नोट्स पढ़ूँगा, लेकिन जैसे उसने कहा है, वैसे ही सिर्फ़ कोर्स की किताबें पढ़ूँगा और उसे पीछे छोड़ दूँगा। पन्नालाल ने मुझे नाटक की बाकी रॉयल्टी दे दी है। सोचता हूँ, माँ को रुपये भेज दूँ।"

अचानक भाई साहब ने जेब से एक ख़त निकालते हुए कहा, "यार, मैं भूल ही गया था। घर से तुम्हारे नाम तुम्हारी बीवी की चिट्ठी आयी है।"

चेतन ने लपक कर चिट्ठी ले ली और वहीं काउच पर बैठ कर पढ़ने लगा।

उनतीस

अपने छोटे-से कद के साथ मोटी खादी का कुर्ता-धोती और टोपी पहने, मेज़ से थोड़ा ही ऊपर सिरा नेहुड़ाये, लाला फ़िरोज़चन्द, मैनेजिंग डायरेक्टर, दैनिक 'बन्दे मातरम' पूरी तन्मयता से अग्र-लेख लिखने में तल्लीन थे। मेज़ की दूसरी तरफ़ अनजाने ही किसी याचक की-सी मुद्रा में बैठा चेतन इस बात की प्रतीक्षा कर रहा था कि वे अग्र-लेख पूरा कर लें तो वह उन्हें कहे कि वे उसे डॉक्टर गोपीचन्द भार्गव —चेयरमैन, श्रीमती गुलाब देवी मेमोरियल टी०बी० सैनेटोरियम —के नाम सिफ़ारिशी चिट्ठी लिख दें।

हालाँकि उनका चेहरा झुका हुआ था, कद ख़ासा छोटा होने से उनकी टोपी और एक कान ही उसे नज़र आ रहा था, लेकिन चेतन की कल्पना में उसके सामने उनका गोल-गुलगोथना, निहायत संजीदा और गम्भीर चेहरा विद्यमान था, जिस पर अनजाने ही उनके अन्तर की सहृदयता, करुणा और सौजन्य झलक आता था। 'बन्दे मातरम' की अपनी मुलाज़मत के दौरान, जाने कितनी बार उसने उस करुणा का अनुचित लाभ उठाया था। वे सब घटनाएँ एक-एक कर उसके सामने आ रही थी। अजीब बात है इस बात को जान लेने के बावजूद कि वह उन्हें जुल दे कर छुट्टी ले लेता है और अपनी पत्नी के साथ लॉरेंस बाग़ की सैर को चला जाता है, उन्होंने उसे एक बार भी नहीं कोसा था।

लाला फ़िरोज़चन्द 'सर्वेन्ट्स ऑफ़ पीपल सोसायटी' के आजीवन सदस्य थे और 'बन्दे मातरम' के मैनेजिंग डायरेक्टर और सोसायटी के अंग्रेज़ी मुख पत्र के सम्पादक की ज़िम्मेदारियाँ सँभाले हुए थे। इतने बड़े काँग्रेसी नेता होने के बावजूद, अनारकली के एक छोटे-से प्रेस के दरवाज़े में कुर्सी पर बैठे किसी साधारण प्रूफ़ रीडर की तरह पीपल्ज़ सोसायटी की किसी अंग्रेज़ी पुस्तक या किसी ब्रोशर के प्रूफ़ पढ़ने में उन्हें ज़रा भी संकोच नहीं था। बाज़ार से आने-जाने वाले मित्र-परिचित उन्हें इस तरह बैठे प्रूफ़ पढ़ते देख कर क्या सोचेंगे, उन्हें इस बात की परवाह नहीं थी। यह बात दीगर है कि उनके चेहरे की गरिमा उन्हें साधारण कर्मचारियों से विलग करती थी। उस मामूली-सी लोहे की कुर्सी पर, संकुल स्थान में बैठे, वे नेता ही लगते थे। अहं उनके यहाँ ज़रा भी नहीं था। बेहद शरीफ़, बेहद भले, दूसरों के काम आने वाले। शादी उन्होंने की नहीं थी। अपनी संजीदगी के बावजूद उनके स्वभाव में कुछ अजीब-सी विनोद-प्रियता थी। कई बार चेतन ने कद में उन जैसे ही छोटे डी०ए०वी० कॉलेज के अंग्रेज़ी अध्यापक डॉक्टर दीवानचन्द शर्मा के साथ बातें करते हुए उन्हें हास्य-व्यंग्य की फुलझड़ियाँ छोड़ते देखा था। राजनीतिक आन्दोलनों के झगड़ों-झाँझों और हंगामों से दूर, परम निर्लिप्त भाव से वे पीपल्ज़ सोसायटी और 'बन्दे मातरम' के सारे कर्तव्य निहायत ख़ामोशी से सरअंजाम देते थे।

हालाँकि कविराज रामदास के साथ शिमला में तीन महीने गुज़ार कर आने के बाद चेतन ने बिना किसी नोटिस के नौकरी छोड़ दी थी, जबकि शिमला को जाते वक्त उसने सिर्फ़ तीन महीनों के छुट्टी चाही थी और लाला धनपत राय के पूछने पर कहा था कि वापस आ कर वह सारी कसर निकाल देगा, लेकिन शिमला से आने के बाद वह चुपचाप घर बैठ गया था और थोड़ी देर फ़्री-लांसिंग करने के उपरान्त दैनिक 'वीर भारत' में काम करने लगा था। एक बार भी तो उसने 'बन्दे मातरम' के दफ़्तर की ओर नहीं झाँका था, लेकिन

जब भाई साहब ने उसे चन्दा का पत्र दिया था तो उसे पढ़ते ही बिजली के कौंधे-सा उसके दिमाग़ में 'गुलाब देवी टी०बी० सैनेटोरियम,' उसके अध्यक्ष डॉक्टर गोपी चन्द भार्गव और उन तक पहुँचने के लिए सहायतार्थ लाला फ़िरोज़चन्द का नाम आया था। अनन्त ने उसे जो सलाह दी थी, वह उसके कानों में गूँज गयी थी और त्रिवेदी जी के सम्मान में दी जाने वाली 'अज्ञात' जी की पार्टी में शामिल होने के लिए शुक्ला जी के साथ ६ टेम्पल रोड को जाते हुए उसने शुक्ला जी से सैनेटोरियम के बारे में जो सूचनाएँ प्राप्त की थीं, वे उसके ज़ेहन में घूम गयी थीं। लाला फ़िरोज़चन्द से मिलने में जो थोड़ा-बहुत संकोच उसके मन में था, वह अपनी पत्नी की बीमारी के उस आसन्न संकट के कारण एकदम तिरोहित हो गया था और उसने उसी वक्त लाला फ़िरोज़चन्द से मिलने का फ़ैसला कर लिया था।

पहले उसने सोचा था कि भाई साहब से बात करे और इस सिलसिले में उनसे सलाह भी ले, लेकिन वह जानता था कि वे कुछ भी राय नहीं दे पायेंगे। इसलिए वह पत्नी की चिट्ठी पढ़ कर बिना भाई साहब से कुछ कहे, फिर ऊपर परछत्ती पर गया था। कपड़ों का ट्रंक खोल कर उसने सबसे नीचे बिछे काग़ज़ पर एक कोने में सहेज कर रखे हुए मेयो हस्पताल के टी०बी० विशेषज्ञ के नुस्ख़े उठाये, जिन्हें वह अनन्त की बात याद आ जाने से सावधानी के तौर पर साथ ले आया था। चेतन ने उन्हें जेब में रखा और ख़ासी उतावली में सीढ़ियाँ उतरा। बाहर जाते हुए क्षण भर रुक कर उसने सिर्फ़ इतना कहा था —"भाई साहब, मैं ज़रा 'बन्दे मातरम' के दफ़्तर जा रहा हूँ। हो सकता है, मुझे आने में देर हो जाय। लेकिन मैं दुकान बन्द होने तक आ जाऊँगा।" यह कहते हुए दीवार पर लगी घड़ी पर एक नज़र डाल कर और यह देख कर कि अभी साढ़े पाँच बजे हैं और उसके पास पूरे ढाई घण्टे हैं, वह तेज़-तेज़ सीढ़ियाँ उतर गया था।

अपनी पत्नी का पत्र पढ़ कर उसे ख़ासा धक्का लगा था। अपनी सीधी, सरल भाषा में चन्दा ने सिर्फ़ चन्द पंक्तियाँ लिखी थीं कि यदि आप मुझे जीवित देखना चाहते हैं तो तत्काल अपने पास बुला लें। मेरे साथ सब लोग पहले जैसा व्यवहार कर रहे हैं, मेरी सेहत बहुत गिर गयी है और अगर आप मुझे फ़ौरन नहीं बुलाते तो आप मुझे शायद ज़िन्दा भी देख नहीं पायेंगे।

अनारकली बाज़ार की भीड़ में रास्ता बनाते हुए चेतन के दिमाग़ में वे सारे दृश्य घूम गये, जो उसने परीक्षा देने के बाद रिज़ल्ट के इन्तज़ार में जालन्धर रहने के विचार से वहाँ जाते ही देखे थे। उसकी भोली-भाली, सादालौह, हँसमुख बीवी का निहायत दुबला-पतला चेहरा, उसके सिकुड़े-मुचड़े —न जाने कब से साबुन का मुँह देखे हुए —गन्दे कपड़े, मैल-सने उलझे बाल चेतन की आँखों के सामने आ गये। और वह बेइन्तहा मेहनत, जो उसने अपनी पत्नी को फिर से स्वस्थ बनाने में की थी। वह सारी सेवा-सुश्रूषा, देख-भाल, उसे अपने हाथों नहलाना, कपड़े पहनाना, दूध-डबल रोटी और फल खिलाना! और उसके स्वस्थ होने पर उसका दिल लगाने को पहले कविताएँ, फिर अपने नाटक के दृश्य सुनाना — सब कुछ उसकी आँखों में घूम गया था और अब चन्दा ने लिखा था कि उसके घर वाले फिर पहले का-सा व्यवहार करने लगे हैं। वह लॉ कॉलेज में दाख़िल हो गया था, वह फिर कैसे वहाँ जा पायेगा, कैसे उसकी सेवा-टहल कर पायेगा, कैसे उसे मरणासन्न होने से बचा पायेगा। चन्दा ने ठीक ही तो लिखा था। वह कानून की पढ़ाई छोड़ कर स्वयं वहाँ नहीं

जाता अथवा उसे लाहौर बुला कर सैनेटोरियम में दाख़िल नहीं कराता तो चन्द ही महीनों में उसका ख़त्म हो जाना निश्चित था। नहीं —वह उसे यूँ नहीं जाने देगा, चाहे जैसे हो, चाहे उसकी ग़ैर-ज़िम्मेदारी से लाला फ़िरोज़चन्द जितने नाराज़ हों, वह उनसे डॉक्टर गोपीचन्द भार्गव के नाम ज़रूर चिट्ठी ले लेगा।

चेतन के होंटों पर एक बेहद क्षीण, व्यंग्यमयी मुस्कान आ गयी। वह जानता था कि उसने शिमला से आने के बाद बिना कोई सफ़ाई दिये या कारण बताये घर बैठ जाने में जो अनुचित हरकत की थी, लाला फ़िरोज़ चन्द उससे ज़रूर नाराज़ होंगे। उन्होंने उसके पास मिलने के लिए जो सन्देश भेजे थे, उसने उनकी कोई रसीद नहीं दी थी। उसे पूरा विश्वास था कि लाला फ़िरोज़चन्द की जगह अगर कोई दूसरा मैनेजिंग डायरेक्टर होता तो वह उनसे मिलने को जाने से पहले दस बार सोचता। कभी यूँ जाने का साहस न करता। वह पहले प्रिंसिपल छबील दास अथवा लाला अचिन्तराम अथवा पीपल्ज़ सोसायटी के किसी दूसरे सदस्य के पास जाता और उनकी सिफ़ारिश ले कर उनसे मिलता, लेकिन वह लाला फ़िरोज़चन्द की दर्दमन्दी और करुणा, उनकी भलमनसाहत और उदार-हृदयता से बख़ूबी परिचित था, इसलिए चन्दा का पत्र पाते ही उसने लाला जी से मुलाकात करने का दुःसाहस किया था। उसे पूरा विश्वास था कि लाला फ़िरोज़ चन्द उसकी सारी स्थिति जानेंगे, लॉ कॉलेज के दूसरे वर्ष में उसके पढ़ने, उसके घर की ग़रीबी और उसकी पत्नी के यूँ बीमार पड़ने की बात सुनेंगे तो ज़रूर दयार्द्र हो कर चिट्ठी दे देंगे। आख़िर उसने चालीस रुपये के नगण्य से वेतन पर चौदह-चौदह घण्टे अख़बार की सेवा की थी और इतना तो उसका हक बनता ही था।

जैसा कि अनन्त और शुक्ला जी ने उसे बताया था, गुलाब देवी टी०बी० सैनेटोरियम को खुले मुश्किल से डेढ़-दो वर्ष हुए थे। वहाँ पन्द्रह मरीज़ों के दाख़िल होने की गुंजाइश थी। चौदह, बड़े हॉल में और एक, साथ के स्पेशल कमरे में। हस्पताल ख़ैरायती था। शुरू में सत्तर रुपये देने पड़ते थे, फिर खाना-पीना रहना और दवा-दारू —सब वहाँ मुफ़्त होता था। अगर लाला फ़िरोज़चन्द की सिफ़ारिश से वह अपनी पत्नी को सैनेटोरियम में दाख़िल करा देता है —चेतन ने सोचा तो न केवल चन्दा की सेहत बेहतर हो जायेगी, वह घातक रोग का शिकार होने से बच जायेगी, बल्कि वह स्वयं भी चिन्ता-मुक्त हो कर एकाग्र भाव से अध्ययन कर सकेगा।

०

सहसा लाला फ़िरोज़चन्द ने अग्र-लेख ख़त्म करके घण्टी पर हाथ मारा। दूसरे क्षण चपरासी आ कर मेज के पास खड़ा हो गया।

"ज़रा लाला धनपतराय से दो मिनट के लिए आने को कहो," लाला फ़िरोज़चन्द ने कहा।

चेतन थोड़ा चौंका। वह आते वक्त दफ़्तर में नहीं गया था, न सम्पादन-विभाग के मित्रों से मिला था, न कातिबों से। अपनी धुन में वह दफ़्तर की ओर देखे बग़ैर, सीधा लाला जी के कमरे की चिक उठा कर खड़ा हो गया था।

उन्होंने अग्र-लेख लिखते हुए आँखें उठायी थीं और प्रश्नवाचक दृष्टि से उसकी ओर

देखा था।

"मुझे आपसे बहुत ज़रूरी बात करनी है।"

उन्होंने कुर्सी की तरफ़ इशारा करते हुए उसे बैठने को कहा था।

हालाँकि चेतन समझ गया था कि वे अग्र-लेख लिख रहे हैं, लेकिन ग़रज़मन्द बावला होता है। उसने कहा था, "आप अपना लेख पूरा कर लीजिए, मैं बाहर इन्तज़ार कर लेता हूँ।"

"नहीं, बाहर नहीं," उन्होंने फिर कुर्सी की ओर इशारा किया था।

चेतन चुपचाप कुर्सी पर जा बैठा था। वे लेख लिखने लगे थे। अब उन्होंने लाला धनपत राय को बुला लिया था और उन्हीं से उसने शिमला से वापस आ कर अपनी सीट सँभाल लेने के लिए कहा था। वह उनके सामने नहीं पड़ना चाहता था, लेकिन कोई चारा नहीं था। अपने इसी मूढ़ और ज़ालिम सम्पादक के अत्याचारों से परेशान हो कर जिसके साथ हफ़्ते-पखवाड़े झोड़ हो जाती थी और प्रायः लाला जी को बीच-बचाव करना पड़ता था —चेतन पत्र का व्यंग्य कॉलम लिखने वाले यूसुफ़ साहब के निकट हो गया था।

उस क्षणांश में उनके साथ गुज़ारे हुए विगत साल-डेढ़ साल के दिन उसकी आँखों में घूम गये और वह कुर्सी पर ज़रा चुस्त हो कर बैठ गया।

रात की शिफ़्ट में ही नहीं, दिन की शिफ़्ट में भी वे टाँगें मोड़ कर कुर्सी पर रखे ऊँघा करते थे, लेकिन चूँकि डमी एडीटर थे और 'बन्दे मातरम' राष्ट्रीय समाचार-पत्र था, इसलिए लाला जी के अग्र-लेख पर सम्पादक के नाते अपना नाम देने के कारण जेल जाने के लिए तैयार रहने के बदले, लाला धनपत राय बात-बात पर तंग करते थे। लाला फ़िरोज़चन्द उन के हाथों इतने आजिज़ आ गये थे, सम्पादन विभाग के अधीनस्थ लोगों की इतनी शिकायतें उन्हें सुननी पड़ीं कि आख़िर तंग आ कर लाला फ़िरोज़चन्द ने उन्हें बिना बताये उनकी डमी एडीटरी उनसे छीन ली थी। एक दिन लाला जी ने चुपचाप आ कर ज़रा-सा झुक कर जैसे धनपत राय के कन्धे से कहा था —"कल से सम्पादक के नाते मेरा नाम जायेगा।" लाला फ़िरोज़चन्द तो अपनी बात कह कर चले गये थे, लेकिन लाला धनपतराय अचानक अपनी डमी एडीटरी के आकाश से धरती पर आ रहे थे। चेतन का ख़याल था कि वे त्याग-पत्र दे कर चले जायेंगे। लेकिन वे डेढ़ सौ रुपया मासिक पाते थे और उस मन्दी के ज़माने में कौन उन्हें उतने रुपये देता। चेतन उनकी जगह होता तो त्याग-पत्र दे कर फ़ौरन अलग हो जाता, लेकिन वे अब भी अपनी जगह बने हुए थे। ज़ाहिर है, उनकी सारी हेकड़ी निकल गयी थी और वे सीधे ढंग से अपना काम करने लगे थे। ग़नीमत यही थी कि चेतन लाला फ़िरोज़चन्द के कमरे में बैठा था। उसे विश्वास था कि वहाँ लाला धनपत राय उससे कोई बात नहीं करेंगे। स्वयं भी उसने तय किया था कि उनकी ओर नहीं देखेगा। तभी खादी की धोती और खुले कॉलर की कमीज़ पहने, अपने गोरे अण्डाकार मुख और लम्बी, सुतवाँ, ज़रा-सी चमकती हुई नाक लिये, वे बाहर से आने के बदले दोनों कमरों के बीच का दरवाज़ा ज़रा-सा खोल कर दाख़िल हुए और चेतन के सामने पड़ गये।

चेतन अपनी जगह से उठा और उसने उन्हें "बन्दे मातरम, धनपतराय जी" कहते

हुए हाथ जोड़ दिये।

लाला धनपतराय ने उसकी ओर देख कर सिर झुका कर उसके अभिवादन का उत्तर दिया और एक भी शब्द कहे बिना, दोनों हाथ मेज़ पर रख कर और ज़रा झुक कर लाला जी का आदेश सुनने के लिए तत्पर हो गये।

"यह लीडिंग आर्टिकल ले लीजिए।" कहते हुए लाला फ़िरोज़चन्द ने अग्र-लेख की स्लिपें उनकी ओर बढ़ायीं और कहा, "ज़रा इसके प्रूफ़ ध्यान से देख लीजिएगा। कोई ग़लती न रह जाय। मुझे अभी लाजपत राय हॉल जाना है।"

लाला धनपत राय ने एक शब्द कहे बिना स्लिपें ली और चले गये। चेतन ने राहत की लम्बी साँस ली और फिर कुर्सी पर बैठ गया। लाला फ़िरोज़चन्द ने सामने पड़ी तख़्ती और पैड दायीं ओर खिसकाया और दोनों कोहनियाँ मेज़ पर रख कर ठोड़ी उस पर टिका कर चेतन की बात सुनने को तैयार हो गये।

क्षण भर के लिए चेतन ने दोनों हथेलियों में रखे उनके गोल-गुलगोथने मुख की ओर देखा, जिस पर लीडिंग आर्टिकल लिखने के कारण थोड़ी थकान आ गयी थी। उसने कहा —

"लाला जी, मैं एक बहुत ही बड़ी मुसीबत में फँस गया हूँ। मैं लॉ कॉलेज में दाख़िल हो गया था कि मेरी पत्नी की सेहत बच्चे को जन्म देने के बाद कुछ बिगड़ गयी। इस साल मैंने फ़र्स्ट डिवीज़न में एफ़०ई०एल० की परीक्षा पास की है और एल-एल०बी० में दाख़िल हुआ हूँ। लेकिन इसी बीच मेरी पत्नी की बीमारी नाज़ुक सूरत इख़्तियार कर गयी है...."

उसने सविस्तार अपनी पत्नी की बीमारी, घर की ग़रीबी और कठिन हालात में किसी-न-किसी तरह पढ़ाई जारी रखने के बारे में उन्हें अपनी स्थिति से अवगत किया और अन्त में अपना मन्तव्य प्रकट करते हुए कहा, "अगर आप डॉक्टर गोपीचन्द भार्गव से मेरी सिफ़ारिश कर दें तो मैं अपनी पत्नी को बुला कर गुलाब देवी टी०बी० सैनेटोरियम में दाख़िल करा दूँ। अभी उसका यह पत्र मिला है और मैं बेहद परेशान हूँ। सिवाय आपके कोई मदद नहीं कर सकता। मैं जानता हूँ, आप मुझसे नाराज़ हैं, लेकिन लाला जी मैं बहुत बुरे हालात का शिकार हूँ और डूबने से सिर उठाये रखने के लिए मुझे बहुत हाथ-पाँव मारने पड़ रहे हैं। मैंने डेढ़ वर्ष दिन-रात आप की सेवा की है। मैं कहाँ जाऊँ। हो सकता है, आपकी सहायता से मेरी पत्नी बच जाय और मैं कानून पास करके कम्पटीशन में बैठ सकूँ। मैं ता-ज़िन्दगी आपका शुक्रगुज़ार रहूँगा।"....और उसने जेब से पत्र निकाल कर लाला जी की ओर बढ़ा दिया।

लाला फ़िरोज़चन्द ने हथेलियों से मुँह उठाया। उसके हाथ से पत्र ले कर पढ़ा और उसे वापस कर दिया। पैड को आगे खिसकाया और डॉक्टर गोपीचन्द भार्गव के नाम सिफ़ारिशी पत्र लिख कर उसे दे दिया।

चेतन ने पत्र पढ़ा। हाथ जोड़ कर विनम्रता से उन्हें धन्यवाद दिया और कहा, "मैं कभी डॉक्टर साहब से मिला नहीं। वे कहाँ मिलेंगे? ज़रा-सा मुझे गाइड कर दीजिए।"

"वे वच्छोवाली में रहते हैं। मशहूर आदमी हैं। बच्चा-बच्चा उन्हें जानता है। आप अगर इस वक्त चले जायँ तो मिल जायेंगे। वे शाम को कहीं नहीं जाते, प्रैक्टिस करते हैं।"

चेतन ने फिर हाथ जोड़ कर उनको धन्यवाद दिया और कमरे से बाहर निकल आया। पहले उसने सोचा कि दफ़्तर में पुराने मित्रों से मिले, बैठे, बतियाये। लेकिन समय नहीं था। वह चुपचाप दफ़्तर के आगे से निकला और चार ही कदम में डेवढ़ी पार कर, सीढ़ियाँ उतर कर गली में आ गया। बायीं ओर मुड़ते हुए अचेतन रूप से उसने आँख उठा कर दायें मकान के झरोखे की ओर नज़र डाली। जिन दिनों वह 'बन्दे मातरम' में काम करता था, इस झरोखे में दफ़्तर के लम्बे, सींकिया ख़ज़ानची की बीवी अक्सर खड़ी दिखाई देती थी — निहायत तीखे नाक-नक्शे और बाँसुरी की मधुर ध्वनि-सी आवाज़ वाली, आबनूस से गढ़ी हुई किसी देवी की प्रतिमा-सरीखी! लेकिन वहाँ कोई न था। चेतन ने जिस तरह आँखें उठायी थीं, झरोखा ख़ाली देख कर उसने वैसे ही सिर झुकाया और तेज़-तेज़ चलता हुआ गली पार कर गया।

तीस

सितम्बर आधा बीत गया था। दिन के दस बजे थे और चेतन अपनी बीमार पत्नी और छोटे भाई परसराम के साथ गुलाब देवी टी०बी० सैनेटोरियम के लिए ताँगे पर जा रहा था। हालाँकि माहीलाल स्ट्रीट अनारकली से ताँगा लेते वक्त उसने ताँगे वाले से कहा था वे लॉरेंस बाग़ से होते हुए मॉडल टाउन जायेंगे। वहाँ से मील-डेढ़ मील आगे सैनेटोरियम है, लेकिन ताँगेवाला हाईकोर्ट से मुड़ कर मज़ंग की ओर से फ़िरोज़पुर रोड पर आ गया था। इच्छरा बहुत पीछे छूट गया था। नहर का पुल पीछे रह गया था और ताँगा सूनी, सपाट, कँकरीली सड़क पर एक-सी मन्थर गति से चला जा रहा था।

०

ताँगे पर पीछे चेतन और उसकी बीमार पत्नी बैठे थे। उनके पैरों के नीचे चन्दा के कपड़ों का छोटा-सा ट्रंक पड़ा था। परसराम आगे की सीट पर ताँगे वाले के साथ विराजमान था। हालाँकि सितम्बर के आधा बीत जाने से गर्मी कम थी, लेकिन धूप तेज़ थी। आँखें उसमें टिकती नहीं थीं। यही ग़नीमत थी कि ठण्डी हवा रमक रही थी। चेतन के तन पर वही उसका अकेला सूती सूट था, जो उसने ढाई-तीन वर्ष पहले अपने ससुर को पागलख़ाने में देखने के लिए जाते वक्त सिलवाया था। वही टाई, वही जूता और वही हैट —हैट भी — गर्मियाँ तो लगभग ख़त्म हो गयी थीं, हैट की कुछ वैसी ज़रूरत न थी, लेकिन चेतन सूट पहनता था, तो जाने किस ग्रन्थि के कारण उसे हैट पहनना भी ज़रूरी लगता था। बाल उसके लम्बे और घुँघराले थे। निक्कर कमीज़ के साथ तो वह नंगे सिर ही रहता, लेकिन सूट के साथ हैट ज़रूर पहनता। बराबर में चन्दा भी पूर्ववत रेशमी साड़ी पहने बैठी थी। उसका चेहरा, जिस पर चेतन की अनवरत सेवा-सुश्रूषा के बाद रंग लौट आया था, फिर मुरझा गया था। उसे फिर हल्का बुख़ार रहने लगा था। भूख मर गयी थी और शरीर शिथिल पड़ गया था —

पिछली शाम जब वह परसराम के साथ लाहौर पहुँची थी तो उसको देख कर एक तेज़ नश्तर चेतन के अन्तर में डूबता चला गया था। चन्दा ने ठीक ही लिखा था। अगर वह उसे तत्काल न बुलाता, महीना-पखवाड़ा भी देर करता, तो वह फिर उसी तरह सख़्त बीमार पड़ जाती, जैसा कि उसने एफ़०ई०एल० की परीक्षा देने के बाद जालन्धर अपने घर जाने पर उसे देखा था।

चेतन के दिल में बहुत ग़ुस्सा था, लेकिन उसने परसराम से कुछ नहीं कहा था। सिर्फ़ इतनी सूचना दी थी कि 'बन्दे मातरम' के पुराने सम्पादक के नाते अपने मैनेजिंग डॉयरेक्टर से कह कर उसने गुलाब देवी टी०बी० सैनेटोरियम में बिना फ़ीस चन्दा के इलाज का इन्तज़ाम कर दिया है। माँ और भाइयों को और परेशानी नहीं होगी। वह भी उसकी ओर से चिन्ता-मुक्त हो कर एकाग्र भाव से पढ़ाई जारी रख सकेगा।

अलग से कमरा तो उनके पास कोई था नहीं। न इतनी जल्दी कोई व्यवस्था ही हो सकती थी। चेतन ने उन सब को अधछत्ती पर पहुँचा दिया था। क्लिनिक के बन्द होने के बाद वह और परसराम गोपाल के ढाबे पर जा कर खाना खा आये थे। चन्दा ने कहा था कि वह बाटी में दूध और डबल रोटी ले लेगी। सो ढाबे से खाने के बाद चेतन एक लोटे में गर्म दूध और एक मँजी-धुली बाटी निकट के हलवाई के यहाँ से ले आया। चीनी एक चौड़े मुँह की शीशी में उन लोगों ने वक्त-ज़रूरत काम आने के लिए सँजो रखी थी। चेतन ने गर्म-गर्म दूध में आधी डबल रोटी डाल कर पत्नी को खिला दी थी।

रात को भाई साहब और परसराम तो ऊपर अधछत्ती पर सोये थे —भाई साहब पलँग पर और परसराम चेतन के बिस्तर पर। चेतन ने नीचे बाहर के वेटिंग-रूम में सोफ़े की कुर्सियाँ दोनों ओर दीवार के साथ और तिपाई दरवाज़े के कोने में रख दी थी। कपड़ों का ट्रंक जो चन्दा साथ लायी थी, उसने अधछत्ती पर नहीं चढ़ाया था; वह वहीं दूसरे किवाड़ के पीछे पड़ा था। चेतन ने उसे परे करके दीवार के साथ कोने में लगा दिया था और बीच की खुली जगह में अपने और चन्दा के लिए बिस्तर बिछा लिया था।

तब उसके कन्धे पर सिर रख कर चन्दा चुपचाप आँसू बहाने लगी थी।

चेतन ने उसे कुछ भी कहने का मौका नहीं दिया था। वह चुपचाप बड़े प्यार से उसके बाल सहलाता रहा था। भरे हुए गले से उसने सिर्फ़ इतना कहा था —

"चन्दा, मैं सब जानता हूँ। मैं अपनी माँ और अपने भाइयों को भी जानता हूँ, लेकिन ये सब-के-सब पुरानी परम्पराओं से बँधे दकियानूसी लोग हैं। इनसे किसी तरह की बात या बहस करना दीवार के साथ माथा फोड़ने के बराबर है। लेकिन अब तुम सैनेटोरियम में दाख़िल हो जाओगी और वहाँ तुम्हें हर तरह का आराम मिलेगा और तुम जल्दी ही स्वस्थ हो जाओगी।"

"लेकिन वे लोग मुफ़्त में कैसे इलाज करेंगे?" चन्दा ने सरगोशी में पूछा था।

"बात यह है," चेतन ने उसे समझाते हुए कहा था, "कि इस सैनेटोरियम के लिए जिस आदमी ने रुपया दिया है, उसकी पत्नी टी०बी० का शिकार हो गयी थी। उन्होंने उसकी याद में इस हस्पताल को बनाया है और गाँधीवादी होने के नाते इसे 'सर्वेण्ट्स ऑफ़ पीपल सोसायटी' के अधीन कर दिया है। यह सैनेटोरियम भी आम हस्पतालों की तरह पब्लिक

के लिए है —धर्मार्थ है। लेकिन इसमें कुछ बिस्तर पीपल्ज़ सोसायटी के लिए सुरक्षित हैं। जब मुझे मालूम हुआ कि डॉक्टर गोपीचन्द भार्गव की सिफ़ारिश पर मैं तुम्हें वहाँ दाख़िल करा सकता हूँ तो मैं अपने अख़बार के मैनेजिंग डायरेक्टर लाला फ़िरोज़चन्द से चिट्ठी ले कर उनके यहाँ गया और उनसे सैनेटोरियम के इंचार्ज डॉक्टर हीरालाल के नाम चिट्ठी ले आया। घर आ कर मैंने सबसे पहले माँ को ख़त लिखा कि तुम्हें तत्काल भेज दें। तुम चिन्ता न करो, मैं परसों ही ख़ुद साइकिल पर जा कर सैनेटोरियम देख आया हूँ और डॉक्टर हीरालाल से मिल आया हूँ। तुम वहाँ बड़े आराम से रहोगी। खाना तुम्हें वहीं से मिलेगा, कपड़े तुम अपने पहन सकती हो। इस ट्रंक को वहीं नर्स के कमरे में रख देंगे। मैं डॉक्टर से बात कर आया हूँ, तुम्हें सैनेटोरियम के नियमों के मुताबिक हफ़्ते में दो बार देख जाया करूँगा।"

और चेतन ने बायीं करवट हो कर कोहनी के बल ज़रा-सा उठ कर अपनी पत्नी की दोनों बड़ी-बड़ी ग़िलाफ़ी पलकें चूम ली थीं। दूसरे क्षण आश्वस्त हो कर चन्दा सो गयी थी। लेकिन चेतन दोनों हाथ सर के नीचे रखे, देर तक जागता रहा था।

o

ताँगे में पिछली सीट पर बैठे-बैठे वह सैनेटोरियम के संस्थापक के बारे में सोचने लगा कि क्या वह उसी तरह अपनी पत्नी की बीमारी से कष्ट पाता रहा होगा, जैसे वह पा रहा है। लेकिन धनी-मानी आदमी को चाहे दवा-दारू, इलाज-उपचार अथवा अच्छी ग़िज़ा और फलों की दिक्कत न हो, लेकिन अपनी पत्नी से प्यार करने वाला, उसे तिल-तिल मरते देख कर जो दुख पाता है, वह तो अमीर और ग़रीब में साँझा है। संस्थापक के बारे में सोचते-सोचते चेतन उसके वर्तमान व्यवस्थापक —डॉक्टर गोपीचन्द भार्गव के सम्बन्ध में सोचने लगा और सहसा उसकी आँखों के सामने भूगृह का-सा बना लम्बा-चौड़ा नीम-अँधेरा कमरा और उसमें एक लम्बी-चौड़ी मेज़ के साथ खड़े डॉक्टर गोपीचन्द भार्गव का दोहरे बदन का लहीम-शहीम शरीर तथा उनके साथ डॉक्टर साहब की गहरी, भारी, धीमी आवाज़ में होने वाली बातचीत घूम गयी....

o

....चेतन सुबह के समय पुरानी अनारकली में अपनी दुकान से सैद मिट्ठा बाज़ार लाला पन्नालाल से मिलने गया था। फिर वह दोपहर को भाई साहब के साथ खाना खाने पुरानी अनारकली गया। दोपहर बाद कृष्णलाल भोला के यहाँ और शाम को फिर बंगाली गली में 'बन्दे मातरम' के दफ़्तर लाला फ़िरोज़चन्द से मिलने। स्वभावतः उसे थोड़ी थकान महसूस होनी चाहिए थी। लेकिन चेतन की यह पुरानी आदत थी कि जब उसे किसी काम की चिन्ता होती, उसे भूख और थकान वग़ैरह, सब भूल जाती। उसकी सारी वृत्तियाँ उस एक काम को पूरा करने में लग जातीं। क्षण भर के लिए उसने सोचा था कि शाम हो गयी है, वह डॉक्टर भार्गव से दूसरे दिन मिल लेगा। लेकिन 'बन्दे मातरम' के दफ़्तर से नीचे उतरते ही उसे ख़याल आया कि डॉक्टर भार्गव नेता हैं, सरकार के विरोधी हैं, देश की स्वतन्त्रता का आन्दोलन छिड़ा है, कहीं कोई घटना-दुर्घटना हो जाय और वे जेल चले जायें तो लाला फ़िरोज़चन्द की सिफ़ारिश बेकार हो जायेगी। उसे मालूम था कि वे शाम के वक्त अपनी क्लिनिक में होते हैं, इसलिए उसने तय किया कि वह इसी वक्त उनसे मिलेगा और अर्ज़ी

पर उनके दस्तख़त करवा लायेगा।

बंगाली गली से गनपत रोड, वहाँ से अनारकली और अनारकली के चौरस्ते से वह सरक्यूलर रोड पर मच्छी हट्टा की ओर बढ़ा। सौभाग्य से एक चलते हुए ताँगे में मच्छी हट्टा तक उसे सीट मिल गयी। एक आना दे कर वह मच्छी हट्टा उतर गया और दरवाज़ा पार कर वच्छोवाली की ओर चल दिया।

०

चेतन वच्छोवाली में दाख़िल हुआ तो गली की संकुलता को देख कर हैरान रह गया। उसने वच्छोवाली के सँकरेपन और सघनता के बारे में बहुत सुन रखा था, पर वह पहले कभी इधर न आया था। बेहद तंग गली। उसके दोनों ओर तीन-तीन मंज़िले मकान —उसने ऊपर निगाह दौड़ायी तो शाम के आसमान की धुँधली-सी पट्टी जैसे आकाश से कट कर गली पर छायी हुई दिखायी दी। जालन्धर में उसके किसी मित्र ने कहा था —लाहौर की गलियाँ इश्क के लिए बहुत साज़गार हैं। प्रेमियों को कहीं दूर जाने या लुक-छिप कर एक-दूसरे को देखने की ज़रूरत नहीं। अपने-अपने मकानों की खिड़कियों में बैठे, न केवल वे एक-दूसरे को देख सकते हैं, बातें कर सकते हैं, बल्कि चाहें तो एक-दूसरे से हाथ भी मिला सकते हैं।

अपने दोस्त की बात याद आते ही चेतन के होंटों पर हल्की-सी मुस्कान फैल गयी। जालन्धर में सैदाँ गेट से उसके घर तक आने वाली गली भी ख़ासी तंग थी। लेकिन उसमें ताँगा सीधा ख़रादियाँ के चौक तक आ जाता था। वच्छोवाली में ताँगा आराम से जा सकता है, चेतन को इसमें सन्देह था। गली में दो-तीन जगह दरवाज़े बने थे, जिनके ऊपर दोनों ओर के मकान मिले हुए थे और दरवाज़ों के ऊपर बने कमरों की खिड़कियों में कहीं कोई बच्चा, कहीं कोई औरत नीचे से गुज़रने वालों पर सरसरी-सी निगाह डालती हुई दिखायी दे जाती थी।

ज़रूर ही वच्छोवाली के दोनों ओर लोहे के दरवाज़े होंगे और लड़ाई-झगड़े और मुसीबतों के दिनों में लोग राशन-पानी भर कर गलियों-मुहल्लों को किलों का रूप दे देते होंगे।....चेतन को अपने दादा की बात याद आयी, जिन्होंने एक बार बताया था कि कल्लोवानी मुहल्ले के सभी चौकों और गलियों के मुहानों पर लोहे के दरवाज़े होते थे और दंगे-फ़सादों के दिनों में उन्हें रात को बन्द कर दिया जाता था और मुहल्ले के लोग बारी-बारी पहरा देते थे —जालन्धर हो या लाहौर या दूसरे पुराने शहर —वे सब-के-सब पुराने ज़माने की याद दिलाते थे, जब पंजाब पर आये-दिन बाहर से आक्रमणकारी हमले करते थे और लोगों की जान-माल को हमेशा ख़तरा बना रहता था।

'अंग्रेज़ों ने और चाहे जो ज़ुल्म किया हो, देश के धन को दसियों तरह से विलायत ले गये हों, लेकिन उन्होंने न केवल पूरे देश को, भले ही अपने लाभ के लिए, रेलों और सड़कों से बाँध दिया है, बल्कि हर शहर के बाहर एक बड़ा, खुला हवादार शहर बसा दिया है' चेतन ने सोचा। चेतन को पूरा विश्वास था कि आज़ादी के बाद देश में ऐसी गन्दी, ग़लीज़, संकुल और गुंजान गलियाँ सपना हो जायेंगी। वह दिन कब आयेगा, चेतन नहीं जानता था। लेकिन उसे विश्वास था कि जिस तरह देश की सारी जनता में जागरूकता आ

गयी है और जैसे देश की स्वतन्त्रता का आन्दोलन चल रहा है, ये मुट्ठी भर अंग्रेज़ सारे देश को हमेशा के लिए ग़ुलाम नहीं रख सकेंगे।

तभी चेतन का ध्यान अपनी बीमार पत्नी की ओर चला गया। साइंस जैसे तरक्की कर रही है —मलेरिया, हैज़ा, पेचिश, चेचक, इन्फ़्लूएंज़ा जैसी घातक महामारियों के इलाज निकल आये हैं, वैसे ही यकीनन टी०बी० का भी इलाज निकल आयेगा। कौन जाने, भगवान ऐसा कर दे, चन्दा सैनेटोरियम में स्वास्थ्य लाभ कर ले और बच जाय।

०

चेतन ने सिर को झटका दिया था और डॉक्टर गोपीचन्द भार्गव के घर का पता पूछता हुआ तेज़-तेज़ आगे बढ़ा था। जैसा कि सामने से आते हुए एक व्यक्ति ने उसे बताया था, गली में काफ़ी दूर जाने पर एक लाल हवेली के आगे दरवाज़े के एक ओर डॉक्टर गोपीचन्द भार्गव के नाम की प्लेट लगी थी। बाहर दरवाज़े के दोनों ओर चबूतरे थे, जिनमें से बायें पर एक चपरासी-नुमा व्यक्ति बैठा था।

चेतन ने पूछा, "डॉक्टर साहब हैं?"

"नीचे, दवाख़ाने में हैं।"

"उनसे मिलना है।"

"क्या काम है?"

"उन्हीं से काम है। 'बन्दे मातरम' के मैनेजिंग डायरेक्टर लाला फ़िरोज़चन्द ने भेजा है।"

चपरासी ने उसे अपने पीछे आने का इशारा किया। ख़ासी खुली ड्योढ़ी से होते हुए, बायीं ओर तीन सीढ़ियाँ उतर कर चेतन चपरासी के पीछे-पीछे एक लम्बे-चौड़े तहख़ाने-ऐसे आयताकार कमरे में दाख़िल हुआ, जिसमें दायीं ओर दीवार के साथ शीशे की अलमारियों में दवाइयाँ रखी थी। उनके आगे एक लम्बी पैण्ट्रीनुमा मेज़ थी, जिसके इधर डॉक्टर गोपीचन्द भार्गव उनकी तरफ़ पीठ किये, कोई नुस्खा बना रहे थे। चपरासी उसे कमरा दिखा कर लौट गया। चेतन ने बढ़ कर कहा —"बन्दे मातरम, डॉक्टर साहब।"

डॉक्टर भार्गव उसकी तरफ़ मुड़े। चेतन ने जेब से लाला फ़िरोज़चन्द की चिट्ठी निकाल कर उनके हाथ में दे दी।

डॉक्टर साहब ने खड़े-खड़े उसे पढ़ा। फिर कमरे की दायीं ओर बाहर से आने वाले दरवाज़े से ज़रा-सा हट कर दीवार के साथ लगी मेज़-कुर्सी पर जा बैठे और चेतन को मेज़ की दूसरी ओर रखे स्टूल पर बैठने का संकेत किया। उस क्षणांश में चेतन ने एक उड़ती-सी नज़र सारे कमरे पर डाली, फिर उसकी निगाह डॉक्टर भार्गव के चेहरे पर केन्द्रित हो गयी —दूध-धुली खादी के कुर्ते, धोती और टोपी में डॉक्टर गोपीचन्द भार्गव को उसने कई बार देखा था। हफ़्ते में दो या तीन बार वे लाजपत राय हॉल में किसी-न-किसी मीटिंग में आते थे। कई बार चेतन 'बन्दे मातरम' की ओर से मीटिंग की कार्रवाई की रिपोर्ट लेने वहाँ गया था। हालाँकि उसने उनसे कभी बात नहीं की थी, लेकिन उसके मन पर उनके व्यक्तित्व का बहुत प्रभाव था। न केवल उनका कद ऊँचा था, बल्कि शरीर भी बहुत भारी था। गोल चेहरा, बच्चों जैसे फूले हुए गाल, काफ़ी मोटे होंट, ख़ासी मोटी चपटी नाक,

बड़ी-बड़ी ग़िलाफ़ी पलकें, चौड़ा माथा, घनी भवें और सिर पर गाँधी टोपी —चेतन समझता था, शायद वे दर्शन अथवा इतिहास में पी-एच०डी० लिये हुए हैं, कहीं किसी डी०ए०वी० कॉलेज या स्कूल के प्रिंसिपल रहे हैं, नौकरी छोड़ कर स्वतन्त्रता-आन्दोलन में शामिल हो गये हैं और अपनी विद्वता के कारण पीपल्ज़ सोसायटी के अध्यक्ष-पद पर आसीन हो गये हैं....लेकिन यह उसने कभी सपने में भी नहीं सोचा था कि वे वच्छोवाली के एक नीम-अँधेरे भूगृह-ऐसे कमरे में ऐलोपैथी की प्रेक्टिस करते हैं।

डॉक्टर साहब के संकेतानुसार वह स्टूल पर बैठ गया और उसने उन्हें सविस्तार अपनी पत्नी की बीमारी के बारे में बताया कि लगभग दो साल पहले उसके यहाँ लड़के ने जन्म लिया था। उसके जन्म के कुछ हीं महीने बाद उसकी बीवी को ज्वर आने लगा था। इलाज-उपचार के बाद थोड़ा ठीक भी हुआ, लेकिन वह थकन और कमज़ोरी की शिकायत करती रही और फिर बिस्तर पर पड़ गयी। वह अपने सीमित साधनों के बावजूद उसका इलाज-उपचार कराता रहा है, लेकिन उससे कोई लाभ नहीं हुआ है। इधर उसने जालन्धर के मेयो हस्पताल में उसे दिखाया था और वहाँ के टी०बी० स्पेशलिस्ट, डॉक्टर औलक ने यक्ष्मा का सन्देह प्रकट किया है।

"तुम्हारे पास डॉक्टर की कोई रिपोर्ट वग़ैरह है?" डॉक्टर भार्गव ने पूछा।

"रिपोर्ट तो नहीं है, लेकिन मेयो हस्पताल के डॉक्टर ने अपने पैड पर जो दवाएँ दी हैं, उनके नुस्ख़े हैं। उन्होंने पक्का तो नहीं कहा है कि टी०बी० है, लेकिन शक ज़ाहिर किया है।" और चेतन ने जेब से सारे नुस्ख़े निकाल कर डॉक्टर भार्गव की ओर बढ़ाते हुए कहा, "मैंने सुना है कि पहली स्टेज में इस बीमारी का इलाज हो सकता है। अगर आप की मेहरबानी से मेरी पत्नी सैनेटोरियम में दाख़िल हो जाय तो शायद बच जाय। वरना हमारे मुहल्लों में तो इस बीमारी से जवान औरतें दो-तीन महीनों में पार हो जाती हैं।"

"लेकिन तुम्हारी पत्नी, तुम कहते हो, डेढ़-दो साल से बीमार है।"

"मैं लगातार उसका इलाज और तीमारदारी करता रहा हूँ।"

"पढ़ी-लिखी है?"

"नहीं, उतनी पढ़ी-लिखी तो नहीं। जब शादी हुई थी तब वह पाँच जमात पास थी। लेकिन कुछ ऐसे हालात हुए कि मैंने उसे बी०ए० कराने और ख़ुद एल-एल०बी० में फ़र्स्ट डिवीज़न ले कर सब-जजी के कम्पीटीशन में बैठने का फ़ैसला किया...."

और चेतन ने सविस्तार अपने ससुर के पागल होने, अपनी सास के जालन्धर छोड़ कर लाहौर आने और अपने पति की सेवा करने के लिए सेठ वीरभान के यहाँ महाराजिन की नौकरी करके हर इतवार बादामों की गिरियाँ और मिसरी मिले दूध का लोटा लिये पैदल तीन मील की मंज़िल पार कर पागलख़ाने जाने और अपने पति को बादाम खिलाने और दूध पिलाने का ज़िक्र किया। सेठ वीरभान के यहाँ अपने मुहल्लावासी सहपाठी अमींचन्द की सगाई का उल्लेख करते हए अपनी मनोवैज्ञानिक उलझन बतायी कि किस प्रकार उसने अपनी पत्नी की स्थिति को मज़बूत करने के लिए उसे बी०ए० कराने और ख़ुद एल-एल०बी० करने का फ़ैसला किया। उसकी पत्नी जी-जान से पढ़ने लगी और वह पढ़ाने लगा और उसकी पत्नी ने पहले 'रत्न' किया, फिर 'प्रभाकर' किया। उसने स्वयं

एफ़०ई०एल० में पिछले साल फ़र्स्ट डिवीज़न लिया। इस साल वह एल-एल०बी० में दाख़िल हो गया है, लेकिन उसकी पत्नी बीमार हो गयी है और वह परेशान हो गया है....आदि....आदि....

डॉक्टर गोपीचन्द भार्गव बड़े ध्यान से उसकी बात सुनते रहे। उनके चेहरे पर कुछ अजीब-सी दया-मिश्रित-करुणा का भाव आ गया। धीरे से उन्होंने कहा —

"तुम उससे बहुत प्यार करते हो?"

"प्यार क्या होता है, मैं नहीं जानता डॉक्टर साहब," चेतन का कहा, "लेकिन वह बहुत भली, भोली, हँसमुख, उदार और अपने स्वभाव से अपने इर्द-गिर्द ख़ुशी फैला देने वाली औरत है।" और उसने यह भी बताया कि कैसे उसने उसके बड़े भाई की कुर्सी के लिए अपने आठ तोले के ज़ेवर दे दिये और किसी को बताया नहीं।

सहसा डॉक्टर साहब ने मेज़ पर दायीं ओर पड़े पैड का एक काग़ज़ निकाला और उसके ऊपर अपने क्लिनिक के पते वाले हिस्सा काट कर उसे दिया और कहा —"लिखो, मैं तुम्हें अर्ज़ी लिखवा देता हूँ।"

और उन्होंने चेतन को थोड़े से शब्दों में एक बहुत अच्छी और प्रभावी दरख़्वास्त लिखवा दी। उसके साथ लाला फ़िरोज़चन्द की चिट्ठी नत्थी की, उस पर सैनेटोरियम के इंचार्ज के नाम अपनी सिफ़ारिश लिख कर चेतन को दे दी और बोले, "यह ले जाओ। शुरू में सत्तर रुपये जमा कराने होंगे। फिर सब इलाज-उपचार, दवा-दारू, खाना-पीना वहीं होगा। हफ़्ते में दो बार शनि-इतवार को उसे देखने जा सकते हो।"

चेतन ने काग़ज़ तह करके अपनी जेब में रखे और उठ खड़ा हुआ। हाथ जोड़ कर उसने कहा, "डॉक्टर साहब, मेरी एक ही अर्ज़ है। हमारे घरों में टी०बी० के मरीज़ की जो दुर्गत करते हैं, वह आपसे छिपी नहीं। लॉ का इम्तहान मई में होता है। सितम्बर तो बीत गया, सात-एक महीने की बात है, मैं चाहता हूँ तब तक मेरी बीवी सैनेटोरियम में रहे। मैं आपका एहसान जीवन भर नहीं भूलूँगा।"

उसने झुक कर उनके घुटने छू लिये।

डॉक्टर गोपीचन्द भार्गव ने उसकी पीठ थपथपायी और उठे।

"जाओ, अपनी बीवी को सैनेटोरियम में दाख़िल करा दो और ऊपर वाले पर भरोसा रखो," उन्होंने उसे आश्वस्त किया, "जब तक तुम्हारा इम्तहान नहीं हो जाता, मैं उसे रिलीज़ नहीं होने दूँगा। तुम 'बन्दे मातरम' के सम्पादन-विभाग में काम करते रहे हो, उम्मीद करता हूँ, अड़चन नहीं होगी। बेड थोड़े हैं, बीमार ज़्यादा हैं, लेकिन अख़बार के पुराने सेवक के नाते इतना तुम्हारा हक बनता है।"

और उन्होंने फिर उसकी पीठ थपथपायी।

चेतन ने उनका शुक्रिया अदा किया और उन्हें 'बन्दे' कह कर ख़ुश-ख़ुश बाहर निकल आया। उसे लगा, जैसे अब उसकी पत्नी निश्चय ही स्वस्थ हो जायेगी। वह तेज़-तेज़ वच्छोवाली पार करके मच्छी हट्टा के गेट पर आया। बाहर निकल कर स्टेशन को जाते हुए एक ताँगे पर बैठ गया। वहाँ पहुँच कर उसने स्टेशन के डाकघर से एक कार्ड लिया और माँ को लिखा कि ख़त मिलते ही उसकी पत्नी को लाहौर भेज दे। वह उसे फ़ौरन गुलाब

देवी टी०बी० सैनेटोरियम में दाख़िल करा देगा।

०

"बाबू जी मॉडल टाउन का रास्ता तो आ गया है।" ताँगे वाले ने थोड़ा-सा मुड़ कर कहा, "हस्पताल अभी और कितना आगे है?"

चेतन का ध्यान टूट गया, उसने सर उठाया, "बस, थोड़ी ही दूर है। आध-एक मील और होगा। तुम ज़रा जल्दी ले चलो भाई।"

ताँगे वाले ने टिटकारी भरी, हण्टर घुमाया, घोड़े को मीठी-सी गाली दी और घोड़ा तेज़ भागने लगा।

तभी चेतन की निगाह बायीं ओर ताँगे को देख कर सड़क से ज़रा नीचे होते हुए एक सिख साइकल-सवार पर गयी और उसके होंटों पर अनायास मुस्कान आ गयी और वह हैरत-भरे स्वर में चिल्लाया —

"चन्दा, देखो इस सरदार को, पूरा घर ही उठा कर साइकिल पर चला जा रहा है।"

तभी उसके छोटे भाई और बीवी ने भी उधर देखा —सचमुच अजीब दृश्य था।

एक नौजवान सिख साइकिल पर सवार था। पीछे कैरियर पर उसकी पत्नी एक बच्चे को गोद में लिये बैठी थी। सरदार ने दूसरे ज़रा बड़े बच्चे को आगे बैठा रखा था और सिर पर एक चारपाई और उस पर बिस्तर उठाया हुआ था और वह मज़े-मज़े चला जा रहा था।

चन्दा के मुरझाये हुए चेहरे पर हल्की-सी चमक आ गयी और उसकी बत्तीसी खिल गयी। परसराम ने केवल 'वाह-वा' कहा और ताँगेवाला हँस कर बोला, "तगड़े जाट हैं साहब, इनकी हिम्मत का क्या कहना।"

सरदार फिर सड़क पर हो गया था। ताँगा भागा जा रहा था। चेतन देर तक सरदार को देखता रहा। तभी सहसा चेतन ने गर्दन मोड़ कर आगे की ओर देखा। दूर, बायीं ओर, कई एकड़ के अहाते में तेज़ धूप में चमकती हुई एक छोटी-सी सफ़ेद बिल्डिंग पर उसकी नज़र गयी।

"वह रहा सैनेटोरियम," चेतन ने ताँगे वाले की ओर देख कर बायें हाथ की उँगली से संकेत किया, "अभी पाँच मिनट में पहुँच जाते हैं।"

ताँगे वाले ने फिर टिटकारी भरी, हण्टर घुमाया और घोड़ा सरपट भागने लगा।

इकतीस

हालाँकि चेतन पिछले दिन परसराम और चन्दा के साथ सुबह ही नाश्ते के बाद घर से निकल गया था, लेकिन वापस आने में उन्हें बहुत देर हो गयी थी। उसकी अपनी भूख तो कब की मर गयी थी, लेकिन परसराम ख़ूब हृष्ट-पुष्ट और बलिष्ठ, एक ही हल्ले में हज़ार-हज़ार दण्ड पेलने वाला नौजवान था। भूख के मारे उसकी आँतें जल रही थीं। गोपाल का ढाबा तो कब का बन्द हो चुका था। चेतन उसे सिन्धी होटल में ले गया था। उसने

आलू-मटर और उरद की दाल की प्लेटें मँगायी थीं और अपने छोटे भाई को अच्छी तरह खाना खिला कर फ़्रण्टियर मेल में चढ़ाने चला गया था।

गाड़ी सरकने लगी थी तो उसने परसराम से कहा था —"माँ से कहना, चिन्ता न करे। अव्वल तो कौन जाने चन्दा सैनेटोरियम में तन्दुरुस्त हो जाय। न भी हुई तो भी मैं इम्तहान तक उसे वहीं रखूँगा। माँ और भाइयों को भी परेशानी नहीं होगी और मैं भी ध्यान लगा कर इम्तहान की तैयारी कर सकूँगा। माँ से कहना —जो भी हो, मैं दिन-रात पढ़ूँगा और डिस्टिंक्शन ले कर सब-जजी की कम्पीटीशन में बैठूँगा और उसके आशीर्वाद से सफल हो कर भी दिखा दूँगा।"

चेतन स्टेशन से बाहर निकला था तो शाम गहरा गयी थी, बत्तियाँ जल गयी थीं, हल्की-सी हवा रमकने लगी थी। चेतन अपने आपको बहुत हल्का महसूस कर रहा था। उसे लगता था, जैसे उसके कन्धों से कोई भारी बोझ उतर गया हो। हालाँकि लाहौर से लोहारी गेट के अड्डे तक ताँगे में एक आना प्रति सवारी लगता था, लेकिन पाँच पैसे में उन दिनों एक आदमी पेट भर कर खा सकता था। एक आना अतिरिक्त देने पर ढाबे वाला एक प्लेट गोश्त देता था और दो पैसे में शुद्ध घी में प्याज़ के कतले डाल कर दाल छौंक देता था। चेतन ने अपने उस हल्के मूड में ताँगे पर एक आना ख़र्च करना बेकार समझा। पैसे उसके पास कम हो गये थे। अब उसे पैसा-पैसा बचाने की ज़रूरत थी। बजाय सरक्युलर रोड की ओर से वापस आने के, वह मेक्लोड रोड पर पैदल चल पड़ा। उसने तय किया कि उधर से निस्बत रोड और उसके बाद मेयो हस्पताल के सामने से हो कर हस्पताल के साथ-साथ नीला गुम्बद को जाने वाली ढालुवाँ सड़क से दुकान पर पहुँचेगा।

चेतन की यह पुरानी आदत थी कि वह समय का कोई क्षण बेकार न जाने देता था। सैर करते हुए या एक जगह से दूसरी जगह पैदल जाते हुए वह निरन्तर अपनी समस्याओं के बारे में, अपनी रचनाओं के बारे में, सोचा करता था। उस वक्त, जब उसके कॉलेज का सत्र शुरू हो गया था और उसके पास जो सौ रुपये थे, उनमें से सत्तर तो सैनेटोरियम के दाख़िले में और दस रुपये ताँगे में आने-जाने और छोटे भाई को खाना खिलाने में ख़र्च हो गये थे, स्वभावतः उसे आगे की चिन्ता हो आयी थी। उसने तय किया था कि थोड़ा अतिरिक्त श्रम करके, वह कहानियाँ लिखेगा। 'गृहस्थी' के सम्पादक को एक कहानी देने की बात थी। उसके अलावा उसने तय किया था कि वह दूसरे अख़बारों में भी जायेगा और जब तक हर महीने बीस-पच्चीस रुपये की स्थायी व्यवस्था नहीं हो जाती, वह कहानियाँ लिख कर कुछ-न-कुछ निश्चित रूप से अर्जित कर लेगा। मेक्लोड रोड पर अपने विचारों में तल्लीन चलते हुए अचानक दो वर्ष पहले पटियाला हाउस की नुमाइश की एक दिलचस्प घटना व्यंग्यात्मक कहानी का रूप धर कर उसके ज़ेहन में कौंध गयी और उसके आरम्भ, मध्य और अन्त की रूप-रेखा बनाता हुआ, मेक्लोड और निस्बत रोड पार कर, वह हस्पताल के साथ-साथ ढलान उतर कर माहीलाल स्ट्रीट की ओर से दुकान तक पहुँचा।

भाई साहब अन्दर किसी पेशेण्ट के साथ व्यस्त थे। वह वेटिंग-रूम में काउच पर पसर गया और तिपाई से उस हफ़्ते का 'इलस्ट्रेटिड वीकली' उठा कर पढ़ने लगा।

जाने कितने दिनों के बाद उसे यह सुख प्राप्त हुआ था।

०

हालाँकि चेतन दिन भर व्यस्त रहा था, ताँगे में अनारकली से गुलाब देवी टी०बी० सैनेटोरियम आठ मील जाने-आने और परसराम को फ़्रण्टियर मेल में चढ़ा कर पैदल वापस अपने ठिकाने पहुँचने के कारण वह बेहद थक गया था, लेकिन जब रात को गोपाल के ढाबे से खाना खाने के बाद वह आ कर लेटा तो उसकी आँखों में नींद नहीं थी। भाई साहब तो बिस्तर पर पड़ते ही सो गये थे। लेकिन चेतन लाख कोशिश करने पर भी सो न पा रहा था। उसके ज़ेहन में वह कहानी घूम रही थी, जो उसने स्टेशन से वापस आते हुए सोची थी। हार कर वह उठा। उसने भाई साहब के पलँग के नीचे से चौकी खींची, उस पर टेबल लैम्प रखा, पलँग के नीचे से तख़्ती उठायी, उसकी चुटकी में काफ़ी काग़ज़ लगे हैं, यह देख कर चेतन ने उसे आगे रखा। टेबल लैम्प का स्विच दबाया और पृष्ठ के शुरू में शीर्षक लिखा —

मुफ़्त के नौकर

लेकिन इससे पहले कि वह कहानी के आरम्भ में कोई ऐसी चुटीली पंक्ति लिखता, जो पाठक को तत्काल बाँध लेती, भाई साहब ज़ोर से ख़र्राटे लेने लगे। चेतन की वृत्तियाँ अचानक कहानी की लीक से रपट कर भाई साहब के ख़र्राटों पर जा लगीं और कहानी की पंक्तियाँ उसके ज़ेहन में अस्त-व्यस्त हो गयीं। चेतन ने बरबस ख़र्राटों से ध्यान हटा कर ज़ेहन को कहानी के आरम्भ की पंक्तियों में लगाने की कोशिश की, लेकिन जब वह उधर से ध्यान हटा कर पहली पंक्ति सोचने की कोशिश करता, उसका ध्यान फिर उन्हीं ख़र्राटों में जा लगता। दिलचस्प बात यह है कि भाई साहब के ख़र्राटे बहुत बुलन्द नहीं थे, हल्के ही थे, लेकिन उनमें एक आवाज़ के साथ दूसरी पतली नकनकी ऐसी आवाज़ निकलती थी, जिससे अजब-सा संगीत पैदा होता था और अनचाहे भी चेतन का ध्यान उसके आरोह-अवरोह में जा लगता था।

हार कर उसने चौकी को परे खिसका दिया, सीढ़ियों के जँगले से पीठ लगा ली, पैर पसार लिये और आँखें बन्द कर लीं। हठात उसकी आँखों में गुलाबदेवी टी०बी० सैनेटोरियम की सफ़ेद इमारत, डॉक्टर हीरालाल का लम्बा-छरहरा शरीर, उनसे हुई मुलाकात और चन्दा को सैनेटोरियम में दाख़िल कराने की घटनाएँ आ गयीं। भाई साहब के ख़र्राटों को भूल कर वह उनमें खो गया। —दोनों हाथ सिर के पीछे रखे, छत के दायें कोने में आँखें जमाये, उसके सामने सैनेटोरियम के दृश्य एक के बाद एक आने लगे....

०

जब वह अपनी पत्नी के साथ ताँगे में सैनेटोरियम के पास पहुँचा था तो एकड़ों खुली धरती के बीचोंबीच बनी सैनेटोरियम की छोटी-सी सफ़ेद इमारत विशाल सागर में बने किसी सुन्दर, सुबक महल-सी दिखाई देती थी। वे गेट के अन्दर चौड़ी पक्की सड़क पर बढ़े थे। सड़क के दोनों ओर छोटे-छोटे पेड़ लगे थे। चेतन ने कल्पना की कि कुछ समय बाद वे पेड़ बड़े हो जायेंगे और सड़क छायादार हो जायेगी। उस के दोनों ओर हरी घास के बड़े-बड़े लॉन और फूलों की क्यारियाँ थीं, जिनमें ज़ीनिया और बालसम के फूल खिले थे। सैनेटोरियम में अभी एक-डेढ़ वॉर्ड ही बना था। ताँगा इमारत के बाहर पक्के, चौड़े अहाते

में रुक गया था। तीन सीढ़ियों के बाद चौड़ा बरामदा था —वहाँ दायीं ओर इंचार्ज डॉक्टर का कमरा था। चेतन ताँगे से उतरा। ट्रंक उतार कर उसने बरामदे में खम्भे के साथ रख दिया, फिर पत्नी को सावधानी से उतारा, और उससे कहा कि ट्रंक पर आराम से बैठ जाये। जेब से उसने डॉक्टर गोपीचन्द भार्गव की सिफ़ारिशी चिट्ठी निकाली और डॉक्टर के कमरे की तरफ़ लपका, चपरासी स्टूल पर नहीं था। चेतन ने ज़रा-सा दरवाज़ा खोल कर देखा, डॉक्टर साहब थे, वह अन्दर चला गया।

डॉक्टर हीरालाल बड़ी-सी मेज़ के पीछे बैठे थे। बहुत लम्बे-ऊँचे, पतले-छरहरे आदमी थे। चेतन ने उन्हें 'नमस्कार' किया और बोला, "डॉक्टर साहब, मैं अपनी बीवी को ले आया हूँ।"

डॉक्टर हीरालाल उठे थे और उसके साथ बाहर आ गये थे। चेतन ने अपनी बीमार पत्नी को सहारा दे कर उठाया था। ताँगे वाले और अपने छोटे भाई को वहीं रुकने और परसराम से ट्रंक पर नज़र रखने के लिए कहा था और डॉक्टर के पीछे-पीछे अपनी पत्नी के साथ वॉर्ड में दाख़िल हुआ था।

वॉर्ड बहुत बड़ा आयताकार हॉल था। उसमें दोनों ओर मरीज़ औरतों के बिस्तर लगे थे। उनमें से कुछ ख़ाली थे। सैनेटोरियम नया-नया खुला था। आम लोगों को उसका पता भी न था। फिर उस ज़माने की प्रचलित धारणा के अनुसार साधारण लोग सोच भी न पाते थे कि लाहौर ऐसी गर्म जगह में टी०बी० जैसे घातक रोग का सैनेटोरियम हो सकता है। उनके ज़ेहन में सैनेटोरियम के साथ पहाड़ों की कल्पना थी —धर्मशाला में सैनेटोरियम था, कसौली में सैनेटोरियम था, लेकिन लाहौर में सैनेटोरियम....इसे आम लोगों में विरला ही जानता था।

वॉर्ड की छत ऊँची थी और उसमें दोनों ओर पंक्तियों में बिजली के पंखे लगे थे। साफ़-शफ़्फ़ाफ़ मोज़ेक का फ़र्श, धूल का शायबा भी नहीं था। दोनों ओर नये निवाड़ी बेड, जिनमें कुछ पर बीमार औरतें लेटी हुई थीं। बाहर धूप के बावजूद अन्दर कमरे में हल्की-हल्की ठण्डी हवा रमक रही थी। चेतन अपनी पत्नी के साथ डॉक्टर के पीछे-पीछे पूरा वॉर्ड पार कर, सामने के एक छोटे वॉर्ड में पहुँचा। उसमें दायें-बायें दो बेड लगे थे।

"इन्हें अभी सात दिन इस वॉर्ड में रखा जायेगा।" डॉक्टर हीरालाल ने कहा था, "सब तरह के टेस्ट किये जायेंगे। फिर इन्हें बड़े वॉर्ड में एक बेड दे दिया जायेगा।"

और यह कहते हुए डॉक्टर ने पिछले बरामदे का दरवाज़ा खोल कर बायीं ओर के कमरे से वॉर्ड की इंचार्ज-नर्स, मिस सुलताना को आवाज़ दी थी।

दूसरे क्षण तीस-बत्तीस वर्ष की, हल्के साँवले रंग, मँझोले कद, दुबले-पतले चेहरे, लम्बी नाक, चौड़े माथे और छरहरे शरीर वाली एक ख़ुशमिज़ाज नर्स आ गयी।

"ये नयी मरीज़ हैं, मिस सुलताना," डॉक्टर हीरालाल ने चन्दा की ओर संकेत करते हुए कहा, "सात दिन इस वॉर्ड में रहेंगी। इनका हर तरह से इन्वेस्टीगेशन होगा। फिर उस वॉर्ड में शिफ़्ट कर दिया जायेगा।"

और उन्होंने मिस सुलताना से चन्दा का बिस्तर लगाने के लिए कहा। फिर चन्दा की ओर मुड़ कर बोले, "अभी आप का बिस्तर लग जाता है। आप आराम कीजिए। किसी बात

की चिन्ता मत कीजिए। कोई तकलीफ़ हो तो बेझिझक मिस सुलताना से कहिए।"

और उन्होंने फिर मुड़ कर नर्स से कहा था, "इनके बेड के पास तिपाई पर एक घण्टी रख दीजिए। ताकि आप अपने कमरे में हों तो ये घण्टी पर हाथ मार कर आप को बुला सकें।"

ये सब हिदायतें दे कर उन्होंने चेतन को अपने साथ आने के लिए कहा था और बड़े वॉर्ड में से होते हुए अपने कमरे की ओर चल दिये थे।

चेतन ने उनके पीछे कदम उठाते हुए मुड़ कर पत्नी से कहा, "चन्दा, मैं अभी आता हूँ। तुम घबराना नहीं।" और वह डॉक्टर के पीछे-पीछे वॉर्ड में चला गया।

जैसा उसे बताया गया था, अपने कमरे में आ कर डॉक्टर हीरालाल ने उससे डॉक्टर गोपीचन्द भार्गव का सिफ़ारिशी पत्र, उसका आवेदन और मेयो हस्पताल, जालन्धर के टी०बी० विशेषज्ञ के नुस्ख़े आदि के साथ सत्तर रुपये ले कर उसे रसीद दी थी और कहा था कि अब वह जा सकता है। भोजन मरीज़ को वहीं से मिलेगा। कपड़े वह अपने पहना सकता है। ट्रंक वे ले आये हैं। वॉर्ड में तो अच्छा नहीं लगेगा। उसे वह मिस सुल्ताना के कमरे में रखवा दे और उसकी चाभी अपनी बीवी को दे दे। मरीज़ों के स्पंज का दिन मुकर्रर है। सुल्ताना उसकी बीवी के सामने ट्रंक खोल कर उसे कपड़े बदलवा देगी और ताला लगा कर चाभी उसे सौंप देगी। वह फ़िक्र न करे।

"हकीकत में," डॉक्टर हीरालाल ने उसे समझाते हुए कहा था, "यहाँ तो आम लोग स्पंज वाले दिन से एक दिन पहले मरीज़ों के नये कपड़े दे जाते हैं, लेकिन आप की पोज़ीशन एक्सेप्शनल है, इसलिए मैंने मिस सुल्ताना से कह दिया है। वह कपड़े भी धोबी को दे दिया करेगी। आप फ़िक्र न करें।"

चेतन ने अभिभूत भाव से कहा, "आपने मेरी बड़ी मुश्किल आसान कर दी। मैं कैसे आप को धन्यवाद दूँ।"

"आप चेयरमैन साहब की चिट्ठी लाये हैं। पत्रकार और अदीब हैं। हमारे लिए काबिल-ए-एहतराम हैं। आप फ़िक्र न कीजिए, आप की बीवी का पूरा ख़याल रखा जायेगा। फल वग़ैरा आप ला सकें तो लाइएगा, बाकी सब कुछ सैनेटोरियम से होगा। यों तो हफ़्ते में दो बार मिलने की इजाज़त है। सुबह ग्यारह से एक बजे तक। लेकिन अब आप सात दिन बाद आइएगा। सात दिन तक वे पूरा आराम करेंगी और उनके टेस्ट लिये जायेंगे और दिन में तीन बार टेम्प्रेचर ली जायेगी।"

चेतन ने डॉक्टर हीरालाल को 'नमस्कार' किया, परसराम से ट्रंक उठा कर पीछे आने को कहा और वापस चन्दा के वॉर्ड में गया। चन्दा का बिस्तर लग चुका था। वह आराम से लेटी थी। उसके सिरहाने दो ख़ानों वाली, सफ़ेद, बुर्राक छोटी-सी अलमारी के साथ लोहे की तख़्ती पर एक चार्ट लटक रहा था। अलमारी पर एक घण्टी और पानी का ढँका हुआ गिलास रखा था।

वहीं उसके पास जा कर चेतन ने अपनी पत्नी के सिर पर प्यार से हाथ फेर कर कहा था, "यह बहुत ख़ूबसूरत खुली जगह है। धूल-गर्द से पाक हवा है। तुम यहाँ बहुत जल्दी तन्दुरुस्त हो जाओगी। मैं अब सात दिन बाद आऊँगा। हफ़्ते में दो बार मिलने की

इजाज़त है। फल मैं लेता आऊँगा। कोई और चीज़ चाहिए तो बोलो।"

"मैं यहाँ अकेली रहूँगी तो मन कैसे लगेगा?" चन्दा इतने दिनों में पहली बार मुस्करायी, "कोई किताब ही हो। हिन्दी का कोई उपन्यास या कहानी-संग्रह ला सकें तो ला दीजिएगा। मैं लेटे-लेटे पढ़ती रहूँगी। दिल लगा रहेगा।"

"मेरे पास तो नहीं है," चेतन ने कहा था, "लेकिन मैं किसी दोस्त से माँग कर कल या परसों बाहर चपरासी को दे जाऊँगा। और कोई बात हो तो नर्स से कह देना।"

पलट कर चेतन नर्स के कमरे में गया था। ट्रंक उसने मिस सुल्ताना को सौंपा था और दोनों हाथ जोड़ कर उसने कहा था, "सुलताना जी, आप का बहुत-बहुत शुक्रिया। मेरी बीवी अब आपके हवाले है। बहुत ही भोली और अल्हड़ लड़की है। इसका ख़याल रखिएगा। मैं तो ग़रीब लेखक और शायर हूँ। आप उर्दू पढ़ लेती हों तो मैं अपनी कहानियों का कलेक्शन आपके लिए लाऊँगा। अभी एक साल पहले ही छपा है।"

सुलताना अचानक अपनी जगह खड़ी हो गयी थी। "ज़रूर लाइएगा।" उसने कहा, "मैं उर्दू बख़ूबी पढ़ लेती हूँ। मुझे कहानियाँ बहुत पसन्द हैं। अपनी बीवी की तरफ़ से आप बिलकुल फ़िक्र न करें। मैं इन्हें ज़रा तकलीफ़ न होने दूँगी।"

चेतन ने फिर हाथ जोड़ कर धन्यवाद किया था, ट्रंक की चाबी चन्दा को सौंपी थी, वापसी पर डॉक्टर हीरालाल के ऑफ़िस की चिक उठा कर वहीं खड़े-खड़े उसने फिर उनका आभार व्यक्त किया था और धीरे से चिक छोड़ कर बाहर ताँगे में आ कर बैठते हुए उसने ताँगे वाले से कहा था, "ले चल भई अब, ज़रा झपाके से।"

०

हठात रात के सन्नाटे में चेतन के पीछे, जैसे सीढ़ियों के कोने में, न जाने किसी टिड्डी या झींगुर ने अपनी अनवरत 'चीं-चीं' की आवाज़ से चेतन का ध्यान खींच लिया। भाई साहब ने दीवार की ओर करवट बदल ली थी और उस टिड्डी के अन्तरालविहीन बारीक स्वर ने उनके ख़र्राटों का स्थान ले लिया था।

चेतन ने टाँगें समेट लीं। चौकी अपने निकट खिसकायी। उसके सौभाग्य से टिड्डी उस पर दया करके मौन हो गयी और चेतन ने कहानी के शीर्षक के नीचे धाराप्रवाह इस तरह लिखना शुरू किया, जैसे प्रकट सैनेटोरियम के दृश्य देखते हुए उसका अवचेतन लगातार कहानी के बारे में सोचता रहा था —

> ....किसी ने हरबंस के कन्धे को ज़ोर से थपथपाया —'अरे, चलो भी, यहाँ क्या फ़िज़ूल में वक्त बरबाद कर रहे हो।'
>
> पटियाला हाउस में नुमाइश लगी थी। हरबंस अपने फक्कड़ और दिलफेंक मित्र बलवन्त के साथ रोज़ शाम को समय वहीं गुज़ारता था। बार-बार वही दुकानें देखने से उनमें कोई नयापन न रहा था, लेकिन कार्निवाल के स्टॉल कुछ ऐसा आकर्षण रखते थे कि रोज़ देखने पर भी तबियत न अघाती थी और वे न जाने किस अदृश्य आकर्षण से खिंचे वहीं चले जाते थे। हरबंस तो जुए के किसी-न-किसी स्टॉल पर खड़ा, लोगों को ज़्यादा पाने की उम्मीद में अपना थोड़ा-बहुत भी गँवाते देखता था और बलवन्त उधर पीठ किये भीड़ में किसी

नयी 'चीज़' को खोजता। 'दीदारबाज़ी ते रब्ब राज़ी' में उसका विश्वास था और दीदारबाज़ी के लिए नुमाइश में कार्निवाल से बेहतर जगह कोई दूसरी नहीं थी।

हरबंस ने बलवन्त की आवाज़ सुन कर भी नहीं सुनी। डैश के इर्द-गिर्द बने हुए जँगले पर दोनों कोहनियाँ टिकाये, वह परम एकाग्रता से कड़ों और पैसों का खेल देख रहा था। धड़ाधड़ लोहे के कड़े बिक रहे थे और जँगले के बाहर से फेंके जाते थे। सफल कोई बिरला ही होता, असफलता शेष सब के हाथ आती थी —एक लम्बी, आयताकार मेज़, उस पर लाल कपड़ा और उस पर जुड़े हुए सिक्के —दुवन्नियाँ, चवन्नियाँ, अठन्नियाँ, रुपये आदि। जो भी व्यक्ति जँगले के बाहर से कड़ा ऐसे फेंकेगा कि सिक्के पर जा पड़े तो वह सिक्का उसी का हो जायेगा, यानी डैश वाला उतने पैसे जीतने वाले को दे देगा। खेल की यही शर्त थी।

लेकिन कड़ा सिक्के पर पड़े कैसे? सिक्के सख़्त मेज़ पर चिपके थे और कड़े बाहर दूर से फेंके जा कर उछलते और मेज़ से परे जा गिरते। दर्जनों कड़े फेंके जाने पर भी एक न टिकता। लोगों के असफल रहने पर भी कड़े लगातार बिक रहे थे। असफलता उनके जोश को दुगना कर देती थी। हारना उनकी नियति थी....

डैश वाले नम्बरी ठग थे। उनके पास दो-तीन ऐसे एक्सपर्ट कड़े फेंकने वाले थे कि जब लोग हारते-हारते हतोत्साह होने लगते तो उन में से एक भीड़ में जा मिलता और किसी नये आने वाले की तरफ़ से रुपये पर कड़ा फेंकता और जीत जाता। नवागन्तुक उस रुपये के और कड़े ख़रीद लेता और बाकी लोगों का उत्साह भी नया हो जाता। लोग अपनी जेबें ख़ासी हल्की करके ही वहाँ से हटते।

जब बलवन्त ने दूसरी बार हरबंस का कन्धा झकझोरा तो उसने मुँह मोड़ कर देखा और खीझ उठा और फिर वही तमाशा देखने लगा।

बलवन्त चीख़ा —'कैसे सिड़ी हो ! अरे कम्बख़्त, वह 'चीज़' हाथ आयी है कि देखी न होगी। सौ में से सौ नम्बर दे दोगे।'

'भाड़ में जाये तुम्हारी 'चीज़'।' हरबंस ने सिर को झटका दे कर कहा। उसका ध्यान भीड़ में डैश वाले एक एक्सपर्ट की ओर लगा था, जो किसी नये तमाशाई की तरफ़ से कड़ा फेंकने जा रहा था। हरबंस ने इतने दिनों में लगातार वह खेल देखते हुए कम-से-कम दो एक्सपर्ट ठग कड़ा फेंकने वालों को पहचान लिया था। और उसे पूरा यकीन था कि अबकी बार कड़ा रुपये पर गिरेगा।

'पछताओगे। कहे देता हूँ।' बलवन्त चिल्लाया।

'पछता लूँगा,' कहते हुए हरबंस फिर डैश का खेल देखने लगा।

लेकिन बलवन्त को इतनी ताब कहाँ, 'आख़िर यहाँ रखा ही क्या है?' और वह हरबंस का बाज़ू पकड़ कर उसे बरबस खींचते हुए चीख़ा।

हरबंस का फ़ेल्ट हैट गिरते-गिरते बचा। उसके ओवरकोट का बटन

टूटते-टूटते रह गया, लेकिन उसकी पतलून की क्रीज़ मस्ख़ हो गयी। बलवन्त मोटा-तगड़ा, बलिष्ठ आदमी था। हरबंस घिसटता चला गया।

'बड़े गधे हो।'

'वह तो हूँ ही,' बलवन्त हँसा, 'लेकिन चलो तो सही। वह 'चीज़' है कि आँखें खुली रह जायें और दिल की धड़कन तेज़तर हो जाये। फिर है भी अपने हाथ ही में।'

'लानत है तुम्हारी चीज़ पर,' हरबंस ने डैश की तरफ़ मुड़ते हुए बाँह छुड़ाने की कोशिश में कहा।

लेकिन बलवन्त ने गिरफ़्त और भी मज़बूत कर ली और उसे घसीटता हुआ भीड़ से बाहर ले आया।

०

क्षण भर रुक कर चेतन ने फिर कहानी आगे बढ़ायी। आर्थिक कठिनाई के कारण उसे कुछ ऐसी एकाग्रता प्राप्त हो गयी कि उसकी लेखनी वेगवती नदी की तरह बहती चली गयी।

०

पटियाला हाउस की नुमाइश अखिल भारतीय स्तर की थी। हिन्दुस्तान भर के व्यापारियों ने अपनी चीज़ें वहाँ बिकने के लिए भेजी थीं —फ़ैशन की चीज़ें, नुमाइश की चीज़ें और आरायश की चीज़ें। फिर इसके साथ जुए के स्टॉल, सौ फ़ीट की ऊँचाई से छलाँग, तार पर बाइसिकल चलाने वाले, कपड़ों में आग लगा कर पानी में कूदने वाला....तरह-तरह के हैरान कर देने वाले तमाशे —जैसे मौत का कुँआ, लड़की का बोलता सिर, आदि.... आदि। यों तो सारा दिन भीड़ रहती, पर शाम को लोग आग लगा कर पानी में कूदने वाले जाँबाज़ अंग्रेज़ का खेल देखने को धड़ाधड़ चले आते। ऐसी भीड़ हो जाती कि खवे-से-खवा छिलता।

बड़ी मुश्किल से वे दोनों खेलों के मण्डप से निकल कर ज़रा खुले में आये। बलवन्त ने अपने दोनों चौड़े हाथ हरबंस के नाज़ुक कन्धों पर रख दिये और भेद-भरे स्वर में बोला —'स्कूल में पढ़ाती है। लड़कियों को साथ ले कर नुमाइश देखने आयी हुई है। वे लोग सामान ख़रीद रही हैं। मुझसे उस्तानी की आँखें भी दो बार चार हुई हैं....यार, क्या आँखें हैं' —उसने लगभग सरगोशी में कहा —'बिजली के कौंधे हैं, जो दिल के पार हो जाते हैं। मैंने सोचा, तुम्हें बुला लाऊँ....बस, अब तुम चलो और चुपचाप देखते जाओ, कैसे चिड़िया को जाल में फँसाता हूँ। वो देखो, बलवन्त ने एक दुकान की तरफ़ इशारा करते हुए कहा, 'वे दुकान से चलने को तैयार हैं। मेरे पीछे-पीछे आओ, लेकिन ज़रा दूरी पर — ऐसे कि उन में से किसी को शक न हो।'

और वह दुकान की तरफ़ तेज़ी से बढ़ा। हरबंस भी अनिच्छापूर्वक धीरे-धीरे उसके पीछे चल पड़ा। वे सब छै थीं —दो छोटी लड़कियाँ, तीन बड़ी और एक वह तन्वी स्वयं।....इसमें सन्देह नहीं कि वह सुन्दर थी। सुन्दर और सौम्य। —बाईस-तेईस वर्ष की वय, गोरा रंग। बड़ी-बड़ी कटीली आँखें। सुतवाँ

नाक। चौड़ा माथा। साड़ी कुछ ऐसे लपेटी हुई कि सिर नंगा न हो जाय। तिस पर भी जब ढीला होने पर वह साड़ी का पल्लू ठीक करती तो बालों के लहरिए साफ़ दिखाई देते। उसकी साड़ी हालाँकि सूती थी, बहुत कीमती भी नहीं थी, पर उसके चौड़े किनारे ने अजब शान पैदा कर रखी थी। सामान से भरे लिफ़ाफ़े उसके दोनों हाथों में थे। तभी एक लड़की ने कहा, 'लाइए बहन जी, एक मुझे दे दीजिए।'

'नहीं....नहीं....' कहती हुई बहन जी वहाँ से निकल कर दूसरी दुकान में दाख़िल हो गयीं। वहाँ से कपड़ा ख़रीदा जाने लगा। बलवन्त भी बेपरवाही से दुकान में दाख़िल हुआ और काउण्टर पर उसके करीब जा कर उसने दुकानदार को कमीज़ का कपड़ा दिखाने का आदेश दिया। दुकानदार ने पीछे रैक से दो थान निकाल कर उसके सामने खोल दिये। कनखियों से उस कातिल अध्यापिका की गतिविधि का जायज़ा लेता हुआ बलवन्त प्रकट कपड़ा देखने लगा। हरबंस भी चुपचाप आ कर दुकान के परले कोने में खड़ा हो गया।

तभी बहन जी ने दो कपड़े चुन कर दुकानदार से उनका भाव पूछा। दुकानदार ज़रा परे एक नये ग्राहक के सामने थान-पर-थान खोल रहा था। तब बलवन्त ने तत्परता से उसे बहन जी को कपड़े का भाव बताने और अपने लिए रैक से एक लकीरदार कपड़े का थान दिखाने की हिदायत की।

उस क्षण छोटी लड़कियों में से एक को प्यास लग आयी। बलवन्त भाग कर लेमोनेड ले आया। बहन जी ने कृतज्ञता प्रकट करते हुए कहा, 'यह आपने यों ही तकलीफ़ की। बच्ची तो शायद लेमोनेड पी ही न पाये।'

बलवन्त ने बेपरवाही से कहा, 'इसमें तकलीफ़ की क्या बात है। बच्ची को प्यास लगी थी। यहाँ पास में कहीं पानी नहीं है। मैं सोडा ले आया। न पिये सारी बोतल, गला तो तर कर लेगी। यही बहुत है।' और उसने पलट कर दुकानदार से एक और थान दिखाने को कहा।

सर्दियों के दिन थे। वह छोटी-सी बच्ची लेमोनेड का भरा गिलास कैसे पीती। दो घूँट पी कर उसने कह दिया, 'बस!' बहन जी फिर कपड़ा देखने में तल्लीन हो गयी थीं। बलवन्त ने वह गिलास दूसरी बच्ची को थमा दिया। उसने भी दो घूँट भर कर 'बस' कर दी। बलवन्त ने कपड़ा देखना छोड़, गिलास का शेष सोडा दुकान के बाहर फेंका और गिलास वापस करने चला गया।

उसके जाने के बाद बहन जी चौंकीं। जब वह लौटा तो उन्होंने कहा, 'आप पैसे तो ले जाते।'

बलवन्त सिर्फ़ मुस्करा दिया। उसने धीरे से कहा, 'ये भी आप ही के पैसे हैं।'

इस बीच दुकानदार ने उन कपड़ों की एक गठरी बना कर उन्हें थमा दी। बहन जी ने पैसे दे कर कठिनाई से पहले वाले लिफ़ाफ़ों के साथ गठरी उठाते हुए दुकान के बाहर इधर-उधर निगाह दौड़ायी कि वहाँ कोई कुली मिल सकता है या नहीं।

बलवन्त ने उनका अभिप्राय समझ कर कहा, 'इतनी-सी गठरी के लिए कुली की क्या ज़रूरत है। चलिए, मैं उठा लूँगा।'

'नहीं....नहीं....आप क्यों उठाइएगा !' उन्होंने कहा, और उन तीन लड़कियों में से एक लड़की की ओर देखा, जो शायद उनकी बहन थी। उसने झट बढ़ कर गठरी उठा ली।

बलवन्त से और कुछ न हुआ तो उसने एक छोटी बच्ची को गोद में उठा लिया और उनके पीछे-पीछे हो लिया। दुकानदार से उसने जो थान निकलवाये थे, उन्हें उसने उनके हाल पर छोड़ दिया।

जब वे ज़रा दूर निकल गये तो हरबंस भी उनके पीछे-पीछे चलने लगा।

इसके बाद दो अन्य दुकानों में भी उन्होंने सामान ख़रीदा। बलवन्त ने इस बीच उन दोनों बच्चियों से ख़ासी घनिष्ठता पैदा कर ली थी। उन्हें रुपये-दो रुपये के खिलौने भी ले दिये थे और जब एक जगह बड़ी बहन जी ने अपनी छोटी बहन का हाथ बटाने के लिए स्वयं सामान उठाना चाहा तो बलवन्त ने लड़की को उतार कर, उनके हाथ से गठरी लेते हुए कहा, 'लाइए, कुछ देर मैं ले चलता हूँ। मुझे भी उधर ही जाना है।'

'नहीं....नहीं....आप क्यों तकलीफ़ करेंगे।'

'नहीं....नहीं....इसमें तकलीफ़ की कुछ बात नहीं,' यह कहते हुए उसने बरबस गठरी उठा ली।

बहन जी ने मुस्करा कर केवल 'धन्यवाद' कहा।

०

चेतन ने फिर थोड़ी जगह छोड़ी। कुछ क्षण सोचता रहा और फिर उसने कहानी का अन्तिम खण्ड उसी वेग से लिखना शुरू किया —

०

रात के लगभग आठ बजे वे लोग नुमाइश से निकले। एक लड़की को कृष्णा गली जाना था, दूसरी को अर्जुन नगर, तीसरी को परी महल ! दो छोटी-छोटी लड़कियों को लोहारी मण्डी और स्वयं बहन जी और उनकी छोटी बहन को वच्छोवाली।.... वे सब लड़कियाँ उनके साथ ही आयी थीं, इसलिए उन सब को सकुशल घर पहुँचाने की ज़िम्मेदारी भी उन्हीं की थी।....वे पहले कृष्णा गली, फिर अर्जुन नगर, फिर परी महल, फिर लोहारी मण्डी, फिर वच्छोवाली गयीं। दस बजने को हो गये। सड़कों पर सन्नाटा छा गया। हरबंस के ओवरकोट को चीर कर सर्दी अन्दर पहुँचने लगी, लेकिन बलवन्त एक शलवार-कमीज़ और कोट ही में मस्त चलता रहा। उसकी बाँहें ऐंठ गयीं, पर क्या मजाल जो माथे पर बल आया हो, बल्कि ज्यों-ज्यों लड़कियों की संख्या घटती गयी, उसके चेहरे पर ख़ुशी फैलती गयी और उसे महसूस होने लगा कि बस, उसकी मनोकामना पूरी होने वाली है....और जब बहन जी और उनकी बहन ही रह गयीं तो बलवन्त उनके ज़रा और निकट हो गया। लेकिन वे अपनी बातों में कुछ ऐसी तन्मय हुईं

कि उन्हें बलवन्त के साथ-साथ चलने का भी ज्ञान न रहा। एक-दो बार उसने बातचीत करने का प्रयास भी किया, लेकिन उन्होंने सनद ही नहीं दी। दूर किसी घड़ियाल ने दस बजाये। उस वक्त बहन जी ने वच्छोवाली की एक छोटी-सी तंग गली में एक दो-मंज़िले मकान की सीढ़ियों का दरवाज़ा खटखटाया।

अन्दर कोई सुनगुन नहीं सुनायी दी।

बहन जी ने फिर ज़ोर से किवाड़ खटखटाये और आवाज़ दी।

तब भी कोई आवाज़ नहीं आयी।

बलवन्त का मुख करीब ही के खम्भे पर लगे बिजली के बल्ब की रोशनी में हठात चमक उठा।

बहन जी ने तीसरी बार पूरे ज़ोर से दस्तक दी और एक साथ दो आवाज़ें लगायीं।

बलवन्त आगे बढ़ कर कोई प्रस्ताव करने ही वाला था कि अन्दर से किसी ने किवाड़ खोल दिये।

छोटी बहन तत्काल सीढ़ियाँ चढ़ गयी। बड़ी बहन बलवन्त से सामान ले कर उसे देती गयी। जब सब सामान सीढ़ियों में पहुँच गया तो बहन जी ने बलवन्त को एक रूखा-सा धन्यवाद दिया और स्वयं भी सीढ़ियाँ चढ़ गयीं। उन्होंने एक बार भी मुड़ कर बलवन्त की ओर नहीं देखा।

तभी सीढ़ियों में किसी ने ज़ोर से कहा, 'तुम भी कमला, कितनी देर कर देती हो! कौन तुम्हारे लिए इतनी देर तक बैठा रहे!'

'इतनी सारी लड़कियों को भी तो छोड़ना था।' बहन जी ने ख़ासे चिढ़े स्वर में उत्तर दिया।

'और ये कौन थे, जो इतना सामान लाये?'

'मुफ़्त के नौकर!' एक मादक ठहाका गूँजा, 'हटने ही में न आते थे। लड़कियाँ साथ। कोई सिर हो जाता। मैंने सोचा, इनसे ही कुली का काम ले लो।'

उस समय दूसरा ठहाका गूँज उठा। और फिर बहन जी ने ज़ोर से किवाड़ बन्द कर लिये।

गली में एकदम सन्नाटा छा गया।

सीढ़ियों का दरवाज़ा बन्द होते ही हरबंस बलवन्त के निकट आ गया था। 'मुफ़्त के नौकर' —उसने मन-ही-मन दोहराया और मन-ही-मन ठहाका भी लगाया।....उसके उस फक्कड़ और बड़बोले साथी के मुँह पर सियाही पुत गयी और उसके ऐंठे हुए बाज़ू बुरी तरह टीस उठे।

०

चेतन ने कलम हाथ से रख दिया। दोनों हाथों की उँगलियाँ एक-दूसरी में फँसा कर और बाज़ुओं को सिर के ऊपर ले जा कर ज़ोर की अँगड़ाई ली। उसकी कमर में दर्द की एक टीस उठी। पहले उसके मन में आयी कि वह कहानी को एक बार पढ़ कर देख ले, लेकिन अर्द्ध-चेतन में उसे लगा कि वह एकदम ठीक बनी है। उसने तय किया कि सुबह उठ कर

'गृहस्थी' के दफ़्तर जाने से पहले उसे रिवाइज़ कर लेगा। हालाँकि उसका मसाना ज़रा-सा भारी था, लेकिन सीढ़ियाँ उतर कर गली में जाने की उसमें शक्ति नहीं थी। चेतन ने धीरे से टेबल लैम्प, तख़्ती, चौकी —सब पलँग के नीचे सरका दी और लेट गया। आँखें बन्द करते ही उसे नींद आ गयी।

दूर कहीं तीन का घण्टा बजा, लेकिन चेतन सो गया था।

बत्तीस

सुबह उठते ही चेतन ने सबसे पहले पलँग के नीचे से तख़्ती खींच कर रात में लिखी कहानी —'मुफ़्त के नौकर' पढ़ी। अन्तिम पंक्ति पढ़तें हुए अनायास उसके होंटों पर हरबंस के उस दिलफेंक मित्र की आकृति पर ख़िफ़्फ़त और ग्लानि, कोफ़्त और झेंप की कल्पना करते हुए एक व्यंग्यमयी मुस्कान खेल गयी, जिसमें कहानी के सही अन्त पर सन्तोष और इत्मीनान की भावनाएँ भी शामिल थीं।

निबट-नहा कर तैयार होने के बाद चेतन ने बग़ल की गली के हलवाई की दुकान से पाव भर दही की मीठी, गाढ़ी लस्सी का गिलास पिया। वापस आ कर उसने फ़ाइल उठायी और नीचे उतरा। भाई साहब वेटिंग-रूम में अपनी मेज़ पर बैठे कुछ हिसाब कर रहे थे। वह क्षण भर रुका रहा। जब उन्होंने सिर उठाया तो उसने कहा —

"भाई साहब, मैं ज़रा 'गृहस्थी' के दफ़्तर तक जा रहा हूँ। कोशिश करूँगा कि उन्हें दो-चार कहानियाँ जड़ दूँ और कुछ रुपये मिल जायँ। वहाँ काम न बना तो हो सकता है, कोई दूसरा दरवाज़ा खटखटाऊँ।"

वह क्षण भर चुप रहा। फिर उसने कहा, "नाटक की बाकी रॉयल्टी के खाते में जो सौ रुपये मिले थे, उनमें सत्तर तो हस्पताल की फ़ीस के देने पड़े। कुछ ताँगे में सैनेटोरियम जाने-आने और परसराम को होटल में खाना खिला कर गाड़ी पर चढ़ाने में ख़र्च हो गये। बीस-एक रुपये बचे हैं। अभी मुझे नोट्स भी ख़रीदने हैं...."

"नोट्स !" भाई साहब ने प्रश्न में सिर्फ़ आँखें ऊपर उठाते हुए कहा।

"भोला ने कहा था," चेतन उन्हें समझाते हुए बोला, "किताबें तो सब पढ़नी चाहिएँ। तैयारी भी पूरी करनी चाहिए, लेकिन इम्तहान के करीब ज़रा नोट्स भी एक नज़र देख लेने चाहिएँ। उन में पिछले वर्षों के क्वेश्चन पेपर्स के जवाब होते हैं। कई बार पेपर सेटर उन्हीं की मदद से पेपर बना देते हैं।"

"लेकिन इम्तहान तो अभी बहुत दूर है," भाई साहब ने कहा, "अभी से नोट्स ख़रीदने की क्या ज़रूरत है?"

"उस समय भाई साहब, पैसे हों-न-हों, ज़रूरी नोट्स तो पास होने ही चाहिएँ," चेतन ने कहा, "तैयारी भी पूरी करनी चाहिए। आदमी के पास औज़ार ही नहीं होंगे तो बक्त पर काम कैसे करेगा?"

"क्या नोट्स बीस रुपये में आ जायेंगे?" भाई साहब ने पूछा।

"नहीं, आठ-दस में तो आयेंगे ही," चेतन ने कहा, "तेरह रुपये फ़ीस है। कुछ रुपये तो कम पड़ ही जायेंगे। इन्तज़ाम तो अभी से करना होगा। इसके अलावा," चेतन ने जैसे उन्हें अपने राज़ का साझीदार बनाते हुए कहा, "अगर सरदार जगदीश सिंह के उन खिलन्दरे और मूर्ख बच्चों की ट्यूशन नहीं करनी है तो थोड़ा-बहुत स्थायी काम देखना होगा। 'गृहस्थी' के सम्पादक से मिलने के बाद अख़बारों के दफ़्तरों में भी जाऊँगा। कहीं कोई कॉलम-वॉलम मिल जाय तो फ़ीस वग़ैरा का प्रबन्ध हो जायेगा।"

यह कह कर चेतन ने फ़ाइल बग़ल में दबायी, दो कदम बढ़ कर दरवाज़े की चिक उठायी और बाहर निकल गया।

o

अनारकली में लगभग सब दुकानें खुल चुकी थीं, लेकिन दुकानों से सामान लेने वाले ग्राहकों के बदले बाज़ार में लोहारी दरवाज़े की ओर से नीला गुम्बद, पुरानी अनारकली और कचहरी रोड तथा उधर से लोहारी गेट की ओर दफ़्तरों, दुकानों, स्कूलों, कॉलेजों और काम के अन्य ठिकानों पर समय से पहुँचने वालों ही की भीड़ थी। मानो दो वेगवती नदियाँ थीं, जो किसी अदृश्य शक्ति द्वारा आमने-सामने से आती हुई, बिना टकराये अथवा इधर-उधर बिखरे, अपनी-अपनी सीमा में बँधी, अपने वेग से बहे जा रही थीं। चेतन भी बायीं ओर की तेज़ धारा के बहाव से बच कर जैसे किनारे-किनारे दुकानों के तख़्तों के साथ-साथ ज़रूरत पड़ने पर केवल सहज ज्ञानवश उन पर चढ़ते और रेला गुज़र जाने पर फिर नीचे उतरते, अपनी मन्थर गति से चला जा रहा था। उसके दिमाग़ में फ़ाइल में रखी कहानी का कभी कोई स्थल आता, कभी कोई और वह कल्पना-ही-कल्पना में कुछ जोड़-घटा कर, कहानी में संशोधन, परिवर्तन, परिवर्द्धन करते हुए बढ़ा जा रहा था।

नुमाइश के कार्निवाल में सौ फ़ुट की ऊँचाई से कपड़ों में आग लगा कर कूदने वाले जाँबाज़ को छलाँग लगाते देख कर चेतन का दिल जैसे एक धड़कन मिस कर गया था, उस प्रसंग के चित्रण में वह दर्शक के मन-मस्तिष्क पर होने वाली प्रतिक्रिया और प्रभाव का चित्रण करना भूल गया था। उसके ख़याल में वहाँ उस प्रतिक्रिया को देना ज़रूरी था। फिर जुए के खेलों वाली मेज़ पर, जिसे लोग 'डैश' कह कर पुकारते थे, लाल कपड़े वाली मेज़ पर जड़े चाँदी के सिक्कों को पाने के लिए उन पर कड़े फेंकने में बार-बार असफल रहने के बावजूद फिर-फिर कड़े ख़रीद कर कोशिश करने वालों का चित्रण उसने बहुत अच्छा किया था। इसका भी संकेत दिया था कि भीड़ को हतोत्साह होते देख कर स्टॉल वाले अदृश्य रूप से अपने एक्सपर्ट भेज देते थे, जो बड़ी सफ़ाई से किसी-न-किसी की ओर से रुपये या अठन्नी के सिक्के पर कड़ा फेंक कर उसे जिता देते थे और लोग दुगने उत्साह से खेलने लगते थे। लेकिन वे एक्सपर्ट ठग अपना काम कितनी चतुराई से करते थे और जब सफलता पाने वाला जीते हुए रुपये या अठन्नी के कड़े ख़रीद लेता था तो कैसे ग़ायब हो जाते थे, यह उसने बयान नहीं किया था....

'करना चाहिए,' चेतन ने मन-ही-मन कहा....सोचने पर चेतन को कहानी का अन्त और शीर्षक भी ठीक नहीं लगे।....अन्त के सिलसिले में उस सुन्दर अध्यापिका के व्यंग्यपूर्ण

उत्तर और ठहाके के बाद अन्तिम दो पैरों से पहले चेतन ने एक पंक्ति बढ़ाने का फ़ैसला किया —

> 'मुफ़्त के नौकर,' बलवन्त के कानों में अध्यापिका का जवाब गूँजा और उसे लगा, जैसे उसके मुँह पर किसी ने ज़ोर की एक चपत जमा दी हो।

और शीर्षक भी, चेतन को लगा कि 'मुफ़्त के नौकर' की बजाय 'चपत' होना चाहिए।

चेतन अनारकली का काफ़ी हिस्सा पार कर हस्पताल रोड और गणपत रोड के तिराहे पर पहुँच गया था। उसने एक दुकान के तख़्ते पर पैर रख कर फ़ाइल से कहानी निकाली। उसे फ़ाइल पर रख कर उसका शीर्षक काट कर लिखा —'चपत!' कहानी को फिर फ़ाइल में रखा, उसे बग़ल में दबाया और आगे बढ़ा।

अनारकली की उस भीड़ में पूर्ववत धीरे-धीरे बायीं तरफ़ चलते हुए उसने फ़ैसला किया कि वह 'गृहस्थी' को वही रफ़ प्रारूप दे देगा, लेकिन अपने लिए कहानी को वह आद्योपान्त नये सिरे से लिखेगा। उसमें वह सब संशोधन-परिवर्तन करके उसे कदरे और माँसल बनायेगा तथा उसके व्यंग्य को अधिक धारदार कर देगा। कहानी का अन्त वह ऐसे करेगा कि पाठक के दिल पर स्थायी प्रभाव छोड़ जाय।

०

हस्पताल रोड दायीं ओर से अनारकली में आ कर मिलती थी और ज़रा आगे बायीं तरफ़ गनपत रोड शुरू होती थी। कुदरती तौर पर बाज़ार यहाँ काफ़ी चौड़ा हो गया था और भीड़ अपेक्षाकृत कम हो गयी थी। फ़ाइल बग़ल में दबाये, ख़रामाँ-ख़रामाँ चलता हुआ चेतन हस्पताल रोड के तिराहे पर पहुँचा था कि अचानक उसकी नज़र प्रेमनाथ 'उल्फ़त' पर पड़ी, जो हाथों में हथकड़ी पहने एक सिपाही के साथ हस्पताल रोड की ओर से आ रहे थे।

चेतन समझ गया —काँग्रेस का आन्दोलन शुरू हो गया है और वे गिरफ़्तार कर लिये गये हैं। जालन्धर में बंसी सब्ज़ी-फ़रोश और लाहौर में प्रेमनाथ 'उल्फ़त' —दो ऐसे बेज़रर, निरीह, सादालौह, लेकिन परम दयानतदार और निष्ठावान स्वयं-सेवक थे, जो काँग्रेस के आन्दोलनों के बैरोमीटर का काम देते थे। बंसी तो मण्डी से सब्ज़ी ख़रीद कर ठेले पर गली-गली बेचता था। प्रेमनाथ 'उल्फ़त' पत्रकार थे। शक्ल से जितने निरीह लगते थे, कलम से उतने ही नुकीले, जोशीले और विद्रोह-भरे लेख लिखते थे। कभी जब काँग्रेस की ओर से आन्दोलन शुरू होता, बंसी सब्ज़ी बेचना छोड़ कर हाथ में घण्टा और लकड़ी का हथौड़ा लिये, कहीं किसी मुहल्ले या चौक में होने वाली सभा की डौंडी पीटता हुआ गली-गली, मुहल्ले-मुहल्ले घूमता था और प्रेमनाथ 'उल्फ़त' कहीं किसी शराब के ठेके अथवा विदेशी कपड़े की दुकान पर पिकेटिंग शुरू कर देते थे। —खादी का कुर्ता-पायजामा और सिर पर कविराज रामदास जैसी दबी हुई पगड़ी बाँधे, जिसका शमला बायें कन्धे से होता हुआ सीने की बायीं ओर बेजान-सा चिपका रहता। चेहरे पर कुछ अजीब-सा भोलापन और मिस्कीनी। वे बहुत ही भले, शरीफ़ और ख़ामोश पत्रकार थे। दैनिक उर्दू अख़बारों में काँग्रेस की सरगर्मियों पर लेख लिखा करते थे और आन्दोलन शुरू होते ही किसी विद्रोह-भरे लेख अथवा धरने के सबब गिरफ़्तार हो कर जेल चले जाते थे।

अनारकली में दाख़िल होते ही प्रेमनाथ 'उल्फ़त' ने हथकड़ी वाले दोनों हाथ माथे

पर ले जाते हुए चेतन को 'नमस्कार' किया और ज़रा रुक कर बोले, "शायद आपको मालूम होगा —लाला शाम लाल एक नया रोज़नामा निकाल रहे हैं —'भारत माता!' जमना दास 'अख़्तर' उसके सम्पादक होंगे। मैं अभी वहीं बैठा था और वहाँ आपका ज़िक्र हो रहा था। उन्हें हर हफ़्ते अपने अख़बार के लिए एक कहानी चाहिए। मैंने आपका नाम सुझाया, लेकिन इससे पहले कि मैं आपको इस बात की ख़बर देता, सिपाही मेरी गिरफ़्तारी के वॉरण्ट ले कर मुझे ढूँढते हुए मेरी ख़बर लेने आ पहुँचे...."

प्रेमनाथ 'उल्फ़त' के इस कथन में हल्का हास्य भी था और व्यंग्य भी, लेकिन यह कहते हुए उनका चेहरा एकदम निर्विकार बना रहा। सिपाही ने कदम बढ़ाया तो वे भी बिना कोई और बात कहे उसके साथ चलने लगे और चेतन का रास्ता काटते हुए सिपाही के साथ-साथ गनपत रोड की ओर चले गये।

चेतन वहीं खड़ा क्षण भर उन्हें देखता रहा। पहले उसे ख़याल आया कि वह इतनी दूर आया है तो ज़रा बढ़ कर लोहारी गेट के अन्दर 'गृहस्थी' के दफ़्तर जाय और उन्हें कहानी दे आये। लेकिन तभी उसके दिमाग़ में दो शब्द गूँजे —'भारत माता' और जमनादास 'अख़्तर' ! 'भारत माता' नया अख़बार था और जमनादास 'अख़्तर' 'वीर भारत' में उसके साथ काम करते थे। इससे पहले कि कोई दूसरा आदमी वहाँ जा कर यह मौका हथिया ले, उसे तत्काल इसका लाभ उठाना चाहिए और चेतन के कानों में उसके पिता की नसीहत आ गयी —कैच दी ऑपरचूनिटी बाई द फ़ोरलॉक्स[१] ! और चेतन वहीं से मुड़ा। उसने तय किया कि वह अभी भाई साहब की दुकान जायेगा, वहाँ से अपनी कहानियों के तराशों की फ़ाइल ले कर 'भारत माता' के दफ़्तर पहुँचेगा और इस अवसर का पूरा-पूरा लाभ उठायेगा।

o

हस्पताल रोड के तिराहे से वापस अपने भाई की दुकान को जाते हुए चेतन की आँखों के सामने लड़कपन का ज़माना आ गया। उसके पिता जब अपने बेटों को सफलता के सूत्र बताने के मूड में होते थे —विशेषकर जब वे केवल एकाध पेग ही पिये, हल्के नशे में होते थे —तो अपने सभी बेटों को सामने बैठा कर अंग्रेज़ी-उर्दू-फ़ारसी मिली-जुली भाषा में उपदेश देते थे। ज़िन्दगी की कठिनाइयों में चेतन के सामने वे सारे-के-सारे उपदेश आ जाते थे और वह उन्हें अपनी ज़िन्दगी में उतारने की कोशिश करता था। उनके ज़्यादातर उपदेश अखाड़े की भाषा में होते थे, जो प्रकट उसके बड़े भाई या परसराम के लिए थे, जो न केवल अखाड़े जाता था, बल्कि हज़ार-हज़ार दण्ड-बैठक भी रोज़ लगाता था। लेकिन कई बार वे ज़िन्दगी में सफलता पाने के अन्य सूत्र भी बताते थे। अवसर का लाभ उठाने के सिलसिले में उन्होंने एक बात बार-बार कही थी।

'देखो बेटे,' उन्होंने उसे और उसके भाइयों को समझाते हुए कहा था, ऑपरचूनिटी यानी मौका —आगे बढ़ने का —सब की ज़िन्दगी में आता है। सौ में से नब्बे आदमी तो उसे देख ही नहीं पाते। ऑपरचूनिटी उनके दरवाज़े पर दस्तक दे कर किसी और के द्वारे चली जाती है, वे बेख़बरी की नींद सोये रहते हैं।.... दूसरे ऐसे होते हैं, जो उसे देख तो लेते हैं, लेकिन दुविधा में पड़ जाते हैं कि उससे लाभ उठायें या न उठायें और इसी

---

१ अवसर को सामने के बालों से थाम लेना चाहिए।

हैस-बैस[1] में वे उस चांस को मिस कर जाते हैं....लेकिन तीसरे, हालाँकि बहुत ही कम, सौ में से महज़ दो-तीन, ऐसे भी होते हैं कि ऑपरचूनिटी उनके दरवाज़े पर आती है तो उसे अदेखा करने की बजाय फ़ोरलॉक्स यानी सामने की ज़ुल्फ़ों से पकड़ लेते हैं कि नेकबख़्त कहाँ भागी जा रही है, ज़रा हम ग़रीबों की मदद करती जा।....और वे उससे पूरा-पूरा फ़ायदा उठा लेते हैं।'

ज़िन्दगी में झलक दिखाने वाले अवसरों और उनसे लाभ उठाने वाले ज़ेरक[2] लोगों की मिसालें दे कर अपने बेटों को इस सूत्र का महत्व समझाते हुए चेतन के पिता हमेशा अन्त में कहा करते थे, 'लेकिन एक्सेप्शनल तौर पर ही सही, यानी बहुत ही ख़ास सूरतों में, हज़ार लोगों में चन्द एक तो ऐसे तेज़, इण्टेलिजेण्ट, ज़हीन और ज़ोर-ए-बाज़ू की कमाई खाने वाले ज़रूर होते हैं, जो एकदम ख़ला[3] में —यानी जहाँ कहीं दूर-दूर तक, किसी ऑपरचूनिटी —किसी चांस या मौके —का निशान तक न दिखायी दे, अपने लिए तरक्की के मौके पैदा कर लेते हैं। ऐसे माई के लाल बहुत कम होते हैं, ख़ासुल-ख़ास होते हैं, लेकिन होते ज़रूर हैं और उन्हें तरक्की करने से कोई नहीं रोक सकता।'

०

फ़ाइल बग़ल में दबाये, सिर न्योढ़ाये, चुपचाप अपने हाथ की तेज़ धारा में छिलता और सहज ज्ञानवश उसी तरह, जैसे वह नीला गुम्बद से आने वाली धारा का अंग बना-बना हस्पताल रोड के तिराहे तक आया था, चेतन वापस जा रहा था। उसका ज़ेहन बराबर अपने पिता की नसीहत में लगा था। तभी उसके दिमाग़ में वह किस्सा आ गया, जो उसके पिता दृष्टान्त-स्वरूप अपने बेटों को सुनाते थे। इस उद्देश्य से कि उनके बेटे भी वैसे ही बुद्धिमान, चतुर और उद्यमी बनें।

वह किस्सा उसके पिता ने जिस तरह सुनाया था, चेतन के दिमाग़ में वैसे-का-वैसा सुरक्षित था....

०

एक बेकार नौजवान जब हर जगह नौकरी पाने के तमाम प्रयास करके हार गया तो वह अपने पिता के घनिष्ठ मित्र के यहाँ पहुँचा और उसने कहा —'अंकल, घर की बुरी हालत तो आपसे छिपी नहीं। कहीं छोटी-मोटी मुलाज़मत भी मिल जाती तो थोड़ी आसानी होती, लेकिन ऊँची डिग्री और सोर्स के बिना तो कहीं कोई पूछता नहीं। बुज़ुर्गों ने कहा भी है — यारी, चोरी, चाकरी, बाँझ वसीले ना। मैं वसीला कहाँ से लाऊँ। हार कर आपके पास आया हूँ। आप मदद नहीं करेंगे तो मेरे लिए ख़ुदकुशी करने के सिवा कोई चारा नहीं।'

अंकल ने कहा —'बेटे, मैं न सरकार से कोई ताल्लुक रखता हूँ, न किसी अफ़सर को जानता हूँ। मैं इस सिलसिले में तुम्हारी क्या मदद कर सकता हूँ?'

लड़के ने उन्हें याद दिलाया कि शहर के मेन बाज़ार में जनरल मर्चेण्ट की जो बड़ी दुकान है, उसका मालिक उनका लँगोटिया यार है। दसियों सेल्ज़मैन युवक-युवतियाँ उसके

---

१ असमंजस।
२ तेज़ और चतुर।
३ शून्य।

यहाँ काम करते हैं। कोई-न-कोई जगह वहाँ ज़रूर ख़ाली होगी। किसी की एवज़ी में अस्थायी रूप में भी कोई काम मिल जाय तो वह कर लेगा। अपनी मेहनत और दयानतदारी से मालिक का मन जीतने की पूरी कोशिश करेगा। फिर जब वहाँ कोई पक्की जगह निकलेगी तो उसे मिलने में मुश्किल नहीं होगी।

लड़के के अंकल थोड़े असमंजस में पड़ गये। वे अपने कारोबारी दोस्त को अच्छी तरह जानते थे और बिना पहले उससे बात किये, वे उस नौजवान को वहाँ नहीं ले जाना चाहते थे। लेकिन वह उनके बचपन के दोस्त का बेटा था और वे नहीं चाहते थे कि वह उनकी बात का कोई ग़लत मतलब लगाये और समझे कि वे उसे टाल रहे हैं। वे उसे ले कर जनरल मर्चेण्ट के यहाँ पहुँचे। उस नौजवान को अपने दोस्त से मिलाते हुए उन्होंने कहा कि वह उनका अज़ीज़ है। बहुत इण्टेलिजेण्ट, मेहनती और दयानतदार है। उनके स्टोर में दसियों सेल्ज़मैन काम करते हैं। कोई-न-कोई छुट्टी पर जाता होगा। अगर वे उसे आरज़ी या पक्के तौर पर रख लेंगे तो यह उन पर ज़ाती एहसान होगा। नौजवान की तरफ़ से वे हर तरह की गारण्टी दे देंगे। उन्हें किसी तरह की शिकायत नहीं होगी, इसका वे यकीन दिलाते हैं।

स्टोर के मालिक ने कहा —'यार, मैं तुम्हारी बात कभी न टालता, लेकिन मेरे स्टोर में इस वक्त कोई जगह ख़ाली नहीं है। ज़रूरत से ज़्यादा मुलाज़िम हैं। मैं तो बल्कि,' उसने आवाज़ को कदरे धीमा किया, 'थोड़ी छँटनी करने की सोचता हूँ।'

लड़के के अंकल क्या करते। उन्होंने फिर लड़के की वफ़ादारी और फ़र्ज़शनासी[१] की तारीफ़ की, उसका नाम और पूरा पता मित्र को लिखवाया और उनसे वादा ले लिया कि जब भी उन्हें ज़रूरत पड़ेगी, वे उस नौजवान को लिख भेजेंगे।

स्टोर के मालिक ने सीने पर हाथ रख कर अपने दोस्त को यकीन दिलाया कि कोई जगह ख़ाली होगी तो वह यकीनन उस नौजवान को बुलवा भेजेगा।

लड़का थोड़ा उदास, लेकिन भविष्य में नौकरी पाने की उम्मीद से ख़ुश चला आया।

तीन महीने गुज़र गये। तभी एक दिन वह नौजवान भागा-भागा फिर अपने अंकल के यहाँ पहुँचा और बोला, 'अंकल, ये आपके कैसे लँगोटिया यार हैं कि एक छोटी-सी बात पर आप से झूठ बोल गये। उन्होंने आपसे कहा था कि उनके स्टोर में कोई जगह ख़ाली नहीं है, लेकिन इसी महीने उन्होंने एक नया आदमी रखा है।'

लड़के के अंकल, ज़ाहिर है, ख़ासे नाराज़ हो कर उसके साथ अपने दोस्त के स्टोर पहुँचे और छूटते ही उन्होंने शिकायत की, 'यार, तुम मुझसे वादा करके फिर गये। तुम्हारे यहाँ जगह ख़ाली हुई थी तो कम-से-कम इस बच्चे को इत्तला तो देते। कुछ दिन इसे ट्राई करते। इसका काम इत्मीनान-बख़्श न होता तो भले ही न रखते। वादा करके भी तुम फिर जाओगे, नया आदमी रख लोगे और पता भी नहीं दोगे, इसकी तो तुमसे उम्मीद नहीं थी।'

उनके दोस्त ने हँस कर कहा, 'यार, तुम बेकार मुझ पर ख़फ़ा हो रहे हो। मैं कभी तुमसे झूठ बोल सकता हूँ या तुम्हें टाल सकता हूँ ! कभी मैंने आज तक ऐसा किया है, जो अब करता। तुम जानते हो, मैं साफ़गो आदमी हूँ। रियाकारी मेरा वतीरा नहीं है। मैं कभी

१ कर्तव्यनिष्ठा।

मुँह-देखी बात नहीं करता। मेरे स्टोर में कोई जगह ख़ाली नहीं हुई।'

'लेकिन अभी कुछ दिन पहले आपके स्टोर में एक नया लड़का काम करने लगा है।' अचानक उस नौजवान ने स्टोर के मालिक की बात काटते हुए कहा।

'मैंने नहीं रखा,' स्टोर के मालिक ने कहा, 'ख़ुद उसने अपने लिए जगह बना ली है। और उसके आने से मुझ पर ख़र्च पड़ने की बजाय उलटा मुझे मुनाफ़ा हो रहा है।'

वह लड़का और उसके पिता का दोस्त, दोनों हैरत से मुँह बाये उसकी तरफ़ देखते रह गये। तब स्टोर के मालिक ने उस नौजवान का किस्सा बताया —

'देखो, जैसे तुम अपने इस अज़ीज़ को ले कर आये थे, मेरा एक दूसरा यार उस लड़के को ले कर आया। मैंने उसको भी वही जवाब दिया, जो तुम्हें दिया था। उस दिन तो वे दोनों चले गये। दूसरे दिन वह लड़का फिर मेरे दोस्त के साथ आया और उसने कहा, आपके स्टोर में तो जगह नहीं है, लेकिन अगर आप मुझ पर भरोसा करके सौ-दो सौ का सामान उधार दे दें तो मैं उसे साइकिल पर घर-घर और बँगले-बँगले घूम कर बेचूँगा और शाम को आ कर आपको दिन भर की बिक्री का हिसाब दे दूँगा। आप जो मुनासिब समझें, मुझे कमीशन दे दीजिएगा।'

लड़के की इस पेशकश का ज़िक्र करते हुए मालिक ने कहा —'इनकार करना मेरे लिए मुश्किल था। मैंने रोज़मर्रा की ज़रूरत का सामान उसे निकाल दिया। जो सामान उसने लिया, उसके चालान पर उसके दस्तख़त करा लिये। मेरे दोस्त ने गारण्टी के रूप में एक ख़त मुझे लिख दिया। शाम को वह लौटा तो उसने लगभग डेढ़ सौ रुपये का सामान बेच दिया था। उसने मेरा हिसाब दिया तो मैंने उसी वक्त उसका कमीशन उसे दे दिया। जब दो महीने बाद ही वह कमीशन के खाते में लगभग तीन सौ रुपया महीना कमाने लगा तो मैंने उसे डेढ़ सौ रुपये महीने पर मुलाज़िम रख लिया। लड़के को कुछ छुट्टियाँ और पक्की नौकरी मिल गयी। मुझे किसी तरह का जोखिम उठाये बिना डेढ़ सौ रुपया महीना बचने लगा। काम वह अब भी वही करता है। ऊपर से ज़रूरत पड़ने पर दुकान भी अटेण्ड कर लेता है....'

o

अनारकली बाज़ार की भीड़ में भाई साहब के क्लिनिक को वापस जाते हुए चेतन के कानों में उसके पिता की आवाज़ में उस मेधावी, मेहनती और उद्यमी नौजवान का किस्सा गूँजता रहा। पहले भी जब-जब उसे अपने पिता की वह नसीहत याद आयी थी, शून्य में अवसर बना लेने वाले उस युवक की एक काल्पनिक तस्वीर उसके ज़ेहन में खिंच गयी थी और उसने हमेशा स्वयं भी वैसा ही बनने की प्रतिज्ञा की थी। अनारकली की भीड़ में ठिलते हुए उसने मन-ही-मन पुनः वह प्रतिज्ञा दोहरायी।

'मैं कभी अवसर को अदेखा नहीं करूँगा।' उसने मन-ही-मन कहा, 'मैं उसे अपने दर से निराश नहीं जाने दूँगा। मैं हमेशा उसे सामने के बालों से पकड़ लूँगा और उसका लाभ उठाऊँगा। लेकिन अगर मुझे बेहद ज़रूरत होगी और अवसर मुझे अपनी झलक नहीं दिखायेगा तो मैं भी अपने इर्द-गिर्द के हालात का जायज़ा ले कर उन्हीं में से अपने लिए रास्ता निकालूँगा। कोई मुझे अपना मनचीता करने और आगे बढ़ने से नहीं रोक सकता....'

चेतन मन-ही-मन बार-बार यह प्रण दोहरा रहा था कि भाई साहब का क्लिनिक आ गया। वह खट-खट सीढ़ियाँ चढ़ गया। बिना भाई साहब से कोई बात किये, वह ऊपर परछत्ती पर पहुँचा। रात लिखी कहानी वाली फ़ाइल उसने सहेज कर पलँग के नीचे रख दी और छपी हुई कहानियों के तराशों की बड़ी काली फ़ाइल उठायी, उसे खोल कर उसने एक नज़र उसमें पंच की गयी ख़ाकी स्लिपों से चस्पाँ कहानियों के तराशों पर डाली। इतनी सारी कहानियों को फ़ाइल में लगी देख कर परम सन्तोष से उसने फ़ाइल बन्द की और सीढ़ियों की ओर बढ़ा। तभी उसे ख़याल आया —क्यों न वह रात लिखी ताज़ा कहानी भी साथ लेता जाय। बात बन गयी तो वह नमूने के तौर पर पहली किस्त के खाते वह दिलचस्प कहानी दे देगा। (अपनी कहानी के दिलचस्प होने में उसे ज़रा भी सन्देह नहीं था।) वार्षिक नुमाइश फिर लगने वाली थी और कहानी पूरी तरह सामयिक थी। उसे यकीन था, 'अख़्तर' को पसन्द आयेगी।

यह ख़याल आते ही चेतन फिर मुड़ा। उसने वह पतली-सी फ़ाइल भी उठायी और तेज़-तेज़, लेकिन अचेतन में फिसल जाने के भय से सँभल कर, परछत्ती से लगी तंग सीढ़ी से उतर गया।

नीचे पहुँच कर उसने प्रेमनाथ 'उल्फ़त' के हवाले से भाई साहब को नये उर्दू दैनिक 'भारत माता' के सूत्रपात की ख़बर देते हुए कहा, "मैं यह ख़बर मिलते ही वापस आ गया हूँ। इससे पहले कि वहाँ कोई दूसरा कहानी लेखक पहुँच जाय, मैं 'अख़्तर' से मिल कर बात पक्की कर लेना चाहता हूँ। कौन जाने वहाँ कोई स्थायी प्रबन्ध हो जाय और सरदार जगदीश सिंह लैण्ड लॉर्ड एण्ड हाउस प्रोप्राइटर के दर पर दस्तक देने की ज़रूरत न पड़े। सब कुछ 'अख़्तर' पर डिपेण्ड करता है।"

"अख़्तर! कौन अख़्तर?" भाई साहब ने पूछा था।

"जमनादास 'अख़्तर'। मेरा दोस्त है।" चेतन ने कहा, "हम 'वीर भारत' में इकट्ठे काम करते थे। लगता है, टिप्पस भिड़ा कर 'भारत माता' का सम्पादक बन गया है।

और फ़ाइलें बग़ल में दबा कर वह तेज़-तेज़ दुकान से निकल कर माहीलाल स्ट्रीट की तरफ़ से 'भारत माता' के दफ़्तर को चल दिया।

o

छपी हुई कहानियों के तराशों तथा नयी कहानी की फ़ाइलें बग़ल में दबाये, जब चेतन निस्बत रोड पर 'भारत माता' के दफ़्तर पहुँचा तो जमनादास 'अख़्तर' बड़ी मेज़ के पीछे अपनी कुर्सी पर बैठे हुए थे और बायीं ओर विराजमान, दूध-धुली खादी के धोती-कुर्ते, गाँधी टोपी और पट्टी की वास्केट में सुशोभित, हृष्ट-पुष्ट, प्रकट ही धनी-मानी (शायद 'भारत माता' के डायरेक्टरों में से एक) नेतानुमा व्यक्ति से बातों में तल्लीन थे।

निस्बत रोड की सैर करते हुए चेतन ने एक गली के सिरे की बिल्डिंग के कोने पर बाहर की ओर को बढ़ा हुआ 'भारत माता' का बोर्ड और उसके नीचे गली की ओर को संकेत करता हाथ बना देखा था। उसे 'भारत माता' के दफ़्तर का पता किसी से पूछने की ज़रूरत नहीं पड़ी थी और वह तेज़ गति से चलता वहाँ पहुँच गया था।

अन्दर दाख़िल होते ही चेतन ने 'अख़्तर' को 'आदाब-अर्ज़' करते हुए कहा, "मुझे

'उल्फ़त' साहब ने बताया था कि आप मुझे याद फ़रमा रहे थे, सो मैं हाज़िर हो गया हूँ।"

चेतन को देखते ही 'अख़्तर' खड़े हो गये और उन्होंने मिलाने के लिए हाथ बढ़ा दिया।

चेतन ने भी फ़ाइलें मेज़ पर रखते हुए हाथ बढ़ा दिया। तब बड़ी गर्म-जोशी से हाथ मिलाते हुए 'अख़्तर' ने कहा, "आप बड़े मौके से आये हैं चेतन जी। मैं आपकी तरफ़ किसी को भेजने की सोच ही रहा था। तशरीफ़ रखिए।"

और 'अख़्तर' ने सामने कुर्सी की ओर संकेत किया। फिर बायीं ओर बैठे नेता-नुमा व्यक्ति से चेतन का परिचय कराया —"इनसे मिलिए। यही हैं श्री चेतनानन्द। बहुत अच्छे कथाकार हैं। 'बन्दे मातरम' और 'वीर भारत' के स्टाफ़ में काम करते रहे हैं। दोनों में हर हफ़्ते कहानियाँ लिखते रहे हैं —इन्हीं का ज़िक्र-ए-ख़ैर 'उल्फ़त' साहब से हो रहा था।"

चेतन भाई साहब के क्लिनिक से कहानियों के तराशों की फ़ाइल उठा कर निकला था तो उसने सोचा था कि वह 'भारत माता' के मालिकों को वह फ़ाइल दिखायेगा, कहानियों के शीर्षक सुनायेगा और बतायेगा, किस प्रकार वह अख़बार के लिए नयी-से-नयी रचना लिखता रहा है। वह किसी दूसरे देशी या विदेशी कथाकार की रचना पर डाका नहीं डालता। न किसी की थीम चुराता है, न प्लॉट। अच्छी या बुरी वह शत-प्रतिशत मौलिक कहानियाँ लिखता है। वह अपनी कथा-वस्तु अपने इर्द-गिर्द के माहौल से उठाता है और शिल्प की सहायता से ऐसी कहानी बुनता है कि लोग पढ़ते चले जाते हैं और कहानी के अन्त पर पहुँच कर उन्हें कुछ ऐसा झटका लगता है कि अन्त उनके दिल-दिमाग़ पर नक्श हो जाता है।

लेकिन चेतन के सौभाग्य से उसका मित्र सम्पादक की कुर्सी पर बैठा था, जिसने स्वयं ही उसकी ख़ूब प्रशंसा कर दी थी। उसे सिर्फ़ इतना करना पड़ा कि लॉ कॉलेज में दाख़िल होने और अपनी बीवी की बीमारी का सविस्तार ज़िक्र करना पड़ा। और यह वादा करते हुए कि वह 'भारत माता' के लिए हर हफ़्ते कहानी लिखेगा, उसने सिर्फ़ यह माँग की कि उसकी विकट परिस्थिति को देखते हुए हर हफ़्ते उसका पारिश्रमिक पाँच रुपये दे दिया जाय।

'अख़्तर' ने हामी भर दी तो चेतन ने दूसरी फ़ाइल से रात लिखी कहानी का मसौदा निकाला और बोला, "मैंने रात ही एक नयी तंज़िया कहानी लिखी है। लिखी तो मैंने 'गृहस्थी' के लिए है, रफ़ है, आप देख लीजिए, पसन्द आये तो मैं आज ही इसे फिर से लिख कर कल दे जाऊँगा।"

और उसने 'चपत' का मसौदा 'अख़्तर' को थमा दिया।

कहानी बड़ी तो थी नहीं। 'अख़्तर' ने सरसरी नज़र से उसे पढ़ा और बोला, "बढ़िया कहानी है। इसे आप छोड़ जाइए। इसी हफ़्ते छप जायेगी। अगले हफ़्ते जब आप नयी कहानी लायेंगे, इसका मुआवज़ा ले जाइएगा।"

"आपने कहानी पसन्द की। मशकूर हूँ।" चेतन ने कहा, "आप इसे मुझे दे दीजिए। यह रफ़ वर्ज़न है। मैंने इसमें कुछ तरमीम करने की सोच रखी है। आज ही इसे दोबारा लिख कर और बेहतर बना कर कल आपको दे जाऊँगा।"

"वह काट-छाँट आप अपने लिए बाद में कीजिएगा।" 'अख़्तर' ने बेपरवाही से कहा। "मैं तो अभी इसे सण्डे एडीशन के लिए कातिब को भेज रहा हूँ।"

क्षण भर के लिए चेतन के मन में आया कि वह 'अख़्तर' से कहे कि उसे पाँच रुपये आज दे दिये जायें, वह अपनी पत्नी के पढ़ने के लिए कुछ हिन्दी किताबें ख़रीद कर ले जाना चाहता है, लेकिन 'अख़्तर' ने स्वयं पारिश्रमिक देने की बात कही थी, उसे साहस नहीं हुआ।

वह उठा। लगभग अभिभूत स्वर में उसने कहा, "अख़्तर साहब, आपने मेरी एक बहुत बड़ी मुश्किल हल कर दी। मैं आपका बहुत शुक्रगुज़ार हूँ।" और उसने हाथ आगे बढ़ा दिया। सम्पादक से हाथ मिला कर चेतन ने उस नेता-नुमा व्यक्ति को 'नमस्कार' किया, छपी हुई कहानियों के तराशों की फ़ाइल, जिसे खोलने तक की नौबत न आयी थी, मेज़ से उठा कर बग़ल में दबायी और दफ़्तर से बाहर निकल आया।

उसका चेहरा खिला पड़ता था। उसे इस बात का गर्व था कि अवसर उसके सामने से गुज़रा तो उसने उसे अचीन्हा नहीं जाने दिया।

तैंतीस

हाईकोर्ट के पास माल रोड पर आते ही, चेतन साइकिल से उतर गया। उसने स्वभावतः सधे हुए दायें हाथ से साइकिल का बायाँ हैण्डल पकड़ा और ख़रामाँ-खरामाँ माल के बायें किनारे घर की ओर चल दिया।

धर्मव्रत वेदालंकार से चेख़व और ओ'हेनरी की कहानियों के संग्रह ले कर चेतन उन्हें अपनी पत्नी को सैनेटोरियम देने गया था। मिस सुल्ताना उसे बरामदे ही में खड़ी मिल गयी थी। उसने दोनों किताबें उसी को दे थीं और कहा था कि उसकी पत्नी को दे दे और हिदायत कर दे कि न तो किताबें किसी और को पढ़ने के लिए दे और न स्वयं उन्हें मैला करे। उन्हें प्रकाशक को लौटाना है।.... अपने उर्दू कहानी-संग्रह के सिलसिले में उसने क्षमा चाही थी कि उसका प्रकाशक अपने घर अमृतसर गया हुआ है। जब चेतन फिर अपनी बीवी से मिलने आयेगा तो ज़रूर मिस सुल्ताना के लिए पुस्तक लायेगा।

मिस सुल्ताना ने मुस्कराते हुए चन्दा के लिए किताबें ले लीं और कहा था कि उसकी पुस्तक के लिए वह बेताबी से इन्तज़ार करेगी। चन्दा ने उसके मन में बेहद इश्त्याक[१] भर दिया है। चेतन पुनः वादा करके उल्टे पाँव लौट आया था।

आठ मील साइकिल चलाने के बाद वह सैनेटोरियम में एकाध घण्टा आराम कर लेता तो शायद उसे वैसा कष्ट न होता। यूँ वह इच्छरा गाँव की पुलिया पर कुछ पल सुस्ताने के लिए रुका था। बात यह थी कि अपनी पत्नी को सैनेटोरियम में दाख़िल कराने से एक दिन पहले, जब वह डॉक्टर हीरालाल से मिलने गया था तो उस दिन वापसी पर इच्छरा

१ उत्सुकता।

की इस पुलिया पर काफ़ी देर तक बैठा रहा था। पुलिया से देखे गये इच्छरा गाँव के दृश्य ने उसे अनायास आकर्षित किया था। इच्छरा उन दिनों सड़क से बहुत दूर हल्की-सी धूल में लिपटा हुआ, सूनेपन के बावजूद तिलिस्मी-सा दिखायी देने वाला गाँव था। अँधेरा बढ़ गया था। दो-चार जगह झिलमिलाती-सी रोशनियाँ जल उठी थीं और सारा दृश्य जैसे एक रहस्यमय आवरण में लिपटा हुआ था। काफ़ी देर सुस्ताने के बाद सर्दी बढ़ जाने पर वह उठ कर चला आया, लेकिन उस दोपहरी में वह रहस्यमयता और तिलिस्म की-सी कैफ़ियत यक्सर नदारद थी। उस सन्नाटी और सूनी दोपहरी में वह पुलिया पर ज़्यादा देर बैठ न सका था और फिर साइकिल पर सवार हो कर तेज़-तेज़ साइकिल चलाने लगा था। उसकी साइकिल की काठी कमाये हुए सख़्त चमड़े की बनी थी। आज की तरह गद्देदार तो थी नहीं। इतने वर्षों में चमड़ा सूख गया था और वह नीचे गड़ने लगी थी। बिना सुस्ताये साइकिल चलाते-चलाते उसकी जाँघें बेहद दर्द करने लगी थीं। यूँ भी माल पर पैदल चलना उसे प्रिय था। और वह हाईकोर्ट के पास ही उतर गया था।

उसकी आँखों के सामने क्षण भर के लिए फिर इच्छरा गाँव की पुलिया का दृश्य आ गया, जब वह शाम को सैनेटोरियम से लौटता हुआ काफ़ी देर उस पुलिया पर बैठा रहा था....सूनी-से-सूनी जगह भी शाम के जादू से कैसी अनोखी सुन्दरता पा जाती है, चेतन सोचने लगा। फिर उसके सामने वेदालंकार जी का अप-टु-डेट ड्राइंग-रूम और उसके बाहर बरामदे के अधछत्ते के नीचे नयी चमचमाती खाने की मेज़, बेंत की ऊँची पीठवाली गद्देदार आधुनिक कुर्सियाँ और उनसे मुलाकात का दृश्य आ गया....

माल पर धीरे-धीरे चलते हुए चेतन को इस बात पर सन्तोष हुआ कि उसके पास जो थोड़े-से पैसे अपनी पत्नी को सैनेटोरियम में दाख़िल कराने के बाद बच गये थे, वे किताबों पर ख़र्च नहीं करने पड़े और वेदालंकार जी ने उसे सहर्ष पुस्तकें उधार दे दीं। 'भारत माता' के दफ़्तर से अगर कहानी के पैसे पेशगी मिल जाते तो बिना एक क्षण भी सोचे, वह किताबें ख़रीद लेता। लेकिन न वह माँग पाया था, न जमनादास 'अख़्तर' को उसकी स्थिति का इल्म था। चेतन ने यह भी सोचा था कि उसके पास जो कुछ रुपये बच गये हैं, उनमें से किताबें ले ले और जब 'भारत माता' से पारिश्रमिक मिल जाय तो उनकी क्षति-पूर्ति कर ले, लेकिन वह किसी तरह का जोखिम नहीं उठाना चाहता था। हालाँकि 'भारत माता' से थोड़ा पक्का प्रबन्ध हो गया था, मगर वह पूरी तरह आश्वस्त नहीं था। सोच-सोच कर बहुत संकोच के साथ वह वेदालंकार जी से मिलने गया था। दफ़्तर में वे देर से आते थे, इसलिए वह उनके निवास स्थान पर १२-ए टैप रोड पहुँचा था। उसने सोचा था कि वह वेदालंकार जी को अपनी स्थिति समझायेगा और कहेगा कि वे अपने प्रकाशन से दो कहानी-संग्रह उसे उधार दे दें, 'भारत माता' से पैसे मिलने पर वह उनका मूल्य चुका देगा। सौभाग्य से चेतन अच्छे मुहूर्त में घर से निकला था। बिना किसी तरद्दुद और अनुनय के उसका मनचीता हो गया था।

०

चेतन ने प्रोफ़ेसर दिलबहार सिंह के दो-मंज़िले मकान की ड्योढ़ी पार करके आँगन में पैर रखा ही था कि वहाँ आँगन की बायीं दीवार के मध्य बँधी हुई कुतिया ज़ंजीर के सहारे अपनी पिछली दोनों टाँगों पर खड़ी हो कर सीने के पूरे ज़ोर से भौंकने लगी। दहलीज़ की

ओर के बायें कोने में बँधी हुई, उनके बेपनाह तौर पर मोटे बेटे की चहेती घोड़ी ने पैर पटके और हिनहिनायी, दायीं ओर बँधी चमचमाती काली पीठ वाली, पली हुई, मोटी भैंस ने कीचड़ और गोबर से सनी हुई दुम पीठ पर बैठी कटखनी मक्खी को उड़ाने के लिए ज़ोर से घुमायी।

चेतन पहले भी कई बार वहाँ आ चुका था, इसलिए वह आँगन में टेढ़े-बैंगे हो कर उन तीनों बाधाओं को पार करते हुए पिछले बरामदे की छत के नीचे इस किनारे बनी सीढ़ियों तक पहुँचना जानता था। वह आँगन के पार हो गया, लेकिन सीढ़ियाँ चढ़ने से पहले कुछ क्षण रुक गया। बात यह थी कि कुछ समय पहले तक वेदालंकार जी रँडुवे थे और नौकर के साथ फ़्लैट में अकेले रहते थे। अब उनकी दूसरी बीवी आ गयी थी। चेतन उनकी बारात में गया था। उनकी दूसरी पत्नी, जिसे वेदालंकार जी मित्रों में 'सुनयना जी' कह कर पुकारते थे और जिसकी सुन्दरता का उल्लेख कद्रे अतिशयोक्ति से करते थे, दिल्ली के एक आज़ाद और मॉडर्न घराने से ताल्लुक रखती थीं। चेतन ने उन्हें शादी के अवसर पर देखा था। आम निम्न-मध्यवर्गीय दुल्हिनों की तरह वे शादी के लाल जोड़े और चुनरी में बड़ा-सा घूँघट काढ़े गठरी-सी बनी नहीं बैठी थीं। साड़ी-ब्लाउज़ में ज़रा-सा घूँघट काढ़े निःसंकोच विवाह-मण्डप के नीचे बैठी यज्ञ में योग दे रही थीं। शादी आर्य-समाजी ढंग से हुई थी। दोनों ने एक-दूसरे को हार पहनाये थे। वेदालंकार जी को हार पहनाते हुए जब उनका घूँघट एकदम उठ गया था तो चेतन को उनके मुख की क्षणिक झलक मिली थी। रंग सुनयना जी का गोरा-चिट्टा था, आँखें भी बड़ी-बड़ी थीं, होंट भी लिपस्टिक से लाल गदराये और सेंसुअल थे, नाक भी सुतवाँ थी, लेकिन कुल मिला कर उनके चेहरे का इम्प्रेशन चेतन के मन पर अच्छा नहीं पड़ा था। उसे सुनयना जी न सुन्दर लगी थीं, न सुशील। अब पहली बार उनकी मौजूदगी में वेदालंकार जी से मिलने को जाते हुए उसके संकोच का भी यही कारण था।

निचली सीढ़ी पर एक पैर रखे हुए चेतन ने सोचा कि पल भर की दृष्टि में मिले इम्प्रेशन को अन्तिम मान लेना बुद्धिमत्ता नहीं है, वह बेकार डर रहा है, लेकिन उसने प्रायः देखा था कि उसका पहला इम्प्रेशन ही सही होता था और जब भी उसने अपने पहले स्फ़ुरण के ख़िलाफ़ अक्ल भिड़ायी थी, हमेशा ग़लत नतीजे निकले थे। लेकिन इस पर भी किसी को जानने के लिए उसे पंजाबी कहावत —जाँ राह प्या जाने, जाँ वाह प्या जाने[१] —ही ठीक लगती थी। याने किसी को जानने के लिए उसके साथ सफ़र करना अथवा कुछ समय गुज़ारना या काम के सिलसिले में उससे मिलना-जुलना ज़रूरी है, लेकिन धर्मव्रत जी की नयी पत्नी के सन्दर्भ में दोनों में से कोई बात भी नहीं थी। वह सुनयना जी को बिलकुल नहीं जानता था। चूँकि ग़रज़ से जा रहा था, उधार किताब चाहता था, इसलिए असमंजस में था।

वहीं खड़े-खड़े चेतन ने मन-ही-मन योजना बनायी कि उनसे मिलने पर वह कैसे पहले इम्प्रेशन के हवाले से (प्रकट ही अपने वास्तव इम्प्रेशन से उलट) उनके स्वभाव की सहज उदारता का उल्लेख करते हुए अपनी प्रसन्नता प्रकट करेगा। वेदालंकार जी से क्या

१ या रास्ता पड़ने पर पता चलता है, या वास्ता पड़ने पर पता चलता है।

कहेगा, कैसे बात शुरू करेगा। यह भी उसने सोच लिया।

सर्दी तो वैसी नहीं थी। सुबह लगभग नौ बजे का समय होगा। हवा में ख़ुनकी थी। चेतन मोटी खादी की हल्के भूरे रंग की, मैलख़ोरी, लम्बे कॉलरों वाली कमीज़ और लट्ठे की मलगिजी तहमद पहने था। पैरों में उसने वही पेशावरी चप्पल पहन रखी थी। खुला गला और सिर पर कंघी की पिछली तरफ़ से सयत्न बनाये, हल्के घुँघराले, लम्बे बाल — चेतन को आईने में अपना चेहरा ख़ासा आकर्षक लगता था। लेकिन इस तथ्य से वह सर्वथा अनभिज्ञ था कि उच्चवर्ग के किसी नकचढ़े व्यक्ति को वह घाटी बाज़ार का गुण्डा लग सकता है और मन-ही-मन उसने वेदालंकार दम्पति से मुलाकात की जो भी योजना बना रखी हो, वास्तविक भेंट उससे सरासर भिन्न हो सकती है, इससे भी वह ग़ाफ़िल था।

काफ़ी सोच-विचार कर उसने दूसरा पाँव भी सीढ़ी पर रखा और तेज़-तेज़ ऊपर पहुँचा। धर्मव्रत जी सूट-बूट में लैस (प्रकट ही दफ़्तर को जाने के लिए तैयार हो कर) नाश्ता कर रहे थे। उनकी पत्नी हाथ में ख़ासा सिका हुआ, बड़ा-सा, मक्खन-लगा टोस्ट लिये, उस पर चमचमाती छुरी से शहद लगा रही थीं।

आँगन में चेतन के पैर रखते ही वेदालंकार जी ने बैठे-बैठे दोनों हाथ फैलाते हुए बड़े तपाक से कहा —"आइए, आइए चेतन जी," और ख़ाली कुर्सी की ओर संकेत करते हुए जोड़ा, "बैठिए, और हमारे साथ नाश्ता कीजिए।"

तभी उनकी पत्नी ने चेतन पर नख-से-शिख तक एक दृष्टि डाली और जैसे उनके चौड़े माथे पर तेवर बन गये, होंट वितृष्णा से विकुंचित और चेहरा कद्रे विकृत हो गया, उससे चेतन को कुर्सी पर बैठने का साहस नहीं हुआ। उसने खिन्नता से मुस्कराते हुए कहा, "नहीं....नहीं....आप नाश्ता कीजिए, मैं मीठी लस्सी का बड़ा गिलास पी कर आया हूँ। अन्दर बैठता हूँ।"

"अरे, तो एक तोस से क्या फ़र्क पड़ता है।" वेदालंकार जी उसी आत्मीयता से बोले, "लस्सी ही तो पी है न, जिसमें आधा पानी होता है।" और उन्होंने पत्नी के हाथ से शहद-लगा टोस्ट ले कर उसकी ओर बढ़ाते हुए फिर कुर्सी की ओर इशारा किया और बोले, "आइए-आइए, बैठिए और एक तोस हमारे साथ भी लीजिए।....मैंने सुनयना जी से आपका बड़ा ज़िक्र किया है। आपकी कहानी —'प्रेम की वेदी' इन्हें सुनायी है और इन्हें बहुत पसन्द आयी है...."

वेदालंकार जी अपने उत्साह में बोलते गये थे, लेकिन चेतन असमंजस में वहीं खड़ा था। —इस ख़याल ही से कि वह गुण्डा-सा दीखने वाला लेखक अपनी मलगिजी-सी तहमद और ख़स्ता, पुरानी, धूल-भरी चप्पल के साथ उनके करीब बैठेगा, सुनयना जी के गोरे चेहरे पर गालों के गड्ढे ज़रा गहरे हो गये थे, कल्लों की हड्डियाँ और उभर आयी थीं और ऊपर के होंटों ने ज़रा बाहर को निकली दन्त-पंक्ति को ढँक लिया था; निगाहें उन्होंने मेज़ पर गाड़ ली थीं और उनका पूरा शरीर जैसे तन गया था....चेतन के दिल में उस तथाकथित सम्भ्रान्त परिवार की विदुषी महिला के उस पोज़ पर कुछ अजीब-सी वितृष्णा भर गयी और उसकी समझ में आ गया कि शादी के अवसर पर उसे वह चेहरा क्यों सुन्दर नहीं लगा था। —एक-दूसरे से सटे उनके ऊपर के चमकते सफ़ेद दाँत चूँकि पूरे दिखायी

देते थे और अपनी असुन्दरता के बावजूद उस चेहरे को ज़रा सुन्दर बना जाते थे, इस वक्त होंटों में बन्द होने से उस चेहरे की अपरूपता को उभार रहे थे।

वहीं खड़े-खड़े चेतन ने बरबस होंटों पर मुस्कान लाते हुए कहा, "सुनयना जी का बहुत-बहुत शुक्रिया। इनकी सहृदयता और स्वभाव का खुलापन शादी के अवसर पर ही इनके चेहरे पर खिला पड़ता था," और उसने क्षमा माँगते हुए कहा, "मैंने लस्सी में दो पेड़े डलवा लिये थे। मेरा पेट कण्ठ तक भरा है। यह मक्खन और शहद-लगा इतना बड़ा तोस खाना तो दूर, मैं तो एक बिस्कुट भी नहीं ले सकता। आप इत्मीनान से नाश्ता कीजिए। मैं अन्दर बैठता हूँ।"

इससे पहले कि चेतन अन्दर जाने के लिए कदम उठाता, वेदालंकार जी ने टोस्ट तो प्लेट में रख दिया, लेकिन बिना उसकी ओर से निगाह हटाये, उसी उत्साह से कहा था, "आप का नाटक कोर्स में लग गया। उसकी बधाई। मैंने पढ़ा है। बहुत अच्छा आदर्शवादी नाटक लिखा है आपने," और जैसे उसके नाटक का उल्लेख करते हुए वे अपने नाटक के बारे में बताने का लोभ सम्वरण न कर पाये हों, उन्होंने उसी ख़ुशी से कहा, "मेरा नाटक 'अशोक' भी प्रभाकर में लग गया है। लेकिन चातक जी का रह गया।"

यह अन्तिम बात उन्होंने कुछ अजीब-सी प्रसन्नता-भरे सन्तोष से कही और अपनी बात जारी रखते हुए बोले, "आये थे, विलाप कर रहे थे।"

और फिर यह देख कर कि चेतन उनकी बात सुनने के लिए कद्रे अनिच्छापूर्वक रुका है, बोले —"लेकिन आप चलिए, बैठिए, मैं आता हूँ और सविस्तार बताता हूँ...."

उन्होंने मक्खन और शहद-लगे टोस्ट की प्लेट अपनी ओर खींच ली और टोस्ट काट कर मुँह में रखने के लिए छुरी-काँटा उठाया, जब चेतन अन्दर की ओर बढ़ गया।

o

वेदालंकार जी का ड्रॉइंग-रूम बिलकुल वैसा ही था, जैसा चेतन ने पहले-पहले देखा था — वही दरी, वही ग़ालीचा, वही काउच, वही कोने में रखा फूलदान और मैण्टलपीस पर सुनहरे फ्रेमों में जड़ी, गुलमर्ग (कश्मीर) के हिमपात की तस्वीरें। बीच में एक बड़ी तस्वीर में चारों ओर आदमी के कन्धे तक ऊँची, ताज़ा-गिरी बर्फ़ में घिरी एक कॉटेज थी, जिस पर बर्फ़ का लिहाफ़-सा पड़ा था, जो कॉटेज के किनारों पर नीचे को लटका, वहीं जम गया था। बर्फ़ में सँकरी खन्दक-सी गहरी खुदी हुई एक पगडण्डी थी, जिसमें तीन व्यक्ति भारी गर्म कपड़े पहने कॉटेज को जा रहे थे। कॉटेज की बर्फ़ चारों तरफ़ से थोड़ी साफ़ कर दी गयी थी। —इन तीनों में सबसे पीछे स्वयं वेदालंकार जी थे, उनके आगे एक पतली-छरहरी, लम्बी सुराहीदार गर्दन वाली युवती थी, गुलूबन्द लपेटे होने के बावजूद जिसकी गर्दन नुमायाँ थी। यह वेदालंकार जी की पहली पत्नी की छोटी बहन थी। जैसा कि चेतन ने उनकी बातों से जाना था, वे अपनी उस साली को दिल-ही-दिल में चाहते थे और अपनी पहली पत्नी के देहावसान के बाद उनकी इच्छा थी कि वे उससे विवाह कर लें। उनकी सास तैयार भी थी, पर वह मानिनी तैयार नहीं हुई। वह दिल-ही-दिल में अपने फुफेरे भाई को चाहती थी, जो मदन-सा सुन्दर था, गवर्नमेण्ट कॉलेज, लाहौर का ग्रैज्युएट था, और उस तस्वीर में उन दोनों के आगे कॉटेज की ओर जा रहा था।....इस तस्वीर के इर्द-गिर्द दो छोटी

तस्वीरें थीं, जिनमें वे ही तीनों बैठे बतिया रहे थे।

लेकिन पहली ही नज़र में चेतन ने वह छोटी-सी तब्दीली भाँप ली, जो उनकी इस दूसरी शादी के बाद वहाँ मैण्टलपीस की सजावट में हुई थी। चेतन पहले सीधा काउच पर जा बैठा था, फिर इस छोटे-से परिवर्तन को लक्ष्य करके झपाके से उठ कर मैण्टलपीस के पास गया और दोनों हाथ उस पर फैला कर देखने लगा था —वहीं बड़े फ़ोटो के आगे पहले एक छोटे-से फ़्रेम में उनकी पहली पत्नी का साइड पोज़ लगा रहता था। सिर पर सयत्न लिया गया साड़ी का पल्लू उनके संजीदा, गम्भीर और इण्टलेक्चुअल चेहरे का द्योतक था। फ़्रेम तो वही था। उसी जगह पड़ा था। बस, वेदालंकार जी ने उसमें से पहली पत्नी का फ़ोटो निकाल कर सुनयना जी का बस्ट लगा दिया था, जिसमें उनका पल्लू सिर से ज़रा ऊपर को खिसक गया था और हँसते हुए ऊपर के सभी दाँत बाहर को निकल आये थे। चेतन को उनका वह चेहरा उनकी पहली पत्नी के चेहरे की तुलना में निहायत छिछोरा और बुद्धिविहीन, एक ऐश-आराम-पसन्द नकचढ़ी युवती का चेहरा लगा।

"विलाप करने लगे चातक जी मेरे पास आ कर कि आपने उनके साथ द्रोह किया है...."

चेतन वहीं अँगीठी पर दोनों हाथ रखे सुनयना जी के फ़ोटो को देख रहा था कि वेदालंकार जी की आवाज़ सुन कर पलटा। —रूमाल से दोनों हाथ पोंछते हुए वे बात करते आ रहे थे। चेतन को लगा, जैसे उन्होंने अपनी बात को बीच से छोड़ा ही न हो। उनके चेहरे पर वही अव्यक्त-सी ख़ुशी और सन्तोष था। उनके स्वर में चातक जी के प्रति करुणा नहीं, उपहास ही का पहलू था।

चेतन जा कर काउच पर बैठ गया। वेदालंकार जी रूमाल को तहा कर ऊपर की जेब में रखते हुए, करीब ही बड़े काउच के कोने में जा बैठे। जाने चेतन को वह सब बताने की उतावली में वे पूरी तरह नाश्ता भी कर पाये थे या नहीं। बोलना उन्होंने जारी रखा था —

"बता रहे थे कि आपने उनके साथ एक नाटक लिखने का वादा किया था। प्रकाशक से उन्होंने आपके लिए रुपये ले लिये थे। नाटक की कहानी टॉड राजस्थान से उन्होंने ही आपको सुझा दी थी। लेकिन रुपये ले लेने के बावजूद आप पीछे हट गये, लाख अनुरोध पर टस-से-मस न हुए और प्रकाशक के सामने आपने उन्हें लज्जास्पद स्थिति में डाल दिया।.... और वे फफक कर रोने लगे कि उसी कहानी पर आपने यह नाटक लिख कर स्वीकार करा लिया और उनका नाटक अस्वीकृत करा के उनके पेट पर लात मार दी, जो उनके निकट जघन्य पाप के बराबर है।"

"बात तो सरासर ग़लत है," चेतन ने कहा, "मैं आपको अभी सब बताऊँगा, पर अगर सही भी हो तो चातक जी आपके पास यह रोना रोने क्यों आये थे?"

"आप की हिन्दी में पंजाबी का जो पुट है, उसका उल्लेख करते हुए उसमें अशुद्धियों की एक लम्बी सूची लाये थे। लालच दे रहे थे कि अगली बार वे हमें नाटक देंगे, इस बार आपका नाटक हटाने में हम उनकी मदद करें...."

अचानक चेतन ने ज़ोर का ठहाका लगाया। फिर थोड़े संयत स्वर में बोला, "पहले भी अशुद्धियों की एक लम्बी सूची उन्होंने प्रकाशक के द्वारा बोर्ड को भिजवायी थी। उसका

जो हश्र हुआ, इसका उससे भिन्न न होता।"

"वह बात मैं जानता हूँ," वेदालंकार जी ने कहा, "मुझे प्रोफ़ेसर इन्द्रजीत शर्मा ने बताया था, लेकिन शेष किस्सा तो मैं जानता नहीं था, इसलिए मैंने कहा, देखिए चातक जी, बोर्ड को भाषा की अशुद्धियाँ बताने से कुछ नहीं होगा। बोर्ड के जिन सदस्यों ने नाटक लगाया है, वे अपनी ग़लती नहीं मानेंगे और पंजाब और आपके जन्म-स्थान मध्य भारत की बात उठ जायेगी —अन्दर वाले और बाहर वाले का झगड़ा उठ जायेगा। भविष्य में आपके लिए हानिकारक होगा। प्रान्तीयता के इस सोये बाघ को न छेड़िए, आप बाहर से आये हैं। पंजाबी लेखक की निन्दा करके, आप अपने लिए काँटे मत बोइए...."

और वेदालंकार जी ने बताया कि उनकी चेतावनी का वही असर हुआ, जो होना चाहिए था। "उनका सब रोना-धोना बन्द हो गया, और वे मुझसे वादा ले कर चले गये कि एक तो उनकी बातें किसी से न कहूँ, दूसरे बोर्ड की अगली बैठक में मैं अपने पार्टनर पण्डित ज्योति स्वरूप से बोर्ड के मेम्बरों पर यह ज़ोर डलवा दूँ कि चातक जी के अस्वीकृत नाटक पर पुनः विचार किया जाय।"

चेतन ने एक ऐसा ठहाका लगाया, जिसमें थोड़ा दुख भी छिपा था और सिर को उनकी ओर झुकाते हुए सरगोशी में शुरू से बात आरम्भ की। चेतन ने जब किताबों के सिलसिले में वेदालंकार जी से मिलने का फ़ैसला किया था तो उसके ख़्वाब में भी यह ख़याल न था कि उसे वेदालंकार जी से अपनी बात कहने का ऐसा सुअवसर मिल जायेगा। उसने अपनी पत्नी की दुखद बीमारी, घर वालों के निर्मम और क्रूर व्यवहार से बात शुरू करके अपनी आर्थिक तंगदस्ती में चातक जी से कुछ अतिरिक्त काम दिला देने की बात कही। उन्होंने जिस तरह उससे प्रेत-लेखन का घृणित प्रस्ताव किया, उसका सविस्तार उल्लेख करते हुए चेतन ने ब्योरेवार सारा किस्सा वेदालंकार जी को कुछ इस व्यथा-भरे स्वर में बताया कि उनका घोर व्यापारी हृदय भी दयार्द्र हो आया और जब चेतन ने अपनी पत्नी की वर्तमान स्थिति का उल्लेख करते हुए, दो-एक कहानी-संग्रह उधार देने की बात कही और आश्वासन दिया कि 'भारत माता' से पैसे मिलते ही वह उनके दाम चुका देगा, वे विश्वास रखें, तब वेदालंकार जी अचानक उठे और अन्दर कमरे की ओर जाते हुए उन्होंने कहा, "मेरे पास अपने प्रकाशन के दो फ़ालतू सेट रहते हैं। मोपासाँ की कहानियों का संग्रह तो आउट ऑफ़ प्रिण्ट हो गया है। मैं आपको चेख़व और ओ'हनरी के संग्रह ला देता हूँ। आपकी सहधर्मिणी शौक से पढ़ लें, बस इतना अनुरोध उनसे कर दीजिएगा कि किसी दूसरे को पढ़ने के लिए न दें और उन्हें ख़राब न होने दें। पढ़ कर वापस कर दें, मैं वहीं रख दूँगा, आप काहे को पैसे बरबाद करेंगे, उनसे आप अपनी कानून की किताबें ख़रीदिए।"

और वे किताबें लेने अन्दर चले गये थे।

०

अपने विचारों में मगन, वेदालंकार जी से होने वाली भेंट की बातें सोचता हुआ, चेतन धीरे-धीरे सड़क की अपनी तरफ़ वाली पट्टी पर चलता चला आया था। बड़ा डाकख़ाना पीछे छूट गया था। उससे ज़रा आगे नीला गुम्बद से माल को आती कद्रे टेढ़ी सड़क पीछे

छूट गयी थी। सेण्ट्रल बैंक, नीला गुम्बद से सीधी माल रोड को आने वाली सड़क का तिराहा आ गया था। चेतन अपने ध्यान में आगे बढ़ा जा रहा था कि पीछे से सरपट घोड़ा दौड़ाये चले आने वाले एक कोचवान की आवाज़ से चौंक कर, हैण्डल को दोनों हाथों में थाम, सड़क के किनारे फुटपाथ के पास आ गया। ताँगा गुज़र गया। उसने निगाह उठायी। उसे अपनी ग़लती का एहसास हुआ। उसने वहीं पहले दायें और आधी सड़क पार करके फिर बायें देखते हुए माल पार की और ज़रा-सा पीछे जा कर बायीं ओर सीधी सेण्ट्रल बैंक को जाने वाली सड़क पर आ गया। पहले उसने सोचा था कि साइकिल पर सवार हो कर फ़र्राटे से माहीलाल स्ट्रीट के पिछवाड़े से होता हुआ दुकान जा पहुँचे। लेकिन वह थक गया था। साइकिल पर बैठने को उसका ज़रा भी मन न हुआ। थोड़ी ही दूर आगे दायीं ओर नया-खुला कॉफ़ी हाउस था। उसका ध्यान आते ही कॉफ़ी के रंग के मोटे-मोटे प्याले और वैसे ही टी-पॉट उसके दिमाग़ में घूम गये। कॉफ़ी की गन्ध उसकी कल्पना में बस गयी। उसने सोचा, वहाँ रुक कर वह एक प्याला गर्म-गर्म कॉफ़ी ज़रूर लेगा। तब दुकान जायेगा।

"कैसी अजीब बात है," उसने मन-ही-मन सोचा, "वेदालंकार जी से मिलने को जाते समय वह कितनी-कितनी बातें सोच कर गया था, उसके मन में कितना संकोच था — जब तीन वर्ष पहले चेतन पहली बार लॉ-रिपोर्टर के दफ़्तर में उनसे मिलने गया था तो उन्होंने कुर्सी भी पेश नहीं की थी और वह लगभग अपमानित-सा वापस आया था। लेकिन फिर उसका उर्दू कहानी-संग्रह छप गया था। हरि भाई गोविल के भाषण में उन्होंने उसे आमन्त्रित किया था और अब उसकी कहानी 'सरस्वती' जैसी प्रमुख पत्रिका में छपने और उसका नाटक कोर्स में लगने से स्थिति में कितना परिवर्तन आ गया था। उसके कपड़ों की परवाह न करते हुए 'अज्ञात' जी ने ही नहीं, वेदालंकार जी ने भी उसे खाने की मेज़ पर सानुरोध बुलाया था और उसे ब्ड़ी उदारता से पुस्तकें दे दी थी।

जब वह उनसे विदा ले कर बाहर बरामदे से गुज़रा था तो सुनयना जी दायें हाथ में मक्खन और जैम की ख़ासी मोटी तह वाला बड़ा तोस पकड़े, मुँह खोले, उसका बड़ा-सा टुकड़ा काटने की प्रक्रिया में थीं। चेतन ने सीढ़ियों की ओर बढ़ते हुए एक 'नमस्कार' उनकी ओर बहा दिया था। मुस्करा कर या हँस कर उसके 'नमस्कार' का जवाब देने की बात तो दूर रही, उन्होंने न उसकी ओर देखा था, न उसके 'नमस्कार' की कोई सनद दी थी। वे बदस्तूर फूहड़ता-भरी तन्मयता से तोस खाती रही थीं।

सुबह की उस सुखद भेंट में सुनयना जी का व्यवहार उसके दिल में काँटे-सा चुभ गया था —'यह आदममार औरत वेदालंकार जी का सारा साहित्य-वाहित्य भुला देगी।' उसने मन-ही-मन कहा, सिर को झटका दे कर उस कटु स्मृति को दिमाग़ से निकाल दिया और चूँकि वह कॉफ़ी हाउस के सामने पहुँच गया था और हवा के झोंके के साथ कॉफ़ी की सुखद, बोझीली गन्ध उसके नथुनों में भर गयी थी, वह सड़क पार कर कॉफ़ी हाउस पहुँचा।

वह पैडल के सहारे कॉफ़ी हाउस की सीढ़ी के किनारे साइकिल को टिका रहा था, जब उसके कानों में कॉफ़ी हाउस के अन्दर से उसके पुराने सहपाठी अलाउद्दीन मलिक की पाटदार आवाज़ सुनायी दी।

"तुम मुहब्बत को सेक्स से कोई अलग, इलाही जज़्बा समझते हो खन्ना, तुम नम्बरी

चुग़द हो।"

"यकीनन अन्दर किसी गम्भीर मसले पर बहस छिड़ी हुई है," चेतन ने मन-ही-मन कहा और साइकिल सीढ़ी से टिका कर अन्दर की ओर लपका।

चौंतीस

अलाउद्दीन, बी०ए० में चेतन का सहपाठी था। लगभग पाँच फ़ुट छै इंच लम्बा, दोहरे बदन और गेहुएँ रंग का, मस्त-मलंग, ला-उबाली नौजवान। नोकदार, लम्बे कॉलरों वाली, घुटनों तक लम्बी, खुली कमीज़, चाबी के लट्ठे की, चौड़े पाँयचों वाली लश-लश करती, घेरदार शलवार, काली मख़मली जैकेट, सिर पर ज़रा टेढ़े कुल्हे पर कस कर बँधा तुर्रेदार मुसद्दी साफ़ा पहने —हँसमुख, लनतरानियाँ हाँकने, चुटकियाँ लेने और फब्तियाँ कसने में माहिर। यह कज-कुल्ही[1] उसके किरदार के अनुरूप भी थी और उसके पठानी लिबास पर सजती भी थी।

पढ़ना अलाउद्दीन के लिए शिक्षा का नहीं, शग़ल का विषय था। बहुत बड़े ज़मींदार का इकलौता लड़का था। उसके ख़ानदान में कोई ज़्यादा पढ़ा-लिखा आदमी नहीं था। उसके मिडल-पास ख़ान बहादुर वालिद अपने इकलौते बेटे को उच्च-से-उच्चतर शिक्षा दिलवाने का उधार खाये हुए थे। लेकिन अलाउद्दीन बी०ए० में फ़ेल हो गया था और जब चेतन तीन बरसों तक अख़बारों में काम करने के बाद कानून पढ़ने लगा था तो अलाउद्दीन ग्रैज्युएट हो कर एफ़०ई०एल० में —याने कानून के पहले साल में —उससे आ मिला था।

चेतन उसे देख कर सशंकित हुआ था। उसके पास बरबाद करने को कोई वक्त नहीं था और अलाउद्दीन की संगति में समय का नष्ट होना अनिवार्य था। ग़नीमत यही थी कि अव्वल तो वह उसकी शिफ़्ट में नहीं था, दूसरे चेतन की ज़िन्दगी इतनी संघर्ष-भरी थी कि गप-गोष्ठियों में भाग लेने का न उसके पास समय होता था, न उसकी इच्छा होती थी। कभी अवसर भी मिलता तो वह कन्नी काट जाता, इसलिए एफ़०ई०एल० में पुराने परिचय के बावजूद उनका ताल्लुक साहब-सलामत से आगे बढ़ कर घनिष्ठता तक नहीं पहुँचा था।

अलाउद्दीन यहाँ भी जुटने वाली गप-गोष्ठियों की जान था। वतीरा उसका यहाँ भी वही था। उसे पूरा यकीन था कि एक बार वह लॉ पास कर जायेगा तो जैसे कि उसके वालिद अपने हमदर्द अंग्रेज़ अफ़सरों से वादा ले चुके थे, उसे पी०सी०एस० (प्रॉविंशियल सिविल सर्विस) में मनोनीत करा देना उनके बायें हाथ का खेल था। लेकिन अलाउद्दीन था कि उस अफ़सरी की चक्की में पिसने से पहले कॉलेज की जन्नत के भरपूर मज़े ले लेना चाहता था।

चेतन भी अब फ़र्स्ट इयर का वह दब्बू, संकोची लड़का नहीं था। थर्ड इयर में उसने अपने कॉलेज के ख्यात गुण्डे राजकिशोर को मार-पीट में बुरी तरह पछाड़ कर जैसे नया

---

१ टेढ़े कुल्हे वाला —मुहावरा —बाँकी अदा। वैसे ही जैसे 'तिरछी टोपी वाला'।

जन्म पा लिया था। फ़ोर्थ इयर में सिलवर जुबली के अवसर पर खेले जाने वाले सामाजिक नाटक 'श्रीमती मंजरी' की रिहर्सलों में नाटक के नायक हमीद से न केवल उसका परिचय हो गया था, वरन गहरी दोस्ती भी हो गयी थी। दुनिया जहान के मसलों पर उससे बहस-मुबाहिसा होता रहता था। वहीं उसने बहस-के-लिए-बहस करना ही नहीं, कज-बहसी —कुतर्क से प्रतिद्वन्द्वी को पटरी से उतार देना —करना भी सीख लिया था। हमीद से तो नहीं, लेकिन दूसरे दोस्तों से वाद-विवाद करते हुए उसने कभी पीठ नहीं दिखायी थी और हमेशा अपनी कज-बहसी से साथियों को परास्त कर दिया था। फिर लाहौर में पत्रकार के नाते उसने बेशुमार अनुभव बटोरे थे। ऊपर से कविराज रामदास और हुनर साहब की संगति ने उसकी मेधा को सान पर चढ़ा दिया था।

जब सैनेटोरियम से आते हुए कॉफ़ी हाउस के सामने उसके कानों में अलाउद्दीन की गरजदार आवाज़ पड़ी थी तो पहले उसने कन्नी काट जाना चाहा था। लेकिन वह थका हुआ था। छुट्टी का दिन था। उस दिन पढ़ाये जाने वाले विषयों को कॉलेज जाने के पहले (भोला के परामर्शानुसार) एक नज़र देख जाने की जल्दी न थी और सब से ऊपर यह, कि कॉफ़ी की गन्ध ने उसकी तलब को जगा दिया था। इस के अलावा अलाउद्दीन ने जो बात कही थी, उस पर बहस में शिरकत करने को उसका मन हो आया था।

o

साइकिल सीढ़ियों से टिकाने और सीढ़ियाँ चढ़ कर कॉफ़ी हाउस में दाख़िल होने के दो-तीन मिनट के अर्से में अलाउद्दीन की मस्त, बेपरवाह और ला-उबाली ज़िन्दगी चेतन की आँखों में घूम गयी। कॉफ़ी हाउस नया खुला था। पंजाब में शुद्ध घी-मिले दूध और पेड़ों-मिली गाढ़ी मीठी लस्सी के शौकीन पंजाबियों को कॉफ़ी के कड़वे-कसैले स्वाद का अभ्यस्त होने में अभी थोड़ा वक्त था। कॉफ़ी भी उस ज़माने में आज की तरह पिसी हुई इंस्टेण्ट नहीं बिकती थी, न किसी घर में बनती थी। कॉफ़ी हाउस में ग्राइण्डर से कॉफ़ी के बीजों को पीस कर उबाला और फ़िल्टर से छान कर मोटे-मोटे गहरे-भूरे कॉफ़ी के रंग के पॉटों और प्यालों में सर्व किया जाता था और उसकी तेज़ नशीली गन्ध कॉफ़ी हाउस में ही नहीं, बाहर सड़क पर भी फैल जाती थी।

चेतन भी मीठी लस्सी का शौकीन था और नाश्ते में सिर्फ़ वही लेता था। लेकिन एक बार, जब उसने भोला के साथ कॉफ़ी का प्याला पिया तो कसैलेपन के बावजूद उसे लगा कि उसकी सारी थकन मिट गयी है और जैसे उसे बहुत हल्का-सा नशा हो गया है। फिर लंच के दो-एक घण्टा पहले या बाद वह कॉफ़ी हाउस के सामने से गुज़रता तो कॉफ़ी की गन्ध उसे अन्दर जाने पर विवश कर देती और वह कॉफ़ी की उस भारी गन्ध से भरे हॉल में बैठ कर अपनी संघर्ष-भरी ज़िन्दगी को कुछ क्षणों के लिए भूल कर निहायत इत्मीनान से कॉफ़ी के एक प्याले की चुस्कियाँ लेने का मोह सम्वरण न कर पाता।

o

चेतन ने हॉल के अन्दर कदम रखा और निमिष भर में सरसरी दृष्टि से हॉल का जायज़ा लिया। कॉफ़ी हाउस बड़ा नहीं था। दरम्याने दर्जे का था। उस वक्त काफ़ी मेज़ें ख़ाली थीं। दीवारों के साथ लगी मेज़ों पर कॉफ़ी के चन्द शौकीन बैठे थे। बीच की ख़ाली जगह में

दरवाज़े के अपेक्षाकृत निकट वाली मेज़ पर अलाउद्दीन के साथ मित्रों की चौकड़ी जमी थी। वह स्वयं ऐसे बैठा था कि बातचीत करते हुए बाहर सड़क पर आते-जाते लोगों का नज़ारा भी कर सके। उसके सामने खन्ना बैठा था। बायीं तरफ़ साजिद था और साजिद के सामने मरवाहा। भोला एक अतिरिक्त कुर्सी कोने के करीब रखे बैठा था। भोला और खन्ना के अलावा बाकी तीनों अमीर घरानों के चिराग़ थे। सब कानून पास करने के बाद पी०सी०एस० के कम्पीटीशन में बैठने वाले थे। चूँकि सब को विश्वास था कि अलाउद्दीन जज या मैजिस्ट्रेट हो जायेगा, वह कानून का उतना माहिर न सही, पर दुनिया जहान के विषयों पर बात करना अपना अधिकार समझता था, इसलिए कभी-कभी भोला या खन्ना जैसे रट्टू भी अलाउद्दीन की महफ़िल में आ बैठते थे।

चेतन उनके पास से गुज़र कर बराबर की ख़ाली मेज़ पर इस तरह जा बैठा कि वह सब की बातें सुन सके। लेकिन तभी भोला उठा। उसने अपनी कुर्सी परे की। मरवाहा से कहा कि वह भी उठे और कुर्सी ज़रा परे कर ले ताकि दोनों मेज़ें मिला ली जायें।

पलक झपकते दोनों मेज़ें मिला ली गयीं। चेतन काउण्टर की तरफ़ पीठ किये, पहले की तरह बैठ गया। भोला और मरवाहा आमने-सामने हो बैठे।

"क्यों भई अलाउद्दीन, खन्ना को क्या पट्टी पढ़ा रहे हो?" चेतन ने बैठते ही कहा।

इससे पहले कि अलाउद्दीन कुछ जवाब देता, काउण्टर पर कोहनी रखे ख़ाली बेयरा उसके सिर आ खड़ा हुआ।

"एक कप कॉफ़ी लाओ," चेतन ने कहा।

"इनके लिए भी लाओ।" अलाउद्दीन ने भोला की ओर इशारा करते हुए कहा, "और दोनों कप हमारे हिसाब में लिख लेना।"

भोला अचकचा कर उठा, "मुझे कॉफ़ी की ज़रा इच्छा नहीं।" उसने कहा, "मैं तो इधर से गुज़र रहा था कि तुम्हारी आवाज़ सुन कर अन्दर आ गया।"

चेतन ने ठहाका लगाया। "मैं भी इसी की आवाज़ सुन कर आया हूँ और इसके बेशकीमती ख़यालात सुनने के लिए कॉफ़ी के प्याले का हकदार तो हूँ ही। और मैं समझता हूँ कि यह हक तुम्हें भी हासिल है।"

"अरे, हुज़ूर भोला साहब," अलाउद्दीन ने बनावटी विनम्रता से अपने लहजे में निहायत बारीक-सा व्यंग्य मिलाते हुए कहा, "हम नियाज़मन्दों[१] को भी ख़िदमत का मौका दीजिए! हम रिकॉर्ड बीट करने से तो रहे, लेकिन आपकी सोहबत में पास-मार्क्स भी ले जायें तो आपका बड़ा करम[२] होगा।"

भोला बैठ गया। बेयरा चला गया तो चेतन ने जैसे अलाउद्दीन को लुहाते हुए कहा — "हाँ तो अलाउद्दीन!"

"यहाँ आधे घण्टे से प्यार और सेक्स को ले कर दुनिया जहान की बहस हो रही है।" अलाउद्दीन ने कहा, " 'हाली' ने यूँ ही तो नहीं लिखा —

---

१ कृपाभिलाषियों

२ कृपा

"ऐ इश्क़ तूने अकसर कौमों को खा के छोड़ा
जिस घर से सर उठाया उसको बैठा के छोड़ा
रायों के राज छीने शाहों के ताज छीने
गर्दन-कशों[१] को अकसर नीचा दिखा के छोड़ा
फ़रहाद[२] कोहकन[३] की ली तूने जान शीरीं[४]
और कैसे आमरी[५] को मजनूँ[६] बना के छोड़ा।

"अगर दुनिया की तारीख़ को देखें तो हाली के कौल की दसियों मिसालें मिल जायेंगी। ट्रॉय की जंग का हाल तो सबने पढ़ा है। ट्रॉय का शहज़ादा पेरिस यूनानी बादशाह मीनीलास का मेहमान था। उसकी बेपनाह ख़ूबसूरत बीवी हेलेन पर आशिक हो गया। उसे भगा कर ले गया। मीनीलास ने यूनानी शाहों को इकट्ठा किया और यूनानी समन्दरी बेड़े ने ट्रॉय को घेर लिया और आख़िरकार उसे जला कर हेलेन को वापस ले आये। हमारे यहाँ राम, रावण और सीता का किस्सा भी कुछ ऐसा ही है। न रावण सीता को अग़वा कर के ले जाता, न लंका तबाह होती। राजस्थान की तारीख़ सुन्दर औरतों की चाहत के लिए लड़ाइयों से भरी पड़ी है। पद्मिनी की वजह से मेरे ही हमनाम, साले अलाउद्दीन ख़िलजी ने चित्तौड़ को तबाह कर डाला —पद्मिनी उसे फिर भी न मिली, यह बात दीगर है। लेकिन उन बादशाहों ने उन ख़ूबसूरत हसीनाओं को सिर्फ़ सामने बैठा कर देखने के लिए तो लड़ाइयाँ लड़ीं नहीं।"

अलाउद्दीन ने क्षण भर रुक कर साथियों पर अपनी बात के प्रभाव का जायज़ा लिया। फिर बात को आगे बढ़ाते हुए कहा, "फ़्रायड हर चीज़ में सेक्स की ख़्वाहिश को कारफ़रमा[७] देखता है और यहाँ ये खन्ना साहब हैं कि उसे कोई अहमियत ही नहीं देते।"

"फ़्रायड और हैवलॉक एलिस[८] मैंने भी पढ़े हैं," खन्ना चमक कर बोला, "लेकिन उनके विचारों से मेरी बात ग़लत नहीं हो जाती। यह अपनी-अपनी फीलिंग्स की बात है। बेहिस और हस्सास[९] शख़्स में फ़र्क की बात है।"....

"कतअ-कलाम मु'आफ़,"[१०] हठात साजिद ने कहा, "मैंने टॉड राजस्थान में अलाउद्दीन ख़िलजी और रानी पद्मिनी का पूरा किस्सा पढ़ा है। अलाउद्दीन कितना भी ज़ालिम, जाबिर और बेरहम क्यों न हो, मैं नहीं समझता कि वह सिर्फ़ पद्मिनी का जिस्म ही चाहता था —वह ख़्वाहिश उसके दिल में ज़रूर होगी, लेकिन मुझे लगता है, आईने में

---

१ गर्दन काटने वाले यानी तानाशाह
२ फ़रहाद —एक शहज़ादा, जिसे अपनी प्रेमिका शीरीं को पाने के लिए पहाड़ काट कर नहर लाने की शर्त पूरी करनी पड़ी थी।
३ पहाड़ काटने वाला
४ मीठी प्यारी जान, शीरीं उसकी प्रेयसी भी थी, जिसके लिए उसने प्राण दिये।
५ मजनूँ का दूसरा नाम, लैला का प्रेमी
६ पागल
७ क्रियाशील
८ सिगमण्ड फ्रायड — प्रसिद्ध मनोविज्ञानी; हैवलॉक एलिस —प्रसिद्ध यौन-शास्त्री
९ सम्वेदनहीन और भावप्रवण
१० बात काटने के लिए क्षमा कीजिए

उसका अक्स देख कर वह उससे बेपनाह मुहब्बत करने लगा होगा और आम आशिकों की तरह, जो अपने महबूब को बिना देखे या पाये चैन नहीं पाते, अलाउद्दीन भी चैन नहीं पा सका होगा। शीशे में पद्मिनी की मोहिनी सूरत देख कर उसके दिल में उस मुहब्बत की चिनगारी शोला न बन गयी होती तो उसने बार-बार चित्तौड़ पर हमले न किये होते —एक ज़रा-सा बारीक नुक्ता यहाँ ग़ौर करने लायक है। जब वह फ़तहयाब[१] हो कर चित्तौड़गढ़ में दाख़िल हुआ और उसे पता चला कि पद्मिनी जौहर की आग में जल मरी है तो उसने ग़ुस्से में चित्तौड़गढ़ की सब आलीशान इमारतों को जला देने का हुक्म दिया, लेकिन उसने रानी पद्मिनी के महल वैसे-के-वैसे रहने दिये, उन्हें उसने छोड़ दिया —यही बारीक-सी बात पद्मिनी के लिए उसकी चाहत के नाज़ुक पहलू की तरफ़ इशारा करती है।"

"एग्ज़ैक्टली।" अचानक खन्ना ने मेज़ पर हाथ मार कर कहा, "इसी सिलसिले में एक दूसरी बात मैं आपके सामने रखता हूँ। आप मानें या न मानें, लेकिन हुस्न-परस्त[२] आँखों के लिए सम्भोग का मंज़र निहायत क्रीह,[३] बदसूरत, ग्रोटेस्क,[४] और घिनौना है। न जाने ऊपर वाले ने इसमें इतनी लज़्ज़त क्यों भर दी है, लेकिन सेक्स हमारी ज़िन्दगी का सबसे बड़ा मोटिव-फ़ोर्स नहीं। सब से बड़ा जज़्बा है —पेट की भूख ! सेक्स उसके बाद आता है। पेट भरा न हो तो सेक्स-वेक्स की भी नहीं सूझती...."

खन्ना की बात को लोकते हुए चेतन ने कहा, "बात खन्ना ग़लत नहीं कहता, अलाउद्दीन। ज़माना-ए-माकबल-तारीख़[५] में, जब इन्सान लगभग जानवरों की तरह गुरोहों में रहता था, उसने आग भी नहीं खोजी थी और चरिन्द-परिन्द[६] ही की तरह, जो दिन भर घास-फूस चरते या दाना-दुनका चुगते हैं, वह भी दिन-रात शिकार करता था या कन्द-मूल इकट्ठा करता था और दिन डूबे इतना थक जाता था कि माहवारी के बाद ऋतुमति औरतों को उसे सम्भोग के लिए आमादा करने को दस जतन करने पड़ते थे। बच्चा तो औरत ही पैदा करती है, लेकिन मर्द ही उसकी कोख में अपना बीज डालता है। यहीं से शायद लिंग की पूजा शुरू हुई। खन्ना ने ग़लत तो नहीं कहा। इन्सान की सबसे बड़ी ज़रूरत पेट की भूख है। साले उन राजाओं और शाहों की बात क्या करते हो, जिनके पेट भरे होते थे, सब तरह के सुख-आराम जिन्हें मयस्सर थे। तब ख़ूबसूरत औरतों से अपने हरम भरने और दिन-रात अपनी नफ़सानी ख़्वाहिशात[७] पूरा करने के सिवा जिन्हें और कुछ सूझता ही नहीं था। इस चक्कर में वाजिद अली शाह और मुहम्मद शाह रंगीले ने अपनी सल्तनतें गँवा दी...."

चेतन अभी बात कर ही रहा था कि बेयरे ने ट्रे में कॉफ़ी का पॉट, प्याले, चीनी और दूधदानी ला कर रख दी। चेतन बात करना छोड़, प्याले में कॉफ़ी ढालने ही लगा था कि

---

१ विजयी
२ सौन्दर्य-प्रिय
३ घृणास्पद
४ वीभत्स
५ इतिहास के पहले के समय
६ पशु-पक्षियों
७ यौन इच्छाएँ

भोला ने कहा —"तुम बात जारी रखो, मैं बनाता हूँ कॉफ़ी —चीनी तुम डेढ़ चम्मच ही लेते हो न?"

चेतन ने ट्रे और खिसकाते हुए कहा "हाँ, दूध बहुत कम न डालना। एकदम कसैली कॉफ़ी पीना मेरे बस का नहीं!"

भोला होंटों ही में हँसा —"जानता हूँ। लेकिन कॉफ़ी पीने वाले बिना दूध की ब्लैक कॉफ़ी पीते हैं। बाल्ज़ाक[१] की बात तो पढ़ी है न।"

"वह नशे के लिए पीता था। नींद को परे भगाने के लिए। मुझे कॉफ़ी का टेस्ट पसन्द है, लेकिन अपनी तरह की कॉफ़ी का।" चेतन ने कहा।

फिर वह अलाउद्दीन की ओर मुड़ा। लेकिन इससे पहले कि चेतन अपनी बात शुरू करता, अलाउद्दीन (प्रकट ही अपनी बात कटती देख कर) जोश से बोला —"लेकिन बादशाहो, हम ज़माना-ए-क़दीम[२] में नहीं रहते। इन्सान ने इस बीच बहुत तरक्की कर ली है। दिन भर पेट की भूख मिटाने का जुगाड़ करने की स्टेज को वह बहुत पीछे छोड़ आया है और पेट की भूख के साथ सेक्स का जज़्बा भी बहुत अहमियत पा गया है।"

"सो तो ठीक है," चेतन ने कहा, "लेकिन इस तरक्की के साथ इन बुनियादी जज़्बों में बहुत-सी पेचीदगियाँ भी पैदा हो गयी हैं। अब वह बात तो नहीं रही कि कबीले की सरदार औरत एक शौहर रखे और उसके चुक जाने पर अपने ही लड़के को अपना शौहर बना ले। फिर पोते को। यहाँ तक कि उसी की कोई ज़बरदस्त लड़की द्वन्द्व में उसे पछाड़ कर कबीले की सरदार बन जाय।"

"और न मातृकाओं का ही ज़माना रहा, जो जंगलों और कुंजों पर राज करती थीं," मरवाहा ने हठात चेतन का समर्थन करते हुए कहा, "ऋग्वेद में उर्वशी-पुरूरवा का किस्सा है। उर्वशी से एक वर्ष के लिए एक पुरुष का विवाह होता था। एक वर्ष बाद उसे यज्ञ की वेदी पर उसी तरह चढ़ा दिया जाता, जैसे दुर्गा अष्टमी के दिन बकरों और कटड़ों को। और उसका लहू फ़सलों पर छिड़क दिया जाता था। ऐसा ही हाल उषा का था। इन्द्र ने न केवल उससे, यानी उसका पक्ष लेने वालों से, युद्ध कर उसका रथ तोड़ा, वरन उससे बलात्कार भी किया और उसकी सत्ता समाप्त कर दी। उसी तरह वृन्दावन की मातृका वृन्दा की सत्ता कृष्ण ने ख़त्म की।"

भोला काफ़ी के प्याले बना चुका था। एक उसने चेतन की ओर खिसकाते हुए कहा, "यार, साथ-साथ काफ़ी भी पीते चलो। ठण्डी हो जायेगी।"

"मैं तारीख़ का माहिर तो नहीं," अचानक साजिद ने कहा, "इन्दर और क्रिशन की बात सुनते हुए मुझे ख़याल आता है कि फिर यकीनन ऐसा भी ज़माना आया होगा, जब ताकतवर मर्द ज़बरदस्ती ख़ूबसूरत औरतों को अपने कब्ज़े में कर लेते होंगे। आवारा कुत्तों में तो हम आज भी देखते हैं कि मौसम पर आयी किसी कुतिया के पीछे आपस में लड़ते-झगड़ते कुत्तों की लाइन लगी रहती है और उन सब में कोई जंगजू, निहायत बदसूरत कुत्ता, दूसरे सभी कुत्तों को पछाड़ कर उसे दबोच लेता है। ऐसा ही शुरू के किसी दौर में

---

१ फ़्रांसीसी कथाकार

२ प्राचीन काल

मर्द-औरतों में भी होता होगा। मौसम पर आयी औरतों की हेज़ की बू पा कर (यकीनन मर्दों की सूँघने की कूवत तब मरी न होगी) दो या चार या दस मर्द उसे पाने के लिए एक-दूसरे से जंग करते होंगे...."

साजिद क्षण भर के लिए रुका तो मरवाहा ने लुकमा दिया। "स्वयंवर तो सभ्य तरीका है, यद्यपि वहाँ भी औरत बलवान ही को वरती थी, लेकिन मातृसत्तात्मक युग के बाद ऐसा युग ज़रूर आया होगा, जिसका ज़िक्र साजिद ने किया है।"

"हम कुतिया की नफ़सियात[1] तो नहीं जानते," साजिद ने कहा, "यह हो सकता है कि वह किसी सुन्दर कुत्ते को चाहती हो, लेकिन उसकी पेश न चलती हो...."

"यार, तुम बिलकुल ठीक कहते हो," खन्ना ने कहा, "जानवरों में भी ख़ूबसूरती की चाहत इन्सानों से कम नहीं होती। मैंने एक बार एक बिल्ला पाला था। हल्के भूरे रंग का। माथे पर सफ़ेद टीका, सफ़ेद पाँव और बहुत मोटी लम्बी दुम ! उसे देख कर अचानक गोद में उठा लेने का मन होता था। अभी वह पूरा जवान नहीं हुआ था कि एक दिन एक मोटी काली बिल्ली मेरे रैक की किताबों में आ बैठी। बिल्ले ने उधर ध्यान नहीं दिया, पर मेरा ध्यान उधर चला गया। साली जाती ही न थी, बड़ी मुश्किल से मैंने उसे भगाया। फिर एक दिन एक पतली-दुबली, चितकबरी बिल्ली वहाँ आ गयी। बाद में दो-एक बिलौटे मुहल्ले में मैंने उसी के रंग-रूप के देखे तो मुझे हैरत नहीं हुई।"

खन्ना क्षण भर का रुका। फिर उसने कहा, "साजिद ठीक कहता है। जानवर भी ख़ूबसूरती पर जान देते हैं। यह और बात है कि कोई बिल्ली अपने चहेते को न पा सके और कोई ज़बरदस्त बिल्ला उसे पछाड़ कर उस बिल्ली को दबोच ले।"

अलाउद्दीन को जैसे अपनी बात कहने का मौका मिल गया। उसने कहा —"हाली ने ग़ालिबन इसी पीरियड की तरफ़ इशारा किया हो। इस साले इश्क ने जाने क्या-क्या तबाहकारियाँ मचायी हैं।"

"मैं समझता हूँ," मरवाहा ने कहा, "शुरू में जब देश छोटे-छोटे गणराज्यों में बँटा होगा तो सुन्दर औरतों के लिए इस मार-काट को बचाने की ख़ातिर स्वयंवर का तरीका ईजाद किया गया होगा। औरत वहाँ भी ताकतवर पुरुषों के गले में माला पहनाती होगी!"

"यारो, उस ज़माने में भी औरतें उन मर्दों पर मरती थीं," साजिद ने कहा, "जो भरी सभा में उन्हें उठा ले जाने की ताकत रखते थे या स्वयंवर की कठिन शर्तों को पूरा कर उन्हें जीत ले जाते थे। फिर कुँवारे हों या कई-कई औरतों के शौहर। जैसे ज़बान-दर-ज़बान उस ज़माने में औरतों की ख़ूबसूरती की शोहरत हो जाती थी, वैसे ही ताकतवर मर्दों की मशहूरी भी फैलती थी और औरतें उन्हें देखे बिना उनको चाहने लगती थीं। पृथ्वीराज चौहान पर इसी तरह तो संयोगिता मरने लगी थी और जब जयचन्द ने उसका बुत दरबान के रूप में स्वयंवर-सभा के दरवाज़े पर लगा दिया और उसने वरमाला उसी बुत को पहना दी तो पृथ्वीराज भरी स्वयंवर-सभा से उसे उठा कर ले गया और यों इन्तकाम[2] के जज़्बे से

---

१ मनोविज्ञान

२ प्रतिशोध

जयचन्द ने ग़ोरी को पृथ्वीराज पर हमला करने की तरग़ीब[1] दी। पृथ्वीराज तो मारा ही गया। जयचन्द भी ग़ोरी का शिकार हुआ।"

"बात तो मेरी ही सही उतरी," अचानक अलाउद्दीन ने जोश से कहा, "हाली ने इश्क के इन्हीं करिश्मों का ज़िक्र करते हुए लिखा है कि...."

"यार, तुम इश्क-इश्क की रट लगाये हो," चेतन ने कॉफ़ी का प्याला खट् से मेज़ पर रखते हुए अलाउद्दीन से कहा, "तुम इस लफ़्ज़ के मा'नी भी समझते हो? जानते हो कि इतनी सदियों में यह लफ़्ज़ कहाँ-से-कहाँ पहुँच गया है और इसके कितने-कितने शेड्स हैं? इश्क किसे कहोगे और मुहब्बत किसे, उल्फ़त किसे कहोगे और उन्सीयत किसे और चाहत और प्यार किसे? —ये सब इश्क के ही रूप हैं, लेकिन अपने अर्थों में एक नहीं हैं।"

चेतन ने कॉफ़ी का घूँट भरा और बोला, "पच्छिम में पहली नज़र के प्यार पर जाने कितनी कहानियाँ और नॉवल लिखे गये, लेकिन पहली नज़र के प्यार के बाद होने वाली बेशुमार शादियाँ पहली रात को ही टूट जाती हैं। जाने कितने अंग्रेज़ मर्द शादी के हफ़्ते-पखवाड़े बाद तलाक ले लेते हैं। क्योंकि हकीकत यह है कि कोई जोड़ा दस बरस भी कोर्टशिप करता रहे, एक-दूसरे को नहीं जान पाता। शादी की कसौटी पर ही उनके किरदारों के खरे-खोटे का पता चलता है। और वह प्यार, जिसे वे आफ़ाकी[2] समझते थे, शादीशुदा ज़िन्दगी की चट्टान से टकरा कर पाश-पाश[3] हो जाता है।"

चेतन ने फिर कॉफ़ी का घूँट भरा और बोला, "अपने यहाँ की बात ले लो। कोई सुन्दर लड़का पास-पड़ोस की लड़की को देखता है और चाहने लगता है। वह भी उसे देख कर मुस्करा देती है। लेकिन लोअर मिडल क्लास के हमारे मुहल्लों में खुला-डुला प्यार तो होता नहीं। आशिक महबूबा के घर की खिड़की के नीचे से गुज़रता है, कभी उसका भाग्य बली होता है तो वह खिड़की में बैठी मिल भी जाती है। कभी कुएँ पर पानी भरते हुए उसकी झलक दिख जाती है। कभी मेले-ठेले में। अचानक सामने पा कर मियाँ आशिक का दिल एक धड़कन मिस कर जाता है और ज़बान गुंग हो जाती है। आख़िर लड़की ही हिम्मत करके उससे मिलने का मौका निकालती है। वे चोरी-छिपे मिलते हैं। नाम बदल कर एक-दूसरे को चिट्ठियाँ लिखते हैं। एक-दूसरे से अपनी बेपनाह मुहब्बत का इज़हार करते हैं। एक-दूसरे के बिना न रह पाने की कसमें खाते हैं, लेकिन उनकी जातियाँ मुख़्तलिफ़ हैं, या वे अपने माँ-बाप से नहीं कह पाते, इसलिए उनकी शादियाँ दूर-पार हो जाती हैं।

"समझे अलाउद्दीन, अब कहानियों में जो भी लिखा जाय," चेतन ने बात जारी रखते हुए कहा, "हकीकत यह है कि अगर दोनों को अच्छे साथी मिल जाते हैं तो वे अपने पहले प्यार को भूल जाते हैं या वह फ़रामोशी की धुन्ध में खोये हुए किसी ख़ूबसूरत सपने-ऐसा कभी-कभी याद के पर्दे पर उभरता है। लेकिन अगर उनमें किसी की शादी नाकाम रह जाती है तो फिर वह उस पहले प्यार को ज़िन्दगी भर नहीं भूल पाता। अपने उस प्यार पर हमेशा

---

१ प्रलोभन

२ सांसारिक

३ टुकड़े-टुकड़े

नया रंग चढ़ा लेता है और मानता है कि सच्चा इश्क तो उसे उस लड़के या लड़की ही से हुआ था।"

चेतन क्षण भर के लिए रुका। उसने सब साथियों पर एक नज़र डाली। सब दत्त-चित्त हो कर उसकी बात सुन रहे थे। चेतन ने अलाउद्दीन की तरफ़ मुख़ातिब हो कर कहा — "क्या यह इश्क है? मैं मानता हूँ कि यह इश्क नहीं है। सिर्फ़ तिश्नगी है। कौन जाने, उन दोनों की शादी हो जाती तो वह प्यार बना रहता या नहीं, या दोनों शादीशुदा ज़िन्दगी में एक-दूसरे को नफ़रत करने लगते।

"फिर एक तीसरा केस लो।" चेतन ने अपनी रौ में कहा —"एक शख़्स अपनी बेहद हसीन बीवी के होते भी एक ख़ूबसूरत वेश्या को चाहने लगता है। हमारे यहाँ बीवियाँ तो पैसिव[१] रहती हैं, इस कारण कि वे खुल कर हमबस्तरी में योग दें तो उनके शौहर उन्हें बदचलन न गर्दानें,[२] वे कभी सेक्स ऐक्ट में खुल कर साथ नहीं देतीं। लेकिन वेश्या तो उसकी दौलत को लूटने के लिए उसे पूरा जिन्सी सुख[३] देती है और उससे वालिहाना[४] इश्क भी जताती है और वह अहमक समझता है कि उस वेश्या से उसे इलाही[५] इश्क है, जबकि वह प्यार-व्यार नहीं, जिन्सी लज़्ज़त का दूसरा नाम होता है। उसकी दौलत चुक जाती है तो वह इलाही प्यार भी हवा हो जाता है।

"फिर एक चौथी सूरत लीजिए," चेतन ने बिना रुके कहा, "एक नौजवान की शादी उसके जाबिर वालिद, उसकी मर्ज़ी के बिना कर देते हैं। उसे मोटी-मुटल्ली, अधपढ़, सुस्त-रौ निहायत अल्हड़ बीवी मिलती है। शादी के दिनों में वह अपनी ख़ूबसूरत साली को चाहने लगता है और अपनी बीवी उसे एक आँख नहीं भाती, लेकिन उसकी वह अल्हड़, भोली, हँसमुख, अपने शौहर में कामिल एतमाद[६] रखने वाली, फ़राख़-दिल[७] बीवी अपनी सीरत के बल पर धीरे-धीरे इस हद तक उस पर हावी हो जाती है कि वह इधर-उधर भटकना छोड़ कर उसी का हो जाता है और सुन्दर-से-सुन्दर औरत उसे अपनी उस अल्हड़ बीवी के मुकाबलें में हेच लगती है —अब आप इस इश्क को क्या नाम देंगे —यह सच्ची मुहब्बत है कि उसकी अना[८] को सहलाने, उसकी हर ख़्वाहिश को पूरा करने के लिए जान देने वाली औरत के साथ रहने की आदत। —मजनूँ और फ़रहाद का जुनून अपनी जगह है और मुहब्बत के शेड्स अपनी जगह। मैं तो उन्सीयत और बेपनाह चाहत के भी केस बता दूँ और वह भी अपने तजरुबे से, लेकिन तुम्हारी बात के सिलसिले में इतना ही काफ़ी है। तुम इश्क की माहीयत कतअन नहीं समझते अलाउद्दीन।"

चेतन ने कॉफ़ी का प्याला उठाया और कुर्सी पर पीछे टेक लगा कर इत्मीनान से

---

१ निष्क्रिय
२ कहें
३ शारीरिक सुख
४ प्रेमियों जैसा
५ दैवी
६ पूरा विश्वास
७ उदार हृदय
८ अहं

कॉफ़ी का घूँट भरा।

इससे पहले कि अलाउद्दीन अथवा कोई दूसरा साथी चेतन की बात का जवाब देता, अचानक मरवाहा ने चेतन का समर्थन करते हुए बहस का रुख़ एक दूसरी तरफ़ मोड़ दिया —

"जाने इन्सान की तारीख़ में सेक्स के जज़्बे ने कितने रूप बदले हैं," उसने कहा, "जज़्बा तो यह बुनियादी है। आज तो इनसेस्ट को काबिल-ए-नफ़रत माना जाता है, लेकिन ज़रूर ऐसा ज़माना रहा होगा, जब मर्द-औरत में जानवरों ही की तरह इस ताल्लुक के सिवा कोई दूसरा ताल्लुक नहीं रहा होगा। सेक्स के मामले में माँ-बहन-बेटी बाद नहीं होती होगी। मैंने कहीं पढ़ा है कि मिस्र में जब भाई जंग पर चले जाते थे तो बहनें उनकी बाट देखती थीं और जब वे आते थे तो उनके साथ हम-बिस्तर होती थीं।"

खन्ना ने कहा, "मैं नाम तो भूल गया हूँ, लेकिन सत्यार्थ प्रकाश में महर्षि दयानन्द ने एक ऐसे ऋषि का जिक्र किया है, जो अपनी बेटी पर आसक्त हो गया था।"

"एग्ज़ैक्टली," मरवाहा ने कहा, "ये जो आज हम गालियाँ देते हैं, माँ, बहन और बेटी की, जब समाज ने सेक्स के सिलसिले में माँ, बहन या बेटी से ज़ना करने पर पाबन्दी लगा दी होगी, उस वक्त फ़ौरन तो यह बुराई दूर हुई नहीं होगी। तब इस सिलसिले में समाज के उस नियम को तोड़ने वाले इन्हीं गालियों से नवाज़े जाते होंगे। वह बुराई तो ख़त्म हो गयी, लेकिन गालियाँ आज भी बाकी हैं, जो इन्सान की तारीख़ के उस तारीक दौर की याद दिलाती हैं।"

चेतन ने ज़रा आगे हो कर प्याला मेज़ पर रखते और बहस का रुख़ अपनी ओर मोड़ते हुए कहा, "पुराने ज़माने में इन्सानी जिस्म की बनावट और सेक्स के जज़्बे की पेचीदगी का जायज़ा आज की तरह तो नहीं लिया गया था। आज हम जानते हैं कि जिस मर्द में कुछ अंश औरत का भी होता है, उसकी नफ़सानी ख़्वाहिश उसी तरह बारह-तेरह बरस की उम्र में तेज़ हो जाती है, जैसे माहवारी शुरू होने पर लड़कियों की। ऐसे लड़कों में उस छोटी उम्र में यह इच्छा इतनी बलवती हो जाती है कि उस पर इख़्तियार रखना उनके लिए मुश्किल हो जाता है और ऐसे ही में नौजवान छोटी उम्र में कुटेवों का शिकार हो कर अपने हाथों अपना जौहर कच्ची स्थिति में बरबाद करते हैं और कई जिन्सी कमज़ोरियाँ मोल लेते हैं।"

उसने प्याला उठा कर कॉफ़ी का एक घूँट भरा और प्याला हाथ ही में लिये हुए बोला, "इसका उलटा भी सही है, जिस औरत के शरीर में मर्द के अनासिर होते हैं, वह न सिर्फ़ देर से जवान होती है, बल्कि लड़कों में खेलती-कूदती, लड़ती-झगड़ती शबाब को पहुँचती है और औरत के नाते निहायत एग्रेसिव हो जाती है। दिलचस्प बात यह है," चेतन ने कॉफ़ी का एक और घूँट भर कर प्याला रखते हुए कहा, "कि इस मुहब्बत और सेक्स के जज़्बे को हर मज़हब और समाज ने अहमियत दी है।

"जब इन्सान जानवरों की तरह रहता होगा तो औरत ज़रूर ऋतुमती होने के बाद ही मर्द की ख़्वाहिश करती होगी और थका-हारा मर्द जैसा कि शुरू में कहा गया है किसी-न-किसी तरह औरत की तरफ़ मायल होता होगा। लेकिन फिर जब आदमी ने

तरक्की की तो उसने मौसमों का यह चक्कर ही तोड़ दिया और औरत ऋतुमती हो या न हो, वह अपनी ख़्वाहिश और सहूलत के मुताबिक औरतों से सम्भोग करने लगा। इस तब्दीली से न जाने इन ताल्लुकात में कितनी तरह की पेचीदगियाँ पैदा हो गयीं। समाज ने भी उनकी रोक-थाम के लिए तरह-तरह के कायदे-कानून बनाये। और जब वे पुराने पड़ गये और ख़स्ता और बोसीदा हो गये तो आदमी ने उन्हें फिर तोड़ा।

"देखो अलाउद्दीन," चेतन ने कॉफ़ी का एक घूँट भर कर कहा, "सेक्स का मसला इतना आसान नहीं, जितना तुम समझते हो। इसे कई पहलुओं से देखना होगा। सेक्स और धर्म, सेक्स और समाज, सेक्स और फ़र्द[१]। समाज में जितनी तरह के इन्सान होंगे, जितनी तरह के जिस्म और दिमाग़ होंगे, उनकी सेक्सी ख़्वाहिश भी उतनी ही तरह की होगी। ऊपर से तो सब एक-जैसा लगता है, लेकिन है नहीं। ऐसा जाट, जिसके पास जिस्म-ही-जिस्म है, दिमाग़ बिलकुल नहीं, किसी औरत को सरे बाज़ार रेप कर सकता है। औरत को ही नहीं, मर्द को भी। लेकिन ऐसे हस्सास लोग भी हैं कि किसी दूसरे की मौजूदगी की बात तो दूर रही, जलते लैम्प की रोशनी में अपना फ़र्ज़ पूरा नहीं कर सकते। मेरा एक मित्र है। उसके मसाने में कितना भी तनाव क्यों न हो, वह बाज़ार की मूत्री में हल्का नहीं हो पाता। वह पिक्चर के इण्टर्वल में हल्का होने जाय और उसके साथ की मूत्री में कोई दूसरा आ खड़ा हो तो बिना हल्का हुए वापस आ जाता है। इसके बरअक्स मशहूर अमरीकी नॉवलिस्ट पर्ल बक के उपन्यास 'ड्रैगन्स सीड' में एक बर्बर जापानी फ़ौजी सेक्स की भूख से बेताब हो कर नॉवल के सुन्दर चीनी नायक को सरे-बाज़ार रेप कर देता है।"

"मेरा एक दोस्त है," मरवाहा ने चेतन की बात काट कर कहा, "शादी उसकी हुई नहीं। काम ऐसा कि टिक कर नहीं बैठता। सेल्स एजेण्ट है और साल में नौ महीने उसे दौरे करने पड़ते हैं। कहता है कि उसने कभी इश्क का चक्कर नहीं पाला। दूर से लड़की को देख कर आहें भरना या गीत-ग़ज़लें लिखना और रातों को तारे गिनना उसकी सरिश्त[२] में नहीं। कई बार कहा करता है कि उसने सेफ़्टी वाल्व रख छोड़ा है। बहुत ख़्वाहिश होती है या मन भटकता है तो किसी होटल में जा कर कॉल गर्ल के साथ रात बिता देता है। छोटा कस्बा होता है तो किसी कोठीख़ाने में चला जाता है।"

"लेकिन उसे समझाना," चेतन ने हँस कर कहा, "किसी दिन मियाँ के टिकट[३] लग जायेगी और बैठा दिन-दिन भर फ़ोड़ों से मक्खियाँ उड़ाता और पंखा झलता रहेगा।"

"मैंने कहा था," मरवाहा बोला, "कहने लगा —क्या दकियानूसी बात करते हो? साइंस ने बहुत तरक्की कर ली है। एफ़०एल० ले जाते हैं और एक को दूसरी बार इस्तेमाल नहीं करते और फेंक देते हैं।"

साजिद ने कहा, "यार, तुम बहस को बेकार डिरेल मत करो। बात चेतन सेक्स और मज़हब की कर रहा था। मज़हब में सेक्स को, जब तक कि वह उसके बनाये हुए उसूलों और ज़ाब्तों[४] के मुताबिक न हो, गुनाह समझा जाता है। इसीलिए हमारे समाज में न इसका

---

१ व्यक्ति

२ प्रकृति

३ 'टिकट लग जाना' —आम पंजाबी भाषा में उपदंश होने को कहते हैं।

४ नियमों

खुले तौर पर ज़िक्र होता है और न इस पर से पर्दा ही उठाया जाता है।"

"मज़हबों में जहाँ तक मैं समझता हूँ," चेतन ने कहा, "इसे सिर्फ़ नस्ल बढ़ाने का ज़रिया समझा जाता है। मैं कुरान और बाइबल की बात तो नहीं जानता, क्योंकि मैंने उन्हें पढ़ा नहीं, लेकिन हमारे शास्त्रों में बाकायदा गर्भाधान संस्कार है और सम्भोग करने से पहले उसके अनुसार मन्त्र पढ़े जाते हैं, पूजा होती है, उन मन्त्रों का अगर मतलब दिया जाय तो शायराना ज़बान में जो कहा गया, उसे सुन कर आज आदमी स्कैण्डेलाइज़्ड हो जाय। मैक्स म्यूलर ने यह कहते हुए उनका अनुवाद नहीं किया कि वे अश्लील हैं, लेकिन स्वामी दयानन्द ने उन्हें अपने सत्यार्थ प्रकाश में मा'नों के साथ दिया। आठ श्लोक हैं। और कुल मिला कर उनका मतलब यही है कि मर्द जब सम्भोग करे तो कैसे करे और उसकी दुल्हन कैसे योग दे।"

"कुरान तो मैंने भी नहीं पढ़ा," साजिद ने कहा, "लेकिन मैंने सुना है कि ऐसी आयतें हैं, जिन्हें औरत से हम-बिस्तरी करते हुए पढ़ना ज़रूरी है।"

"और यहीं से समाज के नियम-कानून बनते-मिटते गये," चेतन ने कहा, "और इसे अख़लाकी,[१] ग़ैर-अख़लाकी,[२] जायज़ या नाजायज़ ठहराया गया।"

अचानक अलाउद्दीन ने ज़ोर से मेज़ पर हाथ मारा। "यारो, बात इश्क और मुहब्बत की हो रही थी, तुम साले मज़हबियात और अख़लाकियात में चले गये।" उसने घड़ी देखी और ज़ोर से बेयरे को आवाज़ दी कि बिल ले आये। फिर उठते हुए उसने कहा, "फ़लसफ़े की बात करो, मज़हब, अख़लाक या साइंस की, औरत-मर्द का ताल्लुक प्यार-मुहब्बत और सेक्स पर कायम है। इसी से आदमी की नस्ल बढ़ती है और जो साला ख़ूबसूरत औरत को सामने बैठा कर चाहे कि दोनों प्यार से एक-दूसरे को कयामत तक देखते रहें, वह अव्वल दर्जे का चुग़द है।"

चेतन ने ज़ोर का एक ठहाका लगाया, "यारो, अलाउद्दीन को गहरे में मत घसीटो, यह सब बहस इस के बस की नहीं।"

खन्ना अपनी सफ़ाई में कुछ कहना चाहता था कि मरवाहा ने कहा —"मैंने एक अंग्रेज़ी किताब में पढ़ा था कि अगर मर्द अपना काम जानता हो, औरत उसी शिद्दत के साथ उसका साथ दे तो इस ऐक्ट में ब्लिस —यानी परमानन्द —प्राप्त होता है।"

"उस विजदान[३] को पाने के लिए आदमी को सेक्स-ऐक्ट तो करना ही पड़ेगा," अलाउद्दीन ने हँस कर कहा, "और खन्ना साहब तो महबूब से कहते हैं —तू मुझे देखा करे और मैं तुझे देखा करूँ। और इसी में इन्हें ब्लिस का लुत्फ़ आता है। —यह साला हिजड़ों का इश्क है या तनोमन्द[४] मर्दों का।"

चेतन ने फिर ज़ोर से ठहाका मारा और बढ़ कर अलाउद्दीन के कन्धे पर हाथ मारते हुए कहा, "ब्लिस में तन के साथ मन का साथ भी ज़रूरी है, लेकिन इसे जाट नहीं समझ

---

१ नैतिक

२ अनैतिक

३ आनन्द

४ स्वस्थ

सकता।"

इस पर अलाउद्दीन के सिवा सभी ठहाका मार कर हँस दिए।

तभी बेयरे ने बिल की प्लेट अलाउद्दीन के आगे बढ़ा दी।

पैंतीस

कद्रे तेज़ी से दो सीढ़ियाँ चढ़ कर भोला ने 'होटल समारो' के काउण्टर पर दोनों कोहनियाँ टिकाते हुए बहुत ही धीमे स्वर में कुछ पूछा।

चेतन उसके पीछे ही ज़रा लाउबाली ढंग से सीढ़ियाँ चढ़ा था। लेकिन भोला ने काउण्टर पर खड़े बटलर से क्या कहा, उसे कुछ भी सुनायी नहीं दिया।

उत्तर में दूसरे ही क्षण बटलर उन दोनों को एक ऐसे कमरे में ले गया, जहाँ बीच में दो निवाड़ी पलँग बिछे थे और बोला, "अभी हाज़िर होता है।"

"क्या पूछा था तुमने?" बटलर के आने पर चेतन ने कहा।

"यही कि कुछ माल-वाल भी यहाँ मिलता है?"

"माल से क्या मतलब है, सो क्या ये सब समझते हैं?"

"हाँ, देसी होटल सब समझते हैं। अंग्रेज़ी होटल हो तो पूछते हैं कि कोई गेम गर्ल है या नहीं?"

तभी एक दरवाज़ा खुला। भोला ने कहा —"देखो, उन्हें बिलकुल मालूम न हो कि हम महज़ तमाशाई हैं।"

"इसकी तुम फ़िक्र न करो, बस, देखते जाओ।" कहने को तो चेतन ने उससे कह दिया, पर दिल चेतन का बेतरह धड़कने लगा। लेकिन दिल की धड़कन का कोई बिम्ब चेतन ने अपने चेहरे पर नहीं आने दिया।

तभी बटलर एक लड़की को ले कर दाख़िल हुआ। लड़की, लड़की न थी, स्त्री थी — पूर्ण-यौवना, गोरे-गदराये, स्वस्थ-सुन्दर शरीर वाली। उम्र उसकी तीस के करीब होगी। कद में भोला से तो दो इंच बड़ी ही थी। चेतन के बराबर होगी। और तो सब ठीक था, लेकिन उसकी आँखों में हल्का-सा भैंगापन था और इस दोष ने उसकी सारी सुन्दरता को हर लिया था।

बटलर उसे कमरे में छोड़ कर चला गया। पल-भर तक ख़ामोशी छायी रही।

और उस एक पल में चेतन के मन में यह विचार कौंधा कि वह कहाँ आ गया है, कि उस लड़की की सुन्दरता को यों देखने-परखने का उसे क्या अधिकार है? यह ठीक है कि उसके कोई बहन नहीं, बीवी उसकी सैनेटोरियम में बिस्तर पर पड़ी बीमारी से मुक्त होने की राह देख रही है। लाख मोटी-मुटल्ली सही, इस ऐंचातानी से फिर भी सुन्दर है। यह भी तो किसी की बहन या बीवी है। जाने क्यों, किस कारण, उस होटल में आने को विवश हुई है?....

तभी भोला ने धीरे-से पूछा, "तुम्हारा नाम क्या है?"....और चेतन को अपने कर्तव्य का भान हो आया।

"गुलाब !" युवती ने अपनी ऐंची आँखों को धरती में गाड़ते और ज़रा शरमाते हुए कहा।

भोला को फिर कुछ नहीं सूझा। या शायद वह कुछ असमंजस में पड़ गया। लड़की की आँखें चेतन की ओर उठीं और कुछ चौंक कर, आँखों में रिन्दों की-सी मस्ती ला कर, मुस्कराते हुए चेतन ने शे'र पढ़ा —

"नहीं खिले हैं रुख़-ए-यार पर गुलाब फ़क़त
गुलाब बन के बदन उसका मुस्कराता है।"

"ज़र्रानवाज़ी है।" लड़की की कृत्रिम लज्जा एक बेबाक मुस्कान में बदल गयी। अपनी ऐंची आँखें चेतन की ओर उठा कर उसने आदाब किया।

तभी बटलर अन्दर आया और उसकी आँखें प्रश्न के रूप में उठीं। इससे पहले कि भोला कुछ कहता, चेतन ने गुलाब को इशारा किया कि वह ज़रा बाहर जाय।

वह चली गयी तो चेतन ने बटलर के निकट जा कर, टोपी को ज़रा और झुकाते और बायीं आँख को दबाते हुए कहा, "यार, ज़रा उसकी और हमारी उम्र का तो कुछ ख़याल किया होता। कोई चूज़ा लाओ। यह क्या कुड़क मुर्ग़ी ले आये हो।"

"इस वक्त तो यही है।" बटलर ने कुछ रुखाई से कहा।

"अच्छा, तो फिर आयेंगे। बाई-बाई।" और चेतन हाथ उठाते हुए चल दिया, जैसे चेतन भोला के साथ नहीं आया था, भोला चेतन के साथ आया था।

बाहर आ कर भोला ने कहा, "माल तो अच्छा था यार।"

"हटाओ जी !" चेतन वितृष्णा से बोला, "मेरा तो जी घुट गया उस फ़िज़ा में।"

"लेकिन तुम्हारे चेहरे पर बोरियत तो ज़रा नहीं दिखायी दी," भोला ने कहा, "तुमने तो ऐसे ऐक्ट किया, जैसे बरसों से इन गलियों की ख़ाक छान रहे हो।"

"बस ऐक्ट ही किया, वरना जी होता था कि चुपचाप उठूँ और चल दूँ। चलो, अब वापस चलें।"

लेकिन शायद खाना देख कर भोला की भूख तेज़ हो आयी थी। उसने कहा, "नहीं, नहीं! चलो, तुम्हें ग्रैण्ड होटल दिखा लायें।"

"देख लिया। मेरी इच्छा पूरी हो गयी," चेतन ने कहा।

लेकिन भोला की इच्छा बलवती हो उठी थी। जितना ही चेतन वापस चलने पर ज़ोर देने लगा, इतना ही वह ग्रैण्ड होटल चलने का हठ करने लगा।

"तुम कुछ न करना, बस देखना।" उसने कहा और फिर कुछ खिजलाहट से बोला, "कहाँ तो इतना ज़ोर दे रहे थे और कहाँ अब बच्चों की तरह जल्दी मचाने लगे हो। होटलों ही से घबरा गये। यहाँ तो दसियों कोठीख़ाने हैं।"

उत्सुकता चेतन की सचमुच शान्त हो गयी थी, पर भोला को वही उखाड़ कर लाया था, इसलिए वह चुपचाप उसके साथ स्टेशन रोड की ओर चल दिया। भोला से उसने सिर्फ़ इतना कहा, "तुम जो चाहे करना, मैं चुपचाप बैठूँगा।"

"अरे, तुम चलो तो," वह बोला, "मामले की बात जब आयेगी, तुम्हें कमरे से बाहर भेज दूँगा। यहाँ तो मैं कुछ बोला ही नहीं। ज़रा अब देखना। शे'र-वे'र तो मुझे आते नहीं, लेकिन...." और उसने आँख दबायी।

०

नवम्बर के आख़िरी दिन थे। शाम गहरा आयी थी। काफ़ी सर्दी पड़ने लगी थी। भोला बन्द गले का सूट पहने, हल्का-सा सिर झुकाये, ज़रा आगे-आगे था। चेतन शलवार-कमीज़ पर ओवरकोट (कमीज़ के अलावा दोनों उसे पिता से मिले थे) डाटे, सिर पर तिरछी नाइट कैप रखे, शोहदों की अदा से चल रहा था। दोनों बीडन रोड से मेक्लोड रोड पर आ गये थे। होटल को जा रहे थे और अपने-अपने ध्यान में मग्न थे।

०

यह अजीब बात है कि दोपहर को कॉफ़ी हाउस की बहस में भोला ने ज़रा भी योग नहीं दिया था, जबकि उस मामले में वहाँ उपस्थित सभी साथियों की अपेक्षा न केवल उसने ज़्यादा किताबें पढ़ रखी थीं, बल्कि व्यक्तिगत अनुभव भी उसके सबसे कहीं ज़्यादा थे। अलाउद्दीन द्वारा बिसात पलट दिये जाने के बाद, जब महफ़िल बरख़ास्त हुई तो चेतन सेण्ट्रल बैंक की तरफ़ से सीधा भाई साहब के क्लिनिक को जाने के बदले, भोला के साथ बायीं तरफ़ मुड़ कर माल रोड पर हो लिया था, ताकि भोला को उसके निवास पर छोड़ कर टोरण्टन मार्केट के चौरस्ते से क्लिनिक को जाये। तब भोला ने कहा था —"ये सब लोग सुनी-सुनायी बातों पर इधर-उधर की हाँक रहे थे। मैंने इस सब्जेक्ट पर बहुत पढ़ा है। तुम ठीक कहते थे, यह मामला अब इन्सान की शुरू की ज़िन्दगी जैसा आसान नहीं रहा। हालाँकि सेक्स के मामले पर वात्स्यायन ने कामसूत्र लिखा और कोका पण्डित ने कोक शास्त्र, लेकिन वो किताबें हम लोअर मिडिलक्लासिओं के ज़्यादा काम की नहीं हैं। चार किस्म के मर्द और चार तरह की औरतें —पद्मिनी, चित्रिणी, शंखिनी, हस्तिनी, और सम्भोग के दसियों आसन, ये सब अय्याश और परवर्ट राजाओं, शहनशाहों और ज़मींदारों के काम की हैं, जो दूतियों द्वारा सुन्दर औरतों को फँसाते और अपनी नफ़सानी ख़्वाहिशात पूरी करते थे। हमारे पास न उतना वक्त है, न उतने साधन, न वैसी इच्छा, लेकिन यह भी सही है कि सेक्स का जज़्बा तो हमारे यहाँ भी है, और वैसा ही तुन्द और तेज़ है, जैसा उन लोगों के यहाँ। यह बात दीगर है कि हमारी ज़िन्दगी के संघर्ष और ऐम्बीशंस, और इन ऐम्बिशंस को पाने, पूरा करने की लगातार कोशिश ने हमारे पास उस अय्याशी के लिए कोई वक्त नहीं छोड़ा। ज़ाहिर है, उस ताकतवर जज़्बे की तस्कीन के लिए कोई-न-कोई हल तो हमारे पास भी होना ही चाहिए। यह जिन्सी जज़्बा हमें परेशान न करे, हम काम में पूरा मन लगा सकें, अपना ऐम्बीशन पूरा कर सकें, हम जैसों के लिए कोई तो उसकी सूरत होनी ही चाहिए। तुम तो शादीशुदा आदमी हो," भोला ने चेतन की ओर देख कर कहा, "यह मसला तुम्हारा नहीं है, हम जैसे लँडूरों का है। हम लोगों में प्यार-व्यार तो होता नहीं। माशाअल्लाह, शक्ल भी हमारी ऐसी है, लड़कियाँ अट्रैक्ट ही नहीं होतीं। कोई कम्बख़्त हो भी जाये तो हमारे पास कहाँ इश्क-विश्क के लिए कोई वक्त है? कम्पिटीशन में आ जायँ तो एक-से-एक सुन्दर और अमीर लड़की मिल जायेगी। इस वक्त हम ग़रीबों को कौन पूछता है। तो यह मसला तो हमारे साथ है।"

भोला चुप हो गया और कुछ क्षण ख़ामोश चलता रहा, फिर उसने कहा, "मैं एक बार शिमला गया था। वहाँ चोर बाज़ार की धर्मशाला में एक भिक्षु मेरे साथ के कमरे में ठहरा था। उससे दोस्ती हो गयी। क्योंकि वे लोग ज़िन्दगी भर शादी नहीं करते, मैंने उसके सामने यह मसला रखा। उसने हिकारत से कहा, यह समस्या कोई समस्या नहीं है कि हमारे ज्ञान-ध्यान के रास्ते की रुकावट बने, इस तनाव को एक ही मिनट में अपने हाथ से ख़त्म किया जा सकता है।"

भोला ज़रा हँसा, फिर बोला, "यार, लड़कपन की बात और है, लेकिन अब तो हम से यह कुकर्म नहीं हो सकता, मुझे सुदर्शन वाली सेफ़्टी वाल्व की बात ही सही लगती है और हम जैसों के लिए वही ठीक भी है।"

"तो मरवाहा के उस दोस्त का नाम सुदर्शन है क्या?" चेतन ने हठात पूछा।

भोला ने स्वीकार में सिर हिलाया।

"तुम उसे कैसे जानते हो?" चेतन ने पूछा था।

"यार, वह मरवाहा ही का नहीं, मेरा भी क्लासफ़ेलो रहा है।" भोला ने कहा, "मरवाहा की बनिस्बत वह मेरे ज़्यादा करीब था। उसी ने मुझे वह सब बताया भी और अपने साथ ले जा कर दिखाया भी। मैं जानता हूँ, लाहौर में कहाँ-कहाँ कोठीख़ाने हैं और किन होटलों में गेम गर्ल्स मिलती हैं।"

दोनों बातें करते हए भोला के निवास की सीढ़ियों के पास तक आ गये थे। चेतन का औत्सुक्य सहसा जाग उठा था। भोला को वहीं छोड़ कर आगे जाने की बजाय उस ने साइकिल नीचे खड़ी करके ताला लगाया था और उसके साथ सीढ़ियाँ चढ़ गया था।

भोला भी मूड में था। बरामदे में पूर्ववत दो आराम-कुर्सियाँ और तिपाई पड़ी थी। दोनों वहीं जा बैठे तो चेतन ने कहा, "यार, मैं तो सपने में भी नहीं सोच सकता था कि तुम इस मैदान के शहसवार हो। एक बात पूछूँ —"

भोला ने सिर्फ़ सिर उठा कर उसकी ओर देखा।

"इतनी देर बहस होती रही, लेकिन तुमने ज़रा भी हिस्सा नहीं लिया। जबकि तुम तो इस विषय के उस्ताद हो।"

"उस्ताद क्या हूँ," भोला ने कहा, "कभी पढ़ते-पढ़ते बोर हो जाता हूँ तो जैसे कभी कायरो या बेनहम[१] पढ़ता हूँ, ऐसे ही हैवलॉक एलिस या फ़्रायड ले बैठता हूँ....फिर यार, तुम नहीं समझते," भोला ने ज़रा हँस कर कहा, "हर आदमी की एक तस्वीर साथियों के मन में होती है —मेरी तस्वीर एक मेहनती, टैलेंटेड, हमेशा फ़र्स्ट आने वाले छात्र की है, रिन्द या तमाशबीन की तो है नहीं और मैं उस तस्वीर को बिगाड़ना नहीं चाहता। यह तो कुछ अपनी वहशत और कुछ सुदर्शन की सोहबत से मैं उस कूचे में चला गया, वरना शायद ज़िन्दगी भर में उससे वाक़िफ़ न होता।"

०

चेतन भोला के साथ बीडन रोड पार करके मैक्लोड रोड पर आ गया था। उस शाम देर तक भोला से बातें करते हुए चेतन को मालूम हुआ था कि उसकी ज़िन्दगी भी आम

१ कायरो और बेनहम —प्रसिद्ध हस्तरेखा-विशेषज्ञ

निम्न-मध्यवर्गीय नौजवानों की तरह यौन-कुण्ठाओं से भरी थी। भोला ने बताया था कि बी०ए० में एक लड़की उसके नज़दीक आ गयी थी। वह बी०ए० थर्ड इयर में फ़र्स्ट आया था तो वह ब्राऊनिंग की कुछ कविताएँ समझने के बहाने उसके पास आयी थी। दोनों में काफ़ी घनिष्ठता भी हो गयी थी। भोला ने उसे बताया था कि वह आई०सी०एस० की प्रतियोगिता में बैठेगा, आ गया तो फिर उसके पिता से उसका हाथ माँगेगा। लेकिन दो बार प्रतियोगिता में पास होने और ऐग्रीगेट में दूसरे नम्बर पर रहने के बाद भी वह वाइवा में फ़ेल हो गया था।

उसी वर्ष आई०सी०एस० होने वाले एक लड़के से उस लड़की की शादी हो गयी। और तब पहली बार फ़्रस्ट्रेशन में वह सुदर्शन के साथ उस कूचे में गया था। फिर जब भी उसका दिमाग़ परेशान होता वह वहीं जा कर तनाव-मुक्त हो आया करता।

"आज मेरा दिमाग़ परेशान था," भोला ने कहा, "तभी मैं अलाउद्दीन की महफ़िल में जा बैठा था। पढ़ते-पढ़ते मैं थक गया था, मन एकाग्र नहीं हो पा रहा था। मैं सोचता हूँ," भोला ने कहा, "मैं बीडेन रोड होटल या ग्रैण्ड होटल जाऊँ और दिमाग़ के इस तनाव को मिटा कर अपनी पढ़ाई में मन लगाऊँ।"

तब चेतन ने उस पर ज़ोर दिया था कि वह उसे भी साथ ले चले।

"तुम तो यार, शादीशुदा हो," भोला ने कहा था, "तुम्हें किस बात की फ़्रस्ट्रेशन है?"

"फ़्रस्ट्रेशन तो कोई नहीं," चेतन ने कहा था, "महज़ क्यूरियॉसिटी है। इस सिलसिले में सुना हुआ है, जानने का इश्तियाक है।"

भोला ने कहा, "छोड़ो यार, यह कोई अच्छा काम नहीं है। तुम शादीशुदा हो। तुम्हारे बीवी है। मैं तो कभी उस कूचे में कदम न रखूँ। लेकिन कई बार लगातार दिनों-हफ़्तों रात-दिन पढ़ते हुए दिमाग़ थक जाता है। उस कम्बख़्त की याद भी आती है और किताब हाथ में ले कर बैठता हूँ तो आँखें किताब पर होती हैं, मन भटकता रहता है। दूसरा कोई शग़ल नहीं। टेनिस, बैडमिण्टन वग़ैरह हम अफ़ोर्ड नहीं कर सकते। जब किसी तरह यकसूई नहीं मिलती तो चला जाता हूँ। लोगों को पता चल गया तो बेकार में बदनामी होगी। कहीं मेरे घर वालों को पता चल गया तो वे तो जीते जी मर जायेंगे।"

चेतन ने जब उसे विश्वास दिलाया कि मित्रों की बात को वह बिना बाहर की हवा लगाये अन्तरगुहा में छिपाना जानता है तो वह मान गया।

"ठीक है," उसने कहा था, "पन्द्रह-बीस रुपये जेब में रख लेना। खाना-वाना खाने के बाद चले चलेंगे।"

'चले चलेंगे।' उसने कुछ ऐसे रिन्द की अदा से कहा, जिसकी उम्र उसी दश्त की सय्याही में गुज़री हो। हालाँकि सूरत-शक्ल से ज़रा भी पता न चलता था कि उसने कभी उस गली में पाँव भी रखा है।

"रुपये मैं ले चलूँगा, पर मैं तो सिर्फ़ देखना चाहता हूँ," चेतन ने कहा था।

"वहाँ कोई नुमाइश थोड़े ही लगी है?" भोला हँसा था, "मैं तो तभी जाता हूँ, जब मेरा दिमाग़ परेशान होता है, लेकिन तुम्हें ऐसे चलना होगा, जैसे तुम हमेशा ऐसी जगहों में आते-जाते हो। उन्हें अगर पता चल जाय कि तुम महज़ तमाशाई हो तो वे बात भी नहीं

करते।"

"इसकी तुम फ़िक्र न करो," चेतन ने कहा था, "कॉलेज के नाटकों में तीन बार मैं इनाम पा चुका हूँ। ऐसा रंग बाधूँगा कि उन्हें ज़रा भी शक न गुज़रे।"

और खाना खाने के बाद चेतन ने पिता से कभी मिली हुई और सँभाल कर रखी हुई शलवार निकाली। कमीज़-शलवार पर ओवरकोट डाटा। सिर पर नाइट कैप लोफ़रों की तरह तिरछी रखी और जो थोड़े-बहुत रुपये पास में थे, उन्हें भी ट्रंक में सहेज दिया कि न पैसे होंगे, न लोभ जगेगा और भोला के साथ हो लिया था।

०

रात के लगभग दस बज गये होंगे, जब भोला के साथ दो-ढाई मील की मंज़िल मार कर चेतन ग्रैण्ड होटल पहुँचा। बड़ी भव्य इमारत थी। दोनों गेटों पर अर्द्ध-चन्द्राकार बोर्डों पर अंग्रेज़ी में 'ग्रैण्ड होटल' लिखा हुआ था। लेकिन बार का टाइम ख़त्म हो जाने के कारण बाहर रोशनी कम थी और उस नीम-अँधेरे ने इमारत की भव्यता को और भी बढ़ा दिया था। रात की तो बात ही दूर रही, चेतन को तो कभी दिन में भी वहाँ जाने का साहस न होता, लेकिन भोला पहले भी एक-दो बार आ चुका था। बढ़ कर उसने पोर्च में खड़े, ख़ाकी वर्दी पहने, चेतन जैसी नाइट कैप सिर पर रखे, मोटर-ड्राइवर-किस्म के एक आदमी से कुछ बात की। (बाद में मालूम हुआ कि वह होटल का गाइड था।) वह उन्हें बाहर ही से एक कमरे में ले गया और उन्हें वहाँ बैठा कर अन्दर के दरवाज़े से ग़ायब हो गया।

कमरा बहुत बड़ा न था। उसमें दो नंगे निवाड़ी पलँग, एक ड्रेसिंग-टेबल और दो आराम-कुर्सियों के अतिरिक्त और कुछ न था। दो-तीन मील चल कर आने से चेतन कुछ थक गया था। इसलिए आराम-कुर्सी में धँस गया। भोला पलँग की पट्टी पर जा बैठा।

दूसरे क्षण मँझले कद की, गोल-मटोल-सी एक सुन्दर लड़की को गाइड ने कमरे में भेज दिया और वह आ कर पलँग के साथ लग कर खड़ी हो गयी।

"ऐसी सुन्दर लड़की यहाँ कैसे पहुँच गयी?" चेतन सोचने लगा। लेकिन भोला ने बाज़ू थाम कर उसे अपने पास पलँग की पट्टी पर बैठा लिया और उसे बाँह में लेते हुए उसका नाम पूछा —कि बात शुरू करने का यही ढंग उसने अपने मित्र सुदर्शन से सीखा था।

चेतन ने ठीक से नहीं सुना कि उस लड़की ने क्या नाम बताया। वह उसके गोल-गोल, चाँद-से मुखड़े को देख रहा था, जिस पर कुछ अजीब-सा भोलापन बिखरा था। ज़रा-भी न लगता था कि वह उस मंच की अभिनेत्री है। नाम बताते हुए वह भोला की बग़ल में लज्जा की कुछ ऐसी अदा से सिमट गयी कि भोला का पुरुष सहसा जाग उठा। रास्ते भर वह चेतन से कसमें खाता आया था कि वह 'ग्रैण्ड होटल' की सुन्दरियों से ज़रा छेड़-छाड़ कर, चला आयेगा, लेकिन जब दूसरे क्षण होटल-गाइड आया और लड़की खिसक गयी तो भोला ने किसी तरह का बहाना बनाये बिना, ज़रा उतावली से पूछा, "एक शॉट का क्या होगा?"

"दस रुपये।"

"क्या कहते हो, रोज़ के आने वाले हैं।"

"माल भी तो देखिए।"

भोला ने अपनी जेबें टटोलीं। पैसे शायद कुछ कम थे, इसलिए अपनी उतावली पर ज़रा अंकुश रख कर वह बोला, "ठीक-ठीक बात करो यार, नहीं चलें।"

गाइड मँझले कद का, पतला-छरहरा, नुकीला आदमी था। नाक उसकी उकाब-सरीखी थी और उसकी आँखों में भी उकाब की-सी तेज़ी और किंचित रूखी निर्दयता थी। उसने निमिष-भर को आँख दबा कर भोला की तरफ़ देखा और दूसरे क्षण पाँच रुपये पर मामला तय हो गया।

"आओ चेतन।" यह कहते हुए भोला गाइड के पीछे चला। चेतन उठा। यह सब कुछ ऐसी तेज़ी से हुआ कि न चेतन भोला से कुछ कह सका और न स्वयं ही कुछ सोच सका। चुपचाप उसके पीछे चल दिया।

लेकिन गाइड दीवार बन कर दरवाज़े में तन गया।

"आप रुकिए।" उसने कद्रे सख़्ती से कहा, "आप के लिए इससे भी बढ़िया माल लाता हूँ।"

चेतन वहीं रुक गया। सामने होटल का बड़ा हॉल था, जिसमें तीन दीवानों के साथ काउच और तिपाइयाँ लगी थीं और बीच में बॉल-डांस के लिए चौकोर फ़र्श छूटा हुआ था। बायीं, याने पिछली दीवार के साथ बार था। नौ कब के बज चुके थे, इसलिए हॉल में दो-एक ही बल्ब रोशन थे। हॉल की पिछली दीवार में एक दरवाज़ा अन्दर होटल को जाता था। गाइड उसके अन्दर (शायद किसी दूसरे कमरे में) भोला और उस सुन्दरी को छोड़ कर वापस आ गया। उसके पीछे-पीछे एक और लड़की आ रही थी। चेतन अनायास पीछे हट गया और भोला की जगह चारपाई पर जा बैठा।

गाइड लड़की को कमरे में छोड़ कर चला गया —पतली-दुबली, एक ज़माना खाये हुए। लगता था, सीधे टिब्बी[१] से वहाँ आयी है।

कुछ क्षण चेतन चुपचाप उसे देखता रहा। उसके मन में घोर वितृष्णा-भरी खीज उठी। क्या करना चाहिए, इसका विवेक जाता रहा। होटल की शान और गाइड की आँखों में छिपी उस पाशविक निर्दयता का आतंक (वह शक्ल ही से गुण्डा लगता था) और अपनी जेब के रीतेपन का अहसास चेतन के मन-प्राण पर बेतरह हावी हो गया। अजाने चेतन ने उससे वही प्रश्न किया।

"तुम्हारा नाम क्या है?"

"मुख़्तार।"

दिमाग़ ने सुझाया और चेतन ने बरबस होंटों पर हँसी ला कर कहा —

"जल-थल की मुख़्तार या दिलो-जान की?"

"जिसकी आप समझ लीजिए।"

और इससे पहले कि चेतन कुछ उत्तर देता, वह मुस्कराती हुई उसकी बग़ल में आ बैठी। चेतन की जेब भरी होती और वह उस बाज़ार में नित्य आने वाला होता तो शायद उठ कर उसे बाज़ू से पकड़, कमरे से बाहर कर देता, गाइड को बुला कर उसे डाँटता और

---

१ लाहौर में वारांगना टकिहाइयों का बाज़ार

पैर पटकता हुआ चल देता। पर चेतन कभी पहले उधर आया न था। जेब उसकी एकदम रीती थी और गाइड का रोब उस पर बेतरह ग़ालिब था, इसलिए चेतन वहीं चिपका बैठा रहा। हालाँकि वह यह भी सोचता था कि उसे वैसा करने का क्या अधिकार है। उसके मन में ख़याल आया कि किस चक्कर में फँस गये, उसे बीडन रोड वाले होटल ही से वापस चला जाना चाहिए था। चेहरा भी चेतन का कुछ उतर गया, पर होंट पूर्ववत मुस्कराते रहे और हाथ आप-से-आप उसके कन्धे पर चला गया।

चेतन ने अवसरानुकूल शे'र सोचने की कोशिश की। लाख सोचे पर भी कोई अवसरानुकूल शे'र याद न आया। घबराहट में कुछ कहने के बदले उसने अपना हाथ उसके कन्धे से ज़रा नीचे ले जा कर उसकी बाँह को तनिक दबा दिया।

वह सिकुड़ी-सिमटी नहीं, बल्कि जैसे वह इसी बात की प्रतीक्षा कर रही थी, एकदम चेतन के ऊपर लुढ़क गयी। उसका सिर चेतन के कन्धे पर आ गया और चेतन ने अपने कन्धे और गर्दन के गढ़े में उसके होंटों का अनजाना परस महसूस किया।

इससे पहले कि चेतन अचकचा कर उठता, गाइड अन्दर आ गया। साथ ही जैसे चेतन की चेतना वापस आ गयी। वह उठा और उसने मुख़्तार को ज़रा बाहर जाने के लिए कहा और उसने बीडन रोड वाले होटल में कही गयी बात ज़रा और भी नमक-मिर्च लगा कर दोहरा दी।

'इस समय तो यही है,' या 'अभी और हाज़िर करता हूँ,' या ऐसी ही कोई बात गाइड ने नहीं कही। उसने ऐसी टेढ़ी, उपेक्षा-भरी नज़र से चेतन की ओर देखा कि उसकी दृष्टि चेतन के सारे आवरणों को भेदती हुई मर्म में चिकोटी काट गयी। गाइड की अनुभवी आँखों ने शायद स्थिति जान ली थी....

"आप बाहर बैठिए!" लगभग आदेशपूर्ण स्वर में उसने कहा और दरवाज़े में जा कर हॉल के एक काउच की ओर संकेत किया।

चेतन की जान-में-जान आयी, वह जा कर काउच में धँस गया और उसने सुख की एक लम्बी साँस ली।

भोला, चेतन का ख़याल था, काफ़ी देर में आयेगा, इसलिए चेतन ने काउच पर बैठ कर टाँगें पसार लीं, सिर पर टोपी खींच ली और आराम से लभगभ लेट-सा गया। दिमाग़ उस कमरे की परिक्रमा करने लगा, जहाँ भोला उस भोली-भाली दीखने वाली लड़की के साथ बन्द था और उसका शरीर तन गया।

लेकिन अभी चेतन को लेटे पाँच मिनट भी न गुज़रे होंगे कि अन्दर के दरवाज़े से भोला आता दिखाई दिया।

"क्यों !" चेतन ने हड़बड़ा कर उठते हुए कहा।

"बस, आओ चलें !"

"क्या इतनी जल्दी छुट्टी पा गये?"

"और क्या —उसे मालूम था कि पाँच ही रुपये दिये हैं। कहीं और हाथ ही नहीं लगाने दिया साली ने !"

चेतन ने एक दया-भरी दृष्टि भोला पर डाली और उसके पीछे हॉल से बाहर निकल

आया। तभी एक कार पोर्च में आ खड़ी हुई। दूर जा कर चेतन ने पीछे एक दृष्टि डाली। वही भोली-भाली दिखने वाली लड़की मिट्टी में लोटने के बाद पंख झाड़ कर चाक-चौबन्द हो जाने वाली मुर्ग़ी-सरीखी, साड़ी को अपने शरीर से लपेटती हुई, हॉल के बरामदे में आ गयी थी और गाइड मोटर के पास खड़ा सवारी को पटा रहा था।

छत्तीस

चेतन ६ नम्बर टेम्पल रोड, मज़ंग के गेट पर पहुँचा था कि उसे सामने से चातक जी 'अज्ञात' जी के निवास से निकल कर आते दिखायी दिये। वे हमेशा की तरह सफ़ेद बुर्राक धोती-कुर्ते में सुशोभित, रेशमी चदरा ओढ़े थे। चेतन गेट खोल कर अन्दर दाख़िल हुआ तो वे आधे रास्ते में मिले। उनका गोल-मटोल, गोरा चेहरा कद्रे उतरा हुआ था। चौड़े माथे पर बालों की लट पूर्ववत बिखर आयी थी। चेतन के निकट आते ही उन्होंने बरबस हँसते हुए कहा, "कहिए चेतन जी, किधर?"

"ज़रा 'अज्ञात' जी के यहाँ जा रहा था," चेतन ने कहा...."आप किधर आये थे?"

"मैं भी उनसे मिलने आया था," चातक जी ने तनिक उदास-भाव से कहा, "आध घण्टे बाहर बरामदे में बैठा रहा। बाहर भी नहीं आये। कहलवा दिया कि उनके पास समय नहीं है। वे बाहर जा रहे हैं।"

चातक जी के बबुए-जैसे मुख पर वितृष्णा झलक आयी, बोले, "मैंने कहा, सिर्फ़ पाँच मिनट के लिए मिलना चाहूँगा। मालूम हुआ कि आजकल बहुत व्यस्त हैं, कभी फिर समय ले कर आऊँ।"

क्षण भर वे चुप रहे, दायें पैर से बायें का टख़ना खुजलाया और बोले, "यही कहना था तो पहले ही कहलवा देते, आध घण्टे तक काहे बैठाये रखा।" क्षण भर रुक कर उन्होंने कहा, "तुम भी उनसे मिलने जा रहे हो?"

चेतन ने स्वीकार में सिर हिलाया।

"बेकार जा रहे हो," चातक जी बोले, "व्यस्त हैं, नहीं मिलेंगे। बड़े बाप के बेटे हैं, भव्य कोठी में रहते हैं, दस उनके नख़रे हैं। हम-जैसों के लिए उनके पास कहाँ वक्त है। त्रिवेदी जी अथवा जानकी शरण होते तो दाँत चियारे हुए बाहर आते और अनुनय-विनय के साथ अन्दर ले जाते।"

"लेकिन जब आप यह जानते हैं," चेतन ने हल्के व्यंग्य से कहा, "तो फिर आप क्या करने आये थे यहाँ?"

चातक जी ने बायें हाथ से बालों की लट को पीछे हटाया, दायें पैर से बायें पैर का टख़ना खुजलाया और बोले, "उनका सद्य-प्रकाशित गुटका काव्य-संग्रह, 'अभिशप्त दूत' देखा था। बेहद कच्ची कविताएँ। छन्द तक का ज्ञान नहीं। त्रिवेदी जी को पटा लिया तो बड़े कवि-कथाकार हो गये हैं। ज़रा उसके बारे में बात करने आया था। एक नयी कविता

लिखी थी। सोचा था, उन्हें सुनाऊँगा और बताऊँगा, कविता होती कैसे है।"

चेतन का जी हुआ —ज़ोर से ठहाका मारे, लेकिन बरबस अपने चांचल्य पर अंकुश लगाते हुए उसने सामान्य स्वर में ज़रा-सा हँस कर कहा —"अब की बार किस तन्वंगी पर कृपा की है?"

"श्रीमती रन्नो देवी ने बुलाया था। शायद उन्हें काँग्रेस का टिकट नहीं मिला। वे दक्षिण अफ़्रीका जा रही हैं। वहाँ पंजाब के आर्य समाजियों का बाहुल्य है। वे पंजाब में हिन्दी की जोत जगाने के लिए लाहौर से एक दैनिक पत्र निकालने की सोच रही हैं और इस उद्देश्य से दक्षिण अफ़्रीका के हिन्दुस्तानियों से धन इकट्ठा करेंगी। मेरे काव्य की प्रशंसक हैं। मुझे साथ चलने को कहती थीं। चाहती थीं —मैं वहाँ सभाओं में हिन्दी के पक्ष में कविताएँ पढ़ूँ और वे भाषण दें —यही प्रस्ताव उन्होंने हमारे सामने रखा। लेकिन हम तो पहले ही 'मंजरी' में उलझे हुए हैं। हिन्दी की सेवा ही कर रहे हैं। 'मंजरी' को स्थापित कर दें तो बहुत बड़ा काम हो जाय।"

"लेकिन बात तो आप कविता की कर रहे थे," चेतन ने कहा।

"उन्होंने बहुत आदर-सम्मान दिया, नाश्ता कराया, मेरी कविताएँ सुनीं, खाना खिलाया और जब मैंने विनम्रतापूर्वक उनका प्रस्ताव अस्वीकार कर दिया तो भी उन्होंने बुरा नहीं माना। —कहने लगीं —आप का संग रहता तो सोने में सुगन्ध हो जाती। लेकिन आप भी ठीक कहते हैं, मैं पैसा इकट्ठा कर लाऊँ, आ कर हिन्दी दैनिक निकालूँगी और उसके रविवासरीय अंकों में, आपकी मनोहारी कविताएँ छापूँगी। —और वे बड़े आदर के साथ नीचे तक छोड़ने आयीं। प्रकट ही मैं बहुत अभिभूत हुआ। रास्ते में कविता का पहला बन्द हो गया।"

और चातक जी ने बड़ी अदा से कविता का वह बन्द सुनाया —

"दिया निमन्त्रण देवि अचानक, तुमने दूर-देश जाने का,
प्रेम-सुधा रस पीने का औ' काव्य-सुधा रस बरसाने का
मैं हूँ एक अचीन्हा कवि, है तुमने मुझे दिया प्रोत्साहन
उड़ने लगा नील अम्बर में, मेघ बने तब मेरा वाहन
तनिक हाथ थामो तुम मेरा, फिर देखो सब नदिया-नाले
कर जाता हूँ पार क्षणों में, विधना के सब जाल निराले
मन में ले कर आस देवि यह स्नेह-परस पाने का
दिया निमन्त्रण देवि अचानक, तुमने दूर देश जाने का।"

कविता का बन्द सुना कर चेतन की प्रतिक्रिया जानने के लिए क्षण भर चातक जी ने उसके चेहरे पर नज़रें गड़ाये रखीं, फिर बोले, "और शाम होते-होते पूरी कविता हो गयी।" चेतन ख़ामोश रहा। "सोचा था," चातक जी ने आगे कहा, "अज्ञात जी से उनके काव्य-संग्रह पर बात करूँगा और उन्हें यह नयी कविता सुनाऊँगा, लेकिन उनके भाग्य में अपना डिड्डम पिटवाना चाहे जितना भी लिखा हो, सुकवि बनना नहीं लिखा।"

और उन्होंने जेब से लिखी हुई कविता की स्लिपें निकालीं।

इससे पहले कि वे वहीं खड़े-खड़े कविता सुनाना शुरू करते, चेतन ने कहा —

"आप ठीक कहते हैं," और उन्हें चंग पर चढ़ाते हुए बोला, "आपको क्या लेना है उनके भाग्य से, पिटवाने दीजिए अपना डिड्डम। आप श्रीमती रन्नो देवी के मतानुसार मनोहारी कविताएँ लिखिए।"

चातक जी ख़ुश हो गये। चेतन ने दूसरे ही क्षण कहा, "लेकिन आपने अपनी कविता का आलम्बन ख़ूब चुना। सुन्दर तन्वंगी होती, आपको साथ चलने को कहती तो बात भी थी; वह हस्तिनी जाति की, पोलियो-मारी, भीमकाय औरत। उसका रंग गोरा सही, पर उसके चौड़े जबड़े में पीले-पीले दाँत देखे हैं? आप ठहरे कोमल कवि, आपको तो वह कच्चा ही चबा जाती...." और चेतन ने ठहाका लगाया।

कवि चातक हतप्रभ नहीं हुए। उन्होंने कहा, "भाई, हम कवि हैं। बाहर की विरूपता नहीं देखते, अन्तर का सौन्दर्य देखते हैं। तुम ज़रा मेरी कविता सुनो।"

चेतन ने पैर उठाते हुए कहा, "मुझे जल्दी है, देर हो गयी तो 'अज्ञात' जी निकल जायेंगे। आप ने स्लिपों में आलपिन नहीं लगाया, इन्हें सहेज कर जेब में रख लीजिए — कोई स्लिप गुम न हो जाये। मैं आपके दफ़्तर आऊँगा और इत्मीनान से कविता सुनूँगा, और देखूँगा कि आपने काव्य के जादू से किस तरह उस हथिनी को कोमलांगी बना दिया है। अभी मुझे इजाज़त दीजिए।" —और बिना उनका उत्तर सुने, वह दोनों हाथ मस्तक तक ले जाता हुआ आगे बढ़ गया। उसने मुड़ कर यह भी नहीं देखा कि कवि वहीं खड़े-खड़े किंकर्तव्यविमूढ़-से उसे देखते रहे, फिर दायें पैर से बायें टख़ने को खुजलाते और बालों की लट को पीछे हटाते गेट की ओर बढ़ गये।

०

चेतन आगे बढ़ कर बरामदे में कॉल-बेल पर उँगली रखने ही वाला था कि अन्दर बड़े डाइनिंग-हॉल में बैठे 'अज्ञात' जी ने उसे देख लिया और फ़ौरन उठ कर बड़े प्यारे ढंग से मुस्कराते हुए (जो केवल उन्हीं से सम्भव था) कहा —"कहिए चेतन जी।"

चेतन ने अचकचा कर 'नमस्कार' किया। कहा, "आप तो शायद नाश्ता कर रहे हैं, आपको कहीं जाना भी है, मैं ज़रूरी काम से आया था, यहीं बरामदे में बैठता हूँ, आप नाश्ता कर लीजिए। मैं सिर्फ़ दो मिनट लूँगा।"

'अज्ञात' जी ने हँसते माथे कहा, "आइए, हमारे साथ नाश्ता कीजिए।"

"मैं तो सुबह नाश्ते में गाढ़ी लस्सी लेता हूँ," चेतन ने कहा, "सो ले आया हूँ। आपका शुक्रिया, मैं बरामदे में बैठता हूँ।"

"नहीं, आप अन्दर मेरी स्टडी में बैठिए," अज्ञात जी ने कहा, और बड़े स्नेह से चेतन के कन्धे पर हाथ रखते हुए उसे अन्दर ले गये। स्टडी में पूर्ववत जाजिम, ग़ालीचा और गाव तकिये लगे थे। उन्होंने चेतन को वहाँ बैठाया और बोले, "मैं दस मिनट में आता हूँ। आप दूर से आये हैं, थोड़ा सुस्ता लीजिए।"

"आप मेरी फ़िक्र न कीजिए," चेतन ने कहा, "इत्मीनान से नाश्ता कीजिए। मुझे तो दो मिनट का काम है, मैं आपका ज़्यादा वक्त नहीं लूँगा।"

"नहीं, नहीं, मुझे कोई ऐसी जल्दी नहीं, आप आराम कीजिए।" और वे मुस्कराते हुए चले गये थे।

चेतन सचमुच थक गया था। बात वास्तव में यह थी कि उसकी साइकिल बहुत पुरानी और खड़खड़िया हो गयी थी। उसने एफ़०ए० में उसे ख़रीदा था और इस बात को सात साल बीत गये थे। अब आठवाँ साल था। उसका कोई-न-कोई पुर्ज़ा ढीला रहता था। चेन बार-बार कसवाने के बावजूद उतर जाती थी और उसका कवर खड़खड़ाता रहता था। टायर-ट्यूबें पैवन्द लगाते-लगाते ख़स्ता हो गये थे और पैसों की कमी के कारण वह उन्हें बदलवा नहीं सका था। काठी ऐसी सख़्त हो गयी थी कि उसकी जाँघों में गड़ती थी। वह साइकिल को काफ़ी सँभाल कर रखता था और सिर्फ़ सैनेटोरियम जाते हुए उसे इस्तेमाल करता था। बाकी वक्त वह उस ज़माने के अनगिनत पंजाबियों की तरह रोज़ मीलों पैदल चलता था।

वह गाव तकिये से पीठ लगा कर अधलेटा हो गया और उसने आँखें बन्द कर लीं।

०

उसके तीन दिन भोला के चक्कर में बरबाद हो गये थे। ग्रैण्ड होटल की शाम जब वह घर पहुँचा था तो मीलों चल कर थके होने के बावजूद उसे नींद न आयी थी। उसे तनाव-भरे सपने आते रहे थे, उसे दो बार उठना पड़ा था। यह तो ठीक है, उसने वहाँ कुछ न किया था, लेकिन कुछ न करने से करना बेहतर होता। क्योंकि उसकी रात बरबाद हो गयी थी और उसने कसम खायी थी कि वह फिर कभी ऐसी हरकत न करेगा। सुबह वह पूर्ववत तड़के उठ कर सैर को गया था, रास्ते में लगातार भोला के बारे में सोचता आया था।

कविराज रामदास के लिए पुस्तक लिखने के क्रम में उसने पब्लिक लाइब्रेरी से जो पन्द्रह-बीस किताबें ले कर पढ़ी थीं, उनसे उसे मालूम हुआ था कि प्रकृति अपने ख़िलाफ़ किये गये गुनाहों का भरपूर दण्ड देती है। आदमी एक मिनट के लिए किसी उपदंश-मारी वारांगना के साथ सेक्स की लज़्ज़त पाने के एवज़ में ऐसी भयानक बीमारी मोल ले लेता है, जो सात पीढ़ियों तक आदमी की नस्ल को बेकार कर देती है। —बच्चे पैदा होते ही मर जाते हैं या लूले-लँगड़े पैदा होते हैं। कोई पागल भी हो जाता है। गुनाह करने वाला व्यक्ति स्वयं उपदंश के भयानक रोग के कीटाणुओं को लगातार इलाज करके अपने ख़ून से उन्हें ख़ारिज नहीं करता तो उसका अंग-भंग हो जाता है या पैंतीस-चालीस साल की उम्र के बाद दिमाग़ की एक नस माऊफ़[१] हो जाने से वह पागल हो जाता है —'यह भोला कम्बख़्त किस चक्कर में फँस गया,' उसने सोचा, 'अब के तो उसे फ़ाइमोसिस ही हुआ है, तीन-चार दिन में ठीक हो जायेगा। लेकिन ज़रा-सी बेपरवाही से उसे टिकट भी तो लग सकती थी और उसकी सारी मेहनत, पढ़ाई और कम्पीटीशन में बैठना धरा-का-धरा रह जाता।'

०

चेतन के दिमाग़ में पिछले दो दिनों की घटनाएँ एक-के-बाद-एक घूम गयीं।

०

....वह सैर से लौटा ही था कि उसने देखा —भोला दुकान की सीढ़ियों पर खड़ा उसका इन्तज़ार कर रहा है। उसका चेहरा एकदम फ़क हो गया था। आँखें कुछ और चुँधी लगती

---

१ विकृत

थीं और कन्धे और झुक गये थे। इससे पहले कि चेतन उसके आने का कारण पूछता, भोला ने कहा —"यार, मैं तुम्हारी राह देख रहा था। मैं एक मुसीबत में फँस गया हूँ। रात को ग्रैण्ड होटल से लौटा और कपड़े बदले तो देखा कि पतलून ख़ून में तर हो गयी है। जाने कैसे ऑर्गन पर घाव हो गया था। यूँ तो मैंने पानी-पट्टी कर दी है। लेकिन ख़ून थमा नहीं और मैं परेशान हो गया हूँ। तुम्हारा वाक़िफ़ कोई डॉक्टर हो, जो बात को अपने तक रखे, तो मुझे उसके पास ले चलो।"

चेतन का माथा ठनका था —"कहीं इस कम्बख़्त को टिकट तो नहीं लग गयी?" उसने सोचा। चेतन ने पढ़ा था कि पहले इसमें ऑर्गन पर हल्का-सा घाव हो जाता है। थोड़े इलाज के बाद ठीक हो जाता है, लेकिन बीमारी के कीटाणु ख़ून में चले जाते हैं। अगर आदमी समझदार है तो तत्काल ख़ून की जाँच कराता है, रक्त पॉज़िटिव हो, यानी उसमें बीमारी के कीटाणु हों, तो इंजेक्शन लेने की ज़रूरत होती है और ख़ून की जाँच हर साल होनी चाहिए, क्योंकि इस मूज़ी बीमारी के कीटाणु जल्दी ख़ून से नहीं जाते। अगर आदमी वह नहीं करता तो कुछ बरसों बाद सारे शरीर पर फोड़े फूट आते हैं। उनका भी इलाज हो जाता है। वे ठीक हो जाते हैं। अगर ख़ून की जाँच कर-करा के बाकायदा इंजेक्शन नहीं लिये जाते तो कभी नाक सड़ जाती है, कभी घुटना बैठ जाता है, कभी कहीं दूसरी जगह नासूर हो जाता है। इसके बाद आदमी पागल भी हो सकता है।

चेतन ने कहा —"तुम चलो, अपने घर बैठो, मैं आधे घण्टे में निपट-नहा कर आता हूँ। ग्वालमण्डी में गन्दे नाले के पास मेरे बड़े भाई के दोस्त डॉक्टर बिहारीलाल प्रैक्टिस करते हैं। नौ-दस बजे के करीब आते हैं और दिन भर रहते हैं। अपने आदमी हैं। मैं दुकान खुलते ही उनके पास ले चलूँगा। तुम फ़िक्र न करो। जैसा भी होगा, पूरा इलाज किया जायेगा।"

०

....डॉक्टर बिहारीलाल मँझले कद के अधेड़ व्यक्ति थे। आर्य समाजी थे, इसलिए सूट-बूट के साथ सिर पर घुटा हुआ साफ़ा बाँधते थे। मरंजामरंज, शरीफ़ आदमी थे। चेतन ने 'नमस्कार' करने के बाद भोला का परिचय दिया था और कहा था, "डॉक्टर साहब, इनके ऑर्गन पर ज़रा-सा घाव हो गया है, ज़रा देख लीजिए।"

डॉक्टर साहब उन दोनों को पर्दे के पीछे लम्बी मेज़ के करीब ले गये थे, जिस पर हल्का-सा मटमैला बिस्तर और तकिया लगा था। भोला उस पर लेट गया। उसने पतलून के बटन खोले। डॉक्टर साहब ने घाव देखा तो बोले, "फ़ाइमोसिस है। बिना इण्टरकोर्स[१] के तो हो नहीं सकता। क्या ये शादीशुदा हैं।?"

इससे पहले कि भोला कुछ कहता, चेतन ने कहा, "शादीशुदा तो हैं, लेकिन कम्पीटीशन में बैठने के लिए कानून पढ़ रहे हैं। बहुत दिनों के बाद बीवी आयी थी, सो यह तकलीफ़ हो गयी।"

भोला ने लेटे-लेटे मन-ही-मन चेतन की चाबुकदस्ती को सराहा था और राहत की साँस ली थी।

---

१ सम्भोग

डॉक्टर बिहारीलाल ने एक लम्बी-सी 'हूँ' की।

"यही कारण है," उन्होंने कहा था, "जो लोग बहुत दिनों तक सम्भोग नहीं करते, कई बार उनके ऑर्गन की झिल्ली सख़्त हो जाती है और सम्भोग में फट जाती है। इसीलिए मुसलमानों में शुरू ही से ख़तना करा दिया जाता है। इसका सही इलाज भी ख़तना ही है। लेकिन यह बीमारी आम नहीं है, कुछ ही लोगों को होती है। मैं मरहम-पट्टी कर देता हूँ। दो-चार दिन में ठीक हो जायेंगे।"

चेतन को थोड़ी मदद करनी पड़ी। मरहम-पट्टी हो गयी। चलते समय डॉक्टर ने कहा, "दो-तीन दिन रोज़ आइएगा, पतला-सा चीर आ गया है, ठीक हो जायेगा।"

बाहर निकल कर भोला कुछ क्षण चुपचाप चलता रहा, फिर उस ने कहा —"यार, तुमने बात ख़ूब बनायी। मैं तो बहुत डर गया था।"

"अगर डॉक्टर ने फ़ाइमोसिस का नाम न लिया होता, सिफ़लिस का डर ज़ाहिर किया होता और ख़ून की जाँच कराने के लिए कहा होता तो फिर झख मार कर डॉक्टर को कॉन्फ़िडेन्स में लेना होता और अपनी ग़लती मानते हुए सब बताना भी होता। डॉक्टरों से तो पर्दा किया नहीं जाता। लेकिन बिहारीलाल जी ने ज्यों ही फ़ाइमोसिस कहा, मुझे तसल्ली हो गयी और मैंने बहाना बना दिया।"

कुछ क्षण दोनों चुपचाप चलते रहे। फिर चेतन ने कहा, "देखो भोला, तुम मेरे मित्र हो, तुमने मुझे बहुत-सी बातें सिखायी हैं, जिनसे मुझे बहुत फ़ायदा हुआ है और आगे भी होगा। मैं तुमसे पूरे दिल से दरख़्वास्त करता हूँ, तुम फिर कभी उस कूचे में कदम न रखो। सिफ़लिस भयानक बीमारी है, भगवान न करे कोई उसके चंगुल में फँसने की मूर्खता करे।"

भोला ने परम कृतज्ञता से दायें हाथ से उसे बग़ल में लेते हुए वचन दिया कि वह फिर कभी ऐसा नहीं करेगा।

०

चेतन आँखें बन्द किये, भोला के बारे में सोच रहा था कि उसके कानों में आवाज़ आयी — "कहिए, क्या सो गये?"

चेतन अचकचा कर उठा, क्षीण-सी मुस्कान के साथ उसने कहा, "नहीं, ज़रा थक गया था। ताँगा-वाँगा तो मैं अफ़ोर्ड नहीं कर सकता और साइकिल मेरी खखट-पंचम हो गयी है। पैदल ही आया हूँ —आइए, बैठिए।"

'अज्ञात' जी खिले माथे बड़ी बेतकल्लुफ़ी से उसके पास बैठ गये और स्नेह-भरे स्वर में बोले, "अब बताइए, वह कौन-सा ज़रूरी काम था मुझसे?"

तब चेतन ने धीरे से कहा —"मेरी पत्नी बहुत बीमार है। मैं उसे कुछ दिन पहले गुलाब देवी टी०बी० सैनेटोरियम में दाख़िल करा आया हूँ। वह प्रभाकर पास है। पढ़ने का उसे शौक है। अभी काफ़ी दिन उसे वहाँ रहना है और उसके सामने समय काटने की समस्या है। मैं धर्मव्रत वेदालंकार से विदेशी कहानियों की दो पुस्तकें ले कर उसे दे आया हूँ। वह मुंशी चन्द्रशेखर की कहानियाँ तथा उपन्यास पढ़ना चाहती है। मैं तो ग़रीब आदमी हूँ। कॉलेज के ज़माने में जालन्धर के एक पुस्तक-विक्रेता से दो पैसे किराये पर ले कर मैंने मुंशी चन्द्रशेखर को पढ़ा था, लेकिन किताबें तो मेरे पास हैं नहीं। आप की लाइब्रेरी में

हों तो कृपा कर कुछ पुस्तकें दो-चार दिन के लिए दे दीजिए। वह पढ़ लेगी तो मैं वापस कर जाऊँगा। काग़ज़ चढ़ा कर उसे दूँगा और हिदायत कर दूँगा कि अपनी किसी सहेली-वहेली को पढ़ने न दे और ज़रा भी ख़राब न करे।"

"मेरे पास मुंशी चन्द्रशेखर के दो-एक उपन्यास और कहानी-संग्रह होंगे," 'अज्ञात' जी ने कहा, "लेकिन मुझे तो न उनके उपन्यास कुछ ज़्यादा पसन्द हैं और न उनकी कहानियाँ। मैं तो क्रान्तिकारी रहा हूँ, आश्रमों के सुधारवाद में हमारा कोई विश्वास नहीं है और मुंशी चन्द्रशेखर के उपन्यास आश्रमों ही पर जा कर ख़तम होते हैं। भावुक आदर्शवाद की अपेक्षा यथार्थवाद मुझे पसन्द है और यथार्थवाद में भी ऐसा यथार्थ, जो व्यक्ति के मानस की तहों के बहुत नीचे छिपा हो। फिर मुंशी चन्द्रशेखर सीधी-सादी बोधगम्य कहानियाँ लिखते हैं। मुझे कहानियों में भी कॉम्प्लेक्स कहानियाँ पसन्द हैं। मेरी रुचि के लेखक भी दूसरे हैं। विदेशी उपन्यासकारों में मुझे तॉल्स्तॉय की अपेक्षा दॉस्तोयव्स्की और रोमाँ रोलाँ प्रिय हैं। क्या आपने रोमाँ रोलाँ का 'ज्याँ क्रिस्तॉफ़' पढ़ा है?" सहसा 'अज्ञात' जी ने पूछा।

चेतन उनके सुन्दर मुख की ओर देखता हुआ दत्तचित भाव से उनकी बातें सुन रहा था। उसने कद्रे शर्माते हुए कहा, "नाम तो सुना है, लेकिन उपन्यास तो मैं न तॉल्स्तॉय के पढ़ सका हूँ, न दॉस्तोयव्स्की के और न रोमाँ रोलाँ के। ज़िन्दगी के संघर्ष ने मुझे कभी इतनी फ़ुर्सत ही नहीं दी कि मैं कुछ ज़्यादा पढ़ सकूँ।"

"लेकिन आप तो अर्से से कहानियाँ लिखते हैं और आपकी कहानियाँ ख्यात भी हैं।"

"हाँ," चेतन ने कहा, "लेकिन इसके लिए मुझे किसी दूसरे की रचनाएँ पढ़ने की ज़रूरत महसूस नहीं हुई। साधन भी नहीं रहे। शिल्प ज़रूर मैंने मोपासाँ, ओ'हनरी या फिर चेख़व से लिया है, पर कहानियाँ तो मैं अपने ही परिवेश की लिखता हूँ। पाठक पसन्द करते हैं, यह बात दीगर है। दुनिया के दूसरे बड़े लेखकों की रचनाएँ पढ़ने की आरज़ू तो ज़रूर है। मैं कानून पास करके कम्पीटीशन में आ गया तो देशी-विदेशी सभी कथाकारों और उपन्यासकारों को न केवल पढ़ूँगा, बल्कि उनकी किताबें ख़रीद कर अपनी लाइब्रेरी में भी रखूँगा।"

'अज्ञात' जी ने दया-भाव से उसकी ओर देखा और उठ कर रैक से एक मोटी पुस्तक उठा लाये।

"देखिए, यह है ज्याँ क्रिस्तॉफ़। एक आर्टिस्ट के जीवन पर लिखा गया अद्भुत उपन्यास है।" उन्होंने कहा, "मैं लिखूँगा तो ऐसा ही उपन्यास लिखूँगा। अभी तो मैंने न केवल इस उपन्यास से, बल्कि दूसरी किताबों से भी विचारोत्तेजक उद्धरण इकट्ठे किये हैं, जिन्हें मैं अपने उपन्यास में समोऊँगा।" 'अज्ञात' जी ज्याँ क्रिस्तॉफ़ की प्रति रैक में रख कर एक मोटी फ़ाइल उठा लाये और उसके पन्ने पलटते हुए बोले, "देखिए, मैंने उपन्यास लिखने के लिए कितनी सामग्री एकत्र की है। मैं उपन्यास लिखूँगा तो पाठकों को उसे पढ़ने और समझने में थोड़ा श्रम करना पड़ेगा। ज्याँ क्रिस्तॉफ़ का यह संस्करण तो एक ही जिल्द में छपा है, लेकिन इसके तीन खण्ड हैं, जो पहले शायद अलग-अलग प्रकाशित हुए थे। मैं भी अपने नायक की जीवनी तीन वृहद खण्डों में लिखूँगा।"

अपने भावी उपन्यास की चर्चा करते हुए 'अज्ञात' जी सोत्साह उस फ़ाइल को रख कर दूसरी फ़ाइल उठा लाये।

"मैंने अंग्रेज़ी में लिखना शुरू किया है। चार-पाँच चैप्टर ही लिखे हैं...." वे कुछ क्षण मुग्ध भाव से उसके पन्ने पलटते रहे, फिर उन्होंने कहा —"क्या आप एक-दो चैप्टर सुनना चाहेंगे।"

चेतन थोड़े असमंजस में पड़ गया। फिर उसने कहा, "मुझे तो बहुत ख़ुशी होगी, लेकिन मैं समझता हूँ, ऐसी तैयारी या श्रम से लिखी जाने वाली रचना को यकसुई से सुनना चाहिए। अभी आपको भी बाहर जाना है और मुझे भी। आज क्लास में पढ़ाये जाने वाले विषयों को भी मुझे अभी एक नज़र देखना है। मुझे ढंग से पढ़ने के लिए फ़ुर्सत नहीं मिलती। एक कहानी मुझे हर हफ़्ते 'भारत माता' को देनी होती है और कहानी अभी पूरी नहीं हुई। मेरा दिमाग़ बेतरह उलझा है। आप भी थोड़ा ख़ाली होंगे और मैं भी तो इत्मीनान से आपके उपन्यास का रस लूँगा। अभी यदि आप मुझे किताबें दे दें तो बड़ी कृपा होगी।"

'अज्ञात' जी के सुन्दर मुख पर हल्का-सा बादल छा गया, लेकिन दूसरे क्षण ही वे स्वस्थ हो गये। उन्होंने उठते और उपन्यास की फ़ाइल को पुनः रैक में रखते हुए पूछा — "आप से किसने कहा, मैं बाहर जा रहा हूँ?"

"मैं आपकी ओर आ रहा था।" चेतन ने कहा, "कि गेट के अन्दर ही चातक जी मिल गये। उन्होंने आपका संग्रह पढ़ा है। वे उसके बारे में आपको कुछ बताने और अपनी नयी कविता सुनाने आये थे। उन्होंने मुझसे कहा कि आप बहुत व्यस्त हैं और तत्काल बाहर जा रहे हैं। वे तो मुझे अपने साथ ही ले जाना और अपनी नयी कविताएँ सुनाना चाहते थे, लेकिन मुझे अपनी पत्नी के लिए दो-एक किताबें चाहिए थीं और इतनी दूर आ कर बिना आपसे मिले चले जाना मुझे स्वीकार नहीं हुआ। यह तो आपकी कृपा है कि आपने मुझे इतना समय दिया। नहीं तो चातक जी ने इतना डरा दिया था कि मैं बरामदे ही में आपसे बातें करके चला जाता।"

'अज्ञात' जी के चौड़े माथे पर हल्की-सी लकीरें बन गयीं। उनके होंटों से केवल दो शब्द निकले — 'चातक जी'....और निमिष भर बाद एक लम्बी 'ओह'; फिर वे मुंशी चन्द्रशेखर की दो किताबें निकाल कर मुड़े। चेतन भी उठ गया था। उन्होंने उसे किताबें देते हुए कहा, "अभी तो मुंशी चन्द्रशेखर का यह उपन्यास —सेवाश्रम —और उनकी कहानियों का संग्रह ले जाइए। आपकी सहधर्मिणी इन्हें पढ़ लेंगी तो फिर मैं दो और किताबें दे दूँगा।"

चेतन ने किताबें लेते हुए उनका बहुत आभार प्रगट किया और ज़रा हँस कर बोला, "और चातक जी मुझे बाहर ही से लौटा रहे थे। मुझे पूरा विश्वास था कि आप मुझे निराश नहीं करेंगे।"

'अज्ञात' जी उसके कन्धे पर बायाँ हाथ रखे उसके साथ बाहर आते हुए बोले, "वास्तव में उनसे पहले उन्हीं के मित्र शुक्ला जी आये थे और उन्होंने मेरे काव्य-संग्रह के बारे में चातक जी के विचारों से मुझे अवगत करा दिया था। फिर उनके मुँह से वे ही बातें सुनना मुझे प्रिय नहीं लगा।"

बरामदे में क्षण भर रुक कर उन्होंने उसे विदा देते हुए कहा, "आप मंगल या बुध

को आइएगा। लंच मेरे साथ ले लीजिएगा। तब मैं आपको उपन्यास के परिच्छेद सुनाऊँगा। और मैंने एक कहानी की अनोखी थीम सोची है, वह भी आपसे डिस्कस करूँगा।"

उन्होंने दोनों हाथ जोड़ कर माथे पर रख लिये। चेतन भी उन्हें 'नमस्कार' करके पुनः उनका आभार प्रकट करते हुए चला आया। चलते-चलते क्षण भर रुक कर उसने इतना और जोड़ा, "मैं जल्दी ही किताबें वापस दे जाऊँगा। आप फ़िक्र न कीजिएगा।"

"नहीं, कोई जल्दी नहीं," उन्होंने मुस्कान में होंट फैला दिये और बोले, "आप उनसे कह दीजिएगा कि इत्मीनान से पढ़ें, तब वापस करें।"

और उन्होंने उसे विदा करते हुए दायाँ हाथ उठा दिया। चेतन ने किताबें बग़ल में रखते हुए दोनों हाथ जोड़ कर उन्हें फिर 'नमस्कार' किया और मुड़ कर तेज़-तेज़ बरामदे से उतर कर गेट की ओर चल दिया।

सैंतीस

सितम्बर के आख़िरी दिन थे। आकाश एकदम नीला, निखरा और निरभ्र था। चटक धूप। लेकिन लाहौर में इधर सितम्बर-अक्तूबर और उधर फ़रवरी-मार्च में गुलाबी जाड़ा पड़ने लगता था। जिनकी बिसात थी, वे सूती या ऊनी कपड़ों के बदले समर-क्लॉथ के सूट पहनते थे। लॉ कॉलेज में चेतन के तीन-चार समकक्षी बढ़िया समर-सूट पहन कर आते थे और वह सोचा करता था —जाने कब वह इतना साधन-सम्पन्न होगा कि समर-सूट सिलवा सके।

चेतन गुलाब देवी टी०बी० सैनेटोरियम के बाहर हरी-भरी घास के लॉन में बैठा, ग्यारह बजने का इन्तज़ार कर रहा था, जब मरीज़ों को मुलाकातियों से मिलने की इजाज़त दी जाती। मौसम और समर-सूट के बारे में सोचते-सोचते हठात चेतन की आँखों में उसके बचपन के दिन घूम गये —कल्लोवानी मुहल्ला, जालन्धर में चेतन के दादा और उनके छोटे भाई का साझा, एक-मंज़िला, कच्चा, खण्डहर मकान था। बाहर की दीवारें नानकशाही छोटी ईंटों से बनी थीं, जगह-जगह से ख़स्ता हो गयी थीं और उनमें गहरे गड्ढे पड़ गये थे। अन्दर छोटी-सी डेवढ़ी में उनकी अन्धी परदादी एक खटिया पर बैठी, खाँसती हुई बलग़म के लौंदे कच्ची दीवार पर ऐसे थोपती रहती थी, जैसे मुहल्ले की औरतें मकानों की दीवारों पर गोबर के उपले थोपा करती थीं। डेवढ़ी के बाद गन्दी, बजबजाती नाली वाला छोटा-सा गलियारा पार कर के कच्चे आँगन में पैर रखें तो अनायास बायीं ओर को जले हुए खण्डहर पर निगाह चली जाती थी। उनके पागल छोटे दादा ने पागलपन की झोंक में अपने वाला खण्ड जला दिया था। दालान और चौबारे की छतें जल गयी थीं। सिर्फ़ दीवारें खड़ी थीं। दालान के जले दरवाज़े से कोयलों और मिट्टी का ढेर बाहर से आने वाले को साफ़ दिखायी देता था।

इस जले हुए दालान के साथ आँगन के बायें कोने में दूसरे खण्ड का खुला रसोईघर

था। उसके और बाहर से आने वाले गलियारे के बीच आँगन से ऊपर को सीढ़ियाँ चढ़ती थीं, जो इधर डेवढ़ी और उधर रसोईघर की छत से दोनों खण्डों की छतों को जाती थीं।

सर्दियों के दिनों में सूरज की किरणें सबसे पहले जले हुए दालान की छत के कोने पर पड़ती थीं, जो पच्छिम की ओर जले हुए चौबारे की दीवार और दक्खिन की ओर राय ख़ुशवन्त राय की हवेली की उत्तरी दीवार के साथ बना था। वास्तव में वह हवेली की बरसाती थी। जिसकी दीवार वर्षों से लगातार वर्षातप सहती हुई काली पड़ गयी थी।

चेतन की आँखों में बचपन का वह कोना आ गया। चूँकि दालान की छत तीन ओर से गज़-डेढ़-गज़ बाकी थी, जहाँ लकड़ी के शहतीरों के टुकड़े (जो बीच से जल कर छत के वज़न से कोयलों के रूप में गिर गये थे) अभी बदस्तूर शेष थे और जल्दी उनके गिरने की कोई सम्भावना नहीं थी, इसलिए चेतन और उसके भाई सख़्त सर्दी के बावजूद कमीज़-पायजामे अथवा कमीज़-नेकर पहने, सीढ़ियाँ चढ़ कर दालान की बनी हुई छत पर सावधानी से कदम रखते हुए उस कोने में जा पहुँचते थे और वहाँ टूटे बटनों वाली कमीज़ों में ठिठुरते-काँपते, सूरज की उन पहली किरणों का आनन्द लेते थे। शिशिर की उस पीली-सी धूप में ऊष्णता तो नहीं होती थी, पर उन्हें लगता था कि धूप उनके यख़ शरीरों को थोड़ी गर्मी पहुँचा रही है।

वहीं सैनेटोरियम के लॉन में बैठे-बैठे चेतन की आँखों में जाने ऐसी कितनी सुबहें आ गयीं और उसके दिल की गहराइयों से एक लम्बी साँस निकल गयी —बचपन और लड़कपन ही नहीं, उसके पास तो कॉलेज के दिनों में भी समर-सूट की कौन कहे, कोई स्वेटर या गर्म कोट भी नहीं होता था और अब भी वह सर्दियों में पिता के उस ओवरकोट से ही काम चलाता था, जिसे उसके बड़े भाई कई बरस तक इस्तेमाल करके कण्डम करार दे चुके थे।

चेतन स्वभावानुसार अपनी उतावली में वक्त से कहीं पहले सैनेटोरियम पहुँच गया था। साइकिल उसने सीढ़ियों की बग़ल में ड्राइव-वे के किनारे डॉक्टर हीरालाल के दफ़्तर की बाहरी दीवार के निकट खड़ी कर दी थी। फलों का थैला हैण्डल से उतार और कैरियर से मिस सुलताना के लिए अपना उर्दू कहानी-संग्रह तथा चन्दा के लिए मुंशी चन्द्रशेखर का उपन्यास और उनकी पच्चीस कहानियों का संग्रह —'चन्द्र पचीसी' —निकाल कर वह बरामदे की सीढ़ियाँ चढ़ गया था। सामने अन्दर जाने वाले दरवाज़े के ऊपर लगी दीवार घड़ी पर उसकी नज़र गयी तो उसके बढ़ते पाँव वहीं रुक गये थे। अभी साढ़े दस भी नहीं बजे थे। वह जानता था कि ग्यारह बजे से पहले उसे चन्दा से मिलने की इजाज़त नहीं मिलेगी। तब दफ़्तर के बाहर बैठे चपरासी से उसने पूछा था कि क्या मरीज़ों से मिलने का समय हो गया है और क्या डॉक्टर हीरालाल दफ़्तर में हैं? मालूम हुआ था कि सुबह की गश्त करके वे अपने आवास पर चले गये हैं और चूँकि मरीज़ों को स्पंज करके उनके कपड़े बदलवाने का दिन है, इसलिए ग्यारह-साढ़े ग्यारह से पहले वह अपनी पत्नी से नहीं मिल सकेगा।

चेतन पलटा था। फलों का थैला उसने पहले की तरह साइकिल के हैण्डल से लटका दिया था और तीनों किताबें साथ लिये ड्राइव-वे की रविश फलाँग कर वह लॉन में चला आया था। हालाँकि धूप काफ़ी तेज़ थी लेकिन लॉन की दूब अभी पूरी तरह सूखी नहीं थी।

चेतन ने अच्छी तरह देख कर ड्राइव-वे के किनारे लॉन में सूखी जगह चुनी थी। किताबें उसने रविश की सूखी मेड़ के साथ टिका दी थीं और ऐसे बैठ गया था कि उसकी एक नज़र साइकिल पर रहे और दूसरी बरामदे के दरवाज़े पर। अपने विचारों में खोया होने के बावजूद वह चन्दा के बाहर आने की बाट देख रहा था।

०

चन्दा को दाख़िल हुए आठवाँ दिन था। चेतन को पूरा यकीन था कि चन्दा के निरीक्षण-परीक्षण ख़त्म हो गये होंगे। उसे बाहर के वॉर्ड में कोई बिस्तर मिल गया होगा और स्पंज करके कपड़े बदलने के बाद वह स्वयं बाहर आ जायेगी —मन-ही-मन वह यह भी मनाता था कि उसे कोई ऐसी-वैसी तकलीफ़ न हो और उसे चलने-फिरने और बाहर बैठने की इजाज़त हो। उसने यह भी सोचा था कि अगर वह ग्यारह बजने के बाद भी बाहर न आयी तो वह स्वयं जा कर डॉक्टर से या मिस सुल्ताना से पूछेगा।

यह जान कर कि उसके बाहर आने में काफ़ी देर है, वह थोड़ा ढीला हो बैठा था — उसकी निगाहें कभी-कभी उठ जातीं तो भीगी दूब की नोक पर ढलक आयी ओस की किसी बूँद में इन्द्रधनुष के सातों रंग कौंध जाते। सहसा उसकी आँखें आकाश की ओर उठ जातीं। बरसात की शामों को कभी-कभी निरभ्र आकाश पर इन्द्रधनुष अपने सातों रंगों के साथ भासमान हो आता था। लेकिन बरसात बीते दो महीने हो गये थे और आकाश में इन्द्रधनुष का कहीं नाम-निशान न था। शायद सूरज की किरण में छिपे सातों रंग ओस की उस नन्ही बूँद में प्रतिबिम्बित हो जाते थे।

चेतन केवल निक्कर-कमीज़ और पैरों में पेशावरी चप्पल पहने था। वास्तव में तहमद-कुर्ता या तहमद-कमीज़ पंजाबियों का राष्ट्रीय लिबास था। निक्कर अंग्रेज़ों की नकल में उन्होंने अपना ली थी। उच्च-मध्यवर्ग के सम्पन्न लोग निक्कर पहनना अच्छा नहीं समझते थे। सख़्त गर्मी के बावजूद वे पतलून डाटे रखते थे और कई बार तो सूट और सोला हैट भी। गर्मी असह्य हो जाती तो कोट-वास्केट उतार देते, पतलून पहने रखते और बाहर निकलते तो सोला हैट ले लेते। हवा बन्द होती। वातावरण भट्टियों की तरह तपता। पसीने से पतलून भीग जाती। हैट अन्दर-ही-अन्दर पसीने से तर हो जाता, पर वे उसे रूमाल से पोंछ कर पुनः सिर पर रख लेते। लेकिन चेतन को पंजाब की गर्मी में निक्कर, तहमद से भी ज़्यादा आरामदेह लगती। उसने देखा था —सी०पी० (शिमला) के मेले में जंगी लाट केवल शॉर्टस [१] और कमीज़ पहने, हाथ में लम्बी-सी डाँग [२] लिये महाराजा क्यार कोटी के साथ घूम रहा था। तब से वह प्रायः गर्मियों में निक्कर-कमीज़ पहने रहता। तहमद के साथ साइकिल चलाना कठिन था। निक्कर के साथ बेहद आसान और वह आठ मील की मंज़िल मार कर सैनेटोरियम आता था। कॉलेज जाने के लिए उसने दो कमीज़ें-पतलूनें सिलवा रखी थीं। कॉलेज से वापस आ कर पतलून उतार कर सावधानी से तहा कर तकिये के नीचे रख देता था कि उसकी क्रीज़ कायम रहे। कमीज़ उतार कर खूँटी पर टाँग देता (बनियान उसने तब तक न ख़रीदी थी, न पहनी थी) और नंगे बदन तहमद पहने रहता।

---

१ निक्कर
२ लम्बी लाठी

कभी कॉलेज अथवा बाहर किसी से मिलने जाना होता तो शेव करके हाथ-मुँह धो कर, बाल ज़रा-से घुँघराले बना कर नयी कमीज़ के साथ पतलून पहन कर, बाकायदा सज-धज कर जाता था। अफ़ग़ान स्नो वैनिशिंग क्रीम की एक शीशी उसने ख़रीद रखी थी। बाहर जाते वक्त वह ज़रा-सी क्रीम लगाना न भूलता। इतवार को कमीज़ और पतलून दोनों घर में धो कर दो पैसे में इस्त्री करा लाता और कॉलेज में अपने ख़ुशपोश होने का भरम बनाये रखता।

चेतन की निगाह निक्कर के नीचे अपनी नंगी टाँगों और काफ़ी ख़स्ता हो जाने वाली पेशावरी चप्पल पर गयी। —उसे ज़रूरत के मुताबिक सूती या ऊनी कपड़े मयस्सर नहीं थे और वह समर-सूट के सपने ले रहा था —एक तीखी, व्यंग्य-भरी मुस्कान उसके होंटों पर खेल गयी।

o

प्रकृति से चेतन बहुत ही चंचल और बेचैन युवक था। उसे आये हुए ज़्यादा समय नहीं बीता था, लेकिन उसे लगा —काफ़ी देर हो गयी है और मरीज़ों से मिलने का समय हो गया होगा। एक ही झटके से उठते हुए उसने दायीं ओर से किताबें उठायीं और लपकता हुआ ड्राइव-वे पार कर बरामदे की सीढ़ियाँ चढ़ गया। दीवार घड़ी पर निगाह पड़ी तो पौने ग्यारह भी नहीं बजे थे। अभी उसे पन्द्रह-बीस मिनट और प्रतीक्षा करनी थी।

वह पलटा और बरामदे की सीढ़ियों के साथ बने चौड़े पक्के ड्राइव-वे पर घूमने लगा। अचानक उसकी निगाह ड्राइव-वे के दायें किनारे की रविश पर लगे आदमी के कद से ज़रा ऊँचे पौधों पर चली गयी, जिनमें से चार पर बड़े-बड़े लाल फूल डालियों पर झुके थे। बीच में एक पौधे पर वैसे ही पीले फूल लगे थे। चेतन ने ये फूल पहले कभी नहीं देखे थे। चौड़ी-चौड़ी लाल पत्तियों से बने छोटे-से लाल गड्ढे में से साँप की पतली जीभ-ऐसी डण्डी निकली हुई थी। उन पर शायद नन्हे-नन्हे गोल दानों-सा फूलों का पराग चिमटा था। चेतन को ये फूल बहुत अच्छे लगे।

वहीं एक रविश में माली निराई कर रहा था —चेतन ने बढ़ कर उससे पूछा — "क्यों भाई, ये कौन-से विलायती पौधे हैं? कितने सुन्दर फूल लगे हैं इनमें।"

"विलायती नहीं साहब, यह लाल फूल वाला तो हमारे ही यहाँ का गुड़हल है, जिसे ये लोग हिबिस्कस कहते हैं। पीले फूल वाला ज़रूर बाहर से आया है। लेकिन है गुड़हल ही।"

"क्या तुम अंग्रेज़ी पढ़े हुए हो," अचानक फूलों की बात भूल कर चेतन ने पूछा।

"क्यों साहब !"

"इतना अच्छा तलफ़्फ़ुज़ है तुम्हारा," चेतन ने हैरत से कहा।

"नहीं साहब, मैं तो इन्हें हिबीकस कहता था। डॉक्टर साहब थोड़े वो हैं...." माली ने तर्जनी से कनपटी की ओर संकेत करते हुए उसे ज़रा गोल घुमा दिया, "एक दिन मेरे पीछे पड़ गये और जब तक मैंने ठीक नाम नहीं लिया, उन्होंने मुझे नहीं छोड़ा।"

चेतन हँसा। फिर उसने थोड़े दार्शनिक भाव से कहा, "बिना सनक के कोई अच्छा काम सरअंजाम भी तो नहीं हो सकता। तीन ही बरसों में जो इस वीराने को गुलज़ार बना दिया है तुमने तो ऐसे ही नहीं।"

माली ख़ुश हो गया। थोड़ी लजाजत[1] से बोला, "अजी, हम तो साहब हुकुम के बन्दे हैं। अकेले हैं, हस्पताल ख़ैराती है, इस मद में ज़्यादा रुपया ख़र्च नहीं हो सकता। दो-एक आदमी हमारे साथ होते तो फिर हम दिखाते। लॉरेंस बाग़ में दस बरस यूँ ही तो घास नहीं खोदी है।"

"तो यह पीला हिबिस्कस कहाँ से लाये हो। लॉरेंस में तो नहीं देखा।"

"वहाँ लोगों को वहम है कि अंग्रेज़ी बाग़ में देसी फूल नहीं लगायें। साले अंग्रेज़ों के गुलाम हैं वहाँ के हेड बाबू ! —वरना जो ख़ुशबू देसी फूलों में है, वह विलायतियों में कहाँ। यह पीले गुड़हल का पौधा डॉक्टर साहब ने नवाब टिवाना से कह कर नवाब भोपाल के महलों से मँगाया है। डॉक्टर साहब कहते हैं, बाग़ देखते हुए उन्होंने डॉक्टर साहब के शौक को देखा तो कहा था कि दूसरे रंगों का हिबिस्कस भी भिजवा देंगे।"

चेतन ने पलट कर ड्राइव-वे की दूसरी ओर निगाह डाली। वहाँ भी चटक लाल फूल खिले हुए थे। दोनों ओर के लाल पौधों में पीले फूल बहुत ही आकर्षक लगते थे। बरामदे के सामने दोनों ओर घास के आयताकार लॉन थे, जिन पर सैनेटोरियम की ओर ड्राइव-वे के किनारे की रविशों में बीचोंबीच पतले तने वाला, गुड़हल के पौधों से ज़रा ऊँचा, एक-एक पेड़ था। ऊपर की डालियाँ ड्राइव-वे पर झुकी थीं ओर उनमें लगे नन्हे-नन्हे सफ़ेद फूलों से निहायत मादक सुगन्ध आती थी। चेतन अपनी ओर की रविश के करीब लगे पौधे की ओर गया। वहाँ पेड़ के नीचे ड्राइव-वे और रविश पर ज़रा-से लम्बे सफ़ेद फूल बिखरे थे और वह जगह ख़ुशबू से भर गयी थी।

चेतन ने ये फूल न जालन्धर की नीली कोठी में देखे थे, न निहालचन्द के बँगले में और न कम्पनी बाग़ में। लाहौर के लॉरेंस गार्डन में उनके न होने का कारण तो माली ने बता ही दिया था। लॉरेंस गार्डन में चिड़ियाघर के करीब से गुज़रते हुए एक ऊँचे घने पेड़ के नीचे बेहद भीनी-भीनी सुगन्ध नथुनों में भर जाती थी। उसके नीचे भी ऐसे ही छोटे-छोटे सफ़ेद फूल, जो लम्बाई में कद्रे कम, लेकिन सुवास में कम नहीं थे, बिखरे होते थे।....बाग़ में माली से पूछने पर चेतन को मालूम हुआ था कि यह मौलश्री का पेड़ है। चेतन ने मौलश्री की गन्ध के बारे में हिन्दी कवियों के यहाँ पढ़ा था, लेकिन पहली बार जब वह एक शाम चन्दा के साथ उस पेड़ के नीचे से गुज़रा था, तो उसे दिल-दिमाग़ में रच-बस जाने वाली मौलश्री की भीनी-भीनी गन्ध का आभास मिला था।

माली उठ कर दूसरी रविश में जाने लगा था कि सहसा चेतन ने पूछा —"क्यों भाई, इस पेड़ का क्या नाम है और इतने सारे ख़ुशबूदार फूल बिखरे क्यों हैं? इनका हार क्यों नहीं बनाते?"

"साहब," माली ने ज़रा-सा हँस कर कहा, "हार बनाना तो मालिनों का काम है और यहाँ पर कोई मालिन नहीं है। हमारी घरवाली ज़िन्दा होती तो इन्हें चुन कर हार में पिरोती और बड़ी साध से भगवान कृष्ण की तस्वीर पर लटकाती। पर उसे स्वर्गवासी हुए तो ज़माना बीत गया। अब तो हम कुछ फूल चुन कर एक प्लेट में सजा कर डॉक्टर साहब की मेज़ पर रख देते हैं और बाकी यहाँ पड़े अपनी सुगन्ध बिखेरते रहते हैं, पर यह सुगन्ध कुछ ही

१ विनय

दिन और है। अब तो मौसम जा रहा है। आप बीस एक दिन पहले आते तो इनकी बहार देखते। अब तो इनमें बीज पड़ रहे हैं। गुड़हल के फूलों की डण्डियों पर भी आपने देखे होंगे।"

"हाँ, फूलों की डण्डियों पर नन्हे-नन्हे बहुत बारीक-से दाने हैं," चेतन ने कहा, "क्या वे गुड़हल के बीज हैं?"

"जी हाँ।"

"यह भी कोई विलायती पौधा है क्या?" चेतन ने रविश के किनारे बीचोंबीच लगे पतले-से पेड़ की ओर संकेत किया।

"नहीं साहब —सोलह आने देसी है। हमारा अपना परीज़ाद।"

चेतन चौंका, "परीज़ाद....तब तो यह ईरान से यहाँ आया होगा?" हैरान हो कर उसने पूछा।

"नहीं साहब, निख़ालिस देसी पेड़ है। हरसिंगार! इसे पारिजात भी कहते हैं, जो बिगड़ कर परीज़ाद हो गया है।"

चेतन ज़ोर से हँसा।

'लोग भी नाम बिगाड़ने में कमाल करते हैं।' उसने मन-ही-मन कहा, 'ज़रा-सा शब्द मुश्किल हो, उसके कोने घिस कर गोल कर देते हैं। कोई सोच भी नहीं सकता कि पारिजात को लोग परीज़ाद बना देंगे।'

वह फिर हँसा। उसे हिन्दी कविता की एक पंक्ति, जाने पन्त की थी अथवा महादेवी की या किसी अन्य कवि की, याद आ गयी —

हरसिंगार झरते हैं झर झर

माली ने पैर उठाया ही था कि चेतन ने फिर पूछा —

"यार, यहाँ कहीं गुलाब के फूल दिखायी नहीं देते।"

"साहब, इस महीने गुलाब कम खिलता है। देसी फूल ही होते हैं —गन्धराज, रात की रानी, मौलश्री, रजनीगन्धा और यह परीज़ाद।"

चेतन फिर ज़रा-सा हँसा। उसने कहा, "भाई तुमने सड़क के दोनों ओर, रविशों में, ज़ीनिया और बालसम लगा रखा है। ये रविशें सैनेटोरियम के सामने पड़ती हैं। यहाँ तो दोनों तरफ़ रंग-रंग के गुलाब खिले होने चाहिएँ।"

"साहब, गुलाब पानी बहुत माँगता है। सैनेटोरियम को खुले कुल तीन ही तो साल हुए हैं। साल भर तो ट्यूब वेल चालू होने में लग गया। फिर डॉक्टर साहब ने कहा, विलायती फूलों में ख़ुशबू नहीं होती। यहाँ पक्के ड्राइव-वे के इर्द-गिर्द सुगन्ध वाले फूल होने चाहिएँ कि हवा चले तो सैनेटोरियम की बू के बदले फूलों की ख़ुशबू मरीज़ों के नथुनों में भर जाय। इसीलिए यहाँ डबल गुड़हल और परीज़ाद के पेड़ लगाये हैं। दोनों ओर की दीवारों के साथ तगड़, गन्धराज और रात की रानी लगी है। जब फूलों से लद जाती है तो रात भर महकती रहती है।"

"लेकिन देसी गुलाब भी तो चटक लाल रंग और गुलाबी रंग के होते हैं।" चेतन ने कहा, "और उनकी भीनी-भीनी गन्ध का भी कोई जवाब नहीं है। हमारे शहर के कम्पनी

बाग़ में गुलाबी रंग के छोटे-छोटे देसी गुलाब की बाड़ें लगी हैं। सारा लॉन महकता रहता है।" और उसने रविशों में लगे फूलों की ओर संकेत करते हुए कहा, "यह साला ज़ीनिया भी कोई फूलों-में-फूल है। मुझे यह हमेशा काग़ज़ का बना नकली फूल लगता है और ख़ुशबू के मामले में तो सिफ़र है। जाने क्यों मुझे तो यह बालसम भी कभी नहीं भाया। यहाँ तो भले ही बे-ख़ुशबू रंगारंग बड़े-बड़े विलायती गुलाब होने चाहिएँ।"

"साहब, अगले साल लगायेंगे। पीछे की क्यारियों में देसी गुलाब की कटिंग लगायी है। नवम्बर-दिसम्बर में उन पर पैवन्द बाधेंगे। आते साल सावन-भादों में यहाँ रोपेंगे। इतने बड़े बाग़ में तीन-चार माली तो होने ही चाहिएँ। हमीं अकेले हैं। जितना बन पड़ता है, करते हैं।"

"क्या कोई दूसरा विलायती फूल नहीं खिलता इन दिनों?" चेतन ने पूछा।

"साहब, फूल तो दसियों हैं," माली ने कहा, "अभी तो पोटीलाका लगाया है। वह देखिए, उधर। बरामदे की सीढ़ियों पर गमलों में लगा है।"

चेतन की आँखों ने माली की तर्जनी का अनुसरण करते हुए बरामदे की सीढ़ियों पर निगाह डाली —गमलों में पतली-पतली लतरों ऐसे कुछ पौधे लगे थे, जो गमलों से ऊपर को जाने की बजाय सब तरफ़ नीचे को लटक आये थे। लेकिन उनमें कोई फूल नहीं था।

"लेकिन इनमें फूल तो कोई नहीं है।" चेतन ने कहा।

"नहीं साहब, ध्यान से देखिए," माली ने कहा, "ऊपर के गमलों में दो-चार फूल खिले हैं। पोटीलाका गर्मियों का फूल है साहब। अब ख़त्म हो रहा है। ऊपर की सीढ़ी पर लाल रंग का सदाबहार है। हर मौसम में खिलता है। नीचे रंग-बिरंगे पोटीलाका के गमले हैं। ये कुछ महीने अपनी बहार दिखा कर सूख जाते हैं।"

माली क्षण भर रुका। फिर उसने कहा, "साहब, जैसा आप चाहते हैं डॉक्टर साहब ने दोनों तरफ़ की रविशों में गुलाब के पौधे लगाने के लिए कहा है। लगे भी होते तो इनमें फूल नहीं होते। अगले महीने गुलाब की कटिंग होती है। उनकी जड़ों को धूप दिखायी जाती है, फिर गोबर की बढ़िया खाद मिला कर उनकी जड़ों के गड्ढे भर दिये जाते हैं। नवम्बर-दिसम्बर में फूल खिलने लगते हैं।" माली चेतन ऐसा जिज्ञासु श्रोता पा कर सविस्तार बताने लगा, "साहब, पंजाब में बारिश तो होती नहीं, इसलिए फूल बहुत कम होते हैं। यहाँ दो ट्यूब वेल लगे हैं। पानी की इफ़रात है। चार-पाँच साल में ये दोनों तरफ़ की क्यारियाँ फूलों से भर जायेंगी।"

चेतन ने निगाह दोनों ओर सड़क की रविशों पर डाली। गेट के दोनों ओर कुछ गहरे हरे, गुम्बददार पौधे लगे थे, जिनमें कई सूख रहे थे। माली ने जाने के लिए पैर उठाया ही था कि चेतन ने फिर पूछा, "भई, वे गुम्बददार पौधे कैसे हैं? सूख रहे हैं। इन्हें पानी क्यों नहीं देते?"

"साहब, यह कूचिया है। गर्मियों में होता है, फूल तो इनमें लगता नहीं, सिर्फ़ आँखों को ठण्डक पहुँचाता है। इनका मौसम ख़त्म हो गया है। मैं इन्हें उखाड़ने का टाइम नहीं निकाल सका। वरना ये आपको दिखायी न देते।"

माली चल दिया। चेतन पलट कर पोटीलाका के गमलों की तरफ़ गया। सदाबहार

के गमलों में दो-एक चटक लाल फूल लगे थे, उसने झुक कर सूँघने की कोशिश की — ज़रा भी गन्ध नहीं थी। उसने बेध्यानी में एक फूल तोड़ कर मसला और सूँघा।....'अजीब बात है,' उसने मन-ही-मन कहा, 'देसी गुलाब इतनी तरह का होता है। पर सब में तरह-तरह की गन्ध होती है और विदेशी गुलाब कहते हैं, पचासों किस्म का होता है, पर किसी में गन्ध नहीं होती।'

अचानक उसकी आँखों में यूनिवर्सिटी ग्राउण्ड के किनारे लगे खट्टे के पेड़ों के समानान्तर लगी कतारों के नीचे बहार में सफ़ेद जाजिम की तरह बिछे हुए फूल आ गये। चेतन कभी-कभी वहाँ जा लेटता था। कितनी गन्ध रहती थी वहाँ। फूलों की बात तो दूर रही, वह खट्टे के पत्ते को मसल कर सूँघता था तो उसकी गन्ध दिल-दिमाग़ में भर जाती थी। खट्टे की बात ही नहीं, ककरौंदे के फूलों से भी वैसी ही गन्ध आती थी।....माली ने कितने सारे देसी फूलों का नाम लिया था, जो अपनी सुगन्ध से वातावरण को महका देते हैं। और अभी तो चम्पा, चमेली, मोंगरा और कितने-कितने फूल हैं, जिनका नाम माली ने नहीं लिया। लेकिन अंग्रेज़ों को गन्ध-विहीन रंगारंग फूल ही पसन्द हैं।

'देसी फूलों की बात ही नहीं,' चेतन की सोच ने पलटा खाया, 'हमारे देश में कितनी-कितनी तरह की दस्तकारी होती है। किसी ज़माने में कशमीरी शालें और ढाके की मलमल दिसावर में जाती थी। यहाँ तक कि उस ज़माने के विदेशी उपन्यासों में उनका उल्लेख है। जाने कितनी तरह की चीज़ें यहाँ कारीगरों के हाथ से बनती थीं। बनारस का रेशम, जालन्धर की दरियाई....' और चेतन के दिमाग़ में लड़कपन का ज़माना घूम गया....

उसके लड़कपन में रस्ता बाज़ार में जुलाहों की खड्डियाँ लगी रहती थीं। बकरवालों की ढिक्की के साथ लगे बड़े अहातों में रेशम रँगा जाता था। बराबर ही पटफेरा बाज़ार में उसकी गुच्छियाँ बनती थीं और यहाँ रस्ता बाज़ार में धूप-छाँही दरियाई। लेकिन अब अंग्रेज़ों ने विलायती रेशम से दुकानें पाट दी हैं। बकरवालों की ढलान के साथ लगे अहाते वीरान हो गये हैं, पटफेरा बाज़ार के पटफेरे दूसरे धन्धों में जा लगे हैं। उनके मुहल्ले के पण्डित रामलाल ही पटफेरना छोड़ कर ज्योतिषी बन गये हैं और नंगे बदन रामनामी ओढ़े, बड़ा-सा तिलक लगाये, घूमा करते हैं। दरियाई अब कहीं दिखाई नहीं देती। यह तो उसके शहर की बात है। जाने दूसरे नगरों में कितने तरह के दस्तकार बेकार हो गये हैं....

चेतन मसला हुआ फूल हाथ में लिये, एक पैर ऊपर सीढ़ी पर और एक निचली सीढ़ी पर रखे, अपने विचारों में गुम था कि अचानक अपने कन्धे पर हल्के-से हाथ का स्पर्श पाते ही चौंका — चन्दा अपनी बत्तीसी खिलाये खड़ी थी। इन सात दिनों ही के आराम-उपचार ने उसके चेहरे की उदासी दूर कर दी थी।

"अरे....!" चेतन ने चौंक कर कहा, "तुम ! आओ....आओ....मैं एक घण्टे से तुम्हारा इन्तज़ार कर रहा हूँ।"

और वह पलटा। उसके कन्धे पर हाथ रखे हुए वह सीढ़ियाँ उतरा।

"अपने ध्यान में आप इतने गुम थे कि न आपने दरवाज़ा खुलने की आवाज़ सुनी, न मेरे पैरों की.... क्या सोच रहे थे आप?"

चेतन हँसा, "अरे यों ही...." और फिर उसे किताबें देते हुए बोला, "देखो, मैं दो

नयी किताबें तुम्हारे लिए और अपनी कहानियों का संग्रह मिस सुल्ताना के लिए लाया हूँ। तुम एक मिंनट रुको तो मैं उसे दे आऊँ।"

अपनी बत्तीसी खिलाते हुए चन्दा ने कहा, "आप बहुत उतावले हैं। चलिए, वहाँ धूप में बैठते हैं। आज स्पंज का दिन है, सुल्ताना को अभी देर लगेगी। जाते-जाते दे जाइएगा।"

चेतन भी हँसा। अपनी पत्नी के कन्धे पर प्यार और नर्मी से हाथ रखे हुए वह उसे साइकिल तक लाया। फलों का थैला उसने हैण्डल से उतारा। उसे बायें हाथ में लिया और दायाँ हाथ पूर्ववत उसके कन्धे पर रखे लॉन की ओर चल दिया।

अड़तीस

चन्दा ने मालटे[१] की फाँकों की ओर एक नज़र डाली और अपने पति से कहा, "आपका ध्यान किधर है? क्या सोच रहे हैं? पहले मालटा खा लीजिए फिर सोचिएगा।"

चेतन हँसा, "अरे भई, तुम खाओ न। मैं तो तुम्हारे लिए लाया हूँ।"

"मैं तो खा रही हूँ।" चन्दा ने कहा, "तीन फाँकें खा चुकी हूँ और आपने एक भी ख़त्म नहीं की। किस ध्यान में हैं आप, बताते क्यों नहीं?"

चेतन फिर हल्के से हँसा। उसने ध्यान से फाँक चूस कर उसके बीज मालटे के छिलके से बने हुए कटोरे में डाल दिये, दूसरी फाँक उठा कर मुँह में रख ली और बोला, "क्या बताऊँ? तुम कहोगी, किस पागल से पाला पड़ा है। पत्नी की तीमारदारी करने आया है और बेकार की बातों में सिर खपाता है।"

चन्दा के होंटों में मोती चमक उठे। उसने बड़े प्यार-भरे, सहलाते हुए-से स्वर में कहा, "मैंने आपसे कभी कुछ कहा है। आप लेखक हैं, दस तरह की बातें आप नहीं सोचेंगे तो कौन सोचेगा।"

०

लॉन की ओस इस बीच सूख गयी थी। चेतन जहाँ बैठा था, वहीं उसने चन्दा को बैठाया और उसके सामने ख़ुद बैठ गया था। तब सबसे पहले उसने चन्दा से उसका हाल-चाल जाना था कि वह अभी उसी वॉर्ड में है या बीच के वॉर्ड में आ गयी है।

चन्दा ने कहा था कि उसे बीच के वॉर्ड में चौड़ा बेड मिला है और उसके साथ के बेड पर एक नयी मरीज़ आयी है —लक्ष्मी। ख़ूब गहनों-कपड़ों से लदी, रेशमी सूट पहने हुए। बेहद हँसमुख है और आते ही उसने सारे वॉर्ड की उदासी दूर कर दी है। उसका पति खन्ना उसे छोड़ने आया था। वह भी हँसमुख और मिलनसार है। वह सिविल सेक्रेटेरिएट में फ़र्स्ट ग्रेड का क्लर्क है। अच्छी तनख़्वाह पाता है और अपनी पत्नी पर जान छिड़कता है। दिन भर लक्ष्मी अपने पति के गुण गाती रही।

लेकिन चेतन को लक्ष्मी के बारे में जानने की बजाय चन्दा के परीक्षणों के नतीजों

---

१ मुसम्मी की एक किस्म

को जानने की ज़्यादा चिन्ता थी। उसने कहा —

"तुम सात दिन एक्यूट[१] वॉर्ड में रही हो, क्या बताया डॉक्टर ने टेस्ट के बाद?"

"मुझे तो कुछ नहीं बताया," चन्दा ने कहा, "चार्ट पर लिख दिया है। मुझसे तो पढ़ा नहीं गया। मुझसे तो उन्होंने यही कहा कि कोई फ़िकर की बात नहीं है। खाओ, पियो और आराम करो। मुझे साधारण खाना भी खाने की इजाज़त हो गयी है। रात को एक गिलास गर्म दूध भी देते हैं। बस, एक वक्त दोपहर को लहसुन और प्याज़ का थोड़ा-सा रस ज़रूर पिलाते हैं। पहले तो वह मुझे बहुत बेस्वाद लगा था, पर नमक डाल कर नाक और आँखें बन्द करके पी लेती हूँ। अन्दर गले से सीने तक जलाता चला जाता है। मैं तो कभी न पीऊँ, पर डॉक्टर कहते हैं, इससे बहुत लाभ होगा।"

"जब डॉक्टर कहते हैं," चेतन ने कहा, "तो जैसे भी हो, पीती रहो। ज़रूर फ़ायदा होगा।" क्षण भर रुक कर उसने फिर कहा, "अगर मैं कहीं चार्ट देख लेता तो मुझे तसल्ली हो जाती।"

"जाते वक्त देख जाइएगा," चन्दा बोली, "कहिए तो जा कर उठा लाऊँ। वैसे मिस सुल्ताना भी थोड़ी देर में ख़ाली हो जायेगी। उससे पूछ लीजिएगा।"

"तुम ले आतीं तो मुझे इत्मीनान हो जाता...."

चन्दा उठी ! वह चलने ही वाली थी कि चेतन ने कहा, "आते-आते एक बड़ी प्लेट लेती आओ तो बहुत अच्छा हो।"

"प्लेट क्या करेंगे?" चन्दा ने धीमे से पूछा।

"अरे भई, ये मालटे लाया हूँ। एक तुम्हें खिलाता जाऊँ।"

"मैं अपने आप खा लूँगी," चन्दा ने कहा, "आप चिन्ता न कीजिए।"

"नहीं, एक मालटा तो तुम मेरे साथ खाओ।" चेतन ने अनुरोध से कहा।

"मैं इसलिए कहती थी," चन्दा ने हल्के-से संकोच के साथ कहा, "कि नर्स यहाँ एक ही है, और वह स्पंज करने में लगी है। किचन मैंने देखा नहीं, इसलिए...."

"अरे, मैं चाकू लाया हूँ। नमक लाया हूँ। अख़बार लाना भूल गया, इसलिए मैंने प्लेट माँगी थी.... ख़ैर, कोई बात नहीं। तुम जाओ, चार्ट ले आओ।"

चन्दा क्षण भर असमंजस में खड़ी रही, जैसे कुछ कहना चाहती हो, लेकिन फिर चुपचाप मुड़ कर चली गयी।

तब चेतन ने थैले से एक मालटा और जेब से चाकू निकाला था। उसने चाकू खोल कर बड़े एहतियात से छिलके को इस तरह मध्य से गोल दायरे में काटा था कि अन्दर फाँकों पर चीर न आये। फिर उसने चाकू से सफ़ेद पर्दा छुड़ाते हुए मालटे के आधे हिस्से का छिलका इस तरह उतारा कि वह एक कटोरे की तरह पूरा-का-पूरा अलग हो गया। चेतन ने उसे घास पर रख दिया था। दूसरा भी उसने उसी तरह अलग कर दिया और उसे भी पहले वाले कटोरे के साथ रख दिया और चाकू की नोक से धीरे-धीरे फाँकों पर बचा हुआ सफ़ेद छिलका उतार कर उसे कटोरे में डालने लगा। उसने इस तरह मालटे को साफ़ किया था कि एक-एक फाँक अलग-अलग नज़र आने लगी। तभी चन्दा हाथ में चार्ट लिये

---

१ एक्यूट वॉर्ड = गम्भीर रोगियों वाला वॉर्ड

हुए आ गयी। उसकी बत्तीसी खिली हुई थी। चेतन ने छिलका-उतरे साफ़ मालटे को बायें हाथ के ख़ाली कप में रखा और पत्नी से चार्ट लेते हुए पूछा, "क्या बात है?"

"मिस सुल्ताना चार्ट बाहर ले जाने से रोक रही थी। मैंने कहा कि अभी इनको दिखा कर वापस रख जाऊँगी।" चन्दा हँसी, "मैंने उसे यह भी कहा कि आप उसके लिए अपना उर्दू कहानी-संग्रह लाये हैं, वह कहे तो वहीं दे जाऊँ। मिस सुल्ताना ख़ुश हो गयी। चार्ट की बात भूल गयी और बोली, बस एक मरीज़ को और स्पंज कराना रह गया है। मैं अभी थोड़ी देर में वहीं आ कर ले लूँगी।"

लेकिन चेतन ने उसकी बात पूरी नहीं सुनी। वह पत्नी के हाथ से चार्ट ले कर देखने लगा था। उसे खाँसी नहीं थी, बलग़म भी नहीं थी। फेफड़े भी ठीक लगते थे। लेकिन शाम को हल्की-सी हरारत अब भी हो जाती थी। हरारत की बात पढ़ कर उसके माथे पर हल्के-से तेवर चढ़ गये थे और चेहरे पर बेमालूम-सा बादल छा गया था।

चन्दा ने बेताबी से पूछा, "क्यों, क्या लिखा है।"

चेतन ने दूसरे ही क्षण चेहरे से उदासी का पर्दा हटा दिया और हँस कर बोला, "नहीं, वैसी कोई बात नहीं, बाकी तो सब ठीक है, हल्की-सी हरारत अब भी शाम को हो जाती है। लेकिन शायद वह कमज़ोरी की वजह से है। इन सात दिनों में जैसे तुम्हारा चेहरा खिल आया है। हरारत भी जाती रहेगी।"

चन्दा अभी वहीं ज़रा अपने पति के पीछे खड़ी थी —उस पर ज़रा-सी झुकी हुई। चेतन ने दायें हाथ से चार्ट उसे देते हुए कहा, "जाओ, इसे वहीं रख आओ।" मैं इस बीच मालटे की फाँकें अलग-अलग करता हूँ। तुम आ कर धूप में बैठो और मालटा खाओ। लक्ष्मी की बातें भी बताओ और मैं जो कहानी-संग्रह दे गया था, वे पढ़ लिये हों तो कुछ लेखकों और उनकी कहानियों के बारे में अपने इम्प्रेशन दो। दोनों में कौन अच्छा लगा और कौन-सी कहानियाँ पसन्द आयीं।"

चन्दा चार्ट ले कर जाने वाली थी कि उसकी निगाह मालटे के छिलकों से बने हुए प्यालों पर चली गयी।

"अरे, आपने तो कमाल कर दिया," उसने हँसते हुए कहा, "छिलके ऐसे अलग कर दिये कि प्याले बन गये। मैं तो डर रही थी कि यहाँ मालटे खायेंगे तो लॉन गन्दा होगा। डॉक्टर साहब सफ़ाई का बहुत ध्यान रखते हैं।"

"अरे, ज़रा भी गन्दा नहीं होगा। फाँकें इस बायें प्याले में रखेंगे और चूस कर छिलके और बीज दायें प्याले में डालते जायेंगे। जाते-जाते मैं इन्हें झोले में डाल कर ले जाऊँगा और रास्ते में कहीं फेंक दूँगा!" और वह ज़ोर से हँसा, "अब तुम जाओ और जल्दी आओ।"

चन्दा पलट कर अपनी मन्थर गति से चली गयी। चेतन ने पहले मालटे को दोनों अँगूठों की मदद से ऐसे दो फाँक कर दिया कि कोई फाँक दूसरी से न उलझे। उन्हें फिर कप में रख कर उसने जेब से नमक की पुड़िया निकाली, उसे खोल कर घास पर टिका दिया और उसके एक तरफ़ अपना कहानी-संग्रह रख दिया कि वह हवा से उलट न जाय। फिर उसने आधा मालटा उठा कर उसमें से एक फाँक अलग की; उसे अँगूठे और उँगलियों

के नाख़ूनों की मदद से खोल कर छिलकों को उलट कर, बायें हाथ की उँगली और तर्जनी के नीचे से पकड़ लिया और फैली हुई तुरियों से बीज निकाल कर बायें कप में रखे। वह उन पर ज़रा-सा नमक लगा रहा था कि चन्दा आ गयी। वह फाँक उसे देते हुए उसने कहा, "देखो, मीठा है कि तुर्श?"

चन्दा ने हँस कर कहा, "यह आप लीजिए, मैं दूसरी लेती हूँ।" और उसने कप से आधा मालटा उठाया और एक फाँक अलग की।

चेतन ने उसके हाथ से फाँक ले ली और अपनी फाँक उसे देते हुए कहा, "यह तुम चूसो।"

उसके स्वर में थोड़ी-सी ऐसी सख़्ती थी कि चन्दा ने चुपचाप फाँक ले ली और चूसने लगी।

०

मालटा खाते हुए चेतन चन्दा से चेख़व और ओ'हेनरी की कहानियों के बारे में बात करता रहा। चन्दा को चेख़व उतना पसन्द नहीं था, उसने चेख़व की सिर्फ़ चार कहानियाँ पढ़ी थीं। 'कुत्ते वाली महिला,' 'मेरी ज़िन्दगी,' 'डार्लिंग' और 'गिरगिट'। 'गिरगिट' उसे बहुत पसन्द आयी थी। शेष कहानियाँ वह पढ़ तो गयी, पर न तो समझ ही सकी और न उसे कुछ वैसी पसन्द आयीं। ओ'हेनरी की कहानियाँ उसे काफ़ी अच्छी लगीं। मनोरंजक भी और हास्य-भरी भी। 'बड़े दिन का उपहार' तो पढ़ कर उसकी आँखों में आँसू आ गये थे। मारग्रेट और उसके पति यंग के लिए उसका दिल भर आया था। वह अल्हड़, भोला और कर्तव्यशील युवा जोड़ा एक-दूसरे को क्रिसमस के उपहार दे कर ख़ुश करने की ख़ातिर ऐसी चीज़ें गँवा बैठा कि उपहार बेमानी हो गये और ख़ुशी की जगह दुख की टीस रह गयी।

चेतन ने पत्नी की बात काट कर कहा, "इस कहानी का नाम अंग्रेज़ी में तो 'गिफ़्ट ऑफ़ द मैजाई' है। लेकिन हिन्दी पाठक 'मैजाई' का मतलब न समझ पाते, इसलिए वेदालंकार जी ने सीधा-सादा नाम 'बड़े दिन का उपहार' रख दिया, जो बड़ी आसानी से समझ में आ जाता है।"

"मैजाई क्या होती है?" चन्दा ने उत्सुकता से पूछा।

"होती नहीं, होते हैं। मैजाई का मतलब तो शब्दकोष में जादूगर, साधू, फ़कीर, आदि लिखा हुआ है," चेतन ने समझाया, "लेकिन ये दरअसल तीन दरवेश थे, जो ईसा के जन्म की ख़बर पा कर वहाँ पहुँचे थे, जहाँ शिशु ईसा अस्तबल में लेटे हुए थे। वे ईसा के लिए उपहार लाये थे। लेकिन वे बुद्धिमान थे —मारग्रेट और उसके पति की तरह सादालौह नहीं। वे दोहरे उपहार ले गये थे कि अगर कोई उपहार पहले से दिया गया हो तो वे बदल कर दूसरा दे दें। लेकिन यह अल्हड़ जोड़ा एक-दूसरे के लिए जो उपहार ले गया था, वे बदले नहीं जा सकते थे। इसी में कहानी का व्यंग्य भी है और त्रासदी भी, जिसकी तरफ़ ओ'हेनरी ने अपने हास्य-भरे विशिष्ट लहजे में संकेत किया है...."

चेतन क्षण भर चुप रहा फिर उसने पूछा, "कौन-सी कहानियाँ तुम्हें अच्छी लगीं?"

चन्दा ने कहा कि 'कुबेर और कामदेव' भी उसे अच्छी लगी और 'काले उकाब की वापसी' भी, हालाँकि 'कुबेर और कामदेव' उसे समझ में नहीं आयी।

"ओ'हेनरी बड़ी दिलचस्प कहानियाँ लिखता है —दिलचस्प और हँसाने वाली।" उसने कहा।

चेतन चुपचाप अपनी बीवी की बातें सुनता रहा। चन्दा ज़्यादा बात तो करती नहीं थी। थोड़े ही शब्दों में उसने अपने पति को अपनी पसन्द और नापसन्द बता दी थी। और मालटे की फाँकें चूसने लगी थी।

उसकी बातें सुनते हुए चेतन के होंटों पर हल्की-सी मुस्कान फैल गयी, जिसमें थोड़ा व्यंग्य भी था और थोड़ी दया की भावना भी। उसने कहा —

"चन्दा, दरअसल मैं तुम्हारे लिए चेख़व नहीं, फ़्रांसीसी लेखक मोपासाँ की कहानियों का संग्रह लाना चाहता था। वेदालंकार जी ने सबसे पहले उसी की कहानियाँ छापी थीं और ठीक भी किया था। मोपासाँ विदेशों ही में नहीं, अपने देश में भी सबसे लोकप्रिय कथाकार है। मैंने तो उसकी कहानी 'नेकलेस' का अनुवाद थर्ड इयर में किया था और वह उर्दू हफ़्तावार 'पारस' में छपा था। मैंने उसका नाम 'रानीहार' रखा था। लेकिन वेदालंकार जी ने उचित ही उसका नाम 'सुनहरा हार' रखा है, क्योंकि मारग्रेट अपनी सहेली मादाम फ़ॉरेस्टियर से पार्टी में जाने के लिए जो चीज़ उधार लेती है, वह दोहरी सुनहरी चेन में लगा हुआ बेशकीमती नगीना है। वेदालंकार जी जल्दी ही उस संग्रह का दूसरा एडीशन करेंगे। अबकी बार मैं उधार नहीं, ख़रीद कर एक प्रति तुम्हारे लिए लाऊँगा। तुम सबसे पहले 'नेकलेस' ही पढ़ना।"

चेतन क्षण भर रुका। उसने नमक-लगी एक फाँक उठायी और उसे मुँह में रख लिया। कुछ क्षण तक वह उसे चुपचाप चूसता रहा, फिर छिलका मालटे के प्याले में रखते हुए उसने कहा —

"मोपासाँ की कहानियों की एक अनोखी शैली है। पहली पंक्ति से वह पढ़ने वाले का ध्यान अपनी ओर खींच लेता है। और जैसे-जैसे कहानी बढ़ती है, पाठक की जिज्ञासा और उत्सुकता बढ़ती जाती है कि अन्त क्या होगा, क्या होगा अन्त और जब वह उत्सुकता अपने अन्तिम बिन्दु पर पहुँच जाती है तो मोपासाँ सिर्फ़ एक पंक्ति से कहानी को ऐसे झटके से ख़त्म करता है कि पाठक चकित-विस्मित और आसन्न बैठा रह जाता है। उसे लगता है, जैसे उसकी कोई प्यारी चीज़ खो गयी हो या वह ख़ुद जन्नत की किसी वादी में गुम हो गया हो।"

चेतन ज़रा-सा हँसा फिर उसने कहा, "यह आख़िरी वाक्य दर-हकीकत मुंशी चन्द्रशेखर ने मेरे कहानी-संग्रह की भूमिका में लिखा है। तुम सुन चुकी हो, इसलिए कि मैंने भी अपनी कहानियों का शिल्प मोपासाँ ही से लिया है। और मेरी हर कहानी उसी तरह झटके से पाठक को चकित छोड़ते हुए ख़त्म होती है।"

चन्दा ने मालटे की एक और फाँक खोल कर उसमें नमक लगा कर उसकी ओर बढ़ा रखी थी। अपनी बात ख़त्म करके चेतन ने कहा, "मैं काफ़ी खा चुका हूँ, अब तुम खाओ। सारा मालटा क्या मुझी को खिला दोगी?"

"अभी तो आप मेरे साथ बराबर का हिस्सा बटाइए, फिर मैं अपने बेड पर अकेली बैठी खाया करूँगी।"

चन्दा के स्वर में कुछ ऐसा प्यार और अनुरोध था कि चेतन ने न चाहते हुए भी फाँक ले किर मुँह में रख ली। कुछ क्षण तक वह चुपचाप मालटे का रस लेता, अपने विचारों को सुलझाता रहा, फिर छिलका प्याले में डाल कर उसने कहा —

"ओ'हेनरी ने मोपासाँ की कहानियों की तर्ज़ पर ही अपनी कहानियों का ढंग तय किया है। पूरे-का-पूरा शिल्प भी। फ़र्क सिर्फ़ यह है कि उसकी बेशतर कहानियाँ बड़े ही शुस्ता हास्य से भरपूर होती हैं और उनमें हल्के-से व्यंग्य का भी पुट रहता है। दरअसल 'बड़े दिन का उपहार' भी ओ'हेनरी ने 'नेकलेस' से प्रभावित हो कर ही लिखी है और यह ओ'हेनरी की, जहाँ तक मैंने उसकी कहानियाँ पढ़ी हैं, कुछ गिनी-चुनी संजीदा और ट्रैजिक कहानियों में से है।"

" 'नेकलेस' में क्या होता है?" चन्दा ने उत्सुकता से पूछा।

"वहाँ भी एक नौजवान जोड़ा है। पत्नी बहुत सुन्दर है, लेकिन उसने न सिर्फ़ ग़रीब घर में जन्म लिया है, बल्कि एज्यूकेशन बोर्ड के एक ग़रीब, सुन्दर क्लर्क से शादी की है और उसकी न पूरी होने वाली हसरतों और अरमानों का कोई ओर-छोर नहीं। तभी एक दिन उसका पति बॉल डांस का एक शानदार कार्ड लाता है, जो शिक्षा मन्त्री की तरफ़ से है, उन दोनों के नाम से है और उसके बेहद प्यार करने वाले पति ने उसकी ख़ुशी के लिए दस तरह के दन्द-फन्द से उसे हासिल किया है। लेकिन मारग्रेट ख़ुश नहीं होती। उसके पास बॉल डांस में जाने के लिए कोई अच्छी पोशाक नहीं है। वह हताश बैठ जाती है। पति किसी तरह पैसे जुटा कर उसे बहुत सुन्दर ड्रेस बनवा देता है। वह उसे पहनती है तो इतनी सुन्दर लगती है कि वह मोहित-सा उसे देखता रहता है। लेकिन पत्नी फिर निराश हो जाती है। उसका गला सूना है। उसमें कोई आभूषण नहीं है। तब उसका पति सुझाता है कि वह अपनी सहेली मादाम फ़ॉरेस्टियर से उसका नेकलेस उधार माँग लाये, वह उसकी इतनी घनिष्ठ सहेली है, दे देगी।"

चेतन पल भर रुका। चन्दा की निगाहें उसके चेहरे पर टिकी हुई थीं और मालटे के फाँक उसने हाथ में थाम रखी थी। चेतन ने बात जारी रखते हुए कहा —

"मारग्रेट अपनी सहेली मादाम फ़ॉरेस्टियर से उसका हार माँग लाती है। हार बहुत सुन्दर है और मारग्रेट को यही अनुमान होता है कि वह सोने का, और बहुत कीमती है। पार्टी में वह सबसे सुन्दर युवती है। उसके साथ सब नाचना चाहते हैं। मन्त्री भी। वह तड़के चार बजे तक नाचती रहती है। अपने सौन्दर्य, स्वभाव और सफलता से प्रसन्न और सन्तुष्ट.... लेकिन घर आ कर जब वह कपड़े उतारती है तो पाती है कि उसका हार पार्टी में कहीं गिर गया है। दोनों स्तब्ध बैठे रह जाते हैं।....लेकिन हार तो उन्हें वापस करना है। वे दोनों हार का डिब्बा ले कर जौहरी के यहाँ जाते हैं, जौहरी कहता है उसने सिर्फ़ डिब्बा बनाया है, हार नहीं। वे सभी जौहरियों की दुकानों पर जाते हैं। हार नहीं मिलता। एक दुकान के शीशे में वैसा ही सुनहरा हार दिखायी देता है। कीमत पूछते हैं तो उनके होश फ़ाख़्ता हो जाते हैं। हार की कीमत —छत्तीस हज़ार फ्रैंक है। वह ग़रीब क्लर्क छत्तीस हज़ार फ्रैंक कहाँ से लाये। लेकिन अपनी नौकरी और इज़्ज़त की ख़ातिर हार उन्हें वापस तो करना है। पति के सुझाने पर पत्नी सहेली से कह आती है कि हार टूट गया है, वह दो-तीन दिन में मरम्मत करवा कर दे जायेगी। पति ने एक बन्दूक ख़रीदने के लिए धीरे-धीरे अट्ठारह हज़ार

फ्रैंक जोड़ रखे हैं। वह बन्दूक का मोह छोड़ देता है और सब तरफ़ से उधार ले कर छत्तीस हज़ार फ्रैंक पूरे करता है। वे हार ख़रीद लाते हैं। केस में डाल कर मारग्रेट मादाम फ़ॉरिस्टियर को दे आती है। सहेली थोड़ी नाराज़ होती है कि देर कर दी, लेकिन मारग्रेट प्रसन्न है कि उसकी इज़्ज़त बची रही। अगले दस वर्षों में जिस तरह मेहनत-मज़दूरी करके वे दोनों कर्ज़ उतारते हैं, उसका बड़ा ही दहला देने वाला चित्र मोपासाँ ने खींचा है। मारग्रेट इस प्रयास में बूढ़ी हो जाती है, उसके हाथ रूखड़ हो आते हैं, चेहरे पर झुर्रियाँ पड़ जाती हैं। दस साल बाद अचानक एक दिन वह अपनी सहेली को बाज़ार में देखती है। वह उतनी ही युवा और सुन्दर है, जितनी दस साल पहले थी। मारग्रेट उससे मिलती है। उसकी सहेली उसे पहचान नहीं पाती। वह अपना नाम बताती है तो उसकी सहेली कहती है —हाय मारग्रेट, तुझे क्या हो गया है? मारग्रेट उलाहने के स्वर में कहती है कि उसके ही कारण हुआ है और उसे अपनी सारी दुख-गाथा बताती है।"

चेतन क्षण भर रुका फिर उसने कहा, "यहाँ मोपासाँ ने केवल एक पंक्ति लिखी है। सहेली लम्बी साँस भरते हुए कहती है —उफ़ मारग्रेट, मेरा हार तो नकली था। मुश्किल से पाँच सौ फ्रैंक का होगा।"

मोपासाँ की कहानी सुना कर चेतन ने कहा, "तुमने ओ'हेनरी की कहानी तो पढ़ी है। ध्यान से देखो तो उसका अन्त भी नेकलेस जैसा ही है। वहाँ पति-पत्नी एक-दूसरे के लिए अपनी जो कीमती चीज़ें बेच कर उपहार लाते हैं, अन्त में पाते हैं कि उन्होंने वे ही चीज़ें बेच दी हैं, जिनकी ख़ातिर वे एक-दूसरे के लिए उपहार लाये हैं —पत्नी अपने लम्बे बाल बेच कर पति की घड़ी के लिए चेन लाती है और पति अपनी घड़ी बेच कर उसके बालों के लिए सुनहरे क्लिप लाता है।"

कुछ क्षण दोनों चुपचाप मालटे की फाँकें चूसते रहे फिर चेतन ने कहा —

"चेख़व ने भी अपनी शुरू की कहानियाँ, जो आकार में थोड़ी छोटी भी हैं, मोपासाँ के शिल्प ही में लिखी हैं। 'गिरगिट' और 'क्लर्क की मौत,' आदि वैसी ही कहानियाँ हैं। —छोटी, हास्य-भरी और अन्त में चकित छोड़ जाने वाली। लेकिन उसमें यथार्थता का पुट बहुत ज़्यादा है। 'गिरगिट' कहानी न केवल पुलिस के दोग़लेपन को बेनकाब करती है, बल्कि व्यवस्था के मुँह पर भी ज़बरदस्त तमाचा लगाती है। मज़े की बात यह है कि पुलिस का किरदार आज भी वैसा ही है और कहानी सौ साल बाद भी सच्ची है...."

चेतन अपने प्रवाह में बोले जा रहा था कि चन्दा ने अचानक हल्के से कहा, "लेकिन जो कहानियाँ इस संग्रह में है, उनमें तो कहीं कोई हास्य नहीं, न वे वैसी मनोरंजक ही हैं। मुझे तो पढ़ते हुए ऊब-सी लगी।"

"इसलिए," चेतन ने कहा, "कि तुम्हारा," वह ज़रा हँसा, "और मेरा भी दिमाग़ इतना पका नहीं है। चेख़व बहुत गहरा कहानीकार है। वह मोपासाँ और ओ'हेनरी की तरह बनी हुई फ़ार्मूला कहानियाँ नहीं लिखता। वह गहरे में डूब कर लिखता है। चेख़व ने पहली बार प्लॉट का हिसार[१] तोड़ा है। और चौंकाने वाले अन्त का भी ! उसकी कहानियाँ बिना किसी अन्त की कहानियाँ है। चेख़व की कहानियों का रस पाने के लिए उन्हें दो-तीन बार पढ़ना

१ परिधि, घेरा, दुर्ग

ज़रूरी है। मैंने कुछ कहानियाँ दो-तीन बार पढ़ी हैं और सच कहूँ, मुझे अपनी कहानियों का शिल्प अब नहीं भाता। मैं सोचता हूँ कि फ़िलहाल मैं शिल्प यही रखूँगा कि मेरी कहानी पहली पंक्ति ही से पाठक का ध्यान खींचे और फिर जैसे-जैसे बढ़े, जिज्ञासा और उत्सुकता को बढ़ाती जाये और अन्त भी अभी तो वैसा ही अचानक झटके से ख़त्म होने वाला दूँगा। लेकिन कहानी में कल्पना से घटनाएँ गढ़ने के बदले, उनकी बुनियाद ज़िन्दगी की हकीकतों पर रखूँगा। अभी मैंने एक कहानी 'चपत' लिखी है। वह पूरी-की-पूरी कहानी यथार्थ घटना से उठायी है। कहानी कहने का ढंग वही रखा है, क्योंकि अभी वह मेरी मजबूरी है। लेकिन जल्द ही मैं यह ढर्रा बदलूँगा और कोशिश करूँगा कि मेरी कहानियाँ ज़्यादा गहरे और व्यापक अर्थों को छुएँ।"

चेतन ख़ामोश हो गया और उसने अपने आप मालटे की आख़िरी फाँक उठायी और उँगली और तर्जनी में ले कर एक किनारे को ज़रा-सा दाँतों से काट कर धीरे-धीरे चूसने लगा।

"अभी तो आप वेदालंकार जी का संग्रह उन्हें वापस कर आइएगा," चन्दा ने कहा, "लेकिन सैनेटोरियम में मेरी सेहत ठीक हो गयी तो मैं चेख़व की कहानियाँ दोबारा पढ़ूँगी और हो सकता है, मैं उनकी गहराई पा लूँ।"

चन्दा चुप हो गयी तो चेतन ने कहा, "ओ'हेनरी की जो कहानी तुम्हें अच्छी लगी, पर समझ में नहीं आयी —'कुबेर और कामदेव' —उसका अंग्रेज़ी नाम 'मैमन ऐण्ड द आर्चर' है। याने धन का देवता कुबेर और कामदेव —जिसका प्रतीक एक छोटा-सा बालक है, जो हाथ में फूलों के तीर लिये रहता है और जिन व्यक्तियों को परस्पर प्रेम में गिरफ़्तार कराना चाहता है, उन पर तीर छोड़ता है। —आर्चर याने तीरन्दाज़ का संकेत कामदेव ही की तरफ़ है।"

चेतन हँसा। "कहानी तो तुमने पढ़ी ही है," उसने कहा — "साबुन के सौदागर ऐन्थनी, उसकी बूढ़ी बहन और उसके बेटे रिचर्ड के बीच बहस का मुद्दा तो यही है कि धन सब कुछ ख़रीद सकता है या नहीं। ऐन्थनी एक मामूली कारोबारी परिवार में जन्म ले कर ऊँची शिक्षा न होने के बावजूद एक अपेक्षाकृत सस्ता साबुन ईजाद करके बेशुमार दौलत कमाता है और एक ऐसे मोहल्ले में अपने निवास के लिए भव्य इमारत बनवाता है, जहाँ ऊँचे तबके के लोग रहते हैं। ज़ाहिर है, उस नौ-दौलतिये की इमारत बाहरी साज-सज्जा बेशकीमत होने के बावजूद फूहड़ है। उसका पड़ोसी रोज़ जब सुबह उतर कर अपनी कार में बैठता है तो उसको देख कर नाक चिढ़ाता है और ऐन्थनी को उसे जलाने में बहुत मज़ा आता है। उसे अपने पैसे का बहुत गुमान है और वह यह सोचता है कि वह उससे सब कुछ ख़रीद सकता है।

"उसका इकलौता बेटा रिचर्ड डेढ़ साल पहले कॉलेज से ग्रैजुएट हो कर आया है। उसने पिता का काम सँभाल लिया है और पिता को अवकाश दे दिया है। ऐन्थनी और उसमें बाप-बेटा होने के बावजूद एक दोस्ती का नाता है। ऐन्थनी कई दिनों से देख रहा है कि उसका लड़का अपने आपे में नहीं है। एक सुबह वह उसे बुलाता है और घुमा-फिरा कर उसके मन की बात जान लेता है।

"उसका लड़का उच्च वर्ग की एक लड़की लैण्ट्री से प्यार करता है, जो विशिष्ट वर्ग में ही घूमती है, और जिसके मिनट-मिनट का प्रोग्राम दिनों पहले तय हो जाता है और ऐन्थनी का लड़का लैण्ट्री से एकान्त में मिलने का समय नहीं ले पाता। उसको पूरा विश्वास है कि अगर वह आध घण्टा भी उसे एकान्त में मिल ले तो वह निश्चय ही उसकी मुहब्बत को जीत लेगा।

"ऐन्थनी अपने बैंक की सारी धन-सम्पत्ति और दूसरी दौलत अपने बेटे के लिए कुर्बान करने को तैयार है। उससे कहता है, तुम चर्च से उसे घर छोड़ने के बहाने उसके साथ हो लो, उसे घर ले आओ, किसी बहाने उसके साथ वक्त ले लो। बन्दरगाह पर मेरा जहाज़ तुम्हें तैयार मिलेगा और तुम्हारे बैठते ही तुम्हें बहामा तक ले जायेगा।

"उसका लड़का लम्बी साँस लेता है और कहता है कि आपकी सारी धन-सम्पत्ति मेरे लिए उस लड़की के साथ एकान्त का आधा घण्टा नहीं ख़रीद सकती। दुर्भाग्य से उसने उस लड़की को देर में देखा है। वह दो ही दिन बाद दो वर्षों के लिए यूरोप जाने वाली है। इस वक्त वह रिचमण्ड में अपनी चाची के पास है। वहाँ तो रिचर्ड उससे जा कर मिल नहीं सकता। उसे उस मानमती ने सिर्फ़ सात-आठ मिनट मिलने के लिए दिये हैं। वह बग्घी ले कर सेन्ट्रल स्टेशन पर उसका इन्तज़ार करेगा। वह आयेगी तो उसे बग्घी में बैठा कर सरपट बग्घी दौड़ाता हुआ उसे ब्रॉडवे के एक थियेटर में ले जायेगा, जहाँ उसकी माँ उसका इन्तज़ार कर रही होगी।

"और उसका बेटा उदास भाव से कहता है कि न तो वह उस भागती हुई बग्घी में उससे प्रेम-निवेदन कर सकता है, न थियेटर में। उसके पिता की तमाम धन-सम्पत्ति प्रेम के मामले में उसकी कोई मदद नहीं कर सकती।

"ऐन्थनी उसकी बात सुन लेता है और कहता है —अब तुम जाओ, देर हो जायेगी, लेकिन जाते हुए महान पिता भगवान माजूमा (कुबेर) के आगे चन्द अगर-बत्तियाँ जलाते जाना, क्योंकि उसकी कृपा से सब काम सिद्ध हो जाते हैं।

"लड़के की बुआ एलन अपने भाई के पास रहती है और अपने भतीजे से बहुत प्यार करती है। वह उसी शाम अपने भाई से मिलती है।

"दोनों में बात प्रेमियों के दुखों को ले कर चल पड़ती है। ऐन्थनी उसे कहता है कि उसने अपनी सारी दौलत अपने बेटे को ऑफ़र कर दी है कि वह जिसे प्यार करता है, उसे पा ले।

"एलन को उसके भतीजे ने अपने भेद का साझीदार बना रखा है। वह अपने भाई को निहोरा देती है कि जहाँ तक पाकीज़ा मुहब्बत का ताल्लुक है, वह दौलत से ऊपर है। रिचर्ड को वह पहले मिल गयी होती, उसके पास उससे बात करने का समय होता, तो वह मिस लैण्ट्री से इतना प्यार करता है कि वह उसके प्रेम को ठुकरा न सकती, लेकिन वह यूरोप जा रही है और उसके पास कोई समय नहीं है। ऐन्थनी की सारी दौलत उसके बेटे की ख़ुशी नहीं ख़रीद सकती।

"दूसरे दिन एलन अपने भतीजे को बुला कर उसकी माँ की एक बहुत पुरानी सुनहरी अँगूठी उसे देती है और कहती है कि यह पवित्र प्यार की प्रतीक है। तुम्हारी माँ ने इसे

मुझको दिया था और कहा था कि जब मेरे लड़के को कोई लड़की भा जाय तो उसको यह अँगूठी पहना देना। वह कहती है —बेटे, तुम उसे मिलने जा रहे हो, इसे पहन लो, तुम अपनी मुहब्बत में ज़रूर कामयाब होगे। रिचर्ड उसे सँभाल कर ऊपर की जेब में रख लेता है।"

चेतन क्षण भर के लिए रुका ओर उसने ज़रा-सा हँसते हुए कहा, "मैं नहीं जानता, तुम बात के मर्म को समझ पायी हो कि नहीं, लेकिन कहानी में ओ'हेनरी ने इस मरहले पर धन के देवता कुबेर के सामने पंचशर हस्त मदन को ला खड़ा किया है।"

"लेकिन मिस लैण्ट्री का दिल तो तभी पसीजा," चन्दा ने अपनी बत्तीसी खिलाते हुए कहा, "जब प्यार की प्रतीक वह अँगूठी गिर गयी, बग्घी दो मिनटों के लिए रुकी, रिचर्ड उसे उठा लाया और उन दो मिनटों में भयंकर ट्रैफ़िक-जैम हो गया, तब लड़की ने उत्सुकता से प्यार की प्रतीक उस अँगूठी को देखना चाहा और बेध्यानी में अपनी उँगली में पहन ली। रिचर्ड उससे बात करने को दो घण्टे का समय पा गया और लड़की उससे शादी करने को तैयार हो गयी —चमत्कार तो यह प्यार-भरी उस अँगूठी का ही हुआ।"

चेतन ने ज़ोर से ठहाका लगाया, "अरे मेरी जान," उसने कहा —"अगर वह भयंकर ट्रैफ़िक जैम न होता तो न तो वह लड़की अँगूठी पहन पाती और न रिचर्ड, अपनी ऊँची शिक्षा और अपने पिता की अतुल धन-सम्पत्ति का उल्लेख करते हुए, उसे अपनी बेपनाह मुहब्बत की बात ही बता सकता और न उससे शादी का प्रस्ताव ही कर सकता। वह ट्रैफ़िक-जैम अपने आप नहीं हुआ था, बल्कि ऐन्थनी ने भारी ख़र्च करके कराया था। दूसरे दिन ऐन्थनी ट्रैफ़िक-जैम की व्यवस्था करने वाले ठेकेदार केली के बिलों का भुगतान करते हुए उसे पाँच हज़ार तीन सौ डॉलर का चेक देता है। ऐन्थनी इतनी भारी रकम ख़र्च न करता तो वह अँगूठी रिचर्ड की जेब में धरी-की-धरी रह जाती।"

चेतन ने फिर ज़ोर का ठहाका लगाया। "यहीं कथाकार ने कुबेर के मुकाबले में कामदेव की सत्ता का मज़ाक उड़ाया है —शायद तुमने वह पंक्ति नहीं पढ़ी, जब ऐन्थनी केली से पूछता है कि केली तुमने उस ट्रैफ़िक-जैम में फूलों के तीर तरकश में लिये, किसी नन्हे नंगे बालक को तो नहीं देखा।"

"केली उसकी बात नहीं समझ पाता और कहता है —किसी बच्चे की बात तो दूर रही, मैंने ऐसा ट्रैफ़िक-जैम पैदा कर दिया कि उसमें से साँप भी रेंग कर न गुज़र सके।"

चेतन फिर ज़ोर से हँसा, "चन्दा, केली तो ऐन्थनी की बात नहीं समझ पाया, लेकिन ऐन्थनी तो यही कहना चाहता है न कि उस ट्रैफ़िक-जैम में प्यार का देवता कहीं नहीं था।"

०

अपनी पत्नी के साथ उन लेखकों की सिर्फ़ तीन कहानियाँ डिस्कस करते हुए चेतन को काफ़ी समय बीत गया था। चेतन का बस चलता तो वह 'काले उकाब की वापसी' पर भी कुछ रोशनी डालता, लेकिन तभी अन्दर से मिस सुल्ताना आती दिखायी दी। चेतन ने जल्दी से मालटे के दोनों प्याले, जिनमें बीज और छिलके थे, और नमक वाला काग़ज़ अपने झोले में डाला। दोनों हाथ झाड़ कर उसने अपना कहानी-संग्रह उठाया और स्वयं भी उठा। चन्दा भी उठ खड़ी हुई। जब मिस सुल्ताना पास आ गयी तो चेतन ने उसे 'आदाब-अर्ज़' किया

और अपना कहानी-संग्रह देते हुए कहा, "मैं तो सुल्ताना जी, नया अफ़साना-निगार हूँ। यह मेरी कहानियों का दूसरा ही मजमूआ है और उसका दीबाचा उर्दू-हिन्दी के शहनशाह-ए-अफ़साना मुंशी चन्द्रशेखर ने लिखा है। अगर आप कहानियाँ पढ़ेंगी तो कोई-न-कोई आपको ज़रूर पसन्द आ जायेगी।"

मिस सुल्ताना ने चेतन का शुक्रिया अदा किया और कहा, "मैं ज़रूर पढ़ूँगी। आपकी बीवी ने अफ़साना-निगार के नाते आपकी शोहरत का काफ़ी ज़िक्र किया है। बिना अच्छी कहानियाँ लिखे तो शोहरत मिलती नहीं। मुझे पूरा यकीन है, मुझे सारी कहानियाँ पसन्द आयेंगी।"

और उसने दायें हाथ से 'आदाब-अर्ज़' करते और मुड़ते हुए कहा, "अब आपका टाइम हो गया है। इन्हें ज़्यादा न रोकियेगा, लंच का टाइम है।" सुल्ताना चली गयी तो चेतन ने बढ़ कर मुंशी चन्द्रशेखर की पुस्तकें उठायीं और वे दोनों भी सुल्ताना के पीछे-पीछे बरामदे की तरफ़ चले। सीढ़ियों पर विदा लेने के लिए चेतन रुका और उसने कहा, "चन्दा, वे दोनों कहानी-संग्रह तो तुमने पढ़ लिये हैं। अब मैं तुम्हारे लिए मुंशी चन्द्रशेखर का प्रसिद्ध उपन्यास 'सेवाश्रम' और उनकी पच्चीस कहानियों का संग्रह लाया हूँ। तुम इन्हें अन्दर रख आओ और वे कहानी-संग्रह ले आओ, ताकि मैं उन्हें वेदालंकार जी को वापस कर आऊँ।"

चन्दा ने किताब खोल कर अन्दर मुंशी चन्दशेखर का नाम पढ़ा। दोनों किताबों की मोटाई देखी और बोली, "इन्हें पढ़ने में थोड़ी देर लगेगी। क्या ख़रीद कर लाये हैं या किसी से माँग लाये हैं? इन्हें जल्दी वापस तो नहीं करना?"

चेतन ज़रा-सा हँसा, "ख़रीदने के लिए मैं पैसे कहाँ से पाता, 'अज्ञात' जी से माँग लाया हूँ। लेकिन उन्हें मुंशी चन्द्रशेखर कुछ वैसे पसन्द नहीं हैं। वे दरअसल आर्ट-फ़ॉर-आर्ट'स सेक, यानी कला के लिए कला में विश्वास रखते हैं, जबकि मुंशी चन्द्रशेखर तो समाज की भलाई के लिए लिखते हैं और फ़र्द याने व्यक्ति और समाज की उन्नति चाहते हैं। 'अज्ञात' जी अब इन्हें पढ़ेंगे तो हैं नहीं। लेकिन इन्हें लौटाना तो है ही। तुम इत्मीनान से पढ़ना और किसी दूसरे को न देना।"

चन्दा ने दोनों किताबें सँभाली और कहा, "आइए, आपको अपना बेड दिखा दूँ। लक्ष्मी से मिला दूँ। बहुत अच्छी लड़की है। और आपको देखना चाहती है। कहानी-संग्रह भी वापस कर दूँगी।"

चेतन अपनी बीवी के पीछे-पीछे वॉर्ड की ओर चल दिया।

पहला व्यवधान

□

यहाँ तक पहुँच कर चेतन की कथा में पहला व्यवधान आता है। उपन्यास को २५वें अध्याय तक पहुँचा कर अश्क जी धर्मशाला चले गये थे ताकि वहाँ से सम्बन्धित अध्याय लिख लायें। उनका इरादा था कि २५वें अध्याय से धर्मशाला वाले प्रसंग तक जो अध्याय लिखे जाने हैं, वे पूरे करके फिर धर्मशाला वाले प्रसंग से आगे के अध्याय लिखेंगे। लेकिन अभी वे ३८वें अध्याय तक पहुँचे थे कि उनका देहान्त हो गया। अश्क जी के निधन के बाद इस कथा को उनकी शैली में पूरा करना किसी और के लिए सम्भव नहीं था। इसलिए अड़तीसवें अध्याय के बाद की कथा का ख़ाका अश्क जी के नोट्स, उनके साक्षात्कारों, पत्रों, वक्तव्यों और लोगों से बार-बार की गयी बातचीत के आधार पर पेश किया जा रहा है।[१]

□

उनतालीस से चवालिस

चन्दा को गुलाब देवी टी०बी० सैनेटोरियम में व्यवस्थित करके चेतन ने अपने जीवन को व्यवस्थित करने के प्रयत्न तेज़ कर दिये। वह बाकायदगी से लॉ कॉलेज जाता। भोला के मशविरे के मुताबिक, जो उस दिन पढ़ाया जाने वाला होता, उसे पहले से पढ़ कर जाता और लौट कर एक बार फिर दोहरा लेता। जो चैप्टर समझ न आते, उन्हें या तो क्लास में प्रोफ़ेसरों से पूछ लेता या अगर छूट जाते तो अपने सहपाठी अमानत अली से पूछ आता। हर हफ़्ते 'भारत माता' के लिए एक कहानी लिखता। छोटी-छोटी कहानियों से शुरू करके वह लम्बी-लम्बी कहानियाँ लिखने की कोशिश करने लगा था। उसका हाथ सध रहा था। वह हिन्दी में भी हाथ आज़मा रहा था। हालाँकि अब भी उसकी कहानियाँ काल्पनिक और रोमानी होतीं, लेकिन धीरे-धीरे वह अपने निजी अनुभवों और अनुभूतियों को भी अपनी रचनाओं में व्यक्त करने लगा था। लम्बी कहानियाँ लिखते-लिखते वह शिमला के उन अनुभवों को भी अपनी कहानियों में उकेरने लगा था, जो उसे लाला हाकिमचन्द की बेटी के ट्यूटर की हैसियत से वहाँ जाने पर हुए थे। सी० पी० के मेले की घटनाओं पर उसने

१ देखिए भूमिका

एक लघु-उपन्यास ही लिख डाला था। कानून की पढ़ाई और 'भारत माता' के लिए हर हफ़्ते कहानी लिखने के साथ-साथ वह लाहौर के हिन्दी-उर्दू साहित्यिक हलकों में भी आता-जाता रहता। ऐसी ही एक बैठक में जब चातक जी ने उसके नाटक के सिलसिले में अपनी पुरानी शिकायतें दोहरायीं तो चेतन ने उन्हें बुरी तरह डाँट दिया था। चातक जी ने इसके बाद चेतन के प्रति अपना रवैया बदल दिया। वे उसे परास्त नहीं कर पाये तो अंग्रेज़ी की कहावत के मुताबिक उससे सहयोग करने लगे और अपनी गलदश्रु भावुकता-भरे अन्दाज़ में उसकी प्रशंसा के पुल बाँधने लगे। इसी बीच 'अज्ञात' जी से भी मिलता रहा था और उन्होंने एक दिन चेतन को अपने उपन्यास का एक अध्याय सुनाया था। उन्होंने उसे विदेशी साहित्यकारों के वे उद्धरण भी दिखाये थे, जिन्हें वे अपने उपन्यास में समोना चाहते थे। यह सब कुछ करते हुए वह हर हफ़्ते शनिवार-इतवार को गर्मियों की तपती दोपहरी में निक्कर-कमीज़ पहने, साइकिल पर आठ मील की मंज़िल तय करके सैनेटोरियम में चन्दा से मिलने जाता। उसे फल और किताबें पहुँचाता। उसका मन बहलाता। सैनेटोरियम में आने के बाद अच्छी तीमारदारी से चन्दा की सेहत बेहतर हो गयी लगती थी।

इस बीच कई घटनाएँ एक के बाद एक हुईं। चेतन के बड़े भाई का दूसरा विवाह हो गया। इससे दोनों भाइयों की रिहाइशी व्यवस्था में कुछ तब्दीलियाँ अनिवार्य हो गयीं। ग़नीमत यही थी कि सरदार जगदीश सिंह (लैण्ड-लॉर्ड ऐण्ड हाउस प्रोप्राइटर) के मकान का वह हिस्सा ख़ाली हो गया, जिसमें रहने के लिए चेतन ने सरदार जगदीश सिंह को पेशगी किराया दे रखा था। चेतन ने फौरन वहाँ रहने का प्रबन्ध किया, रसोईघर में सारे बर्तन माँज-धो कर रखे और तीसरी मंज़िल के चौबारे में प्रतिष्ठित हो गया। इस सारे परिवर्तन का एक असर तो यह हुआ कि चेतन की भोजन सम्बन्धी व्यवस्था गड़बड़ा गयी और उसे ठीक करने में चेतन को कुछ वक्त लग गया।

चेतन का सारा ध्यान, ज़ाहिरा तौर पर, अपने जीवन की इन्हीं उलझनों को उस्तवार करने में लगा हुआ था। इसी दौरान सरदार जगदीश सिंह के मकान के पिछवाड़े रहने वाले घोड़वानों की एक जवान लड़की का दिल चेतन पर आ गया। जैसा कि इस तरह के इश्क में होता है, जब अन्य उपाय काम न आये तो उस लड़की ने एक छोटे-से बच्चे को माध्यम बनाया। लड़की ने बच्चे के हाथ काग़ज़-पेंसिल भेजी और कहलवाया कि चेतन उसे अपनी शायरी लिख भेजे। चेतन जिस तरह की मनःस्थिति में था, उसे यह हरकत बेहद नागवार गुज़री और उसने उसे लड़की को बुरी तरह डाँट दिया।

धीरे-धीरे समय गुज़र रहा था और कानून की पढ़ाई का आख़िरी इम्तहान नज़दीक आ रहा था। चेतन ने भोला की राय से पढ़ाई का जो कार्यक्रम बना लिया था, उस पर वह बाकायदगी से अमल कर रहा था। जब परीक्षा में पौने दो महीने रह गये तो लॉ कॉलेज इम्तहानों की तैयारी के लिए बन्द हो गया। तैयारी की छुट्टियों से पहले चेतन जब चन्दा से मिलने गया तो उसने यह बात चन्दा को बतायी और कहा कि वह अब उससे मिलने नहीं आ सकेगा। वह सारा ध्यान अपनी तैयारी में लगायेगा ताकि डिस्टिंक्शन ले कर कानून की परीक्षा पास कर सके। चन्दा ने उसे आश्वस्त किया था कि वह फ़िक्र न करे। तब चेतन ने चन्दा से कहा कि वह भाई साहब से कहेगा कि वे हफ़्ते में एक दिन आ कर उसे फल वग़ैरा दे जाया करें, लेकिन जैसा कि उनका स्वभाव है, वे शायद इसमें कोताही करें। चन्दा

ने फिर उसे तसल्ली दी थी कि वह चिन्ता न करे; भाई साहब आयेंगे तो ठीक है, अन्यथा वह अपना ख़याल ख़ुद रख लेगी।

चेतन लौट कर पूरी तरह तैयारी में जुट गया था और धीरे-धीरे रोज़-ब-रोज़ पढ़ाई के घण्टों की गिनती बढ़ाता गया था। उधर, जैसी कि चेतन को आशंका थी, भाई साहब ने अपने स्वभावगत कैलस रवैये से काम लेते हुए चन्दा को फल वग़ैरा पहुँचाने और मिलने की ज़िम्मेदारी से कन्नी काट ली थी। बार-बार कहने पर वे एक बार २ रुपये के फल ले कर गये थे और लौट कर उन्होंने चेतन से कहा था कि उसने बेकार फल भेजे। ऊपरी तौर से भले ही चन्दा में सुधार नज़र आता है, लेकिन बीमारी उसके दोनों फेफड़ों में फैल गयी है। यह सब जान कर चेतन एक बार फिर दुविधा में पड़ गया था। उसे लगता कि जिसके लिए वह इतना तरद्दुद और जी-तोड़ श्रम कर रहा है, उसे अगर बचना ही नहीं है तो फिर उसकी मेहनत का क्या मतलब है? कुछ समय तक वह इसी सोच-विचार में डूबा रहा कि इम्तहान दे या न दे। लेकिन आख़िरकार उसने इम्तहान में बैठने और डिस्टिंक्शन से पास होने का फ़ैसला किया। वह पढ़ाई के समय को १२ घण्टे रोज़ से बढ़ा कर १८ घण्टे रोज़ तक ले आया था। अपने दिमाग़ को सब तरफ़ से काट कर उसने अर्जुन की तरह चिड़िया की आँख पर लगा दिया था। चिड़िया की आँख यानी कानून के अन्तिम वर्ष की परीक्षा।

तभी उसे ख़बर मिली कि लाहौर में आर्य समाज की जुबली के अवसर पर एक बड़ा जलसा हो रहा है —आर्य भाषा सम्मेलन —जिसमें मुंशी चन्द्रशेखर सदारत करने आ रहे हैं और कुछ दिन लाहौर में रहेंगे। चेतन का मन उद्विग्न हो उठा। मुंशी चन्द्रशेखर से उसकी लम्बी राह-रस्म थी। हालाँकि वह कभी उनसे मिला नहीं था, क्योंकि उसके संघर्षों ने उसे इतनी मोहलत और सुविधा न दी थी कि वह बनारस जा कर उनसे मिल पाता, लेकिन मुंशी जी से ख़तो-किताबत का सिलसिला कई वर्षों में फैला हुआ था। मुंशी चन्द्रशेखर ने उसकी आरम्भिक कहानियों के बारे में सुझाव दिये थे, उसकी साहित्यिक एप्रेंटिसशिप में महत्वपूर्ण योगदान करते हुए उसे प्रेरणा और प्रोत्साहन दिया था, उसकी रचनाओं को सराहा था, अपने पत्र में प्रकाशित किया था, उसके दूसरे कहानी-संग्रह की भूमिका लिखी थी, उसके साथ दुख-सुख बाँटे थे। वही मुंशी चन्द्रशेखर अब उसी के शहर में आ रहे थे। उसका जी होता था कि मुंशी जी के आने पर स्टेशन जा कर उनकी अगवानी करे और फिर जितने दिन वे लाहौर में रहें, उनके साथ-साथ रहे। लेकिन इम्तहान ऐन सिर पर थे। वह तो अख़बार तक पढ़ने का वक्त नहीं निकाल पा रहा था। वह जानता था कि उर्दू और हिन्दी के साहित्यिक हलकों में कई सभाएँ होंगी। लेकिन उसके सामने मन मसोस कर रह जाने के सिवा कोई चारा न था, क्योंकि वह ऐसे मरहले पर आ पहुँचा था, जब एक भी गोष्ठी में शामिल होने का मतलब था, उतनी देर पढ़ाई पूरी करने से रह जाना और एकाग्रता भंग होती सो अलग। अन्त में इस ऊहा-पोह से निकल कर उसने फ़ैसला किया था कि वह अपने तयशुदा कार्यक्रम पर ही टिका रहेगा। उसे सब तरफ़ से ध्यान हटा कर इम्तहान देना है। बाद में, जब वह इस सबसे फ़ारिग़ हो जायेगा तो बनारस जा कर मुंशी जी से मिल लेगा। चेतन को ज़रा भी अनुमान नहीं था कि मुंशी जी से मिलने की उसकी यह ख़्वाहिश कभी पूरी नहीं हो पायेगी; कि तीन-चार महीने बाद ही न केवल मुंशी चन्द्रशेखर का अचानक देहान्त हो

जायेगा, बल्कि उसकी अपनी ज़िन्दगी अचानक आमूल-चूल बदल जायेगी।[१]

इम्तहान बिलकुल करीब आ पहुँचे थे। चेतन आख़िरी हफ़्ते में बीस-बीस घण्टे पढ़ता रहा था। एक दिन अचानक वह किसी काम से बाहर निकला तो उसके कान में भाई छैला पटियालेवाला की खनखनाती आवाज़ में गाये गये लोकगीत के बोल गूँज उठे —गोरी तेरे गोरे गाल पर तिल का निशान है काला, हाय हाय मेरी जान तेरा नख़रा है आज निराला। बाज़ार में किसी ने रिकार्ड लगा रखा था और भाई छैला पटियालेवाला की खनकदार

---

१ अश्क जी ने अपने नोट्स में इस प्रसंग को यों लिखने की योजना बनायी थी कि मुंशी चन्द्रशेखर हिन्दी साहित्य सम्मेलन के वार्षिक अधिवेशन की अध्यक्षता करने जालन्धर आते हैं। चेतन इसलिए वहाँ जाने के लालच को दबा जाता है, क्योंकि इस चक्कर में उसका १०० पृष्ठ पढ़ना छूट जाता। यह बात अब सभी जानते हैं कि मुंशी चन्द्रशेखर का चरित्र अश्क जी ने प्रेमचन्द को सामने रख कर चित्रित किया था। इस सन्दर्भ में अनेक ब्योरे सीधे-सीधे अपनी ज़िन्दगी और प्रेमचन्द के साथ अपने सम्बन्धों के आधार पर बुने थे। लेकिन प्रेमचन्द तो १९३६ में 'गोदान' के प्रकाशित होने से दो महीने पहले ९-१० अप्रैल को लखनऊ में प्रगतिशील लेखक संघ की सदारत करने के बाद , ११ तारीख़ को लाहौर पहुँचे थे। वहाँ उन्होंने आर्य समाज की जुबली के अवसर पर होने वाले 'आर्य भाषा सम्मेलन' की अध्यक्षता की थी और दस-बारह दिन लाहौर में गुज़ारे थे। मुझे इन तथ्यों का ख़याल अश्क जी के निधन के बाद उनके नोट्स देखते हुए आया। वे ज़िन्दा होते तो मैं उनसे पूछता। अब यही अनुमान लगा सकता हूँ कि अवचेतन में अश्क जी को यह एहसास रहा होगा कि एक तो वे अपनी आत्म-कथा नहीं, बल्कि उपन्यास लिख रहे हैं। इसलिए जो पाठक 'गिरती दीवारें' के पिछले सभी खण्ड पढ़ चुके हैं, उन्हें यह बात अस्वाभाविक लगेगी कि मुंशी चन्द्रशेखर से इतना प्रेरित-प्रभावित होने के बावजूद चेतन अपने ही शहर में उनके आगमन पर उनसे मिलने न जाय। लिहाज़ा उन्होंने इस प्रसंग की सेटिंग बदल कर जालन्धर कर दी थी ताकि यह अधिक स्वाभाविक लगे कि वह पढ़ाई के सबब उनसे मिलने नहीं गया। क्योंकि लाहौर से जालन्धर एक दिन के लिए भी जाने-आने में कम-से-कम एक दिन और दो रातें तो लगतीं ही और इम्तहान सिर पर होने के कारण वह इतना समय देना गवारा नहीं कर सकता था। बहुत सोचने पर मुझे लगा कि यह प्रसंग लाहौर ही में रखना चाहिए। इससे चेतन की परिस्थिति, उसकी मनोदशा, उसके संघर्ष, उसकी विभिन्न दुविधाओं और उसकी विवशताओं का जो चित्रण अश्क जी ने अब तक किया है, वह और भी उत्कटता (poignancy) और तीव्रता से उभर आता है। अश्क जी एक निम्न-मध्यवर्गीय युवक की पाँच वर्षों की ज़िन्दगी का अन्तरंग चित्रण करना चाहते थे, कर रहे थे। ऐसे में जो लोग निम्न-मध्यवर्गीय युवकों की ज़िन्दगी से भली-भाँति परिचित हैं, वे जानते हैं कि अनेक बार ऐसे युवकों को अपने जीवन संघर्षों के कारण बहुत-सी लालसाओं का गला घोंट देना पड़ता है या उन्हें किसी और, अधिक अनुकूल समय के लिए मुल्तवी कर देना पड़ता है। इसलिए मैंने चेतन के कथा-क्रम को तरतीब देते हुए यह प्रसंग अश्क जी के नोट्स में दिये गये प्रारूप से बदल दिया। मुझे पूरा विश्वास कि वे ज़िन्दा होते तो मैं उन्हें इस प्रसंग को वैसे ही चित्रित करने के लिए राज़ी कर लेता, जैसे मैंने उसकी तरतीब दी है। अब चूँकि वे नहीं हैं, इसलिए मैंने दोनों सूरतें पाठकों के सामने रख दी हैं। आख़िर इन अनलिखे अध्यायों की मोटी-मोटी रेखाओं में ब्योरे और रंग भरने का काम तो वे अपने कल्पना ही से करेंगे। सो, इस प्रसंग के दोनों प्रारूपों को भी वे अपनी-अपनी कल्पनाओं के आधार पर पुनर्सृजित कर लेंगे और जो विकल्प उन्हें ठीक लगेगा, उसे चुन लेंगे।—नीलाभ

आवाज़ बाज़ार में गूँज रही थी। वापस आ कर चेतन फिर पढ़ाई में लग गया, पर बीच-बीच में भाई छैला पटियालेवाला की आवाज़ उसके कानों में गूँज जाती।

अन्ततः परीक्षा का दिन आ पहुँचा। आख़िरी रात चेतन पल भर को भी न सोया था। पिछले २४ घण्टे से वह लगातार पढ़ता रहा था। लेकिन हैरत की बात थी कि सुबह वह ज़रा भी थकान नहीं महसूस कर रहा था। न उसकी आँखें भारी हुई थीं, न शरीर। तैयार हो कर वह इम्तहान देने पहुँचा था। जैसा कि उसे भोला ने बताया था, ठीक वैसे ही उसने ध्यान से दो बार पेपर पढ़ा था। फिर सवाल चुन कर, समय बाँध कर उसने उत्तर लिखे थे और समय से पहले पेपर ख़त्म कर लिया था और एक बार दोहरा कर भी देख लिया था। उसका आत्म-विश्वास इतना बढ़ गया था कि साक्ष्य (evidence) का पेपर आसान आ गया तो ख़ुशी के मारे वह पहला सवाल ही ग़लत कर आया था। लेकिन कुल मिला कर उसके पेपर अच्छे हुए थे और उसे पूरी उम्मीद थी कि वह डिस्टिंक्शन के साथ पास हो जायेगा।

□

इसके आगे की घटनाओं और प्रसंगों से अगला खण्ड शुरू होता है। जैसे कि अश्क जी की शैली थी, उन्होंने सुविधा के लिए ऊपर दी गयी कथा का कुछ अंश तथा कुछ अन्य प्रस्तावित अध्यायों का सार संक्षेप में अगले खण्ड के पहले अध्याय में दे दिया है। मूल रूप से अश्क जी का इरादा ऊपर दिये गये कथा-संक्षेप को ३५वें अध्याय से ले कर ४०वें अध्याय में देने का था। लेकिन व्यवधान से पहले, प्रस्तावित ३४ अध्यायों की जगह ३८ अध्याय बन गये थे, जिसका अर्थ है कि ३५वें अध्याय का क्रम अब ३९ हो जाना था। यहाँ यह ध्यान रखना चाहिए कि अश्क जी लिखने के क्रम में अध्यायों को गिनने से अधिक इस बात पर ज़्यादा ज़ोर देते थे कि जो वे कहना चाहते हैं, वह कह दिया जाय या अगर कथा के स्वाभाविक विकास में कुछ नया उभर आता है तो उससे गुरेज़ न किया जाय। इसलिए यह सम्भावना तो थी ही कि ऊपर का कथा-संक्षेप प्रस्तावित ६ अध्यायों के स्थान पर अधिक अध्यायों का बन जाता। तो भी उनके मूल ख़ाके को सामने रखते हुए ऊपर के कथासार के लिए ६ अध्यायों की गुंजाइश ही रखी गयी है। अगला खण्ड इसीलिए ४५वें अध्याय से शुरू होता है।

□□

पैंतालीस

चेतन देवराज की सराय से बाहर निकला। उसकी नज़र सामने कोऑपरेटिव बैंक से ज़रा परे एक-मंज़िली 'जेल डिस्पेंसरी' के साथ बिछे हुए घास के मैदान पर गयी। फिर वहाँ उन दोनों छोटी इमारतों की सलेटी छतों के ऊपर, कुछ अजीब तरह का आतंक और सौन्दर्य उपजाते, आकाश को जैसे अपने शिखरों पर उठाये, धौलाधार पर जम गयी।

हालाँकि मुश्किल से सुबह के आठ बजे होंगे, लेकिन धूप चटक निकल आयी थी और धौलाधार के शिखरों पर बर्फ़ की धारियाँ आँखों को बेतरह चौंधियाती थीं। अपने उलझे हुए विचारों को सुलझाने और आगे का प्रोग्राम बनाने के विचार से चेतन सीधा चलता हुआ मैदान के पार, परले किनारे की गझिन हरी मेड़ पर जा बैठा।

उसके पैरों के नीचे छोटी-छोटी फुत्णु, बसूटी और न जाने अन्य किन जंगली पौधों और जड़ी-बूटियों की झाड़ियाँ हल्की-सी हवा के संस्पर्श से लहरा रही थीं। उनके बाद नीचे कच्ची सड़क थी, जो पालमपुर को चली गयी थी। घाटी के बीचोंबीच पहाड़ी नाला, बल खाता हुआ बह रहा था, जिसके बड़े-बड़े पत्थरों में पानी की लकीरें लिश्कारा मार रही थीं। उसके दोनों किनारों पर धर्मशाला का नगर बसा था। छोटे-छोटे मकान घाटी में फैले, दायीं ओर छिदरे होते हुए, दूर दाड़ी के छोटे-से गाँव तक चले गये थे और बायीं ओर धीरे-धीरे बुलन्द होते हुए, हरे-भरे जंगल में झाँकते मकानों के साथ मैक्लोडगंज तक चले गये थे।

चेतन को यह दृश्य कुछ-कुछ शिमले के क्लार्क होटल की रेलिंग से देखे हुए दृश्य-सा लगा।....“शाम को जब बत्तियाँ रोशन हो जाती होंगी तो यह बहुत ही आकर्षक लगता होगा,” उसने मन-ही-मन कहा। इस वक्त तो खिली हुई धूप में चमकती उनकी टीन और स्लेट की छतें बड़ी भली लग रही थीं। घाटी से परे एक-दूसरी के पीछे उभरती छोटे पहाड़ों की पंक्तियों के परिपार्श्व में आकाश का सीना भेदता हुआ धौलाधार, बर्फ़ की धारियों के साथ एकदम निकट लग रहा था —यही जैसे आध-एक मील के फ़ासले पर!....लेकिन चेतन जानता था कि उस तक पहुँचने के लिए मीलों की मंज़िल मारनी होगी।

फुत्णु की झाड़ी से पैर टिकाये, मुड़े हुए घुटने पर कोहनी और हथेली पर ठोड़ी रखे चेतन व्यामोहित-सा धौलाधार पर फैली बर्फ़ की धारियों को देखने लगा। उसकी निगाहें अचानक सामने एक चोटी से नीचे को बिछी सफ़ेद जाजिम ऐसी बर्फ़ की परत पर चली गयीं। लगता था, जैसे वह सफ़ेद जाजिम हवा के ज़ोर से उलट कर नीचे को फैल गया है। चेतन निर्निमेष उस बल खाते ग्लेशियर को देखने लगा।

कुछ क्षण बाद उस सौन्दर्य को देखते हुए उसके अन्तर की निगाहें अप्रकट रूप से कहीं दूर पिछले हफ़्ते-डेढ़ हफ़्ते की घटनाओं में खो गयीं।

....अचानक उसके दिल में गहरी हूक-सी उठी —यह दुनिया कैसी है। आदमी अपने किसी घनिष्ठ या आत्मीय के लिए अपनी सारी शक्ति लगा देता है। उसके सारे काम सँवारता है। उसे सुखी और सफल बनाने के लिए अपने दुःख और कष्ट की ज़रा भी परवाह नहीं करता, लेकिन उसका वह मित्र या कौटुम्बी उस सब को एकदम भूल जाता है और

वक्त पर तिनका भी तोड़ कर नहीं देता।

०

०

....चेतन हर हफ़्ते शनि और इतवार को जून की तपती दोपहरी में निक्कर-कमीज़ पहने, नंगे सिर, आठ मील की मंज़िल पार कर, मॉडल टाउन से आध-एक मील आगे 'गुलाब देवी टी०बी० सैनेटोरियम' में अपनी बीवी को देखने जाता था। उसकी नंगी पिंडलियाँ दुखने और जलने लगती थीं। लेकिन उसके पास केवल एक-दो पतलूनें और कमीज़ें थीं, जिन्हें वह कॉलेज जाते वक्त पहनता था, वरना आम दिनों में केवल तहमद या निक्कर इस्तेमाल करता था।

उसे अपनी पिंडलियों के जलने या दुखने की परवाह न थी। अपनी भोली-भाली, बीमार पत्नी को देखने जाना, उसका दिल बहलाना, उसे बेहद ज़रूरी लगता था और उसके लिए फल या 'अज्ञात' जी से उपन्यास या कहानी-संग्रह ले कर साइकिल दौड़ाता हुआ वह सोत्साह चला जाता था। थक जाता था तो रास्ते के इच्छरा गाँव के छोटे-से पुल पर या नहर के किनारे या सड़क के किसी घने पेड़ की छाया में सुस्ता लेता था। सैनेटोरियम पहुँच कर वह चन्दा के साथ बैठता। उसका मन बहलाता। उसे अपने दिन का कार्यक्रम बताता। अपनी कोई कविता सुनाता या कोई चुटकुला अथवा लतीफ़ा सुना कर उसे हँसाता और दिल-ही-दिल में अपने इस प्रयास पर प्रसन्न होता।

चन्दा का शरीर प्रकट स्वस्थ हो रहा था। चेहरे से रोग के लक्षण दूर हो रहे थे। वह अपने दाँतों के मोती बात-बात पर बिखेरने लगी थी। और वह उसके साथ बैठा हुआ भविष्य के सपने बुनने लगता था।

चेतन ने इस बीच कृष्णलाल भोला की देखा-देखी अपनी पढ़ाई का भी एक निश्चित कार्यक्रम बना लिया था। जिस विषय के पीरियड होते, वह घर से पढ़ कर जाता। अपने लेक्चर बड़े ध्यान से सुनता और एक तरह उस पाठ को दोहरा लेता। बीच के अन्तराल में 'भारत माता' के लिए लिखी जाने वाली कहानी के दो-एक पैरे लिखने की कोशिश करता। घर आ कर पुनः पाठ दोहरा लेता। कहीं समझने के कुछ कठिनाई होती तो प्रथमतः वह क्लास में प्रोफ़ेसर से पूछ लेता। अगर वे लेक्चर देने के प्रवाह में आगे चले जाते तो निकट ही लॉ कॉलेज हॉस्टल की दूसरी मंज़िल के कमरा नम्बर १२ में रहने वाले सहपाठी चौधरी अमानत अली के यहाँ चला जाता और उससे अपनी कठिनाई दूर कर लेता।

चेतन ने इस प्रक्रिया से अपने पाठ्य-क्रम को तीन बार तो पढ़ ही लिया था। इससे ज़्यादा पढ़ना अपनी उन परिस्थितियों में उसके लिए लगभग असम्भव था। उसने सरदार जगदीश सिंह (लैण्ड लॉर्ड ऐण्ड हाउस प्रोप्राइटर) के उन खिलन्दरे बच्चों की ट्यूशन छोड़ दी सही, पर उसे हर हफ़्ते 'भारत माता' के लिए कहानी लिखनी पड़ती थी और वह दो पीरियडों के अन्तराल में भी दो-एक पैरे लिख लेता था। इस तरह सप्ताह में कहानी पूरी कर लेता था। अपने समय का हर क्षण वह काम में लगाता था। परीक्षा के लिए तैयारी की छुट्टियों में वह अपने पाठ्यक्रम को कम-से-कम दो बार पढ़ लेना और ज़रूरी प्रश्नों के उत्तर रट लेना चाहता था।

इसलिए जब परीक्षा से पौने दो महीने पहले लॉ कॉलेज बन्द हो गया और छुट्टियाँ शुरू हो गयीं तो उसने चन्दा से कहा था —"मेरी जान, अब मैं पौने दो महीने तुमसे मिलने नहीं आऊँगा। मैंने सारी किताबों के पृष्ठ जोड़े हैं। इस अर्से में मुझे दो बार उन्हें पढ़ना है। और ज़रूरी सवाल याद करने हैं। अगर मैं रोज २०० पृष्ठ नहीं पढ़ता तो मैं अच्छे नम्बरों से पास नहीं हो सकता। लोग तो मुझे मामूली सेकेण्ड डिवीज़न देने पर तुले हुए हैं। वे कहते हैं कि जब हफ़्ते में दो पूरे दिन अपनी बीवी को देखने में गुज़ार देता हूँ तो कितना भी पढ़ूँ, मुझे मामूली सेकेण्ड डिवीज़न के अलावा कुछ नहीं मिल सकता। लेकिन चन्दा, मैंने भोला के परामर्श से सब कुछ तय कर रखा है। मैं पहले १२ घण्टे, फिर १८ घण्टे और फिर आख़िरी हफ़्ते में २२ घण्टे की औसत से पढ़ूँगा। मैं एक मिनट भी नष्ट नहीं करूँगा...."

सहसा उसकी बात काट कर चन्दा ने उदास भाव से कहा था, "आप इतनी मेहनत करेंगे तो बीमार हो जायेंगे। फर्स्ट डिवीज़न भी आ गया, डिस्टिंक्शन भी ले ली और सब-जज भी बन गये तो क्या होगा, सेहत ही न रही।"

चेतन हँसा था। "तुम मेरी फ़िक्र न करो, मेरी जान," उसने कहा था, "मुझे कुछ नहीं होगा। भोला इतना ही पढ़ता है। कैसे पढ़ता है, क्या खाता-पीता है, मैं सब जान गया हूँ। मैं भी वही सब करूँगा। बस, तुम मुझे इस बात की इजाज़त दे दो कि अब मैं तुम्हें देखने न आऊँ। पौने दो महीने तुम किसी तरह काट लो। मैं काफ़ी किताबें तुम्हें दे जाऊँगा। अगर मुझे डिस्टिंक्शन लेनी है तो मैं शनि-इतवार नहीं आ पाऊँगा। मैं दिन-रात पढ़ूँगा, डिस्टिंक्शन लूँगा। जो लोग मुझे मामूली सेकेण्ड डिवीज़न देते हैं, उनको पछाड़ कर दिखा दूँगा और यह भी दिखा दूँगा कि मेरी सेहत बिलकुल भी ख़राब नहीं हुई।"

चन्दा ने अपने दाँतों के मोती खिला दिये थे। "आप भी मेरी चिन्ता न करें। यहाँ मिस सुल्ताना और मेरी दूसरी मरीज़ साथिनें मेरा बहुत ध्यान रखती हैं। फिर आप तो हर वक्त मेरे साथ —मेरे दिल में रहते हैं। आप पूरा मन लगा कर पढ़ें। मेरी सेहत तो आप देख ही रहे हैं कितनी अच्छी हो गयी है। मैं मोटी हो गयी हूँ। मेरे कपड़े तंग हो गये हैं।...."

और वह हँसी थी !

चेतन को बहुत अच्छा लगा था। उसने कहा था। "यूँ, मैं भाई साहब से कहूँगा कि इतवार को दुकान बन्द होने पर हफ़्ते-पखवाड़े एक बार तुम्हें देख जाया करें। लेकिन वे जैसे कैलेस हैं, मुझे यकीन नहीं कि वे ऐसा करेंगे। वे न आयें तो भी तुम फ़िक्र मत करना।"

उसकी भोली-भाली पत्नी ने उसको पूरी तरह आश्वस्त कर दिया था।

सैनेटोरियम से वापस आ कर चेतन ने अपने बड़े भाई से यही बात कही थी। उन्होंने वादा भी किया था, लेकिन उन पौने दो महीनों में सिर्फ़ एक इतवार वे फल ले कर गये थे, फिर काम के बहाने उस ज़िम्मेदारी से कन्नी काट गये थे।

चेतन अपने भाई की मनोवृत्ति से पूरी तरह वाकिफ़ था। उनमें, अनन्त में, चाची लालदेई और माँ में कोई फ़र्क नहीं था....वे सब उसे मूर्ख समझते थे। भाग्य और ज्योतिष में पूरा विश्वास रखते थे। एक दिन भाई साहब ने उसकी जन्म-कुण्डली और हाथ देख कर कहा था, 'तुम्हारे भाग्य में एक से ज़्यादा शादियाँ लिखी हैं।' और उनके लिए इतना

जानना ही काफ़ी था। उसी क्षण उन्होंने चन्दा में दिलचस्पी लेना छोड़ दिया था। जब उनकी अपनी पत्नी बीमार हुई थी तो उन्होंने मेज़ पर अपनी कुण्डली बिछा कर देखी थी, हिसाब लगाया था कि अब वह नहीं बच सकती। इसके बाद चेतन ने अपनी पत्नी के साथ अपनी भाभी की जो भी सेवा की हो, भाई साहब ने तिनका तक न तोड़ा था। वे न कभी उसके पास बैठे थे, न उन्होंने कभी उसके साथ खाना खाया था और न हर शनिवार और इतवार को सिनेमा देखना छोड़ा था।

चेतन की आँखों में वे सारे प्रयास, मेहनत, कष्ट घूम गये, जो उसने अपने बड़े भाई की दुकान को जमाने के लिए किये थे। रात दो बजे सोने के बावजूद वह सुबह उठता था। उनके दुकान जाने से पहले वहाँ जा कर उनका क्लीनिक झाड़ता-बुहारता था। थूकदानी साफ़ करता था। मेज़ ठीक करता था। पानी भरता था और वापस घर आ कर उन्हें दुकान भेजता था। फिर वह एक-आध घण्टा सो जाता था। उनकी दुकान के लिए जहाज़ी बोर्ड बनवाने की ख़ातिर उसने अतिरिक्त मेहनत करके उस साले चौधरी ग़ज़नफ़र अली के लिए कहानियाँ लिखी थीं। उनकी दुकान में पार्टीशन और पर्दे लगाने के लिए उसने पत्र-पत्रिकाओं में अनुवाद किये थे। उनके लिए नयी कुर्सी ख़रीदने की ख़ातिर चेतन ने इसी चन्दा के कीमती ज़ेवर दे दिये थे। दस रुपये महीना उन्होंने वापस करने को कहा था कि वह उसे दोबारा ज़ेवर बनवा कर दे सके। लेकिन एक पैसा उन्होंने नहीं दिया था। वे इतने निर्मम और स्वार्थी थे कि एक बार सैनेटोरियम जाने के बाद उन्होंने उधर का रुख़ नहीं किया था।

....परीक्षा के बाद जब सैनेटोरियम वालों ने उससे कहा था कि अब वह चन्दा को घर ले जाये, और यह भी संकेत दिया था कि यद्यपि उसका वज़न बढ़ गया है, लेकिन बीमारी उसके दोनों फेफड़ों में फैल गयी है तो वह उसे घर लाने के बदले चातक जी के नये मकान में ले गया था। वह नहीं चाहता था कि जो बीमारी उसकी भाभी से उसकी पत्नी को लग गयी, वह उसकी पत्नी से उसकी नयी भाभी को लग जाये, जो सैनेटोरियम से उसकी पत्नी के रिलीज़ होने के कुछ ही महीने पहले, भाई की दूसरी शादी के बाद आयी थी।

चातक जी की पत्नी और बच्चे मध्य प्रदेश में उनके गाँव गए हुये थे। पत्रिका के बन्द होने के बाद उन्होंने अपने साले के साथ मिल कर (ज़ाहिर है अपनी और अपने साले की पत्नी के गहने गिरवी रख के) हस्पताल रोड पर एक बड़ा प्रेस लगाया था और 'बन्दे मातरम' के पीछे बनने वाली नयी आबादी में एक बढ़िया दो-मंज़िला मकान किराये पर लिया था और एक बड़े प्रेस के मालिक के अनुरूप शान-बान से रहने लगे थे।

पत्नी को हस्पताल से लाने से पहले उसने उनसे बात की थी और कहा था कि पैसा अख़बार स्ट्रीट के मकान में तो एक ही कमरा है, जो उसकी नयी भाभी के पास है। वह चाहता है कि हस्पताल से लाने के बाद अपनी पत्नी को सात-दस दिन लाहौर रखे और मित्रों और डॉक्टरों से परामर्श करके अगला प्रोग्राम बनाये तो उन्होंने झट अपना मकान पेश कर दिया था कि उसके बड़े हवादार कमरे में उसका पलँग लगा दिया जायेगा। छत पर पंखा लगा है। उसे कोई तकलीफ़ नहीं होगी। जब चन्दा 'प्रभाकर' पास है, काव्य में रस भी लेती है तो वे पूरी कोशिश करेंगे कि उसका मन भी लगा रहे। वह चन्दा को ले आया था और चातक जी के निवास-स्थान के उस खुले हवादार कमरे में उसका पलँग लगा दिया

गया था।

चन्दा को थोड़ी पेट की तकलीफ़ थी और हलवाई का दूध उसे पचता नहीं था। तब उसने अपने बड़े भाई से कहा था कि जब सुबह तड़के बकरीवाला उधर से गुज़रे तो वे उससे चन्दा के लिए लोटा भर बकरी का दूध ले लिया करें। वह आ कर ले जाया करेगा। लेकिन भाई साहब सुबह सैर के लिए निकल जाया करते थे और उसकी नयी भाभी ने एक बार भी दूध लेने की तकलीफ़ गवारा नहीं की थी। करती भी कैसे ! अपनी आदत के मुताबिक भाई साहब ने उसे चेतन अथवा चन्दा के बारे में कुछ भी तो नहीं बताया था कि वह उनके लिए इतना तरद्दुद करती।....

०

०

मेड़ पर बैठे-बैठे, मुड़े हुए घुटने पर कोहनी टिकाये, हथेली पर ठोढ़ी रखे, प्रकट धौलाधार की चोटी पर उस उलटे हिमानी जाजिम को देखते हुए चेतन के होंटों पर बहुत ही उदास और तिक्त मुस्कान खेल गयी। उसे याद आया, दो बार चन्दा ने पैसा-पैसा जोड़ कर रखी हुई अपने रुपयों की पोटली ज़रूरत पड़ने पर हँसते माथे अपने जेठ के हाथ पर रख दी थी। अपनी जिस छोटी भाभी से उसके जोड़े हुए पैसे तक लेने में उसके इन बड़े भाई को कभी संकोच नहीं हुआ था, उसकी बीमारी में वे उसे तसल्ली तक देने नहीं जा सके थे। सुबह की सैर का क्रम छोड़ कर उसके लिए एक बार भी तो बकरी का दूध नहीं पहुँचा सके थे।.... हो सकता है कि बकरी का दूध भी चन्दा को कोई लाभ न पहुँचाता, लेकिन चेतन को उनसे कोई शिकायत तो न होती। उसे वहम था कि बकरी का दूध यक्ष्मा के रोगियों के लिए बेहद लाभकारी है। उसने इस सिलसिले में कहीं महात्मा गांधी का कोई कथन पढ़ा था और यह तो सभी जानते थे कि महात्मा जी बकरी का दूध पीते थे। एक बकरी सदा उनके साथ रहती थी। यहाँ तक कि जब वे गोल-मेज़ कॉनफ़रेन्स में शामिल होने के लिए इंग्लिस्तान गये थे तो बकरी भी जहाज़ में उनके साथ थी....उसके बड़े भाई उसकी बीमार पत्नी के लिए ज़रा-सा कष्ट भी नहीं उठा सके, इसका चेतन को बड़ा मलाल था।

०

....चेतन ने जालन्धर पहुँच कर सबसे पहले माँ से उनकी शिकायत की थी और क्रोध में कहा था कि वह अब उनसे किसी तरह का ताल्लुक नहीं रखेगा। तब माँ ने कहा था कि उसे अपना फ़र्ज़ पूरा करना चाहिए और दूसरा करता है या नहीं, इसकी चिन्ता नहीं करनी चाहिए।

'रामानन्द ने पहले कदे घर'च किसे लई कुझ नहीं कीत्ता ते हुण कित्थों करदा,' माँ ने कहा था....यानी उसके बड़े भाई ने पहले किसी के लिए कभी कुछ नहीं किया तो अब वह कहाँ से करते और माँ ने अपनी ठेठ पंजाबी में जो कहा, उसका यही सारांश था कि वह स्वयं इतना रोती-झींकती थी, लेकिन उसका वह बड़ा बेटा 'मष्ट मार कर' सुनी-अनसुनी करके, दिन-दिन भर ताश, शतरंज और चौपड़ में वक्त नष्ट करता था। 'इह ताँ बच्चेया, तूँ मेरा दुख वेख्या ते अपने भरा नूँ किसे आरेह लगाया ते मेरी चिन्ता दूर

कीत्ती।' माँ ने कहा था कि यह तो बच्चे तूने मेरा दुख देखा और अपने भाई को किसी काम से लगाया और मेरी चिन्ता दूर की।.....माँ ने उसे समझाया था कि भगवान सबको दूसरों के लिए कुछ करने की सुमति नहीं देता। जिन्हें देता है, उन्हें शक्ति और सामर्थ्य भी देता है। तुझे भगवान ने दोनों दी हैं, तू अपना कर्तव्य कर और दूसरों की दूसरों पर छोड़ दे और माँ ने वह पुरानी कहावत दोहरायी थी —'अपनी तोड़ निभाइए ओह दी ओह जाणे।'[१]

चेतन चुप हो गया था। उसका क्रोध भले कम हो गया हो, पर उसका मलाल पूर्ववत कायम था और धर्मशाला के घास के उस मैदान पर बैठे उसके अन्तर का क्लेश उसके मन-मस्तिष्क पर छा गया था।

०

....एक ही पोज़ में बैठे-बैठे चेतन का घुटना दर्द करने लगा था और धौलाधार के उस हिमानी जाजिम पर लगी उसकी आँखें थक गयी थीं।

चेतन ने कोहनी घुटने से हटा ली और आँखें बन्द कर लीं। उसकी आँखों में सफ़ेद के बदले काले जाजिम-ऐसा धब्बा आ गया। चेतन ने आँखें खोल दीं। आँखों में चौंधियाहट थी। फिर बन्द कीं। फिर वही धब्बा....। चेतन उठा। मेड़ के किनारे-किनारे घूमने लगा। उसकी निगाहें धौलाधार के बदले कभी फुत्णु के पीछे उगी, उससे सिर निकालती हुई बड़ी-सी, लम्बे-लम्बे पान के पत्तों ऐसी बसूटी की झाड़ी पर चली जाती, कभी पालमपुर को जाने वाली कच्ची सड़क, कभी नीचे घाटी में फैले मकानों, कभी नाले के बड़े-बड़े पत्थरों पर, और कभी उनमें चमकती पानी की लकीरों पर बिछलती हुई बेमकसद भटकती, लेकिन उसका अन्तर वह सब देख कर भी जैसे न देख रहा था और अभी वहीं उलझा था।

०

०

....उसकी आँखों के सामने चातक जी का मँझला कद, बबुओं का-सा गोरा मुख, चौड़े माथे पर बार-बार गिरती बालों की लट और जैसे बेहड्डी के, लिजलिजे-से गोरे हाथ आ गये। चातक जी ने 'राजपूताने का भीष्म' के सिलसिले में उसके साथ जो स्वार्थ-भरी टुच्ची हरकत की थी, उस पर चेतन को बेहद ग़ुस्सा आया था। लेकिन जब उसका नाटक न केवल छप गया, वरन उनके मुकाबले में पाठ्यक्रम में स्वीकार भी हो गया तो वे हिन्दी पाठ्यक्रम समिति के सदस्यों के सामने जा कर जिस तरह रोये, चेतन को उन पर दया आ गयी थी। उसी सिलसिले में उससे उनकी सख़्त झोड़ भी हो गयी थी। चेतन ने बेभाव की कहनी-अनकहनी उन्हें सुनायी थीं। मज़े की बात यह है कि उस घटना के बाद वे चेतन का और भी आदर करने लगे थे। वे उस पर स्नेह जताते और गोष्ठियों में बड़े अतिशयोक्तिपूर्ण शब्दों में उसकी प्रशंसा करते। उनमें कुछ अजीब तरह का स्वार्थ-भरा टुच्चापन, सादालौही-भरी उदारता, मूर्खतापूर्ण अहं और भयंकर कायरता थी। चेतन ने भी उन्हें क्षमा कर दिया था। क्रोध के बदले उसे उन पर दया ही आती थी।

यह अजीब बात है कि वह बबुआ-सा कवि अपने आप को हिन्दी का 'बायरन' मानता था और यह भी मानता था कि उसके रूप और उसके काव्य पर नारियाँ अनायास

---

१ अपनी टेक अन्त तक निभाओ, उसकी वह जाने।

विमुग्ध हो जाती हैं और उस पर अपना प्रेम न्योछावर करने को विवश हैं। इस सिलसिले में उनके यहाँ उम्र की भी कोई कैद नहीं थी। कमसिन किशोरियों से ले कर अधेड़ अथवा विधवा महिलाओं पर वे समान रूप से प्यार लुटा सकते थे। उनको ले कर लम्बी-लम्बी, लिजलिजे प्रेम से ओत-प्रोत रोमानी कविताएँ सृजते थे। उन्हें बड़े गर्व से मित्रों को सुना कर अपने 'बायरन' होने का प्रमाण देते थे। यदि कोई लड़की या महिला भूले से उनकी कविता की प्रशंसा कर देती तो वे तत्काल उसे अपनी प्रेमिका मान लेते और एक लम्बी कविता उस पर धर घसीटते।

बस, उन्हें नफ़रत थी तो केवल अपनी पत्नी से। पर-पत्नी-प्रेम को वे मन-ही-मन में बहुत ऊँचा दर्जा देते थे। इस सिलसिले में मित्र-शत्रुओं की पत्नियों की भी कोई कैद नहीं मानते थे। दोनों के लिए उनके प्रेमी हृदय के कपाट चौपाट खुले रहते थे। उनकी प्यासी रूह, प्रेम की स्वाति-बूँद के लिए अनुक्षण छटपटाती थी।

जब चन्दा उनके यहाँ आ गयी और बड़े हवादार कमरे में उसका पलँग लग गया तो पहले वे उसे ज़रा दूर बैठ कर अपनी लम्बी कविताएँ सुनाते थे। चन्दा स्वभावतः चुप रहती थी, लेकिन इस बात की उन्हें कोई चिन्ता नहीं थी कि अपने प्रेस को उसके हाल पर छोड़ कर वे उस कमरे में आ बैठे थे और उसकी पत्नी का दिल बहलाने के लिए दिन-दिन भर अपनी कविताएँ सुनाते थे। शाम के वक्त चन्दा को हल्की-सी हरारत भी हो जाती थी और वह लेट जाती थी, लेकिन उन्हें इस बात की भी फ़िक्र न थी। वे समझते थे कि उनकी कविताएँ वे रामबाण हैं, जो उसकी व्याधि को भगा देंगी।

चेतन तो दिन भर मारा-मारा फिरता था। वह न केवल 'भारत माता' और दूसरे पत्रों के सम्पादकों के पास जाता था कि जालन्धर से उन्हें अपनी रचनाएँ भेज सके, बल्कि चन्दा के सिलसिले में भी वह अपने मित्रों से सलाह-मशविरा करता था। जितने मुँह थे, उतनी बातें थीं। जितने लोग थे, उतने ही सुझाव थे। और चेतन कुछ भी तय न कर पा रहा था।

वह जब घर आता तो चन्दा उसे चातक जी की हरकतों के बारे में बताती। वे अब उसके पलँग के पास कुर्सी ले आये थे और निकट बैठ कर उसे काव्यामृत पिलाते थे। चेतन जानता था कि अब वे आगे बढ़ कर उसके सिर पर हाथ फेरेंगे, उसे तसल्ली देंगे और वह प्रतिरोध न करेगी तो उसके प्रेम में एक कविता लिख कर उसे सुनायेंगे। अपने आपको प्रेमी रावण की भूमिका में रख कर प्रेम-निवेदन करेंगे और उसका हाथ अपने लिजलिजे हाथ में ले कर सहलायेंगे और अपने अबाध प्रेम की सौगन्ध खायेंगे।

चेतन ने अपनी बीवी से कह दिया था कि तुम्हारा मन हो तो मैं तुम्हें कुछ नहीं कहता, लेकिन ज़रा भी अच्छा न लगे तो एक झटका दे देना, वे फिर हमेशा के लिए ठीक हो जायेंगे। वे गुण्डे नहीं, परम कायर हैं।

सौभाग्य से उसकी नौबत नहीं आयी। कविता उन्होंने ज़रूर लिखी, वे उसे ले कर एक सुन्दर कविता लिख रहे हैं, इसका ज़िक्र भी किया, लेकिन इससे पहले कि वे उसे सुनाते, चेतन ने अपनी पत्नी की मौजूदगी में हँसते हुए शुरू के दिनों में कृष्णा गली का किस्सा सुना दिया —

"चातक जी," उसने कहा, "यह चन्दा देखने में निहायत भोली-भाली और चुपीती

लगती है, पर इसके अन्दर एक शेरनी भी छिपी बैठी है। उन दिनों की बात है, जब यह बहन कृपाल देवी के स्कूल में पढ़ती थी और हम कृष्णा गली में रहते थे। अब यह तो स्कूल जाती थी, मैं दिन-रात काम करता था। लाहौर के बाज़ारों की बात तो आप जानते ही हैं। साले दुकानदार, दुकानों पर बैठे किसी नौजवान औरत को जाते देख कर सीने पर हाथ रख कर आहें भरते हैं और तरह-तरह के अश्लील जुमले कसते हैं। मैंने एक दिन इससे कहा कि देखो मेरी जान, तुम नौजवान लड़की हो, तुम्हें मैं ज़ंजीरें डाल कर घर में कैद नहीं कर सकता, लेकिन अगर कभी तुम्हारे बिन चाहे कोई गुण्डा भी तुम्हें छेड़े तो पकड़ कर एक ज़ोर का झापड़ उसके रसीद कर देना। बाकी बाज़ार वाले उसकी मरम्मत कर देंगे।"

चेतन हँसा और उसने कहा था — "मैंने तो यह बात नीम-मज़ाक और नीम-संजीदगी में कही थी, लेकिन यह एक दिन मेरे बड़े भाई के साथ नुमाइश देखने गयी और इसने सचमुच भीड़ में चुटकी काटने वाले एक आदमी को बाँह से पकड़ कर उसके दो झापड़ जड़ दिये। बाकी लोगों ने उसे इतना पीटा कि इसके चरणों में झुक कर उसने कहा कि तुम मेरी माँ हो, तुम मुझे माफ कर दो...."

और चेतन ने अपनी पत्नी के सचमुच शेरनी होने का एक मनगढ़न्त किस्सा और सुना दिया, जिसमें चन्दा ने छेड़ने वाले एक गुण्डे को सरे बाज़ार बुरी तरह पीट दिया था।

चातक जी ने ये किस्से सुने तो कुर्सी को परे ले जा कर अपनी पुरानी जगह जा बैठे थे।

o

....लेकिन चेतन वहाँ अपनी पत्नी के साथ ज़्यादा दिन नहीं रहा। सातवें दिन ही उसने चन्दा को जालन्धर ले जाने का फ़ैसला कर लिया था। वह जानता था कि जितने दिन वह लाहौर में रहेगा, भाई साहब की निर्ममता, स्वार्थपरता और अपने छोटे भाई की बीमार पत्नी के लिए बकरी का दूध न लेने का छोटा-सा कष्ट भी न उठाने की बात उसे सालती रहेगी।

उस दिन सुबह अनारकली में अचानक उसकी भेंट पण्डित धर्मदेव वेदालंकार से हो गयी थी। जब उन्होंने उसकी पत्नी का हाल-चाल पूछा और उसने चन्दा के बारे में विस्तार से बताते हुए उनकी राय चाही तो उन्होंने उसे अपनी पत्नी को अविलम्ब धर्मशाला ले जाने की सलाह दी।

"देखिए चेतन जी," उन्होंने जैसे उसकी हित-चिन्ता ही में कहा था, "लाहौर में तो बेपनाह गर्मी पड़ती है। यहाँ आपकी पत्नी की बीमारी छलाँगें मारती हुई बढ़ेगी। मेरी मानें तो उन्हें धर्मशाला ले जायें। उन्होंने उसे समझाते हुए कहा था, "धर्मशाला चार हज़ार फ़ुट की ऊँचाई पर है। वहाँ का जल-वायु ख़ुश्क है और यक्ष्मा के रोगियों के लिए बहुत लाभकर है। वर्षा होती है, लेकिन बादल छँटने पर फिर गर्मी हो जाती है। सील और नमी कम है। वहाँ एक सैनेटोरियम भी है, लेकिन जो लोग मँहगा सैनेटोरियम अफ़ोर्ड नहीं कर सकते, वे अलग कमरे ले कर रहते हैं। मैं तो पाठ्य-पुस्तकों की छपाई के कारण रुका हूँ। ज्यों ही ख़त्म हुई, मैं कशमीर भाग जाऊँगा। मेरी मानें और आप किसी तरह कर सकते हों तो अपनी पत्नी को दो महीने के लिए धर्मशाला ले जायें। वहाँ दो कमरे ले लें या और भी

अच्छा हो, अगर वहाँ छावनी के ऊपर मैक्लोडगंज में कोई छोटी-सी कॉटेज ले कर दो महीने उन्हें वहाँ रखें। उनकी सेहत सुधरेगी नहीं तो बिगड़ेगी भी नहीं।"

धर्मदेव वेदालंकार हर साल किसी-न-किसी पहाड़ पर जाते थे। पहाड़ों के बारे में उन्हें विपुल ज्ञान था। चेतन ने तभी तय कर लिया था कि जैसे भी हो सके, चन्दा को दो महीने के लिए धर्मशाला ले जायेगा। अपनी पत्नी का स्वास्थ्य भी नहीं बिगड़ने देगा और अपने मन के क्लेश से भी मुक्ति पायेगा।

....श्री धर्मदेव वेदालंकार से मिल कर धर्मशाला जाने का फ़ैसला करते ही घर आने के बदले चेतन सीधा गोविन्द गली सेठ वीरभान की हवेली गया था। उसने अपनी सास को चन्दा की तबीयत के बारे में बताया था और कहा था कि वह गर्मियों के दो महीने उसे धर्मशाला ले जाना चाहता है, वहाँ वह दो कमरों और किचन वाला कोई छोटा-सा मकान किराये पर ले कर उससे रखेगा। वह तो रहेगा ही, लेकिन समस्या खाना पकाने, चन्दा को कपड़े वग़ैरह बदलवाने की है और उसने सास से कहा था कि वह दो महीने की छुट्टी ले कर उनके साथ चले।

लेकिन उसकी सास हफ़्ते में हर इतवार बादाम की गिरियाँ, मिसरी और दूध का लोटा ले कर चेतन के पागल ससुर को देखने पागलख़ाने जाती थी। फिर सेठानी चेतन की सास पर पूरी तरह निर्भर थी। उसकी सास ने कहा था कि बेटा, इतने दिन मैं तुम्हारे ससुर को अकेले उस कैदख़ाने में नहीं छोड़ सकती। फिर सेठानी भी पूरी तरह मुझ पर भरोसा करती है। वह बेचारी स्वयं खाना नहीं पका सकती। कृष्णा बच्ची है। पढ़ने जाती है। सेठानी अपनी बहन को बुला सकती हैं, पर इतने दिन तो वह भी अपना घर-बार छोड़ कर यहाँ नहीं रह सकती। और उसकी सास ने अपने उतावले दामाद से कहा था कि वह सेठानी से बात करके उसे बतायेगी।

लेकिन चेतन में इन्तज़ार करने की ताब नहीं थी। उसने चन्दा को धर्मशाला ले जाने का फ़ैसला किया था तो फ़ौरन लाहौर छोड़ देना चाहता था। वह उसी वक्त जा कर सेठानी से मिला था और इसी दौरान उसने यह भी सोच लिया कि सेठानी से कैसे बात करेगा।

सेठानी उसे बहुत मानती थी। उसने चेतन को आदर और प्यार के साथ बैठाया। कृष्णा तो पढ़ने गयी हुई थी। सेठानी ने चेतन की सास को आवाज़ दे कर उसके लिए नमकीन और शकरपारे लाने के लिए कहा।

चेतन ने सेठानी से कहा था कि वे तकल्लुफ़ न करें, वह जल्दी में है, ज़रूरी काम से आया है, उसकी बात सुन लें और मदद कर सकें तो वह आभार मानेगा। और उसने सेठानी को विस्तार से अपनी पत्नी की बीमारी के बारे में अवगत कराते हुए उसे धर्मशाला ले जाने के अपने फ़ैसले का ज़िक्र किया था....."मैं चाहता हूँ कि अम्मा साथ चलें," उसने कहा था, "मगर उन्हें पागलख़ाने जाना होता है, फिर आप भी उन पर निर्भर करती हैं। इसलिए दो महीने तो नहीं, लेकिन अगर आप पन्द्रह दिन के लिए उन्हें छुट्टी दे सकें तो बहुत अच्छा हो। मेरी भारी चिन्ता मिट जाये। इस बीच मैं किसी पहाड़ी रसोइए का प्रबन्ध कर लूँगा और उन्हें वापस भेज दूँगा।"

चेतन ने अपनी बात कुछ इस तरह से उनके सामने रखी थी कि सेठानी मान गयी

थी। वापस किचन में आ कर चेतन ने अपनी सास से कहा था कि वह जालन्धर जा कर रुपये का प्रबन्ध करके उसे तार देगा। वह तार मिलते ही जालन्धर आ जाये।

दूसरे ही दिन वह चन्दा को जालन्धर ले गया था।

०

०

मैदान में घूमना छोड़ कर चेतन कुछ आगे जा कर फिर मेड़ पर बैठ गया। उसने पैर ज़रा नीचे झाड़ी की जड़ से टिका दिये, दोनों घुटनों पर कोहनियाँ रख लीं और दोनों हथेलियों पर ठोड़ी टिका कर फिर अपने विचारों में खो गया।

०

०

चन्दा को जालन्धर ले आने के बाद चेतन तत्काल अपनी बात माँ से नहीं कह सका। बकरी के दूध के सिलसिले में उसने भाई साहब की शिकायत ज़रूर की, पर वह चन्दा को धर्मशाला ले जाना चाहता है, यह बात उसने नहीं कही। वह सबसे पहले चन्दा को ले कर हकीम नबीजान के गया। उन्होंने नाड़ी देखी और कारूरा दिखाने के लिए कहा। दूसरे दिन वह कारूरा ले गया था तो एक नज़र उस पर डाल कर उन्होंने नुस्ख़ा लिख दिया। वह उसे पंजपीर के बाज़ार के हंसू अत्तार से बनवा लाया था। काढ़े का नुस्ख़ा था। और चन्दा को काढ़ा ज़रा भी नहीं भाता था, पर उसे बार-बार ऊपर शौचालय में जाने में भी बहुत कष्ट होता था।

चेतन उसके पास बैठ कर कुछ अजीब प्यार-भरी सख़्ती से उसे काढ़ा पिलाता था। तीन ही दिनों में उसकी तबीयत ठीक हो गयी। माँ ने बड़े भाई के प्रति अपने कर्तव्य निभाने की जो बात कही थी, वही उसके ज़ेहन में रह गयी और बकरी के दूध की बात कम-से-कम उसके दिमाग़ से निकल गयी।

तीसरे दिन शाम को अपने विचारों को व्यवस्थित करने और यह सोचने के ख़याल से वह घर से बाहर निकल गया कि किस प्रकार माँ से चन्दा को धर्मशाला ले जाने की बात कहे।....बाजियाँ वाला बाजार, चौरस्ती अटारी और पापड़ियाँ बाजार पार करने के बाद उसके कदम आप से आप बकरवालों की ढिक्की की ओर मुड़ गये और वह किले मुहल्ले से होता हुआ पुरियाँ मुहल्ले में कुन्ती की खिड़की के नीचे से गुज़रा। कुन्ती की खिड़की बदस्तूर बन्द थी। उसके होंटों पर अनायास एक शेर आ गया —

'न सही तुझ से मुलाकात पे उम्मीद तो थी।
तेरे कूचे में यूँही घूम के आना तो था।'

और विगत वर्षों की स्मृतियों का एक बेपनाह हुजूम उसके ज़ेहन में उमड़ आया। उनमें गुम वह पुरियाँ मुहल्ले की ढिक्की उतर कर अड्डा होशियारपुर का चौराहा पार कर, आर्य समाज मन्दिर के सामने से होता हुआ रेलवे फाटक के पार कोट किशनचन्द की ओर बढ़ गया था।

कोट किशनचन्द पहुँच कर वह अचानक रुक गया था। चार कदम परे सेठ हरदर्शन की कोठी थी, पर सेठ से मिलने को उसका ज़रा भी मन नहीं था। वह पलटा और सिर

झुकाये, उसी तरह अपने विचारों में गुम, घर की ओर चल पड़ा।

अचानक उसके मन में आया, वह इतना बड़ा हो गया है, एक बच्चे का बाप बन गया है, उसकी पत्नी बीमार पड़ी है और वह उससे बेहद प्यार भी करता है। फिर यह क्या कारण है कि जब वह घर से बाहर निकलता है, उसके पैर आप-से-आप पुरियाँ मुहल्ले की तरफ़ उठ जाते हैं। इतने बरस हो गये —कुन्ती की शादी हुई, उसके बच्चा हुआ, वह विधवा हो गयी। उसका शरीर भर गया। वह जैसे भी है, अपने घर सुखी है। और चेतन जब जालन्धर आता है तो पुरियाँ मुहल्ले जाता है। कुन्ती पहले की तरह अपने मायके की खिड़की में बैठी या खड़ी मिलेगी, इसकी कोई सम्भावना नहीं, फिर यह कैसी बेवकूफ़ी है कि वह उसकी बन्द खिड़की के नीचे से गुज़र जाता है और इतने ही से उसे कुछ अजीब तरह की राहत मिलती है।

वापसी पर पुरियाँ मुहल्ले की ढिक्की चढ़ते हुए चेतन ने अपने अन्तर के बहुत गहरे गह्वरों में निगाह डाली तो उसने जाना कि कुन्ती के प्रति, महज़ उसकी स्मृति के प्रति, उसके इस गहरे लगाव का कारण शायद यह था कि कुन्ती वह पहली युवती थी, जिसने उसे पुरुष होने का —आकर्षक पुरुष होने का —एहसास दिलाया था। उससे आँखें चार होने के बाद ही उसने अपनी शरीर की ओर ध्यान देना शुरू किया था। वह बाकायदा व्यायाम करने लगा था। उसने मोचने से रोज़ दो बाल नोच कर अपना बेहद तंग माथा चौड़ा कर लिया था। बाल लम्बे रख लिये थे और कंघी की पिछली तरफ़ से दो-तीन जगह दबा कर उन्हें घुँघराले बना लिया था। दो ही वर्षों में वह सुन्दर और सजीला हो गया था और अवसर पड़ने पर उसने कॉलेज के गुण्डे राजकिशोर को पीट कर उसका आतंक मिटा दिया था। कुन्ती की याद के साथ चेतन की शुरू जवानी की ये सारी स्मृतियाँ जुड़ी थीं और कुन्ती की आँखों के आईने में शायद वह अपने उसी रूप को देखता था। उसने कहीं किसी बेहद ख़ूबसूरत यूनानी देवता नार्सिसस के बारे में पढ़ा था, जिसने जल में अपने रूप का प्रतिबिम्ब देखा था और उस पर विमुग्ध हो कर उसे देखता-देखता चला गया था। तो क्या वह भी उसी ग्रन्थि का शिकार है? क्या वह कुन्ती के माध्यम से अपने आपसे प्यार करता है....चेतन कुछ भी तय न कर पाया....

०

....और चन्दा —शादी से पहले वह उसे स्कूल से आते हुए देख आया था। उसने उसे नापास भी कर दिया था। उसी शाम उसने अपनी साली नीला को भी देखा था और वह चंचल, चपल, तीखे नाक-नक्शे वाली, पतली-छरहरी, बेहद सुन्दर लड़की उसकी आँखों में बस गयी थी और वह उसे बेहद चाहने लगा था। जब शादी के बाद उसी मोटी-मुटल्ली लड़की को, जिसे उसने नापास कर दिया था और जो उसके अपने पतले-छरहरे शरीर के मुकाबले में बहुत मोटी लगती थी, उसने पत्नी के रूप में पाया था तो उसने बेहद बवण्डर मचाया था।....उसके साथ बाहर निकलते हुए उसे शर्म आती थी। वह कुल पाँच जमात पढ़ी थी। न उसे ढंग से कपड़े पहनने की तमीज़ थी, न वह कोई काम कर सकती थी। न वाचाल थी। बहुत धीरे और बहुत कम बात करती थी। सुस्त-रौ थी। फिर यह कैसे हुआ कि उसकी वही बीवी धीरे-धीरे उसके दिल-दिमाग़ पर छा गयी और उसके मुकाबले में उस ज़माने की बेहद ख़ूबसूरत फिल्मी नायिका सुलोचना-ऐसी, माथे पर आधे चाँद का

निशान लिये हुए दिल की धड़कनों को द्विगुणित कर देने वाली सुन्दर कुन्ती, लपकती ज्वाला जैसी नीला और मौन सुलगती शान्त लौ जैसी जमुना और चन्दा की सुन्दर-से-सुन्दर सहेलियाँ उसकी आँखों में कमतर नज़र आने लगीं। और उसकी वह विशाल, स्निग्ध, गहरी झील जैसी पत्नी, उस पर उत्तरोत्तर हावी होती चली गयी। वह उसे हँसते हुए देखने के लिए उसे चुटकुले और लतीफ़े सुनाने लगा। स्वयं कमरों की सफ़ाई करने लगा। बर्तन मलने लगा। वह कपड़े धो देती तो वह इस्त्री करता। वह उसे पढ़ाने लगा, गाना और सितार सिखाने लगा। उसे सभ्य और सुसंस्कृत बनाने लगा। जब वह शौक से पढ़ने लगी और अच्छी तरह कपड़े पहनने लगी, सभ्य और सुसंस्कृत बनने लगी, वह पहले से सुन्दर दीखने लगी।....वह उसे अपनी कविताएँ और कहानियाँ सुनाने लगा, वह सुनने और राय देने और उसका उत्साह बढ़ाने लगी.....और उसके साथ वह अपने भावी जीवन के सपने बुनने लगा। उसी के लिए उसने कानून पढ़ने, डिस्टिंक्शन लेने और सब-जज बनने का फ़ैसला किया.....चेतन ने अपने अन्तर में झाँका तो उसे लगा कि अपनी पत्नी के प्रति उसका यह प्यार और स्नेह अपने प्रति ही उसकी मुहब्बत और आसक्ति का पर्याय था।....चन्दा को अपने इस चंचल, खिलन्दड़े और आवारा पति पर अपरम्पार विश्वास था। सर्दियों की रातों में जब वह अपने दफ़्तर से लाहौर की भयावह ठण्ड में ठिठुरता हुआ आता और बिस्तर में उसके गर्म सीने से लग जाता और वह उसे अपनी गर्म बाँहों में भर लेती तो चेतन को ऐसा एहसास होता था, जैसा किसी बच्चे को अपनी माँ की गोद में जाने से होता है....उसे अपनी इस भोली पत्नी के साहचर्य में माँ, बहन और प्रेयसी के नैकट्य की मिली-जुली कुछ ऐसी अनुभूति होती कि चेतन उससे आप्लावित हो जाता। वह उसे एक बच्चे की तरह ही अपने गर्म-गुदाज़ सीने से लगा लेती और थका-हारा चेतन उसके सीने से लगा-लगा सो जाता। वह उसके सीने से अलग हट कर सीधा लेटता तो भी चन्दा की बाँह उसका सिरहाना बनी रहती। उसके गहरे, स्निग्ध प्यार की अनुभूति दिन की व्यस्तताओं में भी बनी रहती। अपने इस भावप्रवण, कवि-हृदय, खिलन्दड़े, हँसोड़, सौन्दर्य-प्रिय और किंचित आवारा पति के लिए चन्दा के यहाँ कुछ ऐसा प्यार था कि वह उसे उदास देखती तो चूँकि वह अपने पति को जानती थी कि उसके मन में जमुना के लिए आकर्षण है, वह उसे बहाने से वैद्य मोहनलाल के घर ले जाती। उसका क्रोध करना, खीझना, कई बार संयम खो बैठना, वह धरती की तरह मौन रूप से सह जाती और शिकायत का एक शब्द भी होंटों पर न लाती। उसके एक संकेत पर उसने अपने कीमती ज़ेवर अपने जेठ के लिए दे दिये थे और एक बार भी उनका ज़िक्र नहीं किया था। वह अपने पति से बेपनाह मुहब्बत करने वाली ऐसी विशाल-हृदया पत्नी कहाँ से लायेगा ! उसे ख़त्म होते हुए देखना तो उसे अपने आपको ख़त्म होते हुए देखने-ऐसा लगता था।....नहीं.....नहीं, वह उसे यूँ आसानी से जाने नहीं देगा। वह आज ही माँ पर ज़ोर देगा और जैसे भी होगा, उसे धर्मशाला ले जायेगा —और वहाँ मैक्लोडगंज की ठण्डी चीड़, बान, देवदार की सुगन्ध से बोझीली, स्वास्थ्यकर हवा में रखेगा और उसकी सेहत को ज़रा भी गिरने नहीं देगा।....

जब उसका ध्यान टूटा तो चेतन यह सब सोचता हुआ किला मुहल्ला और बकरवालों के विशाल चौक को पार कर पापड़ियाँ बाज़ार को उतरने वाली ढिक्की तक पहुँच गया था। हठात उसने घर पहुँचने और माँ से अपने बात कहने के लिए कदम तेज़ कर दिये।

०

"देख माँ, जहाँ तक तेरी बात का ताल्लुक है," चेतन ने रसोईघर में ईख के आसन पर अपनी माँ के सामने बैठे हुए कहा, "मर्दों की इस दुनिया में आम लोग इसी को मानेंगे और जो तू कहती है, वही करेंगे। लेकिन तेरा यह बेटा आम आदमी नहीं है, न आम आदमी की तरह सोचता है। यह तू समझ ले। बीवी को दिक की बीमारी हो गयी तो उसे कूड़े के ढेर पर फेंक दिया जाये, यह मैं नहीं कर सकता। बच्चे को तू उसके पास भले ही न जाने दे। भाइयों को भी भले रोक रख, लेकिन मुझे ये सब दुनियादारी की बातें मत बता। उस बेचारी का दुनिया में कोई नहीं। वह सादालौह, भोली-भाली लड़की....बाप उसका पागलख़ाने में पड़ा है....माँ सात रुपये महीने पर लाहौर के एक धनी सेठ के यहाँ महाराजिन की नौकरी करती है....मेरे सिवा उसका कौन है? वह मेरी बीवी है। मेरे बच्चे की माँ है। ठीक है कि उसे ऐसी बीमारी लग गयी है, जिसका कोई इलाज नहीं, तो भी मैं उसे इस बात का एहसास नहीं होने दूँगा कि उसका कोई नहीं; कि उसे कूड़े की तरह फेंक दिया गया है। यहाँ बहुत गर्मी है। मुझे डॉक्टरों ने कहा है कि अगर उसे दो महीनों के लिए किसी पहाड़ी जगह में रखा जाये तो उसकी बीमारी अगर घटेगी नहीं, तो बढ़ेगी भी नहीं। धर्मशाला बहुत ऊँची जगह नहीं है। वहाँ का हवा-पानी इस बीमारी के रोगियों के लिए बहुत अच्छा है। महँगी जगह भी नहीं है। मैं उसे दो महीनों के लिए वहाँ ले जाऊँगा। तू तो वहाँ जा नहीं सकती। मैं अपनी सास को बुला लूँगा। वह वहाँ रहेगी।"

"इह ताँ है बच्चा," माँ ने कहा, "पर मैं तिन्न सौ रुपये कित्थों ल्यावाँगी। मेरे अपने सारे गहणे ताँ गिरवी रखे हैन।"[1]

"यह मैं नहीं जानता," चेतन ने कहा, "तेरे गहने नहीं हैं तो उसका कोई गहना रख दे। गोखरू तो दहेज में आये हैं। उन्हें रख दे। मैं कर्ज़ की पाई-पाई चुका दूँगा। इस बात का यकीन रख।"

तब माँ ने रानी हार और बुन्दों की बात की थी कि वे दोनों गहने कहाँ हैं? बहू कुछ बताती नहीं और वे दोनों उसके पास नहीं हैं।

चेतन ने वे दोनों ज़ेवर भाई साहब की कुर्सी ख़रीदने के लिए दे दिये थे। वह चिढ़ गया। उसने कहा, "तू बार-बार उनका ज़िक्र करती है। मैं उन्हें ले गया था। वे इस वक्त यहाँ नहीं हैं और मुझे रुपये की तो यहाँ ज़रूरत है। वे भी मैं तुम्हें ला दूँगा। हो सकता है, इस बीच दिक की बीमारी का कोई इलाज निकल आये। चन्दा बच जाये। मैं इतना पैसा कमाऊँगा, उसे गहनों से पीली कर दूँगा। अभी तो मेरा नतीजा भी नहीं निकला। रिज़ल्ट निकल जाये, मैं चिन्ता-फ़िक्र से आज़ाद हो कर कम्पीटीशन में बैठ जाऊँ, सब-जज बन जाऊँ, फिर दो गहनों की क्या बात, दस गहने बन जायेंगे। कम्पीटीशन में न भी आया तो ऐडवोकेट का लाइसेंस मैं अभी लाहौर जा कर छै महीनों की ट्रेनिंग के बाद ले लूँगा। मैं फ़ौजदारी की वकालत करूँगा और अपनी वकालत की धाक सूबे भर में बैठा दूँगा। अभी तो तू मुझे रुपये का इन्तज़ाम कर दे।"

---

१ यह तो ठीक है बेटे, लेकिन मैं तीन सौ रुपये कहाँ से लाऊँगी, मेरे अपने सारे गहने गिरवी रखे हैं।

माँ चुप रही। चेतन भी कुछ क्षण चुप रहा। फिर उसने कद्रे आक्रोश में कहा — "इतना याद रख माँ कि अगर गर्मियों में वह यहीं रहती है और बीमारी के हाथों यूँ ही चली जाती है, तो मैं कानून की किताबें फेंक दूँगा। न कम्पीटीशन में बैठूँगा, न कचहरी का मुँह देखूँगा, न फिर कभी दूसरी शादी करूँगा। मैं इस घर को छोड़ दूँगा और कभी वापस नहीं आऊँगा।"

माँ ने लम्बी साँस ली थी, उठी थी, अन्दर गयी थी, गोखरू निकाल लायी थी और उसने चेतन से कहा था कि वह अनन्त की माँ के पास जाती है और उससे रुपये लाती है।

चेतन चुपचाप उसके पीछे-पीछे चल दिया था।

०

०

दोनों घुटनों पर कुहनियाँ रखे और हथेलियों पर ठोड़ी टिकाये, चेतन अपने विचारों में गुम था। सहसा उसने निगाह उठायी। जाने धुन्ध कहाँ से उठ कर सामने पहाड़ों की अगली दो श्रेणियों के बीच छा गयी थी। धौलाधार का आधा तन धुन्ध में गुम हो गया था। सिर्फ़ शिखरों पर धूप में बर्फ़ की धारियाँ चमक रही थीं। चेतन उठा और चुपचाप सराय देवराज की ओर चल दिया।

०

०

अनन्त की माँ के यहाँ फिर वही बात उठी थी। गहना ले कर तीन सौ रुपये की राशि उसकी माँ के हाथ में देते हुए चाची लालदेई ने माँ का समर्थन करते हुए वही बात कही थी।

"तेरी माँ ने गोखरू ला दिये और मैंने रुपये दे दिये," वह जैसे चेतन को समझाते हुए बोली थी, "रुपये तो मैंने दे दिये हैं, लेकिन बहू को बचना नहीं, तू काहे को रुपया और वक्त बर्बाद करता है। अब आगे की सोच। फटे हुए दूध की चिन्ता समझदार लोग नहीं करते।"

चेतन बमक उठा। "बहू तो नहीं बचेगी, पर मैं तो नहीं मर रहा।" उसने कद्रे चिल्ला कर कहा था। "मेरे सामने पूरी ज़िन्दगी पड़ी है और उसके सामने तो अँधेरा-ही-अँधेरा है। मैं इस अँधेरे को ज़रा-सा कम कर दूँ तो क्या बुरा है। उसको जाना है तो वह इस एहसास के साथ क्यों जाये कि उसका भी कोई होता तो चार दिन और जी लेती। वह कोई बेज़ुबान जानवर नहीं है। सोचने-समझने वाली औरत है। मौत का दुख क्या अपने में कम है, जो हम उसे अपने इस स्वार्थ और ज़ुल्म-भरे सलूक से और बढ़ा दें। घुप अँधेरे में रोशनी की छोटी-सी किरण भी आदमी को सहारा दे जाती है...."

उसकी माँ और चाची दोनों चुप हो गयी थीं। उसी शाम चेतन ने अपनी सास को तार दे दिया था।

छियालीस

मैक्लोडगंज जाने के उद्देश्य से चेतन अपने ध्यान में मग्न, धर्मशाला की मेन रोड पर चला जा रहा था। उसके होंटों पर पिछले चन्द घण्टों के अनुभवों का कुछ अजीब-सा मिला-जुला, मीठा-तीता और सीठा स्वाद था।

०

पठानकोट से धर्मशाला को आने वाली बस सुबह चार बजे पठानकोट से चल कर सुबह छै-साढ़े छै बजे सामान्य से ज़रा बड़ी, ऊँचे मेहराबदार गेट वाली जिस चौकोर बिल्डिंग के सामने रुकी थी, वही 'सराय देवराज' कहलाती थी। धर्मशाला में यही बस का पहला स्टॉप था। फिर बस कचहरी चौक के अड्डे पर जा रुकती थी।

सामान जब उतर गया तो चेतन अपनी बीमार बीवी और सास के आगे-आगे गेट में दाख़िल हुआ था। लेकिन चन्द ही कदम चलने पर हठात रुक गया था।

गेट के बिलकुल सामने आँगन के बीचोंबीच एक पतला-छरहरा ऊँचा चबूतरा था जो शायद तुलसी का गमला रखने के लिए बनवाया गया था, लेकिन जाने उसका गमला कब से हटा दिया गया। वह एकदम सूना सपाट खड़ा था। इसी चबूतरे पर कोहनी टिकाये एक सुन्दर अधेड़ महिला हाथ में पानी का लोटा लिये खड़ी थी। चबूतरे के निकट पत्थर की सिलों वाले चौकोर फ़र्श के बीचोंबीच बनी गहरी, चौड़ी नाली पर बैठी एक पतली-दुबली, छरहरी, तीखे नाक-नक्श वाली गोरी युवती धीरे-धीरे तकलीफ़ से खाँस रही थी।

चेतन गेट के अन्दर दाख़िल हुआ ही था कि उसने बलग़म का एक लौंदा नाली में फेंका, जो नाली के किनारे पर गिरा। चेतन ने देखा, वह ख़ून से आधा लाल था। चेतन के दिल पर जैसे कचोका-सा लगा था और उसके पाँव आप-से-आप थम गये थे। उसकी निगाहें अनायास युवती के चेहरे पर चली गयीं —वहाँ यक्ष्मा ने अपनी स्पष्ट छाप अंकित कर दी थी। चेतन के हृदय को फिर किसी ने हल्के से मसोस दिया....यह सुन्दर गोरा मुख धीरे-धीरे क्षीण होता हुआ कंकाल-मात्र रह जायेगा.....उसने मन में सोचा और उसे अपनी बीमार पत्नी का ख़याल हो आया —यद्यपि डॉक्टरों ने चन्दा को भी यक्ष्मा ही बताया था, पर न उसे खाँसी आती थी, न उसने कभी बलग़म थूकी थी.....और चेतन के दिल की गहराइयों में कहीं विश्वास था कि चन्दा को यक्ष्मा नहीं है और वह अन्ततः स्वस्थ हो जायेगी।

'यहाँ तो अच्छा-भला आदमी बीमार हो सकता है,' उसने मन-ही-मन कहा, 'ऐन मुमकिन है, चन्दा को महज़ प्रसूति का ज्वर हो। यहाँ रहेगी तो उसे भी इन्फ़ेक्शन हो जायेगा....यह युवती खुली नाली पर दिक के कीटाणुओं से भरा बलग़म थूक रही है....उस पर मक्खियाँ बैठेंगी, फिर वे खाने की चीजों पर जा बैठेंगी और दूसरों के रक्त में अनजाने बीमारी के कीटाणु चले जायेंगे....!' कल्पना मात्र से चेतन के शरीर में हल्की-सी कँपकँपी दौड़ गयी....

उसकी आँखों के सामने दूर लड़कपन में माई हीराँ गेट, जालन्धर की धर्मशाला के

विशाल आँगन में बायस्कोप का पर्दा आ गया, जिस पर स्वास्थ्य-विभाग द्वारा मक्खी को बीमारियों के कीटाणु फैलाते हुए दिखाया गया था....। चेतन ने तय किया कि वह चन्दा को और एक दिन इस वाहियात सराय में नहीं रखेगा, जहाँ सफ़ाई का ज़रा भी ख़याल नहीं रखा जाता। वेदालंकार जी के परामर्शानुसार वह उसे धर्मशाला छावनी या मैक्लोडगंज ले जायेगा। वहाँ कहीं एकान्त में कोई छोटी-सी अकेली कॉटेज ले कर दो महीने रहेगा। न उसे छूत लगने देगा, न उसके स्वास्थ्य को ज़रा भी गिरने देगा।

नाली पर बैठी युवती के साथ, उसे कुल्ला कराने को चबूतरे पर कोहनी टिकाये खड़ी, उतने ही तीखे नाक-नक्शे वाली, अपेक्षाकृत भरे बदन की महिला —ग़ालिबन उस लड़की की माँ —ने चेतन की दृष्टि का अनुसरण करते हुए कहा था —"इसकी दाढ़ में तकलीफ़ है। मसूढ़ा फूल आया है। ख़ून आ रहा है।"

चेतन की सास और चन्दा, जो कुली के साथ उसके पीछे-पीछे आयी थीं, उसके संकेतानुसार दायीं ओर के बरामदे में कुली से सामान रखवा रही थीं। चन्दा ट्रंक पर बैठ गयी थी और सास अभी खड़ी थी।

चेतन ने उधर कदम बढ़ाया था कि उसके कानों में उस महिला की सफ़ाई के शब्द गूँजे और फिर उसकी आँखों में युवती का यक्ष्मा की स्पष्ट छाप वाला चेहरा आ गया और उसके कानों में दिक-मारी तकलीफ़देह खाँसी गूँज गयी। उसका मन और भी उदास हो आया।

चौकीदार के पास जा कर चेतन ने कमरा माँगा था और पूछा था कि वे लोग कितने दिन वहाँ रह सकते हैं। चौकीदार ने दायें बरामदे के तीसरे कमरे की ओर संकेत करते हुए कहा था —"आप वह तीन नम्बर का कमरा ले लीजिए। चार दिन के लिए कमरा देने का नियम है, पर अगर आप अपनी बीवी को टी०बी० के सैनेटोरियम में दाख़िल करा रहे हैं तो जब तक वे दाख़िल नहीं हो जातीं, आप यहाँ रह सकते हैं।"

चेतन ने कहा था कि उसकी पत्नी को सैनेटोरियम जाने की ज़रूरत नहीं। वह तो उसे वैसे ही स्वास्थ्य सुधारने के ख़याल से ले आया है। उसे तो खाँसी तक नहीं आती। वह उसे दो-एक दिन के बाद मैक्लोडगंज ले जायेगा।

सामान को अन्दर रख कर उसने सास से कहा था कि चन्दा को दातुन वग़ैरा करवा दें, उसका मुँह-हाथ धुलवा दें। स्वयं भी तैयार हो जायें। इतने में वह ज़रा घूम आता है। और वह सराय के बाहर पुलिस ग्राउण्ड की ओर निकल गया था।

दरअसल दिक की बीमार उस युवती को देख कर उसका मन अजीब तरह से उखड़ गया था और वह ज़रा सुस्थिर होने के लिए पुलिस ग्राउण्ड में चला गया था।

जब वह लौटा था तो युवती एक नम्बर के कमरे के आगे बरामदे में चारपाई पर लेटी थी और उसी तरह तकलीफ़ से खाँस रही थी। चेतन की पत्नी दन्दासा[१] करके, हाथ-मुँह धो कर और कपड़े बदल कर चारपाई पर बिछे बिस्तर पर लेटी थी। सास नीचे फ़र्श पर रखे हुए ट्रंक पर बैठी थी। चेतन कोऑपरेटिव बैंक के तिकोने चौक के एकमात्र

---

१ अखरोट की छाल से बनी दातुन, जिससे दाँत चमक जाते हैं और होंट तथा मसूढ़े ललाई लिये भूरे हो जाते हैं।

हलवाई की दुकान से भगोने में दूध-डबल रोटी ले आया था। कमरे में उसके आते ही चन्दा ने अपने दाँतों के मोती बिखेर दिये थे। उस छोटे-से कमरे के नीम-अँधेरे में चन्दा के लाल होंटों में वे सफ़ेद दाँत उसके बीमारी और थकन से मुरझाये चेहरे को अजब सौन्दर्य दे गये थे। उस क्षण अपनी पत्नी पर चेतन को बेहद प्यार हो आया, पर उसकी सास वहीं ट्रंक पर बैठी थी। चेतन ने उसे डबल रोटी और गर्म दूध का छोटा-सा भगोना थमा दिया और चारपाई की पट्टी पर बैठ कर चन्दा के सिर पर हाथ फेरते हुए कहा, "चन्दा, अब तुम नाश्ता कर लो। फिर मैं और अम्मा दो-दो पराँठे अचार के साथ ले लेंगे। तुम आराम करना और मैं छावनी या मैक्लोडगंज जा कर वहाँ कोई छोटी-सी कॉटेज देखूँगा। मैं तुम्हें इस सराय में नहीं रखूँगा।"

"पर माँ को तो वापस जाना है। सेठानी परेशान होगी।" चन्दा को अपनी माँ और सेठानी की चिन्ता थी।

"हाँ-हाँ, माँ चली जायेगी।" चेतन ने कदरे हँसी के साथ कहा था, जिसमें थोड़ी खीझ मिली थी, "मैं सेठानी से वादा कर आया हूँ। अम्मा को नहीं रोकूँगा। रसोई और काम-काज के लिए पहाड़ी नौकर रख लूँगा। तुम चिन्ता न करो और दूध-डबल रोटी खा लो।"

"मीठा खाते-खाते मैं ऊब गयी हूँ।" चन्दा ने कहा, "कोई नमकीन चीज़ नहीं है?"

"यहाँ नमकीन मूँगरा[१] तो है नहीं, जो जालन्धर में मिलता है।" चेतन ने कहा था, "थोड़ी दाल ले आया हूँ। शायद तेल में तली है। नुकसान न करे। एकाध चम्मच ले कर मुँह का ज़ायका बदल लो।"

चन्दा ने नाश्ता कर ल्यिा तो फिर पिछली शाम चेतन की माँ ने जो पराँठे पका कर दिये थे, चेतन ने डिब्बे से निकाले। दो सास के हाथ पर रखे और दो अपने, और पुराने आम के अचार की एक-एक फाँक उन पर रख दी।

सास तो ट्रंक पर बैठी थी। कमरा बहुत छोटा था। मुश्किल से सात गुना दस का होगा। चेतन ने इधर-उधर नज़र डाली कि कहाँ बैठे। फ़र्श पर थोड़ी सील थी। वह पराँठे हाथों पर लिये दहलीज़ पर आ बैठा। घुटने उसने ज़रा पसार लिये थे और पराँठे का कौर अचार से छुला कर मज़े-मज़े खाने लगा था। पराँठे हल्के-से सूखे हुए और ख़स्ता हो गये थे। चेतन की आँखों के सामने चिन्तपुरणी के रास्ते में, होशियारपुर के विशाल चो[२] के दूसरे किनारे पर खड़ी बैलगाड़ी पर बैठे हुए बिलकुल इसी तरह के पराँठे ऐसे ही आम के पुराने अचार से खाने की याद हो आयी। भूख के कारण वे पराँठे उसे बेहद स्वादिष्ट और लज़ीज़ लगे थे और बिना पानी पिये लगातार खाते चले जाने के बाद जब उसने बावड़ी पर जा कर पानी पिया था तो उससे पिया नहीं गया था। उसके कण्ठ में फन्दा लग गया था और हल्के-से दर्द के साथ पानी नीचे उतरा था। पूरे दस चुल्लू पानी पीने के बाद उसे कुछ राहत मिली थी और तृप्ति का ऐसा एहसास हुआ था, जो धर्मशाला की मेन रोड पर चलते

---

१ पंजाब में पतली नमकीन सेवैयों के साथ मूँग की दाल के छोटे-छोटे गोल लड्डू ऐसे मिलते हैं, जिन्हें मूँगरा कहते हैं। स्वादिष्ट और पाचक होते हैं। बीमारों को उनका सालन भी देते हैं।

२ पहाड़ी नाला

हुए उस वक्त भी उसकी स्मृति में अक्षुण्ण था।

हालाँकि चेतन ने तय किया था कि वह बरामदे के कोने की तरफ़ आँख नहीं उठायेगा, लेकिन पराँठे का कौर अचार से छुला कर मुँह में रखते और मज़ा ले कर चबाते हुए बरबस उसकी निगाह उधर चली जाती थी और पराँठों के मज़े में कुछ अजीब-सी हल्की कड़वाहट आ मिलती थी।

बार-बार उसे अपनी लड़की की तरफ़ देखते हुए पा कर लड़की की माँ ने फिर कहा था, "इसके दाँत में बहुत दर्द है। मसूढ़ों से ख़ून आ रहा है। बेचारी निढाल हो गयी है।"

०

मेन रोड पर चलते-चलते चेतन के कानों में यक्ष्मा की मारी उस लड़की की माँ के शब्द गूँज गये....'आदमी कैसे हकीकतों से आँखें चुराता है,' उसने मन-ही-मन व्यंग्य से कहा, 'न सिर्फ़ अपने आपको धोखे में रखता है, बल्कि दूसरों को भी भुलावा देने से बाज़ नहीं आता'....अचार के साथ शुद्ध घी में बने बासी पराँठे खाने का जो मज़ा अचानक कोने में चारपाई पर खाँसती और ख़ून थूकती सुन्दर युवती की दुरवस्था से कड़वा गया था, उसमें उस लड़की की माँ के झूठ और चौकीदार को दिये जाने वाले अपने फ़रेब ने कुछ अजीब-सा सीठापन भर दिया।

०

अपने ध्यान में मगन चेतन सराय देवराज से चल कर थाने के चौक तक आ गया था अपनी सोच में डूबा, वह कचहरी बाज़ार का चौक पार करता हुआ, ज़िलाधीश, पुलिस अधीक्षक, एक्ज़िक्यूटिव इंजीनियर के दफ़्तरों के सामने से, बिना उनकी ओर निगाह किये गुज़र आया था। दायीं तरफ़ से मेन रोड में आ मिलने और शायद पालमपुर को जाने वाली सड़क ही नहीं, उसके ज़रा आगे डाकख़ाने की इमारत भी पीछे छूट गयी थी।

थाने के चौरस्ते से आगे मेन रोड बायीं ओर को मुड़ती हुई ऊपर उठ गयी थी। उसके साथ ही एक सड़क उसी ओर नीचे को उतर गयी थी। यह नीचे वाली सड़क मेन रोड को काटती हुई कदरे सँकरी हो कर दायीं ओर थाने के नीचे शायद शहर की पुरानी आबादी में निकल गयी थी। इस पर 'डेन रोड' का बोर्ड लगा था....चेतन मेन रोड पर बायीं ओर चलता हुआ 'डेन रोड' के इस किनारे पब्लिक नल और उसके साथ लगी बेंच के पास पहुँच गया था। सामने दोनों सड़कों में वह किसको पकड़े, यह न तय कर पाने के कारण, वह असमंजस में बेंच के पास ठिठक गया था।

सड़क ख़ाली थी। धूप चिलक रही थी। वातावरण गर्म हो आया था। चेतन को थोड़ी गर्मी और कलेजे में घुटन-सी महसूस हुई। उसने बढ़ कर नल से दो अँजुली पानी पिया और गीले हाथ मुँह और सिर के घुँघराले बालों पर फेर लिये। फिर वह दो क्षण को बेंच पर बैठने जा रहा था कि कचहरी की ओर से पच्चीस-छब्बीस वर्ष का गोरा-चिट्टा, बेहद हृष्ट-पुष्ट और नंगी बाँहों के मज़बूत पुट्ठों वाला एक युवक आता दिखाई दिया। उसका सिर बारीक कैंची से लगभग मुँडा हुआ था। उसके माथे पर उस्तरे से चौकोर ख़त बना था, जिसकी वजह से वह पहलवानों जैसा दीख रहा था। उसके दोनों कन्धों पर बाँस की टोकरियाँ लटक रही थीं। उसके गले में मोटी गबरून की धारीदार मलगजी बण्डी और कमर

में लट्ठे का वैसा ही मलगजा तहमद था। बण्डी के खुले बटनों से उसका गठा हुआ चौड़ा सीना झलक रहा था। टोकरियों के हत्थों के नीचे तहाया हुआ साफ़ा, जो गर्दन के पीछे से दोनों कन्धों पर लटक रहा था, एकदम अस्त-व्यस्त हो गया था। पैरों में उसके नोकदार देशी जूते थे और चाल में अजब मस्ती थी। चूँकि वह बेंच की ओर बढ़ा आ रहा था, इसलिए चेतन उसकी प्रतीक्षा में बेंच पर बैठ गया।

करीब आ कर उस नौजवान ने एक पाँव बेंच के किनारे रखा, टोकरियाँ उतार कर बेंच की ख़ाली जगह में धर दीं, उन पर साफ़ा उतार कर टिका दिया और बढ़ कर पहले नल को खोल कर उकड़ूँ बैठते हुए ओक से पानी पिया। गीले हाथ चेतन ही की तरह मुँह और सिर पर फेरे। फिर तहमद के छोर से उन्हें पोंछता हुआ वापस आया। टोकरियों के ढक्कन खोले। उनमें सब कुछ अस्त-व्यस्त था। वास्तव में वह डबल रोटियाँ, बन्न, क्रीमरोल, रस्क, बिस्कुट, आदि बेकरी से ला कर अफ़सरों की कोठियों में देता आ रहा था। ज़ाहिर है, इस प्रक्रिया में वे चीज़ें अस्त-व्यस्त हो गयी थीं। उसने उन्हें फिर करीने से सजाया। टोकरियों के ढक्कन ठीक से बन्द किये। साफ़े को तहा कर सिर के पीछे से दोनों कन्धों पर डाला, फिर एक पाँव बेंच के किनारे रख कर एक-एक कर टोकरियाँ उठायीं। उन्हें दोनों कन्धों पर टिकाया। जब वह चलने को हुआ, तो चेतन सहसा उठा और उसने पंजाबी में पूछा —

"क्यों पहलवान, साह्मणे दियाँ इन्हाँ दोनाँ सड़काँ चों केहड़ी छावनी जाँ मैक्लोडगंज जान्दी ऐ।"[१]

"दोवें उत्थे ही जान्दियाँ ने बाऊजी।"[२]

चेतन तो दोआबे के शुद्ध पंजाबी बोलता था, लेकिन उस पहलवान दीखने वाले नौजवान की भाषा में थोड़ा काँगड़े की बोली का पुट था।

चेतन ने उससे पूछा कि वह कौन-सी सड़क पकड़े। नौजवान ने पैर नीचे करके सड़क को पार करने की ग़रज़ से कदम बढ़ाते हुए कहा कि मेन रोड तो आप देखते हो, ऊबड़-खाबड़ है। पत्थर निकल आये हैं। सुबह-शाम जो दो बसें कोतवाली बाज़ार के सिनेमा चौक जा कर रुकती हैं, इसी मेन रोड से जाती हैं। आम लोग नीचे वाली सड़क इस्तेमाल करते हैं।....चेतन उसके साथ हो लिया।

सड़क पार करके निचली सड़क पर कदम रखते हुए चेतन ने देखा —बायीं ओर छोटे-से बोर्ड पर लिखा था — 'बृजलाल रोड'। तभी अचानक उस नौजवान ने उससे पूछा —

"तुहानूँ उत्थे किसजो मिलणा ऐ?"[३]

चेतन ने बेतकल्लुफ़ी से ज़रा-सा हँसते हुए कहा, "अरे पहलवान यार, किसे नूँ नहीं मिलणा।"[४] और उसने बताया कि उसकी बीवी बीमार है और वह कहीं छावनी या

---

१ क्यों पहलवान, सामने की इन दोनों सड़कों में से कौन-सी छावनी या मेक्लोडगंज जाती है?
२ दोनों वहाँ जाती हैं, बाबू जी।
३ आपको वहाँ (छावनी में) किससे मिलना है?
४ किसी से नहीं मिलना

मैक्लोडगंज में किचन के साथ दो कमरे किराये पर ले कर उसे वहाँ रखना चाहता है।

तब उस युवक ने उस सड़क पर बायीं ओर की एक कोठी के ज़रा आगे लगी हुई एक बेंच की ओर इशारा करते हुए कहा कि बाऊ जी कुछ पल वहाँ बैठें, बस उसे इस आख़िरी कोठी में डबल रोटी देनी है। वह पाँच-दस मिनट में आ जायेगा और उन्हें अपने साथ सीधा फ़ोरसाइटगंज तक ले जायेगा।

चेतन ने पूछा था कि पहलवान, यह फ़ोरसाइटगंज किस जगह का नाम है।

तब युवक ने हँसते हुए ज़रा रुक कर कदरे विनीत भाव से अनुरोध किया था कि बाऊ जी, उसे 'पहलवान,' 'पहलवान' कह कर न पुकारें। वह लगता चाहे बड़ा सही, पर उमर में उससे छोटा होगा और बाऊ जी उसे 'निक्का' कह कर बुलायें। इस अनुरोध के बाद उसने बताया कि छावनी को ही फ़ोरसाइटगंज कहते हैं। मैक्लोडगंज दो मील ऊपर है। वहाँ तो सिर्फ़ एक पारसी जनरल मर्चेण्ट 'नारो जी' की दुकान है, लेकिन छावनी में छोटा-सा बाज़ार है, जहाँ इनायत ख़ाँ की बेकरी में वह काम करता है। वह उसे वहाँ तक ले जायेगा।

और कोठी का गेट खोल कर वह अन्दर चला गया।

०

चेतन ने गेट पर जड़ी नेम प्लेट पर नज़र डाली। लिखा था —'डॉक्टर लीला राय'। 'न जाने ईसाई है या ऐंग्लो-इण्डियन,' चेतन ने मन-ही-मन सोचा और बढ़ कर बेंच पर जा बैठा।

चूँकि बेंच सड़क के बायें किनारे उस पथरीली दीवार से लगी थी, जिसके पीछे डॉक्टर राय की कोठी थी और वहाँ बेंच पर बैठे हुए व्यक्ति के सामने घाटी के परिदृश्य में सड़क अपनी चौड़ाई के साथ आ जाती थी, इसलिए चेतन को घाटी के परले आधे हिस्से में बायें से दायें, ऊपर से नीचे तक फैले हुए मकान धूप में चमकते दिखाई देते थे। न वहाँ से आतंक उपजाती धौलाधार की वे गगनचुम्बी चोटियाँ नज़र आती थीं, न पहाड़ी नाला ही दिखाई देता था। बस, घाटी के मकानों के बाद सामने के पहाड़ों पर, नीचे चीड़ और ऊपर तक देवदार, बन्हे और बुराँश के सघन पेड़ चले गये थे। उनमें कहीं-कहीं किसी मकान की लाल टीन की छत जंगल की हरियाली में झलक उठती थी।

चेतन कुछ क्षण तक अपलक घाटी के उस आधे दृश्य और उसके सौन्दर्य को निहारता रहा, फिर वह पीछे को झुका। पीठ उसने बेंच के साथ लगा ली। पैर पसार लिये और आँखें बन्द कर लीं।

वह रात भर का जगा था। जालन्धर से पठानकोट आने वाली गाड़ी में बहुत भीड़ थी। यूँ भी रेलगाड़ी की यात्रा में उसे कभी रात को नींद न आती थी। इसके अलावा, उसे अपनी बीमार पत्नी का ख़याल था। पठानकोट से तड़के चार बजे की मेल बस उन्हें पकड़नी थी। उसकी पत्नी को थोड़ा सो लेना चाहिए —महज़ यह ख़याल चेतन को जगाये रखने के लिए काफ़ी था और वह जागता आया था।

पठानकोट से धर्मशाला तक ७०-८० मील का लम्बा रास्ता था। मेल बस आम पैसेंजर बसों की तरह जगह-जगह रुक कर सवारियाँ लेती, उतारती और काफ़ी समय

बरबाद करती नहीं चलती थी। नूरपुर में उसने दो मिनट में डाक का थैला ले लिया था। केवल शाहपुर और गग्गल थोड़ी देर ज़्यादा रुकी थी, लेकिन कच्ची सड़क थी, उसे सही हालत में रखने के लिए अंग्रेज़ सरकार की तमाम कोशिशों के बावजूद उसमें गड्ढे बन गये थे। फिर चढ़ाई पर सड़क बहुत घुमावदार हो जाती थी। कई बार महिलाओं के केशों में लगाये जाने वाले पिनों जैसे, तंग और कठिन मोड़ उस पर आते थे और बस कुछ इस तरह पूरी घूम जाती थी कि सीट पर बैठे रहना मुश्किल होता था। रास्ते में उन्हें बेहद हिचकोले लगे थे। चेतन के अंग थक भी गये थे और दर्द भी कर रहे थे। बेंच पर उस प्रकार पैर फैला कर, पिछली सीट से पीठ लगा कर बैठने में यद्यपि उसे बहुत आराम महसूस हुआ था, पर उसकी आँखें भारी भी न हुई थीं।

उसकी बन्द आँखों में पहले वही दृश्य आया था, जो उसने क्षण भर पहले खुली आँखों घाटी के परले हिस्से में चिलकती हुई धूप में देखा था —सामने का पहाड़ ऊपर से नीचे तक हरे-भरे जंगल से ढँका हुआ और नीचे घाटी में धर्मशाला का शहर चेतन ही की तरह किसी अदृश्य बेंच पर नीचे को टाँगें फैलाये हुए पसरा हुआ था....तभी चेतन की कल्पना में उस हरे-भरे जंगल के ऊपर, सुबह पुलिस मैदान से देखी हुई धौलाधार की चोटियाँ और उस के पैरों में बसी देवराज की सराय के वे तंग सात गुना दस के कोठरीनुमा कमरे और उनमें आ कर ठहरे हुए बीमार, बेबस और दस तरह की मुसीबतों से घिरे ख़स्ता-हाल लोग उभर आये....एक तरफ़ आकाश की बुलन्दी थी, दूसरी ओर गहरी, तारीक खड्ड की-सी पस्ती....

'लेकिन यह पस्ती तो मानव-जनित है,' चेतन ने सोचा, 'प्रकृति तो हर जगह, हर क्षण सुन्दर है —बुलन्दी में भी, पस्ती में भी —नदियों के पुंजीभूत जल से हिलोरें लेता महासागर का विस्तार हो या गर्म रेत के बगूले उड़ाता बेकिनार रेगज़ार —दोनों अपना विशिष्ट सौन्दर्य रखते हैं....जब वह प्रकृति के मुकाबले में अपने आपको —सृष्टि में सबसे सुन्दर और श्रेष्ठ समझने वाले इन्सान को —देखता है तो अपनी तमाम उपलब्धियों के बावजूद उसका अपना आप उसे नितान्त बौना दिखायी देता है....उसकी दुनिया में एक ओर अकूत धन-सम्पदा है, वैभव है, सौन्दर्य, लालित्य, शिक्षा और संस्कृति है तो दूसरी ओर बेपनाह ग़रीबी, गन्दगी, ग़लाज़त, संकुलता और विपन्नता है....'

और चेतन के ज़ेहन में फिर वही प्रश्न आया —'क्या यह सब असमानता उस भगवान की देन है अथवा मानव ने स्वयं पैदा की है? क्या इन्सान को भगवान ने बनाया है अथवा इन्सान ने उसे अपने अनुरूप गढ़ लिया है....जब यह मानव इस सृष्टि में पैदा नहीं हुआ होगा,' चेतन ने सोचा, 'अथवा अपने अविकसित दिमाग़ से पशुओं की तरह खाता-पीता, सोता, सन्तति बढ़ाता और मर जाता होगा, तब भी प्रकृति तो ऐसी ही सुन्दर होगी। भगवान अगर होगा तो उसे किसी ने भगवान का नाम नहीं दिया होगा.....फिर मानव के दिमाग़ ने विकास करना शुरू किया और उसके साथ ही देवी-देवता पैदा हो गये। वह सीमाहीन, अपरिमेय शक्ति कई-कई नामों से पुकारी जाने लगी। इन्सान ने अपने अनुरूप भगवान गढ़ा और अपने सारे गुण-दोष उसे दे दिये। किस प्रकार अपनी ही तरह उसने भगवान को भी विभिन्न जातियों और फ़िरकों में बाँट लिया। अलग-अलग फ़िरकों के अलग-अलग ख़ुदा, पैग़म्बर, रसूल, अवतार हो गये और इन भगवानों का, ख़ुदाओं का,

झुकाव अमीरों की ओर ज़्यादा और ग़रीबों की ओर कम हो गया....

'ज़ाहिर है' —चेतन ने सोचा, 'भगवान ने ऐसा नहीं किया। इन्सान ही ने किया है। तब नियति, प्रारब्ध, भाग्य, विधाता —ये शब्द क्या हैं? इन्हें किसने बनाया?....यदि भाग्य है, विधाता है और प्रारब्ध है तो क्या ऊपर वाली शक्ति ने किसी विशेष समय में विशेष नक्षत्र के अधीन मानव का दिमाग़ विकसित किया और उसे अपने लिए इतने सारे नाम देने की प्रेरणा दी....' चेतन एक सवाल के जाल से निकल कर दूसरे में और दूसरे से निकल कर तीसरे जाल में उलझता गया....लेकिन इन प्रश्नों का कोई एक उत्तर नहीं था, जो उसे ही मिल जाता....और तभी उसके कानों में अपना चिर-परिचित मॉटो घूम गया —और मन-ही-मन उसने हितोपदेश की पंक्ति दोहरायी — 'यथा विधाता वधीयते तथैव शुभाय'....और उसके सामने अपनी वर्तमान स्थिति घूम गयी....इस में शुभ क्या है? उसकी शादी उसकी इच्छा के बग़ैर एक मोटी-मुटल्ली, अधपढ़, फूहड़, सादालौह लड़की से हो गयी, वह उसे पढ़ाने लगा, वह पढ़ने लगी....वह उसे सुसंस्कृत बनाने लगा और वह बनने लगी और वह उसके जन्मजात गुणों के कारण उसे चाहने लगा, उसे ले कर भविष्य के सपने बुनने लगा....लेकिन बीच में उसके ससुर के पागलपन और सास के नौकरानी बन जाने की विकट स्थिति आ गयी। अपनी पत्नी का दर्जा अपने समाज में ऊँचा उठाने के लिए उसने कानून ले लिया। पहले साल का इम्तहान फ़र्स्ट डिवीज़न में पास किया। उसने कानून की अन्तिम परीक्षा में डिस्टिंक्शन ली। अब वह सब-जजी के कम्पीटीशन में बैठना चाहता है और जिसके लिए वह यह सब मुसीबत उठा रहा है, दिन-रात मेहनत कर रहा है, उसकी पत्नी एक घातक रोग से ग्रसित हो गयी लगती है —हठात उसके अन्दर कोई ज़ोर से चीख़ा —इस में शुभ क्या है?

चेतन ने आँखें खोल दीं। शायद वह ऊँघ गया था। अर्धजागृतावस्था में वह सब सोचता रहा था। वह चीख़ जो उसे सुनायी दी थी, वास्तव में डॉक्टर लीला राय की कोठी के गेट की थी, जिसे खोल कर निक्का बाहर आया था। चेतन से सिर उठाया तो निक्के को अपने सामने खड़े पाया।

वह उठा और चुपचाप उसके साथ चल पड़ा.....वह कैसा मूर्ख है, उसने सोचा, जिन प्रश्नों के उत्तर सदियों के चिन्तन-मनन के बाद भी चिन्तकों और मनीपियों को नहीं सूझे, वह अज्ञानी उन्हें कैसे सड़क के किनारे लकड़ी की बेंच पर बैठा पा लेगा।....उसने तीन बार गीता पढ़ी थी और तय किया था कि वह अपने कर्तव्य पूरी निष्ठा और तनदेही से निभायेगा और फलाफल की चिन्ता नहीं करेगा। विधाता क्या सोचता है? ज़िन्दगी की इन विकट परिस्थितियों में, जिन्होंने उसे ग्रस कर रखा है, उसके लिए क्या शुभ है? इस सब में उसकी क्या बेहतरी है?....वह क्यों इसकी चिन्ता करे। इस वक्त उसका कर्तव्य है कि वह अपनी पत्नी की तकलीफ़ को कम करने का प्रयास करे और धर्मशाला में दो महीने गुज़ार कर उसे जालन्धर छोड़े, वापस लाहौर जाये और सब-जजी के कम्पीटीशन का फ़ार्म भरे। तमामतर हालात के बावजूद भोला की मदद से दिन-रात अध्ययन करे और विशेष योग्यता से परीक्षा पास करे....

चेतन के कानों में माँ द्वारा बीसियों बार दोहरायी गयी कहावत गूँज गयी —'अपनी तोड़ निभाइए ओह्दी ओह जाणे।' यानी अपनी ओर से पूरी निष्ठा के साथ अपने कर्तव्य

निभाओ और दूसरों की दूसरों पर छोड़ दो !

चेतन ने सिर को झटका दे कर जैसे उन तमाम प्रश्नों को अपने ज़ेहन से परे झटक दिया और सिर उठाया....

निक्का उससे दो कदम आगे हो गया था। उसकी चाल में कुछ अजीब-सी मस्ती थी। उसके शरीर की बोटी-बोटी थिरक रही थी। जाँघों के ऊपर उसके दोनों पुट्ठे विचित्र लय से ठुमक रहे थे। चेतन मन्त्र-मुग्ध-सा उसे अलबेली चाल से चलते हुए देख रहा था।

०

चेतन को अचानक छठी-सातवीं के दिनों की याद हो आयी, जब उसके पिता ने उनके खण्डहर-ऐसे एक-मंज़िले मकान को बनवाना शुरू किया था। माँ तो सिर्फ़ एक कमरा और एक रसोईघर ही बनवाना चाहती थी, लेकिन पिता ने तीन-मंज़िला मकान बनवाया था। निचले आँगन में नमी न आये, इस ख़याल से उसे पाँच-छै फ़ुट गहरा खुदवा कर रोड़ी से भरवाया था। सीढ़ियाँ पहले एक तरह बनवायीं, फिर तुड़वा कर दूसरी तरह। जाने कितना कुछ बना, टूटा और फिर बना। लगभग एक वर्ष तक काम लगा रहा। अपनी इच्छानुसार तो चेतन के पिता उसे पूरा नहीं करा सके। ऊपर की बैठक में दो तरफ़ बारजा नहीं बन सका और नंगे शहतीर बाहर को बढ़े हुए ख़ासे भद्दे लगते थे। लेकिन उन सब को अपने हाल पर छोड़, और जगह-जगह का क़र्ज़ चढ़ा कर वे चले गये, जिसे माँ अब तक चुका रही थी।

उस मकान को बनाने वाले दो राजमिस्त्री थे —नूरा और निक्का ! नूरा मँझले कद का बहुत सुन्दर नौजवान था। निक्का इसी निक्के की तरह लम्बा-तगड़ा, बेहद गठे, कसरती शरीर वाला था। दोनों राजमिस्त्री शाम को काम ख़त्म करने के बाद अखाड़े जाते थे। चेतन के पिता स्वयं अखाड़े के शौकीन थे। उन्होंने चेतन को दण्ड पेलने के लिए लकड़ी के हैण्डल बनवा दिये थे और आदेश दे दिया था कि वह शाम को उनके साथ अखाड़े जाया करे और तेल की मालिश करके दण्ड-बैठक लगा कर कुश्ती के दाँव-पेच सीखे।

चेतन कुश्ती तो क्या लड़ता ! वह अनिच्छापूर्वक उनके पीछे-पीछे जाता था। नूरे के तो नहीं, लेकिन निक्के के कूल्हे इसी निक्के की तरह एक लय में मटकते-ठुमकते थे और चेतन को बहुत अच्छे लगते थे....

अचानक उन शामों की याद आ जाने से चेतन के होंटों पर हल्की-सी व्यंग्यमयी मुस्कान खेल गयी। वह बहुत पतला-दुबला, हड्डियाये शरीर का लड़का था। जब वह अखाड़े में जा क लँगोटा लगाता और तेल की मालिश करता तो उसके सीने की एक-एक हड्डी साफ़ गिनी जा सकती थी। ऊपर से उसके पिता ने पहलवानों की तरह उसके बाल कैंची से बहुत बारीक कटवा कर माथे पर उस्तरे से चौकोर ख़त बनवा दिया था। शीशे में उसे अपना चेहरा निहायत अपरूप और हवन्नक दिखायी देता था —उसे अपने पर दया भी आती और हँसी भी और कसरत करने अथवा कुश्ती लड़ने को उसका ज़रा भी मन न होता। लेकिन पिता के भय से वह सींकिया पहलवान बना दण्ड-बैठक लगाता और निक्के से दो-एक पकड़ें भी करता। दाँव भी सीखता। यह और बात है कि उसका दिल अन्दर से भयाक्रान्त रहता कि कहीं निक्के के झटके से उसकी बाँह ही न उखड़ जाये या उसकी गर्दन

ही न टेढ़ी हो जाय। लेकिन इस सब के बावजूद कुछ दिन उनके साथ अखाड़े जाने के बाद चेतन अपने आपको पहलवान समझने लगा था। माथे के बदनुमा चौकोर ख़त छुपाने के लिए वह निक्के और नूरे की तरह लटकेदार पगड़ी बाँधने लगा था, जिसका शमला वह दायीं ओर सीने पर छोड़े रखता और कपड़े पहन कर लटकेदार पगड़ी बाँध लेता तो स्वयं को सुन्दर भी समझता।

निक्के के कूल्हे बदस्तूर मटक रहे थे। लड़कपन की स्मृतियों से बरबस निकल कर चेतन ने कदम तेज़ किये और उसके साथ जा मिला।

कुछ क्षण दोनों चुपचाप चलते रहे, फिर सहसा निक्के ने पूछा, "कैंह बाऊजी, तुसाँ इत्थाँह किवें आये हो? तुसाँदी लाड़ी नूँ की तकलीफ़ है?"[१]

उदासी से ज़रा-सा हँस कर किसी आत्मीय की तरह चेतन ने कहा, "तकलीफ़ क्या है यार, पिछले साल जून में उसके बच्चा हुआ था। जाने डिलिवरी में कहाँ कुछ गड़बड़ हो गयी, कोई इन्फ़ेक्शन हो गया या जाने क्या हुआ, तभी से उसे बुख़ार आने लगा। लोग पुराने बुख़ार का शक भी डालते हैं।"

क्षण भर रुक कर उसने फिर जैसे अपने आप से कहा —"लेकिन खाँसी तो उसे आती नहीं और सैनेटोरियम में उसका वज़न भी बढ़ गया है।"

चेतन की भाषा में हालाँकि कुछ अंग्रेज़ी के शब्द भी थे, लेकिन अंग्रेज़ों के घरों में रोज़ डबल रोटियाँ बाँटने के लिए जाने के कारण निक्का अंग्रेज़ी में आम प्रचलित शब्दों का मतलब जानता था और चेतन की बात समझ गया था। उसने कहा —

"एह तुसी बड़ा चंगा कीत्ता बाऊ जी, जे तुसी इन्हाँ नूँ इत्थाँह नूँ लिआये। ऐत्थे तुहाडी लाड़ी दी तबीयत बिलकुल सोलाँ आने हो जावेगी।"[२]

"यार निक्के," चेतन ने क्षण भर बाद लम्बी साँस को लगभग दबा कर उदास भाव से कहा, "जब से मेरी उसकी शादी हुई है, दस दिन भी उसने मेरे साथ आराम के नहीं काटे। हालात ही कमबख़्त हमारे अच्छे नहीं रहे।....

और किसी अन्तरंग मित्र की तरह चेतन ने निक्के को अपनी शादी के शुरू के दिनों से ले कर उस दिन तक का सारा किस्सा सुना दिया।

चेतन की यह पुरानी आदत थी कि वह अपने-पराये में कोई विभेद नहीं रखता था और सब से सब कुछ कह देता था। अपनी इस आदत पर उसने एक शे'र भी लिखा था —

'सादगी कहिए इसे या होशियारी जानिए,
उनसे कह देते हैं हम, जो कुछ हमारे दिल में है।'

शे'र तो उसने आत्मालोचन में इसलिए लिखा था कि वह अपने इस दुर्गुण को पहचाने और यथाशक्य मन की बात मन में रखे, लेकिन रहीम का दोहा —

'रहिमन निज मन की व्यथा मन ही राखो गोय।
सुन इठलैहें लोग सब बाँटि न लैहें कोय।।'

---

१ क्यों बाबू जी, आप यहाँ कैसे आये हैं? आपकी बीवी को क्या कष्ट है?

२ यह आपने बहुत अच्छा किया बाबू जी, जो अपनी पत्नी को यहाँ ले आये। यहाँ उनकी तबियत बिलकुल ठीक हो जायेगी।

बार-बार दोहराने के बावजूद, जब अवसर आता था, चेतन अपने-पराये —सबसे, सब कुछ सच-सच कह देता था।

इसके अलावा चेतन के यहाँ किस्सा सुनाने की अभूतपूर्व क्षमता थी। वह कुछ ऐसे ब्योरेवार ढंग से अपने साथ घटने वाले किस्से सुनाता कि सुनने वाले समय और स्थान की बात भूल कर सुनने लगते थे और ज़रा भी बोर नहीं होते थे। निक्का भी दत्तचित्त हो कर उसकी बातें सुनता रहा था। अन्त में उसने लम्बी साँस ले कर दायें हाथ की तर्जनी आकाश की ओर उठायी और कहा —

"बाऊ जी, उप्पर वाला जिद्दाँ रखे रहणा पैन्दा है। ओहदी मर्ज़ी अग्गे सिर झुकाणे दे सिवा कोई चारा नहीं। तुसीं अपनी दस्सी है, जे मैं तुहाजों अपणी ज़िन्दगी दा हाल सुनावाँ ताँ तुसीं हैरान हो जाओगे।"[१]

०

चेतन तो छोटा-मोटा लेखक और कवि था, इसलिए उसने अपनी दुख-गाथा कभी खेद, कभी विक्षोभ और कभी व्यंग्य के साथ बयान की थी। निक्का तो कथाकार था नहीं, लेकिन अपनी कथा उसने भी प्रभावी ढंग से चेतन को सुनायी थी। अभिव्यक्ति में उसे जहाँ कठिनाई हुई, उसने पंजाबी और हिमाचली के साथ उर्दू और कभी-कभी अंग्रेज़ी शब्दों के प्रयोग से अपना काम चला लिया।

निक्के की कहानी हमारे इस देश के हज़ारों-हज़ार सौतेले बच्चों के दुखद बचपन की कहानी थी —उसका जन्म शाहपुर से थोड़ा नीचे एक गाँव में एक धनी गूजर छत्रदीन के यहाँ हुआ था। भैंसों का एक बहुत बड़ा रेवड़, गायें और काफ़ी भेड़-बकरियाँ उसके पास थीं।

थोड़ी ज़मीन भी थी, जिसकी उपज से घर के खाने-पीने का जुगाड़ हो जाता था। भैंसों, गायों का दूध स्थानीय लोगों में बिकता था। वाफ़र होता तो उसका मावा बनाया जाता अथवा दही जमा कर मक्खन निकाला जाता और खाने-पीने के अलावा जो बच जाता, उसका घी तैयार किया जाता। व्यापारी और उनके दलाल सस्ता घी और मावा ख़रीदते और दूर-पार के हलवाइयों और व्यापारियों को मँहगा बेचते।

छत्रदीन हृष्ट-पुष्ट अखाड़िया गूजर था। गबरून का कॉलर-विहीन कुर्ता, तहमद और बण्डी पहनता था। लम्बे-लम्बे उसके पट्टे थे, जिन पर वह एक साफ़ा बाँधे रखता। मूँछें उसकी बड़ी-बड़ी और नोकदार थीं, जिन्हें वह प्रायः बल देता रहता अथवा कभी तल्लीनता में दायीं तरफ़ की मूँछ की नोक दाँतों में ले कर हल्के से चबाया करता।

छत्रदीन की पहली बीवी नूरपुर की थी। सुन्दर थी। काम में भी तेज़ थी। मेहनती थी। दुर्भाग्य से उसके पाँच-छै वर्ष तक कोई सन्तान नहीं हुई। छत्रदीन ने निक्के की माँ से दूसरी शादी कर ली। तीन साल में दो लड़के भी हो गये। छत्रदीन की ख़ुशी का वार-पार न रहा। वह न सिर्फ़ निक्के की माँ से ख़ुश था, बल्कि अपने दोनों बेटों से प्यार भी बहुत

---

१ बाबू जी, ऊपरवाला जिस तरह रखे, रहना पड़ता है, उसकी इच्छा के आगे सिर झुकाये बिना कोई चारा नहीं। आपने अपनी परिस्थिति का ज़िक्र किया है, यदि मैं आपको अपनी ज़िन्दगी का हाल सुनाऊँ तो आप हैरान रह जायेंगे।

करता था। लड़कपन से ही उसने अपने दोनों बेटों को अपना काम सिखाया। भैंसों की देख-भाल करना, उन्हें सानी-पानी कराना, उन्हें चराना और दूध दोहना, खोया बनाना, घी तैयार करना, बेचना। लड़कपन से ही दोनों भाइयों ने अपना काम-धन्धा सीख लिया था। निक्का १२ वर्ष का और उसका भाई १४ वर्ष का था, जब उनकी माँ फिर बच्चे से हुई और प्रसव में ही बच्चे सहित चल बसी।

छत्रदीन निक्का की माँ को बहुत प्यार करता था। उसके देहावसान से उसे बहुत धक्का लगा और उसने मन-ही-मन तय किया, वह अपने दोनों लड़कों को पहलवान बनायेगा, कुश्तियाँ लड़वायेगा और उनके माध्यम से अपने नाम का डंका इर्द-गिर्द के गाँवों में बजवायेगा। घर में दूध-घी की कमी न थी। दोनों भाई कसरत करते, अखाड़े जाते, अपने मज़दूरों के साथ मिल कर ढोर-डंगर देखते। उस वक्त, जब दूर-पार के दंगलों में छत्रदीन के दोनों पट्ठे बराबर के लड़कों को पछाड़ने लगे और छत्रदीन का नाम भी चारों तरफ़ फैलने लगा, अपने ही एक कामे की एक सुन्दर और कमसिन लड़की अधेड़ छत्रदीन की नज़र में चढ़ गयी। उसने नकद पचास रुपये की बहुत बड़ी रकम दे कर उसे ख़रीद लिया और उसे अपनी तीसरी बीवी बना लिया।

इसे निक्के और उसके भाई का दुर्भाग्य ही समझा जायेगा कि छत्रदीन की तीसरी शादी के एक साल बाद ही निक्के की बड़ी माँ के तीस वर्ष की उम्र में लड़का हो गया। निक्के ने ही चेतन को यह बताया कि गाँव में एक पहुँचे हुए पीर आये थे। उनकी सौतेली माँ ने उनकी बड़ी सेवा-टहल की। जाते-जाते वे उसे एक तावीज़ और दुआ दे गये थे। यह भी कहा जाता है कि पीर ने एक दवा की तीन पुड़ियाँ भी मक्खन के साथ लेने को दी थीं। जो भी हो, पीर के जाने के बाद ही उसकी गोद भर गयी।

निक्का और उसका भाई न केवल अपने सौतेले भाई-बहनों को खिलाते, बल्कि अपनी सौतेली माँओं के भी दस काम सँवारते। इस पर भी दोनों माँएँ हमेशा अपने पति से उनकी शिकायतें करती न अघातीं। अखाड़े जाना और कुश्तियाँ लड़ना तो दोनों के सिलसिले में कभी का ख़त्म हो गया था, लेकिन अब तो उनकी ज़िन्दगी ग़ुलामों से बदतर हो गयी।

एक दिन छोटी माँ ने उसके बड़े भाई की झूठी शिकायत उसके बाप से कर दी। छत्रदीन ने कुफ़्र-तोड़ गालियाँ देते हुए उसे धुन कर रख दिया। बड़े भाई ने तो चुपचाप बर्दाश्त कर लिया, लेकिन निक्का अपने बड़े भाई के साथ होने वाले ज़ुल्म को सहन नहीं कर सका और उसी रात घर से भाग आया।

इधर निक्के ने अपनी दुख-गाथा ख़त्म की, उधर वे कोतवाली बाज़ार पहुँच गये। बृजलाल रोड से कोतवाली बाज़ार में कदम रखते ही, सहसा निक्के ने व्यस्त होते हुए, दायीं ओर, ज़रा दूर, सिनेमा चौक के चौराहे पर, सेशन और कैण्ट रोड के कोने में कदरे ऊँचाई पर बने म्युनिसिपल कमेटी के नल की ओर संकेत करते हुए कहा, "बाऊ जी, ओह नल दे कोल जेहड़ी बेंच पयी है, आप उस पर ज़रा थोड़ी देर रेस्ट करो। मैं उन्नी देर'च इत्था हाँ बाज़ार विच, चार-छै दुकानदाराँ नूँ रोटियाँ, बन्न अते पेस्ट्रियाँ दे कर आउना हाँ।

फेर तुहानूँ सिद्धा छावनी ले जावाँगा।"[१]

और वह तेज़-तेज़ बायीं ओर मुड़ गया।

चेतन ने क्षण भर वहीं खड़े-खड़े बाज़ार का नज़ारा किया। बृजलाल रोड जिस जगह आ कर कोतवाली बाज़ार से मिलती थी, वहाँ ऐन सामने एक हलवाई की और उसके साथ ही एक सरदार सब्ज़ी फ़रोश की दुकान थी। सब्ज़ी वाले ने बाँस के छाबे में कच्चे नारियल की फाँकें काट कर सजा रखी थीं। चेतन को लड़कपन से कच्ची गरी बहुत अच्छी लगती थी। कच्चे नारियल की एक फाँक के साथ बर्फ़ी का एक टुकड़ा भी मिल जाय तो फिर क्या बात है, मज़ा दुगना हो जाता है। वहाँ जैसे इसीलिए साथ में हलवाई की दुकान भी थी।

चेतन रह नहीं सका। उसने पहले सब्ज़ीवाले से एक पैसे में नारियल की एक फाँक ख़रीदी, फिर हलवाई के यहाँ से दो पैसे की बर्फ़ी ली और मुँह में रखी। शुद्ध खोये से बनी थी। चेतन को बर्फ़ी के साथ नारियल बहुत स्वादिष्ट लगा। वह बाज़ार में अपने हाथ हो लिया और कभी पहले नारियल का टुकड़ा काट कर, फिर ज़रा-सी बर्फ़ी मुँह में रखता और कभी पहले बर्फ़ी का ज़रा-सा टुकड़ा काट कर, फिर नारियल कुतरता हुआ, मज़े से धीरे-धीरे दोनों का रस लेता हुआ, जा कर चौरस्ते की बेंच पर बैठ गया। पैर उसने पसार लिए और बेध्यानी में नारियल और बर्फ़ी खाता हुआ अपने विचारों में खो गया।

'यह भी कैसा ह्यूमन रिलेशन है,' चेतन ने कोतवाली बाज़ार की उस बेंच पर बैठे-बैठे मन-ही-मन कहा, 'सौतेली माँ और बेटे का, जो अपवाद-स्वरूप ही सुखी होता है। वरना अधिकांश सौतेले बेटे अपनी सौतेली माताओं के हाथों कल्पनातीत यातनाएँ पाते हैं और प्राय: ज़िन्दगी में असफल रहते हैं। जहाँ पिता उनकी शिक्षा-दीक्षा की ओर विशेष ध्यान देते हैं, वहाँ भी वे अपनी सौतेली माताओं से जुड़ नहीं पाते। एक अनजानी असहजता माँ-बेटों में बरकरार रहती है —एक ओर तमाम आदर-सत्कार और दूसरी ओर सारे स्नेह-सौहार्द के बावजूद।'

सबसे दिलचस्प बात, जो चेतन को लगी, वह यह कि यदि अपवाद-स्वरूप कोई सौतेली माँ अपने सौतेले बेटे से अपने बच्चों जैसा ही व्यवहार करे तो भी उसके हर सुकृत्य में कोई-न-कोई इतर मन्तव्य आरोपित कर दिया जाता है। वह बेचारी कभी नॉर्मल नहीं रह पाती। उसके स्नेह-सौहार्द और सद्भाव के साथ सौतेले बच्चे के लिए कोई-न-कोई प्रयोजन-भरा उद्देश्य जड़ दिया जाता है। उसके हर अच्छे काम के साथ बुरी नीयत लगा दी जाती है। समाज यह मान कर चलता है कि सौतेली माँ अपने सौतेले बेटे को अपने बच्चे जैसा प्यार नहीं दे सकती और जहाँ वह ऐसा होता देखता है, दस तरह के आरोपों और लांछनों से उसे असफल बनाने में कोई कोर-कसर नहीं उठा रखता।

चेतन को लगा कि वास्तव में यह सम्बन्ध सगे माँ-बेटे जैसा स्वाभाविक और प्राकृतिक नहीं है। नितान्त अस्वाभाविक और असहज है। फिर जो बात सौतेली माँ के

---

१ बाबूजी, वह नल के पास जो बेंच पड़ी है, आप उस पर जा कर कुछ देर सुस्ताइए। मैं इतने में यहाँ बाज़ार में चार-छै दुकानदारों को रोटियाँ, बन्न और पेस्ट्रियाँ दे कर आता हूँ। फिर मैं आपको छावनी तक ले जाऊँगा।

सिलसिले में कही जा सकती है, वही सौतेले पिता के सन्दर्भ में भी सही है। यदि कोई युवती पहले पति की मृत्यु अथवा उससे सम्बन्ध-विच्छेद के बाद, पहले पति से हुए अपने बच्चों के साथ दूसरे पति के घर बैठ जाती है तो उसका दूसरा पति अपने सौतेले बेटे से जो व्यवहार करेगा, वह लाख कोशिशों के बावजूद असहज हो जायेगा। हाँ, यदि माँ-बेटा या पिता-पुत्र इस रिश्ते की अस्वाभाविकता को जानते हुए चेतन रूप से इसे बेहतर चाहें तो समाज उसे सहज नहीं रहने देता। तब ज़ाहिर है, समाज की परवाह किये बिना उन्हें अपने सोचे-समझे मार्ग पर चलते जाना होगा। तब ऐसा ऐन सम्भव है कि सौतेले माँ-बेटे का सम्बन्ध सगे माँ-बेटे की अपेक्षा बेहतर हो जाय और अपवादस्वरूप ही सही सगे बेटे को अपने माता-पिता के प्रेम को ले कर सौतेले भाई से ईर्ष्या हो जाय।

बेंच पर बैठे मज़े से नारियल और बर्फ़ी खाते हुए चेतन फिर निक्के की कहानी में खो गया। वह सौतेली माँ-बेटों की समस्या के सभी पहलुओं पर विचार कर रहा था कि उसकी नाक पर एक मोटी-सी बूँद गिरी। चौंक कर उसने आकाश की ओर देखा।.....इस बीच जाने कहाँ से बादल घिर आये थे। इससे पहले कि वह उठता, टपाटप बड़ी-बड़ी बूँदें बरसने लगीं। वह भाग कर सामने सोडा वाटर की दुकान के अन्दर न चला जाता तो पलक झपकते शराबोर हो जाता।

देखते-देखते मूसलाधार वर्षा होने लगी। सामने देखने पर चेतन को लगा, जैसे पानी चादरों में बरस रहा है —आसमान से ज़मीन तक पानी की चादरें तनी दीखती थीं, जिनके आर-पार देखना मुश्किल हो गया था।

इस दौरान दो-तीन आदमी और आ कर उसके आगे खड़े हो गये। बाज़ार का दृश्य उनकी ओट में हो गया। उमस और पसीने की कुछ अजीब-सी गन्ध चेतन के नथुनों में बस गयी। वह ज़रा-सा पीछे हट कर सोडा वाटर की मशीन के पास जा खड़ा हुआ। इससे पहले कि उसके ज़ेहन में जालन्धर शहर की मण्डी के सामने चाचा फ़कीरचन्द की सोडा वाटर फ़ैक्टरी का ध्यान आता, अचानक उसके मन में ख़याल आया कि यदि उसकी पत्नी को सचमुच दिक हुई और वह न बची तो उसके नन्हे बच्चे देवेश के साथ भी तो सौतेली माँ की यह समस्या पैदा हो सकती है। चेतन तब कुल छब्बीस वर्ष का था। जालन्धर के समाज में तो पहली पत्नी के देहावसान के चौथे रोज़ ही लोग अपनी लड़कियों की सगाइयाँ ले कर जा पहुँचते हैं। लेकिन चन्दा जैसी सहनशील, उदार, सहिष्णु, अपने पति पर सहज विश्वास करने वाली पत्नी के साथ कुछ समय बिताने के बाद वह किसी साधारण निम्न-मध्यवर्गीय घर की, छोटी बातों को ले कर अपनी और अपने पति की ज़िन्दगी नरक बना देने वाली किसी संगिनी के साथ कैसे गुज़ारा कर सकेगा....अगर भगवान ने उसकी स्नेहशीला पत्नी को उससे छीन लिया तो वह फिर कतई शादी नहीं करेगा....लेकिन तभी उसके विचारों ने करवट बदली....वह कैसा मूर्ख और आवेगशील है, उसने सोचा....उसका दिमाग़ एक ही वक्त में अतीत और भविष्य के बीच किसी तरह का अन्तर नहीं करता और उन्मुक्त विचरता है। अपनी पत्नी की मृत्यु की बात सोचने की बजाय उसे अपनी हर कोशिश और विचार उसे बचाने पर लगाना चाहिए।

चेतन ने सिर उठाया। बाहर वर्षा लगभग थम गयी थी। उसके आगे के लोग अपनी राह चले गये थे। वह बाहर की ओर बढ़ आया। दुकानदार ने सहसा मुस्कुराते हुए कहा,

"क्यों साहब, लेमन-सोडा चलेगा? या विमटो पियेंगे?"

चेतन उदासी से हँसा, "थैंक यू," उसने कहा, "अभी तो मैं ऊपर मैक्लोडगंज किराये की कोई जगह देखने जा रहा हूँ। रह गया तो फिर आते-जाते लेमन-सोडा भी पिऊँगा और विमटो भी।"

"तुहाडी ही दुकान है साहब," दुकानदार ने दाँत चियार दिये।

तभी चेतन ने देखा —निक्के ने उसे देख लिया है और वह उसी की ओर भागा आ रहा है।

चेतन दुकान से उतरा। बाहर वर्षा जैसे झपाके से आयी थी, वैसे ही ख़त्म भी हो गयी। धूप चटक निकल आयी थी और आकाश एकदम नीला, निखरा, निरभ्र था।

"बाऊ जी रता कु देर हो गयी। आओ।" उसने कैण्ट रोड की ओर कदम बढ़ाया।

"रुको यार," चेतन ने कहा, "रोज़ तो तुम मेरे साथ होगे नहीं। तुम ज़रा यहाँ रुक कर बताओ कि ये चारों रास्ते" —चेतन ने ऊपर की ओर जाने वाले तीन और ज़रा पीछे बायीं ओर को नीचे उतरने वाले चौथे मार्ग की ओर संकेत किया —"किधर को जाते हैं।"

निक्का बीच सड़क रुक गया और चेतन को सविस्तार उन रास्तों के बारे में बताने लगा।

सैंतालीस

चेतन और निक्का मज़े-मज़े कैण्ट रोड पर चले जा रहे थे। निक्का क्या सोच रहा था, चेतन नहीं जानता, लेकिन वह स्वयं सड़क के दोनों ओर की दृश्यावली को देख भी रहा था और उसका लुत्फ़ भी उठा रहा था। दायीं ओर पहाड़ था, जो ख़ासा ढलवाँ था और जिस पर बन्हे[१] के पेड़ों के तनों और शाखाओं पर जम जाने वाली मिट्टी में इमली की छोटी-छोटी पत्तियों से मिल के बनी कुछ अजीब-सी तिकोनी पत्तियाँ उग आयी थीं। ऊपर से चौड़ी और कुछ नीचे से बिलकुल कोणाकार उन पत्तियों के साथ झाड़ियाँ नहीं थीं। वे तनों-शाखाओं में ऐसे उग आयी थीं कि सारे पेड़ उनसे भरे थे। उन्होंने बन्हे के उन महान वृक्षों को ऐसे आच्छादित कर रखा था कि उनके असली पत्ते नज़र ही न आते थे। लगता था यही बन्हे के पत्ते हैं, लेकिन बन्हे के पत्ते इस तरह की बीसियों पत्तियों में बँटे हुए फ़र्न के पत्तों जैसे नहीं होते। वे तो आम के पत्तों से लम्बाई-चौड़ाई में ज़रा छोटे, लेकिन बिलकुल उनकी शक्ल के होते हैं और पिछली तरफ़ से सफ़ेद होते हैं।

चेतन ने शिमला के प्रवास में कई शामें देवदार और बन्हे के पेड़ों की छाया में गुज़ारी थीं। हो सकता है, उसने ध्यान न दिया हो अथवा वे सब पत्तियाँ अपने आप बरसात में ही उगती हों, चेतन को याद नहीं था कि शिमले में उसने उन्हें देखा था —वह जैसे पहली बार और आश्चर्य से उनको देख रहा था....

---

१ बाँज, ओक (oak)

कभी-कभी वह क्षण भर के लिए रुक कर बन्हें के पेड़ों को देखने लगता कि बहुत ही पुराने पेड़ सड़क से ज़रा ऊपर पहाड़ी पर जमे थे और उनके तनों का घेरा लम्बे-चौड़े आदमी की बाँहों में नहीं समा सकता था। 'जाने एक-एक तने में छै-छै शहतीर तो निकल आयेंगे।' चेतन ने सोचा। 'ये पेड़ कितने सौ बरस पुराने हैं?' चेतन ने चाहा, निक्के से पूछे, पर निक्का बेचारा यह क्या बताता, इसलिए वह चुप रहा।

o

सड़क की बहार देखते हुए चेतन फिर अचानक अपने आप में गुम हो गया। कोतवाली बाज़ार की सड़क के चौक में खड़े हो कर निक्के ने बताया था कि वे लोग जिस सड़क पर खड़े थे, और जिसमें से वे सड़कें फूटती थीं, वह तो वही मेन रोड थी, जो थाने के चौक से ऊपर को चढ़ती थी। "वह सीधी मैक्लोडगंज को जाती है।" निक्के ने कहा था, "यूँ तो इसको यहाँ के बाद सेशन्ज़ रोड कहते हैं, लेकिन चूँकि आगे इस पर से एक चौड़ा पैदल रास्ता मेन सड़क को दो-तीन जगहों से काटता हुआ सीधा ऊपर चढ़ जाता है और 'खड़ा डण्डा रोड' कहलाता है, इसलिए प्रायः इस सड़क को भी 'खड़ा डण्डा रोड' ही पुकारते हैं।"

चेतन ने पूछा था कि वे उससे मैक्लोडगंज क्यों नहीं जाते?

निक्के ने बताया था कि एक तो उसमें चढ़ाई बहुत ज़्यादा है; दूसरे, जहाँ खड़ा डण्डा रोड मैक्लोडगंज में जा कर ख़त्म होती है, वह जगह फ़ोरसाइटगंज और निक्के की बेकरी से डेढ़ मील ऊपर है, इसलिए उनको फिर नीचे उतरना पड़ेगा और बहुत चक्कर पड़ जायेगा।

चेतन ने हाथ से संकेत करते हुए पूछा था कि बायीं ओर ज़रा पीछे नीचे को उतरने वाली सड़क किस गाँव को जाती है?

निक्का ज़रा हँसा था, "बाऊ जी, गाँव तो इस पर चड़ी रोड भी आता है और कई दूसरे भी, लेकिन यह बहुत पुरानी सड़क है। यह चड़ी रोड भी कहलाती है, गड्डा रोड भी!"....चेतन ने इस नाम पर हैरत से आँखें उठायी थीं कि 'गड्डा रोड' क्या नाम हुआ, तो निक्के ने कहा था कि इसी सड़क में थोड़ा आगे गड्डा एजेंसी है। वहाँ पठानकोट से बैलगाड़ियों में मिलिटरी का सामःन आता है। इसीलिए सड़क गड्डा रोड और आउट एजेंसी गड्डा एजेंसी भी कहलाती है।

चेतन के सामने सिनेमा चौक में सार्वजनिक नल के ऊपर और दायें-बायें चढ़ती सड़कें घूम गयीं और उसने सोचा कि जब चन्दा स्वस्थ हो जायेगी और वह धीरे-धीरे उसे सैर करायेगा तो एक दिन 'खड़ा डण्डा रोड' पर कोतवाली बाज़ार से ऊपर मैक्लोडगंज ले जायेगा, नहीं तो मैक्लोडगंज से नीचे कोतवाली बाज़ार में लायेगा।

कैण्ट रोड एकदम सुनसान थी। न दायीं तरफ़ कोई मकान था, न बायीं तरफ —बस चीड़ और बन्हे के पेड़ थे, तरह-तरह के पक्षियों का कलरव था और ठण्डी हवा रमक रही थी।

"बाऊ जी एही जो गड्डा एजेंसी ऐ।"

चेतन ने चौंक कर देखा —दायीं ओर ज़रा परे, टीन की छत वाली एक यतीम-सी

लम्बी बैरक ऐसी बनी थी। उससे ज़रा पहले एक सड़क नीचे को जाती थी, जिस पर एक ख़ाली बैलगाड़ी उतर रही थी।

"बैलगड्डियाँ इत्थई माल उतार के हेठाँ जा के रुकदियाँ हैंन, ते लोग आराम करदे हैंन !" निक्के ने कहा और वह चेतन को एजेंसी के ज़रा आगे, सड़क के किनारे ले गया। चेतन ने देखा, वह बैलगाड़ी नीचे जा खड़ी हुई थी और गाड़ीवान बैलों का जुआ उतार रहा था।

"मिलिटरी दा बहुत सारा माल एहो बैलगड्डियाँ ढोंदियाँ हैंन !" निक्के ने कहा। "कई गड्डियाँ नूँ बैलाँ दे बदले भैंसे लग्गे हुन्दें हैंन, पर ओह वी बैलगड्डियाँ ही कहाऊँदियाँ हैंन।"

और निक्का अपने आप हँसा।

०

ज़रा और आगे सड़क मुड़ती थी और नीचे को घाटी और बीचोंबीच बड़े-बड़े पत्थरों में बहता बनोई का नाला और उसके परले किनारे की ढलान पर झाड़ियों में चरती हुई भेड़-बकरियाँ बहुत ही भली लग रही थीं —अचानक किसी गद्दी ने वहीं से लोकगीत की तान उठायी —

भागसुए दिआँ धाराँ ओ गद्दणी भेड़ाँ चारण जाणा हो
पैराँ तों मैं नंगी ओ गद्दिया गोदिया बाल अयाणा हो

वातावरण को गुँजाती हुई लम्बी ऊँची सुरीली तान.....भेड़ें चराने वाला गद्दी अपनी बीवी —गद्दण —से कहता है कि भागसू के पहाड़ में हमें भेड़ें चराने जाना है। और गद्दण कहती है कि मेरी गोदी में नन्हा बालक है और मेरे पैर नंगे हैं।

चेतन क्षण भर के लिए वहीं सड़क के किनारे रुक गया कि गद्दी दूसरा बन्द गायेगा, लेकिन गद्दी ख़ामोश हो गया। जैसे चेतन के पिता कभी भरी दोपहर और कभी आधी रात के सन्नाटों में किसी गीत की एक-आध पंक्ति या आध-एक बन्द गा उठते थे और मीलों तक सन्नाटों को अपनी सुरीली आवाज़ से तड़पा देते थे, इसी तरह भेड़ें चराते हुए गद्दी ने मस्ती में एक बन्द गाया था और फिर शायद हुक्का पीने लगा था या उसके रेवड़ ने उसका ध्यान खींच लिया था या उसकी बीवी या बच्चे ने।

चेतन काफ़ी देर इन्तज़ार करता रहा, लेकिन गद्दी ने फिर दूसरा बन्द नहीं गाया था। जाने निक्के ने गाना सुनने के लिए चेतन के मन की इच्छा-उत्सुकता भाँप ली अथवा वह यूँ ही मौज में आ गया। दोनों कन्धों पर बेकरी की टोकरियाँ रखे हुए उसने बायाँ हाथ कान पर रखा और दायाँ हवा में फैलाते हुए तान लगायी —

भागसुए दिआँ धाराँ ओ गद्दणी भेड़ाँ चारण जाणा हो
पैराँ तों मैं नंगी ओ गद्दिया गोदिया बाल अयाणा हो
पैराँ जो मैं मोचड़ूँ लई दिंगा बालक खेला लाणा हो
भागसुए दिआँ धाराँ ओ गद्दणी भेड़ाँ चारण जाणा हो

गद्दण की शिकायत के जवाब में गद्दी कहता है कि मैं तेरे पैरों के लिए बूट ला दूँगा और नन्हे बालक के लिए कोई खिलौना ला दूँगा।

चेतन ने कभी कल्पना न की थी कि उस नितान्त पहलवान दीखने वाले नौजवान के कण्ठ में इतना सोज़, लोच और गुदाज़ होगा। उसकी खनखनाती सुरीली आवाज़ का जादू जैसे दायीं ओर के पहाड़, बायीं ओर सड़क के नीचे की घाटी, पेड़-पौधों, वीथियों और पगडण्डियों तथा पहाड़ों से उतरते छोटे-छोटे नालों और सारे वातावरण के कण-कण में बस गया था।

चेतन को गीत की धुन बहुत अच्छी लगी थी।

जब निक्के ने अन्तरा उठाया और आवाज़ को ज़रा-सा झटका दे कर गाया —

पैराँ जो मैं मोचड़ूँ लई दिंगा बालक खेला लाणा हो।

तो चेतन की स्मृति में अपनी सुहागरात में चन्दा का वह गीत कौंध गया, जिसमें पति-पत्नी में कुछ ऐसी ही तकरार है। पति पत्नी के लिए बुन्दे लाना चाहता है और वह मान के नहीं देती। यहाँ गद्दी अपनी बीवी की इच्छा पूरी करने का वादा करता है कि वह दूसरी इच्छा प्रकट कर देती है —

जंघाँ तों मैं नंगी ओ गद्दिया गोदिया बाल अयाणा हो
भागसुए दिआँ धाराँ ओ गद्दिया कियाँ सोगी जाणा हो

गद्दण कहती है कि मैं जाँघों से भी नंगी हूँ और मेरी गोदी में नादान बालक है। मैं भागसू की धार में भेड़ें चुगाने कैसे जाऊँगी !

और गद्दी उसे फिर कहता है —

जंघाँ जो मैं चोला सियाँगा, बालक खेला लाणा हो

तुम्हारी जाँघों के लिए मैं चोला सिला दूँगा और बालक के लिए मैं खिलौने ला दूँगा। हे गद्दणी, भागसू की धारों पर मेरे साथ भेड़ें चराने चल।

निक्के की आवाज़ हवा में गूँज रही थी —

छातियाँ दी मैं नंगी ओ गद्दिया गोदिया बाल अयाणा हो
छातियाँ जो मैं कुर्ता सियाँगा बालक खेला लाणा हो
भागसुए दिआँ धाराँ ओ गद्दणी भेड़ाँ चारण जाणा हो
सिरे दी मैं नंगी ओ गद्दिया गोदिया बाल अयाणा हो
सिरे जो मैं सालुआ सिआँगा बालक खेला लाणा हो।

निक्के के गीत गाने के दौरान वे दोनों 'काले पुल' पर पहुँच गये थे। दायीं ओर के पहाड़ पर मैक्लोडगंज के ऊपर से आने वाला बेनोई नाला बड़े-बड़े पत्थरों में बह रहा था और पुल के नीचे से हो कर घाटी में आवाज़ करता हुआ उछलता, कुदक्कड़े मारता, चला जा रहा था।

क्षण भर के लिए चेतन ने सोचा —'ये इतने बड़े-बड़े पत्थर बरसाती तूफ़ान में नाला अपने वेग में ऊपर से बहा लाया है अथवा नाले ने धरती की मिट्टी को बहा दिया और ये नीचे से निकल आये हैं?' निक्के की खनखनाती आवाज़ का जादू नाले की कलकल को यकसर डुबा रहा था और निक्का गा रहा था।

सारे पुल पर कोलतार पुती थी। शायद बहुत दिन हुए थे, इसलिए यद्यपि सूख गयी थी, पर उसकी चमक बाकी थी। निक्के ने पुल के जँगले का ज़रा-सा सहारा लेते हुए कदरे

पीछे को झुक कर पचहत्तर के कोण से सामने जैसे पेड़ों की फुनगियों को देखते हुए तान लगायी —

भागसुए दिआँ धाराँ ओ गद्दणी भेड़ाँ चारण जाणा हो
पैराँ दी मैं नंगी ओ गद्दिया गोदिया बाल अयाणा हो

पुल से उतर कर दोनों कुछ ही कदम आगे आये होंगे कि निक्के ने बायीं ओर सड़क के किनारे लकड़ी की दो-मंज़िली एक गुमटी की ओर संकेत करते हुए कहा, "बाऊ जी, ए झोल दा ठेका है, इक-अद्ध गिलास पिओगे....?" और वह ज़रा-सा हँसा।

"झोल....झोल क्या चीज़ है?" चेतन ने आश्चर्य-मिश्रित स्वर में पूछा।

"देसी बियर को यहाँ झोल कहते हैं," निक्के ने कहा, "चावलों से बनती है और इसमें मठोसल, फाफ वग़ैरह जड़ी-बूटियाँ डाली जाती हैं, जो थोड़ा नशा पैदा कर देती हैं।"

"कैसा स्वाद होता है?" चेतन ने हँस कर कहा।

"दही की लस्सी अगर खट्टी न हो तो लगभग वैसा ही समझिए। कहिए तो एक गिलास लाऊँ....!"

"नहीं-नहीं निक्का," चेतन ने हँस कर कहा, "मैं तो छूता नहीं। इस साली शराब ने हमारा घर तबाह कर दिया है।"

वह क्षण भर रुका। उसने दायीं ओर बन्हे के एक बहुत पुराने पेड़ के नीचे बेंच जैसी बिछी समतल चट्टान पर नज़र डाली और बोला, "तुम चाहो तो ले आओ। मैं थोड़ी देर यहीं बन्हे के नीचे चट्टान पर बैठता हूँ। फिर आगे चलेंगे।"

"अग्गे कित्थाहाँ नी जाणाँ बाऊ जी। देखो न, ओह सामने इथाँहाँ ते ही फ़ोरसाइटगंज नूँ कुआलू चड्दा है। तुसीं आराम कर लौ, असीं इधरों ही जाणा है।"[१]

बन्हे का पेड़ ऊँचा भी था, छतनार भी था और उसकी एक मोटी शाखा फ़र्न के तिकोने पत्तों से भरी नीचे बिछी कुदरती चट्टान पर छायी हुई थी। चट्टान की तरह। लगता था, जैसे किसी ने काटकर समतल कर दी हो....निक्के ने बढ़ कर दोनों टोकरियाँ वहाँ रखीं, गर्दन के साफ़े से चट्टान का कुछ हिस्सा झाड़ दिया और चेतन वहीं टाँगें नीचे को लटका कर बैठ गया।

लेकिन निक्का नहीं बैठा। उसने कहा, "बाऊ जी, जेकर तुसीं झोल नहीं पीओगे ताँ मैं वी नहीं पिवाँगा। पर उत्थे साह्मने ओह गोरखा झोल दे नाल आलू दी चाट बेचदा है। जेकर तुसीं खाओगे ताँ मैं लियाँदा हाँ।"[२]

आलू की चाट चेतन की बहुत बड़ी कमज़ोरी थी। स्कूल के दिनों में कभी-कभी माँ उसको दो पैसे देती थी। वह दोपहर में आधी छुट्टी के वक्त कुछ नहीं खाता था, लेकिन जब पूरी छुट्टी के बाद घर को जाता तो जग्गू के चौक में छते हुए कुएँ की तरफ़ बैठे एक ख़ोंचे वाले से दो पैसे की आलू या शकरकन्द की चाट बनाने को ज़रूर कहता। चाट वाला

---

१ आगे कहीं नहीं जाना बाबू जी। देखिए न, वह सामने यहीं से छोटा रास्ता (शॉर्ट कट) सीधा चढ़ता हुआ फ़ोरसाइटगंज को जाता है। आप यहाँ आराम कर लें। हमें यहीं से जाना है।

२ बाबू जी, यदि आप झोल (चावलों की शराब) नहीं पियोगे तो मैं भी नहीं पियूँगा। पर वह गोरखा झोल के साथ आलू की चाट भी बनाता है। आप खायें तो मैं लाऊँ।

उबले हुए आलू अथवा शकरकन्द के छोटे-छोटे टुकड़े काट कर उस पर मिर्च-मसाला छिड़कता और आधा खट्टा निचोड़ देता और छोटी-सी बाँस की तीली आलू के टुकड़े में गाड़ कर दोना चेतन को थमा देता। नींबू की अपेक्षा खट्टा बहुत खट्टा होता है। चन्द बूँदें ही दोने के लिए काफ़ी होती थीं।

चेतन तीली से आलू मुँह में रखता। मिर्च-मसाले-मिली खट्टी चाट के कारण 'सी-सी' भी करता और चाट का मज़ा भी लेता। कई बार मिर्च थोड़ी ज़्यादा हो जाने से उसकी आँखों और नाक में पानी आ जाता, लेकिन वह चाट खाना नहीं छोड़ता।

चेतन ने जेब से चवन्नी निकाल कर निक्के के हाथ पर रखी और बोला, "मुझे ख़ुद आलू की चाट बहुत पसन्द है। जाओ, अपने और मेरे लिए ले आओ।"

निक्का साफ़े को गर्दन में लपेटता हुआ भाग गया और कुछ क्षण बाद दोनों हाथों में बड़े-बड़े पत्तों में चाट ले आया।

कुछ क्षणों के लिए कपड़ों की परवाह न करके चेतन वहीं चट्टान पर पीठ के बल लेट गया था। निक्का आया तो उठ कर बैठ गया। चाट का पत्ता उसने अपने बायें हाथ में ले लिया और दायें से आलू का एक टुकड़ा पत्ते के चम्मच से मुँह में रखा। खटाई के लिए उसमें नींबू या खट्टा नहीं था, इमली थी, जिसमें ज़रा-सा गुड़ भी मिला था। चेतन को मज़ा आ गया। दोनों चुपचाप चटख़ारा लेते हुए चाट खाते रहे। बग़ल में ऊपर से पानी का एक छोटा-सा नाला बह रहा था। दोनों ने उसमें जा कर दो-दो चुल्लू पानी पिया और गीले हाथ मुँह पर फेरे।

चाट बहुत स्वादिष्ट थी। उन्हें हल्की-सी भूख भी लग आयी थी, इसलिए और भी अच्छी लगी। हाथों को सिर पर फेरते हुए दोनों चट्टान पर वापस आये। निक्के ने गले में साफ़ा ठीक किया, टोकरियाँ उठा कर कन्धे पर रखीं और चेतन के साथ धरती में गड़े छोटे-छोटे पत्थरों की बहुत लम्बी-चौड़ी सीढ़ियों के उस ऊपर को सीधे चढ़ते छोटे मार्ग पर बढ़ चला।

०

जीणा काँगड़े दा
ठण्डी-ठण्डी हवा जे झुलदी
झुलदे चीलाँ दे डालू
ओ जीणा काँगड़े दा।
धण गद्दियाँ दे धाराँ'च चुगदे
छोटे-छोटे छेलू-भेडू फुलणुएँ कुतरदे
गद्दी दिक्खी-दिक्खी हसदा
गद्दणी जो बांका सज्जेया बालू
जीणा काँगड़े दा।।

चढ़ाई चढ़ता हुआ निक्का अपनी ऊँची आवाज़ में काँगड़े के प्रसिद्ध लोकगीत के बोलों से वातावरण को गुँजा रहा था और चेतन उसके साथ-साथ कदम धरता हुआ ऊपर को जा रहा था।

चेतन को लोकगीत बहुत अच्छे लगते थे। न जाने कितने पंजाबी लोकगीत उसे कण्ठस्थ थे और कभी-कभी वह अपनी कनसुरी आवाज़ में अपने तिमंज़िले मकान की बरसाती में बैठ कर गाया भी करता था। पंजाबी लोकगीतों का ओज, उनका पुंसत्व, उनकी विरिलिटी[१] उसे बेहद पसन्द थी। चालीस-चालीस इंच के चौड़े सीनों वाले लहीम-शहीम सरदार अपनी ऊँची, सुरीली, खनखनाती मीलों तक दिशाओं को गुँजाने वाली आवाज़ में अश्लीलता का पुट लिये हुए बोलियाँ गाते और बीच में मस्ती-भरा कोई नौजवान बग़लें बजा देता या बकरा बुला देता तो मज़ा आ जाता।

चेतन शिमला गया था तो सी०पी० के मेले में उसने बरड़ियों के गाने सुने थे। तब उनमें उसे दूसरा ही रस मिला था और चूँकि उसकी स्मृति बहुत अच्छी थी, कुछ गाने उसे याद हो गये थे।

कैण्ट रोड पर जाते हुए अचानक गद्दी की नकल में निक्का गद्दी और गद्दण का गाना गाने लगा था तो चेतन को बहुत अच्छा लगा था।

फ़ोरसाइटगंज को जाने वाले उस पथरीले पैदल रास्ते पर थोड़ी दूर चढ़ने के बाद अचानक चेतन ने कहा था, "निक्के यार, तुम्हें कोई दूसरा गाना आता हो तो सुनाओ — कोई इधर ही का गाना सुनाओ।" और निक्के ने 'जीणा काँगड़े दा....' गीत छेड़ दिया था। गाने की धुन बड़ी चुटीली और लचकीली थी। अन्तरे में जो लटका था, वह तो मज़ा ही दे जाता था। लोकगायक कहता है कि जीने का मज़ा तो काँगड़े के जीवन में है। ठण्डी-ठण्डी मस्त हवाएँ झूमती हैं और पेड़ों की टहनियाँ झूमती हैं। गद्दियों के धन, यानी रेवड़, पहाड़ी धारों[२] पर चरते हैं। बकरियों, भेड़ों के मेमने और भेड़ू फूल कुतरते हैं। गद्दी देख-देख कर हँसता है कि गद्दण के नाक में बाँका बालू यानी सुन्दर नथनी सज रही है —

और निक्का ने फिर गीत का पहला बन्द उठाया था —

ठण्डी-ठण्डी हवा जे झुलदी, झुलदे चीलाँ दे डालू
ओ, जीणा काँगड़े दा।
धण गद्दियाँ दे धाराँ'च चुगदे
छोटे-छोटे छेलू-भेड्डू फुलणुएँ कुतरते
गद्दी दिक्खी-दिक्खी हसदा
गद्दणी जो सज्जेया बांका बालू
जीणा काँगड़े दा।
खाणे जो मिलदे भत्त ते भटूरू
उच्चियाँ धाराँ बगदे छरूरू
सोह्‌गी-सोह्‌गी डंगरेआँ चारदे
कन्ने गान्दे गीत गुआलू

---

१ virility = पौरुष
२ पर्वत-शृंखलाओं

जीणा काँगड़े दा।[1]
काँगड़े दे लोकी सारे भागसुए जान्दे
नोणे पर जाई करी मली-मली न्हान्दे
नहाई-धोई मन्दर जाणा
भावें चढ़ना पवे कुआलू।
जीणा काँगड़े दा।[2]

निक्के ने गाना ख़त्म किया तो चेतन ने अचानक पूछा, "यार, यह भागसू क्या है? पिछले गीत में भी भागसू की धार का ज़िक्र है और इसमें भी भागसू के चश्मे का ज़िक्र है। यह पहाड़ है या चश्मा? यह क्या है?"

इससे पहले कि निक्का उसके प्रश्न का उत्तर देता, चेतन का ध्यान हठात दायीं ओर घने पेड़ों के पीछे छिपे हुए किसी प्रपात की आवाज़ ने खींच लिया। उसने निक्के से पूछा, "यार निक्के, यहाँ कोई झरना है क्या?"

"इह ओही बनोई दा नाला है। ज़रा उच्ची थाँ तों देखो। इत्थाहाँ पर रूखाँ दी ओट'च पता नहीं लगदा?"[3]

"यार, मुझे दिखाओ।"

और भागसू को अपने हाल पर छोड़ कर चेतन निक्के के साथ दायीं ओर नीचे को उतर गया। कई वृक्षों के पार नाला दिखायी दिया तो चेतन वहीं अभिभूत-सा खड़ा रह गया। बनोई का नाला जैसे एक बड़ी ऊँची और एक छोटी सीढ़ी पर दो आबशारों में गिरता था और फिर हरियाली की ओट में ओझल हो जाता था। चेतन कुछ क्षण तक जैसे चकित-सा जल-प्रपात का सौन्दर्य देखता रहा, फिर वह निक्के के साथ वापस आ गया। निक्के ने भागसू नाग के बारे में कहना शुरू किया कि बाऊ जी, भागसू नाग पहाड़ नहीं है, चश्मा है और उसके किनारे एक मन्दिर है। उसके बारे में एक बहुत ही अजीब कहानी हिन्दुओं में मशहूर है। मैं तो पढ़ा-लिखा नहीं हूँ, लेकिन कहते हैं कि मन्दिर की दहलीज़ पर ख़ुदी हुई है। शिव का मन्दिर है और उसकी बड़ी मान्यता है।

०

निक्के ने अपनी टूटी-फूटी उर्दू-हिन्दी-पंजाबी-हिमाचली बोली में जो कहानी सुनायी वह कुछ यूँ थी।

हज़ारों साल पहले भागसू नाम का एक राक्षस राजा अजमेर में राज करता था। वह ज़ालिम और जाबिर होने के साथ बहुत बड़ा जादूगर भी था और अपनी प्रजा को प्रसन्न

---

१ खाने के लिए भात और भटूरे मिलते हैं। ऊँची-ऊँची पहाड़ी पंक्तियों पर झरने बहते हैं। मज़े-मज़े रेवड़ चराते हुए गड़रिए मनभावने गीत गाते हैं —जीवन तो काँगड़े का है।

२ काँगड़े के सब लोग भागसू नाग के मन्दिर जाते हैं, चश्मे पर जा कर मल-मल नहाते हैं। नहा-धो कर मन्दिर में पूजा के लिए जाते हैं। चाहे इसके लिए उन्हें कितनी भी चढ़ाई का रास्ता क्यों न चढ़ना पड़े —जीना तो काँगड़े का जीना है।

३ यह वही बनोई का नाला है। किसी ऊँची जगह से देखो। यहाँ पेड़ों की ओट से दिखायी नहीं देता।

रखने के लिए दूर-दूर तक राजाओं को सताता था।

एक बार उसके राज्य में भयंकर सूखा पड़ा। प्रजा हाहाकार कर उठी। अजमेर के कुछ धनी-मानी लोग राजा के पास पहुँचे। उन्होंने उससे कहा कि हे मालिक, अगर तू फ़ौरन कहीं से पानी का इन्तज़ाम नहीं करता तो तेरी सारी प्रजा प्यासी फ़ना हो जायेगी।

राजा ख़ुद पानी की तलाश में निकल पड़ा। चलते-चलते वह यहाँ धर्मशाला पहुँचा। फ़ोरसाइटगंज से दो-ढाई मील ऊपर एक बहुत बड़ी डल झील है —दो मील के दायरे में फैली हुई और साफ़-शफ़्फ़ाफ़ पानी से लबालब भरी। वहाँ नाग देवता राज करता था। उस दिन वह कहीं बाहर गया हुआ था। तब भागसू ने झील का सारा पानी जादू के ज़ोर से अपने कमण्डल में भर लिया और वापस चल पड़ा। रास्ते में उसे यहीं मैक्लोडगंज की दायीं तरफ़ ज़रा मील-आध मील ऊपर शाम पड़ गयी। वह कमण्डल को सिरहाने रख कर सो गया।

जब नाग देवता वापस आया तो झील को ख़ाली देख कर बौखलाया। दैवी ज्ञान से उसे भागसू की करतूत का इल्म हो गया। तब वह उसके पैरों के निशान देखते हुए वहाँ पहुँचा, जहाँ भागसू डल के पानी को कमण्डल में बाँधे गहरी नींद सो रहा था।

नाग देवता ने ग़ुस्से में ज़ोर से एक ठोकर सोये हुए भागसू के लगायी और दूसरी कमण्डल पर जमायी।

कमण्डल उड़ता हुआ डल झील में जा गिरा और वह फिर लबालब भर गयी। भागसू चिल्लाता हुआ उठा और नाग देवता पर झपटा। दोनों में भयंकर जंग हुई। भागसू ठहरा जादूगर। वह कभी बादलों में छिप जाये, कभी कहीं। लेकिन नाग भी तो ठहरा देवता। उसने भागसू की सारी जादूगरी निकाल दी और उस पर ऐसा वार किया कि वह चारों ख़ाने चित धरती पर जा गिरा। तब घिसट कर भागसू ने नाग देवता के पैर पकड़ लिये। उसकी ताकत और कुव्वत की बेहद तारीफ़ की और अपने किये की माफ़ी माँगते हुए अजमेर की प्रजा का दुख नाग देवता को बताया।

देवता ठहरे दयालु। प्रसन्न हो गये और उन्होंने उसे वर माँगने को कहा। तब भागसू ने कहा, "नाग देवता, मेरी प्रजा का दुख हरो और कुछ ऐसा करो कि मेरा नाम भी मरने के बाद दुनिया में रह जाये।"

नाग देवता ने कहा —ऐसा ही होगा। तब नाग देवता के वरदान से अजमेर में एक उतनी ही बड़ी झील बन गयी और जिस जगह भागसू ने दम तोड़ा, वहाँ धरती के अन्दर-ही-अन्दर एक चश्मा फूट पड़ा। नाग देवता ने कहा, "इस चश्मे के नाम में पहले तुम्हारा और फिर मेरा नाम आयेगा। वही चश्मा 'भागसू नाग का चश्मा' कहलाता है।....

"लेकिन निक्का," चेतन ने कहा, "तुमने कहा था, वहाँ एक शिव का मन्दिर भी है, लोकगीतों में भी उसका ज़िक्र है, जहाँ गद्दी लोग जाते हैं, चश्मे में नहा कर मन्दिर में पूजा करते हैं। वह भी क्या नाग देवता ने बनाया।"

"नहीं बाबू जी, देवता ने नहीं, इस इलाके के एक पुराने राजा ने बनवाया। लोग कहते हैं" —निक्के ने कहा, "कि वहाँ पहले मन्दिर नहीं था, सिर्फ़ चश्मा ही था, जिसमें कहीं ऊपर से डल झील का पानी ज़मीन के अन्दर-ही-अन्दर आता है। फिर हज़ारों साल बाद

कलयुग में यहाँ एक राजा धर्मिन्दर राज करता था। उसे एक रात सपने में बम भोले शिवजी महाराज ने दर्शन दिये और कहा कि भागसू नाग के चश्मे में नाग देवता का पाकीज़ा जल बहने के कारण मैं वहाँ बसना चाहता हूँ। तुम वहाँ मेरा मन्दिर बनाओ, सो राजा ने वहाँ शिवजी का मन्दिर बनवाया। शंकर भगवान को वहाँ बैठा दिया। बाद में चश्मे के पानी को बाँध कर तालाब तामीर किया। लोग कहते हैं कि शिवजी के परताप से राजा धर्मिन्दर मरने के बाद स्वर्ग में गया। अब यहाँ हर साल बहुत बड़ा मेला लगता है। लोग पहले डल में नहाते हैं, फिर नीचे आ कर भागसू नाग में। तब मन्दिर में माथा टेकते हैं और मन की मुरादें पाते हैं।"

निक्के ने भागसू नाग की कहानी समाप्त की थी कि बायीं ओर से एक नाला आता हुआ दिखाई दिया। निक्के से पूछने पर मालूम हुआ कि यह नाला फ़ोरसाइटगंज से आता है और यहीं से रास्ता फ़ोरसाइटगंज को मुड़ता है और सीधा उठता चला जाता है।

दोनों पन्द्रह एक मिनट और चले होंगे कि निक्का हठात रुक गया और उसने रास्ते के दोनों ओर दो बड़े-बड़े पत्थरों की ओर संकेत करते हुए कहा कि वे दोनों वहाँ तक आधा रास्ता पार कर आये हैं और निक्के ने उन पत्थरों के बारे में चेतन को एक अजीब-सी किंवदन्ती सुनाई।

निक्के का कहना था कि आधी रात को दो भयानक जिन्न मार्ग के दोनों तरफ़ जमे इन दो पत्थरों पर सिर टिकाये लेट जाते हैं और किसी को आर-पार जाने नहीं देते।

सुन कर चेतन ने ज़ोर से ठहाका लगाया और दायीं ओर के पत्थर पर बैठते हुए बोला, "देखो यार, अभी तो दिन का वक्त है, जिन्न तो रात को आते होंगे, मैं अभी कुछ पल यहाँ बैठता हूँ, फिर यह सीधी चढ़ाई करेंगे।"

निक्के को थोड़ा बुरा तो लगा कि चेतन ने उसकी बात को कोई महत्व नहीं दिया, लेकिन उसने कहा केवल इतना ही —"बाऊ जी, इत्थे मैं नहीं बैठणा। इत्थाहाँ बैठणें दा मतलब है फिर उठणें नूँ मन न करना। अग्गे ओह सिद्धी चढ़ाई है —तुसीं वी बहुती देर ना बैठो...."

और चेतन ज़रा-सा हँसते हुए उठ कर चलने लगा।

०

चेतन आधे रास्ते से चला तो निक्का चुपचाप चलता हुआ उससे ज़रा आगे हो गया। न जाने किस मानसिक प्रक्रिया से चेतन का मन फिर सौतेले बेटे और सौतेली माँ, अपनी बीमार पत्नी और उसकी भाग्यहीन सन्तान की समस्या में जा लगा था।....अपने ध्यान में मग्न उस समस्या की विभिन्न सम्भावनाओं पर विचार करते हुए धरती से ज़रा-सा उठे हुए एक पत्थर से ठोकर खा जाने पर चेतन गिरते-गिरते बचा। वास्तव में निक्के ने तत्काल मुड़ कर बायीं बाँह से उसे रोक न लिया होता तो वह बुरी तरह औंधे मुँह गिर जाता।....चेतन ने सिर को झटका दे कर बरबस उन उदास विचारों को दिमाग़ से निकाल दिया और दूसरी कोई बात सूझ न पाने के कारण उसने हठात निक्के से पूछा, "निक्के, तुम घर से भागे तो फिर फ़ोरसाइटगंज कैसे पहुँचे?"

"तुसाँ नूँ की दस्साँ बाऊ जी," निक्के ने कहा, "किस्मत ही अच्छी सी कि

एद्धर-ओद्धर धक्के खान्दे होए मैं फ़ोरसाइटगंज दे मशहूर दुकानदार मियाँ रामसिंह होराँ दे हुज़ूर जा पहूँचा। सानूँ ताँ दोहाँ भरावाँ नूँ बाऊ जी, मियाँ रामसिंह होराँ ने साडे बापू तों भी ज़्यादा प्यार ताँ मुहब्बत दित्ती ऐ। जेकर ओह इनायत ख़ाँ दी बेकरी दा कम्म-काज ना देख रहे होन्दे ताँ पता नहीं, साड्डा दोनों भरावाँ दा की हशर होन्दा।"[१]

"क्या तुम्हारा भाई भी घर से भाग आया था?" चेतन ने पूछा।

"जी बाऊ जी," निक्के ने कहा, "मैं ऐथे जम गया ताँ मैं ओस नूँ बुला लिया सी।"[२]

और कुछ क्षण बिना कोई बात किये, निक्का पुरानी स्मृतियों में खोया, धीरे-धीरे कदम-कदम चढ़ाई चढ़ता रहा। फिर उसने अपनी दुख-गाथा का तार, कोतवाली बाज़ार पहुँचने पर जहाँ छोड़ा था, वहीं से पकड़ लिया....

निक्के का बापू उसे पकड़ न ले, इस भय से निक्का सारी रात चलता रहा। उसके भाग्य से शुक्ल पक्ष की चाँदनी रात थी। अँधेरा पाख होता तो जंगली जानवरों का भय ही प्राण ले लेता, लेकिन गीदड़ों और लूमड़ों के सिवा किसी हिंस्र पशु ने उसका रास्ता नहीं काटा। सुबह वह देवराज की सराय में पहुँचा। चौकीदार से उसने अपनी विपदा कही तो उस भले आदमी ने न केवल उसे नाश्ता-पानी कराया, बल्कि डिपो बाज़ार के एक ढाबे वाले विलायतुल्लाह के पास भेज दिया। वहाँ रात को बहुत देर हो जाती, बड़े-बड़े बर्तन माँजने पड़ते। वहाँ से निक्के ने एक कसाई के यहाँ नौकरी की। वह था तो ख़ासा भला ओर डरपोक, पर ज़रा ठरकी था। एक दिन उसने तंग किया तो निक्के ने उसे ऐसा धोबी पाट दिया कि वह चारों ख़ाने चित नीचे आ रहा। वहाँ से भाग कर निक्का कोतवाली बाज़ार पहुँचा। वहाँ उसने कुछ दुकानदारों के यहाँ छै-आठ महीने काम किया। काम तो वे लोग कस कर लेते थे, लेकिन पैसे इतने भी न देते थे कि वह कम-से-कम पेट का दोज़ख़ तो भर सके। इसके बाद उसने करीब ही मिलेटरी के अवकाश-प्राप्त ख़ान बहादुर के बँगले पर चौकीदार की नौकरी की।

"होर ताँ बाऊ जी, उत्थे बड़ा सुख-आराम सी," निक्के ने कहा, "इक्कोई दिक्कत सी। उत्थाँह ख़ान बहादुर दी नौजवान बेगम बहुत परेशान करदी सी।"[३]

और निक्के ने बताया कि वास्तव में ख़ान बहादुर ने अधेड़ अवस्था में एक नौजवान लड़की से चौथी शादी की थी। अपने बड़े परिवार को लाहौर छोड़ कर, ख़ान बहादुर नयी बीवी के साथ धर्मशाला के उस बँगले में अकेले रहते थे।

ज़ाहिर है बुड्ढे शौहर की उदमाती बेगम उस बाँके नौजवान पर बेहद फ़िदा थी।

"इश्क-मुहब्बत ताँ ठीक है बाऊ जी," निक्के ने कहा, "पर मैं ग़रीब बन्दा, मैं हमेशा इस गल तों डरदा रहन्दा सी, जे कित्थाहाँ ख़ान बहादुर ने सानूँ ऐसी-वैसी हालत'च देख

---

१ आपसे क्या ज़िक्र करूँ बाबू जी, हमारा भाग्य ही अच्छा था कि इधर-उधर भटकते हुए मैं फ़ोरसाइटगंज के प्रसिद्ध दुकानदार मियाँ रामसिंह के हुज़ूर में जा पहुँचा। मियाँजी ने हम दोनों भाइयों को हमारे बाप से बढ़ कर प्यार और मुहब्बत दी है। यदि वे इनायत ख़ाँ की बेकरी का हिसाब-किताब न देख रहे होते तो मालूम नहीं, हम दोनों भाइयों का क्या हश्र होता।

२ जी बाबू जी, मैं यहाँ जम गया तो मैंने उसे बुला लिया था।

३ और तो बाबू जी, वहाँ बड़ा सुख-आराम था। एक ही दिक्कत थी —ख़ान बहादुर की नौजवान बेगम बहुत परेशान करती थी।

लेआ ताँ अपनी लाड़ी नूँ भावें कुछ न कहन्दा, पर मैंनूँ ताँ किसे-न-किसे अल्ज़ाम'च ज़रूर अरेस्ट करवा के जेह्ल भिजवा देन्दा।"[१]

निक्का पाँच वक्त का नमाज़ी तो नहीं था। पर सुबह-शाम ज़रूर नमाज़ पढ़ता था और ऊपर वाले से दुआ माँगता था कि वह मुसीबत से उसे निजात दिला कर किसी अच्छी नौकरी पर रखाये, जिससे वह अपने भाई को भी उस जहन्नुम से मुक्त करा सके।

"बाऊ जी, ख़ुदा ने साडी सुन लीती,"[२] अपनी संघर्ष-गाथा सुनाते हुए निक्के ने बच्चों की तरह ख़ुश होते हुए कहा और बताया कि ख़ान बहादुर के बँगले में फ़ोरसाइटगंज के इनायत ख़ाँ की बेकरी से निक्के का ही समवयस्क एक नौजवान लड़का हमीदा डबल रोटी और पेस्ट्री वग़ैरह देने आता था। उससे कुछ राह-रस्म भी हो गयी। एक सुबह ऐसा हुआ कि वह डबल रोटी वग़ैरह देने आया तो मूसलाधार पानी पड़ने लगा। हमीदा कुछ पल के लिए पोर्च में रुक गया।

तब निक्के ने उसे अपने भेद का साझीदार बनाते हुए कहा कि उसका मन ख़ान बहादुर के यहाँ नहीं लगता। हमीदे की नज़र में उसके योग्य कोई नौकरी हो तो बताये।

हमीदे ने उसे सूचना दी कि उनकी अपनी ही बेकरी में उस जैसे हृष्ट-पुष्ट, तगड़े, गबरू जवान की बहुत ज़रूरत है। उनके यहाँ मैदा गूँथने वाले दो तगड़े आदमियों में से एक को, जो बेकरी में उसके साथियों में सबसे ताकतवर था और एक ही हल्ले में हज़ार-हज़ार दण्ड पेल जाता था, मालिक ने लाहौर कैण्ट वाली बेकरी में बुला लिया। वह आया भी वहीं से था और वापस जाना चाहता था। निक्का चाहे तो उसी वक्त उसके साथ चले। इनायत ख़ाँ साहब तो ज़्यादातर लाहौर रहते हैं। बेकरी का काम-काज उनके जिगरी दोस्त फ़ोरसाइटगंज के सबसे बड़े जनरल मर्चेण्ट मियाँ रामसिंह देखते हैं। निहायत भले, ख़ुदा-तरस आदमी हैं। उसे फ़ौरन रख लेंगे।

"बाऊ जी," निक्के ने कहा, "अन्हा की चाहे, दो अक्खाँ। मैं हमीदे नाल मता पकाया, बेगम नूँ जा आख्या कि बरसात दी वजह नाल क्रीम रोल बिस्कुट सल्हाब गये ने, मैं हुणे फ़ोरसाइटगंज जा के ताज़े लै आऊना हाँ।"[३]

और निक्का उसी वक्त हमीदे के साथ फ़ोरसाइटगंज चला गया।

०

निक्के ने मियाँ रामसिंह का जो चित्र खींचा, उससे चेतन बहुत प्रभावित हुआ। निक्के के कथनानुसार रामसिंह ठाकुर थे। उन्हें लोग 'ठाकुर साहब' या 'मियाँ साहब' कह कर पुकारते थे। वे लम्बे-तगड़े, गोरे-चिट्टे, हृष्ट-पुष्ट, सुन्दर आदमी थे। खादी का कुर्ता-पायजामा और वास्कट या लम्बा कोट पहनते थे। सिर पर गोल क्रिस्टी टोपी लेते थे। सुबह पाँच बजे

---

१ इश्क-मुहब्बत तो ठीक है बाबू जी, पर मैं ग़रीब आदमी, मैं हमेशा इस बात से भयभीत रहता था कि कहीं ख़ान बहादुर ने हमें ऐसी-वैसी हालत में देख लिया तो अपनी पत्नी को चाहे कुछ न कहता, पर मुझे तो किसी-न-किसी अभियोग में ज़रूर हथकड़ी लगवा कर जेल भिजवा देता।

२ बाबू जी, ख़ुदा ने हमारी सुन ली।

३ बाबू जी, अन्धा क्या चाहे —दो आँखें। मैंने हमीद के साथ सलाह की और बेगम से जा कर कहा कि वर्षा के कारण क्रीम रोम और बिस्कुट सील गये हैं। मैं अभी फ़ोरसाइटगंज जा कर ताज़े ले आता हूँ।

उठते। निबट-नहा कर सन्ध्या-वन्दन करते। पाँच मील नियमपूर्वक सैर करते। फिर जो दुकान पर बैठते तो रात के ९ बजे तक बैठे रहते। सिर्फ़ ५ बजे शाम को खाना खाने के लिए उठते।

"यार, इतनी सुबह कौन नौकर उनकी दुकान खोलता है?" चेतन ने थोड़ी हैरत से पूछा था।

तब निक्के ने बताया कि मियाँ जी का परिवार दुकान की ऊपर की मंज़िल में रहता है। वे सैर को जाते हैं तो उनके बीवी-बच्चे दुकान खोल कर झाड़ू-बुहारी कर देते हैं। मियाँ जी सैर के बाद दुकान में बैठ जाते हैं। उनकी गद्दी पर ग़ालीचा बिछा रहता है। पीठ के पीछे दीवार के रैक में बहुत-सी किताबें और अख़बार रहते हैं। काम नहीं होता तो मियाँ जी अख़बार या किताब पढ़ते हैं।

निक्के के मालिक इनायत ख़ाँ से उनकी गहरी दोस्ती थी। अपनी दुकान का काम ख़त्म करके वे बेकरी का हिसाब-किताब देखते। इनायत ख़ाँ को उन पर पूरा भरोसा था। बेकरी का सारा प्रबन्ध उन पर छोड़ कर वह लाहौर रहता था। निक्के को विश्वास था कि मियाँ जी पर अल्लाह तआला की ख़ास मेहर है। पढ़े-लिखे और आलिम-फ़ाज़िल तो वे हैं ही, पर अल्लाह ने उन्हें ऐसी नज़र बख़्शी है कि वे एक पल में सामने वाले का अन्दर-बाहर जान लेते हैं।

"मियाँ रामसिंह जी जानी-जान आदमी हैंगे बाऊजी," निक्का ने कहा, "उन्हाँ कोलों कुझ वी लुक्या-छिप्या नहीं सी रहन्दा। मैं उन्हाँ दे साह्मणे जा के खड़ा होया ते पहलाँ पहल ओह चुपचाप डूँघियाँ नज़राँ नाल मैंनूँ वेखदे रहे। फिर ओन्हा पुच्छया कि मैं ख़ान बहादुर दी नौकरी क्यों छडणा चाहूँनाँ हाँ।"[1]

रामसिंह जी की नज़र में सचमुच कुछ ऐसा था कि निक्का सम्मोहित-सा खड़ा रहा। जो हुआ था, उसने सच-सच बता दिया। निमिष भर के लिए मियाँ जी के होंटों पर बहुत ही क्षीण मुस्कान फैल गयी, फिर उन्होंने पूछा कि उसे वहाँ कितनी तन्ख़ाह मिलती थी। निक्के ने बता दिया और कहा कि आप आठ आने कम भी देंगे तो मैं आ जाऊँगा।

"कम क्यों देंगे," मियाँ जी ने कहा, "बल्कि जो तुम कहते हो, उससे आठ आने ज़्यादा देंगे। फिर तुम कुश्ती लड़ने वाले पहलवान दिखते हो, अच्छी ख़ुराक के लिए अलग देंगे। बेकरी का काम तो रात का है। डबल रोटियाँ तो तुम्हें कभी हमीदा बीमार हो तभी बाँटनी पड़ेंगी ! वरना तुम किसी दंगल में जीतोगे और इनायत ख़ाँ की बेकरी का नाम भी करोगे तो ऊपर से इनाम मैं दूँगा।"

और निक्के ने दूसरे ही दिन फ़ौजी अफ़सर के यहाँ की नौकरी छोड़ दी और बेकरी में आ गया। मियाँ रामसिंह ने जो कहा था, कर दिखाया।

चेतन को यह भी मालूम हुआ कि रामसिंह बहुत सधे हुए आदमी थे। सामिष भोजन को कभी उन्होंने छुआ न था। कभी किसी नशे को उन्होंने करीब नहीं फटकने दिया था।

---

१ मियाँ रामसिंह जी अन्तर्यामी हैं। उनसे कुछ भी लुका-छिपा न रहता था। मैं उनके सामने जा कर खड़ा हुआ तो कुछ पल वे चुपचाप गहरी निगाह से मुझे देखते रहे फिर उन्होंने पूछा कि मैं ख़ान बहादुर की नौकरी क्यों छोड़ना चाहता हूँ।

कभी क्रोध न करते थे। दुश्मन भी उनके दर पर आये तो उसका काम कर देते थे और जब से धर्मशाला नगरपालिका अस्तित्व में आयी थी, वे लगातार उसके सदस्य चुने जाते थे।

निक्के ने मियाँ रामसिंह की उदारता और दर्दमन्दी का ज़िक्र कुछ ऐसे अन्दाज़ में किया कि हठात चेतन ने कहा, "यार निक्के, जब मियाँ जी इतने पापुलर हैं तो मुझे कहीं छावनी या मैक्लोडगंज में दो कमरे नहीं दिला सकते?"

"कैंहू नी दिला सकदे बाऊ जी, इसी ताईं ताँ तुसाँ नूँ ओत्थे लई जा रिहा हाँ।"[१] और निक्के ने बताया कि वहाँ छावनी में गुरुकुल कांगड़ी की बड़ी भारी कोठी और मकान है। दो-तीन महीने बाद वहाँ ब्रह्मचारी आयेंगे। फ़िलहाल भाँय-भाँय करती है। उनकी चाबियाँ और इन्तज़ाम भी मियाँ जी के ज़िम्मे है। आप चलो, मैं भी मियाँ जी को कहूँगा। वे आपको मन-मुताबिक जगह ज़रूर दिलवा देंगे।"

बातें करते हुए वे दोनों फ़ोरसाइटगंज पहुँचे.....बाज़ार के बीचोंबीच ज़रा दूरी से निक्के ने संकेत करते हुए कहा —"ओह देक्खो बाबू जी, मियाँ होरी बैठे ने, चलो चल के गल्ल करने हाँ।"

अड़तालीस

निक्का चेतन को सीधा मियाँ रामसिंह के यहाँ ले गया था। मियाँ जी ने उससे बहुत अच्छा व्यवहार किया था और निक्के को चाभी दे कर चेतन के साथ ग्लेनमोर कॉटेज दिखाने भेज दिया था। चेतन को कॉटेज पसन्द भी आ गयी थी। किराया भी उसे वाजिब लगा था और उसने उन्हें कहलवा दिया था कि दूसरी सुबह बीवी के साथ जा कर, पेशगी किराया दे कर कॉटेज सँभाल लेगा। लेकिन दूसरे दिन पेशगी किराया दे कर वह सुन्दर कॉटेज सँभालने के बदले, उसे अपनी पत्नी और सास के साथ सुबह छै बजे पठानकोट को जाने वाली बस में सवार होने को मजबूर होना पड़ा था और वे लोग ख़ासी भीड़ और गर्मी में पूरे दिन और आधी रात की तकलीफ़देह यात्रा करके वापस जालन्धर पहुँचे थे —वही उसकी बीमार बीवी, वही उसकी नीम-अन्धी सास और वही जालन्धर स्टेशन का नम्बर २ प्लेटफ़ार्म!

०

पठानकोट एक्सप्रेस रात साढ़े बारह बजे जालन्धर स्टेशन के नम्बर २ प्लेटफ़ार्म पर रुकी तो चेतन का दिल दो ही दिन बाद माँ के सामने जाने के ख़याल से डूबने लगा। गाड़ी से उतरना उसे बेहद दूभर मालूम हुआ। लेकिन कोई चारा नहीं था। विवशतः सामान उतरवा कर, हारा-थका, उनींदा चेतन पहले स्वयं उतरा फिर उसने निहायत कमज़ोर और बीमार अपनी पत्नी को बड़ी एहतियात से नीचे उतारा। बड़ी मुश्किल से दो-चार कदम लड़खड़ा कर चलने के बाद चन्दा बिस्तर पर जा कर ढह गयी.....दरी में गोल किया हुआ रस्सी से बँधा बिस्तर.....लेट तो वह सकती नहीं थी। लेटते-लेटते उठ कर, घुटनों पर सिर टिकाये

---

१ क्यों नहीं दिला सकते। इसीलिए तो मैं आपको वहाँ लिये जा रहा हूँ।

दोहरी हो कर बैठ गयी।

कुली सामान उठाने के लिए बेताब था, लेकिन चेतन सोच रहा था —चन्दा पुल तक कैसे पहुँचेगी? कैसे इतनी सीढ़ियाँ चढ़ कर, पुल पार करके नम्बर एक प्लेटफ़ार्म पर उतरेगी, कैसे गेट के बाहर ताँगों के अड्डे तक जायेगी?....और उसके सामने दो ही दिन पहले की उसकी सूरत आ जाती, जब वह हँसते-हँसते पठानकोट के लिए गाड़ी पर सवार हुई थी। वह बीमार थी, पर तब ज़रा भी बीमार न लगती थी और अब एक दिन और एक ही रात में, वह इस हद तक लाचार हो गयी थी कि दो कदम भी ठीक से नहीं चल सकती थी। हैरान और परेशान चेतन यही सब सोचता हुआ असमंजस में किंकर्तव्यविमूढ़ खड़ा था।

"बाऊ जी, की गल्ल ऐ। कीद्दा इन्तज़ार करदे ओ? चलना नईं?"[१]

सहसा कुली के प्रश्न ने चेतन को चौंका दिया।

"चलना क्यों नहीं यार," उसने जैसे कुली को अपने भेद का साझीदार बनाते हुए कहा, "मेरी बीवी की तबीयत बहुत ख़राब हो गयी है। अच्छे-भले दो दिन पहले, कुछ महीने धर्मशाला गुज़ारने के लिए गये थे, लेकिन इसे हिल-डाइरिया हो गया...."

"की हो गया बाऊ जी?" कुली ने पूछना चाहा।

बात काट कर चेतन ने कहा, "अरे यार, पहाड़ों में जिन लोगों को वहाँ का पानी माफ़िक नहीं आता, उनका पेट चलने लगता है। यही उसके साथ हुआ और देख लो, एक दिन और एक रात में बेचारी निढाल हो गयी है। यह तो चल कर वहाँ पुल तक नहीं जा सकती, उधर प्लेटफ़ार्म पर कैसे जायेगी।"

"बाऊ जी, फ़िकर दी कीह गल्ल ऐ," कुली ने उसे आश्वस्त करते हुए कहा, "चल के स्टेशन मास्टर तों कुर्सी लै लओ ! अराम नाल बैठा के घर छड आवाँगे।"[२]

"क्या कुर्सी मिल जाती है?"

"चलो, हुणे लै दिन्ने आँ।"[३]

चेतन ने अपनी सास से ज़रा ध्यान रखने को कहा और कुली के साथ तेज़-तेज़ बढ़ चला।

कुली उसे स्टेशन मास्टर के कमरे में ले गया। उसी ने चेतन की तरफ़ से बात की। चार आने कुर्सी का किराया पेशगी स्टेशन मास्टर ने माँगा। चेतन ने जेब से चार आने निकाल कर स्टेशन मास्टर के हाथ में रखे। स्टेशन मास्टर ने एक स्लिप में चार आने किराये के चढ़ा कर स्लिप काट कर उसे दी और चौकीदार से गोदाम में जा कर उन्हें कुर्सी दिलाने के लिए कहा।

कुली को चौकीदार गोदाम में ले गया और दोनों कुर्सी उठा लाये। लम्बी, रोग़नदार चौकोर बल्लियों में पक्के रूप में जड़ी बहुत आरामदेह कुर्सी। उसकी बल्लियों के हत्थे

---

१ क्या बात है बाबू जी, किसकी प्रतीक्षा कर रहे हैं, चलना नहीं है?

२ बाबू जी, फ़िकर की क्या गात है। चल कर स्टेशन मास्टर से कुर्सी ले लो। आराम से बैठा कर घर छोड़ आयेंगे।

३ चलिए, अभी ले देते हैं।

गोल किये हुए थे और काफ़ी प्रयोग में आने के कारण मटमैले थे।

एक कुली तो सामान उठाने के लिए चाहिए था और दो, कुर्सी उठाने के लिए। कुली तीन रुपये माँगते थे, लेकिन घोर मन्दी का ज़माना था। डेढ़ रुपये पर तैयार हो गये।

पन्द्रह मिनट बाद चेतन अपनी सास और चन्दा के साथ स्टेशन से बाहर निकला तो दो कुली चन्दा की कुर्सी को कन्धों पर उठाये हुए थे। तीसरे ने सामान उठा रखा था। चेतन सबसे आगे था और सास पीछे घिसटती आ रही थी।

कुछ देर सब तेज़-तेज़ चलते रहे। स्टेशन की सराय के पास कुलियों ने कुछ क्षण के लिए कुर्सी फ़ुटपाथ पर रख दी और कदरे सुस्ताने के बाद जब वे चले तो उनकी चाल अपेक्षाकृत धीमी थी। आगे-आगे चलने की बजाय चेतन बायीं ओर हो गया था और उसका दिमाग़ धर्मशाला के एक दिन और एक रात की घटनाओं में उलझ गया। कुली कई बार उससे आगे हो जाते। चेतन चौंकता। फिर बढ़ कर उनके साथ हो जाता। लेकिन फिर उसका दिमाग़ वहीं जा लगता, उसकी चाल धीमी हो जाती और वह पीछे रह जाता।

०

अपनी बीमार पत्नी की कुर्सी के साथ पैदल चलते हुए चेतन की आँखों में मियाँ रामसिंह का चित्र घूम गया। निक्के ने उनकी करुणा और दर्दमन्दी की बहुत तारीफ़ की थी। चेतन को लगा कि वह कुछ कम ही थी। निक्के के पास अपने भावों को ठीक से व्यक्त करने की क्षमता नहीं थी तो भी उसने उनके बारे में जो कहा था, वह कम ही था। रामसिंह उससे कहीं बड़े इन्सान थे। वे गोरे-चिट्टे, लम्बे-तगड़े तो थे ही, लेकिन सूरत-शक्ल से भी आकर्षक लगते थे। लम्बी सुतवाँ नाक, न बहुत पतले न मोटे होंट, आधी कटी मूँछें, घनी भवें, चौड़ा ललाट, खादी के कुर्ते-पायजामे और वास्कट पर बन्द गले का लम्बा कोट और सिर पर क्रिस्टी टोपी.....काली नहीं, गहरी मैरून रंग की।....पहली नज़र में उनको देखते ही चेतन को लगा था कि वे कभी ज़रूर सिर पर घुटी हुई आर्यसमाजी पगड़ी बाँधते होंगे। धर्मशाला में अंग्रेज़ों और मुसलमानों के साथ व्यापार करते हुए उन्होंने शायद सिर के पहनावे के सिलसिले में समझौता कर लिया था और पगड़ी की बजाय क्रिस्टी टोपी पहन ली थी।

दुकान की बायीं ओर खम्भे से लेटर बक्स लटक रहा था, जिस पर लगता था कि मियाँ जी ने नया-नया रोग़न करवाया था। धूप उस तरफ़ सीधी पड़ती थी और दुकान में काफ़ी अन्दर तक जाती थी। दायीं ओर के खम्भे पर चमेली की बेल चढ़ी हुई थी और थोड़ी-सी छाया थी।

चेतन निक्के के साथ पहुँचा तो निक्के ने अपने ही शब्दों में उसकी ज़रूरत बयान की।

मियाँ जी ने चेतन से थोड़ा परिचय चाहा था तो चेतन ने अपना नाम बताया था और उर्दू अख़बारों में दो बरस काम करने के बाद कानून की पढ़ाई करने और डिस्टिंक्शन लेने की बात कही थी।

उसका नाम और 'उर्दू मिलाप' और 'बन्दे मातरम' में उसके काम की बात सुनते ही मियाँ जी के चेहरे पर कुछ अजीब-सा आदर का भाव आ गया और उनकी बोली एकदम

मीठी हो गयी थी।

"मैंने तो आपकी कहानियाँ 'बन्दे मातरम' में भी पढ़ी हैं और 'भारत माता' में भी। 'उर्दू मिलाप' में आपकी नज़्में भी देखी हैं। आप तो बहुत मशहूर लेखक हैं। आइए-आइए, अन्दर आ जाइए, मेरे पास बैठिए।"

परेशानी के बावजूद चेतन का दिल गर्व से फूल उठा था। लाहौर से इतनी दूर, धर्मशाला में भी उसका कोई पाठक है और वह कोई मामूली व्यक्ति नहीं, आर्य समाज का नेता है। म्युनिसिपल कमेटी का सदस्य है। इस पर भी चेतन को तत्काल ऊपर जा कर बैठने में संकोच हुआ।

अपने साथ आने वाले बाबू की तारीफ़ मियाँ जी से सुन कर निक्का ख़ुश हो गया। चेतन के संकोच को देख कर वह बोला, "मियाँ जी बुलान्दे ने बाऊ जी, ओहनाँ दे कोल जा बैठो अते अपनी ज़रूरत दस्सो। मैं इह टोकरियाँ बेकरी'च रखके आउणाँ हाँ।"[१]

वह चलने ही वाला था कि मियाँ जी ने कहा, "निक्के, मंगल दे हत्थ इक प्लेट'च इक क्रीम रोल ते दो पेस्ट्रियाँ भिजवायीं ते टोकरियाँ छोड़ के तूँ वी आ जायीं, अते चेतन जी नू कॉटेज दिखा ल्यायीं।"[२]

निक्का चला गया तो मियाँ जी ने चेतन से चन्दा की बीमारी के सिलसिले में पूछा और चेतन ने अपनी आदत के मुताबिक शुरू से ले कर आख़िर तक सारी गाथा सुना डाली। अपने भाई की उदासीनता, अपने मित्र अनन्त, चाची लालदेई और अपनी माँ की बातें भी नहीं छुपायीं और बताया कि वह क्यों अपनी पत्नी को क़र्ज़ उठा कर भी दो महीने के लिए धर्मशाला ले आया है।

मियाँ जी के होंटों पर एक उदास मुस्कान खेल गयी थी। ज़रा-सा हँस कर उन्होंने कहा था, "आम आदमी और हस्सास अदीब के सोचने में फ़र्क तो होगा ही चेतन जी। आपने जो किया, बहुत अच्छा किया। आपकी कहानियाँ आदर्शवादी होती हैं और दिल पर असर करती हैं। लेखक कहानियों में तो आदर्श बघारे और ज़िन्दगी में टुच्चा और स्वार्थ-भरा व्यवहार करे, तब वह लाख आदर्शवादी कहानियाँ लिखे, उसकी रचनाएँ पाठक के दिल पर हरगिज़ असर नहीं करेंगी। अब मैं जान गया हूँ, आपकी कहानियाँ इसलिए प्रभावी होती हैं कि आपकी कथनी और करनी में ज़्यादा अन्तर नहीं है। आप घबराइए नहीं। आप आराम से बैठिए। नाश्ता कीजिए। पानी पीजिए। मैं निक्के को आपके साथ भेजूँगा। वह आपको आपके मतलब की कॉटेज दिखा देगा —दो कमरे हैं, किचन है, छोटा-सा बाग़ीचा भी है। है तो बड़ी कोठी की एनेक्सी, लेकिन सुरम्य है। दो महीने तक अभी वहाँ कोई नहीं आयेगा। भगवान करेगा, इस बीच आपकी पत्नी की सेहत अच्छी हो जायेगी।"

"मियाँ जी," चेतन ने आदर से कहा था, "नाश्ता तो मैं कर आया हूँ। आप तकल्लुफ़ न कीजिए।"

---

१ मियाँ जी बुला रहे हैं बाबूजी तो इनके पास जा बैठो और अपनी ज़रूरत के बारे में बताओ। मैं ये टोकरियाँ बेकरी में रख के आता हूँ।

२ निक्के, मंगल के हाथ एक क्रीम रोल और दो पेस्ट्रियाँ भिजवाना। टोकरियाँ रख कर तुम भी आ जाना और चेतन जी को कॉटेज दिखा लाना।

"तकल्लुफ़ काहे का चेतन जी, आप इतनी दूर चल कर आयें हैं। भूख तो आपको लग आयी होगी।"

चेतन क्या कहता। वह चुप हो गया। तभी कुछ ग्राहक आ गये और मियाँ जी उनसे बातें करने लगे। वे सामान ले कर गये तो निक्के के पीछे-पीछे मंगल प्लेट में पेस्ट्री और क्रीम रोल ले आया। चेतन ने नाश्ता किया। पानी पिया। तब मियाँ जी ने दराज़ से चाभी निकाल कर निक्के को दी और उसे कॉटिज दिखा लाने के लिए कहा।

०

मियाँ जी की दुकान और फ़ोरसाइटगंज के बाज़ार से दो-तीन फ़र्लांग आगे दायीं ओर एक चर्च था। उसके चन्द कदम आगे बायीं ओर को एक पैदल रास्ता ऊपर चढ़ता था। मियाँ जी ने निक्के को हिदायत दी थी कि चेतन को लम्बा चक्कर दे कर ले जाने के बदले चर्च से आगे शॉर्ट कट से ले जाये।

गिरजे के पास क्षण भर रुक कर निक्के ने कहा कि इस गिरजे में एक लाट की लाश दफ़न है और बहुत ख़ूबसूरत कब्र बनी है।

"किस लाट की," चेतन ने पूछा, "वाइसरॉय की या गवर्नर की?"

लेकिन गवर्नर और वाइसरॉय में क्या अन्तर है, यह उस बेचारे बेकरीवाले को नहीं मालूम था। निक्के ने उससे पूछा कि अगर वह चाहे तो उसके साथ गिरजे में जा कर वह उसे लाट साहब की कब्र दिखा लाये। वहाँ पत्थर की तख़्ती पर सब कुछ लिखा है और कब उसे दफ़्न किया गया, वह तारीख़ भी और उसका नाम भी।

चेतन ने उससे कहा कि वे लोग वहाँ रहेंगे तो फिर देख लेंगे, अभी तो वह चल कर कॉटेज दिखा दे। उसे वापस देवराज की सराय पहुँचना है। उसकी बीवी परेशान होगी।

तब उस पैदल रास्ते की तरफ़ इशारा करते हुए निक्के ने कहा था कि मियाँ जी ने उसी छोटे रास्ते से जाने के लिए कहा है, वे उस तरफ़ से चलेंगे तो जल्दी पहुँच जायेंगे। सड़क से दो-तीन मील का चक्कर पड़ जायेगा। चेतन निक्के के पीछे-पीछे सड़क को काटते हुए, बायीं तरफ़ उस पैदल रास्ते पर हो लिया —काले पुल से चढ़ने वाले मार्ग से कदरे कम चौड़ा, लेकिन उसी तरह के पत्थरों से बना एकदम सीधा नहीं, पहाड़ी रास्तों की तरह आड़े-तिरछे ढंग से आगे बढ़ता था। दो-तीन मोड़ मुड़ने और ऊपर चढ़ने के बाद चेतन क्षण भर के लिए रुका। नीचे की अपेक्षा यहाँ ठण्ड थी और रास्ता देवदार और बन्हे और तोस के घने जंगल में से जा रहा था। चेतन ने सिर उठा कर देखा —ऊपर गगनचुम्बी पेड़ों की शाखाओं में नीला आकाश केवल कतरनों में दिखायी दे रहा था। एक चिड़िया बहुत ही सुरीली आवाज़ में चहक रही थी। उसके स्वर में कुछ अजीब-सा संगीत था कि चेतन चलते-चलते रुक गया था।

प्रकृति सदैव चेतन के अन्तर में कुछ अनजान तारों को छेड़ देती थी। सांसारिक दुख-सुख से ऊपर उठ कर वह जैसे प्रकृति के सौन्दर्य में खो जाता था —वह अपनी बीमार पत्नी के लिए कॉटेज देखने जा रहा है, अचानक वह क्षण भर के लिए यह भूल गया। उसने सिर उठा कर चारों तरफ़ निगाह दौड़ायी और उसके दिल से एक लम्बी साँस निकल गयी।....यह स्थल कितना शान्त, एकान्त और कितना सुखद है। सांसारिक

दुखों-तकलीफ़ों, संघर्षों, इच्छाकांक्षाओं, आशाओं-निराशाओं से परे प्रकृति का निभृत शान्त स्थल !....चेतन को हमेशा प्रकृति की गोद में पहुँच कर माँ की गोद में जाने का-सा एहसास होता था। प्रकृति के उस सुन्दर स्थल में वह अपनी पत्नी के साथ दो महीने गुज़ारेगा, यह सोच कर उसने तेज़-तेज़ कदम बढ़ाये। ऊपर देवदार की किसी शाख में छुपी चिड़िया फिर गा उठी। सहसा उसने निक्के से पूछा था, "यार, इस चिड़िया का क्या नाम है? यह बहुत अच्छा गाती है। इट इज़ अ स्वीट वॉर्बलर !"

चेतन भूल ही गया कि वह एक नितान्त अनपढ़ बेकरी-मज़दूर के साथ जा रहा है। जब निक्के ने पूछा कि वह क्या कह रहा है, तो चेतन ने समझाया कि यह चिड़िया गाने वाली है और बहुत सुन्दर गाती है। लेकिन निक्का पक्षियों का नहीं, डबल रोटियों, बन्नों और पेस्ट्रियों का पारखी था। वह बेचारा क्या बताता कि चिड़ियों में उस यूथिका राय का क्या नाम है।

चेतन तेज़-तेज़ चलता रहा। चिड़िया का सुरीला स्वर उसकी सोच और उसके विचारों को एकाग्र होने से रोकता रहा और वह उसी तरह तेज़-तेज़ बढ़ता चला गया।

वह लगभग बीस मिनट-आध घण्टा चले होंगे कि दायीं ओर से एक सड़क उस पैदल रास्ते को काटते हुई बायीं तरफ़ को चढ़ गयी।

"बाऊ जी, इह सड़क मैक्लोडगंज चौक तों निकलदी है ते डल झील नूँ जान्दी ए!"

चेतन ने पूछा कि डल झील कितनी दूर होगी? निक्के ने कहा कि बहुत दूर नहीं है। वे लोग जब यहाँ आ जायेंगे तो एक दिन वह उन्हें ले जा कर दिखा लायेगा।

वहीं एक नाला काफ़ी शोर मचाता हुआ ऊपर से उतर रहा था। सड़क के लिए उस पर छोटा-सा पुल बना था। पुल पार करने के बाद चेतन क्षण भर रुक कर उसे देखने लगा। उसने निक्के से पूछा कि वह कौन-सा नाला है। निक्के ने बताया कि यह वही बनोई नाला है, जो काले पुल पर उन्होंने ऊपर से उतरता देखा था।

चेतन कुछ क्षण उसे अभिभूत-सा देखता रह गया। पुल के करीब एक बहुत बड़े पत्थर के साथ नाले को ऐसे मोड़ दिया गया था कि उसका पानी पुल में ठीक जगह गिरे और पुल के पार भी दोनों बड़े पत्थरों की मदद से नाले को सही दशा में रखा गया था।

'जाने नाले का यह पुल कितने-कितने वर्ष पहले बना होगा,' चेतन ने सोचा, 'तब मशीनें तो थीं नहीं। न क्रेंन ही थे। गद्दी मज़दूर ही इन पत्थरों को लाये होंगे और यहाँ जमाया होगा।....वे कौन इंजीनियर होंगे, जिन्होंने इतनी बुद्धि से मनचाही जगह नाले को मोड़ कर पुल बनाया होगा?'

लगातार पानी के बहाव से पत्थर एकदम चमकीले हो गये थे। करीब के पत्थर पर चेतन प्यार से हाथ फेरता रहा। ठण्डा यख़ पत्थर ! चेतन की बाँह कोहनी तक सन्न हो गयी। लेकिन उसे पत्थर को उस तरह सहलाने में बहुत आनन्द मिला।....क्षण भर बाद उसने हाथ हटा लिया और पैदल रास्ते पर ऊपर की ओर बढ़ चला।

०

जाने ऊपर से गिरते हुए नाले के संगीत अथवा मन की उमंग से निक्के ने कण्ठ की पूरी आवाज़ से काँगड़े का वही गीत उठाया, जो उसने काले पुल की चढ़ाई चढ़ते हुए सुनाया

था —

ओ जीणा काँगड़े दा
ओ जीणा काँगड़े दा,
ठण्डी-ठण्डी हवा झुलदी
झुलदे चीलाँ दे डालू
ओ जीणा काँगड़े दा
धन गद्दियाँ दे धाराँ'च चुगदे
छोटे-छोटे छेलू-भेडू फुलणुएँ कुतरदे
गद्दी दिक्खी दिक्खी हस्सदा
गद्दिणी जो सज्जेया बांका बालू
जीणा काँगड़े दा
ओ जीणा काँगड़े दा....

निक्का जैसे गा उठा था, वैसे ही चुप हो गया और जाने किन विचारों में खो गया। चेतन क्षण भर दूसरे बन्द की प्रतीक्षा करता रहा, लेकिन जब निक्के ने दूसरा बन्द नहीं उठाया तो वह मन-ही-मन वही पहला बन्द दुहराने लगा....

वे लोग धर्मशाला से दो-तीन हज़ार फ़ुट तो ऊपर आ ही गये होंगे। यहाँ चीड़ का कोई पेड़ दिखाई नहीं देता था। वे बहुत नीचे छूट गये थे, यहाँ तो देवदार के, ओक के और तोस के गगनचुम्बी कोणाकार पेड़ थे, जिनकी लम्बी-लम्बी शाखाएँ वन को कुछ अजीब घनत्व दे रही थीं। ठण्डी हवा रमकने लगी थी। गाने वाली चिड़िया के उत्तर में न जाने उसका नर अथवा मादा अथवा कोई सहेली रह-रह कर गा उठती थी।....चेतन ने मन-ही-मन कहा, सचमुच जीना तो काँगड़े का है....जीना तो पहाड़ों का है। शहरों का जीना भी कोई जीना है। गन्दगी, ग़लाज़त, धुएँ और धूल-धक्कड़ में जाने किन बीमारियों के कीटाणु शरीर में भरते जाना, धीरे-धीरे अनजाने मरते जाना और अपने अन्तर को मारने की प्रक्रिया में दिन-रात भयंकर आपा-धापी में ग़र्क रहना....

मन-ही-मन गीत गुनगुनाते हुए चेतन अचानक उसे हिन्दी में करने लगा और गीत का मुखड़ा उसके होंटों पर आ गया —

ठण्डी-ठण्डी मस्त हवाएँ झूमें
झूमें पेड़ों की शाखाएँ
ओ जीणा काँगड़े का

और उसने ख़ुश हो कर कहा, "निक्के, मैं यह पहाड़ी गीत उर्दू में कर दूँ?"

"काहे नीं करदे बाऊ जी," निक्का बोला, "तुसीं गीत गीत लिखो, मैनूँ समझाओ, सिखाओ, मैं तुहानूँ गा के सुनाना हाँ।"

"मुखड़ा तो हो गया है यार," चेतन ने कहा और निक्के को सुनाया और पूछा, "क्यों? —कैसा बना है?"

"अच्छा बना है बाबू जी। तुसाँ अग्गे लिखो !"....

दोनों कुछ क्षण चुपचाप चलते रहे। चेतन चारों तरफ़ के वातावरण से बेखबर गीत बुनता रहा कि पहला बन्द हो गया। ख़ुशी से लगभग चिल्ला कर उसने कहा —"निक्के, पहला बन्द हो गया।"

निक्का चलता-चलता रुक गया। चेतन भी रुक गया। उसने पहला बन्द सुनाया —

"ठण्डी-ठण्डी मस्त हवाएँ
झूमें —
झूमें पेड़ों की शाखाएँ
ओ जीना काँगड़े का....
पशु गद्दियों के
शिखरों पे चरते
नन्हे-नन्हे लेले-मेण्ढे
फूल कुतरते
गद्दी देख देख के हँसता
कि गद्दिनी की नाक में कील सुहाये
ओ जीना काँगड़े का।"

"वाह-वा बाबू जी, इह ते बहुत ही सोहणा बन गया है। तुसीं ज़रा दोहराओ, मैं तुहानूँ गा के सुनाना हाँ।"

चेतन ने दो-तीन बार बन्द दोहराया। निक्का ठस दिमाग़ नहीं था। उसकी बुद्धि कुशाग्र थी। दो-तीन बार ही दोहराने पर उसने बन्द सही उच्चारण में सुना दिया।

चेतन ने कहा, "यार, अब गा कर सुनाओ तब कुछ पता चले कि ठीक बना या नहीं।"

और निक्के ने लम्बी तान लगायी। उसकी खनखनाती, सोज़ और लोच-भरी आवाज़ का जादू वातावरण के कण-कण में समा गया और निक्के ने (चेतन को थोड़ा अजीब भी लगा) एकदम शुद्ध उच्चारण से गीत का वह हिन्दी-उर्दू मिश्रित बन्द गा दिया। एक बार नहीं, दो बार। और चेतन अपने ही गीत को सुन कर भाव-विभोर हो उठा।

o

इससे पहले कि चेतन कुछ कहता, निक्के ने दूसरी बार गाते हुए गीत में टीप की पंक्ति को गाना छोड़ कर कहा कि वे बड़ी कोठी पर पहुँच गये हैं। थोड़ी दूर चलने पर कॉटेज आ जायेगी।

चेतन ने बायीं ओर निगाह दौड़ायी, लेकिन उसे बहुत ऊपर पेड़ों में से कोठी की छत का एक छोटा-सा मुनारा ही नज़र आया और कुछ भी दिखायी नहीं दिया। बहुत घने ऊँचे पेड़ थे और उनके पीछे एक ऊँची दीवार थी। रास्ता बहुत नीचे था। चेतन को लगा कि वे कोठी के आगे से अथवा उसकी बग़ल से चल रहे हैं। काफ़ी बड़ा अहाता होगा कोठी का। क्योंकि ख़ासी दूर तक चलने के बाद वह पैदल रास्ता बायीं ओर को मुड़ा। लगता है, वह इसी कोठी और उसकी कॉटेज के लिए बना था। यह भी हो सकता है कि निकट ही कोई दूसरी भी कोठी हो। यद्यपि चेतन को कोई दिखायी नहीं दी। उस छोटे रास्ते

से एक पगडण्डी आगे ऊपर को चढ़ गयी थी। निक्का चेतन के साथ मुड़ा। बायीं ओर बड़ी कोठी का एक छोटा-सा पिछवाड़े का गेट था। दायीं तरफ़ कॉटेज को घेरते हुए लोहे के काँटेदार तार थे। इनके ऐन बीच सुबक-सा गेट था, जिससे सुन्दर पत्थरों का छोटा-सा मार्ग कॉटेज तक गया था।

चेतन ने देखा दायीं तरफ़ काँटेदार तारों के बाद छोटा-सा घास का लॉन था, जिसमें वह ख़ूबसूरत-सी कॉटेज बनी थी। गेट में जड़े हुए एक पत्थर पर ख़ुदा था —ग्लेनमोर कॉटेज।

o

चेतन अपने ध्यान में मगन चन्दा की कुर्सी के साथ-साथ चला जा रहा था। "बाऊ जी असाँ दो मिनट ऐत्थे सुस्ता लइए," एक कुली ने कहा और उन लोगों ने कुर्सी कन्धों से उतारी।

चेतन ने देखा, वे लोग रेलवे रोड के मँडुए के नये गेट के साथ खड़े थे। मोज़ेक से बना टिकट-घर का हॉल अभी खुला था। रात का तीसरा शो ख़त्म हो चुका था, लेकिन इक्का-दुक्का दर्शक ग़ालिबन पिछवाड़े के शौचालय से हल्के हो कर आ रहे थे।

कुली कुर्सी को फ़ुटपाथ पर रखने जा रहे थे। चेतन ने उनसे कहा कि वे उसे गेट के अन्दर हॉल में बायीं ओर को चैनल गेट के पीछे उतारें। उसकी पत्नी को ज़रूरत हो तो वह उसे सहारा दे कर मँडुए के पिछवाड़े ले जायेगा।

कुलियों ने उसके आदेशानुसार कुर्सी हॉल के अन्दर रख दी, स्वयं खुले गेट के फ़र्श पर नीचे फ़ुटपाथ से पैर टिकाये बैठ गये और जेब से लैम्प का एक-एक सिगरेट निकाल कर पीने लगे।

चेतन ने कुर्सी के साथ उकड़ूँ बैठ कर, आँखें बन्द किये निढाल लेटी चन्दा से सरगोशी में पूछा, "चन्दा, तुम्हें लैटरिन जाने की ज़रूरत तो नहीं?"....

"आप कुलियों से कहिए कि जल्दी घर ले चलें। मैं वहीं जाऊँगी। यहाँ मैं इतनी दूर नहीं चल सकती।" चन्दा ने बड़े ही धीमे, लगभग सुनाई न देने वाले स्वर में कहा।

चेतन तत्परता से उठा। कुलियों के पास आ कर उसने बड़ी नर्मी से कहा, "यारो, बुरा न मानना, मेरी बीवी की तबीयत अच्छी नहीं। वह यहाँ पिछवाड़े नहीं जा सकती, घर ही जायेगी, तुम सिगरेट फिर पी लेना। मैं तुम दोनों को लैम्प की एक-एक डिबिया भी ले दूँगा। अब तुम ज़रा झपाके से ले चलो।"

कुलियों ने अपने-अपने सिगरेट फ़र्श के साथ घिस कर बुझा दिये और जेब में रख लिये। उठ कर उन्होंने कुर्सी कन्धों पर रखी और चल पड़े। हॉल से निकल कर चेतन कुर्सी के साथ-साथ बायीं तरफ़ चलने लगा। उसका ज़ेहन फिर ग्लेनमोर कॉटेज में जा लगा।

o

कॉटेज देख कर जब वे बाहर निकले थे और निक्का गेट को ताला लगा रहा था तब चेतन ने कहा था, "यार, कॉटेज तो मुझे पसन्द आ गयी है, पच्चीस रुपये किराया भी वाजिब है, लेकिन मैं रुपये साथ नहीं लाया। मैं कल सबेरे आऊँगा। मियाँ जी को पेशगी किराया दूँगा और कॉटेज में आ बसूँगा। अभी तो तुम यह बताओ कोई रास्ता है, जो मुझे जल्दी नीचे

पहुँचा दे। यहाँ आते-आते तो शाम हो गयी। मैं समय से वापस देवराज की सराय पहुँच जाना चाहता हूँ।"

वापस चलते हुए निक्के ने कहा कि वे लोग मैक्लोडगंज चौक के करीब ही हैं। वहीं से पगडण्डी पकड़ कर चौक पहुँच जायेंगे, जहाँ से बाबू जी खड़ा डण्डा रोड पकड़ लें और सीधे कोतवाली सिनेमाघर के चौक पर जा उतरें। वहाँ से बृजलाल रोड पकड़ लें और जैसे आये हैं, वैसे वापस सराय देवराज पहुँच जायें। उतराई का रास्ता है। सूरज डूबने से पहले पहुँच जायेंगे।

चेतन उत्साहित हो आया। वे लोग कॉटेज से वापस उस रास्ते पर उतरे तो दायीं ओर, जिधर से आये थे, उधर मुड़ने की बजाय बायीं ओर की छोटी पगडण्डी पकड़ कर तेज़-तेज़ मैक्लोडगंज के चौक पहुँचे और उसे पार कर खड़ा डण्डा रोड पर आ रुके।

"देखो यार," चेतन ने निक्के से हाथ मिलाते हुए कहा, "तुम मियाँ जी को मेरा पैग़ाम दे देना। कहना कि बाबू जी को कॉटेज पसन्द आ गयी है। वे सबेरे अपनी बीवी और सामान के साथ आयेंगे, पेशगी किराया जमा करवा देंगे और दो महीने के लिए कॉटेज किराये पर ले लेंगे। उन्हें देर हो गयी थी, इसलिए खड़ा डण्डा रोड से चले गये हैं।"

निक्के ने उत्तर में हामी भरते हुए, "जी बाबू जी" कहा; चेतन ने हाथ मिलाया और मुड़ कर खड़ा डण्डा रोड उतर गया। सीधा, ख़ासा ढलवाँ मार्ग, बिना कुछ सोचे वह जैसे लुढ़कता हुआ-सा तेज़-तेज़ उतरता चला गया। सारे रास्ते उसकी आँखों में देवराज की सराय का वह तीन नम्बर का छोटा-सा कमरा और उसमें बिस्तर पर लेटी बीमार चन्दा का चेहरा आता रहा था। वह सोचता था कि वह जा कर उसे अपनी दिन भर की कारगुज़ारी सुनायेगा और ग्लेनमोर कॉटेज की सुन्दरता का विस्तार से वर्णन करेगा तो वह कितनी ख़ुश होगी। और मुश्किल से आध घण्टे में वह कोतवाली बाज़ार के उसी चौक में जा पहुँचा, जहाँ खड़े हो कर निक्के ने उसे चारों मार्गों के नाम बताये थे, जो चौक से विभिन्न दिशाओं में जाते थे।

क्षण भर रुक कर उसने चारों ओर निगाह दौड़ायी। शाम तेज़ी से उतर रही थी। चेतन बाज़ार की ओर बढ़ा और बाज़ार के बीच उसने बृजलाल रोड पकड़ ली। यह रास्ता उतना ढलवाँ नहीं था। वह अपेक्षाकृत धीरे चलने लगा।

वह चन्द ही कदम बढ़ा होगा कि अचानक उसे ख़याल आया कुछ ही दिनों बाद बरसात शुरू हो जायगी। धर्मव्रत वेदालंकार ने उसे लाहौर में बताया था कि देश भर में चेरापूँजी (असम) के बाद धर्मशाला ही ऐसी दूसरी जगह है, जहाँ साल में सबसे ज़्यादा बारिश होती है। फ़र्क यही है कि इसके बावजूद धर्मशाला की आबो-हवा ख़ुश्क है। वर्षा के बाद धूप एकदम चटक निकलती है और ज़रा भी सील नहीं रहती। इसी कारण वह स्थल यक्ष्मा के रोगियों के लिए लाभप्रद है....लेकिन वर्षा जब होती है तो कई-कई दिन होती है। और चेतन ने सोचा कि ऐसे में उस दो कमरे के कॉटेज में उसके और चन्दा के अलावा कोई तीसरा नहीं होगा। उसकी सास तो दस-पन्द्रह दिन में चली जायेगी। नौकर होगा तो किचन में रहेगा या बड़ी कोठी में नौकरों के साथ बैठे-बतियायेगा। तब वे दोनों अपना समय कैसे काटेंगे। लेटे-लेटे चन्दा यूँ भी बोर हो जायगी।....और चेतन ने सोचा,

क्यों न वह कोतवाली बाज़ार से ताश और कोई दूसरी इनडोर गेम ख़रीद ले और वह वापस मुड़ा।

बाज़ार में सबसे पहले उसने एक ताश ख़रीदी, लेकिन दूसरी कोई और गेम वहाँ नहीं थी। दुकानदार ने उसे बताया कि बेगाटिल और कैरम मैक्लोडगंज में 'नारो जी' के जनरल स्टोर पर मिल जायेगी। यहाँ किसी दुकान पर देख लीजिए। शायद शतरंज या चौपड़ मिल जाय।

चेतन बहुत दूर तक दुकान-दुकान देखता चला गया। शतरंज तो एक दुकान पर मिल गयी, लेकिन चेतन को लगता था कि बीमारी की दशा में शतरंज को सीखने का धैर्य चन्दा में नहीं। ताश तो वह अधलेटी, अधबैठी भी खेल सकती थी। यदि वह शतरंज सीख भी ले तो बाज़ी की जीत-हार में जितनी सोच और समय लगता है, वह सब उसे लगाने के लिए विवश करना उसके साथ ज़्यादती होगी और वह सोचता था, अगर चौपड़ मिल जाती तो (आसान खेल है उसे सीखने में देर नहीं लगती) वह ले लेता। जब एक दुकान पर उसे चौपड़, उसकी नर्दें और कौड़ियाँ मिल गयीं तो उसे लगा जैसे कारूँ का ख़ज़ाना उसके हाथ लग गया हो।

ताश और चौपड़ का पैकेट बग़ल में दबाये चेतन तेज़-तेज़ वापस फिरा और बृजलाल रोड पर दूर तक उतरता चला गया। फिर उसकी चाल धीमी हो गयी।

चेतन ने मन-ही-मन रोज़ की अपनी दिनचर्या तय की। वह हमेशा की तरह सुबह ४ बजे उठेगा। चन्दा को आराम से सोने देगा। दो घण्टे काम करेगा। फिर निबट-निबटा कर कसरत करेगा। नहायेगा। चन्दा को जगा कर तैयार करेगा। नौकर से नाश्ता बनाने को कहेगा। नाश्ते के बाद चन्दा को एक-आध घण्टा आराम करने देगा। स्वयं काम करेगा। जब चन्दा उठेगी तो एक-आध घण्टा उसके साथ ताश या चौपड़ खेलेगा। कुछ लिखा होगा तो उसे सुनायेगा। उसकी राय लेगा। लंच के बाद चन्दा को भी सोने देगा और ख़ुद भी आराम करेगा। चार बजे दोनों चाय पियेंगे। उसमें हिम्मत हुई तो बरामदे में उसे घुमायेगा। रात के खाने के बाद चन्दा को समय से सुलायेगा और ख़ुद एक-दो घण्टे काम करके सो जायेगा।

देर तक चलता-चलता चेतन इस कार्यक्रम में फेर-बदल करता रहा। उसे यकीन था कि पन्द्रह-बीस दिन वहाँ रहने के बाद ही चन्दा इस हद तक स्वस्थ हो जायेगी कि वह उसे ले कर कभी भागसू नाग का मन्दिर दिखाने ले जायेगा, कभी डल की सैर करायेगा, कभी फ़ोरसाइटगंज ले जा कर मियाँ रामसिंह से मिलवायेगा। हिम्मत होगी तो भागसू नाग के पीछे नीचे उतर कर स्लेट की पहाड़ियों में गिरने वाला सुन्दर जल-प्रपात दिखायेगा, जिसकी काफ़ी प्रशंसा धर्मव्रत वेदालंकार ने भी की थी और पठानकोट एक्सप्रेस में एक साथी मुसाफ़िर ने बातचीत में उसका बखान किया था। और जब दो महीने बाद वे वापस लौटेंगे तो वह उसे खड़ा डण्डा रोड से नीचे ले जा कर कोतवाली बाज़ार की सैर करवायेगा।

चेतन इन्हीं दिवा-स्वप्नों में खोया हुआ चला जा रहा था कि बायीं ओर नीचे घाटी से किसी ने बाँसुरी बजानी शुरू की और चेतन मन्त्र-मुग्ध सुनता रहा। फिर बाँसुरी की तान बन्द हो गयी और किसी ने लम्बी तान के बाद गीत का बोल गाया —

बसणा पहाड़ाँ दा चंगा मेरे मित्तरा,
बसणा पहाड़ाँ दा चंगा मेरे मित्तरा
नदियाँ ते नालू ऐत्थे गीत सुणान्दे —
करि देन्दे कालजू जो ठण्डा मेरे मित्तरा
बसणा पहाड़ाँ दा चंगा मेरे मित्तरा[1]

गाने वाले शायद नीचे घाटी में उतरे जा रहे थे। उनकी तान दूर होती हुई जब चेतन को सुनायी देनी बन्द हो गयी तो हठात उसके ज़ेहन में 'जीणा काँगड़े दा' गीत का वह हिन्दी बन्द घूम गया, जो उसने निक्के को सुनाया था। मन-ही-मन उसे दोहराते हुए चेतन दूसरा बन्द बनाने लगा। उसने पहले मन-ही-मन पहाड़ी गीत का दूसरा बन्द गुनगुनाया —

खाणे जो मिलदे भत्त ते भटूरू, उच्चियाँ धाराँ ते पौण छरूरू
रिड़ियाँ रिड़ियाँ डंगरेआँ चारदे कन्ने गान्दे गीत गवालू
हो जीणा काँगड़े दा, हो जीणा काँगड़े दा।

तब उसने अपना हिन्दी का बन्द गुनगुनाया और फिर बन्द बनाने लगा।

गीत का दूसरा बन्द उसने बना लिया। उसे वह बहुत अच्छा लगा। सहसा शाम के उस सन्नाटे में, जब सड़क पर कोई आता-जाता दिखाई भी न देता था, अपनी कनसुरी आवाज में उसने उसे गुनगुनाना शुरू किया —

खाने को मिलते हैं, भात भटूरे
शिखर लदे हैं, बर्फ़ से पूरे
खूँट तुड़ा कर भागी नदियाँ
गायों-सी रम्भाएँ
कि झरने अपने गीत सुनायें
ओ जीना काँगड़े का।

परम तल्लीनता से गीत का वह बन्द गाते हुए चेतन शाम के उस अँधेरे में बृजलाल रोड के ख़त्म हो जाने पर बायीं तरफ़ कोतवाली चौक को मुड़ने के बदले सड़क पार कर सीधे डेन रोड में उतर गया। सड़क पर कहीं इक्का-दुक्का दुकान थी। आगे बिट्टू बाज़ार में चन्द दुकानें ज़रूर थीं, लेकिन चेतन अपने ध्यान में मगन दीन-दुनिया से बेख़बर गीत की पंक्तियाँ बनाता रहा। दूसरे बन्द के बाद उसने मन-ही-मन पहाड़ी गीत का तीसरा बन्द गुनगुनाया —

काँगड़े दे लोक सारे भागसूएँ जान्दे....
नौणे पर जाई करी
भली-भली न्हान्दे
न्हाई धोई के मन्दर जाणा,
भाँवे चढ़णा पवे कुआलू....

---

१ पहाड़ों का निवास अच्छा है, ऐ मेरे दोस्त। नदियाँ और नाले यहाँ गीत सुनाते हैं, कलेजे को ठण्डा कर देते हैं, ऐ दोस्त, पहाड़ों में बसना अच्छा है।

ओ जीना काँगड़े दा....

और उसने स्वयं अपने गीत का तीसरा बन्द बनाना शुरू किया। यह बन्द उसने अपेक्षाकृत जल्दी ही बना लिया। फिर वह सब कुछ भूल कर अपना गीत गुनगुनाने लगा —

ठण्डी-ठण्डी मस्त हवाएँ झूमें,
झूमें पेड़ों की शाखाएँ

o

झूम-झूम कर गाता हुआ वह शाम के अँधेरे में सड़क उतरता चला गया कि अचानक बीच ही में उसका गीत थम गया। जाने क्यों और कैसे उसे लगा कि वह शायद रास्ता भूल गया है।

सड़क के बीचोंबीच रुक कर उसने चारों तरफ़ निगाह दौड़ायी। अँधेरे के सिवा उसे कुछ भी दिखाई नहीं दिया। दोनों ओर इमारतों या मकानों से घिरे चौक जैसा एहसास उसे नहीं हुआ। लगा, जैसे वह चारों ओर से खुले वीराने में खड़ा है। हठात उसने सोचा कि जिस रास्ते वह गया था, उस पर कचहरी चौक के बाद दोनों ओर ऊँची-ऊँची इमारतें थीं। बड़े-बड़े अफ़सरों के दफ़्तर थे। अँधेरा ही सही, लेकिन कहीं कोई बस्ती तो दिखाई देनी चाहिए थी। फिर उसने सोचा, शायद अँधेरे में उसने देखा न हो।....लेकिन यहाँ तो कुछ भी दिखाई नहीं दे रहा था। कहीं कोई इमारत का नामो-निशान नहीं था और जैसे वह सूने में चला जा रहा था।

तभी उसे नीचे से एक आदमी आता दिखायी दिया। बढ़ कर उसने पूछा, "क्यों भाई, देवराज की सराय और कितनी दूर आगे है?"

"आगे !" उस व्यक्ति ने व्यंग्य से कहा, "आप उसे दो मील पिछाहाँ छोड़ आये हो। शहर ते पिच्छे रह गया। इह रस्ता ते सीधा हेठाँ गाँव वल जान्दा है।" यानी आप आगे की बात क्या करते हैं, देवराज की सराय तो आप दो मील पीछे छोड़ आये हैं। यह रास्ता तो सीधा नीचे गाँव को जाता है।

"आप किधर जा रहे हैं?" चेतन ने पूछा।

"जा तो मैं भी उधर ही रहा हूँ।" उस व्यक्ति ने कहा, "लेकिन मैं थोड़ी दूर आगे से दायीं तरफ़ मुड़ जाऊँगा और ऊपर से घूम कर वहाँ पहुँचूँगा। आप तो मुड़ कर सीधे इसी सड़क पर चढ़ते चले जाइए। जहाँ रास्ता बायीं ओर को उतरे, उधर न जा कर सीधे इसी हाथ पर चढ़ते जाइए। यह सड़क देवराज की सराय तक ही जाती है। पठानकोट से बसें इसी सड़क से आती हैं और देवराज की सराय पर रुकती हैं।"

चेतन के दिमाग़ से काँगड़े की मस्त हवाएँ एकदम हवा हो गयीं। हालाँकि वह बेहद थक गया था और फिर चढ़ाई चढ़ना उसे बेतरह खल रहा था। पर कोई चारा नहीं था। यही ग़नीमत थी कि यह चढ़ाई खड़ा डण्डा रोड जैसी सीधी नहीं थी। सड़क धीरे-धीरे ऊपर चढ़ रही थी। सोचना एकदम छोड़ कर चेतन तेज़-तेज़ चलने लगा। दो कदम बाद वह रुक गया। उसे लगा कि उसे रास्ता बताने वाले को धन्यवाद देना चाहिए। रुक कर उसने कहा, "सही रास्ता बताने के लिए आपका शुक्रिया। माफ़ कीजिएगा, मेरी बीवी बीमार है और मुझे पहले ही देर हो गयी है, आप न मिलते तो पता नहीं मैं कितना परेशान होता।"

"नहीं, नहीं, इसमें माफ़ी की क्या बात है," उस व्यक्ति ने कहा, "आप जाइए। मैं तो यूँ भी आगे गली से दायीं तरफ़ मुड़ जाऊँगा। लेकिन आप यह बड़ी मेन सड़क मत छोड़िएगा। यह सीधी तिकोने चौक तक जाती है।"

"जी बहुत-बहुत शुक्रिया !" और चेतन फिर मुड़ कर तेज़-तेज़ चल दिया।

०

अचानक उसने देखा कि कुली लोग कोट पंजपीर से चौरस्ती अटारी को मुड़ने के बदले अड्डा होशियारपुर की ओर निकले जा रहे हैं।

"रुको-रुको !" वह चिल्लाया, "हमें अड्डा होशियारपुर नहीं, चौरस्ती अटारी जाना है। बायीं ओर को मुड़ो।"

कुली पलट कर पीछे आये और बायीं ओर बाज़ार में मुड़े। हालाँकि बाज़ार उतना चौड़ा नहीं था, लेकिन आधी रात का समय, दुकानें बन्द और भीड़ ज़रा भी नहीं थी, इसलिए चेतन कुर्सी के साथ-साथ, लेकिन ज़रा पीछे चलने लगा। उसकी सास काफ़ी पीछे घिसटती आ रही थी।

चेतन फिर धर्मशाला पहुँच गया और एक दिन पहले की त्रासद स्थिति में खो गया।

०

इधर-उधर देखे और कुछ भी सोचे बिना वह तेज़-तेज़ पठानकोट से आने वाली उस मेन रोड पर चलता चला गया। रास्ते में उसे एक दुकान खुली दिखाई दी। उसने वहाँ जा कर पूछा कि उसे देवराज की सराय जाना है, वह ठीक रास्ते जा रहा है न !

दुकानदार ने स्वीकार में सिर हिलाया। "दो-तीन फ़र्लांग आगे ही है। बढ़े जाइए।" उसने कहा।

चेतन फिर बढ़ चला। थोड़ा आश्वस्त हो कर वह सोचने लगा कि उसके समय से न पहुँचने पर चन्दा और उसकी माँ बड़ी परेशान होंगी, लेकिन जब वह चन्दा को अपनी कारगुज़ारी सुनायेगा तो वह प्रसन्न हो जायेगी। आते वक्त वह चौकीदार से कह आया था कि वह मैक्लोडगंज मकान देखने जा रहा है। यदि वह उसकी सास से पूछ कर उनके खाने-पीने की व्यवस्था कर देगा तो वह बहुत शुक्रगुज़ार होगा। वह अपनी सास से भी कह आया था कि ज़रूरत पड़ने पर चौकीदार से कह दे, वह चीज़-बस्त ला देगा। चेतन को पूरा यकीन था कि उस सिलसिले में उन्हें कोई कठिनाई नहीं हुई होगी। बहुत रात तो नहीं हुई थी। आठ-साढ़े आठ का समय होगा। उन्होंने कुछ न खाया होगा तो वह तिकोने चौक से जा कर फ़ौरन ला देगा।

वह तेज़-तेज़ चलने लगा।

लेकिन इसके बावजूद वह कल्पना-ही-कल्पना में अपनी पत्नी को आने वाले दिनों के बारे में अपनी दिनचर्या का ब्योरा देने लगा। उसे यह भी विश्वास था कि चन्दा न सिर्फ़ ख़ुश होगी, बल्कि उसका समर्थन भी करेगी, और वह उसे बतायेगा कि वह उसे देखने योग्य कौन-कौन-से स्थल दिखायेगा। अपनी सास को तो वह उसके धर्मशाला छोड़ने से पहले भागसू नाग के दर्शन करा ही देगा। वह दोनों यह सुन कर बहुत ख़ुश होंगी।....

चेतन यही सब सोचता जा रहा था कि उसने देखा वह देवराज की सराय पहुँच गया

है। वह मुड़ा, बड़े गेट के अन्दर दाख़िल हुआ कि उसने देखा उनके कमरे में मध्यम-सा लैम्प जल रहा है। उसकी पत्नी और सास दोनों घुटनों में सिर दिये बैठी हैं।

आशंका से उसका माथा ठनका। "क्या बात है?" उसने जा कर पूछा।

चन्दा और उसकी माँ दोनों ज़ोर-ज़ोर से रोने लगीं। तब चेतन को मालूम हुआ था कि चन्दा को हिल-डाइरिया हो गया है। दिन भर उसका पेट चलता रहा है और वह निढाल हो गयी है। उसकी सास और उसकी पत्नी ने एक स्वर से कहा कि यदि वह तत्काल उसे वापस जालन्धर नहीं ले जाता तो वह वहीं मर जायेगी।

चेतन बेहद घबरा गया था। तत्काल उसकी समझ में न आया था कि वह क्या करे। पेट तो चन्दा का लाहौर में ही ख़राब था। इसीलिए उसने अपने बड़े भाई पर बकरी का दूध लेने के लिए ज़ोर दिया था। जालन्धर में हकीम नबीजान के इलाज से चन्दा को कुछ लाभ हो गया था, तभी वह वहाँ से चला था। उसे धर्मशाला का भारी पानी माफ़िक नहीं आया होगा —चेतन ने मन-ही-मन सोचा।

"घबराने की कोई बात नहीं," उसने प्रकट कहा, "अव्वल तो मैं अभी किसी डॉक्टर को ढूँढ लाता हूँ। नहीं तो सुबह ज़रूर डॉक्टर को ले ही आऊँगा। आप लोग परेशान न हों।"

लेकिन चन्दा ने रोते हुए कहा कि जैसे भी हो, उसे सुबह की बस से ही जालन्धर ले जाये। वह अकेला है, थका हुआ है, उसकी तबीयत और बिगड़ गयी तो वह कहाँ भागता फिरेगा। जालन्धर में और कोई नहीं तो माँ होगी, भाई होंगे, मोहल्ले वाले होंगे। परदेस परदेस है, घर घर है।

और उसकी सास ने अपनी बेटी का समर्थन करते हुए कहा, "बेटे, चन्दा ठीक कहती है। अपना घर, अपना घर होता है और परदेस, परदेस। तू हमें सुबह ही वापस ले चल।"

हालाँकि चेतन को यों वापस जाना स्वीकार नहीं था, लेकिन अपनी पत्नी का रोना उससे देखा नहीं जाता था। वह उसे हमेशा हँसाता आया था। उसके उदास चेहरे को देख कर उसे वहशत होती थी....और यहाँ वह उदास नहीं थी, रो रही थी। उसका हँसता चेहरा बेतरह विकृत हो आया था।....उसके सिर पर प्यार से हाथ फेरते हुए उसने कहा, "ठीक है, तुम रोओ मत। जैसा तुम चाहोगी, वैसा ही होगा।"

और वह हताश-सा दहलीज़ पर बैठ गया था।

चन्दा चुप हो गयी थी। कुछ देर बाद उसने कहा था कि वह जा कर कुछ खा-पी आये। उसे तो कुछ भी नहीं पच रहा। आता-आता उसकी माँ के लिए कुछ लेता आये। होटल या ढाबा बन्द हो गया हो तो डबल रोटी-मक्खन ले आये।

चेतन की भूख बिलकुल मर गयी थी। पर उसकी सास भूखी बैठी है, यह सोच कर वह तिकोने चौक के ढाबे पर गया। स्वयं उसने तीन तन्दूरी रोटियाँ खायीं। सास के लिए थाली ले आया था और उसे थाली और पानी का लोटा दे कर वह चौकीदार के पास गया था। उसने उसे अपनी परिस्थिति बतायी थी और कहा था कि वह अपनी बीवी को दूसरी ही सुबह बस से वापस ले जायेगा। यदि रात के लिए उसे कुछ दिया जा सके, जिससे उसकी तबीयत इतनी तो सँभल जाये कि वह उसे सुबह वापस ले जा सके और चौकीदार

इस सिलसिले में उसकी मदद कर सके तो वह बहुत शुक्रगुज़ार होगा।

चौकीदार ने उसे बताया था कि उसके पिता के पास गंजीना-ए-तिब नाम की एक किताब थी, जिसमें आम बीमारियों के बड़े लाभकारी नुस्ख़े थे। उन्हीं ने उसे एक चूर्ण बना कर दिया था, जिसमें सोंठ के अलावा आठ-दस चीज़ें पड़ती थीं। पेट ख़राब हो जाये या चलने लगे तो उसकी एक-दो पुड़ियों से लाभ हो जाता था।

यह सब बताते हुए चौकीदार ने ताक में पड़ी हुई एक चौड़े मुँह वाली गोल शीशी में से चम्मच के हैण्डल से चूर्ण निकाल कर तीन पुड़ियाँ बना दी थीं और कहा था कि एक अभी दे दे, एक आधी रात को और एक सुबह। भगवान ने चाहा तो उसकी पत्नी यात्रा के योग्य हो जायेगी।

चेतन चौकीदार के कमरे से आया था तो उसे लगा था, जैसे कोई संजीवनी उसके हाथ आ गयी हो।

०

चन्दा की कुर्सी के बराबर चलते हुए चेतन के होंटों पर एक उदास व्यंगमयी मुस्कान खेल गयी। डूबता हुआ आदमी जैसे तिनके की ओर लपकता है, वैसे ही वह चौकीदार के कमरे में गया था और जैसे छोटी-सी आशा भी हताशा के क्षणों में आदमी को धीरज बँधा देती है, उसे विश्वास हो गया था कि उस चूर्ण से उसकी पत्नी को लाभ हो जायेगा। कमरे में जा कर उसने पुड़िया अपनी पत्नी को दी थी। थोड़ी देर बाद उसकी पत्नी ने कहा था कि उसके पेट में दर्द और अफारा कम हुआ है तो चेतन को लगा कि सुबह तक चन्दा की तबीयत बिलकुल ठीक हो जायेगी और वह उन लोगों पर ज़ोर देगा कि आये हैं तो कुछ देर यहाँ रह कर जायें। जब सास के खाना खाने के बाद वह ढाबे की थाली वापस करके लौटा था और आ कर जमीन पर बिस्तर बिछा कर लेट गया था तो वह फिर सुख-सपनों में खो गया था।

उसे यों माँ की इच्छा के विरुद्ध चन्दा को धर्मशाला लाने और फिर नाकाम लौट जाने में अजीब-सी झिझक और ग्लानि का एहसास हो रहा था और वह किसी तरह भी वहाँ रुक कर जाना चाहता था।

यद्यपि उस चूर्ण से थोड़ा फ़ायदा महसूस हुआ था और रात को वह उतनी बार नहीं गयी, लेकिन चन्दा इतनी कमज़ोर हो गयी थी कि वह किसी तरह भी धर्मशाला रुकने को तैयार नहीं हुई और चेतन को सुबह पाँच बजे उठ कर सामान बाँध कर सराय के बाहर आ जाना पड़ा कि बस रुके तो वह अपनी पत्नी और सास के साथ उसमें सवार हो सके।

वह कितनी उम्मीदें ले कर धर्मशाला गया था। और कितना निराश, उदास और हताश वापस आ रह। था।....

०

कुली चौरस्ती अटारी पहुँच गये थे। चेतन ने उन्हें बायें हाथ बाजियाँ वाला बाज़ार में मुड़ने के लिए कहा। कृष्ण पक्ष की घुप अँधेरी रात थी। आकाश में बेगिनती तारों का मद्धिम-सा उजेला था। चेतन कुर्सी के आगे हो गया और उनका पथ-निर्देश करता हुआ चाचा हरलाल की दुकान के पास से मुड़ कर अपने मोहल्ले में दाख़िल हुआ।

चौधरियों के मकान के कोने पर म्युनिसिपल कमेटी का चौकोर लैम्प हमेशा की तरह जल रहा था और मद्धिम रोशनी पूर्ववत मुहल्ले के अँधेरे और सन्नाटे को द्विगुणित कर रही थी। उसके नीचे से गुज़र कर कुएँ की जगत के पास से दो कदम आगे, चेतन बायीं ओर अपने मकान की बन्द गली में दाख़िल हुआ। कुलियों को अपने पीछे आने का आदेश देते हुए उसने आगे बढ़ कर अपने तिमंज़िले मकान की डेवढ़ी के मज़बूत दरवाज़े की साँकल खटखटायी —और पीछे हट कर दो बार ज़ोर से आवाज़ दी —मेघनाथ-मेघनाथ!

रात के सन्नाटे में चेतन की आवाज़ सारे मोहल्ले में गूँज गयी। लाला मुकन्दी लाल की छत पर कोई ज़ोर से खाँसा। चौधरियों की छत से किसी के सुराही से पानी लेने की आवाज़ आयी।

चेतन ने फिर आवाज़ दी।

अब के सीढ़ियों में किसी के उतरने की आवाज़ सुनाई दी। शायद माँ लैम्प लिये आ रही थी। दूसरे क्षण अन्दर से दरवाज़े की साँकल खुली। लैम्प लिये माँ ही दहलीज में खड़ी थी।

चेतन ने बढ़ कर माँ के चरण छुए।

"क्या बात है बेटा !" माँ ने आशंका से पूछा।

लगभग भर्राये हुए गले से चेतन ने कहा, "माँ, चन्दा की तबीयत ख़राब हो गयी। मुझे उलटे पाँव उसे वापस लाना पड़ा। दो दिन से उसका पेट चल रहा है। धर्मशाला का पानी उसे माफ़िक नहीं आया। वह इतनी निढाल हो गयी है कि स्टेशन से उसे कुर्सी पर लाद कर लाया हूँ।"

"पुत्त, तू किसे दी सुनदा नईं; मैं ते पहले ही किहा सी...."

लेकिन माँ ने क्या कहा, चेतन ने वह नहीं सुना। धर्मशाला में जब से उसने वापस लौटने का निश्चय किया था, माँ के यही शब्द उसके कानों में गूँजते रहे थे। पलट कर उसने कुलियों से कहा कि वे चन्दा की कुर्सी को अन्दर डेवढ़ी में रख दें।

लेकिन डेवढ़ी सँकरी थी। उन लोगों ने कुर्सी को दहलीज़ के पास धरती पर रख दिया। चेतन ने चन्दा को सहारे से उतारा। सास भी आ गयी थी। मेघनाथ ऊपर से उतर आया था। चन्दा डेवढ़ी की दो सीढ़ियाँ चढ़ कर गोल बिस्तर पर बैठ गयी। चेतन ने कुलियों को पैसे दिये, मेघनाथ से कहा कि जा कर बरसाती में दो चारपाइयाँ बिछा दे और चन्दा का बिस्तर ले जा कर लगा दे।

दूर कहीं तीन का गजर बजा। चन्दा इसी बीच दो बार शौच हो आयी थी। चेतन आता-आता चौकीदार से चूर्ण की कुछ और पुड़ियाँ ले आया था। उसने एक पुड़िया उसे दी थी। वह निढाल लेटी थी। पहले चेतन के मन में आया था कि वह हमेशा की तरह माँ के पास आँगन में बैठ कर उसे धर्मशाला की अपनी दुख-गाथा सुनाये और हताशा में उसकी गोद में सिर रख कर अपने ऊपर से संयम हटा ले और दिल के ग़ुबार को आँखों के रास्ते निकल जाने दे। लेकिन माँ ने नीचे डेवढ़ी ही में जो बात कही, सच होने पर भी वह किसी तीखे छुरे की तरह चेतन के हृदय में कहीं गहरे डूबती चली गयी थी।

माँ ने फिर उससे पूछा था तो उसे सुबह सब सविस्तार बताने के लिए कह कर,

अपनी सास को उसके पास छोड़, वह ऊपर आ गया था। वातावरण में बेहद उमस और गर्मी थी। बरसाती में वह अपने बिस्तर पर लेटा था तो बेहद थका और उनींदा होने के बावजूद नींद उसकी आँखों से ग़ायब थी। मेघनाथ वापस जा कर अपनी चारपाई पर सो गया था। माँ और उसकी सास नीचे आँगन में बतियाती ग़ालिबन वहीं लेट गयी थीं। चेतन चुपचाप शहनशीन पर जा कर औंधे मुँह लेट गया। पिछले चन्द दिनों की घटनाएँ एक-एक कर उसके दिमाग़ में आने लगीं। उसे मालूम नहीं, कब उसकी आँखों से आँसू निकल आये और तमाम संयम के बावजूद वह चुपचाप बेइख़्तियार रोने लगा।

□□

उपसंहार

...टूटी कहाँ कमन्द

किस्मत की बात देखिए टूटी कहाँ कमन्द
दो-चार हाथ जब कि लबे-बाम रह गया

☐

जैसे-जैसे 'गिरती दीवारें' की कथा आगे बढ़ रही थी, अश्क जी का सामना अपने नायक चेतन की ज़िन्दगी के उस दौर से था, जिसमें वह लगातार एक के बाद एक अत्यन्त जटिल और उद्वेलन-भरे अनुभवों से गुज़रता है। ज़ाहिर है, इन प्रसंगों की पुनर्रचना आसान काम नहीं था। बहुत कुछ अश्क जी ने ख़ुद अपनी ज़िन्दगी से लिया था, लेकिन बहुत कुछ वे कल्पना से भी रचते थे। आगे का पीछे, पीछे का आगे। मगर यह तो उपन्यास-लेखन की बुनियादी शर्त है। काम और भी कठिन अश्क जी के गिरते स्वास्थ्य की वजह से हो गया था। वे बार-बार उसे उठाते, थोड़ा आगे बढ़ाते, फिर सेहत की वजह से, किसी अन्य फ़ौरी परेशानी या ज़रूरत के चलते या फिर थके हुए दिमाग़ को आराम देने की ख़ातिर उसे फ़िलवक्त छोड़ देते। अपने मन में तय की गयी रूप-रेखा से काफ़ी आगे बढ़ कर वे धर्मशाला वाला खण्ड लिख लाये थे। फिर उन्होंने चेतन की कथा में पड़े व्यवधान को पूरा करना शुरू किया था। तभी, जुलाई-अगस्त १९९५ में वे पहले बीमार हुए, फिर दवाइयों के असर में गिर कर कूल्हे की हड्डी तुड़वा बैठे। अबकी बार उन्होंने बिस्तर पकड़ा तो फिर उठ नहीं पाये। एक लम्बी और अत्यन्त पीड़ादायक बीमारी के बाद १९ जनवरी, १९९६ को उनका देहान्त हो गया। हम यह कभी नहीं जान पायेंगे कि वह वृहद उपन्यास, जिसे उन्होंने मृत्यु से पचास-पचपन साल पहले, एक संकल्प के रूप में, सन १९३७-३८ में लिखना शुरू किया था; जिसे वे ज़िन्दगी के सारे उतार-चढ़ाव और अनपेक्षित आक्षेप-विक्षेप और आपा-धापी के बावजूद धीरे-धीरे अन्तिम खण्ड तक ले आये थे और जिसे पूरा करने की हसरतें लिये-लिये वे विदा हो गये, पूरा होने पर कैसा बनता। कारण यह कि यह उपन्यास, ख़ास तौर पर जैसी कि अश्क जी की शैली थी, महज़ चेतन की ज़िन्दगी का कथा-सार नहीं था। वह तो ज़िन्दगी के अनुभवों का भण्डार था। अभी उसके सबसे मार्मिक, हृदय-ग्राही, चुनौती-भरे और 'क्रूशियल' अंश लिखे जाने बाकी थे। जिस तरह खेल में हार-जीत से अधिक इस बात का महत्व होता है कि खेल को खेला कैसे गया, उसी तरह 'गिरती दीवारें' के सिलसिले में भी अन्त से ज़्यादा इस बात का महत्व था कि उस अन्त तक उपन्यासकार अपने पाठकों को किन-किन अनुभवों और अनुभवों

की किन-किन पुरपेच और रोचक और कष्टप्रद और बोधकारक गलियों से गुज़ारता हुआ ले गया। वैसे भी, अश्क जी ने उपन्यास शुरू करने से पहले एक अहद किया था। उन्हीं के शब्दों में कहें तो उन्होंने एक ऐसा उपन्यास लिखने का संकल्प किया था, 'जो जीवन ही की तरह चले, बढ़े और फैले; पहले से तयशुदा आरम्भ या अन्त उसका न हो। ऐसे उपन्यास का अन्त पहले से निश्चित हो भी कैसे सकता है? अन्त तो व्यक्तियों का निश्चित है, जीवन तो अविरत हिलोरें लेने वाले महासागर-सा अक्षय है।'

अश्क जी को शायद यह नहीं मालूम था कि 'गिरती दीवारें' के दूसरे संस्करण पर १९५१ में दी गयी भूमिका के ये शब्द ख़ुद उनकी ज़िन्दगी में कैसा 'प्रोफ़ेटिक' अर्थ ग्रहण करने वाले हैं।

बहरहाल, 'गिरती दीवारें' के अब तक प्रकाशित छै वृहद खण्डों के पाठकों के लिए, जिनमें कल्पनाशीलता की कमी नहीं और जो इन छै खण्डों के माध्यम से अश्क जी की विशिष्ट शैली से परिचित हो चुके हैं, इस सातवें और अन्तिम खण्ड के शेष अंश की रूप-रेखा, उसका बहुत ही संक्षिप्त कथा-सार, यहाँ दिया जा रहा है। इसे भी उनके नोट्स, पत्रों, बातचीत, साक्षात्कारों और वक्तव्यों के आधार पर तैयार किया गया है।

□

उनन्चास – .....

चेतन धर्मशाला से थका-हारा, निराश और दुखी लौटा था। उसे बार-बार ख़याल आता कि उसकी पत्नी, जिसके लिए उसने इतना अपार श्रम किया था, जिसे वह धीरे-धीरे बेहद चाहने लगा था, उसकी तमामतर कोशिशों के बावजूद मौत की तरफ़ सरकती जा रही थी। जितना ही अधिक वह अपने जीवन को व्यवस्थित करने का प्रयास करता, उतना ही अधिक वह उलझता जा रहा था। उसकी पेचीदगियाँ बढ़ती जा रही थीं। चन्दा को नीचे सुला कर, अपनी सास को अपनी माँ के पास छोड़ कर जब वह ऊपर छत पर आ कर लेटा था तो एक अजीब-सी व्यर्थता के एहसास ने उसे अपनी गिरफ़्त में ले लिया था। वह बार-बार अपने पर काबू पाने की कोशिश करता, लेकिन बार-बार आत्म-दया से उसकी आँखें भर आतीं और आँसू बहने लगते। वह सोचता कि जिसके लिए उसने कानून पढ़ा और इतना श्रम किया, वही अगर नहीं रहेगी तो फिर यह सारा श्रम क्या बेकार नहीं हुआ? वह न तो सब-जज बनना चाहता था, न कानून पढ़ना, न वकालत करना। वह तो सिर्फ़ लेखक बनना चाहता था। यह सारी मेहनत तो उसने अपनी पत्नी के लिए की थी, जिसे वह पिछले चार-पाँच वर्षों के अर्से में बहुत प्यार करने लगा था। अगर परिस्थितियों ने ऐसे आकस्मिक और अनपेक्षित मोड़ न लिये होते तो वह उसी तरह अपनी सीधी-सादी ज़िन्दगी जीते हुए वक्त गुज़ार देता। लेकिन अब, जब वह अपनी मंज़िल के इतना करीब आ गया था, उसकी पत्नी के न होने पर वह मंज़िल बिलकुल बेमानी साबित होने वाली थी और उसे पाने के लिए की गयी उसकी मेहनत भी। अन्त में कब उसके थके-हारे मन और शरीर को नींद ने अपने आग़ोश में ले लिया, उसे पता नहीं चला।

सुबह सुस्थिर हो कर उसने अपनी माँ से कहा कि वह लाहौर जा रहा है। वह न तो सब-जजी के कम्पीटीशन में बैठेगा, न कचहरी-वचहरी जायेगा। बस, वह सिर्फ़ अपना लिखे-पढ़ेगा। लेकिन माँ के आग्रह करने पर वह इतना भर मान गया कि ६ महीने किसी वकील से ट्रेनिंग ले कर ऐडवोकेट का लाइसेंस ले ले। क्या पता कौन-सी चीज़ कब काम आ जाय।

०

लाहौर आ कर चेतन ने एक बार फिर अपनी दिनचर्या को नये सिरे से व्यवस्थित किया। अभी इम्तहान का नतीजा नहीं आया था, इसलिए वह अपना ज़्यादातर समय लिखने-पढ़ने में गुज़ार रहा था। अर्सा पहले, जिन दिनों वह रात-रात भर 'बन्दे मातरम' और 'भीष्म' में काम किया करता था, उसने एक उपन्यास लिखने की सोची थी। काफ़ी कुछ लिख भी लिया था। लेकिन एक रात मूसलाधार बारिश में घर लौटते वक्त वह कापी उसके हाथ से गिर गयी थी। उसने फिर से उस उपन्यास को लिखना शुरू किया था, लेकिन चन्दा की बीमारी और कानून की पढ़ाई के चक्कर में वह रुक गया था। अब चेतन ने फिर उसे हाथ में ले लिया। कभी-कभार उसकी भेंट चातक जी और लाहौर की हिन्दी साहित्यिक मण्डली के अन्य सदस्यों से हो जाती। चातक जी के यहाँ ही उसकी भेंट इलाहाबाद के देवीदत्त पाठक से हुई थी, जो हिन्दी के एक प्रसिद्ध प्रकाशन गृह — 'सरस्वती भण्डार' — के व्यवस्थापक थे। चेतन ने उनसे अपनी कहानियों का ज़िक्र किया और यह भी बताया कि

वह एक उपन्यास लिख रहा है। देवीदत्त पाठक बनारस के रहने वाले थे। कवि-नाटककार शिवशंकर प्रसाद की मण्डली के सदस्य। 'सरस्वती भण्डार' पहले बनारस ही में शुरू हुआ था, फिर उसके संस्थापक राय माधव दास ने उसे बिरला के हाथों में दे दिया था, जिन्होंने इलाहाबाद से हिन्दी और अंग्रेज़ी में दो अखबार शुरू किये थे। देवीदत्त पाठक 'सरस्वती भण्डार' के साथ ही इलाहाबाद आ गये थे। उन्होंने निराला, महादेवी, पन्त और शिवशंकर प्रसाद की सारी पुस्तकें प्रकाशित की थीं। चेतन से देवीदत्त की पट गयी। उन्होंने चेतन से कहा कि वह अपना उपन्यास पूरा करे वे उसे 'सरस्वती भण्डार' से छाप देंगे।

o

इसी बीच कानून के इम्तहान का नतीजा आ गया। चेतन अपनी उम्मीद के मुताबिक डिस्टिंक्शन ले कर पास हुआ था। सात सौ छात्रों में उसका सातवाँ नम्बर था। यहाँ तक कि उसने भोला को तीन अंकों से पछाड़ दिया था। लेकिन नतीजे से चेतन को कोई ख़ास ख़ुशी नहीं हुई। सब-जजी का ख़याल वह कभी का छोड़ चुका था। अलबत्ता उसने अपनी माँ से किये गये वादे को निभाते हुए कचहरी जाना शुरू कर दिया था। राय गुरचरण दास नामक वकील उसके सीनियर बनने को तैयार हो गये थे। अब चेतन रात को लिखता और दिन को कचहरी की ख़ाक छानता। बीच-बीच में अपने ख़र्च की व्यवस्था करने के लिए पत्रकारिता भी करता। उसके सीनियर राय गुरचरण दास सनकी किस्म के आदमी थे, उनके कुछ अनोखे फ़ैड्स थे। कचहरी की ज़िन्दगी भी कम दिलचस्प न थी। चेतन के अनुभवों का दायरा विस्तृत होने लगा था।

o

दो महीने बाद जब चेतन जालन्धर आया तो उसने देखा कि चन्दा को चेतन के घरवालों ने फिर पहले की-सी हालत में रख छोड़ा है। खुली बैठक में उसका पलँग डाल दिया गया है, बिस्तर गन्दा और मैला है और रज़ाई चीकट! चेतन का ख़ून खौल उठा। वह अपनी माँ से लड़ा-झगड़ा, चीख़ा-चिल्लाया। उसकी माँ ने उसे आश्वस्त किया कि वह तत्काल रज़ाई के ग़िलाफ़ धो देगी और रज़ाई खोल कर, उसका कपड़ा धो कर, नयी रुई धुनवा कर भरवा देगी। रज़ाई नयी-नकोर हो जायेगी। चेतन ने भी बेहद दुखी हो कर ऐलान किया कि वह लाहौर जाते ही रात की कोई नौकरी ढूँढेगा ताकि चन्दा पर होने वाले ख़र्च की ख़ातिर अपनी माँ को हर महीने बीस रुपये भेज सके। वैसे तो बचपन ही से चेतन ने अपने दकियानूसी, पिछड़े मोहल्ले में निर्ममता और इन्सानी बेकदरी के अनगिनत दृश्य देखे थे, लेकिन अपनी व्यक्तिगत ज़िन्दगी में अपनों की घोर हृदयहीनता से यह उसका पहला परिचय था।

जाने से पहले चेतन ने चन्दा को साफ़-सुथरे बिस्तर में लिटा कर बड़े प्यार से उसके सिर पर हाथ फेरते हुए पूछा कि अब उसकी कैसी तबियत है। चन्दा ने हस्ब-मामूल अपनी वही प्यारी हँसी बिखेरते हुए कहा कि 'अच्छी हूँ।' सैनेटोरियम में भले ही चन्दा का वज़न बढ़ गया था, पर इन दो-ढाई महीनों में धीरे-धीरे बीमारी ने उसे पूरी तरह अपने चंगुलों में जकड़ लिया था। मुस्कराते वक्त कंकाल जबड़े पर उसके बड़े-बड़े सफ़ेद मोतियों जैसे दाँत चेतन के सीने में दूर तक घाव करते चले गये। और वह घाव उसके साथ-साथ लाहौर आया।

०

लाहौर आ कर चेतन ने दिन में कचहरी जाने के साथ-साथ रात की नौकरी खोजने की मुहिम तेज़ कर दी। इसी बीच उसने कुछ साल पहले छपा एक कहानी-संग्रह पढ़ा —'अंगारे'। इसमें उर्दू के कुछ नये कहानीकारों की कहानियाँ थीं। एकदम नयी शैली और नयी विषय-वस्तु। ज़िन्दगी की नंगी हकीकतों का बेबाक चित्रण। फिर उसने मुंशी चन्द्रशेखर की ताज़ा कहानी —'अरथी' —और ताज़ा उपन्यास —'गोधूलि' —पढ़ा। इन सारी रचनाओं ने चेतन के पहले से उत्तप्त दिलो-दिमाग़ में एक अजीब-सी कैफ़ियत पैदा कर दी। जीवन की कटुताओं से वह अनभिज्ञ हो, ऐसा नहीं था। बचपन ही से वह उनका भरपूर परिचय प्राप्त कर चुका था। लेकिन इस सारे दुख-तकलीफ़, गन्दगी-ग़लाज़त और पिछड़ेपन में रहते हुए भी उसकी नज़र उस तरफ़ जाती न थी। वह एक काल्पनिक संसार में विचरता था। मगर पिछले पाँच वर्षों के कठिन जीवन-संघर्ष ने, ख़ास तौर पर चन्दा से विवाह के बाद पैदा होने वाली स्थितियों ने धीरे-धीरे रूमानियत का वह पर्दा उसकी आँखों के सामने से हटाना शुरू कर दिया था। और अब हाल के दो वर्षों की घटनाओं ने तो जैसे बड़ी बेदर्दी से ज़मीन पर ला पटका था। चन्दा की तकलीफ़देह बीमारी और उस बीमारी के दौरान आस-पड़ोस और घरवालों के हृदयहीन रवैये ने रूमानियत के पर्दे को चीर कर रख दिया था और उसे ज़िन्दगी को उसके वास्तविक नग्न रूप में देखने के लिए विवश कर दिया था। इसका असर उसके नज़रिये पर भी पड़ा था। वह जो उपन्यास लिख रहा था, उससे ये रचनाएँ बिलकुल भिन्न थीं। चेतन उनसे इतना प्रभावित हुआ था कि उसने उपन्यास के दूसरे भाग में शैली बदलने का प्रयास किया था। लेकिन उसे यह एहसास हो गया था कि सिर्फ़ शैली बदलने से बात नहीं बनने वाली। अब उसे नये सिरे से शुरू करना होगा। तो भी चूँकि उपन्यास पूरा हो गया था, उसने उसे देवीदत्त पाठक को भेज दिया था।

०

चन्दा की तीमारदारी के लिए अतिरिक्त पैसे जुटाने के प्रयास करने के दौरान एक दिन अचानक चेतन की मुलाकात सोहन सिंह सेंगर से हुई, जो लाहौर की मशहूर कांग्रेसी नेता श्रीमती रन्नो देवी के हिन्दी दैनिक समाचार-पत्र —'शक्ति' —के सम्पादक थे। 'शक्ति' वही दैनिक समाचार-पत्र था, जिसके लिए चन्दा इकट्ठा करने रन्नो देवी दक्षिण अफ्रीका गयी थीं। चेतन ने उन्हें अपनी स्थिति बतायी और सहायता का अनुरोध किया। सोहन सिंह सेंगर ने चेतन को पत्रकारिता पर एक लम्बा-चौड़ा भाषण दिया और 'शक्ति' में रात के उपसम्पादक के तौर पर ४० रु० मासिक पर उसकी नियुक्ति करा दी।

०

'शक्ति' में काम करने के दौरान चेतन ने राजनीति की दुनिया को भीतर से देखा। उस ज़माने में भी अनेक अवसरवादी धनी-मानी लोग कांग्रेस के भीतर जगह बनाने की कोशिशों में जुटे हुए थे। उन्हें न कांग्रेस के उसूलों में कोई आस्था थी, न महात्मा गांधी और उनके आन्दोलनों में। चूँकि प्रान्तीय असेम्बलियाँ बनने वाली थीं, इसलिए हर तरह के मौकापरस्त कांग्रेस में शामिल होने की दौड़ में लगे हुए थे। कुछ का सम्बन्ध अभी हाल तक अंग्रेज़ों से था। उनके आचार-व्यवहार दकियानूसी, साम्प्रदायिकता से रंजित और दमनकारी थे। पाखण्ड और शोषण पर आश्रित। चेतन ने थोड़े ही अर्से में इस संसार का अच्छा-ख़ासा

अनुभव हासिल कर लिया।

०

एक दिन 'शक्ति' के कार्यालय ही में सोहन सिंह सेंगर ने अचानक उसे टेलिप्रिंटर से आयी एक ख़बर देते हुए बताया कि बनारस में मुंशी चन्द्रशेखर का देहान्त हो गया है। वे पिछले महीने-डेढ़ महीने से बीमार चल रहे थे। उनकी पेट की पुरानी बीमारी हाल की लगातार यात्राओं से उभर आयी थी। पेट में नासूर हो गये थे और ठीक न हो पा रहे थे। चेतन को यह ख़बर सुन कर गहरा धक्का लगा। मुंशी चन्द्रशेखर से उसकी लम्बी ख़तो-किताबत रही थी। उन्होंने उसे प्रोत्साहन दिया था, उसके दूसरे कहानी-संग्रह की भूमिका लिखी थी और उसकी कहानियाँ अपनी पत्रिका में छापी थीं। अभी तीन महीने पहले ही तो वे लाहौर आये थे। चेतन को अब अफ़सोस हुआ कि वह क्यों उनसे मिलने नहीं गया। ठीक है, वह इम्तहान की तैयारी कर रहा था और बेहद तनाव में था, लेकिन वह कुछ देर को उनसे मिल तो आ ही सकता था। उनके दर्शन करके उन्हें बता सकता था कि वह किन परिस्थितियों से गुज़र रहा था। वे ज़रूर समझ जाते। उन्होंने उसे एक पत्र में लिखा भी तो था कि मुसीबतों और कठिनाइयों का एक उजला पक्ष भी होता है। उनसे गुज़र कर ही इन्सान इन्सान बनता है और उसमें दृढ़ता आती है। उस समय तो उसने यही सोचा था कि वह इम्तहान वग़ैरा से निपट कर बनारस जायेगा और उनसे मिलेगा। लेकिन मुंशी जी इससे पहले ही चले गये। चेतन के सारे मंसूबे धरे-के-धरे रह गये। उसके दिल पर अवसाद की छाया और गहरी हो गयी।

०

एक महीने बाद चेतन शनिवार की रात को साढ़े दस बजे की गाड़ी पकड़ कर भोर में जालन्धर पहुँचा। चन्दा पहले से भी कमज़ोर हो गयी थी। चेतन सारा दिन उसी की देख-रेख करता रहा। रात को जब चेतन उसके पास जा कर लेटा तो उसने देखा कि उस लम्बी तकलीफ़देह बीमारी ने कैसे नामालूम ढंग से चन्दा को अन्दर-ही-अन्दर खा डाला है। तभी जब वह चन्दा के सिर को प्यार और करुणा से सहला रहा था चन्दा ने उससे सवाल किया कि क्या कहीं कोई स्वर्ग और नरक है?

दरअसल, चन्दा ने मौत को अब अपनी दहलीज़ पर खड़ा देख लिया था। भय की सीमा वह पार कर आयी थी और होनी से उसने समझौता कर लिया था। वह सिर्फ़ इतना जानना चाहती थी कि उस पार उसे क्या मिलेगा? आग की ज्वाला या नदी की शीतलता? इस दुनिया में लम्बी, कष्टप्रद बीमारी की यन्त्रणा का नरक देखने के बाद शायद चन्दा उस दुनिया में कोई सहारा, कोई दिलासा चाहती थी। स्वर्ग एक कल्पना नहीं, बल्कि वास्तविकता बन कर उसके सामने आता था।

चेतन को झटका-सा लगा था और वह हठात कोई जवाब न दे पाया था। वह ख़ुद एक गहरे मानसिक उद्वेलन से गुज़रा था और चन्दा का प्रश्न उसे कचोट गया था। सच तो यह है कि वह इस प्रश्न के लिए तैयार ही न था। उसने एक गोल-मोल-सा जवाब दे कर चन्दा की जिज्ञासा को शान्त कर दिया था। मृत्यु की निकटता पति-पत्नी दोनों को और भी एक-दूसरे के निकट ले आयी थी और उस रात चेतन ने आख़िरी बार अपनी पत्नी से

सहवास किया था। चन्दा के सवाल के जवाब में जो आश्वासन वह शब्दों में नहीं दे पाया था, उसे शायद वह इस तरह व्यक्त करने की कोशिश कर रहा था। यों भी जीवन में कई बार मृत्यु की छाया-तले सम्भोग उस अनिवार्य अन्त को नकारने का प्रयास ही होता है। भावावेगों की तीव्रता में चेतन को चरम आनन्द की अनुभूति हुई थी। सुबह उसने अपनी सोयी हुई पत्नी का माथा चूम कर लाहौर जाने वाली फ़्रण्टियर मेल पकड़ ली थी।

०

रेलगाड़ी में बैठे-बैठे चेतन के सामने उसकी ज़िन्दगी किसी फ़िल्म की रील की तरह घूमती रही थी। चन्दा का सवाल —क्या कहीं कोई स्वर्ग या नरक है? —बार-बार उसके कानों में गूँजता और उसे लगता कि उससे बड़ी भूल हो गयी है। ठीक है कि चन्दा दो साल से बीमार थी, उसका मर्ज़ लाइलाज था, उसके और चेतन के घरवाले और चेतन ही नहीं, वह ख़ुद भी जानती थी कि वह ठीक नहीं होने वाली, तो भी चेतन को उसके सवाल का कुछ और जवाब देना चाहिए था। शायद कुछ ऐसा कि वह ऐसी बातें न सोचे, वह ठीक हो जायेगी और वे लोग यहीं स्वर्ग जैसी सुन्दर दुनिया बसायेंगे। चेतन को अब कोई शुबहा नहीं था कि चन्दा ज़्यादा दिन नहीं बचेगी। रेलगाड़ी में बैठे-बैठे इन्हीं ख़यालों के सागर में डूबते-उतराते चेतन के दिमाग़ में एक ग़ज़ल के शेर उभरने लगे —

ग़ैर हालत है तेरे बीमार की
अब करेगी मौत चारासाज़ियाँ
वक्ते आख़िर है तसल्ली हो चुकी
आज तो रहने दो हीलाबाज़ियाँ
दाग़ क्या मालूम था, रंग लायेंगी
यों तबीयत की तेरी नासाज़ियाँ

लेकिन थोड़ी देर बाद सोचने पर उसे लगा कि उसकी भावनाओं की शिद्दत को व्यक्त करने के लिए ग़ज़ल काफ़ी नहीं थी। लेकिन उसका हिन्दी छन्दों का ज्ञान बहुत सीमित था। चातक जी के साथ रहते हुए उसने कुछ छन्दों का परिचय ज़रूर पाया था, मगर वह नाकाफ़ी था। तो भी कुछ पंक्तियाँ चुस्त हो गयीं —

चल दोगी कुटिया सूनी कर इसी घड़ी इस याम
युग युग तक जलते रहने का मुझे सौंप कर काम

०

लाहौर लौट कर चेतन चातक जी से मिलने गया था। वह बेतरह उद्विग्न था। किसी तरह अपना ध्यान अपनी मौजूदा परिस्थिति और पीड़ा से हटाने की कोशिश कर रहा था। चातक जी ने उसे सलाह दी थी कि वह रोला छन्द में कविता लिखे। उसमें इतनी गुंजाइश होती है कि वह सभी तरह के भावों को समो लेता है। चेतन ने उसी शाम भावुकता और दर्द से भरी एक कविता लिखी थी —'अलविदा'। अपने दुख को काग़ज़ पर उँडेलने का यह तरीका उसे इतना कारगर लगा कि अगले दिन उसने फिर एक और कविता लिखी —'सुबह का दीपक'। चन्दा उसे सुबह के दीपक सरीखी ही लगी थी, जो सूरज के आने पर तिल-तिल जलता हुआ बुझ जाता है। पहली कविता उसने वहीं लाहौर में 'हिन्दी मिलाप' को दे दी

और दूसरी 'महान भारत' में छपने को भेज दी।

o

कुछ दिन बाद चेतन को एक साथ दो ख़बरें मिलीं। देवीदत्त पाठक ने पत्र लिखा था कि उसका उपन्यास उन्होंने प्रेस में दे दिया है। वह छप रहा है और उसके लिए उसका चित्र चाहिए। चेतन पत्र पाते ही फ़ाटोग्राफ़र के पास गया था और उससे समय ले आया था। वह लौट कर आया था और कचहरी जाने की तैयारी कर रहा था कि उसे जालन्धर से तार मिला कि चन्दा नहीं रही। हालाँकि चेतन को मालूम था कि एक न एक दिन यह ख़बर आनी ही है, तो भी वह बुरी तरह उद्वेलित हो गया था। उसे पता होता कि चन्दा का अन्त इतना निकट है तो वह चार-छै दिन जालन्धर रुक गया होता और आख़िरी समय में चन्दा के पास रहता। जालन्धर की गाड़ी रात को जाती थी। वह शाम को सूट-बूट-टाई और ओवरकोट पहन कर फ़ोटो खिंचवाने जा पहुँचा। लेकिन दिमाग़ उसका लगातार चन्दा की मौत में उलझा हुआ था। फ़ोटो खिंचवाते हुए वह दो बार काँप गया। आख़िरकार, सुस्थिर हो कर उसने बढ़िया पोज़ में चित्र खिंचवाये। इस बीच वह लगातार फ़ोटोग्राफ़र से बात करता रहा। घर लौट कर उसने कपड़े बदले, सामान उठाया और जालन्धर के लिए चल दिया।

o

जालन्धर पहुँच कर चेतन ने पाया कि उसी का इन्तज़ार हो रहा था। चन्दा की लम्बी बीमारी ने रोने-धोने की सारी गुंजाइशें ख़त्म कर दी थीं। लेकिन वह अपने पीछे दो-ढाई साल का नन्हा-सा बच्चा छोड़ गयी थी, जिसकी परवरिश का प्रबन्ध करना था। चन्दा की अन्त्येष्टि के बाद चेतन अन्य क्रिया-कर्म और व्यवस्थाओं में उलझा रहा। उसने देखा कि चन्दा की चिता की राख भी अभी ठण्डी नहीं हुई थी कि लोग रिश्ते ले कर आने लगे थे। यहाँ तक कि उसकी सास ने भी एक दिन दुनियादारी का ज़िक्र करते हुए कुछ ऐसी ही बात कही। चेतन का दिमाग़ भन्ना उठा। पहली बात तो यह थी कि वह अपनी उस भोली-भाली पत्नी को बेहद प्यार करने लगा था। दूसरे, उसे लगता कि अगर वह उसे न भी प्यार करता होता तो भी क्या उसके मरते ही इतनी जल्दी दूसरी शादी की बात सोच पाता। उसे इस सारे कार्य-व्यापार की हृदयहीनता ने विचलित कर दिया। उसका मन जल्द-से-जल्द वहाँ से भाग जाने को करने लगा और जैसे ही उसने ज़रूरी बन्दोबस्त कर लिया, उसने लाहौर की गाड़ी पकड़ ली।

o

लाहौर आते ही चेतन को पता चला कि रन्नो देवी ने उसकी जगह उसी के एक सहपाठी को ४० रु० माहवार पर रात की ड्यूटी के लिए रख लिया है। वह रन्नो देवी से मिलने उनके घर गया। तब उसकी नौकरी ख़त्म करते हुए रन्नो देवी ने उसको उसकी पिछली तन्ख़ाह के पैसे दे दिये। चेतन ने उनसे कहा कि वह अपनी पत्नी की मृत्यु पर घर गया था, सैर-सपाटे के लिए नहीं और अगर उन्हें उसकी नौकरी ख़त्म ही करनी है तो वे उसे १५ दिन के नोटिस के पैसे दे दें। रन्नो देवी किसी भी सूरत में पैसे देने को तैयार नहीं हुईं। इस पर चेतन अपना आपा खो कर बहुत बमका-चिल्लाया। उसने उन्हें शोषक, बेईमान

और जाने क्या-क्या कहा। तभी रन्नो देवी, जिनकी एक टाँग पोलियो की मारी थी, लेकिन शरीर भारी-भरकम और बाज़ू चेतन की जाँघ से भी ज़्यादा मोटे थे, अपनी टाँग घुमाते हुए भचकते-भचकते उठीं और उन्होंने अपने बड़े-से हाथ से पकड़ कर चेतन को सीढ़ियों के नीचे कर दिया और दरवाज़ा बन्द कर लिया।

चेतन मन-ही-मन विष घोल कर रह गया। अपनी विवशता और उस अवसरवादी कांग्रेसी नेता की रियाकारी और धूर्तता पर वह उस रात भर और अगले दिन क्रोध से उबलता रहा। अन्त में उसने तय किया कि वह रन्नो देवी की शठता का बदला उन्हीं के औज़ारों से चुकायेगा। शाम को वह सोहन सिंह सेंगर के आने से घण्टा-डेढ़ घण्टा पहले 'शक्ति' के कार्यालय में पहुँचा और वहाँ से चेम्बर्स का शब्दकोश, प्रेमचन्द की कुछ किताबें, काग़ज़-तख़्ती-होल्डर-कलम और ऐसा ही छिटपुट स्टेशनरी का सामान उठा लाया। फिर वह और शाम गये आर्य समाज मन्दिर गया, जहाँ उसे उम्मीद थी कि रन्नो देवी ज़रूर गयी होंगी। उसका अनुमान सही था। आर्य समाज मन्दिर पहुँच कर उसने रन्नो देवी से अपनी सारी कारगुज़ारी बता दी और कहा कि वे जायें और जो उनसे बन पड़े, कर लें। वह सामान उठा लाने से इनकार नहीं करेगा। लेकिन फिर वह उनके सारे पाखण्ड और शोषण, देश-भक्ति और हिन्दी-प्रेम का भाँडा अपने बयानों में सरे आम फोड़ेगा।

०

चन्दा की मृत्यु के बाद चेतन एक गहरे अवसाद के दौर से गुज़र रहा था। उसे बार-बार एक अपार व्यर्थता-बोध होता। वह लगातार अपनी ज़िन्दगी के बारे में सोचता। चन्दा की लम्बी बीमारी और उसकी ट्रैजिक मौत के दौरान उसने जीवन को इतने विविध, कटु और नंगे रूप में देखा था कि उसकी आँखों पर पड़ा रूमानियत का पर्दा तार-तार हो गया था। इस बार उसने सोचा तो पाया कि ज़िन्दगी तो ऐसी ही कड़वी हकीकतों से भरी थी। वह देख कर भी उसे न देखता था। और यह ज़िन्दगी सिर्फ़ उसी अकेले की न थी; जिस तबके से उसका ताल्लुक था, उसके सभी नवयुवक ऐसी ही ज़िन्दगी जी रहे थे। कुछ उसे स्वीकार कर लेते और उसी में घुट-घुट कर मर जाते, कुछ उससे किसी तरह बाहर निकल जाते और कुछ चेतन ही की तरह उससे बाहर निकलने के प्रयास करते रहते। चेतन की आँखों के सामने एक-एक करके वे सारे लोग गुज़र गये, जिन्होंने उसकी ज़िन्दगी को अपने-अपने ढंग से प्रभावित किया था —माता-पिता, बड़े भाई, बड़ी भाभी, कुन्ती, अनन्त, हमीद, अमीचन्द, हुनर साहब, नीला, चन्दा, कविराज रामदास, मुंशी चन्द्रशेखर, लाहौर के पत्रकार जगत के लोग, पण्डित रत्न, मिर्ज़ा नईम बेग चग़ताई, लाला हाकिम चन्द, चन्द्रा, चातक जी, नारायण, प्रो० जी० सिंह, दुर्गादास, लाला श्याम लाल कपूर, भोला....वे सारे लोग जिन्होंने बचपन से अब तक उसकी ज़िन्दगी को इधर से उधर और उधर से इधर मोड़ने में छोटी-बड़ी भूमिकाएँ अदा की थीं। उसकी अबोधता को हर लिया था और ज़िन्दगी की कठोर वास्तविकताओं के रू-ब-रू ला खड़ा किया था। विशेष रूप से उसकी वैवाहिक ज़िन्दगी उसके सामने आ जाती। चन्दा के अलग-अलग रूप दशहरे की झाँकियों की तरह उसके सामने गुज़र जाते।

बस्ती ग़ज़ाँ में सहेलियों के साथ स्कूल से घर लौटती मोटी-मुटल्ली चन्दा....अपनी दूर की बहन की शादी में नीला के प्रसंग के बाद उसे सान्त्वना देती परम विश्वासी

चन्दा....लाहौर में पति के साथ कदम-दर-कदम चलने के लिए प्रयास करती चन्दा....उसके बड़े भाई के क्लिनिक को जमाने के लिए बिना ना-नुकुर किये अपने ज़ेवर दे देने वाली चन्दा....चेतन की भाभी को तपेदिक हो जाने के बाद उसकी सेवा करती चन्दा....ख़ुद बीमार हो जाने पर बिना उफ़ किये धीरज से तकलीफ़ सहती चन्दा....छोटी-छोटी बात से खिल कर मोतियों जैसे दाँतों की हँसी बिखेरती चन्दा.....अन्त में आश्वासन और दिलासे की उम्मीद में स्वर्ग-नरक का सवाल करती चन्दा....

चेतन ने पाया कि वितृष्णा से शुरू करके इन चार-पाँच वर्षों में वह चन्दा को बेहद चाहने लगा था। वह बार-बार चन्दा के साथ अपने सम्बन्ध के बारे में सोचता। यह कैसी चाहत थी? कैसा प्यार था? अब तक उसने प्यार के जितने रूपों के बारे में जाना था, चन्दा से उसका प्यार उनसे बिलकुल भिन्न था। न तो यह पहली नज़र की उल्फ़त थी, जिससे किस्से-कहानियाँ भरे पड़े थे। न यह ज्वाला की तरह भड़क उठने उठने वाला इश्क था। न यह राख से ढँकी हुई चिनगारी की तरह अन्दर-ही-अन्दर सुलगने वाला जज़्बा था। न ऐसा आवेश, जिसमें अच्छे-बुरे का, करणीय-अकरणीय का ज्ञान नहीं रह जाता। न ऐसा आवेग, जो आत्मोत्सर्ग की सीमाएँ पार कर जाता है। यह तो ऐसी मुहब्बत थी, जिसका आरम्भ लगाव जैसी किसी भावना से होता ही नहीं, लेकिन जो धीरे-धीरे अपने संगी के गुणों से परिचित होने के बाद पनपती है और तन-मन को बेध कर हड्डियों में घर कर लेती है और मौत को भी पार कर जाती है।

०

चेतन जानता था कि वह अपने दिलो-दिमाग़ की मौजूदा हालत और अपने मन में बादलों की तरह उमड़ते ख़यालों के बारे में किसी से बात करके अपना बोझ हलका नहीं कर सकता था। उसका अन्तरंग मित्र अनन्त बहुत दूर था और यूँ भी पत्रों में यह सब लिखना सम्भव नहीं था। रहे भाई साहब, तो उनके रवैये के बारे में वह जानता ही था। जब उन्होंने ख़ुद अपनी पत्नी को तपेदिक से बीमार होने पर उसकी कुण्डली देखने के बाद उसके मायके भेज दिया था और चन्दा के सिलसिले में भी चेतन को उसी निर्ममता से राय दी थी तो उनसे उम्मीद नहीं थी कि वे उसकी भावनाओं को समझ पायेंगे। चेतन अपने आपको बिलकुल अकेला पा रहा था और इस स्थिति से निकलने का उसे बस, यही रास्ता नज़र आ रहा था कि उसने जो काम हाथ में ले रखा है, यानी वकालत का लाइसेंस हासिल करने का, उसे पूरा कर दे। वह जानता था कि उसे वकालत नहीं करनी है, लेकिन अपनी आदत के मुताबिक वह उसे अधूरा नहीं छोड़ना चाहता था। रोज़ी-रोटी का सवाल तो था ही और इसके लिए हर हफ़्ते कहानी लिखने की पाबन्दी भी थी। इसी दौरान वह अपने जीवन को व्यवस्थित कर लेना चाहता था। जब अवसाद कुछ ज़्यादा बढ़ जाता तो वह गीत लिख कर भावनाओं के गुबार को काग़ज़ पर उतार देता।

०

रन्नो देवी से जवाब पा जाने और उनसे अपना हिसाब चुकता कर लेने के बाद चेतन को अपना ख़र्चा चलाने के लिए किसी-न-किसी काम का प्रबन्ध तो करना ही था। उसके ख़र्चे कितने भी कम सही, लेकिन उस थोड़े-से ख़र्च के लिए भी काम ढूँढने का बोझ तो उसके सिर पर आ ही पड़ा था। मगर इससे भी पहले उसे एक ज़रूरी काम निपटाना था। जिस

सेठानी के यहाँ उसकी सास काम करती थी, उससे वह पन्द्रह दिन की बात कह कर अपनी सास को ले गया था। धर्मशाला में रख कर चन्दा का इलाज कराने की योजना के विफल होते ही वह चन्दा को अपनी माँ के ज़िम्मे छोड़ कर अपनी सास को गोविन्द गली सेठानी के घर पहुँचा आया था। लेकिन जब महीना-सवा महीना पहले वह जालन्धर गया था और उसने मौत को चन्दा के सिरहाने खड़े देखा था तो उसने फिर अपनी सास को कुछ दिन के लिए जालन्धर भेज दिया था। अब, चन्दा की मृत्यु के बाद, उसकी सास ने उससे कहा था कि वह लाहौर जाते ही सेठानी के यहाँ जाये और उनसे कहे कि वह दो-तीन दिन बाद आयेगी। लाहौर जाने से पहले उसकी सास कुछ दिन बस्ती ग़ज़ाँ में गुज़ारना चाहती थी। लिहाज़ा चेतन अगले दिन कचहरी के बाद अपनी सास का सँदेसा पहुँचाने के लिए गोविन्द गली गया।

०

रास्ते भर चेतन के दिमाग़ में सेठ वीरभान, सेठानी, कृष्णा, अमीचन्द, अपनी सास और चन्दा से बने षटकोण और उनके केन्द्र में ख़ुद अपनी उपस्थिति के विचित्र संयोग के विभिन्न पहलू घूमते रहे। न चेतन के ससुर पागल होते, न उन्हें लाहौर के पागलख़ाने में भरती कराना पड़ता, न उसकी बेसहारा सास को अपने पति की सेवा के लिए लाहौर आ कर सेठ वीरभान के यहाँ महाराजिन का काम करना पड़ता, न उसके मुहल्ले के खत्री परिवार के घमण्डी युवक और उसके सहपाठी अमीचन्द की शादी कृष्णा से तय हो जाती और न चेतन कानून पढ़ कर सब-जज बनने का फ़ैसला करता। वैसे तो चेतन को शुरू ही से अपनी सास का सेठ वीरभान के यहाँ एक आम महाराजिन की नौकरी करना नापसन्द था और उसने अपनी सास पर बहुत ज़ोर डाला था कि वह नौकरी छोड़ दे। जैसा कि मध्यवर्गीय समाज था, चेतन को मालूम था कि जब लोगों को यह पता चलेगा कि उसकी सास किसी सेठ के यहाँ मामूली महाराजिन का काम करती है, उनकी नज़र में चेतन और उसकी पत्नी की प्रतिष्ठा कम हो जायेगी। चेतन की कहानियाँ अखबारों में छपने लगी थीं और कितनी थोड़ी क्यों न हो, समाज में उसकी एक हैसियत थी। वह लेखक था, पत्रकार था। उसने चन्दा से यहाँ तक कहा था कि वह अपनी माँ को अपने घर ले आये। वह थोड़ी मेहनत और कर लेगा। लेकिन उसकी सास नौकरी छोड़ने को तैयार नहीं हुई थी। पहली बात तो यह थी कि बेटी के घर रहना और दामाद के पैसों पर पलना, चन्दा की माँ के पुराने ख़यालों के हिसाब से, गुनाह के बराबर था। दूसरे यह कि सेठ वीरभान और सेठानी बहुत भले थे और चेतन की माँ से नौकरों जैसा व्यवहार न करते थे। चेतन की सास वहाँ बड़ी ख़ुश थी। इस बीच चेतन ने भी लगातार सोच-विचार करके अपने मध्यवर्गीय संस्कारों से किसी हद तक पीछा छुड़ा लिया था। अपनी सास के फ़ैसले पर शर्मिन्दा होने की बजाय, उसने सोचा था, उसे ख़ुश होना चाहिए कि उसकी सास ने अपनी बेटी अथवा जेठ और उनके बेटे-बेटियों की दया-माया पर ज़िन्दगी काटने की बजाय ईमानदारी और स्वाभिमान से अपनी मेहनत के बल पर जीने का फ़ैसला किया है। झूठे अहं और झूठी प्रतिष्ठा में क्या रखा है। चेतन को तो उस पर गर्व करना चाहिए। यही सब सोच कर चेतन अपनी पत्नी के साथ सेठ वीरभान के यहाँ जाने लगा था। यही नहीं, बल्कि उसने अपने मित्र-परिचितों से भी यह बात नहीं छिपायी थी। उसे देख कर आश्चर्य हुआ था कि ज़्यादातर लोगों ने

उसकी सास की प्रशंसा ही की थी।

सेठ वीरभान की पत्नी ने चेतन और उसकी पत्नी की बड़ी आव-भगत की थी। वहीं उसने पहली बार कृष्णा को भी देखा था। दरअसल, सेठ वीरभान का अपना कोई बच्चा न था। पन्द्रह साल पहले उनके यहाँ बेटा हुआ था, लेकिन वह जाता रहा था। उसके बाद सेठानी ने इलाज-उपचार, तन्त्र-मन्त्र, व्रत-उपवास —कोई कसर न छोड़ी थी, पर उसकी गोद दोबारा नहीं भरी थी। हार कर सेठानी ने अपनी बहन की एक लड़की गोद ले ली थी। कृष्णा यही लड़की थी। पन्द्रह-सोलह साल की सुन्दर, गोरी, चंचल युवती। चन्दा से भी कृष्णा जल्दी ही हिल-मिल गयी थी।

लेकिन तभी मानो खिली हुई धूप में बिजली गिरी थी और चेतन के सारे सुख-सन्तोष को तहस-नहस कर गयी थी। एक दिन, जब चेतन अपनी सास से मिलने गया तो उसकी सास ने बताया कि कृष्णा की सगाई हो गयी है और उसका होने वाला पति ऊपर बैठा है। उसने चेतन से सेठानी को बधाई देने के लिए कहा था। ऊपर पहुँचने पर चेतन को अचानक झटका-सा लगा था। कृष्णा का होने वाला पति और कोई नहीं, उसके बचपन और किशोरावस्था का सहपाठी अमीचन्द था। चेतन ही के मुहल्ले के एक खाते-पीते खत्री परिवार का घमण्डी युवक, जिसके पाँव डिप्टी कलेक्टर बन जाने के बाद धरती पर जैसे टिकते ही न थे। चेतन के सामने अब एक और उलझन मुँह बाये खड़ी थी।

यह तो ठीक था कि उसने अपने मन को समझा लिया था, लाहौर के अपने मित्र-परिचितों को समझा लिया था, लेकिन वह जालन्धर के उस पिछड़े हुए, दकियानूसी और तंग-ज़ेहन मुहल्ले के लोगों को कैसे समझाता। यों भी खत्री-परिवार अपने को ब्राह्मणों से ऊँचा समझते थे। खत्रियों और ब्राह्मणों में सदा से चलती आयी थी। मुहल्लेवालों की नज़र में उसकी हैसियत तो अमीचन्द के ससुराल की महाराजिन के दामाद ही की होगी। वह क्या मुँह ले कर अपने मुहल्ले में अथवा सेठ वीरभान के यहाँ जायेगा। इस बार चन्दा भी चेतन की चिन्ताओं से सहमत थी। आख़िरकार, अच्छी तरह सोचने-विचारने के बाद चेतन ने कानून की पढ़ाई करके सब-जजी के इम्तहान में बैठने का फ़ैसला किया था। अभी अमीचन्द के विवाह में दो-तीन साल का समय था। अगर चेतन ने अपने इरादे के मुताबिक एल-एल०बी० की डिग्री ले कर सब-जजी के इम्तहान की वैतरणी पार कर ली, जो कि उसे पूरा विश्वास था कि वह कर लेगा, तो फिर न उसे सेठ वीरभान के यहाँ जाने पर नज़रें झुकानी पड़ेंगी, न अपने मुहल्ले में जाने पर। वह अमीचन्द के ससुराल की महाराजिन के दामाद की हैसियत से नहीं, बल्कि सेशन जज की हैसियत से बराबरी पर अमीचन्द से मिलेगा। और चन्दा भी महाराजिन की बेटी न कहायेगी, वरन सेशन जज की बीवी की हैसियत से कृष्णा की शादी में शामिल होगी।

लेकिन कैसा अजीब संयोग था कि जिस उद्देश्य से चेतन ने पिछले दो साल जी-तोड़ मेहनत की थी, जिसके लिए की थी, वह इस मेहनत का फल चखने से पहले ही इस तरह दुनिया छोड़ गयी थी। कानून के दाख़िले और पढ़ाई के लिए चेतन ने जो पापड़ बेले थे — लाला हाकिमचन्द की बेटी की ट्यूशन करने से ले कर रात-रात भर समाचार-पत्रों की उप-सम्पादकी करने तक, सरदार जगदीश सिंह (लैण्ड-लॉर्ड ऐण्ड हाउस प्रोप्राइटर) के मूर्ख बच्चों को पढ़ाने से ले कर हर हफ़्ते कहानी लिख कर अख़बारों के रविवासरीय अंकों

में छपाने तक —वे सब जैसे बेमानी हो गये थे। और वह रात-दिन की थका देने वाली पढ़ाई! यह ठीक था कि वह अपने संकल्प के अनुसार कानून में डिस्टिंक्शन ले कर पास हुआ था। सब-जजी अब महज़ हाथ बढ़ाने की दूरी पर थी, लेकिन चेतन के लिए उसका कोई अर्थ ही नहीं रह गया था।

०

यही सब सोचता हुआ चेतन गोविन्द गली में सेठ वीरभान की बड़ी-सी हवेली पर पहुँचा और उसने दरवाज़े पर दस्तक दी। आम तौर पर दरवाज़ा कृष्णा ही खोलती थी, लेकिन दस्तक देने के कुछ देर बाद दरवाज़ा सेठानी की बहन, कृष्णा की माँ, ने खोला था। उनका चेहरा उदास और ग़मगीन था। चूँकि चेतन की अपनी मनःस्थिति ठीक नहीं थी, इसलिए कृष्णा की माँ के चेहरे पर नज़र डालने के बावजूद उसका ध्यान इस तरफ़ नहीं गया था। वह उनके पीछे-पीछे आँगन में आ कर बैठ गया और उसने उन्हें अपनी सास का सँदेसा दिया। जब कृष्णा की माँ ने चन्दा की तबियत के बारे में पूछा तो चेतन ने सहसा कहा — वह तो चली गयी। कृष्णा की माँ पल भर को चुप हो गयी थीं। फिर उन्होंने उदास भाव से कहा —हमारी कृष्णा भी चली गयी।

चली गयी! चेतन का दिल धक से रह गया। कहाँ चली गयी? उत्तर में कृष्णा की माँ ने मौन भाव से केवल ऊपर आकाश की ओर उँगली उठा दी। फिर अपनी आँखों में उमड़ आये आँसुओं को पल्लू से पोंछ लिया। चेतन को समझ न आया, वह क्या कहे। वह ऐसे आकस्मिक आघात के लिए तैयार न था। कुछ देर वह ख़ामोश बैठा, इस ख़बर को जज़्ब करने की कोशिश करता रहा। कृष्णा की माँ भी अपने ख़यालों में खोयी हुई थी। फिर चेतन ने अस्फुट शब्दों में कुछ कहना चाहा और दरियाफ़्त किया कि कृष्णा को क्या हुआ था? कृष्णा की माँ ने बताया कि वह अच्छी-भली थी। पन्द्रह-सोलह दिन पहले उसे बुख़ार आया। डॉक्टरों ने इलाज शुरू किया, लेकिन वह मामूली बुख़ार नहीं, गैलपिंग टायफ़ायड था। देखते-देखते कृष्णा की हालत काबू से बाहर हो गयी और चार दिन पहले उसने आँखें मूँद लीं। सेठानी तो अभी तक सदमे से उबर भी न पायी थी। वहीं, सेठ वीरभान की हवेली के आँगन में बैठे-बैठे, चेतन की आँखों के सामने कृष्णा का सुन्दर, गोरा, चंचल मुखड़ा आ गया। उसने एक लम्बी साँस ली और फिर आने के लिए कह कर उनसे विदा ले कर चला आया।

०

सेठ वीरभान के घर से बाहर निकलने के बाद ही चेतन को कृष्णा की मृत्यु की ख़बर के महत्व का ठीक-ठीक भान हुआ था। हवेली के आँगन में कृष्णा की माँ के सामने बैठे हुए तो वह जैसे यन्त्रवत बातें करता रहा था। बाहर आने पर ही उसे दरअसल इस घटना की अहमियत का एहसास हुआ था। जो आघात उसे कृष्णा की माँ के मौन भाव से ऊपर आकाश की ओर उँगली उठा देने से लगा था, उसका असली असर बाहर आने पर ही महसूस हुआ था। उसके दिमाग़ का वह तूफ़ान, जो चन्दा की मौत के बाद ही से चल रहा था, मुश्किल से थमने को आया था कि एकबारगी नयी शक्ति से घुमड़ उठा था। व्यर्थता का बोध जो चन्दा की मृत्यु के बाद से ही उसे हो रहा था, अब और भी शिद्दत से होने लगा था। रास्ते भर वह यही सोचता आया कि नियति क्या इसी को कहते हैं? मनुष्य के

सारे प्रयत्न ऐसे संयोगों के आगे कितने अर्थहीन प्रतीत होते हैं। संयोगों की एक शृंखला ने उसकी ज़िन्दगी को बिलकुल अनसोची राहों पर धकेल दिया था। अभी वह रास्ते का अभ्यस्त हो ही रहा था कि संयोगों की दूसरी शृंखला ने उसे फिर नये मोड़ पर ला खड़ा किया था। पन्द्रह दिनों की नगण्य-सी अवधि में ही नियति ने एक झटके में उसके ज़िन्दगी की स्लेट (चन्दा से शादी के बाद से उसकी मृत्यु तक) एकदम साफ़ कर दी थी। अब चाहे अमीचन्द किसी और बड़े सेठ की लड़की से शादी करे या डिप्टी कमिश्नर छोड़, लाट गवर्नर हो जाय, उसकी बला से।

०

घर लौट कर भी चेतन को चैन न मिला था। उसका दिमाग़ ख़यालों की एक धारा में बहने लगता कि सवालों का नया रेज़ा उसके दिमाग़ को दूसरी दिशा में धकेल देता। उसका वास्ता कुछ बुनियादी सवालों से था, जिन्होंने उसकी उद्विग्नता बढ़ा दी थी। वह उठा था और दीवानावार यही सब सोचते हुए माल रोड पर लम्बी सैर को निकल गया था।

०

बचपन से अब तक उसके पिता ने, उसकी माँ ने और उसके अध्यापकों ने उसे जो कुछ सिखाया था, नसीहतें दी थीं, जीवन के सूत्र समझाये थे और जो कुछ उसने अब तक की ज़िन्दगी में अनुभव किया था, वह सब कुछ हाल की घटनाओं से सवालों के घेरे में आ गया था। उसे पढ़ाया गया था कि विधाता जो कुछ करता है, अच्छे के लिए करता है। चेतन के अध्यापक ने उसमें इतना भर और जोड़ने को कहा था कि उसके अच्छे के लिए करता है। लेकिन चन्दा की मौत से लगे क्रूर प्रहार की छाया में उसके सामने पहला सवाल तो यही उठा कि आख़िर इसमें उसके लिए क्या भलाई थी? जिस पत्नी को वह धीरे-धीरे इतना चाहने लगा था, जिसे शिक्षित और सुसंस्कृत बनाने के लिए वह दिन-रात श्रम कर रहा था, जिसके लिए उसने कानून की परीक्षा, बिना साधनों के, विशेष योग्यता से पास की, उसे विधाता ने यों उठा लिया। उसकी सारी मेहनत अकारथ हो गयी। इसमें उसकी क्या भलाई थी? अगर कोई भलाई-बुराई नहीं थी तो फिर जीवन का ही क्या अर्थ था? लोग क्यों जीते थे? आत्मरक्षा के बुनियादी जज़्बे के अलावा, जो पशु-पक्षियों में भी होता है, ऐसा क्या है, जो ज़िन्दगी को जीने योग्य बनाता है? मौत भी आख़िर क्या है और उसका ताल्लुक मनुष्य के सारे संघर्षों और अपरम्पार प्रयत्नों से क्या है? कि वह एक ही वार से सारी जद्दो-जेहद और तगो-दौ को व्यर्थ और बेसूद कर जाती थी? नियति क्या थी? क्या महज़ अर्थहीन संयोग या इन संयोग-सरीखी घटनाओं के पीछे विधाता की कोई और वृहत्तर योजना? अगर नियति संयोग मात्र थी और मृत्यु अवश्यम्भावी थी और जीवन का कोई अर्थ नहीं था तो मनुष्य क्यों मृत्यु के आने की प्रतीक्षा करे? ठीक है, जन्म पर उसका कोई वश नहीं, पर मौत पर तो है। क्यों न वह आगे बढ़ कर मौत को गले लगा ले? और चेतन के दिमाग़ में एक शे'र कौंधा —

तेरी मीयाद-ए-ग़म पूरी हुई ऐ ज़िन्दगी ख़ुश हो
क़फ़स टूटे-न-टूटे मैं तुझे आज़ाद करता हूँ

लेकिन इससे भी उसकी तसल्ली नहीं हुई। अगर यह इतना ही सच होता तो सभी

लोग न सही, पर ढेर सारे लोग तो आत्म-हत्या कर ही लेते। लेकिन वे नहीं करते। तब असली सवाल यही है कि हम इस छोटी-सी व्यर्थ ज़िन्दगी को जीते हैं या जियें तो क्यों? और कैसे? और किसके लिए? इसकी व्यर्थता में अर्थ भरें तो कैसे? इसे कैसे सार्थक बनायें?

०

अपने ख़यालों में डूबा चेतन टहलता हुआ बहुत दूर चला आया था। लेकिन अभी तक उसे अपने सवालों का कोई माकूल जवाब नहीं मिला था। कोई ऐसा उत्तर, जो उसे सन्तुष्ट कर दे। वह आगे की ज़िन्दगी पर नज़र दौड़ाता तो राह उसे कुछ दूर तक ठीक-ठीक नज़र आती, मगर उसके आगे रास्ता एक धुन्ध में खोया हुआ जान पड़ता। चन्दा की बीमारी के दौरान और उसकी मौत के बाद उसने कुछ फ़ैसले किये थे। उसने तय किया था कि वह सब-जजी के कम्पीटीशन में नहीं बैठेगा, क्योंकि अब उसकी ज़रूरत ही नहीं रह गयी थी। वकालत का पेशा भी उसे पसन्द नहीं था, क्योंकि उसमें झूठ बोलना एक बुनियादी शर्त थी और यह उसके स्वभाव के विपरीत था। फिर उसका नैतिकता बोध भी इसमें आड़े आता था। सफल वकील होने के लिए मुकदमे जीतना ज़रूरी था। यह उसने इतने दिनों ही में देख लिया था। उसे मालूम था कि अगर वह किसी कातिल को, यह जानते हुए कि उसने कत्ल किया है, रिहा करवा देता है, तभी वह सफल वकील कहलाने का अधिकारी हो सकता है। फिर यह उस कत्ल में शामिल होने के बराबर ही तो ठहरा। इसीलिए उसने फ़ैसला किया था कि थोड़े दिन बाद ही, जब उसे वकालत का लाइसेंस मिल जायेगा, वह कचहरी जाना छोड़ देगा। रही बात दूसरी शादी की, तो उसने अपने घरवालों के सामने स्पष्ट कर दिया था कि वे इसके बारे में सोचें भी नहीं। हालाँकि रिश्तों की कोई कमी न थी, न ऐसे सम्वेदनहीन लोगों की, जो चन्दा के क्रिया-कर्म पूरे होते ही रिश्ते लाने लगे थे, चेतन को उस सबसे वितृष्णा हो गयी थी। पहली बात तो यह थी कि उसके भावुक हृदय को ऐसी निर्दयता से सख़्त नफ़रत थी कि एक औरत मरी नहीं कि उसके पति से दूसरे रिश्ते की बात चलाने लगे। फिर जो असली वजह थी, वह यह कि शुरू-शुरू में वह चन्दा को भले ही नापसन्द करता रहा हो, धीरे-धीरे उस सीधी-सादी, भोली-भाली युवती ने अपने विश्वास से, हृदय की उदारता से और अपने अन्य दुर्लभ गुणों से उसे जीत लिया था। वह उसके आन्तरिक सौन्दर्य के कारण उसे बहुत चाहने लगा था। उसकी लम्बी, तकलीफ़देह बीमारी भी तो एक तरह से चेतन से उसकी शादी का परिणाम थी। किसी अन्य परिवार में, किन्हीं अन्य परिस्थितियों में शायद उसे तपेदिक होती ही नहीं। चन्दा की इस बीमारी और मृत्यु के दौरान चेतन इस तरह के मानसिक उतार-चढ़ाव से हो कर गुज़रा था कि उसे लगता, उसका अन्तर बिलकुल रीत गया है। ऐसे में शादी का कोई भी ख़याल वह बरदाश्त नहीं कर पा रहा था।

लेकिन इसके आगे का पथ उसे कतई साफ़-साफ़ नज़र न आता। वह अपनी ज़िन्दगी का क्या करेगा —यह उसके सामने स्पष्ट नहीं था। सब-जज नहीं बनेगा, वकालत नहीं करेगा और दूसरी शादी नहीं करेगा —यहाँ तक तो ठीक था। मगर उसके बाद? उसके बाद तो सिर्फ़ वही विकल्प बचता था, जिसे स्थगित करके वह सब-जज बनने की राह पर चल पड़ा था। लेकिन....इस 'लेकिन' तक पहुँच कर चेतन ठिठक गया। सहसा उसने देखा कि

वह अपने ख़यालों में गुम बहुत दूर चला आया है। शाम के धुँधलके कब के रात की सियाही में बदल गये थे। उसे ख़याल आया कि अब तक भाई साहब क्लिनिक से घर आ गये होंगे और वे और भाभी खाने पर उसका इन्तज़ार करते होंगे। उसने सिर को झटक कर मानो ख़यालों को भी झटकने का प्रयत्न किया और फिर तेज़-तेज़ घर की तरफ़ कदम बढ़ा दिये।

□

शेष कथा

इसके आगे अश्क जी ने सिर्फ़ एक पंक्ति लिखवायी थी —'उपसंहार —तीन या चार चैप्टर रहेंगे'।

इस उपसंहार में अश्क जी क्या लिखते और कैसे उपन्यास का अन्त करते, यह कहना असम्भव है। सच तो यह है कि अगर उन्होंने बार-बार अपने पत्रों, वक्तव्यों और साक्षात्कारों में और मित्र-परिचितों और परिजनों से आन्तरिक वार्तालाप के दौरान 'गिरती दीवारें' की अन्तर्वस्तु का ब्योरा (भले ही मोटी रेखाओं में) अंकित न किया होता और इससे भी बढ़ कर अपने निधन से कुछ महीने पहले 'इति नियति' के शेष अध्यायों के बारे में दो-दो, चार-चार पंक्तियों के संक्षिप्त नोट्स न लिखवाये होते तो न तो पहले व्यवधान का कथा-सार देना सम्भव होता, न धर्मशाला वाले प्रसंग के बाद उपसंहार तक के अध्यायों का कथा-सार देना।

अश्क जी ने जो नोट्स बोल कर लिखाये थे, उनके अनुसार 'इति नियति' के कुल ५५ अध्याय होने थे, जिनमें यदि उपसंहार के तीन या चार अध्याय जोड़ दें तो उपन्यास ५९-६० अध्यायों में समाप्त होता। लेकिन पहले ही चार अध्याय बढ़ गये थे और लिखने के क्रम में आगे भी अध्यायों की संख्या के बढ़ने की उम्मीद थी। वैसे भी अश्क जी ने फ़ैसला किया था कि बीच के खण्डों में अलग-अलग शिल्प अपनाने के बाद वे इस अन्तिम खण्ड में 'गिरती दीवारें' का ही शिल्प अपनायेंगे ताकि एक सम्पूर्णता का बोध हो सके। 'गिरती दीवारें' के लगभग ७० अध्याय थे, जो संशोधन-परिवर्धन के बाद ७६ हो गये थे। इसलिए 'इति नियति' भी अगर इतने ही अध्यायों का उतरता तो आश्चर्य की बात न होती।

बहरहाल, अब इसके बारे में सिर्फ़ अटकलें ही लगायी जा सकती हैं। इतना ज़रूर है कि एक बार बातचीत के दौरान मैंने अश्क जी का ध्यान इस बात की तरफ़ दिलाया था कि १९३६ का वर्ष उनके लिए उनके निजी जीवन-प्रसंगों की दृष्टि से तो महत्वपूर्ण था ही, वैसे भी उसका महत्व था। उसी वर्ष 'प्रगतिशील लेखक संघ' की स्थापना हुई थी, प्रेमचन्द का देहान्त हुआ था, एक नयी परिघटना की तरह 'गोदान' का प्रकाशन हुआ था और हिन्दुस्तान की राजनीति —ख़ास तौर पर कांग्रेस के आन्दोलन —में एक मोड़ आया था, जब प्रान्तीय असेम्बलियों के चुनावों की घोषणा हुई थी। मेरा सुझाव था कि उपन्यास के

अन्त में इन सब चीज़ों को समेट लेना चाहिए। यह दौर ऐसा था, जिसे वास्तव में संक्रमण काल कहा जा सकता था और चेतन की मनःस्थिति और बाहरी परिस्थितियों के बीच एक संगति भी बैठायी जा सकती थी।

इसी के साथ, जहाँ तक मुझे याद पड़ता है, मेरा एक सुझाव यह भी था कि वे लालड़ाँ के साईं का प्रसंग उपन्यास के बिलकुल आख़िर में रखें। चन्दा और कृष्णा, दोनों की मृत्यु के बाद चेतन अपने सारे ऊहा-पोह और मन्थन-उद्वेलन के बाद जब किसी ठोस निष्कर्ष पर नहीं पहुँच पाता तो वह अपने सवालों के जवाब खोजने की कोशिश में लालड़ाँ जाता है। वहाँ जा कर उसे पता चलता है कि लालड़ाँ के साईं गुज़र गये हैं और उनकी गद्दी उनसे कहीं कमतर एक साधु ने सँभाल ली है। पहले की-सी सादगी की जगह अब वहाँ आडम्बर और प्रदर्शन का राज है और हुनर साहब नये साधु बाबा के ख़ासुलख़ास बने हुए हैं। चेतन को उनके आश्रम और रन्नो देवी के समाचार-पत्र 'शक्ति' के कार्यालय और सेठ हरदर्शन के चुनावी ताम-झाम में अजीब-सी एकरूपता नज़र आती है और वह वहाँ से भी उत्तर-विहीन, लेकिन हकीकत के अधिक करीब हो कर लौटता है। यह एक तरीके से उस समय की राजनीति और समाज का एक प्रतीक भी बन सकता था, जहाँ से दो रास्ते फूटते थे। पहला रास्ता, सत्ता और उसके प्रलोभनों की ओर जाता था और दूसरा, आम लोगों के संघर्षों की ओर। चेतन भी लालड़ाँ से लौटते हुए इस निष्कर्ष पर पहुँचता है कि सब-जज या सफल वकील बनने की बजाय लेखक बनना उसकी सहज, स्वाभाविक प्रवृत्ति के अनुकूल है। कहा जाय कि यही उसकी नियति है। अपने ख़ुद के तर्कों से किये गये निर्णय से निर्धारित नियति! और उपन्यास को यहाँ मुकम्मल होना था। प्रसंग तो दरअसल अश्क जी ही का सोचा हुआ था और इसी रूप में उन्होंने सुनाया भी था। बस, वह उपन्यास में कहाँ आये, इतना भर मैंने सुझाया था। अश्क जी को सुझाव अच्छा भी लगा था। लेकिन लिखने के क्रम में लालड़ाँ के साईं के आश्रम में चेतन के दूसरी बार जाने की घटना पीछे खिसक गयी। बाकी सुझावों पर विचार की भी नौबत नहीं आयी।

ये सारी बातें मैंने यहाँ इसलिए दर्ज कर दी हैं ताकि सुधी पाठक अपनी कल्पनाशीलता से उपन्यास के इस रेखा-चित्र को अपने-अपने ढंग से मुकम्मल करके अपने लिए मुनासिब समापन बिन्दु खोज लें। यों भी, जब पाठक किसी कृति को पढ़ते हैं तो लेखक द्वारा अंकित दृश्यावली में अपनी-अपनी कल्पना से कुछ-न-कुछ जोड़ते-घटाते हुए उसे अपने तईं मुकम्मल करते चलते हैं।

फिर, जहाँ उपन्यास की सारी संरचना में इतनी तोड़-फोड़ हो रही है, उसका स्ट्रक्चर लगातार बदला जा रहा है, उसकी अन्तर्वस्तु ही नहीं, शिल्प और शैली में निरन्तर प्रयोग हो रहे हैं, वहाँ ऐसे उपन्यास की भी जगह तो रहती ही है, जिसका समापन पाठक अपने-अपने मनोनुकूल ढंग से कर लें। जो पाठक लगभग ४००० पृष्ठों में फैली इस महागाथा के विभिन्न खण्डों से गुज़र कर इसके अन्तिम अंश तक पहुँचे हैं, उन्हें लेखक द्वारा छोड़े गये संकेतों के बल पर कृति को अपनी कल्पना से इस तरह मुकम्मल करना कि उनके समापन पिछले खण्डों की संगति के अनुरूप होते हुए भी नये पैटर्न निर्मित करें, नयी अर्थच्छटाओं को उद्घाटित करें, एक नये किस्म की रचनात्मक तुष्टि तो देगा ही। ऐसी

कृति भी किस काम की, जो कल्पना के लिए ज़रा भी गुंजाइश न छोड़े। ऐसे ही प्रबुद्ध और कल्पनाशील पाठकों का अश्क जी को भरोसा और विश्वास था; ऐसे ही पाठकों ने सदा अश्क जी का मन बढ़ाया था; उन्हीं के लिए अश्क जी लिखते भी थे; और ऐसे ही पाठकों को अश्क जी की ओर से मैं उनकी यह कृति समर्पित कर रहा हूँ।

— नीलाभ

चन्द्रा

उपेन्द्रनाथ अश्क

का धारावाहिक उपन्यास : किस्त-२

यहाँ तक आप पढ़ चुके हैं :

अखबारों के दफ्तरों में नौकरियाँ करता-करता रोशन आजिज़ आ गया था और अब उसे लॉ पास करके सब जजी के कम्पटीशन में बैठने की धुन सवार थी। सवाल यह था कि दाखिले के लिए पैसे कहाँ से जुटाये जाएँ ?···

तभी उसने सुना कि सिंचाई विभाग के सुपरिन्टेण्डेण्ट लाला हाकिमचन्द को अपनी लड़की के लिए एक ऐसे ट्यूटर की आवश्यकता है कि जो उनके साथ गरमियों में शिमला भी जाकर रह सके। लड़की बड़ी सुन्दर और तेज़ मिज़ाज की है और वह कई ट्यूटरों को पिटवाकर निकलवा चुकी है। बड़े भाई की यह ट्यूशन न लेने की राय के बावजूद रोशन ने आचार्य देशबन्धु से अपनी सिफ़ारिश करने की प्रार्थना की और लालाजी के साथ शिमला जाने को तैयार हो गया।

अब आगे पढ़िए :

चन्द्रा का पूर्व प्रकाशित प्रथम पृष्ठ ⟩⟨ ३९५

१

"कहने को तो मैं तुम्हारी प्रशंसा में दस बातें कह दूँगा," भाई साहब ने कहा, "पर मैं ट्यूशन लेने की राय नहीं देता।"

रोशन क्या कहे, वह सहसा तय न कर पाया। उसका चेहरा किंचित उतर गया। उसका ख़याल था कि उसके बड़े भाई उसकी कारगुज़ारी पर ख़ुश होंगे और वह जिस तरह लाला हाकिमचन्द को ढर्रे पर ले आया था, उसका मज़ा लेते, दो-एक ठहाके लगाते, उसके हाथ-पर-हाथ मारते और अपने उस पेशेण्ट की सनकों का ज़िक्र करते हुए, उसे आश्वासन देंगे कि वह चिन्ता न करे, वे उसकी भरपूर सिफ़ारिश कर देंगे....लेकिन जब उसकी बात सुन कर भाई साहब ठहाका मारना तो दूर रहा, मुस्कराये तक नहीं और हाथ में लिये डेंचर[१] पर बड़ी तल्लीनता से पॉलिश करते हुए उन्होंने केवल यही राय प्रकट की, तो सिवा प्रश्नवाचक दृष्टि में आँखें उठाने और मुँह बा देने के, रोशन कुछ भी न कर सका।

"तुमने लड़की देखी है?" उसे चुप खड़े देख कर सहसा भाई साहब ने पूछा।

"नहीं।"

"वह बहुत सुन्दर है...."

रोशन चुप रहा।

"और कई ट्यूटरों को पिटवा चुकी है।"

अब रोशन भाई साहब के विरोध का कारण समझा। क्षण-भर वह चुप खड़ा रहा फिर उसने कहा, "मैं तो आचार्य देशबन्धु से भी मिल आया हूँ और उन्होंने वादा किया है कि लाला हाकिमचन्द उनकी राय लेंगे तो वे ज़रूर मेरी सिफ़ारिश कर देंगे।"

"वे सिफ़ारिश कर देंगे तो लाला हाकिमचन्द तुम्हें ज़रूर रख लेंगे," भाई साहब ने कहा, "वे एक बरस से मेरे पेशेण्ट हैं, मैं उनके पिता का सेट लगा चुका हूँ, उनकी बुआ का सेट लगा चुका हूँ, ख़ुद उनका और उनकी पत्नी का इलाज कर चुका हूँ। मैं उन्हें ख़ूब जानता हूँ। वे आर्यसमाजी हैं और आचार्य देशबन्धु को बहुत मानते हैं। लेकिन मैं तुम्हें राय नहीं देता कि तुम यह ट्यूशन ले कर उनके साथ शिमला जाओ। कहीं वहाँ कोई बात हो गयी....वह लाड़ में पली, उद्दण्ड, ख़ुदसर लड़की है....तुम भी जवान हो....हाकिमचन्द बड़े ज़ालिम आदमी हैं....मेरे पेशेण्ट हैं और उनके कारण सारी कॉलोनी के लोग मेरे यहाँ आने लगे हैं...."

'तो यह बात है ! मेरी नहीं, भाई साहब को अपनी चिन्ता है,' रोशन ने मन-ही-मन कहा और जब वह बोला, तो उसके स्वर में व्यंग्य और आक्रोश का क्षीण-सा समावेश था।

---

१. नकली दाँतों का सेट।

"आप उनसे मेरी सिफ़ारिश न कीजिएगा, भाई साहब !" रोशन ने कहा, "मैं नहीं चाहता कि आप किसी तरह भी झूठे पड़ें। अगर हाकिमचन्द मेरे बारे में आपसे पूछें, तो कोई नॉन-कमिटल-सी राय दे दीजिएगा कि मेरा भाई है, विद्वान भी है, पर मैं इस मामले में आपको कोई सलाह नहीं दे सकता।" क्षण-भर रुक कर उसने इतना और कहा, "शिमला तो मैं ज़रूर जाऊँगा —यानी अगर आचार्य देशबन्धु मेरी सिफ़ारिश कर दें और लाला हाकिमचन्द मुझे ले जाने को तैयार हों —उन्होंने मुझे एक हफ़्ते बाद फिर मिलने को कहा है....लड़की सुन्दर है तो मुझे खा जायेगी क्या? मैं अपनी तरफ़ से कोई मौका ही न दूँगा तो मुझे बेबात पिटवा देगी?....और फिर वह कोई चुटिया-धोतीवाले पण्डित होंगे, जो लाला हाकिमचन्द से मार खा गये ! मेरी तरफ़ वे टेढ़ी नज़र से भी न देख सकेंगे, इस बात का मैं आपको विश्वास दिलाता हूँ।"

और वह चलने के लिए मुड़ा। लेकिन फिर क्षण भर रुक कर बोला, "मुझे आपकी पोज़ीशन और उसकी नज़ाकत का पूरा एहसास है, भाई साहब ! मैं पूरी कोशिश करूँगा कि आपको अपने छोटे भाई के कारण निगाहें नीची न करनी पड़ें...."

और वह पलट कर खट-खट सीढ़ियाँ उतर गया।

०

साइकिल पर पैर रख कर वह घर की ओर चला तो रोशन के सामने इस समस्या के सभी पहलू आ गये....

उसे यह ट्यूशन लेना बेहद ज़रूरी लगता था। भाई साहब को वह अपनी तकलीफ़ कैसे समझाता? डेढ़-दो वर्ष समाचार-पत्रों में दिन-रात काम करके वह सेहत गँवा बैठा था और एक बार उसने नौकरी छोड़ी थी तो कोई ढब का काम न कर पाया था। वापस उसी दलदल में जा फँसना उसे स्वीकार न था। वर्नाक्यूलर प्रेस के उस संकीर्ण वातावरण में ज़िन्दगी गुज़ार देने और बहुत हुआ तो उन्नति कर किसी समाचार-पत्र का प्रधान सम्पादक हो जाने का विचार ही उसकी रूह को कँपा देता था। लाहौर के उर्दू दैनिक के सम्पादकों की थकी-उनींदी शक्लें, घोर ऊबाहट-भरी जम्हाइयाँ, नितान्त भौंडे मज़ाक और उनके विचार का तंग घेरा उसके सामने घूम जाता और उसे घोर वितृष्णा होती।....इधर छै-आठ महीने से उसने कई दूसरी तरह के काम भी कर देखे थे और इस परिणाम पर पहुँचा था कि उसके लिए कोई ऐसा काम अपनाना ज़रूरी है, जिसमें वह अपनी प्रतिभा का समुचित विकास कर सके।....कभी वह अंग्रेज़ी में एम०ए० करके किसी कॉलेज अथवा विश्वविद्यालय में अध्यापक बनने की सोचा करता था। कॉलेज के अध्यापकों का जीवन उसे आदर्श लगता था। ईस्टर और बड़े दिनों की छुट्टियों के अतिरिक्त गर्मियों में लगातार तीन महीने की छुट्टियाँ —चाहे दिन-दिन-भर सोओ....(दैनिक पत्रों में दिन-रात की ड्यूटी देते-देते रोशन के लिए सोना बड़ा भारी सुख था)....चाहे जितना लिखो —तीन महीने में तो पूरा उपन्यास लिखा जा सकता है....और जैसी नौकरी वह करता आया था, उसमें तो इतवार ही को दो-एक पृष्ठ वह बड़ी मुश्किल से लिख पाता था और दो महीने में कहानी ख़त्म होती थी....। लेकिन इधर कुछ समय से उसके सिर पर लॉ करने का भूत सवार था। वह चाहता था किसी तरह प्रवेश-शुल्क के लिए अस्सी-सौ रुपये एक साथ इकट्ठे हो जायें....किताबों की व्यवस्था, उसे विश्वास था, बुकसेलरों से मैत्री स्थापित करके वह कर

सकता था, फ़ीस-भर बारह-तेरह रुपये भी वह कमा सकता था, पर उसके सामने एक साथ अस्सी-सौ रुपये पाने की समस्या थी और यह ट्यूशन उसे आकाश-वृत्ति-सी लगी थी।

०

०

लॉ करने का भूत जो सहसा रोशन के सर सवार हो गया, इसका भी एक कारण था।

एक दिन जब वह चन्दा —अपनी पत्नी —के साथ सब्ज़ी मण्डी जा रहा था, तो सहसा ग्वाल मण्डी के निकट उसकी पत्नी की एक सहेली अपने पति के साथ आती मिल गयी। उसने बताया कि चन्दा के पिता पागल हो गये हैं, उसके ताऊ उन्हें पागलख़ाने दाख़िल करा गये हैं और उसकी माँ वहीं ग्वाल मण्डी में एक सेठ के यहाँ काम करने लगी है।....इतनी बड़ी बात हो गयी और उन्हें किसी ने बताया तक नहीं !....चन्दा कुछ क्षण अवाक् खड़ी रही थी, फिर वह अपनी सहेली के साथ अपनी माँ से मिलने गयी थी (रोशन बाहर गली में ही रुक गया था)। आ कर रोते हुए चन्दा ने उसे बताया था कि उसके पिता का ईंटों के भट्ठे का कारोबार चौपट हो गया है, जिसके दुख से वे कुछ उद्भ्रान्त हो गये थे और उनका इलाज कराने के बदले उसके ताऊ, बिना उसकी माँ को बताये, उन्हें यहाँ पागलख़ाने में दाख़िल करा गये। जब उसकी माँ को पता चला तो वह लाहौर आ गयी, उसने सात रुपये महीने पर इन सेठों के यहाँ रोटी पकाने का काम ले लिया, ताकि वह हर सप्ताह अपने पति को देखने जा सके....उसकी माँ का ख़याल है कि उनके दिमाग़ को ख़ुश्की चढ़ गयी है। वह हर सप्ताह पाव भर बादाम ख़रीद कर उनकी गिरियों को भिगो देती है और इतवार को उन्हें छील कर, मिश्री की डली के साथ पोटली में बाँध, आध सेर दूध लोटे में ले कर पागलख़ाने जाती है और पति को खिला आती है।

"माँ को विश्वास है," चन्दा ने कहा था, "कि पिता जी कुछ ही दिन में ठीक हो जायेंगे और फिर वे चाहे वापस जालन्धर चले जायें, चाहे यहीं लाहौर में छोटी-मोटी दुकान खोल लें।"

रोशन चुपचाप अपनी पत्नी की बातें सुनता हुआ घर आया था। तब तक उसने नौकरी छोड़ी न थी। वह एक प्रसिद्ध राष्ट्रीय दैनिक के सम्पादन विभाग में काम करता था। हर सप्ताह दैनिक के साप्ताहिक संस्करण में उसकी एक कहानी और एक कविता छपती थी और वह भी अपने आपको कुछ समझता था। उसकी सास वहीं लाहौर में एक सेठ के घर महाराजिन का काम करे, यह उसके अहं को किसी तरह स्वीकार न था। घर पहुँच कर वह ख़ूब बमका था। उसकी पत्नी केवल रोती रही थी। तब रोशन के भाई ने समझाया कि तुम बेकार ही इस बेचारी पर बिगड़ रहे हो। यह क्या कर सकती है? इसकी माँ तुम्हारे घर का तो पानी भी नहीं पी सकती। वहाँ अपने जेठ की जूतियाँ सीधी करके दो कौर खाने के बदले वह यहाँ आ गयी; मेहनत करती है और स्वाभिमान से रहती है, तो क्या बुरा करती है?....रोशन चुप हो गया था.... तब उसने अपनी पत्नी से कहा था कि अगले इतवार को वे पागलख़ाने जायेंगे और अगर उसके पिता ठीक हुए तो उन्हें ले आयेंगे, वहीं लाहौर में कोई छोटी-मोटी दुकान उन्हें खुलवा देंगे और उसकी माँ वैसी नौकरी करने से छूट जायेगी।

लेकिन उसके ससुर एकदम पागल थे। उसकी सास ने बादामों की पोटली खोल कर

उन्हें दी थी तो वे किचर-किचर बादामों की गिरियाँ मिश्री के साथ खा गये थे और एक ही साँस में दूध पी गये थे, लेकिन न वे अपनी पत्नी को पहचान पाये थे, न बेटी को, न अपने दामाद को....

रोशन उदास और हताश वापस लौटा था। उस चिलचिलाती धूप में तीन मील पैदल चल कर वे पागलख़ाने गये थे और पैदल ही वापस आये थे। लेकिन इतना थक जाने के बावजूद उस रात रोशन को नींद न आयी थी। इस समस्या का कोई हल उसे सूझ न पा रहा था। उसे हमेशा इस बात का डर लगा रहता कि उसका कोई परिचित यह बात जान गया तो क्या होगा? वह कभी अपनी सास से मिलने उन सेठों के घर न गया था। उसकी सास ही मिलने आती थी। फिर जब एक बार उसकी पत्नी ने बताया था कि माँ की तबीयत कुछ ख़राब है तो एक दोपहर वह ग्वाल मण्डी गया था।

सेठ डिब्बी बाज़ार के प्रसिद्ध सर्राफ़ थे। ग्वाल मण्डी की गोविन्द गली में उनकी लाल रंग की बड़ी हवेली थी, जिसका शीशम की लकड़ी का पुराने ढंग का मज़बूत दरवाज़ा था। उसने दस्तक दी थी और जब दरवाज़ा खुला था, तो क्षण-भर को वह मन्त्र-मुग्ध-सा खड़ा रह गया था। मँझले कद की एक अत्यन्त सुन्दर, पतली-छरहरी लड़की ने दरवाज़ा खोला था। डेवढ़ी के अँधेरे में जैसे उसके रूप का प्रकाश फैल गया था। जब उसने बताया था कि वह चन्दा की माँ से मिलने आया है तो लड़की ने पूछा था कि क्या वह चन्दा का पति है? जब उसने 'हाँ' में सिर हिलाया था तो लड़की का चेहरा खिल गया था और वह वहीं से चन्दा की माँ को आवाज़ें देती भाग गयी थी। फिर ऊपर जँगले से उसकी सास ने रोशन को बुलाया था। सेठानी ने उसे कुर्सी पर बिठाया था। वह लड़की फिर सामने तो नहीं आयी, पर वहीं दूर से उसने चन्दा की माँ से अनुरोध किया था कि वह उसे नाश्ता कराये। उन्होंने उसकी बड़ी आव-भगत की थी और रोशन को विश्वास हो गया था कि वे लोग बड़े अच्छे हैं। उनके कोई बच्चा नहीं था और सेठानी ने अपनी बहन की लड़की को गोद ले लिया था और कृष्णा —यही उस लड़की का नाम था —रोशन की सास को बहुत मानती थी। वह उसी वर्ष एफ़०ए० में दाख़िल हुई थी और वे उसकी शादी के लिए चिन्तित थे....किसी आत्मीय की तरह सेठानी उसे सब कुछ बताती रही थी और रोशन को क्षण-भर के लिए भी एहसास न हुआ था कि वह उनकी नौकरानी का दामाद है....और वह अपनी पत्नी के साथ निस्संकोच अपनी सास को मिलने जाने लगा था।

०

लेकिन कुछ ही महीने बाद इसी कृष्णा के कारण उस घर में उसके लिए अपनी स्थिति असह्य हो गयी थी और उसने तय किया था कि वह लॉ पास करके सब-जजी के कम्पीटीशन में बैठेगा।

०

हुआ यह कि एक शाम जब वह अपनी सास से मिलने गया तो कृष्णा के बदले उसकी सास ने दरवाज़ा खोला। जब वह ऊपर गया तो उसने आँगन में बिछे तख़्त पर बड़ी शान से अपने सहपाठी अमीचन्द को टाँगें फैलाये पसरे पाया।

अमीचन्द उसका सहपाठी ही न था, उसके मुहल्ले का ही रहने वाला भी था। पोस्ट

मास्टर लाला मणिराम का लड़का। पिछले ही वर्ष वह पी०सी०एस० के कम्पीटीशन में आ गया था और डिप्टी कलेक्टर होते ही अपने सहपाठियों और पड़ोसियों को हेय समझने लगा था। रोशन को देख कर एक सुदूर मुस्कान से उसने उसके 'हैलो अमीचन्द !' का जवाब दिया और वैसे ही पसरा बैठा रहा। अपनी सास से रोशन को मालूम हुआ था कि कृष्णा से उसकी सगाई हो गयी है। सेठानी ने ग्यारह सौ रुपये 'ठाका'[१] दिया है। कृष्णा बी०ए० कर लेगी तो शादी हो जायेगी।

और रोशन के मन में फिर ख़याल आया था कि वह अपनी सास से कहे — कहीं दूसरी जगह नौकरी कर ले। घर आ कर उसने अपनी पत्नी को सारी स्थिति समझायी थी। वह चुपचाप रोने लगी थी, क्योंकि उसकी माँ बड़े सुख से थी; जाने दूसरा घर कैसा मिले? चाहने ही से तो अच्छा घर नहीं मिल जाता। लेकिन रोशन उस रात सो न पाया था।

....वह, पण्डित शादीराम स्टेशन मास्टर का बेटा, जिनके सामने अमीचन्द के पिता बाबू मणिराम चूँ भी न कर पाते थे....वह, प्रसिद्ध दैनिक का सब-एडीटर, प्रसिद्ध कथाकार और कवि....क्या इसीलिए उस साले अमीचन्द के सामने दबेगा कि दुर्दिन के कारण उसकी सास अमीचन्द की ससुराल में महाराजिन बनने को विवश हुई....लेकिन इस स्थिति में वह उस घर में जायेगा भी कैसे?....और न भी कैसे जायेगा? अमीचन्द की शादी होगी, उसे अपनी पत्नी को ले कर वहाँ जाना ही पड़ेगा। तब अमीचन्द के मुकाबले उसकी स्थिति क्या होगी?....महाराजिन के दामाद ही की न? कल्पना मात्र से रोशन का मुँह उतर जाता और उसका ख़ून खौलने लगता। वह किस मुँह से उस शादी में भाग लेगा? कैसे वहाँ जा सकेगा? फिर कभी वह अपनी सास से मिलने जाये और अमीचन्द वहाँ बैठा मिले, तो?....लेकिन सास को वह नौकरी छोड़ने के लिए कैसे कहे?....और वह सारी रात करवटें बदलता रहा था।

....सोच-सोच कर उसने तय किया था कि सास को नौकरी छोड़ने पर विवश करना कायरता है। वह अपनी सास का स्तर ऊँचा नहीं कर सकता, पर अपना या अपनी पत्नी का स्तर तो ऊँचा कर ही सकता है। पी०सी०एस० के कम्पीटीशन में बैठने की तो उसकी उमर न रही थी, पर सब-जजी के कम्पीटीशन में वह अभी तीस वर्ष की उम्र तक बैठ सकता था। अगर वह कहीं से दाख़िले के रुपये जुटा ले और दो वर्ष में लॉ पास कर ले तो उसे सब-जज बनने से कोई नहीं रोक सकता। वह सब-जज हो जाये तो कोई बात नहीं। तब उसकी पत्नी महाराजिन की बेटी ही न होगी, सब-जज की बीवी भी होगी। उसे वह साथ ले कर निस्संकोच सेठ के घर जा सकेगा। अमीचन्द के वहाँ रहते भी उसे किसी तरह के अपमान का सामना न करना पड़ेगा। अमीचन्द तो विवाह तब तक न करेगा, जब तक कृष्णा बी०ए० न करेगी।....तीन वर्ष....तीन वर्ष में तो वह बड़े आराम से सब-जज हो जायेगा।

०

लेकिन पिछले छै महीने से वह एक पैसा भी न जोड़ पाया था।

---

१. पंजाब में वर को रोकने के लिए जो शगुन देते हैं, उसे ठाका कहते हैं। उसके बाद बाकायदा मुहुर्त निकलवा कर सगाई की रस्म होती है।

....दिन को एक से छै तक और रात को साढ़े नौ से एक-दो, और कई बार ढाई-तीन बजे तक काम करने के कारण उसका स्वास्थ्य चौपट हो गया था। दैनिक पत्र से छुट्टी ले कर वह कविराज रामदास के साथ उनके लिए एक पुस्तक लिखने शिमला चला गया था। वापस आ कर उसने समाचार-पत्र की नौकरी छोड़ दी थी और एक दूसरे पत्र में केवल रात की ड्यूटी कर ली थी, लेकिन अभी उसे वहाँ काम करते तीन महीने भी न हुए थे कि लाला जीवनलाल कपूर उसे अपने यहाँ ले गये। वे प्रान्त का सबसे लोकप्रिय साप्ताहिक 'भूचाल' निकालते थे। रोशन के लिए उन्होंने दूसरा साप्ताहिक 'तूफ़ान' निकाल दिया और उसे उसका सम्पादक बना दिया।

लेकिन दो सप्ताह से ज़्यादा रोशन वहाँ नहीं टिक पाया था।

०

०

अपने भाई की क्लिनिक से साइकिल पर पैर रख, माहीराम स्ट्रीट से निकल कर, नीला गुम्बद के ऊपर से होता हुआ, रोशन अन्धा-धुन्ध साइकिल चलाता आया था और उसी हल्ले में पैडलों पर शरीर का पूरा ज़ोर लगा, मेयो अस्पताल वाली सड़क की चढ़ाई चढ़ गया था। अप्रैल शुरू हो गया था। रातें अभी ठण्डी थीं, पर दिन तपने लगे थे। रोशन के माथे पर पसीना आ गया, उसकी साँस भी फूल गयी। तब मेयो अस्पताल के सामने से रेलवे रोड की ओर साइकिल मोड़ कर उसने पैडलों पर ज़ोर कम कर दिया।....तभी उसके सामने लाला जीवनलाल कपूर, मालिक, साप्ताहिक 'भूचाल', की सूरत आ गयी....लम्बे-तगड़े, दोहरे बदन के, हँसमुख, बातूनी आदमी। बन्द गले का लम्बा कोट, पैण्ट और सिर पर क्रिस्टी टोपी। रोशन की आरम्भिक रचनाएँ उनके 'भूचाल' में निरन्तर छपा करती थीं। 'भूचाल' का दफ़्तर उस दैनिक के सामने ही था, जिसमें रोशन नाइट ड्यूटी पर काम करने लगा था। पहले दैनिक में उसे दिन-रात ड्यूटी देने के कुल चालीस रुपये महीना मिलते थे और डेढ़ वर्ष काम करने पर भी एक पैसे की तरक्की न हुई थी। इस दूसरे पत्र में उसे केवल रात की ड्यूटी के तीस मिलने लगे थे। दिन में वह सोता, हारमोनियम पर संगीत-शिक्षक की सहायता से नये गानों की प्रैक्टिस करता कि अपनी पत्नी को संगीत की शिक्षा दे सके और शेष समय में कहानियाँ लिखता।....जीवनलाल कपूर कभी भाटी गेट के किसी सिनेमा हाउस से साढ़े-नौ का शो देख कर लौटते तो समाचार-पत्र के दफ़्तर में आ जाते। पत्र के सम्पादक ज़ख़्मी साहब के साथ दो-चार मज़ाक करते, छत-फाड़ ठहाके लगाते और चले जाते। उनके साथ हमेशा दो-चार पिछलगुए रहते और नीचे अस्पताल रोड से कपूर साहब के ठहाके दूर तक सुनायी देते।....रोशन को उनकी यह हँसमुखता और मनमौजीपन पसन्द था, इसीलिए जब एक दिन ज़ख़्मी साहब ने उससे कहा कि कपूर साहब एक नया साप्ताहिक निकालना चाहते हैं, जो उनके 'भूचाल' से कुछ भिन्न तरह का होगा, उन्हें उसके लिए सम्पादक चाहिए और ज़ख़्मी साहब ने उसका नाम उन्हें दिया है तो रोशन बहुत प्रसन्न हुआ। सप्ताह भर में सब बातें तय हो गयीं —पत्र का नाम 'तूफ़ान' होगा, वह उसका सम्पादक होगा, उसका नाम पत्र के ऊपर जायेगा, उसे चालीस रुपये मासिक मिलेंगे और सुबह दस बजे से शाम के पाँच बजे तक उसे काम करना पड़ेगा।....रोशन 'भूचाल' के दफ़्तर में उठ आया।

कपूर साहब के कमरे के बाहर, क्लर्कों के कमरे के साथ, एक छोटा-सा कमरा उसे मिल गया और उसने पहला अंक निकाला, जिस पर सम्पादक के रूप में छपे अपने नाम को वह बार-बार देखता रहा।

o

वह दूसरे अंक की तैयारी कर रहा था। उसने उसके लिए कहानी भी सोच ली थी और वह उसे लिखना शुरू ही करने वाला था कि अचानक लाला जीवनलाल ने उसे अपने कमरे में बुलवाया और कहा कि आप मेरे कमरे में ही बैठ कर काम किया कीजिए, ताकि मुझे बार-बार आपको यहाँ आने का कष्ट न देना पड़े।

लाला जीवनलाल कपूर का कमरा ख़ासा लम्बा था। दरवाज़े के सामने ही उनकी बड़ी-सी मेज़ थी, जिसके दोनों ओर देश-विदेश की पत्रिकाओं से लदे रैक थे और सामने कुर्सियाँ लगी थीं। उनके बायीं ओर को बाहर खुलने वाली खिड़कियों के साथ एक मेज़-कुर्सी पड़ी थी। रोशन अपनी कलम-दवात, काग़ज़ और ट्रे वहाँ उठा लाया और जम कर कहानी लिखने लगा।

उसने अभी मुश्किल से एक पैरा ही लिखा होगा कि अचानक लालाजी ने कुर्सी से उछल कर मेज़ पर टिकायी हुई टाँगें नीची कर, उसे आवाज़ दी, "रोशन !"

रोशन चौंका, उठा और उनकी मेज़ के पास जा खड़ा हुआ।

"यह लो, ए-वन किस्सा है —रबड़ के ड्रम में बन्द हो कर नियाग्रा फ़ॉल में गिरने और फिर ज़िन्दा निकल आने वाले ग़ोताख़ोर का ! इसे 'तूफ़ान' के इस ईशू में दो !"

और उन्होंने अख़बार की कटिंग उसकी ओर बढ़ा दी....और दायीं ओर के रैक से दूसरी कटिंग उठा कर मेज़ पर उसी तरह पाँव फैला, उसे पढ़ने में तल्लीन हो गये। रोशन वापस अपनी मेज़ पर आ कर उस वीर ग़ोताख़ोर का किस्सा पढ़ने लगा। अपनी कहानी उसने अलग रख दी। नये काग़ज़ तख़्ती में लगाये और उस किस्से का अनुवाद करने के लिए कलम उठाया। तभी लाला जीवनलाल फिर चिल्लाये, "रोशन !"

और वह उस कटिंग को एक ओर रख कर फिर उनकी मेज़ के पास जा खड़ा हुआ।

"यह देखो, इस लेख में मशहूर जासूस माताहारी के कारनामों को नयी रोशनी में पेश किया गया है। इसे 'तूफ़ान' में ज़रूर दो। बेहद दिलचस्प है।"

रोशन माताहारी के कारनामों वाली कटिंग ले कर अपनी मेज़ पर आ बैठा और उसने उसे पढ़ना शुरू किया।

अभी वह माताहारी की कहानी ख़त्म भी न कर पाया था कि उसे फिर आवाज़ पड़ी।

इस बार लाला जीवनलाल ने उसे एक कटिंग दी, जिसमें प्रसिद्ध ज्योतिषी कायरो के कारनामे दर्ज थे, जिसने परदे के पीछे बैठे सम्राट एडवर्ड सप्तम का हाथ देख कर उनके बारे में सब-कुछ बता दिया था।

रोशन को वास्तव में लाला जीवनलाल की कार्य-प्रणाली का ज्ञान नहीं था। अशिक्षित, अर्ध-शिक्षित, या फिर जात-पाँत, धर्म-अधर्म के चक्कर में फँसे कट्टर हिन्दुओं के सर मूँडने का ढंग उन्हें ख़ूब आता था। उनकी रुचि का कोई वाद-विवाद वह सदा अपने पत्र में चलाये रखते। उनकी दबी हुई वासना की भूख मिटाने के लिए ऐक्ट्रेसों की दुख-भरी

आप-बीतियाँ, 'यूरोप के पापियों' की जीवन- गाथाएँ, 'पतन के ज्वालामुखी पर खड़े यूरोप' में सुन्दरियों की प्रतियोगिताएँ, 'यौवन साम्राज्ञी' कहलाने वाली तन्वंगियों के जीवन की दुखद कहानियाँ अपनी ओर से नमक-मिर्च लगा कर वे अपने पत्र में निरन्तर छापते रहते। पढ़ने वालों का धर्म भी बना रहता, सेक्स की भूख भी मिट जाती और वाद-विवाद में आज़ादी और आज़ाद-ख़याली को गालियाँ देने के लिए उपयुक्त उदाहरण और युक्तियाँ भी हाथ लग जातीं। निम्न-मध्यवर्गीय पाठकों के मनोविज्ञान की जो पकड़ उन्हें थी, किसी दूसरे को न थी, इसीलिए 'भूचाल' की ग्राहक-संख्या इतनी थी कि (इस बात का उल्लेख वे पर्याप्त गर्व से करते थे) उनका साप्ताहिक बैलगाड़ी पर लद कर डाकख़ाने जाता था। इधर कुछ समय से वे एक और साप्ताहिक निकालने की योजना बना रहे थे। कैंची की सहायता से इतना मैटर उनके पास इकट्ठा हो जाता कि वह उसे 'भूचाल' में खपा न पाते। रोशन को उन्होंने समझाया था कि वह 'भूचाल' की अपेक्षा किंचित दूसरी तरह का साप्ताहिक निकालना चाहते हैं, जिसका साहित्यिक स्तर 'भूचाल' से बेहतर होगा, इसलिए उन्हें उस-जैसे साहित्यिक सम्पादक की ज़रूरत है और यह बात सुन कर रोशन प्रसन्न हुआ, लेकिन बात असल में यह थी कि वे अपने उन्हीं ग्राहकों को कुछ और मूँडना चाहते थे।....दिन-भर में उन्होंने बारह-पन्द्रह तराशे रोशन को थमा दिये। सब ज़रूरी और सभी का 'तूफ़ान' में छपना लाज़िमी ! वह एक पढ़ कर समाप्त भी न कर पाता कि वे दूसरे के लिए आवाज़ दे देते।

दोपहर तक जब उनकी सब कतरनें समाप्त हो गयीं तो रोशन ने एक बार सबको पढ़ा और फिर पहली कटिंग के अनुवाद में तल्लीन हो गया। अभी उसने मुश्किल से एक-दो पृष्ठ अनुवाद किया था कि पाँच बज गये। तब अपनी मेज़ से उठ कर, काग़ज़-पत्र सँभाल, दोनों हाथ पतलून की जेबों में डाले, खुले बटनों के कारण कोट से पेट बाहर निकाले, लाला जीवनलाल कपूर टहलते हुए उसकी मेज़ पर आये और उन्होंने पूछा, "वेल, क्या किया तुमने आज?'

'यही पहले वाले लेख का एक-डेढ़ पेज किया है," रोशन ने मेज़ पर बैठे-बैठे कहा।

"यह तो कुछ भी न हुआ," उन्होंने निराशा-भरे स्वर में मुँह बिदोर दिया।

तब जाने रोशन को क्या हुआ —एक ही बार बुला कर इकट्ठी कतरनें देने के बदले, बार-बार मेज़ पर बुलाने की खिजलाहट; साहित्यिक ढंग का साप्ताहिक निकालने का वादा करके वह सब कूड़ा छापने का आदेश देने का क्रोध; दिन भर काम करने के बावजूद कुछ भी न करने का अभियोग लगाने का ग़ुस्सा —एक बगूला-सा उसके दिमाग़ में उठा। उसने सारी कतरनें ट्रे में से उठा कर उनके सामने रख दीं और हाथ जोड़ कर खड़ा हो गया।

"आप अपना काम सँभालिए और मुझे छुट्टी दीजिए !" उसने बिना किसी आक्रोश के निहायत समतल आवाज़ में कहा।

लाला जीवनलाल कपूर अवाक रह गये, "ह्वॉट डू यू मीन?" उन्होंने अंग्रेज़ी में कहा।

"देखिए लाला जी ! मैं काम बड़ी दयानतदारी से करता हूँ। सुबह दस बजे से जो मैं मेज़ पर आ कर बैठा हूँ तो एक मिनट को भी नहीं उठा और आपने कहा कि मैंने कुछ काम ही नहीं किया। ये जितनी कतरनें आपने दी हैं, उन्हें ध्यान से पढ़ने ही में समय गुज़र

गया। अभी एक का अनुवाद करने लगा था कि आप आ गये....मैं अब आपके यहाँ काम नहीं कर सकूँगा।"

उसकी बात सुन कर लाला जीवनलाल का चेहरा जैसे उतर गया था, उसकी स्मृति-मात्र से रोशन के होंटों पर मुस्कान फैल गयी, "यू हैव पुट मी इन ए फ़िक्स !" उन्होंने कहा था, "मैंने तुम्हारे ही लिए यह अख़बार निकाला था।"

"मैं आपको रोज़ एक लेख अनुवाद करके दिया करूँगा और आप मुझे एक रुपया दे दिया कीजिए।" रोशन ने कहा, "न आपके अख़बार का हर्ज होगा, न मुझे कोई बात सुननी पड़ेगी। मैं दयानतदार आदमी हूँ और इसीलिए सेन्सिटिव हूँ।"

और वह चला आया था।

०

लेकिन उसके घर तो अगले दिन का राशन भी नहीं था। उसके भाई की प्रैक्टिस अभी वैसी चली न थी। क्लिनिक उनकी अनारकली में थी। उसका किराया और दूसरा ख़र्च निकाल कर, वे मुश्किल से इतना बचा पाते थे कि किसी-न-किसी तरह घर का किराया देते जायें। राशन वग़ैरह लाने और दूसरा ख़र्च करने का ज़िम्मा रोशन का था। वह 'तूफ़ान' के दफ़्तर से नीचे उतरा तो कुछ दूर तक क्रोध में तेज़-तेज़ चला आया था, पर शीघ्र ही उसकी चाल धीमी हो गयी।

'चन्दा क्या सोचेगी?' सहसा उसे ख़याल आया।

नौकरी लगते ही वह अपनी पत्नी को जालन्धर से ले आया था और अब कल्पना-ही-कल्पना में उसने देखा कि उसकी पत्नी का सदैव हँसने वाला चेहरा सहसा उदास हो आया है....और रोशन का अपना मन उदास हो आया। नौकरी छोड़ने में अपनी इस जल्दबाज़ी पर उसे खेद होने लगा। वह बेकार ही आवेश में आ गया। इतने आवेश से भला आदमी दुनिया में कुछ कर सकता है?....और उसके पाँव मन-मन भर के हो गये।

जब वह घर पहुँचा तो चन्दा हँसते हुए उसे मिली और उसने रोशन से पूछा कि वह उदास क्यों है तो बिना किसी भूमिका के, उसने अपने नौकरी छोड़ आने की बात कह दी। चन्दा की मुस्कान विलुप्त होने के बदले कुछ और फैल गयी।

"तो आप फ़िक्र क्यों करते हैं?" उसने कहा, "मुँह-हाथ धोइए और नाश्ता कीजिए। दस और काम मिल जायेंगे।"

और 'जैसे कुछ हुआ ही नहीं' के अन्दाज़ में वह उसके लिए नाश्ता बनाने चली गयी थी।

रोशन के दिल से भारी बोझ उतर गया था। वह अवाक-सा उसे जाते देखता रहा था —यह उसकी पत्नी साधारण स्त्रियों से कितनी भिन्न थी ! कितना अगाध विश्वास था इसके पास ! उसे लगा कि वह बेकार ही इतनी चिन्ता कर रहा था। उसकी बीवी ने तो यह भी नहीं पूछा कि नौकरी क्यों छूट गयी, अब क्या होगा?....इस विश्वास की मौजूदगी में तो वह पहाड़ भी ढा सकता है।....

०

और सच ही उसके बाद वह एक दिन को ख़ाली न रहा था। अपने वादे के मुताबिक वह

एक महीने तक रोज़ एक लेख अनुवाद करके लाला जीवनलाल को देता रहा था और जब उसके बाद उन्होंने वह पत्र बन्द कर दिया तो कुछ दिन वह नीलामकारों के एक गिरोह के साथ रहा; फिर उसने राय साहब सूफ़ी लछमन प्रसाद के मासिक 'मस्ताना जोगी' के लिए जड़ी-बूटियों पर लेख लिखे, झण्डू फ़ार्मेसी की सूचियों का अनुवाद किया और जब उसके पास कोई काम न रहा तो उसने एक संस्था बना डाली....

लाहौर में उन दिनों माल रोड पर 'पंजाब लिटरेरी लीग' का दफ़्तर था, जिसे चौधरी नाम के एक सज्जन चलाते थे। दस रुपये उसका मासिक चन्दा था और हर पखवाड़े उसकी बैठकें होती थी — कभी कोई मुशायरा, कभी संगीत-सभा, कभी कोई भाषण — कोई-न-कोई कार्यक्रम सदस्यों के मनोरंजनार्थ चौधरी साहब कराते रहते। लीग का छोटा-सा हॉल था, जिसमें दो सौ कुर्सियाँ आती थीं। लगभग उतने ही उसके सदस्य थे। ख़र्च निकाल कर चौधरी साहब के वेतन-भर को रुपये निकल आते थे।

लेकिन लीग के सदस्यों का घेरा सीमित था। उसमें अधिकांशत: उच्च-मध्यवर्ग के लोग शामिल थे। रोशन ने सोचा कि इतने बड़े नगर में निश्चित रूप से एक दूसरी संस्था चलायी जा सकती है, जो उच्च-मध्य वर्ग के बदले निम्न-मध्यवर्ग के लोगों की सांस्कृतिक सरगर्मियों को अपना लक्ष्य बनाये। उसने पाँच रुपये उसका चन्दा रखा। अपने कुछ मित्रों को सबसे पहले उसका सदस्य बनाया। उस रुपये से बड़े सुन्दर नीले बैंक पेपर पर सभा के नियम और उद्देश्य छपवाये, रसीद बुकें छपवायीं, सम्मानित सदस्यों की एक सूची बनायी और साइकिल उठा कर शहर का तूल-अर्ज़ नापने लगा। अपने भाई से उसे लाला हाकिमचन्द का नाम मिला था और सुबह वह उनके यहाँ पहुँचा था।

लाला हाकिमचन्द सिंचाई विभाग के सुपरिण्टेण्डेण्ट थे। मुल्तान रोड पर बने सरकारी क्वार्टरों में उनका बी० क्लास का क्वार्टर था। मँझले कद के, गोरे-चिट्टे, मोटापे की ओर को मायल आदमी थे। सूट पहनते थे और सिर पर क्रिस्टी टोपी लगाते थे। उन्होंने रोशन को अन्दर ड्राइंग रूम में बुला लिया। संस्था के उद्देश्य और नियम बड़े ध्यान से पढ़े। रोशन से सविस्तार उनकी व्याख्या सुनी, उससे दस तरह के प्रश्न किये, लेकिन सदस्य बनने की बात एकदम टाल गये।

रोशन यों असफल हो कर उठ आने वालों में नहीं था। उसने नये सिरे से संस्था का महत्व बतलाया कि यह 'पंजाब लिटरेरी लीग' हाई कोर्ट के जजों, बैरिस्टरों, ऐडवोकेटों की संस्था है, पर उनके बाद शहर के पढ़े-लिखे, खाते-पीते लोगों का जो वर्ग है, उसकी सांस्कृतिक भूख मिटाने वाली कोई संस्था नहीं है और इसी अभाव की पूर्ति के लिए मित्रों के ज़ोर देने पर इस संस्था के काम को उसने अपने हाथ में लिया है....आदि-आदि....

तब लाला हाकिमचन्द ने कहा कि मई के शुरू में तो दफ़्तर शिमला चले जायेंगे और सितम्बर तक वहीं रहेंगे; वापस आने पर वे संस्था का सदस्य बनने की सोचेंगे। फ़िलहाल तो उन्हें एक ट्यूटर की ज़रूरत है, जो उनकी लड़की को 'हिन्दी रत्न' की परीक्षा करा सके।

७

रोशन चौंका। उसका दिमाग़ बड़ी तेज़ी से काम करने लगा।....यदि यह ट्यूशन उसे मिल

जाये तो वह अगले चार महीने में ही लॉ कॉलेज के लिए प्रवेश-शुल्क के रुपये जोड़ लेगा....और उसने पूछा था कि उनकी लड़की कहाँ तक पढ़ी है?

लाला हाकिमचन्द ने बताया था कि वह दो बार मैट्रिक में फ़ेल हो चुकी है। उनकी इच्छा है कि वह किसी-न-किसी तरह बी० ए० कर ले। सो, वे चाहते हैं कि वह तीन वर्ष में 'रत्न,' 'भूषण' और 'प्रभाकर' करे, फिर केवल अंग्रेज़ी में मैट्रिक, एफ़० ए० और बी० ए० और यों डिग्री न सही, 'बी० ए० इन इंग्लिश' का डिप्लोमा तो ले ही ले।

तब बात को एकदम संस्था के चन्दे से ट्यूशन की ओर मोड़ने में हालाँकि रोशन किंचित अप्रतिभ भी हुआ, पर उसने लाला हाकिमचन्द से कहा कि वे चाहें तो उनकी लड़की को वही 'हिन्दी रत्न' करा देगा।

"मुझे ऐसा ट्यूटर चाहिए, जो मेरे साथ शिमला जा सके —मई से सितम्बर तक," लाला हाकिमचन्द बोले।

रोशन ने उन्हें विश्वास दिलाया कि यदि उसके खाने-रहने का प्रबन्ध वे कर देंगे, तो वह चला जायेगा।

"पर आपकी संस्था का क्या होगा?" सहसा लाला हाकिमचन्द ने पूछा।

क्षण-भर को रोशन रुका, यह जानने के लिए कि उनके स्वर में व्यंग्य की कितनी मात्रा है, फिर उस ओर से आश्वस्त हो कर उसने कहा, "संस्था को उतने दिन उप-मन्त्री देख लेगा। वापस आ कर मैं फिर काम सँभाल लूँगा।"

यद्यपि अभी तक संस्था की एक भी जनरल मीटिंग नहीं हुई थी, न कार्यकारिणी ही चुनी गयी थी, न पदाधिकारी; पर रोशन ने उसी क्षण तय कर लिया कि यदि उसे ट्यूशन मिल गयी तो वह शिमला जाने से पहले एक जनरल मीटिंग करके कार्यकारिणी और पदाधिकारियों का चुनाव कर जायेगा।

"आपको कुछ पढ़ाने-वढ़ाने का अनुभव भी है?"

प्रकट ही लाला हाकिमचन्द उससे पिण्ड छुड़ाना चाहते थे, पर रोशन ने उनके इस प्रश्न को वरदान समझ कर उसके सहारे अपनी बात आगे बढ़ा दी और कहा कि वह तो कॉलेज के दिनों में ही ट्यूशन करने लगा था, फिर बी० ए० की डिग्री ले कर वह अपने स्कूल ही में मिडल से ले कर मैट्रिक तक के लड़कों को पढ़ाता रहा। एफ़० ए० तक उसने संस्कृत ले रखी थी और बी० ए० तक हिन्दी। ट्यूशन पढ़ाने में उसे विशेष रुचि है। उसे नौकरी की कमी नहीं, वह डेढ़-दो वर्ष से समाचार-पत्रों में काम करता आ रहा है, पर वहाँ दिन-रात ड्यूटी देनी पड़ती है, उसका स्वास्थ्य गिर गया है, इसलिए उसने समाचार-पत्र की नौकरी छोड़ दी है और आते सितम्बर में वह लॉ कॉलेज में दाख़िल हो जायेगा। लालाजी उसे ट्यूटर रखेंगे तो उन्हें शिकायत नहीं होगी। उनकी लड़की को वह पास करा देगा —निश्चित रूप से।

लालाजी चुपचाप उसकी बातें सुनते रहे थे। इससे उत्साहित हो कर रोशन ने उन्हें बताया था कि किस तरह एक ग्रैजुएट ट्यूटर किसी शास्त्री-वास्त्री से कहीं अच्छा होता है —

"रत्न में एक पेपर इतिहास का रहता है," उसने कहा था, "उसका स्तर मिडल अथवा मैट्रिक में पढ़ाये जाने वाले इतिहास से ऊँचा नहीं होता। पण्डित तो उतना ही

पढ़ायेगा, जितना किताब में लिखा होगा, पर ऐसा ट्यूटर, जिसने बी० ए० तक इतिहास पढ़ रखा हो और मेरी तरह इतिहास जिसका प्रिय विषय हो, छात्र को निश्चय ही ऐसे संकेत दे सकता है, जिससे कि वह ज़्यादा-से-ज़्यादा नम्बर ले जाये। मिसाल के लिए बादशाह बलबन ही को लीजिए। छोटे दर्जों के इतिहास में कहीं भी यह नहीं पढ़ाया जाता कि बलबन ने अपने उन चालीस मित्रों को मरवा डाला था, जो युवावस्था में उसके साथी थे और जिनके बल पर वह आगे बढ़ा और बादशाह बना था। अब अगर छात्र को इस घटना का ज्ञान हो और वह बलबन पर नोट लिखते समय एक लाइन में यह बात लिख दे तो उसे चार में से चार नम्बर मिल जायेंगे।"

और रोशन ने राणा संग्रामसिंह, अल्तमश, रज़िया सुल्ताना, शेरशाह सूरी और इतिहास के दूसरे प्रसिद्ध व्यक्तियों के सम्बन्ध में लाला हाकिमचन्द को ऐसी कई जानने योग्य बातें बतायी थीं। फिर उसने कहा था, "छठा पेपर निबन्ध का होता है। मैं कथाकार और कवि हूँ। आठवीं कक्षा में जो निबन्ध मैंने लिखा था, वह पण्डित ने मैट्रिक के छात्रों को सुनाया था और मुझे सौ में से नब्बे नम्बर दिये थे। मैं आपकी लड़की को इतना सुन्दर निबन्ध लिखना सिखा दूँगा कि अगर व्याकरण में वह कमज़ोर भी हुई तो भी निबन्ध के पेपर में ज़्यादा नम्बर ले कर पास हो जायेगी।"

लाला हाकिमचन्द काफ़ी प्रभावित हुए। लेकिन उन्होंने न 'हाँ' की, न 'ना' और कहा कि वे ट्यूटर आचार्य देशबन्धु की राय ही से रखेंगे।

"एक सप्ताह बाद आप मुझसे मिलिएगा," वे उठते हुए बोले, "मैं इस बीच आचार्यजी से राय ले लूँगा।"

"आचार्य देशबन्धु मुझे अच्छी तरह जानते हैं," रोशन ने कहा था, "आप उनसे ज़रूर पूछ लीजिए।"

और वह उठा। लालाजी को 'नमस्कार' कर बाहर निकला तो कहीं और जाने के बदले वह सीधा आचार्य देशबन्धु के यहाँ पहुँचा। राष्ट्रीय दैनिक के सम्पादन-विभाग में काम करने के कारण वह उनसे भली-भाँति परिचित था। उसने उनसे अपनी कठिनाई का ज़िक्र किया था कि किस प्रकार स्वास्थ्य चौपट हो जाने के कारण उसने दैनिक की नौकरी छोड़ दी है, कुछ महीनों से बेकार है और उसने तय किया है कि लॉ करके सब-जजी के कम्पीटीशन में बैठे, लेकिन उसके पास प्रवेश-शुल्क के पैसे नहीं। लाला हाकिमचन्द आचार्यजी को बहुत मानते हैं, उनको अपनी लड़की के लिए एक ट्यूटर की आवश्यकता है, जिसे वह अपने साथ शिमला ले जाना चाहते हैं और अगर आचार्यजी लाला हाकिमचन्द से उसकी सिफ़ारिश कर देंगे तो चार ही महीने में वह प्रवेश-शुल्क के लिए रुपये जोड़ लेगा और ज़िन्दगी भर उनका अहसान मानेगा।

आचार्यजी ने आशीर्वाद देते हुए उसकी पीठ थपथपायी थी और उसे विश्वास दिलाया था कि यदि लाला हाकिमचन्द उनसे पूछेंगे तो वे ज़रूर उसकी सिफ़ारिश कर देंगे।

०

०

रोशन का घर आ गया। वह अपने बड़े भाई के साथ अमृतधारा रोड के पीछे नयी बसी

आबादी में रहता था। डेवढ़ी में साइकिल टिका कर रोशन आँगन में गया तो चन्दा हँसती हुई उसे मिली।

"बड़ी देर कर दी। भूख नहीं लगी आपको?" और उसकी मुस्कान किंचित और फैल गयी।

हाथ धोते और खाना खाते हुए रोशन ने उसे सारी कारगुज़ारी कह सुनायी और सगर्व बोला, "मौके को सामने के बालों से पकड़ना चाहिए, मेरा यही विश्वास है। मौके ज़िन्दगी में सबको मिलते हैं। कुछ ऐसे होते हैं, जो देख कर उन्हें पहचान ही नहीं पाते, कुछ फ़ौरन उन्हें पहचान कर थाम लेते हैं, पर तीसरी तरह के आदमी ऐसे होते हैं, जो अपने लिए मौके पैदा कर लेते हैं।....मैं अपने-आपको तीसरी तरह के आदमियों में गिनता हूँ....तुम देखना, यह ट्यूशन मैं ले कर रहूँगा। मैं रोज़ आचार्य देशबन्धु के पास जाऊँगा और उस वक्त तक चैन नहीं लूँगा, जब तक वे मेरी सिफ़ारिश न कर दें।"

"आपको यह ट्यूशन ज़रूर मिल जायेगी," चन्दा ने कहा, "मुझे पूरा विश्वास है।"

"लेकिन भाई साहब इसके पक्ष में नहीं," सहसा रोशन ने कहा।

"क्यों?"

"लड़की सुन्दर है और ट्यूटरों को पिटवा देती है।"

चन्दा हँसी।

"मज़ाक नहीं करता। भाई साहब ने मना कर दिया है।"

"ऐसी बात है तो न कीजिए।"

"नहीं, ट्यूशन तो मैं ज़रूर करूँगा। मुझे इस साल लॉ कॉलेज में दाख़िल होना है। और मुझे दाख़िले के लिए रुपये चाहिएँ। जब मैं कोई मौका ही न दूँगा तो वह मुझे कैसे पिटवा देगी?"

"यही मैं सोचती हूँ," चन्दा ने कहा, "आप अपनी ओर से कोई ऐसी-वैसी बात न करेंगे तो क्या वे पागल हैं जो पीट देंगे?"

कोई शंका नहीं, सन्देह नहीं, ईर्ष्या नहीं —एक अपार, अथाह विश्वास ! —रोशन अभिभूत अपनी पत्नी को देखता रह गया।

२

हालाँकि स्टेशन के प्लैटफ़ॉर्म पर ही रोशन ने कनखियों से उसे देख लिया था, पर उस देखने को देखना नहीं कहा जा सकता। लाला हाकिमचन्द अपने ठिगने कद, बढ़िया सूट और क्रिस्टी टोपी के साथ, पास ही खड़े समान गिनवा रहे थे और उसे अपनी कापी में लिखे सामान से मिला कर गाड़ी के डिब्बों में रखवा रहे थे और रोशन नहीं चाहता था कि वे उसे अपनी लड़की को घूरते हुए देख लें....लाला हाकिमचन्द ने ताँगों से उतरने के बाद सामान गिनवाया था, स्टेशन पर आने के बाद गिनवाया था, गाड़ी के डिब्बों में रखवा देने

के बाद गिनवाया था और इस बीच लगातार कापी अपने हाथ में लिये-लिये वे इधर-से-उधर दौड़ते रहे थे। रोशन को लगा था, जैसे वे कापी हाथ ही में लिये सो जायेंगे और सुबह उठते ही सामान गिनना शुरू कर देंगे....

'सुपरिण्टेण्डेण्ट हो गये,' उसने मन-ही-मन कहा था, 'पर क्लर्काना ज़हनियत नहीं गयी।' और वह मन-ही-मन हँसा था....

लाला हाकिमचन्द को अपना तथा अपने बीवी-बच्चों का सेकेण्ड क्लास का किराया मिलता था, पर उन्होंने अपनी एक सीट सेकेण्ड में बुक करवायी थी और बीवी-बच्चों को इण्टर में बिठाया था —विशेषकर उस सूरत में, जब उन्होंने रोशन के लिए भी इण्टर का टिकट ख़रीदा था और वह उनकी देख-रेख को मौजूद था। भारी सामान उन्होंने अपने साथ सेकेण्ड में रखवा लिया था और बर्तनों की बोरियाँ, क्रॉकरी और दूसरा सामान इण्टर के डिब्बे में रखवाया था और स्वयं हर चीज़ की जगह निश्चित की थी।....उनकी तनदेही को देख कर रोशन को लगा था, जैसे वे सामान को नहीं, महत्वपूर्ण फ़ाइलों को निबटा कर उन्हें उचित ख़ानों में रखवा रहे हैं....

रोशन के भाई ने उसे बताया था कि वे अपने विभाग में चालीस रुपये के जूनियर क्लर्क के रूप में भरती हुए थे, लेकिन दस ही वर्ष में अपने सीनियरों को फलाँगते हुए सुपरिण्टेण्डेण्ट की कुर्सी पर जा बैठे थे। इस प्रक्रिया में उनका शरीर धीरे-धीरे भर गया था, लेकिन उनकी तनदेही और तत्परता में कमी न आयी थी। सफलता ने उन्हें कुछ अजीब-सा दर्प-मिला आत्म-विश्वास दे दिया था और उनमें अपनी बात को इलहाम का दर्जा देने की वृत्ति पैदा हो गयी थी। डिब्बों में उन्हें सामान रखवाते हुए देख कर रोशन कल्पना कर सकता था कि वे अपने विभाग का काम किस कुशलता से चलाते होंगे। यद्यपि उनके कुछ क्लर्क, जो उनके साथ ही गाड़ी में जा रहे थे, अपने सामान को भूल कर, उनकी सेवा में जुटे हुए थे और कुलियों की तरह सामान रख-रखा रहे थे; फिर उनकी बीवी थी, लड़की थी, रोशन था, नौकर-छोकरा था, पर उन्होंने किसी के सुपुर्द यह काम नहीं किया — ट्रंक, बिस्तर, बोरियाँ, पेटियाँ, टोकरियाँ, बाल्टियाँ, कनस्तर, सुराहियाँ, छड़ियाँ, छाते — एक-एक चीज़ उन्होंने अपने सामने रखवायी और कापी से मिलायी।....लाला हाकिमचन्द काफ़ी सख़्तगीर हैं, इसका पता रोशन को उन चन्द क्षणों में चल गया था, इसलिए वह उनकी लड़की को नज़र भर कर न देख पाया था।

....जब सारा सामान अपनी इच्छा के अनुसार रखवा कर उन्होंने तसल्ली कर ली तो टोपी उठा कर रूमाल से सिर का पसीना पोंछा। फिर डिब्बे में अपनी पत्नी, लड़की, दोनों लड़कों और रोशन का स्थान निश्चित करके उनके बिस्तर बिछवाये। गाड़ी स्टेशन में लगते ही उनके दफ़्तर के क्लर्क इण्टर के एक डिब्बे में घुस गये थे और उन्होंने सारी जगह रोक ली थी। लालाजी ने दायीं ओर की पूरी सीट पर अपनी पत्नी तथा छोटे बच्चे का बिस्तर बिछवा दिया था, सामने की सीट पर लड़की का, बीच की सीट पर बड़े लड़के का और इधर की सीट पर रोशन का। और इन जगहों के बीच कुछ इस तरह सामान रखवा दिया था कि दूसरी कोई सवारी उधर से आ-जा न सके। इस काम से फ़ारिग़ हो कर उन्होंने अपने एक मातहत को सुराहियाँ भर लाने का आदेश दिया और स्वयं यह देखने चले गये कि उनका नौकर-छोकरा नौकरों के डिब्बे में बैठ गया है या नहीं। इसा बीच गाड़ी ने सीटी

दे दी। वे भागे-भागे आये और उन्होंने रोशन को उन सबका ध्यान रखने की हिदायत दी। बच्चों को डाँटा कि वे खिड़कियों पर हाथ न रखें, परे हो कर बैठें। बीवी और लड़की को बार-बार इस बात का ध्यान रखने की ताकीद की और गार्ड को झण्डी हिलाते देख, भाग कर अपने डिब्बे में सवार हुए। जब गाड़ी चल दी तो रोशन ने (कनखियों से यह देख कर कि उनकी पत्नी बच्चों को बाहर के दृश्य दिखा रही है) नज़र भर कर ट्यूटरों को पिटवाने वाली उस लड़की की ओर देखा।

....न बहुत लम्बा, न मँझला —बीच का कद; पतला-छरहरा, लेकिन स्वस्थ, सुडौल शरीर; गोरा-चिट्टा रंग; सुन्दर-नुकीली ठोड़ी; लम्बी-सुतवाँ नाक; बड़ी-बड़ी आँखें; घनी भवें; ग़िलाफ़ी पलकें और लम्बी बरौनियाँ —लड़की सुन्दर थी, पर एक बार जब उसने रोशन की ओर देख कर आँखें खिड़की की ओर कर लीं तो रोशन को उस दृष्टि में वैसी चतुराई अथवा चंचलता न लगी, जिसकी कल्पना उसने ट्यूटरों को पिटवाने वाली उस लड़की में की थी।

वह खिड़की में झुक कर बाहर देखने लगी तो उसके सिर पर दुपट्टा एक ओर को फिसल गया और उसकी संगमरमर-सी साफ़ दूधिया गरदन रोशन की आँखों को चुँधिया गयी। इतनी साफ़ गरदन उसने पहले कभी न देखी थी। सुन्दर-से-सुन्दर लड़कियाँ उसने देखी थीं, गरदनें भी देखी थीं, पर ऐसी साफ़-शफ़्फ़ाफ़ गरदन उसे पहले कभी दिखायी न दी थी। गोरी सुन्दर गरदनों पर भी सिर के बालों के नीचे चोटी के इधर-उधर उसने सदा ऐसे बाल देखे थे, जो चोटी अथवा जूड़े में न समाते थे। घुँघराले बालों वाली लड़कियाँ उनके कुण्डल बना कर गरदन के पिछले हिस्से की उस कुरूपता को सौन्दर्य में परिणत कर लेती थीं; पर जिनके बाल वैसे न थे, उनके यहाँ वे यों ही उड़ते रहते थे और उन्हें जूड़े में बाँधने अथवा चोटी में सँजोने अथवा उनके कृत्रिम कुण्डल बनाने के सभी प्रयास विफल हो जाते थे। लेकिन उस लड़की की गरदन पर चोटी के इधर-उधर एक भी व्यर्थ का बाल न था। बस, संगमरमर-सी गरदन और उसी में से जैसे फूट कर निकली, गुँथी हुई चोटी —लगता था, जैसे यह गरदन और चोटी किसी मूर्तिकार की गढ़ी है, भगवान ने नहीं बनायी....

उधर से निगाहें हटा कर रोशन ने उसकी माँ की ओर देखा — लम्बा कद; पतला-दुबला शरीर; साँवला रंग; चपटा-सा श्रीहीन मुख; पतले, पर भिंचे होंट —लगता था, जैसे वे कभी मुस्कान में नहीं खिले —माथे पर सहज बातचीत में भी बन जाने वाली रेखाएँ —लड़की को अपनी माँ से केवल कद मिला था, या शायद दिमाग़, क्योंकि दो बार मैट्रिक में फ़ेल होने वाली लड़की का दिमाग़ हाकिमचन्द का नहीं हो सकता, शेष सब-कुछ उन्हीं का था —रंग, नक्श, आँखें और माथा....

रोशन अपलक संगमरमर की उस गरदन को देखता रहा। फिर लड़की ने पलट कर दुपट्टा सीट से उठा कर ठीक से ओढ़ लिया।

'यह लड़की कैसे अपनी ट्यूटरों को पिटवा देती है?' उसे देखते हुए रोशन ने मन-ही-मन सोचा। कोशिश करने पर भी उसकी आँखों में उसे इस बात का कोई आभास न मिला —सुन्दर, लेकिन भोली या फिर किंचित ठस —चतुराई अथवा चांचल्य उन आँखों में नहीं था। निश्चय ही लड़की मानिनी है। उसे शायद अपने सौन्दर्य का गुमान भी है।

शायद ट्यूटर कोई बदतमीज़ी करते हैं और वह अपनी माता या पिता से कह देती है....लेकिन रोशन ने तो अपना ढंग पहले ही निश्चित कर लिया था....

०

वह लगातार सात दिन तक आचार्य देशबन्धु के यहाँ जाता रहा था और इस श्रम का यह परिणाम निकला था कि जब वह आठवें दिन लाला हाकिमचन्द से मिलने गया था, तो उन्होंने उसे ट्यूशन देना स्वीकार कर लिया था।

"लाला देशबन्धु से मैंने आपके बारे में पूछा था," लालाजी ने कहा, "उन्होंने आपकी सिफ़ारिश की है। मैं आपको साथ ले चलने को तैयार हूँ। चालीस रुपये महीना मैं दूँगा और रहना-खाना आपका मेरे ज़िम्मे रहेगा।"

रोशन के सामने शिमले के रुल्दू भट्ठे से चोर बाज़ार के ढाबे तक का रास्ता घूम गया....जब वह पिछले वर्ष शिमला में कविराज रामदास के साथ वहाँ रहा था तो कई बार बरसते पानी में भी दोनों समय उतनी चढ़ाई चढ़ कर वह सारा रास्ता पार करते हुए उसे खाना खाने जाना पड़ता था....

"मेरे खाने का इन्तज़ाम आप कहाँ करेंगे?" सहसा उसने पूछा।

"घर ही में आप खायेंगे, हमारे साथ।"

"ठीक है मुझे मंज़ूर है।"

"लेकिन एक शर्त है...."

रोशन ने प्रश्नवाचक दृष्टि से उनकी ओर देखा।

"....आपको गारण्टी देनी होगी...."

"गारण्टी?"

"....कि आप मेरी लड़की को पास करा देंगे।"

"मैंने आपको गारण्टी दे दी थी।"

"नहीं, ऐसे नहीं," लाला हाकिमचन्द ने कहा, "मैं आपको बीस रुपये महीना देता रहूँगा और बीस रुपये आपके मेरे पास जमा रहेंगे। जब मेरी लड़की पास हो जायेगी तो मैं आपको साल-भर के पूरे दो सौ चालीस रुपये दे दूँगा।"

रोशन क्षण-भर चुप रहा।....उसके जी में आया, इनकार कर दे। सात दिन तक लगातार वह आचार्य देशबन्धु के यहाँ जाता रहा था। सारा श्रम बेकार गया। मन में उसके खीझ और क्रोध का बवण्डर उठा। बीस रुपये में वह क्या जोड़ पायेगा और कैसे लॉ कॉलेज के प्रवेश-शुल्क का प्रबन्ध करेगा? और अगर लाला हाकिमचन्द ने लड़की के पास होने के बाद रुपये न दिये तो वह ख़ासा बेवकूफ़ बन जायेगा....सहसा उसने पूछा, "आपने आचार्यजी से इस शर्त की बात की थी?"

"नहीं, मैंने नहीं की, पर आज करूँगा।"

"आचार्यजी कहेंगे तो मैं मान लूँगा," उसने कहा।

"आपको यह शर्त स्वीकार हो तो मैं आज आचार्यजी से कह दूँगा।"

"मैं उनसे पूछ कर आपको कल पक्का जवाब दूँगा," रोशन ने कहा और 'नमस्कार' कर चला आया था।

इस ट्यूशन से रोशन को बड़ी उम्मीदें थीं। ट्यूशन मिल जाने की आशा में भविष्य के दो वर्षों की उसने सारी स्कीम बना डाली थी....

चन्दा बच्चे से थी। उसका सातवाँ महीना शुरू था। मई ही में वह 'प्रभाकर' की परीक्षा में बैठ रही थी। परीक्षा देते ही वह जालन्धर चली जायेगी। बच्चे के जन्म के बाद दो वर्ष तक जालन्धर रहेगी। इस बीच वह कानून की परीक्षा दे कर कम्पीटीशन में बैठेगा और जब कहीं सब-जज लग जायेगा तो उसे बुला लेगा। लॉ कॉलेज से उसने पता कर लिया था —कुल मिला कर उसकी फ़ीस तेरह रुपये थी। चालीस रुपये की ट्यूशन से वह फ़ीस का, किताबों का, घर के किराये में अपने हिस्से का, खाने-पीने का —सब बातों का प्रबन्ध सुचारु रूप से कर लेगा, ऐसा उसने सोचा था....लाला हाकिमचन्द की इस शर्त ने उसकी सारी स्कीम पर पानी फेर दिया था। मिल जाने पर भी उसे लग रहा था, जैसे ट्यूशन उसे नहीं मिली।

उनके घर से निकल कर उसने साइकिल का रुख़ आचार्य देशबन्धु के घर की ओर मोड़ लिया। चूँकि आचार्यजी ने उसे पूरा विश्वास दिलाया था, इसलिए उसने अपनी संस्था का उद्घाटन एलफ़िन्स्टन होटल में करके सभी सदस्यों को वहाँ बुलाया था, उन्हें एक बढ़िया चाय-पार्टी दी थी, कार्यकारिणी का चुनाव किया था और यह घोषणा करके कि वह गर्मियों में शिमला जा रहा है, संस्था का कार्य-भार उप-मन्त्री को सौंप दिया था। चूँकि लाला हाकिमचन्द को पहली मई ही को शिमला के लिए चल देना था, इसलिए शिमला जाने से पहले संस्था के रुपयों को संस्था के सदस्यों पर ख़र्च कर देना रोशन को ज़रूरी लगता था।....लाला हाकिमचन्द ने गारण्टी की यह नयी पख़ लगा कर उसके सामने एक नयी मुसीबत खड़ी कर दी। अपनी मूर्खता में उसने शिमला जाने की भी घोषणा कर दी थी, अब किस मुँह से वह संस्था का काम फिर से सँभालेगा?....और वह वक्त चाहता था, जिसमें सोच सके, इस नयी समस्या के बारे में ठण्डे दिल से विचार करके किसी निश्चय पर पहुँच सके।

आचार्य देशबन्धु के घर जाते-जाते उसने सारी समस्या पर नये सिरे से विचार किया था। वास्तव में इतनी भाग-दौड़ करने के बाद वह ट्यूशन छोड़ना न चाहता था। बेकार रहने और लोगों से ज़बरदस्ती चन्दा वसूल करते घूमने से यह ट्यूशन उसे कहीं बेहतर लगती थी। फिर, वह कविराज रामदास को दिखा देना चाहता था कि वह उनकी सहायता के बिना भी सेहत बनाने शिमला जा सकता है और सबसे बढ़ कर उसके सामने लॉ करने की समस्या थी....

अगर लाला जी शिमला-प्रवास में उसके रुपये न काटें, उसने सोचा, वह प्रवेश-शुल्क दे कर कॉलेज में दाख़िल हो जाये, फिर लाहौर में वह अपना काम कम रुपयों में भी चला लेगा....लाला हाकिमचन्द यदि यह बात मान जायें तो उसे इस शर्त पर भी ट्यूशन ले लेनी चाहिए....और उसने आचार्य देशबन्धु के सामने अपनी समस्या रखी थी और उनसे प्रार्थना की थी कि वे लाला हाकिमचन्द को समझायें कि लड़के को लॉ कॉलेज में दाख़िल होना है, वे चाहे बीस रुपये शिमला में काटते जायें, पर जब वह शिमला से वापस आने लगे तो उसे दाख़िले भर को रुपये दे दें। ये रुपये वह लाहौर में कटा देगा....और आचार्यजी ने उसे विश्वास दिलाया था कि वे लाला हाकिमचन्द को समझा

देंगे।

दूसरे दिन वह लालाजी के यहाँ जाने से पहले आचार्यजी से मिला था। देशबन्धु जी ने उसे बताया था कि उन्होंने हाकिमचन्द को सारी स्थिति समझा दी है और अगर वह लगन से बच्ची को पढ़ायेगा तो लाला हाकिमचन्द उसके दाख़िले का प्रबन्ध कर देंगे। तब रोशन ने लालाजी के घर जा कर अपनी रज़ामन्दी प्रकट कर दी थी। यह भी तय हो गया था कि शिमला में तो रोशन लड़की को सारा वक्त, यानी दस बजे से पाँच बजे तक पढ़ायेगा, बीच में दोपहर को एक-डेढ़ घण्टा छुट्टी करेगा, लेकिन लाहौर में कम समय देगा। लालाजी ने लाहौर में चार घण्टों की माँग की थी, पर रोशन को यह समय ज़्यादा लगा था।

"जब उसे पास कराना मेरी शर्त है," रोशन ने कहा था, "तो आप चार घण्टे की कैद क्यों लगाते हैं? घण्टा-सवा घण्टा तो घर से यहाँ आने-जाने ही में लग जायेगा। मुझे कानून की पढ़ाई भी करनी होगी। वक्त की कैद आप न रखिए, मैं दो घण्टे पढ़ाऊँ या चार घण्टे, उसे पास अच्छे नम्बरों से करा दूँगा।"

पर लाला जी सुपरिण्टेण्डेण्ट थे, वक्त के सम्बन्ध में पाबन्दी चाहते थे।

ख़ासे बहस-मुबाहिसे के बाद वे इस बात पर तैयार हो गये कि लाहौर वापस आ कर रोशन लड़की को तीन घण्टे समय दिया करेगा, पर उसकी कसर वह इतवार को समय दे कर पूरी कर देगा।

रोशन इतवार को छुट्टी चाहता था, पर उस सूरत में लालाजी की माँग थी कि वह आम दिनों में चार घण्टे पढ़ाये। विवश, रोशन मान गया था।

यों बात पक्की करके लालाजी ने लड़की को आवाज़ दी थी —"चन्द्रा !"

जब वह आ गयी थी तो लालाजी ने कहा था, "ये हैं तुम्हारे नये मास्टरजी ! ये हमारे साथ शिमला जायेंगे।"

लड़की ने हाथ जोड़ कर 'नमस्ते' की थी।

यद्यपि ट्यूटरों को पिटवाने वाली उस लड़की को देखने की बड़ी उत्सुकता रोशन के मन में थी, पर तब उसने आँखें न उठायी थीं। बिना उसकी ओर देखे ही उसकी 'नमस्कार' का जवाब दे दिया था। अपने औत्सुक्य पर उसने अंकुश लगा दिया था; उसकी निगाहें फ़र्श पर ही लगी रही थीं और उसे केवल नाज़ुक-सी चप्पल में दो गोरे-गोरे पैर ही दिखायी दिये थे।

लड़की क्षण-भर खड़ी उसे घूरती रही थी। फिर लाला हाकिमचन्द ने उसे वापस जाने का आदेश दिया था।

०

चन्द्रा ने फिर खिड़की से पीठ लगा ली थी और पैर बीच की सीट पर फैला लिये थे। अनायास रोशन की निगाहें उसके गोरे-गोरे पैरों पर चली गयीं। वहाँ से बिछलती हुई नज़रें उसके चेहरे पर गयीं। एकदम भाव-शून्य बैठी, वह सामने दृष्टि लगाये थी....

०

जब रोशन ने घर आ कर भाई साहब को बताया था कि उसने ट्यूशन स्वीकार कर ली है और ट्यूशन की शर्त बतायी थी तो एक बार फिर उन्होंने उसे ट्यूशन लेने से रोका था।

"मैंने उस लड़की के बारे में कई तरह की बातें सुनी हैं। जान-बूझ कर शेर की माँद में जाने को अक्लमन्दी नहीं कहते," उन्होंने कहा था, "आग जलाती है, यह जानने के लिए क्या अपनी उँगली जलाना ज़रूरी है? दूसरों की जली हुई उँगलियों से क्या सबक नहीं लिया जा सकता?"

"मैंने तय कर लिया है कि मैं शिमला ज़रूर जाऊँगा," रोशन ने निश्चयात्मक स्वर में कहा था, "अव्वल तो कोई ऐसी-वैसी बात होगी, इसकी कोई सम्भावना नहीं, मैं मौका ही नहीं दूँगा। फिर, मैं उन चपरासियों की तरह रहूँगा ही नहीं, जिन पर हाथ उठाने की जुर्रत लाला हाकिमचन्द को हुई।"

और वह उसी रात जालन्धर गया था और वहाँ से वह रेशमी रज़ाई-दुलाई ले आया था, जो उसे विवाह में मिली थी और जिसे लाहौर में जगह न होने के कारण माँ ने, उसी के कहने पर, बड़े सन्दूक में सँभाल कर रख छोड़ा था। फिर माँ ने घर में रखी हुई बढ़िया मलमल की दो पगड़ियाँ जोड़ कर (जो उसके पिता को रेलवे की ओर से वर्दी के साथ मिलती थीं) रज़ाई का झालरदार ग़िलाफ़ बना दिया था। सूट रोशन के पास नया था, उसने पिछले ही वर्ष शिमला में जोड़े हुए रुपयों में से पच्चीस रुपये ख़र्च कर बनवाया था। साढ़े चार रुपये का एक बढ़िया फ़ेल्ट हैट और डेढ़ रुपये की टूटल टाई उसने और ख़रीद ली। और यों डिग्री से नहीं तो वेष-भूषा से वह 'प्रोफ़ेसर' बन गया। वह इस शान से रहेगा, उसने सोचा, कि अनायास लाला हाकिमचन्द को उसे 'अबे-तबे' करने अथवा किसी तरह उसका अपमान करने का साहस ही न हो।

इस योजना के अलावा रोशन ने तय किया था कि —

- शिमला पहुँचते ही वह अपने समय को ऐसे बाँट लेगा कि व्यर्थ की बातें करने अथवा सोचने के लिए कोई समय ही न रहे।
- सुबह उठ कर शरीर पर तेल की मालिश करके कसरत करेगा। तीन-चार मील सैर करेगा। सैर से वापस आ कर नहायेगा, नाश्ता करेगा और ठीक साढ़े नौ बजे पढ़ाने बैठ जायेगा। दोपहर को एक बजे खाना खायेगा। एक घण्टा आराम करेगा। ढाई बजे से फिर पढ़ाना शुरू करेगा और ठीक पाँच बजे उठ जायेगा और तत्काल सैर के लिए बाहर निकल जाया करेगा।
- रात को नियमित रूप से दो घण्टे साहित्य-सृजन करेगा।

(इस कार्यक्रम के द्वारा उसे पक्का यकीन था कि वह न केवल अपने मन को भटकने का अवसर न देगा, बल्कि चन्द्रा से घनिष्ठता बढ़ने का रास्ता रोक देगा और —लाला हाकिमचन्द के सामने भी कम-से-कम पड़ेगा। न वह उनसे खुलेगा, न उन्हें उसकी बेइज़्ज़ती करने का साहस होगा।

यह गुर उसका पुराना आज़माया हुआ था। दुसूआ के स्टेशन पर अपने क्रूर पिता की उपस्थिति से वह इसी तरह बच जाता था। उनके घर आने के वक्त वह स्टेशन पर चला जाता; वे स्टेशन आते तो घर पहुँच जाता अथवा माल गोदाम की ओर जा निकलता।)

- पढ़ाते समय वह लड़की की ओर न ज़्यादा देखेगा, न उससे आँखें मिलायेगा और रोशन के कानों में 'ढोला' के बोल गूँज गये —

पुच्छाँ सहेलियाँ माही वे
निहूँ किक्कों लाईदा, ढोला....
पहलों अक्खियाँ माही वे
फेर रल मिल जाईदा, ढोला[१]....

जब वह चन्द्रा से आँखें मिलायेगा ही नहीं, तो किसी तरह का घपला कैसे होगा?

- अपने स्वर को वह सदा गम्भीर रखेगा। पढ़ाते समय वह कोई हलकी बात न करेगा। न मुस्करायेगा, न हँसेगा।

(और रोशन के सामने पंजाबी की प्रसिद्ध कहावत घूम गयी —हस्सेया ते मन्न रस्सेया। अपरिचित युवक-युवती के बीच गम्भीरता की दीवार में पहली दरज़ मुस्कान के रूप में ही प्रकट होती है। इस दरज़ के रास्ते ही दूसरा दिल तक पहुँच जाता है। रोशन को इस कहावत की हकीकत अच्छी तरह मालूम थी। कुन्ती, प्रकाशो और फिर नीला के सम्बन्ध में वह इस मुस्कान का जादू देख चुका था....चन्द्रा को देखते हुए उसे लगा कि यह लड़की कभी नहीं मुस्करायेगी। यदि वह स्वयं भी गम्भीर बना रहे तो फिर किसी तरह की मुसीबत का अन्देशा नहीं।)

- और सबसे महत्वपूर्ण यह है कि वह किसी ऐसे कमरे में उसे न पढ़ायेगा, जो बन्द हो। बरामदे में, बालकनी में अथवा खुले कमरे में वह उसे पढ़ायेगा। प्रेम, वह जानता था, चोरी में पनपता है। वह इस चोरी के लिए, लुकी-छिपी बात के लिए, अवसर ही उपस्थित न होने देगा।

भाई साहब ठीक कहते थे —इस ट्यूशन में ख़तरा तो है, उसने सोचा। वह स्वयं जवान है। उसकी उम्र अभी चौबीस की भी न थी। लड़की भी जवान है। हालाँकि लालाजी उसे चौदह वर्ष की बताते हैं, पर वह ज़रूर सोलह-सत्रह की होगी। 'रत्न' में दो वर्ष फ़ेल हुई है। जाने पहले भी फ़ेल हुई हो....ख़तरा ज़रूर है, लेकिन ख़तरा मोल लिये बिना दुनिया में कभी किसी ने कुछ पाया है? उसे अपने ऊपर पूरा भरोसा था और उसका ख़याल था कि इन सब बातों का ध्यान रखने से वह न केवल सही-सालम शिमला से लौट आयेगा, बल्कि घाते में प्रवेश-शुल्क के लिए पैसे भी ले आयेगा। और उससे बढ़ कर यह कि कविराज को यह दिखा आयेगा कि वह उनकी सहायता के बिना भी शिमला जा सकता है और उनसे बेहतर सुविधाएँ पा सकता है।

लड़की के चेहरे की भाव-शून्यता और उसकी आँखों के ठहराव को देख कर उसे विश्वास हो गया था कि ग़लती ट्यूटरों ही की होगी —'सौन्दर्य में ऐसा आकर्षण है कि मूढ़-से-मूढ़ उससे प्रभावित हुए बिना नहीं रहता,' उसने सोचा, 'बल्कि मूढ़ बुद्धिमान की अपेक्षा सौन्दर्य से ज़्यादा प्रभावित होता है' —और रोशन के दिमाग़ में प्रसिद्ध फ्रांसीसी कथाकार मोपासाँ की कहानी 'वह सूअर मोरिन' घूम गयी।

मोरिन पेरिस से सौ-सवा सौ मील दूर एक कस्बे का धनी, थलथल-पिलपिल, कुरूप बजाज था। एक बार वह पन्द्रह दिन के लिए पेरिस गया। जब वापस अपने कस्बे के लिए

---

१. मैं सहेलियों से पूछती हूँ —प्रिय से प्यार कैसे शुरू किया जाता है? सहेलियाँ कहती हैं —पहले आँखें मिलायी जाती हैं, फिर घुल-मिल जाते हैं ।

चला तो उसके ख़ून का दौरा कुछ तेज़ था और उसके दिमाग़ में नंगी टाँगें, सुन्दर चेहरे और स्कर्टों की सरसराहटें घूम रही थीं। स्टेशन पर उसने एक बड़ी सुन्दर लड़की देखी, जो किसी बूढ़े से विदा ले कर गाड़ी के एक डिब्बे में सवार हुई। उसके सौन्दर्य से वह कुछ ऐसा प्रभावित हुआ कि यन्त्रचालित-सा उसी डिब्बे में जा सवार हुआ। डिब्बे में दूसरी कोई सवारी न थी। अपनी सीट पर बैठा वह उसे एकटक देखने और अपने बस में लाने की तरकीबें सोचने लगा। पर उसने अपनी मूँछों वाली बीवी के अतिरिक्त कोई दूसरी औरत देखी न थी। इसी हैज़-बैज़ में रात हो गयी थी, लड़की कम्बल ओढ़ कर लेट गयी और सो गयी। मोरिन जड़वत उसकी ओर देखते हुए, सारी रात इसी उधेड़-बुन में अपनी सीट से चिपका बैठा जागता रहा कि वह किस प्रकार उसे प्राप्त करे। सुबह सूरज की पहली किरण के साथ वह उठी। गहरी नींद सोने से उसने सुख की अँगड़ाई ली और मोरिन को अपनी ओर एकटक देखते पा कर वह मुस्करायी।....बस, उसकी मुस्कराहट को प्यार का निमन्त्रण समझ कर मोरिन उठा और बिना किसी भूमिका के, दोनों हाथ फैलाये, उसकी ओर बढ़ा। लड़की घबरा कर उठी, पर मोरिन ने उसे दोनों बाँहों में ले कर चूम लिया। अपने आपको उसकी बाँहों से छुड़ा कर उसने उसे ज़ोर का धक्का दिया। मोरिन बुरी तरह गिरा। लड़की चीख़ती भागी और गाड़ी का दरवाज़ा खोल कर चिल्लाती हुई हाथ हिलाने लगी....मोरिन को लगा, वह गाड़ी से कूद जायेगी। घबरा कर आगे घिसट, उसने उसकी स्कर्ट थाम ली। गाड़ी खड़ी हो गयी। पुलिस आ गयी और उसी स्थिति में मोरिन मियाँ धर लिये गये। लड़की ने उस पर बलात्कार की चेष्टा का अभियोग लगाया और मोरिन कस्बे पहुँच कर घर जाने के बदले हवालात जा पहुँचा....

उस सारे दृश्य की कल्पना कर रोशन मन-ही-मन मुस्कराया....निश्चय ही उस लड़की को ले कर पिट जाने वाले ट्यूटर उस घामड़ मोरिन जैसे होंगे....लेकिन उस कहानी में लाबार्ब भी तो था —उस सौन्दर्य को देख कर, पा कर भी उसे छोड़ आया, बल्कि उस सुन्दरी के निकटतम सम्पर्क में बिताये गये, लगभग मदहोश कर देने वाले क्षणों को जिसने एकदम बिसार दिया....यही सौन्दर्य के प्रति मूढ़ और बुद्धिमान के आचरण में अन्तर है, रोशन ने सोचा, वह निश्चय ही मोरिन जैसा नहीं है....और अपने आपको लाबार्ब के समकक्ष रख कर मन-ही-मन उसे किंचित गर्व का भी आभास हुआ।

०

"मास्टर जी, इसमें क्या है?"

रोशन चौंका। लाला हाकिमचन्द का बड़ा लड़का गिगलू जाने कब उसके पास आ गया था और उसके निकट ही सीट पर पड़े हारमोनियम के बक्से पर हाथ रखे खड़ा था। गोल, गुलगोथना मुख, चौड़ा मस्तक, बड़ी-बड़ी आँखें —जिनमें अपार भोलापन था। उसकी एक टाँग जाने जन्म ही से टेढ़ी थी अथवा किसी दुर्घटना में टेढ़ी हो गयी थी — वह उसे ज़रा घुमा कर और लँगड़ा कर चलता था।....उसके होंटों पर बड़ी प्यारी मुस्कान आ गयी थी, जो लगता था, जैसे वहीं थम गयी है। रोशन क्षण भर उसे देखता रहा, फिर उसकी निगाहें अपनी माँ की गोद में बैठे उसके छोटे भाई पिगलू पर चली गयी —पाँच-एक वर्ष की उमर, साँवला रंग, पतले नक्श, चेहरे पर लाड़-पले लड़के की ऐंठन और चिड़चिड़ाहट....

"क्या इसमें बाजा है?" गिगलू ने उत्तर न पा कर उसी सादगी से पूछा। रोशन को उसकी बड़ी-बड़ी आँखों का भोलापन बड़ा भला लगा। विशाल और बेकिनार दुनिया की हर वस्तु के लिए जैसे उसमें अपार औत्सुक्य था। यद्यपि उसने क्षण भर पहले निर्णय किया था कि वह ऐसे गम्भीर रहेगा कि परिवार में किसी को काम के अलावा उससे बात करने का साहस न हो, पर उस बच्चे की सादगी के सामने उसका गाम्भीर्य टिका न रहा। उसका जी हुआ कि उसका चेहरा दोनों हाथों में ले कर उसे चूम ले। लेकिन लड़का उत्तर की प्रतीक्षा में उसकी ओर आँखें फैलाये, अजीब शर्मीली मुस्कान से मुटर-मुटर ताक रहा था।

"हाँ," रोशन ने कहा।

"हारमोनियम?"

"हाँ।"

"आप बजाते हैं?"

"हाँ।"

"गाते हैं?"

"यों ही, मेरी आवाज़ अच्छी नहीं है।"

"सुनाइए....।"

और उसके होंटों पर वह भोली मुस्कान और भी फैल गयी। रोशन का मन हुआ कि बक्से से बाजा निकाल कर वह उस बच्चे को लगातार गीत सुनाये। पर उसने सिर्फ़ इतना कहा, "यहाँ नहीं। शिमला पहुँच कर सुनाऊँगा।"

"एक गीत सुना दीजिए।"

रोशन चुप रहा।

"सुनाइए न !"

रोशन फिर भी चुप रहा। उसे एकटक देखता रहा।

लड़का टाँग घुमाता, लँगड़ा कर चलता, अपनी बहन के पास गया, "चन्दा, मास्टर जी से कहो, हमें बाजा सुनायें।"

लड़की उसी तरह खिड़की से पीठ लगाये, बीच की सीट में टाँगें पसारे, सामने निरुद्देश्य घूरती रही।

गिगलू की मुस्कान हवा हो गयी। बहन की इस अन्यमनस्कता ने उसके चौड़े-खुले माथे पर खीझ की रेखाएँ बना दीं। उसने उसकी बाँह पकड़ कर झकझोर दी, "चन्दा !"

लड़की ने बिना सिर को ज़्यादा घुमाये एक अनमनी-सी दृष्टि रोशन पर डाली, फिर कुछ खीझ कर गिगलू को देखा, अपनी सीट पर ज़रा हिली, एक टाँग दूसरी पर रखी और वैसे ही सामने घूरती रही।

'....तो इसका नाम चन्द्रा नहीं, चन्दा है....' रोशन ने सोचा....स्टेशन पर लाला हाकिमचन्द ने दो बार उसे 'चन्द्रा' कह कर पुकारा था, उसकी माँ ने 'चन्द्रो' कह कर बुलाया था। तब उसने उसका नाम यही समझा था, 'लेकिन जब उसके दोनों भाई उसे चन्दा कहते हैं,' रोशन ने सोचा, 'तो इसका असली नाम यही है।' उसकी पत्नी का भी नाम चन्दा ही था।....लेकिन दोनों के स्वभाव में कितना अन्तर है ! लगता ही नहीं कि यह लड़की कभी

हँसना तो दूर रहा, मुस्कराती भी है....और उसकी पत्नी?....वह तो सदा हँसती ही रहती है....और रोशन के सामने उसकी पत्नी का हँसता-मुस्कराता खिला मुखड़ा घूम गया....वह इस वक्त क्या कर रही होगी?....क्या उसकी इस लम्बी अनुपस्थिति की सम्भावना से उदास होगी?....पर उसके उदास मुख की तो रोशन कल्पना ही न कर पाता था....सुख-दुख सबको सहज भाव से ले लेना उसने जाने कैसे सीख लिया था। उस झील के पानी में कभी तूफ़ान न उठते थे। बस, एक शान्त विस्तार और अतल गहराई —रोशन ने कई बार उस पानी में बवण्डर देखने की कामना की थी, वह दिन-दिन भर लड़ा-झगड़ा, बोला-बका था, पर उस प्रशान्त जल में लहर तक न उठी थी....और गहराई —रोशन कभी उसकी थाह न पा सका था....

पिछली रात, जब वे छत पर बराबर की चारपाइयों पर लेटे थे, रोशन ने उससे अपनी चारपाई पर आने के लिए कहा था। वह अपनी चारपाई पर बायीं ओर करवट ले कर उसके निकट हो गयी थी, लेकिन उसकी चारपाई पर न आयी थी। इधर जब से उसे पाँचवाँ महीना लगा था, वह दूसरी चारपाई पर सोने लगी थी। रोशन ने कविराज रामदास के लिए जो पुस्तक लिखी थी, उसमें बच्चे के जन्म से पहले माता-पिता को किन बातों का ध्यान रखना चाहिए, इसका पूरा ब्योरा था। वह सारा परिच्छेद रोशन ने चन्दा को सुनाया था और उसके बाद ही दोनों अलग-अलग चारपाइयों पर सोने लगे थे। रोशन दायीं करवट हो गया था। इतने दिन तक उसे सिर्फ़ एक बात की चिन्ता थी —कैसे वह इस ट्यूशन को लेने में सफल हो और जब उसे ट्यूशन मिल गयी थी तो वह शिमला जाने की तैयारी में लग गया था और अब, जब सब तैयारी हो गयी थी तो उसे कई तरह की चिन्ताओं ने घेर लिया था....चन्दा की परीक्षा की चिन्ता; उसकी इस पहली प्रसूति की चिन्ता....औरत का तो यह दूसरा जन्म ही होता है और किसी दुर्घटना की कल्पना-मात्र से उसका दिल बैठ जाता था....धीरे-धीरे उसकी यह सरल, सीधी-सादी पत्नी उसके दिल-दिमाग़ पर छा गयी थी और रोशन बार-बार की दोहरायी बातें —हर तरह की सावधानी बरतने के सिलसिले में —फिर दोहराने लगा था।

"आप किसी तरह की चिन्ता न करें," चन्दा ने कहा था, "सब ठीक हो जायेगा, मैं दोनों परीक्षाओं में पास हो जाऊँगी।" और वह हँस दी थी और छत के नीम-अँधेरे में मोती बिखर गये थे। फिर वह धीरे से उसके बिस्तर पर आ गयी थी और उसके भरे वक्ष से सिर लगाये रोशन भविष्य के प्लान बनाता रहा था। बीस रुपये में कैसे वह लाहौर में पढ़ाई का इन्तज़ाम करेगा, इसकी योजना उसने अपनी पत्नी को सविस्तार सुनायी थी। जब वह शिमला से वापस आयेगा तो सर्दियाँ उतर आयेंगी। यह मकान वे छोड़ देंगे। भाई साहब की क्लिनिक के ऊपर जो परछत्ती है, उस पर भाई साहब की चारपाई लग जायेगी और वह पास ही लकड़ी के फ़र्श पर बिस्तर लगा लेगा। दिन को बाहर सड़क के किनारे म्यूनिसिपल लॉन में पढ़ लेगा। रात को परछत्ती पर चौकी रख कर पढ़ लिया करेगा। गर्मियों के दिनों में वे पाँच रुपये महीने पर चंगड़ मुहल्ले में कोई कमरा ऊपर की मंज़िल में ले लेंगे। तेरह रुपये फ़ीस और सात रुपये खाने-पकाने को। किताबों की उसे चिन्ता नहीं, उसके लिए वह दुकानदारों से दोस्ती कर लेगा, आदि-आदि....चन्दा उसके बालों को सहलाती रही थी। फिर रोशन ने सहसा उसे चूम कर कहा था, "बस, तुम ठीक रहो, मैं बी०ए० में चाहे अच्छे

नम्बर न ले सका सही, पर तुम देख लेना, मैं एल०एल०बी० में डिस्टिंक्शन ले कर पास हूँगा। कम्पीटीशन में आ कर रहूँगा, तुम्हारी माँ किसी डिप्टी की ससुराल में महराजिन ही न होगी, एक सब-जब की सास भी होगी....।"

चन्दा ने बायें हाथ से उसे अपने सीने से दबाते हुए उसका माथा चूम लिया था, "मुझे पूरा विश्वास है। आप ज़रूर जज बनेंगे।"

"पर तुम ठीक रहो, तब...."

"मुझे कभी कुछ नहीं हुआ, मेरी चिन्ता आप न कीजिए। बस, अपनी मेहनत का ख़याल रखिए।"

और उसके गरम वक्ष से लगे-लगे रोशन को वही पहले मिलन की-सी अनुभूति हुई थी —वही शान्त झील के किनारे छाये घने छायादार पेड़ों की छाँह में लेटने की, उसके ठहरे शान्त पानी में डूबने की....और....

और गाड़ी के डिब्बे में बैठे-बैठे रोशन ने सोचा, पिछली रात का मिलन भी कैसा था ! ऐसा मिलन भी होता है, जिसमें ख़ुदसर ठाठें मारता दरिया उतनी ही उद्दण्ड नदी से हम-किनार होता है। दोनों की उफनती तरंगें एक-दूसरी में मिल, एक हो, शान्त हो जाती हैं। लेकिन दो शान्त, निथरी झीलों का भी तो मिलन होता है....उस झील के साहचर्य में वह भी तो एक झील-सरीखा ही बन गया था, इस चिन्ता से कि उसकी बीवी को ज़रा भी तकलीफ़ न हो....कुछ अजीब-सी करुणा, अजीब-सी ममता, अजीब-सी सुख-शान्ति के एहसास से उसका मन आप्लावित हो आया....

०

"मास्टरजी, आप बच्चे का मन रख दीजिए। ज़रा इसे एक गीत सुना दीजिए।"

रोशन अपने ध्यान में जाने कहाँ-से-कहाँ जा पहुँचा था। गिगलू शायद बहन के बाद माँ के पास गया था और उसकी माँ वहाँ से उठ आयी थी।

रोशन स्वयं बीच की सीट पर टाँगें पसारे बैठा था। मिसेज़ हाकिमचन्द को सामने खड़ी देख वह अचकचा कर उठा। उसने बाजा खोला, हारमोनियम निकाला।

"मुझे तो कुछ वैसा गाना-बजाना नहीं आता, बीबीजी," उसने कहा, "मेरी पत्नी का स्वर अच्छा है, मैं पुस्तक की मदद से कुछ ट्यूनें निकाल कर उसे सिखा देता हूँ और वह गाया करती है।"

और उसने हारमोनियम बजाना शुरू किया —

स ग म, प ध, स नी ध प मग

दोनों बच्चे अपनी माँ के साथ बीच की सीट पर आ बैठे। रोशन गाता रहा, लेकिन चन्द्रा वहीं सामने की सीट पर, जैसे उन सबसे दूर, खिड़की से पीठ लगाये बीच की सीट पर टाँगें पसारे, उसी तरह सामने शून्य में ताकती बैठी रही।

३

प्रिय चन्दी,

मैं सकुशल यहाँ पहुँच गया हूँ। रास्ते में किसी तरह का कष्ट नहीं हुआ। लालाजी ने अपने परिवार के साथ मुझे भी इण्टर का टिकट ले दिया था और मैं आराम से पहुँच गया। लालाजी का दफ़्तर छोटे शिमले में है, इसलिए उन्होंने कॉटेज भी छोटे शिमले में ली है। हालाँकि यह छोटे शिमले से लगभग एक मील दूर है और कसुमटी के निकट पड़ती है, लेकिन छोटे शिमले ही में कहाती है। कसुमटी छोटे शिमले से सवा-डेढ़ मील दूर एक बस्ती है। छोटा-सा बाज़ार है, जिसके चारों ओर एक-मंज़िले, दो-मंज़िले मकान हैं। लालाजी के सभी क्लर्क कसुमटी में रहते हैं। शिमले में तो माल ही नहीं, मिडल और लोअर बाज़ार में भी किराये आसमान को छूते हैं और बेचारे क्लर्क कसुमटी, संजोली, भराड़ी जैसी निकटवर्ती बस्तियों में फैले हुए हैं और मीलों चल कर दफ़्तरों में पहुँचते हैं।

लेकिन लालाजी ने जहाँ कॉटेज ली है, वह किसी अंग्रेज़ की एस्टेट है। यह क्लर्कों की नहीं, अफ़सरों के रहने की जगह है। दो-मंज़िली कॉटेज है। बड़ा प्यारा-सा नाम है इसका —'केनमोर कॉटेज !' दो कमरे, बाथरूम और किचन ऊपर की मंज़िल में है, दो कमरे और एक बाथरूम निचली मंज़िल में है। इन्हीं नीचे के दो कमरों में से बाथरूम के साथ वाला कमरा लालाजी ने मुझे दे दिया है। एक पलँग और मेज़-कुर्सी भी है। (कॉटेज फ़र्नीचर-समेत किराये पर ली गयी है।) साथ का कमरा कुछ बड़ा है। एक बड़ी डाइनिंग टेबल और छै कुर्सियाँ वहाँ पड़ी हैं। लालाजी ने वहीं मुझे चन्द्रा को पढ़ाने के लिए कहा है। खाना वे ऊपर ही खायेंगे। दो कुर्सियाँ नीचे से ले गये हैं। दोनों कमरों के बीच एक दरवाज़ा है। इससे मुझे बड़ा आराम रहेगा। जब तक चन्द्रा नहीं आयेगी, मैं अपनी मेज़ पर बैठा काम करूँगा या पलँग पर लेटा आराम करूँगा। वह आ जायेगी तो उठ कर दूसरे कमरे में पढ़ाने की कुर्सी पर जा बैठूँगा। बड़ी इच्छा होती है कि कविराज रामदास मुझे यहाँ रहते हुए देखें।

एक बात की कठिनाई ज़रूर है। बाथरूम में अंग्रेज़ी किस्म का कमोड सिस्टम है और कमोड की शक्ल से मुझे वहशत होती है, लेकिन उसी पर बैठने की आदत डालनी होगी। लाला जी की कार्य-कुशलता देखो कि बाथरूम दिखाते हुए बोले, "मास्टरजी, आपने कभी कमोड का इस्तेमाल किया है?"....जब मैंने कहा कि गाड़ी के डिब्बे के सिवा कभी नहीं, तो उन्होंने मुझे निःसंकोच कमोड का इस्तेमाल सिखाया कि किस तरह उसे ज़रा भी गीला या गन्दा किये बिना उसका प्रयोग किया जा सकता है।

कमरों के बाहर, ऊपर-नीचे दोनों मंज़िलों में लकड़ी का बरामदा है। उसके बाद थोड़ी-सी खुली जगह है। यहीं केलू की छाया में बैठा मैं तुम्हें पत्र

लिख रहा हूँ। बड़ा ही सुन्दर दृश्य यहाँ से नज़र आता है —दूर नीचे तक केनमोर एस्टेट फैली है। जो सड़क हमारी कॉटिज को आती है, वह बल खाती नीचे तक चली गयी है। यहाँ बैठे भी मुझे उसका कुछ हिस्सा दिखाई देता है। नीचे बाग़ीचा है, उसमें बड़ा भव्य दो-मंज़िला बँगला है। उसकी खिड़कियों की झलक केलू के पेड़ों में से मुझे यहाँ बैठे दिखाई देती है। हमारी कॉटिज के साथ भी ऐसी ही एक और एक-मंज़िली कॉटिज लगी हुई है, जो अभी ख़ाली है। जिस अंग्रेज़ ने इन्हें बनाया होगा, उसके सेक्रेटरी या मैनेजर या बैरे-ख़ानसामे यहाँ रहते होंगे। अब तो सुनता हूँ, बड़े बँगले में हर साल पंजाब शिक्षा विभाग के डाइरेक्टर ख़ान मुहम्मद जान आते हैं और इस कॉटिज में हमारे लालाजी। ख़ाँ साहब हज़ार-बारह सौ पाते हैं और हमारे लालाजी का वेतन साढ़े तीन-चार सौ है, पर हैं तो बड़े अफ़सर ही, इसलिए क्लर्कों में नहीं रहते। साथ की कॉटिज में कौन आता है, मैं नहीं जानता। मैंने तय किया है कि सुबह उसके बरामदे में तेल की मालिश करके कसरत किया करूँगा। दोनों के बीच पर्दा है, मुझे सुविधा रहेगी।

केनमोर एस्टेट के पार गहरी घाटी है और परे एक पहाड़। इस सुबह की धूप में वह किसी प्रागैतिहासिक हाथी-सा लेटा दिखाई देता है। मुझे अनायास रुल्दू भट्टे की याद हो आयी है। वहाँ तो देवदार या बाँज का, फूलों या बेलों का कहीं निशान भी न था, क्लर्कों के लिए बनी जगह में भला इस हरियाली की ज़रूरत भी क्या है? यह एस्टेट तो बड़े अफ़सरों के लिए बनी है; देवदार (जिसे यहाँ के लोग केलू कहते हैं) और बाँज के छतनार पेड़ों से भरी है। सड़क के साथ क्यारियों में फूल लगे हैं....रुल्दू भट्टे के मुकाबले तो यह जन्नत है....

०

पत्र को बीच ही में छोड़ कर रोशन कुर्सी पर पीछे को झुक गया। उसने लोहे की रेलिंग पर पैर टिका लिये और अनायास सामने देखने लगा। केलू का पेड़, जिसकी छाया में वह बैठा था, रेलिंग के नीचे लगा था और उसकी छतरी रोशन के सिर के कुछ ही ऊपर थी और उसकी नुकीली चोटी केनमोर कॉटिज की स्पर्धा में आकाश में उठती चली गयी थी। मई का शुरू था। आकाश निरभ्र था —बिल्लौरी नीला। कहीं धूल, ग़ुबार या बादल का टुकड़ा तक न था। रात उसे मैदानों की-सी गर्मी महसूस हुई थी। शायद उसकी रज़ाई भारी थी इसलिए। लेकिन सुबह एकदम निखरी, धुली, ठण्डी, दिलकश और दिलफ़रेब थी। सबेरे पाँच बजे उठ कर, नित्य-कर्म से निबट, वह माल तक हो आया था और वापस कसुमटी पहुँच कर उसने आध पाव गरम-गरम जलेबियाँ खा कर डेढ़ पाव दूध पिया था। नाश्ते पर क्या मिलेगा, उसे मालूम न था और लम्बी सैर के बाद उसे भूख लग आयी थी। दूध पी कर उसने कसुमटी का चक्कर लगाया था और पिछले रास्ते से वापस कॉटिज पहुँच गया था। चन्द्रा के आने में देर थी, इसलिए कुर्सी बाहर निकाल कर वह अपनी पत्नी को पत्र लिखने लगा था।

०

वे लोग शनि की रात को लाहौर से चल कर इतवार की सुबह कालका पहुँचे थे। लाला हाकिमचन्द शायद तड़के उठ कर, अपने डिब्बे में निबट-नहा, फ़ारिग हो गये थे, क्योंकि

कालका पर गाड़ी रुकते ही जब वे उनके डिब्बे के सामने आ खड़े हुए तो एकदम चाक-चौबन्द थे। उन्होंने पहले बच्चों को उतारा था; फिर सामान को उतार, डायरी से मिला कर गिना था। कपड़ों-गहनों के ट्रंक, बिस्तर और छोटा ज़रूरी सामान टैक्सी में साथ ले जाने को अलग करके, शेष उन्होंने बुक कराने के लिए छोड़ दिया था। टैक्सी में जाने वाले सामान में रोशन ने अपने हारमोनियम का बक्सा रखवा दिया। एक क्लर्क को वहाँ रुकने के लिए कह कर, लालाजी अपने परिवार को सेकेण्ड क्लास के वेटिंग रूम में लाये थे और रोशन को उन्होंने हिदायत दी थी कि सबको जल्दी तैयार कराके टैक्सी-स्टैण्ड पर पहुँचे। तब बैरे को बुला कर उन्होंने ऑर्डर दिया था कि सबके लिए अण्डे, तोस और चाय वहीं लाये और यह हिदायत दे कर वे तेज़-तेज़ सामान बुक कराने चले गये थे। रोशन ने देखा, डायरी अभी तक उनके हाथ में खुली थी।

उनके पीठ मोड़ते ही उनकी मिसेज़ ने (जिन्हें सब 'बीबीजी' कहते थे) बैरे से कहा कि उनके लिए अण्डा लाने की ज़रूरत नहीं। तब वे चन्द्रा की ओर मुड़ीं —"अण्डा खा कर और पेट भर कर चलोगी तो रास्ते में मतली आयेगी। एक तोस और चाय ले लो। शिमला पहुँते ही पहले लोअर बाज़ार में कुछ खायेंगे, तब घर जायेंगे," उन्होंने कहा।

चन्द्रा ने इकरार में सिर हिला दिया था। तब उन्होंने रोशन से कहा कि वह चाहे तो अपने लिए अण्डा फ्राई करा ले। पर रोशन को अकेले अण्डा लेने में संकोच हुआ।

"मुझे तो टैक्सी में मतली-वतली नहीं आती," वह बोला, "पर मैं भी सिर्फ़ तोस और चाय ही लूँगा।"

बीबीजी ने उसे दोबारा नहीं पूछा। बैरे को आदेश दिया कि दोनों लड़कों के लिए तोस पर फ्राई अण्डा लाये और शेष सबके लिए सिर्फ़ चाय और तोस। नौकर से कहा कि जल्दी से बच्चों को तैयार कर दे।....निबट तो वे लोग गाड़ी में ही आये थे, इसलिए जल्दी-जल्दी हाथ-मुँह धो और कपड़े बदल कर तैयार हो गये। इतने में चाय आ गयी। नाश्ते से फ़ारिग़ हो कर वे लोग चलने को हुए तो नौकर-छोकरे की ढुँढिया पड़ी।

"सुक्खू....सुक्खू !"

चन्द्रा और उसकी माँ दोनों चिल्लायीं।

"अभी दो मिनट में आता हूँ बीबीजी, तैयार हो रहा हूँ।"

"कंघी-पट्टी कर रहा होगा मुआ," चन्द्रा तिनकी और लपकती हुई चली गयी।

"आ जायेगा अभी चन्दी, तुम कहाँ जा रही हो?" बीबीजी ने पलट कर कहा।

लेकिन चन्द्रा नहीं रुकी, लपकती चली गयी। दूसरे क्षण वह छोकरे का कान पकड़े दरवाज़े में नमूदार हुई —खिलखिला कर हँसती हुई। सुक्खू ने भी नयी पतलून-कमीज़ पहनी थी, बाल उसके तेल से चुपड़े और सावधानी से सँवरे थे। एक हाथ में कंघी थी, दूसरे में मैले कपड़े। दरवाज़े से बाहर आते ही उसने कंघी वाले हाथ से झटक कर चन्द्रा का हाथ हटा दिया।

"तंग न करो चन्द्रा !" और वह हँसा। कंघी को जेब में रखता और उसी हाथ से बालों को सँवारता हुआ आया और अपनी अटैची खोल कर उसमें कपड़े रखने लगा।

चन्द्रा ने उसके सिर पर चपत जमा दी —'सिर बन्हके खद्दर दा साफ़ा, चन्द्रा शुकीन

हो गया[१]।' वह गुनगुनायी और ज़ोर से ठहाका मार कर हँस दी।

"चन्दो, तंग न करो बेचारे को !" बीबीजी भी हँसीं।

चन्द्रा जब उसे कान से पकड़े हँसती हुई बाथरूम से बाहर लायी थी और सुक्खू ने उसका हाथ झटक दिया था तो जाने उस भंगिमा में क्या था, जो रोशन को सहसा चौंका गया।....सुक्खू पतला-छरहरा, तेरह-चौदह वर्ष का लड़का था। साँवला रंग, पतले होंट और छोटा-सा मुखड़ा; पर आँखें वैसी ठस न थीं, जैसी साधारण नौकरों की होती हैं; बारीक और तेज़, जिनमें अहं की क्षीण-सी रेखा भी थी। ज़रूर वह शौकीन था, क्योंकि उसने धोबी-धुले कपड़े पहने थे....लेकिन चन्द्रा के कान पकड़ने का उसने बुरा न माना था। उसके चेहरे पर न क्रोध था, न खिझलाहट; कुछ अजीब-सा सन्तोष था। लगता था, जैसे उसे चन्दा की वह हरकत अच्छी लगी थी....

और चन्द्रा....वह चुपीती, मानिनी, लगातार शून्य में घूरती रहने वाली लड़की....रोशन को लगा, जैसे उसके सम्बन्ध में निर्णय पर पहुँचने में उसने जल्दी की है....वह चुपीती नहीं, स्थिर नहीं; बातूनी है, शोख़ और चंचल है। नौकर-छोकरे को कान से पकड़ना और उसके द्वारा झिड़का जाना उसे पसन्द है....यह लड़की ज़रूर ख़तरनाक है....उसे ख़ूब सतर्क रहना होगा।

कुलियों ने सामान उठा लिया था। सुक्खू अपनी अटैची और बेंत की टोकरी उठाये आगे-आगे हो लिया। स्टेशन के बाहर निकल कर वे टैक्सी-स्टैण्ड की ओर जा रहे थे कि लालाजी तेज़-तेज़ चलते, जैसे लुढ़कते हुए आते दिखाई दिये।

"तुम लोगों ने बड़ी देर कर दी।" वे दूर ही से चिल्लाए, "चलिए- चलिए !"

और वहीं से पलट कर वे और भी तेज़-तेज़, वैसे ही लुढ़कते हुए-से चल दिये।

लालाजी ने बड़ी टैक्सी किराये पर ली थी। सामान उसके पीछे और छत पर बँधा था। रोशन सुक्खू के साथ अगली सीट पर बैठा और लालाजी अपने परिवार के साथ पीछे। तभी सहसा उन्होंने सुक्खू से पूछा, "तुमने कुछ खाया-पिया कि नहीं?"

"इस मुए को साज-सिंगार से फ़ुर्सत मिलती तो कुछ खाता," बीबीजी ने कहा।

"यह लो चार आने, भाग कर वहाँ से दो आने के रस्क ले कर चाय पी आओ।"

रोशन सीट से उतर कर बाहर सड़क पर खड़ा हो गया और सुक्खू पैसे ले कर भाग गया।

रोशन को लालाजी का यों अपने नौकर की सुविधा-असुविधा का ख़याल रखना बड़ा अच्छा लगा। उसे कविराज रामदास की याद हो आयी। वे होते तो उसे भूख सह कर भी समय से शिमला पहुँच जाने का उपदेश देते। अपना कोई उदाहरण देते और तकलीफ़ सह कर भी समय से काम निबटा देने पर एक छोटा-मोटा भाषण दे देते और कभी टैक्सी रोक कर उसे यों नाश्ता करने को न कहते। सुक्खू दस मिनट में एक रस्क को चाय में भिगो कर खा आया और दूसरा हाथ ही में लिये हुए वापस आ गया और सीट पर बैठ कर खाने लगा। उसके गाड़ी में आ कर बैठते ही ड्राइवर ने टैक्सी स्टार्ट कर दी....

---

१. एक लोक-गीत —सिर पर खद्दर का साफ़ा बाँध कर शैतान लड़का शौकीन हो गया। चन्दरा = नटखट, शैतान।

रोशन को क्षण-भर के लिए पिछले वर्ष कविराज के साथ शिमला आने की याद हो आयी। वे स्वयं अपनी पत्नी के साथ टैक्सी में आये थे और उसे जयदेव, यादराम और मन्नी के साथ रेलगाड़ी के उस माचिस जैसे डिब्बे में तीली-सरीखा ठस कर बैठना पड़ा था....'शिमला की सैर' शीर्षक से स्कूल के दिनों में पढ़े हुए लेख की उसे याद हो आयी....'शिमले को जाओ तो बड़ा मज़ा आता है। रेल छुक-छुक करती धीरे-धीरे चलती है; कभी इधर मुड़ती है, कभी उधर मुड़ती है; साँप की तरह बल खाती हुई सुरंग में दाख़िल हो जाती है'....लेखक ने शायद सीज़न के दिनों में इस छोटी गाड़ी के थर्ड क्लास में कभी यात्रा नहीं की होगी, वरना वह कभी 'मज़े' की बात न लिखता....रोशन एक बार अपनी सीट पर बैठा था तो भीड़ के कारण पाँव तक सीधे न कर सका था; लघु शंका तक के लिए न जा सका था; और उसकी नाभि के नीचे गुर्दों में दर्द होने लगा था....शिमले को जाओ तो बड़ा मज़ा आता है —हुँह....और उसके होंट विद्रूप-भरी मुस्कान में फैल गये। कविराज कभी अपने नौकरों के साथ टैक्सी में बैठ कर न जाते।

'निश्चय ही लाला हाकिमचन्द ने अपने अंग्रेज़ अफ़सरों से यह सब सीखा है,' रोशन ने सोचा, 'हिन्दुस्तानियों को इसकी तमीज़ नहीं।' पिछले वर्ष के उस तकलीफ़देह प्रवास की कई घटनाएँ उसके दिमाग़ में घूम गयीं....लेकिन फिर रास्ते के सौन्दर्य से उसे अपने में तल्लीन कर दिया।

०

टैक्सी साढ़े बारह बजे शिमला पहुँची। लालाजी ने सामान उतरवा कर एक ओर रखवाया। उन्हें उम्मीद थी कि उनके मातहत काम करने वाले पण्डित तेजभान एक-दो क्लर्कों को ले कर पहुँच गये होंगे। फिर उन्होंने अपनी बीवी से कहा कि वे दो रिक्शे कर देते हैं, वे लोग लोअर माल से होते हुए जायें; कुछ खा-पी लें और अण्डे, डबलरोटी और ताज़ा सब्जी लेते जायें।

"तेजभान ने तो खाना पकवाया होगा," बीबीजी ने कहा था।

"तेजभान ने तो यहाँ आने को भी कहा था, शायद वे पहुँच भी जायें। खाना भी उन्होंने पका रखा होगा, लेकिन साढ़े बारह बज गये हैं, चलने में देर हो गयी, तुम बच्चों को कुछ खिलाती-पिलाती जाओ। रिक्शा मैं कर देता हूँ।"

"रिक्शा की क्या ज़रूरत है?" उनकी पत्नी ने कहा, "बैठे-बैठे टाँगें अकड़ गयी हैं, चलने से पैर कुछ...."

"मैं जैसे कहता हूँ, वैसे करो।" लालाजी ने अपनी पत्नी की बात काट कर कहा,"गिगलू को उतनी चढ़ाई चढ़ने में तकलीफ़ होगी। चोर बाज़ार तक सीधी चढ़ाई है। और पिगलू तो दस कदम चल कर ही गोद में उठा लेने को कहेगा।"

"तो बच्चों के लिए दो कुली कर दो। लोअर बाज़ार का काम ख़त्म करके हम रिक्शा कर लेंगे।"

लालाजी ने एक-एक रुपये में दो कुली कर दिये। अपनी अटैची और बाँस की टोकरी सुक्खू ने उठा ली। रोशन ने ज़रा अलग हो कर लालाजी से कहा कि उसके हारमोनियम का ध्यान रखें, गिर-गिरा न जाये।

"आप बिलकुल चिन्ता न करें मास्टरजी," लाला हाकिमचन्द ने कहा, "देखिए, मैंने आपका सामान अपनी डायरी में नोट कर लिया है।" और उन्होंने डायरी खोल कर दिखायी, "दस साल से मैं शिमला आता हूँ, सुई बराबर चीज़ भी मेरी गुम नहीं हुई। न कभी गिरी-गिरायी, न टूटी।"

कुली बच्चों को उठा कर बढ़ चले थे। लालाजी ने अपनी पत्नी को ताकीद की कि लोअर बाज़ार से रिक्शा ज़रूर कर लें और बच्चों को पैदल चलाती न ले जायें।

"अभी से इतने आराम-तलब बना देंगे...."

"मैं जैसे कहता हूँ, वैसे करो।" लालाजी गरजे और उन्होंने चन्द्रा से कहा, "चन्द्रा, बच्चों को ज़्यादा न चलाना और रिक्शा ले लेना।" फिर वह रोशन की ओर पलटे, "मास्टरजी, लोअर बाज़ार ही से रिक्शा कर दीजिएगा।'

"हाँ-हाँ कर लेंगे।" उनकी पत्नी ने किंचित चिढ़ कर कहा और बढ़ चलीं।

लेकिन चोर बाज़ार की धर्मशाला पर ही बीबीजी ने कुलियों को छुट्टी दे दी और रुपये के बदले बारह-बारह आने उनके हाथों पर रख दिये। कुलियों ने प्रतिवाद किया तो उन्होंने कहा, "आधे ही रास्ते में तुम्हें छोड़ दिया है। आठ आने ही मिलने चाहिएँ, चार आने ज़्यादा दे दिये हैं, और क्या चाहते हो?" और बच्चों की पीठ ठोंकती हुई बोलीं, "चलो बेटा, बहादुर बच्चे अपाहिजों की तरह कुलियों के कन्धों पर चढ़ कर नहीं चलते।"

गिगलू ने अपनी बहन की उँगली पकड़ ली और वह ख़ुश-ख़ुश अपनी लँगड़ी टाँग घुमाता हुआ चलने लगा, लेकिन पिगलू मचल गया कि वह पैदल नहीं चलेगा। कुली अब तक पीछे लगे हुए थे कि उन्हें चार-चार आने और मिलने चाहिएँ, लेकिन बीबीजी ने पिगलू को लोअर बाज़ार से मिठाई खिलाने का वचन दिया और उसकी उँगली थाम कर चल दीं। कुली बड़बड़ाते हुए चोर बाज़ार तक पीछे आये, लेकिन श्रीमती हाकिमचन्द, सुपरिण्टेण्डेण्ट नहर-विभाग ने उनकी ओर पलट कर नहीं देखा, जैसे वह सब वे उनसे नहीं, किसी और से कह रहे थे। हार कर वे चले गये।

लोअर बाज़ार के शुरू ही में एक हलवाई की दुकान पर उन्होंने पूरियाँ खायीं। रोशन को बेहद भूख लग आयी थी, पर जब उन लोगों ने दो-दो पूरियाँ लीं और बीबीजी ने कहा कि खाना तो तेजभान की बीवी ने बना ही रखा होगा, पर देर हो गयी है, इसलिए दो-दो पूरियों के साथ लस्सी का एक-एक गिलास ले लेते हैं तो रोशन ने भी दो ही पूरियों पर बस कर दी।

हलवाई के कड़ाहे में गरम-गरम इमरतियाँ छन रही थीं। शुद्ध घी की सुगन्ध और इमरतियों का गहरा केसरिया रंग मन को बेतरह ललचा रहा था। पिगलू इमरतियाँ लेने की ज़िद करने लगा। तब बीबीजी ने एक-एक इमरती दोनों बच्चों को ले दी। चन्द्रा का मन भी इमरतियों में था और उनकी सुवास ने रोशन का मन भी बेईमान कर दिया था, पर जब बीबी जी ने चन्द्रा को डाँट दिया तो (यद्यपि वह अपने पैसे से ही इमरतियाँ ख़रीदना चाहता था) वह मन मार कर रह गया। तब उसने तय किया कि वह अगले इतवार यहाँ आ कर जी भर इमरतियाँ खायेगा।

हलवाई से छुट्टी पा कर वे पैदल ही लोअर बाज़ार में बढ़े। बीबीजी ने ज़रूरी सामान

ख़रीदा। सब्ज़ी मण्डी को जाने वाले तिराहे पर दो रिक्शे खड़े थे। पिगलू रिक्शे पर बैठने के लिए मचल उठा, लेकिन बीबीजी ने उसे डाँट दिया कि सामान ख़रीद कर वे रिक्शा लेंगे।

o

धूप तेज़ थी। चलने में पसीना आ गया था, पिगलू दस कदम चल कर मचल उठता, रोशन उसे उठाने को बढ़ता तो वह माँ से चिपट जाता। बीबीजी ने रिक्शे तभी किये, जब लोअर बाज़ार ख़त्म हो गया। वे तो नाचघर के अड्डे पर जा कर ही रिक्शा करतीं, पर वे माल पर पहुँचे कि रिज की तरफ़ से दो ख़ाली रिक्शे आते हुए मिल गये। अगले रिक्शे में चन्द्रा और गिगलू बैठे, पिछले में बीबीजी और पिगलू। सुक्खू को चन्द्रा ने बुला लिया, उसकी अटैची और टोकरी ले ली और वह रिक्शा के साथ-साथ चलने लगा। रोशन मिसेज़ हाकिमचन्द के रिक्शा के साथ हो लिया।

कैम्बरमियर पोस्ट ऑफ़िस के बाद ही रिक्शा वाले भागने लगे। सुक्खू भी रिक्शा के साथ-साथ भागने लगा। क्षण भर के लिए रोशन ने सोचा, वह उसी तरह चलता जाये, पर वह छोटा शिमला के बाज़ार से कभी आगे न गया था। कसुमटी उसने देखी न थी। यह 'केनमोर एस्टेट' कहाँ है, जहाँ लाला हाकिमचन्द ने कॉटेज किराये पर ली है, उसे मालूम न था....वह भटक गया तो?....पहले ही दिन मूर्ख कहाना उसे स्वीकार न था....उसने सोचा, दो कदम भाग कर बीबीजी से कॉटेज का पूरा पता ले ले और फिर आराम से जाये....पर लालाजी ने तो उसे अपने परिवार की देख-रेख के लिए भेजा था। उसका कर्तव्य था कि उनके साथ रहे....और यों अपने मन को समझा कर वह भी भागने लगा।

विलो बैंक, कार्लटन होटल, नाचघर, हवाघर....सड़क ज़रा ऊँची हो गयी, रिक्शा वालों ने गति धीमी कर दी....रोशन ने एक उड़ती हुई दृष्टि दायीं ओर हवाघर पर डाली। शनि की शाम को जब अंग्रेज़ स्त्री-पुरुष नृत्य की भूषा से सज्जित नाच के लिए आते थे तो लोग सामने ही हवाघर में बैठे उन्हें नाचघर में जाते देखते थे। जिस बिल्डिंग को लोग नाचघर कहते थे, वास्तव में वह अंग्रेज़ों का क्लब था, पर आम लोग उसे नाचघर ही के नाम से याद करते थे....बारीक, पारदर्शी, ज़मीन को छूते हुए स्कर्ट और आस्तीन-रहित गोरी-गोरी बाँहें....शनि को नाचघर ही में रौनक न होती, हवाघर में भी सभी बेंचें भर जातीं —प्रकट रूप से तो लोग सैर करते-करते सुस्ताने के लिए रुक जाते, पर कनखियों से नाचघर में आने वाली गोरी तन्वियों को भी एक नज़र देख लेते....

रिक्शा बढ़े जा रहे थे। नाचघर पीछे रह गया। सामने मोड़ पर कहीं बहुत ऊपर से एक नाला शोर मचाता हुआ उतर रहा था। वहाँ केलू के पेड़ों की घनी छाया थी। झरते पानी के अदृश्य कण हवा में मिल कर उसे शीतल कर जाते थे। नाला सड़क के नीचे होता हुआ, पुलिया के पार शोर मचाता हुआ नीचे गिरता था, जहाँ कोर्ट रोड बारीक-सी लकीर जैसी दिखाई देती। रोशन जब कभी इधर से गुज़रता, कोर्ट रोड की तरफ़ वाले किनारे पर कुछ क्षण बैठ कर ठण्डी हवा का स्पर्श लेता....लेकिन रिक्शा वाले भागने लगे थे....एक उड़ती हुई दृष्टि उसने पत्थरों से उतरती हुई उस धार पर डाली; देवदारों की छाया में बहती ठण्डी हवा का स्पर्श पाया; नीचे गहराई में गिरते हुए पानी का शोर सुना....फिर वह मोड़, वह हवा, वह शोर पीछे रह गये....कभी चढ़ाई, कभी समतल, कभी उतराई....रोशन रिक्शा

वालों के साथ भागता गया....बार्न्स कोर्ट, पटियाला हाउस....फिर छोटे शिमले के पोस्ट ऑफ़िस के पास से जो सड़क ढलवाँ हुई तो बाज़ार तक ढलवाँ चली गयी।

बाज़ार में ढलान के बावजूद रिक्शा वालों ने पैर रोक लिये, पर बाज़ार के पार वे फिर भाग चले। रोशन पसीना-पसीना हो गया, पर उसे रुकना स्वीकार नहीं हुआ। सुक्खू बराबर एक हाथ रिक्शे पर रखे चन्द्रा से बातें करता भागा चला जा रहा था। यद्यपि एक बार भी चन्द्रा ने पलट कर पीछे की ओर नहीं देखा था तो भी रोशन चाहता था कि यदि वह पीछे की ओर देखे तो उसे उसके चेहरे पर थकान के आसार न दिखाई दें।....और लगभग मील-पौन मील चल कर एक दोराहे पर रिक्शा वाले बायीं ओर को मुड़े तो कुछ ही दूर पर उसे एक जगह साइन-बोर्ड पर, 'केनमोर एस्टेट' लिखा दिखाई दिया। रिक्शा वाले मुड़ कर उस ओर को उतर चले और कुछ ही दूर जा कर दायीं ओर बनी कॉटेज के सामने रुक गये।

चन्द्रा उछल कर उतरी और सुक्खू ने गिगलू को सहारा दे कर उतारा। रोशन ने भी चाहा कि पिगलू को दोनों बाँहों में भर कर उतार ले, लेकिन वह तिनक कर अपनी माँ से चिमट गया। रोशन खिसियाना-सा हो कर रेलिंग के पास आ खड़ा हुआ और सामने लेटे हुए उस प्रागैतिहासिक हाथी को देखने लगा। बीबीजी ने पिगलू को उतारा और दनदनाती हुई सीढ़ियाँ चढ़ गयीं। तभी इधर के बारजे पर एक लम्बी-ऊँची, हृष्ट-पुष्ट, गोरी स्त्री सामने से आयी और दोनों बग़लगोर हो गयीं।

"बड़ी देर कर दी। दो बार मैं यहाँ आ कर देख गयी हूँ। अब चलो, चल कर पहले खाना खा लो....भाई साहब कहाँ हैं?"

रोशन समझ गया कि तेजभान की बीवी है। वहीं से उसने नज़र भर कर उसकी ओर देखा —बालों को उसने जो सँवार रखा था, उससे उसने अनुमान कर लिया कि पढ़ी-लिखी ज़्यादा नहीं, लेकिन इस पर भी लालाजी की पत्नी के मुकाबले अधिक सुसंस्कृत है। सुन्दर तो है ही, हँसमुख भी है। उसने जब लालाजी की पत्नी को बाँहों में भरा तो जो ललक उसके यहाँ थी, वह लालाजी की पत्नी में नहीं थी। उनके व्यवहार में उसे वह अनायासता नहीं लगी।

"तेजभानजी ने टैक्सी-स्टैण्ड पर पहुँचने को कहा था। कोई भी नहीं पहुँचा। तबीयत तो ठीक है उनकी?" बीबीजी बोलीं।

"उन्हें तो गये हुए दो घण्टे हो गये। कपूर भाई उनके साथ गये हैं।"

"हमें तो दिखायी नहीं दिये।"

"तो चलो, तुम लोग चल कर खाना खा लो, इतने में वे लोग भी आ जायेंगे।"

"कालका से चलने में देर हो गयी। देर से शिमला पहुँचे। बच्चों को भूख लग आयी। मैं तो सीधी आती, पर लालाजी ने ज़ोर दिया कि बच्चों को कुछ खिलाओ, तब आगे बढ़ो; सो लोअर बाज़ार से दो-दो पूरियाँ खा कर लस्सी का गिलास पी आये। भूख तो ज़रा भी नहीं है।"

"और हम जो सुबह से आपके इन्तज़ार में खाना पका कर भूखे बैठे हैं।"

"हम चल कर खायेंगे सुधाजी, आप घबराती क्यों हैं?" रोशन ने देखा, बारजे पर

आगे-आगे लालाजी और पीछे-पीछे एक लम्बा-तगड़ा, हृष्ट-पुष्ट आदमी नमूदार हुआ। शायद ऊपर की मंज़िल को सड़क ही से रास्ता आता है, रोशन ने सोचा।

"सुबह आने वाली कई टैक्सियाँ देखीं, लालाजी आये नहीं," लालाजी के पीछे आने वाले आदमी ने बीबीजी को सफ़ाई दी, "हम चाय पीने चले गये। इस बीच आप लोग आ गये। बहरहाल, अब चलिए, हमने तो आपके इन्तज़ार में अभी तक खाना नहीं खाया।"

तब रोशन ने जान लिया कि यह आदमी तेजभान के सिवा कोई दूसरा नहीं।

बीबीजी अन्दर की ओर जाने लगीं तो तेजभान ने कहा, "अब चलिए भाभी जी, आँतें कुलहू-अल्लाह पढ़ रही हैं। कमरे आपके साफ़ करा दिये हैं, किसी बात की आप चिन्ता न करें।"

"सामान के साथ किसे छोड़ आये हैं?" सहसा बीबीजी ने पूछा।

"कपूर हथगाड़ी के साथ आ रहा है," लालाजी बोले, "दो-ढाई घण्टे से पहले नहीं पहुँचेगा। हम रिक्शा में आये हैं। रिक्शा ही में जाते हैं। आप लोग आइए।"

और उन्होंने वहीं बारजे से रोशन को आवाज़ दी, "मास्टरजी, आप भी इन लोगों के साथ आ जाइए !" और वे पलट कर चले गये।

बीबीजी और मिसेज़ तेजभान उनके पीछे-पीछे चलीं। तब खिलन्दरेपन से चन्द्रा ने फिर सुक्खू का कान मरोड़ दिया।

"ध्यान से रहना और घूमने न चल देना !" वह चहकी और इससे पहले कि सुक्खू उसका हाथ झटकता, वह उसके सिर को चपतियाती हुई, हँसती-खिलखिलाती, एक के बदले दो-दो सीढ़ियाँ चढ़ गयी।

जब वह बारजे पर पहुँच गयी तो रोशन भी चला। सुक्खू अभी तक वहीं खड़ा उसे ताक रहा था। रोशन ने सीढ़ियाँ चढ़ते-चढ़ते मन-ही-मन फिर निश्चय किया कि वह इस लड़की को ज़रा भी 'लिफ़्ट' नहीं देगा और उसने उसे पढ़ाने के सिलसिले में जिन बातों का ध्यान रखने का निश्चय किया था, उन्हें उसने फिर मन में दोहरा लिया।

तेजभान का घर कसुमटी बाज़ार के बीच में दो-मंज़िले पर था। जिस कमरे में वे लोग जा कर बैठे, वह आयताकार, लम्बा कमरा था, बड़ी ही सुरुचि से सजा हुआ। खिड़कियों पर किरोशिए से बिने जालीदार पर्दे लगे थे, दरवाज़े पर मोतियों और शीशे की रंगीन लम्बी-लम्बी नलियों की झालरें थीं। खाना बड़ा पुर-तकल्लुफ़ था। रोशन को उस थोड़े-से अर्से में दो बातों का एहसास हुआ। पहली यह कि बीबीजी उन दोनों को उतना पसन्द नहीं करतीं —मिसेज़ तेजभान को तो नहीं ही करतीं। कुछ अजीब-सा खिंचाव उनके व्यवहार में था। तेजभान ख़ुश-मिज़ाज, बात-बात पर मज़ाक करने और ठहाके लगाने वाला आदमी था। (यद्यपि वे मज़ाक ख़ासे भौंडे और सतही थे।) उसकी बीवी भी हँसमुख थी, वह भी उसकी हँसी में योग देती थी; लेकिन बीबीजी, हँसना तो दूर, एक बार मुस्करायीं तक नहीं।....दूसरी यह कि लालाजी उन दोनों को पसन्द करते हैं —सुधाजी को तो विशेषकर —और उस घर को अपना ही घर समझते हैं। जब वे लोग वहाँ पहुँचे थे तो लालाजी मुँह-हाथ धो कर ऐसे लेटे हुए थे, जैसे अपने ही घर में लेटे हों। खाना खाते समय भी नहीं लगा कि वे मेहमान हैं, मेज़बान नहीं। सालन की प्रशंसा करते हुए, अपने

बच्चों को ही नहीं, तेजभान को भी उन्होंने परोस दिया। कई बार उन्होंने मिसेज़ तेजभान के सलीके-सुघड़ापे, खिड़कियों के पर्दों और दरवाज़ों की झालरों की प्रशंसा की....

०

"सुक्खू ! मेरे बूट साफ़ कर दो।"

रोशन चौंका। लालाजी ऊपर बालकनी में आ गये थे, जो इस बात का संकेत था कि वे दफ़्तर जाने के लिए तैयार हैं। रोशन उचक कर उठा, तख़्ती उसने आगे रखी और जल्दी-जल्दी पत्र ख़त्म करने लगा। लेकिन दिमाग़ उसका चन्द्रा और सुक्खू, तेजभान और सुधाजी, लालाजी और बीबीजी में उलझा था। केलू के पेड़ों और प्रागैतिहासिक हाथी की तरह पसरे पहाड़ के बदले उसकी आँखों में किरोशिए से बिने परदे और रंगीन नालियों की झालरें घूम रही थीं। उसने सारे पत्र को एक बार पढ़ा और फिर आगे लिखना शुरू किया :

....लेकिन इस जन्नत में निरापद रहने के लिए मुझे काफ़ी सतर्क रहना होगा। इन दो-तीन दिनों में मैंने जो देखा है, उससे लगता है कि लाला हाकिमचन्द क्लर्क से तरक्की करके अफ़सर तो बन गये हैं, पर उनके मन का कोई कोना अब भी शायद क्लर्क ही का है, हालाँकि वे उस पर भी काबू पाने का सचेत प्रयास करते हैं, लेकिन उनकी बीवी तो अब भी क्लर्क की ही बीवी है, अपने पुराने स्तर से वह ज़रा भी नहीं उठी। रही वह लड़की तो लगता है कि भाई साहब ठीक ही कहते थे....लेकिन तुम चिन्ता न करना। मैं पूरी तरह से सतर्क रहूँगा और सही-सलामत वापस आऊँगा। हाँ, एक दिलचस्प बात सुनो, उसका नाम चन्द्रा है, पर कभी-कभी माँ-बाप लाड से उसे 'चन्दा' या 'चन्दी' कह कर पुकारते हैं....तब मुझे हर बार तुम्हारी याद हो आती है।

परीक्षा तो तुम्हारी निकट है। तुम व्यस्त भी होगी, पर दो ही पंक्तियाँ क्यों न हों, मुझे उत्तर देना और अपनी सेहत का ख़याल रखना और मुझे ख़बर देती रहना। चिन्ता रहेगी।

तुम्हारा
रोशन

०

पत्र को एक बार फिर जल्दी-जल्दी पढ़ कर, तहा कर, उसने लिफ़ाफ़े में बन्द किया। लालाजी सीढ़ियाँ उतर रहे थे। उसने जल्दी-जल्दी उस पर पता लिखा और जब वे नीचे आ गये तो उसने लिफ़ाफ़ा उनकी ओर बढ़ा दिया —

"लालाजी, किसी चपरासी के हाथ मेरी यह चिट्ठी डाकख़ाने में डलवा देंगे?"

"हाँ-हाँ, क्यों नहीं?" उन्होंने लिफ़ाफा लेते हुए कहा, "मुझे ख़ुद कुछ चिट्ठियाँ भेजनी हैं।" और उन्होंने चलने को पाँव बढ़ाया। फिर रुक कर पूछा —

"चन्द्रा ठीक तो पढ़ रही है?"

"जी हाँ।"

"आपको कोई तकलीफ़ तो नहीं?"

"ज़ी नहीं।"

"आपने नाश्ता किया कि नहीं?"

"जी, मैं कसुमटी से कर आया हूँ।"

"दो दिन तो तेजभान ही के यहाँ खाना पका, आज पहला दिन है, कुछ देर हो गयी है। आप नाश्ता क्या लेते हैं?"

"जी दूध या लस्सी, कुछ भी ले लेता हूँ।"

"लस्सी तो यहाँ ठीक नहीं रहेगी। हम तो चाय पीते हैं।"

"जी, चाय तो मैं नहीं पीता।"

"आप दूध ले लिया कीजिए। दूध के साथ आप क्या लेंगे?"

"जी, तोस, बिस्कुट कुछ भी।"

"ख़ैर, आज तो हलवा बना है। कल से आपके लिए दूध आ जाया करेगा।" और उन्होंने वहीं से आवाज़ दी, "सुक्खू ! मास्टर जी के लिए नाश्ता लाओ और बीबीजी से कहो, इनके लिए कल से तोस और दूध का इन्तज़ाम कर दें और चन्द्रा से कहो कि जल्दी पढ़ने आये।"

फिर वे पलटे और तेज़-तेज़ चल दिये।

०

रोशन कमरे में जा कर कुर्सी पर बैठा ही था कि लालाजी खट-खट करते हुए वापस आ गये। वह उठ कर खड़ा हो गया।

"यह आपने पता क्या लिखा है?"

और उन्होंने लिफ़ाफ़ा उसके आगे कर दिया। रोशन ने पढ़ा, लिखा था —

श्रीमती चन्दा देवी,
द्वारा डाक्टर रामानन्द, डेण्टिस्ट,
२१३, अमृतधारा मुहल्ला,
रोशनानन्द

"यह रोशनानन्द किस शहर का नाम है?" और लालाजी ठहाका मार कर हँसे।

रोशन का मुँह लाल हो गया। उसने लिफ़ाफ़ा ले कर, अपना नाम अच्छी तरह काट कर, वहाँ मोटे अक्षरों में 'लाहौर' लिख दिया। लालाजी हँसते हुए लिफ़ाफ़ा ले कर चले गये।

४

हालाँकि चन्दा उत्तर देने में सुस्त थी, पर रोशन के पत्र का उत्तर वापसी डाक से आ गया था। चन्दा ने अपनी पढ़ाई की बात लिखी थी कि परीक्षा शुरू हो गयी है, उसका पहला पेपर बहुत अच्छा हो गया है और उसे पूरा विश्वास है कि वह बहुत अच्छे नम्बरों से पास

हो जायेगी। उसने आगे लिखा था —

> अपनी इस हालत में परीक्षा देने को जाने में मुझे संकोच होता है। छात्राओं की निगाहें बार-बार मेरी ओर उठ जाती हैं, पर मैं जैसे उन्हें देख कर भी नहीं देखती। आँखें नीची किये जाती हूँ, परीक्षा देती हूँ और चुपचाप चली आती हूँ। एक ही बात की तसल्ली है —मेरी तबीयत मतलाती-घबराती नहीं, वरना ख़ासी परेशानी हो जाती। लेकिन आप मेरी चिन्ता न कीजिए —मन लगा कर चन्द्रा को पढ़ाइए, उसे पास कराइए कि भाई साहब शिकायत न कर सकें। यह तो और भी अच्छा है कि उसका और मेरा नाम एक ही है। आप समझिए, वह नहीं, मैं ही हर समय आप के पास हूँ।

रोशन ने हमेशा की तरह दो-तीन बार पत्र को पढ़ा था। उसे चन्दा का यह पत्र पा कर बड़ा सन्तोष हुआ था। उसकी लिखाई सुधर गयी थी। अपने भावों को व्यक्त करना उसे आ गया था। कभी रोशन ने उसके अनगढ़, संक्षिप्त पत्र को देख कर लिखा था —

कुछ उल्टे-सीधे ख़त में ये चार पंक्तियाँ प्यारी
हैं भाव न जिनमें विकसित जिन पर लज्जा-सी तारी
जिनका हर शब्द अधूरा टेढ़े-मेढ़े-से अक्षर !
सिमटे फीकी स्याही में जो रूखे-से काग़ज़ पर

अब काग़ज़ का पन्ना तो वही था —लाइनदार —कापी से फाड़ा हुआ। स्याही भी साधारण ही थी। पर अक्षर टेढ़े-मेढ़े न रहे थे। हिज्जों की ग़लतियाँ भी नहीं थीं और चाहे एक-दो वाक्य ही सही, अपनी बात कहना चन्दा को आ गया था। पत्र की अन्तिम पंक्ति रोशन के मन पर अंकित हो गयी। ऐसी सरल, उदार और विश्वास करने वाली संगिनी के साथ वह कभी धोखा कर सकता है?....

रोशन को पूरा यकीन था कि चन्दा 'प्रभाकर' की परीक्षा अच्छे नम्बरों से पास कर लेगी। परीक्षा देते ही वह जालन्धर चली जायेगी, बच्चे को जन्म देगी (जाने कैसे रोशन को विश्वास था कि वह लड़का ही होगा) और दो वर्ष वहीं रहेगी। इस बीच वह कानून की परीक्षा प्रथम श्रेणी में पास कर लेगा, प्रतियोगिता में बैठेगा, पास होगा, सब-जज बनेगा। तब, जैसे भी हो, वह चन्द्रा को अंग्रेज़ी में मैट्रिक, एफ़ ए० और बी०ए० की परीक्षाएँ दिलायेगा। नौकरी जितना समय चाहेगी, उसके बाद वह एक क्षण भी व्यर्थ न गँवायेगा; रोज़ी-रोटी की चिन्ता से मुक्त हो कर, अपने अवकाश के क्षणों में वह एक-से-एक सुन्दर रचनाओं की सृष्टि करेगा। चन्दा को भी वह लिखना सिखा देगा। वे दोनों लिखेंगे। अमीचन्द लाख परियों-सी सुन्दर कृष्णा से विवाह करे, लाख डिप्टी हो जाये, पर सृजन-सुख उसे कहाँ प्राप्त होगा? और कृष्णा सुन्दर सही, पर चन्दा जैसा सोने का-सा हृदय, झील-सा शान्त और गहरा स्वभाव वह कहाँ से लायेगी? एक दिन आयेगा कि अमीचन्द को रोशन के भाग्य से ईर्ष्या होगी....

रोशन ने एक बार फिर पत्र पढ़ा —'आप समझिए, वह नहीं, हर समय मैं ही आपके पास हूँ।' समझेगा क्या, वह यही समझता है। उसने अपनी पत्नी को जो यह लिखा था कि चन्द्रा के माता-पिता जब कभी लाड में उसे 'चन्दी' कह कर पुकारते हैं तो उसे उसकी याद

आ जाती है, ग़लत नहीं लिखा था।....पत्र पढ़ते-पढ़ते रोशन के सामने चन्दा का गोल-मटोल, भोला, हँसता हुआ मुख आ गया। उस असीम विश्वास की याद हो आयी, जो उसे अपने इस पति पर था। जब रोशन ने उससे इस ट्यूशन की बात कही थी और बताया था कि लड़की सुन्दर है तो चन्दा ने एक बार भी तो सन्देह से उसकी ओर न देखा था–इस बेकिनार विश्वास को वह कैसे तोड़ सकता है! खुला रह कर भी वह सदा उससे बँधा है। वह चन्द्रा को नहीं चन्दा ही को देखेगा...और सचमुच जब चन्द्रा पढ़ने को आयी, खाने की लम्बी मेज़ के परले सिरे पर बैठ गयी और रोशन इधर वाले सिरे पर अपनी कुर्सी पर जा बैठा तो उसे लगा कि उसके और चन्द्रा के बीच अदृश्य रह कर भी चन्दा अपनी सरल, उजली, मोतियों-सी हँसी बिखेरती बैठी है।

०

लेकिन महीने भर बाद ही एक दिन सहसा कुछ ऐसा हुआ कि क्षण-भर को चन्दा वहाँ से हट गयी और उसकी आँखों के सामने केवल चन्द्रा रह गयी। बाद में वह लाख अपनी उस क्षण की भूल के लिए पछताता रहा, पर चन्द्रा को वहाँ से हटाना उसके लिए कठिन हो गया। धीरे-धीरे अपने अल्हड़ सौन्दर्य की समस्त मोहकता और अपने स्वतन्त्र व्यक्तित्व की समूची उच्छृंखलता के साथ वह उसके अस्तित्व पर छाने लगी।

०

यह खाने का कमरा, जिसमें रोशन उसे पढ़ाता था, उसके अपने कमरे से ज़रा लम्बा था। उसमें खाने की मेज़ और चार कुर्सियों के अलावा सामने के दायें कोने में एक साइड बोर्ड भी था, जिसमें शायद क्रॉकरी रहती होगी, पर जो अब बन्द था। कमरे में आमने-सामने दो बड़े दरवाज़े थे, तीसरा दायीं दीवार में था और रोशन के कमरे में खुलता था। सामने का दरवाज़ा उन सीढ़ियों में खुलता था, जो अन्दर से ऊपर पिछली ओर के बारजे पर जाती थीं। जब इस कमरे को खाने के कमरे के रूप में इस्तेमाल किया जाता होगा तो बैरा इसी रास्ते से खाना ला कर मेज़ पर सजाता होगा। यह दरवाज़ा तो बन्द ही रहता था (चन्द्रा प्रायः इसी रास्ते से आ कर मेज़ पर बैठती थी) शेष दोनों दरवाज़े रोशन खुले रखता था। एक-दो बार चन्द्रा ने बरामदे का दरवाज़ा कम-से-कम आधा बन्द कर देने की कोशिश की थी कि उसकी आँखों में रोशनी चुभती है, पर रोशन ने दरवाज़ा ज़रा-सा भी बन्द करने की इजाज़त न दी थी।

"कन्धे को थोड़ा मोड़ कर बैठो और बाहर की ओर मत देखो," उसने कहा था।

फ़िर चन्द्रा ने एक बार ज़ोर दिया था कि रोशन अपने कमरे का दरवाज़ा बन्द रखे। बात यह थी कि बाहर सीढ़ियों के पास कोई खड़ा हो और बीच का दरवाज़ा खुला हो तो उस कमरे का काफ़ी हिस्सा दिखायी देता था। लेकिन चन्द्रा ने यह नहीं कहा।

"आपके पलँग-पोश का डिज़ाइन मेरा ध्यान बँटा देता है," वह हँसी थी।

"तुम्हारा ध्यान पढ़ने में नहीं," रोशन ने उसकी हँसी में योग न दे कर रुद्र-गम्भीर वाणी में कहा था, "पुस्तक में ध्यान लगाओगी तो इधर-उधर की चीज़ें ध्यान नहीं बँटा सकेंगी।"

....वह इस लड़की से बेहद डरता था और नहीं चाहता था कि उसे ज़रा-सा भी

बढ़ावा दे और वह उसके साथ भी सुक्खू का-सा व्यवहार करे। रोशन को पक्का विश्वास था कि ज़रा-सा भी बढ़ावा मिलने पर वह उससे भी उसी तरह छेड़-छाड़ कर सकती है।

'युवा लड़के-लड़की को एक कमरे में छोड़ दो और वे प्रेम करने लगेंगे', रोशन ने कहीं पढ़ा था और वह नहीं चाहता था, उन्हें एहसास हो कि वे कमरे में अकेले छोड़ दिये गये हैं और कोई देखने वाला नहीं। अपने बारे में वह आश्वस्त था, पर इस लाड़ में पली, खुदसर, उद्दण्ड लड़की की ओर से वह आश्वस्त न था। इसलिए वह सब दरवाज़े खुले रखता था। उसका बस चलता तो वह चन्द्रा को बाहर खुले में ही पढ़ाता। लेकिन एक तो बाहर उतनी जगह नहीं थी, फिर कुछ ही दिन बाद साथ की कॉटेज में किरायेदार के आने की बात थी। कमरा ख़ाली होने पर भी लाला हाकिमचन्द, सुपरिण्टेण्डेण्ट सिंचाई विभाग की लाडली लड़की को बाहर रास्ते में बैठ कर वह पढ़ाने की बात कैसे क़रता?

...एक दिन जब वह थूकने के लिए बरामदे में गया तो उसने देखा, बीबीजी चुपचाप उसके कमरे के आगे फ़र्श पर बैठी खाने के कमरे की ओर ध्यान लगाये हैं। उसे देख कर वे यों ही सुक्खू को आवाज़ें देती हुई उठ गयी थीं। फिर उसने एक बार उन्हें बाहर निचली सीढ़ी पर जँगले का सहारा लिये अपनी ओर देखते पाया था। यद्यपि उसे देख कर बीबीजी अचकचा गयी थीं, पर उसे ख़ुशी हुई थी कि वे अपने कर्तव्य से ग़ाफ़िल नहीं। बीबीजी की बात नहीं, उसने कई बार सुक्खू को बेकार कमरे के बाहर घूमते अथवा जँगले का सहारा ले कर खड़े या बाहर बरामदे के फ़र्श पर बैठे पाया था। चन्द्रा उसे देख कर बुरी तरह चिढ़ जाती थी। एक-दो बार उसने उसे डाँट भी दिया था, पर रोशन ने उसे बुला कर उसकी पीठ थपथपाते हुए उससे कहा था कि वह मौज करे और चन्द्रा को डाँटा था कि वह पढ़ने में ध्यान लगाये और सुक्खू क्या करता है या कोई दूसरा क्या करता है, इसकी चिन्ता न करे। खुले दरवाज़े, खुली ज़िन्दगी—रोशन को विश्वास था कि इसमें किसी तरह का घपला नहीं हो सकता और वह नहीं चाहता था कि चन्द्रा को ज़रा भी एहसास हो कि वे अकेले हैं, इसलिए वह पढ़ाने के समय में ज़रा भी न सुस्ताता था। थक जाता था तो टाँगें बायीं ओर की ख़ाली कुर्सी पर रख लेता था, लेकिन पढ़ाना बन्द न करता था।

०

पहले ही दिन से सोच-विचार कर उसने जो कार्यक्रम बनाया था, उस पर वह बड़ी सख़्ती से अमल करता आ रहा था। वह सुबह पाँच-साढ़े पाँच बजे उठता। ऊपर यद्यपि एकदम निस्तब्धता होती, लेकिन बाहर उजाला पूरी तरह फैल चुका होता। देवदारों की फुनगियाँ और प्रागैतिहासिक हाथी की पीठ उषा की किरणों से सुनहरी हो उठती और केनमोर एस्टेट की वीथियों में सुनहरी धूल-सी उड़ती दिखायी देती। रोशन लँगोट और सरसों के तेल की शीशी ले कर साथ की कॉटेज के बरामदे में चला जाता। लँगोट पहन और कपड़े उतार कर जँगले पर रख देता। तेल की मालिश करता और पचास-पचास डण्ड-बैठक लगाता। फिर तौलिये से बदन पोंछ, कपड़े पहन कर नीचे केनमोर एस्टेट का एक चक्कर लगा आता। नीचे जाने वाली सड़क की दायीं ओर पहाड़ी के साथ हार्डिंजिया के ढेर-के-ढेर गुलाबी-मायल, सफ़ेद अथवा जामुनी-नीले फूल खिले होते। रोशन ने उन्हें कभी लाहौर के लॉरेंस गार्डन में भी न देखा था। रुल्दू भट्टे में तो ख़ैर किसी भी तरह के फूल नहीं थे। नये फूल एकदम हरे होते। उनसे ज़रा बड़े जामुनी रंग लिये सफ़ेद। जो बहुत बड़े हो जाते, वे

एकदम गुलाबी-मायल सफ़ेद —इतने बड़े कि दोनों हाथों में न समायें। असल में दूर से डण्ठल पर यद्यपि एक ही बड़ा फूल खिला दिखाई देता, पर वास्तव में वह बड़ा फूल नन्हे-नन्हे, चार पत्तियों वाले अनगिनत फूलों से मिल कर बना होता।

रोशन एक दिन एक फूल तोड़ कर अपने कमरे में ले आया था और उसने एक गिलास में पानी डाल, उसमें फूल को लगा कर अपनी मेज़ पर सजा दिया था। कुछ दिनों बाद जब वह फूल मुरझा कर बिखरा तो उसने देखा कि प्रकट में एक दिखायी देने वाले फूल के नीचे कई वृन्त हैं, हर वृन्त पर चार-चार पत्तियाँ लगी हुई हैं। हालाँकि फूल के नीचे केवल एक ही डाली दिखायी देती थी, पर वास्तव में उस डाली में से कई नन्हे-नन्हे डण्ठल फूट निकले थे। उन पर कई नन्हे-नन्हे वृन्त और उन पर वे चार पत्तियों के गुच्छे — लेकिन यह सब तो उन गुच्छों के नीचे था —ऊपर से तो वह गोलाकार बड़ा-सा फूल दिखाई देता था।

रोशन को ये फूल बेहद अच्छे लगते थे। नीचे बँगले तक दायीं ओर पहाड़ी के साथ ढेरों लगे हुए थे —बड़े-बड़े पत्तों की घनी झाड़ियाँ और उनमें से जैसे बाहर को निकले पड़ते हार्डिंजिया के, आँखों की भूख मिटाने वाले, नीले-जामुनी-गुलाबी- मायल सफ़ेद फूल ! यों तो बँगले के आगे बाग़ीचे में बीसियों तरह के रंग-बिरंगे फूल खिले थे, पर वे सब उसने लॉरेंस गार्डन में देख रखे थे। यही फूल उसे पहली बार यहाँ दीखे थे और वह इनकी बहार देखने के लिए कसरत करने के बाद एक बार नीचे का चक्कर लगा आता। फूलों की सैर के बाद वह अपने कमरे में आ कर नहाता, कपड़े बदलता और पाँच-छै मील की पैदल सैर करता। वापस आता तो लालाजी तैयार हो चुके होते। सुक्खू उसके लिए तोस और दूध का गिलास लाता। रोशन को बेतरह भूख लगी होती। उसे जब पता चला कि शिमले का पानी भारी है, इसलिए वह पिछले वर्ष अस्वस्थ रहा था और शिमले में स्वस्थ रहने के लिए वहाँ रोज़ पाँच-छै मील घूमना ज़रूरी है तो उसने तय किया था कि इस बार वह सेहत बना कर जायेगा। इस एक महीने में ही उसके कल्ले भर गये थे और चेहरे पर कुछ ऐसी चिकनाई आ गयी थी, जो उसे कभी पहले आईने में दिखाई न दी थी। उसे ख़ूब भूख लगती थी और खाना फ़ौरन हज़म हो जाता था। नाश्ता करके कुछ क्षण को वह कपड़ों-सहित पलँग पर लेट जाता। तभी चन्द्रा अपनी सीट पर आ बैठती। रोशन उठता और अपनी कुर्सी पर जा बैठता और बिना एक भी इधर-उधर की बात किये, पढ़ाने लगता।

o

शिमले के इन तीन महीनों में उसने चन्द्रा को इतिहास, गद्य, कविता तथा निबन्ध —इन चार विषयों में ताक करने की योजना बनायी थी। चन्द्रा की लिखावट अच्छी न थी। ऊबड़-खाबड़ और असुन्दर। शब्द वह अशुद्ध लिखती थी और वाक्य-रचना उसे आती न थी। इसलिए उसने तय किया था कि वह न केवल पहले उसकी लिखाई सुधारेगा, बल्कि उसे व्याकरण की भी सूझ-बूझ करायेगा; साथ ही वह उसे निबन्ध लिखना और अपने भावों को व्यक्त करना सिखायेगा। उसका मन ऊबे नहीं, इसलिए वह उसे इतिहास की कहानियाँ और काव्य-संग्रह में से सरल-सरस कविताएँ पढ़ायेगा।....रोशन की अपनी लिखावट अत्यन्त सुन्दर थी। वह लिखता था तो मोती पिरो देता था। कुछ ही दिनों में उसने चन्द्रा की लिखाई काफ़ी सुधार दी थी....लेकिन उसकी कापी पर लिख कर देते हुए और उसके

लिखे अक्षरों और शब्दों को ठीक करते हुए, उसने उसके बीच लम्बी मेज़ का वह अन्तर बराबर बनाये रखा था। अक्षरों के घेरे बनाते हुए कलम पर कहाँ ज़ोर देना है और कहाँ बिना ज़ोर के लिखना है; अक्षर कहाँ मोटा होगा और कहाँ पतला —यह सब उसे सिखाने के लिए वह चन्द्रा को निकट बुलाने के बदले, कापी को मेज़ के बीच रख कर स्वयं आगे झुककर उसे समझा देता।

निबन्ध उसने एकदम पहले से शुरू कराये, जैसे कि उसने सातवीं-आठवीं में स्वयं सीखे थे। अन्तर उसने केवल यह किया कि उसने इतने दिनों में केवल दो निबन्ध तैयार कराये। एक 'गाय' और दूसरा 'घर' पर ! पहले दिन उसने चन्द्रा को गाय पर छोटे-छोटे वाक्य लिखने सिखाये :

"गाय एक पशु है। गाय पालतू पशु है। गाय के चार पाँव, लम्बा-सा मुँह, दो आँखें, दो कान, दो सींग और लम्बी-सी दुम होती है। गाय की दुम ऊपर से मोटी, नीचे से पतली होती है। गाय दूध देती है। दूध से दही, लस्सी, मक्खन, घी बनता है".... आदि. आदि....और अन्त में —"गाय से हमें इतने लाभ हैं, इसीलिए हिन्दू इसकी पूजा करते हैं और इसे गो-माता कहते हैं।"

जब चन्द्रा को उसने यह निबन्ध याद करा दिया तो उसने उसे इसी तरह अपने 'घर' पर निबन्ध लिखने को कहा। कुछ संकेत भी उसे दे दिये और पहला और अन्तिम वाक्य उसकी कापी पर लिख दिया —

मेरा घर मुल्तान रोड पर रेलवे कालोनी में है।

और

इसीलिए मेरा घर मुझे बड़ा प्यारा है।

और ये दोनों वाक्य पृष्ठ के शुरू और अन्त में लिख कर उसने चन्द्रा से कहा कि वह बीच की लाइनों पर अपने मन से वाक्य लिखे।

चन्द्रा कुछ भी नहीं लिख सकी तो उसने स्वयं उसे बीच के वाक्य भी ज़बानी बताये।

जब ये दोनों निबन्ध तैयार हो गये तो फिर उसने गाय वाले निबन्ध को उठाया और पहले वाक्य को कुछ और विस्तार दिया।

संसार में अनगिनत पशु हैं। बहुत-से ऐसे हैं, जिनसे इन्सान को कोई लाभ नहीं, जैसे शेर, बाघ, भेड़िया, गीदड़, पर कुछ ऐसे भी हैं, जिनसे उसे दसियों लाभ हैं। इनमें गाय प्रमुख है।

कविता-संकलन में भी उसने पहले सरल कवि चुने। उसकी अपनी हिन्दी अच्छी न थी, इसलिए चन्द्रा को पढ़ाने से पहले उसने स्वयं सब कविताएँ पढ़ीं। शिमला के लिए चलते समय वह अपने साथ काव्य-संकलन की कुंजी और शब्द-कोश ले गया था, लेकिन कहीं-कहीं कुंजी से भी अर्थ स्पष्ट न होता। ऐसी स्थिति में वह शब्द्र-कोश की सहायता लेता, पर जब उससे भी अर्थ स्पष्ट न होता, तब वह उस कविता को हटा देता कि लाहौर जा कर, किसी अधिकारी से पूछ कर पढ़ायेगा। निराला की जो कविता 'रत्न' के पाठ्यक्रम में थी, उसने स्वयं भी अपनी बी०ए० की पुस्तक में पढ़ी थी। तब बी० ए० में हिन्दी का पचास नम्बर का पेपर होता था, लेकिन नम्बर डिवीजन में शामिल नहीं होते थे और कोई

भी हिन्दी ध्यान से न पढ़तीं। पर हिन्दी के पण्डित ने बड़े मनोयोग से एक-एक पंक्ति का अर्थ समझाते हुए कविता पढ़ायी थी, रोशन ने उसी ध्यान से पढ़ी थी। उसे वह इतनी अच्छी लगी थी कि कण्ठस्थ हो गयी थी। सब दूसरी कविताएँ छोड़ कर रोशन ने पहले उसे ही पढ़ाने को चुना —शीर्षक था —'तुम और मैं'।

तुम तुंग हिमालय शृंग
और मैं चंचल गति सुर-सरिता
तुम विमल हृदय उच्छ्वास
और मैं कान्त कामिनी कविता
तुम प्रेम और मैं शान्ति
तुम सुरापान घन अन्धकार
मैं हूँ मतवाली भ्रान्ति

रोशन अभिभूत हो कर कविता पढ़ाता रहा था। वह भूल गया था कि चन्द्रा सामने बैठी है। उसे लगा था कि उसके सामने सारी क्लास बैठी है, वह स्वयं पण्डित के स्थान पर खड़ा है और छात्रों को उस कविता का अर्थ समझा रहा है। अपने पण्डित ही की तरह वह कविता का एक-एक चरण पढ़ता और कठिन शब्दों के अर्थ बता कर पहले पंक्तियों का, फिर सारे चरण का अर्थ समझाता —"'तुम' भगवान के लिए कहा गया है और 'मैं' मानवात्मा के लिए। तुम —परमात्मा — हिमालय के तुंग —ऊँचे —शृंग —चोटी जैसे हो और मैं —आत्मा —तुम्हीं से निकली हुई, तुम्हारे चरणों में बहने वाली चंचल सुर-सरिता —देवताओं की सरिता —नदी — अर्थात गंगा हूँ'....और जाने कब वह अपनी जगह खड़ा हो गया था। जब उसने कविता ख़त्म की तो उसने देखा, चन्द्रा एकटक उसकी ओर देख रही है और उसके आगे पुस्तक का पृष्ठ वहीं खुला है, जहाँ से कविता शुरू होती थी....

रोशन पढ़ाते समय सदा इस बात का ख़याल रखता था कि वह चन्द्रा से आँखें न मिलाये, उससे व्यर्थ की बात न करे; टाइम से अपनी कुर्सी पर आ बैठे और समय से उठ जाये। लेकिन कई बार उसने देखा था कि जब वह उसे पढ़ा रहा होता तो सहसा यह जानने के लिए कि वह उसकी बात समझ भी रही है या नहीं, जब वह निगाहें उठाता तो उसे एकटक अपनी ओर देखते पाता।

"तुम्हारा ध्यान किधर है?" वह चिढ़ कर कहता, "किताब में देखो।"

"मैं आपकी बात सुन रही थी," वह मुस्करा देती।

रोशन उसकी मुस्कान से और भी खीझ उठता, "किताब में देखते हुए मेरी बात सुनो तो तुम्हें कुछ समझ भी आयेगा। बिना किताब में देखे मेरी बात सुनने से थोड़े ही कुछ आयेगा।"

वह मुस्करा देती और किताब में निगाहें जमा देती।

लेकिन कविता के अन्त पर उसे इस तरह अपनी ओर देखते पा कर वह कुछ सकपका गया।

फिर खीझ कर उसने वही प्रश्न किया, "तुम्हारा ध्यान किधर है?"

वह उसी तरह उस पर दृष्टि जमाये मुस्कराती रही।

और भी चिढ़ कर रोशन ने उससे पहले चरण के अर्थ पूछे।

वह उसी तरह एकटक उसकी ओर देखती रही।

कुछ अप्रकृतिस्थ-सा हो कर और बेतरह चिढ़ कर वह कुर्सी पर बैठ गया और उसने कविता की पहली पंक्ति का अर्थ पूछा —'तुंग' और 'शृंग' तथा 'सुर' और 'सरिता' की बात तो दूर रही, चन्द्रा को 'हिमालय' तक के अर्थ न आते थे।

तब अपार धीरज के साथ, उसे यह आदेश दे कर कि वह एक क्षण को भी पुस्तक से आँखें न उठाये, वह एक-एक शब्द के अर्थ लिख कर उसे कविता पढ़ाने लगा —

"'तुम' शब्द भगवान के लिए है और 'मैं' आत्मा के लिए। आत्मा परमात्मा से कहती है कि तुम हिमालय —हिम यानी बर्फ़, आलय यानी घर —हिम के घर यानी हिमालय की तुंग —ऊँची —शृंग —चोटी —यानी हिमालय की ऊँची चोटी हो —हिमालय भारत की उत्तरी सीमा पर पूरब से पश्चिम तक फैले पहाड़ का नाम है। इसका नाम हिमालय इसलिए पड़ा कि...."

०

लेकिन कविता पढ़ाने के बाद जब शाम को उसने छुटटी की थी तो उसने तय किया था कि वह अभी चन्द्रा को कविता नहीं पढ़ायेगा। वह केवल दो विषयों पर ज़ोर देगा —एक निबन्ध, दूसरा इतिहास। पहली बात तो यह थी कि इतिहास रोशन का प्रिय विषय था। फिर उसका ख़याल था कि चन्द्रा इतिहास को कहानियों-सा सुन लेगी और चाहे-अनचाहे उसे कुछ-न-कुछ याद रह जायेगा।

तब उसने मन-ही-मन तय किया कि शिमला के प्रवास में वह चन्द्रा को मुग़ल काल तक का सारा इतिहास, ज़रूरी पात्र, युद्ध-सन्धियों, तिथियों-सहित रवाँ करा देगा। इस आसान विषय में उसे ताक करके फिर दूसरे अपेक्षाकृत कठिन विषयों को हाथ लगायेगा। वह इतनी बार उसे सारे विषय दोहरा देगा कि उसके कुन्द दिमाग़ और बेपरवाही के बावजूद उसे इतना याद हो जाये कि वह थर्ड डिवीज़न ही में सही, पर पास हो जाये। इतिहास पढ़ाने की उसने यह स्कीम बनायी कि वह पहले एक परिच्छेद की कहानी उसे सुना देगा, फिर उसे पुस्तक से पढ़ायेगा, फिर उसके महत्वपूर्ण पात्रों, घटनाओं और तिथियों पर निशान लगवा देगा। फिर हर पात्र के बारे में अतिरिक्त ब्योरे देगा और यों योजना बना कर उसने इतिहास पढ़ाना शुरू किया।

पहले उसने सिकन्दर महान, मुहम्मद बिन कासिम, महमूद ग़ज़नवी, पृथ्वीराज चौहान, जयचन्द, कुतुबुद्दीन ऐबक, अल्तमश, रज़िया सुल्ताना, मुहम्मद तुग़लक, अलाउद्दीन ख़िल्जी, बाबर, राना साँगा, हुमायूँ, शेरशाह सूरी, औरंगज़ेब, शिवाजी, मुहम्मदशाह रंगीला, अहमदशाह अब्दाली, तैमूरलंग, बहादुरशाह ज़फ़र के बारे में अलग से कहानियाँ बनायीं और समझाया कि मुग़ल काल तक के इतिहास में इतने ही पात्र महत्वपूर्ण हैं। अगर छात्र इन्हें याद कर ले तो न केवल वह निश्चित रूप से पास हो जायेगा, बल्कि अच्छे नम्बर भी ले आयेगा....

महीना ख़त्म होते-न-होते रोशन ने मुग़ल काल तक इतिहास समाप्त कर दिया। आगे

बढ़ने से पहले अपनी योजना के अनुसार उसने तय किया कि उसने जितना पढ़ाया है, उसे रिवाइज़ कर डाले और उसे प्रश्नों के उत्तर लिखना सिखाये। लिखावट तो इस बीच उसकी कुछ सुधर ही गयी थी, इसलिए जिस दिन अन्तिम परिच्छेद समाप्त हुआ, बिना किसी तरह का अन्तराल दिये, उसने पन्ने पलटे और 'अब मैं शुरू से दोहराऊँगा और तुम्हें प्रश्नों के उत्तर देना सिखाऊँगा' —इस भूमिका के साथ उसने प्रश्न लिखाया —

> सिकन्दर महान के सम्बन्ध में तुम क्या जानते हो? सिकन्दर और पोरस के युद्ध का वृत्तान्त लिखो और बताओ कि किस कारण सिकन्दर ने पोरस पर विजय पायी?

चन्द्रा ने प्रश्न कापी पर लिख लिया तो रोशन ने फिर उसे ज़बानी सिकन्दर और पोरस की लड़ाई का हाल सुनाया और उससे कहा कि वह प्रश्न का उत्तर लिखे।

चन्द्रा क्षण-भर कापी पर लिखे प्रश्न को घूरती रही, फिर आँखें उठा कर उसकी ओर ताकने लगी।

"लिखो।"

वह उसी तरह मुटर-मुटर ताकती रही। मुस्कान की क्षीण-सी रेखा उसके होंटों पर आ गयी। रोशन चिढ़ गया। वह चिल्लाया —

"लिखतीं क्यों नहीं, तुम्हें क्या समझ नहीं आता?"

"जी, विजय का क्या मतलब है?" सहसा चन्द्रा ने धीरे से कहा।

रोशन को अपने कानों पर विश्वास नहीं आया —"क्या...." वह गरजा।

"जी, विजय...."

लेकिन रोशन ने उसे वाक्य पूरा नहीं करने दिया। वह उठा, क्रोध से चीख़ते हुए — "तुम्हें विजय का मतलब नहीं आता और मैं सारा इतिहास पढ़ा गया हूँ।" —ज़न्नाटे का एक थप्पड़ उसने चन्द्रा के गाल पर जड़ दिया और बिना उसकी ओर देखे चिल्लाता रहा — "इतने दिन से पढ़ा रहा हूँ, इतनी लड़ाइयों का ज़िक्र आया, पचास बार यह शब्द आया होगा, तुमने पहले इसके अर्थ क्यों नहीं पूछे....?"

लेकिन वह सहसा रुक गया। उसने देखा उसकी पाँचों उँगलियों के निशान चन्द्रा के गोरे गाल पर बन गये हैं और उसकी आँखों से झर-झर आँसू बह रहे हैं।

रोशन धम्म से कुर्सी पर बैठ गया। यह उसने क्या कर डाला....लेकिन इतने दिनों का काम, इतने विस्तार और बारीकी से इतिहास पढ़ाने की घोर व्यर्थता....उसने उसे चुप नहीं कराया....वह और भी ज़ोर से (उसकी अपनी दुर्बलता और ग़लती उस पर प्रकट न हो, शायद अपने अर्द्धचेतन में इसी ख़याल से) बमकने लगा। लेकिन वह क्या बक रहा है, उसे मालूम नहीं था। वह बोलता चला गया —"मैंने तुम्हारे पिता को गारण्टी दी है कि मैं तुम्हें पास करा दूँगा, वे मेरा आधा वेतन अपने पास रखेंगे और तब देंगे, जब तुम पास हो जाओगी। मैं पहले ख़ुद पाठ तैयार करता हूँ, फिर तुम्हें पढ़ाता हूँ। कोई बात तुम्हारी समझ में नहीं आती तो तुम पूछतीं क्यों नहीं? मुझे लगता है कि मैं केवल इन दीवारों को पढ़ाता रहा हूँ। तुम्हें 'विजय' का अर्थ मालूम नहीं और मैं लगभग सारा इतिहास पढ़ा गया हूँ। मेरे लिए यह कैरियर का सवाल है —मुझे इन्हीं पैसों से लॉ कॉलेज में दाख़िला लेना

है। तुम्हें नहीं पढ़ना तो लालाजी से कह दो। मैं छुट्टी करूँ और कहीं दूसरी जगह काम देखूँ...."

क्रोध और झल्लाहट के बावजूद रोशन के स्वर में अजाने ही अपने इस कृत्य की सफ़ाई देने के प्रयास का आभास मिल रहा था। यद्यपि उसने न स्वर धीमा किया, न अपने कृत्य के लिए खेद प्रकट किया, पर अचेतन रूप से उस खीझ और क्षोभ में एक अनुनय आता गया, एक अव्यक्त अनुरोध कि वह उसकी स्थिति को जाने, समझे और मन लगा कर पढ़े....वह बड़ी देर तक इसी तरह बमकता रहा। चन्द्रा ने कुछ नहीं कहा। वह सिर झुकाये चुपचाप रोती रही। फिर सहसा उठी और उसे बोलता-बमकता छोड़, सीढ़ियों वाला पिछला दरवाज़ा खोल कर निकल गयी।

रोशन नहीं उठा, विजड़ित-सा वहीं बैठा, सामने ख़ाली कुर्सी के उस शून्य में ताकता रहा, जहाँ वह सिर झुकाये बैठी थी। चन्द्रा की वह हँसती छवि, जो अदृश्य हो कर भी वहाँ रहती थी, जाने उस क्षण कहाँ ग़ायब हो गयी। वहाँ जैसे अब भी चन्द्रा बैठी थी, उसका सिर झुका था, उसकी आँखों से आँसू झर रहे थे, उसके गोरे गाल पर रोशन की पाँचों उँगलियों के निशान थे, जो धीरे-धीरे मिट रहे थे और वहाँ केवल लाली रह गयी थी....रोशन विमूढ़-सा उसी शून्य में ताकता रहा....लेकिन उसकी यह विमूढ़ावस्था ज़्यादा देर तक नहीं रही। दूसरे ही क्षण उसे ख़याल आया —अगर चन्द्रा ने ऊपर माँ से जा कर शिकायत कर दी?....रोशन का दिल धक से रह गया। उसका चेहरा एकदम उतर गया। वह हड़बड़ा कर उठा और अपने कमरे में आ गया। क्षण भर को वह कमरे के बीच में खड़ा ऊपर की सुन-गुन लेता रहा, फिर व्यग्रता से कमरे में घूमने लगा....

रोशन का दिमाग़ बेहद परेशान था। चन्द्रा जिस ठस्से से उसे बमकता छोड़ कर चली गयी थी, उसे पूरा विश्वास था, वह माँ से जा कर शिकायत कर देगी। उसे किसी भी क्षण मिसेज़ हाकिमचन्द के आने और चिल्लाने की आशंका थी। रोशन चाहता था कि जो होना है, हो जाये —बीबीजी आयें, उसे डाँटें, बोरिया-बिस्तर बाँध कर भाग जाने का आदेश दें और उसे इस कष्टकर स्थिति से नजात मिले....जिस लड़की को पूरा इतिहास पढ़ लेने पर 'विजय' के अर्थ नहीं आये (पराजय के क्या आये होंगे?) उसने सोचा, वह कैसे पास होगी? बेकार ही अपने ज़ोम में उसने लालाजी को गारण्टी दे दी....यह लड़की यों ही तो दो बार मैट्रिक की परीक्षा में फ़ेल नहीं हुई? यह दस वर्ष तक मैट्रिक में पास नहीं हो सकती। यह 'रत्न' भी पास नहीं हो सकती। वह क्या विषय को घोल कर उसे पिला देगा? जब वह ध्यान ही नहीं देती तो कोई बात उसकी समझ में आयेगी क्योंकर?....

रोशन को विश्वास हो गया कि जिन ट्यूटरों को वह पिटवा चुकी है, उन बेचारों का कोई दोष नहीं होगा। जब लड़की ही ध्यान नहीं देती तो ट्यूटर बेचारे क्या करें? वे कब तक सब्र-सन्तोष से काम लेंगे? — वे डाँटते होंगे और यह झूठ-मूठ उनकी शिकायत लगा देती होगी....रोशन चाहता था कि चन्द्रा की माँ आ जाये, उसे डाँटे, उससे पूछे — क्या उसने लड़की को थप्पड़ मारा? वह कहे कि हाँ मारा और यदि वह ध्यान से न पढ़ेगी तो फिर मारेगा; उन्हें ख़ुशामदी और निकम्मा ट्यूटर चाहिए तो वे किसी दूसरे को रख लें। वह जी-जान से पढ़ायेगा और चाहेगा कि वह ध्यान दे कर पढ़े।....प्रकट है कि उसकी इस 'बदतमीज़ी' को वे सहन नहीं करेंगी और उसे उस कूढ़-मग़ज़, कुन्द-ज़ेहन, परम मूर्खा,

बेपरवाह लड़की के साथ माथा फोड़ने से मुक्ति मिल जायेगी....वह लॉ कॉलेज में दाख़िल हो या न हो, पर वह ट्यूशन और नहीं करेगा। भले ही भाई साहब के सामने उसे शर्मसार होना पड़े, उनके ताने सुनने पड़ें, उनके व्यंग्य-बाणों का शिकार होना पड़े, पर वह ट्यूशन और नहीं करेगा, नहीं करेगा और तत्काल शिमला छोड़ देगा।

ऊपर एकदम नितस्ब्धता थी, ज़रा भी फुसफुसाहट या चिल्लाहट न थी और रोशन व्यग्रता से कमरे में घूमे जा रहा था। सहसा वह रुका और फिर जड़वत खड़ा रह गया। उसे ख़याल आया —बीबीजी ने अगर उसकी शिकायत लिख कर लालाजी को भेज दी तो....यह सोचते ही वह बेतरह भयाक्रान्त हो उठा। क्रोध से विकृत लालाजी का मुख उसके सामने आ गया। उनकी क्रूरता से वह भली-भाँति परिचित हो गया था। कमरे में उसका दम घुटने लगा....वह बाहर निकला और 'केनमोर एस्टेट' के बड़े बँगले को जाने वाली सड़क पर नीचे को बढ़ चला....दायीं ओर हार्डिंजिया के बड़े-बड़े गुलाबी, जामुनी, हरे, नीले फूल बेतहाशा खिले हुए थे। बायीं ओर घाटी के परे वह प्रागैतिहासिक हाथी वैसे ही दीन-दुनिया से बेनियाज़ लेटा था। गरमी के कारण हल्का-सा ग़ुबार उस पर छाया हुआ था। ऊपर, रोशन के सिर पर, देवदारों की डालियाँ हल्की-सी हवा से लहरा रही थीं —लेकिन रोशन इस सबसे बेख़बर बढ़ा चला जा रहा था। नीचे मोड़ पर, जहाँ से सड़क बँगले को मुड़ती थी, हार्डिंजिया के घने पौधों की पक्तियाँ ज़रा-सी टूट गयी थीं। वहीं सट कर वह किनारे के एक पत्थर पर बैठ गया। लाला हाकिमचन्द की क्रोध-भरी मुद्रा फिर उसके सामने आ गयी। उनका सुन्दर चेहरा क्रोध से बेतरह विकृत हो जाता था। बेपनाह साइक्लोन की ज़द में आया आदमी जैसे उड़ा जाय और चाहने पर भी रुक न पाये और विवश हो रुकने का प्रयास भी छोड़ दे —इसी तरह लाला हाकिमचन्द क्रोध के हाथों विवश हो जाते थे। इस एक महीने में उसने दो बार उन्हें दुर्वार क्रोध के आलम में देखा था और उस आसन्न संकट में दोनों घटनाएँ उसके सामने अपने नन्हे-से-नन्हे ब्योरे के साथ आ गयीं।

०

उन्हें शिमला आये अभी मुश्किल से एक सप्ताह भी न हुआ था कि एक शनि को, जब वह दोपहर का खाना खाने के बाद ज़रा-सा लेटा था, उसने ऊपर गिगलू, पिगलू और चन्द्रा को धमा-चौकड़ी मचाते, छीना-झपटी करते, गिगलू को ठहाका मारते और चन्द्रा को चिड़चिड़ाते सुना —फिर सहसा एक चीख़ उठी और पिछली ओर किसी के ज़ोर से गिरने का धमाका हुआ। तभी पिगलू ज़ोर से चिल्लाने लगा।

पिगलू क्या चिल्ला रहा है, रोशन ने नहीं सुना। वह उछल कर उठा, बाथरूम का दरवाज़ा खोल कर पीछे को भागा — नाली में गिगलू औंधे मुँह अचेत गिरा पड़ा था।....'केनमोर कॉटेज' रास्ते के किनारे बनी थी। उसकी एक मंज़िल सड़क के नीचे थी और ऊपर की मंज़िल सड़क के बराबर थी। सड़क के साथ नीचे तक पत्थरों की दीवार थी ताकि वर्षा के दिनों में सड़क उस ओर को ढह न जाये और कॉटेज को नुकसान न पहुँचे। ऊपर की बालकनी और सड़क के बीच बड़ी तंग जगह थी। उस पर एक लकड़ी का पुल बना था और नीचे गली के बीचों-बीच एक छोटी-सी सीमेंट की नाली बनी थी। गिगलू उसी पर बेहोश पड़ा था....

बच्चे ऊपर क्या चिल्ला रहे हैं, यह रोशन ने नहीं सुना। शायद पिगलू अपनी ममी

को पुकार रहा था कि चन्द्रा ने गिगलू को धक्का दे कर गिरा दिया है; शायद मिसेज़ हाकिमचन्द बारजे पर भागी आयी थीं और चन्द्रा उनसे अपनी सफ़ाई दे रही थी कि जँगला टूट गया और गिगलू गिर गया....पर रोशन ने वह सब नहीं सुना। उसने पलक झपकते उसे सीधा किया, उसका माथा नाली के कोने से बेतरह फट गया था, गहरा घाव आ गया था और ख़ून बेतहाशा बह रहा था। रोशन ने उठा कर उसे कन्धे से लगाया और ला कर अपने पलँग पर लिटा दिया। उसकी कमीज़, कनपटी और गाल पर ख़ून के दाग़ लग गये, पर उन्हें पोंछने का उसे होश नहीं रहा। बीबीजी इस बीच भागी-भागी नीचे आ गयी थीं। चन्द्रा भी हाथ मसोसती आ कर खड़ी हो गयी थी। गिगलू के माथे पर घाव देख कर चन्द्रा को कोसती हुई बीबीजी उसके सिर को गोद में ले कर बैठ गयी थीं और रोने लगी थीं कि कोई जा कर 'उन्हें' ख़बर दे.....

"लाला जी को ख़बर हो जायेगी," रोशन ने कहा था, "आप घबराइए नहीं, पहले डॉक्टर को बुलाइए।"

"सुक्खू तेजभान के घर गया हुआ है," बीबीजी ने रोशन से लगभग मिन्नत करते हुए कहा था, "आप ही भाग कर जाइए और छोटे शिमले के अस्पताल से डॉक्टर त्रिलोकचन्द को भेजिए और लालाजी को भी ख़बर कर दीजिए। आज तो शनिवार है, उन्हें इस वक्त तक आ जाना चाहिए था, कहीं उधर-के-उधर माल की तरफ़ न निकल जायें।"

"अस्पताल छोटे शिमले में कहाँ पर है?" रोशन ने पूछा।

"मशहूर जगह है, ऊपर पहाड़ी पर है, वहीं डॉक्टर रहता है। आप किसी से पूछ लीजिएगा।"

और रोशन वैसे ही भाग गया —केनमोर एस्टेट से छोटे शिमले तक वह भागता चला गया। बाज़ार की चढ़ाई पर यद्यपि उसकी गति कुछ मन्द हो गयी, पर वह भाग तब भी रहा था। अपनी कनपटी पर उसे त्वचा में कुछ खिंचाव महसूस हुआ। तब उसे ख़याल आया कि वहाँ ख़ून जम गया है, जिससे किंचित खिंचाव पैदा हो गया है। उसने उँगलियों से उस जगह को मसल दिया। खिंचाव तब भी बना रहा। तब उसकी चिन्ता छोड़ वह बढ़ा चला गया। बाज़ार ही से उसने अस्पताल का पता पूछा और रिक्शा के मार्ग से जाने का ख़याल छोड़, पगडण्डी के छोटे रास्ते से चढ़ता चला गया। कहीं वह हाथों का सहारा लेता, कहीं रास्ते के पेड़ों का। पर वह क्षण-भर को भी नहीं रुका। छोटे शिमले का अस्पताल काफ़ी ऊँचाई पर था। भाग कर उस ऊँचाई पर चढ़ना कठिन था, पर रोशन ने गति मन्द नहीं की। तेज़-तेज़ वह पगडण्डी से चढ़ता चला गया। उसकी साँस फूलने लगी थी, कमीज़ पसीने से ग़च हो गयी थी, उसकी पिंडलियाँ दुखने लगी थीं, पर वह बिना साँस लिये या रुके, अस्पताल पहुँच गया।

डॉक्टर त्रिलोकचन्द अपनी लम्बी-तगड़ी, भारी-भरकम देह लिये, अस्पताल के बरामदे में एक आराम-कुर्सी पर पड़े ऊँघ रहे थे। दूर से रोशन को वे कोट पश्का के अपने डॉक्टर जीवाराम जैसे लगे थे —उतने ही लम्बे-तगड़े, उतने ही मोटे, वैसे ही भरे-भरे गाल। बस, उनके मूँछें नहीं थीं। लेकिन पगड़ी उनकी उतनी ही बड़ी थी, जो उस वक्त आराम-कुर्सी के पास तिपाई पर पड़ी थी। उन्होंने ग्रे रंग का कोट-पटलून पहन रखा था,

जो काफ़ी ढीला-ढाला था। रोशन को लगा कि शायद यही डॉक्टर त्रिलोकचन्द हैं, पर चूँकि (न जाने क्यों) वह छोटे शिमले के अस्पताल में एक चालीस-पैंतालीस वर्ष के, लगभग लाला हाकिमचन्द जैसे चाक-चौबन्द डॉक्टर की कल्पना किये हुए था, इसलिए उन्हें डॉक्टर मानने को उसका मन तैयार न हुआ —'डॉक्टर शायद अपने बँगले में आराम कर रहा है। यह शायद कम्पाउण्डर है, जो बरामदे में पड़ा ऊँघ रहा है,' उसने मन-ही-मन कहा और उनके बिलकुल निकट जा कर पूछा, "डॉक्टर त्रिलोकचन्द जी किधर हैं?"

डॉक्टर साहब हड़बड़ा कर उठे। पगड़ी तिपाई से उठा कर सिर पर रखते, आँखें झपकाते और अँगड़ाई लेने का प्रयास करते हुए उन्होंने पूछा, "कहिए।"

"लाला हाकिमचन्द का बड़ा लड़का बालकनी से नीचे गिर गया है, उसका सिर फट गया है; वह बेहोश पड़ा है। मैं डॉक्टर साहब को लेने आया हूँ।"

ज़ोर-ज़ोर से साँस लेने के बावजूद रोशन बिना रुके यह सब कह गया।

डॉक्टर साहब के हाथ अँगड़ाई के आलम में छत को छूने वाले ही थे, पर रोशन की बात सुन कर उन्होंने पूरी अँगड़ाई नहीं ली। "मैं अभी चलता हूँ," यह कहते हुए वह पीछे को मुड़ कर अन्दर कमरे में चले गये और कुछ क्षण बाद दवाइयों का बक्सा लिये बाहर निकले और बरामदे की सीढ़ियाँ उतर, रोशन के आगे-आगे हो लिये।

अपने भारी-भरकम शरीर को फिसलने या लुढ़क पड़ने से बचाते हुए डॉक्टर त्रिलोकचन्द लम्बे रास्ते से जाने के बदले पगडण्डी के उसी छोटे रास्ते से यथा सम्भव तेज़-तेज़ उतर रहे थे और रोशन को लग रहा था, जैसे पहाड़ की उस ढलान पर कोई दूसरा पहाड़ धीरे-धीरे खिसक रहा है। तब वह उनकी बग़ल से निकलता हुआ नीचे तक भागता चला गया और उसने अड्डे से रिक्शा तय किया। डॉक्टर साहब के आने पर उन्हें रिक्शे पर बिठा कर वह रिक्शे के साथ-साथ भागने लगा।

"कहाँ से गिर गया?" डॉक्टर साहब ने रिक्शे में अच्छी तरह बैठ कर पूछा।

"जी, मैंने कहा न, बच्चे पिछली बालकनी में खेल रहे थे, शायद बालकनी या पुल का जँगला टूट गया, मैंने देखा नहीं, उसे नीचे लिटा कर भागा आया हूँ।"

"कहाँ चोट आयी है?"

"सिर पर गहरा घाव आया है, बेहोश पड़ा है।"

"लात-बाँह तो नहीं टूटी?"

"ख़याल तो नहीं। सिर्फ़ माथा फट गया है, पर आप चल कर देख लीजिए।"

तब डॉक्टर साहब ने रिक्शे वाले को कुछ और तेज़ चलने के लिए कहा।

रोशन लाला हाकिमचन्द को ख़बर देना एकदम भूल गया था, लेकिन केनमोर एस्टेट के दो-तीन फ़र्लांग इधर ही लालाजी अपने क्लर्कों के झुरमुट में, सारी सड़क को घेरे, हँसते, ठहाके लगाते हुए जाते मिल गये। रिक्शे वालों ने घण्टी बजायी और रास्ता देते हुए उन्होंने पलट कर डॉक्टर को रिक्शा में बैठे और रोशन को कनपटी और कमीज़ पर ख़ून के दाग़ लिये साथ-साथ भागते देखा तो घबरा कर पूछा, "क्या हुआ?"

बिना रुके रोशन ने कहा कि गिगलू पिछली बालकनी से गिर गया है।....तेजभान, सोमनाथ, राजकिशोर, गण्डाराम और दूसरे क्लर्क उसके पीछे भागने लगे। लाला

हाकिमचन्द और उनके असिस्टेण्ट सुपरिण्टेण्डेण्ट, महाशय रामजवाया, जो उमर में उनसे दस वर्ष बड़े थे, नहीं भागे, लेकिन पैर उन्होंने भी बढ़ा लिये।

इस दुर्घटना के सम्बन्ध में दो बातें थीं, जो रोशन के मन पर अंकित थीं और उसे बेतरह खल रही थीं। डॉक्टर के रिक्शे के साथ भागता हुआ वह सबसे पहले पहुँच गया था। जब डॉक्टर ने कहा था कि बोरिक का पानी चाहिए और बक्से से निकाल कर बोरिक की पुड़िया उसे दी थी तो बीबीजी ने कहा कि पानी की केतली कब से आग पर रखी है। वह स्वयं उठने लगी थीं, पर गिगलू ने, जो होश में आ गया था और दर्द से बेतरह कराह रहा था, रोना शुरू कर दिया था कि वे न उठें। तब रोशन ने उन्हें गिगलू के पास बैठने का परामर्श दिया और बोरिक की पुड़िया ले कर ऊपर भाग गया था और जैसे पलक झपकते बोरिक का पानी ले आया था....

रोशन को सारे ब्योरे याद नहीं थे, इतना स्मरण था कि वह गिगलू के सिरहाने दोनों हाथों में तौलिये पर बोरिक के पानी का कटोरा लिये झुका खड़ा था और डॉक्टर उसमें से रुई डुबो कर गिगलू का घाव धो रहे थे कि लालाजी तेज़-तेज़ अपने पीछे महाशय रामजवाया को लिये दाख़िल हुए। तेज़-तेज़ चलने से दोनों का मुँह लाल था और साँस फूली हुई थी। डॉक्टर साहब ने उन्हें आश्वासन दिया कि माथे पर गहरा घाव आया था, शेष सब ठीक है, वे घबराएँ नहीं। तभी लालाजी की निगाह रोशन पर गयी थी —उसकी कमीज़ और कनपटी पर लगे ख़ून के दाग़ों को उन्होंने टेढ़ी नज़र से देखा था। आगे बढ़ कर उन्होंने उससे कटोरा माँगते और उसे सरगोशी में लगभग डाँटते हुए कहा था, "जाइए, मुँह से ख़ून धो डालिए और कपड़े बदल लीजिए !"

उनके स्वर में कुछ ऐसी सख़्ती थी कि रोशन का रंग लाल हो गया था। उसे तो इस सब भाग-दौड़ में अपना भी होश न रहा था और उनके स्वर में कुछ ऐसा आक्रोश और अभियोग था, जैसे वह जान-बूझ कर उन ख़ून के धब्बों का प्रदर्शन कर रहा हो।

उन्हें कटोरा थमा कर, लज्जा से उतरा मुँह लिये, वह पीछे हट गया था। बाथरूम में जा कर उसने साबुन से अपना मुँह अच्छी तरह धो डाला था। कमीज़ तो वह बदल न सकता था, क्योंकि नयी कमीज़ ट्रंक में थी और उसका कमरा लालाजी के क्लर्कों से भरा हुआ था। वह चुपचाप साथ के कमरे में चला गया और अपनी उसी कुर्सी पर जा बैठा था, जहाँ बैठ कर वह चन्द्रा को पढ़ाता था। उसके अपने कमरे में क्या हो रहा है, इसकी रोशन ने ज़रा भी चिन्ता नहीं की —उसकी जाँघें, पिंडलियाँ, टख़ने, पैर, यहाँ तक कि नाख़ून तक दर्द कर रहे थे। वह भागता गया और भागता आया था। और उसे धन्यवाद देने अथवा प्यार से उसकी पीठ थपथपाने के बदले, उन्हें केवल यही आदेश देना याद रहा कि वह अपने चेहरे और कमीज़ से ख़ून के दाग़ धो डाले....

'स्साला सुपरिण्टेण्डेण्ट का....' रोशन मन-ही-मन बुदबुदाया और उस वक्त तक अपने कमरे में नहीं गया, जब तक मरहम-पट्टी के बाद वे लोग गिगलू को ऊपर उठा कर नहीं ले गये....उसकी चादर पर ख़ून का एक बड़ा-सा धब्बा बन गया था। क्रोध से चादर उठा कर वह बाथरूम में गया था, उसने अपनी कमीज़ और चादर धो डाली थी और कपड़े बदल लिये थे....अपने मन के सन्ताप को दूर करने के लिए वह शिमला जाने की सोच रहा था कि उसे ऊपर लालाजी की गरज सुनायी दी —वे निहायत गन्दी गालियाँ देते हुए

चन्द्रा को धुन रहे थे। बाद में सुक्खू से मालूम हुआ था कि जब लालाजी के क्लर्क चले गये थे और उन्होंने पूछा था कि गिगलू गिरा कैसे तो पिगलू ने चन्द्रा की शिकायत कर दी थी कि उसने धक्का दे कर गिरा दिया। उन्होंने उसे इतना पीटा था कि वह भी गिगलू के साथ चारपाई पर जा पड़ी थी और तीन दिन तक ज्वर के कारण पढ़ने न आयी थी।

o

लाला हाकिमचन्द की क्रूरता के सम्बन्ध में दूसरी घटना एक ही सप्ताह पहले हुई थी।

o

रोशन की पतलून का गैलिस टूट गया था। आज तो फ़ैशनेबल लोग पतलून के साथ पेटी पहनना भी गवारा नहीं करते, पर तब गैलिस का रिवाज था। पतलूनें कमर से ख़ासी खुली रहती थीं। गैलिस के बिना रोशन के लिए पतलून पहनना कठिन था। महीना पूरा न हुआ था और उसे अपने वेतन के पैसे न मिले थे। रोशन नहीं चाहता था कि वह लालाजी से पैसे माँगे अथवा उन्हें गैलिस ला देने को कहे। आठ-दस दिन पहले वह सुबह निक्कर-कमीज़ पहने जाकू राउण्ड से लौटा था और बादल घिर आये थे कि लालाजी दफ़्तर को जाते हुए हँस कर बोले थे, "मास्टर जी, स्वेटर पहन कर जाया कीजिए, कहीं सर्दी-वर्दी खा गये तो लेने के देने पड़ जायेंगे।"

रोशन के पास स्वेटर नहीं था। उसने केवल यह बहाना बनाया था कि वह स्वेटर साथ लाना भूल गया था। तब उन्होंने कहा था कि वह शाम को तैयार रहे, लोअर माल चलेंगे और उसे स्वेटर ख़रीद देंगे।

रोशन उनके साथ जाना न चाहता था। गिगलू वाली दुर्घटना के बाद उसके मन में उनके प्रति कुछ अव्यक्त, अनाम-सी घृणा आ बसी थी। हालाँकि चन्द्रा को पीटने के बाद वे ख़ुद रात-भर सो न पाये थे, सख़्त सिर-दर्द से पड़े रहे थे और जब तक चन्द्रा स्वस्थ नहीं हो गयी, उसके सिरहाने बैठे रहे थे; उन्होंने उसे बेहद प्यार किया था और अपने क्रोध के लिए क्षमा माँग ली थी; उसके स्वस्थ होते ही उसे ले कर बाज़ार गये थे और उन्होंने उसे नयी साड़ी ख़रीद दी थी; आते-जाते रोशन से भी हँस-हँस कर बातें करते रहे थे, पर रोशन ने उन्हें क्षमा न किया था। उनके लाख कहने पर भी वह ऊपर खाना खाने न गया था, उनके साथ कैरम अथवा रमी न खेला था....लेकिन जब शाम को दफ़्तर से वापस आ कर उन्होंने उसे साथ चलने को कहा तो वह इनकार न कर सका था।

गिगलू का घाव अभी ठीक न हुआ था। उसमें पीप पड़ गयी थी। डॉक्टर (रोशन की नजर में वह कम्पाउण्डर होने के योग्य भी न था) रोज़ रूमाल की पट्टी बना कर उस पर बोरिक के पानी का सेंक करता और बत्ती देता। इसलिए लालाजी घर में से किसी को साथ न ले गये थे। तेजभान और सोमनाथ को उन्होंने साथ ले लिया था और लोअर माल की एक दुकान से रोशन को आठ रुपये का स्वेटर ले दिया था। बीस रुपये वेतन में से (जो कि गारण्टी के रुपयों की काट के बाद उसे मिलना था) आठ रुपये महज़ स्वेटर पर ख़र्च कर देना रोशन को बेतरह अखरा था, पर जब लालाजी ने वह स्वेटर उसके लिए चुना तो वह कुछ भी न कह सका।....और अब उसका गैलिस टूट गया।....वह जानता था, लालाजी से कहेगा तो वे उसे महँगा गैलिस ले देंगे....वह चाहता था, उसे पैसे मिल जायें

और वह स्वयं सस्ता गैलिस ख़रीद ले। लेकिन महीना पूरा न हुआ था, बिना गैलिस के पतलून लटक जाती थी और रोशन को डर था कि वह कहीं पायँचों से फट न जाये, इसलिए उसने एक सुबह झिझकते-झिझकते गैलिस टूटने की बात लालाजी से कह दी थी। लालाजी ने कहा था कि शाम को लोअर बाज़ार जायेंगे तो ले देंगे।

"आप क्यों कष्ट करेंगे," रोशन झिझकते हुए बोला था, "मुझे कुछ रुपये एडवांस कर दें तो मैं स्वयं ले आऊँगा।"

"अजी मास्टर साहब, इसमें कष्ट क्या है?" लालाजी हँसे थे, "गिगलू की तबीयत अब ठीक हो गयी है। इतने दिन से वह घर में बन्द है। शाम को बाज़ार चलेंगे, बच्चों को घुमा-फिरा भी लायेंगे और आपको गैलिस भी ख़रीद देंगे।"

और रोशन ज़्यादा हुज्जत न कर सका था....जब वे शाम को दफ़्तर से आये और उन्होंने सबको तैयार होने के लिए कहा तो वह तैयार हो गया था....

०

रोशन को वास्तव में लालाजी के साथ जाने में बड़ी उलझन होती थी। वे अपने मित्रों अथवा क्लर्कों के साथ होते तो उनसे बातें करते आगे-आगे चलते और रोशन पीछे घिसटता चलता —सामने से आने वाले किसी नये परिचित को वे अपने साथियों का परिचय देते तो रोशन भी साथ है, यह बात बिलकुल भूल जाते। फिर जब उनके मित्र की या उनकी अपनी नज़र उस पर पड़ती तो वे कहते —'ये हमारी चन्द्रा के ट्यूटर हैं।'

रोशन सूट-बूट से लैस, गले में टूटल टाई बाँधे, सिर पर किंचित टेढ़ी फ़ेल्ट सजाये होता। लालाजी के मित्र क्षण भर को उसे हैरत से देखते। रोशन उस क्षण के बोझ को हल्का करने के लिए झट हाथ जोड़ कर 'नमस्ते' कर देता....एक बार ऐसे ही अवसर पर लालाजी के ज़रा आगे निकल जाने पर उनके किसी मित्र अथवा क्लर्क ने (रोशन सब को न पहचानता था) सरगोशी में दूसरे से कहा था —"लाला हाकिमचन्द ने ट्यूटर रखा है या दामाद?"

रोशन के कान में उस फबती की भनक पड़ गयी थी और यद्यपि उसे इस बात पर गर्व हुआ था कि रंग-रूप, चाल-ढाल और पहरावे में वह उनसे किसी तरह कम नहीं और चन्द्रा को पहले जो महाशय अथवा पण्डित टाइप के यतीम ट्यूटर पढ़ाते रहे थे, उन की अपेक्षा कहीं अप-टू-डेट, सभ्य, सुशिक्षित दिखायी देता है, पर उन संकुचित-वृत्ति वाले क्लर्कों की संगति में लालाजी के साथ जाना उसे खलता था....

वे अपने परिवार के साथ होते तो केनमोर एस्टेट से खुली सड़क पर आते ही लालाजी के साथ बायीं ओर उनकी पत्नी चलती, पिगलू उनके दायें हाथ की उँगली थामे होता, चन्द्रा अपनी माँ के साथ हो लेती, गिगलू उसकी उँगली थाम लेता और रोशन उस पंक्ति में अपनी जगह निश्चित न कर पाता। पिगलू उसे पसन्द न करता था, न रोशन ही को वह पसन्द था। वह निहायत सिर-चढ़ा, बदतमीज़ बच्चा था। एक-दो बार रोशन ने पंक्ति में उसके साथ हो कर उसकी उँगली थामने का प्रयास किया था, पर उसने हर बार उसका हाथ झटक दिया था। गिगलू रोशन को बहुत भोला, सभ्य और सुसंस्कृत लगता था, लेकिन चन्द्रा के इतने निकट चलने में रोशन को झिझक होती थी, डर लगता था। इसलिए

वह उस पंक्ति के ज़रा पीछे चलता था....

माल पर भीड़ बढ़ जाती तो लालाजी और उनकी पत्नी आगे हो जाते; उनके पीछे बीच में चन्द्रा और उसके दायें-बायें गिगलू, पिगलू और उनके सबके पीछे रोशन....उसे अपनी स्थिति अजीब-सी लगती — पाँचों उँगलियों के साथ लटकती-सी छठी उँगली-सरीखी —वह चाहता तो गिगलू की उँगली थाम कर उस पंक्ति में शामिल हो सकता था, पर वह उनसे खुलना न चाहता था —उसे न चन्द्रा की आँखों पर विश्वास था, न उसके हाथों पर। इसलिए वह ऐसे चलता कि न उनके साथ ही लगे, न उनके बहुत पीछे। गिगलू अपने उसी भोले अन्दाज़ में रास्ता चलते-चलते उससे कोई प्रश्न पूछ बैठता अथवा बहन के उत्तर से सन्तोष न पा कर मुड़ कर उससे पूछता तो रोशन एक कदम बढ़ा कर उसकी जिज्ञासा शान्त कर देता और फिर उतने ही अन्तर पर चलने लगता। आगे से कोई परिचित मिल जाता तो लालाजी अपने बीवी-बच्चों का परिचय दे कर चन्द्रा के 'मास्टरजी' का परिचय देते। मित्र कभी चन्द्रा की ओर देखता, कभी 'मास्टरजी' की ओर। रोशन को फिर उसी उलझन का सामना करना पड़ता....

o

लालाजी ने लोअर माल से उसे गैलिस ख़रीद दिया। गिगलू को बैगाटिल, पिगलू को टॉफ़ी और चन्द्रा को कानों के झूमर ख़रीद दिये। तब वे उन सबको लोअर माल ही की एक दुकान पर चाट खिलाने ले गये। लोअर माल की सीढ़ियों के बाद क्यूरिओज़[१] की दुकान के बराबर लालाजी के परिवार की एक प्रिय चाट की दुकान थी —बाहर चाट और चाय का प्रबन्ध था और दुकान के अन्दर अपेक्षाकृत अँधेरे और उमस में गद्देदार बेंचें और मेज़ें रखी थीं। लालाजी जब भी अपने परिवार के साथ लोअर माल आते, इस दुकान पर चाट अवश्य खाते।

जाने क्यों, रोशन को चाट से सख़्त नफ़रत थी। कभी लड़कपन में अपने मित्र अनन्त को रोज़ स्कूल से वापसी पर चौक सूदाँ में कोने के चाट वाले की दुकान पर बिला नाग़ा चाट खाते देख कर उसके मन में चाट खाने की प्रबल साध हुई थी और जब पिता से उसे पैसे मिले थे तो उसने एक-एक कर, सब तरह की चाट जी भर खा कर देख ली थी — गोल-गप्पे, खट्टे वाले लड्डू, इमली की चटनी वाले करारे पापड़, ज़मीकन्द, समोसे, आलू की टिकिया, दही-बड़े, मूँगी की पकौड़ियाँ, आलू का रायता, खट्टे वाले आलू, शकरकन्द, कचालू....लेकिन उसने सदा पाया था कि चाट उसके माफ़िक नहीं आती, उसका पेट ख़राब हो जाता है। उसके साथी खट्टे वाले कचालू बड़े मज़े से खाते, पर जाने क्यों रोशन को कभी कचालू अच्छे न लगे थे —अजीब-सा लेसदार ज़ायका उसकी जीभ पर रह जाता। एक बार खा कर उसने फिर कभी उन्हें मुँह न लगाया था। जब उसका बहुत मन होता तो नींबू वाले आलू अथवा शकरकन्द खाता अथवा कभी मित्रों का साथ देना होता तो मूँगी की पकौड़ियाँ अथवा आलू का रायता....और उन दिनों उसने इतनी चाट खायी थी कि उसका मन सदा के लिए भर गया था।

उसके पिता की यह आदत थी —उनके लड़के किसी चीज़ के लिए इच्छा प्रकट

---

१. प्राचीन वस्तुएँ तथा उपहार सामग्री।

करते और उनका हाथ कुछ खुला होता तो वे इतनी मात्रा में वे चीज़ें ले आते अथवा उन्हें खिला देते कि उनकी तबीयत और नीयत दोनों भर जातीं....रोशन कुछ बड़ा हुआ और कविता-अविता लिखने लगा तो उसे चाट खाने से नफ़रत हो गयी —उँगलियों पर दही अथवा खट्टी-मीटी इमली की चटनी लथेड़े, चाट खा कर पत्ते वहीं फ़र्श पर फेंकते हुए लोगों को देख कर जाने उसके सौन्दर्य-प्रिय मन को कहाँ धक्का लगता।

लेकिन चाट पंजाबियों का —दुकानदारों और नौकरी-पेशा लोगों का —मन-भाता खाजा है। वे दही-बड़ों, कुलचों-चनों, सिंघाड़ों और आलू की टिकियों, पपड़ियों और गोल-गप्पों पर ऐसे टूटते हैं, जैसे वे कोई स्वर्गीय नियामतें हों....मिर्च-मसाले, खट्टी-मीठी चटनी....जाने रोशन के मन की किस सात्विक वृत्ति को ठेस लगती और वह चाट न खा पाता....

अन्दर जा कर गद्देदार बेंचों पर बैठते ही जब लालाजी ने पूछा कि क्या खायेंगे, तो सबने एक स्वर से पहले गोल-गप्पे खाने की इच्छा प्रकट की। रोशन टाल गया कि गोल-गप्पों के पानी से उसका गला ख़राब हो जाता है। जी भर गोल-गप्पे खाने के बाद गिगलू-पिगलू ने आलू की टिकिया माँगी, बीबीजी ने पपड़ियाँ और चन्द्रा ने दही-बड़े। जब लालाजी ने उससे पूछा तो उसने चाट खाने से साफ़ इनकार कर दिया। लालाजी ने ज़्यादा ज़ोर दिया तो उसने कहा कि चाट उसके माफ़िक नहीं आती....

तीन मील चल कर आने और लोअर बाज़ार घूमने के बाद रोशन को भूख लग आयी थी, लेकिन उसने एक बार इनकार कर दिया तो फिर चाट नहीं खायी। उसका मन हुआ, कहे —अच्छा, मैं भी आलू का रायता ले लेता हूँ। उसके मुँह में पानी भी भर आया, पर अपार संयम से वह उन्हें प्लेट-पर-प्लेट साफ़ करते देखता, और अपने आपको उनसे कहीं ऊँचा समझता हुआ, चुपचाप बैठा रहा। तभी लालाजी ने अपने लिए आलू की टिकिया मँगायी। प्लेट में गरम, खट्टी-मीठी चटनी और प्याज़ के कतलों से तर आलू की टिकिया देखते ही लालाजी की आँखों में चमक आ गयी और वे अपनी अफ़सरी को भूल कर उस पर टूट पड़े।

तभी एक ऐसी घटना हो गयी कि लालाजी प्लेट छोड़ कर उठ खड़े हुए। बीबीजी ने दही-बड़े खा कर समोसे मँगाये थे। जाने कैसे, एक समोसा प्लेट से गिर गया। उन्होंने उसे उठा कर फिर प्लेट में रख लिया और खाने लगीं। तब लालाजी ने प्लेट उनके सामने से खींच ली और ज़ोर से आवाज़ दी —"बॉय !"

लड़का भागा आया।

"ये समोसे बाहर फेंक दो और दो समोसे और ले आओ।"

बीबीजी स्तब्ध रह गयीं। लालाजी ने आग्नेय दृष्टि से अपनी पत्नी की ओर देखा और अपनी प्लेट छोड़ कर उठ खड़े हुए। बीबीजी भी उठीं।

"अब और नहीं खायेंगे।" उन्होंने खिन्नता से कुछ हँसने का प्रयास करते हुए कहा।

लेकिन लालाजी गरजे, "नहीं, खा कर उठो !" और उन्होंने बैरे को आदेश दिया कि समोसे रखे।

जाने कैसा आतंक और सहम सब पर छा गया। लालाजी वापस आये और बिना एक

भी शब्द बोले अपनी प्लेट पर झुक गये। उन चन्द क्षणों में किसी ने कोई बात नहीं की। बीबीजी आँखें नीची किये ज़हर की तरह समोसे खाती रहीं। वह तनाव रोशन के लिए असह्य हो गया। 'मैं ज़रा बाहर खड़ा होता हूँ,' कहता हुआ वह बाज़ार में आ गया। लालाजी ने अपनी प्लेट ख़त्म की, उठे, दुकानदार को बिल दिया और वापस छोटे शिमले चल दिये। रास्ते-भर उन्होंने एक बार भी पीछे मुड़ कर नहीं देखा, एक क्षण के लिए नहीं रुके कि उनके बीवी-बच्चे उनके साथ आ मिलें। तेज़-तेज़ लुढ़कते गये। वे सब उनके पीछे भागते चले आये।

घर पहुँचते ही लालाजी धम-धम सीढ़ियाँ चढ़ गये। रोशन अपना कमरा खोल कर कपड़े बदलने लगा था कि उसने ऊपर लालाजी के चिल्लाने, गन्दी गालियाँ देने और अपनी बीवी को पीटने की आवाज़ सुनी....

"तुमने (गाली) नीचे गिरा हुआ (गाली) समोसा उठा कर प्लेट में रख लिया — हैं ! (थप्पड़) तुम (गाली) सुपरिण्टेण्डेण्ट की बीवी हो, तुम्हारे (गाली) बाप ने तुम्हें यही सिखाया है — हैं ! (मुक्का)....देखने वाले क्या कहते होंगे कि ये लोग कैसे नदीदे, कमीने, कंजूस और भुक्खड़ हैं (लात)। यह भी नहीं देखा कि तुम्हारी बेटी का ट्यूटर बैठा तुम्हारी इस बदतहज़ीबी को देख रहा है (निरन्तर मुक्के और लातें)...."

वे अन्धा-धुन्ध थप्पड़ों, मुक्कों और लातों से अपनी पत्नी को पीटते और उसे और उसके माँ-बाप को निहायत भद्दी पंजाबी गालियाँ देते रहे। तभी रोशन ने किसी के गिरने और बच्चों के चिल्लाने की इकट्ठी आवाज़ सुनी। रोशन को लगा जैसे चन्द्रा उनसे लिपट गयी है, क्योंकि उन्होंने अपनी गालियों और लातों-थप्पड़ों का मुँह उसकी ओर मोड़ दिया। वे उसे और उसकी माँ को बेतहाशा गालियाँ देने लगे। जाने वे कैसी कहनी-अनकहनी बातें उसे और उसकी माँ को और उसके ट्यूटरों को ले कर कहते रहे, यहाँ तक कि उसने चन्द्रा के गिरने और रात की निस्तब्धता को भंग करती हुई उसकी चीख़ की आवाज़ सुनी....

रोशन का मन हुआ कि वह भाग कर ऊपर जाये और उन बच्चों को उस कसाई के चंगुल से छुड़ाये। लेकिन वह चुपचाप आधे कपड़े पहने और आधे उतारे उसी तरह कुर्सी पर बैठ गया। उसने केवल यही तय किया कि वह यहाँ नहीं रहेगा। सुबह होते ही उनसे छुट्टी ले कर चला जायेगा।....तभी चन्द्रा की चीख़ के बाद लालाजी की कड़कती आवाज़ आयी —"सुक्खू, पानी लाओ।"

....शायद चन्द्रा बेहोश हो गयी है....रोशन का मन कुछ अजीब-सी करुणा से भर आया —'यह आदमी है या जानवर !' वह मन-ही-मन बमका।....उसके सामने उसके पिता की सूरत घूम गयी....पर वे तो उन लोगों को शराब के नशे में पीटते थे। रोशन को एक भी घटना याद नहीं थी, जब उन्होंने बे-पिये उन्हें पीटा हो....होश-हवास में इस बेदर्दी से बीवी या बच्ची को पीटना और फिर सभ्य, सुसंस्कृत कहाने का दम भरना....'साला सुपरिण्टेण्डेण्ट का'....रोशन मन-ही-मन झल्लाया, 'सुपरिण्टेण्डेण्ट हो गया है तो क्या सारे घर वालों को कत्ल कर देगा'....रोशन के मन में एक बवण्डर-सा उठा। अच्छी नौकरी या अच्छे कपड़ों से कोई सभ्य या सुसंस्कृत नहीं हो जाता....इस साले का दिल-दिमाग़ अभी टुच्चे क्लर्क का है....यह सात जन्म सभ्य और सुसंस्कृत नहीं हो सकता।....ऐसे वहशी के यहाँ नौकरी करना....उससे सचमुच ग़लती हो गयी। भाई साहब ठीक कहते थे —

हाकिमचन्द ज़ालिम आदमी है।....पर इतना ज़ालिम है, उसने यह नहीं सोचा था। वह सुबह ही छुट्टी ले-लवा कर चला जायेगा....कहीं ज़रा-सी भी चूक हो जाये....कहीं ग़लत सन्देह हो जाये....अपनी इज़्ज़त अपने हाथ है....

०

वहीं रास्ते के पत्थर पर हार्डिंजिया के फूलों में बैठे-बैठे रोशन के सामने दोनों घटनाएँ अपने सारे ब्योरों के साथ घूम गयीं।....यह ठीक है कि लालाजी बाद में स्वयं कई दिन सिर-दर्द में पड़े रहते थे और पश्चात्ताप-स्वरूप अपने बीवी-बच्चों से अतिरिक्त प्यार जताते थे, पर जब उन्हें क्रोध आता था तो वे एकदम अन्धे हो जाते थे....यदि चन्द्रा ने या बीबीजी ने उनसे शिकायत कर दी....चालीस रुपये महीना पाने वाला टुटपूँजिया ट्यूटर उनकी लाडली बेटी को पीटे....उनका खून खौल उठेगा....

रोशन का दम फिर घुटने लगा। वह उठा और ऊपर को चल दिया।

लेकिन वे उसे गाली देने या हाथ लगाने का साहस नहीं कर सकते —उसने सोचा।

'मुझे उन्होंने गाली दी या मुझ पर हाथ उठाया,' उसने मन-ही-मन तय किया, 'तो मैं उन्हें डाँट दूँगा कि आप सुपरिण्टेण्डेण्ट होंगे तो अपने घर या दफ़्तर के होंगे। मैं न आपका क्लर्क हूँ, न ज़र-ख़रीद ग़ुलाम। आप यह ट्यूशन अपने पास रखिए और अपनी नालायक लड़की के लिए कोई दूसरा ट्यूटर ढूँढ लीजिए....'

इस निश्चय ही से रोशन का चेहरा तमतमा गया। उसने चाहा कि लाला जी आ जायें तो अभी उनसे दो-दो बातें हो जायें।

'उनकी मजाल नहीं कि मुझ पर हाथ उठा सकें,' उसने मन-ही-मन अपने आपको आश्वस्त किया, 'हो सकता है कि वे डाँटें या बमकें, पर मैं यह ट्यूशन रखूँगा ही नहीं। उनसे कहूँगा, मैंने एक महीना आपकी लड़की को पढ़ाया है, आप मुझे केवल लाहौर जाने का किराया दे दीजिए। मैं भर पाया।'

कॉटेज के पास पहुँच कर उसने ऊपर की सुन-गुन ली। ऊपर एकदम सन्नाटा था। तभी उसे सुक्खू सीढ़ियों से उतरता दिखायी दिया।

"सुक्खू, बीबीजी कहाँ हैं?" उसने पूछा।

"वे तो खाने के बाद ही गिगलू को ले कर सोमनाथ जी के घर चली गयी थीं।"

रोशन की जान-में-जान आयी।

"चन्द्रा क्या कर रही है?" उसने पूछा।

"छोटी बीबी की तबीयत ठीक नहीं। लेटी हैं।"

(रोशन को ख़ुशी हुई कि सुक्खू उसे 'छोटी बीबी' कहने लगा है। उसे उसका यों 'चन्द्रा-चन्द्रा' कहना पसन्द न था और उसने एक बार बातों-बातों में चन्द्रा से कहा था कि नौकर बेहद बदतमीज़ है, उसे आदर से 'छोटी बीबी' कहना चाहिए।)

"क्या हुआ उसे?" रोशन ने कहा, "तुमसे कुछ कहा?"

"जी नहीं।"

'तो अभी चन्द्रा ने किसी को कुछ नहीं बताया,' रोशन ने सोचा, 'हो सकता है, बीबीजी अथवा लालाजी आयें और उसकी तबीयत की ख़राबी के बारे में पूछें तो चन्द्रा

बताये।' उसके मन में विचार उठा कि अगर वह इसी वक्त शिमला चला जाये और रात को देर से घर आये तो कम-से-कम रात-भर के लिए तो लालाजी के क्रोध को टाला ही जा सकता है....और उसने सुक्खू से कहा —

"सुक्खू, देखो मैं शिमला जा रहा हूँ। मेरे एक मित्र आज ही शिमला आये हैं, दरभंगा हाउस में ठहरे हैं, मुझे उनसे मिलना है। मैं रात को देर से आऊँगा। तुम चन्द्रा और बीबीजी से कह देना। खाना शायद मैं वहीं खा लूँ। तो भी मेरा खाना तुम मेरे कमरे में रख देना और चिन्ता न करना।"

और छड़ी उठा कर, किवाड़ यों ही भिड़ा कर, वह बाहर निकल गया।

५

केनमोर एस्टेट की सड़क पर आ कर रोशन ने सुख की लम्बी साँस ली। उस आसन्न संकट को, जो उसने आवेश में चन्द्रा के गाल पर थप्पड़ मार कर पैदा कर लिया था, रोशन ने कम-से-कम रात भर के लिए टाल दिया। लेकिन वह जाये कहाँ, यह बात उसकी समझ में न आयी। जाकू राउण्ड का चक्कर वह सुबह ही लगा आया था। दोबारा छै मील का चक्कर लगाने को उसका मन न हुआ। रही माल रोड, तो अभी तीन-साढ़े तीन बजे थे। जून के निरभ्र आकाश की धूप पूरी तेज़ी से चमक रही थी। माल पर इस समय क्या रौनक होगी? उसने सोचा, उसकी दुनिया तो छै बजे के बाद आबाद होती है।....और फिर माल की रौनक देखने को उसका मन न था। वह चाहता था किसी ऐसे मित्र का साहचर्य, जिसकी संगति में वह अपनी आसन्न मुसीबत को भूल सके....

सबसे पहले उसे नारायण की याद आयी —उसका पतला-दुबला, हल्के शीतला के धब्बों वाला चेहरा और ऐनक के मोटे शीशों से झाँकती हुई उसकी आँखें उसकी कल्पना के सम्मुख साकार हो उठीं। पिछले वर्ष कितनी शामें रोशन ने उसके साथ गुज़ारी थीं। कितनी परेशानियों में उसने उसे धीरज बँधाया और उसका मन लगाया था। लेकिन नारायण इस वर्ष शिमला नहीं था। रोशन वहाँ पहुँचते ही दूसरी शाम लोअर बाज़ार के उस कमरे में गया था, जहाँ नारायण रहता था और उसे मालूम हुआ था कि नारायण की बदली हो गयी है और वह शिमला से चला गया है....

फिर रोशन को कविराज रामदास की याद आयी थी। लेकिन उनके यहाँ जाने से वह वैसे ही कतराता था। पन्द्रह-बीस दिन पहले वह एक शाम लालाजी के परिवार के साथ माल रोड पर जा रहा था कि वे आगे से आते मिल गये थे और रोशन को उनकी आँखों में कुछ अजीब-सा विरोध-भाव दिखायी दिया था....कविराज इस बार मई के दूसरे सप्ताह ही शिमला आ गये थे और उन्होंने माल रोड पर अपना दफ़्तर लिया था। दो-तीन बार माल पर से गुज़रते हुए रोशन उनका बोर्ड पढ़ चुका था, पर वह ऊपर न गया था। वह चाहता था कि कविराज उसे कहीं माल पर ही आते-जाते मिल जायें तो वह उन्हें बताये कि उनकी

सहायता के बिना भी वह इस बार शिमला आ गया है और उनके द्वारा दी गयी सुविधाओं से कहीं बेहतर सुविधाएँ पा कर आया है और गत वर्ष वह चाहे सेहत बना कर नहीं जा सका, पर इस वर्ष वह ज़रूर सेहत बना कर जायेगा। वह तो यह भी चाहता था कि उन्हें किसी तरह केनमोर कॉटेज ला कर अपना खुला, रोशन और मेज़-कुर्सी तथा पलँग से सुसज्जित अटैच्ड बाथरूम वाला कमरा दिखाये, पर वह उसे असम्भव लगता था।....

छोटे शिमले को जाते-जाते रोशन के सामने कविराज से उस भेंट का दृश्य घूम गया....

०

शनि का दिन था। लालाजी स्वभावानुसार अपने परिवार के साथ लोअर माल की सैर को आये थे और रोशन को भी बरबस साथ खींच लाये थे। रोशन नया-नया आया था, इसलिए इनकार न कर सका था। माल के शुरू ही में कविराज उन्हें आगे से आते मिल गये थे। आर्यसमाजी होने के कारण लालाजी से उनका पुराना परिचय था। बड़े तपाक से उन्होंने लालाजी से हाथ मिलाया था, बीबीजी को 'नमस्ते' की थी और चन्द्रा तथा बच्चों के गाल बारी-बारी थपथपाये थे। तभी उनकी दृष्टि रोशन पर गयी थी। पहली नज़र में वे उसे पहचान न पाये थे —कहाँ वह तहमद अथवा पायजामे के ऊपर ओवर कोट पहने, शिमला की सड़कों पर घूमने वाला लड़का, कहाँ यह अप-टू-डेट भूषा में सुसज्जित आत्म-विश्वास से भरा युवक....तभी लाला जी ने कहा, "आप इन्हें नहीं जानते —मिस्टर रोशन लाल, बी०ए० —चन्द्रा के ट्यूटर हैं। ये तो कहते हैं कि पिछले वर्ष आपके साथ थे और इन्होंने आपके लिए कोई किताब लिखी थी...."

इस अन्तिम बात को सुन कर (यद्यपि उनके होंटों की मुस्कान विलुप्त नहीं हुई) कविराज के चौड़े माथे पर पगड़ी की नोक के नीचे बड़े क्षीण-से तेवर बन गये। तब रोशन ने एक कदम बढ़ा कर, दोनों हाथ जोड़ उन्हें 'नमस्कार' किया था और 'नमस्ते अज़ीज़, नमस्ते अज़ीज़' कहते, अपने माथे के तेवर बरबस मिटाते और मुस्कान को मूँछों में कुछ और फैलाते हुए उन्होंने उसका कन्धा थपथपा दिया था और लालाजी को विश्वास दिलाया था कि अज़ीज़ बहुत मेहनती बच्चा है, पिछले वर्ष उसका स्वास्थ्य कुछ गिर गया था, बीबीजी (कविराज-पत्नी) के ज़ोर देने पर वे उसे अपने साथ शिमला ले आये थे और बच्चों के पालन-पोषण पर एक पुस्तक लिखने में उसने उनका हाथ बँटाया था और रोशन की पीठ थपथपा कर और लालाजी से छुट्टी ले कर वे आगे बढ़ गये थे।

०

यद्यपि प्रकट उन्होंने रोशन के विरुद्ध एक शब्द भी न कहा था, लेकिन रोशन को उनके समस्त व्यवहार में एक प्रच्छन्न-सा विरोध-भाव दिखायी दिया था। हो सकता है, रोशन के यहाँ ही विरोध का भाव हो और उसकी स्वाभाविक प्रतिक्रिया कविराज के व्यवहार में प्रतिबिम्बित हुई हो। तो भी रोशन को लगा कि उसे देख कर कविराज को प्रसन्नता नहीं हुई और उस वक्त, जब उसकी ट्यूशन और शिमले में उसका प्रवास ही संकट में पड़ गया था, उनके यहाँ जाना रोशन को स्वीकार न था....

तभी रोशन को प्रोफ़ेसर सिंह की याद आयी। उनका सुन्दर मुख और मुस्कराते होंट

उसकी आँखों के सामने घूम गये....तेईस-चौबीस वर्ष की उमर, न बहुत लम्बा, न छोटा कद, पतला-छरहरा शरीर, गेहुँआ रंग, भीगती-सी मसें; पतले, गुलाबी होंट —मुस्कराने तक में बन जाने वाले गालों में सुन्दर गढ़े —चौड़ा, प्रशस्त मस्तक, बड़ी-बड़ी हैरान-सी आँखें, सिर पर बड़े श्रम से सजी दस्तार, गले में उसी रंग की टाई और बदन पर टाई और दस्तार से मैच करता सूट —वह एक नम्बर की सीढ़ियों से एक-दो बार उतरा था, तब उसे प्रोफ़ेसर सिंह का बोर्ड दिखाई नहीं दिया था। इसके अतिरिक्त पिछले वर्ष आर्य समाज की म्यूज़िक कॉनफ़रेन्स में दुर्गादास के साथ रात के दस बजे भैरवी गाने में उसकी जो दुर्गति हुई थी, उसके बाद वह कभी उनके संगीत कॉलेज न गया था....पर अब तो उस बात को पूरा साल गुज़र गया था....

क्या प्रोफ़ेसर सिंह उस घटना को अभी तक लिये बैठे होंगे....यदि वे इस वर्ष भी आये हों तो कितना अच्छा हो। चार बजे से उनका कॉलेज शुरू हो जाता है और शाम को छै बजे वे स्वयं गाया करते हैं —ग़ालिब और इकबाल की ग़ज़लें और प्रोफ़ेसर साहब का अमृत-भरा कण्ठ और बड़ी प्यारी मुस्कान....अपनी परेशानी को वह और कहाँ भुला सकता है....और रोशन के कदमों में तेज़ी आ गयी।

छोटे शिमले के बाद वह नाक की सीध में चला आया था —न उसका मन किसी हवाघर में बैठने को हुआ, न केलुओं की छाया में बहते झरने का कलनाद सुनने को, न घाटियों में झाँकने को। वह पूरी माल पार करके एक नम्बर की सीढ़ियों से उतरा और मिडल बाज़ार के उस मकान में गया, जिस पर पिछले वर्ष प्रोफ़ेसर जी० सिंह के म्यूज़िक कॉलेज का बड़ा-सा, मकान की पूरी लम्बाई को नापता-सा, बोर्ड लगा था। रेस्तराँ अभी तक वहाँ था। रोशन अन्दर दाख़िल हुआ। पहले ही कमरे में बने किचन से उठने वाली वही घटिया घी और प्याज़ की गन्ध उसके नथुनों में भर गयी। लेकिन रेस्तराँ शायद पहले से कुछ प्रगति कर गया था, क्योंकि उस कमरे में भी, जहाँ पिछले वर्ष प्रोफ़ेसर सिंह का कॉलेज था, छोटी चौकोर मेज़ें और कुर्सियाँ लगी थीं और लोग चाय पी रहे थे।

सहसा रोशन की दृष्टि जस्सो पर गयी, जो एक मेज़ पर चाय की ट्रे लगा रहा था। जब चाय लगा कर जस्सो वापस आया तो रोशन गैलरी में उसे मिला। जैसे झीवर का लड़का प्रोफ़ेसर साहब से बाजा सीखा करता था, वैसे ही जस्सो तबला सीखता था और शाम की महफ़िलों में प्रोफ़ेसर साहब के साथ संगत करता था। गैलरी के अँधेरे में सहसा जस्सो ने उसे नहीं पहचाना। रोशन की वेश-भूषा एकदम साहबी थी। जस्सो ने उसे ग्राहक समझा और बोला —"आइए साहब, इधर आइए।" और यह कहते हुए दीवार के साथ सट कर खड़ा हो गया कि रोशन बग़ल से निकल कर कमरे में चला जाय।

"कहो जस्सो, कैसे मिज़ाज हैं?" रोशन किंचित हँसा।

जस्सो ने क्षण भर उसे देखा और फिर बोला, "अरे बाबू जी, आप कब आये?"

रोशन ने संक्षेप में अपने शिमला आने का ब्योरा दिया। फिर पूछा, "प्रोफ़ेसर साहब नहीं आये?"

"आये हैं।"

"कहाँ हैं? उनका बोर्ड तो दिखायी नहीं देता।"

"हमारा रेस्तराँ चल निकला है, इसलिए कमरे की हमको ज़रूरत थी," जस्सो ने कहा, "प्रोफ़ेसर साहब ने लक्कड़ बाज़ार में कमरा लिया है।"

"लक्कड़ बाज़ार में। कहाँ?"

"रिज से आप लक्कड़ बाज़ार को जायें तो जहाँ से लक्कड़ बाज़ार शुरू होता है, ऊपर का रास्ता बाज़ार में से होता हुआ संजौली को चला गया है, दूसरा नीचे को सनातन धर्म कॉलेज और भराड़ी को जाता है। आप नीचे वाले बाज़ार को जायें तो बायीं तरफ़ की आख़िरी गली में एक कमरा है, वहीं प्रोफ़ेसर साहब रहते हैं।"

"उनका कॉलेज?"

"वहीं है।"

"तुम जाते हो कि नहीं?"

"इधर काम बढ़ गया है। समय नहीं मिलता। तो भी दोपहर के बाद एक-आध घण्टे के लिए जाता हूँ।"

"अच्छा तो फिर मिलेंगे।"

"चाय का एक प्याला तो पी कर जाइए।"

"नहीं, फिर आयेंगे।"

और रोशन उससे हाथ मिला कर पलटा।

०

स्कैण्डल पॉयण्ट ख़ाली था। रिज के हवाघर में कुछ गोरे बच्चे खेल रहे थे। इक्का-दुक्का लोग वाई०एम०सी०ए० और लक्कड़ बाज़ार की ओर आ-जा रहे थे। बायीं तरफ़ चीनी रेंज की पहाड़ियाँ गहरे ग़ुबार में लिपटी हुई थीं। उनके हिम-मण्डित शिखर इस आवरण में विलुप्त थे। तेज़-तेज़ चलते हुए रोशन ने एक उचटती दृष्टि उधर डाली, पर वह रुका नहीं, सीधा बढ़ता चला गया। डेविकोज़ बॉलरूम और रीगल सिनेमा के पास से होता हुआ वह लक्कड़ बाज़ार के चौराहे पर आ पहुँचा। उसे प्रोफ़ेसर साहब का कमरा ढूँढने में कठिनाई नहीं हुई। नीचे के बाज़ार में दो-तीन और सँकरी गलियाँ उतरती थीं। तीसरी और अन्तिम गली के आगे कोई दुकान नहीं थी और अपेक्षाकृत चौड़ी सीढ़ियाँ दूर नीचे तक उतरती चली गयी थीं। बाज़ार में खुलने वाली दुकान का पिछला भाग ही सीढ़ियों से दिखायी देता था। उसके आगे कोई मकान न था। रोशन को प्रोफ़ेसर साहब के कॉलेज का बोर्ड कहीं दिखायी नहीं दिया। उसने सामने के दुकानदार से पूछा तो उसने गली में एकमात्र खुलने वाले दरवाज़ की ओर संकेत कर दिया।

जिस दरवाज़े की ओर संकेत किया गया था, उसे देख कर रोशन को निराशा हुई। मकान की छत ढालुवीं हो गयी थी। उस पर टीन की, न जाने कब की छाई, ज़ंग-लगी, पैवन्द-लगी चादरें बाज़ार की उस ऊँचाई से दिखाई दे रही थीं। दरवाज़ा भी ऐसा था, जैसे झोंपड़ी का। रोशन का ख़याल था —प्रोफ़ेसर साहब के कमरे के ऊपर वही 'प्रो० जी० सिंह का म्यूज़िक कॉलेज' का बोर्ड लगा होगा और गली में पहुँचते ही उसके कानों में संगीत की मधुर तान गूँज उठेगी।....कौन देस गया पिया मेरा बालम रे....अथवा किसी गीत या ग़ज़ल के बोल।....लेकिन वहाँ एकदम सन्नाटा था। प्रोफ़ेसर सिंह के म्यूज़िक कॉलेज का

वह बड़ा-सा बोर्ड तो उस छप्पर पर कहाँ लगता, छोटी-सी नेम-प्लेट तक नहीं थी। तभी रोशन को ख़याल आया कि उसने रेस्तराँ पर एक बड़ा लम्बा बोर्ड लगा देखा था। शायद यह वही बोर्ड होगा। प्रोफ़ेसर सिंह ने उन्हें बेच दिया होगा अथवा दे दिया होगा....

रोशन का मन आगे जाने को न हो रहा था, लेकिन इतनी दूर आ कर लौटना भी मुश्किल था। वह बढ़ा। उसने सोचा, हो सकता है, प्रोफ़ेसर सिंह कहीं बाहर गये हों, इसलिए वहाँ गाने की आवाज़ न आ रही हो; अथवा हो सकता है, पहले की तरह शाम को मजलिस जमती हो। वह गली में उतरा और दरवाज़े पर जा कर उसने दस्तक दी।

दरवाज़ा वास्तव में खुला था। रोशन ने सामने जा कर खड़े होने के बदले, ओट में रुक कर उँगलियों से एक पट ज़रा-सा खटखटा दिया था।

"आइए।"

पहचाना-सा स्वर। रोशन का दिल धक-धक करने लगा। कदम बढ़ा कर वह दरवाज़े के सामने जा खड़ा हुआ। दरवाज़ा छोटा था। वह झुक कर अन्दर दाखिल हुआ। फ़र्श नीचा था। दो सीढ़ियाँ उतर कर वह कमरे में पहुँच गया। प्रोफ़ेसर सिंह खड़े थे। रोशन उन्हें देखकर क्षण भर चकित रह गया। उन्होंने अचकन और चूड़ीदार पायजामा पहन रखा था। सिर पर उनके रागियों जैसी लटकेदार पगड़ी थी। वह नफ़ीस सूट, वह ख़ूबसूरत टाई, वह लय से सजी दस्तार-रोशन उन्हें उसी भूषा में देखने का इच्छुक था। उसके मन में आया, पूछे-'प्रोफ़ेसर सिंह, आपने सूट पहनना क्यों छोड़ दिया?' पर वह चुप रहा। उसे देख कर वे मुस्कराये और बोले, "आओ, आओ बैठो।" तब रोशन को उन्हें 'सत श्री अकाल' कहने की याद आयी। हाथ जोड़ कर और 'सत श्री अकाल' बुला कर वह बैठ गया।

"कहिए, कब आये?"

रोशन ने देखा कि उनकी मुस्कान में अब वह मोहिनी और मिठास नहीं। इस एक ही वर्ष में उनकी मूँछें और दाढ़ी बेतरह बढ़ आयी थीं, रंग ताँबिया गया था और चेहरे की वह चिकनाई, उनके गालों के वे गढ़े-सब ग़ायब हो गये थे। कुछ अजीब तरह की रुखाई और कड़ाई अब उसे वहाँ दिखाई देती थी। सहसा उसके कानों में एक प्रसिद्ध बोली गूँज गयी, जिसे पहले-पहल उसने करतारपुर के बैसाखी के मेले में सुना था-

गोरा मुण्डा रन्न वरगा,
दाढ़ी आयी ते मनुख बन जान्दा

मन की गति भी कैसी विचित्र है; अजीब मुसीबत और परेशानी में भी उसमें कैसे हास्यास्पद विचार, झील के ऊपर उड़ते हुए पक्षियों की तरह, अपना प्रतिबिम्ब छोड़ते हुए गुज़र जाते हैं-रोशन ने सोचा और मन के भावों को छिपा कर संक्षेप में अपने शिमला आने की बात कही, फिर उनके बारे में पूछा कि कब आये और कैसे हैं?

उदास-सी मुस्कान के साथ प्रोफ़ेसर साहब ने बताया कि अच्छे हैं; कुछ ही दिन पहले आये हैं; रेस्तराँ वाला कमरा नहीं मिला; दूसरी ढब की जगह वे खोज नहीं पाये, सो उन्होंने वे साज़ यहाँ जमा दिये हैं। वे माल पर कोई कमरा तलाश कर रहे हैं; ज्यों ही मिल गया, वहाँ उठ जायेंगे।

रोशन को लगा कि वे झूठ बोल रहे हैं। अपनी ख़स्ता-हाली को छिपाना चाहते हैं।

पर उसने प्रतिवाद नहीं किया, न जस्सो से अपनी भेंट की बात कही। एक दृष्टि उसने कमरे के चारों ओर दौड़ायी। कमरा बहुत बड़ा नहीं था। प्रो़फ़ेसर साहब की जगह कोई मज़दूर उसमें रहता तो कोठरी कहलाता। नीचे एक मैली-सी दरी बिछी थी। दीवारों पर स़फ़ेदी जरूर नयी करायी गयी थी, पर शायद पहले उसमें पीली मिट्टी पुती थी और एक-दो जगह वह दिखायी दे रही थी। एक तानपुरा, एक सितार और एक दिलरुबा सामने दीवार के साथ रखे थे, पर उन पर हल्की-सी धूल की परत जमी थी....

शायद प्रोफेसर साहब को झीवर कुमार-सा कोई शिष्य अभी नहीं मिला, रोशन ने सोचा और उसे विश्वास हो गया कि गत वर्ष उनके कमरे में जो सा़फ़-स़फ़ाई नज़र आती थी, वह प्रो़फ़ेसर साहब के किसी नौकर के हाथों का नहीं, उसी झीवर कुमार अथवा जस्सो ऐसे किसी शिष्य के हाथों का कमाल था।

"वह लड़का अब आपके यहाँ नहीं आता?" सहसा रोशन ने पूछा।

"कौन लड़का?"

"वही झीवर छोकरा, जो गाया करता था—कौन देस गया पिया मेरा बालम रे!"

"वह इस वर्ष नहीं आया। सुनता हूँ, लाहौर में रावी रोड पर कोई संगीत विद्यालय है, वहीं नौकर हो गया है।"

"गाना सिखाने पर?"

"नहीं, पानी भरने पर," प्रो़फ़ेसर साहब ने उपेक्षा से कहा, "अभी तो वह दस बरस सीखेगा तो उसे संगीत की कुछ समझ आयेगी। महज़ कण्ठ में रस होने से कुछ नहीं होता।"

बात कुछ जम नहीं रही थी। रोशन सोच ही रहा था कि किस प्रकार छुट्टी पाये कि प्रो़फ़ेसर साहब उठे।

"मैं एक ट्यूशन पर जा रहा था कि तुम आ गये," उन्होंने कहा, "पटियाला हाउस में महाराज के एक नज़दीकी रिश्तेदार हैं—राजा धीरेन्द्र सिंह। उनकी रानी मुझसे गाना सीख रही है।"

रोशन को फिर लगा कि प्रो़फ़ेसर साहब झूठ बोल रहे हैं, क्योंकि उन्होंने जो अचकन पहन रखा था, वह भी लगता था, जैसे वर्षों पहले का उन्होंने ट्रंक से निकाल कर पहन लिया है; चूड़ीदार पायजामा भी हल्का-सा मैला था। रानियों के गुरु जैसी कोई बात उनमें न थी....

लेकिन वह सूट उनका कहाँ चला गया? रोशन मन-ही-मन झुँझलाया। फिर उसे ख़याल आया, कहीं वह उनके किसी मित्र का न हो या हो सकता है, कॉलेज के साइन बोर्ड की तरह उसे भी उन्होंने बेच दिया हो। वह कहना चाहता था, 'चलिए, आपको पटियाला हाउस तक छोड़ आऊँ, मुझे भी उधर ही जाना है।' पर उसने उन्हें धर्म-संकट में नहीं डाला। वह उठा, 'सत श्री अकाल' कहते हुए फिर आने के बारे में कुछ मिनमिना कर चला आया।

०

रोशन ऊपर लक्कड़ बाज़ार में आया तो उसका पहले से उदास मन और भी उदास हो गया। उसके सामने अपना एक वर्ष पहले का रूप आ गया....कितना भोलापन, दूसरे के प्रति

कितना विश्वास, कितने आदर्श, कितने सपने....लेकिन सिर्फ़ एक ही वर्ष में उसने ज़िन्दगी को कैसा देख लिया था.... ज़िन्दगी से जूझने की अदम्य इच्छा वैसी ही थी, पर वह क्या वैसा ही भोला था? वैसा ही विश्वासी? वह कितना सतर्क हो गया था, कितना सजग ! उसकी दृष्टि में कितना पैनापन आ गया था। लेकिन क्या उसका वही भोलापन अच्छा न था? उसे लगा कि पिछले वर्ष प्रोफ़ेसर सिंह के सम्बन्ध में उसने जो कुछ भी सोचा था, वह सब उसकी अपनी भावना और विश्वास का ही प्रतिबिम्ब था, वास्तविकता से उसका कोई नाता न था। उनके कण्ठ में मधु था, उनका स्वर और उच्चारण अच्छा था और बस ! उनका लखनऊ के म्यूज़िक कॉलेज में शिक्षा पाना, संगीत में पारंगत होना —वह सब तो रोशन के सहज विश्वासी मन ने उनमें देख लिया था। उनकी स्थिति शायद उस नीम-हकीम की-सी थी, जो एकाध नुस्ख़ा ले कर ही चल पड़ता है।....उसे लगा, जीवन में प्रोफ़ेसर साहब सफल नहीं होंगे और ऐसे ही भटकते हुए ज़िन्दगी के भँवरों में डूब जायेंगे....और रोशन को कुछ वैसी ही निराशा हुई जैसे लड़कपन में जादू के खेलों की सच्चाई जान कर उसे होती थी —विफलता की छाया अभी से प्रोफ़ेसर सिंह के चेहरे पर झलकने लगी थी।....रोशन का मन बेहद उदास हो आया। यह उदासी केवल इसलिए नहीं थी कि उसे प्रोफ़ेसर साहब की असफलता की कहीं झलक मिल गयी थी, बल्कि इसलिए कि उसे अपना सपना छिन्न-भिन्न होता दिखायी दिया था....

डेविकोज़ बॉलरूम में किसी पश्चिमी गाने की धुन बज रही थी। रीगल में ग्रीटा गार्बो की फ़िल्म 'क्वीन क्रिस्तीना' लगी थी और काफ़ी भीड़ थी, रिज पर भी रौनक हो गयी थी और स्कैण्डल पॉयण्ट के जँगले पर कुछ तमाशाई कोहनियाँ टिकाये खड़े थे —ज़रूर ही नीचे माल रोड पर फ़ैशन की परेड शुरू हो गयी होगी। लेकिन रोशन का मन उधर जाने को नहीं हुआ। वह रिज से नीचे रुल्दू भट्टे को उतर गया। अचानक उसे दुर्गादास की याद हो आयी थी और उसने सोचा, क्यों न उसके साथ ही कुछ समय गुज़ारा जाय....

०

मँझला कद, छरहरा शरीर, गोरा रंग, पीठ और वक्ष पर हल्के-हल्के बाल, उमर शायद कम, पर देखने पर लगभग बत्तीस-पैंतीस वर्ष की, धँसे कल्ले, चुँधी आँखों के गिर्द गढ़े और उन पर चश्मा —रोशन के सामने दुर्गादास की भोली-भाली सूरत घूम गयी —उनके संसर्ग में सुध-बुध भुला कर कला की साधना में गुज़ारे गये दिन, प्रोफ़ेसर सिंह की शाम की मजलिसों में संगीत की लहरियों पर बहते चले जाने की ललक और आर्य समाज के वार्षिक अधिवेशन में उन दोनों का रात के दस बजे मिल कर भैरवी गाना और जनता के उपहास का शिकार बनना —रुल्दू भट्टे को उतरते हुए रोशन की आँखों के सामने गत वर्ष के सपनों और आकांक्षाओं के परों पर उड़ते हुए दिनों की एक-एक घटना घूम गयी।....अपनी साझी मूर्खता पर उसके होंट एक विद्रूप-भरी मुस्कान में फैल गये....

मगर दुर्गादास तो परम अध्यवसायी और लगन वाले व्यक्ति हैं, उसने सोचा, निश्चय ही उन्होंने इस एक वर्ष के अर्से में संगीत में काफ़ी प्रगति की होगी। वह स्वयं तो दो-चार गानों के सिवा कुछ भी नहीं सीख सका —वे गाने भी उसने बड़ी कठिनाई से हार्मोनियम गाइड की सहायता से सीखे। लेकिन दुर्गादास ने तो काफ़ी प्रगति कर ली होगी —वह उनके पास बैठेगा, उनके गाने सुनेगा, उन्होंने अपनी पत्नी की बीमारी में जो रक्त दिया था, उसमें

इस एक साल के अर्से में कितनी वृद्धि हुई है, यह जानेगा और अपनी परेशानी को उनके भोले संसर्ग में भुला देगा।

रिवोली सिनेमा और ईदगाह पीछे रह गये थे। नीचे विश्वकर्मा हॉल के मँडुए की ओर जाने से पहले क्षण भर के लिए वह उस दोराहे पर रुका, जहाँ ऊपर का रास्ता उस मकान को जाता था, जिसमें पिछले वर्ष वह कविराज के साथ तीन महीने रहा था। उस नल पर भी उसकी दृष्टि गयी, जहाँ वह वर्षा के दिनों में भी ठण्डे पानी से नहाता था — दूरबीन में दूर का दृश्य जैसे निकट आ जाता है। और नन्हे-से-नन्हा ब्योरा पूरी तरह उजागर हो जाता है, उसी तरह गत वर्ष की सारी घटनाएँ उन चन्द क्षणों में रोशन के सामने अपने नन्हे-नन्हे ब्योरों के साथ आ गयीं। उसका मन हुआ, एक चक्कर वहाँ का लगा आये, लेकिन अपने परेशान मन को और परेशान करना उसे स्वीकार नहीं हुआ। उसने जैसे दूरबीन उलट कर अपनी आँखों से लगा ली —दृश्य बहुत दूर चले गये....वह नीचे मँडुए की ओर चल दिया।

मँडुए का दरवाज़ा खुला था। रोशन चुपचाप बालकनी में चला गया। दक्खिन की ओर से दोनों कमरे खुले थे और दुर्गादास वैसे ही नंगे शरीर, साफ़ा बाँधे, चूल्हे में फूँक मार रहे थे।

दूर ही से रोशन ने आवाज़ लगायी —"कहो भाई दुर्गादास, कैसे हो?"

दुर्गादास पलटे —रोशन कुछ चकित-सा रह गया —दुर्गादास उसे काफ़ी जवान दिखायी दिये, लेकिन पास जाने पर उसे मालूम हुआ कि यद्यपि वेश-भूषा और कद-काठ दुर्गादास ही का है, लेकिन वह तो कोई दूसरा ही युवक है।

"क्षमा कीजिएगा। मुझसे ग़लती हुई —दूर से आप बिलकुल दुर्गादास ही दिखायी दिये....महाशय जी कहाँ हैं?"

युवक के होंटों पर कुछ ऐसी मुस्कान फैल गयी, जिसमें करुणा और व्यंग का कुछ अजीब-सा मिश्रण था।

"वे तो संन्यासी हो गये।"

"संन्यासी !"

तब उस युवक ने रोशन को जो बताया, उसका सार-संक्षेप यह था कि वह युवक उनके दफ़्तर का ही जूनियर क्लर्क था। जाति से चूँकि वह बढ़ई था और उसे जगह की तंगी थी, इसलिए दुर्गादास ने 'विश्वकर्मा महासभा' के अवैतनिक मन्त्री के रूप में उसे अपने साथ ही 'विश्वकर्मा हॉल' में ठहरा लिया था। नौ-दस महीने पहले महाशय दुर्गादास के पास कुछ लोग आये थे, जो उनसे अपनी लड़की का नाता करना चाहते थे। दुर्गादास ने स्वभावानुसार अपनी पत्नी की बीमारी और उसके लिए अपना ढाई सेर रक्त देने, पत्नी के देहावसान और इस सबके फलस्वरूप अपने उतना कमज़ोर होने की बात कही। आगन्तुक बड़े प्रभावित हुए और अपनी लड़की का रिश्ता उनसे कर गये। दो महीने बाद ही शादी हो गयी। वे अपनी पत्नी को ले आये, लेकिन वह दो दिन बाद ही उनके गहने-पत्ते, कपड़े-लत्ते और जमा-जत्था ले कर चम्पत हो गयी —महाशय जी ने अपने भोलेपन में उसे वह जगह भी बता दी थी, जहाँ वे जोड़-जोड़ कर रुपया रखते थे।

"क्या वे रुपया घर में रखते थे?" सहसा रोशन ने दुख-भरे स्वर में पूछा, "पोस्ट ऑफ़िस या बैंक में नहीं रखते थे?"

"जी नहीं, उनका ख़याल था कि बैंक फ़ेल हो जाते हैं और पोस्ट ऑफ़िस में रुपया जमा करायेंगे तो लोगों को पता चल जायेगा कि उनके पास कितना धन है?"

"कितना रुपया था उनके पास?"

"पन्द्रह सौ।"

और युवक ने बताया कि दूसरे ही दिन से वे लापता हो गये। नौकरी से भी उन्होंने त्याग-पत्र नहीं दिया। अभी कुछ दिन पहले किसी ने बताया है कि उसने दुर्गादास को ऋषिकेश के एक आश्रम में देखा था। उन्होंने सिर मुड़ा लिया है, भगवे वस्त्र धारण कर लिये हैं और इस संसार और इसके समस्त व्यापार को नितान्त मिथ्या मान कर 'ओम तत्सत ओम' का जाप करते हुए आत्मा को परमात्मा में लीन कर देने का दृढ़ संकल्प किये हुए हैं।

"सभा का काम उनकी अनुपस्थिति में कौन देखता है?" सहसा रोशन ने पूछा। क्योंकि उस युवक और उसके रहने के ढंग ही से रोशन को आभास मिल गया था कि उसने उनका अवैतनिक पद सँभाल लिया है।....वास्तव में रोशन इतनी जल्दी निराश हो कर लौटना नहीं चाहता था, लेकिन जब युवक ने 'मैं ही वह काम देख रहा हूँ' कहते हुए फिर चूल्हे में फूँकें मारनी शुरू कर दीं तो रोशन उसकी पीठ को 'नमस्कार' करके चला आया।

०

नारायण, कविराज, प्रोफ़ेसर सिंह, दुर्गादास —कोई भी ऐसा नहीं था, जिसके साथ वह अपने दुख और परेशानी को बाँट सके —इतने बड़े शिमले में वह नितान्त अकेला था....धीरे-धीरे, एक-एक पग वह चढ़ने लगा। उसका मन बेहद उदास हो आया। उसको लगा कि उसका भाग्य उसके साथ नहीं। कभी ऐसा भी होता है कि भाग्य अनुकूल होने से आदमी जिससे भी मिलना चाहता है, वह तत्काल मिल जाता है; जो भी पाना चाहता है, वह अप्रयास पा जाता है; लेकिन दुर्दिन में हर कदम गड्ढे में जा पड़ता है और कच्चे घाव पर बार-बार चोट लगती है —शायद वह जिस होनहार से बचने के लिए भागा है, वह उसे भागने नहीं देगा, हो कर ही रहेगा।

'पर होनहार है क्या?' रोशन ने सोचा, 'क्या उससे बचने का कोई साधन नहीं? कोई मार्ग नहीं? अगर ऐसा है तो आदमी के मस्तिष्क का क्या उपयोग है और इच्छा-शक्ति क्या बला है?....'

रौ में है रख़्शे उम्र, कहाँ देखिए थमे,
न हाथ बाग पे है, न पा है रकाब में।

ग़ालिब ने किसी ऐसे ही विवशता-भरे क्षण में लिखा होगा। प्रोफ़ेसर सिंह यह शेर बड़े सोज़ से गाया करते थे....क्या उसका भी यही हश्र होगा? क्या अपनी रौ में सरपट भागते हुए ज़िन्दगी के घोड़े की लगाम उसके हाथ से छूट जायेगी? क्या उसके पाँव रकाब

से निकल जायेंगे? क्या वह लॉ कॉलेज में दाख़िल न हो पायेगा, सब-जजी की परीक्षा में न बैठ पायेगा —ज़िन्दगी का तुरंग अपनी इच्छा से उसे किसी अनचाही, अनजानी जगह ले जा पटकेगा —दुर्गादास ही की तरह?....

पर रोशन के अहं को यह स्थिति स्वीकार नहीं थी —वह चाहता था कि ज़िन्दगी के घोड़े पर बैठे तो लगाम उसके हाथ में रहे, पैर रकाब में रहें और वह तुरंग की इच्छा के अनुसार न चले, अपनी इच्छानुसार तुरंग को चलाये। ठीक है, उसने एक योजना बनायी थी। वह चन्द्रा की अथवा उसकी अपनी ही ग़लती से टूटने को है; हो सकता है, वह टूट ही जाये। फिर क्या होगा? क्या वह हाथ-पर-हाथ धर कर बैठा रहेगा? नहीं, वह लाहौर जायेगा और लॉ कॉलेज के प्रवेश-शुल्क के पैसे जुटाने का भरसक प्रयास करेगा....वह माँ से कहेगा कि उसकी पत्नी का गहना गिरवी रख कर उसे रुपये ला दे....लेकिन माँ रानी हार और बुन्दों की बात पूछेगी तो वह क्या कहेगा? वे गहने तो किसी को बताये बिना वह भाई साहब को दे चुका है और वे उन्हें बेच कर क्लिनिक के लिए डेण्टल चेयर और डेण्टल इंजन ख़रीद चुके हैं।

और रोशन के सामने डेढ़-दो वर्ष पहले की एक घटना घूम गयी....

o

रोशन तब समाचार-पत्र ही में काम करता था। भाई साहब की क्लिनिक चल निकली थी, लेकिन उनके पास अच्छी डेण्टल चेयर न थी। क्लिनिक शुरू करते समय उन्होंने अस्सी रुपये में जो कुर्सी ख़रीदी थी, वह न घूम सकती थी, न उसकी पीठ को सीधा करके मरीज़ को उस पर (अचेत हो जाने की स्थिति में) लिटाया जा सकता था; उसमें न स्पिटून था, न सलाइवा इंजेक्टर, न वॉटर सिरिंज —बस, उसमें केवल टाँगें फैला कर बैठा जा सकता था। एक दिन भाई साहब घर आये तो उन्होंने बड़ी प्रसन्नता से रोशन को बताया कि आज उनकी क्लिनिक पर एक डी०टी०एस० (डिविज़नल ट्रैफ़िक सुपरिण्टेण्डेण्ट) आया था। उसके सारे दाँत उन्होंने लगाये हैं....डी०टी०एस० —जो रेलवे लाइन पर उसके पिता के टी०आई० और ए०टी०एस० से भी बड़ा अफ़सर था....रोशन बड़ा प्रसन्न हुआ था कि उसके भाई की क्लिनिक पर इतना बड़ा आदमी दाँत लगवाने आया।

"अरे भाई साहब, मिठाई खिलवाइए।" उसने ख़ुश हो कर कहा था, "आपकी क्लिनिक पर इतने बड़े अफ़सर आने लगे हैं। अब आपकी प्रैक्टिस चल निकली समझिए।"

"लेकिन मेरे पास इन अफ़सरों के लायक साज़-सामान नहीं," भाई साहब ने उदास हो कर कहा था, "डी०टी०एस० कुर्सी पर बैठा और मैं उसके मसूढ़े का इम्प्रेशन लेने लगा तो उसने कहा —मुझे इस कुर्सी पर ऐसे लगता है जैसे मैं फाँसी चढ़ रहा होऊँ।"

रोशन कुछ क्षण सोचता रहा था। फिर सहसा बोला था, "अच्छी डेण्टल चेयर कितने में आ जाती होगी, भाई साहब?"

"कम-से-कम ढाई सौ रुपये में आयेगी," भाई साहब ने उदास स्वर में कहा था, "फिर मुझे सौ-एक रुपया दूसरे सामान के लिए चाहिए। मेरे पास डेण्टल इंजन और दूसरे औज़ार भी नहीं हैं।"

"मैं प्रबन्ध कर दूँगा। आप चिन्ता न कीजिए।" रोशन ने उन्हें तसल्ली देते हुए कहा,

"अफ़सर लोग आने लगे हैं, आपको सामान तो अच्छा रखना ही पड़ेगा।"

भाई साहब ने यह नहीं पूछा कि भैया, तू कैसे इतने रुपये का प्रबन्ध करेगा? अपने इस छोटे भाई पर उन्हें कुछ ऐसा विश्वास था कि उसे अपनी परेशानी बता कर ही वे आश्वस्त हो जाते थे कि वह अपने-आप कोई-न-कोई रास्ता निकाल देगा।

रोशन ने उसी शाम अपने दफ़्तर जा कर एक दिन की छुट्टी ली थी और रात दस बजे वाली गाड़ी पकड़, एक बजे जालन्धर जा पहुँचा था। माँ से मिल कर जब वह ऊपर छत पर अपनी पत्नी के पास गया था तो उसने चन्द्रा से कहा था, "मैं केवल तुमसे मिलने आया हूँ —एक ज़रूरी काम से।"

"जी।"

"बात यह है कि भाई साहब के पास डेण्टल चेयर नहीं है और अच्छी कुर्सी के बिना उनकी प्रैक्टिस चल नहीं सकती। मैंने इतना प्रचार किया है कि उनके यहाँ मरीज़ आने लगे हैं। आज एक बड़ा अफ़सर दाँत बनवाने आया था और उस मामूली कुर्सी पर बैठे हुए उसने कहा कि वह अपने आपको फाँसी पर चढ़ा महसूस करता है। मैं चाहता हूँ कि भाई साहब फ़ौरन डेण्टल चेयर ले लें। तुम ऐसा करो कि तुम्हें अपने मायके की ओर से जो गहने मिले हैं, उनमें से जो सबसे भारी गहना है, वह मुझे ला दो?"

"भारी तो रानी हार है। बारह तोले का है।" चन्दा ने ज़रा भी प्रतिवाद न करते हुए कहा।

"बारह नहीं, मुझे लगभग सोलह तोले सोना दरकार होगा। आजकल सोने का भाव बाईस रुपये तोला है। सोलह तोले सोना हो तो लगभग साढ़े तीन सौ रुपये मिल जायेंगे।"

"तो कानों के दो बुन्दे ले लीजिए। वे भी मेरी माँ ने डाले हैं।"

और उसने बिना आवाज़ किये, नीचे जा कर दोनों गहने ला कर रोशन को दे दिये थे। यह भी नहीं पूछा था कि आख़िर भाई साहब की पत्नी के पास भी तो अभी गहने हैं, उन्हें बेच कर क्यों नहीं कुर्सी ले लेते?

रोशन का जी चाहा था, अपनी पत्नी को बाँहों में भर कर चूम ले। उसके सामने वह दृश्य घूम गया था, जब भाई साहब ने सर्राफ़ के यहाँ नौकरी की थी और पहले महीने का वेतन पन्द्रह रुपये लाये थे, घर पर हंगामा हो गया था और भाभी ने आटे के लिए दो रुपये देने से इनकार कर दिया था।....हालाँकि उन दिनों चन्दा के बदले नीला उसके मन-मस्तिष्क पर छायी थी, पर अपनी पत्नी की यह सरलता और अपने प्रति उसके इस अगाध विश्वास को देख कर वह चकित और अभिभूत रह गया था।....तब उसने कहा था, "देखो चन्दी, अव्वल तो मैं भाई साहब से शर्त कर लूँगा कि दस रुपये महीने के हिसाब से इस खाते में रुपया वापस करते जायें, पर जैसा मैं उन्हें जानता हूँ, हो सकता है, वे न दें। लेकिन तुम चिन्ता न करना, मैं जो हूँ, मैं तुम्हें सोने से पीली कर दूँगा...."

"मैं कुछ कहती हूँ।" चन्दा ने बड़े ही अभिभूत भाव से कहा था।

और रोशन को लगा था —वह इस झील की थाह कभी न पा सकेगा। उस अपार विश्वास को कभी नाप न सकेगा।

उसने चन्दा को समझा दिया था कि इस बात का वह किसी से ज़िक्र न करे और

वह अगली सुबह ही फ्रण्टियर मेल से वापस लाहौर आ गया था। गहने उसने भाई साहब के सामने रख दिये थे —"आप डेण्टल चेयर ले लीजिए। दस रुपये महीने आप वापस करते जाइएगा ताकि मैं चन्दा को गहने बनवा कर दे सकूँ। माँ को मैंने नहीं बताया और चन्दा को समझा दिया है कि किसी से इसका ज़िक्र न करे।"

भाई साहब बड़े प्रसन्न हुए थे और उन्होंने परम उदारता से दस रुपये महीने वापस करने की बात मान ली थी। बाज़ार में गहनों का मोल डलवा कर उन्होंने अपने एक मित्र से पौने चार सौ रुपये ले लिये थे और वे डेण्टल चेयर और इंजन ही नहीं, दूसरे ज़रूरी औज़ार भी ले आये थे और स्वभावानुसार दस रुपये महीने देने की बात एकदम भूल गये थे। माँ ने कई बार उससे दोनों गहनों के बारे में पूछा था....

अब यदि वह माँ से गहने गिरवी रख कर प्रवेश-शुल्क का प्रबन्ध करने के लिए कहेगा तो माँ पहले वही गहने माँगेगी।

०

रोशन ईदगाह पहुँच गया था। क्षण भर को वह रेलिंग का सहारा ले कर खड़ा हो गया। अगर वह इस तरह व्यवस्था न कर सका तो क्या कोई दूसरी सूरत न निकलेगी? रोशन के अन्तर का आशावादी कहता था —ज़रूर निकलेगी। उसने स्वामी विवेकानन्द के वे भाषण पढ़े थे, जो उन्होंने अमरीका में दिये थे। किस नगर में उन्होंने भाषण दिये थे, पुस्तक का क्या नाम था, यह सब वह भूल गया था, पर एक-दो वाक्य उसके दिमाग़ में नक्श हो गये थे —'कभी मत कहो —मैं नहीं कर सकता —क्योंकि तुम अनन्त हो। तुम कुछ भी कर सकते हो, सब कुछ कर सकते हो —तुम सर्वशक्तिमान हो।'

रोशन फिर चल पड़ा। धीरे-धीरे चढ़ाई चढ़ते हुए उसने सोचा —जब उसमें इतनी शक्ति है कि वह चाहे तो ब्रह्म को पा ले तो क्या वह इस ट्यूशन के छूटने पर लॉ कॉलेज के दाख़िले का प्रबन्ध ही नहीं कर सकता? रोशन को विश्वास था कि वह ज़रूर कर सकता है....

'ह्वेयर देयर इज़ ए विल देयर इज़ ए वे; जहाँ चाह, वहाँ राह,' उसके पिता कहा करते थे। वह कैसे करेगा, रोशन को मालूम नहीं था, लेकिन उसे पक्का विश्वास था कि वह दाख़िले का प्रबन्ध ज़रूर कर लेगा। उसने पढ़ा था —'ईश्वर उनकी मदद करता है, जो अपनी मदद आप करते हैं' —सो, वह जानता था कि भगवान, यदि कोई है, तो उसकी सहायता करेगा। यह अवसर उसके हाथ से निकल गया तो उसे दूसरा अवसर मिलेगा। नहीं मिलेगा तो वह पैदा करेगा। पर वह लॉ कॉलेज में दाख़िल ज़रूर होगा....वह इस असफलता के बारे में नहीं सोचेगा, सफलता के बारे में सोचेगा। वह अपनी दुर्बलताओं को ले कर नहीं बैठेगा। वह अपनी शक्ति का ध्यान करेगा —उस अपार शक्ति का, जो हर इन्सान के अन्दर छिपी रहती है। विवेकानन्द ने कहा था —नास्तिक वह है, जो अपने में विश्वास नहीं करता। वह अपने में विश्वास करेगा। अपनी अपरिमित शक्ति में विश्वास करेगा, दुर्गादास तरह मैदान छोड़ कर भाग नहीं जायेगा। वह ज़िन्दगी के मुँह-ज़ोर घोड़े की लगाम थामे रखेगा और मज़बूती से रकाब में पैर जमाये रखेगा....और रोशन की सारी खिन्नता दूर हो गयी और वह तेज़-तेज़ चलने लगा।

वह ईदगाह को पीछे छोड़ आया था। रिवोली सिनेमा के दोराहे पर वह क्षण भर को रुका —अपर रिज पर जा कर स्कैण्डल पॉयण्ट पर जा खड़ा हो अथवा लोअर बाज़ार से होता हुआ स्टेशन तक की सैर कर आये? लोअर बाज़ार का ख़याल आते ही उसे इमरतियों की याद हो आयी। वह जब-जब लोअर बाज़ार आया था, उसका मन इमरतियाँ खाने को हुआ था, पर एक महीने से वह अपनी इस इच्छा को टालता आया था। उसे भूख भी लग आयी थी।.... तो क्यों न वह आज जी भर इमरतियाँ खाये? जब वह शिमला पहुँचा था तो दो रुपये उसके पास फ़ालतू थे। उसने एक पैसा भी उनमें से ख़र्च न किया था....दो रुपये से वह वापस लाहौर तो न पहुँच सकता था —वह वापस जायेगा तो लाला हाकिमचन्द को उसे किराये के पैसे तो देने ही पड़ेंगे —फिर क्यों न वह उन दो रुपयों में से चार-आठ आने की इमरतियाँ खा ले?....और वह सुरंग की ओर चल दिया।

सुरंग में दाख़िल होते ही रोशन को वैसी ही अनुभूति हुई, जैसे गत वर्ष पहली बार उसमें प्रवेश करते हुए उसे हुई थी। बरसात यद्यपि आरम्भ न हुई थी, पर बहाव का पानी वैसे ही रिस-रिस कर सुरंग की सफ़ेदी-पुती गोलाकार छत और दीवारों को भिगो रहा था और अणु-परमाणुओं-सी नन्ही-नन्ही अदृश्य बूँदें वैसे ही हवा में मिल कर उड़ रही थीं। बिजली के नन्हे-नन्हे बल्ब सुरंग के अँधेरे में अपना वही निर्मल उजाला फैला रहे थे और सुरंग के दूसरे दरवाज़े के अर्ध-गोलाकार प्रकाश में से आते हुए लोग उसी तरह बड़े भले लगते थे....सुरंग में प्रवेश करते ही ठण्डी, भीगी हवा के झोंकों ने रोशन के तन-मन का सारा ताप हर लिया।

लोअर बाज़ार में एक नम्बर की सीढ़ियों के आगे, बायीं तरफ़ की हलवाई की दुकान में, बड़े-से गहरे थाल जैसे कड़ाहे में गरम-गरम इमरतियाँ छन रही थीं। रोशन कुछ क्षण दुकान से परे खड़ा मुग्ध भाव से इस दृश्य को देखता रहा —हलवाई मोटे कपड़े में पतला मैदा भर कर उसे दायें हाथ की मुट्ठी में पकड़े, हल्की-सी फूँक निकले ग़ुब्बारे-ऐसे कपड़े के नीचे ज़रा-सा छेद किये, बड़ी दक्षता से मैदे की उस पतली तार से इमरतियाँ तल रहा था। एक इमरती बन जाती तो वह झटके से दूसरे हाथ की उँगली से तत्काल छेद को बन्द कर देता। पहले एकदम सफ़ेद फिर हल्की सलेटी, फिर भूरी इमरतियाँ पक जातीं तो हलवाई उन्हें पानी से निकाल कर शीरीनी के कड़ाहे में डाल देता। इमरतियाँ कड़ाहे से निकलतीं तो उनका केसरिया रंग बड़ा भला लगता। वहीं कुछ देर खड़े-खड़े रोशन की भूख और भी तेज़ हो आयी। आगे बढ़ कर उसने हलवाई को पाव भर इमरतियाँ देने का आदेश दिया।

०

यह अजीब बात थी कि रोशन जब घर से चला तो वह इतना परेशान था कि चाय का प्याला तो दूर रहा, यदि उससे कोई पानी का गिलास पीने तक को कहता तो वह इनकार कर देता। पर इतनी दूर पैदल चल कर आने, प्रोफ़ेसर सिंह से मिलने और दुर्गादास के पलायन की कहानी सुनने से उसकी मानसिक दशा ने नया मोड़ ले लिया था....

....उसकी माँ अतीव दुख और संकट के समय भी अडिग-अडोल —उस संकट से निकलने का मार्ग सोच निकालती थी। वह रोती-धोती न थी। जैसे अत्यधिक मार से बच्चे ढीठ हो जाते हैं, वैसे ही विपत्तियों के भीषण प्रहारों से माँ ढीठ हो गयी थी। परेशानियाँ और संकट उस घर की साधारण स्थिति थे —कोई-न-कोई विपदा उस पर सदा मँडराया

करती थी और एक अपूर्व जिजीविषा माँ को उन सबसे निकलने का मार्ग सुझा देती थी। रोशन ने अजाने ही माँ से वह सब सीख लिया था। उसमें जीने की असीम आकांक्षा थी, अदम्य आशावाद था। उसने कहीं पढ़ा था कि दुख में खाना-पीना छोड़ देना, दुख को और भी गहरा बनाने के बराबर है।

कभी जब भाई साहब घर में अपनी पत्नी से झगड़ पड़ते थे और भाभी चूल्हा बुझा कर बैठ जाती थीं तो भाई साहब रोशन को साथ ले जा कर बाज़ार में लस्सी का डबल गिलास चढ़ा आते थे। रोशन को तब वह नितान्त क्रूर लगता था। वह तो एक बार चन्दा से लड़ कर तीन दिन तक भूखा रहा था और दोनों बीमार हो गये थे। लेकिन धीरे-धीरे रोशन ने जान लिया था कि यह ढंग ठीक नहीं। यह आवेग की स्थिति है, निरपेक्ष सोच की स्थिति नहीं। लड़ाई-झगड़े और दुख-मुसीबत से पार पाने का यही ढंग नहीं कि आदमी अपनी भूख-प्यास सुखा ले और सोच-समझ के लिए बेकार हो जाये। सफल आदमी वह है, जो दुख और विपत्ति से सुख और सफलता का पहलू निकाले और यह तभी हो सकता है, जब उसकी सोच की शक्तियाँ कुन्द न हों....

आठ आने की इमरतियाँ खा कर रोशन को लगा कि आने वाले संकट को उसने सिर से झटक दिया है। स्वस्थ मन हो कर वह सीधा माल को निकल गया और टॉमस कुक एण्ड कम्पनी के दफ़्तर के पास से माल की ओर मुड़ा। ह्वाइटवे लैडला के यहाँ बड़े-बड़े शो-केसों में बनी-बनायी कमीज़ें, पतलूनें, ड्रेसिंग गाउन, वग़ैरा लगे थे। एक शो-केस में कीमती मोतियों के गहने थे। उन सब का निरीक्षण करता हुआ वह स्कैण्डल पॉयण्ट की ओर बढ़ चला।

६

सुबह रोशन की आँख खुली तो दरवाज़े के शीशों में से धूप की किरणें छन रही थीं। रात के ख़ाली बरतन कुर्सी पर पड़े थे। उनको उठा कर उसने बाथरूम में नल के नीचे रखा। दरवाज़ा खोला तो धूप से आँखें चुँधिया गयीं। सात-साढ़े सात का समय होगा। इस समय तक वह संजौली के पास होता है। जल्दी-जल्दी शौचादि से निवृत्त हो कर उसने तेल की शीशी और लँगोट उठाया और साथ की कॉटेज के बरामदे में चला गया। धूप आधे बरामदे में आ गयी थी। कमीज़ और बनियान उतार कर उसने जँगले पर टाँगी। वह लँगोट लगा रहा था कि उसे ख़याल आया —शायद आज उसे शिमला से जाना पड़े। वह व्यर्थ ही कसरत करने जा रहा है। जाने वापस जा कर उसे किस संघर्ष का सामना करना पड़े। यह नियम से कसरत और सैर चले-न-चले....तभी उसकी आँखों के सामने कॉलेज के दिनों में किसी अंग्रेज़ी पत्रिका में छपी एक कहानी घूम गयी....

जहाज़ के डूब जाने पर कुछ लोग एक किश्ती में बच निकलते हैं। लेकिन तूफ़ान का सख़्त ज़ोर है। बेपनाह आँधी चल रही है। उत्ताल तरंगें और भयावह महोर्मियाँ। उस

समय एक मुसाफ़िर बड़े निश्चिन्त भाव से सिगरेट जलाने का प्रयास कर रहा है। दियासलाई की एक तीली जलाता है, वह बुझ जाती है तो दूसरी जलाता है। उसका साथी चिढ़ कर कहता है, "किसी क्षण भी नाव समन्दर में ग़र्क हो सकती है और तुम सिगरेट जलाने के पीछे पड़े हो !"

मुसाफ़िर फिर तीली जलाने से पहले कहता है, "लेकिन अगर मैं उससे पहले एक सिगरेट पी लूँ, तो...."

और रोशन ने सोचा, जाना पड़ेगा तो चला जाऊँगा, पर मैं आज की कसरत क्यों छोड़ूँ...और लँगोट बाँध कर शरीर पर तेल की मालिश करके वह तेज़-तेज़ डण्ड पेलने लगा।

o

पिछली शाम लोअर बाज़ार से इमरतियाँ खा कर वह स्कैण्डल पॉयण्ट पर गया था और कितनी ही देर तक वहाँ खड़ा, नीचे बाज़ार की रौनक देखता रहा था। इसी स्कैण्डल पॉयण्ट पर वर्ष भर पहले अमीचन्द ने उसका अपमान किया था। इस एक वर्ष में उसकी अपनी स्थिति कुछ ख़ास सुधरी न थी; थोड़ी बिगड़ ही गयी थी। पहले वह समाचार-पत्र में बाकायदा उप-सम्पादक था.... और अब ट्यूटर, जिसे ट्यूशन का कोई भरोसा नहीं, शायद सुबह ही ख़त्म हो जाये।....लेकिन उस समय स्कैण्डल पॉयण्ट की रेलिंग से कोहनी टिकाये खड़े, नीचे माल की बहार देखते हुए उसे अपनी स्थिति पर खेद नहीं था, दुख भी नहीं था। अपने उस विचार-प्रवाह में उसे लगा कि अमीचन्द ने अपनी उस हेकड़ी में उसकी उपेक्षा करके उस पर एहसान किया है। उसके अन्तर में सोये हुए अहं को ठोकर मार कर जगा दिया है....

रोशन ने दर्शन की एक पुस्तक में पढ़ा था कि सुख ही नहीं, दुख भी महान शिक्षक है। संसार के अधिकांश महापुरुष दुख-दारिद्रय से शिक्षा ग्रहण कर आगे बढ़े। प्रशंसाओं की अपेक्षा उपेक्षाओं के आघातों ने ही उनकी अन्तस्थ अग्नि को प्रस्फुटित किया। वहीं स्कैण्डल पॉयण्ट पर खड़े-खड़े, नीचे फ़ैशन की शोभा-यात्रा को देखते हुए, रोशन के सामने अमीचन्द की वही सुदूर मुस्कान आ गयी थी, जो पहले तो इसी स्कैण्डल पॉयण्ट पर पिछले वर्ष, फिर कुछ ही महीने पहले गोविन्द गली में सेठ वीरभान के घर उसे दिखायी दी थी....और रोशन को विश्वास था कि वह मुस्कान न जाने उसे सब-जज, सेशन-जज, चीफ़ जस्टिस या और न जाने क्या-क्या बना दे....

रोशन के अन्तर में कहीं यह विश्वास बद्धमूल था कि मिडियॉकर बन कर जीना उसकी नियति नहीं। कभी-कभी जब उसके पिता एक-दो पेग पिये होते, तो अपने सभी बेटों को बिठा कर उन्हें उपदेश दिया करते। यद्यपि उन्होंने स्वयं किसी उपदेश पर अमल नहीं किया था, लेकिन उनकी कई बातें रोशन के मन पर सदा के लिए अंकित हो गयी थीं।

'मिडियॉक्रिटी को कोई नहीं पूछता,' वे कहा करते थे, 'कुछ भी करो, पर जो करो, उसे कमाल तक पहुँचा दो....' और आगे जोड़ते थे, 'एक माँ का बेटा जो कर सकता है, दूसरी माँ का बेटा भी कर सकता है....'

....तब यदि अमीचन्द डिप्टी कलेक्टर हो सकता है तो रोशन क्यों सब-जज नहीं

हो सकता?....और वहीं स्कैण्डल पॉयण्ट की रेलिंग पर कोहनियाँ टिकाये, कल्पना-ही-कल्पना में, रोशन सब-जज, सेशन-जज, हाई कोर्ट का जज, चीफ़ जस्टिस, वाइसरॉय की काउन्सिल का सदस्य बन गया था....

साँझ अभी पूरी तरह रात में नहीं बदली थी। माल पर बत्तियाँ जल उठी थीं। उस अँधेरे-उजाले में साड़ियाँ, शलवारें, सूट; कॉन्वेण्ट-ज़दा अंग्रेज़ी के वाक्य, घण्टियों-सी हँसियाँ; ठहाके, जिन्हें किसी दक्ष हाथ ने काट-तराश कर जैसे हँसने वालों के कण्ठों में फ़िट कर दिया था....एक नुमायश थी —लगातार, अनवरत....उसके बराबर रेलिंग पर खड़े दर्शकों की निगाहें किसी ख़ूबसूरत जूड़े में, किसी पतली कमर में, किसी वक्ष के सयत्न बनाये नोकदार उभारों में, मस्कारा और आई-ब्रो पेंसिल की कृतज्ञ किसी आँख के कटाक्ष में, उलझ-उलझ जाती थीं....लेकिन रोशन इस फ़िल्म पर एक दूसरी ही फ़िल्म देख रहा था —वाइसरॉय उसके साथ हाथ मिला रहा है और उससे कह रहा है कि वह अपनी काउन्सिल में उसका स्वागत करता है। उसे आशा है कि मिस्टर रोशन आनन्द की बुद्धि और मेधा का पूरा लाभ काउन्सिल को मिलेगा....अमीचन्द कलेक्टर, अथवा अधिक-से-अधिक हुआ तो कमिशनर हो जायेगा, लेकिन रोशन को पूरा विश्वास था कि एक बार वह कम्पीटीशन में आ गया तो उसे अन्तिम सीढ़ी पर पहुँचने से कोई नहीं रोक सकता....

तभी उसे माल पर प्रोफ़ेसर सिंह आते दिखायी दिये। उन्होंने नीचे माल ही से एक उड़ती-सी दृष्टि और मुस्कान उस पर डाली। रोशन के सम्मुख गत वर्ष की उनकी वह प्यारी मुस्कान घूम गयी, जो लाहौर में भी कभी-कभी उसे याद आ जाती थी। अब वह मुस्कान प्यारी न रही थी, तो भी उन आँखों में वही प्यारा भाव था। वे ऊपर से घूम कर उसके पास आ खड़े हुए, "कहिए, माल के जल्वे हो रहे हैं !"

रोशन केवल मुस्करा दिया। तभी उन्होंने नीचे से गुज़रती हुई एक मण्डली में एक स्त्री की ओर संकेत किया —"रानी मनजीत कौर —राजा धीरेन्द्र सिंह की रानी —मैं इन्हीं को संगीत सिखाने गया था। इन्हीं के साथ आ रहा था कि इन्हें रास्ते में राजा मानवेन्द्र सिंह और उनकी रानी मिल गये। वे लोग बातें करने लगे। मुझे एक और ट्यूशन पर जाना था, मेरा वक्त हो रहा था, इसलिए मैं चला आया।"

और तत्परता से अपनी कलाई में बँधी घड़ी पर एक निगाह डाल, मीठी मुस्कान बिखेर कर रोशन के कन्धे को थपथपाते हुए प्रोफ़ेसर साहब रिज की ओर चले गये।

रोशन को विश्वास हो गया था कि वे झूठ बोल रहे हैं, तो भी उसने रानी मनजीत कौर की ओर नज़र घुमायी। वे लोग आगे बढ़ गये थे। सूट-बूट में सुसज्जित दो सरदारों के बीच दो स्त्रियाँ जा रही थीं —पीछे से देखने पर कोई भी ऐसी बात दिखायी न देती थी, जो उनके राजा-रानी होने की साक्षी दे।

'जाने कितने जागीरदार, राजा और कितनी रानियाँ शाम को इस माल की शोभा बढ़ाती हैं,' रोशन ने सोचा, 'और न जाने कितने दूसरे लोग अपने-आपको राजा-रानी कहाने में गर्व महसूस करते हैं —किसी जागीरदार से दूर का भी रिश्ता रखने वाला अपने आपको राजा कहलाता होगा और उसकी पत्नी रानी'....

रोशन को 'रानी' कहाने वाली उस महिला के चक्की के पाटों जैसे नितम्ब ही दिखायी दिये....

'शिमले की माल आज केवल उच्च वर्ग के लिए है,' रोशन ने सोचा, 'इस पर राजाओं, नवाबों, राय बहादुरों, राय साहबों, जजों, बैरिस्टरों, काउन्सिल के मेम्बरों और बड़े-बड़े अफ़सरों का ही आधिपत्य है। छोटे अफ़सर तो इसकी दुकानों में जाने का भी साहस नहीं कर सकते।'

इस पूरे महीने में रोशन ने एक बार भी न देखा था कि लाला हाकिमचन्द ने माल से कोई चीज़ ख़रीदी हो —'ग़रीब क्लर्क अपने दफ़्तर से आते-जाते केवल यहाँ से गुज़र सकते हैं, स्कैण्डल पॉयण्ट की रेलिंग पर खड़े हो कर केवल इसका नज़ारा कर सकते हैं, पर इसकी रौनक का अंग नहीं बन सकते,' उसने सोचा, 'क्या कभी ऐसा दिन भी आयेगा, जब वे लोग भी इसकी रौनक का अंग बन सकेंगे और ये राजे, नवाब, जागीरदार और बैरिस्टर अपने-आपको उस दाल में कंकरों-सा महसूस करेंगे'....

और रोशन की आँखों के सामने माल का दूसरा रूप आ गया....देश को आज़ादी मिल गयी है। अंग्रेज़ जहाँ से आये थे, वहीं लौट गये हैं। शिमला में उनके क्लब और कोठियाँ ख़ाली हो गयी हैं। माल पर केवल निम्न-मध्य अथवा मध्य-मध्यवर्ग का राज है। मँहगी दुकानें फ़ेल हो गयी हैं। सस्ती दुकानें खुल गयी हैं —पान की, चाट की, आइसक्रीम की —और जलपान के लिए सस्ते रेस्तराँ खुल गये हैं। अपार भीड़ है। रोशन अपने मित्रों के साथ उस भीड़ का अंग बना ज़ोर-शोर से ठहाके मारता घूम रहा है।....सहसा उसे लघुशंका की हाजत होती है। वह एक यूरिनल में जाता है, पर तत्काल पलटता है, किसी ने उसे दीर्घशंका के लिए प्रयोग किया है। कुछ दूर पर वह दूसरे यूरिनल में जाता है, वहाँ भी यही हाल है। एक भी यूरिनल उसे साफ़ नहीं मिलता। तभी वह जैसे पहली बार देखता है कि लोग पान खा कर बेतहाशा थूक रहे हैं और चाट खा कर पत्तों के ढेर लगा रहे हैं और जाने उसके सौन्दर्य-प्रिय मन का कौन-सा कोना घायल हो जाता है.... उस भीड़ से निकल कर वह यहीं स्कैण्डल पॉयण्ट पर आ खड़ा होता है....शायद वह चाहता है कि माल ऐसी ही रहे —इतनी ही साफ़, इतनी ही सुन्दर, इतनी ही मँहगी....आम जनता का ही स्तर ऊँचा हो जाये और वे इसकी रौनक का अंग बनने के योग्य होते हुए भी इसकी विशिष्टता बराबर रख सकें —न यूरिनल ख़राब करें, न पान की पीक थूकें, न चाट के पत्ते फेंकें, न आती-जाती लड़कियों पर आवाज़े कसें —उनके जीवन का, रुचि-अभिरुचि का, स्तर ऊँचा उठ जाये....

लेकिन जाने कभी ऐसा होगा भी या नहीं....रोशन ने एक लम्बी साँस ली। वह रिज रोड से उतरा और पोस्ट ऑफ़िस की ओर को बढ़ चला।

०

ग्रैण्ड होटल के सामने से हो कर वह काली बाड़ी के पास से नीचे उतरा और रेलवे बोर्ड के दफ़्तर के सामने से गुज़र कर केनेडी हाउस के आगे सेसिल होटल तक गया। फिर वापस पलटा और केनेडी हाउस के पास से रेलवे स्टेशन के ऊपर रेलिंग पर जा खड़ा हुआ। रेलवे स्टेशन के परली तरफ़ लाल पुल से लोग स्टेशन के दूसरी ओर उतर कर नाभा

हाउस, फागली और टूटी-कण्डी को जा रहे थे। यद्यपि गोधूलि का प्रकाश अभी शेष था, पर नीचे बस्तियों की बत्तियाँ टिमटिमाने लगी थीं। दूर घाटी में टूटी-कण्डी बड़ी सुन्दर लग रही थी।

'कितनी दूर से क्लर्क इतनी चढ़ाई चढ़ कर ऊपर दफ़्तरों को आते हैं', रोशन ने सोचा! उसे लगा कि वह स्वयं भी ज़िन्दगी की टूटी-कण्डी में ही बसता है, उसका दफ़्तर कहीं बहुत ऊपर है, उसे बड़ी चढ़ाई चढ़नी है। व्यामोहित-सा वह घाटी के नीचे नाभा हाउस और टूटी-कण्डी की बत्तियों को देखता रहा, फिर माल की ओर चल दिया। अभी वह लॉयड्स बैंक से दो फ़र्लांग उधर ही था, जब दायीं ओर सामने चैल की बत्तियाँ माला सरीखीं जल उठीं....चैल....महाराजा पटियाला की आरामगाह....जाने कितनी बन्दिनी युवतियाँ इस माला में कैद हैं–रोशन ने सोचा, पर वह रुका नहीं, बढ़ता चला गया।

रात के नौ बजने को आये थे, पर माल की रौनक में कमी न आयी थी। अभी तक खवे-से-खवा छिलता था। गेयटी थिएटर में मोलियर के नाटक का उर्दू रूपान्तर 'नवाब साहब' चल रहा था। शिमला ए०डी०सी० उसे दिखा रही थी। बाहर दर्शकों की भीड़ ऊपर जाने से पहले नाटक की भूमिका में उतरने वाले पात्रों की आलोचना-प्रत्यालोचना कर रही थी। इतनी भीड़ में रोशन नितान्त अकेला, धीरे-धीरे सरकता चला गया था। कैम्बरमियर पोस्ट ऑफ़िस से नीचे उतर, विलो बैंक के पास सड़क के थोड़े-से ख़ाली भाग में वह रेलिंग के साथ लग कर खड़ा हो गया–सामने पहाड़ की छाती पर ऊपर से नीचे तक अनगिनत बत्तियाँ जल रही थीं। विमुग्ध-सा वह उस दीवाली की बहार देखता रहा। शिमले का सबसे घना भाग–माल से नीचे कार्ट रोड तक एक-दूसरे से लगे मकान, पंक्ति-पर-पंक्ति टिमटिमाती बत्तियाँ। अँधेरा घना हो गया था और बत्तियों की चमक दुगुनी हो गयी थी। उधर से दृष्टि हटा कर रोशन ने सामने घाटी में नज़र दौड़ायी। नीचे तारा देवी की बत्तियाँ गर्मियों के ग़ुबार के कारण मद्धिम दिखायी दे रही थीं। चैल यहाँ से दिखाई न देती थी....पर कसौली तो यहाँ से नज़र आ जाया करती है....और जिधर कसौली नज़र आती थी, रोशन ने वहाँ आँखें जमा दीं। लेकिन गहरे ग़ुबार के कारण उसे कुछ भी दिखायी नहीं दिया। ख़ूब आँखें फाड़ने पर उसे एक जगह छोटी-सी आकाश-गंगा-सी रोशनी दिखायी दी–एकदम धुँधली, जैसे किसी ने सोन-कणों की मुट्ठी रेत में फेंक दी हो और उसे रेत से अलग करके देखना कठिन हो–कसौली....उस अँधेरे में आँखें फाड़ कर देखने से रोशन की आँखें दुखने लगीं। वह पलटा और आगे को सरक चला।

०

घर की ओर कदम बढ़ाते ही सहसा चन्द्रा और हाकिमच्द ने उसके दिमाग़ को घेर लिया और वह लाला हाकिमचन्द और उनके परिवार की विलक्षणता के बारे में विचार करने लगा।

०

जब लाला हाकिमचन्द ने अपनी पत्नी और पुत्री को पीटा था तो तीन दिन वे सिर-दर्द से परेशान रहे थे। उसे मालूम हुआ था कि ऐसे में उनको माइग्रेन की शिकायत हो जाती है।

उस शाम, जब वे ऊपर अपनी बीवी और बेटी को पीट रहे थे और रोशन नीचे कमरे में, आधे कपड़े पहने और आधे उतारे, कुर्सी पर बैठा सब सुनता रहा था, तो ऊपर जब शान्ति हो गयी थी, वह उठा था। उसने कपड़े बदले थे और कमरे में टहलने लगा था। तभी सुक्खू खाने की थाली लिये हुए प्रकट हुआ था।

"मास्टर जी, खाना खा लीजिए।"

रोशन जब लोअर बाज़ार की दुकान पर बैठा उन्हें चाट उड़ाते देख रहा था तो उसे ज़ोर की भूख लग गयी आयी थी, पर उसके बाद जाने कैसे उसकी भूख एकदम उड़ गयी। और उस वक्त (परेशानी में खाना न छोड़ने के अपने दर्शन के बावजूद) उसका मन खाना खाने को ज़रा भी न था। पहली बार लाला हाकिमचन्द की पत्नी और पुत्री के लिए उसके मन में करुणा उमग आयी थी।

लेकिन सुक्खू ने खाना मेज़ पर रख दिया और बोला, "खा लीजिए मास्टर जी लालाजी ने कहा है, मास्टरजी को खाना खिला कर आना।"

"क्या उन्होंने खाना खाया है?"

"उनके सिर में बहुत दर्द है। वे लेट गये हैं।"

"बीबीजी?"

"वे उनके माथे पर बाम मल रही हैं।"

"चन्द्रा?"

"छोटी बीबी शायद बेहोश हो गयी थीं। वे सो गयी हैं।"

"क्या उन्होंने चन्द्रा को पीटा?"

"हम तो किचन में थे। लालाजी ने दरवाज़ा अन्दर से लगा लिया था। हमें कुछ मालूम नहीं है।"

"मुझे भूख नहीं।

"खाना खा लीजिए मास्टर जी," सुक्खू ने कहा था, "लालाजी को आप नहीं जानते। आप नहीं खायेंगे तो वे ख़ुद आयेंगे। फिर यह तो यहाँ हर पन्द्रहवें-बीसवें दिन होता है। आप कब-कब खाना छोड़ेंगे?"

०

माल पर धीरे-धीरे वापस आते हुए रोशन की आँखों के सामने सारा दृश्य फिर आ गया था। तीन दिन तक लाला जी सिर-दर्द से पड़े रहे थे। चौथे दिन (ऐसा सुक्खू ने उसे बताया था) उन्होंने बीवी और बच्ची से माफ़ी माँग ली थी। इतवार का दिन था और मनो-मालिन्य की छाया को वातावरण से दूर करने के लिए लाला जी सबको ले कर 'डौंकी' (donkey) खेलने लगे थे। रोशन भी खाना खाने के बाद दो क्षण को वहीं रुक गया था और उन्हें खेलते देखता रहा था। लालाजी जब प्रसन्न होते, अपने बीवी-बच्चों के साथ डौंकी खेलते। प्रायः वे ही जीता भी करते। पर उस दिन चन्द्रा ने उन्हें हुक्म की बेगम दे दी और वे डौंकी बन गये। बीबीजी सबसे पहले जीती थीं। इसलिए वे ही रानी (या राजा) बनी थीं। दण्ड भी उन्हीं को नियत करना था। मुस्करा कर उन्होंने कहा, "आप डौंकी बने हैं तो डौंकी का

२. नसों के तनाव से होने वाला सिर दर्द।

कुछ काम कीजिए। मैले कपड़ों की गठरी अपनी पीठ पर लाद कर घुटनों के बल कमरे के तीन चक्कर लगाइए।"

लालाजी बड़े सिटपिटाये, पर चन्द्रा ने पलक-झपकते ही मैले कपड़ों की एक गठरी बना डाली और उनके कन्धों पर रख कर टिटकारी भरी कि चलिए डौंकी महाराज, अपना करतब दिखाइए।

विवश हो कर लालाजी को हाथों और घुटनों के बल डौंकी बनना पड़ा। चन्द्रा ने मैले कपड़ों की गठरी ठीक से उनके पीठ पर जमा दी और तीनों बच्चे 'चल बे डौंकी, चल !' कहते और टिटकारी भरते हुए उनके पीछे कूदने लगे।

अभी उन्होंने कमरे में दो चक्कर ही लगाये होंगे कि तेजभान कुली के सिर पर आमों का टोकरा उठवाये हुए आये। लालाजी को यों कमरे के चक्कर लगाते देख, उन्होंने हँस कर कहा, "यह क्या हो रहा है?"

"डौंकी साहब अपना काम कर रहे हैं," बीबीजी चहकीं और तेजभान के पीछे कुली को खड़े देख कर बोलीं, "आपने बेकार कुली को कष्ट दिया, डौंकी साहब जो थे।"

और लालाजी ऐसे हँसे, जैसे उनकी पत्नी ने बड़े मार्के का मज़ाक किया हो।

रोशन चकित-सा वापस अपने कमरे में आ बैठा था। उसे जहाँ लालाजी की उस क्रूरता पर दुख हुआ था, वहीं उनकी इस सहिष्णुता पर भी कम क्षोभ नहीं हुआ। बच्चों का अपने पिता को (लाख मज़ाक में सही) गधा कहना और उसका सुन लेना रोशन के लिए कल्पनातीत था।

०

क्लार्क होटल पीछे छूट गया। घर वह ग्यारह बजे से पहले नहीं पहुँचना चाहता था। इसलिए वह नाचघर के सामने कोने में बने हवाघर में बैठ गया। वहीं बैठे-बैठे उसके सामने फिर वही चित्र खिंच गया और वह लालाजी के चरित्र के इस पहलू पर विचार करने लगा....

रोशन को पहली बार लगा कि छोटी-सी ग़लती पर इस तरह पन्द्रहवें-बीसवें पीटने की तह में ज़रूर उनकी कोई कुण्ठा काम करती है —वे क्लर्क की अपनी स्थिति से ऊपर उठ गये हैं, पर उनकी पत्नी वहीं अटकी हुई है। लालाजी के क्लर्कों की पत्नियाँ सुन्दर और सुसंस्कृत हैं, जबकि उनकी पत्नी कुरूप भी है और असंस्कृत भी....और यही बात शायद उनके मन को सदा सालती रहती है और वे अपना सन्तुलन खो देते हैं। पर वे आर्यसमाजी हैं, इसलिए अपना अपराध उन्हें कोंचने लगता है....और वे प्रायश्चित करते हैं तो दूसरी सीमा पर जा पहुँचते हैं।

'भाई साहब ने कहा था, लाला हाकिमचन्द ज़ालिम आदमी है,' रोशन ने सोचा, 'पर उन्होंने यह नहीं बताया था कि वह इतना बड़ा चुग़द भी है। ऐसे आदमी का कोई भरोसा नहीं। घड़ी में तोला, घड़ी में माशा। इसीलिए चन्द्रा में स्थिरता नहीं। अपने पिता की क्रूरता का शायद डर भी उसे नहीं। वे अगर बेपनाह पीटते हैं तो बेइन्तहा प्यार भी करते हैं। और बच्चे जानते हैं कि उनका यह ग़ुस्सा वक्ती है। और इसीलिए उसका असली डर उन्हें नहीं। यही वजह है कि चन्द्रा पढ़ने में फ़ेल हो गयी है। जो आदमी इतना लाड़ लड़ायेगा, वह बच्चों को बुरी तरह ही सही, जब-तब पीट कर उन्हें ठीक नहीं कर सकता। उसे कुछ उसूल

बनाने होंगे और बिना किसी तरह की कमज़ोरी ज़ाहिर किये, बच्चों को उन पर चलाना होगा। हाकिमचन्द ज़ालिम आदमी है, पर कमज़ोर है और उसके ज़ुल्म से उसके बच्चों को कोई लाभ नहीं पहुँच सकता।'

०

दस बज चुके थे। रोशन हवाघर से उठा। सहसा उसे ख़याल आया —चन्द्रा ने कहीं उसके साथ मज़ाक तो नहीं किया। कहीं महज़ शरारतन ही तो यह नहीं कह दिया कि उसे 'विजय' के अर्थ नहीं आते।....वह उसे लगातार ज़रा भी सुस्ताये बिना पढ़ाता जा रहा है, कभी उसने इधर-उधर की बात नहीं की। हो सकता है, वह ऊब उठी हो और उसे महज़ सताने के लिए उसने वह शरारत की हो। उसे क्या ख़बर कि वह खींच कर उसके मुँह पर थप्पड़ दे मारेगा....

रोशन के विचारों का क्रम बदला....यह उसने सख़्त ग़लती की। उसे पहले जान लेना चाहिए था कि क्या सचमुच उसे शब्द के अर्थ नहीं आते या वह केवल उसे सताना चाहती है। ऐसे अध्यापकों से, जो मशीन की तरह पढ़ाते हैं, छात्र प्रायः चिढ़ जाते हैं। सफल वक्ता किसी गहन विचार को प्रेषणीय बनाने के लिए अपने भाषण में शेरो-शायरी, कविता, चुटकलों, उपमाओं, अलंकारों और लोक-कथाओं का सहारा लेता है; जिस तरह अच्छा कथाकार कहानी में गहन विचार को रखने के लिए मनोरंजक और प्रवहमान शैली तथा सुष्ठ और पुष्ट शिल्प का आश्रय लेता है, इसी प्रकार क्या अध्यापक को भी ऐसे नहीं पढ़ाना चाहिए कि छात्र बोर न हो; उसे मालूम ही न हो और विषय का ज्ञान उसे हो जाये। और रोशन को लगा कि उसका अपना ढंग एकदम रूखी कथा का-सा है। ज़रूर ही चन्द्रा उससे ऊब कर शरारत पर तुल गयी होगी....वह अपनी झक में पढ़ाता रहा है और वह कभी ध्यान से सुनती ही नहीं रही। रोशन ने कभी पुस्तक पर उसकी निगाहें नहीं देखीं —सदा उसे अपनी ओर ताकते पाया। निश्चय ही वह उसे मूर्ख समझती होगी। सोचती होगी —यह कैसा बूदम है, जो स्वयं तो मशीन है ही, मुझे भी मशीन समझता है....

लेकिन नहीं, ऐसी बात नहीं, रोशन की विचार-धारा फिर पलटी, अगर वह उसे मूर्ख समझती तो ज़रूर अपने पिता से कह देती कि मास्टर जी मूर्ख हैं, मैं इनसे नहीं पढूँगी।....वह ज़रूर ठस दिमाग़ की लड़की है। उसका ध्यान पढ़ने में नहीं है। उसके भेजे में भुस भरा है। उसने कभी उससे ऐसा प्रश्न नहीं किया, जिससे पता चलता कि बुद्धि का ज़रा भी स्पर्श उसके मस्तिष्क को मिला है। बस, वह चुपचाप सुनती रही है।....ख़ाक सुनती रही है....शायद वह कुछ भी नहीं सुनती रही। उसे सचमुच ही 'विजय' के अर्थ नहीं आते। वह महज़ एक ठस दीवार से सिर फोड़ता रहा है। अच्छा हो, अगर लाला हाकिमचन्द उसे छुट्टी दे दें....वह बेकार ही वहाँ से भाग आया। वे उसे खा तो नहीं जाते। जो होना है, हो जाता। वह किसी निर्णय पर पहुँच जाता और आराम से सो जाता। यों अनिश्चय की स्थिति में तो नहीं भटकता फिरता।

और परस्पर विरोधी विचार-धाराओं में डूबता-उतराता, रोशन रात के ग्यारह बजे के करीब घर पहुँचा था। ऊपर एकदम सन्नाटा था। धीरे से उसने अपना कमरा खोला, बत्ती जलायी। उसकी थाली तथा पानी और दूध के गिलास मेज़ पर रखे थे। रोशन को भूख लग आयी थी। बिना कपड़े उतारे उसने बाथरूम के नल से हाथ धोये। खाना खाया। दूध उसने

नहीं पिया, कपड़े बदले और लेट गया।

वह बेहद थक गया था। तो भी उसे फ़ौरन ही नींद नहीं आयी। चन्द्रा को थप्पड़ मारने से ले कर वापस घर आने तक उसके दिमाग़ में जितने विचार आये थे, वे दोबारा वहाँ हुड़दंग मचाने लगे....फिर वह आने वाली सुबह के बारे में सोचने लगा....

०

....लाला हाकिमचन्द उठते ही उसके कमरे में आते हैं और उससे कहते हैं कि वह बोरिया-बिस्तर उठा कर चला जाये। कोई ट्यूटर उनकी प्यारी बेटी को थप्पड़ मारे, इससे पहले वे उसका मुँह तोड़ देंगे।

वह कुछ नहीं कहता। वे मुड़ते हैं और खट-खट ऊपर चले जाते हैं। वह काग़ज़ उठाता है। उनके नाम चिट्ठी लिख कर भेज देता है कि मुझे लाहौर तक का किराया दे दीजिए....

....लालाजी छड़ी हाथ में लिये हुए आते हैं और उसके कमरे में प्रवेश करते ही छड़ी उठाते हुए कहते हैं, 'क्यों बे ट्यूटर के बच्चे, तूने चन्द्रा पर हाथ क्यों उठाया था?'

रोशन निर्निमेष उनकी ओर देखता रहता है और अविचल भाव से कहता है, 'छड़ी रख दीजिए। इधर कुर्सी पर बैठ जाइए और जो कहना है, शरीफ़ों की तरह कहिए।'

वे छडी से उस पर प्रहार करते हैं। रोशन छड़ी उनसे छीन कर दरवाज़े के बाहर जँगले के नीचे फेंक देता है....

०

न जाने इस दृश्य के कितने रूप रोशन की कल्पना में आये। बड़े आयास से उसने उन्हें दिमाग़ से निकाला। रात के डेढ़ बजे होंगे, जब उसकी आँखें सहज थकन से झप गयीं और वह सो गया।

०

वह कसरत करके कपड़े पहन रहा था कि लालाजी उसे अपनी ओर आते दिखायी दिये। रोशन ने लक्ष्य किया कि उनके हाथ में छड़ी नहीं है और वे रात के धारीदार पायजामे पर सफ़ेद कमीज़ पहने हैं। रोशन चौकन्ना हो गया। उसका दिल धक-धक करने लगा। पर उसने अपने चेहरे पर आन्तरिक भय का बिम्ब नहीं आने दिया और बिना क्षण भर रुके, कपड़े पहनता रहा।

"कहिए मास्टरजी, कसरत कर रहे थे?" लालाजी ने हँसते हुए पूछा।

रोशन आश्वस्त हुआ, पर कुछ बोला नहीं।

"क्या आप रोज़ कसरत करते हैं?"

"जी हाँ।"

"हमने कभी नहीं देखा।"

"जी, मैं सुबह पाँच बजे उठ कर कसरत करता हूँ। आप सोये होते हैं। रात मैं बहुत देर तक घूमता रहा, इसलिए आज उठने में देर हो गयी।"

"आप तो मित्र से मिलने गये थे?"

रोशन अचकचाया। वह मित्र की बात एकदम भूल गया था।

"जी हाँ....जी हाँ...." उसने जल्दी से कहा, "मैं उसी के साथ-साथ घूमता रहा। थक गया था। देर से उठा।"

"मेरा पेट भी बढ़ रहा है," लालाजी हँसे और रेलिंग के साथ टेक लगा कर खड़े हो गये, "मैं समझता हूँ, मुझे भी कसरत करनी चाहिए।"

....तो शायद चन्द्रा ने लालाजी से शिकायत नहीं की —रोशन मन-ही-मन आश्वस्त हुआ। खुल कर उसने सुख की साँस ली। फिर वह किंचित हँसा —

"मैं पिछले वर्ष कविराज जी के साथ शिमला आया था तो सैर-वैर नहीं करता था। कसरत करता था, पर इस पर भी मेरा पेट ख़राब रहता था। शिमले का पानी बहुत भारी है। इस बार मैंने तय किया कि मैं कसरत भी करूँगा और सैर भी करूँगा। सो सबेरे पाँच-साढ़े पाँच बजे उठ कर तेल की मालिश कर के कसरत करता हूँ। फिर नहा-धो कर जाकू राउण्ड पर जाता हूँ।"

"आप बड़े उद्यमी हैं।" लालाजी ने प्रशंसात्मक स्वर में कहा। फिर बोले, "आपके कविराज कल मिल गये थे। उन्होंने आपके बारे में ऐसी बातें कहीं कि मुझे हँसी आ गयी।"

रोशन का औत्सुक्य बढ़ा, पर उसने कुछ पूछा नहीं।

लालाजी क्षण-भर मौन रहे, फिर बोले, "माल पर मिल गये थे। आपका ज़िक्र चला तो पूछने लगे, 'कैसा पढ़ा रहा है?' मैंने कहा, 'मेहनत से पढ़ाते हैं'। बोले, 'घोड़ा कुछ शौकीन हो गया है', फिर चलते हुए उन्होंने धीरे से कहा, 'ट्यूटर शौकीन नहीं रखने चाहिएँ।"

रोशन का रंग लाल हो गया। 'घोड़ा' कविराज जी के प्यार का शब्द था। उसे याद आया —एक बार उन्होंने कहा था, 'घोड़िया, तूँ कम्म कुछ ज़्यादा नहीं कर रिहा !' और उसने उनसे छुट्टी माँग ली थी। कई दिन तक कविराज उसकी चिरौरी करते रहे थे, तब वह माना था सरगोशी में उन्होंने लाला हाकिमचन्द को जो बात कही, उसमें जो संकेत निहित था, उससे रोशन के हृदय में फिर वैसा ही बवण्डर उठा, पर वह चुप रहा।

"आपको मालूम नहीं," लालाजी हँस कर बोले, "पार साल मैंने इन्हीं कविराज के छोटे भाई को ट्यूटर रखा था। कविराज की तरह वे भी महाशय लगते हैं —बाकायदा पाठ-पूजा और सन्ध्या-वन्दन करने वाले। कविराज तो सूट-बूट पहनते हैं, पर वे पायजामे-कमीज़ के साथ ही सिर पर बड़ा-सा पग्गड़ बाँधते थे। लेकिन महीने भर ही में बीबीजी ने उनकी शिकायत की —बीबीजी तो दरवाज़े के पीछे से उनकी सारी हरकतों पर आँख रखती थीं —वे चन्द्रा को पढ़ाते-पढ़ाते बड़ी मीठी बातें करने लगते, कभी पेंसिल से उसका गाल छुला देते, कभी उसकी जाँघ को थपथपा देते। जब चन्द्रा ने भी इस बात का संकेत किया तो एक दिन मैं तेजभान के साथ सीढ़ियों के दरवाज़े के पीछे किवाड़ ज़रा-सा खोल कर खड़ा हो गया। ज्योंही उन्होंने फिर वैसी हरकत की, हमने दरवाज़ा खोल कर उन्हें धर दबोचा और वह मरम्मत की कि इन्सान के तुख़्म होंगे तो ज़िन्दगी भर याद रखेंगे।"

और लालाजी अपने इस सुकृत्य पर बड़े सन्तोष से हँसे। फिर बोले, "मैंने कई ट्यूटर देखे हैं। जो साले ऊपर से सीधे और भले दीखते हैं, वे अन्दर से घुन्ने होते हैं। कइयों की

मरम्मत मैंने की है।...."

तभी उन्हें ख़याल आया कि रोशन वैसे ही तेल की शीशी हाथ में लिये, लँगोट कन्धे पर डाले खड़ा है।

"मैं आपसे पूछने आया था," उन्होंने कहा, "कि आप सीपी के मेले चलेंगे।"

"सीपी के मेले?"

"यहाँ का प्रसिद्ध मेला है। सीपी यहाँ से आठ मील दूर एक जगह है —मशोबरे के नीचे —कोटी रियासत में। वहीं मेला लगता है। प्रसिद्ध पहाड़ी मेला है। हम हर साल जाते हैं। लंच वहीं लेते हैं। दो-दो रुपये चन्दा कर लेते हैं और ख़ूब मौज करते हैं। भोलानाथ वग़ैरा पूछने आये थे। मैंने सोचा, आपसे भी कहूँ। आप लेखक और जर्नलिस्ट हैं, शायद आप जाना चाहें।"

रोशन ने भी मेले की बड़ी प्रशंसा सुनी थी। साधारणतः वह उनके साथ जाने से इनकार कर देता, पर उसके दिल-दिमाग़ से एक बड़ा बोझ उतर गया था, उसने कहा, "आपको एतराज़ न हो तो चला चलूँगा।"

"नहीं, एतराज़ की बात नहीं। हमें तो ख़ुशी होगी।"

तब रोशन ने सोल्लास कहा, "मेरे एक मित्र हैं। गले में उनके अमृत है। प्रोफ़ेसर सिंह। लक्कड़ बाज़ार में म्यूज़िक कॉलेज चलाते हैं। ग़ज़ल और गीत बहुत अच्छा गाते हैं। यों तो बड़े-बड़े जागीरदारों के यहाँ जाते हैं, पर आप चाहें तो मैं उनसे कहूँगा। दस-पन्द्रह रुपये आप उन्हें दे दीजिएगा। लेंगे तो शायद वे नहीं, पर आप पेश ज़रूर कीजिएगा।"

"आप उनसे पूछ कर पक्का कर लीजिए। मैं आपको उन लोगों से पूछ कर बता दूँगा। अच्छा ही है। कुछ शग़ल रहेगा। तेजभान भी ग़ज़लों के रसिया हैं।"

और लाला जी चले गये।

०

वहीं खड़े-खड़े लालाजी से बातें करते-करते काफ़ी देर हो गयी थी। रोशन ने जाकू राउण्ड लगाने का ख़याल छोड़ दिया। वह कमरे में गया। तेल की शीशी और लँगोट उसने बाथरूम में रखे और कपड़े उतार कर नहाने लगा।

नहाते-नहाते सहसा उसे ख़याल आया कि निश्चय ही लालाजी को चन्द्रा को थप्पड़ मारने की बात मालूम हो गयी है और उन्होंने कविराज के छोटे भाई और दूसरे ट्यूटरों के माध्यम से उसे चेतावनी दी है। लालाजी की बातों से उसे यह भी पता चल गया कि वे उसकी हर गतिविधि की पूरी देख-रेख रखते हैं और उसे प्रसन्नता हुई कि वह पूरा महीना एकनिष्ठ हो कर मशीन की तरह पढ़ाता रहा और एक भी इधर-उधर की बात उसने नहीं की। ज़रूर ही बीबीजी सीढ़ियों के दरवाज़े के पीछे खड़ी हो कर उसकी बातें सुनती होंगी। वह कोई ऐसी-वैसी बात करता तो उन्होंने शिकायत की होती। रोशन को लगा कि शायद इसी कारण थप्पड़ की बात सुन कर भी लालाजी ने बुरा नहीं माना, बल्कि उसे अपने साथ मेला देखने का निमन्त्रण दिया है।

०

समय से वह पढ़ाने के कमरे में गया तो चन्द्रा अत्यन्त गम्भीर मुद्रा में आँख झुकाये बैठी

थी। रोशन अपनी कुर्सी पर जा बैठा। चन्द्रा तब भी उसी तरह निगाहें झुकाये बैठी रही। रोशन के मन में कुछ करुणा जागी। उसकी आँखों में चन्द्रा का गोरा गाल घूम गया, जो उसके थप्पड़ से लाल हो गया था और जिस पर उसकी पाँचों उँगलियों के निशान उभर आये थे। उसके कानों में लालाजी की बातें गूँज गयीं कि कैसे उन्होंने कविराज के छोटे भाई को पेंसिल से उसका गाल छूने पर बेदर्दी से पीटा था और पढ़ाना शुरू करने से पहले उसने कहा —

"चन्द्रा, कल ग़ुस्से में मैंने तुम्हारे मुँह पर थप्पड़ दे मारा। मुझे लालाजी ने बताया है कि किस तरह तुम्हारे गाल को ज़रा-सा पेंसिल से छूने पर उन्होंने एक ट्यूटर को गढ़ दिया था। शायद उन्होंने मुझे चेतावनी दी है। मैं नहीं जानता, तुमने उनसे मेरी शिकायत की है या नहीं। मैं स्वयं बच्चों को पीटने का सख़्त विरोधी हूँ। मेरे पिता मुझे बेतरह पीटते थे और मैं उन्हें आज तक क्षमा नहीं कर सका। मुझे अपने क्रोध पर खेद है। लालाजी को न भी बुरा लगा हो, पर मुझे लगा है। तुम्हें पढ़ना है तो ध्यान से पढ़ो। फिर वैसी स्थिति आये, इससे पहले मैं चला जाना चाहूँगा।"

चन्द्रा ने अपना बायाँ गाल आगे बढ़ा दिया और बड़े ही विनीत, प्यारे ढंग से मुस्कराते हुए बोली, "मास्टर जी, मैंने कुछ कहा है, आप चाहे सौ थप्पड़ मार लीजिए।"

न जाने उसने किन निगाहों से रोशन की ओर देखा कि उसके अपने होंटों पर एक अनजान, विमुग्ध, करुण मुस्कान आ गयी।

७

रोशन के होंटों पर मुस्कान आ गयी थी, पर दूसरे ही क्षण वह गम्भीर हो गया। जाने चन्द्रा की आँखों में कैसी स्निग्धता और तरलता थी कि उसका दिल धक-धक करने लगा था। उसे विश्वास हो गया था कि चन्द्रा ने उसकी शिकायत नहीं की; कि जब वह सब ओर से ध्यान हटा कर उसे पढ़ाता रहा है तो वह निरन्तर उसकी ओर ताकती रही है और उसके दिमाग़ में कुछ भी नहीं आया है। इस बात से जहाँ उसके अहं को कुछ सन्तोष मिला, वहाँ स्थिति की गम्भीरता ने मुस्कान उसके होंटों से विलुप्त कर दी। चन्द्रा के होंटों पर वह मुस्कान क्षण भर रही, फिर उसने गर्दन पीछे कर ली थी और निगाहें किताब में जमा ली थीं।

"मेरी क्या औकात है, मैं तुम्हें सौ थप्पड़ मारूँ," रोशन ने गम्भीरता से कहा था, "मैं तुम्हारा आभारी हूँ कि तुमने लालाजी से शिकायत नहीं की। अगर तुम मेरी ज़रा भी इज़्ज़त करती हो, ज़रा भी मुझे मानती हो तो इतना एहसान करो कि मन लगा कर पढ़ो ताकि तुम पास हो जाओ और मेरी इज़्ज़त बनी रहे। तुम्हें जैसे ठीक लगे, मुझे बताओ, वैसे ही मैं तुमको पढ़ाऊँगा।"

"आप इतनी दूर बिठा कर पढ़ाते हैं, मैं आपसे कुछ पूछूँ भी कैसे?"....और वह उठ

कर उसकी बायीं ओर वाली कुर्सी पर आ बैठी।

रोशन कहना चाहता था, 'नहीं, तुम वहीं बैठो। वहाँ से तुम मुझसे क्यों नहीं पूछ सकतीं'....पर उसने कुछ नहीं कहा और चुप बैठा रहा।

"देखो, तुम चुपचाप बैठ कर इतिहास का पहला पाठ पढ़ो," कुछ क्षण बाद वह बोला, "जिन शब्दों के अर्थ तुम्हें नहीं आते, मुझसे पूछो। फिर मैं तुम्हें प्रश्न दूँगा। तुम उनका उत्तर लिखना। मैं उन्हें ठीक कर दूँगा। फिर तुम उन्हें याद कर लेना। इस पर भी तुम्हें कुछ न आये तो भगवान ही मालिक है।"

"आयेगा, आयेगा क्यों नहीं?" चन्द्रा ने अतिरिक्त उत्साह से कहा और वह आँखें पुस्तक में गाड़े ध्यान से पढ़ने लगी।

रोशन चुपचाप उसकी ओर देखने लगा....'मास्टर जी, मैंने कुछ कहा है, आप चाहे सौ थप्पड़ मार लीजिए'....उसके कानों में चन्द्रा का मीठा, प्यारा, आवेग-भरा वाक्य और उसकी दृष्टि की स्निग्धता और पत्थर के भी हृदय को पिघलाने वाली वह उसकी करुण मुस्कान घूम गयी।....लेकिन पिघलने का मतलब है —ख़त्म हो जाना। स्वामी रामकृष्ण परमहंस का एक वाक्य उसकी स्मृति में कौंध गया —साधक को चाहिए, वह चट्टान बन जाये। कामिनी की आँखें और वासना की कीलें उसे तोड़ने के बदले मुड़ जायँ....

'मैं भी तो साधक हूँ,' रोशन ने सोचा, 'मुझे चट्टान बनना होगा।'....और चाहे वह अन्दर से द्रवित हो गया था, लेकिन उसने अपने चेहरे पर काठिन्य पहले जैसा ही बनाये रखा।

चन्द्रा पुस्तक पर झुकी थी। उसका दुपट्टा एक ओर को सरक गया था। उसकी संगमरमर जैसी सफ़ेद गरदन पर रोशन की निगाहें चली गयीं। उसका जी हुआ, उसे छू कर देखे।....जो लड़की गाल पर उसके सौ थप्पड़ खाने को तैयार है, वह अपनी गर्दन पर उसके हाथ के स्पर्श से क्या नाराज़ होगी? रोशन का मन हुआ —उस साफ़-शफ़्फ़ाफ़ दूधिया गरदन पर हाथ फेरे। तभी चन्द्रा ने पुस्तक से आँखें उठायीं। हतप्रभ-सा हो कर रोशन ने पूछा, "क्या बात है?"

"कुछ नहीं।" और चन्द्रा ने क्षण भर स्थिर भाव से उसकी ओर देख कर फिर निगाहें पुस्तक की ओर जमा लीं।

रोशन ने अपनी दृष्टि दूसरी ओर कर ली।....वह ठीक ही करता था कि उसे सामने, मेज़ के दूसरे सिरे पर बिठाता था। चन्द्रा के शरीर में सबसे सुन्दर उसकी गर्दन का पृष्ठ भाग और आँखें थीं। सामने बैठी चन्द्रा की गरदन का पिछला भाग उसे दिखायी न देता था और उससे आँखें मिलाने से वह कतरा जाता था। इसीलिए इतने दिन उसने विकार-रहित हो कर गुज़ार दिये थे.... और अब....वह उसके इतने निकट आ बैठी थी। आँखें उससे वह न मिलायेगा, पर उसकी इस दूधिया गर्दन का क्या करेगा? वहाँ आँखें नहीं थीं, पर रोशन को लगता था, जैसे उसके रोम-रोम में आँखें हैं और वे सब उसे अपनी ओर आकर्षित कर रही हैं। चन्द्रा की निगाहें पुस्तक पर लगी थीं। रोशन की दृष्टि फिर उसकी गरदन पर चली गयी —सफ़ेद मोम-सी, पॉलिश किये हुए संगमरमर-सी। रोशन ने कभी ऐसी सुन्दर गरदन न देखी थी। तभी चन्द्रा ने फिर निगाहें उठा कर उसकी ओर देखा। रोशन

के चेहरे पर वैसा ही काठिन्य आ गया। भवें तन गयीं....

चन्द्रा मुस्करायी।

"क्या बात है?" रोशन के स्वर में खिजलाहट थी।

"आप क्या मुझसे नाराज़ हैं?" उसकी मुस्कान कुछ और फैल गयी और उसकी निगाहें रोशन के अन्तर को भेदने लगीं।

"तुम कैसे बैठी हो? तुम्हें अपने दुपट्टे तक का होश नहीं।" रोशन ने झुँझला कर कहा, "लालाजी या बीबीजी आ जायँ तो क्या कहेंगे?"

चन्द्रा ने बिना कुछ उत्तर दिये, दुपट्टे को बेपरवाही से अपने गले में लपेट लिया।

बालों के नीचे गर्दन का कुछ भाग इसके बावजूद अनढका रह गया और रोशन की आँखों में बेतरह खुबने लगा।

वह झुँझलाया-सा उठा। उसने क्रोध से दुपट्टा खोल कर उसे अच्छी तरह ओढ़ा दिया और बोला, "ठीक से दुपट्टा ओढ़ कर बैठा करो।"

चन्द्रा केवल मुस्करा दी। लेकिन रोशन ने उससे आँखें नहीं मिलायीं। वह पूर्ववत दूसरी ओर को मुँह करके बैठ गया। उसे लगा, चन्द्रा उसकी ओर देख रही है। उसकी दृष्टि उसके कान के नीचे लगी है और जैसे उसके बाँये गाल को छील रही है। पर वह उसी तरह बैठा रहा। न विचलित हुआ, न मुड़ा....चन्द्रा ने फिर पुस्तक में ध्यान लगा लिया।

तभी रोशन के कानों में कविराज जी के शब्द गूँज गये, जो उन्होंने लाला जी से कहे थे —'ट्यूटर शौकीन नहीं रखना चाहिए।'....वह जैसा शौकीन है, वही जानता है —रोशन ने सोचा — लाहौर में नंगे बदन, तहमद लगाये, सारा-सारा दिन गुज़ार देता है; निक्कर-कमीज़ पहने लाहौर के गली-बाज़ारों में घूमता रहता है। यहाँ वह शौकीन बन कर तो इसीलिए रहता है कि लाला जी को उससे किसी तरह की बदसलूकी करने का साहस न हो।....लेकिन क्या चन्द्रा इसी कारण उसकी ओर आकृष्ट नहीं हुई?....यदि वह चपरकनाती-सा बना उसे पढ़ाता, तो वह उसकी ओर आकृष्ट होती?....यदि कुछ भी गड़बड़ हो तो कविराज जी को अपार सन्तोष होगा। उन्हें इस बात की प्रसन्नता होगी कि उन्होंने ठीक ही बात कही थी....लेकिन वह मर भी जाये तो उन्हें वैसा सन्तोष और प्रसन्नता पाने का अवसर नहीं देगा। वह एकदम पत्थर हो जायेगा।

पत्थर। चट्टान।

'....लेकिन इस साले कविराज ने मेरे ख़िलाफ़ लालाजी से वह सब क्यों कहा?....' सहसा रोशन का क्रोध, जो आसन्न संकट से निष्कृति पाने की ख़ुशी के नीचे दबा हुआ था, उबल पड़ा। 'अगर अपना काम निकल जाने पर तुम मेरी मदद नहीं कर सके,' उसने मन-ही-मन कविराज को सम्बोधित कर कहा, 'तो तुम्हें बुरा क्यों लगा?....साला अज़ीज़ का....' और वह पास की कुर्सी पर बैठी हुई चन्द्रा को एकदम भूल गया। पिछले वर्ष रुल्दू भट्टे के अपमान-भरे जीवन का एक-एक क्षण उसके सामने मूर्तिमान हो आया। वह उठा। अपने कमरे में जा कर काग़ज़ और कलम ले आया। चन्द्रा से उसने कहा कि वह आर्य जाति के आगमन से ले कर सिकन्दर के आक्रमण तक चारों परिच्छेद पढ़ डाले और कापी में लिख ले। इतने में वह एक ज़रूरी पत्र लिख लेता है।

"जी मास्टर जी !" चन्द्रा क्षण भर निगाहें उठाये उसकी ओर देखती रही, लेकिन रोशन उसकी ओर से बेपरवाह पत्र लिखने में तल्लीन था।

आदरणीय कविराज जी,

मुझे लाला हाकिमचन्द जी के एक मित्र से मालूम हुआ है कि आपने लालाजी को सलाह दी है, उन्हें मेरे जैसा शौकीन ट्यूटर नहीं रखना चाहिए। अगर आप यहाँ आ कर कहीं मेरा कमरा, फ़र्नीचर और बाथरूम देखते तो शायद आप लाला जी को यह भी नेक सलाह देते कि ट्यूटर को इतना आरामदेह कमरा और अटैच्ड बाथरूम भी नहीं देना चाहिए। शायद आप उनसे यह भी कहते कि उसे बाहर कमेटी के नल पर नहाना और दिशा-फ़राग़त के लिए नौकरों के शौचालय में जाना चाहिए....क्योंकि जब आप एक मशहूर-मा'रूफ़[1] अदीब से (चूँकि वह ग़रीब था और आपकी मीठी बातों के भुलावे में आ कर आपके साथ चला आया था) ऐसा सुलूक कर सकते हैं, तो आम ट्यूटर से वैसा क्यों न करेंगे....'

और इस शैली में पत्र शुरू करके रोशन ने बड़े आक्रोश और विक्षोभ-भरे शब्दों में कविराज के हर कृत्य की आलोचना करते हुए उन्हें ढोंगी, कपटी, शोषक और न जाने क्या-क्या लिखा और उन्हें अच्छी तरह जता दिया कि वह उनकी बारीक-से-बारीक चाल को समझता रहा है....

एक के बाद एक —रोशन ने फ़ुलस्केप के दस पृष्ठ रँग डाले। अन्त में उसने लिखा —

आप अपने मन में यह समझ कर ख़ुश न होते रहें कि आपने एक आदर्शवादी, भोले युवक से अपना मन-चीता काम निहायत सस्ते में करा लिया —उस पर एहसान का बोझ लादते हुए ! मैं यह ख़त इसलिए लिख रहा हूँ ताकि आप समझ लें कि आपके साथ कुछ ही दिन रहने के बाद मुझ पर आपकी तथा बीबीजी की सारी फ़राख़-दिली ज़ाहिर हो गयी थी। अपने वचन का पालन और आपकी चतुराई के माध्यम से दुनिया का तजरुबा हासिल करने का मोह मुझे न होता तो मैं फ़ौरन से पेशतर चला जाता। मैं शुक्र-गुज़ार हूँ कि आप ने मेरी भोली, विश्वासी आँखों से पर्दा उठा दिया और मैं आपकी छल-कपट भरी दुनिया की हकीकत देखने के काबिल बन गया। इसी शुक्रिये को आप तक पहुँचाने के लिए मैं ये सतरें आपकी सेवा में भेज रहा हूँ।

आपका शिकार
रोशन

०

चन्द्रा अपना काम कब का समाप्त कर चुकी थी और टकटकी बाँधे उसकी ओर देख रही थी, पर रोशन ने एक बार लिखना शुरू किया तो अन्तिम पंक्ति के बाद ही सर उठाया और चन्द्रा को अपनी ओर देखते पाया।

"पढ़ लिये परिच्छेद?" उसने पूछा।

---

१. प्रतिष्ठित लेखक

"जी मास्टर जी !"वह मुस्करायी।

"शब्दों पर निशान लगा लिये?"

"जी मास्टर जी !" वह फिर मुस्करायी।

"कापी पर लिखे?"

"आपने कापी पर भी लिखने के लिए कहा था?" उसने बड़े ही भोलेपन से उसकी ओर देखते हुए पूछा और फिर मुस्करा दी।

"कहा था, तुमने शायद सुना नहीं।" रोशन ने कहा, "इन शब्दों को कापी पर उतार लो। फिर इनके मतलब बताऊँगा।"

"मैंने किताब में निशान लगा लिये हैं, वहीं इनके मानी भी लिख लूँगी।" चन्द्रा ने कहा।

"नहीं, किताब गन्दी हो जाती है और किताब पर मानी लिखे रहते हैं तो जब तक किताब सामने रहती है, अर्थ याद रहते हैं, फिर भूल जाते हैं। तुम कापी पर लिख लो।"

और यह आदेश दे कर रोशन कविराज जी को लिखा पत्र फिर पढ़ने लगा, उसमें काट-छाँट की, उसे और भी तीखा और व्यंगपूर्ण बनाया, फिर नये सिरे से काग़ज़ ले कर कापी करने लगा।

पत्र ख़त्म करके उसने सिर उठाया तो चन्द्रा कापी पर शब्द लिख कर दोनों कोहनियाँ मेज़ पर टिकाये, उनमें ठोड़ी रखे, मुटर-मुटर उसकी ओर ताक रही थी।

रोशन ने उससे पुस्तक ले ली। इतने निशान लगे हुए थे कि वह हैरान रह गया। 'विजय' और 'पराजय' की बात तो दूर रही, उसे 'आर्य, अनार्य, वैदिक' और 'आक्रमण' —जैसे शब्दों के अर्थ भी न आते थे।....

'दो वर्ष जो यह मैट्रिक में फ़ेल होती रही तो ऐसे ही नहीं,' उसने मन-ही-मन फिर सोचा, 'जाने ट्यूटर ही इसे नहीं पढ़ाते थे या फिर यह ख़ुद ही नहीं पढ़ती थी?'....लेकिन मन की बात वह होंटों पर नहीं लाया। किसी प्रकार के क्रोध अथवा वितृष्णा का प्रदर्शन भी उसने नहीं किया। बड़े सन्तोष और धैर्य से उसे एक-एक शब्द का अर्थ समझाते हुए उसने सभी अर्थ सुन्दर अक्षरों में कापी पर लिख दिये। फिर उसे आदेश दिया कि एक बार ध्यान से उन अर्थों को पढ़े।

चन्द्रा उन शब्दों के अर्थ पढ़ती रही और रोशन कविराज के नाम लिखा अपना पत्र दोहराता रहा। पत्र समाप्त करके उसने एक लम्बे लिफ़ाफ़े में रखा और उस पर कविराज जी का नाम-पता लिखा। तब वह चन्द्रा की ओर मुड़ा और उसे इतिहास का पहला परिच्छेद —आर्यों का आगमन —एक-एक शब्द का अर्थ समझाते हुए पढ़ाया। उन दिनों 'हिन्दी रत्न' के इतिहास में सिकन्दर के आक्रमण से पहले केवल तीन परिच्छेद होते थे —आर्यों का आगमन, रामायण-महाभारत तथा बुद्ध और जैन धर्म। मोहनजोदड़ो और हड़प्पा की खुदाई के फलस्वरूप प्रागैतिहासिक काल के बारे में जो जानकारी मिली थी, उसके बारे में तब इतिहास में कुछ भी नहीं पढ़ाया जाता था। द्रविड़ों को ही यहाँ की आदिम जाति समझा जाता था और सिकन्दर के आक्रमण के पूर्व का इतिहास अत्यन्त संक्षिप्त रूप से वर्णित था। रोशन ने चन्द्रा को पहला परिच्छेद पढ़ा कर आर्यों के आगमन पर प्रश्न

लिखवाया और 'द्रविड़' पर छोटा-सा नोट लिखने को कहा....

लंच का समय हो चुका था और वह चाहता था कि खाना खाने के बाद आराम करने के बदले वह शिमला जाये और प्रोफ़ेसर सिंह से मिल कर उनसे सीपी की पिकनिक में चलने का अनुरोध कर आये। उसने चन्द्रा से कहा —

"देखो चन्द्रा, मुझे दो-तीन घण्टों की छुट्टी चाहिए। यह पत्र मुझे एक जगह देना है और एक म्यूज़िक टीचर से मिलना है। लालाजी सीपी के मेले में जा रहे हैं और मैंने उनसे वादा किया है कि प्रोफ़ेसर सिंह को साथ चलने के लिए तैयार कर दूँगा। लालाजी ने कहा है कि मैं उनसे पूछ कर बात पक्की कर रखूँ। सो, मैं खाना खाते ही चला जाऊँगा। तुम लंच के बाद समय से यहाँ आ जाना। इन दोनों प्रश्नों के उत्तर कापी में लिखना। अव्वल तो मैं इतने में वापस आ जाऊँगा। लेकिन अगर मुझे आने में देर हो जाय तो अगले चैप्टरों के कठिन शब्दों पर निशान लगा लेना। मुझे पता होता कि तुमने मैट्रिक में इतिहास ध्यान से नहीं पढ़ा तो मैं शुरू से तुम्हें इसी ढंग से पढ़ाता।....इतने दिन बेकार में ज़ाया हो गये।"

"मैट्रिक में हमने अंग्रेज़ी में पढ़ा था, यह हिन्दी में है।" चन्दा ने कहा।

'अंग्रेज़ी में तुमने जैसा पढ़ा होगा, मैं जानता हूँ।' रोशन ने मन-ही-मन कहा, लेकिन प्रकट बोला, "ख़ैर, कोई बात नहीं, मैं ऐसे पढ़ा दूँगा कि तुम्हें ज़रा भी कठिनाई न हो। फिर अगर तुम इस तरह शब्दों के अर्थ अच्छी तरह जान कर पढ़ोगी तो तुम्हारा हिन्दी का ज्ञान भी बढ़ेगा और दूसरे पेपर करने में तुम्हें आसानी होगी। गद्य और पद्य की पुस्तकों के बहुत-से शब्द तुम्हें इतिहास की पढ़ाई करते हुए आ जायेंगे।"

"जी, मास्टर जी !"

चन्द्रा ने हामी भरी। वह उठी। एक अलसाई-सी अँगड़ाई और लम्बी साँस ली, जैसे बहुत काम करके थक गयी हो। रोशन की ओर देख कर अलस भाव से मुस्करायी....रोशन का जी हुआ, वह उससे पूछे, 'क्या बहुत थक गयी हो?'....प्यार और सहानुभूति-भरे ये शब्द उसके होंटों पर आते-आते रुक गये। कहा उसने सिर्फ़ इतना ही —

"तुम जा कर सुक्खू के हाथ मेरे लिए खाना भिजवा दो।"

और बिना उसकी मुस्कान का उत्तर दिये, वह अपने कमरे में चला गया।

०

कविराज लंच पर गये हुए थे और उनके दफ़्तर में चपरासी बैठा ऊँघ रहा था। रोशन ने उसे पत्र दिया और अपने सामने उनकी मेज़ पर रखवा कर वह ख़ुश-ख़ुश लक्कड़ बाज़ार की ओर चल पड़ा। अपने पत्र की पंक्तियाँ उसके कानों में गूँजने लगी। अपने व्यंग-वाणों की बारीकी और निशाने पर चोट करने की शक्ति पर उसने स्वयं ही अपनी पीठ ठोंकी और कल्पना-ही-कल्पना में कविराज का सदा शान्त बना रहने वाला चेहरा क्रोध से विकृत होते देखा और उसके मन को कुछ अजीब-सा सुख मिला....उसकी कल्पना के सम्मुख गत वर्ष की एक दुर्घटना घूम गयी, जब क्रोध के मारे उनका चेहरा ही विकृत न हो गया था, बल्कि किसी दूसरे पर गुस्सा न निकाल सकने के कारण अपना सारा संयम खो कर वे उस पर बरस पड़े थे....

०

०

एक इतवार को, जब वह खिड़की के पास बैठा कविराज जी की पुस्तक में जुटा था, उसने दस-साढ़े दस के करीब नारायण को सीढ़ियाँ चढ़ते देखा।

"अरे, आज इतवार को भी तुम काम में जुटे हो?" नारायण वहीं सीढ़ियों में रुक कर बोला। फिर वह कमरे के अन्दर आ गया, "उठो। चलो, कहीं घूमने चलें। कई दिनों बाद आज धूप निकली है। बड़ा ही निखरा-खुला दिन है।"

रोशन ने तख़्ती एक ओर रखते हुए कहा था, "आज क्या इतवार है?" और वह म्लान हँसी हँसा था...."यहाँ दफ़्तर तो जाते नहीं कि शनिवार-इतवार का ज्ञान रहे।"

"अब उठ खड़े हो, बातों में लग जायेंगे तो इसी अँधेरे कमरे में दिन स्वाहा हो जायेगा।"

"कहाँ चलोगे?"

"यह रास्ते में सोचेंगे।"

रोशन निक्कर-कमीज़ पहन कर नारायण के साथ हो लिया था, लेकिन रोशन ने कुछ भी न खाया था, इसलिए पहले नारायण ने उसे हलवाई की दुकान से पूरियाँ खिलवायीं और लस्सी का गिलास पिलवाया, फिर वह उसे अपने कमरे में ले गया। उसने गाँव से आयी हुई मठरियाँ और पुराना नींबू का अचार एक थैले में रखा और बोला, "चलो, आज तुम्हें ग्लेन[१] दिखा लायें।" और दोनों बाहर निकले।

लोअर बाज़ार से वे माल पर आये थे और माल से सेसिल होटल की ओर चल दिये थे। यद्यपि चलते-चलाते उन्हें बारह-साढ़े बारह बज गये थे और अब शायद दो का वक्त था, लेकिन चूँकि धूप तेज़ थी, इसलिए रोशन को लग रहा था, जैसे वे बीसियों मील चल आये हों। सहसा उसने पूछा, "क्यों भई, कयामत तक चलना है क्या, यह ग्लेन साली क्या जन्नत में है?"

नारायण कुछ हैरान-सा बीच सड़क पर रुक गया था।

"यार, मैं रास्ता भूल गया हूँ," उसने कहा, "इधर ही दायीं ओर नीचे को उतरना था। पाँच वर्ष पहले आया था। लगता है, हम काफ़ी आगे निकल आये हैं !"

और उसने दायीं ओर को मुड़ने वाले एक छोटे-से मार्ग को पकड़ लिया और बोला, "चलो, इधर चलते हैं।"

जब वे काफ़ी आगे बढ़ गये तो नारायण ने कहा, "देखो, ग्लेन उसी घाटी में है। हम शायद उसकी दूसरी ओर आ गये हैं। क्यों न हम इधर को नीचे उतरें।"

"लेकिन इधर तो कोई रास्ता नहीं।"

"रास्ते की क्या ज़रूरत है? गाय-बकरियों के पैरों से बनी पगडण्डियाँ हैं, खेतों की मेड़ें हैं।" और उसने दायीं ओर लगे कँटीले तार पर पैर रखा और रोशन से बोला, "तुम ज़रा इस निचले तार पर पैर रख कर ऊपर का तार ऊँचा करो।"

---

१. glen, छोटी-सी घाटी

रोशन ने नारायण के आदेशानुसार तार पकड़े। नारायण दोनों के बीच से, कपड़े बचा कर, दूसरी ओर निकल गया। तब उसने रोशन को उधर जाने में मदद दी। तारों के बीच से निकल कर दोनों कूदते-फाँदते, कुदकड़े मारते, कभी मेंड़-मेंड़ चलते, कभी खेतों को रौंदते, निरन्तर आगे बढ़ते और नीचे उतरते गये। साढ़े तीन बजे के करीब वे घाटी में एकदम नीचे पहुँच गये। वहाँ पत्थरों में एक पतला-सा नाला सरसराता बह रहा था। दोनों उसके किनारे एक बड़े-से पत्थर पर जा बैठे। उन्हें ज़ोर की भूख लग आयी थी। कुछ क्षण सुस्ता कर उन्होंने नाले के ठण्डे पानी से पैर धोये, फिर मुँह पर छींटे मार कर बालों पर हाथ फेरा और फिर एक ओर चौड़े पत्थर पर बैठ कर नींबू के अचार के साथ ख़स्ता मठरियाँ खायीं। तेज़ भूख में वे रोशन को इतनी स्वादिष्ट लगीं कि स्वर्गिक नियामतें भी उनके आगे कुछ न हों। मठरियाँ खा कर ग्लेन में बहती धारा से पानी पी कर दोनों मित्र पैर पसार कर बैठ गये।....

दायीं ओर को घाटी कम चौड़ी होती हुई दूर कोणाकार हो गयी थी। उसके पहलुओं पर सीढ़ी-दर-सीढ़ी हरे-भरे खेत थे और कोने के गर्त में केलू और बाँझ के घने झुण्ड। ग्लेन की निचाई से ऊपर को देखते हुए अजीब-सी फुरहरी शरीर में उठती थी। सामने, ऊपर माल को जाने वाली सड़क के पुल का कुछ हिस्सा दिखायी दे रहा था। धूप का एक चकत्ता न जाने किधर से आ कर वहीं रम गया था। रोशन व्यामोहित-सा घाटी के सायों के ऊपर चमकते उस पीली-सी धूप के चकत्ते को देखता रहा। धूप का वह सुनहरी चकत्ता उसे ज़िन्दगी की गहरी घाटी में कहीं बहुत ऊपर चमकती, पर पहुँच से सदैव दूर, सफलता की आशा-सरीखा लगा।

रोशन तन्मय भाव से उन ऊँचाइयों को देख रहा था, जब नारायण ने उसकी एकाग्रता तोड़ते हुए कहा, "चलो, अब चलें।"

रोशन चौंका।

"जिधर से आये हैं, उधर से लौटना तो मुश्किल है," उसने कहा, "कोई रास्ता ही नहीं।"

"चलो, इस नाले के किनारे-किनारे चलते हैं," नारायण बोला, "शायद आगे कोई रास्ता निकल आये।" और वे नाले के किनारे-किनारे आगे को बढ़े।

ज्यों-ज्यों वे आगे बढ़ते गये, घाटी चौड़ी होती गयी। वे एक फ़र्लांग ही आगे बढ़े होंगे कि उन्हें सामने नाले के पार आकाश दिखायी दिया। नाला काफ़ी चौड़ा हो गया था और लगता था, नीचे गिर रहा है।

"आगे शायद प्रपात है !" नारायण ने कहा।

लेकिन आगे बढ़ने में उन्हें डर लगा। नाले के दूसरे किनारे पर पगडण्डी नीचे उतरती दिखायी देती थी। नाले के उथले पानी में पत्थरों पर सावधानी से पैर रखते हुए वे नाला पार कर गये। पगडण्डी टेढ़ी-मेढ़ी हो कर काफ़ी नीचे उतर गयी थी।

उसके सहारे वे उस जगह आ गये, जहाँ नाला सामने आड़ी चादर-सरीखा नीचे गिरता था। दोनों आँखें फाड़े, चकित, विस्मित, व्यामोहित उस सुन्दर प्रपात को देखते रहे। चैडविक प्रपात जितनी ऊँचाई नहीं थी, पर लगता नहीं था कि वे कोई प्राकृतिक जल-प्रपात

देख रहे हैं। यही महसूस होता था, जैसे इस प्रपात को आदमी के हाथों ने बनाया था।

लाहौर के शालीमार बाग़ में रोशन ने बाग़ की नहर को ऐसे ही छोटे-छोटे प्रपातों में बाग़ के एक से दूसरे हिस्से में गिरते देखा था। यह प्रपात उनसे पचास-सौ गुना बड़ा था, पर था वैसी ही टेढ़ी-खिंची बहुत लम्बी चादर-सरीखा। ....दोनों बड़े प्रसन्न हुए कि उन्होंने एक ऐसा प्रपात देखा, जिसके अस्तित्व तक से वे अनभिज्ञ थे। शिमले के यात्री सेसिल होटल के कहीं उधर ही से ग्लेन में उतरते थे और घाटी के नीचे, नाले के किनारे दिन गुज़ार कर चले जाते थे। पर यह ग्लेन इस प्रपात पर ख़त्म होती है, यह कोई न जानता था। कोलम्बस को अमरीका के किनारे पहुँच कर इतनी प्रसन्नता न हुई होगी, जितनी उन दोनों को वह प्रपात देख कर हुई। उनकी आँखें उसे देख-देख कर अघाती न थीं। जाने जितनी सदियों में नाले ने पहाड़ पर वह ढलवीं चादर बिछा दी थी।....दोनों जड़वत खड़े थे कि अचानक उनके कानों में बकरियों के मिमियाने की आवाज़ आयी....दोनों चौंके, मुड़े —दायीं ओर बहुत ऊँचा, ऊपर से बाहर को उभरा पहाड़ खड़ा था। वहीं नाले के पार, कुछ ऊँचाई पर बकरियाँ चर रही थीं और एक चरवाहा लाठी टिकाये बैठा था। नाले के पार दोनों ऊपर चढ़ गये।

"क्यों भई, इधर से कोई रास्ता ऊपर को जाता है? हमें माल पर जाना है।"

"इस पहाड़ के ऊपर से पगडण्डी सड़क के नज़दीक जा निकलती है।" उसने कहा।

दोनों किंकर्तव्यविमूढ़ ऊपर को सिर उठाये देखते रहे।

"और कोई रास्ता नहीं।"

"नहीं।"

"पगडण्डी किधर है?"

"बस यही, जिससे बकरियाँ जाती हैं।"

शाम हो रही थी। दूसरा कोई चारा न देख कर दोनों चढ़ने लगे। छोटी-सी पगडण्डी थी, जिस पर कभी-कभी उन्हें हाथ-पैरों के बल चलना पड़ा, कहीं झाड़ियों का सहारा ले कर आगे बढ़ना पड़ा।....जब (रोशन को ऐसा लगा, जैसे एक युग के बाद) दोनों फूली हुई साँस, पसीना-पसीना शरीर और दुखते अंग ले कर चोटी पर पहुँचे तो उन्हें यह देख कर प्रसन्नता हुई कि यद्यपि आगे कुछ और ऊँचाई थी, पर रास्ता चौड़ा हो गया था।....और सच ही, जब उन्होंने पूरा पहाड़ सर किया तो वे समर हिल वाली सड़क पर पहुँच गये थे। सूरज यद्यपि छिप गया था, पर केलुओं की फुनगियों पर ऐसा पीला रंग फैला था, जिसमें हल्की-सी लाली मिली हुई थी। सात बज चुके थे, पर अभी बत्तियाँ जलने में देर थी। सड़क के किनारे लगे पत्थरों पर बैठ कर वे कुछ पल सुस्ताये, फिर वापस चल पड़े। हालाँकि वे बेहद थक गये थे, मगर ख़ुश थे कि उन्होंने सहसा न केवल ग्लेन के उस स्थल को देखा, जहाँ कोई न जाता था, बल्कि ऐसे प्रपात के भी दर्शन किये, जिसे शिमला आने वाले निन्यानबे प्रतिशत यात्री नहीं जानते।

नारायण के ज़ोर देने पर रोशन ने उसके साथ 'कश्मीर हिन्दू होटल' में खाना खाया और जब वह घर पहुँचा तो नौ बजे थे। कविराज अपनी पत्नी के साथ सर टीकम लाल के घर गये हुए थे। रोशन ने बिस्तर पर फैली हुई किताबों और फ़ाइलों को उठाया और

कपड़े बदले। पहले उसका मन हुआ बिस्तर पर बैठ कर कुछ पढ़े या काम करे, पर वह इतना थक गया था कि उसने तत्काल सोने का फ़ैसला किया। वह बत्ती बुझाने जा रहा था कि कविराज आ गये और उसके कन्धे को थपथपाते हुए, मूँछों में मुस्करा कर उन्होंने पूछा कि 'अज़ीज़' दिन भर कहाँ रहा? आज उन्हें सर टीकम लाल के यहाँ जाना था और वे चाहते थे कि उसे भी सर महोदय से मिला लायें, पर उसका कहीं पता नहीं चला।

रोशन जानता था कि वह घर में होता तो वे कभी उसे सर टीकम लाल के यहाँ ले जाने की बात न सोचते। चूँकि वह नहीं था, इसलिए वे उस पर एहसान का बोझ लादना नहीं भूले। पर अपने उल्लास में उसने उस सफ़ेद झूठ पर उन्हें क्षमा कर दिया और उन्हें अपनी खोज की बात सुनायी और बोला —

"चैडविक प्रपात शानदार है, बहुत ऊँचाई से गिरता है," उसने कहा, "लेकिन यह झरना भी कम सुन्दर नहीं। लोग इसके वजूद से बेख़बर हैं, क्योंकि जिधर से हम गये, उधर से कोई रास्ता ही नहीं और जिस रास्ते से हम लौटे, उससे उतर कर प्रपात पर पहुँचना हर किसी के बस का नहीं।"

रोशन ने ऐसे शब्दों में प्रपात का वर्णन किया था कि कविराज अपनी सारी औपचारिकता भूल कर उसकी बातें सुनते रहे थे। वे तो जाने और भी कितनी देर वहाँ खड़े रहते, यदि अन्दर से बीवी जी ने निहायत ही चिड़चिड़ी आवाज़ में उन्हें समय की याद न दिलायी होती।

तब अपनी पत्नी की चिड़चिड़ाहट के उत्तर में बड़े ही संयत मीठे स्वर में 'अभी आया जी' कहने और रोशन को अन्वेषण की यह स्मृति सदा बनाये रखने पर छोटा-सा भाषण देते हुए वे अन्दर चले गये। लेकिन रोशन की कवित्व-भरी वाणी में सुने हुए उस सुन्दर प्रपात के ब्योरे शायद वे अपने मस्तिष्क में लेते गये, क्योंकि पन्द्रह दिन बाद ही उन्होंने ऐलान किया कि आते रविवार को वे अपने सारे कर्मचारियों को वह नया प्रपात दिखाने ले जायेंगे।

कविराज जी का यह पुराना ढंग था। वे अपने सुख के लिए ही कोई बात क्यों न करें, उसका एहसान वे अपनी पत्नी, बच्चों, मित्रों अथवा दफ़्तर के कर्मचारियों पर लाद दिया करते थे और उन्हें यह बता देते थे कि वह सब वे उनकी सुख-सुविधा के लिए करते हैं।....बहरहाल, शनिवार को उन्होंने घोषणा की कि अगले दिन वे ऐन आठ बजे लोअर बाज़ार के अपने ऑफ़िस से चल देंगे, ताकि लंच के समय तक वापस आ जायें। रोशन ने प्रतिवाद किया कि शायद इतनी जल्दी वे लोग वापस न आ सकें। तब अपनी मूँछों में मुस्कान को और फैलाते हुए कविराज जी ने औलियाओं के-से अन्दाज़ में कहा था कि टार्गेट हमेशा ऊँचा रखना चाहिए। यदि वे लंच तक आने का टार्गेट रखेंगे तो दो-तीन बजे तक वापस लौट ही आयेंगे, ज़रा ढील देंगे तो पाँच-छै बज जायेंगे। दोपहर को वापस लौट आते हैं तो आ कर आराम कर सकेंगे और दूसरे दिन के लिए एकदम चाक-चौबन्द हो जायेंगे, नहीं तो इतवार ही नहीं, सोमवार भी ख़राब हो जायेगा।

रोशन अगली सुबह समय से पहले तैयार हो गया। कविराज जी ने अपने 'जीनियस' सुपुत्र राजकुमार को —'अर्ली टू बेड, अर्ली टू राइज़, मेक्स ऐ मैन हेल्दी वेल्दी एण्ड

वाइज़'[1] का सदुपदेश दे कर —नौ बजे ही सुला दिया था और सुबह छै बजे उसे जगा दिया। यद्यपि वह उठ कर फिर एक बार जा सोया था, पर बड़े दुलार से प्रपात ही सुन्दरता का बखान करके उन्होंने उसे समय से तैयार कर लिया। लोअर बाज़ार से उन्होंने कुछ मिठाई और नमकीन ख़रीदा और सवा आठ बजे वे सब —कविराज, राजकुमार, जयदेव, यादराम और रोशन —प्रपात देखने चल दिये।

कविराज सदा सूफ़ियाना सूट पहनते थे —कभी ग्रे, कभी हल्का ब्राउन, कभी हल्का नीला। उस दिन उन्होंने सर्ज का हल्का नीला सूट पहन रखा था, गले में टाई और सिर पर महाशयों-सी पगड़ी।....वे बड़े मूड में थे। रास्ते भर वे अपने कर्मचारियों को ज़िन्दगी के कीमती राज़ मुफ़्त बाँटते रहे।....अवसर को कैसे पहचान कर उससे लाभ उठाना चाहिए; अवसर न मिले तो कैसे अवसर पैदा करना चाहिए; समय कैसे धन के बराबर है और धन कैसे समय का पर्याय है; कैसे अपने आगे बढ़ जाने वाले से ईर्ष्या करने के बदले यह जानने का प्रयास करना चाहिए कि वह क्यों आगे बढ़ गया है, उसमें क्या गुण है और यदि आगे बढ़ने की इच्छा है तो वे गुण अपनाने चाहिएँ; सफल व्यक्ति किस तरह अपनी मुसीबतों से जूझता है और कवि 'मीर' के शब्दों में अपनी नाकामियों से काम लेता है। —यह सब उन्होंने मिसालें दे कर समझाया।

सेसिल होटल के आगे समर हिल के रास्ते पर, उस जगह तक कविराज निरन्तर बातें करते चले गये, जहाँ से रोशन और नारायण दायीं ओर मुड़े थे। रोशन दत्त-चित्त हो कर उनकी बातें सुनता रहा था। जब वह मोड़ आ गया तो वह आगे हो लिया और तार के पास आ कर उसने कहा कि हम इधर से नीचे को उतरे थे। कविराज कुछ झिझके, क्योंकि तार के दूसरी ओर खेत थे और वहाँ से जाना उनके ख़याल में ट्रेसपास[2] करना था। उन्होंने इच्छा प्रकट की कि कहीं आगे से चलेंगे। तब रोशन ने कहा कि कहीं दूसरी जगह जा निकले और दिन बरबाद हो गया तो वह ज़िम्मेदार नहीं; वह जिधर से नारायण के साथ गया था, उसी रास्ते से उन्हें ले जा सकता है। तब कविराज जी ने यादराम को तार कसने का आदेश दिया और संस्कृत का एक श्लोक पढ़ते हुए उपदेश दिया कि संसार में रहते हुए उसके कर्दम से बचना असम्भव है, पर आदमी यथा-सम्भव उतने ही छींटे अपने ऊपर पड़ने दे, जो उस कर्दम को पार करने में अनिवार्य हैं, उस कीचड़ में सुअर की तरह लोटनियाँ न लगाये और सब को तार में से निकलने का आदेश देते हुए उन्होंने समझाया कि खेतों को रौंदें नहीं और मेड़-मेड़ ही बढ़ें।

सब तार के पार चले गये तो कविराज झुके। तब न जाने क्या हुआ — कविराज पूर्ववत अपना व्याख्यान जारी रखे हुए थे, इसलिए उन कँटीले तारों में से निकलने में पर्याप्त सावधानी नहीं बरत सके, अथवा उन्हें आसानी से निकल जाने की सुविधा देने के लिए यादराम ने निचले तार पर कुछ ज़्यादा ज़ोर दे दिया और उसका पैर सरक गया। रोशन ने उन्हें मुँह के बल गिरते और उनकी पतलून के पाँयचे को निचले तार में उलझे देखा। पलक झपकते ही तार पर ज़रा-सा हाथ रख कर यादराम ऊपर से कूद आया, उसने उनकी पतलून का पायँचा तार से निकाला और उन्हें उठाया। रोशन, राजकुमार और जयदेव आगे बढ़ गये

१. जल्दी सोने और जल्दी उठने से आदमी स्वस्थ, समृद्ध और ज्ञानी बनता है।
२. अनधिकार या ग़ैर-कानूनी ढंग से दूसरे के क्षेत्र में दाख़िल होना।

थे। वे पलटे। कविराज कुछ हतप्रभ हो गये थे। पतलून के पायँचे में तो खोंचा लग ही गया था, उनके गैलेस का एक बटन भी टूट गया था....लेकिन उन लोगों के निकट आते ही वे हँसे और 'गिरते हैं शहसवार ही मैदाने-जंग में' कहते हुए उन्होंने कपड़े झाड़े, पगड़ी सीधी की और आगे बढ़ते हुए बोले, "लेकिन यह दुर्घटना भी मुझे सदा के लिए सीख दे गयी है। इस तरह की पिकनिक पर पिकनिक के लिबास में आना चाहिए; उस लिबास में नहीं, जिसमें कि हम दफ़्तर जाते हैं। अब यदि मैंने सूट के बदले निक्कर पहनी होती तो क्या मैं गिरता और क्या इन खेतों को पार करने और झाड़-झंखाड़ में रास्ता बनाते हुए उतरने में आसानी न होती?...."

तब वहीं खड़े-खड़े उन्होंने पतलून के दोनों पायँचे काफ़ी मोड़ लिये और यद्यपि उन्होंने स्वयं उन्हें मेड़-मेड़ चलने का आदेश दिया था तो भी जब रोशन (और उसी के समर्थन में राजकुमार) यह कहते हुए कूदते-फाँदते आगे बढ़े कि इस तरह तो हम शाम तक ग्लेन पहुँचेंगे तो कविराज ने आपत्ति नहीं की। चाहते तो वे यही थे कि उन लोगों के ज्ञान में वृद्धि करते हुए आगे बढ़ें, पर रोशन और राजकुमार कूदते-फाँदते आगे बढ़ चले तो कविराज भी यथा-सम्भव अपने धर्म को बचाते हुए उनके पीछे हो लिये।

ग्लेन पर पहुँच कर उन लोगों ने हाथ-मुँह धो कर मिठाई और नमकीन खाया। फिर कुछ क्षण सुस्ताने को बैठ गये। रोशन चाहता था, उनसे कहे —'कविराज जी, एक गाना सुनाइए।' पर वह जानता था कि चैडविक प्रपात पर जिस परिस्थिति में उन्होंने गाना सुनाया था, वह परिस्थिति अब नहीं है। फिर यद्यपि वे प्रकट हँस रहे थे, पर रोशन जानता था कि इस तरह बिना पगडण्डी कूदते-फाँदते उतरने से, सूट ख़राब हो जाने के कारण उनका मूड बिगड़ गया है....इसके अलावा अभी मुश्किल से साढ़े दस-ग्यारह का समय था और धूप तेज़ थी। आँखों को चौंधियाती धूप में वह आनन्द नहीं था, जो पिछली बार नारायण के साथ शाम को यहाँ पहुँच कर उसे मिला था। फिर कविराज जी ने तो लंच तक घर वापस पहुँचने का लक्ष्य बना रखा था, इसलिए रोशन ने अपने मन की इच्छा मन में दबा ली। बिना अधिक सुस्ताये कविराज जी उठे। रोशन आगे-आगे हो लिया। वह उन्हें प्रपात के नीचे ले आया। उस निरन्तर सरकती चादर को देख कर कविराज जी बड़े प्रसन्न हुए। उन्होंने सृष्टि की भव्यता और मानव की नगण्यता पर एक छोटा-सा लगभग स्वगत भाषण दिया और फिर रोशन की ओर देख कर पूछा, "अब अज़ीज़ !" और सिर से इशारा किया, 'किधर को चलना है?'

रोशन ने दायीं ओर को, जैसे आकाश का सीना चीरते हुए पहाड़ की ओर संकेत कर दिया, जिसका ऊपर का भाग बेतरह बाहर को बढ़ा हुआ था और नीचे से बेहद डरावना लगता था।

उधर नज़र उठाते ही राजकुमार का मुँह सूख गया। कविराज कुछ क्षण तक स्तम्भित उस ऊँचाई को देखते रहे। यद्यपि रोशन ने उन्हें सविस्तार सब कुछ बताया था, लेकिन इतनी सीधी चढ़ाई की उन्होंने कल्पना भी न की थी। आते समय ही खेतों की मिट्टी में धँसते, राह-बेराह कूदते-फाँदते, देवदार और बाँझ के पत्तों पर फिसलते-सरकते उनके सूट का सत्यानाश हो गया था। लेकिन कोई चारा नहीं था। क्षण भर कविराज जैसे आँखें मस्तक में जमाये समाधि की स्थिति में खड़े रहे; फिर उन्होंने रोशन को इशारा किया कि आगे बढ़े

और स्वयं उसके पीछे कदम बढ़ाते और राजकुमार की पीठ ठोंकते हुए, दायें हाथ के मुक्के को हवा में उछाल कर उन्होंने नारा लगाया —"जो बोले, सो अभय !"

उत्तर में केवल जयदेव और राजकुमार ने निहायत मरी-सी आवाज़ में कहा, "ऋषि दयानन्द की जय !"

तब कविराज ने ऋषि दयानन्द के चमत्कारों का बखान करते हुए इच्छा-शक्ति पर छोटा-सा भाषण दिया कि इच्छा-शक्ति के बल पर मानव एक दिन माउण्ट एवरेस्ट सर कर लेगा तो क्या वे उस पहाड़ ही को सर नहीं कर सकते?

रोशन कमीज़, निक्कर और फ़्लीट-शू पहने हुए था। वह फुर्ती से आगे बढ़ा। हाथ, पैर और घुटनों की सहायता से वह लगातार चढ़ता गया। जयदेव भी उसके बराबर था। पर कविराज और उनके सुपुत्र का दम दो फर्लांग ही में निकल गया। कविराज सूट पहने हुए थे और उनका 'अज़ीज़ राजकुमार' चूड़ीदार पायजामा और अचकन। जाने पायजामे की फ़िटिंग में कुछ दोष था, अथवा उसने ठीक से पहना नहीं था, वह घुटनों को दोहरा न कर सकता था। यादराम सबसे पीछे-पीछे आ रहा था और उसे चढ़ने में सहायता देता था। चलते-चलते पसीना आ जाने के कारण कविराज ने अपना कोट और राजकुमार ने अचकन यादराम को दे दी। कपड़े बाँह पर लिये-लिये चढ़ने में चूँकि उसे कठिनाई होती थी, इसलिए उसने अचकन में कोट बाँध कर उसे गले में लटका लिया। कोट और अचकन के बिना भी बाप-बेटे को चढ़ने में तकलीफ़ हो रही थी। आधे रास्ते में एक जगह राजकुमार जो फिसला तो पायजामा दायें घुटने से बिलकुल उड़ गया....

रोशन और जयदेव काफ़ी आगे निकल गये थे, तभी सहसा उनके कानों में यादराम की आर्तनाद जैसी चीख़ सुनायी दी, "बाबू जी, बाबू जी !"

दोनों तेज़-तेज़ वापस पलटे। पाँच-एक सौ कदम उतरने पर एक मोड़ से जो दृश्य उन्होंने देखा, उससे वे वहीं विजड़ित-से रह गये। एक पेड़ की डाल पकड़े कविराज पहाड़ के साथ ही हवा में लटके थे; गैलेस उनके कन्धे पर झूल रहे थे और पतलून उनके पैरों में उलझी थी; उसका पायँचा राजकुमार के हाथ में था। वह और भी नीचे लटका था। उसके पैर एक छोटी-सी झाड़ी में टिके थे, पर कविराज जी के पैरों नीचे कुछ भी न था —जाँघों के नीचे उनके गोरे-गोरे घुटनों और पिंडलियों पर ख़राशें थीं और मुँह पर हवाइयाँ उड़ रही थीं। कविराज उस मुद्रा में ऐसे हास्यास्पद लग रहे थे कि रोशन के मन में निमिष भर को एक शैतानी-सी इच्छा हुई —नारा बुलाये —'जो बोले, सो अभय !' फिर उसने सोचा कि पूछे —कविराज पगडण्डी के उधर कैसे जा लटके? पर समय नहीं था। यद्यपि कविराज पगडण्डी के दो-चार हाथ परे ही लटके थे, पर जहाँ वे लोग खड़े थे —वहाँ से उन तक हाथ पहुँचना कठिन था। यदि कविराज का हाथ छूट जाता तो बाप-बेटे दोनों का नीचे लुढ़कते चले जाना निश्चित था।

रोशन ने जयदेव से पगड़ी उतारने को कहा। उसका एक सिरा ज़रा परे पेड़ से बाँध कर, दूसरा सिरा उसने यादराम की कमर से बाँधा और उससे कहा कि उसके सहारे उतर कर कविराज जी की पगड़ी उतार लाये। जयदेव ने कहा कि यादराम बहुत भारी है। अगर पगड़ी फट गयी तो सब गड़बड़ हो जायेगा। तब रोशन को याद आया कि स्काउटिंग के

ज़माने में रस्सों और पगड़ियों की सहायता से वे मकानों की सीधी दीवारों पर चढ़ना सीखते थे। उसने यादराम की कमर से खोल कर पगड़ी कन्धे से ऊपर से ले जा कर अपनी कमर में बाँधी और यादराम से कहा कि पगड़ी को थामे रखे और धीरे-धीरे छोड़े, अन्धा-धुन्ध ढील न दे। जब वह आवाज़ दे तो ज़रा-सी छोड़े और जब वह आवाज़ दे तो तत्काल रुक जाये। रोशन ने यह तय किया कि वह नीचे अथवा इधर-उधर नहीं देखेगा और निगाहें कविराज की पगड़ी पर ही रखेगा....

पगड़ी के सहारे पहाड़ पर दोनों पाँव जमा कर वह नीचे उतरा और उसने कविराज जी के सिर से पगड़ी उतार ली और यादराम से कहा कि उसे खींचे। ऊपर आ कर उसने दोनों पगड़ियों में 'रीफ़ नॉट'[१] दे कर उन्हें कस कर बाँधा और उन्हें लटका दिया। राजकुमार ने एक हाथ से कविराज जी की पतलून छोड़ कर पगड़ी को थाम लिया और रोशन के आदेशानुसार उसे कमर में लपेट कर बाँध लिया। तब तीनों ने मिल कर उसे खींच लिया। राजकुमार को रोशन की तरह दोनों पाँव उठा कर पहाड़ पर चढ़ना तो आता नहीं था। पहाड़ से उसके घुटने और कोहनियाँ बेतरह ज़ख़्मी हो गयीं।

जब राजकुमार ऊपर आ गया तब रोशन ने फिर पगड़ी को बीच से कस कर अपनी कमर से बाँधा। उसने यादराम को समझा दिया कि जब वह कहे 'छोड़ो' तो एक हाथ पगड़ी छोड़े और जब वह कहे 'रोको' तो एकदम रुक जाय। तब वह उसके सहारे उतर कर पगड़ी के लटकते सिरे को कविराज जी की कमर से बाँध आया। स्वयं वह ऊपर आ गया और उन्होंने मिल कर कविराज जी को खींच लिया। कविराज जी की पतलून बेतरह फट गयी थी, पेड़ की डाली को छोड़ कर पगड़ी को थामने के प्रयास में वे कुछ पग नीचे खिसक गये थे। पतलून के बटन टूट गये थे, गैलेस उनमें बँध न सकते थे। तब रोशन ने समझाया कि टाई खोल कर पेटी की जगह बाँध लीजिए।....कविराज कुछ नहीं बोले। उन्होंने पतलून पहनी, टाई खोल कर पेटी बाँधी, उसके ऊपर कोट पहना और यद्यपि पगड़ी रस्सी बन गयी थी तो भी उसे एक बार फैला कर तह करके बाँधा और चल पड़े। सूरत से बाप-बेटा दोनों कार्टून लगते थे। अब के उन्होंने राजकुमार को सबसे आगे चलने का आदेश दिया। उसके पैर का एक बूट ग़ायब था। तभी रोशन को पता चला कि इसी जूते के कारण वे दोनों इस गति को प्राप्त हुए थे।

बात यह हुई कि फ़्लेक्स के जूतों के कारण राजकुमार को चढ़ने में कठिनाई हो रही थी। उसने एक जूता उतार कर सामने रखा और दूसरा उतारने जा रहा था कि पहला नीचे गिर गया। उसे पकड़ने के प्रयास में उसका सन्तुलन बिगड़ गया। घबराहट में उसने हाथ मारा तो आगे कविराज जी की पतलून का पायँचा ही पकड़ पाया। वे भी फिसले तो उन्होंने बायीं ओर ज़रा परे पेड़ की वह डाली पकड़ ली, जो पगडण्डी तक आ गयी थी। डाली तो उनके हाथ में आ गयी, पर झटके से वे पगडण्डी की बायीं ओर को लुढ़क गये। गैलेस का एक बटन तो पहले ही से टूटा था। शेष राजकुमार के बोझ से टूट गये और पतलून उतरती चली गयी। यह भी ख़ैरियत गुज़री कि वह उनके पैरों में फँस गयी और राजकुमार झाड़ी का सहारा पा कर आगे फिसलने से बच गया।

---

१. reef knot = एक ख़ास किस्म की गाँठ ।

०

०

लक्कड़ बाज़ार को जाते-जाते सारा दृश्य रोशन की आँखों के सामने घूम गया....

कविराज अन्दर-बाहर से बेतरह हिल गये थे। क्रोध, क्षोभ, ग्लानि और मृत्यु की सन्निकटता से उनका चेहरा एकदम विकृत हो गया था। कुछ क्षण वे चुपचाप चलते रहे थे, फिर रोशन को उसकी हिम्मत के लिए शाबाशी देने के बदले वे उस पर बरस पड़े थे कि उसे बताना चाहिए था, चढ़ाई ऐसी बीहड़ है; उन्हें मालूम होता तो वे कभी बच्चे को साथ न लाते; वह उन्हें लाया था तो उसे साथ-साथ चलना चाहिए था; पहाड़ की चढ़ाई टीम वर्क है, यह नहीं कि दो आदमी आध मील आगे और दो आध मील पीछे चलें।....

रोशन की आँखों के सम्मुख क्रोध और क्षोभ से विकृत उनका चेहरा घूम गया।....'जो बोले, सो अभय'....उसने मन-ही-मन नारा लगाया और ज़ोर से हँसा। एक बार फिर उसके सामने वह सारा प्रसंग घूम गया।....

कुछ देर तक कविराज चाहे आपा खो बैठे थे, लेकिन ऊपर पहुँचते-पहुँचते कविराज संयत हो गये थे।

"इस विपत्ति से हमको यह नसीहत लेनी चाहिए," उन्होंने कहा, "कि काम कितना भी छोटा क्यों न हो, उसके लिए पूरी तैयारी करनी चाहिए....अब यदि हम रस्सा ले कर चलते और रस्सा एक-दूसरे की कमर में बँधा होता तो क्या ऐसी दुर्घटना हो सकती थी? ऐसी पिकनिकों पर फ़र्स्ट एड का सामान साथ ले कर चलना चाहिए...."

कविराज जी अपने प्रिय विषय पर आ गये थे। धीरे-धीरे उनकी आकृति पर वही शान्ति खेलने लगी और वे बताने लगे कि किस प्रकार अपने दो मित्रों के साथ उन्होंने कश्मीर में लिद्दरवट के डाक बँगले से कोलोहाई ग्लेशियर तक सैर की थी। कैसे वे तीन मील सीधी चढ़ाई चढ़ कर दूधसर झील पहुँचे थे और कैसे उन्होंने कोलोहाई ग्लेशियर सर किया था....

अपनी बहादुरी, दानाई और टीम स्पिरिट के सम्बन्ध में सबको बताते हुए वे सेसिल होटल के पास पहुँच गये थे। तब सहसा उन्हें ख़याल आया कि इस क्षत-विक्षत दशा में वे कैसे लोअर बाज़ार अथवा माल से गुज़रेंगे। सो वे वहीं रुक गये। उन्होंने चिट्ठी दे कर यादराम और राजकुमार को घर भेजा। राजकुमार से कहा कि जाते ही घावों पर टिंचर लगाये। यादराम नया सूट, टाई और पगड़ी ले कर वापस आया तो वे चले और जब लोअर बाज़ार के दफ़्तर पहुँचे तो शाम हो गयी थी और भूख के मारे सबका बुरा हाल था।

०

यद्यपि कविराज के चेहरे पर सदा खेलने वाली शान्ति और आत्म-तोष वापस आ गया था, पर पेड़ की डाली से लटकते हुए उनकी वह भीत आकृति और बाद में क्रोध से विकृत उनका चेहरा रोशन के मानस-पट पर सदा के लिए अंकित हो गया —लक्कड़ बाज़ार को जाते-जाते उसने उन क्षणों को जैसे दोबारा जी लिया। उनकी लनतरानियों पर वह हँसा और उसकी चिट्ठी पढ़ कर उनकी शान्त आकृति कैसे विकृत हो उठेगी, उसका आनन्द लेता हुआ वह प्रोफ़ेसर सिंह के म्यूज़िक कॉलेज पहुँचा।

०

उसे पूरी उम्मीद थी कि प्रोफ़ेसर सिंह उसका अनुरोध न टालेंगे, लेकिन जब उसे मालूम हुआ कि कोठी के टिक्का साहब ने उन्हें दरबार में गाने के लिए बुला रहा है तो उसने फिर उन पर ज़ोर नहीं दिया और 'सत श्री अकाल' बुला कर उठ आया।

जब वह घर पहुँचा तो चार बज गये थे। चन्द्रा ने प्रश्नों का उत्तर लिख रखा था। देर के लिए क्षमा माँग कर रोशन ने बड़े धैर्य से न केवल उसके लिखे उत्तर ठीक किये, बल्कि साफ़ पृष्ठों पर उन्हें लिख भी दिया।....पौने छ बज गये थे, जब वह उठा। अपने कमरे में आया तो बाहर बरामदे में उसे कविराज का चपरासी खड़ा दिखायी दिया। रोशन को देखते ही 'नमस्कार' करते हुए उसने एक बन्द लिफ़ाफ़ा उसे दिया।

औत्सुक्य से रोशन का हृदय धक-धक करने लगा। उसने लिफ़ाफ़ा फाड़ा —उसकी चिट्ठी के फटे हुए टुकड़ों के साथ एक छोटा-सा पत्र था —

अज़ीज़,

तुम्हारे वाली किताब को प्रेस में देने से पहले आजकल मैं उस पर नज़रसानी कर रहा हूँ। तुमने इसमें 'हरगिज़, बिलकुल, बेहद, बेइन्तहा' जैसे लफ़्जों का बार-बार इस्तेमाल किया है। लगता है, तुम इन्तहा-पसन्द आदमी हो। लेकिन मेरे अज़ीज़, इन्तहा-पसन्दी से ज़िन्दगी नहीं चलती। न उससे सफलता, शान्ति, सुख और सन्तोष ही मिलते हैं। मैंने तुम्हारा ख़त पढ़ लिया है। उम्मीद है, इसे लिख कर तुम्हें कुछ सुख और शान्ति मिली होगी और यहाँ कुछ हुआ ही नहीं। ख़त के टुकड़े मैं तुम्हीं को वापस भेज रहा हूँ, क्योंकि वे मेरी या तुम्हारी फ़ाइल के काबिल नहीं। ग़ौर करोगे तो मेरी बात मान जाओगे।

ख़ैर अन्देश
कविराज रामदास

रोशन ने वहीं खड़े-खड़े कई बार पत्र की ये चन्द पंक्तियाँ पढ़ीं। फिर उसके होंटों पर मुस्कान फैल गयी —'आपकी बात मानूँ या न मानूँ,' उसने मन-ही-मन कहा, 'पर आपको मानता हूँ।'

और यही एक पंक्ति पत्र के नीचे लिख कर उसने उसे नये लिफ़ाफ़े में बन्द किया और कविराज जी के चपरासी को वापस दे दिया।

८

सीपी के मेले से तीन दिन पहले रोशन अपने मित्र अनन्त को पत्र लिख रहा था —

"मैं तो यार ख़ासी परेशानी में फँस गया हूँ। चन्द्रा को थप्पड़ मारने और उसके बाद अपने पढ़ाने के ढंग को बदलने की बात मैं तुम्हें लिख चुका हूँ, लेकिन उससे लगता है कि खाई से निकल कर मैं कुएँ में जा गिरा हूँ। उस कमबख़्त

का मन पढ़ने में है ही नहीं। मैं पहले उसकी ओर देखता न था, उससे बात नहीं करता था, मैंने सोचा था कि शायद इसी कारण वह ऊब जाती है और उसका मन पढ़ने में नहीं लगता, लेकिन वह केवल बातें करना चाहती है, हँसना-हँसाना चाहती है, छेड़ती है और चाहती है, मैं भी उसे छेड़ूँ। पढ़ना नहीं चाहती। ऐसी मुँहज़ोर और उदमाती लड़की तो मैंने कभी नहीं देखी। पिछले कुछ दिनों से जिस तरह उसने उद्दण्डता शुरू की है, मैं हैरान रह गया हूँ। हो सकता है, मेरा अनुभव उतना न हो, पर लड़कियाँ, जिन्हें हमारे यहाँ शील और लज्जा की देवियाँ कहा जाता है, यह सब कर सकती हैं, अगर कोई मुझसे कहता तो मैं विश्वास न करता...."

और रोशन के सामने पिछले दिनों की कई घटनाएँ घूम गयीं...

०

०

....झण्डालाल के घर संकीर्तन था। चौबीस घण्टे का अखण्ड। शनि की रात और इतवार का पूरा दिन। वे लालाजी को सपरिवार आने का निमन्त्रण दे गये थे। विशेष रूप से नीचे आ कर रोशन को भी आमन्त्रित कर गये थे। जब से रोशन ने किसी क्लर्क को यह कहते सुना था कि लाला हाकिमचन्द ने ट्यूटर नहीं रखा, दामाद रखा है, उसने अजाने ही तय कर लिया था कि वह कसुमटी और छोटे शिमले के उन क्लर्कों से, जो लालाजी के मित्र अथवा परिचित थे, (चाहे वे उनके अधीन हों अथवा किसी दूसरे विभाग के) अच्छे सम्बन्ध बनाये रखेगा। इसी कारण उसने सीपी के मेले में जाने की भी हामी भर दी थी। उन सबमें और उसमें बातचीत का साझा कोई विषय न था। कला और साहित्य से उनका दूर का भी नाता न था। और उनकी बेसिर-पैर की बातों में रोशन की रुचि न थी। मज़ाक उनके फूहड़ और गन्दे थे। रोशन केवल यह करता कि जब भी उनमें से किसी को रास्ते में मिलता, हाथ जोड़, मुस्करा कर 'नमस्ते' कर देता और उनकी तथा उनके बाल-बच्चों की कुशल-क्षेम पूछ लेता।

शनि की रात लालाजी तो दो-एक घण्टे के लिए नीचे वाले कमरे में अपने दोस्तों के साथ बैठ कर फ़्लाश खेलते थे। आर्य समाजी थे। वे संकीर्तन में क्या जाते ! उन्होंने निचले कमरे में महफ़िल जमा ली तो रोशन खाना खाने के बाद टहलता-टहलता कसुमटी गया था। झण्डालाल के पास भी ऊपर की मंज़िल में दो-तीन कमरे थे। नीचे बाज़ार ही से उसके कानों में हारमोनियम के स्वर के साथ किसी युवा लड़की के कण्ठ से निकली सूरदास के पद की स्वर-लहरी आयी —

अँखियाँ हरि-दरसन की भूखी
कैसे रहें रूप-रस राँची,
ये बतियाँ सुनि रूखी
अँखिया हरि-दरसन की भूखी

और फिर छेने (मंजीरे) बज उठे और चिमटा खनक उठा; बार-बार समवेत स्वर में सभी

गाने लगे —

अँखियाँ हरि-दरसन की भूखी
ओ, अँखियाँ हरि-दरसन की भूखी
रे अँखियाँ हरि-दरसन की भूखी

रोशन सीढ़ियाँ चढ़ रहा था कि फिर सहसा मौन छा गया और वही मधुर दर्द-भरा स्वर उठा —

अवधि गनत, इक टक मग जोवत,
तब ये तौ नाहीं झूखी
अँखियाँ हरि-दरसन की भूखी

चिमटा बज रहा था, मँजीरे झनक रहे थे, हारमोनियम बजाने वाला उस पर झुका पड़ रहा था और उपस्थित जन झूम-झूम कर गा रहे थे :

अँखियाँ हरि-दरसन की भूखी
ओ, अँखियाँ हरि-दरसन की भूखी
रे अँखियाँ हरि-दरसन की भूखी

रोशन बिना शोर किये चुपचाप जा कर बैठ गया। उसने देखा, सामने एक बड़ी-सी चौकी पर चौखटे में जड़ा राधा-कृष्ण का चित्र दीवार के साथ टिका था। उस पर कितने ही हार चढ़े थे। आगे घी के दिये जल रहे थे। उस चौकी के पास ही झण्डालाल की बड़ी लड़की राधा, हाथ में मँजीरे लिये गा रही थी —बीस-एक वर्ष की वय; गोल-गुलगोथना, गोरा मुख; गदराया, पूरे यौवन पर आया शरीर — शलवार-कमीज़ पहने, फसकड़ा मारे, आँखें बन्द किये, एकदम तन्मय भाव से वह झूम-झूम कर अपने कल-कण्ठ से अलाप रही थी —

अँखियाँ हरि-दरसन की भूखी

धीरे-धीरे बाजे की, मँजीरों की, चिमटे की गति तेज़ होती जाती, गाने वाले उनसे भी तीव्र स्वर में तन्मय हो कर गाये जाते —

अँखियाँ हरि-दरसन की भूखी
ओ, अँखियाँ हरि-दरसन की भूखी
रे अँखियाँ हरि-दरसन की भूखी

कि सहसा लड़की ने हाथ का संकेत किया और आँखें खोल दीं और पूरे स्वर में अगला पद गाया —

अब इन जोग सँदेसनि ऊधो,
अति अकुलानी दूखी
अँखियाँ हरि-दरसन की भूखी

उसने फिर आँखें बन्द कर लीं, फिर मँजीरे और चिमटे खनक उठे और उपस्थित मण्डली झूम-झूम कर गाने लगी।

रोशन अपलक उस गोरे मुख को लाल होते देखता रहा। दुपट्टा उसका गले में उलझ

गया था, बाल बिखर रहे थे, पर वह तन्मय भाव से सुध-बुध भूल कर गा रही थी। मण्डली में जो लोग आगे गोल दायरा बनाये बैठे थे, वे उसी की तरह झूम रहे थे। पीछे वालों में — बायीं ओर स्त्रियाँ और दायीं ओर पुरुष —कुछ उसी ज़ोर से गा रहे थे, कुछ के केवल होंट हिल रहे थे....

रोशन के सामने बचपन में चिन्तपुरनी के मेले में हाल पर आने वाली लड़की घूम गयी। मन्दिर के बाहर आँगन में एक मण्डली दुर्गा की स्तुति गा रही थी कि एक युवा लड़की झूमने लगी। स्तुति में गति आ गयी। लड़की के झूमने की गति भी तेज़ हो गयी। आँखें बन्द, शरीर की कोई सुध-बुध नहीं, कभी-कभी उसके होंटों से केवल ज़ोर से 'जय दुर्गे' निकलता और वह कमर के ऊपर शरीर को गोल दायरे में घुमाये जाती। कुछ देर बाद उसकी चोटी भी पूरे दायरे में घूमने लगी, पर लड़की को अपनी चोटी का भी होश न रहा। दर्शकों में किसी ने कहा कि माता दुर्गे उसमें उतर आयी हैं। ज़ोर का जयकार गूँजा और भक्त स्त्रियों ने माथे टेक दिये और मन्नतें मानने लगीं....

राधा को देखते हुए रोशन को लगता था कि इसको भी अभी ऐसा ही हाल पड़ जायेगा। लेकिन उसने फिर हाथ से संकेत किया। फिर मौन छा गया और उसने अगला बन्द आया —

बारक वह मुख फेरि दिखावहु,
दुहि पय पिवत पतूखी
अँखियाँ हरि-दरसन की भूखी

और वह फिर झूमने लगी....

तभी उसके कानों में बराबर में बैठे किसी के हल्के फुसफुसाने की आवाज़ आयी — "झण्डालाल को इसकी शादी कर देनी चाहिए। किसी साधू-वाधू के साथ भाग गयी तो रोयेगा, बीस बरस की होने को आयी है।"

"काहे से कर दे शादी, इतने बच्चे पैदा कर दिये हैं, उनकी रोटी ही चल जाये तो कम है। पढ़ गयी होती तो बात भी थी।"

'अँखियाँ हरि-दरसन की भूखी' पूरे ज़ोरों पर था, रोशन हाथ धरती पर रख कर ज़रा-सा पीछे को मुड़ा —उन्हीं के दफ़्तर के दो क्लर्क थे। तभी रोशन के हाथ पर किसी ने ज़ोर से चुटकी काट दी। तड़प कर रोशन मुड़ा। उसने देखा कि उसके बायीं ओर को औरतों के हुजूम में इस किनारे चन्द्रा और झण्डालाल की छोटी लड़की रमा आगे-पीछे बैठी प्रकट तन्मय भाव से भजन सुन रही हैं। उसने फिर हाथ वैसे ही रख कर दायीं ओर बैठे क्लर्कों की बातें सुनने का प्रयास किया।

"पढ़ने के लिए दिमाग़ चाहिए," दूसरा कह रहा था, "तीन बार हिन्दी 'प्रभाकर' में फेल हो गयी।"

"हो सकता है, इसी के कारण झण्डालाल को भगवान मिल जायें।"

बड़ी हल्की-सी हँसी रोशन को सुनायी दी।

तभी फिर उसके हाथ पर किसी ने बारीक चिकोटी भरी। वह जल्दी से मुड़ा। उसने चन्द्रा का हाथ देख लिया और रमा की आँखों में हल्की-सी मुस्कराहट भी। रोशन क्षण भर

वैसे ही बैठा रहा, लेकिन चन्द्रा नितान्त तम्मय भाव से राधा पर दृष्टि टिकाये थी। रोशन को उसकी दूधिया गरदन का ज़रा-सा भाग ही दिखाई दे रहा था....

ये कब आ कर यहाँ बैठ गयीं?....रोशन ने सोचा....जब वह आ कर बैठा था तो जगह ख़ाली थी। उसने मुड़ कर देखा, कमरा बाहर के दरवाज़े तक भर गया था। दोनों लड़कियाँ एक-दूसरे के पीछे ऐसे बैठी थीं कि उनकी शरारत कोई देख न सके। वहाँ रोशनी भी अपेक्षाकृत कम थी। रमा तो बिलकुल उसके बराबर बैठी थी, उसके घुटने के नीचे से हाथ ला कर ही चन्द्रा ने उसके उल्टे हाथ पर चुटकी काटी होगी....

'अजीब उद्धत और निडर लड़कियाँ हैं....अगर किसी ने उनकी शरारत देख ली हो, तो?'....सहसा रोशन का दिल धड़क उठा। वह धीरे-धीरे खिसक कर पीछे बैठे लोगों में रास्ता बनाता हुआ सीढ़ियों तक आया। चप्पल ढूँढ कर उसने पहनी और क्षण भर सीढ़ियों में रुका। राधा गा रही थी :

सूर जोग जनि नाव चलावहु,
ये सरिता हैं सूखी
अँखियाँ हरि-दरसन की भूखी

तभी चन्द्रा ने पलट कर उसकी ओर देखा। लेकिन रोशन ने उससे आँखें नहीं मिलायीं। वह सीढ़ियाँ उतर रहा था और ऊपर संकीर्तन पूरे ज़ोरों से चल पड़ा था।

अँखियाँ हरि-दरसन की भूखी
रे अँखियाँ हरि-दरसन की भूखी
ओ, अँखियाँ हरि-दरसन की भूखी

o

रात रोशन को बहुत देर तक नींद न आयी थी। यह लड़की मुझे पिटवायेगी — बार-बार उसके दिमाग़ में यही ख़याल आता था। भाई साहब ठीक ही कहते थे — उसे यह ट्यूशन न लेनी चाहिए थी। लेकिन उसने समझा, भाई साहब अपनी प्रैक्टिस के बिगड़ने के डर से उसे रोक रहे हैं। वह अपने आपको बड़ा समझदार गिनता था —'मैं अगर कुछ न करूँगा, तो कैसे गड़बड़ होगी?' उसने सोचा था....'मूर्ख कहीं का....तू कुछ भी न करेगा तो भी गड़बड़ होगी....तू अकेला तो नहीं, दूसरी तरफ़ वह लड़की भी तो है, तू उसे क्या जानता था? लड़की है, जिसमें कोई कॉम्प्लेक्स नहीं! नॉर्मल, इसलिए ठस। जो केवल शरीर है....तेरे जैसा पेचीदगियों से भरा दिमाग़ तो उसके पास नहीं.... पढ़ने में उसका मन नहीं, धर्म-कर्म में उसका मन नहीं....सुबह दो अण्डे का आमलेट खा कर दूध का गिलास पीती है, गोश्त-मछली खाती है, उमर पर आ गयी है....' और उसे लाला हाकिमचन्द पर क्रोध आने लगा....उनके क्या आँखें नहीं....उन्हें उसे सात्विक भोजन देना चाहिए, जब वह दो बार मैट्रिक में फ़ेल हो गयी तो क्यों नहीं उन्होंने उसकी शादी कर दी? जिस लड़की का मन पढ़ने में नहीं लगता, वह ख़ुराफ़ात नहीं सोचेगी तो और क्या करेगी? पढ़ाई में जिसका मन लगता है, जिसके मन में कुछ बनने की साध है, वह मन को मार सकती है।....मगर अब रोशन क्या करे?....यह तो आग है, यह जलेगी भी, जलायेगी भी। इसकी नियति है विवाह की नदी में इसका प्रवाह....उस नदी में, जिसे न जाने किस भगीरथ ने पहले-पहल

समाज में बहाया, जो जाने कब से बह रही है और न जाने कितनी बेगिनती अग्नियाँ जिसने ठण्डी कर दी हैं....(इस उपमा पर रोशन मन-ही-मन प्रसन्न हुआ। उसने सोचा कि सुबह उठते ही नोट करेगा। कहीं इस्तेमाल करने के लिए) पर तभी उसे अनायास ऐसी तमाम लड़कियों पर दया हो आयी....क्या उनके मन में धधकती आग की इसके सिवा कोई परिणति नहीं कि उसे विवाह की नदी के हवाले करके बरबस बुझा दिया जाये?....

रोशन ने सोचा तो पाया कि उसके इर्द-गिर्द के भारतीय समाज में नहीं, बल्कि रूस, इंग्लिस्तान अथवा अमरीका में हो सकता है कि यह आग अपना और समाज का कुछ कल्याण कर सके; और कुछ नहीं तो खुल कर जल ही ले, चाहे फिर बुझने पर राख बन कर आवारा उड़ती रहे और उसे ठौर-ठिकाना न मिले।....इस बन्द माहौल में तो वह इसी तरह दबी-दबी जल और जला ही सकती है।....और वह जान-बूझ कर इस आग में हाथ जलाने चला आया है....उसे अपने बड़े भाई की बात का विश्वास नहीं आया, स्वयं ही अनुभव करके उसने जानना चाहा।....रोशन ने सोचा तो उसे लगा कि इन्सान की ट्रैजिडी (या कॉमेडी) यही है कि वह अपने अनुभव ही से सीखना चाहता है। शायद उसकी इसी जिज्ञासु-वृत्ति के बल पर संसार चलता है। नहीं तो कौन-सा ऐसा सत्य है, जो शास्त्रों में नहीं मिलता ! उन सत्यों में वह विश्वास कर ले तो सब कुछ छोड़-छाड़ कर जंगल की राह ले।....पर इन्सान हर सत्य को स्वयं परख कर देखना चाहता है, वह बार-बार आग से हाथ जलाता है, बार-बार गड्ढों में गिरता है। कभी वह नया अनुभव और नयी राह पा भी जाता है और शायद यही उसकी उपलब्धि है....और रोशन को लगा कि शायद इस मामले में पशु मनुष्य की अपेक्षा सुखी हैं। गायें दिन-रात चरती हैं, पर मजाल है किसी ज़हरीली बूटी को मुँह लगा जायें। सहज ज्ञान ही से उन्हें मालूम हो जाता है....

रोशन की कल्पना के सामने एक नन्हे-से द्वीप में फँसे हुए कुछ परिवार आ गये। खाद्य-सामग्री की खोज में परिवार बँट जाते हैं। द्वीप पर घास-पात, जड़ी-बूटियों और पेड़-पौधों के सिवा कुछ नहीं। उनमें से कुछ पौधे और उनके फल ज़हरीले हैं। एक परिवार के कुछ प्राणी उन्हें खा कर बीमार हो जाते हैं। जब दूसरा परिवार कुछ दिन बाद फलों की खोज में उधर आता है तो वे उन्हें बताते हैं कि अमुक पेड़ के फल ज़हरीले हैं। वे लोग नहीं मानते, उन्हें सन्देह होता है कि ये लोग हमें इसलिए डराते हैं ताकि हम इन्हें न खायें और ये इनके लिए सुरक्षित रहें। मना करने पर भी वे स्वयं अनुभव करते हैं और हानि उठाते हैं....

शंका, सन्देह, जिज्ञासा और आत्म-विश्वास, प्रगति और विकास की शर्त सही, पर रोशन तो इन्हीं के कारण इस गड्ढे में आ गिरा। उसने भाई साहब की बात मान ली होती तो क्यों इस मुसीबत में फँसता?....और फिर क्या वह हर तरह से अछूता रह पाया?.... 'मैं यदि ठीक रहूँगा तो वह कैसे पिटवा देगी,' उसने सोचा था। वह न भी पिटे, पर क्या वह उस लड़की के प्रभाव से अछूता रह गया है?....वह न योगी है, न पत्थर....कई बार जब वह सोता है तो चन्द्रा की वह मुलायम, दूध-धुली गर्दन उसकी आँखों में कौंध जाती है। वह कल्पना में उस पर हाथ फेरता है; उसे चूम लेता है....चन्द्रा की वह करुण-मधुर मुस्कान उसके दिल-दिमाग़ पर छायी रहती है....वह बेकार इस आग में जल रहा है....उसकी ख़ैरियत इसी में है कि वह चुपचाप सुबह लालाजी की सेवा में उपस्थित हो

कर उनसे निवेदन करे कि हुज़ूर, आपकी इस लड़की को मैं नहीं पढ़ा सकता।....लेकिन यदि उन्होंने पूछा —क्यों? तो वह क्या उत्तर देगा?....नहीं, उसे कहना चाहिए कि उसे घर से पत्र आया है, उसकी बीवी की तबीयत ठीक नहीं, वह वापस जाना चाहता है....अगर उन्होंने कहा —ठीक है, आप एक हफ़्ते के लिए हो आइए —तो? वह सारा सामान तो बाँध कर ले जा नहीं सकता। नीचे गर्मी है। न गर्म कपड़ों की ज़रूरत है, न गर्म बिस्तर की —अगर वह सारा सामान ले जाना चाहेगा तो उन्हें सन्देह हो जायेगा....हफ़्ते-भर के लिए जाने में क्या तुक है? मुफ़्त में आने-जाने का किराया उसके सिर हो जायेगा और फिर भाई साहब कहेंगे —क्यों, मैंने कहा था न !....

नहीं, वह भाई साहब के व्यंग्य-वाण न सह सकेगा।....वह लालाजी से कह देगा कि चन्द्रा पढ़ने में ध्यान नहीं लगाती, आप उसे समझा दीजिए या मुझे छुट्टी दीजिए....लेकिन सोचने पर रोशन को लगा कि यह कायरता है। ऐसी ही कायरता से वह नीला का जीवन बरबाद कर चुका है —बाप सब एक-सरीखे हैं और फिर लाला हाकिमचन्द जैसा ज़ालिम पिता —अगर कहीं उन्होंने चन्द्रा को बेतरह पीट दिया....वह कभी उससे आँखें न मिला सकेगा....तो क्या इस विपत्ति से उबरने का कोई मार्ग नहीं? यह सच है कि पशुओं जैसा सहज ज्ञान उसे प्राप्त नहीं, पर भगवान ने उसे तेज़ दिमाग़ दिया है, वह उससे काम ले कर कोई सूरत नहीं निकाल सकता?....सोच-सोच कर उसने तय किया कि वह सुबह चन्द्रा से खुल कर बात करेगा। उससे कह देगा कि अगर वह ध्यान से नहीं पढ़ेगी और उसे इसी तरह परेशान करेगी तो चाहे जैसे भी हो, वह ट्यूशन छोड़ कर भाग जायेगा....

इस निर्णय के बाद उसका थका हुआ मस्तिष्क कुछ शान्त हो गया और उसे नींद आ गयी —नींद आ गयी, पर नींद में भी उसका दिमाग़ परेशान रहा।

न जाने क्या बजा होगा कि वह सहसा चारपाई पर उठ कर बैठ गया —उसे अजीब सपना आया था —उसने देखा, वह अपने जालन्धर के पुराने खँडहर मकान में (जिसे नये बने हुए भी दस वर्ष हो चुके थे) झण्डालाल की छोटी लड़की रमा के साथ गीटियाँ खेल रहा है —वह छोटा-सा बच्चा बन गया है और रमा छोटी-सी लड़की —वे तन्मय भाव से गीटियाँ खेल रहे हैं, साथ-साथ गा रहे हैं :

एला एला एला, बैसाखी लग्गा मेला,
ओत्थों लियान्दा केला।
केला बड़ा मिट्ठा।
शाम पराये डिट्ठा।
डे-डो डंका,
रावण जी दी लंका,
रावण चुरायी सीता,
सीता बड़ी गोरी,
राम लछमन दी जोड़ी।

कि सहसा ऊपर रसोई की छत से कोई लड़की ज़ोर से 'जय दुर्गे' चिल्लाती है। वह

चौंक कर ऊपर देखता है। मुँडेर के ऊपर, गिर जाने की ओर से एकदम बेपरवाह, राधा फ़सकड़ा मारे बैठी है और उसे हाल आ रहा है। उसका सिर और कमर का शरीर गोल दायरा बनाता हुआ घूम रहा है और वह कभी-कभी ज़ोर से 'दुर्गा माता की जय' बुला रही है। रोशन के देखते-देखते उसकी गति तेज़ हो जाती है, उसकी लम्बी चोटी और भी बड़ा दायरा बना रही है। रोशन चकित हो कर देखता है —उसमें एक ईंट बँधी है, जो पूरी गति से चोटी के साथ घूम रही है। भयभीत, जड़वत वह उसे देखता रह जाता है, तभी ईंट चोटी से छूट कर उसके माथे पर आ लगती है और वह बेहोश हो जाता है....वह बेहोश हो जाता है, पर माथे से रक्त का फव्वारा छूटते देखता है। राधा परी की तरह उड़ती नीचे आती है और उसे अपनी दोनों बाँहों में उठा कर अन्दर दालान में चारपाई पर लिटाती है। बेहोशी में भी वह उसके वक्ष की गर्मी महसूस करता है।....जब वह होश में आता है तो उसे लगता है, कोई उसके ऊपर झुका हुआ है। वह आँखें खोल देता है —चन्द्रा ! बड़ी-बड़ी आँखें, धनुषाकार बरौनियाँ, घनी अर्ध-चन्द्राकार भौंहें और संगमरमर-सी नरम, साफ़, दूधिया गर्दन....वह प्यार और करुणा से मुस्कराती है और फिर उसका माथा चूम लेती है। वह बाँह उसकी गर्दन में डाल कर उसे और झुका लेता है और अपने गरम होंट उस नरम, मुलायम, लगभग धड़कती, संगमरमरी गर्दन से लगा देता है —उसका शरीर एकदम तन जाता है....

रोशन झटके से उठा।

"ओह भगवान ! मैं किस नरक में आ फँसा हूँ।" वह मन-ही-मन चिल्लाया। बिस्तर से उतरा। बाथरूम गया। उसका कण्ठ बेतरह सूख रहा था। ठण्डे पानी का गिलास लबालब भर कर उसने एक ही साँस में ख़त्म कर दिया और फिर लौट कर रज़ाई ओढ़ कर सो गया।

o

सुबह जब रोशन उठा तो उसे कुछ भी याद न था, सिवा इस बात के कि उसे वाहियात-सा सपना आया था और वह उठ गया था, अथवा उस निर्णय के, जो उसने सोने के पहले किया था।....

जब अपने वक्त पर चन्द्रा पढ़ने के कमरे में आयी तो वहाँ आते ही रोशन ने कहा, "देखो चन्द्रा, तुमसे एक बात मैं सीरियसली कहना चाहता हूँ, तुम मुझे परेशान न करो, नहीं तो मैं चला जाऊँगा।"

चन्द्रा ने सिर को ज़रा बायीं ओर झुकाते हुए बड़ी मासूमियत से अपनी बड़ी-बड़ी आँखें उसकी ओर उठायीं और बोली, "हाय मास्टर जी, मैंने आपको क्या परेशान किया है?"

उसकी आँखों में मुस्कान की हल्की-सी रेखा थी। लगता था, अभी वह पूरी तरह मुस्करा उठेगी और उसका मासूमियत का यह पोज़ हवा हो जायेगा और उसकी उन आँखों को देखते हुए रोशन स्वयं मुस्करा देना चाहता था। पर सयत्न गम्भीर बने रह कर उसने कहा, "कल शाम तुमने क्या किया था?"

"हाय मास्टर जी, मैंने क्या किया?" मुस्कान उसके होंटों पर फिर फूट-फूट पड़ना

चाहती थी, पर वह बरबस गम्भीर बनी, अपनी आँखें फैलाये थी।

"क्या किया? मैं कहता हूँ, फ़र्ज़ करो —कोई देख लेता?"

"हाय मास्टर जी, क्या देख लेता?"

"तुम्हारा चुटकी काटना और क्या?" रोशन ने झल्ला कर कहा।

"मैंने चुटकी काटी? कहाँ?"

"मेरे बायें हाथ पर और कहाँ? इतनी बारीक चुटकियाँ काटीं तुमने कि अभी तक दर्द हो रहा है?"

"कहाँ? दिखाइए।"

"यह देखो।"

रोशन ने हाथ आगे बढ़ा दिया, जिसके पिछली ओर त्वचा पर बारीक चुटकी के कारण रक्त जम जाने से नीला-सा निशान बन गया था। चन्द्रा उसे देखने को झुकी, फिर उसने सहसा उस स्थान को चूमने का प्रयास किया। रोशन ने हाथ पीछे हटा लिया। चन्द्रा का मुँह ज़ोर से मेज़ से टकरा गया।

"अरे ! तुम्हें चोट तो नहीं आयी?"

और क्षणिक आवेश में अजाने उसने बड़े प्यार से बायाँ हाथ उसकी नाक और होंटों पर फेरा।

चन्द्रा ने उसकी बात का उतर नहीं दिया। उसने दोनों हाथों से उसका बायाँ हाथ कस कर पकड़ लिया और दो-तीन बार पागलों की तरह उस स्थान को चूम लिया। रोशन को रोमांच हो आया। वह सहसा उठ कर खड़ा हो गया और बरबस उसने हाथ खींच लिया।

चन्द्रा ने हाथ छोड़ दिया। सिर को किंचित बायीं ओर झुकाते, उसकी आँखों में देखते हुए उसने हल्की-सी मुस्कान के साथ कहा, "अब तो दर्द नहीं होता?"

रोशन ने कोई उत्तर नहीं दिया। वह लगातार उसकी ओर घूरता रहा।

"हाय मास्टर जी, आपके चेहरे पर ज़रा-ज़रा-से दाने उभर आये हैं...." उसके रोमांच को लक्ष्य कर चन्द्रा ने कहा और अपने सामने रखी पुस्तक की जिल्द पर प्यार से हाथ फेरा, जिसके कपड़े पर बारीक-से दाने बने थे --"बिलकुल इस जिल्द की तरह।"

रोशन ने कोई उत्तर नहीं दिया। वह उसी तरह उसकी ओर घूरता रहा। और अपनी कमज़ोरी और उस लड़की की उद्धतता पर उसकी त्योरियाँ चढ़ गयीं।

"लीजिए मास्टर जी, मेरे दो नहीं, चार चिकोटियाँ काट लीजिए, अगर इसी से आपका ग़ुस्सा दूर हो जाये।"

और उसने अपना हाथ आगे बढ़ा दिया।

उन चन्द क्षणों में उस निडर, उद्धत लड़की की ओर घूरते हुए रोशन ने मन-ही-मन उसे सख़्त क्रोध-भरा भाषण दे डाला कि —'तुम नहीं समझतीं, तुम क्या कह रही हो? तुम लाड-प्यार में पली हुई अमीर बाप की बेटी हो। जो मन में आता है, करती हो। हकीकत में मेरी हैसियत तुम्हारे सामने ख़रीदे हुए मामूली ट्यूटर से ज़्यादा नहीं, जिसे जब चाहो, तुम जवाब दिलवा दो, इसीलिए तुम मेरे साथ ऐसे खेलना चाहती हो, जैसे बिल्ली चूहे से। पर मैं चूहा नहीं हूँ। मेरी अपनी प्रतिष्ठा है, मान है। तुम्हारा कुछ नहीं जायेगा; पढ़ना-पढ़ाना

तुम्हें ख़ाक नहीं; जिस दिन तुम्हारे पिता ने तुम्हारी कोई ऐसी हरकत देख ली, जिस दिन उन्हें यह एहसास हो गया, वह किसी मोटे-पले दुम्बे से तुम्हारी शादी कर देगा, पर मैं तो बदनाम हो जाऊँगा; अपने भाई, बीवी और दोस्तों के सामने मैं आँख भी न उठा पाऊँगा; मेरा सारा कैरियर चौपट हो जायेगा।'

और भी न जाने क्या-क्या कहने की वह सोचता रहा, पर जब उसने मुँह खोला तो केवल इतना कहा —

"तो तुम नहीं चाहतीं कि मैं यहाँ रहूँ, तुम्हें पढ़ाऊँ। ठीक है, मैं जाता हूँ। तुम अपने माता-पिता से कह दो कि मास्टर जी कहते हैं, मैं नहीं पढ़ाऊँगा। वे वापस लाहौर जाना चाहते हैं।"

यह कहने के बाद वह मुड़ कर तेज़-तेज़ अपने कमरे में आ गया और कुर्सी में जा धँसा। कोहनियाँ उसने मेज़ पर टिका लीं, हथेलियों में ठोड़ी रख कर बैठ गया और सामने शून्य में देखने लगा।

चन्द्रा उसके पीछे भागी-भागी आयी। ज़रा-सा परे रह कर उसने दबे स्वर में कहा, "मास्टर जी, माफ़ कर दीजिए। अब आपको शिकायत नहीं होगी।"

"तुम जाओ।" रोशन ने जैसे दीवार से कहा, "मैं तुम्हारी शिकायत नहीं करूँगा, मैं कह दूँगा, मेरी बीवी बीमार है। पर मैं अब यहाँ नहीं रहूँगा।"

"मास्टर जी, आप मेरी शिकायत कर दीजिए, मुझे पिटवा दीजिए, अगर इसी तरह आपका गुस्सा ठण्डा हो जाये।"

"नहीं, मुझे न शिकायत करना है, न पिटवाना है। मुझे वापस जाना है।" रोशन ने वैसे ही दीवार से कहा।

"मैं कसम खाती हूँ, मैं अब ध्यान से पढ़ूँगी, मैं आपके पैरों पड़ती हूँ।"

रोशन को लगा कि जैसे वह उसके चरण छूने को झुकी। वह सहसा उठा। हारा-सा वापस दूसरे कमरे की ओर चल दिया।

चन्द्रा अपनी जगह जा बैठी। रोशन क्षण भर अपनी जगह खड़ा रहा। सहसा उसकी दृष्टि सामने दीवार पर लगे कैलेण्डर पर गयी।

"देखो चन्द्रा," उसने कहा, "डेढ़ महीना मुझे यहाँ आये हो गया है। डेढ़ महीना और किसी तरह गुज़ार लो। लाहौर में तुम्हें ऐसी बोरियत नहीं होगी, न तुम्हारा दिमाग़ भटकेगा।"

और वह बैठ गया और पढ़ाने लगा। चन्द्रा ने फिर सिर नहीं उठाया। सारा दिन वह पूरे ध्यान से पढ़ती रही।

दूसरे दिन रोशन कमरे में आया तो उसकी नज़र कैलेण्डर पर गयी, उसने सुख की साँस ली कि एक दिन सुख से बीत गया। कुछ ऐसी ही बात उसके मुँह से निकली भी।

"हाय मास्टर जी, आप तो दिन गिनने लगे?" चन्द्रा ने कहा, पर जब रोशन ने इसका कोई उत्तर नहीं दिया तो फिर वह पढ़ने में तल्लीन हो गयी। इसके बाद रोशन से कई दिन तक उसने कोई शरारत नहीं की। ध्यान से पढ़ती रही। बस, जब कभी रोशन की नज़र कैलेण्डर पर चली जाती तो वह कह उठती, "हाय मास्टर जी, दिन गिन रहे हो !" इसके अतिरिक्त वह उसे परेशान न करती।

०

लेकिन उसने रोशन को परेशान करने का एक दूसरा ढंग निकाल लिया और रोशन के सामने कुछ दिन पहले की घटना घूम गयी।

०

वह सुबह जा कर अपनी जगह बैठा तो चन्द्रा ने एक काग़ज़ उसके आगे कर दिया। रोशन ने देखा, अत्यन्त सुन्दर अक्षरों में एक कविता लिखी हुई थी। रोशन एक सरसरी नज़र में उसे पढ़ गया। हालाँकि थोड़ी कठिन थी, पर थी बड़ी सुन्दर।

"किसकी कविता है?" उसने पूछा

"यह तो मैं नहीं जानती। रमा ने दी है। वह इसके अर्थ समझना चाहती है। अगर आपको कष्ट न हो, आप बुरा न मानें तो उसे समझा दीजिए। मेरी सहेली है, कई बार कह चुकी है।"

"ठीक है, कल समझा दूँगा।"

रोशन रात को शब्द-कोश ले कर बैठ गया। उसे कविता बेहद अच्छी लगी थी। दो-तीन बार वह उसे पढ़ गया था, पर वह हिन्दी उतनी न जानता था। कठिन शब्दों के अर्थ उसने शब्द-कोश में देखे और फिर कविता को दो-तीन बार पढ़ा। थोड़ी-थोड़ी-सी अस्पष्ट थी। बार-बार गुनगुनाते हुए रोशन के सामने उसके अर्थ स्पष्ट हो गये। उर्दू ग़ज़ल और नज़्म से परिचित उसके कानों को उस कविता का रस एकदम नया लगा —मधुर, मदिर, करुण —सोते समय भी वह कविता उसके दिमाग़ में गूँजती रही।

०

सवेरे जब चन्द्रा पढ़ने को आयी तो रमा उसके साथ थी। दोनों उसके दायें-बायें कुर्सियों पर बैठ गयीं।

"यह कविता किसकी है?" सहसा रोशन ने पूछा।

"महादेवी वर्मा की।"

रोशन ने महादेवी वर्मा का नाम नहीं सुना था। पर अपना अज्ञान जताने में उसे संकोच हुआ। उसने कहा, "तुमने कहाँ से नकल की?"

"जी, राधा की पुस्तक से। महादेवी वर्मा की कविताओं का एक संग्रह छपा है 'नीरजा', उस पर हिन्दी साहित्य सम्मेलन, प्रयाग ने पाँच सौ रुपये का पुरस्कार कवयित्री को दिया है। यह कविता मुझे बड़ी अच्छी लगी, पर मेरी समझ में नहीं आयी।"

"तुम अपनी बहन से पूछ लेतीं।"

"जी, वह भी नहीं समझा सकी।"

"इसमें क्या मुश्किल है?" रोशन ने कहा, "कविता क्या, यह गीत है। बड़ा ही सुन्दर, बड़ा ही करुण।"

और वह एक-एक चरण पढ़ कर उसका अर्थ समझाने लगा।

"मुखर पिक हौले बोल

हठीले, हौले-हौले बोल
जाग लुटा देंगी मधु कलियाँ,
मधुप कहेंगे और
चौंक गिरेंगे पीले पल्लव,
अम्ब चलेंगे मौर
समीकरण मत उठेगा डोल
हठीले, हौले-हौले बोल।

"वाह-वाह !" रोशन ने स्वयं ही मस्त होते हुए कहा, "क्या बारीक बात कही है कवयित्री ने। वह कहती है कि ओ मुखर —ज़्यादा बोलने वाले कोयल —मादा कोयल की बनिस्बत नर कोयल मधुर कण्ठ वाला होता है, यह बात तो तुम्हें मालूम ही होगी —धीरे बोल। चूँकि वह नहीं सुनता और निरन्तर 'कू-हू कू-हू' की रट लगाये है, इसलिए वह कहती है —हठीले, धीरे-धीरे बोल —क्यों? इसलिए कि अगर तू ऐसे ही चिल्लायेगा तो कलियाँ यह सोच कर कि बहार आ गयी, जाग उठेंगी और अपना शहद लुटा देंगी। और अतृप्त भौंरे 'और, और' चिल्लायेंगे। इसलिए भी कि तुम्हारा स्वर सुन कर पतझड़ के पीले मुरझाये पत्ते काँप कर गिर जायेंगे और आमों पर बौर आ जायेगा और हवा मद से मत्त हो कर, दीवानी हो कर डोलने लगेगी। इसलिए हठीले कोयल, धीरे-धीरे बोल। क्यों, समझ गयीं?" रोशन ने रमा से कहा, "कोयल चूँकि वसन्त का सन्देश-वाहक है, और आधी रात को 'कू-हू-कू' की टेर लगाये है, इसलिए कवयित्री कहती है कि भाई, तू इतना न चिल्ला —तेरे स्वर को सुन कर और यह जान कर कि वसन्त ऋतु आ गयी, बहुत-कुछ ऐसा होने लगेगा, जो अभी नहीं हो रहा।....समझीं।"

रमा ने सिर हिलाया। चन्द्रा केवल एकटक उसकी ओर देखती रही। रोशन ने दूसरा बन्द पढ़ा —

"मर्मर की वंशी में गूँजेगा,
मधु ऋतु का प्यार
झर जावेगा कम्पित तृण से,
लघु सपना सुकुमार
एक लघु आँसू बन बेमोल
हठीले, हौले-हौले बोल

"कविता की नायिका विरहिणी है, अपने प्रिय की प्रतीक्षा कर रही है, सो वह कहती है कि हे कोयल, तू चिल्ला नहीं, क्योंकि तेरे चिल्लाने से वसन्त की सुबह का समाँ बँध जायेगा।....दूसरा चरण पहले के साथ ही है —जब समीरण मत्त हो कर डोलेगा, तो पत्तों की मर्मर होगी और इस मर्मर-रूपी वंशी से वसन्त का प्यार गूँजेगा और काँपते हुए तिनके-से छोटा-सा सुकुमार सपने-सा ओस-कण एक छोटे-से आँसू-सा झर जायेगा —इस चरण का एक दूसरा अर्थ भी हो सकता है —विरहिणी अपने प्रिय की याद में सूख कर तृण समान पतली हो गयी है और वह कहती हे कि हे कोयल, तू न चिल्ला, क्योंकि तेरे शोर से मेरा प्रिय नहीं आयेगा और मेरी तृण-सी देह से प्रिय के दर्शनों का मेरा सुकुमार

सपना एक छोटा-सा आँसू बन कर झर जायेगा। कवयित्री ने ख़ुद इन शब्दों में क्या अर्थ भरे हैं," रोशन ने कहा, "मैं नहीं जानता, पर मुझे ये दूसरे अर्थ अच्छे लगते हैं, क्योंकि अगले चरण ही में प्रतीक्षा-रत विरहिणी कहती है —

"पी मेरा निशीथ नीरवता में आता चुपचाप
मेरे निमिषों से भी नीरव है उसकी पदचाप
सुभग ये पल-घड़ियाँ अनमोल
हठीले, हौले-हौले बोल

"वह कहती है कि मेरा प्रीतम निशीथ नीरवता —आधी रात के सन्नाटे —में आता है। मेरे पलक झपकने की आवाज़ से भी ख़ामोश उसके पैरों की चाप है —प्रकट है कि सपने में जो आयेगा, उसकी पद-चाप ऐसी ही होगी —सो वह कहती है कि हे अच्छे कोयल, तू मुझे सपना देखने दे, चिल्ला मत, सो लेने दे, मैं सोऊँगी, तभी वह आयेगा, हे अच्छे कोयल, ये पल-घड़ियाँ अनमोल हैं...."

रोशन तन्मय-भाव से कविता में डूब कर उसकी व्याख्या कर रहा था कि सहसा चन्द्रा ने पूछा, "अच्छे कोयल ! आपने किस शब्द का अर्थ लगाया मास्टर जी?"

"'सुभग' का।"

"रमा कहती है कि 'सुभग' शब्द कहीं शब्द-कोश में नहीं मिला।"

"पंजाब में अच्छे शब्द-कोश मिलते ही कहाँ हैं?" रोशन ने बात टाली।

"तब मैंने सोचा," रमा आँखें मेज़ में लगाये बड़े धीरे से बोली, "कि 'सु' प्रत्यय होगा, सो मैंने डिक्शनरी में 'भग' का अर्थ देखा —बड़े गन्दे-से अर्थ लिखे थे।"

रोशन को स्वयं 'भग' के अर्थ मालूम नहीं थे। वह पूछना चाहता था, क्या अर्थ लिखे थे। पर इससे तो उसका अज्ञान प्रकट हो जाता। वह बोला, "ज़रूरी नहीं कि कविता में शब्द-कोशी अर्थों के लिहाज़ से शब्द रखा जाये। इसके प्रचलित अर्थ यही हैं। मुझे मेरे एक दोस्त ने हिन्दी के कवि बच्चन का एक गीत सुनाया था और उसमें 'सुभग' शब्द का इस्तेमाल 'अच्छे' और 'सुन्दर' के अर्थों में किया गया था।...."

और वह 'एक मिनट में आता हूँ' कहता हुआ अपने कमरे में गया। और उस बेख़याली में भी बीच का दरवाज़ा बन्द करता गया। उसने शब्द-कोश में 'भग' के अर्थ देखे तो क्रोध से उसका मुँह लाल हो गया।

'इन गधियों को कविता-अविता से क्या ग़रज़,' उसने होंटों में कहा, 'गन्दी बातें सोचने से फ़ुरसत मिले तो कुछ पढ़ें-समझें।' उसे विश्वास हो गया कि लड़कियों को शब्द के अर्थ पहले से मालूम थे, केवल उसे परेशान करने को वे कहीं से ढूँढ कर यह कविता उठा लायी हैं। क्रोध से उसने कमरे में एक चक्कर लगाया, फिर वह बाथरूम में गया। गिलास में उसने पानी भरा और यद्यपि उसे प्यास नहीं थी, पर एक-दो घूँट पी कर गिलास को हाथ में लिये हुए वह वापस कमरे में आया। गिलास उसने मेज़ पर रखा —इस बीच में उसने तय कर लिया था कि वह ज़रा भी क्रोध नहीं करेगा और बड़ी सफ़ाई से इन लड़कियों की चाल विफल कर देगा। बिना उस सम्बन्ध में एक भी शब्द कहे (यद्यपि उसका मन चाहता था कि काग़ज़ को टुकड़े-टुकड़े करके रमा के मुँह पर दे मारे और उसे भाग

जाने का आदेश दे) उसने कविता का अन्तिम चरण पढ़ा —

"वह सपना बन-बन आना,
जागृति में जाता लौट
मेरे श्रवण आज बैठे हैं,
इन पलकों की ओट
व्यर्थ मत कानों में मधु घोल
हठीले हौले-हौले बोल

"पहली पंक्ति का अर्थ सरल है," उसने संक्षिप्त व्याख्या की, "दूसरी पंक्ति में विरहिणी कहती है, मेरे कान नहीं हैं; वे पलकों की ओट बैठे हैं —मैं नख-से-शिख तक आँख बन गयी हूँ —वाह, क्या बात कही है?...."

"लेकिन मास्टर जी, जब शब्द के अर्थ गन्दे हैं, तो कवयित्री ने क्यों उन्हें रखा है?" चन्द्रा ने कहा।

लड़कियाँ अभी वहीं ठहरी हुई थीं। अगला चरण भी शायद उन्होंने नहीं सुना था।

तब रोशन को सहसा एक युक्ति सूझ गयी —"उर्दू की डिक्शनरी में 'औरत' शब्द के भी आरम्भिक अर्थ वही हैं, जो 'भग' के, पर दिन-रात मर्द-औरतें यह शब्द इस्तेमाल करते हैं, किसी का ध्यान शुरू के उस गन्दे अर्थ की ओर नहीं जाता। तुम लोगों को कविता पढ़ते हुए यह तो सोचना चाहिए कि वह गन्दा अर्थ यहाँ नहीं लगता। उन अर्थों में यह शब्द अब इस्तेमाल नहीं होता, 'अच्छे' और 'सुन्दर' के अर्थों में इस्तेमाल होता है।" और उसने काग़ज़ रमा के आगे फेंक दिया, "मेरा ख़याल है, तुम्हें कविता का मतलब समझ आ गया होगा। कुछ और पूछना हो तो बताओ।"

रोशन के स्वर में कुछ ऐसी कठोरता थी कि रमा को फिर और कुछ पूछने का साहस नहीं हुआ।

"जी, आ गया," उसने कहा और उठ खड़ी हुई।

चन्द्रा उसे कुछ दूर तक छोड़ने गयी। रोशन को लगा, जैसे उसने दूर उनके घण्टियों जैसे ठहाके की आवाज़ सुनी। शायद वे उसका मज़ाक उड़ा रही थीं। वह लपक कर बाहर आया। पर वे शायद ऊपर सड़क पर थीं....क्रोध से वह वहीं बरामदे में घूमता रहा। फिर आ कर कुर्सी पर बैठ गया। ठण्डे दिल से सोचने लगा। वह कैसे उन लड़कियों से पार पाये। सोच-सोच कर उसने तय किया कि वह क्रोध नहीं करेगा। वह उन पर अपनी कमज़ोरी प्रकट नहीं होने देगा। बड़ी सामान्यता से उनसे बात करेगा और कभी बहस में नहीं उलझेगा....और यह सोच कर, उस दिन उसे जो पाठ पढ़ाना था, वह देखने लगा।....लेकिन जब चन्द्रा आयी तो वह उसे डाँटने से अपने आपको रोक नहीं सका।

"क्या तुम रमा के साथ यही सब ख़ुराफ़ात सीखती हो और शब्द-कोशों में गन्दे शब्द ढूँढती हो?"

"हाय मास्टर जी, मैंने क्या किया है?" चन्द्रा ने बड़ी मासूमियत का अभिनय करते हुए अपनी बड़ी-बड़ी आँखें फैला दीं —"रमा ने कहा, मुझे इस कविता में कुछ शब्दों के अर्थ नहीं आते, मैंने कहा, मास्टर जी से पुछवा दूँगी।"

o

लेकिन दो ही दिन बाद रोशन जब उसे गद्य की पुस्तक पढ़ा रहा था तो एक जगह शब्द 'उर' आया। तब चन्द्रा ने कहा, "मास्टर जी, 'उरोज' शब्द क्या 'उर' ही से बना है?"

"हाँ।" रोशन ने सामान्य स्वर में कहा।

"मास्टर जी, क्या अर्थ होते हैं इसके?"

"इस समय जो मैं पढ़ा रहा हूँ, पढ़ो।"

"हाय मास्टर जी, आप तो बेकार नाराज़ हो रहे हैं।"

"नहीं, मैं नाराज़ नहीं हो रहा। तुम पढ़ो।"

o

फिर एक दिन जब रोशन ने दोबारा निराला की कविता पढ़ानी शुरू की, क्योंकि इस बीच में चन्द्रा का शब्द-ज्ञान काफ़ी अच्छा हो गया था और निबन्ध भी वह अच्छा लिखने लगी थी, तो उसने पहले ही चरण पर उसे टोक दिया।

"मास्टर जी, आप अर्थ करते हैं —तुम प्रेम और मैं उसमें से निकलने वाली शान्ति हूँ। लेकिन प्रेम में शान्ति कब होती है? प्रेम में तो जलन होती है, दुख होता है। आपने नहीं पढ़ा —जो मैं ऐसा जानती प्रीति किये दुख होय, नगर ढिंढोरा फेरती प्रीति न करियो कोय।"

"इस कविता में संसारी प्रेम की नहीं, भगवान के प्रेम की बात की गयी है," रोशन ने उसकी बात को टालने के लिए कहा, "निराला का मतलब उसी प्रेम से है। भगवान से प्रेम करने में शान्ति मिलती है।"

"मास्टर जी, आपने कभी प्रेम किया है?"

"नहीं।"

"आप पत्थर हैं।"

"तुम पढ़ो, बेकार की बातें मत करो।"

o

o

इन सारी घटनाओं का उल्लेख संक्षेप में करते हुए रोशन ने अनन्त को लिखा —

"मैं इतना परेशान हो गया कि मैंने सोचा, चन्द्रा के पिता को इशारे-इशारे में बताऊँ कि उन्हें उसे कुछ धरम-करम की शिक्षा देनी चाहिए, उसका मन सन्ध्या-वन्दन में लगाना चाहिए, ताकि पढ़ाई की तरफ़ उसकी दिलचस्पी हो। आज सुबह छुट्टी होने के सबब से लालाजी मेरे कमरे में आ गये। बातों-बातों में मैंने लड़कियों की तालीम की बात चला दी कि कोरी शिक्षा से काम नहीं चलता....तब बड़े उत्साह से बोले, 'आप सच कहते हैं, मैंने चन्द्रा को ऐसी ही शिक्षा दी है। सन्ध्या उसे ज़बानी याद है, रोज़ सुबह-शाम वह मेरे साथ बैठ कर सन्ध्या करती है।' और उन्होंने अपनी बेटी को आवाज़ दी। वह आयी तो बोले, "चन्दी, मास्टर जी को आचमन-मन्त्र सुनाओ।' और बेटी फर-फर बोलने लगी —

'ओं शन्नो देवी रभिष्टय: आपो भवन्तु पीतये शंयोरभि स्रवन्तु नः।'

'गायत्री-मन्त्र सुनाओ।' लालाजी ने प्रसन्न हो कर कहा और चन्द्रा सोल्लास सुनाने लगी

'ओं भूर्भुवः स्वः तत्सवितुर्वरेण्यं भर्गो देवस्य धी मही धियो योनः प्रचोदयात्।'

मैं चाहता था, उससे इन श्लोकों के अर्थ पूछूँ, पर उसकी पीठ थपथपाते हुए लालाजी ने क़हा, 'जाओ।' जब वह चली गयी तो बोले, 'यह इसके धार्मिक विचारों का ही फल है कि हेमराज जैसे बद ट्यूटरों की एक नहीं चली। मैंने अपनी लड़की को सिखा रखा है कि बेटी, यदि तेरे अन्दर शक्ति है तो किसी की मजाल नहीं कि कोई तेरी तरफ़ टेढ़ी नज़र से भी देख सके....'

मैं मन-ही-मन हँसता रहा। चाहता था, उनकी इस धर्म-परायणा, शक्ति-सम्पन्न लड़की की सब बातें उनके आगे खोल कर रख दूँ, पर चुप लगा गया कि अपनी लड़की में दोष इस मूर्ख को कभी नज़र नहीं आ सकता।

सो बताओ यार, मैं क्या करूँ? बहरहाल, तुम जो बताओगे —मैं जानता हूँ, पर मैंने तय किया है कि सीपी का मेला देख आऊँ। यहीं एक रियासत है — क्यार-कोटी —उसमें मेला लगता है। फिर जाने कभी शिमला आना हो-न-हो। मेला तीन दिन बाद ही है। उसके बाद किसी-न-किसी तरह अपनी इज़्ज़त अपने हाथ ले कर यहाँ से भाग जाऊँ। यह ठीक है कि यह ट्यूशन लेने में मुझसे ग़लती हो गयी है। ग़लती इन्सान से होती है। पर जो आदमी उस ग़लती से चिमटा रहता है और उसे बार-बार करता रहता है, वह मूर्ख है।

और मैं अपने-आपको समझदार गिनता हूँ।

तुम्हारा
रोशन

९

रोशन ने अनन्त को लिखा था कि सीपी का मेला देख कर, जैसे भी हो, वह वापस चला जायेगा, पर वह क्या जानता था कि सीपी के मेले में जाने की ग़लती करने के कारण ही वहाँ से जाना उसके लिए असम्भव हो जायेगा।

०

सीपी का पूरा नाम सीपुर है। यह जगह छोटे शिमले से आठ-नौ मील दूर, मशोबरे से नीचे घाटी में है। यहाँ शिव का एक मन्दिर और बावली है, जहाँ हर वर्ष मेला लगता है। रोशन ने उस मेले के बारे में बहुत-कुछ सुन रखा था — इर्द-गिर्द की पहाड़ी युवतियाँ गहनों-कपड़ों में सजी-बजी मेला देखने आती हैं; तरह-तरह का जुआ होता है; बरड़ियों

के गाने सुनने को मिलते हैं; राजा का दरबार लगता है, जहाँ बड़े लाट और जंगी लाट आते हैं और नाच-गाना होता है —और रोशन की उत्सुकता अपने में समा न पाती थी....

मेले से एक दिन पहले लालाजी ने उसे बताया था कि सुबह आठ बजे छोटे शिमले के पनवाड़ी की दुकान पर मिलना तय हुआ है और वह सुबह वक्त पर तैयार हो जाये; आठ-नौ मील की मंज़िल है, धूप तेज़ होगी, साढ़े आठ बजे चल देंगे ताकि साढ़े दस-ग्यारह बजे तक सीपी पहुँच जायें....

रोशन रात को ठीक से सो न पाया था। सुबह साढ़े चार बजे ही उठ गया था और ऐन वक्त पर लालाजी के साथ छोटे शिमले पहुँच गया था, लेकिन उस वक्त वहाँ पार्टी के सिर्फ़ दो आदमी पहुँचे थे। दस बजे वे लोग छोटे शिमले से रवाना हुए और तेज़ धूप में छै-सात मील की मंज़िल पार कर जब वे मशोबरा पहुँचे तो एक बजने को था।

o

मशोबरे में ख़ूब चहल-पहल थी। छोटी-सी बस्ती, नन्हा-सा बाज़ार। वास्तव में शिमला के शोर-शराबे से दूर निवास करने के इच्छुक अंग्रेज़ अथवा अंग्रेज़नुमा भारतीय वहाँ रहते थे। वाइसरॉय हाउस भी था, जहाँ वाइसरॉय कभी-कभी आ कर शान्ति के कुछ दिन गुज़ारते थे। आगे 'गेबल्ज़ होटल' नाम से एक फ़र्स्ट क्लास होटल था, जिसके संचालक एक अंग्रेज़ थे, जो बड़े सुचारु रूप से होटल को चलाते थे। उस होटल में प्रायः अंग्रेज़ अथवा राजा-नवाब ही ठहरते थे।

इसी 'गेबल्ज़ होटल' के नीचे मुख्य सड़क से एक रास्ता सीपी को उतरता था, जो वहाँ से कोई डेढ़-दो मील नीचे थी। वहीं मुहाने पर रियासत के रीडर तथा दूसरे दरबारियों के साथ कोठी के टिक्का साहब जंगी लाट की अगवानी को खड़े थे —राजपूतों-जैसी शमले वाली लटकेदार लाल पगड़ी, काला अचकन, चूड़ीदार पायजामा, नोकदार जूता — पतले-से नाटे कद के चुस्त आदमी; वे लोग अभी वहाँ पहुँचे ही थे कि एक बड़ी-सी गाड़ी वहाँ आ कर रुकी। उसमें से एक ऊँचा-लम्बा, हृष्ट-पुष्ट अंग्रेज़, बड़ा-सा बल्लम हाथ में लिये, एक अंग्रेज़ रमणी के साथ उतरा। भीड़ में 'जंगी लाट, जंगी लाट' की सरगोशियाँ गूँज गयीं। चूँकि रोशन के साथियों को मेले में पहुँचने की जल्दी थी, इसलिए टिक्का साहब को जंगी लाट का स्वागत करते हुए छोड़ कर वे लोग आगे बढ़े।

रोशन की उत्सुकता को पंख लग गये थे। किसी पहाड़ी मेले को देखने का उसका यह पहला अवसर था। सीपी के बारे में उसने जो-कुछ सुना था, उस सबको प्रत्यक्ष देखने की लालसा क्षण-क्षण बलवती हो रही थी....रोशन जब पार्टी के पीछे लुढ़कता हुआ-सा बढ़ा तो उसने देखा कि वह मार्ग संजौली से मशोबरा को आने वाले मार्ग की तरह वृक्षों से रहित नहीं, केलुओं के छतनार पेड़ों से आच्छादित है। नीचे उतरते ही वृक्षों के स्पर्श से शीतल हवा ने उनका स्वागत किया। पूरी घाटी में देवदारों की छाया थी। सीपी में तो काफ़ी ठण्ड थी।

घाटी के नीचे एक छोटे-से मैदान में, एक ऊँचे चबूतरे पर पैगोडा ऐसा छोटा-सा शिव-मन्दिर था, जिसे वहाँ के पहाड़ी लोग सीपी देवता का मन्दिर कहते थे। मैदान में चूँकि उतनी जगह न थी, इसलिए मेला घाटी में काफ़ी ऊपर तक फैला हुआ था। मेले का बाज़ार

भी पहाड़ी नदी की तरह दो-एक बल खाता हुआ नीचे मैदान तक चला गया था। मेले के शुरू में रोशन को एक बड़ी-सी टंकी दिखाई दी, जिसमें टूटियाँ लगी थीं। उसे वहाँ पानी के उस प्रबन्ध पर आश्चर्य हुआ। एक टूटी खोल कर उसने पानी पिया तो इतना ठण्डा था कि उसके दाँत दर्द करने लगे।

पानी की टंकी के साथ ही एक ख़ेमा लगा हुआ था, जिसके बाहर चाय के बर्तन पड़े थे और बिस्कुट, तोस और चाय का प्रबन्ध था। यहीं से आगे दो मार्ग हो गये थे — एक पदाधिकारियों के लिए, दूसरा जनता के लिए। पहले मार्ग पर एक गेट बना था, जिस पर अंग्रेज़ी में 'वेलकम' लिखा हुआ था। वहाँ गेट के साथ एक-डेढ़ रुपये वाली लोहे की कुर्सी भी रखी थी और उस पर पण्डितों-ऐसी घुटी हुई पगड़ी बाँधे, गले में ज़रदोज़ी का कीमती चोग़ा, कमर में चूड़ीदार पायजामा और पैरों में कामदार जूता पहने एक बुज़ुर्ग बैठे थे। उनके बराबर एक वृद्ध, लेकिन चुस्त, व्यक्ति सफ़ेद अचकन पहने डटे थे। गेट पर गोरे रंग का एक युवक चुस्त सूट पहने खड़ा था। रोशन ने पूछा तो उसे मालूम हुआ कि ये क्रमशः कोठी के राणा, उनके मन्त्री और रीडर हैं और कदाचित जंगी लाट के आगमन की प्रतीक्षा कर रहे हैं....किसी रियासत के राणा को एक साधारण-सी लोहे की कुर्सी पर बैठे देख कर रोशन को अपार आश्चर्य हुआ और वह कितनी ही देर तक उनकी ओर एकटक देखता रहा। राणा काफ़ी बूढ़े थे, यद्यपि दोहरे बदन के थे, पर उम्र के बोझ से उनके कन्धे झुके थे और वे ऊँघते-से बैठे थे।

रोशन के देखते-देखते वहाँ एक अंग्रेज़ आया। उसके साथ पहले रीडर, फिर मन्त्री ने बातचीत की, फिर मन्त्री ने राणा साहब के कान में कुछ कहा। वे उठे। उन्होंने अंग्रेज़ का अभिवादन किया। फिर उसे भी एक लोहे की कुर्सी पर राणा साहब के बराबर बिठा दिया गया।....रोशन को लगा कि राणा साहब अंग्रेज़ी नहीं जानते, इसलिए उन्हें दुभाषिए की ज़रूरत पड़ती है या वे अंग्रेज़ी जानते हैं तो काम-चलाऊ ही। वह ठीक स्थिति जानना चाहता था, पर पार्टी निचले मार्ग से आगे बढ़ गयी।

कुछ दूर चलने पर हलवाइयों की दुकानें आ गयीं। तभी राम भरोसे ने बायीं ओर एक ऊँचे-से स्थान की ओर संकेत करते हुए कहा, "वहाँ मीना बाज़ार लगता है।"

रोशन ने देखा, वहाँ बाज़ार से ज़रा ऊँची जगह प्राकृतिक सीढ़ियाँ-सी बनी थीं और लकड़ी के खम्भों में रस्सी बाँध कर एक जँगला-सा बना था। दो-चार ही स्त्रियाँ अभी वहाँ बैठी थीं। पार्टी के लोगों को उस समय कहीं बैठने और अपने थके हुए अंगों को आराम देने की जल्दी थी, इसलिए उधर ज़्यादा ध्यान दिये बिना, रोशन उनके पीछे लुढ़कता चला गया।

हलवाइयों की दुकानों के आगे जुए के स्टाल थे —लगभग वैसे, जैसे रोशन ने लाहौर की ऑल इण्डिया नुमाइश के कार्निवाल में देखे थे —एक मेज़ पर लाल कपड़ा बिछा था। उस पर सीधी पंक्तियों में दुअन्नियाँ, चवन्नियाँ और एक-दो रुपये चस्पाँ थे। मेज़ के गिर्द जँगला बना था, जहाँ से जुआरी लोहे की पतली चूड़ियाँ फेंकते थे।....अगले स्टाल पर एक चक्कर था, जो घूम रहा था, उस पर बन्दूक से निशाना लगाते थे।....ऐसे ही अन्य स्टाल थे।....इन स्टालों के आगे छोटा-सा मैदान था, जिसमें दरबार के लिए शामियाना तना था और दरियाँ बिछी थीं, जिन पर चाँदी की कुर्सियाँ सजी थीं। दायीं ओर

सीपी देवता का मन्दिर था और उसके बराबर कुछ तम्बू लगे हुए थे, जिनके सामने पार्टी के लिए प्रबन्ध किया गया था और कुछ कनातें लगी थीं।

पार्टी बायीं ओर को विश्राम-स्थल की खोज में बढ़ गयी।

पेड़ों की घनी छाया में सब दायरा बना कर बैठ गये। सुबह साढ़े नौ बजे शिमले से चल कर नौ मील लम्बे रास्ते की चिलचिलाती धूप में चलने और रास्ते की गर्द फाँकने के बाद तनिक आराम ज़रूरी था। भूख भी लग आयी थी, इसलिए लाला भोलानाथ और श्री रामलाल ने कुली के सिर से मिठाई और फलों का टोकरा उतरवाया। सबके सामने पुराने अख़बारों का (जो घर ही से लाये गये थे) एक-एक पन्ना रख दिया गया और लाला भोलानाथ ने मिठाई परोसनी शुरू कर दी। उस समय निकट ही पेड़ों के पीछे चलते पँगूड़े में झूलती हुई किसी पहाड़ी युवती ने अपने सुरीले कण्ठ से तान लगायी।

तुझ पिछियाँ मैं होई बदनाम लोक्का[१]

लम्बी तान, कोयल का-सा पंचम स्वर, पहाड़ी गीत, रमणी का युवा कण्ठ और झूले में झूलते समय की मस्ती। गीत वायु के कण-कण में बस कर रोशन के श्रवणों पर छा गया। रिक्शा-ड्राइवरों और ग्वालों की मोटी आवाज़ में उसने कई बार पहाड़ी गीत सुने थे, कई बार लोच-भरे स्वर के धनी युवकों को अपनी आवाज़ के चमत्कार दिखाते पाया था, पर ऐसी हृदयस्पर्शी तान, ऐसी मादक संगीत-लहरी उसके सुनने में न आयी थी —

तुझ पिछियाँ मैं होई बदनाम लोक्का

'क्या इकतरफ़ा प्रेम में (ख़ास कर औरत के लिए) बदनामी के सिवा कुछ और भी हाथ आता है?' रोशन ने सोचा, 'प्रेम के बदले प्रेम मिल जाये तो बदनामी बदनामी नहीं रहती, लकिन उसके बिना....क्या चन्द्रा के भाग्य में भी बदनामी ही लिखी है?' कसुमटी और छोटे शिमले के क्लर्कों में, वह जानता था, उन्हें ले कर क्या-क्या अटकलें नहीं भिड़ायी जाती हैं और चन्द्रा के उस आवेग के लिए, जिसे उसने अपनी रुखाई से छलक पड़ने से बाँध रखा था, एक अव्यक्त-सी करुणा रोशन के मन में उमड़ आयी।

....तभी पण्डित तेजभान ने उसकी तल्लीनता तोड़ दी, हँस कर बोले, "किसके विरह में कूक रही है?"

और सब-के-सब ऐसे हँस पड़े, जैसे उस फूहड़ क्लर्क ने बड़ी चतुराई-भरा मज़ाक किया हो....

कुछ क्षण रोशन उन लोगों की फूहड़ बातें सुनता रहा, फिर उसका ध्यान उसी तान में जा लगा। बोल पूरी तरह समझ में न आ रहे थे; हाँ, तान का आनन्द लिया जा सकता था, फिर भी जो कुछ समझ में आया, रोशन के हृदय में एक टीस पैदा करने के लिए काफ़ी से ज़्यादा था।

गल्लाँ रीयाँ मिठ्ठियाँ
दिला रीयाँ पापने
तुझ पिछियाँ मैं होई बदनाम लोक्का
थोड़ी-थोड़ी दूरी

---

१. ऐ मेरे प्यारे, मैं तेरे कारण बदनाम हो गयी हूँ।

मापियाँ री लगदी
सज्जनाँ दे बुरे बजोग लोक्का
चिट्टे-चिट्टे कपड़े
भगवे रँगाई दे
करी लैणा जोगियाँ रा भेस लोक्का[१]

जल्दी-जल्दी मिठाई, नमकीन, फल समाप्त कर, लालाजी से छुट्टी ले कर, छड़ी और डायरी सँभाल रोशन चल पड़ा कि बरड़ियों से पहाड़ी गीत सुने और सम्भव हो तो अर्थों के साथ उन्हें डायरी में नोट करे।

०

घूमते-घूमते बरड़ियों के गाने सुनते और उन्हें कापी में उतारते चार बजने को आ गये थे। रोशन को फिर भूख लग आयी। वह पलटा और रास्ते भर यह देखता गया कि उसे कोई साथी मिल जाये, पर उसे पार्टी का एक भी सदस्य नहीं मिला। भीड़ को चीरता हुआ वह उस स्थान की ओर बढ़ा, जहाँ वह पार्टी को मिठाई और फल उड़ाते छोड़ गया था। चार-छै काग़ज़ इधर-उधर उड़ रहे थे और मक्खियों की भिनभिनाहट उस छोटी-सी ज़्याफ़त की चुग़ली खा रही थी, जो रोशन ने पार्टी के अन्य सदस्यों के साथ वहाँ उड़ायी थी, लेकिन पार्टी के किसी सदस्य का पता न था। क्षण भर तक रोशन अनिश्चित-सा वहीं खड़ा रहा। भूख से उसके प्राण निकले जा रहे थे और पार्टी के लोग न जाने किधर चले गये थे। मेले में आने का यह उसका पहला अवसर था और सीपी के भूगोल से वह नितान्त अनभिज्ञ था। उसने इधर-उधर देखा, दरबार के शमियाने और मन्दिर के परे जा कर भी उन्हें ढूँढा, पर जाने वे धरती में समा गये थे या आसमान में उड़ गये थे, एक भी आदमी उसे नहीं दिखाई दिया....रोशन फिर पलटा और बड़े बाज़ार में ढूँढता हुआ छोटे बाज़ार में आया। जब उसे कहीं भी कोई न दीखा तो उसने एक ख़ोंचे वाले से पेड़े और बर्फ़ी ली और खाने लगा।

अभी उसने मुश्किल से बर्फ़ी का एक टुकड़ा खाया होगा कि 'हटो-बचो' की आवाज़ और भीड़ की रेल-पेल ने उसे वहाँ ला खड़ा किया, जहाँ जँगले के अन्दर पहाड़ी पर सीढ़ी-दर-सीढ़ी पहाड़ी युवतियाँ बैठी मेले का नज़ारा कर रही थीं और मेले वाले वहाँ से गुज़रते हुए उनका नज़ारा कर रहे थे। कुछ यार लोग 'दीदार बाज़ी ते रब्ब राज़ी' के उसूल पर चलते हुए वहीं डटे खड़े थे और नीली वर्दी पहने एक चौकीदार जैसे इस बाड़े की रखवाली कर रहा था।

तभी उँगलियाँ उठीं, आँखों ने आँखों से बातें कीं और फुसफुसाहटों से रोशन ने जान लिया कि राणा साहब आ गये हैं। उसने उधर निगाह उठायी तो देखा कि टिक्का साहब, मन्त्री महोदय और दूसरे दरबारियों की अर्दली में राणा साहब जंगी लाट (कमाण्डर-इन-चीफ़) जनरल बर्ग के साथ आ रहे हैं। जंगी लाट के हाथ में वही

१. प्यारे, तेरी बातें तो बड़ी मीठी हैं, पर तेरे दिल में खोट भरा है। मैं तेरे कारण बदनाम हो गयी हूँ। माँ-बाप का बिछोह थोड़ा बुरा लगता है, लेकिन साजन का वियोग बहुत बुरा होता है। अपने सफ़ेद कपड़े मैं भगवे रँगा लूँगी और जोगियों का भेस धारण कर लूँगी।

लम्बा-सा बल्लम था और वे ख़ाकी कोट और निक्कर पहने हुए थे —लम्बे-ऊँचे छै फ़ुटे; साथ में वही स्त्री थी —जाने उनकी पत्नी थी या पुत्री, जिसे रोशन ने मशोबरे में कार से उतरते देखा था। सुबह उसने टिक्का साहब और राणा साहब को दूर से देखा था। यहाँ उसे एकदम समीप से उन्हें देखने का अवसर मिला —निकट से देखने पर राणा साहब उसे और भी बूढ़े दिखाई दिये। सर पर उनके रेशमी पगड़ी थी, जिसमें कलग़ी लगी थी, तन पर ज़रदोज़ी का चोग़ा, दाढ़ी-मूँछ साफ़। पगड़ी उनकी पण्डितों जैसी थी, जिसका शमला पीछे टँगा हुआ था और उसके अगले हिस्से में सुनहरे तारों की कलग़ी खुँसी थी। टिक्का साहब पैंतीस-चालीस के छरहरे बदन और राणा साहब की अपेक्षा किंचित श्याम वर्ण के आदमी थे। गले में काली अचकन, कमर में चूड़ीदार पायजामा और सिर पर राजपूती ढंग से बँधी इन्द्रधनुषी रंग की पगड़ी। मूँछें उनकी नोकदार थीं और उस समय बड़े रौब से ऊपर को उठी थीं। उनके चेहरे पर हल्के-से शीतला के दाग़ थे। उनकी वेश-भूषा की अपेक्षा उनकी मुखाकृति की अहम्मन्यता और चाल की वह अकड़ ही उनके युवराज होने का परिचय देती थी। मन्त्री महोदय बेचारे अधेड़ आयु और ठिगने कद के भले-से आदमी दिखाई देते थे, किन्तु देख कर उन्हें किसी स्कूल का हेड मास्टर अथवा किसी दफ़्तर का हेड क्लर्क चाहे समझ लिया जाता, किसी राज्य का मन्त्री न समझा जा सकता था।

राणा साहब जंगी लाट के बराबर चल रहे थे। कुछ बातें भी कर रहे थे, रोशन निकट होने पर भी नहीं समझ सका। अचानक उसके मन में वही विचार उठा, जो सुबह उन्हें किसी अंग्रेज़ से बातें करते देख कर उठा था —ये किस भाषा में बातें कर रहे हैं? —अंग्रेज़ी में तो नहीं ही करते होंगे। ये शिमले से नौ मील दूर कोटी में बसने वाले सत्तर-बहत्तर वर्ष के राणा अंग्रेज़ी कहाँ जानते होंगे। उनके ज़माने में तो शायद चीफ़्स कॉलेज की नींव भी न रखी गयी थी। फिर सुबह गेट पर उन्होंने आगत अंग्रेज़ से रीडर के माध्यम से बात की थी, पर यहाँ तो वे सीधे जंगी लाट से बातें करते हुए जा रहे थे। क्या जंगी लाट पहाड़ी भाषा जानते हैं? एक प्रबल औत्सुक्य से रोशन यह जानने को बैचेन हो उठा। जंगी लाट के सामने से गुज़रते ही वह उस चौकीदार से पूछ बैठा, "क्यों जी, यह आपके राणा कहाँ तक पढ़े हुए होंगे?"

"तुमसे मतलब?"

"यों ही।"

"यों ही क्या?"

रोशन ने उसे अपनी उलझन समझाने का प्रयास किया कि राणा जंगी लाट से जो बात करते हैं, क्या अंग्रेज़ी में करते हैं अथवा क्या जंगी लाट....

अभी वह अपनी बात पूरी तरह कह भी न पाया था कि उस चौकीदार ने ज़ोर से उसे धक्का दिया, "चल, हट यहाँ से !"

रोशन गिरा, उसके हाथ की मिठाई और उसका हैट दूर जा पड़े। दर्शकों में एक अट्टहास गूँजा। तत्काल उठ कर हैट सँभालते हुए उसने कुछ खिन्न हो कर किंचित क्रोध-भरे स्वर में चौकीदार से कहा, "भाई, सीधी तरह बात करो, धक्का क्यों देते हो?"

चौकीदार ने गन्दी गाली देते हुए कहा, "चल....के। सीधी तरह लिये फिरता है।"

और उसने फिर उसे धक्का दिया।

रोशन उठ कर बाघ की तरह झपटा। समझ और सोच की शक्तियाँ उसकी जवाब दे गयीं। उसने बायें हाथ से चौकीदार का गला पकड़ लिया और दायें से छड़ी उठाते हुए बोला, "मैं कहता हूँ, तमीज़ से बात कर।"

"चल तमीज़ के बच्चे !" चौकीदार ने ज़ोर का थप्पड़ उसके जमा दिया। रोशन ने उस पर छड़ी से वार किया। तभी उसने एक-दो सीटियों की आवाज़ सुनी और दूसरे क्षण उसने अपने-आपको कई चौकीदारों के मध्य घिरा पाया। एक ने उसकी छड़ी छीन ली। दूसरे ने उस पर एक-दो हण्टर बरसा दिये।....'मार दिया, मार दिया' का शोर मच गया। लोगों की भीड़ इकट्ठी हो गयी। कुछ लोगों ने बीच में पड़ने का प्रयत्न भी किया, लेकिन तभी एक और चौकीदार दनदनाता हुआ आया, जो उन सबका अफ़सर मालूम होता था, क्योंकि उसकी वर्दी ख़ाकी थी और उन सबसे बढ़िया थी और उसकी कमर में ही नहीं, कन्धे और सीने पर भी पेटी कसी थी।

तब रोशन को पता चला कि जिन्हें वह चौकीदार समझता था, वे वास्तव में रियासत के सिपाही थे। उनकी वर्दियाँ बिलकुल वैसी थीं, जैसी मैदानों में देहाती चौकीदारों की होती हैं —और यह अफ़सर उनका दारोग़ा था।

दारोग़ा साहब लपकते हुए घेरे में आये और उन्होंने धक्के दे कर लोगों को परे हटा दिया और पूछा कि क्या बात है?

"यह लौंडा यहाँ औरतों से मज़ाक कर रहा था। मैंने रोका तो मेरे चाँटे मारने लगा।" उस सिपाही ने कहा, जिससे रोशन का झगड़ा हुआ था।

रोशन यह अभियोग सुन कर संज्ञाहत-खड़ा रह गया। क्रोध के कारण उसके मुँह से बात न निकली। उसने प्रयास भी किया, लेकिन उन असभ्य सिपाहियों की गाली-गलौज-भरी बातों का उत्तर देना उसके बस में नहीं था, फिर धक्का-मुक्की में उसकी ऐनक भी कहीं गिर गयी थी और उसे सब कुछ धुँधला-धुँधला दिखाई दे रहा था।

उसी समय किसी ने कहा, "इसे हथकड़ी लगा दो।"

"लगा दो !" रोशन ने क्रोध के वश केवल इतना ही कहा और हाथ आगे बढ़ा दिया।

दूसरे क्षण उसके हाथ में हथकड़ी पड़ गयी और आगे हण्टर घुमाता और भीड़ को हटाता दारोग़ा और पीछे चार-पाँच यमदूत-ऐसे सिपाहियों के घेरे में 'बेगुनाह कैदी' बना रोशन नीचे को चल दिया।

o

तभी उसे अहसास हुआ कि क्रोध में उससे ग़लती हो गयी है। उसे ज़रा सन्तोष और धीरज से काम ले कर, लोगों को अपनी बात समझानी चाहिए थी और दारोग़ा की कुछ ख़ुशामद करके, उस झगड़े निकल जाना चाहिए था; लेकिन उस मामूली-से आदमी का, जिसे वह चौकीदार समझता था, गाली देना उसकी समझ और सोच की सब शक्तियों को हर ले गया और दुर्वार क्रोध से उसका गला रुँध गया और वह अपनी बात न कर सका।....दायें हाथ में हथकड़ी बँधाये, जब वह उन सिपाहियों के पीछे-पीछे निचले बाज़ार को चला तो उसे ख़याल आया कि वह किसी शराब की दुकान पर पिकेटिंग करते हुए अथवा विदेशी कपड़ों

का बाइकाट करते गिरफ़्तार नहीं हुआ, बल्कि उस पर मेले में आयी पहाड़ी स्त्रियों से छेड़ख़ानी का अभियोग लगाया गया है और इस विचार के आते ही उसका अकड़ा हुआ सिर आप-से-आप झुक गया। तभी जब वह नीचे के बाज़ार में पहुँचा, एक दुकानदार ने, जिसकी दुकान घटना-स्थल के ज़रा नीचे थी, बढ़ कर उसके हाथ में उसकी टूटी हुई ऐनक और उसका एक शीशा दे दिया। सिपाही ने जब उसे थप्पड़ मारा था तो उसकी ऐनक उछल कर दुकान में जा गिरी थी, एक शीशा टूट गया और एक निकल कर दूर जा गिरा था।

तभी भीड़ में से किसी ने बढ़ कर कहा, "यह बाबू साहब का हैट भी दे दीजिए।"

और दुकानदार ने उस व्यक्ति से हैट ले कर रोशन को थमा दिया।

हथकड़ी वाले हाथ में ऐनक और ख़ाली हाथ में हैट थामे जब वह सिपाहियों के घेरे में बाज़ार से निकला तो उसने सोचा —अच्छा हुआ, उसकी ऐनक टूट गयी और उसे कुछ दिखाई नहीं देता, नहीं तो तमाशाइयों के होंटों की मुस्कानें और आँखों का व्यंग्य वह कैसे सह पाता।

१०

"अरे, वह तो मास्टर जी जा रहे हैं।"

यद्यपि बायीं ओर बैठे हुए लोगों में से सहसा उठ कर अपनी ओर लपके आते आदमी की शक्ल तो दूर से (आँखों पर चश्मा न होने के कारण) रोशन नहीं पहचान सका, पर डील-डौल और आवाज़ ही से वह जान गया कि तेजभान है और हालाँकि तेजभान ने न तो हथकड़ी का ज़िक्र किया, न सिपाहियों का, पर उनकी आवाज़ में कुछ ऐसा था कि बैठे हुए सभी लोगों की निगाहें उसकी ओर उठ गयीं और दूसरे क्षण सब उसकी ओर लपके।

बाज़ार को पार कर, दरबार के शमियाने के पीछे से हो कर, उस जगह को लाँघते हुए, जहाँ रोशन ने सुबह अपने साथियों के साथ मिठाइयाँ और फल खाये थे, पेड़ों के एक झुण्ड में से सिपाही उसे हवालात को लिये जा रहे थे कि सहसा तेजभान की नज़र हथकड़ी में जकड़े रोशन पर पड़ गयी थी। मेले के शोर-शराबे से दूर, पेड़ों के पीछे, ढलवाँ घास पर सारी-की-सारी पार्टी बैठी थी। मेला देख कर, थक-थका कर कुछ लोग आराम कर रहे थे और कुछ रमी और फ़्लाश खेल रहे थे कि तेजभान की आवाज़ से चौंक कर और रोशन को इस अवस्था में देख कर सब उठ दौड़े थे।

ख़ुदमुख़्तार रियासत के एक बावर्दी सिपाही के अपमान का बदला चुकाने की जल्दी में सिपाही एक तरह से उसे धकेलते हुए भागम-भाग लिये जा रहे थे कि उन सबको देख कर क्षण-भर को चौंक गये, लेकिन रुके नहीं।

अपने आदमियों को देख कर रोशन को, जो निरपेक्ष भाव से संज्ञाहीन-सा चला जा रहा था, अपार ढाढ़स मिला और उसकी आँखें अनायास छलछला आयीं।

"अरे मास्टर जी, आप किधर चले गये थे, मैं सारे मेले में आपको ढूँढ आया !"

तेजभान ने कहा।

"मैंने आपको सब जगह देखा।" रोशन ने लगभग रुआँसी आवाज़ में कहा।

तभी लालाजी पहुँच गये। "क्या बात है भई?" उन्होंने सिपाहियों से पूछा।

लालाजी यद्यपि केवल एक निक्कर और कमीज़ पहने हुए थे और उन्हें देख कर कोई न कह सकता था कि वे पंजाब सरकार के एक बड़े अफ़सर हैं, पर उनके लिए जिस प्रकार सबने रास्ता बना दिया और अदब से एक ओर हो गये और जिस तरह उन्होंने 'क्या बात है भई' कहा, उससे सिपाही चलते-चलते रुक गये।

रोशन ने कुछ उखड़े-उलझे शब्दों में अपनी मुसीबत की कहानी कही, पर घबराहट, क्रोध, अफ़सोस और अपनी बात कहने की जल्दी में शब्द उसके मुँह से ठीक तरह निकल न पा रहे थे।

दारोग़ा पीछे-पीछे पेड़ों के झुण्ड तक आया था और मेले को वापस जा रहा था कि सिपाहियों को रुकते देख वहीं से ललकारा, "ले जाओ और इसे फ़ौरन हवालात में बन्द कर दो।"

तब रोशन की पीठ को जल्दी से थपथपाते हुए लालाजी ने कहा, "घबराइएगा नहीं," और वे दारोग़ा की तरफ़ बढ़े। सारी पार्टी उनके पीछे हो ली। रोशन को लिये हुए सिपाही आगे को बढ़ चले। हवालात को जाते हुए रोशन के कानों में केवल दारोग़ा की कर्कश आवाज़ आयी —"आप जा कर टिक्का साहब से मिलिए।"

रोशन को दो सिपाहियों की तहवील में छोड़ कर शेष सिपाही इतने लोगों के कारण दारोग़ा के साथ हो लिये थे। यह जान कर कि रोशन के पीछे इतनी बड़ी पार्टी है और वह अकेला नहीं, रोशन के साथ जाने वाले सिपाहियों का व्यवहार भी किंचित नरम और सभ्य हो गया था। शायद इसका यह भी कारण हो कि उनमें से एक भला आदमी लगता था।

o

"ये कौन थे बाबू?" सहसा उस सिपाही ने पूछा, जो पीछे-पीछे आ रहा था।

बाबू —उन सिपाहियों के मुँह से, जो बिना गाली बात न करते थे, उस सभ्य सम्बोधन को सुन कर रोशन किंचित चौंका। उसकी संज्ञा लाला हाकिमचन्द और उनकी पार्टी को देखते ही लौट आयी थी। सिपाहियों के व्यवहार में इस ज़रा-से परिवर्तन से उसका आत्म-विश्वास भी लौट आया था।

"पंजाब सरकार के एक बहुत बड़े अफ़सर हैं," उसने कहा, "बाकी सब लोग उनके नीचे काम करते हैं।"

"तुम्हारे क्या लगते हैं?"

"मैं उनकी लड़की को पढ़ाता हूँ।"

"तुम क्या टीचर हो?"

"नहीं, मैं टीचर तो नहीं, जर्नलिस्ट हूँ, लाहौर के मशहूर अख़बारों में लिखता हूँ, सेहत कुछ ख़राब हो गयी थी, इसलिए इनकी ट्यूशन ले कर शिमले चला आया।"

कुछ क्षण वे मौन चलते रहे, फिर रोशन ने पूछा, "मेरा मामला कब पेश होगा?"

उत्तर में सिपाहियों ने जो बताया, उससे रोशन के होश-हवास फ़ाख़्ता हो गये और

अपने साथियों के मिल जाने और यह जान लेने के बाद कि उन्हें उसकी दुर्गति का पता चल गया है, उसे जो तसल्ली हुई थी, वह हवा हो गयी। सिपाहियों ने उसे बताया कि अभियोगी को तीन दिन तक हवालात में बन्द रखा जाता है, फिर मेले के समाप्त होने पर उसे रियासत की राजधानी 'कोटी' ले जाते हैं, जहाँ उसका मामला सुना जाता है और हवालात से उसे निकाल कर जेल में बन्द कर दिया जाता है। यों तो राज राणा जी ही करते हैं, पर सब प्रबन्ध टिक्का साहब के हाथ में है। वे ही मजिस्ट्रेट हैं, वे ही जज ! उनका फ़ैसला आख़िरी होता है और उसकी कोई अपील नहीं होती।

सहसा रोशन को अपनी पत्नी, अपने माता-पिता, अपने भाइयों और लॉ कॉलेज में दाख़िल होने के अपने प्रोग्राम का ध्यान हो आया —उन लोगों को कैसे पता चलेगा? उन पर क्या बीतेगी? उसकी पत्नी तो बच्चे से है, इस बुरी ख़बर का प्रभाव उस पर कैसा पड़ेगा? लॉ कॉलेज के उसके प्रोग्राम का क्या होगा? और सहसा उसने पूछा, "मुझे कितनी सज़ा हो सकती है?"

सिपाहियों ने बताया कि उसे डेढ़-दो महीने जेल की सज़ा भी हो सकती है और डेढ़-दो सौ रुपये जुर्माना भी। और फिर स्वयं ही उसके ज्ञान में वृद्धि करते हुए हथकड़ी का सिरा थामे आगे-आगे जाने वाले सिपाही ने कहा कि रियासत की जेल में तो बड़े-बड़े पहलवानों और गुण्डों का पित्ता पानी हो जाता है। ज़रा चूँ-चपड़ करें तो काठ मार दिया जाता है।

रोशन से जिस सिपाही का झगड़ा हुआ था, उसी ने उसे हथकड़ी पहनायी और वही हथकड़ी का सिरा हाथ में लिये आगे-आगे जा रहा था। उसे इस तेज़-मिज़ाज बाबू को डराने में जैसे बड़ा रस मिल रहा था। यद्यपि रोशन ने काठ मारने के सिलसिले में किसी तरह का प्रश्न न किया था, पर वह स्वयं ही बोले जा रहा था, "काठ मारना जानते हो बाबू ! यह सज़ा अंग्रेज़ी सरकार की जेलों में नहीं मिलती, पर हमारी जेलों में यह आम है. तुम जैसे तेज़-मिज़ाज मुजरिमों को दी जाती है। लकड़ी के दो तख़्तों में कैदी की टाँगें रख कर उन्हें पेचों से ऐसे कस दिया जाता है कि वह बिलबिला उठता है।"

रोशन चुपचाप उनकी बातें सुनता चला जा रहा था। डेढ़ सौ रुपये जुर्माने की सज़ा हुई तो वह इतना जुर्माना कैसे देगा? और जेल — राम जाने इस बर्बर रियासत की जेल-यातना वह सह भी पायेगा कि नहीं? बड़ी मुश्किल से उसका स्वास्थ्य कुछ ठीक हुआ था। उसका पतला-दुबला शरीर तो चार दिन में चीं बोल जायेगा।....लालाजी ने उसे तसल्ली दी थी, पर सिपाहियों की बातें सुन कर एक सिहरन उसकी रीढ़ की हड्डी में दौड़ती चली गयी। अंग्रेज़ी इलाका होता तो कोई बात न थी, यह ख़ुद-मुख़्तार पहाड़ी रियासत थी। जाने लालाजी की यहाँ चलती भी है कि नहीं। उसका दिल अन्दर-ही-अन्दर डूबने लगा, लेकिन उसने अपनी घबराहट सिपाहियों पर प्रकट नहीं होने दी और चुपचाप उनके साथ चलता गया।

तभी हवालात आ गयी और सिपाही क्षण-भर उसके बाहर रुके। मेले से डेढ़-दो फ़र्लांग दूर, राणा साहब के अस्थायी निवास-स्थान से कुछ कदम और नीचे एक मामूली-सा छप्पर था —साधारण पहाड़ी झोपड़ा। उसके आगे कुछ खुली-सी जगह थी और उसके बाद फिर गहरी घाटी, जिसमें देवदार और बाँझ का घना जंगल था और कई

पगडण्डियाँ नीचे के गाँवों को जाती थीं। बाहर से देखने पर न वह झोंपड़ा हवालात दिखाई देता था और न इस बात का ही पता चलता था कि उसमें आदमी को यन्त्रणा देने की कोई विकट व्यवस्था भी है।

सिपाही रोशन को छोटे-से दरवाज़े में से उस छप्पर के अन्दर ले गये। अन्दर जाने पर रोशन ने जाना कि वह सिपाहियों के अस्थायी तौर पर रहने की जगह है। मेले की व्यवस्था करने के लिए रियासती पुलिस का जो जत्था कोटी से सीपी आता था, वह इसी छप्पर में रहा करता था। वहाँ सिपाहियों के बिस्तर गोल किये हुए पड़े थे। खूँटियों पर उनके कपड़े टँगे थे। कुछ सिपाही भी बैठे थे। फ़र्श लकड़ी के तख़्तों का था। एक चारपाई भी थी, जो शायद बड़े दारोग़ा की थी। सिपाही ने रोशन की छड़ी कोने में रखी तो रोशन ने माथे का पसीना रुमाल से पोंछते हुए कहा, "भई, मेरा हैट भी कहीं टाँग दो।"

"हम तुम्हारे बाप के नौकर हैं !"

रोशन चुप खड़ा रह गया। छप्पर के अन्दर प्रवेश करते ही वह क्षण-भर को अपनी स्थिति भूल गया था। भूल गया था कि वह एक स्वतन्त्र लेखक और अध्यापक नहीं, कोटी रियासत का एक अभियुक्त है, जिसके हाथ में हथकड़ी लगी है और जिसे हवालात में बन्द करने को लाया गया है। यथार्थ स्थिति का भान होते ही सहसा उसके कण्ठ में गोला-सा अटक गया और अपनी असहाय अवस्था पर उसकी आँखें छलछला आयीं। प्रबल इच्छा-शक्ति से काम ले कर उसने आँसुओं को बहने से रोका।

"बैठ जाओ।"

रोशन वहीं नंगे फर्श पर बैठ गया।

"इधर बैठ जाओ।" एक दूसरे सिपाही ने, जो तनिक सहृदय दिखाई देता था, फ़र्श पर बिछे एक कम्बल की ओर संकेत करते हुए कहा।

लेकिन रोशन नहीं उठा। जाने अभी उसे कौन-सा उपहास, निरादर, यन्त्रणा सहनी पड़े। मन को उसे पहले ही से तैयार कर लेना चाहिए। इन बर्बर सिपाहियों के सामने वह न गिड़गिड़ायेगा, न रोयेगा; उस पर जो बीतेगी, उसे दृढ़ता से एकदम निरपेक्ष हो कर सहेगा।

अभी छोटे दारोग़ा के आने की प्रतीक्षा हो रही थी। इसलिए सिपाही आपस में अपनी पहाड़ी बोली में बातें करने लगे। रोशन चूँकि दूसरी बार शिमले आया था, इसलिए वह उनकी बोली समझता था।....बातचीत का सिलसिला उस सिपाही ने आरम्भ किया, जिसने रोशन को कम्बल पर बैठने के लिए कहा था। कहने लगा —

"बाबू बेकसूर दिखाई देते हैं।"

तब रोशन के साथ आने वाले दूसरे सिपाही ने अपने साथी की ओर संकेत करते हुए वहाँ से उपस्थित सिपाहियों को बताया कि इसने बाबू को गाली दी, बाबू ने चाँटा दे मारा, झगड़ा हो गया।

तब वह पहला सिपाही हथकड़ी थामने वाले सिपाही से बोला, "क्यों बे, तूने गाली क्यों दी थी?"

"मैंने गाली कब दी, उन्होंने मेरा गला पकड़ लिया और चाँटे मारे।"

"जा बे, इन बाबू साहब का सिर फिरा है, जो चाँटे रसीद करते फिरें, बेचारे भले

घर के आदमी लगते हैं।"

वह लज्जा से कुछ सिर झुका कर बैठ गया।

उनकी बातों से रोशन को फिर कुछ सान्त्वना मिली। आख़िर इन बर्बर सिपाहियों में भी सभी पशु नहीं। इनमें भी किसी-किसी में मानवता का वास है, पर अगले क्षण उसके मन में ख़याल आया कि जाने इस सहृदय की चले-न-चले। बहरहाल तीन दिन तो उसे इनमें काटने होंगे।

उसे कुछ चिन्तित देख कर वही सिपाही बोला, "बाबू, आप चिन्ता न करें, आप ज़रूर रिहाई पा जायेंगे।"

रोशन विवशता से मुस्कराया। तभी खट-खट करते नायब दारोग़ा साहब, दो सिपाहियों की अर्दली में, छोटे-से-दरवाज़े में सिर झुका कर अन्दर दाख़िल हुए।

आते ही उन्होंने कड़कदार आवाज में मुलज़िम की तलाशी का हुक्म दिया। रोशन उठा। एक सिपाही ने बाकायदा उसकी तलाशी ली —एक घड़ी, कुछ नकदी, पाकेट बुक, एक-दो काग़ज़ और छड़ी —यह सब फ़रदे-बरामदगी की शोभा बने। सूची तैयार हुई तो रोशन ने हस्ताक्षर कर दिये और फिर बैठ गया। उसने मन-ही-मन सन्तोष की साँस ली कि चलो छुट्टी हुई, यहाँ काफ़ी जगह है, फ़र्श ही पर सही, तीन दिन किसी-न-किसी तरह कट जायेंगे और इस बीच लालाजी उसे ज़रूर रिहा करा लेंगे। पर तभी दारोग़ा के साथ आने वाले सिपाहियों ने वहीं दरवाज़े के पास ही लकड़ी के फ़र्श से एक चौकोर तख़्ता उठाया और रोशन का दिल ज़ोर से धड़क उठा।

हँसते हुए दारोगा साहब ने विद्रूप से कहा, "बाबू साहब को गर्मी बहुत जल्दी आ जाती है। अब तबीयत ठण्डी हो जायेगी।"

रोशन के देखते-देखते एक आदमी उसमें उतरा। उसके पाँव धरती पर लग गये, पर उसका सिर झरोखे से दिखाई दे रहा था। रोशन को आशंका हुई, कहीं यह तहख़ाना ही यहाँ की हवालात न हो। दूसरे क्षण नीचे उतरने वाले सिपाही ने जो कहा, उससे इस आशंका की पुष्टि हो गयी —"अँधेरे और ठण्ड का राज है, बेचारा मर जायेगा।"

"होश भी तभी ठिकाने होंगे !" दारोग़ा ने क्रूर व्यंग्य से कहा, "इसे ख़ूब गर्मी चढ़ी है।" और रोशन की ओर देख कर उसने उसे उठने का इशारा किया।

रोशन उठा। उसके कण्ठ में फिर गोला-सा उभरा, निमिष-भर को ख़याल आया कि उनकी मिन्नत-समाजत करे, पर उसके अहं को उन नर-पिशाचों के आगे झुकना और उनकी मिन्नत करके अपमानित होना स्वीकार न हुआ, जाने कैसा काठिन्य उसके अन्तर में उभर आया। सिपाही ऊपर आ गया। क्षण-भर को रोशन उस चौकोर झरोखे के किनारे रुका। अन्दर पेड़ का एक टेढ़ा-सा तना छत के सूराख़ से टिका था, जिस पर एक-एक गज़ के अन्तर से पैर रखने के लिए सीढ़ियाँ तराश दी गयी थीं। क्षण-भर को रोशन के शरीर में कँपकँपी उठी। उसे लगा, जैसे वह ठण्डे, अँधेरे भू-गृह में नहीं, धधकते ज्वालामुखी के मुँह में जा रहा था।

जानते हुए भी उसने पूछा, "मुझे इसमें रहना पड़ेगा?"

"और क्या तुम्हारे लिए राणा साहब महल ख़ाली करायेंगे !"

'इनसे बात करना ही मूर्खता है?' रोशन ने मन-ही-मन कहा, 'राणा के महल में ठहरना कोई ऐसी बड़ी बात नहीं।' वह अख़बार में होता और पत्र-प्रतिनिधि के रूप में कहीं मेला देखने आया होता तो राणा के महल में ठहरना कोई वैसी असम्भव बात न थी, पर शायद दारोग़ा ठीक ही कहता है, वह मुलज़िम है, उसे हवालात में रखने के लिए लाये हैं और रियासत की हवालात यह अँधेरा, ठण्डा भू-गृह है, तो उसे वैसा मूर्खतापूर्ण प्रश्न करना ही न चाहिए।....वह चुपचाप उतर गया। सिपाही ने हथकड़ी का दूसरा सिरा भी उसे पकड़ा दिया।

भू-गृह, जैसा कि उसने सोचा था, अधिक गहरा न था। रोशन के पाँव धरती पर थे, पर उसका सिर चौकोर सूराख़ से बराबर था। शीत इतना था कि उसका शरीर काँप गया। तेज़ धूप के कारण वह केवल एक सूती कमीज़ और निक्कर पहने था। वह एकदम चुप रहना चाहता था, पर उसके मुँह से निकल गया, "मैं बैठूँगा किस जगह, धरती तो सीली है?"

"तुम्हारे लिए ग़लीचे कहाँ से लाये जायें?" दारोग़ा सव्यंग्य हँसा।

"ग़लीचा न सही, कोई टाट का टुकड़ा ही सही, अख़बार का काग़ज़ ही सही।"

तब हिन्दी के किसी दैनिक समाचार-पत्र का एक पृष्ठ उसे ला दिया गया। सूराख़ में से आने वाले प्रकाश के सहारे सिर झुकाये वह चन्द कदम जा कर लकड़ी के एक खम्भे के पास काग़ज़ बिछा कर बैठ गया।

"बस, अब बन्द कर दें।" ऊपर से सिपाही की आवाज़ आयी।

"खुला नहीं रह सकता?" रोशन ने वहीं से पूछा।

"नहीं?"

"पर यहाँ बेहद सर्दी है, मुझे कम्बल चाहिए।"

"बड़े दारोग़ा के आने पर कहना।"

और ऊपर का झरोखा बन्द हो गया। भू-गृह में घटाटोप अँधेरा छा गया। दूर — बहुत दूर से मेले का शोर और गाने-बजाने का बड़ा धीमा स्वर आ रहा था। शायद दरबार में गाना-बजाना शुरू हो गया था। रोशन सुनने लगा, कहीं प्रोफ़ेसर सिंह के अमृत-भरे कण्ठ से कोई बोल उठता हो —लेकिन देर तक कान लगाने पर भी उसे कुछ सुनाई न दिया — मद्धिम-सा मिला-जुला शोर, जिसमें एक स्वर को दूसरे से अलग करना कठिन था....सहसा अपने नंगे घुटनों पर उसे सर्दी का एहसास हुआ। खम्भे से पीठ टिकाये सिकुड़ कर अपने नंगे घुटनों को बाँहों के घेरे में ले कर वह बैठ गया। ठोड़ी उसकी घुटनों पर टिक गयी। उसे अपनी दुरवस्था का ख़याल आ गया और कब से रुके आँसुओं की बूँदें उसके घुटनों पर बह चलीं।

०

ऊपर खट-खट हुई। शायद कुछ सिपाही आये। बातें करने की हल्की-सी आवाज़ भी आने लगी, पर रोशन ने कुछ नहीं सुना।

घुटनों पर ठोढ़ी रखे वह देर से अपने विचारों में खोया रहा था। अपनी बेबसी पर उसकी आँखों में अनायास आँसू बहते रहे थे और उसकी कल्पना में मेले के विभिन्न चित्र

घूमते रहे थे। अभी कुछ ही देर पहले वह बरड़ियों के गीत सुनता मेले में घूम रहा था और अब इस काल-कोठरी में बन्द है —एकदम विवश ! जाने लालाजी के प्रयास सफल भी होते हैं या नहीं? अंग्रेज़ी इलाका होता तो वे तत्काल ज़मानत पर रिहा करा लेते, लेकिन यह अर्ध-सभ्य, ख़ुद-मुख़्तार पहाड़ी रियासत ! रोशन के कानों में बार-बार अपना वह साधारण-सा प्रश्न और सिपाही की वह अप्रत्याशित गाली, भीड़ का अट्टहास और अपना वह अपमान घूम जाता और उस अन्याय पर बार-बार उसकी आँखों में आँसू छलछला आते।....कभी वह सोचता —लालाजी अपने प्रयास में सफल हो गये हैं और टिक्का साहब ने उसकी रिहाई का आदेश दे दिया है —और वह मौन रूप से सिपाहियों के आने की बाट जोहता। एक-एक क्षण उसे एक-एक युग के समान लगता और फिर निराशा उसे जकड़ लेती और कल्पना-ही-कल्पना में वह देखता कि लालाजी निराश हो कर वापस छोटा शिमला चले गये हैं, और उन्होंने उसके बड़े भाई को तार दे दिया है और भाई साहब शिमले के लिए चल दिये हैं, पर इस बीच में उसे कोटी ले जा कर जेल में बन्द कर दिया गया है और रियासती जेल की यातनाएँ सहते-सहते वह मरणासन्न हो गया है....

जाने कितनी बार उसने आशा और निराशा के बीच झकोले खाये, कितनी बार वह मुक्त हुआ और बन्दी बना, कितनी बार उसने अपने अपमान का दृश्य देखा और इस अन्याय पर उसका ख़ून खौल-खौल उठा कि तभी सहसा जाने कैसे उसके दिमाग़ में बचपन में पढ़ी एक मूर्ख बन्दर की कहानी घूम गयी। दो आराकश एक शहतीर को चीर रहे थे कि शाम हो गयी। आधे से ज़्यादा शहतीर चिर गया था। तब उसमें लकड़ी की बड़ी-सी गुल्ली गाड़ कर वे बाकी शहतीर को दूसरे दिन चीरने के लिए छोड़ गये। तभी एक मूर्ख बन्दर वहाँ आ गया और कूद कर शहतीर पर जा चढ़ा। शहतीर में गड़ी गुल्ली का देख कर उसे बड़ी उत्सुकता हुई कि यह क्यों गड़ी है, यह क्या है? वह चिरे हुए शहतीर के हिस्से पर बैठा उस गुल्ली को हिलाने लगा। आख़िरकार दोनों हाथों से पकड़, पूरा ज़ोर लगा कर उसने उसे निकाल लिया, लेकिन उसकी पूँछ चिरे हुए शहतीर में फँस गयी। और अपने इस मूर्खता-भरे औत्सुक्य के कारण रात-ही-रात में वह तड़प-तड़प कर मर गया।

....इस कथा की याद आते ही उस दुख में भी रोशन के होंटों पर मुस्कान आ गयी....अपने उस साधारण-से प्रश्न और उसके दुष्परिणाम की बात सोचते-सोचते सहसा रोशन को लगा कि उसकी उत्सुकता उस मूर्ख बन्दर की उत्सुकता से किसी तरह भिन्न नहीं थी और उसका भी वही हश्र हुआ, जो बन्दर का हुआ। इस शहतीर में फँसने से यदि वह मरता नहीं तो भाग्यवान होगा....न उसने देश-काल का ख़याल किया, न परिस्थिति का, और पटाख से उस सिपाही से प्रश्न कर दिया। वह स्त्रियों के बाड़े पर पहरा दे रहा था, वहाँ हर तरह के गुण्डे और लफ़ंगे आते होंगे, यदि सिपाही ने उसे बेकार लफ़ंगा समझा और समझा कि वह महज़ औरतों को देखने के लिए उसे बातों में उलझा रहा है, तो क्या ग़लत किया? अपना वह प्रश्न पूछना उसे उस बन्दर का चिरे शहतीर में से गुल्ली निकाल कर उसकी यथार्थता जानने का-सा ही मूर्खतापूर्ण लगा....और बन्दर की स्थिति से अपना मिलान करने पर भू-गृह में खम्भे से लगे घुटनों पर ठोड़ी टिकाये वह अपनी स्थिति और कष्ट भूल कर मन-ही-मन हँस दिया....तभी उसके दिमाग़ में गीता का वह श्लोक कौंध

गया, जिसके विरोध में उसने अपनी मूर्खता में कभी 'नवीन कर्मयोग' का दर्शन बनाया था —

क्रोधाद्भवति सम्मोहः सम्मोहात्स्मृति विभ्रमः।

स्मृतिभ्रंशाद् बुद्धिनाशो, बुद्धिनाशात्प्रणश्यति।

तब उसे वह श्लोक एकदम ग़लत लगा था और इसके विरोध में उसने क्रोध की अपार शक्ति का बखान करते हुए तर्कों का एक जाल रच लिया था। पहली बार उसने यह श्लोक आर्यसमाज अड्डा होशियारपुर से स्वामी सत्यदेव की कथा में सुना था। अपनी ओज-भरी वाणी में उन्होंने इसकी व्याख्या की थी —

> 'क्रोध से अविवेक अर्थात मूढ़ भाव उत्पन्न होता है और अविवेक से स्मरण-शक्ति भ्रमित हो जाती है, स्मृति के भ्रमित होने से बुद्धि अर्थात ज्ञान-शक्ति का नाश हो जाता है और ज्ञान-शक्ति के नष्ट होने से पुरुष अपने श्रेय साधन से गिर जाता है....'

भू-गृह की निस्तब्धता में जैसे स्वामी सत्यदेव की ओज-भरी वाणी गूँजने लगी और पहली बार उसे लगा कि गीताकार ने तो ठीक ही लिखा, वही अपनी अनुभवहीनता में उसे ग़लत समझता था। रोशन ने उन दिनों गीता को पढ़ा था और अपनी मूर्खता में 'नवीन कर्मयोग' के दर्शन की भी सृष्टि की थी, जिसमें क्रोध को उसने सबसे ऊँचा स्थान दिया था —भगवान यदि पशुओं में सिंह, मछलियों में मगरमच्छ, छलनाओं में द्यूत है तो निश्चय ही आवेगों में क्रोध है —उसने सोचा था। क्रोध, यदि वह न्यायसंगत है तो, स्मरण-शक्ति को भ्रमित और बुद्धि को नष्ट नहीं करता, बल्कि उनकी धार को तेज़ कर देता है। योग उसके ख़याल में यह था कि आदमी जाने, उसका क्रोध न्याय-संगत है या नहीं। जो काम वह क्रोध की सहायता से करना चाहता है, वह काम न्याय-संगत है या नहीं, करणीय है या नहीं? और यदि आत्मालोचना से आदमी को लगे कि उसका क्रोध न्याय-संगत है, उसका काम करणीय है, तो उसे प्रबल आक्रोश से, तीव्र कुढ़न से, एकदम आवेग-रहित, ठण्डी, निरन्तर धधकती, आग-सरीखी निष्ठा से उसमें लग जाना चाहिए....रोशन को विश्वास था कि उस स्थिति में स्मृति तेज़ और बुद्धि धार-सरीखी तीक्ष्ण हो जाती है और उसे निश्चित रूप से सफलता मिलती है।

लेकिन भू-गृह के हिम-शीतल अँधेरे में विवश बैठे हुए जब उसने ज़रा दूर से किंचित निरपेक्ष हो कर उस घटना को देखा तो उस पर अपनी अनुभवहीनता-जनित मूर्खता प्रकट हो गयी —महात्मा गान्धी का क्रोध अंग्रेज़ों द्वारा केवल अपने साथ किये गये अपमान का बदला लेने के लिए न था, न वह विवेक-शून्य था; और गीताकार ने ऐसे क्रोध को विवेक का हन्ता नहीं कहा —क्रोध क्या माता-पिता बच्चे की ग़लती पर नहीं करते; कई बार क्या ग़लत बात पर क्रोध नहीं करते; पर वह बच्चे के हित के लिए होता है और इसीलिए बुरा नहीं; और पहली बार जैसे रोशन को उस श्लोक के ठीक अर्थों का पता चला —यही क्रोध है, जिसकी ओर गीताकार का संकेत है —यही क्रोध है, जिसके आवेग में नितान्त विवेक-शून्य हो कर, बिना सिपाही के मनोविज्ञान, संस्कार और परिस्थिति को समझते हुए वह छड़ी ले कर उस पर झपटा —क्या इस क्रोध को वह ईश्वरीय कह सकता

है, क्या इससे उसके विवेक, स्मृति, बुद्धि का नाश नहीं हुआ और वह अपने श्रेय से (और ध्येय से भी) नहीं गिरा....

०

रोशन के आँसू न जाने कब के थम गये थे....उस क्षणिक आवेग और क्रोध में जो हो गया, हो गया —उसने जैसे अपने-आप से कहा —अब वह विवेक से काम लेगा, इस भू-गृह में कितनी भी यातना क्यों न सहनी पड़े, इन बर्बर रियासती सिपाहियों के हाथों कितना भी अपमानित क्यों न होना पड़े, वह आवेग का शिकार नहीं होगा, स्थिर भाव से सब-कुछ सोचेगा और यहाँ से मुक्त होने का प्रयास करेगा....

तभी छत का तख़्ता फिर उठा और एक चौकोर झरोखा-सा रोशन हो गया।

दूसरे क्षण किसी ने आवाज़ दी :

"अजी ओ बाबू साहब !"

तहख़ाने का ढक्कन खुलने पर प्रकाश की कुछ किरणें रोशन तक पहुँच गयी थीं, पर वह अपने ध्यान में मग्न वैसे ही घुटनों पर ठोड़ी रखे बैठा रहा। आवाज़ उसने सुन ली, पर वह उठा नहीं। किसी तरह की कातरता अथवा दुख वह उन पर प्रकट नहीं करना चाहता था। आवाज़ फ़िर आयी —

"अरे ओ बाबू साहब, सो गये क्या?"

कोई शिष्ट सिपाही मालूम होता था। वहीं बैठे-बैठे रोशन ने निरपेक्ष भाव से कहा, "क्या बात है?"

"इधर आओ !"

रोशन बड़ी कठिनाई से उठा। सर्दी से उसके जोड़ अकड़ गये थे। छत नीची थी। नीची छत के कारण झुका-झुका, हथकड़ी की ज़ंजीर का दूसरा सिरा बायें हाथ में उठाये, वह भू-गृह के खुले झरोखे के नीचे आ खड़ा हुआ। इन दो क्षणों में ही उसने कितना कुछ नहीं सोचा डाला —शायद लालाजी ने टिक्का साहब से मिल कर उसकी रिहाई का प्रबन्ध कर लिया है....शायद टिक्का साहब ने अपने सिपाहियों की ग़लती महसूस कर उसे तुरन्त मुक्त करने का आदेश दे दिया है, लेकिन दूसरे क्षण निराशा ने उसे कोटी के बन्दीगृह का दृश्य दिखा दिया, शायद सिपाही उसे कोटी की जेल में ले जाने के लिए आये हैं, शायद इस भू-गृह में और लोगों को रखा जायेगा....

लेकिन ऊपर झरोखे के पास बारह वर्ष का एक सुन्दर-सा बालक खड़ा था —लाल, उन्नाबी रंग की चमचमाती हुई पगड़ी, गोरा-भरा मुख, गले में ब्लेज़र का नीला कोट, कमर में निक्कर, पैरों में जुराबें और बढ़िया बूट....रोशन पहली दृष्टि में भाँप गया कि ये टिक्का साहब के कुँवर हैं और उसका ख़याल ठीक ही था। ऊपर भू-गृह के मुहाने पर खड़े सिपाही ने कहा —

"कुँवर साहब आये हैं। जो पूछते हैं, बताओ।"

निमिष-भर के लिए रोशन को फिर क्रोध आया —'आप भी पूछ लीजिए —' उसने मन-ही-मन कहा — 'अब तो दरबार का भंगी भी आये तो जो पूछे, उसे बताना होगा।'....पर दूसरे क्षण वह संयत हो गया। उसने उस बालक की ओर देखते हुए उदासी

से मुस्कराने का भी प्रयास किया।

"पूछिए कुँवर साहब !" उसने कहा।

"तुम्हें क्यों पकड़ा गया?" बालक ने सरलता से पूछा।

रोशन ने आँख भर कर उस बालक की ओर देखा। वह मुस्करा रहा था। पर उस मुस्कान में न व्यंग्य था, न तिरस्कार; कुछ अजीब-सी सरलता और सहानुभूति थी। उसने कहा, "तुम्हारे सिपाहियों ने पकड़ लिया...."

"क्यों पकड़ लिया?" बालक ने उसकी बात काटी।

"यह उनसे पूछो।"

"वे कहते हैं, तुमने सिपाही के मुँह पर थप्पड़ लगाया।"

"थप्पड़ तो नहीं लगाया, छड़ी से पीटना चाहता था।"

"क्यों?"

"उसने गाली दी।"

"तुम हमसे कहते।"

रोशन इस बात का क्या उत्तर देता? शायद कुँवर ठीक कहता था। वह उसे कैसे बताता कि कभी-कभी परिस्थिति ऐसी होती है, आघात ऐसे अचानक लगता है कि आदमी क्रोध में अपनी सोच-समझ की शक्ति को खो बैठता है। क्षण भर चुप रह कर उसने कहा, "उसने बिना वजह ऐसी गन्दी गाली दी कि मुझे क्रोध आ गया।"

कुँवर चला गया। रोशन फिर उसी तरह झुके-झुके हथकड़ी की ज़ंजीर सँभाले अपनी जगह आ बैठा। झरोखा बन्द हो गया और सूची-भेद्य अन्धकार ने उसे चारों ओर से घेर लिया।

इतनी देर तक लकड़ी के खम्भे का सहारा लिये बैठे रहने से उसकी पीठ में एक ओर दर्द होने लगा था। इस बार रोशन पहलू बदल कर बैठ गया और पहली बार उसने अँधेरे में देखने का प्रयास किया। उसने जेब से टूटा चश्मा निकाला। एक शीशा टूट गया था, एक साबुत था, पर अलग हो गया था। रोशन ने शीशे को फ्रे़म में फ़िट करने का प्रयास किया, पर सफल नहीं हुआ। फिर उसने वैसे ही शीशे को आँख के आगे रख कर देखने का प्रयास किया। कुछ दूर पर उसे दीवार का धुँधला-सा ख़ाका दिखाई दिया। शीशे को जेब में रख कर उसने फिर उधर देखा। अब वह धुँधला-सा ख़ाका लोप हो गया। काफ़ी आँखें फाड़ने पर उसे लगा कि उसे दीवार दिखाई दे रही है। वह सँभल कर उठा। कुछ पग टटोल-टटोल कर चला। सहसा एक दूसरे खम्भे से उसका सिर टकरा गया। उसका हाथ बचाव के प्रयास में खम्भे पर चला गया। किसी पेड़ का टेढ़ा-सा तना था। सील के कारण उस पर काई-सी जम गयी थी। रोशन ने निक्कर से हाथ पोंछा और खम्भे से बचते हुए, हाथ बढ़ा कर टटोलता हुआ बढ़ा, ताकि काई के कारण एकदम काले, अँधेरे का रंग धरे किसी दूसरे खम्भे से न टकरा जाये। कुछ कदम चलने पर उसका हाथ दीवार से जा टकराया। कच्ची मिट्टी की दीवार थी —एकदम सीली। लगता था, जैसे अभी किसी ने गीली मिट्टी से उसे खड़ा किया है। हाथ लगाते ही कई लेप झड़ गये। शायद सील के कारण उसे शोरा लग गया था। वह दीवार के साथ-साथ अन्धों की तरह टटोलता हुआ बढ़ा। तभी

ऊपर फिर झरोखा खुला। हल्की-सी रोशनी भू-गृह में फैल गयी। रोशन जल्दी से फिर अपनी जगह आ कर बैठ गया। इस बार किसी सिपाही ने कड़क कर कहा :

"ओ बाबू, इधर आओ। बड़े दारोग़ा साहब आये हैं।"

रोशन के होंटों पर आया —'तो मैं क्या करूँ?' लेकिन उसने कुछ नहीं कहा। कुछ क्षण पहले के अपने निश्चय का उसे ध्यान आया —वह स्वतन्त्र नहीं है, बन्दी है। जब स्वतन्त्रावस्था में क्रोध के कारण वह इस गति को पहुँचा है, तो परतन्त्रावस्था में जाने क्रोध उसे कहाँ ले जा गिराये....और वह उठा। हाथ में पड़ी हथकड़ी दूसरे हाथ से सँभालता हुआ, फिर झरोखे के नीचे आ खड़ा हुआ।

ऊपर बड़े दारोग़ा साहब खड़े थे —वही, जिन्होंने उसे हवालात में बन्द करने का आदेश दिया था। वर्दी उनकी नायब दारोग़ा की-सी ख़ाकी थी; पगड़ी पर वैसी लाल पट्टी थी। उमर उनकी उसकी अपेक्षा ज़्यादा थी —कोई पचास-पचपन की। बड़ी-बड़ी मूँछों से रोब टपकता था और आँखें चढ़ी थीं।

"क्यों, कैसे हो?"

"अच्छा हूँ।"

"अब होश ठिकाने आये कि नहीं?"

रोशन कहना चाहता था —'किसके होश?' पर वह चुप रहा।

"दारू का नशा उतरा कि नहीं?"

'दारू आपने पी रखी है' —रोशन कहना चाहता था, पर उसने बड़े संयत स्वर में केवल इतना कहा, "मैं कभी दारू के नज़दीक तक नहीं गया।"

"फिर लड़कियों से छेड़-छाड़ क्यों की? सिपाही के चाँटे क्यों लगाये?"

"मैंने दोनों में से कोई बात नहीं की।"

"तो क्या सिपाही का तुमसे बैर था, जो उसने तुम्हें गिरफ़्तार किया?"

"गिरफ़्तार तो उसने आपके हुक्म पर किया।"

"मैंने तुम्हें उसका गला पकड़े हुए देखा।"

"उसने गाली दी थी।"

"क्यों दी थी?"

"मैंने उससे एक सीधा-सा सवाल पूछा था कि तुम्हारे राणा साहब कहाँ तक पढ़े हुए हैं। उसे शायद इस सवाल से ग़लत-फ़हमी हुई, यही समझ में आता है...."

"और यह भी पूछा होगा कि यहाँ औरतों का व्यापार होता है, टिक्का साहब जिसे चाहते हैं, चुन लेते हैं।"

"यह आप कहते हैं, मैं नहीं कहता। मैंने कोई ऐसी बात नहीं पूछी। कुछ और पूछने का मौका ही कहाँ आया? मैंने सवाल पूछा, उसने धक्का देते हुए गाली दी, मुझे ग़ुस्सा आ गया...."

"तो वही बात क्यों पूछी थी?"

"राणा बूढ़े हैं, मेरे ख़याल में उनके ज़माने में अंग्रेज़ी पढ़ाने का कोई प्रबन्ध न था

और वे जंगी लाट से बातें कर रहे थे; मैं जर्नलिस्ट भी हूँ; सोचा था, मेले का हाल अख़बार में भेजूँगा, इसलिए वह बात पूछी थी।"

"अच्छा, आगे कभी दारू पी कर मेला देखने न आना।"

रोशन का जी जल उठा। बात-चीत जिस तरह चल रही थी, उसे देखते हुए रोशन को आशा बँध गयी थी कि दारोग़ा सचमुच मामले की तह तक पहुँचना चाहता है। इसलिए वह सरल भाव से सब-कुछ बताता चला गया था। उसे मालूम होता कि सब-कुछ सुन-समझ कर वह यही कहेगा तो एकदम मौन रहता।

"और किसी चीज़ की ज़रूरत है?"

"यहाँ सर्दी बहुत है, शरीर इतने ही में अकड़ गया है।"

"कम्बल मिल जायेंगे। और कुछ?"

"शायद भूख लगे, मैं कुछ खाने जा रहा था, जब झगड़ा हो गया...."

"मिल जायेगा।"

दारोग़ा साहब के आदेश पर रोशन को कैदियों वाले दो कम्बल मिल गये, जिन्हें साधारणतया वह छूना भी पसन्द न करता, क्योंकि उनसे कुछ ऐसी गन्ध आ रही थी, जैसे वर्षों से उन्हें किसी ने धोया न हो। पर रोशन ने उन्हें दोनों बाँहों पर ले लिया। उस झरोखे से आने वाले क्षीण प्रकाश में उसने उस लकड़ी के खम्भे के पास एक कम्बल बिछा लिया और खम्भे का सहारा ले कर उस पर बैठ गया और दूसरे कम्बल से उसने गले तक अपना शरीर ढाँप लिया। लेकिन सर्दी ज़रा भी कम नहीं हुई। भू-गृह वास्तव में शीत-गृह था। उसने बड़े दारोग़ा को लक्ष्य करके कहा, "दो कम्बल काफ़ी नहीं हैं।"

"तुम्हारे लिए अब कम्बलों का कारख़ाना खोलेंगे।"

और खट-खट दारोग़ा साहब चले गये।

असभ्य सिपाहियों से कुछ भी कहना उसने व्यर्थ समझा। लेकिन कोई सिपाही अपने आप बोला, "यह भी दारोग़ा साहब की मेहरबानी समझिए कि दो कम्बल मिल गये, नहीं तो यहाँ ऐसे लोग आते हैं, जिनके कपड़े तक उतरवा लिये जाते हैं।" और उसने झरोखा बन्द कर दिया। रोशन ने अपना हैट सिर के नीचे तकिये के तौर पर रख लिया और लेट गया।

०

रोशन लेट गया, पर उस शीत में नींद आने का कोई प्रश्न ही नहीं था। फिर उसका रोम-रोम मूर्तिमान प्रतीक्षा बना हुआ था कि अभी उसकी रिहाई का आदेश आता है; अभी पण्डित तेजभान, भोलानाथ और सोमदत्त को लिये, उसे रिहा कराने आते हैं; अभी लालाजी स्वयं सारी पार्टी को लिये हुए उसे हवालात से लेने आते हैं और बड़े दारोग़ा अपने सिपाही की ग़लती के लिए उससे क्षमा माँगते हैं....लेकिन मिनट घण्टों में बदल गये और कोई नहीं आया, मेले का शोर धीरे-धीरे मद्धिम हुआ, फिर मौन हो गया। लेटे-लेटे उसकी कमर दुखने लगी और उसे पिस्सू काटने लगे। वह उठ कर बैठ गया। तभी उसने कितने ही जूतों की आवाज़ ऊपर सुनी और उसने जान लिया कि सिपाही रात काटने के लिए मेले से वापस आ गये हैं। ऊपर कई सिपाही एक साथ बातें करने लगे। काग़ज़ के लिफ़ाफ़ों की

खुसुर-फुसुर की आवाज़ आयी। तभी फिर छत का तख़्ता उठा, लेकिन भू-गृह में उससे रोशनी नहीं हुई। केवल छत में बड़ा मद्धिम-सा झरोखा खुला और सिपाही ने उसे आवाज़ दी।

रोशन कम्बल को ओढ़े, उसके अन्दर हाथों में हथकड़ी की ज़ंजीर सँभाले, टटोलता-टटोलता झरोखे तक गया। सिपाही ने लालटेन की रोशनी में उसे एक आम, एक केला, कुछ ज़र्दालू और बिस्कुटों का आधा डिब्बा दिया। वह चाहता था, पूछे —'यह सब लालाजी ने भेजा है?' और फिर पूछे —'क्या उन्होंने मेरे लिए कोई सँदेसा भी दिया है?'....लेकिन लालटेन की रोशनी में हण्टले पामर्ज़ के डिब्बे को देख कर ही उसे विश्वास हो गया था कि यह सब लालाजी ने भेजा है —वरना सिपाही उसे फल और विलायती बिस्कुट देते भला !....जाने लालाजी ने कितना सामान भेजा है कि अपना हिस्सा रख कर सिपाही उसे उतना दे पाये हैं....पर फल पा कर उसे ख़ुशी नहीं हुई। उसके हृदय से आशा की अन्तिम किरण भी बुझ गयी। वह समझ गया, लालाजी उसे रिहा कराने में जब सफल नहीं हुए, तो इतनी मात्रा में फल-मिठाई उन्होंने उसके लिए भेज दी है कि सिपाही अपना हिस्सा रख कर भी उसे कुछ-न-कुछ दे दें।....और रोशन की आँखें अनायास डबडबा आयीं....सिपाही ने लालटेन वाला हाथ भू-गृह के अन्दर कर दिया, उसके प्रकाश में रोशन अपनी जगह वापस आया। कुछ भी खाने की उसे इच्छा नहीं थी। मन उसका एकदम बुझ गया था। आम, केला और बिस्कुटों का डिब्बा उसने एक ओर रख दिया और फिर वह खम्भे से पीठ लगा कर बैठ गया। ऊपर झरोखा बन्द हो गया। रोशन की आँखों से बे-आवाज़ आँसू झरने लगे।....कहाँ लाहौर, कहाँ शिमला और कहाँ रियासत क्यार-कोटी का यह तहख़ाना !....लालाजी अपनी सारी पार्टी के साथ यदि आज उसे रिहा नहीं करा पाये तो कल ही करा पायेंगे, इसका कौन भरोसा है?....और उस क्षण उसने अपने-आपको नितान्त असहाय और बेबस महसूस किया....आँसू अनायास उसके गालों पर बहते रहे और वह सामने अँधेरे में आँखें जमाये, निश्चल, खम्भे से पीठ लगाये बैठा रहा कि सहसा उस बेपनाह निराशा में उसके दिमाग़ में बचपन में माँ से सुने एक गीत की पंक्ति आ गयी जो उसकी माँ अतीव दुख और निराशा में गाया करती थी —

कौन वँडावे मेरी पीर ओ

तेरे बिना....

....और वह धीरे-धीरे मन-ही-मन बार-बार यही पंक्ति दोहराने लगा, फिर उसे दूसरी पंक्तियाँ भी याद आ गयीं और वह ध्यान बँटाने के लिए पूरे-का-पूरा गीत गुनगुनाने लगा :

कौन वँडावे मेरी पीर ओ
तेरे बिना
न पल्ले पैसा, ना साहूकारा
क्या करिए तदबीर
तेरे बिना
भाई-बन्द, कुटुम्ब बथेरा रामा
न कोई तन का बीर

तेरे बिना
कौन वँडावे मेरी पीर ओ
तेरे बिना[1]

बार-बार इस गीत को गुनगुनाते हुए रोशन ने एक बोल अपनी अवस्था पर भी जोड़ लिया —

दूर हाँ सब तों, ना तेत्थों दुरेंडा
तू मेरी तकदीर
तेरे बिना
कौन वँडावे मेरी पीर
तेरे बिना[2]

उसके आँसू कब के थम गये थे, उसका उद्‌भ्रान्त मस्तिष्क शान्त हो गया था, वह गाते-गाते थक गया और कम्बल को अच्छी तरह लपेट कर घुटनों को पेट से लगा कर लेट गया और उसे हल्की-सी नींद भी आ गयी।

लेकिन रात के साथ सर्दी बढ़ गयी थी और पिस्सू उसे बेतरह परेशान करने लगे थे। एक ही तरह लेटे-लेटे थक कर उसने पाँव फैलाये तो सहसा कोई ठण्डी, लिजलिजी-सी चीज़ उसके पाँव से छू गयी और उसका सारा शरीर काँप गया। हड़बड़ा कर वह उठा तो हथकड़ी की ज़ंजीर छनछना उठी। वह हँसा —दुख-भरी करुण, बे-आवाज़ हँसी।

....तभी उसे ख़याल आया कि क्यों न हथकड़ी उतार कर रख दे? उसमें चाबी लगी थी, पर उसकी कलाई इतनी पतली थी कि वह ऊपर बाँह तक चली जाती थी। उसने कोशिश की तो वह अनायास उतर गयी। हथकड़ी को उतार कर ज़ंजीर को गोल-मोल करके उसने बायीं ओर काफ़ी परे रख दिया और उठ बैठा।

सारी रात उसने आँखों में काट दी। वह लेटता, पिस्सू काटते तो फिर उठ बैठता, फिर थक जाता तो लेट जाता। तड़के कहीं जा कर उसका थका-हारा टूटा शरीर लस्त-पस्त हो कर सो गया।

....लेकिन नींद में उसका दिमाग़ भटकता रहा। उसे तरह-तरह के सपने आते रहे। उसने देखा कि नोट-बुक और पेंसिल हाथ में लिये, वह रियासत में ब्योरे इकट्ठे कर रहा है कि रास्ता भूल कर जंगल में भटक जाता है। वह कभी इधर जाता है, कभी उधर, पर उसे रास्ता नहीं मिलता। वह बेतरह घबरा जाता है। जंगली जन्तुओं के भय से ज़रा-सी आहट पर उसके रोंगटे खड़े हो जाते हैं। तभी उसे पास ही शेर की दहाड़ सुनाई देती है। वह भय से काँप जाता है। नोट-बुक और पेंसिल उसके हाथ से छूट जाती है। वह पास ही एक घने पेड़ पर चढ़ने का प्रयास करता है, पर वह इतना काँप रहा है कि उससे चढ़ा नहीं जाता, उसके हाथ-पाँव फिसल-फिसल जाते हैं। शेर की दहाड़ उसे और नज़दीक सुनाई

---

१. हे मेरे राम, तेरे बिना मेरी पीड़ा कौन बँटायेगा ! मेरी जेब में पैसा नहीं, मैं साहूकारी नहीं करता; फिर मैं क्या तदबीर करूँ? हे राम, कुटुम्ब और कबीला बहुतेरा है, पर तन का साथ देने वाला कोई नहीं —तेरे बिना कौन मेरा दुख-दर्द बँटा सकता है ।

२. मैं सबसे दूर हूँ, लेकिन तुझसे दूर नहीं हूँ । तू ही मेरी तकदीर है । तेरे बिना कौन मेरा दुख-दर्द बँटा सकता है ।

देती है। शायद उसने उसकी गन्ध पा ली है। पूरी इच्छा-शक्ति से काम ले कर वह चढ़ जाता है और पेड़ की ऊँची डाल पर जा कर बैठ जाता है। तभी शेर नीचे आ कर उसकी ओर देख कर ग़ुर्राता है। रोशन का हृदय धक-धक कर रहा है, उसका शरीर पसीना-पसीना हो रहा है, पर अपनी सफलता पर वह बड़ा प्रसन्न है। सिंह धरना दे कर बैठ जाता है कि बच्चू जाओगे कहाँ, कभी तो उतरोगे। तभी रोशन एक टहनी तोड़ता है। देखते-देखते वह बन्दूक बन जाती है। वह सिंह से कहता है, 'साले चला जा, क्यों मुझे पाप का भागी बनाता है?' शेर उठ कर ज़ोर से दहाड़ता है। बन्दूक रोशन के हाथ से छूट कर गिर जाती है। शेर ठहाका मार कर हँसता है और कहता है, 'देखो, यह सीढ़ी पेड़ से लगी है, इसी से चढ़ कर मैं तुम्हें पकड़ता हूँ।' रोशन भयभीत देखता है कि सचमुच पेड़ के साथ एक बाँस की सीढ़ी लगी है और शेर उस पर चढ़ने को है। वह जल्दी से सीढ़ी ऊपर खींच लेता है। शेर ज़ोर से कूद कर सीढ़ी को पकड़ लेता है और रोशन सीढ़ी के साथ ही नीचे आ पड़ता है....तभी उसके कानों में आवाज़ आती है —"अरे बाबू साहब, उठिए....अरे बाबू साहब, उठिए।" और फिर कोई धीरे से कहता है, "बेचारा सो गया है।"

रोशन जग गया। उसने देखा ऊपर छत का झरोखा खुला है और सुबह की रोशनी भू-गृह में आ रही है। न वहाँ जंगल है, न पेड़ है, न सीढ़ी, न शेर।

"क्यों बाबू, सो रहे हो या जागते हो?" उसे हिलता देख कर झरोखे पर बैठे एक सिपाही ने कहा।

"जग पड़ा हूँ।" रोशन ने उत्तर दिया। पर उसकी आवाज़ इतनी क्षीण थी कि उसकी नकाहत पर उसे स्वयं आश्चर्य हुआ।

"बाहर आओ। तुम्हारा मामला पेस होगा।"

रोशन उठ कर बैठ गया। बायीं ओर से हथकड़ी उठा कर उसने दायें हाथ में पहन ली। फिर वह उठा। उसका सिर ज़ोर से छत से टकराया। तहख़ाने की छत नीची है, यह बात वह एकदम भूल गया था।

थकान, कमज़ोरी और चोट लग जाने के कारण उसको चक्कर आ गया; क्षण-भर के लिए घुटनों पर हाथ रख कर वह बैठ गया और उसने दोनों हाथों से सिर थाम लिया।

११

रोशन ने रिक्शा की छत खुलवा दी। सुबह के दस बज चुके थे। धूप तेज़ थी, लेकिन रोशन को वह तेज़ धूप बड़ी प्यारी लग रही थी। भू-गृह का शीत रात भर ही में जैसे उसके पोर-पोर में समा गया था और वह चाहता था कि निरभ्र आकाश की खुली गुनगुनी धूप उसी तरह उसकी पोर-पोर में समा कर शीत को वहाँ से भगा दे। उसने हैट ज़रा-सा आँखों पर कर लिया था और बड़े आराम से पीछे को लेट गया था। मशोबरे की सड़क पर यद्यपि कल जितनी भीड़ न थी, तो भी लोग काफ़ी संख्या में आ रहे थे और रिक्शा वाले निरन्तर घण्टी बजाते भागे जा रहे थे, लेकिन रोशन ने आँखें बन्द कर ली थीं और उसकी चेतना

पर हल्की-सी ग़नूदगी तारी थी। लेकिन वह सोया नहीं था। सुबह की एक-एक घटना, एक-एक क्षण, उसकी कल्पना में साकार हो आया था।

०

सुबह उठते ही भू-गृह की निचली छत से टकरा जाने और कुछ क्षण वहीं धरती पर बैठ जाने के बाद जब उसकी चेतना लौटी थी तो उसका हाथ सिर पर गया था। वहाँ एक बड़ा-सा गुमटा उभर आया था। तभी उसे याद आया था कि उसने अपना हैट वहीं खम्भे के पास छोड़ दिया है। ऊपर सिपाही जल्दी मचा रहा था। रोशन ने हैट उठा कर सिर पर रखा और झुका-झुका झरोखे के पास आया। तब यह जान कर उसे सुखद आश्चर्य हुआ कि सिपाही ने ऊपर चढ़ने में उसे सहारा देने को हाथ बढ़ा दिया है।

"टिक्का साहब का हुक्म आया है, आपको अभी दरबार में पेस किया जाये।"

अँधेरे से प्रकाश में आने पर रोशन की आँखें चौंधिया गयी थीं। जब क्षण-भर बाद प्रकाश से अभ्यस्त होने पर उसने सम्बोधन-कर्ता को देखा तो यद्यपि वह तत्काल उसे पहचान गया था, पर उसे आश्चर्य भी कम न हुआ था। सामने चारपाई पर कोटी के बड़े दारोग़ा रामप्रताप (रोशन सिपाहियों की बातों से उनका नाम जान गया था) बैठे हुक्का पी रहे थे —बड़ी-बड़ी मूँछें वही थीं, पर न उनकी नोकें ऊपर को मुड़ी थीं, न आँखों में वह नशा था, न शरीर में वह अकड़ —रोशन ने ध्यान से उन्हें देखा —उनके तन पर वर्दी नहीं थी। बिना बटन की खुले गिरेबान की कमीज़ और ढीला-सा पायजामा उन्होंने पहन रखा था। कमीज़ के गिरेबान से उनके सीने की हड्डियाँ और उनके ढीले-ढाले पायजामे से उनकी टाँगों का पतलापन साफ़ दिखाई दे रहा था। वे कल की अपेक्षा काफ़ी बूढ़े दिखाई देते थे। इस भूषा में कुछ अजीब-सी दीनता उन पर से टपकती थी —दीनता, जिसमें निरीहता की झलक भी रोशन को मिली।

उसके सिर में फिर हल्का-सा चक्कर आया, वह झरोखे के नज़दीक ही, सिर थाम कर बैठ गया।

"क्या बात है?" दारोग़ा रामप्रताप ने हुक्के का कश लगा कर पूछा।

"सिर छत से टकरा गया था, अभी ठीक हो जाता हूँ।"

और वह फिर उठ कर खड़ा हो गया। तभी उसकी निगाह अपने कपड़ों पर गयी, जो धरती पर सोने के कारण मैले हो गये थे। उसने अपने मुँह पर हाथ फेरा। दाढ़ी बढ़ आयी थी और कल्ले रात ही भर में धँस गये थे।

"टिक्का साहब दो बार तुम्हें बुलवा चुके हैं। मेले में जाने से पहले वे तुम्हारे मामले का फ़ैसला कर देना चाहते हैं। तुम्हें निबटना हो तो निबट आओ।"

रोशन बाहर को चल पड़ा। उसी सहृदय सिपाही ने उसकी हथकड़ी का सिरा अपने हाथ में ले लिया, जो कल शाम उसके साथ आया था।

हवालात से निकल कर रोशन क्षण को रुका। साढ़े छै या सात का समय होगा, पर पेड़ों की फुनगियों पर सुनहली धूप चमक रही थी, नीचे घाटी में हल्की-सी धुन्ध छायी थी। रोशन को लगा, जैसे उसने यह स्वच्छ और सुन्दर वातावरण पहली बार देखा हो। उसके हृदय की गहराइयों से एक दीर्घ निश्वास निकल गया। जाने उसकी किस्मत में क्या

लिखा है? —इस स्वच्छ-स्वतन्त्र वातावरण में साँस लेना अथवा उस अँधेरे, सीले भू-गृह में यातना सहना। सिपाही से पानी का लोटा ले कर वह घाटी में उसके आगे-आगे एक पगडण्डी पर बढ़ गया।...रोशन ने जालन्धर के जिस स्कूल में शिक्षा पायी थी, उसके सामने पुलिस-लाइन थी। कभी-कभी सुबह स्कूल को जाते हुए वे देखते कि सिपाही कैदियों को इसी तरह हथकड़ी लगाये दिशा-फ़राग़त के लिए ले जा रहे हैं। उस समय रोशन और उसके साथी बच्चे कौतूहल और करुणा ने उन कैदियों को देखते। उन कैदियों को उस प्रकार सिपाहियों के सामने दिशा-फ़राग़त के लिए बैठना कितना बुरा लगता होगा।....रोशन ने आगे-पीछे दृष्टि घुमायी —कहीं कोई देखने वाला नहीं था। एक झाड़ी के पीछे जा कर वह बैठ गया।

शौचादि से निवृत्त हो कर, उसने वहीं झोंपड़े के बाहर मिट्टी से हाथ धोये। सिपाही ने हाथ धुलाते-धुलाते कहा, "बाबू, तुम ज़रूर ही रिहाई पा जाओगे। तुम्हारे लिए छोटे टिक्का साहब और उनके गुरु ने बहुत ज़ोर लगाया है। टिक्का साहब के सामने अकड़ नहीं दिखाना। कहना —हुज़ूर, ग़लती हो गयी, माफ़ कर दें।"

रोशन का रूमाल यद्यपि गन्दा था तो भी उसने उसी से हाथ-मुँह पोंछ कर बालों पर हाथ फेरा। बाल बिखर गये थे। रोशन चाहता था, कहीं से शीशा-कंघी मिल जाये, तो कम-से-कम उन्हें सँवार ले और टिक्का साहब के सामने जाने योग्य हो जाये, पर उसने मन की इच्छा मन ही में दबा ली और दारोग़ा के आदेश पर वहीं नीचे फ़र्श पर बैठ गया। निक्कर के मैली होने का ख़याल उसने कब का छोड़ दिया था। उसे आश्चर्य हुआ जब स्वयं दारोग़ा ने उसे कम्बल पर बैठने को कहा और तभी जैसे पहली बार उन्हें उसकी हथकड़ी दिखाई दी।

"इस हथकड़ी की क्या ज़रूरत है।" उन्होंने सिपाही की ओर देख कर कहा, "बाबू कहीं भागेगा नहीं।"

और रोशन की हथकड़ी उतार दी गयी।

हथकड़ी के उतरते ही, रोशन ने सुख की साँस ली। वह सोच रहा था कि हथकड़ी से बँधे उसे फिर जन-समूह से हो कर जाना होगा....वह लाख निर्दोष सही, पर उसे हथकड़ी में बँधे देख कर सौ में पंचानबे आदमी उसे चोर, बदमाश, लुच्चा-लफ़ंगा, जेब-कतरा या लड़ाका समझेंगे। हथकड़ी उतर गयी तो उसने अपने आपको लगभग स्वतन्त्र महसूस किया। भले ही उसे सज़ा हो जाये, भले ही बाद में उसे जेल में बन्द कर दें, लेकिन इस समय हथकड़ी में बँधे बाज़ार से गुज़रने में उसे संकोच था....

'चाहे मैं अभी हत्या करके लौटा होऊँ' —उसने सोचा —'मैं चाहे सिपाहियों के साथ भी जा रहा होऊँ, लेकिन अगर मेरे हथकड़ी नहीं लगी है तो मुझे कोई अपराधी नहीं समझेगा। मैं भी कैसा मूर्ख हूँ —ख़ुद हाथ आगे करके हथकड़ी लगवा ली, जैसे कोई फूलों का गजरा हो —अब तो जिन लोगों ने कल मुझे पकड़े जाते नहीं देखा, वे यही समझेंगे कि मैं कोई अतिथि हूँ, या नया मुलाज़िम हूँ, और टिक्का साहब से मिलने जा रहा हूँ — मेरे बिखरे हुए बालों, बढ़ी दाढ़ी और बेतरतीब कपड़ों से वे यही समझेंगे कि काम में बुरी तरह फँसा होने की वजह से मैं ठीक ढंग से तैयार नहीं हो पाया'....

टिक्का साहब का बुलावा दो बार आ चुका था। केवल छोटे दारोग़ा की प्रतीक्षा थी। उनके आने पर सब दरबार को चले। उस समय सब की वर्दियाँ उतरी हुई थीं और अपने फटे-पुराने कपड़ों में वे पहाड़ी सिपाही बड़े दयनीय लग रहे थे।

हवालात से कुछ ही ऊपर जा कर कच्ची-सी बारिकों के आगे सिपाही रुक गये। रोशन ने उत्सुकता और आश्चर्य से इधर-उधर देखा। बरामदों वाली कोठरियों की एक लम्बी आयताकार इमारत-सी बनी थी, जो उस ओर खुली थी, जिस ओर से कि सिपाही उसे ले कर आये थे। रोशन को अपने स्कूल के होस्टल की याद हो आयी, जो बिलकुल इसी तरह बना था और जिसके खुले आँगन में वे वॉलीबॉल खेलते थे। अन्तर केवल यही था कि होस्टल के कमरे और उनके आगे के बरामदे पक्के थे, जबकि यहाँ छोटी-छोटी कोठरियाँ थीं, जिनके आगे लम्बे छप्पर-छाये बरामदे थे। बायीं ओर शुरू ही की कोठरी के आगे बरामदे में लोहे की एक कुर्सी पर टिक्का साहब बैठे थे।

रोशन को बड़ी निराशा हुई। उसने कभी कोई रियासत न देखी थी, तो भी रियासती दरबारों के बड़े शानदार वर्णन उसने पुस्तकों में पढ़े थे और किसी भव्य दरबार की न सही, तो भी छोटे-मोटे दरबार में जाने की वह आशा रखता था वह यह भी जानता था कि कोटी के राणा तीन दिन के लिए अस्थायी रूप से यहाँ आते हैं, तो भी ऐसी दयनीयता की उसने कल्पना न की थी।

रोशन ने दबी आँखों से टिक्का साहब की ओर देखा —उनके तन पर केवल शलवार और कमीज़ थी, पाँव में सफ़ेद नागरा था —आँखें ख़ुमार से भारी थीं और उनमें एक अलसाई-सी थकान झलक रही थी। उनकी ठोड़ी पर किसी घाव का निशान था, जो दूर से रोशन को पहले दिखाई न दिया था। उनकी लम्बी-लम्बी मूँछों की नोकें ऊपर को मुड़ी होने के बदले सीधी कानों की ओर बढ़ी जा रही थीं और पतले चेहरे के मुकाबले में बहुत बड़ी लग रही थीं। लेकिन इस थके ख़ुमार-भरे चेहरे पर भी अपार दर्प था, आँखों में कुछ अजीब-सी कठोरता थी....रोशन ने कनखियों से उनके पीछे कमरे में निगाह दौड़ायी —एक पलँग, रेशमी रज़ाई और पास रखी छोटी-सी तिपाई का एक भाग ही उसे दिखाई दिया।

तभी रोशन को लगा कि वह बैठ जाये तो अच्छा हो। उसे बड़ी कमज़ोरी महसूस हो रही थी। अचानक उसने टिक्का साहब से पूछ लिया, "मैं बहुत कमज़ोरी महसूस कर रहा हूँ, क्या मैं बैठ सकता हूँ?"

लाल आँखें ज़रा-सी उठीं और झुक गयीं और रीडर ने उससे कहा कि वह बैठ सकता है।

रोशन बैठ गया। मन-ही-मन वह प्रसन्न हुआ कि इस एक ही बात से उसने टिक्का साहब को अपने सम्भ्रान्त होने का परिचय दे दिया है; यह भी कि वह मज़दूर-किसान नहीं, मध्यवर्ग का लेखक है और हवालात में रात काटने का अभ्यासी नहीं।

रीडर महाशय रोशन से कुछ ही अन्तर पर बरामदे के अनगढ़ खम्भे के सहारे हाथ में कुछ काग़ज़ात लिये धरती पर उकड़ूँ बैठे थे। वही, जो कल ब्लेज़र का कोट और पतलून पहने थे। इस समय उनके तन पर केवल एक धोती और कमीज़ थी। वे नहा चुके थे, पर बाल सँवारने का शायद उन्हें अवकाश नहीं मिला था कि बुलावा आ गया था।

सबसे पहले रीडर ने उस सिपाही को बयान देने के लिए कहा, जिससे रोशन का झगड़ा हुआ था। उसने कहना शुरू किया —

"मैं अपनी ड्यूटी पर खड़ा था, जब यह बाबू कुछ दूसरे लोगों के साथ आया और औरतों से छेड़ख़ानी करने लगा...."

सहसा रोशन ने कहा, "हुज़ूर, मैं कुछ सवाल कर सकता हूँ?"

टिक्का साहब ने केवल आँख के इशारे से अनुमति दे दी।

"मैं सिर्फ़ यह पूछना चाहता हूँ कि मैं क्या छेड़ख़ानी कर रहा था और मेरे साथ कौन लोग थे?"

रोशन क्षण-भर को उत्तर पाने के लिए रुका, जब सिपाही कोई जवाब न दे सका तो उसने फिर कहा, "वे पहाड़ी औरतें थीं और मैं पंजाबी हूँ। मैं पहले कभी मेले में नहीं आया। उनकी बोली नहीं समझता। फिर वे बाड़े के अन्दर बैठी थीं और मैं काफ़ी दूर, बाहर था। उनमें से किसी से मेरी जान-पहचान नहीं थी, मैं उनके हाव-भाव भी नहीं जानता, फिर मैं कैसे उनसे छेड़ख़ानी कर रहा था, यही मैं पूछना चाहता हूँ।"

सिपाही इसका भी कोई उत्तर नहीं दे सका। उसने वहीं खड़े एक व्यक्ति की ओर संकेत किया —"ख़ज़ानची साहब से पूछ लीजिए, यह छेड़ख़ानी कर रहा था या नहीं?"

रोशन ने ख़ज़ानची साहब की ओर देखा। उसे याद आया कि ये महाशय उसके साथ ही बरड़ियों का गाना सुन रहे थे। लेकिन उसने कुछ नहीं कहा, चुप रहा। सिपाही ने फिर अपना बयान जारी रखा —

"मैंने हुज़ूर, इन लोगों से हटने को कहा; और तो हट गये, पर इसने मेरे मुँह पर चाँटा दे मारा।"

रोशन ने फिर पूछा, "क्यों भाई, मैंने चाँटा किस हाथ से मारा?"

"इससे।" सिपाही ने दायाँ हाथ दिखा कर कहा।

"क्या मेरे दायें हाथ में कुछ और नहीं था?"

"नहीं।"

रोशन ने रीडर से कहा, "हुज़ूर, नोट कर लीजिए। मेरे दायें हाथ में छड़ी थी। वह फ़र्दे-बरामदगी में मौजूद है। या तो मैंने इस पर छड़ी रसीद की या यह झूठ बोल रहा है। जब मेरे दायें हाथ में छड़ी थी, तो मैं चाँटा क्यों मारता?"

रोशन की आपत्ति लिख ली गयी।

बयान जारी रखते हुए सिपाही ने कहा, "उस समय मैंने सीटी दी। दारोग़ा जी आ गये और उनके हुक्म से मैंने इसे गिरफ़्तार कर लिया।"

दारोग़ा रामप्रताप ने इस बात समर्थन किया कि सीटी सुन कर वे मौके पर पहुँचे। झगड़ा हो रहा था, उन्होंने बाबू की गिरफ़्तारी का हुक्म दे दिया।

सिपाही के बयान का दो आदमियों ने समर्थन किया —जिनमें एक वही ख़ज़ानची था और दूसरा क्लर्क।

इन सब के बाद रोशन का बयान हुआ। रीडर ने उसका नाम, उसके पिता का नाम, उसका पेशा पूछा। जब रोशन ने अन्तिम प्रश्न के उत्तर में कहा कि वह जर्नलिस्ट है तो

टिक्का साहब ने ज़रा-सी आँख उठा कर उसकी ओर देखा। रोशन ने अपनी महत्ता जताने के लिए बढ़ा दिया कि वह लाहौर के प्रसिद्ध समाचार-पत्रों 'बन्दे मातरम', 'वीर भारत' और 'प्रताप' में काम करता रहा है। इस समय वह सिंचाई विभाग के सुपरिण्टेण्डेण्ट, लाला हाकिमचन्द की लड़की को पढ़ा रहा है।

तब रीडर ने उसे सच-सच बयान देने को कहा।

रोशन ने कहा कि मेला देखने का उसका पहला अवसर था। उसका ख़याल था कि वह उसका वृत्तान्त समाचार-पत्रों में लिखेगा। इसी ख़याल से उसने पहाड़ी गाने भी इकट्ठे किये, जो उसकी डायरी में नोट हैं और देखे जा सकते हैं। वह थक गया था, उसे भूख लग आयी थी। वह मिठाई खा रहा था कि राणा साहब जंगी लाट के साथ आ गये और सिपाही उनके लिए जगह बनाने लगे और वह धक्कम-पेल में वहाँ आ गया, जहाँ वह सिपाही पहरा दे रहा था....और रोशन ने शेष सारी घटना सच-सच बता दी।

जब उसने कहा, 'मैंने इस सिपाही से पूछा कि आपके राणा कहाँ तक पढ़े हैं' —तो टिक्का साहब ने अपनी लाल-लाल आँखें उठा कर उसकी ओर देखा। रोशन का दिल धक से रह गया, पर उसने अपने इस बेतुके प्रश्न की व्याख्या करते हुए अपने मन की उस शंका का कारण सविस्तार बता दिया और उस प्रश्न के उत्तर में सिपाही ने उसे जैसे धक्का और गाली दी और जो घटना घटी, वह सच-सच बता दी। क्रोध में छड़ी से वार करने की बात भी नहीं छिपायी।

यद्यपि कुछ ही देर पहले हाथ धुलाते-धुलाते सिपाही ने उसे परामर्श दिया था कि उसे टिक्का साहब के सामने अपनी ग़लती मान कर अन्त में माफ़ी माँग लेनी चाहिए, लेकिन रोशन यह बात एकदम भूल गया। जब उसका बयान ख़त्म होने पर टिक्का साहब ने रीडर को संकेत किया और उनसे बात करने लगे तो रोशन को सिपाही की बात स्मरण हो आयी। उसके अहं ने उसके अनजाने ही माफ़ी माँगने से इनकार कर दिया था। और अब तो देर हो गयी थी। रोशन को विश्वास हो गया कि उसे सज़ा हो जायेगी। लेकिन तभी टिक्का साहब की बात सुनने के बाद रीडर ने उससे सिर्फ़ इतना कहा, "आपको रिहा कर दिया गया है, आगे के लिए मेले में कभी ऐसा झगड़ा न करना।" और दारोग़ा से उसने कहा कि रोशन की चीज़ें वापस कर दी जायें।

o

रिक्शा में लेटे-लेटे —ऐसी ग़नूदगी की अवस्था में, जबकि उसके अंग आराम कर रहे थे, पर दिमाग़ तना था और अपने साथ पेश आने वाली घटना के नन्हे-से-नन्हे ब्योरे उसे याद आ रहे थे —रोशन को उस क्षण का स्मरण आया, जब रीडर ने उसकी रिहाई की ख़बर दी थी। रोशन को ख़ुशी नहीं हुई। उसे दण्ड पाने की आशा थी और उसे मुक्त कर दिया गया। उस प्रसन्न होना चाहिए था, पर वह मुक्ति उसकी आशा से भिन्न थी। उसने पिछली शाम जितनी बार अपनी रिहाई की कल्पना की थी तो सोचा था कि टिक्का साहब के आदेश पर दारोग़ा अपने सिपाही की ग़लती के लिए माफ़ी माँगेगा। वह चाहता था कि टिक्का साहब अपने सिपाही को उसकी बदतमीज़ी के लिए डाँटें और उसे सम्मान-सहित रिहा करें; लेकिन उन्होंने सिपाही को एक शब्द भी नहीं कहा था और उसे चेतावनी दे कर रिहा कर दिया·

था। अपमान के बड़े हल्के-से एहसास से, रिहाई की ख़ुशी के बावजूद, उसका मन उदास हो गया था। पर उस समय उसे नहीं मालूम था कि लाला हाकिमचन्द ने उसकी रिहाई के लिए इतना प्रयास किया था कि टिक्का साहब को अपने सिपाहियों का डर न होता तो वह पिछली शाम ही रिहा कर दिया जाता।

०

उसे उसकी सभी चीज़ें वापस मिल गयी थीं —छड़ी, घड़ी, नकदी, नोट-बुक, पेंसिल और बिस्कुटों का वह आधा डिब्बा भी, जो वह नीचे भू-गृह ही में छोड़ आया था। रोशन ने हण्टले पामर्ज़ का एक-एक बिस्कुट सबको बाँट दिया था। तब दारोग़ा रामप्रताप ने अत्यन्त विनय से क्षमा माँगी और अपनी विवशता की गाथा ले बैठे, कि उन्हें कितनी कम तनख़्वाह मिलती है और कितना बड़ा परिवार है उनका। उन्हें मालूम हो गया था कि रोशन बी०ए० पास है, लेखक और पत्रकार है और उन्होंने उसे अपने लड़के से मिलाया था, जो वहीं एक ओर बैठा था। उसे वे संस्कृत पढ़ाना चाहते थे। 'हितोपदेश' के कुछ श्लोक और व्याकरण की कुछ गरदानें उसे कण्ठस्थ थीं, जो दारोग़ा रामप्रताप के आदेश पर उसने सस्वर रोशन को सुनायीं। तब रोशन सबसे विदा ले कर चला आया। दारोग़ा रामप्रताप उसे हवालात के बाहर तक छोड़ने आये।

हवालात से वह कुछ ही ऊपर आया होगा कि किसी बच्चे ने उसे बारीक स्वर में आवाज़ दी।

रोशन ने आँख उठा कर देखा —ऊपर बरामदे में टिक्का साहब का वही कुँवर खड़ा था, जो हवालात में उसे मिलने आया था।

"क्यों, रिहा हो गये !" उसने सरलता से मुस्कराते हुए कहा।

"हाँ।"

"फिर कभी इस तरह सिपाहियों से न लड़ना।"

"नहीं, कभी नहीं लड़ूँगा !" रोशन ने बड़े भय का अभिनय करते हुए कानों को हाथ लगाया, और फिर हँसता हुआ आगे बढ़ गया।

तभी सामने से प्रोफ़ेसर सिंह आते दिखायी दिये।

"क्यों भाई, रिहा हो गये?"

"हाँ !"

"मैं टिक्का साहब से तुम्हारी सिफ़ारिश करने जा रहा था।"

"आपकी मेहरबानी !"

"क्या टिक्का साहब उठ गये?"

"हाँ !"

"अच्छा तो...." और वे उसकी पीठ को थपथपाते हुए बढ़ गये।

सिर झुकाये रोशन आगे बढ़ चला। वह कुछ ही कदम आगे बढ़ा होगा कि पीछे से किसी ने उसके कन्धे पर हाथ रख दिया। रोशन ने मुड़ कर देखा —धोती-कुर्ता पहने मन्द-मन्द मुस्कराता एक युवक उसके पीछे खड़ा था। रोशन ने पहचान लिया —वही कल छोटे कुँवर के साथ झरोखे के ऊपर आया था।

"मैं छोटे कुँवर का ट्यूटर हूँ।" उसने अपना परिचय दिया।

रोशन ने हाथ आगे बढ़ा दिया।

"क्षमा करना भाई," उसके हाथ को बड़े तपाक से दोनों हाथों में लेते हुए उसने कहा, "हम सब आपकी अवस्था से बड़े दुखी थे। कल शाम आपके साथियों ने बड़ी कोशिश की। रीडर साहब, मन्त्री साहब, टिक्का साहब —सबसे वे मिले। गेबल्ज़ होटल के मैनेजर तक से भी उन्होंने सिफ़ारिश करायी, पर टिक्का साहब नहीं माने। तब शायद रीडर महोदय ने उन्हें मेरा पता दिया। वे मुझसे मिले कि मैं छोटे कुँवर और उनकी माताजी से सिफ़ारिश कराऊँ। जब मैंने लाला हाकिमचन्द से आपका नाम सुना और जाना कि आप 'बन्दे मातरम' और 'भीष्म' में काम करते हैं, तो मैं बड़ा दुखी हुआ कि आप किस चक्कर में फँस गये। मैं टिक्का साहब के साथ कुछ दिन लाहौर रहा हूँ और मैंने आपकी कहानियाँ पढ़ी हैं। मैं ही छोटे कुँवर को ले कर हवालात में गया था। छोटे कुँवर और उनकी माता जी ने कहा भी....पर कल शाम सब हवा के घोड़े पर सवार थे —टिक्का साहब तो शायद छोड़ भी देते, पर उस साले रामप्रताप ने टाँग अड़ा दी कि हुज़ूर, इस तरह कोई आदमी हमें चाँटे मार कर चला जायेगा तो हम मेले में व्यवस्था क्या रख पायेंगे....और टिक्का साहब अपने सिपाहियों को नाराज़ नहीं कर पाये...."

बातें करते-करते दोनों उस शामियाने तक आ गये थे, जहाँ पिछली शाम जंगी लाट का स्वागत किया गया था और रात को गाना-बजाना हुआ था....अधिकांश लोहे की, कुछ लकड़ी की और बीच में तीन पुराने ज़माने की बड़ी ऊँची चाँदी की कुर्सियाँ पड़ी थीं। अभी न शामियाने के नीचे सफ़ाई हुई थी और न दरियों की सिलवटें निकाली गयी थीं....वहीं किनारे की दो कुर्सियों पर दोनों बैठ गये थे।

इस दूरस्थ पहाड़ी रियासत में भी रोशन को अपना एक प्रशंसक मिल गया था और भू-गृह में रात भर नरक की यातना सहने के बावजूद कुँवर के ट्यूटर का परिचय पा कर उसे बड़ी प्रसन्नता हुई। हवालात से वह निकला था तो उसने तय किया था कि वह शीघ्रातिशीघ्र घर पहुँच जायेगा, पर जब ट्यूटर ने दो क्षण उसे वहाँ बैठने को कहा तो वह अपनी सारी थकन, अपने कपड़ों की सिलवटों, बिखरे हुए बालों और बढ़ी हुई दाढ़ी की चिन्ता किये बिना बैठ गया।

"अभी प्रोफ़ेसर सिंह मिले थे," उसने किंचित हँसते हुए कहा, "मेरी सिफ़ारिश टिक्का साहब से करने जा रहे थे, पर आप लोगों की मेहरबानी से मैं पहले ही रिहा हो गया।"

"प्रोफ़ेसर सिंह आपको जानते हैं?"

"हाँ, मैं पिछले साल उनसे संगीत सीखता था।"

"कल जब उनसे आपकी गिरफ़्तारी की बात की गयी तो उन्होंने ऐसे 'अच्छा' कहा, जैसे उन्होंने कभी आपका नाम न सुना हो।"

अपनी रिहाई और इस दूरस्थ प्रदेश में भी अपना एक प्रशंसक पाने की प्रसन्नता में रोशन ने मन-ही-मन प्रोफ़ेसर सिंह को क्षमा कर दिया। बड़ी उदारता से, वेत्ताओं के-से अन्दाज़ में उसने कहा, "किसी दूसरे की मुसीबत में अपना स्वार्थ भूल कर उसकी सहायता

कर पाना हर किसी के बस की बात नहीं...."

अपनी बात जारी रखते हुए ट्यूटर ने कहा, "यों तो कुँवर और उनकी माता जी का कहना ही काफ़ी था, पर सिपाहियों के विद्रोह के भय से टिक्का साहब कुछ नहीं कर सके। बात यह है," और ट्यूटर की आवाज़ बहुत ही धीमी हो गयी, "सिपाहियों को पगार यहाँ कम मिलती है और कई बार देर से मिलती है। फिर दरोग़ा रामप्रताप ने कहा कि आप इस बदतमीज़ नौजवान को अभी छोड़ देंगे तो लोग यही कहेंगे कि आख़िर रियासती पुलिस ही थी न, चाँटे खा कर भी चूँ न कर पायी। और टिक्का साहब को लगा, यह उनकी पुलिस की प्रेस्टिज का सवाल है। आपको छोड़ने का फ़ैसला तो उन्होंने तभी कर लिया था, पर यही तय किया था कि सुबह छोड़ेंगे।"

तभी रोशन ने अपने चेहरे पर हाथ फेरा —एक ही रात में उसका कचमूर निकल गया था —चेहरा उसे एकदम सूखा-सा लगा, होंटों पर पपड़ियाँ जम गयी थीं। दाढ़ी कटे खेत जैसी खुरदरी हो गयी थी। वह उठा। ट्यूटर और उनके कुँवर का शुक्रिया अदा किया। वादा किया कि अपना पहला कहानी-संग्रह उन्हें भेजेगा और उनसे हाथ मिला कर तेज-तेज़ ऊपर को बढ़ चला।

वह अभी बाज़ार के सिरे पर ही था कि उसके कानों में आवाज़ आयी —"क्यों बाबूजी, रिहा हो गये।"

रोशन ने आँख उठा कर देखा —वही दुकानदार था, जिसने कल उसे ऐनक पकड़ायी थी।

"हाँ भाई।" रोशन ने कहा,

"आपको ग़ुस्सा बहुत आ गया था बाबूजी, नहीं ऐसे मामलों में पकड़-पकड़ाई की नौबत नहीं आती, ज़रा मिन्नत-समाजत ही से काम चल जाता है। बात बढ़ भी जाये, तो दो-एक रुपये दे-दिला कर मामला रफ़ा-दफ़ा किया जा सकता है। पर आपने तो ख़ुद हाथ बढ़ा कर हथकड़ी लगवा ली।"

"हाँ, कुछ ग़ुस्सा ही आ गया।" रोशन ने हामी भरी।

"आ ही जाता है," दुकानदार ने रोशन का समर्थन किया, "आपने तो उसे गले से पकड़ा, हमें उसने इस तरह गाली दी होती तो साले की गर्दन ही तोड़ देते।"

रोशन कुछ कहने ही जा रहा था कि दूर पँगूड़ों के पास कोई बड़े ऊँचे, सुरीले स्वर में छोरुआ गाने लगा —

बाह्मणा दा छोरुआ ओ
देस बिगाना नींवें चल्लना

रोशन को याद आया —उसने गीत का यह बोल अपनी डायरी में लिखा था। पर उस वक्त उसने इस बोल की माहीयत न जानी थी। उसने हँस कर दुकानदार से कहा, "देखिए, वह पहाड़ी ही ठीक कह रहा है —देश बिगाना नींवें चलना।"

और वह सिर झुकाये बाज़ार की चढ़ाई चढ़ने लगा।

०

'हम कितने शेर, दोहे, गीत, कविताएँ पढ़ते हैं' —रोशन ने रिक्शा में लेटे-लेटे सोचा, 'पर

कितनों का ठीक महत्व हम समझ पाते हैं और कितनों में लिखी गयी बातों को हम अमल में ला पाते हैं। मैंने आध घण्टा पहले यह बोल लिखा था और उस पर सिर भी धुना था — नहीं जाना कि यह मुझी को मुख़ातिब करके लिखा गया है। हमारी हालत उन मोती चुनने वालों की-सी है, जो सीपियों का मुँह खोल कर नितान्त उदासीन भाव से मोती झोले में डाले जाते हैं और उनका असली मोल नहीं समझते।'

तभी ठण्डी भीगी हवा का एक झोंका आया। रोशन धूप के बावजूद रिक्शा की छत खोले आया था। शरीर को गर्मी लगने के बावजूद उसने छत नहीं लगायी थी और आँखें बन्द किये नीम-ग़नूदगी की अवस्था में लेटा आया था, पर ठण्डी हवा के इस झोंके ने उसे बताया कि धूप ने उसके शरीर की सर्दी निकाल दी है, क्योंकि ठण्डी हवा उसे अच्छी लगी। उसने आँखें खोल दीं। रिक्शा संजौली की सुरंग में से जा रहा था। आँखें मल कर रोशन उठ बैठा। लाला हाकिमचन्द का रिक्शा काफ़ी आगे निकल गया था और सुरंग के दूसरे सिरे की अर्ध-गोलाकार रोशनी में बड़ा भला लग रहा था —प्रकट ही लालाजी को घर पहुँचने की जल्दी है —रोशन ने सोचा और उसने रिक्शा वाले को ज़रा पैर बढ़ाने और अगले रिक्शे के साथ-साथ चलने का आदेश दिया।

o

लालाजी रात-भर नहीं सोये थे। रोशन जब मेले से दो-तीन फ़र्लांग ऊपर आया था, तो उसे सामने से लालाजी शिमले के एक प्रसिद्ध वकील और प्रमुख नागरिक लाला गोपालदास महाजन के साथ आते मिले थे। सीधी ढलान पर, जहाँ बरसाती नाले के कारण पत्थर निकल आये थे, दोनों सँभल कर लेकिन तेज़-तेज़ उतर रहे थे। महाजन साहब की बग़ल में एक मोटी किताब थी।

लालाजी रोशन को देखते ही बड़े प्रसन्न हुए, लेकिन महाजन साहब का मुँह उतर गया।

तीनों वहीं रास्ते के किनारे एक वृक्ष के नीचे खड़े हो गये थे।

सहसा महाजन ने पूछा, "मेरा टेलीफ़ोन पहुँच गया था?"

और रोशन ने लालाजी को संक्षेप में पिछली शाम छोटे कुँवर के आने से ले कर उसके ट्यूटर से होने वाली बातचीत तक, सभी बातें बतायी और कहा कि कुँवर के ट्यूटर का अवश्य धन्यवाद कर दीजिएगा। उसने बड़ी मदद की। रोशन विशेषकर यह बात बताना नहीं भूला कि 'बन्दे मातरम' और 'भीष्म' में उसने रोशन की कहानियाँ पढ़ रखी थीं; और उसने जब लालाजी से उसका नाम सुना, उसे इस घटना पर दुख हुआ और चलते समय दारोग़ा रामप्रताप ने अपने सिपाही की बदतमीज़ी के लिए विशेष रूप से क्षमा माँगी।

तब वकील साहब ने एक फीकी-सी मुस्कान के साथ यह बताने का प्रयास किया कि उसकी रिहाई उनके टेलीफ़ोन का फल है, "मैंने आते-आते उनको फ़ोन करा दिया था कि मैं इस केस में इंटरेस्टेड हूँ और मुकदमा मेरे आये बिना न सुनें। अब वे मेरे इतने मित्र हैं, रोज़ का पीने-खाने का साथ है, उन्होंने मुझे कष्ट देना मुनासिब नहीं समझा।"

रोशन ने भोलेपन से पूछा, "क्या सीपी में फ़ोन भी है।"

"नहीं, फ़ोन तो गेबल्ज़ होटल में है, पर मैं फ़ोन करूँ तो वे तत्काल सँदेसा पहुँचा

देते हैं।"

लालाजी (जैसा कि उन्होंने रोशन को बाद में बताया) कहना चाहते थे कि फ़ोन तो आठ बजे के करीब किया गया होगा, मास्टर जी को शायद तब तक छोड़ दिया था, पर वे वकील साहब को साथ लाये थे, इसलिए चुप रहे। उन्होंने वकील साहब से कहा, "आप आये हैं तो मेला देखते जाइए। आपका रिक्शा मशोबरे में रहेगा। मैं मास्टर जी को ले जाता हूँ, घर में रात-भर कोई नहीं सोया। सबको चिन्ता है।" और हालाँकि रोशन ने लालाजी से कहा भी कि वे वकील साहब के साथ जायें और मेला देखें, लेकिन लालाजी वकील साहब को वहीं छोड़ कर रोशन को साथ लिये ऊपर को चल दिये।

रास्ते में उन्होंने सविस्तार पिछली शाम की अपनी परेशानी का किस्सा सुनाया था — "हमारे चीफ़ सेक्रेटरी मिस्टर बर्टन मेले से जंगी लाट के साथ ही चले गये थे," लालाजी ने कहा, "नहीं तो उसी वक्त आपको छुड़ा लिया जाता। अगर मुझे पता होता कि टिक्का साहब यों अड़ जायेंगे तो मैं उसी वक्त मशोबरे से रिक्शा ले कर कमिश्नर से, जो इन सब रियासतों के एजेण्ट हैं, चिट्ठी ले कर वापस पहुँचता और आपको छुड़ा लेता। मुझे उम्मीद थी कि टिक्का साहब मान जायेंगे, लेकिन उनके सिपाहियों ने वह नाटक किया कि ख़ुदा की पनाह। उसी कोशिश में मुझे आठ बज गये।

और जैसा कि रोशन ने सोचा था, जब लालाजी असफल रहे तो उन्होंने काफ़ी मिठाई और फल रोशन के लिए भिजवाये और पाँच रुपये दारोग़ा रामप्रताप को दिलवाये।

लेकिन इसी पर उनकी परेशानी ख़त्म नहीं हुई। मशोबरे से तीन रिक्शा ले कर वे तेजभान और भोलानाथ को लिये घर पहुँचे। घर में खाना तैयार था, लेकिन एक भी निवाला खाये बिना मुँह-हाथ धो और कपड़े बदल कर वे बाहर चल पड़े। पत्नी ने कहा, "खाना तो खाते जाइए अभी आये, अभी चले...."

"मास्टरजी गिरफ़्तार हो गये हैं।" यह कहते हुए वे रिक्शा पर आ बैठे।

खाना मेज़ पर चुना रह गया। किसी ने उसे मुँह नहीं लगाया।

आधी रात तक लालाजी रिक्शा लिये घूमते रहे। उन्हें मेले ही में पता चल गया था कि केनमोर एस्टेट के मालिक रियासत कोठी के भारी लेनदार हैं। उनके हज़ारों रुपये टिक्का साहब पर निकलते हैं। उनकी दुकान माल रोड पर थी, वे दुकान बढ़ा कर जा रहे थे कि लालाजी ने उनसे सिफ़ारिशी चिट्ठी माँगी। लालाजी के चेहरे पर ऐसी परेशानी और उनके स्वर में कुछ ऐसा निवेदन था कि वे इनकार न कर सके। फिर लालाजी कमिश्नर के बँगले पर गये। एक चिट्ठी लालाजी ने उनसे ली। तब किसी ने इन वकील साहब का पता दिया। लालाजी उनके यहाँ पहुँचे। मालूम हुआ, क्लब गये हैं। क्लब पहुँचे तो पता चला घर चले गये हैं। लेकिन क्लब से घर आते हुए शायद किसी होटल में चले गये थे। लालाजी वहाँ चिट्ठी छोड़ आये और आधी रात को घर पहुँचे, रिक्शा वालों से उन्होंने सुबह ही आने को कहा और बिना कपड़े बदले बिस्तर पर लेट गये।

"मैं तो सुबह आठ बजे सीपी पहुँच जाता", लालाजी ने कहा था, "लेकिन वकील साहब के नख़रे ही ख़त्म न होते थे। मैं छै बजे उनके यहाँ पहुँच गया था। मालूम हुआ, सो रहे हैं। बड़ी मुश्किल से उठे। घण्टा भर उन्होंने बाथ-रूम में लगा दिया। फिर मैंने

अपनी बात कही। तब बोले, 'अभी चलते हैं, कुछ नाश्ता कर लें।' पूरा एक घण्टा नाश्ते और कपड़े बदलने में लगा दिया। मैंने कहा, 'कम-से-कम फ़ोन तो कर दीजिए, हमें वहाँ पहुँचने में देर हो जायेगी।' तब उन्होंने फ़ोन कर दिया कि वे इस केस में दिलचस्पी रखते हैं और उसका फ़ैसला उनके आने तक न किया जाये।"

"वह मोटी-सी किताब क्या थी?" रोशन ने पूछा था।

"शायद 'ताज़ीराते हिन्द'[१] थी। लेकिन उन्हें उसे इस्तेमाल करने का कष्ट नहीं करना पड़ा।"

०

रिक्शे सुरंग के पार संजौली के बाज़ार से गुज़र रहे थे —रोशन को बाज़ार बड़ा भला लग रहा था। उसे लगता था, जैसे पहली बार वह उस पहाड़ी बाज़ार को देख रहा हो....'चलो, इस बहाने रिक्शा की सवारी भी कर ली।' रोशन ने सोचा, 'लालाजी ज़ोर न देते तो चाहे वह कितना थका था, भूखा और कमज़ोर था, वह कभी रिक्शा न करता, पैदल ही घर पहुँचता।'....तब मुक्ति के कुछ अजब-से एहसास और इतनीनान से वह पीछे को लेट गया और उसने आँखें बन्द कर लीं।

उसकी आँखें करकरा रही थीं, ग़नूदगी फिर उनमें उतर आयी, पर नींद उसे नहीं आयी। उसका दिमाग़ आगे की चिन्ता में भटकने लगा —सीपी जाने से पहले उसने तय किया था कि वह लालाजी से प्रार्थना करेगा कि वे उसे वापस चला जाने दें। उसकी इस मुसीबत में उन्होंने इतनी भाग-दौड़ की है, घर वाले परेशान हुए हैं, किस मुँह से वह उनसे छुट्टी माँगेगा? क्या बहाना बनायेगा? लेकिन वह रह भी यहाँ कैसे सकेगा? उसे उस अभियोग की याद आयी, जो उस पर लगाया गया था और क्रोध और उदासी से उसके मन-प्राण जल उठे। लोग तो पहले ही उसे ले कर इस तरह की बातें करते हैं, अब तो और भी उन्हें ज़बान मिल जायेगी....नहीं, जैसे भी हो अपनी इज़्ज़त बचा कर यहाँ से निकल जाना चाहिए, न जाने और किस-किस मुसीबत का सामना उसे करना पड़े।

संजौली से छोटा शिमला की सड़क छायादार थी, बड़ी हल्की हवा रमक रही थी, सोचता-सोचता रोशन ऊँघ गया।

०

"मास्टरजी आ गये....मास्टर जी आ गये !"

रोशन हड़बड़ा कर उठा, लालाजी का रिक्शा केनमोर कॉटेज पहुँच गया था, उसका रिक्शा एक मोड़ पीछे था। तभी उसने देखा —नीचे गिगलू-पिगलू उसकी ओर भागे आ रहे हैं। चन्द्रा भी संकुचित-सी पीछे खड़ी है। रोशन रिक्शा से उतर गया। दोनों बच्चों ने उसे बाँहों में भर लिया। वे दोनों उससे ऐसे मिले, जैसे वह फाँसी के तख़्ते से छूट कर आया हो।

लालाजी ने रोशन के रिक्शा वाले को विदा कर दिया। अपना रिक्शा रोक लिया, "मुझे खाना दो !" उन्होंने अपनी पत्नी से कहा, "दफ़्तर को देर हो गयी है।"

और वे धड़-धड़ सीढ़ियाँ चढ़ गये। बीबीजी और दोनों बच्चे भी उनके पीछे चले

---

१. भारतीय दण्ड विधान

गये। सीढ़ियों के ऊपर से पलट कर बीबीजी ने कहा, "आपका भी खाना भिजवाती हूँ मास्टर जी, आप खाना खा लीजिए।"

"मुझे इच्छा नहीं," रोशन ने कहा "मैं नहा लूँ, फिर खाऊँगा।"

"नहाइएगा बाद में। मैं गर्म पानी चढ़ा दूँगी, पहले खाना खा लीजिए ! कल से आपने कुछ नहीं खाया।"

"ठीक है। मैं मुँह-हाथ धो लूँ, दातुन कर लूँ, आप लालाजी को खाना दीजिए, फिर मुझे भेज दीजिएगा।"

और वह अपने कमरे में आया, छड़ी उसने कोने में रखी, हैट खूँटी पर टाँगा। ज़ोर की एक अँगड़ाई ली। फिर वह मेज़ से शीशा उठा कर अपनी सूरत देखने लगा। चेहरा उसका, जैसा कि वह सोचता था, सूख गया था; होंटों पर भी पपड़ियाँ जम गयी थीं। उसने चश्मा उतारा। नाक की काठी के दोनों ओर गहरे निशान बने थे। शायद ग़न्दा हाथ लगने से दायाँ गाल और माथा मैला हो गया था। लेकिन सिर के बाल सूख कर एकदम घुँघराले हो गये थे और उस मैले रूखे चेहरे के बावजूद सुन्दर लग रहे थे। रोशन ने शीशा रख दिया और दातौन करने के लिए स्नानागार की ओर मुड़ा। तभी उसने देखा —चन्द्रा दरवाज़े में खड़ी उसे कुछ अजीब-सी करुणा और स्नेह देख रही है।

दूसरे क्षण वह आगे बढ़ आयी।

"मास्टरजी, क्या उन्होंने आपको तहख़ाने में बन्द कर दिया था?"

"हाँ।"

"कैसे तहख़ाने में?"

"सिपाहियों की झोपड़ी के नीचे तहख़ाना बना था —कच्चा फ़र्श, एकदम अँधेरा और सीला। पिस्सुओं ने मेरी सारी पीठ काट डाली।"

"हाय सच !"....और वह उसकी पीठ के पीछे आ खड़ी हुई।

रोशन ने दायाँ हाथ बायें और बायाँ दायें करके कमीज़ ऊपर को उठा दी —"देखो।"

"हाय मास्टर जी ! आपकी पीठ तो सारी छिल गयी है।" और उसने धीरे से अपना नर्म मुलायम हाथ उस पर फेरा —"सारी पीठ पर धप्पड़ पड़ गये हैं !"

चन्द्रा के कोमल हाथ के स्पर्श से रोशन को रोमांच हो आया। उसने तत्काल कमीज़ नीचे कर दी। और पलट कर बोला, "सारी रात मैं आँख भर कर नहीं सो सका।"

चन्द्रा उसकी ओर एकटक देख रही थी। उसकी आँखें छलछला आयी थीं —रोशन के रूखे मुँह पर स्नेह से हाथ फेरते हुए उसने कहा, "हाय मास्टर जी, एक ही दिन में आपका मुँह कैसा सूख गया है !"

और जाने उन पनियारी आँखों में क्या था, रोशन ने उसे बाँह में ले कर हल्के से अपने साथ दबा लिया और उसके बालों से होंट छुला दिये।

दूसरे क्षण वह उससे अलग हो कर ऊपर को भागी जा रही थी।

"मैं अभी क्रीम और पाउडर ला कर आपके लगाती हूँ, नहीं तो पीठ पर घाव हो जायेंगे।"

लौटते पैरों ऊपर से क्रीम और पाउडर ला कर चन्द्रा ने उसकी छिली हुई पीठ पर

लगाया। एक अपूर्व आनन्द की अनुभूति से विभोर हो कर सहसा रोशन ने कहा, "चन्द्रा, मैं तुम्हारा बड़ा आभारी हूँ।"

उसके कन्धे से अपना गाल छुलाते और प्यार-भरी दृष्टि से उसे देखते हुए चन्द्रा ने कहा, "मास्टर जी, अब तो आप नाराज़ नहीं !"

जाने उस स्पर्श और दृष्टि में क्या था कि रोशन को रोमांच हो आया, उत्तर में उसने एक बार फिर उसे बाँह के घेरे में ले कर ज़रा-सा अपने साथ दबा लिया।

दूसरे क्षण, चन्द्रा चली गयी और रोशन ने पाया कि अपनी तमाम सतर्कता के बावजूद वह उससे प्यार करने लगा है।

⊠⊠⊠